αεροπορία	*αεροπ.*	καθομιλουμένη	*καθομ.*
αθλητικά	*αθλ.*	κάποιος, κάποια	*κπ*
άκλιτο	*άκλ.*	κάτι	*κτ*
αμερικανικός	*αμερ.*	λαϊκός	*λαϊκ.*
ανατομία,	*ανατ.*	λόγιος	*λόγ.*
ανατομικός		μαγειρική	*μαγ.*
αντωνυμία	*αντων.*	μαθηματικά	*μαθημ.*
απρόσωπος	*απρόσ.*	μεταφορικά,	*μεταφ.*
αρκτικόλεξο	*αρκτ.*	μεταφορικός	
αρχαιολογία	*αρχαιολ.*	μηχανική	*μηχ.*
αρχαίος	*αρχ.*	μουσική	*μους.*
αρχιτεκτονική	*αρχιτ.*	ναυτικός	*ναυτ.*
αστρολογία	*αστρολ.*	νομικά	*νομ.*
αυτοκίνητο	*αυτοκ.*	οικονομία	*οικον.*
βλέπε	*βλ.*	πανεπιστήμιο	*πανεπ.*
βιολογία	*βιολ.*	πληθυντικός	*πληθ.*
βοτανική,	*βοτ.*	πολιτικά	*πολιτ.*
βοτανικός		πρόθεμα	*πρόθεμ.*
γεωλογία	*γεωλ.*	πρόθεση	*πρόθ.*
γεωγραφία	*γεωγρ.*	ρήμα, αμετάβατο	*ρ.αμτβ.*
γραμματική	*γραμμ.*	ρήμα, μεταβατικό	*ρ.μτβ.*
δεικτικό μόριο	*δεικτ.*	ρήμα, μεταβατικό	*ρ.μτβ.l*
	μόρ.	και αμετάβατο	*αμτβ.*
διοίκηση	*διοίκ.*	σιδηρόδρομος	*σιδηρ.*
εκκλησιαστικός	*εκκλ.*	στρατιωτικός	*στρ.*
εμπόριο,	*εμπ.*	σύνδεσμος	*σύνδ.*
εμπορικός		συντομογραφία	*συντ.*
επίθετο	*επίθ.*	σχολείο	*σχολ.*
επίρρημα		τεχνικός,	*τεχν.*
επιφώνημα			
ηλεκτρισμός			
ηλεκτρονικοί			
υπολογιστές			
θέατρο			
θρησκεία			
ιατρική			

D0907960

Oxford Greek Minidictionary

SECOND EDITION

Greek–English English–Greek
Ελληνοαγγλικό Αγγλοελληνικό

Niki Watts

OXFORD
UNIVERSITY PRESS

OXFORD
UNIVERSITY PRESS

Great Clarendon Street, Oxford OX2 6DP

Oxford University Press is a department of the University of Oxford.
It furthers the University's objective of excellence in research, scholarship,
and education by publishing worldwide in

Oxford New York

Auckland Cape Town Dar es Salaam Hong Kong Karachi Kuala Lumpur
Madrid Melbourne Mexico City Nairobi New Delhi Shanghai Taipei
Toronto

With offices in

Argentina Austria Brazil Chile Czech Republic France Greece
Guatemala Hungary Italy Japan Poland Portugal Singapore
South Korea Switzerland Thailand Turkey Ukraine Vietnam

Oxford is a registered trade mark of Oxford University Press
in the UK and in certain other countries

Published in the United States
by Oxford University Press Inc., New York

British Library Cataloguing in Publication Data

Data available

Library of Congress Cataloging in Publication Data
Data available

Typeset by Alliance Interactive Technology
Printed in Italy by
Legoprint S.P.A.

ISBN 0-19-861458-6
ISBN 978-0-19-861458-6

10 9 8 7 6 5 4 3 2 1

Contents

Περιεχόμενα

Αγγλική προφορά

Φωνήεντα

æ	bad
ɑː	ah
e	wet

ɪ	sit	ɜː	work	ɪə	here
iː	see	eɪ	made	eə	hair
ɒ	got	əʊ	home	ʊə	poor
ɔː	door	aɪ	five		
ʌ	cup	aɪə	fire		
ʊ	put	aʊ	now		
uː	too	aʊə	flour		
ə	ago	ɔɪ	coin		

Σύμφωνα

b	boy	l	leg	t	ten
d	day	m	man	tʃ	chip
dʒ	page	n	new	θ	three
f	foot	ŋ	sing	ð	this
g	go	p	pen	v	verb
h	he	r	run	w	wet
j	yes	s	speak	z	his
k	coat	ʃ	ship	ʒ	pleasure

Pronunciation of Greek

Phonetic symbols

Letter	Name of letter	Sound	Examples
Αα	άλφα	a as in	**a**nother
Ββ	βήτα	v	**v**arious
Γγ	γάμα	g if followed by α, o, ου	**g**ather
		y if followed by ε, ι	**y**es
Δδ	δέλτα	th	**th**ere
Εε	έψιλον	e	H**e**len
Ζζ	ζήτα	z	**z**ealous
Ηη	ήτα	i, e	th**e**se
Θθ	θήτα	TH	**th**in
Ιι	γιώτα	i,e	th**e**se
Κκ	κάπα	c, k	**c**ake
Λλ	λάμδα	l	**l**aw
Μμ	μι	m	mu**mm**y
Νν	νι	n	**n**otice
Ξξ	ξι	x	**x**enophobia
Οο	όμικρον	o	**o**pportunity
Ππ	πι	p	**p**astor
Ρρ	ρο	r	**r**un
Σσς	σίγμα	s	**s**tare
Ττ	ταυ	t	**t**omorrow
Υυ	ύψιλον	i,e	th**e**se
Φφ	φι	f	**f**irst
Χχ	χι	h	Ba**ch**
Ψψ	ψι	ps	cor**pse**
Ωω	ωμέγα	o	**o**pportunity

There is one stress-accent in Modern Greek which falls on the vowel of the syllable that needs to be accentuated in speech, eg **όχι**, **εγώ**.

The diaeresis is used over two vowels, **ï, ü** when either of the two follows another vowel with which it ordinarily forms a diphthong to indicate that it is to be treated as a separate vowel.

Diphthongs

When the following vowels appear next to each other, they form a diphthong, ie they are pronounced as one letter unless the stress-accent falls on the first of the two vowels or the second vowel is **ι**, or **υ** and it has a diaeresis, eg **αϊ** or **εϋ** in which case the two vowels are treated as separate sounds.

ει, οι	i,e	*as in*	th**e**se
αι	e		H**e**len
ου	oo		s**oo**n
αυ	*or*	av	h**av**e
		af	**af**ternoon
ευ	*or*	ev	**ev**ery
		ef	**ef**figy

Acknowledgements

I am very grateful to Tina Lendari for reading the English to Greek section of the dictionary and for her many helpful comments; to Quentin Watts for his invaluable help with the Greek to English section; to Roger Green for agreeing to allow material previously prepared by himself to be made available to me, and to Frances Illingworth for her reading and editing of the final text.

I am greatly indebted to Richard Watts whose computing wizardry has made many of the more dreary and repetitive tasks involved in the compilation of a dictionary more tolerable.

For specific advice on particular areas of knowledge I wish to thank particularly Yannakis Drousiotis, Maria Gavouneli, Aglaia Kasdagli, Tina Lendari, Anastasia Markomihelaki-Mintza and Quentin Watts.

A, α
B, β
Γ, γ
Δ, δ
E, ε
Z, ζ
H, η
Θ, θ
I, ι
K, κ
Λ, λ
M, μ
N, ν
Ξ, ξ
O, ο
Π, π
P, ρ
Σ, σ, ς
T, τ
Y, υ
Φ, φ
X, χ
Ψ, ψ
Ω, ω

Αα

αβαείο (το) abbey

άβακας (ο) abacus

άβαθος επίθ shallow

αβαρής επίθ weightless

αβάς (ο) abbot

αβάσιμος επίθ baseless. (αθεμελίωτος) unfounded. (αστήρικτος) groundless

αβάφτιστος επίθ not christened

άβγαλτος επίθ inexperienced

αβγ|ό (το) egg. **~ά** (ψαριών και αμφιβίων) (τα) spawn

αβγοθήκη (η) egg-cup

αβγολέμονο (το) egg and lemon sauce

αβγοτάραχο (το) roe

αβέβαιος επίθ uncertain. (αμφίβολος) doubtful

αβεβαιότητα (η) uncertainty. (αμφιβολία) suspense. (αοριστία) ambiguity

αβίαστ|ος επίθ unhurried, leisurely. (αυθόρμητος) unaffected. **~α** επίρρ leisurely

αβλαβής επίθ harmless. (αθώος) innocuous. (σώος) unhurt

αβοήθητος επίθ unaided

άβολος επίθ inconvenient. (άνθρωπος) difficult to get on with. (δύσκολος στη χρήση) unwieldy. (χωρίς άνεση) uncomfortable

άβουλος επίθ undecided. (χωρίς βούληση) weak-willed

άβυσσος (η) abyss

αγαθά (τα) goods

αγαθός επίθ good. (αφελής) simple-minded

αγαλλιάζω ρ αμτβ exult

άγαλμα (το) statue

αγαλματένιος επίθ statuesque

άγαμος επίθ unmarried

αγανάκτηση (η) indignation

αγανακτώ ρ αμτβ be indignant

αγάπη (η) love. (στοργή) fondness

αγαπημένος επίθ darling. (προτιμώμενος) favourite. **~** (ο) sweetheart

αγαπητός επίθ dear

αγαπ|ώ ρ αμτβ love. (ερωτεύομαι) be in love with. (μ' αρέσει) be fond of. **όπως ~άς** suit yourself

αγγαρεία (η) drudgery. (άχαρη απασχόληση) chore

αγγείο (το) pot. (ανατ) vessel

αγγειοπλάστης (ο) potter

αγγειοπλαστική (η) pottery

αγγελία (η) announcement. (σε εφημερίδα) advert

αγγελικός επίθ angelic

αγγελιοφόρος (ο) messenger

άγγελος (ο) angel

άγγιγμα (το) touch

αγγίζω ρ μτβ touch. (ασχολούμαι) touch upon. (θίγω) hurt

Αγγλία (η) England

Αγγλίδα (η) Englishwoman

αγγλικ|ά (τα) English. **~ή** (η) English. **~ός** επίθ English

αγγλο- πρόθεμ Anglo-

Άγγλος (ο) Englishman

Αγγλοσάξονας (ο) Anglo-Saxon

αγγουράκι (το) gherkin

αγγούρι (το) cucumber

αγγουροντομάτα (η) cucumber and tomato salad

αγελάδα (η) cow

αγελαίος επίθ gregarious

αγέλη (η) (βόδια, ελέφαντες) herd. (σκυλιά, λύκοι) pack

αγένεια (η) rudeness

αγενής επίθ rude, discourteous. (χωρίς ευγενικούς τρόπους) bad-mannered

αγέραστος επίθ not aged. (πάντα ακμαίος) ageless

αγέρωχος επίθ gallant. (αλαζόνας) haughty

άγευστος επίθ tasteless

Αγία Γραφή (η) Scriptures

αγιάζω ρ μτβ bless. • ρ αμτβ become a saint

αγιασμός (ο) holy water

αγιόκλημα (το) honeysuckle

άγιο|ς (ο) saint. • επίθ saintly. (ιερός) holy. **ο Α~ς Βασίλης** St Basil, Father Christmas

αγιότητα (η) holiness

αγκαζέ επίθ taken. • επίρρ arm in arm

αγκάθι (το) thorn. (κάκτου, σκαντζόχοιρου) spine

αγκαθωτός επίθ prickly, thorny

αγκαλιά (η) arms. (χαρτιά, λουλούδια) armful

αγκαλίζω ρ μτβ embrace. (μεταφ) encompass

αγκαλιασμα (το) embrace

αγκίδα (η) splinter

αγκινάρα (η) globe artichoke

αγκίστρι (το) fish-hook

αγκομαχητό (το) panting. (δύσκολη αναπνοή) gasping

αγκομαχώ ρ αμτβ pant. (αναπνέω με δυσκολία) gasp

αγκύλη (η) (γόνατο, αγκώνας) joint. (γραμμ) square bracket

αγκυλωτός επίθ hooked

άγκυρα (η) anchor

αγκυροβολία (η) moorings

αγκυροβολώ ρ αμτβ anchor, drop anchor

αγκώνας (ο) elbow

άγνοια (η) ignorance

αγνοούμενος επίθ (στρ) missing

αγνός επίθ pure. (παρθένος) chaste

αγνότητα (η) purity. (παρθενία) chastity

αγνοώ ρ μτβ ignore. (αδιαφορώ) disregard

αγνωμοσύνη (η) ingratitude

αγνώριστος επίθ unrecognizable

αγνωστικισ|μός (ο) agnosticism. **~τής** (ο) agnostic

αγνωστικός επίθ agnostic

άγνωστος επίθ unknown

αγονία (η) infertility. (ακαρπία) barrenness

άγονος επίθ infertile. (έδαφος) barren (earth)

αγορά (η) purchase. (τόπος) market. **λαϊκή ~** open air market

αγοράζω ρ μτβ buy, purchase. (δωροδοκώ) buy over

αγοραπωλησία (η) transaction

αγορ|αστής (ο), **~άστρια** (η) buyer, purchaser

αγορεύω ρ αμτβ make a public speech

αγόρι (το) boy

αγοροκόριτσο (το) tomboy

αγράμματος επίθ illiterate. (χωρίς μόρφωση) uneducated

αγραμματοσύνη (η) illiteracy

άγραφος επίθ unwritten

αγριοκαστανιά (η) horse-chestnut

αγριοκάστανο (το) conker

αγριοκοίταγμα (το) glare

αγριοκοιτάζω ρ μτβ glare at, glower at

αγριολούλουδο (το) wild flower

αγριόμηλο (το) crab apple

άγριος επίθ wild. (ακαλλιέργητος) uncultivated. (πρωτόγονος) savage. (σκληρός) fierce. ~ (ο) savage

αγριόχορτο (το) weed

αγροικία (η) farmhouse

αγροίκος επίθ (άξεστος) boorish. (αγενής) crude

αγρόκτημα (το) farm

αγρός (ο) (λόγ) field

αγρότης (ο) countryman. (γεωργός) farmer

αγροτικός επίθ rural

αγρύπνια (η) sleeplessness

αγρυπνία (η) (εκκλ) vigil

άγρυπνος επίθ sleepless. (ξύπνιος) wakeful. (που επαγρυπνεί) watchful

αγρυπνώ ρ αμτβ stay awake. (επαγρυπνώ) be watchful

άγχος (το) stress

αγωγή (η) (ανατροφή) upbringing. (νομ) action. (ιατρ) treatment

αγωγός (ο) (σωλήνας) pipe. (αέρα) duct. (ανελκυστήρα) shaft. (απορριμμάτων) chute. (ηλεκτρ) conductor. **κεντρικός ~** mains (water, gas)

αγώνας (ο) struggle. (αθλητισμός) event. (διαγωνισμός) contest. (πάλης) bout. (ποδόσφαιρο) match. (πόλεμος) fight

αγωνία (η) agony. (αδημονία) anxiety. (έντονη ανησυχία) anguish. (σε βιβλίο κλπ) suspense

αγωνίζομαι ρ αμτβ (αγώνες) compete. (μάχομαι) struggle. (προσπαθώ) strive

αγωνιώ ρ αμτβ be anxious

αδάμαστος επίθ indomitable

αδασμολόγητος επίθ duty-free

άδεια (η) (συγκατάθεση) permission. (αποχή από εργασίας) leave. (παροχή δικαιώματος) licence. (πιστοποιητικό) permit

αδειάζω ρ empty. (βαλίτσα) unpack. (ποτήρι, ρεζερβουάρ) drain

άδειος επίθ empty. (συσσωρευτής) flat

αδελφή (η) sister. (καλόγρια) nun. (νοσοκόμα) nurse. (θηλυπρεπής άντρας) sissy

αδέλφια (τα) brothers and sisters

αδελφικός *επίθ* fraternal. (*αδελφού*) brotherly. (*αδελφής*) sisterly

αδελφοσύνη (*η*) brotherhood

αδελφότητα (*η*) fraternity. (*σωματείο*) guild

αδένας (*ο*) gland

αδέξιος *επίθ* (*ανεπιτήδειος*) awkward. (*χωρίς επιδεξιότητα*) clumsy

αδεξιότητα (*η*) awkwardness, clumsiness

αδερφή (*η*) *βλ* **αδελφή**

αδέρφι (*το*) brother

αδερφός (*ο*) *βλ* **αδελφός**

αδέσμευτος *επίθ* unattached. (*απαλλαγμένος από υποχρεώσεις*) under no obligation

αδέσποτος *επίθ* stray (*animal*)

αδήλωτος *επίθ* unregistered. (*εμπορεύματα, εισόδημα*) undeclared

Άδης (*ο*) Hades

αδηφάγος *επίθ* voracious

αδιάβαστος *επίθ* (*αμελέτητος*) unprepared (*student*). (*αμόρφωτος*) unread. (*δυσνόητο κείμενο*) unreadable. (*κακογραμμένο κείμενο*) illegible

αδιάβατος *επίθ* impassable

αδιάβροχος *επίθ* waterproof. **~** (*το*) raincoat, (*καθομ*) mac.

αδιάθετος *επίθ* (*άκεφος*) off colour. (*ελαφρά άρρωστος*) unwell. (*εμπορεύματα*) undisposed of. (*χωρίς διαθήκη*) intestate

αδιαίρετος *επίθ* undivided. (*δεν μπορεί να διαιρεθεί*) indivisible

αδιάκοπος *επίθ* uninterrupted

αδιακρισία (*η*) indiscretion

αδιάκριτος *επίθ* indiscreet. (*ανάγωγος*) tactless. (*χωρίς διάκριση*) indiscriminate

αδιάλειπτος *επίθ* unremitting

αδιάλλακτος *επίθ* (*που δεν επιδέχεται συμβιβασμό*) uncompromising. (*ανένδοτος*) intransigent. **~** (*ο*) die-hard

αδιαλλαξία (*η*) intransigence

αδιάλυτος *επίθ* insoluble

αδιανόητος *επίθ* inconceivable, unthinkable

αδιάντροπος *επίθ* shameless. (*θρασύς*) impudent

αδιαπαιδαγώγητος *επίθ* uneducated

αδιαπέραστος *επίθ* impenetrable. (*μεταφ*) impervious

αδιάρρηκτος *επίθ* not broken into. (*μεταφ*) indissoluble

αδιάσειστος *επίθ* incontrovertible

αδιατάρακτος *επίθ* undisturbed

αδιαφανής *επίθ* opaque. (*γυαλί*) frosted

αδιάφθορος *επίθ* incorruptible

αδιαφορία (*η*) indifference. (*αμεριμνησία*) unconcern

αδιάφορος *επίθ* indifferent. (*γεύση*) bland. (*στάση*) casual

αδιαφορώ *ρ αμτβ* be indifferent

αδιέξοδο (*το*) blind alley, cul-de-sac. (*κατάσταση χωρίς διαφυγή*) deadlock, impasse

αδίκημα (*το*) offence

αδικία (*η*) wrong. (*παράβαση ηθικής*) unfairness. (*παράβαση νόμου*) injustice

άδικ|ος *επίθ* unjust. (*ηθικά*) unfair. **~ο** (*το*) wrong. **έχω**

~ο be in the wrong. **~α** *επίρρ* unfairly, wrongly

αδικώ *ρ μτβ* wrong

αδιόρθωτος *επίθ* unrepaired. (*γραπτά*) unmarked. (*δεν επιδέχεται βελτίωση*) hopeless. (*δεν επιδέχεται διόρθωση*) irreparable

αδίστακτος *επίθ* unhesitating. (*χωρίς ηθικούς ενδοιασμούς*) unscrupulous. (*ανελέητος*) ruthless

αδοκίμαστος *επίθ* untried. (*φαγητό*) untasted

άδολος *επίθ* ingenuous

άδοξος *επίθ* inglorious

αδούλευτος *επίθ* (*υλικό*) unprocessed. (*γη*) uncultivated

αδράνεια (*η*) inertia. (*μεταφ*) inactivity

αδραν|ής *επίθ* inert. (*μεταφ*) inactive. **~ώ** *ρ αμτβ* be inactive

αδράχτι (*το*) spindle

αδρεναλίνη (*η*) adrenalin

Αδριατική (Θάλασσα) (*η*) Adriatic (Sea)

αδρός *επίθ* (*χαρακτηριστικά*) rough. (*άφθονος*) handsome

αδυναμία (*η*) (*έλλειψη δύναμης*) weakness. (*έλλειψη ικανότητας*) inability. (*χαρακτήρα*) failing. (*των γηρατειών*) infirmity

αδύναμος *επίθ* feeble

αδυνατίζω *ρ αμτβ* (*χάνω βάρος*) slim. (*χάνω δύναμη*) weaken. (*μνήμη*) fail

αδύνατ|ος *επίθ* (*ισχνός*) thin. (*δικαιολογία*) flimsy. (*χωρίς δύναμη*) weak. (*φωνή, θόρυβος*) faint. (*φως*) dim. (*ακατόρθωτος*) impossible.

κάνω τ΄ ~α δυνατά do one's utmost

αδυνατώ *ρ αμτβ* **~ να** be unable to, cannot

αδυσώπητος *επίθ* inexorable

άδωρ|ος *επίθ* **δώρον ~ν** useless gift

Α.Ε. *συντ* S.A. *βλ* **ανώνυμος**

αειθαλής *επίθ* (*φυτό*) evergreen

αείμνηστος *επίθ* (*για νεκρό*) dear departed

αεραγωγός (*ο*) air duct

αεράκι (*το*) breeze

αεράμυνα (*η*) air defence

αέρας (*ο*) air. (*άνεμος*) wind. (*στη συμπεριφορά*) panache. **κάνω ~ να** oneself. **της πήρα τον ~** I cut her down to size

αεργία (*η*) inactivity

αερίζω *ρ μτβ* (*δωμάτιο κλπ*) air. (*με βεντάλια*) fan

αερικό (*το*) pixie

αέρι|ο (*το*) gas

αεριούχος *επίθ* fizzy

αεριωθούμενος *επίθ* jet-propelled

αεροβασί|α (*η*) daydreaming. **~ες** (*οι*) aerobatics

αεροβατώ *ρ αμτβ* have one's head in the clouds

αεροβόλο (*το*) air gun

αερογέφυρα (*η*) airlift

αερογραμμή (*η*) airline

αεροδρόμιο (*το*) airfield. (*αεροπ*) aerodrome. (*καθομ*) airport

αεροδυναμικός *επίθ* aerodynamic. (*μεταφ*) streamlined

αεροζόλ (*το*) *άκλ* aerosol

αερόθερμο (το) fan heater

αερολιμένας (ο) airport

αεροπειρατεία (η) hijacking

αεροπλάνο (το) aeroplane

αεροπορία (η) aviation. **Α~** (η) Air Force

αεροπορικ|ός επίθ air. **~ή βάση** (η) air base. **~ό ταχυδρομείο** (το) air mail

αεροσκάφος (το) aircraft (άκλ)

αερόστατο (το) hot-air balloon

αεροστεγής επίθ airtight

αεροσυνοδός (ο) air steward. **~** (η) air hostess

αετίσι|ος επίθ aquiline. **~ο βλέμμα** (το) keen eyesight

αετός (ο) eagle

αέτωμα (το) gable

αζήτητος επίθ unclaimed

αζύμωτος επίθ (κρασί) unfermented. (ψωμί) not kneaded

άζωτο (το) nitrogen

αηδί|α (η) disgust, loathing. (αποστροφή) revulsion. **~ες** rubbish. **φέρνω ~α** nauseate

αηδιάζω ρ μτβ disgust. • ρ αμτβ be disgusted

αηδιασμένος επίθ disgusted

αηδιαστικός επίθ disgusting. (αναγουλιαστικός) nauseating

αηδόνι (το) nightingale

αθανασία (η) immortality

αθάνατος επίθ immortal. (αιώνιος) undying

αθέατος επίθ unseen

αθεϊσμός (ο) atheism

αθεϊστής (ο) atheist

αθεΐστρια (η) atheist

άθελ|ος επίθ unwitting. **~α** επίρρ unwittingly

αθέλητος επίθ involuntary

αθέμιτ|ος επίθ illicit. **~α** επίρρ illicitly

άθεος επίθ atheistic. **~** (ο) atheist

αθεόφοβος επίθ ungodly. **~** (ο) (μεταφ) rascal

αθεράπευτος επίθ incurable

αθέτηση (η) breach (of contract)

αθετώ ρ μτβ (λόγο) break. (συμφωνία) breach

Αθήνα (η) Athens

αθηναϊκός επίθ Athenian

Αθηναί|ος (ο), **~α** (η) Athenian

άθικτος επίθ untouched. (αβλαβής) unharmed. (ανέπαφος) intact

άθλημα (το) sport

αθλητικός επίθ (για σπορ) sporting. (για αθλητή) athletic

αθλη|τής (ο), **~τρια** (η) athlete

αθλητισμός (ο) athletics

άθλιος επίθ miserable, wretched. **~** (ο) wretch

αθλιότητα (η) misery

άθλος (ο) feat

αθόρυβος επίθ noiseless

άθραυστος επίθ unbreakable

άθρησκος επίθ irreligious

αθροίζω ρ μτβ add up

άθροισμα (το) sum. (προσθέσεως) total

αθώος επίθ innocent

αθωότητα (η) innocence

αθωώνω ρ μτβ acquit

αθώωση (η) acquittal

Αίαντας (ο) Ajax
Αιγαίο (το) Aegean (Sea)
αιγίδα (η) auspices
Αίγινα (η) Aegina
αίγλη (η) glamour
Αιγόκερος (ο) Capricorn
αιγοπρόβατα (τα) (flock of) sheep and goats
Αιγύπτιος (ο) Egyptian
αιγυπτιακός επίθ Egyptian
Αίγυπτος (η) Egypt
αιθέρας (ο) (αναισθητικό) ether. (ουρανός) sky
αιθέριος επίθ ethereal
αίθουσα (η) room. ~ χορού ballroom
αίθριος επίθ (καιρός) fair. (ουρανός) clear.
αιλουροειδής επίθ feline
αίμα (το) blood
αιματηρός επίθ bloody
αιματοβαμμένος επίθ bloodstained
αιματοχυσία (η) bloodshed
αιμοβόρος επίθ bloodthirsty
αιμοδιάγραμμα (το) blood count
αιμομιξία (η) incest
αιμορραγία (η) haemorrhage. ~ώ ρ αμτβ bleed
αιμορροΐδες (οι) haemorrhoids. (καθομ) piles
αιμοσφαίριο (το) corpuscle
αίνιγμα (το) riddle. (μεταφ) enigma
αινιγματικός επίθ enigmatic
άιντε (επιφών) βλ άντε
αιολικό πάρκο (το) wind farm
αίρεση (η) heresy
αισθάνομαι ρ αμτβ feel

αίσθημα (το) feeling. (έρωτας) love
αισθηματικός επίθ sentimental
αίσθηση (η) sense. (αντίληψη) feeling. (ζωηρή εντύπωση) sensation. **αισθήσεις** (οι) consciousness
αισθησιακός επίθ sensuous, sensual
αισθητική (η) aesthetics. ινστιτούτο ~ς beauty salon
αισθητικ|ός επίθ aesthetic. ~ός (ο, η) beautician
αισθητός επίθ noticeable. (εντυπωσιακός) remarkable
αισιοδοξία (η) optimism
αισιόδοξος επίθ optimistic. **αισιόδοξος** (ο) optimist
αισιοδοξώ ρ αμτβ be optimistic
αίσχος (το) outrage
αισχροκέρδεια (η) profiteering
αισχρολογία (η) obscenity
αισχρός επίθ (λόγια) obscene. (αχρείος) disgraceful
αισχρότητα (η) obscenity
αίτημα (το) request
αίτηση (η) (γραπτή) application. (παράκληση) petition
αιτία (η) cause, reason
αιτιατική (η) accusative
αιτιολογία (η) rationale
αιτιολογώ ρ μτβ rationalize
αιτούμαι ρ αμτβ request
αιφνιδιάζω ρ μτβ take by surprise
αιφνιδιασμός (ο) surprise
αιχμαλωτίζω ρ μτβ capture. (μεταφ) captivate
αιχμάλωτος επίθ captive. (μεταφ) slave

αιχμή (η) spearhead. (κυκλοφορίας) rush-hour. (μυτερή άκρη) point. (ψηλότερο σημείο) peak

αιχμηρός επίθ pointed

αιώνας (ο) century. (μεταφ) age

αιώνιος επίθ perennial, eternal. (ανθεκτικός) long-lasting

αιωνιότητα (η) eternity

αιώρα (η) hammock

αιωρούμαι ρ αμτβ hover. (κρέμομαι και κινούμαι) swing

ακαδημαϊκός επίθ academic

ακαδημία (η) academy

ακαθάριστος επίθ not cleaned. (κέρδος, εισόδημα) gross. (φρούτα) not peeled

ακαθαρσί|α (η) dirt. (λέρα) filth. **~ες** excrement, (καθομ) mess

ακάθαρτος επίθ unclean, dirty. (αναμειχτός με άλλες ουσίες) impure

ακαθόριστος επίθ (ηλικία, αριθμός) indeterminate. (σχέδιο, ιδέα) hazy, vague

άκαιρος επίθ inopportune, untimely

ακακία (η) acacia

άκακος επίθ (χωρίς κακία) harmless. (αθώος) innocent

ακαλλιέργητος επίθ (χωράφι) uncultivated. (άνθρωπος) uncultured

ακάλυπτ|ος επίθ uncovered. (απροστάτευτος) unprotected. (επιταγή) dud

ακαμάτης (ο) loafer

άκαμπτος επίθ stiff. (αδιάλακτος) inflexible. (αλύγιστος) rigid

ακανόνιστος επίθ (αδιευθέτητος) unsettled. (μη συμμετρικός) uneven. (σχήμα, διάστημα) irregular

άκαρδος επίθ heartless

άκαρι (το) mite

ακαριαίος επίθ instantaneous

άκαρπος επίθ fruitless. (ανώφελος) vain

ακατάδεκτος επίθ stand-offish

ακατάληπτος επίθ unintelligible

ακατάλληλος επίθ unsuitable. (τόπος, χρόνος) inconvenient

ακατανίκητος επίθ unbeatable

ακατανοησία (η) incomprehension

ακατανόητος επίθ incomprehensible

ακατάπαυστος επίθ ceaseless. (αδιάκοπος) incessant

ακατάστατος επίθ untidy. (καιρός) unstable

ακατέργαστος επίθ unprocessed. (διαμάντι) uncut. (ζάχαρη) unrefined. (μεταφ) uncouth

ακατοίκητ|ος επίθ uninhabited. (μη κατοικήσιμος) uninhabitable

ακατόρθωτος επίθ unattainable. (ανέφικτος) unfeasible

άκατος (η) launch

ακέραιος επίθ (άνθρωπος) upright. (αριθμός) whole

ακεραιότητα (η) integrity

ακέφαλος επίθ headless. (μεταφ) leaderless

ακεφιά (η) low spirits

άκεφος επίθ low-spirited

ακηλίδωτος επίθ stainless. (άμεμπτος) unblemished

ακιδωτός *επίθ* barbed

ακίνδυνος *επίθ* not dangerous. (*ζώο, άνθρωπος*) harmless

ακινησία (*η*) immobility

ακινητοποίηση (*η*) immobilization. **σε ~** at a standstill

ακινητοποιώ *ρ μτβ* immobilize

ακίνητ|ος *επίθ* immobile. (*δεν επιδέχεται μετακίνηση*) immovable. (*μη κινούμενος*) motionless. (*στάσιμος*) stationary. **~ο** (*το*) real estate

ακλόνητος *επίθ* unshakeable. (*σταθερός*) steadfast. (*πίστη*) unswerving

ακμάζω *ρ αμτβ* flourish. (*επιχείρηση*) boom

ακμαίος *επίθ* flourishing

ακμή¹ (*η*) (*ξυραφιού*) edge. (*σπυράκια*) acne

ακμή² (*η*) prosperity. (*ανθρώπου*) prime. (*ανώτατο σημείο*) peak. (*εμπορίου*) boom

ακοή (*η*) hearing

ακοινώνητος *επίθ* unsociable

ακολασία (*η*) debauchery

ακολουθία (*η*) escort. (*βασιλική*) retinue. (*εκκλ*) service (*in church*)

ακόλουθος *επίθ* following. **~** (*ο*) attendant. **εμπορικός ~** commercial attaché

ακολουθώ *ρ μτβ* follow

ακολούθως *επίρρ* subsequently. **ως ~** as follows

ακόμη, ακόμα *επίρρ* yet, still. **~ καλύτερος** even better. **~ κι αν** even if. **~ κι έτσι** even so. **~ λίγο** some more. **~ μια φορά** once more

άκομψος *επίθ* inelegant

ακονίζω *ρ μτβ* sharpen. (*όρεξη*) whet

ακονιστήρι (*το*) (*μηχ*) sharpener

ακόντιο (*το*) javelin

άκοπος *επίθ* uncut. (*εύκολος*) effortless

ακόρεστος *επίθ* insatiable

ακουμπώ *ρ μτβ* lean. (*αγγίζω*) touch. • *ρ αμτβ* rest. (*στηρίζομαι*) lean against

ακούραστος *επίθ* tireless, indefatigable

ακούρδιστος *επίθ* (*μουσ*) not tuned. (*ρολόι*) unwound

ακούσιος *επίθ* unintentional

ακουστική (*η*) acoustics

ακουστικ|ό (*το*) headphone. (*τηλεφώνου*) receiver. **~ό βαρηκοΐας** (*το*) hearing-aid. **~ά** (*τα*) earphones

ακουστικός *επίθ* acoustic

ακουστός *επίθ* audible. (*ξακουσμένος*) renowned

ακούω *ρ μτβ/ρ αμτβ* hear. (*υπακούω*) listen. **άκου!** listen! **άκουσέ με** listen to me

άκρα (*τα*) extremities. (*κατάσταση*) extremes

ακραίος *επίθ* extreme

ακράτεια (*η*) intemperance. (*ιατρ*) incontinence

ακρατής *επίθ* incontinent

άκρη (*η*) end. (*δρόμου*) roadside. (*μολυβιού, μαχαιριού*) tip. (*τελευταίο σημείο*) end. (*χείλος*) edge

ακρίβεια¹ (*η*) dearness

ακρίβεια² (*η*) accuracy. (*τελειότητα*) precision. (*ώρα*) punctuality

ακριβής *επίθ* precise. (*σωστός*) accurate. (*στην ώρα*) punctual

ακριβοπληρώνω *ρ μτβ* overpay. • *ρ αμτβ* pay dearly

ακριβός *επίθ* expensive, costly. (*καθομ*) pricey. (*αγαπητός*) dearest

ακριβώς *επίρρ* exactly, precisely. (*στην ώρα*) punctually. ~! quite (so)!

ακρίδα (*η*) grasshopper. (*σε σμήνος*) locust

ακριτομύθια (*η*) indiscretion

άκρο (*το*) (*άκρη*) end. (*του σώματος*) extremity. (*μεταφ*) extreme

ακρόαση (*η*) listening. (*θέατρο*) audition

ακροατήριο (*το*) audience

ακροατής (*ο*), **~άτρια** (*η*) listener

ακροβασία (*η*) acrobatics

ακροβάτης (*ο*), **~τισσα** (*η*) acrobat

ακροβολισμός (*ο*) skirmish

ακρογιάλι (*το*) *βλ* **ακρογιαλιά**

ακρογιαλιά (*η*) seashore

ακρόπολη (*η*) citadel. **η Α~** the Acropolis

ακρότητα (*η*) extremity. (*υπερβολή*) excess

ακρωτηριάζω *ρ μτβ* mutilate. (*ιατρ*) amputate

ακρωτήριο (*το*) cape, promontory

ακτή (*η*) coastline. (*παραλία*) shore, beach

ακτίν|α (*η*) beam. (*δράσεως*) range. (*μαθημ*) radius. (*μεταφ*) ray. (*τροχού*) spoke. **~ες Χ** (*οι*) X-rays

ακτινοβολία (*η*) radiance. (*φυσ*) radiation

ακτινοβόλος *επίθ* radiant

ακτινογραφία (*η*) X-ray

ακτινολογία (*η*) radiography

ακτοφυλακή (*η*) coastguard

ακυβέρνητος *επίθ* ungovernable. (*πλοίο*) adrift. (*χώρα*) without government

άκυρος *επίθ* invalid. (*γάμος*) null. (*συμφωνία*) void

ακυρώνω *ρ μτβ* nullify. (*ανακαλώ*) rescind. (*γάμο*) annul. (*καταργώ*) repeal. (*νομ*) void. (*παραγγελία*) cancel

αλάβαστρο (*το*) alabaster

αλαζόνας *επίθ* arrogant

αλαζονεία (*η*) arrogance

αλάθητος *επίθ* unerring. (*αναμάρτητος*) infallible

αλάνθαστος *επίθ* unmistakable. (*ιδέα*) foolproof

αλάτι (*το*) salt

αλατιέρα (*η*) saltcellar

αλατίζω *ρ μτβ* salt

αλατούχος *επίθ* saline

αλαφρόμυαλος *επίθ* scatterbrain

άλγεβρα (*η*) algebra

Αλγερία (*η*) Algeria

Αλγεριν|ός (*ο*), **~ή** (*η*) *επίθ* Algerian

αλγόριθμος (*ο*) algorithm

αλέα (*η*) alley

αλέθω *ρ μτβ* grind, mill

αλείφω *ρ μτβ/ρ αμτβ* spread (*jam etc.*). (*με γάλα ή αυγό*) glaze. (*με λίπος*) baste

αλεξήλιο (*το*) sun visor

αλεξίπτωτο (*το*) parachute

αλεξίσφαιρος *επίθ* bullet-proof

αλεπού (*η*) fox

άλεσμα (*το*) grinding

αλεσμένος *επίθ* ground

αλέτρι (*το*) plough

αλεύρι (*το*) flour. (*από βρώμη*) oatmeal

αλευρόμυλος (*ο*) flour mill

αλευρώνω *ρ μτβ* flour

αλήθεια (*η*) truth. • *επίρρ* incidentally, by the way

αληθής *επίθ βλ* **αληθινός**.
~ώς *επίρρ* **~ώς ανέστη** He has truly risen (*Easter greeting*)

αληθιν|ός *επίθ* true.
(*πραγματικός*) real. **~ά** *επίρρ* truthfully. (*πραγματικά*) truly

αλησμόνητος *επίθ* unforgettable. (*αξέχαστος*) memorable

αλητεία (*η*) vagrancy

αλήτ|ης (*ο*), **~ισσα** (*η*) tramp.
(*περιπλανόμενος*) vagrant

αλιγάτορας (*ο*) alligator

αλιεία (*η*) fishing

αλίμονο *επιφών* alas

αλιτήριος (*ο*) scamp

αλκαλικός *επίθ* alkaline

αλκάλιο (*το*) alkali

άλκη (*η ευρωπαϊκή*) (*η*) moose

αλκοόλ (*το*) *άκλ βλ* **αλκοόλη**

αλκοόλη (*η*) alcohol

αλκοολι|κός (*ο*) alcoholic.
~σμός (*ο*) alcoholism

αλκοτέστ (*το*) *άκλ* breathalyser

αλκυονίδα (*η*) kingfisher

αλλά *σύνδ* but. (*όμως*) yet

αλλαγή (*η*) change.
(*αντικατάσταση*) change-over.
(*τροποποίηση*) alteration

αλλάζω *ρ μτβ/αμτβ* change.
(*αντικαθιστώ*) switch.
(*τροποποιώ*) alter

αλλαντικά (*τα*) cooked and smoked meats

αλλαντοπωλείο (*το*) delicatessen

αλλαξοπιστώ *ρ αμτβ* change faith

αλλεπάλληλος *επίθ* repeated

αλλεργία (*η*) allergy

αλλεργικός *επίθ* allergic

αλληθωρίζω *ρ αμτβ* squint

αλλήθωρος *επίθ* cross-eyed

αλληλεγγύη (*η*) solidarity

αλληλένδετος *επίθ* interrelated

αλληλεπιδρώ *ρ αμτβ* interact

αλληλο- *πρόθεμ* inter-

αλληλογραφία (*η*)
correspondence. **~ώ** *ρ αμτβ* correspond

αλληλούια *επιφών* hallelujah

αλλήλους *αντων* each other

αλλιώ|ς *επίρρ* otherwise.
~τικος *επίθ* different

αλλοδαπ|ή (*η*) abroad. **~ός** *επίθ* foreign. **~ός** (*ο*) alien

άλλοθι (*το*) alibi

αλλοιώνω *ρ μτβ* (*νοθεύω*) adulterate. (*παραποιώ*) falsify.
(*πρόσωπο*) distort. (*χαλώ*) spoil

αλλοίωση (*η*) change.
(*εγγράφων*) falsification.
(*τροφίμων*) adulteration

αλλόκοτος *επίθ* weird.
(*ανθρωπος*) odd. (*εμφάνιση*) grotesque. (*συνθήκες*) bizarre.
(*τόπος*) eerie

άλλος *επίθ* other.
(*διαφορετικός*) different. (*μέρα, μήνας*) next. *αντων* another,

more. **δίχως ~ο** without fail.
κάθε ~ο not at all

άλλοτε *επίρρ* formerly

αλλού *επίρρ* elsewhere

αλλόφρονας *επίθ* distraught

άλλωστε *επίρρ* besides

άλμα (*το*) leap

αλματ|ώδης *επίθ* very rapid.
~ωδώς *επίρρ* by leaps and
bounds

άλμη (*η*) brine

αλμύρα (*η*) salinity

αλμυρ|ός *επίθ* salty. (*μπισκότα
κλπ*) savoury. (*τιμή*) high. **~ά**
(*τα*) savouries

αλογάκι (*το*) young horse.
(*είδος*) pony

αλογάριαστ|ος *επίθ* not settled.
(*αμέτρητος*) incalculable.
(*ασυλλόγιστος*) rash. **~α** *επίρρ*
rashly

αλογατάκι (*το*) (*έντομο*) daddy-
long-legs

αλογίσιος *επίθ* horsy

άλογο (*το*) horse. (*σκάκι*)
knight

αλογόμυγα (*η*) horsefly

αλογοουρά (*η*) ponytail

άλογος *επίθ* devoid of reason

αλογότριχα (*η*) horsehair

αλοιφή (*η*) ointment. (*για χείλη*)
lip salve. (*ιατρ*) cream

αλουμίνιο (*το*) aluminium

αλουμινόχαρτο (*το*) silver foil

άλπειος *επίθ* Alpine

Άλπεις (*οι*) Alps

αλπικός *επίθ* alpine

άλσος (*το*) grove

αλτ *επιφών* halt, stop

αλτρουϊσμός (*ο*) altruism

αλύγιστος *επίθ* unbending

αλύπητος *επίθ* merciless

αλυσίδα (*η*) chain

αλυσιδωτός *επίθ* chain

αλυσοδένω *ρ μτβ* chain

άλυτος *επίθ* insoluble. (*μεταφ*)
unresolved

άλφα (*το*) *άκλ* alpha

αλφαβητάριο (*το*) primer

αλφαβητικός *επίθ* alphabetical

αλφάβητο (*το*) alphabet

αλφαβήτα (*η*) ABC

αλχημεία (*η*) alchemy

αλώνι (*το*) threshing floor

αλωνίζω *ρ μτβ* thresh

άλωση (*η*) capture, fall

άμα *σύνδ* when

αμαζόνα (*η*) amazon

αμάθεια (*η*) ignorance

αμαθής *επίθ* ignorant

αμακαδόρος (*ο*) sponger

αμαμηλίς (*η*) witch hazel

αμάν *επιφών* for goodness sake

άμαξα (*η*) stage-coach

αμάξι (*το*) (*λαϊκ*) car

αμαξοστοιχία (*η*) train

αμάξωμα (*το*) body (*of car*)

αμαρτάνω *ρ αμτβ* sin

αμαρτία (*η*) sin

άμαχος *επίθ* non-combatant

αμβλύνω *ρ μτβ* (*όργανο*) blunt.
(*πόνο*) dull

αμβλύς *επίθ* blunt. (*γωνία*)
obtuse. (*πόνος*) dull

άμβωνας (*ο*) pulpit

άμε *επιφών* go

αμέ *επίρρ* sure

αμέθυστος (*ο*) amethyst

αμείβω *ρ μτβ* remunerate

αμείλικτος *επίθ* relentless

αμέλεια *(η)* negligence

αμελής *επίθ (στο καθήκον)* negligent. *(άνθρωπος)* slack

αμελώ *ρ μτβ* neglect. • *ρ αμτβ* forget.

άμεμπτος *επίθ* unimpeachable. *(διαγωγή)* irreproachable. *(συμπεριφορά)* impeccable

αμερικάνικος *επίθ* American

Αμερικανός *(ο)*, **~ίδα** *(η)* American

Αμερική *(η)* America

αμέριμνος *επίθ* happy-go-lucky

αμερόληπτος *επίθ* unprejudiced. *(γνώμη)* impartial. *(στάση)* detached

άμεσος *επίθ* direct. *(απευθείας)* immediate. *(από πρώτο χέρι)* first-hand

αμέσως *επίρρ* immediately. *(ευθύς)* directly. *(χωρίς καθυστέρηση)* at once, straight away

αμεταβίβαστος *επίθ* not transferable

αμετάβλητος *επίθ (δεν έχει μεταβληθεί)* unchanged. *(δεν μπορεί να μεταβληθεί)* unchangeable. *(τιμή)* constant

αμετάκλητος *επίθ* irreversible

αμετανόητος *επίθ* unrepentant

αμετάφραστος *επίθ (δεν έχει μεταφραστεί)* untranslated. *(δεν μπορεί να μεταφραστεί)* untranslatable

αμέτοχος *επίθ* not taking part

αμέτρητος *επίθ* not counted. *(αλογάριαστος)* immeasurable. *(αναρίθμητος)* innumerable

άμετρος *επίθ* incalculable

αμήν *επιφών* amen

αμηχανία *(η)* embarrassment. *(απορία)* bewilderment

αμήχανος *επίθ* embarrassed. *(δύσκολος)* awkward. *(μετά από λάθος)* sheepish

αμίαντος *(ο)* asbestos

αμιγής *επίθ* unalloyed. *(μεταφ)* pure

αμίλητος *επίθ* quiet *(not speaking)*

άμιλλα *(η)* rivalry

αμιλλώμαι *ρ αμτβ* rival. *(αγωνίζομαι για)* vie for

αμμοθύελλα *(η)* sandstorm

αμμόλοφος *(ο)* dune

άμμος *(ο)* sand

αμμουδιά *(η)* sands

αμμοχάλικο *(το)* grit

αμμώδης *επίθ* sandy

αμμωνία *(η)* ammonia

αμνημόνευτος *επίθ (δε μνημονεύεται)* immemorial. *(δεν αναφέρεται)* unmentioned

αμνησία *(η)* amnesia

αμνηστία *(η)* amnesty

αμοιβαίος *επίθ* mutual. *(ανταποδοτικός)* reciprocal

αμοιβή *(η)* remuneration. *(γιατρού, δικηγόρου)* fee. *(μεταφ)* reward

άμοιρος *επίθ* hapless

αμόκ *(το) άκλ* amok

αμολάω *ρ μτβ* loosen. *(αφήνω)* let go

αμόλυντος *επίθ* unpolluted. *(μεταφ)* untainted

αμόνι *(το)* anvil

αμορτισέρ *(το) άκλ* shock absorber

άμορφος *επίθ* shapeless. (*χημ*) amorphous

αμόρφωτος *επίθ* uneducated. (*άξεστος*) uncultured

αμούστακος *επίθ* without a moustache

αμπαζούρ (*το*) *άκλ* lampshade

αμπάρι (*το*) hold (*of ship*)

αμπέλι (*το*) vine

αμπελουργός (*ο*) vine grower

αμπελώνας (*ο*) vineyard

αμπέρ (*το*) *άκλ* amp(ere)

άμπωτη (*η*) ebb, low tide

άμυαλος *επίθ* brainless. (*μεταφ*) foolish

αμυγδαλή (*η*) tonsil

αμυγδαλίτιδα (*η*) tonsillitis

αμύγδαλο (*το*) almond

αμυδρός *επίθ* (*φως*) dim. (*χαμόγελο, ελπίδα*) faint

άμυλο (*το*) starch (*in food*)

άμυνα (*η*) defense

αμύνομαι *ρ μτβ* fight in defence of. • *ρ αμτβ* defend oneself

αμυντικός *επίθ* defensive

άμφια (*τα*) vestments

αμφιβάλλω *ρ μτβ* doubt

αμφίβιο|ς *επίθ* amphibious. **~** (*το*) amphibian

αμφιβολία (*η*) doubt

αμφίβολος *επίθ* doubtful. (*αβέβαιος*) dubious

αμφιδέξιος *επίθ* ambidextrous

αμφίεση (*η*) attire

αμφιθαλής *επίθ* sibling

αμφιθέατρο (*το*) amphitheatre

αμφιλογία (*η*) ambiguity

αμφίλογος *επίθ* ambiguous

αμφίρροπος *επίθ* (*αβέβαιος*) in the balance. (*ταλαντευόμενος*) wavering

αμφισβήτηση (*η*) dispute

αμφισβητώ *ρ μτβ* dispute. (*αμφιβάλλω*) query. (*διατυπώνω αντιρρήσεις*) contest. (*την αλήθεια*) challenge

αμφιταλαντεύομαι *ρ αμτβ* dither. (*διστάζω*) waver

αμφορέας (*ο*) amphora

αν *σύνδ* if. (*είτε*) whether. **~ και** although. **εκτός ~** unless

ανά *πρόθ* per

ανα- *σε σύνθεση* (*επανάληψη*) re-

αναβάλλω *ρ μτβ* postpone. (*απόφαση*) defer. (*συνεδρίαση*) adjourn

ανάβαση (*η*) ascent. (*σε άλογο*) mounting

αναβάτη|ς (*ο*), **~ρια** (*η*) rider. (*άλογο*) stallion

αναβιώνω *ρ μτβ/ρ αμτβ* revive

αναβίωση (*η*) revival

αναβλύζω *ρ μτβ/ρ αμτβ* spurt. (*με βία*) gush (*δάκρυα*) well up

αναβολέας (*ο*) stirrup

αναβολή (*η*) postponement. (*νομ*) stay

αναβοσβήνω *ρ μτβ/ρ αμτβ* flash (on and off)

αναβράζω *ρ αμτβ* boil. (*μεταφ*) seethe. **~ν** *επίθ* effervescent

αναβρασμός (*ο*) boiling. (*μεταφ*) ferment

ανάβω *ρ μτβ* light. (*σπίρτο*) strike. (*φως, κινητήρα*) switch on. (*φως*) turn on. • *ρ αμτβ* kindle. (*γλέντι*) get lively. (*οργίζομαι*) get worked up. (*φως*) be on

αναγγελία (*η*) announcement

αναγγέλλω *ρ μτβ* announce. (*νέα*) break

αναγέννηση (η) resurgence. **η Α~** the Renaissance

αναγεννώ ρ μτβ regenerate

αναγκάζω ρ μτβ compel

αναγκαίος επίθ necessary

αναγκαστικός επίθ compulsory

ανάγκη (η) necessity. (έλλειψη) want. (χρεία) need

ανάγλυφο|ς επίθ embossed. **~** (το) (αρχιτ) relief.

αναγνωρίζω ρ μτβ recognize. (δέχομαι) acknowledge. (επιβεβαιώνω) identify. (καθομ) pick out. (παραδέχομαι) admit

αναγνώριση (η) recognition. (επιβεβαίωση) identification. (παραδοχή) acknowledgement. (στρ) reconnaissance

ανάγνωση (η) reading

αναγνώστ|ης (ο), **~ρια** (η) reader

αναγούλα (η) nausea

ανάγωγος επίθ ill-mannered

αναδάσωση (η) reforestation

αναδίνω ρ μτβ emit. (καθομ) give off

αναδιοργανώνω ρ μτβ reorganize

αναδιοργάνωση (η) reorganization

ανάδοχος (ο) (έργου) contractor. (εκδόσεως μετοχών) underwriter. (νονός) godfather

ανάδραση (η) feedback

αναδρομή (η) going back. (κινηματογράφος) flashback. **~ικός** επίθ retrospective

αναδύομαι ρ αμτβ surface

αναζητώ ρ μτβ look for. (αποζητώ) seek

αναζωογονώ ρ αμτβ invigorate

αναζωπυρώνω ρ μτβ rekindle

ανάθεμα (το) anathema. **~ά το!** επιφών damn!

αναθέτω ρ μτβ allocate. (έργο) assign. (καθήκοντα) delegate

αναθεώρηση (η) revision

αναθεωρώ ρ μτβ revise

αναθυμίαση (η) stench. **~ιάσεις** (οι) fumes

αναίδεια (η) impertinence. (θράσος) cheek

αναιδής επίθ impertinent, cheeky

αναιμία (η) anaemia

αναισθησία (η) anaesthesia. (για αισθήματα) callousness

αναισθητικό (το) anaesthetic

αναίσθητος επίθ unconscious. (αδιάφορος) callous. (ασυγκίνητος) insensitive

ανακαινίζω ρ μτβ renovate

ανακαλύπτω ρ μτβ discover, find out. (χρυσό) strike (gold)

ανακάλυψη (η) discovery

ανακαλώ ρ μτβ call back. (στη μνήμη) recall

ανάκατα επίρρ higgledy-piggledy

ανακατάληψη (η) recapture

ανακατασκευάζω ρ μτβ reconstruct

ανακάτεμα (το) (ανάμιξη) blending. (μπέρδεμα) muddle. (στομαχιού) nausea

ανακατεύ|ω ρ μτβ mix. (μαλλιά) ruffle. (μπερδεύω) confuse. (μπλέκω) tangle. (υγρό) stir. (χαρτιά) shuffle. **~ομαι** ρ αμτβ mix (with). (μπερδεύομαι) meddle (in). (με το κόσμο) mingle (with). (στομάχι) turn

ανάκατος επίθ muddled. (ακατάστατος) messy

ανακατώνω ρ μτβ βλ
ανακατεύω

ανακατοσούρα (η) disarray.
(θόρυβος) commotion

ανακάτωτος επίθ unmixed,
unblended

ανακατωτ|ός επίθ mixed-up.
(κλωστή) tangled. **~ά** επίρρ in
a tangle

ανακεφαλαιώνω ρ μτβ/ρ αμτβ
recapitulate

ανακεφαλαίωση (η) (καθομ)
recap

ανακηρύσσω ρ μτβ proclaim

ανακίνηση (η) agitating

ανακινώ ρ μτβ agitate

ανάκληση (η) recall

ανακοινωθέν (το) communiqué

ανακοινώνω ρ μτβ announce

ανακοίνωση (η) announcement

ανακόλουθος επίθ inconsistent

ανακουφίζω ρ μτβ relieve.
(πόνο) alleviate. (πραΰνω)
soothe

ανακούφιση (η) relief. (πόνου)
alleviation

ανακρίβεια (η) inaccuracy.
(μηχ) imprecision

ανακριβής επίθ inaccurate.
(μηχ) imprecise. **~ώς** επίρρ
inaccurately

ανακρίνω ρ μτβ interrogate.
(νομ) examine

ανάκριση (η) (αστυνομίας)
interrogation. (νομ) inquiry

ανακριτής (ο), **~ίτρια** (η)
interrogator

ανάκτηση (η) recovery

ανάκτορο (το) palace

ανακτώ ρ μτβ regain. (μεταφ)
recapture

ανακυκλώνω ρ μτβ recycle

ανακωχή (η) armistice.
(προσωρινή) truce

αναλαμβάνω ρ μτβ undertake.
(διαδέχομαι) take over. (ευθύνη)
assume. **ρ** αμτβ recover

αναλαμπή (η) glimmer

ανάλατος επίθ unsalted. (μεταφ)
insipid

ανάλαφρος επίθ light

αναληθής επίθ untrue

ανάληψη (η) (χρημάτων)
withdrawal. (καθηκόντων)
assumption. **Α~** (εκκλ)
Ascension

αναλογ|ία (η) proportion.
(αριθμός) quota. (μαθημ) ratio.
(σχέση) analogy. **~ικός** επίθ
proportional

αναλογίζομαι ρ μτβ reflect
(on). (κίνδυνο) weigh

ανάλογ|ος επίθ proportional.
(προς την αξία) commensurate.
~α επίρρ accordingly

αναλόγως επίρρ accordingly

ανάλυση (η) analysis. (αριθμών)
breakdown

αναλυτικός επίθ analytical.
(λογαριασμού) itemized

αναλύω ρ μτβ analyze.
(αριθμούς) break down.
(λογαριασμό) itemize

αναλφάβητος επίθ illiterate

αναμασώ ρ μτβ (ζώα) chew
over. (μεταφ) rehash

αναμ(ε)ιγνύω ρ μτβ mix.
(εμπλέκω) implicate. (ποτό)
blend. **~ομαι** ρ αμτβ blend

αναμ(ε)ικτος επίθ mixed

ανάμ(ε)ιξη (η) mixing.
(εμπλοκή) implication. (μεταφ)
meddling

ανάμεσα *επίρρ* among(st)

αναμέτρηση (η) recounting.
(άμιλλα) show-down. (στρ)
confrontation

αναμμένο|ς *επίθ* alight. **το
φως είναι ~** the light is on

ανάμνηση (η) recollection.
(ενθύμιο) memento. (θύμηση)
memory

αναμονή (η) wait(ing).
(προσδοκία) expectation

αναμορφωτήριο (το) Borstal

αναμφίβολος *επίθ* undoubted

αναμφισβήτητος *επίθ*
indisputable. (νικητής) outright

ανανάς (ο) pineapple

άνανδρος *επίθ* unmanly

ανανεώνω *ρ μτβ* renew.
(ανακαινίζω) refurbish. **~τον
χρόνο ομιλίας** top up

ανανέωση (η) renewal

ανανταπόδοτος *επίθ*
unrequited

αναντικατάστατος *επίθ*
irreplaceable

αναξιόπιστος *επίθ* unreliable.
(ανάξιος εμπιστοσύνης)
untrustworthy

αναξιοποίητος *επίθ* (γη)
undeveloped

ανάξιος *επίθ* unworthy

αναπαραγωγή (η)
reproduction. (ζωντανών
οργανισμών) propagation

αναπαράσταση (η)
reconstruction

ανάπαυλα (η) respite

ανάπαυση (η) rest

αναπαυτικός *επίθ* comfortable

αναπηδώ *ρ αμτβ* leap. (άλογο)
buck. (από φόβο) start. (μπάλα)
bounce. (προς τα πίσω) recoil

ανάπηρος *επίθ* handicapped.
~ (ο) invalid

αναπλάθω *ρ μτβ* reshape.
(αναδημιουργώ) recreate

αναπληρώνω *ρ αμτβ* refill.
(αντικαθιστώ) deputize for

αναπληρωτής (ο) deputy

αναπήδημα (το) bounce

αναπηδώ *ρ αμτβ* jump up. (από
φόβο) start. (καρδιά) leap.
(μπάλα) bounce. (προς τα πίσω)
recoil

αναπνευστήρας (ο) (ιατρ)
respirator. (κατάδυσης) snorkel

αναπνευστικός *επίθ* breathing

αναπνέω *ρ αμτβ* breathe

αναπνοή (η) breathing. (ανάσα)
breath

ανάποδα *επίρρ* upside-down.
(ρούχα) inside out

ανάποδη (η) (νομίσματος,
υφάσματος) reverse. (χτύπημα)
backhanded blow. (κολύμπι)
backstroke. (βελονιά στο
πλέξιμο) purl

αναποδιά (η) mishap.
(κακοτυχία) setback.
(δυστροπία) contrariness

αναποδογυρίζω *ρ μτβ* turn
upside-down

αναπολώ *ρ αμτβ* reminisce

αναπόσπαστος *επίθ* integral

αναποφασιστικότητα (η)
indecision

αναποφάσιστος *επίθ*
(διστακτικός) indecisive. (δεν
έχει αποφασίσει ακόμη)
undecided

αναπόφευκτος *επίθ* inevitable,
unavoidable

αναπτήρας (ο) lighter

ανάπτυξη (η) development. (αύξηση) growth. (ερμηνεία) exposition

αναπτύσσω ρ μτβ develop. (θέμα) expand. (θεωρία) elaborate. (ταχύτητα) gather. **~ομαι** ρ αμτβ evolve. (παιδί) develop

άναρθρος επίθ inarticulate

αναρίθμητος επίθ innumerable. (αμέτρητος) countless

αναρμόδιος επίθ incompetent

αναρπάζω ρ μτβ snap up

αναρρηχητικό (το) creeper

αναρριχιέμαι ρ μτβ/ρ αμτβ climb. (φυτά) creep, climb

αναρρώνω ρ αμτβ recuperate. (από αρρώστια) convalesce

ανάρρωση (η) recuperation. (από αρρώστια) convalescence

αναρρωτήριο (το) convalescent home

ανάρτηση (η) suspension

αναρχία (η) anarchy

αναρχικός επίθ anarchic

αναρωτιέμαι ρ αμτβ ask oneself. (απορώ) wonder

ανάσα (η) breath. (ανακούφιση) breather

ανασαίνω ρ αμτβ breathe. (ανακουφίζομαι) have a breather

ανασηκώνω ρ μτβ lift. (μανίκια) roll up

ανασκαλεύω ρ μτβ (φωτιά) poke. (μεταφ) poke into

ανασκαφή (η) digging, excavation. (αρχαιολ) dig

ανάσκελα επίρρ on one's back

ανασκευάζω ρ μτβ refute

ανασκόπηση (η) review

ανασκουμπώνομαι ρ αμτβ roll up one's sleeves. (για δράση) prepare (for action)

αναστήν|ω ρ μτβ resurrect. (μεταφ) revive. **~ομαι** ρ αμτβ rise (from the dead)

ανάσταση (η) resurrection

αναστατος επίθ (ακατάστατος) in disorder. (ταραγμένος) distressed

αναστατών|ω ρ μτβ disconcert. (προκαλώ αναταραχή) disrupt. **~ομαι** ρ αμτβ be distressed

αναστάτωση (η) (δραστηριότητας) flurry. (λαϊκ) flap. (σχεδίων) disruption. (ταραχή) turmoil

αναστέλλω ρ μτβ (ακυρώνω) suspend. (σταματώ) inhibit

αναστεναγμός (ο) sigh

αναστενάζω ρ αμτβ sigh

αναστηλώνω ρ μτβ (κτίριο) restore. (μεταφ) revitalize

ανάστημα (το) height. (μεταφ) stature

αναστολή (η) suspension. (νομ) reprieve. (σταμάτημα) inhibition. (στρ) deferment

αναστροφή (η) reversal. (στροφή κατά 180°) U-turn

ανασυγκρότηση (η) (οικονομίας) reconstruction. (στρ) regrouping

ανασφάλεια (η) insecurity

ανασφαλής επίθ unsafe. (πρόσωπο) insecure

ανασχηματίζω ρ μτβ re-form. (με νέο σχήμα) reshuffle

αναταραχή (η) disturbance. (αναστάτωση) unrest. (συγκίνηση) agitation

ανάταση (η) (των χεριών)
raising. (ηθική) uplift

ανατέλλω ρ αμτβ (ήλιος) rise

ανατίμηση (η) revaluation

ανατίναγμα (το) (σε δρόμο)
bumping, jerking

ανατινάζω ρ μτβ blow up, blast

ανατίναξη (η) blowing up

ανατολή (η) east. (του ηλίου)
sunrise. **η A~** the Orient. **η
Άπω A~** the Far East

ανατολικός επίθ east. (άνεμος)
easterly. (της Ανατολής)
Eastern

ανατομή (η) dissection

ανατομία (η) anatomy

ανατρέπω ρ μτβ
(αναποδογυρίζω) overturn.
(απόφαση) quash. (κυβέρνηση)
overthrow. (σχέδια) thwart.
(υπολογισμούς) upset

ανατρέφω ρ μτβ (παιδιά) bring
up

ανατρέχω ρ μτβ retrace. (σε
πηγές γνώσεις) refer (σε to)

ανατριχιάζω ρ αμτβ shudder.

ανατριχίλα (η) shudder. (από
κρύο) goose-flesh, goose-
pimples

ανατροπή (η) overturning.
(αποφάσεως) quashing.
(κυβερνήσεως) overthrow.
(σχεδίου) thwarting

ανατροφή (η) upbringing.
(τρόποι) breeding

ανατυπώνω ρ μτβ reprint

άναυδος επίθ speechless

αναφέρω ρ μτβ mention.
(παραδείγματα) cite.
(παραπέμπω) refer to. (δίνω
αναφορά) report

αναφιλητό (το) sobbing

αναφλέγω/ομαι ρ μτβ/ρ αμτβ
ignite

ανάφλεξη (η) ignition

αναφορά (η) (έκθεση) report.
(μνεία) mention. (παραπομπή)
reference. (στρ) dispatch

αναφυλλητό (το) βλ
αναφιλητό

αναφώνηση (η) exclamation

αναφωνώ ρ αμτβ exclaim

αναχαιτίζω ρ μτβ check, curb.
(αεροπλάνο) intercept

αναχρονισμός (ο)
anachronism

ανάχωμα (το) (μεταξύ ξηράς και
θάλασσας) dike. (σε σιδηρ
γραμμή ή ποτάμι) embankment

αναχώρηση (η) departure

αναχωρώ ρ αμτβ depart

αναψυκτήριο (το)
refreshments. **~ικό** (το) soft
drink

αναψυχή (η) recreation

ανδρας (ο) βλ **άντρας**

ανδρεία (η) valour. **~ος** επίθ
valiant. **~κελο** (το) puppet

ανδρικός επίθ male. (για άντρες)
for men

ανδρισμός (ο) manhood

ανδρόγυνο (το) husband and
wife

ανδροπρεπής επίθ manly. (για
γυναίκα) mannish

ανεβάζω ρ μτβ move up.
(ανυψώνω) raise. (κινημ έργο)
present. (στη θεατρική σκηνή)
stage. (τιμή) put up

ανεβαίνω ρ μτβ/αμτβ climb. (σε
θρόνο) accede. (κοινωνικά,
τιμές) rise. (ποδήλατο, άλογο)

mount. (σε λεωφορείο) get on. (σε πλοίο) board

ανεβοκατεβαίνω ρ αμτβ go up and down. (βάρκα) bob up and down

ανέγγιχτος επίθ untouched. (απείραχτος) intact

ανεγείρω ρ μτβ erect

ανειλικρίνεια (η) insincerity. **~ινής** επίθ insincere

ανέκαθεν επίρρ all along

ανέκδοτο (το) anecdote

ανεκμετάλλευτος επίθ unexploited

ανεκτικός επίθ tolerant

ανεκτικότητα (η) tolerance. (κοινωνίας) permissiveness

ανεκτίμητος επίθ invaluable. (θησαυρός) priceless

ανεκτός επίθ tolerable

ανέκφραστος επίθ unutterable. (έκφραση) blank. (μάτια) glassy

ανελέητος επίθ merciless. (σκληρός) ruthless

ανελκυστήρας (ο) lift, (αμερ) elevator

ανέλπιστος επίθ unexpected

ανέμελος επίθ debonair. (καθομ) slap-happy

ανέμη (η) spinning-wheel

ανεμίζω ρ μτβ air. (κουνώ) wave. • ρ αμτβ flutter

ανεμιστήρας (ο) fan

ανεμοβλογιά (η) chicken-pox

ανεμοδείκτης (ο) weathercock, weather vane

ανεμοζάλη (η) whirlwind. (μεταφ) turmoil

ανεμοθύελλα (η) windstorm

ανεμόμυλος (ο) windmill

ανεμοπορία (η) hang-gliding

ανεμόπτερο (το) glider

άνεμος (ο) wind

ανεμόσκαλα (η) rope ladder

ανεμοστρόβιλος (ο) whirlwind

ανεμώνα (η) anemone

ανένδοτος επίθ adamant

ανεμπόδιστος επίθ unimpeded

ανενόχλητος επίθ unhindered

ανέντιμος επίθ ignoble

ανεξαιρέτως επίρρ without exception

ανεξακρίβωτος επίθ unverified

ανεξάντλητος επίθ inexhaustible

ανεξαρτησία (η) independence

ανεξάρτητος επίθ independent

ανεξέλεγκτος επίθ uncontrolled. (λογαριασμός) unchecked. (πληροφορία) unconfirmed

ανεξερεύνητος επίθ unexplored

ανεξήγητος επίθ inexplicable. (ακατανόητος) incomprehensible

ανεξίτηλος επίθ indelible. (χρώμα) fast

ανεξιχνίαστος επίθ untraceable. (άνθρωπος) inscrutable. (έγκλημα) unsolved

ανέξοδος επίθ inexpensive

ανεξόφλητος επίθ unsettled, unpaid

ανεπαίσθητος επίθ imperceptible

ανεπανόρθωτ|ος επίθ irretrievable. (αθεράπευτος) irreparable

ανεπάρκεια (η) inadequacy. (επαγγελματική) inefficiency. (ιατρ) insufficiency

ανεπαρκής επίθ inadequate.
(ελλιπής) insufficient. (στη
δουλειά) inefficient

ανέταφος επίθ untouched.
(άθικτος) unscathed. (άρτιος)
intact

ανεπηρέαστος επίθ unaffected

ανεπίδεκτος επίθ not
admitting. (μεταφ) incapable of

ανεπιθύμητος επίθ
undesirable. (ξένος) unwelcome

ανεπίληπτος επίθ
unimpeachable. (διαγωγή)
impeccable

ανεπίσημος επίθ unofficial.
(κοινό) informal

ανεπίτευκτος επίθ
unobtainable. (στόχος)
unattainable

ανεπίτρεπτος επίθ
inadmissible

ανεπιτυχής επίθ unsuccessful

ανεπιφύλακτος επίθ
unqualified. (υποστήριξη)
wholehearted

ανεπτυγμένος επίθ developed

ανεργία (η) unemployment

άνεργος επίθ unemployed

ανέρχομαι ρ αμτβ rise.
(εισόδημα) total. (σε θρόνο)
accede. **~** = add up to

άνεση (η) comfort. (ευχέρεια)
ease

ανέτοιμος επίθ unprepared

άνετος επίθ comfortable,
(καθομ) comfy. (βολικός) easy

ανεύθυνος επίθ irresponsible

ανευλαβής επίθ impious,
irreverent

ανεφάρμοστος επίθ
inapplicable. (δεν μπορεί να
εφαρμοστεί) impracticable

ανέφικτος επίθ unfeasible.
(στόχος) unattainable

ανεφοδιάζ|ω ρ μτβ resupply,
(αποθήκη) restock. **~ομαι** ρ
αμτβ refuel

ανέχομαι ρ μτβ tolerate,
(καθομ) put up with. (υπομένω)
endure. (παραβλέπω) condone

ανεψιά (η) niece

ανεψιός (ο) nephew

ανήθικος επίθ immoral.
(χειρονομία) obscene

άνηθο (το) dill

ανήκουστος επίθ unheard of

ανήκω ρ αμτβ belong

ανήλεος επίθ ruthless.
(ανελέητος) inexorable

ανήλικος επίθ minor, under age

ανήμπορος επίθ helpless

ανήξερος επίθ (άμαθος)
ignorant. (απληροφόρητος)
uninformed. (αθώος) innocent

ανησυχητικός επίθ disturbing

ανησυχία (η) anxiety. (έλλειψη
ησυχίας) disquiet. (ταραχή)
restlessness. (φόβος)
apprehension

ανήσυχος επίθ anxious.
(ανικανοποίητος) restless.
(ταραγμένος) uneasy.
(φοβισμένος) apprehensive

ανησυχώ ρ μτβ trouble.
(ταράζω) disturb. **~** ρ αμτβ
(φοβούμαι) be anxious. (για
κάποιον) be concerned (for so)

ανηφοριά (η) upward slope.
~κός επίθ uphill

ανθεκτικός επίθ tough. (που
αντέχει) durable. (στη φωτιά)
resistant. (άνθρωπος) resilient

ανθεστήρια (τα) flower festival

άνθηση (η) flowering. (μεταφ) flourishing

ανθίζω ρ αμτβ come into flower. (δέντρο) blossom. (μεταφ) flourish

ανθισμένος επίθ blooming. (δέντρο) in blossom

ανθόγαλα (το) cream (of the milk)

ανθοδέσμη (η) bouquet

ανθοδοχείο (το) vase

ανθόκηπος (ο) flower garden

ανθολογία (η) anthology

ανθοπωλείο (το) florist's

ανθοπώλης (ο), **~ις** (η) florist

ανθός (ο) blossom. (μεταφ) pick

άνθος (το) flower

ανθότυρο (το) cream cheese

άνθρακας (ο) (λόγ) coal. (χημεία) carbon. (ιατρ) anthrax

ανθρακωρυχείο (το) colliery

ανθρακωρύχος (ο) coal miner

ανθρωπάκι (το) βλ **ανθρωπάκος**

ανθρωπιά (η) (human) decency

ανθρώπινος επίθ human

ανθρωπισμός (ο) humanism

ανθρωπιστικός επίθ humane. (σχετικός με τον ανθρωπισμό) humanitarian

ανθρωποθυρίδα (η) manhole

ανθρωποκτονία (η) homicide

ανθρωποκυνηγητό (το) man-hunt

ανθρωπολ|ογία (η) anthropology. **~όγος** (ο, η) anthropologist

άνθρωπος[1] (ο) human

άνθρωπο|ς[2] (ο) man, mankind. (προικισμένος ψυχικά) decent

human being. (θνητός) mortal. **~ι** (οι) people

ανθρωπότητα (η) mankind

ανθρωποφ|αγία (η) cannibalism. **~άγος** (ο) cannibal

ανθρωπώρα (η) man-hour

ανθυγιεινός επίθ unhealthy. (συνθήκες) insanitary

ανθυπασπιστής (ο) warrant-officer

ανθυπολοχαγός (ο) second lieutenant

ανθυποπλοίαρχος (ο) second officer

ανία (η) dreariness, tedium

ανιαρός επίθ boring, dreary. (άνθρωπος) tedious. (συζήτηση) dull

ανίατος επίθ incurable. **άσυλο ανιάτων** (το) hospice

ανίδεος (ο) ignoramus

ανιδιοτελής επίθ selfless. (αφιλοκερδής) unselfish

ανίκανος επίθ incapable. (χωρίς δύναμη) helpless. (στη δουλειά) incompetent. (σεξουαλικά) impotent

ανικανότητα (η) incapacity. (αναπηρία) disability. (στη δουλειά) incompetence. (σεξουαλικά) impotence

ανίκητος επίθ unbeaten. (αντίπαλος) invincible. (εμπόδιο) insurmountable

ανισόρροπος επίθ unbalanced. (μεταφ) unsound (of mind)

άνισος επίθ unequal

ανισότητα (η) inequality

ανίσχυρος επίθ powerless

ανίχνευση (η) detection

ανιχνευτής (ο) (συσκευή)
detector. (στρατιώτης) scout

ανιχνεύω ρ μτβ detect

ανίψι (το) (ανεψιός) nephew.
(ανεψιά) niece

ανοδικός επίθ upward

άνοδος (η) (αύξηση) rise.
(ανέβασμα) ascent. (στο θρόνο)
accession

ανοησία (η) foolishness.
(ανθρώπινη) folly. **~ες** (οι)
nonsense, (καθομ) claptrap

ανόητος επίθ foolish. (κουτός)
silly. (παράλογος) senseless.
(παρατηρήσεις) inane

ανόθευτος επίθ unadulterated

άνοια (η) senility

άνοιγμα (το) opening. (κενό)
gap. (παντελονιού) flies.
(πόρτας) doorway. (φούστας)
slit. (φτερών, αψίδας) span

ανοιγοκλείνω ρ αμτβ open and
close. (τα μάτια) blink

ανοίγω ρ μτβ/ρ αμτβ open.
(βρύση) turn on. (διακόπτη)
switch on. (εμπόδιο) clear.
(εφημερίδα, χέρια) spread. (ιατρ)
lance. (πηγάδι) sink. (καιρός)
brighten. (όρεξη) whet

ανοικοδομώ ρ μτβ reconstruct

ανοικτός επίθ βλ **ανοιχτός**

άνοιξη (η) spring

ανοιξιάτικος επίθ spring

ανοιχτήρι (το) opener

ανοιχτόκαρδος επίθ open-
hearted

ανοιχτός επίθ open. (πληγή)
raw. (χρώμα) pale

ανοιχτοχέρης επίθ generous

ανοιχτόχρωμος επίθ light-
coloured

ανομβρία (η) drought

ανομοιόμορφος επίθ patchy

ανόμοιος επίθ dissimilar

άνομος επίθ lawless

ανοξείδωτος επίθ stainless. **~**
χάλυβας stainless steel

άνορακ (το) άκλ anorak

ανόργανος επίθ inorganic

ανοργάνωτος επίθ
disorganised

ανορεξία (η) lack of appetite.
(ιατρ) anorexia

ανορθόγραφος επίθ
(άνθρωπος) bad at spelling.
(κείμενο) full of spelling
mistakes

ανορθόδοξος επίθ unorthodox.
(καθομ) off-beat

ανορθών|ω ρ μτβ raise up.
(μεταφ) restore. **~ομαι** ρ αμτβ
straighten up

ανοσία (η) (ιατρ) immunity

ανοσοποίηση (η)
immunization

ανοσοποιώ ρ μτβ immunize

άνοστος επίθ insipid.
(άνθρωπος) ungainly. (στη
γεύση) unsavoury

ανούσιος επίθ tasteless. (μεταφ)
wishy-washy

ανοχή (η) sufferance

ανταγωνίζομαι ρ μτβ
antagonize

ανταγωνισμός (ο) antagonism.
(εμπ) competition

ανταγων|ιστής (ο), **~ίστρια**
(η) contender. (σε διαγωνισμό)
competitor

ανταγωνιστικός επίθ
antagonistic. (εμπ) competitive

ανταλλαγή (η) exchange. (εμπ) barter. (καθομ) swap

αντάλλαγμα (το) exchange

ανταλλακτήριο (το) bureau de change

ανταλλακτικό (το) spare (part). (στυλό) refill

ανταλλάσσω ρ μτβ exchange, swap. (εμπ) barter

ανταμείβω ρ μτβ recompense. (μεταφ) reward

ανταμοιβή (η) recompense. (μεταφ) reward

αντανάκλαση (η) reflection

αντανακλώ ρ μτβ reflect

αντάξιος επίθ worthy

ανταπεργία (η) lock-out

ανταποδίδω ρ μτβ reciprocate. (αμοιβή) repay. (επίσκεψη) return

ανταποκρίνομαι ρ αμτβ respond

ανταπόκριση (η) response. (σε εφημερίδα) report. (σιδηρόδρομος) connection

ανταποκρι|τής (ο), **~τρια** (η) reporter. (σε εφημερίδα) correspondent

ανταρκτικός επίθ Antarctic. **η Ανταρκτική** the Antarctic

ανταρσία (η) mutiny

αντάρτ|ης (ο), **~ισσα** (η) partisan, guerrilla. (μεταφ) rebel

ανταρτοπόλεμος (ο) guerrilla warfare

άντε επιφών **~ πήγαινε** go on then. **~ να πηγαίνουμε** let's go

αντέγκληση (η) recrimination

αντεξετάζω ρ μτβ cross-examine

αντεπιτίθεμαι ρ αμτβ counter-attack

αντέχω ρ μτβ endure. (δεν υποχωρώ) withstand. (υπομένω) bear. • ρ αμτβ (διατηρούμαι) last

αντηλιακό (το) sun cream

αντηχώ ρ μτβ echo. (βουΐζω από φωνές) reverberate

αντι- πρόθ anti-, vice-, counter-

αντί επίρρ instead. **~ για** instead of

αντιαεροπορικός επίθ anti-aircraft

αντιαισθητικός επίθ unsightly

αντιβιοτικός επίθ antibiotic. **~** (το) antibiotic

αντιγραφή (η) transcription, copying. (απομίμηση) reproduction. (σχολ) cheating

αντίγραφο (το) transcript. (απομίμηση) replica. (τυπογ) copy

αντιγράφω ρ μτβ transcribe, copy. (σχολ) cheat

αντίδι (το) endive

αντιδιαβρωτικός επίθ rustproof

αντίδικος (ο) (νομ) party

αντίδοτο (το) antidote

αντίδραση (η) reaction

αντιδραστικός επίθ reactionary. **~** (ο) reactionary

αντιδρώ ρ αμτβ react

αντίδωρο (το) holy bread

αντιεπαγγελματικός επίθ unprofessional

αντίζηλος (ο) rival

αντίθεση (η) opposition. (διαφορά) contrast. (σχέσης) antithesis. **σε ~** at variance

αντίθετο (το) opposite

αντίθετ|ος επίθ opposite. (ανάποδος) contrasting. (αντίστροφος) contrary. **~ος προς** opposed to. **~α** επίρρ on the contrary

αντίκα (η) antique

αντικαθιστώ ρ μτβ substitute. (αναπληρώνω) replace. (βάρδια) relieve. (εκτοπίζω) supersede

αντικαθρεφτίζω ρ μτβ mirror

αντικανονικός επίθ irregular

αντικατάσταση (η) replacement. (βάρδια) relief

αντικαταστάτ|ης (ο), **~ρια** (η) replacement. (δασκάλου, καθηγητή) supply teacher. (ηθοποιού) understudy

αντικειμενικ|ότητα (η) objectivity. **~ός** επίθ objective

αντικείμενο (το) object

αντικλείδι (το) master key

αντικοινωνικός επίθ antisocial

αντικρίζω ρ μτβ face

αντικρινός επίθ opposite (facing)

αντίκρουση (η) rebuttal

αντικρούω ρ μτβ (επιχείρημα) refute. (κατηγορία) rebut. (χτύπημα) counter

αντίκτυπος (ο) repercussion

αντικυκλώνας (ο) anticyclone

αντιλαμβάνομαι ρ αμτβ/μτβ understand, realize. (εκτιμώ) appreciate

αντιλέγω ρ αμτβ object

αντιλεξικό (το) thesaurus

αντιληπτός επίθ perceptible

αντίληψη (η) perception. (άποψη) view. (ικανότητα να εννοεί) quickness of mind

αντιλόπη (η) antelope

αντιμετωπίζω ρ μτβ encounter. (αντεπεξέρχομαι) cope with. (παίρνω θέση) confront

αντιμέτωπος επίθ facing

αντιμιλώ ρ αμτβ answer back

αντίο (το) goodbye, bye-bye

αντιπάθεια (η) antipathy. (αποστροφή) aversion

αντιπαθητικός επίθ distasteful

αντιπαθώ ρ μτβ dislike

αντίπαλος επίθ rival. **~** (ο) (αντίζηλος) rival. (αντίμαχος) opponent. (σε διαγωνισμό) contestant

αντιπαραθέτω ρ μτβ juxtapose

αντιπαροχή (η) compensation

αντιπηκτικό (το) antifreeze

αντιπληθωρισμός (ο) (εμπ) deflation

αντίποινο (το) reprisal

αντιπολίτευση (η) (πολιτ) opposition

αντιπρόεδρος (ο, η) deputy chairman, vice president

αντιπροσώπευση (η) representation

αντιπροσωπευτικός επίθ representative

αντιπροσωπεύω ρ μτβ represent. (μεταφ) portray

αντιπρόσωπος (ο, η) representative

αντιπροσωπ(ε)ία (η) deputation. (εμπ) agency. (σύνολο αντιπροσώπων) delegation

αντίρρηση (η) objection

αντισηπτικός επίθ antiseptic

αντισταθμίζω ρ μτβ counterbalance. (αποζημιώνω) compensate for. (ισοσταθμίζω) offset

αντίσταση (η) resistance

αντιστέκομαι ρ μτβ/ρ αμτβ resist

αντίστοιχος επίθ equivalent. (συμμετρικός) respective

αντιστοίχως επίρρ respectively

αντιστρέφω ρ μτβ reverse. (αναποδογυρίζω) invert

αντιστροφή (η) reversal. (μεταβολή) inversion

αντίστροφος επίθ reverse. (ανάποδος) inverse

αντιστρόφως επίρρ vice versa

αντισυλληπτικός επίθ contraceptive

αντισύλληψη (η) contraception

αντισυνταγματικός επίθ unconstitutional

αντισφαίριση (η) tennis

αντίσωμα (το) antibody

αντιτίθεμαι ρ μτβ oppose

αντιτορπιλικό (το) (ναυτ) destroyer

αντίτυπο (το) copy. (έργου τέχνης) replica, reproduction

αντίφαση (η) contradiction

αντιφάσκω ρ μτβ contradict

αντιφατικός επίθ conflicting. (ασυμφωνία) contradictory

αντίχειρας (ο) thumb

αντλία (η) pump

αντλώ ρ μτβ pump. (εισόδημα) derive. (πόρους) tap

αντοχή (η) resistance. (υπομονή) endurance. (δύναμη αντίστασης) stamina

άντρας (ο) man. (σύζυγος) husband

αντρεία (η) βλ ανδρεία

αντρείκειος επίθ manly

άντρο (το) lair. (ληστών) den

αντρόγυνο (το) βλ ανδρόγυνο

αντσούγια (η) anchovy

άντυτος επίθ undressed. (ντυμένος ακατάλληλα) not dressed up

αντωνυμία (η) pronoun

άνυδρος επίθ dry. (χωρίς βροχή) arid

ανυπακοή (η) disobedience

ανυπάκουος επίθ disobedient

ανύπαντρος επίθ unmarried

ανύπαρκτος επίθ non-existent

ανυποληψία (η) disrepute

ανυπολόγιστος επίθ incalculable

ανυπομονησία (η) impatience. (ανησυχία) anxiety. (βιασύνη) eagerness

ανυπόμονος επίθ impatient. (ανήσυχος) anxious. (βιαστικός) eager

ανυπομονώ ρ αμτβ be impatient. (αδημονώ) be anxious

ανύποπτος επίθ unsuspecting

ανυπόστατος επίθ unfounded

ανυπότακτος επίθ intractable. (παιδιά) unruly

ανυπόφορος επίθ unbearable. (φέρσιμο) intolerable

ανυποψίαστος επίθ unsuspecting

ανυψώνω ρ μτβ raise. (όχημα) jack up. (μεταφ) elevate

ανυψωτήρας (ο) (μηχ) hoist

άνω επίρρ above, over. ~ κάτω topsy-turvy. ~ τελεία (η) semicolon. ήταν ~ κάτω (δωμάτιο) it was a shambles. (άνθρωπος) he was very upset. προς τα ~ upwards

ανώγι (*το*) top floor (*of house*)

ανώδυνος *επίθ* painless

ανωμαλία (*η*) anomaly. (*αδάφους*) unevenness. (*εκτροπή από τους κανόνες*) irregularity. (*εκτροπή από το φυσιολογικό*) abnormality. (*μηχ*) malfunction

ανώμαλος *επίθ* anomalous. (*γραμμ*) irregular. (*αδάφους*) rough. (*μη ισόπεδος*) uneven. (*μη φυσιολογικός*) abnormal

ανωνυμία (*η*) anonymity

ανώνυμος *επίθ* anonymous, nameless. **~η εταιρεία** Société Anonyme (appr. equivalent to a plc in the UK)

ανώριμος *επίθ* immature

άνωση (*η*) buoyancy

ανώτατος *επίθ* supreme. (*βαθμός*) top

ανώτερος *επίθ* upper. (*ανθρώπου*) noble. (*βαθμός*) senior. (*καλύτερος*) superior. (*παιδεία*) higher. **~** (*ο*) superior

ανωτέρω *επίρρ* above

ανώφελος *επίθ* useless. (*μάταιος*) vain

αξεδιάλυτος *επίθ* unsolved

αξεδίψαστος *επίθ* unquenchable

αξεκαθάριστος *επίθ* not sorted out. (*που δε ρυθμίστηκε*) unsettled

αξεπέραστος *επίθ* insurmountable

αξερίζωτος *επίθ* ineradicable

αξεπλήρωτος *επίθ* (*χρέος*) unsettled. (*χάρη*) beyond return

άξεστος *επίθ* uncouth, coarse

αξέχαστος *επίθ* unforgettable

αξία (*η*) (*σε χρήμα*) value. (*ουσία*) merit. (*χρησιμότητα*) worth. **~ες** (*οι*) (*χρημ*) stock

αξιαγάπητος *επίθ* amiable

αξιέπαινος *επίθ* praiseworthy. (*συμπεριφορά*) commendable

αξίζω *ρ αμτβ* (*έχω χρηματική αξία*) be worth. (*μου πρέπει*) deserve. **~ει τον κόπο** it's worth it

αξίνα (*η*) pickaxe

αξιοθαύμαστος *επίθ* admirable

αξιοθέατ|ος *επίθ* worth seeing. **τα ~α** the sights

αξιοθρήνητος *επίθ* lamentable

αξιοκαταφρόνητος *επίθ* contemptible. (*συμπεριφορά*) despicable

αξιολάτρευτος *επίθ* adorable

αξιόλογος *επίθ* remarkable. (*σημαντικός*) significant

αξιολύπητος *επίθ* wretched, pathetic. (*ελεεινός*) piteous

αξιομνημόνευτος *επίθ* memorable

αξιοπαρατήρητος *επίθ* noteworthy

αξιόπιστος *επίθ* reliable. (*που εμπνέει εμπιστοσύνη*) dependable

αξιοποιώ *ρ μτβ* (*γη*) develop. (*ευκαιρίες*) utilize

αξιοπρέπεια (*η*) dignity

αξιοπρεπής *επίθ* dignified

άξιος *επίθ* (*ικανός*) capable. (*που αξίζει*) worthy. (*που του αρμόζει*) deserving

αξιοσέβαστος *επίθ* respectable

αξιοσημείωτος *επίθ* noteworthy. (*σημαντικός*) notable

αξιότιμ|ος *επίθ* honourable. **Α~ε κύριε/κυρία** Dear Sir/Madam

αξίωμα *(το)* *(αρχή)* axiom. *(θέση)* office

αξιωματικός *επίθ* authoritative. **~** *(ο)* officer

αξιωματούχος *(ο)* dignitary

αξιώ|νω *ρ μτβ* claim, demand. **~νομαι** *ρ αμτβ* manage to

αξίωση *(η)* claim, demand

άξονας *(ο)* *(μηχ)* shaft. *(νοητή ευθεία)* axis. *(τροχού)* axle

αξύριστος *επίθ* unshaven

άοπλος *επίθ* unarmed

αόρατος *επίθ* invisible

αοριστία *(η)* vagueness

αοριστολογία *(η)* generality

αόριστ|ος *επίθ* indefinite. *(ασαφής)* vague. **~ος** *(ο)* *(γραμμ)* past tense. **επ' αόριστο** indefinitely. **~α** *επίρρ* indefinitely, vaguely

αορτή *(η)* aorta

άοσμος *επίθ* odourless

απαγγελία *(η)* *(λέξεων)* elocution. *(ποιημάτων)* recitation

απαγγέλλω *ρ μτβ/αμτβ* *(ποίημα)* recite. *(κατηγορία)* pronounce

απαγόρευση *(η)* prohibition *(νομ)* ban

απαγορεύ|ω *ρ μτβ* prohibit. *(νομ)* ban. *(σε κάποιον)* forbid. **~εται η στάθμευση** no parking. **~εται το κάπνισμα** no smoking

απάγω *ρ μτβ* abduct. *(για λύτρα)* kidnap

απαγωγή *(η)* abduction. *(για λύτρα)* kidnapping. *(εκούσια)* elopement

απάθεια *(η)* apathy

απαθής *επίθ* *(αδιάφορος)* apathetic. *(ασυγκίνητος)* impassive. *(ψύχραιμος)* dispassionate

απαισιοδοξία *(η)* pessimism

απαισιόδοξος *επίθ* pessimistic. **~** *(ο)* pessimist

απαίσιος *επίθ* atrocious. *(αποκρουστικός)* obnoxious. *(φρικτά κακός)* abominable

απαίτηση *(η)* demand. *(δικαιώματος)* claim. *(προϋπόθεση)* requirement

απαιτητικός *επίθ* demanding. *(φασαρίας)* fussy. *(για ρούχα)* particular

απαιτώ *ρ μτβ* demand. *(δικαίωμα)* claim. *(υπακοή)* exact. *(χρειάζομαι)* call for

απαλλαγή *(η)* exemption. *(εκκλ)* dispensation

απαλλάσσω *ρ μτβ* exempt. *(από δυσκολίες)* free. *(από κατηγορία)* clear. *(απολύω)* discharge. *(λυτρώνω)* absolve. **~ομαι** *ρ αμτβ* shake off. **~ομαι από** get rid of

απαλ|ός *επίθ* *(αεράκι)* gentle. *(φωνή)* smooth. *(φως, ήχος)* soft. *(χρώμα)* pastel. **~ά** *επίρρ* gently, softly

απαλύνω *ρ μτβ/ρ αμτβ* soften. *(πόνο)* soothe

απάνθρωπος *επίθ* inhuman. *(σκληρός)* inhumane

άπαντα *(τα)* collected works

απάντηση *(η)* answer, reply. *(αποφασιστική)* retort. *(χιουμοριστική)* rejoinder

απαντώ *ρ μτβ/ρ αμτβ* reply, answer. *(γρήγορα και*

αποφασιστικά retort. *(συναντώ)* meet

απαραβίαστο|ς *επίθ* inviolate. **~** *(το)* inviolability. *(εκκλ)* sanctity

απαράδεκτος *επίθ* unacceptable. *(μαρτυρία)* inadmissible. *(συμπεριφορά)* objectionable

απαραίτητ|ος *επίθ* essential, indispensable. **~ο προσωπικό** *(το)* skeleton staff. **~α** *(τα)* necessities. **~α** *επίρρ* essentially

απαράλλαχτος *επίθ* identical

απαράμιλλος *επίθ* unparalleled. *(άφθαστος)* unrivalled

απαρατήρητος *επίρρ* unnoticed. *(χωρίς επίπληξη)* unrebuked

απαρέμφατο *(το)* infinitive

απαρηγόρητος *επίθ* disconsolate

απαριθμώ *ρ μτβ* enumerate. *(αφηγούμαι)* recite

απαρνιέμαι *ρ μτβ* renounce. *(πεποίθηση)* discard. *(παιδιά)* disown

απαρνούμαι *ρ μτβ βλ* **απαρνιέμαι**

απαρτίζ|ω *ρ αμτβ/μτβ* constitute. **~ομαι από** consist of

απαρτχάιντ *(το)* άκλ apartheid

απαρχαιωμένος *επίθ* antiquated. *(ξεπερασμένος)* obsolete

απαρχή *(η)* outset

απασχολημένος *επίθ* busy

απασχόληση *(η)* employment. *(σε ορισμένο έργο)* occupation. *(φροντίδα)* preoccupation

απασχολ|ώ *ρ μτβ* take up one's time. *(παρέχω εργασία)* employ. **~ούμαι με** *ρ μτβ* busy o.s. with

απατεώνας *(ο)* swindler, crook, cheat

απάτη *(η)* deception, deceit. *(καθομ)* con

απατηλός *επίθ* deceptive. *(λαθεμένος)* false

απατώ *ρ μτβ* deceive

απαυδώ *ρ αμτβ* be fed up

άπαχος *επίθ* thin. *(κρέας)* lean

απεγνωσμένος *επίθ* desperate

απειθαρχία *(η)* insubordination

απείθαρχος *επίθ* insubordinate. *(παιδί)* unruly

απεικονίζω *ρ μτβ* depict, portray

απεικόνιση *(η)* portrayal

απειλή *(η)* threat. *(κίνδυνος)* menace

απειλητικός *επίθ* threatening. *(που περιέχει κίνδυνο)* sinister

απειλώ *ρ μτβ/ρ αμτβ* threaten. *(ενέχω απειλή)* menace

απείραχτος *επίθ* intact. *(που δεν πειραίχτηκε)* not teased

απειρία[1] *(η)* inexperience

απειρία[2] *(η)* infinity

άπειρος[1] *επίθ* *(χωρίς πείρα)* inexperienced

άπειρος[2] *επίθ* *(χωρίς τέλος)* infinite. **~ο** *(το)* infinity

απέλαση *(η)* deportation

απελευθερώνω *ρ μτβ* liberate. *(από βάρος)* release

απελευθέρωση *(η)* release. *(της γυναίκας)* liberation

απελπίζομαι *ρ αμτβ* despair

απελπισία *(η)* despair, desperation

απελπισμένος *επίθ* in despair

απελπιστικ|ός *επίθ* desperate, hopeless. **~ά** *επίρρ* desperately

απέναντι *επίρρ* opposite. *(προς)* towards

απεναντίας *επίρρ* on the contrary

απένταρος *επίθ* penniless

απέξω *επίρρ* outside. *(από μνήμης)* by heart

απέραντος *επίθ* immense, vast. *(ατέλειωτος)* infinite

απέραστος *επίθ* *(δρόμος)* impassable. *(πρόβλημα)* insurmountable

απεργία *(η)* strike

απεργός *(ο, η)* striker

απεργώ *ρ αμτβ* strike, be/go on strike

απερίγραπτος *επίθ* indescribable

απεριόριστος *επίθ* boundless. *(χωρίς όρια)* unlimited

απεριποίητος *επίθ* *(δωμάτιο)* untidy. *(χωρίς περιποίηση)* neglected

απερίσκεπτος *επίθ* inconsiderate, thoughtless. *(ασύνετος)* imprudent, rash

απερίσπαστος *επίθ* undistracted

απέριττος *επίθ* unaffected

απερίφραστος *επίθ* unequivocal

απεσταλμένος *(ο)* *(αγγελιοφόρος)* emissary. *(αντιπρόσωπος)* delegate. *(δημοσιογράφος)* correspondent. *(διπλωματικός)* envoy

απευθείας *επίρρ* directly

απευθύν|ω *ρ μτβ* direct. *(αποτείνω)* address. **~ομαι** *ρ*

αμτβ apply to. **~ομαι σε** appeal to

απεχθάνομαι *ρ μτβ* detest, abhor

απεχθής *επίθ* repugnant, abhorrent. *(μισητός)* detestable

απέχω *ρ αμτβ* be at a distance. *(δε μετέχω)* abstain

απήχηση *(η)* *(αντίλαλος)* echo. *(αντίκτυπος)* effect. *(εντύπωση)* impression

απηχώ *ρ αμτβ* echo. *(μεταφ)* reflect

απίδι *(το)* κυπ pear

απιδιά *(η)* κυπ pear

απίθανος *επίθ* unlikely. *(δικαιολογία)* improbable. *(εκπληκτικός)* fantastic. *(εξήγηση)* implausible

απίστευτος *επίθ* incredible, unbelievable

απιστία *(η)* *(ανειλικρίνεια)* falseness. *(οπαδού)* disloyalty. *(συζυγική)* infidelity. *(στο Θεό)* unbelief

άπιστος *επίθ* unfaithful. *(δύσπιστος)* doubting. *(φίλος)* disloyal. **~** *(ο)* infidel, non-believer

απλανής *επίθ* fixed. *(βλέμμα)* vacant

άπλετος *επίθ* abundant

απλήρωτος *επίθ* unpaid

απλησίαστος *επίθ* unapproachable. *(άνθρωπος)* standoffish. *(τιμές)* prohibitive

άπληστος *επίθ* greedy. *(ακόρεστος)* insatiable. *(πλεονέκτης)* avaricious

απλοϊκ|ός *επίθ* unsophisticated. *(άνθρωπος)* simple. **~ά** *επίρρ* simply

απλοποιώ ρ μτβ simplify

απλ|ός επίθ simple. (απέριττος) plain. (εισιτήριο) one-way. (εύκολος) straightforward. **~ά** επίρρ straightforwardly, simply. **~ως** επίρρ only, merely

απλότητα (η) simplicity

απλούστατ|ος επίθ quite simple. **~τα** επίρρ quite simply

άπλυτος επίθ unwashed

άπλωμα (το) spreading. (ξεδίπλωμα) unfolding. (ρούχων για στέγνωμα) hanging out

απλών|ω ρ μτβ (εκτείνω) reach (out). (χέρι) put out. • ρ αμτβ spread. (χρώμα) run. **~ομαι** ρ αμτβ extend. (εξαπλώνομαι) fan out. (πόλη) sprawl

άπνοια (η) lack of wind

από πρόθ 1. by. **ζει ~ τη δουλειά της** she lives by her work. 2. from. **~ δω και πέρα** from now on. **~ τον Ιανουάριο έως το Απρίλιο** from January to April. **είναι ~ την Αθήνα** she is from Athens. 3. of. **είναι καμωμένο ~ γυαλί** it's made of glass. 4. since. **δεν τον έχω δει ~ τότε** I have not seen him since. 5. than. **είναι καλύτερη ~ τις άλλες** she is better than the others. 6. with. **τρέμει ~ το φόβο του** he is shaking with fear. 7. **ήταν ~ το Θεό σταλμένο** it was God's will. **έξω ~** outside. **κάτω ~** under. **πάνω ~ όλα** above all. **πριν ~** before. **μετά ~ το** after

αποβάθρα (η) wharf, pier. (σιδηρ) platform

αποβάλλω ρ μτβ shed. (ιατρ) eliminate. (μαθητή) expel. (μαθητή, προσωρινά) suspend. (φοιτητή) send down. • ρ αμτβ (για γυναίκες) miscarry

απόβαση (η) (στρ) landing

αποβιβάζ|ω ρ μτβ land. **~ομαι** ρ αμτβ disembark

αποβίβαση (η) landing

αποβιώνω ρ αμτβ pass away

αποβλέπω ρ αμτβ aim

αποβολή (η) (από σχολείο) expulsion. (ιατρ) elimination. (πρόωρος τοκετός) miscarriage

αποβουτυρωμένος επίθ skimmed

αποβραδίς επίρρ overnight. (κατά το βράδυ) last night

απόβρασμα (το) scum

απογειώνομαι ρ αμτβ (αεροπ) take off

απογείωση (η) take-off. (διαστημοπλοίου) lift-off

απόγευμα (το) afternoon

απογευματινός επίθ afternoon

απόγνωση (η) exasperation

απογοητευμένος επίθ disappointed

απογοήτευση (η) disappointment

απογοητευτικός επίθ disappointing

απογοητεύω ρ μτβ disappoint

απόγονος (ο) descendant

απογραφή (η) inventory. (πληθυσμού) census

απογυμνώνω ρ μτβ strip. (μεταφ) unmask

αποδεικνύω ρ μτβ prove. (απαίτηση) establish

απόδειξη (η) proof. (αγοράς) receipt

αποδεκατίζω *ρ μτβ* decimate

αποδεκτός *επίθ* acceptable. (*μαρτυρία*) admissible

αποδέχομαι *ρ μτβ* accept. (*παράκληση*) accede to

αποδημία (*η*) emigration

απόδημος *επίθ* emigrant

αποδίδω *ρ μτβ* attribute. (*ανταποδίδω*) return. (*αποφέρω κέρδος*) yield. (*ιδέα*) convey. (*μουσ*) render. (*σημασία*) attach

αποδιοργανώνω *ρ μτβ* disorganize

αποδιώχνω *ρ μτβ* turn away

αποδοκιμάζω *ρ μτβ* disapprove of. (*αποκηρύσσω*) deprecate

αποδοκιμασία (*η*) disapproval

απόδοση (*η*) attribution. (*εμπ*) return. (*κέρδος*) yield. (*μηχ*) performance. (*μουσ, ρόλου, λέξεως*) rendering. (*ποσό παραγωγής*) output

αποδοχή (*η*) acceptance

απόδραση (*η*) escape

αποδυτήριο (*το*) changing room

αποζημιώνω *ρ μτβ* compensate. (*ανταμείβω*) reimburse

αποζημίωση (*η*) compensation. (*ανταμοιβή*) reimbursement

αποζητώ *ρ μτβ* yearn for

αποζώ *ρ αμτβ* subsist

αποθαρρημένος *επίθ* dispirited, dejected

αποθαρρύνω *ρ μτβ* discourage

αποθαυμάζω *ρ μτβ* marvel at

απόθεμα (*το*) reserve. (*γεωλ*) deposit. (*εμπορευμάτων*) stock

αποθεματικό|ς *επίθ* in reserve. **~** (*το*) reserve

αποθέωση (*η*) acclamation

αποθηκάριος (*ο*) storekeeper

αποθήκευση (*η*) storage. (*Η/Υ*) saving in memory

αποθηκεύω *ρ μτβ* store. (*συγκεντρώνω*) stock up. (*Η/Υ*) save (in memory)

αποθήκη (*η*) warehouse. (*γενική*) depot. (*δωμάτιο*) storeroom. (*πυρομαχικών*) magazine (*arms store*) *

αποθηλάζω *ρ μτβ* wean

αποθρασύνομαι *ρ αμτβ* become insolent

αποικία (*η*) colony

αποικιακός *επίθ* colonial

αποικίζω *ρ μτβ* colonize

άποικος (*ο*) settler

αποκαθηλώνω *ρ μτβ* unnail

αποκαθιστώ *ρ μτβ* restore. (*οικονομικά*) provide for. (*παντρεύω*) settle down. (*στο θρόνο*) reinstate

αποκαλυπτικός *επίθ* revealing

αποκαλύπτω *ρ μτβ* reveal. (*μνημείο*) unveil. (*μυστικό*) give away. (*ξεσκεπάζω*) uncover. (*πληροφορίες*) divulge. (*φέρνω στη δημοσιότητα*) expose, leak

αποκάλυψη (*η*) revelation. (*ανακοίνωση*) disclosure. (*καθομ*) eye-opener. (*στη δημοσιότητα*) exposure

αποκαλώ *ρ μτβ* call (*describe*)

αποκαμωμένος *επίθ* weary

αποκαρδιώνω *ρ μτβ* dishearten

αποκαρδιωτικός *επίθ* disheartening

αποκατάσταση (η) restoration. (οικονομική) reparation. (δικαιωμάτων) restitution. (γάμος) settling down

αποκάτω επίρρ underneath

αποκεντρώνω ρ μτβ decentralize

αποκεφαλίζω ρ μτβ behead, decapitate

αποκήρυξη (η) renunciation. (εκκλ) recantation. (παιδιού) disownment

αποκηρύσσω ρ μτβ renounce. (αποδοκιμάζω) repudiate. (θεωρία) recant. (παιδί) disown

αποκλεισμός (ο) blockade. (εμπ) boycott. (εξαίρεση) exclusion. (σε διαγωνισμό) disqualification

αποκλειστικός επίθ exclusive. (μόνος) sole

αποκλείω ρ μτβ exclude. (από διαγωνισμό) disqualify. (εμπ) boycott. (περιοχή) cordon off. (πιθανότητα) rule out. (στρ) blockade. **~εται** it's out of the question

απόκληρος (ο) down-and-out

αποκληρώνω ρ μτβ disinherit

αποκλίνω ρ αμτβ diverge

αποκόβω ρ μτβ cut off. (βρέφος από θηλασμό) wean

αποκοιμάμαι βλ **αποκοιμιέμαι**

αποκοιμιέμαι ρ αμτβ fall asleep. (καθομ) nod off

αποκοιμίζω ρ μτβ send to sleep. (ξεγελώ) lull

αποκομίζω ρ μτβ carry off. (παίρνω) obtain. (κερδίζω) profit

απόκομμα (το) clipping. (εφημερίδας) cutting

απόκρημνος επίθ precipitous

αποκριά (η) carnival

απόκριες (οι) the three weeks before Lent. (καρναβάλι) carnival

απόκριση (η) reply

απόκρουση (η) repulse

αποκρουστικός επίθ repulsive, repugnant

αποκρούω ρ μτβ repel. (αναιρώ) refute. (δε δέχομαι) reject

αποκρύβω ρ μτβ conceal. (μεταφ) mask

αποκρύπτω βλ **αποκρύβω**

απόκρυφος επίθ occult. (μυστικός) mysterious. (του σώματος) intimate

απόκτημα (το) (κτήμα) acquisition

απόκτηση (η) acquisition

αποκτώ ρ μτβ acquire. (κερδίζω) gain. (προσόντα) qualify. (συνήθεια) pick up

απολαβή (η) gain. **~ές** (οι) earnings

απολαμβάνω ρ μτβ relish. (ποτό, στιγμές) savour. (φαγητό) enjoy

απόλαυση (η) relish. (ευχαρίστηση) enjoyment

απολίθωμα (το) fossil

απολογητικός επίθ apologetic

απολυμαίνω ρ μτβ disinfect. (με κάπνισμα) fumigate

απολυμαντικό (το) disinfectant

απολυταρχία (η) autocracy

απόλυση (η) (από δουλειά) dismissal, (καθομ) sacking

(*από το στρατό*) discharge. (*από φυλακή*) release

απολυτήρι|ος *επίθ* **~ες εξετάσεις** final examinations. **~ο** (*το*) (*στρατού*) discharge papers. (*σχολείου*) leaving certificate

απόλυτ|ος *επίθ* absolute. (*μεταφ*) unqualified. (*απεριόριστος*) complete. **~α** *επίρρ* absolutely, implicitly

απολύ|ω *ρ μτβ* (*από δουλειά*) dismiss. (*προσωρινά*) lay off. (*στρ*) discharge. **~ομαι** *ρ αμτβ* be made redundant, (*καθομ*) get the sack.

απομακρύν|ω *ρ μτβ* take away. (*μεταφ*) alienate. **~ομαι** move away.

απομειναρι (*το*) remnant. **~α** (*τα*) leftovers

απόμερος *επίθ* out of the way

απομένω *ρ αμτβ* remain

απομεσήμερο (*το*) early afternoon

απομίμηση (*η*) imitation. (*κατασκεύασμα για εξαπάτηση*) fake

απομιμούμαι *ρ μτβ* simulate. (*παραποιώ*) fake

απομνημονεύματα (*τα*) memoirs

απομονώνω *ρ μτβ* isolate. (*επικοινωνία*) cut off

απομόνωση (*η*) isolation. (*σε νοσοκομείο*) quarantine. (*σε φυλακή*) solitary confinement

απονέμω *ρ μτβ* bestow. (*βραβείο*) award. (*δικαιοσύνη*) dispense. (*τιμές*) confer

απόνερα (*τα*) wash. (*πλοίου*) wake

απονιά (*η*) heartlessness

απονομή (*η*) award. (*αξιώματος ή παρασήμου*) investiture. (*βραβείων*) prize-giving

άπονος *επίθ* heartless

αποξενώνω *ρ μτβ* alienate

αποξεραίνω *ρ μτβ* dry out. (*ξύλο*) season

αποξεχνιέμαι *ρ αμτβ* forget o.s.

αποξηραίνω *ρ μτβ* dry. (*έλος*) drain

αποπαίρνω *ρ μτβ* snub

αποπάνω *επίρρ* above. **το ~ πάτωμα** the floor above. **κι ~ ήθελε και λεφτά** on top of that he wanted money

απόπατος (*ο*) latrine

αποπατώ *ρ μτβ* defecate

απόπειρα (*η*) attempt. **~ φόνου** attempted murder

αποπεράτωση (*η*) completion

αποπλάνηση (*η*) seduction

αποπλανώ *ρ μτβ* seduce

αποπλέω *ρ αμτβ* sail, set sail

αποπληξία (*η*) apoplexy

αποπληρώνω *ρ μτβ* pay off

αποπνέω *ρ μτβ* exude

απορημένος *επίθ* puzzled

απορία[1] (*η*) query. (*αμηχανία*) bewilderment. (*αμφιβολία*) puzzlement

απορία[2] (*η*) penury

άπορος *επίθ* needy. **~** (*ο*) pauper

απορρέω *ρ αμτβ* derive. **~ από** arise from

απόρρητ|ος *επίθ* confidential. **~** (*το*) confidentiality. **άκρως ~ς** top secret

απόρριγμα (*το*) reject

απορρίμματα (τα) refuse

απορρίπτω ρ μτβ dismiss. (άχρηστα) discard. (δεν αποδέχομαι) reject. (περιφρονητικά) spurn. (πρόταση) turn down. (υποψήφιο) fail

απορροφημένος επίθ engrossed. **~ σε** (σκέψεις) buried in. (δουλειά) engrossed in

απορροφώ ρ μτβ absorb. (στυπόχαρτο) soak up

απορρυπαντικός επίθ detergent. **~** (το) detergent

απορώ ρ αμτβ wonder

αποσαφηνίζω ρ μτβ clarify

αποσιώπηση (η) suppression

αποσιωπητήρας (ο) (αυτοκ) silencer.

αποσιωπητικά (τα) dots

αποσιωπώ ρ μτβ suppress

αποσκελετωμένος επίθ emaciated

αποσκεπάζω ρ μτβ cover up

αποσκευές (οι) luggage, baggage

αποσκοπώ ρ αμτβ be aiming at

αποσμητικός επίθ deodorant. **~** (το) deodorant

απόσπασμα (το) (βιβλίου) extract. (στρ) detachment. (τμήμα έργου) excerpt

αποσπώ ρ μτβ elicit. (αποκόβω) extract. (βίαια) wrest. (με δυσκολία) wring. (μεταθέτω) second. (πληροφορίες) pump. (προσοχή) attract

απόσταξη (η) distillation

απόσταση (η) distance. (μεταφ) gulf. **κρατώ ~** (από) keep

one's distance (from). **σε ~ ακοής** within earshot

αποστατώ ρ αμτβ rebel. (αλλάζω φρόνημα) defect

αποστειρωμένος επίθ sterile

αποστειρώνω ρ μτβ sterilize

αποστέλλω ρ μτβ dispatch. (στέλλω) consign

αποστερώ ρ μτβ deprive

αποστηθίζω ρ μτβ memorize

απόστημα (το) abscess

αποστολέας (ο) sender. (εμπ) shipper

αποστολή (η) dispatch. (αντιπροσωπία) delegation. (εκστρατεία) expedition. (εμπ) consignment. (έργο) mission. (σκοπός) calling

απόστολος (ο) apostle

αποστομώνω ρ μτβ silence (with a good argument)

αποστρακ|ίζομαι ρ αμτβ ricochet. **~ισμός** (ο) ricochet

αποστρατεύω ρ μτβ demobilize

αποστράτευση (η) demobilization. (αξιωματικού) retirement

αποστρέφ|ω ρ μτβ avert. **~ομαι** ρ αμτβ detest

αποστροφή (η) repulsion, aversion

απόστροφος (η) apostrophe

αποσυνδέω ρ μτβ disconnect. (πρίζα) unplug. (μεταφ) dissociate

αποσύνθεση (η) decomposition

αποσυνθέτω ρ μτβ decompose. (διαλύω) disintegrate

αποσύρ|ω ρ μτβ withdraw. (απόφαση) revoke. (δήλωση)

retract. (χρήματα) draw. **~ομαι** ρ αμτβ withdraw. (από θέση) stand down. (από ενεργό υπηρεσία) retire

αποταμίευση (η) saving

αποταμι|εύω ρ μτβ save (money). **~ευτής** (ο) saver

αποτείν|ω ρ μτβ address, speak to. **~ομαι** ρ αμτβ apply

αποτελειώνω ρ μτβ finish. (δίνω θανάσιμο χτύπημα) finish off

αποτέλεσμα (το) result. (συνέπεια) effect

αποτελεσματικός επίθ effective. **~ότητα** (η) effectiveness

αποτελ|ώ ρ μτβ comprise. **~ούμαι** ρ αμτβ comprise. **~ούμαι από** consist of

αποτεφρώνω ρ μτβ incinerate. (νεκρό) cremate

αποτέφρωση (η) incineration. (των νεκρών) cremation

αποτιμώ ρ μτβ appraise

απότομος επίθ (απάντηση) sharp. (απόκρημνος) steep. (κίνηση) jerky. (ξαφνικός) abrupt. (προσβλητικός) rude. (στη συμπεριφορά) offhand

αποτραβηγμένος επίθ withdrawn (person)

αποτραβιέμαι ρ αμτβ withdraw. (μεταφ) shy off

αποτρέπω ρ μτβ deter. (κίνδυνο) avert

αποτρόπαιος επίθ atrocious

αποτσίγαρο (το) (cigarette) butt. (πούρου) stump (of cigar)

αποτυγχάνω ρ μτβ fail. • ρ αμτβ (σχέδιο) fall through

αποτύπωμα (το) imprint. **δακτυλικό ~** (το) finger print

αποτυπώνω ρ μτβ imprint

αποτυχαίνω ρ αμτβ βλ **αποτυγχάνω**

αποτυχημένος επίθ failed. **~** (ο) failure

αποτυχία (η) failure

απούλητος επίθ unsold

απουσ|ία (η) absence. **~ιάζω** ρ αμτβ be absent

αποφάγια (τα) scraps (of food)

απόφανση (η) verdict (opinion)

απόφαση (η) decision. (νομ) decree

αποφασίζω ρ μτβ determine. (νομ) decree. • ρ αμτβ decide

αποφασισμένος επίθ determined, resolute

αποφασιστικός επίθ decisive. (παράγοντας) instrumental

αποφασιστικότητα (η) determination. (σκοπού) firmness

αποφατικός επίθ negative

αποφέρω επίθ (εμπ) yield

αποφεύγω ρ μτβ avoid. (δημοσιότητα) shun. (ευθύνη ή δουλειά) skive. (κάπνισμα) refrain from. (ξεφεύγω από) evade, shirk. (χτύπημα, θέμα) dodge

απόφοιτος (ο, η) (πανεπιστημίου ή κολεγίου) graduate. (σχολείου) school leaver

αποφυγή (η) avoidance

αποφυλακίζω ρ μτβ release from prison

απόφυση (η) protuberance. **σκωληκοειδής ~** appendix

απoχαιρετισμός *(o)* farewell

απoχαιρετώ *ρ μτβ* say goodbye to, take one's leave of

απoχέτευση *(η)* drainage

απoχή *(η)* abstinence. *(από εκλογές)* abstention

απόχρωση *(η)* tint. *(έννοιας)* nuance. *(χρώματος)* shade

απoχώρηση *(η)* withdrawal. *(απoμάκρυνση)* departure. *(από ενεργό υπηρεσία)* retirement

απoχωρητήρι|o *(το)* lavatory. **~α** *(τα)* conveniences

απoχωρίζ|ω *ρ μτβ* part. **~oμαι** *ρ αμτβ* part with

απoχωρισμός *(o)* parting

απoχωρώ *ρ αμτβ* depart. *(από ενεργό υπηρεσία)* retire

απόψε *επιρρ* tonight

άποψη *(η)* *(θέα)* view. *(μεταφ)* angle. *(τρόπος αντιμετωπίσεως)* standpoint, viewpoint

απoψινός *επίθ* of this evening

απoψύχω *ρ μτβ* freeze. *(ξεπαγώνω)* defrost

άπραγoς *επίθ* inexperienced

άπρακτoς *επίθ* empty-handed

απρέπεια *(η)* impropriety

απραξία *(η)* inaction

απρεπής *επίθ* improper. *(αγενής)* rude. *(άκoσμoς)* indecorous. *(ανάρμoστoς)* unseemly

Απρίλης *(o)* *βλ* **Απρίλιoς**

απριλιάτικoς *επίθ* April

Απρίλιoς *(o)* April

απρόβλεπτoς *επίθ* unforeseen. *(απρoσδόκητoς)* unexpected

απρoειδoπoίητoς *επίθ* unannounced

απρoετoίμαστoς *επίθ* unprepared

απρoθυμία *(η)* reluctance

απρόθυμoς *επίθ* unwilling. *(διστακτικός)* reluctant

απρoίκιστoς *επίθ* without a dowry. *(χωρίς ταλέντo)* untalented

απρόoπτoς *επίθ* unexpected

απρόσβλητoς *επίθ* *(από αρρώστια)* immune. *(επιχείρημα)* irrefutable. *(κάστρo)* unassailable

απρoσδόκητoς *επίθ* unexpected

απρόσεκτoς *επίθ* careless. *(αφηρημένoς)* inattentive. *(απερίσκεπτoς)* rash

απρoσεξία *(η)* inattention. *(αβλεψία)* carelessness

απρόσεχτoς *επίθ βλ* **απρόσεκτoς**

απρόσιτoς *επίθ* inaccessible

απρόσκλητoς *επίθ* uninvited

απρoσπoίητoς *επίθ* unaffected

απρoστάτευτoς *επίθ* unprotected

απρόσωπoς *επίθ* impersonal. *(χωρίς πρόσωπo)* faceless

απτικός *επίθ* tactile

απτόητoς *επίθ* undaunted

απτός *επίθ* palpable. *(απόδειξη)* tangible

απύθμενoς *επίθ* bottomless

άπω *επιρρ* far. **η Ᾱ~ Ἀνατoλή** the Far East

απωθητικός *επίθ* repulsive, *(καθoμ)* off-putting

απωθώ *ρ μτβ* push back. *(εχθρό)* repulse

απώλει|α *(η)* loss. **~ες** *(oι)* *(στρ)* casualties

απών *επίθ* absent. **~** *(ο)* absentee

απώτερο|ς *επίθ* farther. *(σκοπός)* ulterior. **στο ~ μέλλον** in the distant future

άρα *σύνδ* hence

Άραβας *(ο)* Arab

αραβικός *επίθ* Arabian, Arabic

αραβόσιτος *(ο)* maize

άραγε *ερωτ μόρ* I wonder

αράδα *(η) (γραμμή)* line. *(στίχος)* verse

αραδιάζω *ρ μτβ* reel off

αράζω *ρ αμτβ* anchor

αραιός *επίθ* sparse. *(νερουλός)* thin. *(σπάνιος)* infrequent

αραιωμένος *επίθ* rarefied

αραιώνω *ρ μτβ/ρ αμτβ* thin. *(μαλλιά)* thin out. *(τάξη)* space out. *(υγρό)* dilute

αρακάς *(ο)* fresh peas

αράπ|ης *(ο)*, **~ισσα** *(η)* Arab

αράχνη *(η)* spider

αραχνιά *(η)* cobweb

αρβύλα *(η)* army boot

αργά *επίρρ (στγά)* slowly. *(ώρα)* late. **~ ή γρήγορα** sooner or later

Αργεντινή *(η)* Argentina

αργία *(η) (γιορτή)* holiday. *(αποχή από εργασία)* idleness. *(τιμωρία)* suspension

άργιλος *(ο)* clay

αργκό *(η) άκλ* slang

αργοκίνητος *επίθ* slow moving. *(νωθρός)* sluggish

αργοπορία *(η)* delay

αργό|ς *επίθ* slow. *(άεργος)* idle. **~ πετρέλαιο** *(το)* crude oil

αργόσχολος *επίθ* idle

αργότερα *επίρρ* later on

αργύριο *(το)* silver coin

άργυρος *(ο)* silver

αργυρός *επίθ* silver

αργ|ώ *ρ αμτβ (χρονικά)* be late. *(καθυστερώ)* be slow. *(δε λειτουργώ)* be on holiday. *(χασομερώ)* take a long time

άρδευση *(η)* irrigation

Αρειαν|ός *(ο)*, **~ή** *(η)* Martian

Άρειος Πάγος *(ο)* the Supreme Court of Justice

αρένα *(η)* arena. *(για ταυρομαχίες)* bullring

αρέσκεια *(η)* liking

αρέσ|ω *ρ αμτβ* like. **μου ~ει** I like it/him/her. **σ' ~ει δε σ' ~ει** whether you like it or not

αρετή *(η)* virtue

Άρης *(ο)* Mars

αρθρίτιδα *(η)* arthritis

άρθρο *(το)* article

αρθρογράφος *(ο)* columnist

αρθρώνω *ρ μτβ/ρ αμτβ* articulate

άρθρωση *(η) (ανατ)* joint. *(λέξεων)* articulation

αρίθμηση *(η)* counting. *(καταγραφή)* numbering

αριθμητική *(η)* arithmetic

αριθμός *(ο)* number. *(σε κατάλογο)* item. *(ψηφίο)* figures

αριθμ|ώ *ρ μτβ* number

αριστερά *(η)* left. *(πολιτ)* left wing. *(ναυτ)* port. **~ός** *(ο)* leftist. **~ά** *επίρρ* left. **προς τα ~ά** to the left, anticlockwise

αριστερ|ός *επίθ* left. *(πολιτ)* left wing. *(ναυτ)* port. **~ός** *(ο)* leftist. **~ά** *επίρρ* left. **προς τα ~ά** to the left, anticlockwise

αριστερόχειρας *επίθ* left-handed

αριστοκράτ|ης (*ο*), **~ισσα** (*η*) aristocrat

αριστοκρατία (*η*) aristocracy

άριστος *επίθ* excellent. **παν μέτρον ~ον** everything in moderation

αριστούργημα (*το*) masterpiece

αρκετ|ός *επίθ* enough. (*ικανοποιητικός*) sufficient. **~ά** *επίρρ* amply, sufficiently

αρκούδα (*η*) bear

αρκουδάκι (*το*) bear cub. (*παιχνίδι για παιδιά*) teddy bear

Αρκτική (*η*) (the) Arctic

αρκτικός *επίθ* Arctic

αρκτικόλεξο (*το*) acronym

αρκ|ώ *ρ αμτβ* be enough. **~ούμαι** *ρ αμτβ* make do

αρλούμπα (*η*) nonsense

άρμα[1] (*το*) chariot. (*γιορταστικό*) float. (*στρ*) tank

άρμα[2] (*το*) (*οπλισμός*) weapon

αρμέγω *ρ μτβ* milk. (*μεταφ*) milk, fleece

αρμενίζω *ρ αμτβ* sail

Αρμενία (*η*) Armenia

Αρμένι|ος (*ο*), **~σσα** (*η*) Armenian

άρμη (*η*) *βλ* **άλμη**

αρμόδιος *επίθ* competent. **~** (*ο*) the official in charge

αρμοδιότητα (*η*) (*ειδικότητα*) competence. (*καταλληλότητα*) suitability. (*νομ*) jurisdiction

αρμόζω *ρ μτβ* befit

αρμονία (*η*) harmony. (*μεταφ*) unity

αρμύρα (*η*) *βλ* **αλμύρα**

αρμυρός *επίθ* *βλ* **αλμυρός**

αρνάκι (*το*) small lamb

άρνηση (*η*) refusal. (*απόρριψη*) denial

αρνητικ|ός *επίθ* negative. **~ό** (*το*) (*φωτογραφίας*) negative

αρνί (*το*) lamb

αρνιέμαι *ρ μτβ βλ* **αρνούμαι**

αρνούμαι *ρ μτβ* refuse. (*αποκρούω*) reject. (*απορρίπτω*) deny. (*δε δέχομαι*) decline

άρον αρον έφυγε ~ ~ he left in a hurry

άροτρο (*το*) plough

αρουραίος (*ο*) rat

άρπα (*η*) harp

αρπαγή (*η*) snatching. (*απαγωγή*) abduction. (*σφετερισμός*) looting

αρπάζ|ω *ρ μτβ* (*αδράχνω*) grab. (*αρρώστια*) catch. (*ευκαιρία*) seize on. (*με τη βία*) snatch. **~ομαι** *ρ αμτβ* (*οργίζομαι*) lose one's temper. (*συμπλέκομαι*) come to blows. **~ομαι από** grasp, grab hold of

αρπακτικ|ός *επίθ* grasping. **~ ζώο** (*το*) predator

αρραβώνα (*η*) wedding ring. **~ς** (*ο*) engagement

αρραβωνιάζομαι *ρ μτβ* get engaged

αρραβωνιαστικ|ιά (*η*) fiancée. **~ός** (*ο*) fiancé

αρρενωπός *επίθ* virile

αρρωσταίνω *ρ αμτβ* sicken

αρρωστημένος *επίθ* diseased

αρρώστια (*η*) illness, sickness. (*ελαφρά*) ailment

άρρωστο|ς *επίθ* ill. **~ς** (*ο*) patient

αρρωστώ *ρ αμτβ βλ* **αρρωσταίνω**

αρσενικό (*το*) arsenic

αρσενικός *επίθ* masculine

άρση (*η*) lifting. (*απομάκρυνση*) removal. **~ βαρών** (*η*) weight-lifting

αρτηρία (*η*) artery. (*δρόμος*) (*η*) thoroughfare. (*οδική*) trunk-road. (*συγκοινωνιακή*) arterial road

αρτοποι|είο (*το*) bakery (*where bread is made*). **~ός** (*ο*) baker

αρτοπωλείο (*το*) bakery (*where bread is sold*)

άρτος (*ο*) (*εκκλ*) host

αρχάγγελος (*ο*) archangel

αρχαϊκός *επίθ* archaic

αρχαιολογία (*η*) archaeology

αρχαιολόγος (*ο, η*) archaeologist

αρχαιοπώλ|ης (*ο*), **~ις** (*η*) antiques dealer

αρχαί|ος *επίθ* antique. (*ελληνικής κλασσικής εποχής*) ancient. (*μεταφ*) out-of-date. **~α** (*τα*) ancient monuments

αρχαιότητα (*η*) antiquity. (*στην ιεραρχία*) seniority

αρχάριος (*ο*) beginner

αρχείο (*το*) file. (*συλλογή*) archive

αρχειοθετώ *ρ μτβ* file (*papers*)

αρχειοθήκη (*η*) filing cabinet

αρχέτυπο (*το*) archetype

αρχή¹ (*η*) beginning. (*αρρώστιας*) onset. (*έναρξη*) start

αρχή² (*η*) (*ηθικός κανόνας*) principle. (*εξουσία*) authority. (*γνώμη*) tenet

αρχείο (*το*) (*στρ*) headquarters

αρχηγός (*ο*) leader. (*αστυνομίας, ενόπλων δυνάμεων*) commander. (*κράτους*) head of state. (*στασιαστών*) ringleader. (*φυλής*) chief

αρχιεπίσκοπος (*ο*) archbishop

αρχιεργάτης (*ο*) foreman

αρχίζω *ρ μτβ/ρ αμτβ* begin, start. (*επιχείρηση*) set up. (*καταπίηση*) set about. (*ξεκινώ*) set off. (*συζήτηση*) embark on

αρχικό (*το*) initial

αρχικός *επίθ* initial. (*πρώτος*) original

αρχιπέλαγος (*το*) archipelago

αρχιτέκτονας (*ο*) architect

αρχιτεκτονική (*η*) architecture

άρχοντας (*ο*) (*ευγενής*) nobleman, lord. (*κυβερνήτης*) ruler. (*πλούσιος*) rich man

αρχοντιά (*η*) nobility

αρχόντισσα (*η*) noblewoman

αρχοντικό|ς *επίθ* lordly, distinguished. **~** (*το*) mansion

αρωγή (*η*) succour

άρωμα (*το*) perfume. (*τρόφιμα*) flavouring. (*λουλουδιών*) aroma

αρωματίζω *ρ μτβ* scent. (*τρόφιμα*) flavour

αρωματικό|ς *επίθ* aromatic. **~ σακουλάκι** (*το*) pomander

ας *μόριο* let. **~ πάμε** let's go. (*ευχή*) I wish. **~ είχα αυτοκίνητο** I wish I had a car. **~ μπορούσα** if only I could

ασανσέρ (*το*) *άκλ* lift, (*αμερ*) elevator

ασαφής *επίθ* unclear. (*απροσδιόριστος*) vague

ασβέστης (ο) lime

ασβέστιο (το) calcium

ασβεστώνω ρ μτβ whitewash

ασβός (ο) badger

ασεβής επίθ irreverent

ασελγής επίθ lewd

άσεμνος επίθ immodest. (απρεπής) indecent. (αισχρός) bawdy

ασήμαντος επίθ trivial

ασημένιος επίθ silver

ασήμι (το) silver. (κράμα με τουλάχιστον 92,5%) sterling silver

ασημικά (τα) silverware

άσημος επίθ (άγνωστος) obscure. (αφανής) unknown

ασθένεια (η) (έλλειψη δυνάμεως) weakness. (νόσος) disease

ασθενικός επίθ frail

ασθενής (ο, η) patient. (σε εξωτερικά ιατρεία) out-patient

ασθενοφόρο (το) ambulance

άσθμα (το) asthma

ασθμαίνω ρ αμτβ wheeze

Ασία (η) Asia

Ασιάτης (ο), ~ισσα (η) Asian

ασιατικός επίθ Asian

ασκήμια (η) ugliness

άσκηση (η) (γραπτή, προφορική) exercise. (επιβολή) exertion. (θεωρίας) practice. (στρ) drill

ασκητής (ο), ασκήτρια (η) hermit

ασκητικός επίθ ascetic

άσκοπος επίθ pointless

ασκ|ώ ρ μτβ exercise. (δύναμη) wield. (επάγγελμα) practise.

(επιβάλλω) exert. ~ούμαι ρ αμτβ exercise. (στρ) drill

άσμα (το) (αρχ) song. (εκκλ) chant

άσος (ο) ace

ασπασμός (ο) (αρχ) kiss

ασπίδα (η) shield

άσπιλος επίθ spotless

ασπιρίνη (η) aspirin

ασπλαχνία (η) ruthlessness

άσπλαχνος επίθ pitiless

ασπόνδυλος επίθ invertebrate. (μεταφ) spineless

ασπράδ|α (η) whiteness. ~ι (το) egg-white

ασπρίζω ρ μτβ blanch. (ρούχα) bleach. (τοίχους) whitewash. ~ ρ αμτβ turn white. (ξεθωριάζω) fade. (μεταφ) grow old and grey

ασπρομάλλης επίθ with white hair

ασπροπρόσωπ|ος επίθ βγαίνω ~ς be a credit to

ασπρόρουχα (τα) underwear

άσπρ|ος επίθ white. ~ο (το) (χρώμα) white

αστάθεια (η) instability

ασταθής επίθ unstable. (άνθρωπος) erratic. (βήματα) unsteady. (εραστής, γυναίκα) fickle. (καιρός) unsettled

αστακός (ο) lobster

ασταμάτητος επίθ non-stop. (δεν μπορεί να σταματήσει) unstoppable

άστατος επίθ fickle. (άνθρωπος) volatile

άστεγος επίθ homeless

αστειεύομαι ρ αμτβ joke. (δε μιλά σοβαρά) jest. (πειράζω) kid

αστειολογώ ρ αμτβ βλ
αστειεύομαι

αστείος επίθ funny.
(ασήμαντος) laughable.
(κωμικός) comical. **~ο** (το)
joke

αστείρευτος επίθ inexhaustible

αστέρας (ο) star. (θεάτρου,
κινηματ) film star

αστέρι (το) star

αστερίας (ο) starfish

αστερίσκος (ο) asterisk

αστερισμός (ο) constellation

αστεροσκοπείο (το)
observatory

αστήρικτος επίθ unsupported.
(αβάσιμος) unfounded

αστιγματισμός (ο) astigmatism

αστικ|ός επίθ urban. **~ός
κώδικας** Civil Code. **~ή τάξη**
(η) middle-class

αστοιχείωτος επίθ ignorant.
(αγράμματος) illiterate

αστ|ός (ο), **~ή** (η) **οι ~οί**
townspeople

άστοχος επίθ unsuccessful (in
its aim). (μεταφ) rash

αστοχώ ρ αμτβ miss. (λησμονώ)
forget. (σφάλλω) be wrong

αστράγαλος (ο) ankle

αστραπή (η) lightning

αστραπιαίος επίθ like lightning

αστραποβολώ ρ αμτβ sparkle

αστράφτω ρ μτβ give
suddenly. • ρ αμτβ
(λαμποκοπώ) sparkle. **~φτει
και βροντά** there's thunder
and lightning

άστρο (το) star

αστρολογία (η) astrology

αστρολόγος (ο, η) astrologer

αστροναύτ|ης (η), **~ις** (ο)
astronaut

αστρονομία (η) astronomy

αστρονόμος (ο, η) astronomer

αστροπελέκι (το) thunderbolt

άστρωτος επίθ (κρεββάτι) not
made. (δρόμος) unmetalled.
(τραπέζι) not laid

αστυνομία (η) police

αστυνομικίνα (η) policewoman

αστυνομικός (ο) policeman

αστυνομικός επίθ police

ασυγκίνητος επίθ unmoved

ασυγκράτητος επίθ
unrestrained. (ακράτητος)
irrepressible

ασύγκριτος επίθ incomparable.
(μοναδικός) unrivalled

ασυγύριστος (επίθ) untidy

ασυγχώρητος επίθ
unforgivable. (ανεπίτρεπτος)
inexcusable

ασυλία (η) immunity

ασύλληπτος επίθ not arrested.
(ιδέα) elusive

ασυλλόγιστος επίθ thoughtless

άσυλο (το) asylum. (καταφύγιο)
sanctuary

ασυμβίβαστος επίθ (δε
συμβιβάζεται) incompatible.
(δεν ταιριάζει) irreconcilable

ασυμμετρία (η) asymmetry

ασυμπάθιστος επίθ unlikeable

ασυμπλήρωτος επίθ
incomplete. (έντυπο) blank

ασύμφορος επίθ inexpedient.
(επιζήμιος) uneconomic

ασυμφωνία (η) disagreement.
(διαφορά) discrepancy.
(χαρακτήρων) incompatibility

ασυναγώνιστος *επίθ*
unrivalled. *(τιμές)* competitive

ασυναίσθητος *επίθ* unwitting

ασυναρτησία *(η)* incoherence

ασυνάρτητος *επίθ* rambling.
(ομιλία) incoherent

ασύνδετος *επίθ* disjointed.
(χωρίς ειρμό) desultory

ασυνείδητος *επίθ* unscrupulous

ασυνέπεια *(η)* *(έλλειψη*
συνέπειας) unreliability.
(ασυμφωνία) inconsistency

ασυνεπής *επίθ* unreliable.
(ανακόλουθος) inconsistent

ασύνετος *επίθ* imprudent.
(απερίσκεπτος) unwise

ασυνήθιστος *επίθ*
unaccustomed. *(ασύνηθες)*
unusual

ασυνόδευτος *επίθ*
unaccompanied

ασυντόνιστος *επίθ*
uncoordinated

ασύρματος *(ο)* wireless

ασύστολος *επίθ* impudent

άσφαιρος *επίθ* *(όπλο)* blank

ασφάλεια *(η)* *(έλλειψη κινδύνου)*
safety. *(ηλεκτρ)* fuse.
insurance. *(τάξη)* security

ασφαλειοθήκη *(η)* fuse-box

ασφαλής *επίθ* safe. *(βάσιμος)*
reliable. *(χωρίς κίνδυνο)* secure.
~ώς *επιρρ* surely

ασφαλίζω *ρ μτβ (προφυλάγω)*
secure. *(συνάπτω σύμβαση)*
insure

ασφαλιστή|ριο *(το)* insurance
policy. **~ς** *(ο)* insurer

ασφάλιστρο *(το)* insurance
premium

άσφαλτος *(η)* asphalt

ασφυκτικός *επίθ* suffocating.
(ατμόσφαιρα) oppressive.
(θερμοκρασία) stifling

ασφυξία *(η)* asphyxiation.
(δυσφορία) suffocation

άσχετος *επίθ* irrelevant. **~α**
επίρρ regardless of

ασχήμια *(η)* *βλ* **ασχήμια**.
(απρέπεια) indecency. *(άσχημη*
θέα) eyesore

άσχημ|ος *επίθ* ugly. *(αρρώστια)*
serious. *(λάθος)* grave.
(μυρωδιά) foul. *(ντύσιμο)* plain.
(συμπεριφορά) unseemly. **~α**
επίρρ badly. **αισθάνομαι ~α**
feel bad

ασχολία *(η)* pursuit

ασχολούμαι *ρ αμτβ* **~ με**
pursue. *(επαγγέλλομαι)* be
engaged in. *(καταπιάνομαι)* deal
with

ασώματος *επίθ* incompatible.
(ανάρμοστος) inappropriate

ατακτοποίητος *επίθ* untidy.
(λογαριασμός) unsettled.
(πρόσωπο) who has not found
employment

άτακτος *επίθ* *(απείθαρχος)*
naughty. *(χωρίς τάξη)*
disorderly. *(στρ)* irregular

αταξία *(η)* *(ακαταστασία)*
irregularity. *(απειθαρχία)*
naughtiness. *(έλλειψη τάξης)*
disarray

αταραξία *(η)* equanimity.
(ψυχραιμία) composure

ατάραχος *επίθ* imperturbable.
(ψύχραιμος) cool

άτεκνος *επίθ* childless

ατέλεια (η) imperfection. (από δασμό) exception

ατέλειωτος επίθ endless. (ανεξάντλητος) unending. (ασυμπλήρωτος) unfinished

ατελής επίθ imperfect

ατενίζω ρ μτβ gaze. (αποβλέπω) aim at

ατζαμής (ο) beginner. (αδέξιος) clumsy oaf

ατίθασος επίθ untamed. (άνθρωπος) intractable

ατιμάζω ρ μτβ dishonour. (βιάζω) ravish

ατιμία (η) (ντροπή) dishonour. (πράξη) infamy

άτιμος επίθ dishonourable

ατίμωση (η) dishonour. (ντρόπιασμα) ignominy

ατλάζι (το) satin

άτλαντας (ο) atlas

Ατλαντίδα (η) Atlantis

ατλαντικός επίθ Atlantic. **ο Α~ Ωκεανός** the Atlantic (Ocean)

ατμάκατος (η) motor launch

ατμοκίνητος επίθ steam-powered

ατμομηχανή (η) steam-engine

ατμόπλοιο (το) steamship, steamboat, steamer

ατμός (ο) steam. (από εξαέρωση υγρού) vapour

ατμόσφαιρα (η) atmosphere. (περιβάλλον) air

ατμοσφαιρικός επίθ atmospheric

άτοκος επίθ interest-free

άτολμος επίθ timid. (δειλός) faint-hearted

ατομικός επίθ individual. (φυσ) atomic

ατομικότητα (η) individuality

άτομο (το) individual. (πρόσωπο) person. (φυσ) atom

ατονία (η) languor

άτονος επίθ (λέξη) unaccented, unstressed. (χωρίς ένταση) languid. (χωρίς ζωντάνια) flat

ατονώ ρ αμτβ slacken (off)

άτοπος επίθ out of place

ατού (το) άκλ trump. (πλεονέκτημα) asset

ατόφιος επίθ (ολόιδιος) spitting image (of). (χρυσάφι) solid

ατρόμητος επίθ intrepid

ατροφία (η) atrophy

άτρωτος επίθ invulnerable

ατσαλένιος επίθ steel

ατσάλι (το) steel

ατσίδας (ο) shrewd person

ατύχημα (το) (δυστύχημα) accident. (πάθημα) mishap

ατυχ|ής επίθ unfortunate. (περίπτωση) regrettable. **~ία** (η) bad luck, misfortune. (ατύχημα) adversity

άτυχος επίθ unfortunate, unlucky. (δύστυχος) hapless. (ενέργεια) ill-fated

αυγερινός (ο) morning star

αυγή (η) dawn

αυγό (το) βλ **αβγό**

Αύγουστος (ο) August

αυθάδ|εια (η) impudence. **~ης** επίθ impudent

αυθαίρετος επίθ arbitrary

αυθεντικός επίθ authentic

αυθημερόν επίρρ on the same day

αυθόρμητος επίθ spontaneous, impulsive. (που προσφέρεται) unsolicited

αυθυποβολή (η)
autosuggestion

αυλαία (η) (θέατρ) curtain.
(ρυάκι) ditch

αυλάκι (το) (για σπορά) furrow.
(ρυάκι) ditch

αυλακωτός επίθ grooved,
fluted

αυλή (η) courtyard. (αγροικίας)
farmyard. (βασιλική) court.
(σπιτιού) yard. (σχολείου)
playground. (τετράγωνη)
quadrangle

αυλικός (ο) courtier

αυλόγυρος (ο) churchyard

αυλός (ο) (μηχ) tube. (μουσ)
pipe

άυλος επίθ immaterial. (μεταφ)
ethereal

αυνανισμός (ο) masturbation

αυξάν|ω ρ μτβ increase.
(εισόδημα) augment. (έλεγχο)
tighten. (μισθό) raise.
(σταδιακά) step up. (τιμή) put
up. (ταχύτητα) put on, increase.
~ομαι ρ αμτβ increase. (με
γοργό ρυθμό) mushroom. (σε
μέγεθος) grow. (τιμές) rise

αύξηση (η) increase. (μισθού)
rise, (αμερ) raise. (ανάπτυξη)
growth

αυξομείωση (η) rise and fall,
fluctuation

άυξων επίθ increasing

αϋπνία (η) insomnia

άυπνος επίθ sleepless

αυριανός επίθ tomorrow's

αύριο επίρρ tomorrow. **~** (το)
tomorrow. (μέλλον) future

αυστηρός επίθ severe.
(ακαμπτος) rigorous. (έλεγχος)
tight. (ηθικός) strict. (λιτός)

austere. (σκληρός) stern.
(σταθερός) firm

αυστηρότητα (η) severity.
(ηθική) strictness. (λιτότητα)
austerity. (σταθερότητα)
firmness

Αυστραλία (η) Australia

αυστραλιανός επίθ
Australian. **Α~ός** (ο), **Α~έζα**
(η) Australian

Αυστρία (η) Austria

αυστριακός επίθ Austrian

αυταπάρνηση (η) self-denial

αυταπάτη (η) delusion.
(πραγματικότητας) illusion

αυταρέσκεια (η) smugness

αυτάρεσκος επίθ smug, self-
satisfied

αυτάρκης επίθ self-sufficient

αυταρχικός επίθ authoritarian

αυτή αντων she. βλ αυτός

αυτί (το) βλ αφτί

αυτιστικός επίθ autistic

αυτό αντων it. βλ αυτός

αυτο- self-

αυτοβιογραφία (η)
autobiography

αυτόγραφ|ος επίθ handwritten.
~ο (το) autograph

αυτοδημιούργητος επίθ self-
made

αυτοδιάθεση (η) self-
determination

αυτοδιοίκηση (η) home rule

αυτοέλεγχος (ο) self-control

αυτοθυσία (η) self-sacrifice

αυτοί αντων βλ αυτός

αυτοκινητιστής (ο) motorist

αυτοκίνητο (το) car, (αμερ)
automobile

αυτοκινητόδρομος (*ο*) motorway, (*αμερ*) freeway

αυτοκόλλητο|ς *επίθ* self-adhesive. **~** (*το*) sticker

αυτοκράτειρα (*η*) empress

αυτοκράτορας (*ο*) emperor

αυτοκρατορία (*η*) empire

αυτοκριτική (*η*) self-criticism

αυτοκτονία (*η*) suicide

αυτοκτονώ *ρ αμτβ* commit suicide

αυτοκυριαρχία (*η*) self-control

αυτολεξεί *επίρρ* verbatim, word for word

αυτοματοπ|οίηση (*η*) automation. **~οιώ** *ρ μτβ* automate

αυτόματ|ος *επίθ* automatic. **~ο** (*το*) automaton

αυτονόητος *επίθ* self-evident

αυτονομία (*η*) autonomy

αυτόνομος *επίθ* autonomous

αυτοπαθής *επίθ* (*γραμμ*) reflexive

αυτοπειθαρχία (*η*) self discipline

αυτοπεποίθηση (*η*) self-assurance, self-confidence

αυτοπροσώπως *επίρρ* in person

αυτόπτης *επίθ* **~ μάρτυς** (*ο, η*) eyewitness

αυτό|ς *προσ αντων* he. **δεικτ** *αντων* this. **~ς και ο φίλος του** he and his friend. **μ' ~ το αυτοκίνητο θα πάμε** we are going in this car. **~ ήταν!** that's it! **~ που σου λέω** listen to me

αυτοσυγκέντρωση (*η*) meditation

αυτοσυνείδηση (*η*) self-consciousness

αυτοσυντήρηση (*η*) self-preservation

αυτοσχεδι|άζω *ρ μτβ/ρ αμτβ* improvise. **~ιασμός** (*ο*) improvisation

αυτοσχέδιος *επίθ* improvised, impromptu

αυτοτελής *επίθ* self-sufficient. (*πλήρης*) self-contained

αυτουργός *επίθ* perpetrator

αυτούσιος *επίθ* intact

αυτόφωρος *επίθ* **τον έπιασαν επ' αυτοφώρω** he was caught in the act

αυτόχειρας (*ο*) suicide (*person*)

αυτοψία (*η*) postmortem (examination)

αυχένας (*ο*) nape

αφάγωτος *επίθ* untouched (*food*). **είμαι ~** I haven't eaten anything

αφαίμαξη (*η*) blood letting. (*μεταφ*) drain

αφαίρεση (*η*) deduction. (*μαθημ*) subtraction

αφαιρ|ώ *ρ μτβ* deduct. (*αποσπώ*) extract. (*βγάζω*) remove. (*μαθημ*) subtract. **~ούμαι** *ρ αμτβ* be absent-minded

αφαλός (*ο*) navel

αφάνεια (*η*) obscurity

αφανής *επίθ* obscure

αφανίζ|ω *ρ μτβ* cause to vanish. (*εξοντώνω*) exterminate. (*καταστρέφω*) ruin. **~ομαι** *ρ αμτβ* disappear

αφάνταστος *επίθ* unimaginable. (*μεγάλος*) tremendous

άφαντος *επίθ* **έγινε ~** he vanished

αφασία *(η)* aphasia

αφέλεια *(η)* naivety

αφελής *επίθ* naive. *(εύπιστος)* gullible

αφενός *επίρρ* on the one hand

αφέντ|ης *(ο)* lord. *(κύριος)* master. **~ισσα** *(η)* mistress

αφεντικό *(το)* master. *(στη δουλειά)* boss

αφερέγγυος *επίθ* insolvent

άφεση *(η)* *(από το στρατό)* discharge. **~ αμαρτιών** absolution

αφετέρου *επίρρ* on the other hand

αφετηρία *(η)* starting-point. *(μεταφ)* beginning

αφή *(η)* touch

αφήγημα *(το)* narrative. **~ση** *(η)* narration

αφηγητής *(ο)*, **~ήτρια** *(η)* narrator. *(ιστοριούλας)* story-teller

αφηγούμαι *ρ μτβ* relate. *(διηγούμαι)* narrate

αφηνιάζω *ρ αμτβ* *(άλογο)* bolt. *(από θυμό)* fly into a rage

αφήνω *ρ μτβ* let, leave. *(δουλειά)* quit. *(εγκαταλείπω)* abandon. *(επιτρέπω)* allow. *(χαρίζω)* leave

αφηρημάδα *(η)* absent-mindedness

αφηρημένος *επίθ* absent-minded. *(τέχνη)* abstract

αφθονία *(η)* abundance. *(απροσδόκητη)* bonanza. *(πληροφοριών)* wealth

άφθονος *επίθ* abundant. *(πολύς)* plentiful

αφιέρωμα *(το)* offering. *(σε περιοδικό)* special issue. *(τιμή)* tribute

αφιερώνω *ρ μτβ* dedicate. *(σε προσπάθεια)* devote

αφιέρωση *(η)* dedication

αφιλοκερδής *επίθ* disinterested in personal gain

αφιλότιμος *επίθ* not diligent. **~** *(ο)* scoundrel

άφιξη *(η)* arrival. **αφίξεις** *(οι)* *(αεροπ)* arrivals

αφίσα *(η)* poster

άφοβος *επίθ* fearless

αφομοιώνω *ρ μτβ* assimilate

αφομοίωση *(η)* assimilation

αφοπλίζω *ρ μτβ* disarm. *(βόμβα)* defuse. *(μεταφ)* disarm

αφοπλισμός *(ο)* disarmament

αφορίζω *ρ μτβ* excommunicate

αφορισμός *(ο)* aphorism. *(εκκλ)* excommunication

αφορμή *(η)* excuse

αφορολόγητ|ος *επίθ* tax-free. **~α** *(τα)* duty-free goods

αφορ|ώ *ρ μτβ/ρ αμτβ* concern. **όσον ~ά** *(σε)* concerning. **δε με ~ά** it is no concern of mine

αφοσιωμένος *επίθ* devoted. *(οπαδός)* staunch. *(πιστός)* loyal

αφοσιώνομαι *ρ μτβ* devote o.s.

αφοσίωση *(η)* devotion. *(πίστη)* loyalty. *(προσήλωση)* dedication. *(σε έργο)* commitment

αφότου *σύνδ* since

αφού *σύνδ* *(μετά)* after. *(επειδή)* since

αφράτος *επίθ* soft and white

αφρίζω *ρ αμτβ* foam. *(ποτό)* fizz. *(στο στόμα)* froth

αφρικανικός *επίθ* African

Αφρικαν|ός *(ο)*, **Α~ή** *(η)* African

αφρόγαλα *(το)* cream *(on the surface of milk)*

αφροδισιακός *επίθ* aphrodisiac

αφροδίσιος *επίθ* venereal

Αφροδίτη *(η)* Aphrodite, Venus

αφρόλουτρο *(το)* bubble bath

αφρόντιστος *επίθ* not cared for

αφρός *(ο)* foam. *(για τα μαλλιά)* (styling) mousse. *(θάλασσας)* spume. *(κυμάτων)* surf. *(μετάλλου)* dross. *(στόμα, υγρό)* froth

αφρώδης *επίθ* bubbly. *(κρασί)* sparkling

αφτί *(το)* ear

αφυδάτωση *(η)* dehydration

αφυπνίζω *ρ μτβ* awaken

αφύπνιση *(η)* awakening

αφύσικος *επίθ* unnatural. *(τρόπος)* affected. *(τερατώδης)* freakish

άφωνος *επίθ* speechless

αφώτιστος *επίθ* not illuminated. *(μεταφ)* unenlightened

αχ *επιφών* oh. *(επιθυμία)* if only. **με το ~ και το βαχ** τίποτα **δε γίνεται** it's no good just sighing

αχαμνά *(τα)* groin

αχανής *επίθ* immense

αχαρακτήριστος *επίθ* outrageous

αχαριστία *(η)* ingratitude

αχάριστος *επίθ* ungrateful. *(ανιαρός)* thankless

άχαρος *επίθ* ungainly. *(ρούχα)* drab

αχθοφόρος *(ο)* porter *(for luggage)*

αχιβάδα *(η)* clam

αχίλλειος *επίθ* of Achilles

αχινός *(ο)* sea-urchin

αχλάδι *(το)* pear

αχλαδιά *(η)* pear tree

άχνα *(η)* *(ατμός)* vapour. *(ήχος)* sound

αχνάρι *(το)* footprint

άχνη *(η)* fine powder. **ζάχαρη ~** *(η)* icing sugar

αχνιστός *επίθ* steaming

αχόρταγος *επίθ* insatiable

αχούρι *(το)* stable. *(μεταφ)* hole

αχρείος *επίθ* wretched. **~** *(ο)* rascal

αχρηστεύω *ρ μτβ* render useless

άχρηστος *επίθ* useless. *(άνθρωπος)* good-for-nothing

άχρονος *επίθ* timeless

άχρωμος *επίθ* colourless

αχτένιστος *επίθ* dishevelled

άχτι *(το)* *άκλ* grudge

αχτίδα *(η)* *(φωτός)* shaft *(of light)*. *(μεταφ)* gleam *(of hope)*

άχυρο *(το)* straw

αχυρώνας *(ο)* hayloft

αχώνευτος *επίθ* indigestible

αχώριστος *επίθ* inseparable

άψε σβήσε *επίρρ* **στο ~** in the twinkle of an eye

αψηφώ *ρ μτβ* *(κανονισμούς)* flout. *(πρόσωπο)* defy

αψίδα *(η)* arch

αψιμαχία *(η)* skirmish

άψογος *επίθ* immaculate

αψύς *επίθ* *(στη γεύση)* sharp

άψυχος επίθ lifeless. (πράγμα) inanimate

άωτον (το) **το άκρον ~ της ευγένειας** the height of good manners

Bβ

βαβουίνος (ο) baboon
βαβυλωνία (η) bedlam
βάγια¹ (η) (wet) nurse
βάγια² (τα) palm branches
βαγόνι (το) (σιδηρ) carriage.
βαδίζω ρ αμτβ step. (με μεγάλες δρασκελιές) stride. (περήφανα) strut. (σε γραμμή) file. (στρ) march
βάδισμα (το) step (walk). (στρ) march
βαζελίνη (η) vaseline
βάζο (το) jar. (ανθοδοχείο) vase
βάζω ρ μτβ put. (ρολόι) set (clock etc.). (ρούχα) put on. ~ **κπ να κάνει** get s.o. to do. ~ **τα δυνατά μου** try my best. ~ **τις φωνές σε** shout at
βαθαίνω ρ μτβ/ρ αμτβ deepen
βαθμηδόν επίρρ by stages
βαθμιαίος επίθ gradual
βαθμίδα (η) (σκάλα) step. (σε κλίμακα αξιών) rung
βαθμολογία (η) marking. (βαθμός) marks
βαθμολόγιο (το) register, mark book
βαθμολογώ ρ μτβ (σχολ) mark. (κατατάσσω) grade

βαθμός (ο) mark. (γραμμ) degree. (σε ιεραρχία) grade. (στρ) rank
βάθος (το) depth. (φόντο) background
βαθούλωμα (το) hollow. (σε έλασμα) dent. (στο έδαφος) depression
βαθουλώνω ρ μτβ hollow. (μετά από χτύπημα) dent. • ρ αμτβ sag
βάθρο (το) pedestal
βαθύς επίθ deep. (βαθυστόχαστος) profound. (ντεκολτέ) plunging. (ύπνος) heavy. **~ιά** επίρρ deeply, profoundly
βακτηρίδια (τα) bacteria
Βάκχος (ο) Bacchus
βαλανίδι (το) acorn
βαλανιδιά (η) oak (tree)
βαλβίδα (η) valve
βαλές (ο) (χαρτιά) jack
βαλίτσα (η) suitcase
Βαλκάνια (τα) Balkans
βαλλιστική (η) ballistics
βάλλω ρ μτβ (ρίχνω) throw. (εκτοξεύω) hurl. (πυροβολώ) shoot
βαλς (το) άκλ waltz
βάλσαμο (το) balm. (μεταφ) balsam
βαλσαμώνω ρ μτβ embalm
βάλτος (ο) marsh
βαλτός επίθ planted (to incriminate)
βαμβάκι (το) cotton. (φαρμακείου) cotton wool
βαμμένος επίθ dyed. (τοίχος) painted
βάναυσος επίθ rough (person)

βανδαλισμός (*o*) vandalism

βάνδαλος (*o, η*) vandal

βανίλια (*η*) vanilla

βαπόρι (*το*) steam boat. **γίνομαι ~** hit the roof

βάραθρο (*το*) chasm

βαραίνω *ρ αμτβ* gain weight. (*γνώμη*) carry weight (*ενοχλώ*) weigh down. • *ρ μτβ* (*στομάχι*) lie heavy on

βάρβαρος *επίθ* barbarous. **~** (*o*) barbarian

βαρβαρότητα (*η*) barbarity

βαρβάτος *επίθ* virile

βαρβιτουρικό (*το*) barbiturate

βάρδια (*η*) (*εργάτες*) shift. (*περίοδος καθήκοντος*) watch. (*φρουρά*) guard

βαρεία (*η*) grave accent

βαρελάκι (*το*) keg. **~α** (*τα*) leap-frog

βαρέλι (*το*) barrel. (*ανοιχτό*) tub. (*μπίρας*) cask. (*πετρελαίου*) drum. **σαν το ~** tubby

βαρετός *επίθ* heavy, boring

βαρήκοος *επίθ* hard of hearing

βαριά¹ (*η*) sledge-hammer

βαριά² *επίθ βλ* **βαρύς**

βαρίδι (*το*) (*ζυγαριάς*) weight. (*πετονιάς*) sinker

βαριέ|μαι *ρ μτβ* be tired of. • *ρ αμτβ* be fed up. (*πλήττω*) be bored. **δε ~σαι** never mind

βάριο (*το*) barium

βάρκα (*η*) boat. (*κωπηλασίας*) rowing-boat. (*με πανιά*) sailing-boat

βαρκά|δα (*η*) boat trip. **~ρης** (*o*) boatman

βαρκούλα (*η*) small boat

βαρόμετρο (*το*) barometer

βαρόνος (*o*) baron

βάρος (*το*) weight. (*μεταφ*) burden. (*φορτίο*) load

βαρούλκο (*το*) winch

βαρύθυμος *επίθ* sullen

βαρύς *επίθ* heavy. (*ατμόσφαιρα*) close. (*ποινή*) harsh. (*σφάλμα*) serious. (*φαγητό*) stodgy. (*χειμώνας*) hard

βαρυσήμαντος *επίθ* momentous

βαρύτονος (*o*) baritone

βαρυστομαχιά (*η*) indigestion

βαρώ *ρ μτβ* (*δέρνω*) beat. (*ηχώ*) sound. (*πληγώνω*) hit

βασανίζω *ρ μτβ* torture. (*εξετάζω*) scrutinize. (*σκέψη*) haunt. (*μεταφ*) torment. **~ομαι** *ρ αμτβ* agonize

βασανιστήριο (*το*) torture

βάσανο (*το*) torment

βάση (*η*) (*αρχή*) basis. (*έδρα*) plinth. (*στήριγμα*) base

βασίζω *ρ μτβ* base. **~ομαι** (**σε**) *ρ αμτβ* rely (on)

βασικ|ός *επίθ* basic. (*τροφή*) staple. **~ά** *επίρρ* basically

βασιλεία (*η*) (*περίοδος*) reign. (*πολίτευμα*) monarchy

βασίλειο (*το*) realm. (*χώρα*) kingdom

βασιλεύω *ρ αμτβ* (*βασιλιάς*) reign. (*ήλιος*) set

βασιλι|άς (*o*), **~ιάς** (*o*) king

βασιλική (*η*) (*κτίριο*) basilica

βασιλικός¹ (*o*) basil

βασιλικός² *επίθ* regal

βασίλισσα (*η*) queen

βασιλομήτωρ (*η*) queen mother

βασιλόπιτα (*η*) *special cake for 1st January*

βασιλόφρων (*o, η*) royalist

βάσιμος *επίθ* (*λόγος*) sound. (*πληροφορίες*) reliable. (*υποψίες*) well-founded

βαστώ *ρ μτβ* hold. (*ανέχομαι*) bear. (*στηρίζω*) support *ρ αμτβ* (*αντέχω*) bear up. (*διαρκώ*) last

βατ (*το*) *άκλ* watt

βάτα (*η*) wadding. (*στους ώμους*) pad

βατόμουρο (*το*) blackberry

βάτος (*o*) bramble

βατραχάνθρωπος (*o*) frogman

βατραχοπέδιλο (*το*) flipper (*for swimming*)

βάτραχος (*o*) frog. (*φρύνος*) toad

βαφή (*η*) dye. (*για παπούτσια*) polish

βαφτίζω *ρ μτβ* baptize. (*δίνω όνομα*) christen

βάφτισμα (*το*) christening. (*βύθισμα στο νερό*) baptism

βαφτιστήρι (*το*) godchild

βάφω *ρ μτβ* paint. (*μέταλλο*) temper

βάψιμο (*το*) painting (*applying paint*)

βγάζω *ρ μτβ* (*αναστεναγμό*) heave. (*δόντι*) take out. (*λεκέ*) remove. (*δίνω όνομα*) dub. (*ρούχα*) take off. (*το καπέλο*) raise. (*φρύδια*) pluck. (*φωνή*) give. (*φωτογραφία*) take. (*χέρι, πόδι*) dislocate. • *ρ αμτβ* (*δρόμος*) lead. **~ λόγο** make a speech. **δεν τα ~ πέρα** I can't cope

βγαίνω *ρ μτβ* go out. (*εξέρχομαι*) come off. (*για λίγο*) pop out. (*κρυφά*) sneak out. (*λεκές*) come out. (*σε εκλογές*) be elected

βδέλλα (*η*) leech

βδομάδα (*η*) *βλ* **εβδομάδα**

βέβαιος *επίθ* certain. (*βάσιμος*) sure. (*πεπεισμένος*) confident. **~α** *επίρρ* of course, certainly. **~α!** sure!

βεβαίως *επίρρ* certainly

βεβαιότητα (*η*) certainty

βεβαιώνω *ρ μτβ* confirm. (*διαβεβαιώ*) assure. (*έγγραφο*) certify. (*επιβεβαιώνω*) affirm. (*τη λήψη επιστολής*) acknowledge. **~ομαι** *ρ μτβ* make certain

βεβαίωση (*η*) confirmation. (*διαβεβαίωση*) assurance. (*πιστοποίηση*) certification

βεβήλωση (*η*) desecration

βεβιασμένος *επίθ* rash. (*χαμόγελο*) forced

βεδουΐνος (*o*) Bedouin

βελάζω *ρ αμτβ* bleat

Βέλγιο (*το*) Belgium

Βέλγιος (*o*), **Βελγίδα** (*η*) Belgian

βελγικός *επίθ* Belgian

βέλο (*το*) veil

βελόνα (*η*) needle. (*γραμμοφώνου*) η) stylus

βελονάκι (*το*) (crochet) hook

βελόνι (*το*) *βλ* **βελόνα**

βελονιά (*η*) stitch

βελονισμός (*o*) acupuncture

βέλος (*το*) dart. (*σαΐτα*) arrow

βελούδο (*το*) velvet. **~ κοτλέ** corduroy

βελτιώνω *ρ μτβ* improve. **~ομαι** *ρ αμτβ* get better, improve

βελτίωση (*η*) improvement

βενζινάδικο (*το*) (*καθομ*) petrol station

βενζινάκατος (η) motor boat
βενζίνη (η) petrol, (αμερ) gasoline
βεντάλια (η) fan (hand held)
βεντέτα (η) vendetta
βέρα (η) wedding-ring
βεράντα (η) veranda
βέργα (η) rod
βερεσέ|ς (ο) sale or purchase on credit. **~** επίρρ on credit, on tick
βερικοκιά (η) apricot tree
βερίκοκο (το) apricot
Βερμούδες (οι) Bermuda
βερμούτ (το) ἀκλ vermouth
βερνίκι (το) varnish. (για τα νύχια) nail polish
βέρος επίθ true
βεστιάριο (το) cloakroom
βέτο (το) veto
βήμα (το) step. (βάδισμα) gait. (βάθρο) podium
βηματίζω ρ αμτβ pace. (στρ) march
βήχ|ας (ο) cough. **~ω** ρ αμτβ cough
βία (η) force. (βιαιότητα) violence. (βιασύνη) haste
βιάζ|ω ρ μτβ (ασέλγω) rape. (εξαναγκάζω) force. (επισπεύδω) rush. **~ομαι** ρ αμτβ hurry (up)
βίαι|ος επίθ violent. **~α** επίρρ violently. (με βία) forcibly
βιασμός (ο) rape
βιαστής (ο) rapist
βιαστικός επίθ hurried. (απόφαση) hasty. (ματιά) cursory
βιασύνη (η) haste, rush
βιβλιάριο (το) booklet

βιβλικός επίθ biblical
βιβλίο (το) book
βιβλιογραφία (η) bibliography
βιβλιοθηκάριος (ο) librarian
βιβλιοθήκη (η) (αίθουσα, κτίριο) library. (έπιπλο) bookcase
βιβλιοπωλείο (το) bookshop
βιβλιοπώλ|ης (ο), **~ις** (η) bookseller
Βίβλος (η) Bible
βίδα (η) screw
βιδώνω ρ μτβ screw
βίζα (η) visa
βιζόν (το) ἀκλ mink
βικτοριανός επίθ Victorian
βίλα (η) villa
βίντεο (το) ἀκλ video (-recorder)
βιντεοκασέτα (η) videotape
βιντεοταινία (η) video film
βινύλιο (το) vinyl
βιογραφ|ία (η) biography
βιογραφικός επίθ biographical. **~ό σημείωμα** (το) curriculum vitae
βιογράφος (ο, η) biographer
βιόλα (η) (λουλούδι) viola. (μουσ) viola
βιολέτα (η) violet (flower)
βιολετής επίθ violet (colour)
βιολί (το) violin
βιολ|ιστής (ο), **~ίστρια** (η) violinist
βιολιτζής (ο) (καθομ) fiddler
βιολογία (η) biology
βιολόγος (ο, η) biologist
βιολοντσέλο (το) cello
βιομηχαν|ία (η) industry. **~ικός** επίθ industrial
βιομήχανος (ο) industrialist

βιοπάλη (η) struggle for survival

βίος (το) (καθομ) fortune

βίος (ο) (λόγ) life

βιοτεχνία (η) handicraft

βιοχημεία (η) biochemistry

βιοψία (η) biopsy

βιράρω ρ μτβ hoist (anchor)

βιταμίνη (η) vitamin

βιτρίνα (η) shop-window. (μεταφ) showcase

βιτρό (το) άκλ stained-glass window

βιώσιμος επίθ viable

βλαβερός επίθ harmful

βλάβη (η) (ζημιά) damage. (ηλεκτρ) failure. (μηχ) breakdown. (προσωπική) injury

βλάκας (ο, η) idiot

βλακεία (η) stupidity. **~ες** (οι) nonsense

βλακώδης επίθ stupid

βλάπτω ρ μτβ βλ **βλάφτω**

βλασταίνω ρ αμτβ βλ **βλαστάνω**

βλαστάνω ρ αμτβ sprout. (σπόρος) germinate

βλαστάρι (το) shoot. (μεταφ) scion

βλαστήμια (η) swear-word. (κατάρα) curse

βλαστημώ ρ μτβ curse. • ρ αμτβ swear. (τα θεία) blaspheme

βλάστηση (η) vegetation

βλαστός (ο) shoot. (μεταφ) scion

βλασφημία (η) blasphemy

βλάφτω ρ μτβ damage. (αδικώ) harm

βλαχόπουλο (το) young shepherd

βλέμμα (το) look. (επίμονο) stare

βλέπω ρ μτβ/ρ αμτβ see. (κοιτάζω) watch. **~ προς** overlook. • ρ αμτβ (σπίτι) face

βλεφαρίδα (η) eyelash

βλέφαρο (το) eyelid

βλέψη (η) aspiration

βλήμα (το) missile, projectile

βλοσυρός επίθ fierce

βογκητό (το) moan, groan

βογκώ ρ αμτβ moan, groan

βόδι (το) ox

βοδινός επίθ ox, beef. **~ κρέας** (το) beef

βοή (η) boom. hum (of bees)

βοήθεια (η) help, assistance. (υλική) aid. **πρώτες ~ες** (οι) first aid

βοήθημα (το) relief. (σύγγραμα) reference book

βοηθητικός επίθ auxiliary. (δευτερεύον) ancillary

βοηθός (ο, η) assistant, (αμερ) aide

βοηθώ ρ μτβ help. (μνήμη) jog. (συντρέχω) assist. (υποστηρίζω) aid

βόθρος (ο) cesspit, cesspool

βολάν (το) άκλ steering wheel. (γύρω από κρεβάτι) valance. (σε φόρεμα) frill

βολβός (ο) bulb. (του ματιού) eyeball

βολετός επίθ practicable

βολεύ|ω ρ μτβ manage to fit in. **~ομαι** ρ αμτβ settle down. **με ~ει** it suits me. **τα ~ω** get by, manage

βολή¹ (η) comfort

βολή² (η) shot

βόλι (το) (καθομ) bullet

Βολιβία (η) Bolivia

βολίδα (η) bullet

βολικός επίθ convenient. (άνθρωπος) easy-going

βόλος (ο) (χώμα) lump. (από βούτυρο) pat. (από μέταλλο) nugget. (γυάλινος) marble

βολτ (το) άκλ volt

βόλτα (η) stroll. (με αυτοκίνητο) ride

βόμβα (η) bomb. (μεταφ) bombshell

βομβαρδίζω ρ μτβ shell. (στρ) (από αεροπλάνα) bomb. (μεταφ) bombard

βομβαρδισμός (ο) shelling. (με αεροπλάνα) bombing. (μεταφ) bombardment

βομβαρδιστικό (το) (αεροπλάνο) bomber

βομβητής (ο) buzzer

βόμβος (ο) buzz. (μηχ) whir

βομβώ ρ αμτβ (αυτιά) ring. (έντομο) buzz. (μηχ) whir

βοοειδή (τα) cattle

βορειοανατολικός επίθ north-east

βορειοδυτικός επίθ north-west

βόρειος επίθ northern. ~ (ο) Northerner

βοριάς (ο) north wind

βορινός επίθ northerly

βορράς (ο) north

βοσκή (η) pasture

βοσκοπούλα (η) shepherdess

βοσκός (ο) shepherd

βοσκότοπος (ο) pasture

βόσκω ρ μτβ/ρ αμτβ graze

βοτάνι (το) magic potion. (βότανο) herb

βοτανική (η) botany

βότανο (το) herb

βοτανολόγος (ο, η) botanist. (συλλέκτης βοτάνων) herbalist

βότσαλο (το) pebble

βουβάλι (το) buffalo

βουβός επίθ mute, dumb

βουδ|ιστής (ο), **~ίστρια** (η) Buddhist

βουή (η) boom

βουητό (το) hum

βουίζω ρ αμτβ (έντομο) buzz. (αεροπλάνο) hum. (άνεμος) howl. (αυτιά) ring

βούισμα (το) (εντόμου) buzz. (αεροπλάνου) hum. (στ᾽ αυτιά) ringing

βούκινο (το) horn

βούλα (η) (κηλίδα) spot. (στο μάγουλο) dimple. (σφραγίδα) seal

Βουλγαρία (η) Bulgaria

βουλευτής (ο, η) Member of Parliament

βουλή (η) will

Βουλή (η) Parliament

βούληση (η) volition

βουλιάζω ρ μτβ scuttle ρ αμτβ (πλοίο) sink. (οροφή) sag. (μεταφ) founder

βουλιμία (η) greed. (ιατρ) bulimia

βουλοκέρι (το) sealing-wax

βούλωμα (το) block. (καπάκι) stopper

βουλώνω ρ μτβ plug. (διαρροή) stop. • ρ αμτβ block

βουνίσιος επίθ mountain

βουνό (το) mountain

βουνοκορφή (η) mountain top

βουνοσειρά (η) mountain range

βούρδουλας (*ο*) lash

βούρκος (*ο*) mire. (*μεταφ*) gutter

βουρκώνω *ρ αμτβ* become muddy. (*μάτια*) fill with tears. (*ουρανός*) cloud over

βούρλο (*το*) rush (*plant*)

βούρτσα (*η*) brush. (*των μαλλιών*) hairbrush

βουρτσίζω *ρ μτβ* brush

βουστάσιο (*το*) cowshed

βούτηγμα (*το*) (*βουτιά*) plunge. (*μεταφ*) snatch

βουτιά (*η*) (*κατάδυση*) dive. (*κλοπή*) snatch. (*μεταφ*) plunge

βούτυρο (*το*) butter

βουτώ *ρ μτβ* immerse. (*αρπάζω*) snatch. (*βυθίζω σε υγρό*) dip. • *ρ αμτβ* dive

βραβείο (*το*) prize

βραβεύω *ρ μτβ* give a prize. (*ανταμείβω*) reward

βράγχια (*τα*) gills

βραδάκι (*το*) early evening

βραδιά (*η*) evening

βραδιάζω *ρ αμτβ* ~**ει** it is getting dark

βράδυ (*το*) evening

βραδύς *επίθ* slow. (*με αργό ρυθμό*) slack

βραδύτητα (*η*) slowness

Βραζιλία (*η*) Brazil

βράζω *ρ μτβ/ρ αμτβ* boil. (*τσάι*) brew. • *ρ αμτβ* ferment

βρακί (*το*) pants

βρασμός (*ο*) boiling. (*ζύμωση*) fermentation

βραστήρας (*ο*) kettle

βραστός *επίθ* boiled. (*καυτός*) hot

βράχια (*τα*) rocks

βραχιόλι (*το*) bracelet. (*χωρίς αγκράφα*) bangle

βραχίονας (*ο*) arm. (*του πικ απ*) stylus holder

βραχνάς (*ο*) nightmare

βραχνιάζω *ρ αμτβ* become hoarse

βραχνός *επίθ* hoarse

βραχόκηπος (*ο*) rockery

βράχος (*ο*) rock

βραχύβιος *επίθ* short-lived

βραχυγραφία (*η*) abbreviation

βραχυκύκλωμα (*το*) short circuit

βραχυπρόθεσμ|ος *επίθ* short-term. ~**α** *επίρρ* in the short term

βραχύς *επίθ* short

βραχώδης *επίθ* rocky. (*τοπίο*) rugged

βρε *μόριο* you there

βρεγμένος *επίθ* wet

βρέξιμο (*το*) wetting

Βρετανία (*η*) Britain

Βρετανικός *επίθ* British

βρεφικός *επίθ* infantile

βρεφοκομείο (*το*) institution for foundlings

βρέφος (*το*) infant

βρέχ|ω *ρ μτβ* wet, moisten. ~**χει** *ρ αμτβ* it's raining. ~**χομαι** *ρ αμτβ* get wet

βρίζω *ρ μτβ* insult. • *ρ αμτβ* swear

βρίθω *ρ αμτβ* be teeming with

βρικόλακας (*ο*) vampire

βρισιά (*η*) insult

βρίσκ|ω *ρ μτβ* find. (*ανακαλύπτω*) discover.

βρογχίτιδα (*η*) bronchitis

βρόμα (*η*) (*ακαθαρσία*) grime. (*κακοσμία*) stench

βρομερός *επίθ* (*ακάθαρτος*) filthy. (*ανήθικος*) obscene

βρομιά (*η*) (*ακαθαρσία*) filth. **~ρης**, **~ρικος** *επίθ* filthy. **~ρης** (*ο*) scoundrel. **~ρα** (*η*) slut

βρομίζω *ρ μτβ* dirty

βρόμικος *επίθ* grubby. (*δωμάτιο*) squalid. (*επιλήψιμος*) obscene

βρομοδουλειά (*η*) dirty trick

βρομώ *ρ αμτβ* stink

βροντερός *επίθ* thunderous

βροντή (*η*) thunder

βρόντημα (*το*) clap of thunder. bang (*of door*)

βρόντος (*ο*) bang

βροντώ *ρ μτβ* slam *ρ αμτβ* thunder

βροχερός *επίθ* rainy

βροχή (*η*) rain. (*μεταφ*) volley (*of blows*)

Βρυξέλες (*οι*) Brussels

βρύο (*το*) moss

βρύση (*η*) tap. (*φυσική πηγή*) spring

βρυχιέμαι *ρ αμτβ* roar

βρώμα (*η*) *βλ* **βρόμα**

βρώμη (*η*) oats

βυζαίνω *ρ μτβ* nurse. (*δάχτυλο*) suck. (*μεταφ*) suck dry. • *ρ αμτβ* suckle

Βυζάντιο (*το*) Byzantium

βυζαντινός *επίθ* Byzantine

βυζί (*το*) *λαϊκ* breast

βυθίζω *ρ μτβ* immerse. (*βουτώ σε νερό*) dip. (*μπήγω*) plunge. **~ομαι** *ρ αμτβ* sink

βύθισμα (*το*) immersion. (*πλοίου*) draught marks

βυθισμένος *επίθ* sunk. (*μάτια, μάγουλα*) sunken

βυθοκόρος (*ο*) dredge

βυθός (*ο*) bottom (*of sea*)

βυσσινάδα (*η*) (morello) cherry cordial

βυσσιν|ής *επίθ* crimson. **~ί** (*το*) crimson

βυτιοφόρο (*το*) tanker (*truck*)

βωμός (*ο*) altar

Γγ

γαβάθα (*η*) bowl (*wooden, clay*)

γαβγίζω *ρ αμτβ* bark

γάγγραινα (*η*) gangrene

γάδος (*ο*) haddock

γάζα (*η*) gauze

γαζία (*η*) acacia

γαζώνω *ρ μτβ* stitch. (*με σφαίρες*) riddle

γάιδαρος (*ο*) donkey. (*μεταφ*) ass

γαϊδουράγκαθο (*το*) thistle

γαϊδούρι (*το*) donkey

γαϊδουροκαλόκαιρο (*το*) Indian summer

γαιοκτήμονας (*ο*) squire

γαϊτανάκι (*το*) maypole

γαϊτάνι (*το*) silk ribbon

γάλα (*το*) milk

γαλάζι|ος *επίθ* sky blue. **~** (*το*) sky blue.

γαλακτοκομία (η) dairy farming

γαλακτοπωλείο (το) dairy shop

γαλακτώδης επίθ milky

γαλάκτωμα (το) emulsion

γάλανθος (ο) snowdrop

γαλανόλευκ|ος επίθ blue and white. **~η** (η) the Greek flag

γαλανός επίθ light blue

γαλαξίας (ο) galaxy

γαλαρία (η) (ορυχείου, θεάτρου) gallery

γαλατάς (ο) milkman

γαλβανίζω ρ μτβ galvanize

γαλέρα (η) galley

γαληνεύω ρ μτβ/αμτβ calm down

γαλήνη (η) calm. (ψυχική) serenity

γαλήνιος επίθ calm. (ψυχικά) serene. (θάλασσα) smooth

γαλιόνι (το) galleon

Γαλλί|α (η) France. **Γ~δα** (η) Frenchwoman

γαλλικά (τα) French

γαλλικός επίθ French

Γάλλος (ο) Frenchman

γαλόνι (το) (μονάδα μετρήσεως) gailon. (στρ) stripe

γαλοπούλα (η) turkey

γαμήλι|ος επίθ nuptial, bridal. **~α τελετή** (η) wedding ceremony

γάμος (ο) marriage. (μυστήριο) wedding

γάμπα (η) leg. (κνήμη) calf

γαμπρός (ο) bridegroom. (σύζυγος της κόρης) son-in-law. (σύζυγος της αδερφής) brother-in-law

γαμψός επίθ (μύτη) hooked

γαμώ ρ μτβ fuck

γάντζος (ο) hook

γαντζώνω ρ μτβ hook

γάντι (το) glove. (σιδερόπλεχτο) gauntlet. (χωρίς δάχτυλα) mitten

γαργαλίζω ρ μτβ tickle. (μεταφ) titillate

γαργαλώ ρ μτβ tickle

γαργάρα (η) gargle

γαργαρίζω ρ αμτβ gurgle

γαρδένια (η) gardenia

γαρίδα (η) shrimp, prawn

γαριφαλιά (η) carnation

γαρίφαλο (το) carnation. (μοσχοκάρφι) clove

γαρνίρισμα (το) trimming

γαρνίρω ρ μτβ garnish

γαρνιτούρα (η) garnish. (σε ρούχα) trimmings

γάστρα (η) flower pot

γαστρικός επίθ gastric

γαστρονομία (η) gastronomy

γάτα (η) cat

γατάκι (το) kitten

γάτος (ο) tom-cat

γαυγίζω ρ αμτβ βλ **γαβγίζω**

γδάρσιμο (το) abrasion. (αφαίρεση δέρματος) skinning. (σε έπιπλο) scratch. (στο γόνατο) graze

γδέρνω ρ μτβ (αφαιρώ δέρμα) skin. (γόνατο) graze. (επιφάνεια) scratch. (μεταφ) fleece

γδύν|ω ρ μτβ undress. (μεταφ) strip. **~ομαι** ρ αμτβ undress

γεγονός (το) event. (δεδομένο) fact

γεια (η) hallo. **~ σου/σας** bye. (μετά το φτάρνισμα) bless you

γείσο (το) (στέγης) eaves. (τζακιού) mantelpiece

γείτονας (ο), **γειτόνισσα** (η) neighbour

γειτονεύω ρ μτβ adjoin

γειτονιά (η) neighbourhood

γελάδα (η) βλ **αγελάδα**

γελαστός επίθ cheerful

γέλιο (το) laughter. (αθόρυβο) chuckle. (κρυφό) snigger. (νευρικό) giggle

γελοιογραφία (η) cartoon

γελοιογραφώ ρ μτβ caricature

γελοιοποίηση (η) ridicule. **~ιώ** ρ μτβ ridicule

γελοίος επίθ laughable. (άξιος περιφρονήσεως) ridiculous. (παράλογος) ludicrous

γελώ ρ μτβ (απατώ) deceive. (ξεγελώ) let down. (χλευάζω) laugh at. • ρ αμτβ laugh. (νευρικά) giggle. **~ιέμαι** ρ αμτβ (κάνω λάθος) be mistaken. (απατώμαι) be deceived

γελωτοποιός (ο) jester

γεμάτος επίθ full (of). (εύσαρκος) plump. (όπλο) loaded. (χώρος) crowded (with)

γεμίζω ρ μτβ fill. (με καύσιμα) fill up. (όπλο) load. (φαγητό, μαξιλάρι) stuff. • ρ αμτβ fill. (αποκτώ πάχος) fill out. (φεγγάρι) wax

γέμισμα (το) filling

γεμιστήρας (ο) magazine (of gun)

Γενάρης (ο) βλ **Ιανουάριος**

γενεά (η) βλ **γενιά**

γενεαλογία (η) genealogy

γενέθλια (τα) birthday

γενειοφόρος επίθ bearded

γένεσ|η (η) origin. **Γ~ις** (εκκλ) Genesis

γενέτειρα (η) birth place. (πόλη) home town

γενετή (η) εκ **~ς** by birth

γενετικός επίθ genetic

γενετικά μεταλλαγμένος επίθ genetically modified, GM

γένι (το) beard

γενιά (η) generation

γενίκευση (η) generalization

γενικεύω ρ μτβ generalize

γενική (η) (πτώση) genitive

γενικός επίθ general. (καθολικός) universal. (χωρίς διάκριση) indiscriminate. **~ά, ~ώς** επίρρ in general, on the whole

γενικότητα (η) generality

γέννα (η) (τοκετός) childbirth. (γέννημα ζώων) litter

γενναιοδωρία (η) generosity

γενναιόδωρ|ος επίθ generous. (σε δώρα, φιλοφρονήσεις) lavish. **~α** επίρρ generously

γενναίος (ο) brave. (πλουσιοπάροχος) liberal. (προς τις γυναίκες) gallant

γενναιότητα (η) bravery. (προς τις γυναίκες) gallantry

γενναιοφροσύνη (η) magnanimity

γενναιοψυχία (η) (γενναιότητα) bravery. (μεγαλοψυχία) magnanimity

γέννημα (το) (παιδί) offspring. (της φαντασίας) creation

γέννηση (η) birth

γεννητικός επίθ genital

γεννήτρια (η) (ηλεκτρ) generator

γενν|ώ ρ μτβ give birth to.

γένος (αβγά) lay. (για ψάρια) spawn. (μεταφ) generate. **~ιέμαι** ρ αμτβ be born

γένος (το) (καταγωγή) parentage. (γραμμ) gender. (ζώων) species. (φυλή) race. (φύλο) sex

γεράκι (το) falcon. (μεταφ) hawk

γεράματα (τα) old age

γεράνι (το) geranium

γερανός (ο) (πουλί/μηχ) crane

γερασμένος επίθ aged

γερατειά (τα) βλ **γηρατειά**

Γερμανία (η) Germany

γερμανικός επίθ German

Γερμαν(ός) (ο), **-ίδα** (η) German

γέρνω ρ μτβ (λυγίζω) bend. (κεφάλι) lower. • ρ αμτβ lean. (ήλιος) go down, set. (πλοίο) list

γερνώ ρ αμτβ age

γεροδεμένος επίθ of strong build

γεροντάκι (το) little old man

γέροντας (ο) βλ **γέρος**

γερόντισσα (η) old woman

γεροντοκόρη (η) old maid, spinster

γέρος (ο) old man

γερ(ός επίθ (υγιής) sound. (ανθεκτικός) strong. (ολόκληρος) whole. (ρωμαλέος) sturdy. **~ά** επίρρ strongly, fast

γερουσία (η) senate. **~ιαστής** (ο) senator

γεύμα (το) meal

γευματίζω ρ αμτβ have lunch, lunch

γεύση (η) (αίσθηση) taste. (υπερώα) palate. (νοστιμάδα) flavour

γευστικός επίθ tasty

γέφυρα (η) bridge. (για πεζούς) foot-bridge

γεφύρι (το) βλ **γέφυρα**

γεφυρώνω ρ μτβ bridge

γεωγραφία (η) geography

γεωγράφος (ο, η) geographer

γεωλογία (η) geology

γεωμετρία (η) geometry

γεωργία (η) agriculture. **~ικός** επίθ agricultural

γεωργός (ο, η) farmer

γη (η) (έδαφος) land. (πλανήτης) earth

γηγενής επίθ indigenous

γήινος επίθ (κάτοικος της γης) terrestrial. (της γης) earthly

γήπεδο (το) ground. (αθλοπαιδιών) playing-field. (γκολφ) course, links. (ποδοσφαίρου) pitch. (τένις) court

γηρατειά (τα) old age

γηριατρική (η) geriatrics

γηροκομείο (το) old people's home

για πρόθ for. **~ καλά** for good. **~ πάντα** for ever. **μια ~ πάντα** once and for all. μόριο **~ πρόσεξε καλά** watch out. **~ το Θεό** for god's sake. **~ τ' όνομα του Θεού** in God's name. **~α** σύνδ so. **ήλθαν ~ να τα πούμε** they came to have a chat

γιαγιά (η) grandmother

γιακάς (ο) collar

γιαλός (ο) seashore

γιάντες (το) άκλ wishbone

γιαούρτι (το) yoghurt

γιασεμί (το) jasmine

γιασμάκι *(το)* yashmak

γιαταγάνι *(το)* scimitar

γιατί *μόριο* why. • *σύνδ* because

γιατρειά *(η) (θεραπεία)* remedy

γιατρεύω *ρ μτβ* remedy

γιατρικό *(το) (φάρμακο)* remedy

γιατρός *(ο, η)* doctor

γίγαντας *(ο)* giant

γιγαντιαίος *επίθ* gigantic

γιγάντιος *επίθ* giant

γιγαντόσωμος *επίθ* giant

γίννεσθαι *(το)* εν τω **~** in the making

γίδα *(η)* goat

γιδοπρόβατα *(τα)* sheep and goats

γιλέκο *(το)* waistcoat

γίνομαι *ρ αμτβ* become. *(πραγματοποιούμαι)* happen. *(ωριμάζω)* ripen. *(εξελίσσομαι)* be made into. **τι έγινε ο πατέρας του**; what became of his father? **ό,τι έγινε έγινε** what's done is done. **τι να γίνει**; it can't be helped. **ω μη γένοιτο** God forbid

γιόγκα *(το) άκλ* yoga

γιόκας *(ο)* darling son

γιορτάζω *ρ μτβ* celebrate *ρ αμτβ* have a nameday

γιορταστικός *επίθ* festive

γιορτή *(η)* festivity. *(δημόσια)* holiday. *(θρησκ)* feast. *(ονομαστική)* nameday

γιορτινός *επίθ* festive. **~ά** *(τα)* Sunday best

γιος *(ο)* son

γιοτ *(το) άκλ* yacht

γιουβέτσι *(το) άκλ* a dish of pasta and meat cooked in the oven in a shallow dish

Γιουγκοσλαβία *(η)* Yugoslavia

γιουσουρούμ *(το) άκλ* flea market

γιούχα *επιφών* boo

γιουχαΐζω *ρ μτβ/ρ αμτβ* boo

γιουχάρω *ρ μτβ/αμτβ* boo

γιοφύρι *(το) βλ* **γεφύρι**

γιρλάντα *(η)* garland

γιώτα *(το)* iota

γκαζέλα *(η)* gazelle

γκάζι *(το)* gas. *(αυτοκίνητο)* accelerator

γκαζόζα *(η)* fizzy lemonade

γκαζόν *(το) άκλ* turf

γκάιντα *(η)* bagpipes

γκαλά *(το) άκλ* gala

γκαλερί *(η) άκλ* (art) gallery

γκάμα *(η)* (wide) range

γκαράζ *(το) άκλ* garage

γκάρισμα *(το)* bray

γκαρνταρόμπα *(η)* cloakroom. *(ρούχα)* wardrobe

γκαρσόνι *(το)* waiter

γκαρσονιέρα *(η)* bachelor flat

γκάφα *(η)* blunder. *(λάθος)* gaffe

γκέμι *(το)* rein

γκέτα *(η)* legging

γκέτο *(το)* ghetto

γκι *(το) άκλ* mistletoe

γκιαούρης *(ο)* giaour

γκιλοτίνα *(η)* guillotine

γκίνια *(η)* bad luck

γκλασάρισμα *(το)* icing

γκλασάρω *ρ μτβ* ice *(cake)*

γκλομπ *(το) άκλ* truncheon

γκονγκ *(το) άκλ* gong

γκολφ *(το) άκλ* golf

γκολ *(το) άκλ* goal

γκουβερνάντα *(η)* governess

γκοφρέτα (η) wafer

γκράφιτι (το) *άκλ* graffiti

γκρέιπφρουτ (το) *άκλ* grapefruit

γκρεμίζω ρ μτβ throw down. (κτίριο) knock down. (κυβέρνηση) topple. **~ζομαι** ρ αμτβ crumble, collapse. **~σου** get lost

γκρεμός (ο) precipice. (απότομος βράχος) cliff. (βάραθρο) chasm

γκρι (το) *άκλ* grey

γκρίζος επίθ grey. **~** (το) grey

γκριμάτσα (η) grimace

γκρίνια (η) (παιδιού) whining. (μουρμούρα) nagging

γκρινιάζω ρ μτβ nag. • ρ αμτβ (κλαψουρίζω) whine. (μουρμουρίζω) grumble, moan

γκρινιάρης επίθ grumpy

γλαδιόλα (η) gladiolus

γλάρος (ο) seagull

γλαρώνω ρ αμτβ doze

γλαύκωμα (το) glaucoma

γλαυκός επίθ (λαμπρός) bright. (γαλάζιος) azure

γλάστρα (η) flower-pot

γλαφυρός επίθ smooth. (κομψός) elegant

γλειφιτζούρι (το) lollipop

γλείφω ρ μτβ lick. (δάκτυλο) suck. (κολακεύω) suck up to

γλεντζ|ές (ο), **~ού** (η) person fond of the good life

γλέντι (το) merry-making

γλεντοκόπ|ι (το) revelry. **~οι** (οι) revellers

γλεντώ ρ αμτβ ρ μτβ enjoy (διασκεδάζω) have fun. (με φαγοπότι) make merry

γλιστερός επίθ slippery

γλιστρώ ρ αμτβ (παραπατώ) slip. (με ευκολία) glide. (σε λεία επιφάνεια) slide. (σε πάγο) skid. (μεταφ) slip away

γλίτσα (η) scum

γλιτώνω ρ μτβ rescue. • ρ αμτβ escape

γλοιός (ο) slime. **~ώδης** επίθ slimy

γλουτός (ο) buttock

γλύκα (η) sweetness

γλυκάδια (τα) sweetbread

γλυκαίνω ρ μτβ sweeten. (πόνο) relieve. • ρ αμτβ become sweeter. (καιρός) get milder. (ωριμάζω) mellow

γλυκάνισο (το) aniseed

γλυκερίνη (η) glycerine

γλύκισμα (το) pastry, cake

γλυκό (το) sweet. (φρούτα) fruit in syrup

γλυκόζη (η) glucose

γλυκοκελαηδώ ρ αμτβ (πουλί) sing sweetly

γλυκοκοιμάμαι ρ αμτβ sleep sweetly

γλυκοκοιτάζω ρ μτβ look lovingly

γλυκολεμονιά (η) lime (tree)

γλυκολέμονο (το) lime (fruit)

γλυκόλογα (τα) sweet nothings

γλυκομίλητος επίθ soft spoken

γλυκόριζα (η) liquorice

γλυκός επίθ sweet

γλυκύς επίθ βλ **γλυκός.** **~τητα** (η) sweetness. (τρόπων) gentleness

γλύπτης (ο) sculptor

γλυπτική (η) sculpture

γλυσίνα (η) wisteria

γλυφός επίθ (νερό) brackish

γλώσσα¹ (η) sole (fish)

γλώσσα² (η) tongue. (λόγος) language. (προεξοχή) tab

γλωσσάριο (το) glossary

γλωσσικός επίθ linguistic

γλωσσοδέτης (ο) tongue twister

γλωσσολογία (η) linguistics

γλωσσομαθής (ο, η) linguist

γνέθω ρ μτβ spin

γνέφω ρ αμτβ wave

γνήσιος επίθ genuine

γνώμη (η) opinion

γνωμικό (το) maxim

γνώμονας (ο) set square

γνωρίζω ρ μτβ/αμτβ (ξέρω) know. (αναγνωρίζω) recognize. (γνωστοποιώ) let know. (συστήνω) introduce. **~ομαι με** ρ αμτβ be acquainted with

γνωριμία (η) acquaintance

γνώριμος επίθ familiar

γνώση (η) knowledge. **~εις** (οι) learning

γνωστοποιώ ρ μτβ notify

γνωστός επίθ known. **~** (ο) acquaintance

γόβα (η) pump (shoe)

γογγύζω ρ αμτβ groan. (παραπονιέμαι) grumble

γοερός επίθ heart rending

γόης|ς (ο), **~σσα** (η) charmer

γοητεία (η) fascination. (χάρη) charm

γοητευτικός επίθ charming

γοητεύω ρ μτβ charm. (σαγηνεύω) beguile

γόητρο (το) prestige

γόμα (η) gum. (γομολάστιχα) rubber

γομάρι (το) (φορτίο) load. (άνθρωπος) lout

γομολάστιχα (η) eraser. (γράψιμο) rubber

γονατίζω ρ αμτβ kneel. • ρ μτβ (μεταφ) bring to one's knees

γόνατο (το) knee. **~α** (τα) lap

γονείς (ο) βλ **γονιός**. **γονείς** (οι) parents

γονίδιο (το) gene

γονιδίωμα (το) genome

γονικός επίθ parental

γονιμοποιώ ρ μτβ fertilize

γόνιμος επίθ fertile. (δημιουργικός) prolific

γονιμότητα (η) fertility

γονιός (ο) parent

γόνος (ο) offspring

γοργόνα (η) mermaid

γοργός επίθ swift

γορίλας (ο) gorilla

γοτθικός επίθ Gothic

γουδί (το) mortar

γουδοχέρι (το) pestle

γουέστερν (το) άκλ western (film)

γούλα (η) gullet

γουλιά (η) mouthful, sip

γούνα (η) fur

γουναρ|άς (ο) furrier. **~ικό** (το) fur

γουργουρητό (το) rumble

γουργουρίζω ρ αμτβ (περιστέρια) coo. (στομάχι) rumble

γούρι (το) luck

γουρλώνω ρ μτβ **~ τα μάτια** stare with eyes wide open

γούρνα (η) trough (animals)

γουρούνα (η) sow

γουρούνι (το) pig. (για άνθρωπο) swine

γουρσούζικος επίθ unlucky

γουστάρω ρ μτβ fancy

γούστο (το) (good) taste. **για ~** for the hell of it. **έχει ~ ο φίλος σου** your friend is fun

γοφός (ο) hip

γραβάτα (η) tie (necktie)

γραικός (ο) (αρχ) Greek

γράμμα (το) (αλφάβητου) letter. (ταχυδρομικό) letter. **~τα** (τα) (νομίσματος) tails. (μόρφωση) education

γραμμάριο (το) gram

γραμματέας (ο, η) secretary

γραμματεία (η) secretariat. (πανεπιστημίου) registrar

γραμματική (η) grammar

γραμματικός επίθ grammatical. **~** (ο) clerk

γραμμάτιο (το) IOU

γραμματοθυρίδα (η) pigeon-hole

γραμματοκιβώτιο (το) letter-box

γραμματόσημο (το) (postage) stamp. (τέλος) stamp duty

γραμμή (η) line. **~** επίρρ straight. (στη σειρά) in line

γραμμικός επίθ linear

γραμμόφωνο (το) gramophone

γρανάζι (το) (μηχ) gear

γρανίτα (η) water-ice

γρανίτης (ο) granite

γραπτός επίθ written. **• ~ μήνυμα** (το) text message

γρασάρω ρ μτβ grease

γρασίδι (το) lawn

γράσο (το) grease

γρατσουνίζω ρ μτβ (με τα νύχια) scratch. (μετά από πέσιμο) graze

γρατσούνισμα (το) scratch. (από πέσιμο) graze

γραφέας (ο) βλ **γραφιάς**

γραφείο (το) (δωμάτιο) office. (έπιπλο) desk

γραφειοκράτης (ο), **~ις** (η) bureaucrat

γραφειοκρατία (η) bureaucracy, (καθομ) red tape

γραφή (η) writing

γραφιάς (ο) scribe

γραφικός επίθ (γραφείου) clerical. (θέαμα) picturesque. (περιγραφικός) graphic

γραφομηχανή (η) typewriter

γράφω ρ μτβ/βρ αμτβ write. (καταχωρώ) record. (κληροδοτώ) make over. (με υπαγόρευση) take down. (σε σχολείο) enrol

γράψιμο (το) writing. (γραφικός χαρακτήρας) handwriting

γρηγοράδα (η) speed

γρήγορ|ος επίθ quick. **~α** επίρρ quickly

γρηγορώ ρ αμτβ be vigilant

γριά (η) old woman

γρίλια (η) louvre

γρίπη (η) influenza, (καθομ) flu

γρίφος (ο) puzzle

γροθιά (η) fist. (χτύπημα) punch

γρονθοκόπημα (το) punch-up

γρονθοκοπώ ρ μτβ thump

γρουσούζης (ο) jinx.

γρουσουζιά (η) bad luck

γρυλίζω ρ αμτβ growl. (γουρούνι) grunt. (απειλητικά) snarl

γρυλισμός (ο) grunt. (απειλητικός) snarl

γρύλος (ο) (έντομο) cricket. (μηχ) jack

γυάλα (η) glass bowl

γυαλάδα (η) shine

γυαλί (το) glass. **~ιά** (τα) glasses. (του ήλιου) sunglasses

γυαλίζω ρ μτβ polish. • ρ αμτβ shine

γυάλινος επίθ (made of) glass

γυάλισμα (το) polish

γυαλιστερός επίθ shiny. **~ικό** (το) polish

γυαλόχαρτο (το) sandpaper

γυις (ο) son

γυμνάζω ρ μτβ exercise. (ζώο) train. (στρ) drill. **~ομαι** ρ αμτβ exercise. (άθλημα) practise

γυμνασιάρχης (ο) headmaster (of a junior school). **~ις** (η) headmistress (of a junior secondary school)

γυμνάσιο (το) junior secondary school. **~α** (τα) (στρ) exercise

γυμναστήριο (το) gym

γυμναστής (ο), **~άστρια** (η) (αθλητής) gymnast. (σχολείο) PE teacher

γυμναστική (η) gymnastics. (στο σχολείο) PE

γύμνια (η) nudity

γυμνιστής (ο), **~ίστρια** (η) nudist

γυμνός επίθ (άνθρωπος) naked. (ακάλυπτος) bare

γυμνοσάλιαγκας (ο) slug

γυμνόστηθος επίθ topless

γυμνώνω ρ μτβ undress. (μεταφ) strip

γυναίκα (η) woman. (σύζυγος) wife

γυναικάς (ο) womanizer

γυναικείος επίθ feminine. (που ταιριάζει σε γυναίκα) woman's

γυναικολογία (η) gynaecology. **~όγος** (ο, η) gynaecologist

γυναικόπαιδα (τα) women and children

γύπας (ο) vulture

γυρεύω ρ μτβ seek. (ζητώ) ask for. **πάω ~οντας** be looking for trouble

γύρη (η) pollen

γυρίζω ρ μτβ turn. (οφειλόμενα) return. (περιστρέφω) rotate. (ταινία) shoot. • ρ αμτβ (επιστρέφω) return. (αλλάζω στάση) shift. (περιφέρω) go round. (περιφέρομαι) wander

γυρίνος (ο) tadpole

γύρισμα (το) turn. (ταινίας) shooting

γυρισμός (ο) return

γυρνώ ρ μτβ βλ **γυρίζω. ~ στο μυαλό μου** mull over

γυρολόγος (ο) pedlar

γύρος (ο) circle. (αγώνα) round. (αθλήματος) lap. (καπέλου) brim. (περίπατος) stroll. (ταξίδι) tour. (φορέματος) hem

γυροσκόπιο (το) gyroscope

γύρω επίρρ round. (περίπου) around. **~ ~** all around. **η ~ περιοχή** the surrounding area

γύφτος (ο), **~ισσα** (η) gipsy

γύψος (ο) plaster of Paris

γωνιά (η) βλ **γωνία**

γωνία (η) corner. (γεωμετρικό σχήμα) angle. (εργαλείο) T-square

γωνιακός επίθ angular. (θέση) corner

Δδ

δα *μόριο* όχι ~! no way!, (*me ékplhch*) you don't say! είναι τόσο ~ it's just this small. τώρα ~ just now

δαγκάνα (η) (*κάβουρα*) claw. (*αστακού*) pincers

δάγκωμα (το) bite

δαγκώνω *ρ μτβ* bite

δάδα (η) torch

δαίμονας (ο) demon. (*άνθρωπος*) fiend

δαιμονίζω *ρ μτβ* infuriate

δαιμονικό|ς *επίθ* fiendish. ~ (το) evil spirit

δαιμόνιο|ς *επίθ* resourceful. ~ (το) demon. (*ευφυΐα*) genius

δάκρυ (το) tear

δακρύζω *ρ μτβ* shed tears

δακτυλίδι (το) *βλ* δαχτυλίδι

δακτυλικό|ς *επίθ* finger. ~ αποτύπωμα (το) finger-print

δακτύλιος (ο) ring. (*δρόμος*) ring road

δακτυλογράφος (ο, η) typist

δακτυλογραφώ *ρ μτβ/ρ αμτβ* type

δάκτυλος (ο) finger. (*ποίηση*) dactyl

δαλτωνισμός (ο) colour blindness

δαμάζω *ρ μτβ* tame. (*μεταφ*) harness

δαμαλίδα (η) heifer

δαμασκηνιά (η) plum tree

δαμάσκηνο (το) plum

δαμάσκο (το) (*ύφασμα*) damask

δανδής (ο) dandy

δανέζικ|ος *επίθ* Danish. ~α (τα) Danish

δανείζ|ω *ρ μτβ* lend. ~ομαι *ρ μτβ* borrow

δανεικό|ς *επίθ* borrowed, on loan. ~ά (τα) loan

δάνειο (το) loan

δανειστής (ο), δανείστρια (η) lender

Δανία (η) Denmark

Δαν|ός (ο), ~έζα (η) Dane

δαντέλα (η) lace

δαπάνη (η) expenditure

δαπανώ *ρ μτβ* spend

δάπεδο (το) floor

δαρμός (ο) beating

δασάρχης (ο) forester

δασεία (η) rough breathing

δασκάλα (η) schoolmistress (*in a primary school*)

δασκαλεύω *ρ μτβ* instruct

δάσκαλος (ο) schoolmaster (*in a primary school*)

δασμολόγιο (το) tariff

δασμός (ο) duty (*tax*)

δασοκομία (η) forestry

δάσος (το) forest, wood

δασοφύλακας (ο) ranger

δαυλός (ο) (*ξύλο*) torch

δάφνη (η) laurel. (*βότανο*) bay

δαχτυλήθρα (η) thimble

δαχτυλιά (η) finger-mark

δαχτυλίδι (το) ring (*on finger*). (*με σφραγίδα*) signet-ring

δάχτυλο (το) finger. (*του ποδιού*) toe

δε(ν) *μόριο* not

δε *σύνδ* but

δεδομένα (*τα*) facts. (*στοιχεία*) data

δέηση (*η*) supplication

δείγμα (*το*) sample. (*ιατρ*) specimen. (*φιλίας*, *κλπ*) token

δείκτης (*ο*) index. (*δάχτυλο*) index finger. (*ρολογιού*) hand. **~ ευφυΐας** IQ

δειλία (*η*) cowardice

δειλιάζω *ρ αμτβ* lose one's nerve. (*και αλλιάς γνώμη*) balk (**μπροστά**, at)

δειλινό (*το*) afternoon

δειλός *επίθ* cowardly. (*στη συμπεριφορά*) timid. **~** (*ο*) coward

δεινόσαυρος (*ο*) dinosaur

δείπνο (*το*) supper

δειπνώ *ρ αμτβ* have supper, dine

δεισιδαιμονία (*η*) superstition

δεισιδαίμων *επίθ* superstitious

δείχνω *ρ μτβ* (*δηλώνω*) indicate. (*με το δάχτυλο*) point. (*σημαίνω*) denote. (*φανερώνω*) show. • *ρ αμτβ* appear

δείχτης (*ο*) (*δάχτυλο*) forefinger

δέκα *επίθ άκλ* ten

δεκάδα (*η*) ten

δεκαδικός *επίθ* decimal

δεκαεννέα *επίθ άκλ* nineteen

δεκαεννιά *επίθ άκλ βλ* **δεκαεννέα**

δεκαέξι *επίθ άκλ* sixteen

δεκαεπτά *επίθ άκλ* seventeen

δεκαετηρίδα (*η*) tenth anniversary

δεκαετής *επίθ* ten-year

δεκαετία (*η*) decade

δεκαήμερο (*το*) ten-day period

δεκανέας (*ο*) corporal

δεκανίκι (*το*) crutch

δεκαοκτώ *επίθ άκλ* eighteen

δεκαπενθήμερος *επίθ* fortnightly. **~** *επίθ* fortnight

δεκαπέντε *επίθ άκλ* fifteen

δεκαπλάσιος *επίθ* tenfold

δεκάρα (*η*) coin worth ten lepta. **δε δίνω ~** I couldn't care less

δεκατέσσερα (*τα*) *άκλ* fourteen

δέκατος *επίθ* tenth

δεκατρία (*τα*) *άκλ* thirteen

δεκάχρονος *επίθ* ten-year. (*άνθρωπος*) ten-year-old

Δεκέμβρης (*ο*) *βλ* **Δεκέμβριος**

Δεκέμβριος (*ο*) December

δέκτης (*ο*) receiver (*for TV*)

δεκτός *επίθ* received. (*αποδεκτός*) accepted

δελεάζω *ρ μτβ* entice, lure

δελεαστικός *επίθ* tempting

δέλτα (*το*) delta

δελτάριο (*το*) card (*postcard*)

δελτίο (*το*) voucher. (*δώρου*) coupon. (*ειδήσεων*) bulletin. (*μέλους*) card. (*πληροφοριακό*) newsletter

δελφίνι (*το*) dolphin

δέμα (*το*) parcel. (*διαφόρων πραγμάτων*) bundle

δεμάτι (*το*) sheaf

δένδρο (*το*) *βλ* **δέντρο**

δέντρο (*το*) tree

δένω *ρ μτβ* tie. (*βιβλίο*) bind. (*ζώο με σκοινί*) tether. (*στερεά*) fasten. • *ρ αμτβ* (*πήζω*) set. (*ωριμάζω*) form

δεξαμενή (*η*) reservoir. (*σε ναυπηγείο*) dock

δεξι|ός επίθ right (*opposite of left*). (πολιτ) right wing. **~ά** επίρρ right. (ευνοϊκά) favourably

δεξιοτεχνία (η) skill

δεξιόχειρας (ο, η) right-handed person

δεξίωση (η) reception (*party*)

δέον (το) what is necessary

δεοντολογία (η) ethics

δεόντως επίρρ duly

δέος (το) awe

δέρας (το) fleece

δέρμα (το) skin. (πετσί) leather. (της κεφαλής) scalp. (τομάρι) hide

δερμάτινος επίθ leather. (ανθρώπου) skin

δερματολόγος (ο, η) dermatologist

δέρνω ρ μτβ beat. (με βέργα) cane. (με την παλάμη του χεριού) spank. (βασανίζω) torment

δέσιμο (το) tying. (βιβλίων) binding. (κοσμήματος) setting. (σύνδεση) fastening

δέσμευση (η) engagement (*meeting*). (υποχρέωση) obligation

δεσμεύω ρ μτβ bind. (εμπ) tie up. **~ομαι** ρ αμτβ be bound

δέσμη (η) bundle. (ακτίνων) beam

δεσμίδα (η) bundle. (χαρτιού) ream

δεσμ|ός (ο) tie. (ηθικός) bond. **ερωτικός ~** love affair. **~ά** (τα) fetters

δεσμοφύλακας (ο) gaoler

δεσπόζω ρ αμτβ tower above. (μεταφ) dominate

δέσποινα (η) (κυρά) mistress

δεσποινίς (η) Miss

δεσπότης (ο) despot. (εκκλ) bishop

δέστρα (η) bollard

Δευτέρα (η) Monday

δευτερεύων επίθ secondary

δευτερόλεπτο (το) second

δεύτερος επίθ second. (κατώτερος) second-best

δέχομαι ρ μτβ accept. (ανέχομαι) stand for. (όρους) settle for. (παραδέχομαι) consent to. (υποδέχομαι) receive

δήθεν επίρρ ostensibly. **~ φίλος** so-called friend

δηκτικό|ς επίθ biting. (μεταφ) scathing. **~τητα** (η) pungency

δηλαδή επίρρ namely

δηλητηριάζω ρ μτβ poison

δηλητήριο (το) poison

δηλητηριώδης επίθ poisonous

δηλώνω ρ μτβ state. (ανακοινώνω) declare. (γέννηση, θάνατο) register

δήλωση (η) statement

δημαγωγός (ο) demagogue

δημαρχείο (το) town hall

δήμαρχος (ο) mayor

δημηγορία (η) harangue

δημητριακά (τα) cereals

δήμιος (ο) executioner

δημιούργημα (το) brain-child

δημιουργία (η) creation

δημιουργικός επίθ creative. (νους) inventive

δημιουργός (ο, η) creator

δημιουργώ ρ μτβ create. (προξενώ) give rise to

δημοκράτης (ο) democrat

δημοκρατία (η) (*πολίτευμα*) democracy. (*χώρα*) republic

δημοκρατικός *επιθ* democratic

δημοπρασία (η) auction

δήμος (ο) (*λαός*) public. (*περιφέρεια*) municipality

δημοσί|α *επίρρ* in public. **~ως** *επίρρ* publicly

δημοσίευση (η) publication (*in newspaper, magazine*). **~μα** (το) (*ό, τι δημοσιεύτηκε*) publication

δημοσιεύω *ρ μτβ* publish

δημοσιογράφος (ο, η) journalist

δημόσιος *επίθ* public. **~ος υπάλληλος** (ο) civil servant. **~α γνώμη** (η) public opinion. **~ο** (το) the state. **~α** *επίρρ* publicly

δημοσιότητα (η) publicity

δημοσκόπηση (η) opinion poll

δημότης (ο) citizen

δημοτική (η) demotic Greek

δημοτικ|ός *επίθ* municipal. **~ό συμβούλιο** (το) town council. **~ό τραγούδι** folk song. **~ό** (το) (*σχολείο*) primary school

δημοτικότητα (η) popularity

δημοφιλής *επίθ* popular

δημοψήφισμα (το) referendum

διά¹ *πρόθ* by. (*διάρκεια*) for

διά² *αριθμ* (*στη διαίρεση*) divided by

διάβα (το) (*πέρασμα*) passage

διαβάζω *ρ μτβ/ρ αμτβ* read. (*δυνατά*) read out. (*ιερέας*) bless. (*μελετώ*) study. (*στα πεταχτά*) skim through

διαβάθμιση (η) grading

διαβαίνω *ρ αμτβ* pass

διάβαση (η) passage. **~ πεζών** pedestrian crossing

διάβασμα (το) reading

διαβασμένος *επίθ* well-read

διαβάτης (ο), **~ισσα** (η) passer-by

διαβατήριο (το) passport

διαβατός *επίθ* passable (*of road*)

διαβεβαίωση (η) assurance

διάβημα (το) step, measure

διαβήτης¹ (ο) diabetes

διαβήτης² (ο) compass

διαβιβάζω *ρ μτβ* convey. (*επιστολή*) forward

διαβόητος *επίθ* notorious

διαβολάκι (το) imp

διαβολεμένος *επίθ* infernal. (*έξυπνος*) cunning

διαβολικός *επίθ* diabolical

διάβολος (ο) devil

διαβρέχω *ρ μτβ* soak

διαβρώνω *ρ μτβ* erode. (*μέταλλο*) corrode

διάβρωση (η) (*εδάφους*) erosion. (*μετάλλου*) corrosion

διάγγελμα (το) proclamation

διάγνωση (η) diagnosis

διάγραμμα (το) diagram

διαγραφή (η) deletion

διαγράφ|ω *ρ μτβ* outline. (*ακυρώνω*) strike out. (*σβήνω*) delete. (*περιγράφω*) delineate. **~ομαι** *ρ αμτβ* look

διαγωγή (η) conduct

διαγωνίζομαι *ρ αμτβ* compete

διαγώνιος *επίθ* diagonal

διαγωνισμός (ο) competition

διαδεδομένος *επίθ* widespread

διαδέχομαι *ρ μτβ* succeed

διαδηλώνω ρ αμτβ
demonstrate

διαδήλωση (η) demonstration

διάδημα (το) diadem

διαδίδω ρ μτβ spread
(*distribute*). **~εται** it is
rumoured

διαδικασία (η) process. (*τρόπος
διεξαγωγής*) procedure

Διαδίκτυο (το) the Internet

διάδοση (η) (*μετάδοση*)
dissemination. (*φήμη*) rumour

διαδοχή (η) succession

διάδοχος (ο, η) successor. (*του
θρόνου*) Crown prince

διαδρομή (η) course.
(*απόσταση*) journey. (*με
αυτοκίνητο*) drive. (*πορεία*)
route

διάδρομος (ο) corridor. (*σε
εκκλησία*) aisle. (*σε θέατρο*)
gangway. (*πέρασμα*) passage.
(*προσγειώσεως*) runway

διαζύγιο (το) divorce

διάζωμα (το) frieze

διάθεση (η) mood. (*κατανομή*)
distribution. (*περιουσίας,
σκουπιδιών*) disposal. (*ψυχική*)
frame of mind

διαθέσιμος επίθ available

διαθέτω ρ μτβ make available.
(*ξοδεύω*) spend (*time etc.*).
(*παραχωρώ*) spare. (*χρήματα*)
afford

διαθήκη (η) testament.
(*έγγραφο*) will

διαίρεση (η) division

διαιρώ ρ μτβ divide

διαισθάνομαι ρ μτβ sense

διαίσθηση (η) intuition

διαισθητικός επίθ intuitive

δίαιτα (η) diet

διαιτησία (η) arbitration

διαιτητεύω ρ αμτβ arbitrate.
(*αγώνα*) referee

διαιτητής (ο) arbiter. (*σε αγώνα*)
referee. (*σε διαφορά*) arbitrator.
(*σε παιχνίδι τένις, κρίκετ*)
umpire

διαιωνίζω ρ μτβ perpetuate

διακανονισμός (ο) settlement

διακεκομμένος επίθ
intermittent. (*ύπνος*) fitful

διακεκριμένος επίθ eminent.
(*έξοχος*) prominent.
(*ξεχωριστός*) distinguished

διάκενο (το) clearance

διακηρύσσω ρ μτβ proclaim

διακήρυξη (η) proclamation

διακινδυνεύω ρ μτβ risk. (*μια
παρατήρηση*) hazard. (*επιτυχία*)
jeopardize

διακίνηση (η) traffic (*trading*).
(*εμπορευμάτων*) transportation

διακλάδωση (η) (*πλάγια
γραμμή*) branch. (*δρόμου*) fork

διακομιστής (ο) server

διάκονος (ο) βλ **διάκος**

διακοπές (οι) (*για αναψυχή*)
holidays. (*σχολικές*) vacation

διακοπή (η) interruption.
(*δικαστηρίου, Βουλής*) recess.
(*εργασίας*) stoppage. (*ταξιδιού*)
stopover

διακόπτης (ο) (*ηλεκτρ*) switch

διακόπτω ρ μτβ interrupt.
(*συνομιλία*) butt in. (*ταξίδι*)
break. (*διπλωματικές σχέσεις*)
break off

διάκος (ο) deacon

διακόσιοι (οι), **~οι** επίθ two
hundred

διακόσμηση (η) decoration.
(βιτρίνας) window-dressing

διακοσμη|τής (ο), **~τρια** (η)
interior decorator

διάκοσμος (ο) decor

διακοσμώ ρ μτβ decorate

διακρίνω ρ μτβ perceive.
(ξεχωρίζω) spot. (κάνω
διακρίσεις) discriminate.
~ομαι ρ αμτβ excel

διάκριση (η) (διακριτικότητα)
discretion. (τιμητική
αναγνώριση) distinction.
(χωρισμός) discrimination

διακριτικός επίθ discreet. (που
διακρίνει) discriminating.
(χαρακτηριστικός) distinctive

διακύμανση (η) fluctuation.
(θερμοκρασίας) range. (της
φωνής) inflection

διακωμώδηση (η) travesty

διαλαλώ ρ μτβ proclaim loudly

διαλέγω ρ μτβ/ρ αμτβ choose.
(επιλέγω) select. (λόγια) pick.
(μαζεύω) pick

διάλειμμα (το) interval.
(προσωρινή παύση) interlude.
(σε παράσταση) intermission.
(σε σχολείο) break. (για τσάι)
tea-break

διάλεκτος (η) dialect

διάλεξη (η) lecture

διαλευκαίνω ρ μτβ unravel

διαλλακτικός επίθ conciliatory

διαλογίζομαι ρ μτβ/αμτβ
ponder

διάλογος (ο) dialogue

διάλυμα (το) solution (liquid)

διάλυση (η) dissolution.
(εκκαθάριση) closing down

διαλυτός επίθ soluble

διαλύω ρ μτβ dissolve.
(καταργώ) disband. (φιλία)
break up. (υγρό) dilute. **~ομαι**
ρ αμτβ dissolve. (ομίχλη) lift.
(πλήθος) disperse. (χωρίζομαι)
disintegrate

διαμάντι (το) diamond

διαμαντικά (τα) jewellery

διαμαρτυρία (η) protest

διαμαρτύρομαι ρ αμτβ/ρ μτβ
protest, remonstrate

διαμαρτυρόμενος (ο)
protester. (εκκλ) protestant

διαμάχη (η) strife.
(ανταγωνισμός) conflict.
(συζήτηση) controversy

διαμελισμός (ο) partition

διαμένω ρ αμτβ reside

διαμερίζω ρ μτβ partition

διαμέρισμα (το) flat, apartment
(αμερ) apartment

διάμεσος επίθ intermediate. **~**
(το) gap

διαμέσου επίρρ through

διάμετρος (η) diameter

διαμιάς επίρρ all at once

διαμοιράζω ρ μτβ share out

διαμονή (η) residence

διαμορφώνω ρ μτβ mould.
(γνώμη) form

διάνα (η) bulls-eye

διανέμω ρ μτβ distribute.
(επιστολές) deliver

διανοητικός επίθ mental.
~τητα (η) intelligence

διανοητός επίθ conceivable

διάνοια (η) intellect

διανομέας (ο) distributor

διανομή (η) distribution.
(ταχυδρομείου) delivery

διανοούμαι ρ αμτβ contemplate

διανοούμενος (*o*) intellectual

διανυκτερεύω *ρ αμτβ* stay all night. (*μαγαζιά*) stay open all night

διανύω *ρ μτβ* cover

διαξιφισμός (*o*) skirmish. (*μεταφ*) sharp exchange

διαπασών (*η, το*) *άκλ* tuning-fork. (*μουσ κλίμακα*) octave. (*θόρυβος*) full blast

διαπεραστικός *επίθ* penetrating. (*θόρυβος*) sharp. (*κρύο*) bitter. (*μάτια*) searching. (*μυρωδιά*) acrid. (*φωνή*) piercing

διαπερνώ *ρ μτβ* penetrate. (*διεισδύω*) permeate. (*τρυπώ*) pierce

διαπιστευμένος *επίθ* accredited

διαπιστευτήρια (*τα*) credentials

διαπίστωση (*η*) discovery

διαπιστώνω *ρ αμτβ* ascertain

διάπλαση (*η*) formation

διάπλατος *επίθ* wide open

διαπλέω *ρ μτβ* sail through *or* along

διαπληκτισμός (*o*) bickering

διαποτίζω *ρ μτβ* impregnate

διαποτισμένος *επίθ* saturated

διαπραγματεύομαι *ρ μτβ/ρ αμτβ* negotiate

διαπραγμάτευση (*η*) negotiation

διαπραγματευτής (*o*) negotiator

διαπράττω *ρ μτβ* perpetrate. (*έγκλημα*) commit

διαπρεπής *επίθ* eminent

διαπρέπω *ρ αμτβ* excel

διάρκεια (*η*) duration. **κατά τη ~** during

διαρκής *επίθ* enduring. (*μόνιμος*) lasting. **~ως** *επίρρ* continuously

διαρκώ *ρ αμτβ* last

διαρρέω *ρ αμτβ* escape (*gas*). (*διαφεύγω*) leak. (*χρόνος*) pass

διαρρηγνύω *ρ μτβ* rupture. (*σκίζω*) tear. (*κλέβω*) burgle

διαρρήκτης (*o*) burglar

διάρρηξη (*η*) burglary

διαρροή (*η*) leak. (*διασκορπισμός*) drain

διάρροια (*η*) diarrhoea

διαρρύθμιση (*η*) arrangement

διασάλευση (*η*) disturbance

διασαφηνίζω *ρ μτβ* clarify

διάσειση (*η*) concussion

διάσημα (*τα*) insignia

διάσημος *επίθ* renowned, celebrated

διασκεδάζω *ρ μτβ* amuse. • *ρ αμτβ* have fun, enjoy o.s.

διασκέδαση (*η*) amusement. (*γλέντι*) fun, enjoyment

διασκεδαστικός *επίθ* amusing

διασκευάζω *ρ μτβ* (*κείμενο*) adapt. (*μουσική*) arrange. **~ή** (*η*) adaptation. (*μουσ*) arrangement

διάσκεψη (*η*) conference

διασκορπίζω *ρ μτβ* disperse. (*αμφιβολίες*) dispel. (*κατασπαταλώ*) squander

διασκορπισμένος *επίθ* scattered

διάσπαρτος *επίθ* dotted

διάσπαση (*η*) split. (*του ατόμου*) fission

διασπορά (*η*) dissemination. (*διάδοση*) spreading. **η**

Ελληνική Δ~ the Greek Diaspora

διασπώ *ρ μτβ* disrupt. *(διαλύω)* split

διάσταση *(η)* dimension. *(διχόνοια)* dissent. *(έγγαμης ζωής)* estrangement

διασταυρώνω *ρ μτβ* cross

διασταύρωση *(η)* crossing. *(ζώων)* cross. *(σε δρόμο)* junction

διαστέλλω *ρ μτβ* *(μέταλλο)* expand. *(διανοίγω)* dilate

διάστημα *(το)* gap. *(κενό)* gap. *(κοσμικό)* space. *(χρόνου)* interval

διαστημόπλοιο *(το)* spacecraft, spaceship

διάστικτος *επίθ* spotted

διαστολή *(η)* dilation

διαστρεβλώνω *ρ μτβ* distort. *(γεγονότα, απόψεις)* misrepresent. *(λόγια)* twist

διαστρέφω *ρ μτβ* *(αλλοιώνω)* warp. *(διαφθείρω)* pervert

διαστροφή *(η)* *(διαφθορά)* perversion. *(παραμόρφωση)* twist

διασύρω *ρ μτβ* vilify

διασφαλίζω *ρ μτβ* safeguard

διασχίζω *ρ μτβ* pass through. *(δρόμο)* walk across. *(νερό ή ποτάμι)* wade across

διασώζω *ρ μτβ* salvage. *(διατηρώ)* preserve

διάσωση *(η)* salvage. *(διατήρηση)* preservation

διαταγή *(η)* order. *(προσταγή)* command

διάταγμα *(το)* decree

διατάξω *ρ μτβ* order. *(προστάζω)* command. *(τακτοποιώ)* arrange

διάταξη *(η)* layout. *(νόμου)* provision

διατάραξη *(η)* disturbance

διαταράσσω *ρ μτβ* disturb

διαταραχή *(η)* disturbance. *(ιατρ)* disorder

διατηρώ *ρ μτβ* retain. *(συντηρώ)* preserve. *(διασώζω)* conserve. **~ούμαι** *ρ αμτβ* *(άνθρωπος)* be preserved. *(τροφές)* keep

διατήρηση *(η)* preservation

διατομή *(η)* cross-section

διατρέχω *ρ μτβ* *(περνώ)* run through/across

διάτρηση *(η)* perforation. *(ανοίγμα οπής)* drilling

διατριβή *(η)* thesis

διατροφή *(η)* diet. *(σε διαζύγιο)* alimony

διατρυπώ *ρ μτβ* perforate

διατυμπανίζω *ρ μτβ* trumpet

διατυπώνω *ρ μτβ* formulate. *(γνώμη)* couch. *(εκφράζω)* express

διατύπωση *(η)* wording

διαύγεια *(η)* clarity. *(σκέψης)* lucidity

διαυγής *επίθ* lucid

διαφάνεια¹ *(η)* openness *(in government affairs)*

διαφάνεια² *(η)* slide, transparency

διαφανής *επίθ* transparent. *(ύφασμα)* sheer. *(φόρεμα)* see-through. *(χαρτί για ξεσήκωμα)* tracing *(paper)*

διάφανος *επίθ* clear

διαφέρω *ρ μτβ* differ

διαφεύγω *ρ μτβ* elude

διαφημίζω *ρ μτβ* advertise

διαφημι|στής (*ο*), **~ίστρια** (*η*) advertiser

διαφήμιση (*η*) (*καθομ*) advertisement, ad

διαφθείρω *ρ μτβ* corrupt. (*διακορεύω*) seduce. (*ηθικά*) debauch

διαφθορά (*η*) corruption. (*ανηθικότητα*) depravity

διαφορά (*η*) difference. (*διαφωνία*) dispute. (*ποσά*) disparity

διάφορα (*τα*) sundries

διαφορετικ|ός *επίθ* different. **~ά** *επίρρ* differently. **~ά** *σύνδ* otherwise

διαφορικός *επίθ* differential

διάφορος *επίθ* sundry. (*ποικίλος*) various. (*μερικοί*) several

διάφραγμα (*το*) diaphragm. (*φωτογρ μηχανή*) shutter. (*ιατρ*) midriff

διαφυγή (*η*) evasion. (*αερίου*) leak

διαφύλαξη (*η*) safekeeping

διαφωνία (*η*) disagreement. (*διάσταση γνώμης*) dissent

διαφωνώ *ρ αμτβ* disagree

διαφωτίζω *ρ μτβ* enlighten. (*διευκρινίζω*) shed light on

διαφώτιση (*η*) enlightenment

Διαφωτισμός (*ο*) the Enlightenment

διαχειρίζομαι *ρ μτβ* administer. (*υποθέσεις*) manage

διαχείριση (*η*) management

διαχειρι|στής (*ο*), **~ίστρια** (*η*) administrator

διάχυση (*η*) diffusion

διαχυτικός *επίθ* effusive

διάχυτος *επίθ* widespread. (*φως*) diffuse

διαχωρίζω *ρ μτβ* segregate

διαχωρισμός (*ο*) segregation. (*χωρισμός στη μέση*) demarcation

διαψεύδω *ρ μτβ* deny (*rumour*)

διάψευση (*η*) denial (*statement*)

διγαμία (*η*) bigamy

δίγαμος *επίθ* bigamous

δίγλωσσος *επίθ* bilingual

διδακτικός *επίθ* instructive

διδάκτορας (*ο*) Doctor of Philosophy

διδακτορία (*η*) doctorate

δίδακτρα (*τα*) tuition fees. (*σχολείου*) school fees

διδασκαλία (*η*) teaching. (*εκτός σχολείου*) tuition

διδάσκω *ρ μτβ/ρ αμτβ* teach

δίδυμ|ος *επίθ* twin. **Δ~οι** (*οι*) (*αστρ*) Gemini

διεγείρω *ρ μτβ* stimulate. (*εξάπτω*) arouse

διέγερση (*η*) stimulation

διεθνής *επίθ* international

διεθνοποιώ *ρ μτβ* internationalize

διείσδυση (*η*) penetration. (*μεταφ*) infiltration

διεισδυτικός *επίθ* penetrating. (*μεταφ*) pervasive

διεκδικώ *ρ μτβ* (*αγωνίζομαι για*) contest. (*αξιώνω δικαίωμα*) assert

διεκπεραιώνω *ρ μτβ* carry out. (*φέρνω σε πέρας*) bring to completion

διέλευση (*η*) passing through

διένεξη (*η*) dispute

διεξάγω *ρ μτβ* conduct. (*έρευνα*) carry out

διέξοδος (*η*) way out. (*για αισθήματα*) outlet

διέπω *ρ μτβ* govern (*rule*)

διερευνώ *ρ μτβ* enquire into. (*μεταφ*) explore

διερμην|έας (*ο, η*) interpreter. **~εία** (*η*) interpretation

διερμηνεύω *ρ αμτβ* interpret

διέρχομαι *ρ αμτβ* pass through

δίεση (*η*) (*μουσ*) sharp

διεστραμμένος *επιθ* perverse

διετ|ής *επιθ* biennial. **~ία** (*η*) two year period

διευθέτηση (*η*) arrangement

διευθετώ *ρ μτβ* arrange. (*πρόβλημα*) sort out

διεύθυνση (*η*) address. (*επιχείρησης*) management

διευθυντής (*ο*) (*αστυνομίας*) commissioner (of police). (*επιχείρησης*) manager, director. (*ορχήστρας*) conductor. (*σκηνής*) stage-manager. (*σχολείου*) headmaster. (*σχολής*) principal. (*ταχυδρομείου*) postmaster

διευθύντρια (*η*) manageress. (*σχολείου*) principal. (*σχολείου*) headmistress. (*ταχυδρομείου*) postmistress

διευκολύνω *ρ μτβ* facilitate

διευκρινίζω *ρ μτβ* clarify

διευρύνω *ρ μτβ* broaden

διεφθαρμένος *επιθ* corrupt

διήγημα (*το*) short story. **~ση** (*η*) narration

διηγούμαι *ρ μτβ* tell (*story*). (*αφηγούμαι*) relate

διήθηση (*η*) filtration

διημερεύω *ρ αμτβ* spend all the day. (*για νοσοκομεία, φαρμακεία*) be open all day

διιστάμενος *επιθ* divergent

δικάζ|ω *ρ μτβ/ρ αμτβ* try. (*νομ*) (*σε στρατοδικείο*) court-martial. **~ομαι** *ρ αμτβ* be on trial

δίκαιο (*το*) right (*not wrong*). (*νόμος*) law. **αστικό/ποινικό ~** civil/criminal law

δικαιοδοσία (*η*) jurisdiction

δικαιολογητικ|ός *επιθ* justifying. **~ά** (*τα*) supporting documentation

δικαιολογία (*η*) justification. (*πρόφαση*) excuse

δικαιολογώ *ρ μτβ* justify. (*βρίσκω πρόφαση*) excuse

δίκαιος *επιθ* just. (*σύμφωνος με το σωστό*) right, fair. (*αμερόληπτος*) fair, just

δικαιοσύνη (*η*) justice

δικαιούμαι *ρ αμτβ* be entitled to

δικαιούχος *επιθ* beneficiary

δικαίωμα (*το*) (*αξίωση*) claim, right. (*νομ*) right. (*τέλος*) charge. **πνευματικά δικαιώματα** (*τα*) copyright

δικαιώνω *ρ μτβ* vindicate

δικαίωση (*η*) vindication

δικαστήρι|ο (*το*) court of justice. **~α** (*τα*) Law Courts

δικαστής (*ο*) judge

δικαστικός *επιθ* judicial

δικέφαλος *επιθ* with two heads

δίκη (*η*) (*νομ*) trial. (*τιμωρία*) punishment

δικηγόρος (*ο*) lawyer, (*αμερ*) attorney

δίκιο (*το*) right. **έχω ~** be in the right

δικογραφία (*η*) (*νομ*) brief

δικόγραφο (*το*) writ

δικονομία (*η*) procedure

δικ|ός *αντων* own. **δικός μου** mine. **δικός σου** yours. **δικός του/της/του** his/hers/its. **δικός μας** ours. **δικός σας** yours. **δικός τους** theirs. **~οί** (*οι*) close relatives

δικράνι (*το*) pitchfork

δικτάτορας (*ο*) dictator

δικτατορία (*η*) dictatorship

δίκτυο (*το*) net. (*οργάνωση*) network

δικτυωτό|ς *επίθ* like a net. **~** (*το*) wire netting

δίλημμα (*το*) dilemma

διμοιρία (*η*) platoon

δίνη (*η*) (*νερού*) eddy. (*πολέμου*) maelstrom

δίνω *ρ μτβ* give. (*αποφέρω*) yield. (*εξετάσεις*) sit. (*πληρώνω*) pay. (*προσοχή*) pay

διόγκωση (*η*) swelling

διόδια (*τα*) toll

δίοδος (*η*) pass

διοίκηση (*η*) administration

διοικητής¹ (*ο*) (*στρ*) commander

διοικ|ητής² (*ο*), **~ήτρια** (*η*) administrator

διοικητικός *επίθ* administrative

διοικώ *ρ μτβ* administrate

διόλου *επίρρ* not at all

διοξείδιο (*το*) dioxide

διορατικ|ός *επίθ* far-sighted. **~τητα** (*η*) insight

διοργανώνω *ρ μτβ* organize

διοργάνωση (*η*) organization (*setting up*)

διοργαν|ωτής (*ο*), **~ώτρια** (*η*) organizer

διορθών|ω *ρ μτβ* correct. **~ομαι** *ρ αμτβ* reform

διόρθωση (*η*) correction. (*τυπογρ*) proof. (*δοκιμίου*) proof-reading

διορία (*η*) deadline

διορίζω *ρ μτβ* appoint. (*προτείνω*) nominate. (*ορίζω*) designate

διορισμός (*ο*) appointment (*job*)

διόρυξη (*η*) tunnelling

διότι *σύνδ* because

διοχετεύω *ρ μτβ* channel

δίπλα¹ (*η*) (*ζαρωματιά*) wrinkle. (*πτυχή*) fold

δίπλα² *επίρρ* beside. (*ναυτ*) alongside. **~** side by side

διπλαν|ός *επίθ* next. (*σπίτι*) neighbouring. **~οί** (*οι*) next door neighbours

διπλαρώνω *ρ μτβ* sidle up to. (*πλευρίζω*) come alongside

διπλασιάζω *ρ μτβ* double

διπλάσιος *επίθ* double

διπλός *επίθ* dual. (*διπλάσιος*) double

διπλότυπ|ος *επίθ* duplicate. **διπλότυπο** (*το*) duplicate

δίπλωμα (*το*) diploma

διπλωμάτης (*ο*) diplomat

διπλωματί|α (*η*) diplomacy. **~ικός** *επίθ* diplomatic

διπλωματούχος *επίθ* qualified

διπλώνω *ρ μτβ* fold. (*περιτυλίγω*) wrap up

δίποδος *επίθ* two-legged

διπρόσωπος *επίθ* double-faced

δισάκι (το) saddle bag

δισέγγονος (ο) great grandson. **~η** (η) great granddaughter

δισεκατομμύριο (το) (αμερ) billion. **~υριούχος** επίθ multimillionaire

δίσεκτος χρόνος (ο) leap year

δισκέτα (η) disk (computer)

δισκοβολία (η) discus throwing

δισκοθήκη (η) (θήκη) record sleeve. (συλλογή) record collection. (για χορό) discothèque

δίσκος (ο) (αγώνες) discus. (ασημένιος) salver. (για έρανο) plate. (για σερβίρισμα) tray. (ζυγαριάς) pan. (κυκλικού σχήματος) disc. (μους) record

δισταγμός (ο) hesitation

διστάζω ρ αμτβ hesitate

διστακτικός επίθ hesitant. (τρόπος) diffident. (φωνή) halting. **~τητα** (η) hesitation

δίτροχος επίθ two-wheel

διυλίζω ρ μτβ refine

διύλιση (η) refinement

διυλιστήριο (το) refinery

διφθερίτιδα (η) diphtheria

δίφθογγος (η) diphthong

διφορούμενος επίθ equivocal, ambivalent

διχάζω ρ μτβ (πολιτ) split

διχασμός (ο) disunity

διχαλωτός επίθ forked

διχόνοια (η) discord

διχοτόμηση (η) (πολιτ) partition

διχοτομώ ρ μτβ partition

δίχρονος επίθ two-year

δίχτυ (το) net

δίχως πρόθ without

δίψα (η) thirst. (μεταφ) longing

διψασμένος επίθ thirsty

διψήφιος επίθ two-digit

διψώ ρ αμτβ be thirsty. **~ για** hanker after, long for

διωγμός (ο) persecution

διώκτης (η), **~ρια** (ο) pursuer

διώκω ρ μτβ persecute. (νομ) prosecute

δίωξη (η) prosecution

διώροφος επίθ two-storey

διώρυγα (η) canal

διώχνω ρ μτβ send away. (απολύω) sack. (σκέψη) dismiss

δόγμα (το) doctrine. (εκκλ) dogma

δογματικός επίθ dogmatic

δοκάρι (το) girder. (οροφής) rafter. (του τέρματος) goal-post

δοκιμάζω ρ μτβ try. (εξετάζω) test. (εμπειρία) experience. (επιχειρώ) try out. (ρούχα) try on. (φαγητό) taste

δοκιμασία (η) ordeal. (εξέταση) test. **επί ~** on approval

δοκιμαστικός επίθ experimental. **~ σωλήνας** (ο) test tube

δοκιμή (η) try. (έλεγχος) test. (θέατρο) rehearsal. (ρούχων) fitting

δοκίμιο (το) essay

δόκιμος (ο) cadet

δοκός (η) beam. (στη γυμναστική) trapeze

δόκτορας (ο) doctor

δολάριο (το) dollar

δολερός επίθ wily. (μάτια) shifty

δόλιος[1] επίθ crafty

δόλιος² *επίθ* poor, wretched

δολιότητα *(η)* deceit

δολοπλοκ|ία *(η)* intrigue. **~ώ** *ρ αμτβ* scheme

δόλος *(ο)* deceit

δολοφον|ία *(η)* murder. **~ικός** *επίθ* murderous

δολοφόνος *(ο, η)* assassin, murderer

δολοφονώ *ρ μτβ* murder, assassinate

δόλωμα *(το)* bait. *(μεταφ)* decoy

δομή *(η)* structure

δόνηση *(η)* vibration. *(εδάφους)* tremor

δόντι *(το)* tooth. *(διχάλας)* prong. *(τροχού)* cog. *(φιδιού)* fang

δονώ *ρ μτβ* vibrate

δόξα *(η)* glory

δοξάζω *ρ μτβ* glorify. *(λατρεύω)* worship

δοξάρι *(το)* bow

δοξολογία *(η)* thanksgiving service

δόρυ *(το)* spear

δορυφόρος *(ο)* satellite

δόση *(η)* *(ιχνος)* streak. *(ιατρ)* dose. *(χρημάτων)* instalment

δοσοληψί|α *(η)* transaction. **~ες** *(οι)* dealings

δοσολογία *(η)* dosage

δοτική *(η)* dative

δούκ|ας *(ο)* duke. **~ισσα** *(η)* duchess

δούλα *(η)* (woman) servant

δουλεία *(η)* slavery

δουλειά *(η)* work. *(επάγγελμα)* job. *(επιχείρηση)* business. *(σκοπός)* task. **κοίτα τη ~ σου** mind your own business

δούλεμα *(το)* *(επεξεργασία)* elaboration. *(πείραγμα)* teasing

δουλεύω *ρ μτβ/αμτβ* work. *(κατεργάζομαι)* elaborate. *(λειτουργώ)* operate. *(μοχθώ)* labour. *(πειράζω)* tease

δουλικός *επίθ* servile

δουλοπρεπής *επίθ* subservient

δούλος *(ο)* servant

δούρειος *επίθ* wooden

δοχείο *(το)* receptacle

Δρ *συντ (δόκτορας)* Dr

δράκοντας *(ο)* dragon

δρακόντειος *επίθ* draconian

δρακόντιο *(το)* tarragon

δράκος *(ο)* ogre. *(ζώο)* dragon

δράμα *(το)* drama. *(γεγονός)* tragedy

δραματικός *επίθ* dramatic

δραματουργός *(ο, η)* dramatist

δράμι *(το)* dram

δραπέτευση *(η)* escape *(of prisoner)*

δραπετεύω *ρ αμτβ* escape

δραπέτης *(ο)*, **~ις** *(η)* runaway. *(από φυλακή)* escaped prisoner

δράση *(η)* action

δρασκελιά *(η)* stride

δρασκελώ *ρ μτβ* stride over

δραστήριος *επίθ* active and energetic

δραστηριότητα *(η)* activity. *(ενεργητικότητα)* push, drive

δράστης *(ο)* perpetrator

δραστικός *επίθ* drastic. *(φάρμακο)* potent

δραχμή *(η)* drachma

δρεπάνι *(το)* scythe

δρέπω *ρ μτβ* reap

δριμύς *επίθ* pungent. (*παρατηρήσεις*) sharp. (*χειμώνας*) severe

δρομάδα (*η*) dromedary

δρομάκι (*το*) alley. (*στην εξοχή*) lane

δρομέας (*ο*) runner

δρομολόγιο (*το*) itinerary. (*πορεία*) route

δρόμο|ς (*ο*) road, street. (*απόσταση*) way. (*μεταφ*) path. **ανοίγω ~** make way

δροσερός *επίθ* cool

δροσιά (*η*) dew. (*κρύο*) coolness

δροσίζω *ρ μτβ* refresh. (*ψύχω*) freshen. • *ρ αμτβ* cool

δροσιστικός *επίθ* refreshing

δρυοκολάπτης (*ο*) (*πουλί*) woodpecker

δυαδικός *επίθ* (*αριθμός*) binary

δύναμη (*η*) (*ικανότητα*) power. (*ισχύς*) force. (*σθένος*) strength

δυναμική (*η*) dynamics

δυναμικός *επίθ* dynamic

δυναμικό (*το*) potential

δυναμισμός (*ο*) dynamism

δυναμίτης (*ο*) dynamite

δυναμό (*το*) dynamo

δυνάμωμα (*το*) strengthening

δυναμώνω *ρ μτβ* strengthen. (*ενισχύω*) reinforce. (*μυς*) tone up. (*τονώνω*) intensify. (*ραδιόφωνο, γκάζι*) turn up. • *ρ αμτβ* get stronger

δυναμωτικό|ς *επίθ* strengthening. **~** (*το*) tonic

δυναστεία (*η*) dynasty

δυνάστης (*ο*) despot

δυνατ|ός *επίθ* (*άνεμος*) strong, high. (*βροχή*) heavy. (*ήχος*) loud. (*ισχυρός*) strong. (*ποτό*) stiff. (*που μπορεί να υπάρξει*) possible. (*φως*) harsh. (*χτύπημα*) hard. **~ά** *επίρρ* strongly, loudly

δυνατότητα (*η*) ability. (*πιθανότητα*) possibility

δυνητικός *επίθ* potential

δύο, δυο *επίθ άκλ* two. **~** (*το*) *άκλ* two. **δυο φορές** twice. **και οι ~** both. **κάνα δυο** one or two

δυόσμος (*ο*) spearmint. (*βότανο*) mint

δυσανάγνωστος *επίθ* illegible

δυσανάλογος *επίθ* disproportionate

δυσανασχετώ *ρ αμτβ* (*στενοχωριέμαι*) fret. (*αγανακτώ*) resent

δυσαρέσκεια (*η*) discontent. (*μομφή*) displeasure

δυσαρεστημένος *επίθ* disgruntled. (*μη ικανοποιημένος*) discontented

δυσάρεστος *επίθ* unpleasant. (*άνθρωπος*) disagreeable. (*επεισόδειο*) regrettable. (*μυρωδιά*) offensive. (*στη γεύση*) unpalatable

δυσαρεστώ *ρ μτβ* displease

δυσαρμονία (*η*) discord. (*ήχων*) dissonance. (*χρωμάτων*) clash

δυσβάστακτος *επίθ* hard to bear

δύσβατος *επίθ* impassable

δυσεξήγητος *επίθ* difficult to explain

δυσεπίλυτος *επίθ* difficult to solve

δυσεύρετος *επίθ* hard to come by

δύση *(η)* west. *(του ήλιου)* setting

δύσθυμος *επίθ* dejected

δύσκαμπτος *επίθ* stiff

δυσκίνητος *επίθ* sluggish

δυσκοιλιότητα *(η)* constipation

δυσκολεύω *ρ μτβ* make difficult. *(εμποδίζω)* impede. ~ομαι *ρ αμτβ* have difficulty

δυσκολία *(η)* difficulty. *(προσωρινή)* snag

δυσκολονόητος *επίθ* difficult to understand

δύσκολος *επίθ* difficult. *(επίπονος)* laboured. *(ιδιότροπος)* fussy. *(πρόβλημα)* hard. *(στη συμπεριφορά)* obstreperous. *(ταξίδι)* arduous

δυσλεξία *(η)* dyslexia

δύσλυτος *επίθ* puzzling

δυσμένεια *(η)* disgrace

δυσμενής *επίθ* unfavourable. *(ανεπιθύμητος)* adverse

δύσμορφος *επίθ* malformed

δυσνόητος *επίθ* abstruse

δυσοίωνος *επίθ* inauspicious

δυσοσμία *(η)* bad smell

δύσοσμος *επίθ* foul smelling

δυσπεψία *(η)* indigestion

δυσπιστία *(η)* mistrust

δύσπιστος *επίθ* incredulous

δυσπιστώ *ρ μτβ* mistrust, distrust

δύστροπος *επίθ* fractious

δυστύχημα *(το)* accident

δυστυχ|ία *(η)* unhappiness. ~ισμένος *επίθ* unhappy

δύστυχος *επίθ* *(κακότυχος)* poor

δυστυχώς *επίρρ* unfortunately, regrettably

δυσφημώ *ρ μτβ* denigrate

δυσφήμηση *(η)* defamation

δυσφορία *(η)* malaise

δυσχεραίνω *ρ μτβ* make difficult. *(εμποδίζω)* impede

δυσχέρεια *(η)* difficulty. *(στην ομιλία)* impediment

δυσωδία *(η)* stink

δύτης *(ο)* diver *(underwater)*

δυτικ|ός *επίθ* west. *(άνεμος)* westerly. *(αντιλήψεις)* western. ~ές χώρες *(οι)* the West. ~ά *επίρρ* westward(s)

δύω *ρ αμτβ* set *(of sun)*

δώδεκα *επίθ άκλ* twelve

δωδεκάδα *(η)* dozen

δωδεκαδάκτυλος *(ο)* duodenum

Δωδεκάνησα *(τα)* Dodecanese

δώθε *επίρρ* this way. πέρα ~ to and fro

δώμα *(το)* roof

δωμάτιο *(το)* room

δωρεά *(η)* donation

δωρεάν *επίρρ* free, gratis

δωρητής *(ο)* donor

δωρίζω *ρ μτβ* donate

δώρο *(το)* present. *(φιλανθρωπία)* donation. *(χάρισμα)* gift

δωροδόκημα *(το)* bribe

δωροδοκ|ία *(η)* bribery. ~ώ *ρ μτβ* bribe

Εε

ε! *επιφών* hey!

εάν *σύνδ* if

εαυτός (*ο*) *αντων* self. **ο ~ός μου** myself. **ο ~ός σου** yourself

έβγα (*το*) *άκλ* point of exit

εβδομάδα (*η*) week

εβδομαδιαίος *επίθ* weekly

εβδομήντα *επίθ άκλ* seventy

έβδομος *επίθ* seventh

έβενος (*ο*) ebony

εβραϊκά (*τα*) Hebrew

εβραϊκός *επίθ* Jewish, Hebrew

Εβραίος (*ο*) Jew

έγγαμος *επίθ* married

εγγίζω *ρ μτβ* touch

εγγλέζικος *επίθ βλ* αγγλικός

εγγονή (*η*) granddaughter

εγγόνι (*το*) grandchild

εγγονός (*ο*) grandson

εγγραφή (*η*) registration. (*σε πανεπιστήμιο*) matriculation. (*σε σχολείο*) enrolment

έγγραφο (*το*) document

εγγράφω *ρ μτβ* register. (*σε σχολείο*) enrol

εγγύηση (*η*) warranty, guarantee. (*για δάνειο*) security. (*για προστασία*) safeguard. (*δικαστική*) bail

εγγυητής (*ο*), **~ήτρια** (*η*) guarantor

εγγύς *επίθ* close. **Ε~ Ανατολή** (*η*) Near East

εγγυ|ώμαι (**~ούμαι**) *ρ μτβ|αμτβ* vouch for, guarantee. (*νομ*) stand bail

εγείρω *ρ μτβ* raise (*question*). (*νομ*) institute (*legal action*)

έγερση (*η*) awakening. (*σήκωμα*) raising

εγκαθίσταμαι *ρ αμτβ* settle (*live*). **·** *ρ μτβ* take up (*occupy*)

εγκαθιστώ *ρ μτβ* establish. (*τοποθετώ*) install

εγκαίνια (*τα*) inauguration

εγκαινιάζω *ρ μτβ* inaugurate

εγκαινίαση (*η*) formatting (*a disc*)

έγκαιρος *επίθ* timely

εγκάρδιος *επίθ* (*άνθρωπος*) warm. (*σχέσεις*) cordial

εγκάρσιος *επίθ* transverse

εγκαρτέρηση (*η*) resignation

έγκατα (*τα*) depths

εγκαταλειμμένος *επίθ* deserted. (*παρατημένος*) abandoned

εγκαταλείπω *ρ μτβ* desert. (*αφήνω*) leave. (*έλεγχο*) relinquish. (*παρατούμαι*) abandon. (*σύζυγο*) walk out on

εγκατάσταση (*η*) installation. (*μηχ*) fitting. (*μόνιμη κατοικία*) residence

έγκαυμα (*το*) burn

έγκειται *ρ αμτβ* απρόσ lies, rests

εγκέφαλος (*ο*) brain. (*μεταφ*) mastermind

εγκλείω *ρ μτβ* encase. (*σε φυλακή*) incarcerate

έγκλημα (*το*) crime

εγκληματίας (*ο*, *η*) criminal

εγκληματικός *επίθ* criminal

εγκλιματίζω *ρ μτβ* acclimatize

εγκοπή (η) groove. (για νόμισμα) slot. (σε σχήμα V) notch

εγκόσμιος επίθ worldly

εγκράτεια (η) temperance. (συγκράτηση) self-restraint

εγκρατής επίθ temperate. (που απέχει από απολαύσεις) abstemious

εγκρίνω ρ μτβ/ρ αμτβ approve. (επίσημα) sanction. (τυπικά) rubber-stamp

έγκριση (η) approval. (επικύρωση) endorsement. (επίσημη) sanction

εγκύκλιος (η) circular

εγκυκλοπαίδεια (η) encyclopedia

εγκυμοσύνη (η) pregnancy

έγκυος επίθ pregnant

έγκυρος επίθ authoritative. (με νομική ισχύ) valid

εγκώμιο (το) eulogy

έννοια (η) preoccupation. (σκοτούρα) concern

εγχείρημα (το) venture. (απόπειρα) attempt

εγχείρηση (η) (ιατρ) operation

εγχειρίδιο (το) manual

εγχειρίζω ρ μτβ operate on

έγχρωμο|ς επίθ coloured. **~η τηλεόραση** (η) colour TV

έγχυση (η) infusion. (ιατρ) drip

εγχώριος επίθ (αγορά) home. (ιθαγενής) native. (προϊόντα) domestic

εγώ[1] αντων I

εγώ[2] (το) ego

εγωισμός (ο) ego(t)ism, selfishness. (περηφάνια) vanity. (φιλοτιμία) self respect

εγωιστής (ο), **~ίστρια** (η) ego(t)ist

εγωιστικός επίθ selfish

εδάφιο (το) verse (of Bible). (νομ) section, clause

έδαφος (το) (γεωγρ) terrain. (γη) ground. (χώμα) soil. (χώρας) territory

έδρα (η) (επιχείρησης) headquarters. (ιατρ) anus. (κάθισμα) seat. (σε πανεπιστήμιο) chair

εδραιώνω ρ μρβ consolidate

εδρεύω ρ αμτβ have headquarters

εδώ επίρρ here. **~ κι εκεί** here and there. **~ κοντά** close by. **από ~ και πέρα** from now on

εδώλιο (το) (νομ) dock

εθελοντικός επίθ voluntary

εθελο|ντής (ο), **~όντρια** (η) volunteer

έθιμο (το) custom

εθιμοτυπία (η) etiquette

εθισμός (ο) (ιατρ) addiction

εθνάρχης (το) ethnarch

εθνικισμός (ο) nationalism

εθνικ|ιστής (ο), **~ίστρια** (η) nationalist

εθνικοπ|οίηση (η) nationalization. **~οιώ** ρ μτβ nationalize

εθνικός επίθ national. (φυλετικός) ethnic

εθνικότητα (η) nationality

εθνικόφρων επίθ nationalist

εθνοκάθαρση (η) ethnic cleansing

έθνος (το) nation

είδα βλ **βλέπω**

ειδάλλως επίρρ otherwise

ειδεμή σύνδ or else, otherwise

ειδήμων (ο) connoisseur

είδηση (η) news. **ειδήσεις** (οι) news

ειδικεύομαι (σε) ρ μτβ specialize (in)

ειδίκευση (η) specialization

ειδικ|ός επίθ special. (έμπειρος) expert. (για περίσταση) purpose-built. **~ός** (ο, η) specialist. **~ά** επίρρ specially

ειδοποίηση (η) notification. (προειδοποίηση) warning

ειδοποιώ ρ μτβ notify. (πληροφορώ) advise

είδος (το) sort. (αντικείμενο) item. (ζώα και φυτά) species. (ποιότητα) manner, kind. **εις ~** in kind

ειδυλλιακός επίθ idyllic

ειδύλλιο (το) romance, love affair

είδωλο (το) idol

ειδωλολάτρ|ης (ο), **~ισσα** (η) idolater

είθε μόριο may, wish. **~ να επιτύχεις** I wish you success

εικάζω ρ μτβ/ρ αμτβ surmise, conjecture

εικασία (η) conjecture. (υπόθεση) speculation

εικόνα (η) picture. (εκκλ) icon. (στον καθρέφτη) reflection. (μεταφ) image

εικονικός επίθ pictorial. (πλαστός) fictitious. (εταιρία) bogus

εικόνισμα (το) icon

εικονογραφημένος επίθ illustrated

εικονογράφηση (η) illustration

εικονογραφώ ρ μτβ illustrate (with pictures)

εικονοκλάστης (ο) iconoclast

εικονολήπτης (ο) (TV) camera

εικονοστάσι (το) (εκκλ) screen of icons

είκοσι επίθ άκλ twenty

εικοσιτετράωρο|ς επίθ twenty-four-hour. **~** (το) twenty-four hours

εικοστός επίθ twentieth

ειλικρίνεια (η) sincerity. (ευθύτητα) frankness, candour

ειλικρινής επίθ sincere. (ευθύς) frank, candid. (τίμιος) honest

είλωτας (ο) drudge

είμαι ρ αμτβ be. **~ ικανός** be able. **~ χωρίς** be out of. **~ από την Κρήτη** I come from Crete

ειμαρμένη (η) destiny

είναι βλ **είμαι** (το) being

είπα βλ **λέω**

ειρηνεύω ρ μτβ pacify

ειρήνη (η) peace

ειρηνικός επίθ peaceful. **ο Ε~** (Ωκεανός) the Pacific (Ocean)

ειρηνιστής (ο) pacifist

ειρηνοδικείο (το) magistrate's court

ειρηνοδίκης (ο, η) Justice of the Peace, magistrate

ειρηνοποιός (ο) peacemaker

ειρωνεύομαι ρ μτβ mock

ειρωνεία (η) irony

ειρωνικός επίθ ironic(al). (κοροϊδευτικός) derisive

εις πρόθ βλ σε. ~ μάτην in vain

εισαγγελέας (ο) public prosecutor

εισάγω ρ μτβ (εμπορεύματα) import. (καθιερώνω) introduce. (καινοτομώ) pioneer (τοποθετώ) insert. (σταδιακά) phase in

εισαγωγέας (ο, η) importer

εισαγωγή (η) (βιβλίου) introduction. (εμπορευμάτων) import. (μηχ) intake. (μουσικού έργου) overture. (προσθήκη) insertion

εισαγωγικά (τα) quotation marks

εισαγωγικός επίθ introductory

είσαι βλ **είμαι. πώς ~**; how are you?

εισακούω ρ μτβ (παράκληση) grant. (προσευχή) answer

εισβάλλω ρ μτβ invade. (μπαίνω ορμητικά) burst into. (ποτάμι) flow into

εισβολέας (ο) invader

εισβολή (η) invasion. (ξαφνική εμφάνιση) inrush

εισδοχή (η) entry, admittance

είσδυση (η) penetration

εισέρχομαι ρ αμτβ enter. (γίνομαι δεκτός) be admitted

εισήγηση (η) suggestion

εισηγούμαι ρ μτβ suggest

εισιτήριο (το) ticket. (ναύλος) fare. **~ με επιστροφή** return ticket

εισόδημα (το) income. (έσοδο) revenue. **φόρος εισοδήματος** (ο) income tax

είσοδος (η) (εισδοχή) entry. (κτιρίου) entrance. (σε θέατρο) admittance. (μηχ) inlet. (πόρτα) way in

εισορμώ ρ αμτβ rush in

εισπνέω ρ μτβ inhale

εισπράκτορας (ο) (εισιτηρίων) ticket-collector. (λεωφορείου) conductor. (φόρων) collector

είσπραξη (η) collection (of money). **εισπράξεις** (οι) proceeds, takings

εισπράττω ρ μτβ collect. (φόρους) levy

εισφορά (η) contribution

εισχωρώ ρ αμτβ penetrate. (μπαίνω βίαια) infiltrate

είτε σύνδ **~ ... ~** either ... or

έκαστος αντων βλ **κάθε. καθ' εκάστην** every day

εκάστοτε επίρρ each time

εκατό επίθ άκλ hundred. **τοις ~** per cent

εκατομμύριο (το) million

εκατομμυριούχος (ο, η) millionaire

εκατοντάδα (η) hundred

εκατονταετηρίδα (η) century. (επέτειος) centenary

εκατοστόλιτρο (το) centilitre

εκατοστός επίθ hundredth. **~** (του μέτρου) (το) centimetre

έκβαση (η) outcome

εκβιάζω ρ μτβ blackmail

εκβιασμός (ο) blackmail

εκβι|αστής (ο), **~άστρια** (η) blackmailer

εκβολή (η) estuary

εκβράζω ρ μτβ wash up

έκδηλος επίθ manifest

εκδηλώνω ρ μτβ manifest. (αισθήματα) express. **~ομαι** ρ αμτβ reveal one's feelings

εκδήλωση (η) (αισθημάτων) display. (εορταστική) gala. (νόσου) outbreak

εκδηλωτικός επίθ demonstrative

εκδίδω ρ μτβ (βιβλίο) publish. (επιταγή) write. (οδηγίες) issue.

εκδικάζω *ρ μτβ* hear (*a case*). (*φυγόδικο*) extradite

εκδίκηση (*η*) revenge, vengeance

εκδικητικός *επίθ* revengeful. (*άνθρωπος*) vindictive

εκδικούμαι *ρ μτβ* avenge

εκδιώκω *ρ μτβ* drive away. (*απωθώ*) expel. (*κυβέρνηση*) oust

εκδίωξη (*η*) expulsion

έκδοση (*η*) (*βιβλίου*) publication. (*διατύπωση*) edition. (*εγκληματία*) extradition. (*περιοδικού*) issue

εκδότης (*η*), ~**ρια** (*ο*) publisher

εκδοτήριο εισιτηρίων (*το*) ticket dispenser

εκδοτικός *επίθ* editorial. ~ **οίκος** (*ο*) publishing house

εκδοχή (*η*) version

εκδρομέας (*ο, η*) tripper

εκδρομή (*η*) outing. (*ταξίδι*) excursion

εκεί *επίρρ* there. ~ **πέρα** over there. ~ **που** as, while

εκείν|ος *αντων* that. ~**ος ο άνθρωπος** that man. ~**ες τις ημέρες** in those days

εκεχειρία (*η*) truce. (*στρ*) armistice

εκζήτηση (*η*) affectation

έκθαμβος *επίθ* dazzled

εκθειάζω *ρ μτβ* exalt

έκθεμα (*το*) exhibit

έκθεση (*η*) (*αίθουσα*) showroom. (*αφήγηση*) composition. (*γραπτή*) report. (*εμπορευμάτων*) display.

(*εμπορική*) fair. (*ιδεών*) essay. (*στον ήλιο*) exposure. (*τέχνης*) exhibition

εκθέτ|ης (*ο*), ~**ρια** (*η*) exhibitor

έκθετο (*το*) foundling

εκθέτω *ρ μτβ* (*απόψεις*) air. (*εμπορεύματα*) display. (*έργα τέχνης*) exhibit. (*παρουσιάζω*) show. (*στο ύπαιθρο*) expose

εκθρονίζω *ρ μτβ* depose

εκκαθαρίζω *ρ μτβ* (*επιχείρηση*) liquidate. (*πολιτ*) purge

εκκαθάριση μειονοτήτων (*η*) ethnic cleansing

εκκεντρικός *επίθ* eccentric

εκκενώνω *ρ μτβ* (*αδειάζω*) vacate. (*στρ*) evacuate

εκκένωση (*η*) evacuation

εκκίνηση (*η*) setting off

έκκληση (*η*) appeal. (*νομ*) plea

εκκλησία (*η*) church

εκκολάπτ|ω *ρ μτβ* incubate. ~**ομαι** *ρ αμτβ* hatch

εκκρεμές (*το*) pendulum. (*ρολόι*) grandfather clock

εκκρεμής *επίθ* pending. (*που δεν επιλύθηκε*) outstanding

εκκρίνω *ρ μτβ* secrete

έκκριση (*η*) secretion

εκκωφαντικός *επίθ* deafening

εκλαϊκεύω *ρ μτβ* popularize

εκλέγω *ρ μτβ* elect

εκλείπω *ρ* eclipse

εκλεκτικός *επίθ* eclectic, (*καθομ*) choosey. (*άνθρωπος*) discriminating

εκλεκτός *επίθ* (*διαλεχτός*) prime, choice. (*ξεχωριστός*) select

εκλιπαρώ *ρ μτβ* implore

εκλιπών *επίθ* deceased

εκλογέας (*ο*) elector

εκλογ|ή (η) (*ανάδειξη*) election. (*επιλογή*) choice. **~ές** (*οι*) general election

εκλογικ|ός *επίθ* electoral. **~ή περιφέρεια** (η) constituency. **~ό παραβάν** (*το*) polling-booth

έκλυση (η) promiscuity

έκλυτος *επίθ* promiscuous. (*ήθος*) loose

εκμάθηση (η) learning

εκμεταλλεύομαι *ρ μτβ* (*αξιοποιώ*) operate. (*άνθρωπο*) take advantage of. (*αντλώ κέρδη*) exploit. (*επωφελούμαι από αισθήματα*) play on

εκμετάλλευση (η) exploitation. (*ανθρώπου*) taking advantage of

εκμηδενίζω *ρ μτβ* annihilate

εκμηδένιση (η) annihilation

εκμισθώνω *ρ μτβ* (*αυτοκίνητο*) hire out. (*σπίτι*) let, rent out

εκμυστηρεύομαι *ρ μτβ* confide

εκμυστήρευση (η) confidence (*secret*)

εκνευρίζ|ω *ρ μτβ* irritate. (*ερεθίζω*) get on one's nerves. (*ταράζω την ηρεμία*) vex, annoy. **~ομαι** *ρ αμτβ* get irritated

εκνευρισμένος *επίθ* irritated, on edge

εκνευριστικός *επίρρ* irritating. (*πόνος*) niggling

εκούσιος *επίθ* voluntary

εκπαιδευόμενος (*ο*) trainee

εκπαίδευση (η) (*παιδεία*) education. (*στο σχολείο*) schooling. (*τεχν*) training

εκπαιδευτικός *επίθ* educational. **~** (*ο, η*) educator, teacher

εκπαιδευτής (*ο*), **~εύτρια** (η) instructor. (*ζώων*) trainer

εκπαιδεύω *ρ μτβ* educate. (*στρ*) drill. (*τεχν*) train

εκπατρίζομαι *ρ αμτβ* emigrate

εκπέμπω *ρ μτβ* emit

εκπεσμός (*ο*) (*υποτίμηση*) decline. (*ξεπεσμός*) degradation

εκπίπτω *ρ αμτβ* fall. (*ξεπέφτω*) decline

εκπληκτικός *επίθ* surprising

έκπληξη (η) surprise

εκπληρώνω *ρ μτβ* fulfil

εκπλήττω *ρ μτβ* surprise

εκπνέω *ρ μτβ αμτβ* exhale *ρ αμτβ* (*λήγω*) expire. (*πεθαίνω*) pass away

εκποιώ *ρ μτβ* sell up

εκπολιτίζω *ρ μτβ* civilize

εκπομπή (η) emission. (*ραδιοφωνική*) broadcasting

εκπρόθεσμος *επίθ* overdue

εκπρόσωπος (*ο, η*) representative. (*κυβερνητικός*) spokesperson

εκπροσωπώ *ρ μτβ* represent. (*αντιλήψεις*) epitomize

έκπτωση (η) (*εμπ*) discount. (*νομ*) forfeiture. **εκπτώσεις** (*οι*) sales

εκπυρσοκροτώ *ρ αμτβ* fire. (*αυτοκίνητο*) backfire

εκρήγνυμαι *ρ μτβ* explode. (*μεταφ*) burst out

εκρηκτικός *επίθ* explosive

έκρηξη (η) explosion. (*ηφαιστείου*) eruption. (*οργής*) tantrum. (*πολέμου*) outbreak. (*στρ*) blast. (*μεταφ*) burst

εκσκαφέας (*ο*) digger

εκσκαφή (η) digging

έκσταση (η) ecstasy, rapture. (απορρόφηση σε ιδέα) trance

εκστατικός επίθ ecstatic

εκστομίζω ρ μτβ utter

εκστρατεία (η) campaign

εκστρατεύω ρ αμτβ campaign

εκσυγχρονίζω ρ μτβ update. (μεθόδους, μηχανήματα) modernize

εκσυγχρονισμός (ο) modernization

εκσφενδονίζω ρ μτβ hurl, fling. **~ομαι** ρ αμτβ be hurtled. (υγρά) gush

έκτακτος επίθ extraordinary. (εργασία) casual. **~ανάγκη** (η) emergency

έκταση (η) (γης) tract. (γνώσεων) range. (δρόμου) stretch. (ευρύτητα) extent. (περιοχή) expanse

εκταφή (η) exhumation

εκτεθειμένος επίθ exposed

εκτείν|ω ρ μτβ (επεκτείνω) extend. (απλώνω) spread. **~ομαι** ρ αμτβ range, extend

εκτέλεση (η) (απόδοση) performance. (θανάτωση) execution. (πραγματοποίηση) carrying out, execution

εκτελε|στής (ο), **~έστρια** (η) performer. (θανατικής ποινής) executioner. (νομ) executor

εκτελώ ρ μτβ perform. (εφαρμόζω) carry out. (θανατώνω) execute. (με ηλεκτρισμό) electrocute

εκτελωνίζω ρ μτβ clear (through customs)

εκτενώς επίρρ at length

εκτεταμένος επίθ (μεγάλης διάρκειας) lengthy. (μεγάλης έκτασης) extensive

εκτίθεμαι ρ αμτβ be on show. (μένω ακάλυπτος) be exposed

εκτίμηση (η) assessment. (αναγνώριση) appreciation. (αξίας) valuation. (αξιολόγηση) estimation. (υπόληψη) regard. **Με ~** Yours sincerely

εκτιμητικός επίθ appreciative

εκτιμώ ρ μτβ (αγαπώ) value, cherish. (αναγνωρίζω αξία) appreciate. (αξιολογώ) assess. (μια κατάσταση) take stock of. (υπολήπτομαι) esteem, look up to

εκτινάσσω ρ μτβ eject

εκτίω ρ αμτβ serve (sentence)

εκτονώνω ρ μτβ (κατάσταση) defuse

εκτοξεύω ρ μτβ (πύραυλο) launch. (υγρό) squirt

εκτοπίζω ρ μτβ (απομακρύνω) dislodge. (από τον τόπο διαμονής) displace. (αντικαθιστώ) supplant

εκτός επίθ sixth

εκτός επίρρ (με εξαίρεση) except. (έξω) outside. (επιπλέον) apart from. **~ αν** unless

έκτοτε επίρρ since then

έκτροπα (τα) outrage of violence, riot

εκτρέπ|ω ρ μτβ deflect. **~ομαι** ρ αμτβ deviate

εκτροφή (η) breeding

εκτροχιάζω ρ μτβ derail

εκτροχιασμός (ο) derailment

έκτρωμα (το) (άνθρωπος) freak. (έμβρυο) abortion

έκτρωση (η) abortion

εκτυλίσσ|ω ρ μτβ unwrap. **~ομαι** ρ αμτβ unfold

εκτυπωμέν|ος *επίθ* printed.
~ο κείμενο *(το)* print-out

εκτυπώνω *ρ μτβ* print.
(νόμισμα) strike. *(χαρτί)* emboss

εκτύπωση *(η)* printing

εκτυπωτής *(ο)* printer, printing
machine

εκτυφλωτικός *επίθ* blinding,
brilliant

εκφοβίζω *ρ μτβ* intimidate

εκφορτώνω *ρ μτβ* unload

εκφράζω *ρ μτβ* express.
(διατυπώνω) phrase.
(επιφυλάξεις) voice

έκφραση *(η)* expression. *(με
λέξεις)* utterance

εκφραστικός *επίθ* expressive

εκφυλίζομαι *ρ αμτβ* degenerate

εκφυλισμένος *επίθ* degenerate

έκφυλος *(ο)* degenerate

εκφωνητής *(ο)*, **~ήτρια** *(η)*
announcer (radio, TV)

εκχερσώνω *ρ μτβ* reclaim
(land)

εκχιονιστήρας *(ο)* snow-
plough

εκχυδαΐζω *ρ μτβ* vulgarize.

εκχύλισμα *(το)* extract

εκχύνω *ρ μτβ* exude

εκχώρηση *(η)* transfer *(of
right)*. *(νομ)* cession

εκχωρώ *ρ μτβ* cede

εκών *επίθ* **~ άκων** willy-nilly

έλα *βλ* **έρχομαι** come. **~ ´δω**
come here. **~ δα!** you don't say

ελαιογραφία *(η)* oil-painting

ελαιόδεντρο *(το)* olive tree

ελαιόλαδο *(το)* olive oil

ελαιοπαραγωγή *(η)* olive
production

ελαιώνας *(ο)* olive grove

έλασμα *(το)* plate

ελαστικό *(το)* tyre

ελαστικ|ός *επίθ* elastic.
(κρεβάτι) springy. *(πάτωμα)*
sprung. *(μεταφ)* lax. **~ ωράριο**
(το) flexitime

ελαστικότητα *(η)* elasticity.
(ευκαμψία) flexibility. *(μεταφ)*
laxity

ελατήριο *(το)* spring *(device)*

έλατο *(το)* fir

ελάττωμα *(το)* defect. *(κακή
συνήθεια)* failing. *(μηχ)* fault.
(χαρακτήρα) blemish

ελαττωματικός *επίθ* defective.
(που δε λειτουργεί) faulty

ελαττώνω *ρ μτβ* reduce.
(περιορίζω) alleviate. *(το
κάπνισμα)* cut down on

ελάττωση *(η)* reduction

ελαφάκι *(το)* fawn

ελάφι *(το)* deer *άκλ*

ελαφρόμυαλος *επίθ* scatter-
brained

ελαφρόπετρα *(η)* pumice

ελαφρ|ός *επίθ* light. *(αρρώστια)*
mild. *(επιπόλαιως)* frivolous.
(ήπιος) gentle. *(ήχος)* soft.
(θόρυβος) slight. *(ποτό)* weak.
~ά *επίρ* lightly, slightly

ελαφρυντικ|ός *επίθ* alleviating.
~ά *(τα)* mitigating
circumstances

ελαφρύνω *ρ μτβ* lighten.
(ανακουφίζω) alleviate. • *ρ αμτβ*
be relieved

ελάχιστος *επίθ* least. *(μικρότερο
δυνατό)* minimum

ελαχιστοποιώ *ρ μτβ* minimize

ελάχιστος *επίθ* minimal,
minimum. *(λιγότερο)* least.
(πιθανότητα) slightest

Ελβετία (η) Switzerland

ελβετικός επιθ Swiss

Ελβετ|ός (ο), **~ίδα** (η) Swiss

ελεγκτής (ο) auditor

έλεγχος (ο) control. (ιατρικός) screening. (λειτουργίας) check. (σχολικός) report

ελέγχω ρ μτβ control. (λειτουργία) check. (λογιστικός) audit

ελεεινός επιθ (άθλιος) miserable. (αξιολύπητος) sorry, wretched. (διάθεση) vile. (δωμάτιο) crummy. (καιρός) lousy. (συμπεριφορά) deplorable

ελεημοσύνη (η) alms. (φιλανθρωπία) charity

ελεήμων επιθ merciful

έλεος (το) mercy

ελευθερία (η) freedom, liberty. **~ λόγου** freedom of speech

ελεύθερο (το) all-clear

ελεύθερος επιθ free. (ανύπαντρος) single. (δωμάτιο) vacant. (χωρίς εμπόδια) clear. **~ επαγγελματίας** (ο, η) freelance. **~ χρόνος** (ο) spare time

ελευθερών|ω ρ μτβ free. (από δέσμευση ή βάρος) set free, release. (έναντι λύτρων) ransom. (χώρα) liberate. **~ομαι** ρ αμτβ free oneself. (για γυναίκες) give birth

έλευση (η) advent

ελέφαντας (ο) elephant

ελεφαντόδοντο (το) ivory

ελεώ ρ μτβ have mercy on. (δίνω ελεημοσύνη) give charity to

ελιά (η) (καρπός και δέντρο) olive. (στο δέρμα) mole. (στο πρόσωπο) beauty spot

ελιγμός (ο) (στροφή) bend. (πλάγια ενέργεια) manoeuvre

έλικας (ο) propeller

ελικοδρόμιο (το) heliport

ελικοειδής επιθ spiral. (δρόμος) winding

ελικόπτερο (το) helicopter

ελίσσομαι ρ αμτβ (δρόμος) wind. (ενεργώ με πλάγιο τρόπο) manoeuvre

ελίτ (η) άκλ élite

ελιτισμός (ο) elitism

έλκηθρο (το) sledge, sleigh

έλκος (το) ulcer

ελκτικός επιθ (μαγνήτης) attractive

ελκυστικός επιθ appealing. (θελκτικός) attractive

ελκύω ρ μτβ draw. (θέλγω) attract

έλκω ρ μτβ draw, pull

ελκώδης επιθ ulcerous

Ελλάδα (η) Greece

έλλειμμα (το) deficit

ελλειπτικός επιθ elliptical

έλλειψη (η) deficiency. (ανεπάρκεια ποσότητας) scarcity, dearth. (εμπορευμάτων) shortage. (σχήμα) ellipse

Έλληνας (ο), **Ελληνίδα** (η) Greek

ελληνικ|ός επιθ Greek. **~ά** (τα) Greek

ελληνισμός (ο) the Greek people, Hellenism

ελλιπής επιθ deficient. (ανεπαρκής) insufficient

έλξη (η) (γοητεία, μαγνητική) attraction. (της γης) gravity. (τράβηγμα) traction

ελονοσία (η) malaria

έλος (το) swamp, bog

ελπίδα (η) hope

ελπιδοφόρος επιθ hopeful

ελπίζω ρ αμτβ hope. • ρ μτβ hope for. **~ σε** ρ μτβ trust in

ελώδης επιθ swampy

εμάς αντων us

εμβαδόν (το) area

εμβάζω ρ μτβ remit (money)

εμβαθύνω ρ μτβ go deep into

έμβασμα (το) remittance

εμβατήριο (το) military march (music)

εμβέλεια (η) range (of missile)

έμβλημα (το) emblem

εμβολή (η) (ιατρ) embolism. (πλοίου) ramming

εμβολιάζω ρ μτβ inoculate, vaccinate. (φυτά) graft

εμβολιασμός (ο) inoculation, vaccination

εμβόλιο (το) vaccine

έμβολο (το) plunger. (μηχ) piston. (πλοίου) ram

εμβρόντητος επιθ aghast

έμβρυο (το) embryo, foetus

εμείς αντων we

εμένα αντων me

εμετικός επιθ emetic. (αηδιαστικός) nauseating

εμετός (ο) vomit. **κάνω ~** be sick, vomit. **μου έρχεται ~ς** I feel sick

εμίρης (ο) emir

εμμένω ρ αμτβ adhere (σε, to). • ρ αμτβ persevere

έμμεσος επιθ indirect

εμμηνόπαυση (η) menopause

εμμηνόρροια (η) menstruation

εμμηνορροώ ρ αμτβ menstruate

έμμισθος επιθ salaried

εμμονή (η) perseverance

έμμον|ος επιθ persistent. (παθολογική) obsessive

έμπα (το) άκλ entrance. (αρχή) beginning. **τα ~ έβγα** comings and goings

εμπάθεια (η) empathy

εμπαιγμός (ο) mockery. (απάτη) deception

εμπάργκο (το) άκλ embargo

εμπεδώνω ρ μτβ consolidate

εμπειρία (η) experience

εμπειρικός επιθ empirical

εμπειρογνώμονας (ο, η) expert

έμπειρος επιθ experienced

εμπιστεύομαι ρ μτβ trust. (εκμυστηρεύομαι) confide. (αναθέτω) entrust

εμπιστευτικός επιθ confidential

έμπιστος επιθ trusted. **~** (ο) confidant

εμπιστοσύνη (η) trust, confidence

εμπλέκω ρ μτβ implicate. (μηχ) engage

εμπλοκή (η) (μηχ) jamming. (μπλέξιμο) involvement

εμπλουτίζω ρ μτβ enrich

έμπνευση (η) inspiration

εμπνέω ρ μτβ inspire

εμποδίζω ρ μτβ obstruct. (παρεμποδίζω) prevent. (προσπάθειες) hamper. (σταματώ) hinder. (την ανάπτυξη) stunt. • ρ αμτβ be in the way

εμπόδιο (το) obstacle, hindrance. (για να ξεπεραστεί) hurdle

εμπόλεμος επίθ belligerent

εμπόρευμα (το) merchandise, commodity

εμπορεύματα (τα) goods, merchandise

εμπορεύομαι ρ μτβ/ρ αμτβ trade, deal in. (εκμεταλλεύομαι) commercialize

εμπορικ|ός επίθ commercial. **~ή διαφήμιση** (η) commercial. **~ό κέντρο** (το) shopping centre

εμπόριο (το) commerce. (σε εμπορεύματα) trade

έμπορος (ο) trader, merchant

εμποτίζω ρ μτβ saturate. (μεταφ) imbue

έμπρακτος επίθ in practice

εμπρεσιονισμός (ο) impressionism

εμπρησμός (ο) arson

εμπρηστής (ο), **~ήστρια** (η) arsonist

εμπρηστικός επίθ incendiary. (μεταφ) inflammatory

εμπριμέ επίθ άκλ printed (fabric)

εμπρόθεσμος επίθ within the prescribed time

εμπρός επίρρ forward. **~!** (προχώρει) come on! (σε χτύπημα στην πόρτα) come in! (στο τηλέφωνο) hello

εμπρόσθιος επίθ front

εμπροσθοφυλακή (η) vanguard

εμφανής επίθ conspicuous. (φανερός) apparent

εμφανίζ|ω ρ μτβ present. (φωτογραφίες) develop. **~ομαι** ρ αμτβ appear. (ζαφνικά) pop up. (πρόβλημα) arise

εμφάνιση (η) emergence. (παρουσιαστικό) appearance

έμφαση (η) emphasis

εμφατικός επίθ emphatic

εμφιαλώνω ρ μτβ bottle

έμφραγμα (το) plug, stopper. (ιατρ) infarction

εμφύλιος επίθ civil. **~ πόλεμος** (ο) civil war

εμφυτεύω ρ μτβ implant

έμφυτος επίθ inherent, innate

εμψυχώνω ρ μτβ encourage

εν πρόθ in. **~ μέρει** partly. **~ πάση περιπτώσει** in any case. **~ πρώτοις** in the first place

ένα (το) one. • επίθ βλ **ένας**. **~ σου κι ~ μου** tit for tat

εναγόμενος (ο) (νομ) defendant

ενάγ|ω ρ μτβ sue. **~ων** (ο), **~ουσα** (η) plaintiff

εναέριος επίθ aerial. (καλώδιο, σιδηρόδρομος) overhead

εναλλαγή (η) alternation. (καλλιέργειας) rotation. (προσωπικού) turnover

εναλλακτικός επίθ alternative

εναλλάξ επίρρ alternately

εναλλάσσω ρ μτβ alternate. (καλλιέργεια) rotate

έναντι επίρρ opposite. (πληρωμή) against

εναντίον επίρρ against

ενάντιος επίθ (αντίθετος) contrary. (δυσμενής) adverse

εναντιώνομαι ρ μτβ oppose. ~ σε (έχω αντίρρηση) object to

εναποθέτω ρ μτβ place

ενάρετος επίθ virtuous

εναρκτήριος επίθ inaugural

εναρμονίζω ρ μτβ harmonize

έναρξη (η) commencement. (συνεδρίου) opening

ένας επίθ one. (μοναδικός) single. ~ ~ one at a time. **ο** ~ **τον άλλο** each other

έναστρος επίθ starry (sky)

ενατένιση (η) (βλέμματος) stare. (πνευματική) absorption

ένατος επίθ ninth

ενδεικτικός επίθ indicative. ~ (το) school report

ένδειξη (η) indication. (απόδειξη) evidence. (σε έγκλημα) clue. (σε μετρητή) reading. (σημάδι) sign

ενδεχόμενος επίθ probable. ~ (το) eventuality

ενδεχομένως επίρρ in all probability

ενδημικός επίθ endemic. (φυτό) native

ενδιάμεσος επίθ intermediate. ~ς (ο) intermediary. ~ (το) (διάστημα) interim

ενδιαφερόμενος επίθ interested

ενδιαφέρον (το) interest. (φροντίδα) concern

ενδιαφέρομαι ρ μτβ interest. ~ομαι (για) ρ αμτβ be interested (in). (μεριμνώ) be concerned (about)

ενδιαφέρων επίθ interesting

ενδίδω ρ αμτβ give in, relent

ένδικος επίθ judicial

ενδοιασμός (ο) scruple. (αμφιβολία) hesitation

ένδοξος επίθ (πράξη ή κατάσταση) glorious. (φημισμένος) celebrated

ενδότερος επίθ innermost

ενδοτικός επίθ yielding, complying

ενδοχώρα (η) hinterland

ένδυμα (το) garment, costume

ενδυμασία (η) costume, apparel

ενδυναμώνω ρ μτβ strengthen. (μεταφ) boost

ενέδρα (η) ambush

ενενήντα επίθ άκλ ninety

ενέργεια (η) action. (δικαστική) proceedings. (επενέργεια) effect. (ηλεκτρική, μηχανική) energy. (πράξη) act. (προσπάθεια) move

ενεργητικό (το) asset

ενεργητικός επίθ active. ~τητα (η) energy. (μεταφ) activity

ενεργοποιώ ρ μτβ activate

ενεργός επίθ active

ενεργώ ρ μτβ carry out ρ αμτβ act, take action. (φάρμακο) work, take effect. ~ούμαι ρ αμτβ have a bowel movement

ένεση (η) injection

ενεστώτας (ο) present tense

ενέχομαι ρ αμτβ be implicated

ενέχυρο (το) pawn

ενεχυροδανειστήριο (το) pawnshop

ενεχυροδανειστής (ο) pawnbroker

ένζυμο (το) enzyme

ενηλικιώνομαι ρ αμτβ come of age

ενήλικος επίθ adult

ενηλικότητα (η) adulthood

ενήμερος *επίθ* aware

ενημερωμένος *επίθ* informed, up to date

ενημερώνω *ρ μτβ* inform. *(κατατοπίζω)* brief

ενημερωτικός *επίθ* informative. **~ δελτίο** *(το)* prospectus

ενθάρρυνση *(η)* encouragement

ενθαρρυντικός *επίθ* encouraging

ενθαρρύνω *ρ μτβ* encourage. *(εμψυχώνω)* hearten

ένθετος *επίθ* inserted. *(κόσμημα)* inlaid

ενθουσιάζ|ω *ρ μτβ* fill with enthusiasm. **~ομαι** *ρ αμτβ* be enthusiastic

ενθουσιασμένος *επίθ* enthusiastic

ενθουσιασμός *(ο)* enthusiasm

ενθουσιώδης *επίθ* enthusiastic

ενθύμηση *(η)* remembrance

ενθύμιο *(το)* memento. *(από ταξίδι)* souvenir

ενιαίος *επίθ* united. *(τιμή)* flat

ενικός *(ο)* *(αριθμός)* singular

ενίσχυση *(η)* encouragement. *(ηθική)* boost. *(ηλεκτρ)* amplification. *(υποστήριξη)* support. *(στρ)* reinforcement

ενισχυτής *(ο)* amplifier

ενισχυτικός *επίθ* reinforcing

ενισχύω *ρ μτβ* reinforce. *(ηθική)* boost. *(ηλεκτρικ)* amplify. *(οικονομικά)* assist. *(υποστηρίζω)* support

εννέα *επίθ άκλ* nine

εννιά *επίθ άκλ βλ* **εννέα**

έννοια¹ *(η)* concept. *(σημασία)* sense

έννοια² *(η)* worry. **~ σου** don't worry, never mind

εννοιολογικός *επίθ* conceptual

έννομ|ος *επίθ* legitimate. **~η τάξη** *(η)* law and order

εννο|ώ *ρ μτβ* mean, intend. *(καταλαβαίνω)* understand. **~είται** it goes without saying

ενοικιάζω *ρ μτβ* rent. *(κτίριο)* let. *(όχημα)* hire

ενοικίαση *(η)* hire

ενοικι|αστήριο *(το)* lease. **~αστής** *(ο)*, **~άστρια** *(η)* lodger

ενοίκιο *(το)* rent

ένοικος *(ο, η)* tenant

ένοπλος *επίθ* armed

ενοποίηση *(η)* unification, *(εταιριών)* merger

ενοποιώ *ρ μτβ* unify

ενόργανος *επίθ* instrumental *(music)*

ενορία *(η)* parish

ένορκ|ος *(ο, η)* juror. **~οι** *(οι)* jury

ενορχηστρώνω *ρ μτβ* orchestrate

ενότητα *(η)* unity. *(διδακτέας ύλης)* unit. *(συμφωνία)* cohesion

ενοχή *(η)* guilt

ενοχλημένος *επίθ* annoyed

ενόχληση *(η)* inconvenience. *(διατάραξη της ηρεμίας)* disturbance. *(δυσαρέστηση)* annoyance

ενοχλητικός *επίθ* tiresome. *(δυσάρεστος)* annoying

ενοχλώ *ρ μτβ* disturb. *(δυσαρεστώ)* annoy. *(συστηματικά)* pester

ενοχοποιώ *ρ μτβ* incriminate. **~ητικός** *επίθ* incriminating

ένοχος *επιθ* guilty. ~ *(ο)* culprit

ενσαρκώνω *ρ μτβ* embody

ενσάρκωση *(η)* embodiment. *(ενανθρώπιση)* incarnation

ένσημο *(το)* stamp *(for collection of duty)*

ενσταλάζω *ρ μτβ* instil

ενσταντανέ *(το) άκλ* snapshot

ένστικτο *(το)* instinct

ενστικτώδης *επιθ* instinctive

ένταλμα *(το)* warrant *(for arrest)*

εντάξει *επιρρ* all right, OK

ένταξη *(η)* entry *(into an organisation)*

ένταση *(η)* intensity. *(όξυνση)* strain. *(ραδιόφωνο)* volume. *(συγκινήσεως)* tension

εντατικός *επιθ* intensive. *(προσπάθεια)* strenuous

ενταύθα *επιρρ* here. *(σε αλληλογραφία)* in the same town or village

ενταφιάζω *ρ μτβ* entomb. *(μεταφ)* bury

εντείνω *ρ μτβ* intensify

έντεκα *επιθ άκλ* eleven

εντέλεια *(η)* perfection

εντελώς *επιρρ* quite, completely, altogether

εντερικός *επιθ* intestinal

έντερο *(το)* intestine

εντεταλμένος *επιθ* authorized. *(αρμόδιος)* competent

έντιμος *επιθ* honourable. *(τίμιος)* above-board

εντιμότητα *(η)* worship *(title)*

έντοκος *επιθ* interest-bearing

εντολή *(η)* order, command. *(εκκλ)* commandment. *(HIΥ)* command. *(πολιτ)* mandate

έντομο *(το)* insect

εντομοκτόνο *(το)* insecticide

έντονος *επιθ* *(ενδιαφέρον)* keen. *(άνθρωπος)* intense. *(αντίθεση)* sharp. *(διαμαρτυρία)* strong. *(πόνος)* acute. *(χρώμα)* vivid

εντοπίζω *ρ μτβ* locate. *(καθορίζω)* identify. *(με ακρίβεια)* pin-point. *(περιορίζω)* localize

εντός *επιρρ* inside, within

εντόσθια *(τα)* entrails. *(μαγ)* offal

εντούτοις *επιρρ* nevertheless

εντριβή *(η)* massage *(rubbing)*

έντρομος *επιθ* terrified

έντυπος *επιθ* printed. ~ *(το)* form *(document)*

εντυπώνω *ρ μτβ* imprint (on the mind)

εντύπωση *(η)* impression

εντυπωσιάζω *ρ μτβ* impress

εντυπωσιακός *επιθ* impressive. *(προκαλεί ζωηρή αίσθηση)* sensational

ενυδατώνω *ρ μτβ* moisturize

ενυδρείο *(το)* aquarium

ενυδρίς *(η)* otter

ένυδρος *επιθ* aquatic

ενώ *σύνδ* while, whilst. *(αν και)* although

ενώ|νω *ρ μτβ* join together. *(συναρμόζω)* combine. ~**ομαι** *ρ αμτβ* unite. *(δρόμοι)* join

ενώπιον *επιρρ* before

ένωση *(η)* union. *(σωματείο)* union, society. *(χημ)* compound

εξαγγελία *(η)* announcement

εξαγορά *(η)* pay off. *(δωροδοκία)* buying off.

(εταιρία) take-over, buy-out. (με λύτρα) ransom

εξαγοράζω ρ μτβ pay off. (δωροδοκώ) buy off. (εταιρία) take over. (με λύτρα) ransom

εξαγριωμένος επίθ berserk

εξαγριώνω ρ μτβ make wild. **~ομαι** ρ αμτβ be enraged

εξάγω ρ μτβ export. (συμπεραίνω) deduce

εξαγωγέας (ο) exporter

εξαγωγή (η) export. (μηχ) outlet

εξάγωνο|ς επίθ hexagonal. **~** (το) hexagon

εξαδέλφη (η) cousin

εξάδελφος (ο) cousin

εξαερίζω ρ μτβ ventilate

εξαίρεση (η) exception. (απαλλαγή) exemption

εξαιρετικός επίθ excellent. (που αποτελεί εξαίρεση) exceptional

εξαίρετος επίθ excellent

εξαίρω ρ μτβ extol

εξαιρώ ρ μτβ except. (από υποχρέωση) exempt

εξαίσιος επίθ out of this world

εξαιτίας επίρρ because of, owing to

εξακολουθώ ρ μτβ/ρ αμτβ continue

εξακριβώνω ρ μτβ ascertain

εξαλείφω ρ μτβ eliminate. (σβήνω) wipe out. (καταργώ) eradicate. (διαγράφω) obliterate

εξάλειψη (η) elimination. (διαγραφή) obliteration

έξαλλος επίθ frantic. (μεταφ) wild

εξάλλου επίρρ besides

εξαμηνία (η) six monthly period

εξαναγκάζω ρ μτβ coerce

εξανεμίζω ρ μτβ (λεφτά) squander. ~ομαι ρ αμτβ evaporate. (μεταφ)

εξάνθημα (το) rash

εξαντλημένος επίθ worn-out, exhausted. (βιβλίο) out of print. (προϊόν) out of stock

εξάντληση (η) exhaustion

εξαντλητικός επίθ gruelling. (δυνατότητες) exhaustive

εξαντλώ ρ μτβ wear out, tire. (πόρους) deplete. (χρησιμοποιώ) exhaust. **~ούμαι** ρ αμτβ be exhausted. (προϊόν) be sold out

εξαπατώ ρ μτβ deceive. (από χρήματα) defraud, (λαϊκ) con. (παραπλανώ) double-cross

εξαπλωμένος επίθ rampant

εξάπλωση (η) spreading

εξαπολύω ρ μτβ unleash. (επίθεση) launch

εξάπτω ρ μτβ excite, inflame

εξαργυρώνω ρ μτβ cash

εξαρθρώνω ρ μτβ dislocate

εξάρθρωση (η) dislocation

έξαρση (η) exaltation

εξάρτημα (το) fixture, fitting. (εργαλείου) attachment. (μηχανήματος) part. (συστατικό) component

εξάρτηση (η) dependence

εξαρτ|ώ ρ μτβ suspend. (στηρίζω) make dependent on. **~ώμαι** ρ αμτβ depend. **~ώμαι από** be dependent on. **~άται** it depends

εξαρτώμενος επίθ dependent

εξαρχής επίρρ from the beginning

εξασθένηση (η) debility. *(ακοής κλπ)* impairment. *(αδυνάτισμα)* weakening

εξασθενητικός *επίθ* enervating

εξασθενίζω *ρ μτβ* debilitate. *ρ αμτβ (ήχος)* fade

εξασθένιση (η) *βλ* **εξασθένηση**

εξασθενώ *ρ αμτβ* decline *(health)*. *(αδυνατίζω)* weaken

εξάσκηση (η) *(εκγύμναση)* work-out, exercise. *(εφαρμογή θεωρητικών γνώσεων)* practice

εξασκώ *ρ μτβ (επάγγελμα)* practise. *(δικαιώματα)* exercise

εξασφαλίζω *ρ μτβ* secure, obtain. *(σιγουράρω)* ensure. *(εγγυούμαι)* guarantee

εξατμίζω *ρ μτβ* cause to evaporate

εξάτμιση (η) evaporation. *(οχήματος)* exhaust

εξατομικεύω *ρ μτβ* individualize

εξαϋλώνομαι *ρ αμτβ* dematerialize. *(μεταφ)* be idealized

εξαφανίζω *ρ μτβ* cause to disappear. *(καταστρέφω)* wipe out. **~ομαι** *ρ αμτβ* vanish, disappear

εξαφάνιση (η) disappearance. *(ζώων, φυτών)* extinction

έξαρνα *επίρρ βλ* **ξαφνικά**

εξάψαλμος (ο) tirade

έξαψη (η) excitement. *(αίσθημα θερμότητας)* hot flush

εξεγείρ|ω *ρ μτβ* excite. *(κινώ σε επανάσταση)* incite. *(παρακινώ)* rouse. **~ομαι** *ρ μτβ* revolt

εξέγερση (η) uprising

εξέδρα (η) platform. *(σε γήπεδο)* stand

εξεζητημένος *επίθ* affected. *(ντύσιμο)* fussy. *(φέρσιμο)* studious

εξειδικεύομαι *ρ αμτβ* specialize

εξελιγμένος *επίθ* developed. *(προηγμένος)* advanced

εξέλιξη (η) development. *(πρόοδος)* progress. *(των ειδών)* evolution

εξελίσσω *ρ μτβ* develop. **~ομαι** *ρ αμτβ* develop. *(βαθμιαία)* evolve. *(προοδεύω)* progress. *(σχέδιο)* unfold

εξερεθίζω *ρ μτβ* provoke

εξερεύνηση (η) exploration

εξερευνητικός *επίθ* exploratory

εξερευν|ητής (ο), **~ήτρια** (η) explorer

εξερευνώ *ρ μτβ* explore

εξετάζω *ρ μτβ* examine. *(ανακρίνω)* question. *(βλέπω με προσοχή)* look into. *(για καταλληλότητα)* screen. *(ελέγχω)* check

εξέταση (η) examination. *(γενική)* check-up. *(ιατρική)* medical. *(λεπτομερής, μηχ)* overhaul. **εξετάσεις** *(οι)* exams

εξετ|αστής (ο), **~άστρια** (η) examiner

εξευγενίζω *ρ μτβ* ennoble. *(βελτιώνω)* refine

εξευμενίζω *ρ μτβ* placate

εξευρωπαΐζω *ρ μτβ* Europeanize

εξευτελίζω *ρ μτβ (κατεβάζω την αξία)* degrade. *(ταπεινώνω)* humiliate

εξευτελισμός (ο) degradation. *(ταπείνωση)* humiliation

εξέχω *ρ αμτβ* protrude. *(ξεχωρίζω)* stand out

εξήγηση (η) explanation

εξηγώ ρ μτβ explain. (*ερμηνεύω*) interpret. **~ούμαι** ρ αμτβ make oneself clear

εξημερώνω ρ μτβ tame. (*εκπολιτίζω*) civilize. (*καταπραΰνω*) mollify

εξημμένος επίθ hot-headed

εξήντα επίθ άκλ sixty

εξής επίθ άκλ following. **στο ~** henceforth. **από τώρα και στο ~** from now on. • επίρρ **ως ~** as follows. **και ούτω καθ~** and so on and so forth

έξι επίθ άκλ six

εξιδανικεύω ρ μτβ idealize

εξίδρωση (η) perspiration

εξιλασμός (ο) atonement

εξιλεών|ω ρ μτβ appease. **~ομαι** ρ αμτβ atone for

εξιλέωση (η) atonement

εξισορρόπηση (η) counter balance

εξίσου επίρρ equally

εξιστορώ ρ μτβ recount

εξισώνω ρ μτβ make equal. (*μαθημ*) equate

εξίσωση (η) equalization. (*μαθημ*) equation

εξόγκωμα (το) protuberance. (*πρήξιμο*) bump, lump

εξογκώνω ρ μτβ swell. (*τιμές*) inflate. (*μεγαλοποιώ*) exaggerate

έξοδ|ο (το) expense. **~α** (τα) costs

έξοδος (η) exit. (*αεροδρόμιο*) gate. (*από νοσοκομείο*) discharge. (*εξόρμηση*) exodus. (*στρ*) sally. (*μεταφ*) way out. **~ κινδύνου** (η) emergency exit

εξοικειών|ω ρ μτβ familiarize. **~ομαι** ρ μτβ/αμτβ familiarize oneself (with)

εξοικονομώ ρ μτβ save (*money, time*)

εξοκέλλω ρ αμτβ (*πλοίο*) run aground. (*μεταφ*) go astray

εξολοθρεύω ρ μτβ wipe out

εξομαλύνω ρ μτβ level. (*μεταφ*) smooth out

εξομοίωση (η) placing in the same category with

εξομοιωτής (ο) simulator

εξομολόγηση (η) confession

εξομολογητής (ο) confessor

εξοντώνω ρ μτβ exterminate

εξονυχιστικός επίθ thorough

εξοπλίζω ρ μτβ arm. (*μεταφ*) equip

εξοπλισμός (ο) armament. (*μεταφ*) equipment

εξοργίζω ρ μτβ infuriate, enrage. **~ομαι** ρ αμτβ get furious

εξοργιστικός επίθ infuriating. (*προκαλεί αγανάκτηση*) outrageous

εξορίζω ρ μτβ exile, banish

εξόριστος (ο) exile (*person*)

εξορκίζω ρ μτβ exorcise

εξορκισμός (ο) exorcism

εξόρμηση (η) sally

εξορμώ ρ αμτβ sally out

εξόρυξη (η) mining

εξουδετερώνω ρ μτβ neutralize. (*μεταφ*) counteract

εξουσία (η) power (*of office*). (*κρατική*) authority

εξουσιάζω ρ μτβ/αμτβ dominate. (*άλλους*) rule

εξουσιοδότηση (η)
authorization

εξουσιοδοτώ ρ μτβ authorize,
empower

εξόφληση (η) repayment.
(χρέους) settlement

εξοφλώ ρ αμτβ pay off.
(υποχρέωση) discharge. (χρέος)
settle

εξοχή (η) countryside

εξοχικός επίθ (of the) country.
~ (το) holiday home

έξοχος επίθ superb. (υπέροχος)
exquisite

εξοχότατος επίθ Excellency.
Ε~τατε Your Excellency

εξπρές επίρρ express. ~ (το)
άκλ express train

έξτρα επίθ άκλ extra

εξτρεμιστής (ο), ~ίστρια (η)
extremist

εξυβρίζω ρ μτβ insult.
~ιστικός επίθ insulting

εξυγίανση (η) cleansing

εξυμνώ ρ μτβ extol

εξυπακούεται ρ αμτβ απρόσ it's
understood

εξυπηρέτηση (η) service

εξυπηρετικός επίθ
accommodating. (πρόσωπο)
helpful

εξυπηρετώ ρ μτβ serve

εξυπνάδα (η) cleverness.
(καπατσοσύνη) smartness.
(αστεϊσμός) witticism

έξυπνος επίθ clever. (καπάτσος)
smart

εξυψώνω ρ μτβ raise.
(προσδίνω αίγλη) edify

έξω επίρρ out. (στο εξωτερικό)
abroad. (στο ύπαιθρο) outdoors

πρόθ except. ~ **από** outside.
μια κι ~ all at once. **απ'** ~ by
rote, by heart. **προς τα** ~
outward(s)

εξωγήινος επίθ extra-terrestrial

εξώδικος επίθ out of court

εξωθώ ρ μτβ push out.
(παρακινώ) drive

έξωμος επίθ sleeveless and low-
necked (dress)

εξώπορτα (η) front door

έξωση (η) eviction

εξώστης (ο) gallery (at theatre)

εξωστρεφής επίθ extrovert

εξωσυζυγικός επίθ
extramarital

εξωσχολικός επίθ out-of-
school

εξωτερικεύω ρ μτβ reveal
(thoughts)

εξωτερικό (το) (εξωτερική όψη)
exterior. (ξένες χώρες) abroad

εξωτερικός επίθ outside.
(μαθητής, εξέτασης) external.
(σχετικά με ξένες χώρες)
foreign. (μεταφ) superficial

εξωτικός επίθ exotic

εξωφρενικός επίθ (idea) wild.
(τιμές) exorbitant

εξώφυλλο (το) cover (of book)

ΕΟΚ (η) αρκτ (Ευρωπαϊκή
Οικονομική Κοινότητα) EEC
(European Economic
Community)

εορτασμός (ο) celebration.
~τικός επίθ celebratory

ΕΟΤ (ο) αρκτ Ελληνικός
Οργανισμός Τουρισμού
National Tourist Board

επάγγελμα (το) occupation.
(γιατρού, δικηγόρου κλπ)
profession

επαγγελματίας (*ο, η*) (*που ασκεί επάγγελμα*) practitioner. (*που ασκεί επάγγελμα με συνέπεια*) professional.
ελεύθερος ~ freelance

επαγγελματικός *επίθ* professional. (*σχετικός με ένα ιδιαίτερο επάγγελμα*) vocational. (*σχετικός με το επάγγελμα γενικά*) occupational. **~τητα** (*η*) professionalism

επαγρυπνώ *ρ αμτβ* be vigilant

έπαθλο (*το*) trophy

έπαινος (*ο*) praise. (*σε διαγωνισμό*) commendation

επαινώ *ρ μτβ* praise. (*λέω καλά λόγια*) commend

επακόλουθος *επίθ* consequent. **~** (*το*) aftermath

επακολουθώ *ρ αμτβ* ensue

έπακρο (*το*) extreme

επαληθεύω *ρ μτβ* verify. **~ομαι** *ρ αμτβ* come true

έπαλξη (*η*) rampart

επανακτώ *ρ μτβ* recover

επαναλαμβάν|ω *ρ μτβ* repeat. (*ξαναλέω*) reiterate. **~ομαι** *ρ αμτβ* be repeated. (*επανεμφανίζομαι*) recur.

επαναληπτικός *επίθ* repetitive

επανάληψη (*η*) repetition, repeat. (*ξαναδιάβασμα*) revision

επαναπατρίζω *ρ μτβ* repatriate

επανάσταση (*η*) revolution. (*εξέγερση*) insurrection

επαναστάτ|ης (*ο*), **~ρια** (*η*) revolutionary. (*μεταφ*) rebel

επαναστατικός *επίθ* revolutionary. (*της εξεγέρσεως*) insurgent

επαναστατώ *ρ αμτβ* revolt. (*μεταφ*) rebel

επαναφέρω *ρ μτβ* bring back. (*στην κοινωνία*) rehabilitate. (*στη μνήμη*) conjure up

επανδρώνω *ρ μτβ* man

επανειλημμένος *επίθ* repeated

επανεμφανίζομαι *ρ αμτβ* reappear. (*συμβαίνω*) recur

επανέρχομαι *ρ αμτβ* return. **~ σε** revert to

επάνοδος (*η*) return

επανορθώνω *ρ μτβ* restore. (*δίνω ικανοποίηση*) make amends. (*διορθώνω*) rectify

επανόρθωση (*η*) restoration. (*διόρθωση*) rectification

επάνω *επίρρ* on. (*ακριβώς*) exactly. (*θέση*) over. (*περισσότερο*) more. **~ κάτω** round about

επάργυρος *επίθ* silver-plated

επάρκεια (*η*) adequacy

επαρκής *επίθ* adequate

επαρκώ *ρ αμτβ* suffice

έπαρση (*η*) hoisting. (*μεταφ*) conceit

επαρχία (*η*) province

έπαυλη (*η*) villa

επαφή (*η*) (*άγγιγμα*) touch. (*συνάντηση*) contact. **εξ ~ς** point-blank

επαχθής *επίθ* burdensome. (*δυσάρεστο*) onerous

ΕΠΕ *αρκτ* (*εταιρία περιορισμένης ευθύνης*) Ltd (Limited Liability Company)

επείγ|ων *επίθ* urgent. **~ουσα ανάγκη** (*η*) urgency. **επειγόντως** *επίρρ* urgently

επειδή *σύνδ* because

επεισόδιο (*το*) incident. (*δυσάρεστο*) episode. (*σε σίριαλ*) instalment

έπειτα *επίρρ* then, afterwards. (*επιπλέον*) besides

επέκταση (*η*) extension. (*σε έκταση*) expansion

επεκτατικός *επίθ* expansive

επεκτείνω *ρ μτβ* extend. (*αναπτύσσω*) expand. (*δραστηριότητες*) branch out. (*θέμα*) enlarge upon

επεμβαίνω *ρ αμτβ* intervene. (*σε ξένες υποθέσεις*) interfere. (*εμπράκτως*) step in

επέμβαση (*η*) intervention. (*σε ξένες υποθέσεις*) interference. (*χειρουργική*) operation

επένδυση (*η*) (*κεφαλαίων*) investment. (*τοίχου*) panelling

επενδ|υτής (*ο*), **~ύτρια** (*η*) investor

επενδύω *ρ μτβ* (*κεφάλαια*) invest. (*ρούχα*) line. (*τεχν*) coat

επενέργεια (*η*) effect

επεξεργάζομαι *ρ μτβ* process

επεξεργασία (*η*) elaboration. (*σχεδίου*) working out. **~ δεδομένων** data processing

επεξήγηση (*η*) clarification

επεξηγώ *ρ μτβ* clarify

επέρχομαι *ρ αμτβ* occur. (*εφορμώ*) charge

επέτειος (*η*) anniversary

επετηρίδα (*η*) anniversary. (*βιβλίο*) year-book

επευφημία (*η*) cheering. **~ώ** *ρ μτβ* cheer (*applaud*)

επηρεάζω *ρ μτβ* influence. (*αποφασιστικά*) sway. (*δυσμενώς*) affect

επί *πρόθ* on, during. **~ του παρόντος** for the moment. **~ πλέον** in addition. επ´

άπειρον ad infinitum. **ως ~ το πλείστον** for the most part

επιβαίνω *ρ αμτβ* board

επιβάλλ|ω *ρ μτβ* impose. (*απρόθυμα*) thrust (up)on. (*αδραιώνω με τη βία*) enforce. (*φόρο ή πρόστιμο*) levy. **~ομαι** *ρ αμτβ* assert oneself. (*αποκτώ κύρος*) command respect

επιβαρύνω *ρ μτβ* burden. (*επιδεινώνω*) aggravate

επιβ|άτης (*ο*), **επιβ|άτισσα** (*η*) passenger

επιβεβαιώνω *ρ μτβ* confirm. (*μαρτυρία*) corroborate

επιβιβάζ|ω *ρ μτβ* put aboard. **~ομαι** *ρ αμτβ* board, embark

επιβίβαση (*η*) embarkation

επιβιώ|νω *ρ αμτβ* survive. **~σας** (*ο*) survivor

επιβίωση (*η*) survival

επιβλαβής *επίθ* harmful. (*ουσία*) noxious. (*υγεία, κύρος*) detrimental

επιβλέπω *ρ μτβ* oversee

επίβλεψη (*η*) supervision

επιβλητικός *επίθ* commanding. (*εντυπωσιακός*) imposing

επιβολή (*η*) imposition. (*διά της βίας*) enforcement. (*άσκηση επιρροής*) dominance

επιβραδύνω *ρ μτβ* slow (down). (*καθυστερώ*) delay

επίγειος *επίθ* earthly

επίγνωση (*η*) awareness

επιγονατίδα (*η*) kneecap

επίγραμμα (*το*) epigram

επιγραφή (*η*) sign, notice. (*σε πλάκα*) inscription

επιγράφω *ρ μτβ* inscribe

επιδεικνύω *ρ μτβ* demonstrate. (*εκθέτω*) display. (*προβάλλω*) show off

επιδεικτικός *επίθ* ostentatious, (*καθομ*) showy

επιδεινώνω *ρ μτβ* exacerbate. (*αρρώστια*) aggravate

επιδείνωση (*η*) aggravation

επίδειξη (*η*) demonstration. (*έκθεση*) display. (*μόδας*) show. (*προβολή*) showing off. (*στρ*) tattoo

επιδειξίας (*ο*) show-off. (*ιατρ*) exhibitionist

επιδεκτικός *επίθ* receptive. (*εισηγήσεων*) amenable (to)

επιδένω *ρ μτβ* bandage

επιδέξιος *επίθ* skilful. (*ειδικός*) adept. (*επιτήδειος*) dexterous

επιδεξιότητα (*η*) skill. (*σε χειρισμούς*) dexterity

επιδερμίδα (*η*) skin

επίδεσ|η (*η*) bandaging. **~μος** (*ο*) bandage

επιδημία (*η*) epidemic

επιδικάζω *ρ μτβ* adjudicate

επιδιορθώνω *ρ μτβ* repair. (*παπούτσια, ρούχα*) mend

επιδιόρθωση (*η*) repair

επιδιώκω *ρ μτβ* pursue

επιδοκιμάζω *ρ μτβ* approve of. (*προσνπογραφώ*) endorse

επιδοκιμασία (*η*) approval. (*αποδοχή*) endorsement. (*ευνοϊκή*) acclaim

επίδομα (*το*) allowance. (*επιπρόσθετο*) bonus. **~ ανεργίας** dole

επίδοξος *επίθ* prospective

επιδόρπιο (*το*) dessert

επίδοση (*η*) delivery. (*διαπιστευτηρίων*) presentation. (*μαθητού, αθλητή*) record. (*μηχ*) performance. (*νομ*) service

επιδότηση (*η*) subsidy. (*για σπουδές*) grant

επίδραση (*η*) impact

επιδρομέας (*ο*) raider. (*εισβολέας*) invader

επιδρομή (*η*) raid

επιείκεια (*η*) lenience. (*σε έγκλημα*) clemency. (*σε παράπτωμα*) indulgence

επιεικής *επίθ* lenient. (*γονείς*) indulgent

επίζηλος *επίθ* enviable

επιζήμιος *επίθ* damaging

επιζήσας (*ο*) survivor

επιζητώ *ρ μτβ* seek

επιζώ *ρ μτβ* outlive

επίθεμα (*το*) compress

επίθεση (*η*) application (*placing*). (*βίαιη*) onslaught. (*εχθρική*) attack. (*στρ*) offensive

επιθετικός *επίθ* aggressive

επίθετο (*το*) epithet. (*γραμμ*) adjective. (*επώνυμο*) surname

επιθέτω *ρ μτβ* put on. (*σφραγίδα*) affix

επιθεώρηση (*η*) inspection. (*θέατρο*) revue. (*στρ*) review

επιθεωρητής (*ο*), **επιθεωρήτρια** (*η*) inspector. (*αστυνομίας*) superintendent

επιθεωρώ *ρ μτβ* inspect

επίθημα (*το*) suffix

επιθυμητός *επίθ* desirable

επιθυμία (*η*) desire. (*ευχή*) wish. (*παρόδικη*) fancy

επιθυμώ *ρ μτβ* desire. (*εύχομαι*) wish

επίκαιρ|ος *επίθ* opportune. (*τοπικά κατάλληλος*) topical. **~α** (*τα*) newsreel

επικαλούμαι *ρ μτβ* invoke

επικαλύπτω *ρ μτβ* coat

επικείμενος *επίθ* impending. (*στο πολύ εγγύς μέλλον*) imminent

επίκεντρο (*το*) epicentre. (*μεταφ*) focal point

επικερδής *επίθ* profitable

επικεφαλής (*ο, η*) head, chief

επικεφαλίδα (*η*) heading. (*σε εφημερίδα*) headline

επικήδειος *επίθ* funeral

επικίνδυνος *επίθ* dangerous. (*όχι σίγουρος*) risky. (*που εκθέτει σε κίνδυνο*) perilous. (*που ενέχει κινδύνους*) hazardous

επικοινωνία (*η*) communication

επικοινωνώ *ρ μτβ/ρ αμτβ* communicate

επικόλληση (*η*) pasting on

επικός *επίθ* epic

επικουρικός *επίθ* supplementary. (*εφεδρικός*) ancillary

επικράτεια (*η*) state

επικρατέστερος *επίθ* predominant

επικράτηση (*η*) prevalence

επικρατώ *ρ αμτβ* prevail. (*είμαι επικρατέστερος*) predominate

επικρίνω *ρ μτβ* censure. (*ψέγω*) reprehend

επίκριση (*η*) censure. (*έντονη*) stricture

επικροτώ *ρ μτβ* applaud, approve of

επικυρώνω *ρ μτβ* validate. (*επιβεβαιώνω*) ratify. (*επισημοποιώ*) sanction. (*την αλήθεια*) attest

επικύρωση (*η*) (*αλήθειας*) attestation. (*επιβεβαίωση*) ratification. (*επίσημη*) sanction

επιαχ|ιών (*ο*), **~ούσα** (*η*) runner-up

επιλέγω *ρ μτβ* select. (*ανάμεσα σε πολλά*) opt for

επιλεκτικός *επίθ* selective

επίλεκτος *επίθ* select, exclusive. (*στρ*) crack

επιληψία (*η*) epilepsy

επιλογή (*η*) choice. (*εκλογή*) selection. (*δυνατότητα επιλογής*) option

επίλογος (*ο*) epilogue. (*επακολούθημα*) conclusion

επίμαχος *επίθ* controversial

επιμέλεια (*η*) diligence. (*μαθητή*) studiousness. (*νομ*) custody

επιμελής *επίθ* diligent. (*μαθητής*) studious

επιμελητήριο (*το*) Chamber. **Εμπορικό και Βιομηχανικό Επιμελητήριο** Chamber (*of Commerce and Industry*)

επιμελητ|ής (*ο*), **~ήτρια** (*η*) (*σχολ*) prefect. **~ εκδόσεως** (*ο, η*) editor (*of text*)

επιμελούμαι *ρ μτβ* look after. (*έκδοση*) edit

επιμένω *ρ μτβ* insist. **~ σε** insist on. (*δείχνω επιμονή σε κάτι*) persist in

επιμήκης *επίθ* oblong, elongated

επιμηκύνω *ρ μτβ* elongate

επιμονή (η) insistence. (σε προσπάθεια) persistence. (πείσμα) tenacity

επίμονος επιθ insistent. (που δείχνει επιμονή) persistent. (πεισματάρης) tenacious

επιμόρφωση (η) in-service training

επίμοχθος επιθ painful, laborious

επινόηση (η) contrivance. (συσκευή) invention. (της φαντασίας) fabrication

επινοητικός επιθ imaginative. **~τητα** (η) resourcefulness

επινοώ ρ μτβ contrive. (ιδέα) come up with. (ιστορία) make up. (λέξη) coin. (μηχανεύομαι) devise. (μεταφ) concoct

επίπεδο (το) level. (ποιότητας) standard. **βιωτικό ~** standard of living

επίπεδος επιθ flat. (επιφάνεια) level. (ομαλός) smooth. **~δη οθόνη** (η) flat screen

επιπλέον επιρρ furthermore

επιπλέω ρ μτβ/ρ αμτβ float

επίπληξη (η) reprimand, rebuke

επιπλήττω ρ μτβ reprimand, rebuke

έπιπλο (το) a piece of furniture. **~α** (τα) furniture

επιπλωμένος επιθ furnished

επιπλώνω ρ μτβ furnish

επίπλωση (η) furnishings

επιπόλαιος επιθ flippant. (ελαφρόμυαλος) frivolous. (επιφανειακός) superficial

επίπονος επιθ laborious

επιπρόσθετος επιθ additional

επίπτωση (η) repercussion

επιρρεπής επιθ susceptible (to)

επίρρημα (το) adverb

επιρροή (η) influence

επισημαίνω ρ μτβ mark (stamp). (υποδείχνω) point out

επισήμανση (η) marking. (με ετικέτα) labelling

επισημοποιώ ρ μτβ make official

επίσημος επιθ official. (των αρχών) state. (τυπικός) formal

επισημότητα (η) formality

επίσης επιρρ too, also. (επιπλέον) as well

επισκέπτης (ο), **~ρια** (η) visitor, guest

επισκέπτομαι ρ μτβ visit. (για σύντομο διάστημα) call on

επισκευάζω ρ μτβ repair. **~ή** (η) repair

επίσκεψη (η) visit. (σύντομη) call

επισκιάζω ρ μτβ overshadow. (άλλους με την υπεροχή μου) eclipse

επισκοπή (η) bishopric. (κτίριο) bishop's palace. (περιφέρεια) (η) diocese

επισκόπηση (η) survey (report)

επίσκοπος (ο) bishop

επισκοπώ ρ μτβ survey

επισπεύδω ρ μτβ precipitate. (πρόοδο) expedite

επιστάτης (ο), **~ρια** (η) caretaker. (σε κτήματα) warden. (επιτηρητής) overseer. (εργατικός) foreman, forewoman

επιστατώ ρ μτβ oversee

επιστήθιος επιθ close. **~ φίλος** (ο) bosom friend

επιστήμ|η (η) science. **~ονας** (ο, η) scientist

επιστημονικ|ός επίθ scientific. **~ή φαντασία** (η) science fiction

επιστολ|ή (η) letter. (εκκλ) epistle. **~ογραφία** (η) correspondence

επιστράτευση (η) mobilisation

επιστρατεύω ρ μτβ call up. (στρ) (κινητοποιώ) mobilize. (μεταφ) summon up

επιστρέφω ρ μτβ return, give back. (χρήματα) refund. • ρ αμτβ return, go back

επιστροφή (η) return. (χρημάτων) refund

επίστρωση (η) coating

επισυνάπτω ρ μτβ attach

επισφαλής επίθ precarious

επισφραγίζω ρ μτβ seal. (μεταφ) crown

επιταγή (η) (διαταγή) command. (τραπέζης) cheque

επιτακτικός επίθ imperative. (τρόπος) peremptory

επίταξη (η) requisition

επιτάσσω ρ μτβ requisition

επιτάφιος επίθ funeral. **~ λόγος** (ο) epitaph. • (ο) church service on Good Friday

επιταχύνω ρ μτβ accelerate

επιτείνω ρ μτβ intensify

επιτελείο (το) (στρ) staff.

επιτέλους επίρρ at last. **~!** about time!

επιτελώ ρ μτβ accomplish

επιτετραμμένος επίθ permitted. **~** (ο) chargé d' affaires

επίτευγμα (το) βλ **επίτευξη**

επίτευξη (η) achievement

επιτήδειος επίθ (κατάλληλος) appropriate. (καπάτσος) slick, cunning

επίτηδες επίρρ on purpose

επιτηδευματίας (ο) trader

επιτηδευμένος επίθ affected

επιτήρηση (η) (αστυνομική) surveillance. (νομ) probation

επιτηρη|τής (ο), **~τρια** (η) invigilator

επιτηρώ ρ αμτβ invigilate

επιτίθεμαι ρ μτβ attack. (βίαια) assault. (στρ) charge

επίτιμος επίθ honorary

επιτόκιο (το) rate of interest

επιτομή (η) epitome. (σύγγραμμα) compendium

επιτόπιος επίθ on the spot

επιτραπέζι|ος επίθ table. **~ς οίνος** (ο) table wine. **~ νερό** (το) mineral water

επιτρεπτ|ικός επίθ permissive. **~ός** επίθ permissible

επιτρέπω ρ μτβ allow. (δίνω άδεια) permit

επιτροπή (η) committee. (των ΕΚ) Commission

επίτροπος (ο) delegate. (ΕΕ) commissioner. (εκκλ) church warden. (κληρονομίας) trustee. (κυβερνητικός) ombudsman

επιτυγχάνω ρ μτβ achieve. (φέρω εις πέρας) accomplish. • ρ αμτβ succeed

επιτύμβιο (το) epitaph (on tomb)

επιτυχαίνω βλ **επιτυγχάνω**

επιτυχη|μένος, ~ής επίθ successful

επιτυχία (η) success

επιφάνεια (η) surface. (έκταση) area

επιφανειακός επίθ superficial. (φαινομενικός) skin-deep

επιφανής επίθ illustrious

Επιφάνια (τα) Epiphany

επιφέρω ρ μτβ bring about

επίφοβος επίθ (εχθρός) formidable. (κτίριο) unsafe

επιφυλακή (η) alert. (ετοιμότητα για δράση) standby

επιφυλακτικός επίθ cautious. (δήλωση) circumspect. (προσεκτικός) reticent. (στον τρόπο) reserved

επιφύλαξη (η) caution. (αμφιβολία) reservation. (προϋπόθεση) qualification. (στη συμπεριφορά) reserve

επιφυλάσσω ρ μτβ have in store. **~ομαι** ρ αμτβ reserve

επιφυλλίδα (η) newspaper supplement

επιφώνημα (το) exclamation

επιχείρημα (το) (προσπάθεια) attempt. (για υποστήριξη) argument

επιχειρηματίας (ο) businessman, entrepreneur

επιχειρηματικός επίθ enterprising

επιχείρηση (η) enterprise. (εμπ) business. (στρ) operation

επιχειρώ ρ μτβ undertake. (προσπαθώ) try

επιχορήγηση (η) subsidy. (από εταιρία) sponsorship. (φοιτητή) grant

επιχορηγώ ρ μτβ subsidize. (εταιρία) sponsor

επίχρισμα (το) veneer. (ιατρ) smear

επίχρυσος επίθ gold-plated

επιχρυσώνω ρ μτβ gild

εποικισμός (ο) settlement

επόμεν|ος επίθ following, next. **η ~νη βδομάδα** next week. **επομένη** (η) next day. **ήταν ~ο** it was expected

επομένως επίρρ therefore, consequently

εποπτεία (η) supervision

εποπτεύω ρ μτβ supervise

επόπτ|ης (ο), **~ρια** (η) supervisor

έπος (το) epic

επουλών|ω ρ μτβ heal. **~ομαι** ρ αμτβ heal. (αφήνοντας σημάδι) scar

επουράνιος επίθ heavenly

εποχή (η) season. (στην ιστορία) era. (στην προϊστορία) age

εποχιακός επίθ seasonal

έπρεπε βλ **πρέπει**. **~ να τον είχα δει** I should have seen him

επτά επίθ άκλ seven

Επτάνησα (τα), **Ε~ος** (ο) Ionian islands

επώαση (η) incubation

επωδή (η) incantation

επωμίδα (η) epaulette

επωμίζομαι ρ μτβ shoulder

επώνυμ|ος επίθ eponymous. **~** (το) surname

επωφελής επίθ advantageous

επωφελούμαι ρ αμτβ **~ από** take advantage of. (για καλύτερα αποτελέσματα) capitalize on. (εμπορ) cash in on

εραλδική (η) heraldry

έρανος (ο) collection (of money), (καθομ) whip-round

ερασιτέχν|ης (ο), **~ιδα** (η) amateur

εραστής (ο) lover (*man*)

εργάζομαι ρ αμτβ work. (μηχ) function. (σκληρά) labour

εργαλείο (το) tool. (γεωργικό) implement. (χειρουργικό) instrument

εργασία (η) labour, work. **~ες** (οι) proceedings

εργάσιμ|ος επίθ working. **~η μέρα** (η) working day

εργαστήριο (το) workshop. (επιστημονικό) laboratory, (καθομ) lab.

εργάτης (ο), **~ρια** (η) labourer

εργατιά (η) workers

εργατικός επίθ hard-working. (που αγαπά την εργασία) industrious

εργατικότητα (η) industry (zeal)

εργένης (ο) bachelor

έργο (το) project. (δημιούργημα) work. (καθήκον) task. (κινηματογράφου) film. (πράξη) deed. **~ο τέχνης** work of art. **~α** (τα) writings

εργοδότης (ο), **~ρια** (η) employer

εργολαβία (η) contract work

εργοστάσιο (το) factory. (μηχανήματα) plant

ερεθίζω ρ μτβ (δέρμα) inflame. (διεγείρω) stimulate. (οργίζω) irritate

ερέθισμα (το) stimulus

ερεθισμός (ο) inflammation

ερείπι|ο (το) (ανθρώπου) wreck. (κτίσμα) ruin. **~α** (τα) wreckage

ερειπωμένος επίθ derelict

ερειπώνω ρ μτβ ruin

ερείπωση (η) dilapidation

έρεισμα (το) (βάση για άποψη) grounds. (υποστήριγμα) support

έρευνα (η) (αστυνομική) investigation. (γενική) survey. (εξέταση) search. (εξονυχιστική) research. (επιστημονική) research. (μελέτη) study. (σε θέμα) inquiry

ερευνητής (ο), **~ήτρια** (η) researcher

ερευνώ ρ μτβ investigate. (γενικά) inquire into. (εξετάζω) research. (εξονυχιστικά) probe. (βυθό ποταμού) drag. • ρ αμτβ search. (για πολύτιμα μέταλλα) prospect

ερήμην επίρρ in absentia

ερημιά (η) wilderness, wastes. (καθομ) back of beyond. (μοναξιά) seclusion

ερημικός επίθ deserted. (ασύχναστος) secluded

ερημίτης (ο) hermit. (εκκλ) recluse

έρημος επίθ (εδάφους) waste. (άθλιος) wretched. (ακατοίκητος) desolate. **~** (η) desert

ερημώνω ρ μτβ lay waste to, devastate. • ρ αμτβ be deserted

ερήμωση (η) desolation

έριδα (η) (καβγάς) squabble. (διχόνοια) discord

εριστικός επίθ quarrelsome

έρμα (το) ballast

έρμαιο (το) prey

ερμηνεία (η) interpretation. (απόδοση) rendering. (μετάφραση) interpreting

ερμηνεύω *ρ μτβ* (*αποδίδω*) render. (*εξηγώ*) construe. (*μεταφράζω*) interpret

ερμητικ|ός *επίθ* hermetic. **~ά** *επίρρ* tightly

ερμίνα (*η*) ermine

ερπετό (*το*) reptile

έρπης (*ο*) herpes

έρρινος *επίθ* nasal

ερυθρά (*η*) German measles

Ερυθρόδερμ|ος (*ο*), **~η** (*η*) Red Indian

ερυθρός *επίθ* red. **ο Ερυθρός Σταυρός** the Red Cross

έρχ|ομαι *ρ αμτβ* come. (*αρμόζω*) suit. (*φτάνω*) arrive. **~ομαι στον εαυτό μου** come to one's senses. **μου ~εται να φύγω** I feel like leaving. **το σακκάκι μου ~εται καλά** the jacket really suits me

ερχόμενος *επίθ* expected. (*προσεχής*) next

ερχομός (*ο*) coming

ερωδιός (*ο*) heron

ερωμένος (*ο*) lover

ερωμένη (*η*) mistress (*lover*)

Έρως (*ο*) Cupid

έρωτας (*ο*) love (*sexual*)

ερωτευμένος *επίθ* enamoured. **είμαι ~** (*με*) be in love (with)

ερωτεύομαι *ρ μτβ/αμτβ* fall in love (with)

ερώτημα (*το*) question, query

ερωτηματικ|ός *επίθ* interrogative. **~** (*το*) question mark

ερωτηματολόγιο (*το*) questionnaire

ερώτηση (*η*) question. (*δύσκολη*) poser. (*με κρυμμένη σημασία*) loaded question

ερωτικός *επίθ* amorous. (*χαρακτηρίζει τον έρωτα*) erotic

ερωτισμός (*ο*) eroticism

ερωτοδουλειά (*η*) love affair

ερωτοτροπία (*η*) flirtation

ερωτώ *ρ μτβ* ask. (*ζητώ πληροφορίες*) enquire

εσείς *αντων βλ* **εσύ**. you (*formal, pl.*)

Εσκιμώ|ος (*ο*), **~α** (*η*) Eskimo

εσκεμμένος *επίθ* deliberate

εσοδεία (*η*) *βλ* **σοδειά**

έσοδο (*το*) revenue

εσοχή (*η*) alcove. (*κοιλότητα*) recess

εσπέρα (*η*) evening

εσπερίδα (*η*) soirée

εσπεριδοειδή (*τα*) citrus trees and fruit

εσπερινός *επίθ* evening

εσπευσμένος *επίθ* precipitate

εσταυρωμένος *επίθ* crucified. **~** crucifix

εστία (*η*) focus. (*κρίκετ*) wicket. (*μεταφ*) hotbed

εστιακός *επίθ* focal

εστιατόριο (*το*) restaurant

έστω (*προστ ρήμ ειμί*) so be it. **~ κι αν** even if. **~ κι έτσι** even so

εσύ *αντων* you

ΕΣΥ (*το*) **~** NHS

εσφαλμένος *επίθ* mistaken

έσχατος *επίθ* ultimate

εσώκλειστος *επίθ* enclosed

εσωκλείστως *επίρρ* herewith

εσωκλείω *ρ μτβ* enclose (*with letter*)

εσώρουχ|ο (*το*) undergarment. **~α** (*τα*) underwear.

εσωστρεφής *επίθ* introvert

εσωτερικό (*το*) inside, interior. (*ενδοχώρα*) inland

εσωτερικός *επίθ* internal. (*άνθρωπος*) inner. (*γιατρός*) resident. (*διοίκηση*) home. (*κτιρίου*) indoor. (*πτήσεις*) domestic. (*χώρου*) interior

εταίρα (*η*) courtesan

εταιρ(ε)ία (*η*) company. ~ **ηλεκτρονικού εμπορίου** dot-com

εταιρικός *επίθ* corporate

εταίρος (*ο*) partner

ετερογενής *επίθ* heterogeneous

ετεροθαλής *επίθ* ~ **αδελφή** (*η*) stepsister. ~ **αδελφός** (*ο*) stepbrother

ετεροφυλόφιλος *επίθ* heterosexual

ετήσιος *επίθ* annual

ετησίως *επίρρ* yearly, annually

ετικέτα (*η*) label. (*κρεμαστή*) tag. (*εθιμοτυπία*) etiquette

ετοιμάζω *ρ μτβ* prepare. ~**ομαι** *ρ αμτβ* get ready. **κάτι** ~**αι** there's something afoot

ετοιμασία (*η*) preparation. ~**ες** (*οι*) arrangements (*plans*)

ετοιμόγεννος *επίθ* on the point of giving birth

ετοιμοθάνατος *επίθ* about to die

ετοιμολογία (*η*) presence of mind

ετοιμόρροπος *επίθ* ramshackle. (*έπιπλο*) rickety. (*κτίριο*) crumbling

έτοιμος *επίθ* ready. (*πρόθυμος*) willing. ~ **για** off the peg. (*τελειωμένος*) ready-made. **είμαι** ~ **να** be about to

ετοιμότητα (*η*) readiness

έτος (*το*) year

έτσι *επίρρ* thus. (*απλά*) simply. (*δωρεάν*) free. • *σύνδ* ~ **και** so much as. ~ like this. ~ **κι** so-so. ~ **κι αλλιώς** either way. ~ **ή αλλιώς** somehow or other

ετυμηγορία (*η*) verdict

ετυμολογία (*η*) etymology

ευαγγελικός *επίθ* evangelical

ευαγγέλιο (*το*) gospel

ευάερος *επίθ* airy

ευαισθησία (*η*) sensitivity

ευαισθητοποίηση (*η*) sensitization

ευαίσθητος *επίθ* sensitive. (*με λεπτά αισθήματα*) soft-hearted

ευανάγνωστος *επίθ* legible

ευαρέσκεια (*η*) gratification

ευαρεστούμαι *ρ αμτβ* have the pleasure

εύγε *επιφών* well done

ευγένεια (*η*) politeness. (*επίσημα*) civility. (*καλοί τρόποι*) courtesy. (*καταγωγή*) nobility

ευγενής *επίθ* polite. (*με καλούς τρόπους*) courteous. (*καταγωγή*) noble. ~ (*ο*) nobleman

ευγενικός *επίθ* polite. (*με καλούς τρόπους*) courteous. (*με καλή ψυχή*) kind. (*στην ομιλία*) well-spoken

εύγευστος *επίθ* tasty

ευγλωττία (*η*) eloquence

εύγλωττος *επίθ* eloquent. (*πειστικός*) persuasive

ευγνώμων *επίθ βλ* **ευγνώμων**

ευγνωμονώ *ρ μτβ* be grateful

ευγνωμοσύνη *(η)* gratitude
ευγνώμων *επίθ* grateful
ευδαιμονία *(η)* bliss. *(υλική)* prosperity
ευδιάθετος *επίθ* good-humoured. *(πρόθυμος)* willing
ευδιάκριτος *επίθ* distinct. *(στο σκοτάδι)* discernible
ευδοκιμώ *ρ αμτβ (ευημερώ)* prosper. *(αναπτύσσομαι)* thrive
ευέλικτος *επίθ* flexible
ευελιξία *(η)* flexibility
εύελπις *επίθ* hopeful
ευέξαπτος *επίθ* quick-tempered, short-tempered
ευεργεσία *(η)* benefaction
ευεργέτης *(ο)* benefactor
ευεργετικός *επίθ* beneficial
ευερέθιστος *επίθ* irritable
εύζωνας *(ο)* evzone *(soldier in the Greek infantry)*
ευήλιος *επίθ* sunny
ευημερία *(η)* prosperity
ευημερώ *ρ αμτβ* prosper
ευθανασία *(η)* euthanasia
ευθεία *(η)* straight line
εύθετος *επίθ* opportune
εύθικτος *επίθ* touchy
ευθιξία *(η)* touchiness
εύθραυστος *επίθ* fragile. *(κόκκαλο)* brittle. *(υγεία)* frail
ευθυγραμμίζω *ρ μτβ* align
ευθυμία *(η)* jollity. *(κέφι)* gaiety. *(σε μέθη)* merriment
εύθυμος *επίθ* jolly. *(αστείος)* funny. *(κεφάτος)* gay. *(μεθυσμένος ελαφρά)* merry
ευθυμώ *ρ αμτβ* cheer up
ευθύνη *(η)* responsibility.

(λογοδοσία) accountability. *(νομ)* liability
ευθύνομαι *(για) ρ αμτβ* be responsible (for)
ευθύς *επίθ (ίσιος)* straight. *(ειλικρινής)* direct. *(χωρίς περιπλοκές)* straightforward.
~έως *επίρρ* straight, directly
ευθύτητα *(η)* straightness. *(ειλικρίνεια)* directness, frankness
ευκαιρία *(η)* opportunity, chance. *(αγορά)* bargain, good buy
ευκαιρώ *ρ αμτβ* have the time
ευκάλυπτος *(ο)* eucalyptus
εύκαμπτος *επίθ* flexible
ευκατάστατος *επίθ* well-to-do
ευκαταφρόνητος *επίθ* negligible
ευκινησία *(η)* agility
ευκίνητος *επίθ* agile
ευκοιλιότητα *(η)* diarrhoea
ευκολί|α *(η)* ease. *(διευκόλυνση)* convenience. *(εξυπηρέτηση)* facility. **~ες** *(οι)* amenities. *(υπηρεσίες)* facilities
ευκολονόητος *επίθ* easy to understand
ευκολόπιστος *επίθ* gullible
εύκολ|ος *επίθ* easy. *(που δεν απαιτεί κόπο)* effortless. *(γυναίκα)* loose. **~α** *επίρρ* easily
ευκολύνω *ρ μτβ* facilitate. *(οικονομικά)* help financially
εύκρατος *επίθ* temperate
ευκρινής *επίθ* clear. *(ομιλία)* articulate
ευλάβεια *(η)* reverence
ευλογημένος *επίθ* blessed

ευλογία (η) blessing. (ενεργεσία) boon

ευλογιά (η) smallpox

εύλογος επίθ plausible

ευλογώ ρ μτβ bless

ευλύγιστος επίθ supple

ευμενής επίθ propitious

ευμετάβλητος επίθ changeable. (άνεμος) variable. (καιρός) unsettled

ευνόητος επίθ easy to understand

εύνοια (η) favour

ευνοϊκός επίθ favourable

ευνοιοκρατία (η) favouritism

ευνοούμενος επίθ favourite. (που έχει την εύνοια) favoured

ευνουχίζω ρ μτβ neuter. (γάτο) doctor. (ζώο) castrate

ευνούχος (ο) eunuch

εύνοω ρ μτβ favour

ευοίωνος επίθ auspicious

ευπαρουσίαστος επίθ presentable

ευπατρίδης (ο) patrician

ευπειθής επίθ obedient

εύπιστος επίθ credulous. (απλοϊκός) naive

εύπλαστος επίθ malleable. (χαρακτήρας) pliable

ευπορία (η) affluence

εύπορος επίθ well-off

ευπρέπεια (η) propriety. (στη συμπεριφορά) decorum

ευπρεπής επίθ proper. (συμπεριφορά) decorous

ευπρόσδεκτος επίθ welcome

ευρεσιτεχνία (η) patent

ευρετήριο (το) card-index. (σε βιβλίο) index

εύρημα (το) find

εύρος (το) breadth

ευρύνω ρ μτβ broaden

ευρύς|ύς επίθ broad. **~έως** επίρρ broadly

ευρύτητα (η) breadth

ευρύχωρος επίθ spacious

ευρώ (το) euro

ευρωβουλευτής (ο, η) MEP

ευρωβουλή (η) European Parliament

ευρωδολάριο (το) Eurodollar

ευρωκοινοβούλιο (το) βλ **ευρωβουλή**

ευρωπαϊκός επίθ European. **~ή Ένωση** (η) European Union

Ευρωπαίος (ο), **~α** (η) European

Ευρώπη (η) Europe

εύρωστος επίθ brawny

ευσέβεια (η) piety

ευσεβής επίθ devout, pious. (ελπίδα) fond

ευσπλαχνία (η) compassion

εύσπλαχνος επίθ compassionate

ευσταθώ ρ αμτβ be valid

εύστοχος επίθ well-aimed. (παρατήρηση) apposite

ευσυνείδητος επίθ conscientious

εύσωμος επίθ burly

ευτελής επίθ mean. (φτηνός) measly

ευτραφής επίθ stout (portly). (γυναίκα) matronly

ευτύχημα (το) lucky thing

ευτυχής επίθ βλ **ευτυχισμένος**. (καλότυχος) lucky. (ευχαριστημένος)

delighted. **~ώς** *επίρρ*
fortunately, luckily

ευτυχία *(η)* happiness

ευτυχισμένος *επίθ* happy

ευυπόληπτος *επίθ* reputable

ευφημισμός *(ο)* euphemism

εύφλευκτος *επίθ* inflammable,
flammable

ευφορία *(η)* euphoria

ευφράδεια *(η)* fluency

ευφραδής *επίθ* fluent

ευφυής *επίθ* intelligent

ευφυΐα *(η)* intelligence

ευφυολόγημα *(το)* witticism,
(καθομ) wisecrack

ευφυολογώ *ρ αμτβ* make witty
remarks

ευχαριστημένος *επίθ* pleased,
(ικανοποιημένος) satisfied

ευχαριστήριος *επίθ* thank-you

ευχαρίστηση *(η)* pleasure,
(ικανοποίηση) satisfaction

ευχαριστί|α *(η) (εκκλ)*
eucharist. **~ες** *(οι)* thanks

ευχάριστος *επίθ* pleasant,
(άνθρωπος) agreeable,
(ικανοποιητικός) agreeable,
(που ευχαριστεί) pleasing,
(χαρακτήρας, γούστα) congenial

ευχαριστώ *ρ μτβ (ικανοποιώ)*
please, *(εκφράζω ευχαριστία)*
thank. **~** thank you, thanks

ευχαρίστως *επίρρ* with
pleasure

ευχέρεια *(η)* facility

ευχή *(η)* wish. *(ευλογία)* blessing

εύχομαι *ρ μτβ* wish. *(δέομαι)*
pray

εύχρηστος *επίθ* easy to use,
*(που χρησιμοποιείται από
πολλούς)* in current use

ευωδιά *(η)* fragrance

ευωδιαστός *επίθ* fragrant

εφαλτήριο *(το)* vaulting horse

εφάμιλλος *επίθ* equal to

εφάπαξ *επίρρ* once and for all.
(δόση) single. *(χρηματικό ποσό)*
lump sum

εφάπτομαι *ρ αμτβ* adjoin

εφαπτομένη *επίθ* tangent

εφαρμογή *(η)* application,
(ρούχα) fit, *(σχεδίου)*
implementation

εφαρμόζω *ρ μτβ* apply,
(υλοποιώ) implement,
(χρησιμοποιώ) practise, carry
out. *ρ αμτβ* fit

εφαρμόσιμος *επίθ* applicable,
(έργο) workable

εφαρμοσμ|ένος *επίθ* applied.
~τός *επίθ* snug, tight

εφεδρεία *(η)* reserve

εφεδρικός *επίθ* reserve,
(άνθρωπος) stand-by

έφεδρος *(ο)* reservist

εφεξής *επίρρ* henceforth

έφεση *(η)* appeal

εφετείο *(το)* court of appeal

εφέτης *(ο, η)* judge of the court
of appeal

εφεύρεση *(η)* invention

εφευρέτης *(ο)*, **~ρια** *(η)*
inventor

εφευρετικός *επίθ* inventive,
(επινοητικός) ingenious

εφευρίσκω *ρ μτβ* invent

εφηβεία *(η)* adolescence,
puberty

εφηβικός *επίθ* adolescent,
teenage

έφηβος *(ο, η)* adolescent,
teenager

εφημερεύω ρ αμτβ be on duty (*during the day*)

εφημερίδα (η) newspaper

εφημεριδοπώλης (ο) newsagent

εφημέριος (ο) parson. (*στρ*) chaplain. (*της αγγλικανικής εκκλησίας*) vicar

εφήμερος επίθ ephemeral. (*παροδικός*) transient

εφιάλτης (ο) nightmare

εφιαλτικός επίθ nightmarish

εφίδρωση (η) perspiration

εφικτός επίθ feasible. (*κατορθωτός*) viable

έφιππος επίθ on horseback

εφοδιάζω ρ μτβ supply. (*αποθηκεύω*) stock

εφοδιασμός (ο) (*τεχν*) supply. **~α** (*τα*) (*μέσα*) means

έφοδος (η) assault. (*σε μάχη*) charge

Εφορία (η) Inland Revenue

εφόρμηση (η) assault. (*αστυνομίας*) swoop

εφορμώ ρ αμτβ swoop. (*στρ*) rush

έφορος (ο) (*επόπτης*) supervisor. (*εφορίας*) tax inspector. (*μουσείου*) (ο) curator

εφόσον σύνδ so long as, provided

εφτά επίθ άκλ βλ **επτά**

έχει, ~ς βλ **έχω**

εχεμύθεια (η) discretion

εχέμυθος επίθ discreet

έχθρα (η) enmity

εχθρικός επίθ hostile

εχθρός (ο) enemy. (*ζώου ή φυτού*) pest

εχθρότητα (η) animosity. (*εχθρική διάθεση*) hostility

έχιδνα (η) viper

έχ|ω ρ μτβ have. (*ιδέες, ελπίδες*) entertain. (*κρατώ*) hold. (*είμαι ιδιοκτήτης*) own. **τι ~εις;** what's wrong with you; **(ε)ψές** επίρρ last night

έως επίρρ until, up to

•••••••••••••••••••••••••••••••

Ζζ

•••••••••••••••••••••••••••••••

ζαβολιά (η) (*σε παιχνίδι*) cheating. **~ές** (οι) (*παιδιά*) mischief

ζαβός επίθ crooked. (*ανάποδος*) contrary

ζακέτα (η) jacket. (*πλεκτή*) cardigan

ζαλάδα (η) βλ **ζάλη**

ζάλη (η) daze. (*ίλιγγος*) dizziness

ζαλίζω ρ μτβ daze. (*σκοτίζω*) pester. (*τύπημα*) stun. **~ομαι** ρ αμτβ feel giddy. (*σε ταξίμι*) get sick

ζαμπόν (το) άκλ ham

ζάντα (η) rim (*of wheel*)

ζάπλουτος επίθ loaded, very rich

ζάρα (η) wrinkle. (*σε ύφασμα*) crease

ζάρι (το) dice άκλ

ζαρκάδι (το) roe (deer)

ζαρντινιέρα (η) window-box

ζαρτιέρα (η) suspender belt

ζάρωμα (το) shrinkage

ζαρωματιά (η) crinkle

ζαρωμένος *επίθ* wizened

ζαρώνω *ρ μτβ* crease, crinkle.
• *ρ αμτβ* wrinkle. (*ελαττώνομαι*)
shrivel. (*από φόβο*) cower. (*από κρύο*) huddle up

ζαφείρι (*το*) sapphire

ζαφορά (*η*) saffron

ζάχαρη (*η*) sugar

ζαχαριέρα (*η*) sugar-bowl

ζαχαρίνη (*η*) saccharin

ζαχαροκάλαμο (*το*) sugar cane

ζαχαροπλαστείο (*το*) patisserie

ζαχαρώνω *ρ μτβ* sugar, sprinkle sugar on

ζαχαρωτ|ός *επίθ* sugary. ~ό (*το*) sweet. ~ά (*τα*) confectionery

ζέβρα (*η*) zebra

ζελατίνη (*η*) gelatine. (*από ψάρια ή κρέας*) aspic

ζελέ (*το*) *άκλ* jelly. (*καλλυντικό*) gel

ζεματ|ίζω *ρ μτβ* scald. ~ιστός *επίθ* piping hot

ζεμπίλι (*το*) soft wicker basket

ζενίθ (*το*) *άκλ* zenith

ζέρσεϊ (*το*) *άκλ* jersey

ζέση (*η*) ardour (*enthusiasm*)

ζεσταίν|ω *ρ μτβ* (*θερμαίνω*) heat up. (*μεταδίδω θερμότητα*) warm up. • *ρ αμτβ* warm (up). ~ομαι *ρ μτβ* be or feel hot

ζεστασιά (*η*) warmth

ζεστός *επίθ* warm

ζευγαράκι (*το*) pair of lovers

ζευγάρι (*το*) pair. (*άντρας και γυναίκα*) couple. (*ζώα*) team

ζευγαρώνω *ρ μτβ* pair. • *ρ αμτβ* mate

ζεύγος (*το*) pair, couple

ζεύω *ρ μτβ* (*βόδια*) yoke. (*άλογα*) harness

ζέφυρος (*ο*) west wind

ζηλεύω *ρ μτβ* envy. • *ρ αμτβ* be jealous

ζήλια (*η*) jealousy. (*φθόνος*) envy

ζηλιάρης *επίθ* jealous

ζήλος (*ο*) zeal

ζηλότυπος *επίθ* possessive

ζηλ|ωτής (*ο*), ~ώτρια (*η*) zealot

ζημιά, ζημία (*η*) damage. (*απώλεια*) loss

ζημιώνω *ρ μτβ* damage. • *ρ αμτβ* suffer a loss

ζην (*το*) **κερδίζω τα προς το** ~ earn one's livelihood, make a living

ζήτημα (*το*) matter

ζήτηση (*η*) quest. (*αγοραστική διάθεση*) demand

ζητιανεύω *ρ μτβ/ρ αμτβ* beg

ζητιάν|ος (*ο*), ~α (*η*) beggar

ζήτω *επιφών* hurrah, hurray

ζητώ *ρ μτβ* ask, request. (*αναζητώ*) look for. (*απαιτώ*) claim. (*πληροφορίες*) ask for

ζητωκραυγάζω *ρ μτβ/αμτβ* cheer. (*δυσκολία*) applaud

ζιβάγκο (*το*) *άκλ* polo-neck

ζιζάνιο (*το*) weed

ζιζανιοκτόνο (*το*) weed-killer

ζιρκόνιο (*το*) zircon

ζόρι (*το*) force. (*δυσκολία*) difficulty. **με το** ~ by force

ζορί|ζω *ρ μτβ* force. (*πιέζω*) press. ~ζομαι *ρ μτβ* find it heavy going. (*οικονομικά*) be hard up

ζόρι|κος *επίθ* dodgy, awkward.
~σμα *(το)* pushing, pressure

ζούγκλα *(η)* jungle

ζουζουνίζω *ρ αμτβ* hum

ζουλώ *ρ μτβ* squeeze

ζουμάρω *ρ αμτβ* zoom *(photo)*

ζουμερός *επίθ* juicy. *(επικερδής)*
lucrative. *(που έχει ουσία)*
meaningful. *(φρούτο)* succulent

ζουμί *(το)* juice. *(κρέατος)*
broth. *(ουσία)* gist. *(υλικό
όφελος)* dough

ζουρλομανδύας *(ο)* strait-
jacket

ζουρλός *επίθ* loony

ζοφερός *επίθ* dark. *(μεταφ)*
gloomy

ζοχαδιακός *επίθ* shirty *(λαϊκ)*

ζυγαριά *(η)* scales, balance

ζυγίζω *ρ μτβ/ρ αμτβ* weigh.
(εκτιμώ) weigh up. *(υπολογίζω
εκ των προτέρων)* gauge

ζυγός[1] *επίθ* even *(number)*

ζυγός[2] *(ο)* yoke. *(ζυγαριά)*
balance

Ζυγός[3] *(ο)* *(αστρολ)* Libra.

ζυγώνω *ρ αμτβ* come near,
approach

ζύθος *(ο)* *(λόγ)* beer

ζυμάρι *(το)* dough

ζυμαρικά *(τα)* pasta

ζύμη *(η)* pastry. *(για ψωμί)*
dough

ζύμωμα *(το)* kneading

ζυμών|ω *ρ μτβ* knead. *(πηλό)*
work. **~ομαι** *ρ αμτβ*
ferment

ζύμωση *(η)* fermentation.
(ψωμιού) kneading

ζω *ρ αμτβ* live. *(επιζητώ)* live
through. *(συντηρούμαι)* live on.

να ζήσεις, να ζήσετε
(γενέθλια) many happy returns.
(γάμο) best wishes *(may you live
long)*

ζωγραφιά *(η)* picture

ζωγραφίζω *ρ μτβ/ρ αμτβ* paint
(in art)

ζωγραφικ|ός *επίθ* painting.
~ός πίνακας *(ο)* painting.
~ή *(η)* painting *(art)*

ζωγράφος *(ο, η)* painter, artist

ζωδιακός *επίθ* **~ κύκλος** *(ο)*
zodiac

ζωή *(η)* life. *(τρόπος διαβίωσης)*
lifestyle

ζωηράδα *(η)* liveliness

ζωηρεύω *ρ μτβ* jazz up. *ρ
αμτβ* perk up

ζωηρός *επίθ* lively. *(άνθρωπος)*
vivacious. *(εντυπώσεις)* vivid.
(παιδί) naughty. *(περπάτημα)*
brisk. *(συζήτηση)* heated.
(τρόπος) sprightly. *(χρώμα)*
bright

ζωηρότητα *(η)* liveliness.
(εντυπώσεως) vividness.
(συμπεριφοράς) vivacity.
(τρόπου) animation

ζωικός *επίθ* animal

ζωμός *(ο)* broth. *(κρέατος)* stock

ζωνάρι *(το)* sash, belt

ζώνη *(η)* belt. *(ελαστική)* girdle.
(περιοχή) zone. *(φούστας ή
πανταλονιού)* waistband

ζωντανεύω *ρ μτβ* pep up.
(απεικονίζω) animate.
(ζωογονώ) liven up. • *ρ αμτβ*
revive

ζωντάνια *(η)* vivacity

ζωντανό *(το)* animal. **~ά** *(τα)*
livestock

ζωνταν|ός επίθ alive. (καλώδιο) live. (παρατατικός) animated. (ραδιόφωνο, TV) live. **σαν ~ός** lifelike. (οι) **~οί** (the) living

ζωντόβολο (το) beast. (μεταφ) blockhead

ζωντοχήρ|ος (ο), **~α** (η) divorcee

ζώο (το) animal. (του σπιτιού) pet

ζωογονώ ρ μτβ give life to

ζωολογία (η) zoology

ζωολογικός επίθ zoological. **~ κήπος** (ο) zoo

ζωοτροφή (η) fodder

ζωοτομία (η) vivisection

ζωόφιλος επίθ animal loving. **~** (ο) animal lover

ζωστήρας (ο) sash

ζωτικός επίθ vital, essential

ζωτικότητα (η) vitality

ζωύφια (τα) vermin

....

Ηη

....

η άρθρο θηλυκού γένους the

ή σύνδ or

ΗΒ (το) αρκτ (Ηνωμένο Βασίλειο) UK (United Kingdom)

ήβη (η) puberty

ηγεμόνας (ο) sovereign

ηγεσία (η) leadership

ηγέτης (ο) leader

ηγούμαι ρ μτβ/ρ αμτβ lead. (είμαι απικεφαλής) head

ηγουμένη (η) abbess

ηγούμενος (η) prior

ήδη επίρρ already

ηδονή (η) (intense) pleasure

ηδονοβλεψίας (ο) voyeur

ηθική (η) morality. (επιστήμη) ethics. (χρηστότητα) morals

ηθικό (το) morale

ηθικολόγος (ο, η) moralist

ηθικός επίθ moral. (σύμφωνος με τους κανόνες) ethical

ηθογραφία (η) description of the customs of a people

ηθοποιία (η) (θέατρ) acting

ηθοποι|ός (ο), (η) actor, actress. **~οί** (οι) cast

ήθ|ος (το) ethos. **~η** (τα) habits

ηλεκτρίζω ρ μτβ electrify

ηλεκτρικός επίθ electric

ηλεκτρισμός (ο) electricity

ηλεκτρογεννήτρια (η) electrical generator

ηλεκτρόδιο (το) electrode

ηλεκτρολ|ογικός επίθ electrical. **~όγος** (ο) electrician

ηλεκτρόλυση (η) electrolysis

ηλεκτρονική (η) electronics

ηλεκτρονικ|ός επίθ electronic. **~ό βιβλίο** (το) e-book. **~ή διεύθυνση** (η) e-mail address. **~ό εμπόριο** (το) e-commerce. **~ό επιχειρείν** (το) e-business. **~ό ταχυδρομείο** (το) e-mail. **~ός υπολογιστής** (ο) computer

ηλεκτρόνιο (το) electron

ηλεκτροπληξία (η) electric shock

ηλεκτροσόκ (το) άκλ electric shock (treatment)

ηλεκτροφόρος επίθ live (wire)

ηλιακός επίθ solar

ηλίαση (η) sunstroke

ηλιαχτίδα (η) sunbeam

ηλίθιος *επίθ* stupid. *(βλακώδης)* imbecile. *(πράξη)* idiotic

ηλιθιότητα *(η)* stupidity. *(πράξη ή λόγος)* idiocy

ηλικία *(η)* age

ηλικιωμένος *επίθ* elderly. **~** *(ο)* old man

ήλιο *(το)* helium

ηλιοβασίλεμα *(το)* sunset, sundown

ηλιοθεραπεία *(η)* sunbathing

ηλιοκαμένος *επίθ* sunburnt

ηλιόλουστος *επίθ* sun-drenched. *(μέρα)* sunny

ηλιοροφή *(η)* *(αυτοκ)* sunroof

ήλιος *(ο)* sun

ηλιοστάσιο *(το)* solstice

ηλιοτρόπιο *(το)* sunflower

ηλιοφάνεια *(η)* sunlight

ηλιόφως *(το)* sunlight

ηλιοψημένος *επίθ* suntanned

ημέρα *(η)* day. *(από την ανατολή έως τη δύση)* daytime

ημερεύω *ρ μτβ* tame. *(καθησυχάζω)* calm down

ημερήσιος *επίθ* daily

ημερολόγιο *(το)* calendar. *(βιβλίο)* diary. *(με βάση ουράνια φαινόμενα)* almanac. *(ναυτ)* log-book

ημερομηνία *(η)* date

ημερομίσθιο *(το)* daily wage

ημερονύχτιο *(το)* a night and a day

ήμερος *επίθ* tame

ημερώνω *ρ μτβ* tame

ημιαργία *(η)* half holiday

ημιαυτόματος *επίθ* semi-automatic

ημίγυμνος *επίθ* half-naked

ημιδιαφ|άνεια *(η)* translucence. **~ανής** *επίθ* translucent

ημιεπίσημος *επίθ* semi-official

ημικρανία *(η)* migraine

ημικυκλικός *επίθ* semicircular

ημικύκλιο *(το)* semicircle

ημιπολύτιμος *επίθ* semiprecious

ημισέληνος *(η)* half moon. *(σημαία)* the Turkish flag

ημισφαίριο *(το)* hemisphere

ημιτελής *επίθ* incomplete

ημιτελικός *(ο)* semifinal

ημιχρόνιο *(το)* half-time

ημίψηλο *(το)* top hat

ημιώροφος *(ο)* mezzanine

ηνίο *(το)* rein

ηνωμένος *επίθ* united. **Η~α Έθνη** *(τα)* United Nations (Organization). **Η~ες Πολιτείες** *επίθ (Αμερικής) (οι)* United States (of America)

ΗΠΑ *(οι)* αρκτ *(Ηνωμένες Πολιτείες Αμερικής)* USA (United States of America)

ήπαρ *(το)* *(αρχ)* liver

ηπατικός *επίθ* hepatic

ήπειρος *(η)* continent

ηπειρωτικός *επίθ* continental

ηπιότητα *(η)* mildness

ηράκλειος *επίθ* herculean

ηρεμία *(η)* calmness. *(ακινησία)* tranquillity. *(ψυχραιμία)* composure

ηρεμίζω *ρ αμτβ* calm down

ηρεμιστικ|ός *επίθ* calming. **~** *(το)* tranquillizer

ηρεμώ *ρ αμτβ* compose o.s.

ήρωας *(ο)* hero

ηρωίδα *(η)* heroine

ηρωικός *επίθ* heroic

ηρωίνη *(η)* heroin

ηρωισμός *(ο)* heroism

ησυχάζω *ρ μτβ* quieten. *(καταπραΰνω)* soothe. • *ρ αμτβ* calm down. *(αναπαύομαι)* rest. *(ηρεμώ)* settle down

ησυχία *(η)* quiet

ήσυχος *επίθ* quiet. *(πράος)* placid

ήττα *(η)* defeat

ηττημένος *επίθ* defeated. *(σε αγώνα)* ~ *(ο)* underdog

ηττοπ|άθεια *(η)* defeatism. **~αθής** *(ο, η)* defeatist

ηφαίστειο *(το)* volcano

ηχείο *(το)* speaker *(stereo)*

ηχηρός *επίθ* loud

ηχητικός *επίθ* sonic

ηχογράφηση *(η)* (sound) recording

ηχογραφώ *ρ μτβ* record *(sound)*

ηχομονωτικός *επίθ* sound-proof

ήχος *(ο)* sound

ηχώ *(η)* echo

ηχώ *ρ αμτβ* sound

Θ θ

θα *μόριο (μελλοντικό)* will, shall. *(δυνητικό)* would, should

θάβω *ρ μτβ* bury. *(καλύπτω με χώμα)* inter

θαλαμηγός *(η)* yacht

θαλαμηπόλος *(ο, η)* steward

θαλαμίσκος *(ο)* cubicle

θάλαμος *(ο)* chamber. *(νοσοκομείου)* ward. *(πλοίου)* cabin. *(στρ)* barracks. *(τηλεφωνικός)* booth

θάλασσα *(η)* sea. **μ' έχει πιάσει η** ~ be seasick. **τα κάνω** ~ make a hash of things

θαλάσσης *επίθ* blue *(sea)*

θαλασσινός *επίθ* of the sea. ~ *(ο)* sailor. **~ά** *(τα)* seafood

θαλασσόνερο *(το)* sea water

θαλασσοπόρος *(ο)* seafarer

θαλασσοπούλι *(το)* sea bird

θαλασσώνω *ρ μτβ* make a mess of

θαλπερός *επίθ* warm

θάμνος *(ο)* bush. *(χαμηλό δέντρο)* shrub

θαμνότοπος *(ο)* heath

θαμνώδης *επίθ* bushy

θαμπός *επίθ* dim. *(δε διακρίνεται καθαρά)* blurred. *(παράθυρο)* misty. *(φωτογραφία)* fuzzy. *(μεταφ)* shadowy

θάμπωμα *(το) (της όρασης)* blurring. *(θολούρα)* misting

θαμπώνω *ρ μτβ* dazzle. • *ρ αμτβ* mist over

θαμώνας *(ο)* patron *(of cafe)*

θανάσιμος *επίθ* deadly. *(βαρύς)* deathly

θανατηφόρος *επίθ* fatal, lethal

θανατοποινίτης *(ο)*, **~ισσα** *(η)* condemned man/woman

θάνατος *(ο)* death. *(σε ατύχημα)* fatality

θανατώνω *ρ μτβ* put to death. *(μεταφ)* finish off

θαρραλέος *επίθ* courageous

θαρρεύω *ρ αμτβ* take courage. *(τολμώ)* take liberties. *(υποθέτω)* presume

θάρρος *(το)* courage
θαύμα *(το)* miracle. *(άξιο θαυμασμού)* marvel
θαυμάζω *ρ μτβ* admire. *(αισθάνομαι έκπληξη)* marvel at. *(απορώ)* wonder, reflect
θαυμάσιος *επίθ* wonderful, marvellous. *(γυναίκα)* gorgeous
θαυμασμός *(ο)* admiration. *(κατάπληξη)* wonder
θαυμαστής *(ο)*, **θαυμάστρια** *(η)* admirer. *(οπαδός)* fan
θαυμαστικ|ός *επίθ* admiring. **~ ό** *(το)* exclamation mark
θαυμαστός *επίθ* admirable
θαυματουργός *επίθ* miraculous
θάψιμο *(το)* burial. *(μεταφ)* burying
θεά *(η)* goddess
θέα *(η)* view
θέαμα *(το)* sight *(spectacle)*. *(γελοίο)* spectacle. *(παράσταση)* show
θεαματικ|ός *επίθ* spectacular. **~ τητα** *(η)* (TV) ratings
θεατής *(ο)* spectator. *(περιστατικού)* bystander, onlooker. (TV) viewer
θεατός *επίθ* visible
θεατρικός *επίθ* theatrical
θεατρινισμοί *(οι)* histrionics
θεατρίν|ος *(ο)*, **~ α** *(η)* actor. *(μεταφ)* showman/woman
θέατρο *(το)* theatre
θεία *(η)* aunt
θειάφι *(το)* βλ **θείο**
θεικ|ός *επίθ* sulphuric. **~ οξύ** *(το)* sulphuric acid
θεικός *επίθ* divine
θείο *(το)* sulphur
θείος¹ *(ο)* uncle

θείος² *επίθ* divine
θέλγητρο *(το)* attraction
θέλγω *ρ μτβ* attract
θέλημα *(το)* *(επιθυμία)* will. *(μικροδουλειά)* errand
θελεματικός *επίθ* wilful
θέληση *(η)* will. *(εμμονή)* will-power. *(επιθυμία)* volition
θελκτικός *επίθ* charming
θέλ|ω *ρ μτβ* want. *(απαιτώ)* require. *(επιζητώ)* seek. *(επιθυμώ)* wish. **~ οντας και μη** willy-nilly. **θεού ~ οντος** God willing. **λίγο ήθελε να πέσει κάτω** he/she nearly fell down
θέμα *(το)* topic. *(γραμμ)* stem. *(έκθεσης)* subject. *(εξετάσεις)* question. *(ζήτημα)* issue. *(ημερήσιας διάταξης)* item. *(μουσ)* motif. **~ τα** *(εξετάσεως) (τα)* paper
θεματικό πάρκο *(το)* theme park
θεμέλιο *(το)* foundation, basis
θεμελιώδης *επίθ* fundamental
θεμιτός *επίθ* legitimate
θεόγυμνος *επίθ* stark naked
θεόκουφος *επίθ* stone-deaf
θεολογ|ία *(η)* divinity, theology. **~ ικός** *επίθ* theological
θεομηνία *(η)* calamity
θεονήστικος *επίθ* famished
θεόπεμπτος *επίθ* godsend
θεοποιώ *ρ μτβ* deify
θεόρατος *επίθ* enormous
θεός *(ο)* god
θεοσεβής *επίθ* godly
θεοσκότεινος *επίθ* pitch-dark
θεόστραβος *επίθ* stone-blind
θεότητα *(η)* deity

Θεοτόκος (η) the Virgin Mary

θεότρελλος επιθ raving mad

θεότυφλος επίθ stone-blind

θεοφοβούμενος επίθ god-fearing

θεραπεία (η) therapy. (αποκατάσταση υγείας) cure. (μεταφ) remedy. (μέθοδος νοσηλείας) treatment

θεραπεύσιμος επίθ curable

θεραπ|ευτής (ο), **~εύτρια** (η) therapist

θεραπευτικός επίθ therapeutic. (διορθωτικός) remedial

θεραπεύω ρ μτβ cure. (επανορθώνω) remedy. (νοσηλεύω) treat

θέρετρο (το) resort

θερίζω ρ μτβ harvest. (δρέπω) reap. (εξολοθρεύω) decimate

θερινός επίθ summer

θεριό (το) wild beast

θερισμός (ο) harvest

θερμαίν|ω ρ μτβ warm up. **~ομαι** ρ αμτβ be feverish

θέρμανση (η) heating

θερμαστής (ο) stoker

θερμάστρα (η) heater

θέρμη (η) fever. (ζήλος) fervour

θερμίδα (η) calorie

θερμικός επίθ thermal

θερμόαιμος επίθ warm-blooded

θερμοδυναμική (η) thermodynamics

θερμοκέφαλος (ο) hothead

θερμοκήπιο (το) greenhouse. (σέρα) conservatory

θερμοκοιτίδα (η) incubator

θερμοκρασία (η) temperature

θερμόλουτρο (το) hot bath

θερμόμετρο (το) thermometer

θερμομετρώ ρ μτβ take s.o.'s temperature

θερμομόνωση (η) heat insulation

θερμοπαρακαλώ ρ μτβ implore

θερμοπίδακας (ο) (γεωλ) geyser

θερμοπληξία (η) heat stroke

θερμοπυρηνικός επίθ thermonuclear

θερμός[1] επίθ warm. (εγκάρδιος) fervent. (έντονος) ardent

θερμός[2] (το) άκλ vacuum flask, Thermos (P)

θερμοσίφωνας (ο) immersion heater

θερμοστάτης (ο) thermostat

θερμότητα (η) heat

θερμοφόρα (η) hot-water bottle

θέρος[1] (το) harvest time

Θέρος[2] (το) summer

θέση (η) (βαθμός) rank. (άποψη) position. (δουλειά) post. (εργασία) job. (κάθισμα) seat. (κοινωνική) station. (τόπος) place

θεσμός (ο) institution (custom)

θεσπίζω ρ μτβ (νομ) enact

Θεσσαλία (η) Thessaly

Θεσσαλονίκη (η) Salonica

θετικός επίθ positive

θετός επίθ adoptive

θέτω ρ μτβ lay. (ερώτημα) pose

θεωρείο (το) (θέατρ) box

θεώρημα (το) theorem

θεώρηση (διαβατηρίου) (η) visa

θεωρητικός *επίθ* theoretical. (*υποθετικός*) academic

θεωρία (*η*) theory

θεωρώ *ρ μτβ* consider. (*βλέπω*) deem. (*εκτιμώ*) rate. (*ελέγχω*) certify. (*νομίζω*) regard

θήκη (*η*) case. (*δίσκου*) sleeve. (*ξίφους*) sheath. (*πιστολιού*) holster

θηλάζω *ρ μτβ* nurse (*baby*). • *ρ αμτβ* suckle

θηλασμός (*ο*) breast-feeding

θηλαστικό (*το*) mammal

θηλή (*του μαστού*) (*η*) nipple

θηλιά (*η*) noose, loop. (*για κουμπί*) tab. (*μεταφ*) millstone. (*τρύπα του δικτύου*) mesh

θηλυκ|ός *επίθ* female. (*γραμμ*) feminine. **~ό** (*το*) female

θηλυπρεπής *επίθ* effeminate

θημωνιά (*η*) haystack

θήραμα (*το*) quarry

θηρίο (*το*) wild beast. (*άνθρωπος*) strong man. (*μεγάλου μεγέθους*) giant

θηριοδαμαστής (*ο*), **~άστρια** (*η*) (animal) tamer

θηριοτροφείο (*το*) menagerie

θηριώδης *επίθ* ferocious

θηριωδία (*η*) ferocity

θηροφύλακας (*ο*) gamekeeper

θησαυρίζ|ω *ρ αμτβ* make a fortune. **~ός** (*ο*) treasure. (*λεφτά*) hoard (of money)

θησαυροφυλάκιο (*το*) strong-room. (*σε τράπεζα*) vault

θητεία (*η*) military service

θίασος (*ο*) theatre company

θίγω *ρ μτβ* (*αγγίζω*) touch. (*ανακινώ θέμα*) broach. (*προσβάλλω*) offend

θλιβερός *επίθ* sad. (*αξιολύπητος*) piteous

θλίβω *ρ μτβ* (*συμπιέζω*) crush. (*προκαλώ θλίψη*) sadden

θλιμμένος *επίθ* sorrowful

θλίψη (*η*) (*συμπίεση*) crushing. (*βαθιά λύπη*) grief, sorrow

θνησιγενής *επίθ* stillborn

θνησιμότητα (*η*) mortality

θνητ|ός *επίθ* mortal. **~ητα** (*η*) mortality

θολερός *επίθ* dim

θόλος (*ο*) canopy. (*οροφή*) vault

θολός *επίθ* turbid. (*υγρό*) cloudy

θόλωμα (*το*) blur

θολώνω *ρ μτβ* blur. (*νερό*) make muddy. • *ρ αμτβ* (*γυαλιά*) steam up

θολωτός *επίθ* domed

θορυβοποιός (*ο*) rowdy person

θόρυβος (*ο*) noise. (*φασαρία*) clamour

θορυβώ *ρ* make a noise. • *ρ μτβ* (*προκαλώ ανησυχία*) alarm

θορυβώδης *επίθ* noisy. (*άνθρωπος*) boisterous. (*διασκέδαση*) rowdy. (*καιρός*) tumultuous. (*παιχνίδι*) noisy. (*πλήθος*) uproarious

θράκα (*η*) embers

Θράκη (*η*) Thrace

θρανίο (*το*) (school) desk

θράσος (*το*) nerve. (*θρασύτητα*) gall, impudence. (*τόλμη*) audacity

θρασύς *επίθ* insolent. (*αναιδής*) impudent. (*τολμηρός*) audacious. **~ητητα** (*η*) impudence, insolence

θραύση (η) rupture.
(κατάστροφή) havoc

θραύσμα (το) fragment

θρέμμα (το) nursling

θρεπτικός επίθ nutritious

θρέψη (η) nutrition. (επούλωση)
healing

θρήνος (ο) lament

θρηνώ ρ μτβ/ρ αμτβ mourn for. • ρ
αμτβ (κλαίω) grieve

θρησκεία (η) religion

θρήσκευμα (το) (θρήσκ)
denomination

θρησκευτικός επίθ religious

θρησκόληπτος επίθ fanatically
religious

θρήσκος επίθ devoutly religious

θριαμβευτικός επίθ triumphant

θριαμβεύω ρ αμτβ triumph

θριαμβικός επίθ triumphal

θρίαμβος (ο) triumph. (νίκη)
landslide

θρίλερ (το) άκλ thriller

θροΐζω ρ αμτβ rustle

θρόμβος (ο) clot

θρόμβωση (η) thrombosis

θρονιάζομαι ρ αμτβ park
oneself (in a chair). (σαν να μου
ανήκει κάτι) install oneself

θρόνος (ο) throne

θρυλικός επίθ legendary

θρύλος (ο) legend

θρυμματίζω ρ μτβ shatter

θρυμματισμός (το) shattering

θρύψαλο (το) fragment. **~α**
(τα) smithereens

θυγατέρα (η) daughter

θύελλα (η) storm, gale. (με
βροντές και κεραυνούς)
thunderstorm

θυελλώδης επίθ stormy. (με
βροντές) thundery. (με δυνατό
αέρα) blustery

θύλακας (ο) enclave.
(αντίστασης) pocket

θύμα (το) victim. (ατυχήματος)
casualty

θυμάμαι ρ μτβ/ρ αμτβ
remember. (επαναφέρω). • ρ μτβ
recall, recollect

θυμάρι (το) thyme

θυμίαμα (το) incense

θυμιατίζω ρ μτβ burn incense

θυμίζω ρ μτβ remind

θυμός (ο) anger

θυμούμαι ρ αμτβ βλ **θυμάμαι**

θυμωμένος επίθ angry

θυμώνω ρ μτβ anger. • ρ αμτβ
get angry

θύρα (η) gate

~USB (η) USB port

θυρεοειδής (αδένας) (ο)
thyroid

θυρίδα (η) locker. (εκδόσεως
εισιτηρίων) ticket-office. (σε
τράπεζα) safe deposit

θυροτηλέφωνο (το) entry
phone

θυρωρός (ο) porter (αμερ)
janitor (κτιρίου) caretaker.
(ξενοδοχείου) doorman

θυσία (η) sacrifice

θυσιάζω ρ μτβ sacrifice

θωπεία (η) caress. **~ύω** ρ μτβ
caress

θώρακας (ο) chest

θωρακισμένος επίθ bullet-
proof

θωρακίζω ρ μτβ cover with
armour-plating. (οπλίζω) arm

θωρώ ρ μτβ see

Ιι

ιαματικός *επίθ* curative

ιαμβικός *επίθ* iambic

Ιανουάριος (*ο*) January

Ιάπωνας (*ο*), **Ιαπωνίδα** (*η*) Japanese

Ιαπωνία (*η*) Japan

ιαπωνικός *επίθ* Japanese

ίαση (*η*) cure

ιατρείο (*το*) surgery, consulting room

ιατρική (*η*) medicine

ιατρικός *επίθ* medical

ιατροδικαστής (*ο*) coroner

ιατροδικαστική (*η*) forensic medicine

ιατρός (*ο, η*) doctor

ιαχή (*η*) cry, shout

ιβίσκος (*ο*) hibiscus

ιγκλού (*το*) *άκλ* igloo

ιδανικός *επίθ* ideal. **~** (*το*) ideal

ιδέα (*η*) idea. (*εκτίμηση*) opinion. (*υποψία*) suspicion

ιδεαλισμός (*ο*) idealism

ιδεαλιστικός *επίθ* idealistic

ιδεαλιστής (*ο*), **~ίστρια** (*η*) idealist

ιδεολογία (*η*) ideology

ιδεολογικός *επίθ* ideological

ιδεολόγος (*ο, η*) ideologist

ιδεώδες (*το*) ideal

ιδεώδης *επίθ* ideal

ιδιαίτερ|ος *επίθ* particular. (*ξεχωριστός*) peculiar. **~α** (*τα*) private affairs

~α (*τα*) (*μαθήματα*) private lessons. **ιδιαιτέρα** (*η*) private secretary. **~α** *επίρρ* notably, particularly

ιδιαιτέρως *επίρρ* privately, in private

ιδιοκατοίκηση (*η*) owner-occupation

ιδιοκτησία (*η*) ownership. (*περιουσία*) property

ιδιοκτήτης (*η*), **~ρια** (*ο*) owner. (*ακινήτου*) proprietor

ιδιόκτητος *επίθ* privately-owned

ιδιομορφία (*η*) mannerism

ιδιοποιούμαι *ρ αμτβ* usurp

ιδιορρυθμία (*η*) peculiarity

ιδιόρρυθμος *επίθ* odd, peculiar. (*στο ντύσιμο και τους τρόπους*) eccentric

ίδι|ος *επίθ* same, alike. **εγώ ο ~ος** myself. **το ~ο κάνει** it makes no difference

ιδιοσυγκρασία (*η*) idiosyncrasy, temperament

ιδιοτέλεια (*η*) self-interest

ιδιοτελής *επίθ* self-seeking

ιδιότητα (*η*) capacity (*function*). (*χαρακτηριστικό*) attribute. (*χημ*) property

ιδιοτροπία (*η*) whim. (*δυστροπία*) bloody-mindedness

ιδιότροπος *επίθ* capricious. (*δύστροπος*) temperamental

ιδιοφυία (*η*) genius

ιδίωμα (*το*) (*γλώσσας*) idiom. (*ιδιοτροπία*) foible. (*χαρακτηριστικό*) property

ιδιωματικός *επίθ* idiomatic

ιδιώτης (*ο*), **~ις** (*η*) private individual

ιδιωτικοποίηση (*η*) privatization

ιδιωτικός *επίθ* private

ιδιωτισμός *(ο)* idiom

ιδού *δεικτ μόρ* here is

ιδροκοπώ *ρ αμτβ* sweat profusely. *(μοχθώ)* slave away

ίδρυμα *(το)* institution, establishment. *(επιστημονικό)* institute, foundation

ίδρυση *(η)* establishment, creation

ιδρυτής *(ο)*, **ιδρύτρια** *(η)* founder

ιδρύω *ρ μτβ* found. *(επιχείρηση)* establish

ιδρώνω *ρ αμτβ* sweat

ιδρώτας *(ο)* sweat

ιεραπόστολος *(ο)* missionary

ιεράρχης *(ο)* prelate

ιεραρχία *(η)* hierarchy

ιερατικός *επίθ* priestly

ιερέας *(ο)* *(θρησκ)* priest, minister. *(στρ)* chaplain

ιέρεια *(η)* priestess

ιεροεξεταστής *(ο)* inquisitor

ιεροκήρυκας *(ο)* preacher

ιερ|ός *επίθ* sacred. **~ό** *(το)* sanctuary

ιεροσυλία *(η)* sacrilege

ιερόσυλος *επίθ* sacrilegious

ιεροσύνη *(η)* priesthood

ιεροτελεστία *(η)* (church) ritual

ιερουργώ *ρ αμτβ* officiate

ιεροφυλάκιο *(το)* vestry

ιερωμένος *(ο)* clergyman

ίζημα *(το)* precipitate. *(κατακάθι)* sediment

Ιησούς *(ο)* Jesus

ιθαγένεια *(η)* citizenship

ιθαγεν|ής *επίθ* indigenous, native. **~είς** *(οι)* natives. *(της Αυστραλίας)* aborigines

ιθύν|ων *επίθ* **~ ων νους** *(ο)* master-mind. **η ~ουσα τάξη** the governing class. **οι ~οντες** those in power

ικανοποιημένος *επίθ* satisfied, contented

ικανοποίηση *(η)* satisfaction. *(ευχαρίστηση)* contentment. *(πλήρης)* fulfilment

ικανοποιητικός *επίθ* satisfactory. *(που ευχαριστεί)* gratifying. *(που ικανοποιεί)* satisfying

ικανοποιώ *ρ μτβ* satisfy. *(όρους)* fulfil. *(προσφέρω ευχαρίστηση)* gratify

ικανός *επίθ* able. *(άξιος)* competent. *(αρκετός)* sufficient. *(επιτήδειος)* capable

ικανότητα *(η)* ability. *(αξιοσύνη)* competence. *(επιτηδειότητα)* capability. *(ιδιότητα)* capacity

ικεσία *(η)* entreaty

ικετεύω *ρ μτβ* beseech

ικέτ|ης *(ο)*, **~ις** *(η)* suppliant

ικρίωμα *(το)* scaffold

ικτερικός *επίθ* jaundiced

ίκτερος *(ο)* jaundice

ιλαρά *(η)* measles

ιλαρότητα *(η)* mirth

ιλαροτραγικός *επίθ* tragicomic

ίλιγγ|ος *(ο)* vertigo. **έχω ~** feel giddy

ιλύς *(η)* silt

ιμάντας *(ο)* belt

ιματιοθήκη *(η)* wardrobe

ιμπεριαλισμός *(ο)* imperialism

ιμπρεσάριος *(ο)* impresario

ίνα *(η)* fibre

ίνδαλμα *(το)* idol

Ινδία (η) India
ινδικός επίθ Indian. **~ χοιρίδιο** (το) guinea-pig
Ινδονησία (η) Indonesia
ινδονησιακός επίθ Indonesian
Ινδονήσιος (ο), **Ι~α** (ο) Indonesian
Ινδός (ο), **Ι~ή** (η) Indian
ινδουισμός (ο) Hinduism
ινδουιστής (ο), **~ίστρια** (η) Hindu
ινκόγκνιτο επίρρ incognito
ινσουλίνη (η) insulin
ινστιτούτο (το) institute. (σχολ) (καλλονής) (beauty) salon
ιντελιγκέντσια (η) intelligentsia
ιντερλούδιο (το) (θέατρ) interlude
ίντσα (η) inch (= 2.54 cm)
ινώδης επίθ stringy
ιξώδης επίθ viscous
Ιόνιος (ο) Ionian. **τα Ι~α νησιά** the Ionian islands
Ιορδανία (η) Jordan
ιός (ο) virus
ιουδαϊσμός (ο) Judaism
Ιούλης (ο) βλ **Ιούλιος**
Ιούλιος (ο) July
Ιούνης (ο) βλ **Ιούνιος**
Ιούνιος (ο) June
ιππασία (η) riding
ιππέας (ο), **ιππεύτρια** (η) horse rider
ιππεύω ρ αμτβ mount (a horse). (κάνω ιππασία) ride (a horse)
ιππικό επίθ equestrian. **~ό** (το) cavalry
ιππόγλωσσα (η) halibut άκλ
ιπποδρομία (η) (horse) race

ιππόδρομος (ο) racecourse
ιπποδύναμη (η) horsepower
ιππόκαμπος (ο) sea-horse
ιπποκόμος (ο) groom (in stables)
ιπποπόταμος (ο) hippopotamus
ίππος (ο) (λόγ) horse
ιπποσύνη (η) knighthood
ιππότης (ο) knight
ιπποτικός επίθ gallant. (χαρακτηριστικός του ιππότη) chivalrous. **~σμός** (ο) chivalry
ιπτάμενος επίθ flying
Ιράκ (το) άκλ Iraq
ιρακινός επίθ Iraqi. **Ι~ός** (ο), **Ι~ή** (η) Iraqi
ιρανικός επίθ Iranian
Ιράν (το) άκλ Iran
Ιρανός (ο), **Ι~ή** (η) Iranian
ίριδα (η) iris
ιριδίζω ρ αμτβ be iridescent
Ιρλανδία (η) Ireland
ιρλανδικός επίθ Irish
Ιρλανδός (ο), **Ι~ή** (η) Irishman/woman
ίσα επίρρ equally. (κατευθείαν) straight. **της ήρθε ~ ~ το παλτό** the coat fitted her just right. **~, δεν έπρεπε να το κάνεις** on the contrary, you shouldn't have done it
ισάξιος επίθ equal (to)
ισάριθμος επίθ equal in number
ισημερία (η) equinox
ισημερινός επίθ equatorial. **~** (ο) equator
ισθμός (ο) isthmus

ίσιος *επίθ (ευθύς)* straight. *(άνθρωπος)* straight, direct. *(ομαλός)* level

ισιώνω *ρ μτβ/ρ αμτβ* straighten. *(ισοπεδώνω)* flatten

ίσκιος *(ο)* shadow

Ισλάμ *(το) άκλ* Islam

ισλαμικός *επίθ* Islamic

Ισλανδία *(η)* Iceland

ισλανδικ|ός *επίθ* Icelandic. **~ά** *(τα)* Icelandic

Ισλανδ|ός *(ο)*, **I~ή** *(η)* Icelander

ισόβιος *επίθ* for life

ισόγειο|ς *επίθ* level with the ground. **~** *(το)* ground floor

ισοδύναμος *επίθ* equal in strength. **~ με** tantamount to

ισοδυναμώ *ρ αμτβ* be equivalent

ισοζύγιο *(το)* balance

ισολογισμός *(ο)* balance sheet

ισοπαλία *(η)* draw, tie

ισόπεδος *επίθ* level

ισοπεδώνω *ρ μτβ* level. *(γκρεμίζω)* raze (to the ground). *(ισιώνω)* flatten

ισοπεδωτικός *επίθ* egalitarian

ισόπλευρος *επίθ* equilateral

ισορροπημένος *επίθ* balanced. *(διανοητικά)* level-headed

ισορροπία *(η)* equilibrium, balance. *(διανοητική)* level-headedness. *(τρόπου)* poise

ισορροπώ *ρ μτβ/ρ αμτβ* balance

ίσ|ος *επίθ* equal. **~ον** *επίρρ* equals. **πέντε και δύο ~ον επτά** five plus two equals seven

ισοσκελής *επίθ (τρίγωνο)* isosceles

ισοσταθμίζω *ρ μτβ* counterbalance

ισότητα *(η)* equality. *(βαθμού, αποδοχών)* parity

ισοτιμία *(η)* parity

ισοφαρίζω *ρ μτβ* *(αντισταθμίζω)* counterbalance. • *ρ αμτβ* equalize *(sport)*

ισοφάρισμα *(το)* equalizer *(sport)*

Ισπανία *(η)* Spain

Ισπανίδα *(η)* Spanish woman

ισπανικ|ός *επίθ* Spanish. **~ά** *(τα)* Spanish

Ισπανός *(ο)* Spaniard

ισραηλινός *επίθ* Israeli

Ισραηλίτ|ης *(ο)*, **I~ισσα** *(η)* Israeli

Ισραήλ *(το) άκλ* Israel

ιστιοπλοΐα *(η)* sailing

ιστιοφόρο *(το)* sailing-ship

ιστόρημα *(το)* narrative

ιστόρηση *(η)* narration

ιστορία *(η)* history. *(αφήγηση)* story. *(γεγονός)* business. *(ερωτική)* affair

ιστορικό *(το)* background

ιστορικός *επίθ* historic(al). **~** *(ο, η)* historian

ιστοριογράφος *(ο, η)* historian *(author)*

ιστορώ *ρ μτβ* narrate. *(εικονίζω)* illustrate

ιστός *(ο) (αράχνης)* web. *(δέρματος)* tissue. *(πλοίου, σημαίας)* mast

ιστοσελίδα *(η)* website

ισχιαλγία *(η)* sciatica

ισχνός *επίθ* thin *(person, animal)*. *(λιπόσαρκος)* lean. *(πενιχρός)* meagre

ισχνότητα (*η*) thinness, leanness. (*πενιχρότητα*) meagreness

ισχυρίζομαι *ρ αμτβ* assert, allege

ισχυρισμός (*ο*) assertion

ισχυρογνωμοσύνη (*η*) obstinacy

ισχυρογνώμων *επίθ* headstrong. (*πεισματάρης*) obstinate

ισχυροποιώ *ρ μτβ* strengthen

ισχυρός *επίθ* strong. (*επιχείρημα*) forceful. (*με επιρροή*) influential. (*μεταφ*) powerful

ισχύς (*η*) might. (*δύναμη*) force. (*εγκυρότητα*) validity. (*κινητήρα*) power

ισχύω *ρ αμτβ* apply, be in force. (*έχω νομικό κύρος*) be in force

ίσως *επίρρ* perhaps. **~ κάνω λάθος** I may be mistaken

Ιταλία (*η*) Italy

ιταλικός *επίθ* Italian. **~ά** (*τα*) (*γλώσσα*) Italian

Ιταλός (*ο*), **~ίδα** (*η*) Italian

ιταμότητα (*η*) effrontery

ιτιά (*η*) willow

ΙΧ *συντ* (*ιδιωτικής χρήσης*) (*το*) private vehicle

ιχθυαγορά (*η*) fish market

ιχθύες (*οι*) (*αστρ*) Pisces

ιχθυοπ|ωλείο (*το*) fishmonger's. **~ώλης** (*ο*) fishmonger

ιχθυοτροφείο (*το*) fish farm

ιχθύς (*ο*) (*λόγ*) fish

ιχνογραφία (*η*) sketching. **~ώ** *ρ αμτβ* sketch

ίχν|ος (*το*) mark. (*απόδειξης*) shred. (*απομεινάρι*) remnant.

(*ελάχιστη ποσότητα*) trace. (*ποδιού*) footprint. **~η** (*τα*) scent, trail. (*στο χιόνι*) tracks

ιωβηλαίο (*το*) jubilee

ιώδιο (*το*) iodine

ιωνικός *επίθ* Ionic

....

Κκ

....

κ. *συντ* (*κύριος, κυρία*) Mr, Mrs, Ms. **κ.κ.** *συντ* (*κύριοι*) Messrs

Κα *συντ* (*κυρία*) Mrs, Ms

κ.ά. *συντ* (*και άλλα*) and others

κάβα (*η*) wine cellar. (*χαρτιά*) bank

καβάλα *επίρρ* astride. (*στην πλάτη*) piggy-back. **πάω ~** go on horseback

καβαλάρης (*ο*), **~ισσα** (*η*) rider

καβαλέτο (*το*) easel

καβαλιέρος (*ο*) escort. (*σε χορό*) dancing partner

καβαλικεύω *ρ μτβ* mount (*horse or bicycle*). (*μεταφ*) dominate

κάβαλος (*ο*) crotch (*of trousers*)

καβαλώ *ρ μτβ βλ* **καβαλικεύω** (*για ζώα*) mount

καβγαδάκι (*το*) tiff

καβγαδίζω *ρ αμτβ* quarrel. (*συνεχώς*) bicker

καβγάς (*ο*) quarrel. (*μεταξύ πολλών*) brawl. (*φιλονικία*) row

καβγατζής (*ο*), **~ού** (*η*) quarrelsome person

κάβος (*ο*) cape. (*σκοινί*) cable

καβούκι (το) shell (of tortoise)
κάβουρας (ο) crab. (εργαλείο) spanner
καβούρι (το) small crab
καβουρντίζω ρ μτβ (καφέ) roast. (τηγανίζω) brown
καγκελάριος (ο) chancellor
κάγκελο (το) bar (on window). **~α** (τα) (περίφραγμα) rails. (σκάλας) banisters
καγκελόπορτα (η) (metal) gate
καγκουρό (το) άκλ kangaroo
καγχάζω ρ αμτβ guffaw
καγχασμός (ο) guffaw
κάδος (ο) (wooden) bucket. (μεγάλος) vat
κάδρο (το) (εικόνα) framed picture. (κορνίζα) frame
καζάκα (η) pinafore dress
καζανάκι (το) cistern (of toilet)
καζάνι (το) cauldron
καζίνο (το) casino
καζούρα (η) teasing
καημένο|ς επίθ poor (miserable). **ο ~ς** the poor man. **το ~!** the poor thing!
καημός (ο) heartache. (μεταφ) yearning
καθαγιάζω ρ μτβ consecrate, sanctify
καθαγίαση (η) consecration
καθαίρεση (η) (αξιώματος) cashiering. (κληρικού) dethronement
καθαρεύουσα (η) katharevousa, purist Greek
καθαρίζω ρ μτβ clean. (αφαιρώ ξένες ουσίες) purify. (αφαιρώ τη φλούδα) peel. (διευκρινίζω) clear up, clarify. (πιάτο φαγητό) polish off. (πουλί τα φτερά του)

preen. (σκοτώνω) do in. (τακτοποιώ λογαριασμό) settle up with, settle the score with. (φασολάκι) string. • ρ αμτβ clean. (καιρός) clear up
καθαριότητα (η) cleanliness
καθάρισμα (το) cleaning
καθαριστήρ|ας (ο) (του παρμπρίζ) windscreen wiper. **~ιο** (το) dry cleaner's
καθαριστής (ο), **~ίστρια** (η) cleaner
καθαριστικό (το) cleaning agent
κάθαρμα (το) scum
καθαρμός (ο) purification
καθαρόαιμος επίθ full-blooded. (άλογο) thoroughbred. (ζώο) pedigree
καθαρογράφω ρ μτβ write up. (αντιγράφω) copy
καθαρολόγος (ο, η) purist
καθαρός επίθ clean. (αγνός) pure. (αίθριος) clear. (γράψιμο) neat. (εικόνα) sharp. (εισόδημα) net. **Κ~ά Δευτέρα (πρώτη μέρα της Σαρακοστής)** (η) (the equivalent of Ash Wednesday). **~ά** επίρρ cleanly, clearly, distinctly
κάθαρση (η) purge
καθάρσιο (το) laxative
καθαρτήριο (το) purgatory
καθαρτικός επίθ cleansing. **~** (το) laxative
καθαυτό επίθ in the full meaning of the word
κάθε αντων άκλ every. **~ άλλο** far from it. **~ τόσο** every now and again. **~ φορά** every time. **το ~ τι** everything
καθεδρικός επίθ of a cathedral. **~ ναός** (ο) cathedral

κάθειρξη (η) incarceration

καθέκαστα (τα) details (*of an event*)

καθέλκυση (η) launch

καθελκύω ρ μτβ launch (*ship*)

καθεμιά βλ **καθένας**

καθένας αντων each. (*από δύο*) either. (*οποιοσδήποτε*) anyone

καθεξής επίρρ **και ούτω ~** and so on and so forth

καθεστώς (το) regime

καθετήρας (ο) catheter

καθετί αντων everything

κάθετος επίθ perpendicular, vertical. **~** (η) perpendicular

καθέτως επίρρ vertically

καθηγητής (ο) teacher, schoolmaster (*secondary*). (*ιδιαίτερου μαθήματος*) tutor. (*πανεπιστημίου*) professor

καθηγήτρια (η) teacher, schoolmistress (*secondary*)

καθήκον (το) duty

καθηλώνω ρ μτβ rivet

καθημερινή (η) weekday

καθημερινός επίθ daily, everyday. **~ά** (τα) everyday clothes. **~ά** επίρρ daily

καθησυχάζω ρ μτβ reassure. (*ανησυχίες*) allay

καθησύχαση (η) reassurance

καθησυχαστικός επίθ soothing

καθιερώνω ρ μτβ institute. (*κύρος*) establish

καθίζηση (η) subsidence

καθίζω ρ μτβ/αμτβ sit

καθίκι (το) chamber-pot

καθισιά|ο (η) sitting. **~ό** (το) idleness

κάθισμα (το) seat

καθιστικό|ς επίθ sedentary. **~** (το) living-room

καθιστώ ρ μτβ render. (*διορίζω*) appoint

καθοδήγηση (η) guidance

καθοδηγώ ρ μτβ guide

κάθοδος (η) descent

καθολικό (το) (*λογιστικό βιβλίο*) ledger

καθολικός επίθ catholic. **~** (ο) Catholic

καθόλου επίρρ (*γενικά*) on the whole. (*διόλου*) not at all. **έχετε ~ κρασί;** have you any wine?

κάθομαι ρ αμτβ be seated. (*είμαι άνεργος*) be out of work. (*κατακάθιζω*) settle. (*κατοικώ*) live. (*προσαράζω*) run aground

καθομιλουμένη (*γλώσσα*) (η) vernacular

καθορίζω ρ μτβ determine. (*επηρεάζω αποφασιστικά*) set

καθορισμένος επίθ set, fixed

καθοριστικός επίθ decisive

καθόσον επίρρ (*σύμφωνα με ό, τι*) in so far as. (*επειδή*) as

καθότι επίρρ because

καθρέφτης (ο) mirror

καθρεφτίζω ρ μτβ mirror

καθυποτάσσω ρ μτβ subjugate

καθυστερημένος επίθ (*αργοπορημένος*) late. (*ευχές*) belated. (*νοητικά*) retarded. (*πληρωμή*) overdue. (*πολιτισμός*) backward

καθυστέρηση (η) delay. (*διανοητική*) retardation. (*πολιτισμού*) backwardness

καθυστερούμενα (τα) arrears

καθυστερώ ρ μτβ delay, hold up. (*με χρέος*) fall behind (with). • ρ αμτβ be late. (μεταφ) lag behind

καθώς επιρρ (όπως) as. (όταν) when

καθωσπρέπει επιρρ (ευπρεπής) decent. (άψογος) seemly

και σύνδ and. (ακόμα) even. (επίσης) as well, too. **~ οι δυο** both. **ακόμα ~ τώρα** even now

καΐκι (το) caique

καϊμάκι (το) froth (on coffee)

καινός επίθ new. **η Κ~ή Διαθήκη** the New Testament

καινοτομία (η) innovation. **~ώ** ρ αμτβ innovate

καινοτόμος (ο, η) innovator

καινούριος επίθ new. (πρόσφατος) fresh

καιρικός επίθ weather

καίριος επίθ timely. (θανατηφόρος) fatal

καιρός (ο) weather. (κατάλληλη περίσταση) time. (χρονικό διάστημα) ages. **εν ~ώ** in due course. **μια φορά κι έναν ~ό** once upon a time

καιροσκόπος (ο) opportunist

καιροφυλακτώ ρ μτβ bide one's time

καισαρικός επίθ Caesarean

καϊσί (το) (Κύπρ) apricot

καίτοι σύνδ although

καίω ρ μτβ/ρ αμτβ burn. (από τσουκνίδα) sting. (ηλεκτρική ασφάλεια) blow. (καταστρέφω με φωτιά) burn down. (μάτια) smart. (φαγητό) be hot. (φώτα) fuse

κακά επίρρ badly. **~ (τα)** bad points

κακάδι (το) scab (on wound)

κακάο (το) cocoa

κακαρίζω ρ αμτβ cluck. (μεταφ) cackle

κακάρισμα (το) cackle

κακαρώνω ρ αμτβ (λαϊκ) kick the bucket

κακεντρέχεια (η) malice

κακεντρεχής επίθ malicious

κακία (η) wickedness. (μοχθηρία) spite. (σκληρότητα) nastiness

κακιώνω ρ αμτβ get angry. (ψυχραίνομαι) fall out (**με,** με)

κακό (το) evil. (αναταραχή) uproar. (βλάβη) harm, wrong. (πράξη) ill

κακοαναθρεμμένος επίθ ill-bred

κακοβουλία (η) malevolence

κακόβουλος επίθ malevolent

κακόγουστος επίθ of bad taste

κακογραμμένος επίθ badly written

κακοδιάθετος επίθ (στη διάθεση) in a bad mood. (στην υγεία) out of sorts

κακοδικία (η) miscarriage of justice

κακοδιοίκηση (η) mismanagement. (γενική) maladministration

κακοδιοικώ ρ μτβ mismanage

κακοήθεια (η) iniquity. (ιατρ) malignancy. **~ης** επίθ iniquitous. (ιατρ) malignant

κακοκαιρία (η) bad weather

κακοκαρδίζω ρ μτβ disappoint. • αμτβ feel sad

κακοκεφαλιά (η) pigheadedness

κακόκεφος *επίθ* moody
κακολογία *(η)* backbiting
κακολογώ *ρ μτβ* speak ill of
κακομαθαίνω *ρ μτβ* spoil (*indulge*)
κακομελετώ *ρ μτβ/αμτβ* (*λέω κακό*) speak ill of. (*προμαντεύω*) foretell ills
κακομεταχειρίζομαι *ρ μτβ* maltreat. (*δέρνω*) batter. (*φέρομαι βάναυσα*) ill-treat. (*χρησιμοποιώ όχι σωστά*) abuse
κακομεταχείριση *(η)* maltreatment. (*κακοποίηση*) battering
κακομοίρης *επίθ* wretched
κακόμοιρος *επίθ βλ* **κακομοίρης**
κακοντυμένος *επίθ* dowdy
κακοπληρωμένος *επίθ* underpaid
κακόπιστος *επίθ* of bad faith
κακοποίηση *(η)* maltreatment. (*της αλήθειας*) distortion
κακοποιός *επίθ* thug. (*κακούργος*) malefactor. **~ώ** *ρ μτβ* maul. (*βιάζω*) molest
κακορίζικος *επίθ* (*κακότυχος*) luckless. (*ανάποδος*) difficult
κακ|ός *επίθ* wicked, bad. (*ελαττωματικός*) poor (*not good*). (*μοχθηρός*) spiteful. (*πολύ κακός*) evil. **~ός** *(ο)* bad guy, baddie, villain. **~ά, ~ώς** *επίρρ* badly
κακοσμία *(η)* bad smell
κακόσχημος *επίθ* misshapen
κακότεχνος *επίθ* badly-made
κακοτοπιά *(η)* rough ground. (*μεταφ*) pitfall
κακότροπος *επίθ* bad-mannered

κακοτυχία *(η)* bad luck. **~ώ** *ρ αμτβ* have bad luck
κακότυχος *επίθ* ill-starred
κακούργημα *(το)* felony
κακουργιοδικείο *(το)* criminal court. **~ίκης** *(ο, η)* judge of the criminal court
κακούργος *επίθ* criminal
κακουργώ *ρ αμτβ* commit a crime
κακουχία *(η)* hardship
κακοφαίνεται *ρ αμτβ απρόσ μου ~** be cut up about
κακοφημία *(η)* infamy
κακόφημος *επίθ* infamous
κακοφορμίζω *ρ αμτβ* fester
κακοφτιαγμένος *επίθ* badly-made
κακοφωνία *(η)* cacophony
κακόφωνος *επίθ* cacophonous
κάκτος *(ο)* cactus
καλά *επίρρ* nicely. (*δυνατά, στερεά*) well. (*εξονυχιστικά*) thoroughly. (*κοιμούμαι*) soundly. (*σωστά*) right. **~** *(τα)* the good points
καλαβάκι *(το)* punnet
καλάθι *(το)* basket. (*μοτοσικλέτας*) side-car. (*των αχρήστων*) bin
καλαθοποιία *(η)* wickerwork
καλαθόσφαιρα *(η)* basketball
καλαίσθητος *επίθ* in good taste
καλαμάκι *(το)* straw (*for drinking*)
καλαμαράς *(ο)* pen-pusher
καλαμάρι *(το)* squid
καλάμι *(το)* reed. (*για καλάθια*) cane. (*της κνήμης*) shin. (*ψαρέματος*) rod

καλαμιά (η) reed. **~ιές** (οι) stubble (crops)

καλαμποκάλευρο (το) maize flour

καλαμπόκι (το) maize. (φαγώσιμος καρπός) sweet corn

καλαμπούρι (το) gag, joke

κάλαντα (τα) carols

καλαπόδι (το) shoe-tree

καλειδοσκόπιο (το) kaleidoscope

καλεσμένος επίθ invited. **~** (ο) guest

καλή (η) (αγαπημένη) sweetheart. (υφάσματος) right side. **μια και ~** once and for all

καλημέρα επιφών good morning

καληνύχτα επιφών good night

καλησπέρα επιφών good evening

καλιακούδα (η) jackdaw

καλικάντζαρος (ο) goblin

κάλιο (το) potassium

καλλιγραφία (η) calligraphy

καλλιέργεια (η) cultivation. (ιατρ, μόρφωση) culture

καλλιεργημένος επίθ cultured

καλλιεργη|τής (ο), **~τρια** (η) grower

καλλιεργώ ρ μτβ cultivate. (μεταφ) foster, promote

κάλλιο επίρρ better

καλλιστεία (τα) beauty contest

κάλλιστ|ος επίθ best. βλ **καλός**. **~α** επίρρ very well

καλλιτέχν|ης (ο), **~ιδα** (η) artist

καλλιτεχν|ία (η) artistry. **~ικός** επίθ artistic

καλλίφωνος επίθ with a good voice

καλλονή (η) beauty

κάλλος (το) good looks

καλλυντικό (το) cosmetic

καλλωπιστικός επίθ ornamental

καλμάρω ρ μτβ quieten down. • ρ αμτβ calm down. (θύελλα) abate

καλό (το) good. **~ού κακού** just in case. **ας το καλό!** bother it!

καλοαναθρεμμένος επίθ well-bred

καλόγερος[1] (ο) (πουλί) tit

καλόγερος[2] (ο) (εξάνθημα) boil

καλόγερος[3] (ο) monk. (της καθολ εκκλησίας) friar

καλόγουστος επίθ in good taste

καλογραμμένος επίθ well written. (ευανάγνωστος) legible

καλόγρια (η) nun

καλοζωία (η) good life

καλοθελ|ητής (ο), **~ήτρα** (η) well-wisher

καλοθρεμμένος επίθ well-fed

καλοκάγαθος επίθ kindly

καλοκαίρι (το) summer

καλοκαιρ|ιάτικος επίθ summer. **~ινός** επίθ summery

καλόκαρδος επίθ warm-hearted

καλοήθης επίθ (ιατρ) benign

καλοντυμένος επίθ well-dressed

καλοπιάνω ρ μτβ humour. (κολακεύω) flatter

καλόπιστος επίθ straight

καλοπληρωμένος επίθ well-paid

καλοπροαίρετος *επίθ* well meaning, well meant

καλορίζικος *επίθ* lucky

καλοριφέρ *(το) άκλ* central heating. *(σώμα)* radiator. *(στο αυτοκίνητο)* heater

κάλος *(ο)* corn *(hard skin)*

καλός *(ο)* the good guy. *(αγαπημένος)* sweetheart

καλός *επίθ* good. *(αγαθός)* kind. *(ευχάριστος)* nice. *(τίμιος)* decent. **~ή χρονιά** Happy New Year. **~ό βράδυ** good evening

καλοσυνάτος *επίθ* kindly

καλοσύνη *(η)* goodness. *(ευεργεσία)* kindness

καλότροπος *επίθ* good-mannered

καλοτρώγω *ρ αμτβ* eat well

καλότυχος *επίθ* fortunate

καλούπι *(το)* mould

καλούτσικος *επίθ* passable

καλοφαγ|άς *(ο)*, **~ού** *(η)* epicure

καλοφτιαγμένος *επίθ* well-made. *(σχέδιο)* neat. *(σωματική διάπλαση)* shapely

καλοψήνω *ρ μτβ* cook well

καλόψυχος *επίθ* good-hearted

καλπάζω *ρ αμτβ* gallop. *(ελαφρά)* canter

καλπασμός *(ο)* gallop. *(ελαφρός)* canter

κάλπη *(η)* ballot box

κάλπ|ης *(ο)* phoney. **~ικος** *επίθ* counterfeit. *(χαρτονομίσματα)* forged

καλσόν *(τα) άκλ* tights

κάλτσα *(η)* *(ανδρική)* sock. *(γυναικεία)* stocking. *(κοντή)* ankle sock

καλτσοδέτα *(η)* garter

καλύβα *(η)* hut

καλύβι *(το)* *(πρόχειρο)* shack

κάλυμμα *(το)* covering, cover. *(βιβλίου)* jacket. *(καπάκι)* top. *(κεφαλής)* head-dress, headgear. *(που προστατεύει από τη σκόνη)* dust jacket. *(τσαπέρας)* cosy. *(στέπης)* flap

καλύπτω *ρ μτβ* cover. *(ανάγκη)* supply. *(αποκρύβω)* cover up. *(μηχ)* house

καλυτέρευση *(η)* improvement

καλυτερεύω *ρ μτβ* better. • *ρ αμτβ* improve

καλύτερ|ος *επίθ* better. **ο ~ος** the best. **~α** *επίρρ* better, best. **~οι** *(οι)* (one's) betters

κάλυψη *(η)* coverage

καλώ *ρ μτβ* *(δίνω όνομα)* call. *(διατάζω)* summon. *(προσκαλώ)* ask, invite

καλώδιο *(το)* cable. *(ηλεκτρ)* lead

καλώς *επίρρ* well. **~ όρισες, ~ ήρθες** welcome

καλωσορίζω *ρ μτβ* welcome

καμάκι *(το)* harpoon

κάμαρα *(η)* room

καμάρα *(η)* arch. *(του ποδιού)* instep

καμαριέρα *(η)* chambermaid

καμαριέρης *(ο)* valet

καμαρίνι *(το)* *(θέατρ)* dressing room

καμαρότος *(ο)* steward *(on ship)*

καμαρώνω *ρ μτβ* take pride in. • *ρ αμτβ* look proud

καμβάς *(ο)* canvas

καμέα *(η)* cameo

καμέλια (η) camellia

καμήλα (η) camel

καμηλοπάρδαλη (η) giraffe

καμιά βλ **κανένας**

καμινάδα (η) chimney

καμινέτο (το) spirit stove. *(για συγκολλήσεις)* blowlamp

καμουτσ|ίκι (το) whip. **~ικιά** (η) lash

καμουφλά|ζ (το) άκλ camouflage. **~ρω** ρ μτβ camouflage

καμπάνα (η) bell

καμπαναριό (το) belfry

καμπανούλα (η) bluebell

καμπαρέ (το) cabaret

καμπαρντίνα (η) gabardine

καμπή (η) *(δρόμου)* turn. *(ποταμού)* bend. *(μεταφ)* turning point

κάμπια (η) caterpillar

καμπίνα (η) cabin. *(πιλότου)* cockpit

Καμπότζη (η) Cambodia

κάμπος (ο) plain *(flat region)*

κάμποσος επίθ considerable

κάμποτο (το) calico

καμπούρα (η) hump

καμπούρης (ο) hunchback

καμπουριάζω ρ αμτβ hunch one's back. *(γάτος)* to arch its back

κάμπτω ρ μτβ bend

καμπύλη (η) curve

καμπυλώνω ρ μτβ/ρ αμτβ curve

κάμψη (η) bending. *(βραχίονα)* crook *(of arm)*. *(μεταφ)* decline

καμώματα (τα) antics

καν σύνδ even

καναβάτσο (το) hessian

Καναδάς (ο) Canada

καναδικός επίθ Canadian

Καναδ|ός (η), **~έζα** (ο) Canadian

κανακάρης (ο) *(μοναχοπαίδι)* only son. *(χαϊδεμένος)* spoilt child

κανάλι (το) (TV) channel

καναπές (ο) sofa

καναρίνι (το) canary

κανάτα (η) jug

κανάτι (το) pitcher

κανείς βλ **κανένας**

κανέλα (η) cinnamon

κανένας αντων nobody, no one. *(σε ερώτηση)* anybody, anyone. **~ άλλος** nobody else

κανίβαλος (ο) cannibal

κανίς (το) άκλ poodle

κάνναβις (η *(ινδική)* cannabis

κάννη (η) (gun) barrel

κανό (το) canoe

κανόνας (ο) square *(for drawing)*. *(γενική αρχή)* rule. *(συμπεριφοράς)* precept

κανόνι (το) cannon

κανονίζω ρ μτβ arrange. *(λογαριασμό)* settle. *(ρυθμίζω)* adjust

κανονι|κός επίθ regular. *(συνηθισμένος)* normal. **~σμός** (ο) regulation, rule

κάνουλα (η *(μηχ)* cock

καντάδα ρ μτβ serenade

κανταΐφι (το) *sweet made with shredded pastry and ground almonds*

καντήλι|α (η) *oil lamp in church.* **~ι** (το) *oil lamp (in front of icons)*

καντίνα (η) canteen. (σχολείου) tuck-shop

καντράν (το) dial

κάν|ω ρ μτβ (εκτελώ) do. (επίσκεψη) pay. (κατασκευάζω) make. (μπάνιο) take. (παράγω) produce. (πόλεμο) wage. (προξενώ) cause. (φιλοφρονήσεις) pay. • ρ αμτβ (μένω, διατελώ) be. (προσποιούμαι) pretend. (συμπεριφέρομαι) behave. (χρησιμεύω) do. **~ω χωρίς** go without. **έχω να ~ω με** be up against. • απρόσ **~ει κρύο/ζέστη** it is cold/hot. **δεν ~ει να καπνίζεις** you shouldn't be smoking. **πόσο ~ει;** how much is it?

καουμπόι (ο) cowboy

καούρα (η) heartburn

κάπα (η) cape, cloak. (μεξικάνικη) poncho

καπάκι (το) (bottle) top. (κάλυμμα) lid

καπάτσος επίθ smart, shrewd

καπέλο (το) hat. (αθέμιτη αύξηση) illegal surcharge. (καπνοδόχου) hood (of chimney)

καπελού (η) milliner

καπετάνιος (ο) skipper

καπιταλισμός (ο) capitalism

καπλαμάς (ο) veneer

καπνιά (η) soot

καπνίζω ρ μτβ/ρ αμτβ smoke

κάπνισμα (το) smoking

καπν|ιστής (ο), **~ίστρια** (η) smoker

καπνιστός επίθ smoked

καπνοδοχοκαθαριστής (ο) chimney-sweep

καπνοδόχος (η) chimney

καπνοπωλείο (το) tobacconist's (shop)

καπνοπώλης (ο) tobacconist

καπνός (ο) (από φωτιά) smoke. (φυτό) tobacco

καπό (το) bonnet (of car)

κάποιος αντων somebody, someone. (διακεκριμένος) someone. (λιγοστός) some

κάποτε επίρρ once. (μερικές φορές) at times. (μια μέρα) some time. **~ ~** occasionally

κάπου επίρρ somewhere. (περίπου) about, somewhere in. **~ ~** from time to time

καπούλια (τα) rump

κάππαρη (η) (μαγ) caper

καπρίτσιο (το) whim

καπριτσιόζος επίθ capricious

κάπως επίρρ (λιγάκι) somewhat. (κατά κάποιο τρόπο) somehow

καραβάνι (το) caravan (of camels)

καράβι (το) ship

καραγκιόζης (ο) Punch (in Punch and Judy). (θέατρο) shadow play. (άνθρωπος) buffoon

καραγκιοζιλίκι (το) caper, antic

Καραϊβικός Caribbean

καραδοκώ ρ αμτβ lie in wait

καρακάξα (η) magpie. (γυναίκα) cow (υβριστ)

καραμέλα (η) sweet, (αμερ) candy

καραμπόλα (η) pile-up

καραντίνα (η) quarantine

καράτε (το) άκλ karate

καράτι (το) carat

καρατομώ ρ μτβ decapitate

καράφα (η) carafe

καρβέλι (το) loaf of bread

κάρβουνο (το) coal

κάρδαμο (το) cress

καρδάρα (η) (milk) churn

καρδιά (η) heart. (μεταφ) core. **στην ~ του καλοκαιριού** at the height of summer

καρδιακ|ός επίθ cardiac. (φίλος) sworn. **~ή προσβολή** (η) heart attack

καρδινάλιος (ο) cardinal

καρδιογράφημα (το) cardiogram

καρδιολόγος (ο, η) heart specialist

καρδιοπάθεια (η) heart condition

καρδιοχτύπι (το) heartbeat. (μεταφ) heartache. **~υπώ** ρ αμτβ be anxious

καρέκλα (η) chair

καριέρα (η) career

καρικατούρα (η) caricature

καρίνα (η) keel

Καρκίνος¹ (ο) (αστρολ) Cancer

καρκίνος² (ο) (ιατρ) cancer

καρκινώδης επίθ cancerous

καρμπιρατέρ (το) carburettor

καρμπόν (το) άκλ carbon (paper)

καρναβάλι (το) carnival

καρό (το) άκλ (ύφασμα) check. (χαρτιά) diamonds

κάρο (το) cart

καρότο (το) carrot

καροτσάκι (το) (κήπου) wheelbarrow. (για αποσκευές) trolley. (για μωρά) pram. (για παιδάκια) buggy

καρούλι (το) reel

καρούμπαλο (το) lump (on the head)

καρπαζιά (η) slap (on the neck)

καρπ|ός (ο) (φυτού) fruit. (χεριού) wrist. **ξηροί ~οί** (οι) nuts

καρπούζι (το) water melon

καρποφόρος επίθ fruitful

κάρτα (η) (invitation, greeting) card

καρτέλ (το) άκλ cartel

κάρτερ (το) άκλ (αυτοκ) oil sump

καρτερ|ία (η) fortitude. **~ικός** επίθ patient

καρτ ποστάλ (η) άκλ postcard

καρύδα (η) coconut

καρύδι (το) walnut. (στο λαιμό) Adam's apple

καρυδιά (η) walnut (tree)

καρυδότσουφλο (το) nutshell

καρύκευμα (το) (άρτυμα) seasoning. (σαλάτας) dressing

καρυκεύω ρ μτβ season, flavour. (σαλάτα) (μαγ) dress

καρυοθραύστης (ο) nutcracker

καρφί (το) nail. (πλατυκέφαλο) stud. (που προεξέχει) spike. (μεταφ καταδότης) grass, informer

καρφίτσα (η) pin. (κόσμημα) brooch

καρφιτσώνω ρ μτβ pin

καρφώνω ρ μτβ nail. (καταδίνω) squeal on. (κρατώ) pin, hold down. (με τα μάτια) transfix

καρχαρίας (ο) shark

κασέρι (το) type of hard cheese

κασέτα (η) cassette

κασετίνα (η) casket

κασκαντέρ (*o, η*) *άκλ* stunt man

κασκόλ (*το*) *άκλ* knitted scarf

κασμίρι (*το*) cashmere

κασόνι (*το*) wooden box. (*για πολύτιμα αντικείμενα*) coffer

κασσίτερος (*o*) tin

κάστα (*η*) caste

καστάνια (*η*) wrench

καστανιά (*η*) chestnut-tree

καστανιέτες (*οι*) castanets

κάστανο (*το*) chestnut

καστανοκίτρινος *επίθ* fawn

καστανοκόκκινος *επίθ* russet

καστανομάλλα (*η*) brunette

καστανόξανθος *επίθ* tawny

καστανός *επίθ* brown (*hair, eyes*)

κάστορας (*o*) beaver

καστόρι (*το*) suede

κάστρο (*το*) castle

κατά *πρόθ* (*διάρκεια*) during. (*εναντίον*) against. (*νομ*) versus. (*προς*) towards. (*σύμφωνα*) according to. (*χρόνου*) about. **τα υπέρ και τα ~** the pros and cons

καταβάλλω *ρ μτβ* overwhelm. (*εξασθενίζω*) weaken. (*πληρώνω*) pay

καταβολή (*η*) payment

καταβροχθίζω *ρ μτβ* devour. (*κύματα*) engulf. (*κατασπαταλώ*) squander. (*φαγητό*) guzzle

καταγάλανος *επίθ* clear blue (*sky*)

καταγγελία (*η*) accusation. (*διακήρυξη*) denunciation. (*συνθήκη*) denounce

καταγγέλλω *ρ μτβ* report. (*συνθήκη*) denounce

καταγής *επίρρ* on the ground

κάταγμα (*το*) fracture

καταγοητεύω *ρ μτβ* enrapture

κατάγομαι *ρ αμτβ* come from

καταγραφή (*η*) recording

καταγράφω *ρ μτβ* record. (*σε κατάλογο*) catalogue

καταγωγή (*η*) ancestry. (*εθνικότητα*) extraction, lineage. (*ζώου*) pedigree

καταδέχομαι *ρ αμτβ* condescend

καταδικάζω *ρ μτβ* condemn. (*εγκληματία*) convict. (*προβλέπω κακή έκβαση*) doom. **~ σε** sentence to

καταδίκη (*η*) condemnation. (*εγκληματία*) conviction. (*ποινή*) sentence

κατάδικος (*o*) convict

καταδίνω *ρ μτβ* inform against

καταδιώκω *ρ μτβ* pursue. (*κάνω διωγμό*) persecute

καταδίωξη (*η*) pursuit. (*διωγμός*) persecution

καταδότ|ης (*o*), **~ρια** (*η*) informer

καταδρομ|έας (*o*) commando. **~ή** (*η*) (*δίωξη*) persecution. (*στρ*) raid

καταδρομικό (*το*) (*ναυτ*) cruiser

καταδύομαι *ρ αμτβ* dive

κατάδυση (*η*) dive

καταζητούμενος *επίθ* wanted (*of criminal*)

κατάθεση (*η*) (*μαρτυρίας*) statement. (*όπλων*) laying down. (*χρημάτων*) deposit

καταθέτ|ης (*o*), **~ρια** (*η*) depositor

καταθέτω *ρ μτβ* (*δίνω μαρτυρία*) testify. (*νομοσχέδιο*) introduce.

(τα όπλα) lay down. (χρήματα) deposit, pay in

καταθλιπτικός επίθ gloomy

κατάθλιψη (η) gloom. (ψυχική κατάσταση) depression

καταιγίδα (η) storm

καταιγισμός (ο) (βλημάτων) spray

κατακάθι (το) sediment. **~α** (τα) (καφέ) grounds. (της κοινωνίας) dregs

κατακαλόκαιρο (το) the height of summer

κατάκαρδα επίρρ to heart

κατακλέβω ρ μτβ rip off

κατακλύζω ρ μτβ flood. (μεταφ) inundate

κατακλυσμός (ο) flood. (βροχή) deluge

κατάκοιτος επίθ bedridden

κατακόκκινος επίθ bright red. (μάτια) bloodshot

κατακόμβη (η) catacomb

κατακόρυφος επίθ vertical. (γκρεμός) sheer. **το ~ο** the height (of), the zenith

κατακουρασμένος επίθ dead tired

κατακρατώ ρ μτβ withhold

κατακραυγή (η) outcry

κατακρεουργώ ρ μτβ hack to pieces. (μεταφ) murder

κατακρίνω ρ μτβ condemn

κατάκτηση (η) conquest

κατακτ|ητής (ο), **~ήτρια** (η) conqueror

κατακτώ ρ μτβ conquer. (μεταφ) captivate

καταλαβαίνω ρ μτβ/ρ αμτβ understand. (τη σημασία) get

καταλαμβάνω ρ μτβ seize. (χώρο) take up

καταλήγω ρ μτβ end up. (φτάνω σε αποτέλεσμα) lead up to

κατάληξη (η) (έκβαση) outcome. (γραμμ) ending

κατάληψη (η) (εξουσίας) takeover. (πόλης) taking. (χώρου εργασίας) sit-in

κατάλληλος επίθ suitable. (βολικός) convenient. (γαμπρός) eligible. (για μια κατάσταση) appropriate. (στιγμή) opportune

καταλογίζω ρ μτβ impute. (χρεώνω) charge

καταλογισμός (ο) imputation

κατάλογος (ο) list. (βιβλίο) catalogue. (βιβλιοθήκης) index. (εμπορευμάτων) inventory. (εστιατορίου) menu. (σχολικός) register. (τηλεφωνικός) directory

κατάλοιπο (το) residue

κατάλυμα (το) accommodation. (στρ) quarters

καταλύτης (ο) catalyst

καταμαράν (το) άκλ catamaran

κατάματα επίρρ right in the eyes

κατάμαυρος επίθ jet black. (μαλλιά) raven

καταμερισμός (ο) (διανομή) distribution. (κατανομή ευθύνης) apportionment

καταμεσήμερο (το) the middle of the day, noon

καταμεσής επίρρ in the middle

καταμέτρηση (η) (ειδών) stock-taking. (ψήφων) count

καταμόναχος επίθ all alone

κατάμουτρα επίρρ to the face

καταναγκαστικός *επίθ* compulsory

καταναλώνω *ρ μτβ* consume

κατανάλωση *(η)* consumption

καταναλωτικός *επίθ* consumer

καταναλ|ωτής *(ο)*, **~ώτρια** *(η)* consumer

κατανέμω *ρ μτβ* allocate, share out

κατανικώ *ρ μτβ* overpower

κατανόηση *(η)* understanding. *(αντίληψη)* comprehension

κατανοητός *επίθ* intelligible

κατανομή *(η)* allocation

κατανοώ *ρ μτβ* comprehend. *(δείχνω επιείκια)* understand

κατάντημα *(το)* plight

καταντώ *ρ αμτβ* be reduced to

κατάνυξη *(η)* devoutness

κατάξερος *επίθ* bone-dry

καταπακτή *(η)* trap door

καταπάτηση *(η)* encroachment

καταπατώ *ρ μτβ* trample on. *(δικαιώματα)* impinge on. *(κτήματα)* encroach on. *(παραβιάζω)* infringe on

κατάπαυση *(η)* cessation

καταπέλτης *(ο)* catapult

καταπιάνομαι με *ρ μτβ* tackle

καταπιέζω *ρ μτβ* oppress

καταπίεση *(η)* oppression

καταπιεσμένος *επίθ* downtrodden

καταπιεστικός *επίθ* oppressive

καταπίνω *ρ μτβ/ρ αμτβ* swallow. *(δάκρυα)* gulp

κατάπλασμα *(το)* poultice

καταπληκτικός *επίθ* astonishing, amazing. *(ασύετευτο)* staggering. *(επίτευγμα)* stupendous. *(θέα)* breathtaking. *(ομορφιά)* stunning. *(χαρακτήρας)* terrific

κατάπληκτος *επίθ* amazed

κατάπληξη *(η)* astonishment, amazement. *(ταραχή και φόβος)* consternation

καταπλήσσω *ρ μτβ* astonish, amaze, astound. *(αίσθημα θαύματος)* stun

καταπνίγω *ρ μτβ* strangle. *(κίνημα)* quell. *(σκάνδαλο)* quash. *(συγκινήσεις)* repress, hold back. *(χασμουρητό, γέλιο)* suppress

καταπολεμώ *ρ μτβ* fight (against). *(για να περιορίσω)* combat

καταπραϋντικό|ς *επίθ* sedative. **~** *(το)* sedative

καταπραΰνω *ρ μτβ* mollify. *(νεύρα)* settle. *(πόνο)* relieve

κατάπτωση *(η)* *(σωματική)* exhaustion. *(ηθική)* degradation. *(νευρική)* breakdown

κατάρα *(η)* curse

κατάργηση *(η)* abolition

καταργώ *ρ μτβ* abolish

καταριέμαι *ρ μτβ* curse

καταρράκτης *(ο)* waterfall. *(ιατρ)* cataract. *(μεταφ)* torrent

κατάρρευση *(η)* collapse. *(εκλογική)* débâcle. *(εμπ)* crash

καταρρέω *ρ αμτβ* cave in. *(νευρικά)* break down. *(σωματικά)* collapse

κατάρρους *(ο)* catarrh. *(σε σκύλους)* distemper

κατάρτι *(το)* *(ναυτ)* mast

καταρτίζω *ρ μτβ* *(οργανώνω)* form. *(εκπαιδεύω)* prepare, train. *(συντάσσω)* draw up

κατασκευάζω *ρ μτβ* make, manufacture. *(ανεγείρω)* construct. *(παράγω)* produce

κατασκευ|αστής *(ο),* **~άστρια** *(η)* manufacturer

κατασκευή *(η)* manufacture. *(ανέγερση)* construction

κατασκην|ώνω *ρ αμτβ* camp. **~ωτής** *(η),* **~ώτρια** *(ο)* camper

κατασκήνωση *(η)* camping. *(χώρος)* camp

κατασκοπεύω *ρ μτβ/αμτβ* spy

κατασκοπία *(η)* spying. *(δραστηριότητα)* espionage

κατάσκοπος *(ο, η)* spy

κατασκότεινος *επίθ* pitch dark

κατασπαταλώ *ρ μτβ* squander. *(σιγά σιγά)* fritter away

κάταspρος *επίθ* snow white

κατασταλάζω *ρ αμτβ* settle. *(μεταφ)* end up

κατασταλτικός *επίθ* repressive

κατάσταση *(η)* state. *(αρρώστου)* condition. *(οικογενειακή)* status. *(οικονομική, πολιτική)* situation. *(στρ)* service

καταστατικός *επίθ* constitutional: **~ χάρτης** *(ο)* charter

καταστέλλω *ρ μτβ* suppress. *(συγκρατώ)* curb

κατάστημα *(το)* shop. *(τράπεζας)* branch

καταστηματάρχ|ης *(ο),* **~ις** *(η)* shopkeeper

καταστολέας *(ο)* suppressor

καταστολή *(η)* suppression

καταστρεπτικός *επίθ* destructive. *(ολέθριος)* devastating

καταστρέφω *ρ μτβ* destroy. *(ελπίδες)* dash. *(κορίτσι)* deflower. *(οικονομικά, ηθικά)* ruin. *(ολέθρια)* devastate

καταστροφή *(η)* destruction. *(ολέθρια)* catastrophe. *(συμφορά)* disaster. *(μεταφ)* ruin

κατάστρωμα *(το)* deck

καταστρώνω *ρ μτβ* lay *(plans)*

κατάσχεση *(η)* confiscation. *(εμπορευμάτων)* seizure

κατάσχω *ρ μτβ* confiscate. *(νομ)* impound. *(απλήρωτη περιουσία)* repossess. *(εμπορεύματα)* seize

κατάταξη *(η)* rating. *(στρ)* enlistment

κατατάσσ|ω *ρ μτβ* rank. *(σε διαγωνισμό)* place. **~ομαι** *(στο στρατό)* *ρ αμτβ* enlist

κατατοπίζω *ρ μτβ* put in the picture

κατατρεγμός *(ο)* victimization. *(δίωξη)* persecution

κατατρέχω *ρ μτβ* *(διώκω)* persecute. *(προσπαθώ να βλάψω κπ)* victimize

καταρομάζω *ρ αμτβ* be scared stiff

κατατροπώνω *ρ μτβ* thrash, defeat

καταυλισμός *(ο)* encampment

καταφανής *επίθ* very obvious, evident

καταφατικός *επίθ* affirmative

καταφέρνω *ρ μτβ* achieve. *(πείθω)* persuade. *(μεταφ)* pull off

καταφέρ|ω *ρ μτβ* deal. **~ομαι** *ρ αμτβ (εναντίον)* attack *(verbally)*

καταφεύγω ρ αμτβ take refuge. **~ σε** (προσφεύγω) fall back on. (μεταφ) resort to

καταφθάνω ρ αμτβ roll up, arrive

κατάφορτος επίθ weighed down (με with)

καταφύγιο (το) refuge. (από καιρικές συνθήκες) shelter. (για πλοία) haven. (για προστασία) sanctuary. (στρ) bunker

κατάφωρος επίθ flagrant

καταχαρούμενος επίθ overjoyed

κατάχλομος επίθ ghastly, deathly pale

καταχνιά (η) haze, mist

κατάχρηση (η) misuse. (εμπιστοσύνης) breach. (σε επάγγελμα) malpractice. (χρημάτων) embezzlement

καταχρώμαι ρ αμτβ misuse. (χρήματα) embezzle

καταχώρηση (η) entry (on list)

καταχωρίζω ρ μτβ enter (in a book)

καταψύκτης (ο) freezer. **~χω** ρ μτβ freeze

κατάψυξη (η) deep-freeze

κατεβάζω ρ μτβ lower. (αεροπλάνο) down. (από ψηλά) pull down. (κεφάλι) hang. (λεφτά) cough up (λαϊκ). (ποτό) swill. (τιμές) knock down. (φόρεμα) let down. (Η/Υ) download

κατεβαίνω ρ αμτβ come down. (από αυτοκίνητο) get out. (από βουνό) descend. (από ζώο) dismount. (σκάλα) climb down

κατεδαφίζω ρ μτβ demolish

κατεδάφιση (η) demolition

κατεξοχήν επίρρ principally

κατεπείγ|ων επίθ urgent. **~ον** express (post)

κατεργάζομαι ρ μτβ process

κατεργάρης επίθ crafty

κατευθείαν επίρρ direct, straight

κατεύθυνση (η) direction

κατευθύν|ω ρ μτβ direct. (οδηγώ) guide. **~ομαι προς** ρ μτβ head for

κατευνάζω ρ μτβ appease. (καταπραΰνω) calm down

κατευχαριστημένος επίθ delighted

κατέχω ρ μτβ possess. (εξουσιάζω) dominate. (έχω ιδιοκτησία) own. (θέμα) know well. (θέση) occupy

κατηγορηματικός επίθ categorical. (άρνηση) flat. (απερίφραστος) unequivocal. (βέβαιος) positive. (τρόπος) emphatic

κατηγορητήριο (το) indictment

κατηγορία¹ (η) accusation. (νομ) charge. (στο δικαστήριο) indictment

κατηγορία² (η) category. (τάξη) class

κατήγορος (ο) prosecutor

κατηγορούμενο (το) predicate

κατηγορ|ούμενος (ο), **~ουμένη** (η) (the) accused

κατηγορώ ρ μτβ accuse. (ασκώ δικαστική δίωξη) indict. (νομ) charge

κατήφεια (η) gloom

κατηφορίζω ρ αμτβ walk downhill. (έδαφος) slope

κατηφορικός επίθ sloping downward

κατήφορος (ο) (downhill) slope. (μεταφ) downhill

κατήχηση (η) indoctrination. (εκκλ) catechism

κατηχητικό (το) Sunday school

κατηχώ ρ μτβ indoctrinate

κάτι αντων something. (μερικοί) some

κάτισχνος επίθ emaciated

κατιφές (ο) marigold

κατοίκηση (η) habitation

κατοικία (η) dwelling. (οικία) residence

κατοικίδιος επίθ domestic (animal)

κάτοικος (ο, η) inhabitant. (κτιρίου) resident. (πόλεως) citizen. (σπηλαίου) dweller

κατοικώ ρ μτβ/αμτβ inhabit. (διαμένω) reside

κατολίσθηση (η) landslide

κατόπι επίρρ (πίσω) after. (έπειτα) following

κατόρθωμα (το) achievement, feat. (ανδραγάθημα) exploit

κατορθώνω ρ μτβ achieve. (επιτυγχάνω) succeed (να κάνω, in doing

κατουρώ ρ αμτβ have a pee

κατοχή (η) possession. (από ξένες δυνάμεις) occupation. (θέματος) command, mastery

κάτοχος (ο, η) occupier. (θέσης) holder. (κύριος) owner

κατοχυρώνω ρ μτβ safeguard

κατρακυλώ ρ αμτβ tumble down

κατσαβίδι (το) screwdriver

κατσάδα (η) dressing down

κατσαδιάζω ρ μτβ tell off

κατσαρίδα (η) cockroach

κατσαρόλα (η) saucepan. (πήλινη) casserole

κατσαρός επίθ wavy (hair)

κατσίκα (η) goat

κατσικάκι (το) kid

κατσούφης επίθ surly.

~ιασμα (το) scowl

κατσουφιά (η) surliness. **~ζω** ρ αμτβ scowl

κάτω επίρρ down, below. (λιγότερο) under. **προς τα ~** downwards. **στο κάτω κάτω** (της γραφής) after all. • επίθ lower. **οι ~ Χώρες** the Netherlands

κατώτατος επίθ βλ **κάτω**. lowest

κατώτερος επίθ βλ **κάτω**. lower. (σε βαθμό) junior. (σε ποιότητα) inferior. • (ο, η) inferior

κατωτερότητα (η) inferiority

κατωτέρω επίρρ below

κατώφλι (το) doorstep. (μεταφ) threshold

καυγάς (ο) βλ **καβγάς**

καυσαέρια (τα) exhaust gases

καυσέλαιο (το) fuel oil

καύση (η) burning. (μηχ) combustion. **~ιμα** (τα) fuel

καυστήρας (ο) (gas) burner

καυστικός επίθ caustic

καύσωνας (ο) heat wave

καυτερός επίθ scorching. (υγρό) boiling hot. (φαγητό, στη γεύση) hot

καυτηριάζω ρ μτβ cauterize. (μεταφ) castigate

καύχηση (η) boast

καυχησιάρης επίθ boastful

καυχιέμαι ρ αμτβ boast

καφάσι (το) lattice

καφασωτό (το) trellis

καφέ επίθ άκλ brown

καφεΐνη (η) caffeine

καφενείο (το) coffee shop

καφεν|ές (ο) βλ **καφενείο**

καφές (ο) coffee

καφετερία (η) café. (με αυτοεξυπηρέτηση) cafeteria

καφετζ|ής (ο), **-ού** (η) coffee shop owner

καφετιέρα (η) coffee-pot. (με φίλτρο) percolator

καχεκτικός επίθ sickly

καχύποπτος επίθ distrustful

καχυποψία (η) distrust

καψαλίζω ρ μτβ singe. (ο ήλιος) scorch

κάψιμο (το) burn

κάψουλα (η) capsule

καψούλι (το) cap (of cartridge)

κέδρο (το) cedar

κέδρος (ο) βλ **κέδρο**

κέικ (το) άκλ cake

κείμενο (το) text

κειμήλιο (το) relic. (οικογενειακό) heirloom

κελάηδημα (το) song (of a bird)

κελαηδώ ρ αμτβ sing. (φλυαρώ) prattle on

κελάρι (το) cellar. (μικρό) larder

κελαρύζω ρ αμτβ babble (of stream)

κελεπούρι (το) windfall

κελί (το) cell (prisoner's, monk's)

Κελσίου άκλ centigrade

Κέλτης (ο) Celt

κελτικός επίθ Celtic

κενό (το) void. (διάστημα) gap. (μηχ) vacuum. (μεταφ)

emptiness. **~ αέρος** air pocket

κενός επίθ empty. (λόγια) idle. (σπίτι, κάθισμα) vacant

κενοτάφιο (το) cenotaph

κέντημα (το) embroidery

κεντητός επίθ embroidered

κεντρί (το) sting

κεντρίζω ρ μτβ sting. (μεταφ) goad

κεντρικ|ός επίθ central. **~ός δρόμος** (ο) main street. **~ά γραφεία** head office

κέντρισμα (το) sting. (μεταφ) spur (stimulus)

κέντρο (το) centre. (μεταφ) hub. (προσοχής) focus. **~τηλεφωνικής βοήθειας** (ο) call centre. **νυχτερινό ~** night-club. **τηλεφωνικό ~** telephone exchange

κεντώ ρ μτβ embroider. (τσιμπώ) prick

Κένυα (η) Kenya

κεραία (η) antenna. (πεταλούδας) feeler. (ραδιοφώνου) aerial

κεραμίδι (το) (roof) tile

κεραμικ|ά (τα) ceramics. **~ή** (η) ceramics. **~ός** επίθ ceramic

κέρας (το) horn (music)

κεράσι (το) cherry

κερασιά (η) cherry-tree

κέρασμα (το) treat

κέρατο (το) horn. (ελαφιού, με διακλαδώσεις) antler

κεραυνοβόλος επίθ lightning

κεραυνόπληκτος επίθ thunderstruck. (μεταφ) stunned

κερδίζω ρ μτβ win. (αντίπαλο) beat. (βραβείο) carry off.

(εμπιστοσύνη, χρόνο) gain.
(επωφελούμαι) profit from.
(λεφτά) earn. (πόντους) score.
• ρ αμτβ look better

κέρδο|ς (το) profit. (όφελος)
benefit. (μεταφ) gain. **~η** (τα)
(από τυχερά παιχνίδια)
winnings. (από δουλειά)
earnings. (εμπορ) returns

κερδοσκοπία (η) profiteering.
(με επενδύσεις) speculation

κερδοσκόπος (ο, η) profiteer.
(με επενδύσεις) speculator

κερδοσκοπώ ρ αμτβ speculate

κερήθρα (η) honeycomb

κερί (το) candle. (ουσία) wax

κερκίδα (η) tier (in stadium)

Κέρκυρα (η) Corfu

κέρμα (το) token (for game
machines). (νόμισμα) coin

κερματοδέκτης (ο) coin-
operated machine. (τηλέφωνο)
payphone

κερνώ ρ μτβ **να σας κεράσω
ένα ποτό;** can I buy you a
drink?

κερώνω ρ μτβ wax. • ρ αμτβ
(μεταφ) go white as a sheet

κεσές (ο) yoghurt tub

κεφάλαι|ο (το) (σε βιβλίο)
chapter. (χρήματα) capital. **~α**
(τα) funds

κεφαλαιοκρ|ατία (η)
capitalism. **~άτης** (ο)
capitalist

κεφαλαίο|ς επίθ capital. **~** (το)
capital letter

κεφαλαιώδ|ης επίθ capital.
~ους σημασίας of utmost
importance

κεφαλή (η) head

κεφάλι (το) head

κεφαλιά (η) header

κεφαλόπονος (ο) headache

κεφαλόσκαλο (το) landing (top
of stairs)

κεφαλοτύρι (το) type of cheese

κεφάτος επίθ cheerful

κέφι (το) high spirits

κεφτές (ο) meatball

κεχρί (το) millet

κεχριμπάρι (το) amber

κηδεία (η) funeral

κηδεμόνας (ο, η) guardian

κήλη (η) hernia

κηλίδα (η) stain. (στίγμα) blot.
(στο δέρμα) blemish

κηλιδώνω ρ μτβ stain. (όνομα)
smear. (μεταφ) tarnish

κήπος (ο) garden

κηπουρική (η) gardening

κηπουρός (ο, η) gardener

κηροζίνη (η) kerosene

κηροπήγιο (το) candlestick

κήρυγμα (το) sermon

κήρυκας (ο) crier. (εκκλ)
preacher

κήρυξη (η) declaration

κηρύσσω ρ μτβ proclaim.
(εκκλ) preach

κηφήνας (ο) drone. (μεταφ)
layabout

κιάλια (τα) binoculars. (της
όπερας) opera glasses

κίβδηλος (επίθ) forged. (μεταφ)
fake

κιβώτιο (το) crate. (μπαούλο)
chest. (μπίρας) case. **~
ταχύτητων** gearbox

κιβωτός (η) (θρησκ) ark

κιγκλίδωμα (το) railing.
(σκάλας) balustrade

κιθάρα (*η*) guitar

κιθαριστής (*ο*), **~ίστρια** (*η*) guitarist

κιλό (*το*) kilo

κιλοβάτ (*το*) *άκλ* kilowatt

κιλότα (*η*) (*γυναικεία*) briefs, panties. (*ιππασίας*) breeches

κιμάς (*ο*) mince (meat). (*μεταφ*) pulp

κιμονό (*το*) kimono

κιμωλία (*η*) chalk

Κίνα (*η*) China

κινδυνεύω *ρ μτβ* risk. (*διακινδυνεύω*) endanger. • *ρ αμτβ* be in danger

κίνδυνος (*ο*) danger, risk. (*δυσάρεστη έκβαση*) peril. (*εμπόδιο*) hazard

κινέζικος *επίθ* Chinese

Κινέζ|ος (*ο*), **~α** (*η*) Chinese

κίνημα (*το*) movement

κινηματογράφος (*ο*) cinema

κινηματογραφώ *ρ μτβ* film

κίνηση (*η*) move. (*απότομη*) jerk. (*δραστηριότητα*) (hustle and) bustle. (*ενέργεια του κινώ*) movement. (*κυκλοφορία*) traffic. (*με τα χέρια*) gesture. (*μηχ*) drive. (*πλοίου*) motion

κινητήρας (*ο*) engine

κινητό|ς *επίθ* movable. (*που μετακινείται*) mobile. **~ τηλέφωνο** (*το*) mobile (phone), cell phone

κίνητρο (*το*) incentive. (*αιτία*) motive. (*ό, τι κινεί σε δράση*) motivation

κινίνο (*το*) *βλ* quinine

κιν|ώ *ρ μτβ* move. (*διεγείρω*) stir, stimulate. (*θέτω σε λειτουργία*) drive. (*μετακινώ*)

transport. • *ρ αμτβ* set off. (*μεταφ*) set out. **~ούμαι** *ρ αμτβ* move

κιόλα(ς) *επίρρ* already. (*επιπλέον*) on top of that

κιόσκι (*το*) kiosk. (*σε κήπο*) gazebo

κιρσός (*ο*) varicose vein

κίσσα (*η*) jay

κισσός (*ο*) ivy

κιτριά (*η*) citron (tree)

κιτρινιάρης *επίθ* sallow

κιτρινίζω *ρ αμτβ* turn pale. (*ξεθωριάζω*) discolour

κίτρινο|ς *επίθ* yellow. (*χλομός*) pale. **~** (*το*) yellow

κίτρο (*το*) citron

κίχλη (*η*) thrush (*bird*)

κλαβεσίνο (*το*) harpsichord

κλαγγή (*η*) clang

κλαδάκι (*το*) sprig, twig

κλάδεμα (*το*) pruning

κλαδευτήρι (*το*) secateurs

κλαδεύω *ρ μτβ* prune

κλαδί (*το*) branch

κλάδος (*ο*) (*δέντρου*) bough. (*τμήμα συνόλου*) branch

κλαί|ω *ρ αμτβ* cry. (*από λύπη*) weep. **~ με λυγμούς** sob. **~ομαι** *ρ αμτβ* whine

κλακέτες (*οι*) tap-dance

κλάμα (*το*) cry, weep

κλάνω *ρ αμτβ* break wind

κλάξον (*το*) (*car*) horn

κλαρί (*το*) branch (*of tree*)

κλαρίνο (*το*) clarinet

κλάση (*η*) class, category. (*ηλικίας*) age group

κλασικός *επίθ* classic. (*της αρχαιότητας*) classical. **~ές σπουδές** (*οι*) classics

κλάσμα (το) fraction

κλάψα (η) whimpering

κλαψιάρης επίθ whining. **~** (ο) cry baby, whiner

κλαψουρίζω ρ αμτβ whine. **~ παραπονεμένα** whimper

κλέβ|ω ρ μτβ steal. (ζώα) rustle. (ληστεύω) rob. (σε μικρές ποσότητες) pilfer. (μεταφ) cheat. **~ομαι** ρ αμτβ elope

κλείδα (η) collar bone

κλειδαράς (ο) locksmith

κλειδαριά (η) lock

κλειδαρότρυπα (η) keyhole

κλειδί (το) key. (γαλλικό) spanner. (μουσ) clef. (σιδηρ) switch

κλείδωμα (το) locking. (μεταφ) locking in

κλειδώνω ρ μτβ lock. • ρ αμτβ lock up.

κλείδωση (η) joint. (δάχτυλα) knuckle

κλείθρο (το) latch

κλείνω ρ μτβ close, shut. (βρύση) turn off. (διακόπτω τη λειτουργία) shut down. (επιχείρηση) wind up. (ηλεκτρ) switch off. (θέση) book, reserve. (συμφωνία) clinch. (τηλέφωνο) hang up. (φράζω) block. • ρ αμτβ close. (παύω λειτουργία) fold. (πληγή) heal

κλείσιμο (το) closure. (διακοπή λειτουργίας) shut-down

κλεισούρα (η) confinement. (μυρωδιά) musty smell

κλειστός επίθ closed. (καιρός) close. (περιφραγμένος) walled-in. (χαρακτήρας) uncommunicative. **~ή πισίνα** (η) indoor swimming pool

κλειστοφοβία (η) claustrophobia

κλεπτομανής (ο, η) kleptomaniac

κλέφτης¹ (ο) kleft (armed Greek insurgent in the Turkish occupation of Greece)

κλέφτ|ης² (ο), **~ρα** (η) thief. (ειδών καταστημάτων) shop-lifter

κλεφτός επίθ furtive

κλεψιά (η) thieving. (από μαγαζιά) shop-lifting

κλέψιμο (το) stealing

κλήμα (το) vine

κληματαριά (η) pergola (for a vine)

κληματόφυλλο (το) vine leaf

κληρικός επίθ clerical. **~** (ο) clergyman

κληροδότημα (το) bequest

κληροδοτώ ρ μτβ bequeath

κληρονομι|ά (η) inheritance, legacy. (πνευματική) heritage

κληρονομικός επίθ hereditary

κληρονόμος (ο) heir. **~** (η) heiress

κληρονομώ ρ μτβ inherit

κλήρος¹ (ο) clergy

κλήρος² (ο) lot. (μέρος γής) share. **ρίχνω ~** draw lots. **~ωση** (η) (lottery) draw

κληρών|ω ρ μτβ draw (in lottery). **~ομαι** ρ αμτβ be drawn

κλήση (η) call. (μαρτύρων) subpoena. (νομ) summons. (τηλεφωνική) phone call. (τροχαίας) ticket (fine)

κλητήρας (ο) summons

κλητεύω ρ μτβ (μάρτυρες) subpoena

κλητήρας (ο) usher

κλητική (η) (γραμμ) vocative (case)

κλίβανος (ο) furnace. (για αποτέφρωση) incinerator. (για πήλινα) kiln

κλικ (το) άκλ click

κλίκα (η) clique

κλίμα (το) climate

κλίμακα (η) ladder. (ιδεών) spectrum. (μουσ, για χάρτες) scale. (σειρά) range

κλιμακτήριος (η) change of life (menopause)

κλιμακώνω ρ μτβ scale. (αναπτύσσω σε φάσεις) stagger. (σε ένταση) escalate

κλιματισμός (ο) air conditioning

κλίνη (η) bed

κλινήρης επίθ confined to bed

κλινική (η) clinic

κλινικός επίθ clinical

κλίνω ρ μτβ (κεφάλι) bow. (γραμμ) decline. (ρήμα) conjugate. • ρ αμτβ slope. (αεροπλάνο) bank. (αλλάζω θέση) lean. (πλοίο) list. (τείνω) be inclined

κλισέ (το) άκλ cliché

κλίση (η) incline. (γραμμ) declension. (ρήματος) conjugation. (εδάφους) slope. (επιφανείας) gradient. (πλοίου) tilt. (προδιάθεση) inclination. (ταλέντο) flair, aptitude

κλισιοσκόπιο (το) (gun) sight

κλοιός (ο) (σε χέρια) shackle. (γύρω από λαιμό) collar. (μεταφ) cordon

κλομπ (το) άκλ truncheon, club

κλονίζω ρ αμτβ shake. **~ομαι** ρ μτβ (θάρρος) waver. (υγεία) fail

κλονισμός (ο) shaking. (ιατρ) shock. **νευρικός ~** nervous breakdown

κλώνος (ο) clone

κλοπή (η) theft

κλοτσιά (η) kick

κλοτσώ ρ μτβ kick

κλούβα (η) large cage. (μεταφ) jail

κλουβί (το) cage. Κύπρ (μωρού) play-pen

κλούβιος επίθ (αβγό) rotten. (μεταφ) empty-headed

κλπ. συντ (και λοιπά) etc

κλύσμα (το) enema

κλώθω ρ μτβ spin

κλωνάρι (το) stick (of celery etc.)

κλώσα (η) broody hen

κλωσόπουλο (το) chick

κλωστή (η) thread

κλωτσώ ρ μτβ βλ **κλοτσώ**

κνήμη (η) calf

κνησμός (ο) itching

κοάζω ρ αμτβ croak

κόβω ρ μτβ cut. (δέντρα) fell. (διακόπτω) interrupt. (κινημ, ταινία) edit. (κρέας σε φέτες) carve. (λουλούδια) pick. (ξύλα) chop. (σε εξετάσεις) fail. (σταφύλια) gather. (τηλέφωνο, ηλεκτρ) cut off. (τσιγάρο, food) give up. **~ομαι** ρ αμτβ cut o.s.. (παρακουράζομαι) feel exhausted. **~ω δρόμο** take a short cut. **~ πίσω** lag behind. **έκοψαν τήν καλημέρα** they are no longer on speaking terms

κογκρέσο (το) Congress

κόγχη (η) (eye) socket

Κοζάκος (*ο*) Cossack

κοιλάδα (*η*) valley. (*γεωγρ*) basin

κοιλιά (*η*) belly. (*ιατρ*) abdomen. (*καθομ*) tummy. (*καθομ*) (*μεγάλο στομάχι*) paunch, potbelly

κοιλόπονος (*ο*) tummy ache

κοιλοπονώ *ρ αμτβ* be in labour

κοίλος *επίθ* concave. (*κούφιος*) hollow

κοιλότητα (*η*) cavity. **~ του στομαχιού** pit of the stomach

κοίλωμα (*το*) recess

κοιμάμαι *ρ αμτβ βλ* **κοιμούμαι**

κοιμητήριο (*το*) graveyard

κοιμίζω *ρ μτβ* put to bed

κοιμισμένος *επίθ* asleep. **~** (*ο*) slowcoach

κοιμούμαι *ρ αμτβ* sleep. (*αργά να αντιδράσω*) be sluggish

κοινή (*η*) *the form of Greek which prevailed in antiquity*

κοινό (*το*) public

κοινόβιο (*το*) commune

κοινοβουλευτικός *επίθ* parliamentary

κοινοβούλιο (*το*) parliament

κοινοποίηση (*η*) public announcement, (*επιστολή, έκθεση*) circulation

κοινοπολιτεία (*η*) commonwealth

κοινοπραξία (*η*) consortium

κοιν|ός *επίθ* common. (*αμοιβαίος*) mutual. (*ευτελής*) mundane. (*λογαριασμός, ανακοινωθέν*) joint. (*προσπάθεια*) concerted. (*που συναντάται συνήθως*) commonplace. (*συνηθισμένος*)

ordinary. **Κ~ή Αγορά** (*η*) Common Market. **~ή λογική** (*η*) common sense. **από ~ού** in common with, jointly

κοινοτάρχης (*ο*) head of a community

κοινότητα (*η*) community

κοινοτοπία (*η*) banality, platitude

κοινότοπος *επίθ* banal

κοινόχρηστα (*τα*) service charges

κοινόχρηστος *επίθ* communal

κοινωνία (*η*) society

κοινωνικοποιώ *ρ μτβ* socialize. (*εθνικοποιώ*) nationalize

κοινωνικ|ός *επίθ* social. (*άνθρωπος*) sociable. **~ός λειτουργός** (*ο, η*) social worker. **~ή ασφάλιση** (*η*) social security

κοινωνιολόγος (*ο, η*) sociologist

κοιτάζω *ρ μτβ* look (at). (*εξετάζω*) look at, look through. (*εξετάζω άρρωστο*) examine. (*με ηαυχία, σε μαγαζί*) browse. (*παρατηρώ*) eye. (*φροντίζω*) look after. **~ επίμονα** stare, gaze (at)

κοίτασμα (*το*) deposit

κοίτη (*η*) (river) bed

κοιτίδα (*η*) cradle

κοιτώνας (*ο*) dormitory

κοκ (*το*) *άκλ* coke (*solid fuel*)

κ.ο.κ. *συντ* (*και ούτω καθεξής*) and so on

κοκαΐνη (*η*) cocaine

κόκα κόλα (*η*) Coke

κοκαλιάζω *ρ αμτβ* get dry and hard. (*κρυώνω*) go numb (with cold). **~ρης** *επίθ* bony

κόκαλο (*το*) bone. (*για παπούτσια*) shoehorn

κοκαλώνω *ρ αμτβ* stiffen. (*μεταφ*) be struck dumb

κοκέτα (*η*) coquette

κοκέτης (*o*) coquet

κοκίτης (*o*) whooping cough

κοκκινέλι (*το*) wine of reddish colour

κοκκινίζω *ρ μτβ* redden, dye red. • *ρ αμτβ* blush

κοκκινογούλι (*το*) beetroot

κοκκινολαίμης (*o*) (*πουλί*) robin

κόκκινο|ς *επίθ* red. ~ (*το*) red

κόκκος (*o*) grain. (*καφέ*) bean. (*μικρός*) granule

κοκοράκι (*το*) cockerel

κόκορας (*o*) cock. (*όπλου*) cock

κοκορέτσι (*το*) dish of stuffed lamb intestines cooked on charcoal

κοκότα (*η*) tart

κοκτέιλ (*το*) *άκλ* cocktail

κολάζ (*το*) *άκλ* collage

κολάζω *ρ μτβ* punish. (*κάνω να αμαρτήσει*) scandalize

κόλακας (*o*) flatterer

κολακεία (*η*) flattery

κολακευτικός *επίθ* flattering. (*τιμητικός*) complimentary

κολακεύω *ρ μτβ* flatter

κολάρο (*το*) collar. (*εκκλ*) dog collar

κόλαση (*η*) hell. (*μεταφ*) inferno

κολατσίζω *ρ αμτβ* eat a snack

κολατσιό (*το*) quickly prepared breakfast

κολέγιο (*το*) college

κολιέ (*το*) *άκλ* string (of pearls). (*περιδέραιο*) necklace

κολιός (*o*) *Κύπρ* jackdaw

κόλλα (*η*) sheet of paper. (*για επικόλληση*) glue. (*για σκλήρυνση*) starch

κολλάρω *ρ μτβ* starch

κολλητικός *επίθ* adhesive. (*μεταδοτικός*) catching

κολλιτσίδα (*η*) hanger-on

κόλλυβα (*τα*) boiled corn, currants, sugar etc eaten at a funeral

κολλώ *ρ μτβ* stick, glue. (*με κολλητική ταινία*) tape. (*αρρώστια*) catch, infect. (*μεταφ*) cling to. • *ρ αμτβ* stick. (*μηχ*) jam. (*σε ένα ορισμένο σημείο*) lodge

κολλώδης *επίθ* sticky. (*μεταφ*) starchy

κολοκύθι|α (*η*) pumpkin. ~ι (*το*) marrow

κολοκυθάκι (*το*) courgette

κόλον (*το*) (*ιατρ*) colon

κολόνα (*η*) pillar, column

κολόνια (*η*) eau-de-Cologne

κολοσσιαίος *επίθ* colossal

κολοσσός (*o*) colossus

κολπίσκος (*o*) creek

κόλπο (*το*) trick. (*απάτη*) ploy. (*πονηριά*) ruse

κόλπ|ος (*o*) bay. (*μεγάλος*) gulf. (*αγκαλιά*) bosom. (*ιατρ*) sinus. (*της γυναίκας*) vagina

κολυμβητής (*o*), ~ήτρια (*η*) swimmer

κολυμπήθρα (*η*) font

κολύμπι (*το*) swim

κολυμπώ *ρ αμτβ* swim

κόμβος (*o*) (*ναυτ*) knot

κόμης (*o*) count

κόμικς (*τα*) *άκλ* comic

κόμισσα *(η)* countess

κόμμα *(το)* *(πολ)* party. *(γραμμ)* comma. *(μαθημ)* decimal point

κομματάκι *(το)* scrap. *(νόστιμο)* morsel

κομμάτι *(το)* piece. *(μεγάλο)* hunk. *(μεγάλο, παγωτού)* dollop. *(σιντρίμμι)* fragment. *(κιμωλίας)* stick. *(κοπέλα)* smasher. **το ~** apiece, each

κομματιάζω *ρ μτβ* break to pieces

κομμένος *επίθ* weary. *(γάλα)* sour. *(ξεθωριασμένος)* faded. *(σε εξετάσεις)* failed

κόμμωση *(η)* hairdo

κομμ|ωτής *(ο)*, **~ώτρια** *(η)* hairdresser, hair stylist

κομήτης *(ο)* comet

κομό *(το)* *άκλ* chest of drawers

κομοδίνο *(το)* bedside table

κομουνισμός *(ο)* communism

κομουν|ιστής *(η)*, **~ίστρια** *(ο)* communist

κομπάζω *ρ αμτβ* brag

κομπάρσος *(ο)* *(κτνημ)* extra

κομπασ|μός *(ο)* bragging. **~τικός** *επίθ* bombastic

κομπέρ *(ο)* *άκλ* compère

κομπιάζω *ρ αμτβ* *(διστάζω)* hesitate. *(δυσκολεύομαι)* falter

κομπίνα *(η)* racket, swindle

κομπιούτερ *(ο, το)* *άκλ* computer

κομπλιμέντο *(το)* compliment

κομπογιαννίτης *(ο)* quack

κομπόδεμα *(το)* nest-egg

κομπολόι *(το)* string of beads

κόμπος *(ο)* knot. *(στο λαιμό)* lump

κομπόστα *(η)* stewed fruit

κομπρέσα *(η)* *(ιατρ)* compress

κομφετί *(το)* *άκλ* confetti

κομφορμιστής *(ο)* conformist

κομψεύομαι *ρ αμτβ* smarten up

κομψός *επίθ* elegant, smart

κομψότητα *(η)* elegance, smartness

κονδύλιο *(το)* *sum allocated for a purpose*

κόνδυλος *(ο)* nodule

κονιάκ *(το)* *άκλ* brandy

κονίαμα *(το)* mortar

κονιοποιώ *ρ μτβ* pulverize. *(χάπι)* powder

κονκάρδα *(η)* badge

κονσέρβα *(η)* tin

κονσόλα *(η)* console

κοντά *επίρρ* near, close. *(περίπου)* about. *(σε σύγκριση)* compared to. **εδώ ~** near by

κονταίνω *ρ μτβ* take up, shorten. • *ρ αμτβ* shrink

κοντάρι *(το)* pole. *(όπλο)* spear. *(σημαίας)* flag pole

κοντεύ|ω *ρ αμτβ* draw near. **~ει να λιποθυμήσει** he/she is about to faint. • *ρ αμτβ* **~ουμε να φτάσουμε** we are nearly there

κοντινός *επίθ* close, nearby

κοντίσιονερ *(το)* *άκλ* conditioner

κοντός *επίθ* short

κοντοστέκομαι *ρ αμτβ* stop short. *(διστάζω να προχωρήσω)* hesitate to move on

κοντραμπάσο *(το)* double-bass

κοντραπλακέ *(το)* *άκλ* plywood

κόντρα φιλέτο *(το)* rump steak

κοντσέρτο *(το)* concerto

κοπάδι (το) flock. (ανθρώπων) herd. (λιονταριών) pride. (λύκων) pack. (ψαριών) shoal

κοπάζω ρ αμτβ abate. (άνεμος) die down. (θύελλα) subside

κοπανίζω ρ μτβ pound. (δέρνω) thrash. (τρίβω) grind

κοπέλα (η) young lady

κοπιά|ζω ρ αμτβ work hard. **~στε!** come in!

κόπο|ς (ο) trouble. **~οι** (οι) pains

κόπρανα (τα) stools. (ζώων) dung

κοπριά (η) manure

κοπρόσκυλο (το) (μεταφ) scum

κοπρόχωμα (το) compost

κοπτικός επίθ Coptic

κόπωση (η) fatigue

κόρα (η) crust

κόρακας (ο) raven

κοράκι (το) crow

κοράλλι (το) coral

κοράνι (το) Koran

κορδέλα (η) ribbon. (καπέλου) band

κορδόνι (το) cord. (παπουτσιού) shoelace

κορδώνομαι ρ αμτβ swagger

Κορέα (η) Korea

κορεσμός (ο) saturation

κόρη (η) daughter. (κοπέλα) maiden (old use). (του ματιού) pupil

κοριός (ο) bedbug. (για υποκλοπή συνομιλιών) bug (telephone)

κοριτσάκι (το) young girl

κορίτσι (το) girl

κορίται (το) girl

κορμί (το) body

κορμός (ο) (ανθρώπου) torso. (δέντρου) trunk

κορμοστασιά (η) build

κορνάρισμα (το) honk, toot

κορνάρω ρ αμτβ hoot

κορνέτα (η) (μουσ) cornet

κορνίζα (η) (αρχιτ) cornice. (πίνακας) frame

κοροϊδεύω ρ μτβ make fun of. (εξαπατώ) take s.o. for a ride. • ρ αμτβ kid

κοροϊδία (η) jeer, mockery

κορόιδο (το) dupe. (εύκολο θύμα) sucker

κορόνα (η) crown. (νόμισμα) Krone, Krona. **~ ή γράμματα**; heads or tails?

κορσές (ο) corset

Κορσική (η) Corsica

κορτάρω ρ μτβ court, flirt with

κόρτε (το) άκλ courtship

κορυδαλλός (ο) lark

κορυφαίος επίθ topmost, top

κορυφή (η) top. (βουνού) peak. (κεφαλής) crown. (κύματος) crest. (λόφου) brow. (μεταφ) summit

Κος συντ (κύριος) Mr

κοσκινίζω ρ μτβ sieve. (μεταφ) sift

κόσκινο (το) sieve

κοσμάκης (ο) common people

κόσμημα (το) jewel. **κοσμήματα** (τα) jewellery

κοσμητικός επίθ cosmetic. (για στολισμό) decorative

κοσμικός επίθ profane. (εκκλ) secular. (κοινωνικός) social. (του σύμπαντος) cosmic

κόσμιος επίθ seemly

κοσμήτ|ορας (*ο*), **κοσμήτρια** (*η*) dean

κοσμοναύτης (*ο*) cosmonaut

κοσμοπολιτικός *επίθ* cosmopolitan

κόσμος (*ο*) world. (*σύμπαν*) cosmos

κοσμοχαλασιά (*η*) mayhem

κοστίζω *ρ αμτβ* cost

κοστολογώ *ρ μτβ* cost

κόστος (*το*) cost

κοστούμι (*το*) suit

κότα (*η*) hen

κοτέτσι (*το*) coop

κοτλέ (*το*) *άκλ* cord, corduroy

κοτολέτα (*η*) cutlet

κοτόπουλο (*το*) chicken

κοτσίδα (*η*) pigtail

κοτσονάτος *επίθ* hale, robust

κότσος (*ο*) bun (*hair*)

κοτσύφι (*το*) blackbird

κουαρτέτο (*το*) quartet

Κούβα (*η*) Cuba

κουβαλώ *ρ μτβ* cart. (*μετακομίζω*) move house. (*παρά τη θέλησή*) drag

κουβάρι (*το*) ball (*of yarn*)

κουβαρίστρα (*η*) skein

κουβάς (*ο*) bucket

κουβέντα (*η*) chat

κουβεντιάζω *ρ αμτβ* chat

κουβεντολόι (*το*) chitchat. **~ούλα** (*η*) small talk

κουβέρ (*το*) *άκλ* cover charge

κουβέρτα (*η*) blanket

κουβερτούλα (*η*) (plaid) rug

κουδούνι (*το*) (door) bell

κουδουνίζω *ρ αμτβ* ring. (*κλειδιά, κουδούνια*) jingle.

(*νομίσματα*) chink. (*ποτήρια*) tinkle. (*τρέμω*) rattle

κουδούνισμα (*το*) ring. (*κλειδιών*) jingle. (*νομισμάτων*) chink. (*ποτηριών*) tinkle

κουδουνίστρα (*η*) rattle

κουζίνα (*η*) kitchen. (*μαγειρική*) cooking. (*πλοίου*) galley. (*συσκευή*) stove, cooker

κουζινέτο (*το*) (*μηχ*) bearing

κουζινίτσα (*η*) kitchenette

κουίζ (*το*) *άκλ* quiz

κουιντέτο (*το*) quintet

κουκέτα (*η*) berth. (*για παιδιά*) bunk bed. (*σε τρένο*) sleeper

κουκί (*το*) broad bean

κουκκίδα (*η*) speck. (*στίγμα*) dot

κούκλα (*η*) doll. (*στη ραπτική*) dummy

κουκλοθέατρο (*το*) puppet theatre

κούκος (*ο*) cuckoo

κουκουβάγια (*η*) owl

κουκούλα (*η*) cowl. (*σε παλτό*) hood

κουκούλι (*το*) cocoon

κουκουλώνω *ρ μτβ* wrap up well. (*μεταφ*) cover up

κουκουνάρι (*το*) pine cone

κουκούτσι (*το*) pip. (*μεγάλο, σε φρούτο*) stone

κουλούρ|α (*η*) bread in the shape of a large ring. (*σύρματος, φιδιού*) coil. (*σε εξετάσεις*) zero. **~ι** (*το*) bread roll in the shape of a ring

κουλουριάζομαι *ρ αμτβ* curl (o.s.) up

κουλτούρα (*η*) culture

κουμπάρα (*η*) bridesmaid

κουμπαράς (ο) piggy bank

κουμπάρος (ο) best man

κουμπί (το) button. (επιλογής σταθμών) tuner (radio, TV)

κουμπότρυπα (η) buttonhole

κουμπώνω ρ μτβ button, do up

κουνάβι (το) ferret

κουνελάκι (το) bunny

κουνέλι (το) rabbit

κούνημα (το) shake. (πλοίου) roll. (χεριού) wave

κούνια (η) swing (see-saw). (μωρού) cradle

κουνιάδα (η) sister-in-law

κουνιάδος (ο) brother-in-law

κουνιέμαι ρ αμτβ sway

κουνιστός επίθ rocking

κουνούπι (το) mosquito

κουνουπίδι (το) cauliflower

κουνουπιέρα (η) mosquito net

κουνώ ρ μτβ rock. (δάκτυλο, κεφάλι) shake. (μετατοπίζω) budge. (σκύλος την ουρά) wag. (το χέρι) wave

κούπα (η) beaker. (για τσάι) mug

κουπέ (το) άκλ coupé. (σε σιδηρόδρομο) compartment

κουπί (το) oar. (κοντό, πλατύ στην άκρη) paddle

κουπόνι (το) (εμπ) coupon

κουράγιο (το) courage, pluck, mettle. **κάνω ~** bear up

κουράζω ρ μτβ tire. (προκαλώ πλήξη) bore. **~ομαι** ρ αμτβ become tired. (χάνω την υπομονή) grow weary

κούραση (η) fatigue. (αδυναμία) weariness

κουρασμένος επίθ tired. (αδύναμος) weary

κουραστικός επίθ tiring

κουρδίζω ρ μτβ wind. (μουσ) tune up. (μεταφ) key up

κουρ|έας (ο) barber. **~είο** (το) barber's shop

κουρελ|ής (ο), **~ού** (η) ragamuffin

κουρέλι (το) rag. **~α** (τα) rags. (σχισμένα ρούχα) tatters

κουρελιάζω ρ μτβ tear to shreds

κουρελιασμένος επίθ tattered

κούρεμα (το) haircut. (προβάτου) shearing

κουρεύω ρ μτβ cut (hair). (πρόβατο) shear

κουρνιάζω ρ αμτβ roost. (σε κλαδί) perch

κούρσα (η) limousine. (αγώνας) race. (διαδρομή με αυτοκίνητο) ride

κουρτίνα (η) curtain

κούτα (η) carton (of cigarettes)

κουτάβι (το) pup, puppy

κουτάλα (η) ladle

κουτάλι (το) spoon

κουταλιά (η) spoonful

κουταμάρ|α (η) stupidity. **~ες** (οι) twaddle

κουτί (το) box. (μεταλλικό) can. (μικρό, για τσάι) caddy. (τσιγάρα, μπισκότα) packet. (χάρτινο) carton

κουτός επίθ thick, stupid. (απονήρευτος) dumb, dim

κουτρουβάλα (η) tumble

κουτρουβαλώ ρ αμτβ tumble

κουτσαίνω ρ αμτβ limp

κούτσαμα (το) limp

κουτσό (το) hopscotch

κουτσομπολεύω ρ αμτβ gossip. (κάνω μικροκουβέντες) natter

κουτσομπόλ|ης (ο), **~α** (η) gossip (*person*)

κουτσομπολιό (το) gossip. (μικροκουβέντες) natter

κουτσοπίνω ρ αμτβ tipple

κουτσός επίθ lame

κουτσουλιές (οι) droppings

κούτσουρο (το) log. (ποδιού) stump. (μεταφ) blockhead

κουφαίνω ρ μτβ deafen

κουφάλα (η) hollow (*in a tree*)

κουφαμάρα (η) deafness

κουφάρι (το) carcass. (πλοίου) hulk

κουφέτο (το) sugared almond

κούφιος επίθ hollow. (άνθρωπος) shallow. (υπόσχεση) empty

κουφοξυλιά (η) elder

κουφός επίθ deaf

κούφωμα (το) cavity. (πόρτα, παράθυρο) woodwork

κοφτερός επίθ sharp. (μυαλό) incisive

κοφτ|ός επίθ cut. (κουταλιά) level. (τρόπος) sharp. (χτύπημα) clean. **~ά** επίρρ bluntly. **ορθά ~ά** straight out

κοχλάζω ρ αμτβ bubble. (μεταφ) seethe

κοχύλι (το) cockle

κόψιμο (το) cutting. (ελαφρό, μαλλιών) trim. (ρούχων) cut. (σε εξετάσεις) failing. (των καρπών) slash. (των μαλλιών) haircut

κραγιόνι (το) crayon

κραγιόν (το) άκλ lipstick

κραδαίνω ρ μτβ brandish

κραδασμός (ο) vibration

κράζω ρ αμτβ crow

κράμα (το) alloy

κράμπα (η) cramp

κρανίο (το) skull

κράνος (το) helmet

κράση (η) constitution, physique

κρασί (το) wine

κράσπεδο (το) kerb

κράταιγος (ο) hawthorn

κράτημα (το) hold

κρατημένος επίθ reserved

κρατήρας (ο) crater

κράτηση (η) withholding. (δωματίου) reservation. (ποσό) deduction. (φυλάκιση) detention

κρατητήριο (το) detention cells

κρατιέμαι ρ αμτβ restrain o.s. **~ καλά** be going strong

κρατικοποίηση (η) nationalization

κρατικός επίθ state

κράτος (το) state (*country*)

κρατούμεν|ος (ο), **~η** (η) detainee

κρατώ ρ μτβ hold. (θέση) reserve. (κατακρατώ) retain. (κρατούμενο) detain. (προσοχή) engage. (υπόσχεση) keep. • ρ αμτβ last. (καιρός) hold

κραυγάζω ρ αμτβ cry out

κραυγή (η) shout, cry

κρέας (το) meat

κρεατοελιά (η) wart

κρεατόμυγα (η) bluebottle

κρεατόπιτα (η) pasty

κρεβατάκι (το) (μωρού) cot

κρεβάτι (*το*) bed
κρεβατοκάμαρα (*η*) bedroom
κρέμα (*η*) cream
κρεμάλα (*η*) gallows
κρέμασμα (*το*) (*ανάρτηση*)
  hanging up. (*απαγχονισμός*)
  hanging. (*φορέματος*) sagging
κρεμαστ|ός *επίθ* hanging. **~ή**
  γέφυρα (*η*) suspension bridge
κρεμάστρα (*η*) hanger. (*για*
  καπέλα, ομπρέλες) stand
κρεματόριο (*το*) crematorium
κρεμμυδάκι (*το*) spring onion
κρεμμύδι (*το*) onion
κρέμομαι *ρ αμτβ* hang
κρεμώ *ρ αμτβ* hang. (*αιωρώ*)
  suspend. • *ρ αμτβ* sag
κρεμ (*το*) *άκλ* cream (*colour*)
Κρεολ|ός (*ο*), **~ή** (*η*) Creole
κρεοπωλείο (*το*) butcher's
  shop
κρεοπώλης (*ο*), **~ις** (*η*)
  butcher
κρηπίδωμα (*το*) (*σταθμού*)
  platform. (*προκυμαίας*)
  breakwater
κρησφύγετο (*το*) hide out
Κρήτη (*η*) Crete
κρητικός *επίθ* Cretan. **Κ~|ός**
  (*ο*), **~ιά** (*η*) Cretan
κριάρι (*το*) ram
κριθαράκι (*το*) (*ζυμαρικό*) pasta
  the size of barley. (*στο μάτι*)
  stye
κριθάρι (*το*) barley
κρίκος (*ο*) link (*chain*)
κρίμα (*το*) pity. (*αμάρτημα*) sin.
  τι ~! what a shame!
κρινάκι (*το*) lily of the valley
κρίνος (*ο*) lily

κρίνω *ρ μτβ* judge. (*φρονώ*)
  consider
κριός (*ο*) ram. **Κ~** (*αστρολ*)
  Aries
κρίση (*η*) judgement. (*απότομη*
  μεταβολή) crisis. (*γνώμη*)
  estimation. (*παροξυσμός*) fit
κρίσιμος *επίθ* critical.
  (*αποφασιστικός*) crucial
κριτήριο (*το*) criterion
κριτής (*ο*) judge
κριτικάρω *ρ μτβ* criticize
κριτική (*η*) criticism. (*βιβλίου*)
  review
κριτικός *επίθ* critical. **~** (*ο, η*)
  critic
κροκόδειλος (*ο*) crocodile
κρόκος (*ο*) (*αυγού*) yolk. (*φυτό*)
  crocus
κροταλί|ας (*ο*) rattlesnake.
  ~ζω *ρ αμτβ* rattle
κρόταφος (*ο*) (*ανατ*) temple
κροτίδα (*η*) firecracker
κρότος (*ο*) roar (*of lorry,*
  thunder). (*μεταφ*) stir
κρουαζιέρα (*η*) cruise
κρούση (*η*) percussion
κρούσμα (*το*) case (*of illness*)
κρύβ|ω *ρ μτβ* hide. (*αποσιωπώ*)
  conceal. **~ομαι** hide. (*για*
  χρονικό διάστημα) go into
  hiding
κρύο (*το*) cold. **κάνει ~** it is
  cold
κρυολόγημα (*το*) chill. (*ιατρ*)
  cold
κρυολογώ *ρ αμτβ* catch a cold
κρυοπάγημα (*το*) frost-bite
κρύος *επίθ* cold. (*μεταφ*) insipid
κρύπτη (*η*) hiding place. (*εκκλ*)
  crypt. (*όπλων*) cache

κρυπτογραφία (η) cipher, code

κρύσταλλο (το) crystal

κρυστάλλινος επίθ made of crystal

κρυφακούω ρ αμτβ eavesdrop

κρυφογελώ ρ αμτβ snigger

κρυφοκοιτάζω ρ αμτβ peep

κρυφός επίθ secret. (κίνηση, ματιά) furtive. (που δεν εκδηλώνεται) secretive. (υποψία) sneaking. (ύπουλος) sneaky. **~ά** επίρρ secretly

κρυφτό (το) hide-and-seek

κρυψίνους επίθ secretive

κρυψώνας (ο) hide-out

κρυώνω ρ αμτβ be cold. (κρυολογώ) catch a chill

κρώζω ρ αμτβ squawk

κτενίζω ρ μτβ βλ **χτενίζω**

κτήμα (το) possession. (αγροτική έκταση) estate

κτηματομεσίτης (ο) estate agent

κτηματίας (ο) landowner

κτηματολόγιο (το) land registry

κτηνίατρος (ο, η) veterinary surgeon, vet

κτήνος (το) beast. (μεταφ) brute

κτηνοτροφία (η) stock breeding

κτηνώδης επίθ brutal

κτίριο (το) βλ **κτίριο**

κτήση (η) acquisition. (χώρα) dominion

κτητικός επίθ possessive

κτίζω ρ μτβ build. (πόλη) found

κτίριο (το) building

κτίστης (ο) builder. (με τούβλα) bricklayer

κτλ συντ (και τα λοιπά) etc

κυανίδιο (το) cyanide

κυανός επίθ azure

κυβέρνηση (η) government

κυβερνήτης (ο) governor. (αεροπλάνου) pilot

κυβερνητική (η) cybernetics

κυβερνοχώρος (ο) cyberspace

κυβερνώ ρ μτβ govern. (αεροπλάνο, πλοίο) command. (διοικώ) rule (over)

κυβικός επίθ cubic

κυβισμός (ο) cubism

κύβος (ο) cube. (ζάχαρης) lump

κυδώνι (το) quince

κύηση (η) gestation, pregnancy

Κυκλάδες (οι) Cyclades

κυκλάμινο (το) cyclamen

κυκλικός επίθ cyclic(al). (σχήμα κύκλου) circular

κύκλος (ο) circle. (κοινωνικός) set. (σειρά φαινομένων) cycle

κυκλοφορία (η) circulation. (βιβλίου) publication. (γραμματοσήμων) issue. (τροχοφόρων) traffic

κυκλοφορώ ρ μτβ circulate. (κινημ ταινία) release. • ρ αμτβ be in print. (λεωφορεία) run. (φήμες) go around

κύκλωμα (το) circuit

κυκλώνας (ο) cyclone

κυκλώνω ρ μτβ encircle

κύκνος (ο) swan

κυλιέμαι ρ αμτβ wallow

κυλικείο (το) buffet restaurant

κύλινδρος (ο) cylinder. (μηχάνημα) roller

κυλιόμεν|ος επίθ rolling. **~ες σκάλες** (οι) escalator

κυλώ ρ μτβ roll. • ρ αμτβ run. (ποτάμι) flow. (χρόνος) pass

κύμα (το) wave. (μεγάλο) breaker. (ανθρώπων) stream. (θυμού, ενθουσιασμού) upsurge. (μεταφ) surge

κυμαίνομαι ρ αμτβ range, vary. (αμφιταλαντεύομαι) fluctuate

κυματίζω ρ αμτβ wave. (σημαία) fly

κυματοθραύστης (ο) sea wall

κύμβαλο (το) cymbal

κυναίλουρος (ο) cheetah

κυνηγητό (το) chase

κυνήγι (το) hunting, shooting. (θήραμα) game (animal)

κυνηγός (ο) hunter. (ποδόσφαιρο) forward

κυνηγώ ρ μτβ shoot, hunt. (μεταφ) chase

κυνικ|ός επίθ cynical. **~ός** (ο) cynic. **~ότητα** (ο) cynicism

κυνοτροφείο (το) kennels

κυοφορία (η) gestation

κυπαρίσσι (το) cypress

κύπελλο (το) beaker. (έπαθλο) cup. (είδος κούπας) goblet. (μπίρας) tankard

Κυπρία (η) Cypriot

κυπριακός επίθ Cypriot

κυπρίνος (ο) carp

Κύπριος (ο) Cypriot

Κύπρος (η) Cyprus

κυρ (ο) άκλ **ο κυρ** Λευτέρης master Lefteris

κυρία (η) Mrs, madam. (γυναίκα ευγενική) lady. (οικοδέσποινα) mistress

Κυριακή (η) Sunday

κυριαρχία (η) domination. (έλεγχος) control. (πολιτείας) sovereignty. (τέχνης) mastery

κυρίαρχος επίθ master. (που έχει αυτοδιάθεση) sovereign

κυριαρχώ ρ μτβ dominate. (επικρατώ) rule

κυριεύω ρ μτβ capture. (μεταφ) seize

κυριολεκτικός επίθ literal

κυριολεξία (η) full sense

κύριος επίθ main. (εξουσιαστής) master. (ιδιοκτήτης) owner. (πρωτεύων) primary, chief. (σπουδαιότερος) principal

κύριος (ο) Mr. (άντρας ευγενικός) gentleman. (αφεντικό) master

κυρίως επίρρ mainly, chiefly. (πρώτιστα) principally. (προπαντός) primarily

κύρος (το) weight. (νομ) validity

κυρτ|ός επίθ convex. **~τητα** (η) curvature. (δρόμου, καταστρώματος) camber

κύρωση (η) ratification. (τιμωρία) sanction (penalty)

κύστη (η) bladder. (όγκος) cyst

κύτος (το) (ship's) hold

κυτταρίνη (η) cellulose

κύτταρο (το) (βιολ) cell

κυψέλη (η) beehive

κώδικας (ο) code

κωδικοποιώ ρ μτβ codify

κωδωνοκρουσία (η) peal. (πένθιμη) knell

κωδωνοστάσιο (το) bell tower

κωλικόπονος (ο) colic

κώλος (ο) arse, bum. (παντελονιού) bottom

κώλυμα (το) impediment

κωλυσιεργία (η) go-slow

κωλώνω ρ αμτβ baulk. (άλογο) shy

κώμα (το) coma
κωμικός επίθ comic. **~** (ο, η) comedian
κωμικοτραγικός επίθ tragicomic
κωμόπολη (η) small town
κωμωδία (η) comedy
κωνικός επίθ conical
κώνος (ο) cone
κωνοφόρο|ς επίθ coniferous. **~** (δέντρο) (το) conifer
κωπηλασία (η) rowing
κωπηλάτης (ο) oarsman
κωπηλατώ ρ αμτβ row
κωφάλαλος (ο) deaf-mute
Κως (η) Cos
κωφός επίθ βλ **κουφός**

....

Λλ

....

λάβα (η) lava
λάβαρο (το) standard, flag
λαβή (η) grip. (μαχαιριού) handle. (ξίφους) hilt. (στο πάλαιμα) arm lock. (μεταφ) cause
λαβράκι (το) sea bass. (μεταφ) scoop (news)
λαβύρινθος (ο) labyrinth. (πολύπλοκο οικοδόμημα) maze
λαβωματιά (η) (καθομ) wound
λαβώνω ρ μτβ (καθομ) wound
λ.χ. συντ (λόγου χάρη) for instance
λαγκάδι (το) glen
λαγκαδιά (η) βλ **λαγκάδι**
λαγνεία (η) lust

λάγνος επίθ lustful, lascivious
λαγοκοιμάμαι ρ αμτβ doze
λαγόνες (οι) loins
λαγός (ο) hare
λαγωνικό (το) greyhound. (μεταφ) sleuth
λαδερός επίθ oily
λαδής επίθ olive (colour)
λάδι (το) oil. (ελαιόλαδο) olive oil
λαδόξιδο (το) vinaigrette sauce
λαδομπογιά (η) oil paint
λαδόχαρτο (το) grease-proof paper
λάδωμα (το) oiling
λαδώνω ρ μτβ oil. (μεταφ) grease (s.o.'s palm)
λάθος (το) mistake. (απροσεξία) error. (σφάλμα) fault. **κατά ~** mistakenly. **κάνω ~** be wrong
λαθραίος επίθ clandestine (illicit). (εμπορεύματα) smuggled. (μεταφ) surreptitious
λαθρεμπόριο (το) smuggling
λαθρέμπορος (ο) smuggler
λαθρεπιβάτ|ης (ο), **~ις** (η) stowaway
λαθρόθηρώ ρ μτβ poach
λαθροθήρας (ο) poacher
λαϊκ|ός επίθ popular. (κοινός) common. (μη κληρικός) lay. **~οί** (οι) laity
λαίλαπα (η) hurricane
λαιμαργία (η) greed. (για φαΐ) gluttony
λαίμαργος επίθ greedy. (που τρώει υπερβολικά) gluttonous
λαιμητόμος (η) guillotine
λαιμός (ο) throat. (μπουκαλιού) neck
λάκα (η) setting-lotion (for hair)

λακές (ο) page (*in hotel*). (δουλοπρεπής) lackey

λακκάκι (το) (στο μάγουλο) dimple

λάκκος (ο) pit. (βόθρος) cesspit, cesspool

λακκούβα (η) pot-hole

λακωνικός επίθ terse. (απάντηση) laconic

λαλιά (η) (λαϊκ) voice. (ομιλία) speech

λάμα (η) blade. (ζώο) llama

λαμαρίνα (η) sheet metal

λαμβάνω ρ μτβ receive. ~ χώρα take place

λάμπα (η) lamp

λαμπάδα (η) large candle

λαμπερός επίθ bright. (μάτια) shining

λαμπίκος ο αμτβ glisten

λαμπρός επίθ brilliant. (εμφάνιση) resplendent. (έξοχος) splendid. **Λ~ή** (η) Easter

λαμπρότητα (η) brilliance

λαμπτήρας (ο) (ηλεκτρ) bulb

λαμπυρίζω ρ αμτβ shimmer

λάμπω ρ αμτβ glow. (ήλιος) shine. (στο σκοτάδι) glow. (χρυσάφι) glitter. (μεταφ) excel, shine. (από χαρά) beam

λάμψη (η) glow. (στα μάτια) glint. (του ήλιου) glare. (μεταφ) brilliance

λανθάνων επίθ latent

λανθασμένος επίθ mistaken. (εσφαλμένος) erroneous. (όχι σωστός) wrong

λανσάρω ρ μτβ launch (*new product*)

λαξεύω ρ μτβ carve

λαογραφία (η) folklore

λαός (ο) people (*citizens*)

λαούτο (το) lute

λαρδί (το) lard

λάρυγγας (ο) larynx

λαρύγγι (το) βλ **λάρυγγας**

λαρυγγίτιδα (η) laryngitis

λασκάρω ρ μτβ (μηχ) slacken

λάσο (το) lasso

λασπερός επίθ slushy

λάσπη (η) mud

λασπολογία (η) mud slinging

λασπονέρι (το) slush

λασπωμένος επίθ muddy. (φαΐ) soggy

λαστιχάκι (το) rubber band

λαστιχένιος επίθ rubber. (σώμα) supple

λάστιχο (το) rubber. (αυτοκινήτου) tyre. (σφεντόνα) sling

λατέρνα (η) barrel organ

λατινικός επίθ Latin. ~ά (τα) Latin

λατομείο (το) quarry

λατρεία (η) worship. (σε πρόσωπο) adoration

λατρεύω ρ μτβ worship. (πρόσωπο) adore

λάτρης (ο), ~ις (η) devotee. (αυτός που υπεραγαπά) enthusiast

λάφυρο (το) booty. ~α (τα) spoils

λαχανάκι (το) ~α Βρυξελών (τα) Brussels sprouts

λαχανιάζω ρ αμτβ pant. (κοντανασαίνω) be out of breath

λαχανιασμένος επίθ out of breath

λαχανίδα (η) greens

λαχανικά (τα) vegetables

λάχανο (το) type of cabbage

λαχανόκηπος (ο) kitchen garden

λαχείο (το) lottery. (όπου κληρώνονται δώρα) raffle. (μεταφ) windfall

λαχτάρα (η) longing. (για λιχουδιές) craving. (πόθος) yearning. (συγκίνηση) strong emotion. (φόβος) fright

λαχταριστός επίθ quivering. (ελκυστικός) tempting

λαχταρώ ρ μτβ long for. (λιχουδεύομαι) crave for. (ποθώ) yearn for. (σπαράζω) quiver

λέαινα (η) lioness

λεβάντα (η) lavender

λεβέντης (ο) fine-looking young man

λεβεντιά (η) (παλικαριά) gallantry. (παράστημα) fine looks. (συμπεριφορά) generosity

λέβητας (ο) boiler

λεγεώνα (η) legion

λέγω ρ μτβ βλ **λέω**. **~ομαι** ρ αμτβ be called. **~εται** it is said

λεζάντα (η) caption

λεηλασία (η) looting. (λαφυραγωγία) pillage

λεηλατώ ρ μτβ loot. (κατακλέβω) plunder. (λαφυραγωγώ) pillage, ransack

λεία (η) loot. (βορά) prey

λειαίνω ρ μτβ smooth

λειαντικός επίθ abrasive

λέιζερ επίθ άκλ laser

λείος επίθ smooth

λείπ|ω ρ αμτβ be away. (απουσιάζω) be absent. (ελλείπω) be missing.

(παραλείπω) fail. **μου έλειψες πολύ** I missed you a lot

λειτούργημα (το) office (function)

λειτουργία (η) function. (εκκλ) liturgy. (μηχ) operation. **εκτός ~ς** out of order

λειτουργικός επίθ operational. (που εκτελεί τη λειτουργία του) functional

λειτουργώ ρ αμτβ work. (δουλεύω) function. (εκκλ) officiate. (μηχ) operate

λειχήνα (η) lichen

λείψανο (το) remains (dead body). (εκκλ) relic

λειψυδρία (η) drought

λεκάνη (η) (ανατ) pelvis. (αποχωρητηρίου) bowl. (γεωγρ) basin. (για νίψιμο) wash basin

λεκενοπέδιο (το) (γεωγρ) basin

λεκές (ο) stain

λεκιάζω ρ μτβ/αμτβ stain

λέκτορας (ο) lecturer

λεμβοδρομία (η) (boat) race

λέμβος (η) (λόγ) boat

λεμονάδα (η) lemonade

λεμόνι (το) lemon

λεμονιά (η) lemon tree

λεμονίτα (η) lemon drink

λεμονόφλουδα (η) lemon rind

λέξη (η) word. **~του συρμού** buzzword

λεξικό (το) dictionary

λεξικογραφία (η) lexicography

λεξιλόγιο (το) vocabulary

λεόντας (ο) βλ **λιοντάρι**

λεοπάρδαλη (η) leopard

λέπι (το) scale (of fish)

λεπίδα (η) blade

λέπρα (η) leprosy

λεπρός (ο) leper

λεπταίνω ρ μτβ thin. • ρ αμτβ taper

λεπτεπίλεπτος επίθ delicate

λεπτό (το) (για την ώρα) minute. (κέρμα, υποδιαίρεση του ευρώ) cent

λεπτοδείκτης (ο) minute hand

λεπτοκαμωμένος επίθ dainty

λεπτολόγος επίθ meticulous

λεπτολογώ ρ αμτβ quibble

λεπτομέρεια (η) detail

λεπτομερής επίθ detailed

λεπτός επίθ thin. (ειρωνεία) subtle. (κομψός) slender. (σωματικά) slim. (τρόποι) polished. (μεταφ) fine

λεπτότητα (η) slimness. (ειρωνείας) subtlety. (συμπεριφοράς) delicacy. (τρόπων) refinement

λέρα (η) grime

λερώνω ρ μτβ dirty. (μεταφ) blacken

λεσβία (η) lesbian

Λέσβος (η) Lesbos

λέσχη (η) club

λεύκα (η) poplar

λευκαίνω ρ μτβ bleach

λευκαντικό (το) bleach

λευκοπλάστης (ο) sticking-plaster

λευκός επίθ white. (χαρτί) blank. ~ (ο) white (person)

Λευκωσία (η) Nicosia

λευκότητα (η) whiteness

λευκόχρυσος (ο) platinum

λεύκωμα (το) scrap-book. (συλλογή) album

λευτεριά (η) βλ **ελευθερία**

λευχαιμία (η) leukaemia

λεφτά (τα) money

λέ|ω ρ μτβ/ρ αμτβ say. (πληροφορώ) tell. (μιλώ) utter. **πώς σε ~νε;** what is your name? **τι ~ς!** I say!

λέων (ο) (λόγ) lion. (αστρολ) Leo

λεωφορ|είο (το) bus. **~ειολωρίδα** (η) bus lane

λεωφόρος (η) avenue

λήγω ρ αμτβ end. (ισχύς) expire. (οικονομικά) fall due

ληθαργικός επίθ lethargic

λήθη (η) oblivion

λημέρι (το) (ζώου) den. (μεταφ) haunt

λήξη (η) expiry

ληξιαρχείο (το) registry office

ληξίαρχος (ο) registrar

λησμονιά (η) oblivion

λησμονώ ρ μτβ/αμτβ forget

ληστεία (η) robbery

ληστεύω ρ μτβ rob

ληστής (ο) robber. (μέλος συμμορίας) bandit

λήψη (η) (παραλαβή) receipt. (ραδιοφώνου) reception. (τροφής) intake. (φωτογραφίας) taking

λιάζομαι ρ αμτβ sun o.s., bask

λιακάδα (η) sunshine

λιανικός επίθ retail

λιανοπωλητής (ο) retailer

λιβάδι (το) pasture

λιβανέζικος επίθ Lebanese

Λιβανέζ|ος (ο), **~α** (η) Lebanese

λιβάνι (το) incense

Λίβανος (ο) Lebanon

λιβελλούλη (η) dragon-fly
λιβελογραφώ ρ μτβ libel
λίβελος (ο) libel
λιβρέα (η) livery
λιβυακός επίθ Libyan
Λιβύη (η) Libya
Λίβυ|ος (ο), **~α** (η) Libyan
λίγδα (η) lard. (ακαθαρσία) grime
λιγνός επίθ thin
λίγ|ο επίρρ a little. **~ο** (το) bit. **~α ~α** in dribs and drabs. **~ο ~ο** a little at a time. **~ο πολύ** more or less. **παρά ~ο** nearly
λιγοθυμώ ρ αμτβ βλ **λιποθυμώ**
λιγομίλητος επίθ taciturn
λίγος επίθ (αριθμός) few. (σε ποσότητα) little. (χρόνος) short
λιγοστεύω ρ μτβ cut down. • ρ αμτβ dwindle
λιγοστός επίθ scant. (ελπίδες) slender. (προσπάθειες) meagre
λιγότερ|ος επίθ (σε αριθμό) fewer. (σε ποσότητα) less. **~ο** επίρρ less
λιγούρα (η) faintness (from hunger)
λιγόψυχος επίθ faint-hearted
λιγοψυχώ ρ αμτβ lose one's nerve
λιθάρι (το) stone
λιθοβολώ ρ μτβ stone
λιθογραφία (η) lithograph
λιθοδομή (η) stonework
λιθοξόος (ο) stonework
λιθοξόος (ο) stonemason
λίθος (ο) stone
λιθόστρωτος επίθ cobbled
λικέρ (το) άκλ liqueur

λικνίζ|ω ρ μτβ rock. **~ομαι** ρ αμτβ sway
λίκνισμα (το) rocking. (στο περπάτημα) sway
λιλά επίθ άκλ lilac
λίμα (η) file (tool)
λιμανάκι (το) cove
λιμάνι (το) port, harbour. (στη θάλασσα) seaport
λιμάρω ρ μτβ file
λιμασμένος επίθ ravenous
λιμενάρχης (ο) harbour master
λιμενεργάτης (ο) docker
λιμένας (ο) βλ **λιμάνι**
λιμνάζω ρ αμτβ stagnate
λίμνασμα (το) stagnation
λίμνη (η) lake
λιμνοθάλασσα (η) lagoon
λιμνούλα (η) pool. (μετά από βροχή) puddle. (σε κήπο) pond
λιμοκτονία (η) starvation
λιμοκτονώ ρ αμτβ starve
λιμός (ο) famine
λιμουζίνα (η) limousine
λιμπίζομαι ρ μτβ fancy
λίμπιντο (το) άκλ libido
λινάρι (το) flax
λινό (το) linen
λιοντάρι (το) lion
λιοπύρι (το) sweltering heat
λιπαίνω ρ μτβ lubricate
λιπαρός επίθ greasy. (κρέας, γάλα) fatty. (ψάρι) oily
λίπασμα (το) fertilizer
λιποθυμία (η) faint. (ιατρ) loss of consciousness. **μου έρχεται ~** feel faint. **~ώ** ρ αμτβ faint, pass out
λίπος (το) fat. (γύρω στα νεφρά ζώων) suet. (κήτους) blubber

λιποτάκτης (ο) deserter

λιποτακτώ ρ μτβ/αμτβ desert

λιποψυχία (η) faint-heartedness

λιποψυχώ ρ αμτβ βλ **λιγοψυχώ**

λίρα (η) pound (money)

λιρέτα (η) lira

λίστα (η) list

λιτανεία (η) litany

λιτός επίθ frugal. (απλός) simple. (οικον) austere. (ολιγαρκής) spartan

λιτότητα (η) frugality. (απλότητα) simplicity. (οικον) austerity

λίτρο (το) litre

λίφτινγκ (το) άκλ face-lift

λιχουδιά (η) delicacy. (καθομ) titbit

λίωμα (το) crushing

λιώνω ρ μτβ melt. (διαλύω) dissolve. (λίπος) render. (μέταλλο) smelt. (με τριβή) crush. (υγροποιώ) thaw. (φθείρομαι) wear out. • ρ αμτβ melt. (από αρρώστια) waste away. (από τη ζέστη) swelter. (παγωτό) run, melt. (στη φυλακή) languish. (μεταφ) pine away

λιώσιμο (το) thaw

λοβός (ο) lobe. (βοτ) pod

λογαριά|ζω ρ μτβ count. (θεωρώ) consider. (σκοπεύω) intend. (υπολογίζω) calculate. **~ζομαι** ρ αμτβ settle

λογαριασμός (ο) bill, (αμερ) check. (τραπέζης) account

λογάριθμος (ο) logarithm

λογής (γεν) ~ all sorts. **τι ~ άνθρωπος είναι**; what sort of a man is he?

λόγια (τα) words

λογική (η) logic

λογικ|ό (το) reason. (μεταφ) sanity. **~ά** (τα) senses

λογικός επίθ logical. (όχι υπερβολικός) reasonable. (με σωστή σκέψη) rational. (με ορθή αντίληψη) sensible

λόγιος επίθ scholarly. ~ (ο) scholar

λογισμικό (το) software

λογισμός (ο) thought. (μαθημ) calculus

λογιστής (ο) accountant

λογιστική (η) accountancy. (τήρηση βιβλίων) book-keeping

λογοκλοπή (η) plagiarism

λογοδοτώ ρ αμτβ answer for

λογοκρίτης (ο) censor

λογομαχία (η) wrangle

λογομαχώ ρ αμτβ wrangle

λογοπαίγνιο (το) pun, play on words

λόγ|ος (ο) (αιτία) reason. (αφορμή) ground. (γραμμ) speech. (μαθημ) ratio. (ομιλία) speech. (υπόσχεση) word. **~ου χάρη** for example. **~ω** owing to

λογοτεχνία (η) literature

λογότυπο (το) logo

λογοφέρνω ρ αμτβ have words, argue

λόγχη (η) lance

λοιδορία (η) taunt

λοιδορώ ρ μτβ berate

λοιμογόνος επίθ virulent

λοιμός (ο) plague

λοιπόν σύνδ so. • επιφ well

λοιπ|ός επίθ remaining. **και τα ~ά** et cetera

Λονδίνο (*το*) London

λόξα (*η*) quirk. (*τρέλα*) craze

λόξιγκας (*ο*) hiccup

λοξοδρομώ *ρ αμτβ* change course. (*μεταφ*) go astray

λοξοκοιτάζω *ρ μτβ* look askance at

λοξός *επίθ* oblique

λόρδος (*ο*) lord

λοσιόν (*η*) *άκλ* lotion

λοστός (*ο*) crowbar

λοστρόμος (*ο*) boatswain

λόττο (*το*) lotto

λούζω *ρ μτβ* bathe. (*μαλλιά*) shampoo. (*μεταφ*) shower

λουκάνικο (*το*) sausage

λουκέτο (*το*) padlock

λουλακί|**ς** *επίθ* indigo. ~ (*το*) (*χρώμα*) indigo

λουκουμάς (*ο*) *type of sweet fritter*

λουκούμι (*το*) Turkish delight. (*μεταφ*) delicious

λουλουδένιος *επίθ* flowery. (*σχέδιο*) floral

λουλούδι (*το*) flower

λούνα-παρκ (*το*) *άκλ* funfair

Λουξεμβούργο (*το*) Luxembourg

λουόμενος (*ο*) bather

λουρί (*το*) strap. (*σκύλου*) leash, lead

λουρίδα (*η*) strip

λούσιμο (*το*) bathing. (*μεταφ*) dressing-down

λούσο (*το*) finery

λουστράρω *ρ μτβ* polish

λουστρίνι (*το*) patent leather

λούστρο (*το*) polish. (*μεταφ*) veneer

λούστρος (*ο*) shoeblack

λουτρ|**ό** (*το*) bath. ~**ά** (*τα*) baths

λού|**ω** *ρ μτβ βλ* **λούζω**

λοφίο (*το*) plume

λοφοπλαγιά (*η*) hill side

λόφος (*ο*) hill

λοχαγός (*ο*) (*στρ*) captain

λοχεία (*η*) (*ιατρ*) confinement

λοχίας (*ο*) sergeant

λόχμη (*η*) thicket

λόχος (*ο*) company

λυγερός *επίθ* svelte

λυγίζω *ρ μτβ* bend. (*μεταφ*) wear down. • *ρ αμτβ* buckle. (*μεταφ*) yield

λυγμός (*ο*) sob

λυγξ (*ο*) lynx

Λυδία λίθος (*η*) touchstone

Λύκειο (*το*) senior secondary school

λυκίσκος (*ο*) hop

λύκ|**ος** (*ο*), **~αινα** (*η*) wolf

λυκόσκυλο (*το*) Alsatian

λυκόφως (*το*) twilight

λύματα (*τα*) sewage

λύνω *ρ μτβ* unfasten. (*απορία*) resolve. (*αποσυναρμολογώ*) take to pieces. (*κόμπο*) undo. (*ξεδένω*) untie. (*πρόβλημα*) solve. (*χειρόφρενο*) release

λυπάμαι *ρ μτβ βλ* **λυπούμαι**

λύπη (*η*) sadness. (*τύψη*) regret

λυπημένος *επίθ* sad

λυπηρός *επίθ* sad

λύπηση (*η*) compassion

λυπούμαι *ρ μτβ* be sorry for. (*μετανιώνω*) regret. (*συμπονώ*) pity. (*τσιγκουνεύομαι*) be stingy with. • *ρ αμτβ* feel sad, be sorry

λυπώ *ρ μτβ* sadden

λύρα *(η)* lyre

λυρικός *επίθ* lyric. *(ποιητικός)* lyrical

λυρισμός *(ο)* lyricism

λύση *(η)* solution. *(αίνιγματος)* answer. *(αποσύνθεση)* release. *(διευθέτηση)* settlement

λύσσα *(η)* rabies

λυσσάζω *ρ αμτβ* get rabies. *(μεταφ)* be furious

λύτρα *(τα)* ransom

λυτρώνω *ρ μτβ* redeem

λυτρωτής *(ο)* saviour, redeemer

λυχνάρι *(το)* oil lamp

λυχνία *(η)* lamp

λωποδύτ|ης *(ο)*, **~ρια** *(η)* thief

λωρίδα *(η)* strip. *(από δέρμα)* strap. *(εξόδου ή εισόδου σε αυτοκινητόδρομο)* slip road. *(σε δρόμο)* lane. **~διαφυγής** *(η)* *(σε αυτοκινητόδρομο)* hard shoulder. **~κυκλοφορίας ποδηλάτων** *(η)* cycle lane

λωτός *(ο)* lotus

....

Μμ

....

μα *σύνδ* but. *μόριο* by. **~ το Θεό** by God

μαγαζί *(το)* shop

μαγγάνιο *(το)* manganese

μαγεία *(η)* magic. *(γοητεία)* enchantment. *(μάγεμα)* spell

μάγειρας *(ο)*, **μαγείρισσα** *(η)* cook

μαγειρείο *(το)* cookhouse. *(σε πλοίο)* galley

μαγείρεμα *(το)* cooking

μαγειρεύω *ρ μτβ* cook. *(στον ατμό)* steam. *(στο φούρνο)* roast. *(μεταφ)* fiddle, cook

μαγειρικ|ός *επίθ* culinary. **~ή** *(η)* cookery

μαγειρίτσα *(η)* special soup dish served at Easter

μάγεμα *(το)* magic

μαγεμένος *επίθ* spellbound

μαγευτικός *επίθ* enchanting

μαγεύω *ρ μτβ* bewitch. *(γοητεύω)* enchant

μαγιά *(η)* yeast

μάγια *(τα)* witchcraft. *(μάγεμα)* spell

μαγικός *επίθ* magic

μαγιό *(το)* άκλ swimming costume. *(ανδρικό)* trunks

μαγιονέζα *(η)* mayonnaise

μάγισσα *(η)* witch

μαγκάλι *(το)* brazier

μάγκανο *(το)* mangle

μάγκας *(ο)* tough and streetwise youth

μάγκο *(το)* άκλ mango

μαγκούρα *(η)* heavy stick

μαγνήσιο *(το)* magnesium

μαγνήτης *(ο)* magnet

μαγνητίζω *ρ μτβ* magnetize

μαγνητι|κός *επίθ* magnetic. **~σμός** *(ο)* magnetism

μαγνητόφωνο *(το)* tape recorder

μαγνητοφωνώ *ρ μτβ* record *(on tape)*

Μάγοι *(οι)* Magi

μάγος *(ο)* wizard, sorcerer. *(θεραπεύει με μάγια)* witch-doctor. *(ταχυδακτυλουργός)* magician

μαγουλάδες (οι) mumps

μάγουλο (το) cheek

Μάγχη (η) English Channel

μάδημα (το) plucking. (μεταφ) fleecing

μαδώ ρ μτβ (πουλί) pluck. (μεταφ) fleece. • ρ αμτβ moult

μαεστρία (η) mastery

μαέστρος (ο) (μουσ) conductor. (μεταφ) (past) master

μάζα (η) mass

μάζεμα (το) gathering. (από την αστυνομία) roundup. (συλλογή) picking. (συρρίκνωση) shrinking

μαζεύ|ω ρ μτβ gather. (αστυνομία) round up. (κάνω συλλογή) collect. (λουλούδια) pick. (πληροφορίες) pick up. (σκόνη) collect. (χρήματα) amass. • ρ αμτβ shrink. **~ομαι** ρ αμτβ (από φόβο) cringe. (ζαρώνω) crouch. (συγκεντρώνομαι) pile up

μαζί επιρρ together. **έλα ~ μου** come with me

μαζικ|ός επίθ mass. **~ή παραγωγή** (η) mass production

μαζούτ (το) ἀκλ fuel oil

μαζοχ|ιστής (ο), **~ίστρια** (η) masochist

Μάης (ο) βλ **Μάιος**

μαθαίνω ρ μτβ learn. (διδάσκω) teach. (ευκαιριακά) pick up. (πληροφορούμαι) hear. (συνηθίζω) get used to

μαθεύομαι ρ αμτβ become known

μάθημα (το) lesson

μαθηματικά (τα) mathematics

μαθηματικός επίθ mathematical. **~** (ο, η) mathematician

μάθηση (η) learning

μαθητεία (η) apprenticeship

μαθητευόμενος (ο) learner. (αρχάριος) novice. (σε τέχνη) apprentice

μαθητεύω ρ αμτβ apprentice

μαθητής (ο) pupil. (διδασκόμενος) learner. (οπαδός) disciple. (σε σχολείο) schoolboy

μαθήτρια (η) pupil. (διδασκόμενη) learner. (σε σχολείο) schoolgirl

μαία (η) (λόγ) midwife

μαιευτική (η) obstetrics

μαιευτήριο (το) maternity hospital

μαϊμού (η) monkey

μαίνομαι ρ αμτβ (είμαι έξω φρενών) rave. (θύελλα) rage

μαϊντανός (ο) parsley

Μάιος (ο) May

μακάβριος επίθ macabre. (φρικιαστικός) grisly

μακάρι επίρρ if only, I wish. (έστω και) even if

μακαρίζω ρ μτβ think of as fortunate

μακάριος (επίθ) blissful. (εκκλ) blessed

μακαριότητα (η) bliss

μακαρίτης (ο), **~ισσα** (η) late, deceased

μακαρόνια (τα) macaroni

μακαρονάδα (η) dish of macaroni

μακαρόνι (το) macaroni

Μακεδονία (η) Macedonia

μακελειό (το) carnage

μακέτα (η) artwork

μακιγιάζ (το) άκλ make-up

μακιγιάρ|ω ρ μτβ make up.
~ομαι ρ αμτβ put on make-up

μακραίνω ρ μτβ lengthen.
(παρατείνω) protract. • ρ αμτβ
grow longer. (απομακρύνομαι)
move away. (μεταφ) drag on

μακριά επίρρ far. **από ~** from
a distance

μακρινός επίθ distant.
(περίπατος) long. (χώρα)
faraway. (χωριό) remote

μακροζωία (η) longevity

μακροπρόθεσμος επίθ long-
term. (πρόβλεψη) long-range

μακροπροθέσμως επίρρ in the
long run

μάκρος (το) length (of cloth)

μακρόστενος επίθ long and
narrow

μακρύς επίθ long

Μαλαισία (η) Malaysia

μαλαισιανός επίθ Malay

μαλάκιο (το) mollusc

μαλακ|ός επίθ soft. **με το ~ό**
take it easy. **~ά** επίρρ softly

μαλακτικ|ός επίθ emollient. **~**
(το) emollient. (ρούχων)
softener

μαλακώνω ρ μτβ soften.
(καταπραΰνω) placate. • ρ αμτβ
mellow

μάλαμα (το) gold

μαλθακός επίθ soft. (κορμί)
flabby

μάλιστα επίρρ yes, certainly

μαλλί (το) wool. (προβάτου)
fleece

μαλλιά (τα) hair (on head)

μαλλιαρός επίθ hairy. (ζώο)
shaggy

μάλλινος επίθ woollen

μάλλον επίρρ rather

Μάλτα (η) Malta

μάλωμα (το) scolding

μαλώνω ρ μτβ scold, tell off. • ρ
αμτβ quarrel

μαμά (η) mummy, mum

μαμή (η) midwife

μάνα (η) mother

μανάβ|ης (ο) greengrocer.
~ικο (το) greengrocer's shop

μάνατζερ (ο) άκλ manager

μανδαρίνος (ο) mandarin

μανδύας (ο) cloak

μανεκέν (το) άκλ fashion model

μανία (η) mania. (οργή) rage.
(περαστική) fad, craze

μανιακός (ο) maniac

μανιβέλα (η) crank

μάνικα (η) (garden) hose

μανικέτι (το) cuff

μανικετόκουμπο (το) cuff link

μανίκι (το) sleeve

μανικιούρ (το) άκλ manicure

μανιτάρι (το) mushroom.
(συνήθως δηλητηριώδες)
toadstool

μανιφέστο (το) manifesto

μανιώδης επίθ very keen.
(τρελός) frantic

μάννα (το) άκλ manna

μανόλια (η) magnolia

μανούβρα (η) manœuvre

μανουβράρω ρ μτβ/αμτβ
manœuvre

μανούλα (η) mother
(affectionate)

μανταλάκι (το) clothes peg

μάνταλο (*το*) catch (*on door, window*). (*σε πόρτα κήπου*) latch

μανταρίνι (*το*) mandarin

μαντάρω *ρ μτβ* darn

μαντείο (*το*) oracle (*place*)

μαντεύω *ρ μτβ* divine. (*εικάζω*) guess

μαντζουράνα (*η*) marjoram

μάντης (*ο*), **~ισσα** (*η*) seer. (*που προβλέπει το μέλλον*) fortune-teller

μαντίλα (*η*) shawl

μαντίλι (*το*) handkerchief. (*του λαιμού*) scarf

μαντολίνο (*το*) mandolin

μάντρα (*η*) enclosure. (*για ζώα*) pen, fold

μαντρόσκυλο (*το*) sheepdog

μαξιλάρι (*το*) pillow

μαξιλαροθήκη (*η*) pillowcase

μαόνι (*το*) mahogany

μαραγκός (*ο*) carpenter

μαραζώνω *ρ μτβ* pine for

μάραθο (*το*) fennel

μαραθώνιος (*ο*) marathon

μαραίνομαι *ρ αμτβ* wilt. (*μεταφ*) wither, fade

μαργαρίνη (*η*) margarine

μαργαρίτα (*η*) marguerite, daisy

μαργαριτάρι (*το*) pearl

μαρέγκα (*η*) meringue

μαριδάκι (*το*) whitebait

μαρίνα (*η*) marina

μαρινάρω *ρ μτβ* marinade. **~τα** (*η*) marinade

μαριονέτα (*η*) puppet

μαριχουάνα (*η*) marijuana

μάρκα (*η*) (*κέρμα*) counter (*token*). (*σήμα*) brand, make.

(*χαρτοπαίγνιο*) chip. (*μεταφ*) slippery customer

μαρκαδόρος (*ο*) felt-tipped pen

μαρκάρω *ρ μτβ* mark

μαρκετερί (*η*) marquetry

μάρκετινγκ (*το*) *άκλ* marketing

μαρκήσιος (*ο*) marquis

μάρκο (*το*) (German) mark

μάρμαρο (*το*) marble

μαρμελάδα (*η*) jam. (*πορτοκαλιού*) marmalade

μαρξισμός (*ο*) Marxism

μαρξιστής (*ο*), **~ίστρια** (*η*) Marxist

μαροκινός *επίθ* Moroccan

Μαροκιν|ός (*η*), **~ή** (*ο*) Moroccan

Μαρόκο (*το*) Morocco

μαρόν (*το*) *άκλ* maroon

μαρούλι (*το*) lettuce

Μάρτης (*ο*) *βλ* **Μάρτιος**

Μάρτιος (*ο*) March

μάρτυρας (*ο, η*) witness. (*εκκλ*) martyr

μαρτυρία (*η*) evidence. (*νομ*) (*κατάθεση*) testimony

μαρτυρικός *επίθ* excruciating

μαρτύριο (*το*) torment. (*εκκλ*) martyrdom. (*ταλαιπωρία*) misery

μαρτυρώ *ρ μτβ* (*καταθέτω*) testify. (*προδίνω*) inform against. (*φανερώνω*) reveal. • *ρ αμτβ* suffer martyrdom

μας *αντων* our, us

μάσα (*η*) grub (*fam*)

μασάζ (*το*) *άκλ* massage. (*του προσώπου*) facial

μασέζ (*η*) *άκλ* masseuse

μασέρ (*ο*) *άκλ* masseur

μάσημα (*το*) chewing

μάσκα (η) mask

μάσκαρα (το) mascara

μασκαράς (ο) person in fancy dress. (παλιάνθρωπος) rascal

μασκάρεμα (το) masquerade

μασκαρεύομαι ρ αμτβ masquerade

μασκότ (η) άκλ mascot

μασονία (η) Freemasonry

μασόνος (ο) (Free)mason

μασουλίζω ρ μτβ/ρ αμτβ munch

μασουράκι (το) bobbin

μασούρι (το) spool

μαστάρι (το) udder

μάστιγα (η) scourge

μαστίγιο (το) whip

μαστιγώνω ρ μτβ whip. (δέρνω) flog

μαστίζω ρ μτβ plague

μαστίχα (η) mastic

μαστός (ο) breast

μασχάλη (η) armpit

μασώ ρ μτβ chew

ματ (το) άκλ checkmate. • επίθ άκλ matt

ματαιοδοξία (η) vanity

ματαιόδοξος επίθ vain

μάταιος επίθ futile. (ανώφελος) vain. ~α επίρρ in vain

ματαιώνω ρ μτβ (ακυρώνω) call off. (εμποδίζω) frustrate. (προσπάθειες) thwart

μάτι (το) eye. (γκαζιού) gas ring. (κουζίνας) hot plate. ~α μου! my precious! δεν κλείνω ~ not sleep a wink. κλείνω το ~ σε κπ wink at s.o. παίρνει το ~ μου catch sight of

ματιά (η) glance. (γρήγορη) glimpse. ρίχνω μια ~ take a look

ματιάζω ρ μτβ cast an evil eye

ματόκλαδο (το) eyelash

ματς (το) άκλ (football) match

μάτσο (το) wad

ματώνω ρ μτβ cause to bleed. • ρ αμτβ bleed

μαύρη (η) cannabis, hashish

μαυρίζω ρ μτβ blacken. (σε ψηφοφορία) blackball. (μεταφ) tarnish. • ρ αμτβ blacken (στον ήλιο) go brown, tan

Μαυρίκιος (ο) Mauritius

μαυρίλα (η) blackness. (σκοτεινιά) darkness. (μεταφ) gloom

μαύρισμα (το) blackening. (σε εκλογές) blackballing. (στον ήλιο) suntan

μαυρισμένος επίθ suntanned

μαυροπίνακας (ο) blackboard

μαύρο|ς (ο) black person. ~ (το) black

μαύρος επίθ black. (μεταφ) miserable

μαυροφορώ ρ αμτβ be in mourning

μαυσωλείο (το) mausoleum

μαφία (η) mafia. (ομάδα) gang

μαχαίρι (το) knife

μαχαιριά (η) stab

μαχαιροπίρουνα (τα) cutlery

μαχαιρώνω ρ μτβ stab, knife

μάχη (η) battle, combat. (μεταφ) struggle

μαχητής (ο), ~ήτρια (η) combatant

μαχητικό|ς επίθ fighting. (αγωνιστικός) militant. ~ (το) (αεροσκάφος) fighter (plane)

μάχομαι ρ αμτβ fight. (μεταφ) struggle, battle

MB συντ (*Μεγάλη Βρετανία*) GB
(Great Britain)

με *πρόθ* (*μαζί*) with. (*μέσο*) by.
(*υλικό*) of. (*χρόνος*) in. **~ τη
σειρά** in turn. **~ το καλό** God
willing. **θα πάω ~ τα πόδια** I
am going on foot

μέγαιρα (*η*) hag

μεγαλεί|ο (*το*) splendour. **~α**
(*τα*) snobbishness. **~!** splendid!

μεγαλειότ|ατος (*ο*) His
Majesty. **~τητα** (*η*) majesty

μεγαλειώδης *επίθ* majestic

μεγαλέμπορος (*ο*) wholesaler

μεγαλετήβολος *επίθ* grandiose

μεγαλοδύναμος (*ο*) almighty.
ο Μ~ the Almighty

μεγαλομανής *επίθ*
megalomaniac

μεγαλοποιώ *ρ μτβ* exaggerate,
magnify

μεγαλοπρέπεια (*η*)
magnificence, grandeur

μεγαλοπρεπής *επίθ*
magnificent, majestic

μεγάλοι (*οι*) grown-ups

μεγάλος *επίθ* large, big.
(*βεληνεκές*) long. (*δυνατός*)
mighty. (*ένδοξος*) great.
(*ενήλικος*) grown-up. (*έντονος*)
strong. (*ιδέες*) grand.
(*κυκλοφορία*) heavy. (*σε ηλικία*)
old

μεγαλόσωμος *επίθ* big, of
large build

μεγαλοφυής *επίθ* of genius.
~ία (*η*) genius

μεγαλόψυχος *επίθ*
magnanimous

μεγαλύτερος *επίθ* elder. (*σε
βαθμό*) senior **ο ~** the
eldest

μεγαλώνω *ρ μτβ* enlarge.
(*ανατρέφω*) bring up. (*ζώα*)
rear. (*μεταφ*) magnify. • *ρ αμτβ*
grow. (*ενηλικιώνομαι*) grow up.
(*μέρες*) draw out

μέγαρο (*το*) large imposing
building. (*σπίτι*) mansion

μέγας *επίθ* great

μεγάφωνο (*το*) loudspeaker

μέγεθος (*το*) size. (*κακού*)
enormity. (*μεταφ*) magnitude

μεγέθυνση (*η*) enlargement. (*με
φακό*) magnification.
(*φωτογραφίας*) blow-up

μεγεθύνω *ρ μτβ* magnify

μεγιστάνας (*ο*) tycoon.
(*αξιωματούχος*) magnate.
(*ισχυρός*) mogul

μεγιστοποιώ *ρ μτβ* maximize

μέγιστος *επίθ* maximum

μέγκενη (*η*) vice, clamp

μεζές (*ο*) meze (*selection of side
dishes and dips served as
starter*)

μεζονέτα (*η*) maisonette

μεζούρα (*η*) tape measure

μεθαύριο *επίρρ* the day after
tomorrow

μέθη (*η*) intoxication

μεθοδικός *επίθ* methodical.
~τητα (*η*) method

μέθοδος (*η*) method

μεθοκοπώ *ρ αμτβ* booze

μεθόριος (*η*) frontier

μεθύσι (*το*) drunkenness.
(*μεταφ*) exhilaration

μεθυσμένος *επίθ* drunk

μεθυστικός *επίθ* intoxicating.
(*μεταφ*) heady

μεθώ *ρ μτβ* make drunk. • *ρ
αμτβ* get drunk

μείγμα (το) mix, mixture. (χαρμάνι) blend

μειδίαμα (το) smile

μεικτός επίθ mixed. (κέρδος) gross. (σχολείο) co-educational

μειλίχιος επίθ mellow

μειοδότης (ο) lowest bidder

μείον επίρρ less

μειονέκτημα (το) disadvantage. (ελάττωμα) flaw. (εμπόδιο) drawback

μειονεκτικ|ός επίθ disadvantageous. **σε ~ή θέση** at a disadvantage

μειονεκτώ ρ αμτβ be at a disadvantage

μειονότητα (η) minority

μειοψηφία (η) minority

μειών|ω ρ μτβ reduce. (σε κλίμακα) scale down. (ταπεινώνω) belittle. **~ομαι** ρ αμτβ decline. (μεταφ) diminish

μείωση (η) reduction. (ποινής) remission. (μεταφ) belittlement

μελαγχολία (η) melancholy. (κατάθλιψη) depression

μελαγχολικός επίθ melancholy. (που προκαλεί μελαγχολία) gloomy

μελαγχολώ ρ μτβ depress. • ρ αμτβ feel depressed

μελάνι (το) ink

μελανιάζω ρ μτβ/αμτβ bruise. (από το κρύο) turn blue

μελάνιασμα (το) bruise

μελανοδοχείο (το) ink-pot

μελανώνω ρ μτβ ink

μελάσα (η) treacle

μελάτος επίθ like honey. (αυγό) soft-boiled

μελαχρινός επίθ of dark complexion

μελαψός επίθ swarthy

μελέτη (η) study. (έρευνα) research

μελετηρός επίθ studious

μελετώ ρ μτβ/ρ αμτβ study. (σκέπτομαι) consider

μέλι (το) honey

μελία (η) ash (tree)

μέλισσα (η) bee

μελίσσι (το) beehive. (μεταφ) swarm

μελιτζάνα (η) egg plant, aubergine

μέλλον (το) future. **στο ~ in** future. **~τας** (ο) (γραμμ) future

μελλοντικός επίθ future. (πιθανός) prospective

μελλόνυμφ|ος (ο), **~η** (η) person about to be married

μέλλ|ω ρ αμτβ απρόσ be. **δε με ~ει** I don't care

μέλλων επίθ to-be

μελόδραμα (το) melodrama

μέλος (το) member. (του σώματος) limb

μελωδία (η) melody. (ταινίας) theme song

μελωδικός επίθ melodic. (αρμονικός) melodious

μεμβράνη (η) membrane. (πολυγράφου) stencil. **διαφανής ~** cling film

μεμιάς επίρρ all at once

μεμονωμένος επίθ isolated

μεμψιμοιρία (η) grumble, complaining

μεν σύνδ on the one hand. **ο ~ .. ο δε** the former ... the latter. **οι ~ και οι δε** others

μενεξές (ο) pansy (*plant*)

μενού (το) άκλ menu

μέντα (η) peppermint

μενταγιόν (το) άκλ medallion. (*γυναικείο*) locket

μεντεσές (ο) hinge

μέντιουμ (το) άκλ medium (*person*)

μέντορας (ο) mentor

μένω ρ αμτβ remain. (*διαμένω*) stay. (*περισσεύω*) be left over. (*απρόσ*) remain

Μεξικό (το) Mexico

μέρα (η) βλ **ημέρα**. **~ παρά ~** every other day

μεραρχία (η) (στρ) division

μεριά (η) side. **από τη μια ~** for one thing

μερίδα (η) portion, helping. (*με δελτίο*) ration

μερίδιο (το) share. (*μερίδα*) portion

μερικ|ός επίθ partial. **~ή απασχόληση** part-time work. **~οι** some. **~ώς** επίρρ partially, in part

μέριμνα (η) care

μεριμνώ ρ αμτβ take care of. (*φροντίζω*) see to

μέρισμα (το) dividend

μεροκάματο (το) day's wages

μεροληψία (η) partiality

μερόνυχτο (το) a day and a night

μέρ|ος (το) part. (*αποχωρητήριο*) toilet loo. (*σε σύμβαση*) party. (*σημείο*) spot, place. (*τόπος*) place. (*μεταφ*) side. **εκ ~ους** on behalf of. **εν ~ει** partly

μες επίρρ βλ **μέσα**

μέσα επίρρ in, inside. (*κίνηση*) through. (*χρονική διάρκεια*) within. **έλα ~** come in

μεσαί|ος επίθ middle. **η ~α τάξη** the middle class

Μεσαίωνας (ο) Middle Ages

μεσαιωνικός επίθ medieval

μεσάνυχτα (τα) midnight

μέση (η) middle. (*σώματος*) waist. (*φορέματος*) waistline

μεσήλικας επίθ middle-aged

μεσημβρινός επίθ midday. (ο) meridian

μεσημέρι (το) noon, midday. **μέρα ~** in broad daylight

μεσημεριανός επίθ midday. **~ός ύπνος** (ο) siesta

μεσιτεύω ρ αμτβ mediate

μεσίτης (ο) middleman. (*οικον*) broker

μέσ|ο (το) middle. (*όργανο*) medium. **~α** (τα) means. (*μεταφ*) pull

μεσογειακός επίθ Mediterranean

μεσόγειος επίθ inland. **η Μ~** the Mediterranean

μεσόκοπος επίθ middle-aged

μεσολάβηση (η) mediation

μεσολαβ|ητής (ο), **~ήτρια** (η) go-between. (*για συμβιβασμό*) mediator

μεσολαβώ ρ αμτβ intercede. (*για συμβιβασμό*) mediate. (*συμβαίνω*) intervene

μεσοπολεμικός επίθ interwar

μεσόπορτα (η) internal door

μέσ|ος επίθ middle. (*συνηθισμένος*) average. **κατά ~ο όρο** on average

μεσούρανα επίρρ in mid air

μεσοφόρι (το) petticoat

μεσοχείμωνο (το) midwinter

Μεσσίας (ο) Messiah

μεστώνω ρ αμτβ ripen. (μεταφ) mature

μέσω επίρρ through, via

μετά επίρρ then, afterwards

μεταβάλλω ρ μτβ alter

μετάβαση (η) transition

μεταβατικός επίθ transitive

μεταβιβάζω ρ μτβ convey. (εξουσία) hand over. (περιουσία) transfer

μεταβίβαση (η) conveyance. (περιουσίας) transfer

μεταβλητός επίθ variable

μεταβολή (η) change. (στρ) about-turn

μεταβολισμός (ο) metabolism

μετάγγιση (η) transfusion

μεταγενέστερος επίθ subsequent

μεταγεννητικός επίθ postnatal

μεταγραφή (η) transcription

μεταγράφω ρ μτβ transcribe

μεταδίδω ρ μτβ transmit. (ασθένεια) spread. (ενθουσιασμό) impart. (ραδιόφωνο, TV) broadcast

μετάδοση (η) transmission. (νόσου) spread. (ραδιοτηλεοπτική) broadcast

μεταδοτικός επίθ infectious, contagious

μεταθανάτιος επίθ posthumous

μετάθεση (η) transfer

μεταθέσιμος επίθ transferable

μεταθέτω ρ μτβ shift. (θέση) transfer

μετακίνηση (η) move. (μετατόπιση) removal

μετακινώ ρ μτβ move

μετακομίζω ρ μτβ move (house)

μεταλαβαίνω ρ μτβ/αμτβ give/receive holy communion

μετάληψη (η) Holy Communion

μεταλλείο (το) mine (for metals)

μετάλλευμα (το) ore

μεταλλικό|ς επίθ metal. (βαφή) metallic. **~ φύλλο** (το) foil

μετάλλιο (το) medal

μέταλλο (το) metal

μεταμέλεια (η) regret

μεταμελημένος επίθ contrite

μεταμελούμαι ρ αμτβ regret

μεταμορφώνω ρ μτβ transform

μεταμόρφωση (η) transformation. (πλήρης αλλοίωση) metamorphosis

μεταμόσχευση (η) transplant

μεταμοσχεύω ρ μτβ (ιατρ) transplant

μεταμφιέζ|ω ρ μτβ disguise. **~ομαι** ρ αμτβ dress up, put on fancy dress

μεταμφίεση (η) disguise. (μασκάρεμα) fancy dress

μετανάστευση (η) migration. (από μια χώρα) emigration. (προς μια χώρα) immigration

μεταναστεύω ρ αμτβ migrate. (από μια χώρα) emigrate. (προς χώρα σαν μετανάστης) immigrate

μετανάστης (ο), **~ρια** (η) (από μια χώρα) emigrant. (προς μια χώρα) immigrant

μετανιωμένος (ο) repentant

μετανιώνω ρ αμτβ repent. (αλλάζω γνώμη) change my mind

μετάνοια (η) repentance. (εκκλ) penance

μετανοώ ρ αμτβ repent

μεταξένιος επίθ silken, silky

μετάξι (το) silk

μεταξοσκώληκας (ο) silkworm

μεταξύ επίρρ between. **εν τω ~** meanwhile. **στο ~** in the mean time

μεταξωτός επίθ (made of) silk

μεταπείθω ρ μτβ dissuade

μεταπολεμικός επίθ postwar

μεταπτυχιακός επίθ postgraduate

μεταρρυθμίζω ρ μτβ reform

μεταρρύθμιση (η) reform

μετασχηματιστής (ο) transformer

μετατοπίζω ρ μτβ shift

μετατρέπω ρ μτβ convert. (νομ) commute

μετατροπή (η) conversion

μεταφέρω ρ μτβ carry. (αεροπορικώς) fly. (εμπορεύματα) ship. (με λεωφορείο) bus. (με σωλήνες) pipe. (μεταδίδω) convey. (μετακινώ) transport. (σε άλλη περιοχή) relocate

μεταφορά (η) haulage, carriage. (γραμμ) metaphor. (μετακίνηση) transportation

μεταφορέας (ο) (εμπ) carrier

μεταφορικά (τα) carriage (charges)

μεταφορικός επίθ metaphorical. (γραμμ) figurative

μεταφράζω ρ μτβ translate. (προφορικά) interpret

μετάφραση (η) translation

μεταφρ|αστής (ο), **~άστρια** (η) translator

μεταφυσική (η) metaphysics

μεταφυτεύω ρ μτβ transplant (plant)

μεταχειρίζομαι ρ μτβ treat. (χρησιμοποιώ) use

μεταχείριση (η) treatment

μεταχειρισμένος επίθ second-hand

μετεκπαίδευση (η) further education

μετέχω ρ μτβ participate

μετεωρίτης (ο) meteor

μετέωρ|ο (το) meteor. **M~α** (τα) Meteora

μετεωρολογία (η) meteorology

μετοχή (η) participation. (γραμμ) participle. (εμπ) share

μέτοχος (ο) shareholder

μέτρημα (το) count

μετρημέν|ος επίθ measured. (συνετός) judicious. **~οι** numbered

μέτρηση (η) measurement

μετρητ|ά (τα) cash. (για μικροέξοδα) petty cash. (στο ταμείο) float. **τοις ~οίς** in cash

μετρητής (ο) gauge, meter

μετριάζω ρ μτβ moderate. (σε ένταση) tone down. (μεταφ) water

μετρικός επίθ metric

μετριοπάθεια (η) moderation

μετριοπαθής (ο) moderate

μέτριος επίθ medium. (κατώτερης ποιότητος) mediocre. (όχι καλός) so-so

μετριότητα (η) mediocrity

μετριοφροσύνη (η) modesty

μετριόφρων επίθ modest

μέτρο (το) measure. (μονάδα) metre. (μουσ) bar. (συγκράτηση) restraint. (σύγκριση) yardstick. (μεταφ) step

μετρό (το) underground (train)

μετρώ ρ μτβ measure. (αριθμό) count. (μεταφ) weigh (one's words)

μετωπικός επίθ head-on

μέτωπο (το) forehead. (κτιρίου) facade. (στρ) front

μέχρι πρόθ up to, until. (απόσταση) as far as. (σχεδόν) nearly. **~ τώρα** so far

μη(ν) μόρ (απαγορευτικό) don't. (άρνηση) not. (ενδοιασμού) lest. (πρόθ) non, in, un

μηδαμινός επίθ worthless. **~τητα** (η) nonentity

μηδέν (το) zero. (μαθημ) naught. (τένις) love. (το τίποτα) nil. (χωρίς αξία) nothing

μηδενίζω ρ μτβ (εξετάσεις) give no marks. (όργανα) set to zero (αφανίζω) annihilate

μηδενικό (το) zero. (μεταφ) nobody

μήκος (το) length. **κατά ~** lengthways. **κατά ~ του δρόμου** along the road

μήλη (η) (ιατρ) probe

μηλιά (η) apple tree

μηλίτης (ο) cider

μήλο (το) apple. (ανατομ) cheek bone

μηλόπιτα (η) apple pie

μήνας (ο) month. **~ του μέλιτος** honeymoon

μηνιαίος επίθ monthly

μηνιάτικο (το) monthly salary

μηνίγγι (το) (ανατομ) temple

μηνιγγίτιδα (η) meningitis

μήνυμα (το) (είδηση) word. (παράγγελμα) message.

μήνυση (η) charge, indictment

μηνυτής (ο), **~ύτρια** (η) complainant. **~ύω** ρ μτβ bring a charge against

μηνώ ρ μτβ/αμτβ send a message

μήπως σύνδ lest

μηρός (ο) thigh

μήτε σύνδ not even. (ούτε) **~ ... ~** neither ... nor

μητέρα (η) mother

μήτρα (η) womb. (ιατρ) uterus

μητριά (η) stepmother

μητρικός επίθ motherly, maternal

μητρόπολη (η) metropolis

μητρότητα (η) motherhood

μητρώο (το) record. (βιβλίο) register

μηχανάκι (το) moped

μηχανεύομαι ρ αμτβ engineer. (σκέφτομαι) think up

μηχανή (η) machine. (κινητήρας) engine

μηχάνημα (το) piece of machinery

μηχανική (η) mechanics. (επιστήμη) engineering

μηχανικός επίθ mechanical. (ο) engineer. (πρακτικός) mechanic

μηχανισμός (ο) mechanism. (τρόπος λειτουργίας) mechanics

μηχανογράφηση (η) computerisation

μηχανοδηγός (ο) engine driver

μηχανολόγος (ο, η) mechanical
engineer

μηχανοποιώ ρ μτβ mechanize

μηχανορραφία (η)
machination. (δολοπλοκία)
intrigue. **~ώ** ρ αμτβ scheme,
plot

μηχανορράφος (ο, η) schemer

μηχανοστάσιο (το) engine
room

μηχανουργείο (το)
engineering works. **~ός** (ο)
machinist

μι (το) άκλ (μους) me

μία επίθ βλ **ένας**. **~ σου και
~ μου** an eye for an eye

μια επίθ βλ **ένας**. **~ και** since.
~ μέρα some day. **~ φορά**
once. **~ φορά κι έναν καιρό**
once upon a time

μίασμα (το) miasma

μιγάδας (ο) half-caste. (σκύλος)
mongrel

μίγμα (το) βλ **μείγμα**

μίζα (η) (αυτοκ) starter. (μεταφ)
kickback

μιζέρια (η) misery

μίζερος επίθ miserable.
(τσιγκούνης) miserly

Μικρά Ασία (η) Asia Minor

μικραίνω ρ μτβ shorten. • ρ
αμτβ get smaller. (μέρες) draw
in

μικρό (το) mite (child). (ζώου)
young (animal)

μικροαστοί (οι) suburbia

μικροατύχημα (το) minor
accident

μικρόβιο (το) bug, germ. (ιατρ)
microbe

μικροβιολογία (η)
microbiology

μικρογραφία (η) miniature

μικροέξοδα (τα) incidental
expenses

μικροεπεξεργαστής (ο)
microprocessor

μικροκαμωμένος επίθ
diminutive

μικροκαβγάς (ο) squabble

μικροκλέφτης (ο), **~ρα** (η)
petty thief

μικροκλοπή (η) pilferage

μικρόκοσμος (ο) microcosm

μικροκύματα (τα) microwaves

μικρομπελάς (ο) bother, minor
trouble

μικρόμυαλος επίθ narrow-
minded

μικροπράγματα (τα) trifles

μικροπρετής επίθ petty, mean.
(στη συμπεριφορά) mean

μικρός επίθ small.
(αναξιοπρεπής) petty.
(ασήμαντος) minor. (νεαρός)
little. (σε διάρκεια) short

μικροσκοπικός επίθ
microscopic. (μέγεθος) tiny.
(ποσότητα) minute

μικροσκόπιο (το) microscope

μικροσυσκευή (η) gadget

μικρότερος επίθ lesser.
(μέγεθος) smaller. **ο ~** the
smallest

μικροτσίπ (το) άκλ microchip

μικροφίλμ (το) άκλ microfilm

μικρόφωνο (το) microphone

μικρόψυχος επίθ faint-hearted

μίλι (το) mile

μιλιά (η) speech

μιλκσέικ (το) άκλ milk shake

μιλώ ρ μτβ/ρ αμτβ talk, speak

μιμητής (ο), **~ήτρια** (η) imitator

μιμητικός επίθ imitative

μιμική (η) mime

μιμόζα (η) mimosa

μίμος (ο) mimic. (ανθρώπων) impersonator

μιμούμαι ρ μτβ imitate. (άνθρωπο) impersonate. (σε εμφάνιση) mimic. (παίρνω παράδειγμα) emulate

μιναρές (ο) minaret

μίνι (το) miniskirt

μινιατούρα (η) miniature

μινουέτο (το) minuet

μίξερ (το) άκλ (μαγ) mixer

μιούζικαλ (το) άκλ musical

μισαλλόδοξος επίθ intolerant

μισάνθρωπος (ο) misanthrope

μισάνοιχτος επίθ half-open. (πόρτα) ajar

μισητός επίθ hateful

μίσθιον (το) leasehold

μισθολόγιο (το) payroll

μισθός (ο) salary

μισθοφόρος (ο) mercenary

μίσθωμα (το) rent

μισθώνω ρ μτβ lease (from owner)

μίσθωση (η) lease

μισθωτής (ο) tenant

μισθωτός επίθ salaried

μισό (το) half

μισόγυμνος επίθ half-naked

μισογύνης (ο) misogynist

μισόκλειστος επίθ half-closed

μισοπεθαμένος επίθ half-dead

μίσος (το) hate, hatred

μισός επίθ half

μισοφέγγαρο (το) crescent moon

μίσχος (ο) stem, stalk

μισώ ρ μτβ hate

μίτρα (η) mitre

μ.μ. συντ (μετά το μεσημέρι) p.m. (post meridian)

μνεία (η) mention

μνήμα (το) tomb

μνημείο (το) monument. (τάφου) memorial

μνημειώδης επίθ monumental

μνήμη (η) memory. (Η/Υ) store

μνημονεύω ρ μτβ cite. (εκκλ) remember

μνημονικό (το) memory

μνημόνιο (το) memo

μνημόσυνο (το) (εκκλ) remembrance

μνησίκακος επίθ vindictive

μνηστεία (η) betrothal

μνηστή (η) betrothed

μνηστήρας (ο) suitor. (αρραβωνιαστικός) betrothed

μοβ επίθ mauve **~** (το) άκλ mauve

μόδα (η) fashion. (νεωτερισμός) vogue. **της ~ς** fashionable

μοδίστρα (η) dressmaker

μοιάζω ρ μτβ/αμτβ resemble, look like. (σε συνήθειες) take after

μοίρα (η) fate. (αεροπ) squadron. (μαθημ) degree. (μερίδιο) lot. (πεπρωμένο) destiny

μοιράζ|ω ρ μτβ divide, share. (διανέμω) give out. (δίνω μερίδια) apportion. (τιμωρία) mete out. (σε φτωχούς) hand

out. (χαρτιά) deal. **~ομαι** ρ
αμτβ share
μοιραί|ος επίθ fateful.
(θανάσιμος) fatal. **~ο** (το) fate,
death
μοιρασιά (η) share-out. (χαρτιά)
deal
μοιρολάτρ|ης (ο), **~ις** (η)
fatalist
μοιρολογώ ρ μτβ/ρ αμτβ
lament
μοιρολόι (το) dirge. (θρήνος)
lament
μοιχαλίδα (η) adulteress
μοιχεία (η) adultery
μοιχικός επίθ adulterous
μοιχός (ο) adulterer
μοκασίνι (το) moccasin
μοκέτα (η) fitted carpet
μολαταύτα επίρρ nevertheless
μόλις επίρρ (με μεγάλη
δυσκολία) barely, scarcely. (πριν
από λίγο) just. (ευθύς) as soon
as
μολονότι σύνδ although
μόλυβδος (ο) lead
μολυβένιος επίθ leaden
μολύβι (το) pencil
μόλυνση (η) infection.
(ρύπανση) contamination.
(μεταφ) taint
μολύνω ρ μτβ infect. (ρυπαίνω)
contaminate. (μεταφ) taint
μολυσμένος επίθ contaminated
μομιοποιώ ρ μτβ mummify
μομπίλιο (το) mobile (child's)
μομφή (η) censure
μονάδα (η) unit
μοναδικός επίθ unique.
(απαράμιλλος) singular
μοναξιά (η) solitude

μονάκριβος επίθ one and only
μονάρχης (ο) monarch
μοναρχία (η) monarchy
μοναστήρι (το) monastery,
cloister. (καλογραιών) convent,
nunnery
μονάχα επίρρ only
μοναχή (η) nun
μοναχικός επίθ solitary
μοναχοπαίδι (το) only child
μοναχός (ο) monk
μοναχός, μόναχος επίθ alone.
(ο ίδιος) by oneself
μόνιμος επίθ permanent.
(επιτροπή) standing. (στρ)
regular. **~α** επίρρ permanently
μονιμότητα (η) permanence
μόνο επίρρ only. • σύνδ but
μονογαμία (η) monogamy
μονόγραμμα (το) monogram
μονογράφω ρ μτβ initial
μονόδρομος επίθ one-way
μονοετής επίθ one-year old.
(διαρκείας) of one year
μονήμερος επίθ of one day
μονοθεϊσμός (ο) monotheism
μονοκατοικία (η) detached
house
μονόκερως (ο) unicorn
μονόκλινος επίθ single (room)
μονόλογος (ο) monologue
μονομαχία (η) duel
μονομάχος (ο) gladiator
μονομελής επίθ one-membered
μονομερής επίθ unilateral
μονομιάς επίρρ all at once
μονοξείδιο (το) monoxide
μονοπάτι (το) path. (για
ιππασία) bridle-path. (για

πεζούς footpath. (*σε δάσος*) trail

μονόπλευρος *επίθ* one-sided

μονοπώλιο (*το*) monopoly

μονοπωλώ *ρ μτβ* monopolize

μονός *επίθ* single (*not double*). (*αριθμός*) odd

μόνος *επίθ* alone. (*μοναδικός*) only. **~ μου** by oneself

μονοσύλλαβος *επίθ* monosyllabic

μονοτονία (*η*) monotony

μονότονος *επίθ* monotonous. (*ανιαρός*) dreary

μονόφθαλμος *επίθ* one-eyed

μονοφωνικός *επίθ* mono (*not stereo*)

μονόχρωμος *επίθ* monochrome

μονοψήφιος *επίθ* single-digit

μοντγκόμερι (*το*) *άκλ* dufflecoat

μοντέλο (*το*) model

μοντέρνος *επίθ* modern

μονωδία (*η*) (*μονα*) solo

μονώνω *ρ μτβ* insulate

μονώροφος *επίθ* one-storey

μόνωση (*η*) insulation

μόριο (*το*) speck. (*γραμμ*) particle. (*χημ*) molecule

μορφάζω *ρ αμτβ* grimace

μορφασμός (*ο*) grimace

μορφή (*η*) form. (*εμφάνιση*) look

μορφίνη (*η*) morphine

μορφωμένος *επίθ* educated

μορφώνω *ρ μτβ* educate

μόρφωση (*η*) education

μοσχάρι (*το*) calf

μοσχαρίσιος *επίθ* veal

μόσχευμα (*το*) cutting (*of plant*). (*ιατρ*) graft

μοσχοβολώ *ρ αμτβ* be fragrant

μοσχοκάρυδο (*το*) nutmeg. **~** (*φλούδα*) mace (*spice*)

μοσχομπίζελο (*το*) sweet pea

μόσχος (*ο*) musk

μοτέλ (*το*) *άκλ* motel

μοτέρ (*το*) *άκλ* motor

μοτίβο (*το*) motif

μότο (*το*) *άκλ* motto

μοτοσικλέτα (*η*) motor cycle

μου *αντων* my. **ένας φίλος ~** a friend of mine

μουγκανίζω *ρ αμτβ* moo

μουγκός *επίθ* dumb

μουγκρητό (*το*) roar. (*πόνου*) groan

μουγκρίζω *ρ αμτβ* roar. (*μεταφ*) groan

μουδιάζω *ρ αμτβ* go numb

μούδιασμα (*το*) pins and needles. (*μεταφ*) numbness

μουδιασμένος *επίθ* numb

μουλάρι (*το*) mule

μουλιάζω *ρ μτβ* soak

μούμια (*η*) mummy (*body*)

μουντζαλιά (*η*) smudge

μουντζαλώνω *ρ μτβ/ρ αμτβ* smudge

μουντζούρα (*η*) smut

μουντζουρωμένος *επίθ* smutty

μουντός *επίθ* dull. (*πληκτικός*) drab

μούρη (*η*) mug, face

μουρλός *επίθ* crazy

μουρμούρα (*η*) grumbling

μουρμουρητό (*το*) murmuring. (*γκρίνια*) muttering

μουρμουρίζω ρ μτβ/ρ αμτβ
murmur. (γκρινιάζω) mutter

μουρμούρισμα (το) murmur

μούρο (το) berry

μουρούνα (η) cod

μουρουνόλαδο (το) cod-liver
oil

μούσα (η) muse

μουσακάς (ο) moussaka

μουσαμάς (ο) tarpaulin. (σε
κατασκήνωση) groundsheet

μουσείο (το) museum

μουσελίνα (η) muslin

μούσι (το) goatee

μουσική (η) music

μουσικοσυνθέτης (ο) composer

μουσικός επίθ musical. **~** (ο, η)
musician

μούσκεμα (το) soaking

μουσκεμένος επίθ soaking.
(έδαφος) soggy

μουσκεύω ρ μτβ soak. • ρ αμτβ
get soaked

μουσούδα (η) snout

μουσουλμάν|ος (ο), **~α** (η)
Muslim

μουστάκι (το) moustache.
(γάτας) whiskers

μουστάρδα (η) mustard

μούστος (ο) must

μουσώνας (ο) monsoon

μούτρ|ο (το) face. (μεταφ)
rogue. **κάνω ~α** sulk

μουτρωμένος επίθ sulky

μούχλα (η) mould

μουχλιάζω ρ αμτβ grow
mouldy

μοχαίρ (το) άκλ mohair

μοχθηρ|ία (η) wickedness. **~ός**
επίθ wicked

μόχθος (ο) toil

μοχθώ ρ αμτβ toil, (καθομ) slog

μόχλευση (η) leverage

μοχλός (ο) lever

μπα επιφών why! really!

μπαγαπόντης (ο) vagabond

μπαγιάτικος επίθ stale

μπαγκέτα (η) (μουσ) baton

μπάζα (η) packet, profit

μπάζα (τα) rubble

μπαίνω ρ αμτβ go in, enter.
(απρόσκλητος) barge in.
(απρόσκλητος σε πάρτι) gate-
crash. (ρούχα) shrink. (στο
νόημα) click

μπακάλης (ο), **~ισσα** (η)
grocer

μπακαλιάρος (ο) hake άκλ

μπακάλικο (το) grocery

μπακλαβάς (ο) sweet made of
layers of filo pastry and ground
almonds

μπάλα[1] (η) (foot)ball

μπάλα[2] (η) (εμπορευμάτων) bale

μπαλάντα (η) ballad

μπαλαντέρ (ο) άκλ joker

μπαλαρίνα (η) ballerina

μπαλέτο (το) ballet

μπαλίτσα (η) pellet

μπαλκόνι (το) balcony

μπαλκονόπορτα (η) French
window

μπαλόνι (το) balloon

μπαλτάς (ο) hatchet

μπάλωμα (το) patch

μπαλώνω ρ μτβ patch. (μεταφ)
patch up

μπαμ! επιφών bang!

μπάμια (η) okra

μπαμπάς (ο) daddy, dad

μπαμπούλας (ο) bogy
μπαμπού (το) άκλ bamboo
μπανάνα (η) banana
μπαγκαλόου (το) άκλ
bungalow
μπανιέρα (η) bath tub
μπανιερό (το) swimsuit
μπάνιο (το) bath. (δωμάτιο)
bathroom. (στη θάλασσα) bathe
μπάντα (η) (στρ) band
μπάντζο (το) άκλ banjo
μπαούλο (το) trunk (box)
μπαρ (το) άκλ bar
μπαράζ (το) άκλ barrage
μπάρμαν (ο) άκλ barman
μπάρμπας (ο) λαϊκ uncle
μπαρμπούνι (το) red mullet
μπαρόκ επίθ άκλ baroque
μπαρούτι (το) gunpowder
μπάσιμο (το) shrinkage
μπάσκετ (το) άκλ basketball
μπασμένος επίθ versed
μπαστούνι (το) walking stick.
~α (τα) spades (cards)
μπαταρία (η) battery
μπατζάκι (το) trouser leg
μπάτης (ο) sea breeze
μπάτσος (ο) cuff, blow
μπαχαρικό (το) spice
μπεζ επίθ άκλ beige
μπέικον (το) άκλ bacon
μπεϊμπισίτερ (ο, η) άκλ baby-
sitter
μπεκρής (ο), ~ού (η) boozer,
heavy drinker
μπελάς (ο) nuisance.
(πρόσωπο) pest. έχω ~δες be
in trouble
μπέρδεμα (το) tangle.
(ανακάτωμα) muddle.

(αντίληψη) confusion. (σε
δυσάρεστη υπόθεση)
entanglement
μπερδεύω ρ μτβ tangle.
(ανακατώνω) muddle. (μεταφ)
entangle
μπερές (ο) beret
μπετόν (το) concrete
μπετονιέρα (η) cement mixer
μπήγω ρ μτβ drive in. (με
δύναμη) thrust in
μπιζάρισμα (το) encore
μπιζέλι (το) pea
μπιζού (το) άκλ jewellery
μπικ (το) άκλ Biro (P.)
μπικίνι (το) άκλ bikini
μπικουτί (το) άκλ curler
μπίλια (η) billiard ball
μπιλιάρδο (το) billiards
μπιμπελό (το) curio
μπιμπερό (το) (baby's) bottle
μπίρα (η) beer, ale. (από το
βαρέλι) draught beer. (λάκερ)
lager
μπιραρία (η) pub
μπις επιφων encore
μπισκότο (το) biscuit, (αμερ)
cookie
μπιφτέκι (το) beefsteak. (από
κιμά) hamburger
μπιχλιμπίδι (το) trinket, knick-
knack
μπλαζέ επίθ άκλ blasé
μπλε επίθ άκλ dark blue
μπλέκω ρ μτβ entangle. (σε
δυσάρεστη κατάσταση) embroil.
• ρ αμτβ get entangled.
(ερωτικές σχέσεις) get involved
with
μπλέντερ (το) άκλ liquidizer

μπλέξιμο (*το*) tangle. (*ερωτική σχέση*) involvement. (*μεταφ*) entanglement

μπλοκάρω *ρ μτβ* block. • *ρ αμτβ* jam

μπλοκ (*το*) (writing) pad. **~ επιταγών** cheque book

μπλούζα (*η*) blouse. (*δουλειάς*) overall. (*καλλιτέχνη*) smock

μπλουζάκι (*το*) T-shirt

μπλουζόν (*το*) *άκλ* blouson, windjammer

μπλου τζιν (*το*) *άκλ* jeans

μπλόφα (*η*) bluff

μπλοφάρω *ρ αμτβ* bluff

μπογιά (*η*) paint

μπογιατζής (*o*) painter (*decorator*)

μπογιατίζω *ρ μτβ* paint

μπόγος (*o*) bundle

μπόι (*το*) height (*of person*)

μποϊκοτάζ (*το*) *άκλ* boycott. **~ρω** *ρ μτβ* boycott

μπολ (*το*) *άκλ* bowl

μπόλι (*το*) graft

μπολιάζω *ρ μτβ* graft

μπομπονιέρα (*η*) sugared almonds wrapped in tulle given to guests at a wedding

μπόνους (*το*) *άκλ* bonus

μποξέρ (*o*) *άκλ* boxer

μπορ (*το*) *άκλ* brim

μπόρα (*η*) shower

μπορντούρα (*η*) edging. (*σε ύφασμα*) binding

μπορ|ώ *ρ αμτβ* can, be able (to). (*άδεια*) may. **~εί** *απρόσ* maybe, perhaps

μπότα (*η*) boot. (*αδιάβροχη, ψηλή*) gumboot. (*έως το γόνατο, λαστιχένια*) wellington

μποτιλιάρισμα (*το*) traffic jam

μπουγάδα (*η*) washing (*clothes*)

μπουζί (*το*) sparking plug

μπουζούκι (*το*) bouzouki. **~α** (*τα*) *nightclub where the bouzouki is played*

μπούκα (*η*) muzzle (*of firearm*)

μπουκάλ|α (*η*) large bottle. **~ι** (*το*) bottle

μπουκέτο (*το*) bunch of flowers

μπουκιά (*η*) mouthful

μπούκλα (*η*) curl, lock

μπουκώνω *ρ μτβ* stuff (with food). (*μεταφ*) bribe

μπουλόνι (*το*) bolt (*for nut*)

μπουλούκι (*το*) flock, crowd (*of people*)

μπουμπούκι (*το*) bud

μπουμπουκιάζω *ρ αμτβ* bud

μπουμπουν|ητό (*το*) rumble. **~ίζω** *ρ αμτβ* rumble

μπούμπουρας (*o*) bumble-bee

μπουνταλάς (*o*) oaf

μπουντρούμι (*το*) dungeon

μπούρδ|α (*η*) humbug. **~ες** (*οι*) tripe (*nonsense*)

μπουρί (*το*) flue

μπουρίνι (*το*) squall. (*μεταφ*) fit of anger

μπούστος (*o*) bodice

μπούτι (*το*) leg (*of meat*). (*κοτόπουλου*) drumstick

μπουτίκ (*η*) *άκλ* boutique

μπουφάν (*το*) *άκλ* bomber jacket

μπουφές (*o*) sideboard. (*γεύμα*) buffet

μπουχτίζω *ρ μτβ/αμτβ* have one's fill. (*μεταφ*) have a bellyful of

μπόχα (η) stench

μπράβο επιφών well done

μπράβος (ο) henchman. (σε μπαρ) bouncer

μπρατσάκια (τα) water wings

μπράτσο (το) arm. (καθίσματος) armrest

μπρελόκ (το) ακλ (για βραχιόλι) charm. (για κλειδιά) key ring

μπριζόλα (η) (μαγ) chop

μπρίκι (το) Greek coffee pot

μπρόκολο (το) broccoli ακλ

μπρος επίρρ βλ εμπρός

μπροσούρα (η) brochure

μπροστά επίρρ before, ahead. ~ από in front of

μπροστινός επίθ front

μπρούντζ|ινος επίθ brass, bronze. ~ος (ο) bronze, brass

μπύρα (η) βλ μπίρα

μυαλ|ό (το) brain, mind

μύγα (η) fly

μυγάκι (το) midge

μυγιάγγιχτος επίθ testy

μύδι (το) mussel

μυελός (ο) marrow

μύηση (η) initiation

μυθικός επίθ mythical

μυθιστόρημα (το) novel

μυθιστορ|ία (η) fiction. ~ιογράφος (ο, η) novelist

μυθολογία (η) mythology

μύθος (ο) myth. (παραμύθι) fable

μυϊκός επίθ muscular

Μυκήνες (οι) Mycenae

μύκητας (ο) fungus

Μύκονος (η) Myconos

μυλόπετρα (η) millstone

μύλος (ο) mill. (του καφέ) coffee mill

μυλωνάς (ο) miller

μύξα (η) snot

μυριάδα (η) myriad

μυρίζω ρ μτβ/αμτβ smell. (μεταφ) smack of. ~ομαι ρ μτβ sniff. (μεταφ) get wind of

μυρμήγκι (το) ant

μυρμηγκιάζω ρ αμτβ tingle

μυρμηγκοφωλιά (η) anthill

μύρτιλλο (το) bilberry

μυρωδάτος επίθ fragrant

μυρωδιά (η) smell. (άρωμα) scent. (ελαφρά) whiff

μυρωμένος επίθ balmy (of air)

μυς (ο) muscle

μυστήριο (το) mystery. (εκκλ) sacrament. ~ς επίθ mysterious

μυστηριώδης επίθ mysterious

μυστικισμός (ο) mysticism

μυστικ|ιστής (ο), ~ίστρια (η) mystic

μυστικό (το) secret

μυστικός επίθ secret. (κρυφός) clandestine. (πράκτορας) undercover

μυστικότητα (η) secrecy

μυστρί (το) trowel

μυτερός επίθ pointed. (μαχαίρι) sharp

μύτ|η (η) nose. (παπουτσιού) toe. (πένας) nib. στις ~ες των ποδιών on tiptoe

μυώ ρ μτβ initiate

μυώδης επίθ muscular

μυωξός (ο) dormouse

μυωπία (η) short sightedness. (ιατρ) myopia

μυωπικός επίθ short-sighted

μ.Χ. συντ (μετά Χριστόν) AD (Anno Domini)

μωαμεθαν|ός (ο), **~ή** (η) Muslim

μώλωπας (ο) bruise

μωλωπίζω ρ μτβ bruise

μωρό (το) baby

μωρός (ο) moron

μωρουδιακά (τα) layette

μωσαϊκό (το) mosaic

Νν

να επιφών there. • σύνδ to, in order to. (υποθετικός) if, even if. μόριο here's. **~ τος** here he is

νάζι (το) affectation

ναζιστής (ο), **~ίστρια** (η) Nazi

ναι επίρρ yes. **λέω το ~** consent

νάιλον (το) άκλ nylon

νάνι (το) άκλ (καθομ) sleep

νάνος (ο) dwarf

νανούρισμα (το) lullaby

ναός (ο) temple. (εκκλ) church. **καθεδρικός ~** cathedral

ναργιλές (ο) hookah

νάρθηκας (ο) splint

ναρκαλιευτικό (το) minesweeper

νάρκη[1] (η) torpor

νάρκη[2] (η) (στρ) mine

νάρκισσος (ο) narcissus. **κίτρινος ~** daffodil

ναρκοθετώ ρ μτβ (στρ) mine

ναρκομαν|ής (ο, η) drug addict. **~ία** (η) drug addiction

ναρκοπέδιο (το) minefield

ναρκωμένος επίθ drowsy, (καθομ) dopey

ναρκώνω ρ μτβ make lethargic

ναρκωτικό (το) narcotic, (καθομ) drug, (λαϊκ) dope

ναρκωτικός επίθ narcotic

νάτριο (το) sodium

ναυαγημένος επίθ shipwrecked

ναυάγιο (το) shipwreck

ναυαγός (ο, η) castaway

ναυαγοσώστης (ο) life-guard

ναυαγώ ρ αμτβ be shipwrecked. (μεταφ) fall through

ναυαρχίδα (η) flagship

ναύαρχος (ο) admiral

ναύκληρος (ο) bosun

ναυλοσύμφωνο (το) charter party

ναύλος (ο) (εμπορευμάτων) freight. (ανθρώπων) fare

ναυλωμέν|ος επίθ chartered. **~η πτήση** (η) charter flight

ναυλώνω ρ μτβ charter

ναυλωτής (ο) charter company

ναυμαχία (η) sea battle

ναυπηγείο (το) shipyard, dockyard

ναυσιπλοΐα (η) navigation

ναύσταθμος (ο) naval yard

ναύτης (ο) sailor

ναυτία (η) nausea

ναυτικά (τα) sailor's suit

ναυτικό (το) navy

ναυτικός επίθ naval. (θαλάσσιος) maritime. **~** (ο) seaman

ναυτιλία (η) shipping. **εμπορική ~** merchant navy

ναυτίλος (ο) navigator

ναφθαλίνη (*η*) moth ball

νέα (*τα*) tidings. (*ειδήσεις*) news

Νέα Ζηλανδία (*η*) New Zealand

νεανικός *επίθ* youthful

νεαρός (*ο*) youngster

νεγκλιζέ (*το*) *άκλ* négligé

νέγρος (*ο*) Negro

νειάτα (*τα*) *βλ* **νιάτα**

νέκρα (*η*) (*εμπόριο*) standstill. (*ησυχία*) deadly silence

νεκρικος *επίθ* deathly

νεκροθάφτης (*ο*) grave-digger

νεκροκεφαλή (*η*) death's head, skull

νεκρολογία (*η*) obituary

νεκρ|ός *επίθ* dead. **~ός** (*ο*) dead body. **~ό** (*το*) (*αυτοκ*) neutral

νεκροταφείο (*το*) cemetery, graveyard. (*εκκλησίας*) churchyard

νεκροτομείο (*το*) mortuary, morgue

νεκροτομή (*η*) autopsy

νεκροφόρα (*η*) hearse

νεκροψία (*η*) postmortem

νεκρώνω *ρ μτβ* deaden. • *ρ αμτβ* go deathly pale. (*μεταφ*) come to a stop

νέκταρ (*το*) nectar

νεκταρίνι (*το*) nectarine

νεογέννητος *επίθ* new born

νεοελληνικ|ός *επίθ* modern Greek. **~ά** (*τα*) modern Greek

νεολαία (*η*) youth, young people

νεολογισμός (*ο*) neologism

νέον (*το*) neon

νεόνυμφος *επίθ* newlywed

νεόπλουτος *επίθ* nouveau riche

νέ|ος *επίθ* new. (*ασυνήθιστος*) novel. (*σε ηλικία*) young. **~ος** (*ο*) young man. **~οι** (*οι*) the young

νεοσύλλεκτος (*ο*) (*στρ*) new recruit

νεότερ|ος *επίθ* more recent. (*σε βαθμό*) junior. (*σε ηλικία*) younger. **~α** (*τα*) news

νεότητα (*η*) youth

νεοφερμένος (*ο*) newcomer

νεποτισμός (*ο*) nepotism

νεραγκούλα (*η*) buttercup

νεράιδα (*η*) fairy

νερ|ό (*το*) water. (*της βροχής*) rain-water. **~ά** (*τα*) (*ναυτ*) wake. (*ξύλου*) grain. (*μάρμαρου*) mottled appearance

νερόβραστος *επίθ* namby-pamby

νεροκάρδαμο (*το*) watercress

νεροκολόκυθο (*το*) gourd

νερομπογιά (*η*) watercolour

νερόμυλος (*ο*) water mill

νερόπλυμα (*το*) slops

νεροποντή (*η*) downpour

νερουλός *επίθ* watery

νεροχελώνα (*η*) turtle

νεροχύτης (*ο*) sink

νερώνω *ρ μτβ* water down

νεσεσέρ (*το*) *άκλ* vanity bag

νετρόνιο (*το*) neutron

νεύμα (*το*) beck. (*με το κεφάλι*) nod. (*με το χέρι*) motion, gesture

νευραλγία (*η*) neuralgia

νευριάζω *ρ μτβ* get on s.o.'s nerves. • *ρ αμτβ* lose one's temper

νευρικός *επίθ* nervous. (*μεταφ*) jumpy

νευρικότητα (η) nervousness

νεύρ|ο (το) nerve. (δύναμη) sinews. **~α** (τα) temper. **έχω ~α** to be in a temper

νευρολογία (η) neurology. **~ικός** επίθ neurological

νευρόσπαστο (το) marionette. (μεταφ) puppet

νευροχειρουργός (ο, η) neurosurgeon

νεύρωση (η) neurosis

νευρωτικός επίθ neurotic

νεύω ρ αμτβ nod. (με το χέρι) beckon

νεφελώδης επίθ cloudy. (μεταφ) nebulous

νέφος (το) cloud. (ρύπανση) smog

νεφρίτης (ο) jade

νεφρό (το) kidney

νεφρόλιθος (ο) kidney stone

νέφτι (το) turpentine

νέφωση (η) cloudiness

νεωκόρος (ο) verger

νεωτερισμός (ο) novelty

νεωτεριστικός επίθ innovative

νήμα (το) yarn. (μεταλλικό) filament. (σκέψεως) train. (σχοινιού) strand. (μεταφ) thread

νηολόγιο (το) shipping register

νηοπομπή (η) convoy

νηπιαγωγείο (το) nursery school. **~ός** (ο, η) nursery school teacher

νηπιακός επίθ infant

νήπιο (το) infant

νησί (το) island

νησίδα (η) traffic island

νησιώτης (ο), **~ισσα** (η) islander

νήσος (η) isle

νηστεία (η) fast

νηστεύω ρ αμτβ fast

νηστικός επίθ **είμαι ~** I haven't eaten anything

νηστίσιμος επίθ that can be eaten during Lent

νηφάλιος επίθ sober. (ήρεμος) calm

νι (το) άκλ **με το ~ και με το σίγμα** in every detail

νιαουρίζω ρ αμτβ mew

νιάτα (τα) youth. (οι νέοι) young people

νίβω ρ μτβ wash one's face (or hands)

Νιγηρία (η) Nigeria

Νικαράγουα (η) Nicaragua

νικέλιο (το) nickel

νίκη (η) victory

νικητήριος επίθ victorious

νικ|ητής (ο), **~ήτρια** (η) winner. (σε μάχη) victor

νικοτίνη (η) nicotine

νικώ ρ μτβ defeat. (υπερνικώ) overcome. (μεταφ) conquer. • ρ αμτβ win

νιόνυφη (η) bride, newly married woman

νιόπαντροι (οι) newlyweds

νιότη (η) youth

νιπτήρας (ο) washbasin

νίπτω ρ μτβ βλ **νίβω**

νιτσεράδα (η) oilskins

νιφάδα (η) flake. (χιονιού) snowflake

νιώθω ρ μτβ feel. (συναισθάνομαι) sense

νοβοπάν (το) άκλ hardboard

Νοέμβρης (ο), **~ιος** (ο) November

νόημα¹ (το) beck. **κάνω ~** beckon

νόημα² (το) sense. (σκοπός) point. **βγάζω ~** (από) make sense (of). **χωρίς ~** nonsensical

νοημοσύνη (η) intelligence

νοητός επίθ conceivable. (προσιτός στη διάνοια) comprehensible. (στη φαντασία) imaginary

νόθευση (η) adulteration

νοθεύω ρ μτβ adulterate

νόθος (επίθ) illegitimate (child)

νοιάζει ρ μτβ αμπ care. **δε με ~** I don't care

νοιάζομαι ρ μτβ care about. (φροντίζω) care for. • ρ αμτβ worry

νοικάρης (ο), **~ισσα** (η) tenant

νοίκι (το) rent

νοικιάζω ρ μτβ (αυτοκίνητο κλπ) hire. (σπίτι) rent

νοίκιασμα (το) let

νοικοκυρά (η) housewife. (ιδιοκτήτρια) householder. (σπιτονοικοκυρά) landlady

νοικοκύρης (ο) householder. (σπιτονοικοκυρά) landlord **είναι ~** (αγαπά το σπίτι του) he is house-proud. (ευκατάστατος) he is well-to-do

νοικοκυριό (το) household. (φροντίδα σπιτιού) housekeeping

νοιώθω ρ μτβ βλ **νιώθω**

νοκ άουτ (το) άκλ knock-out

νομαδικός επίθ nomadic

νομάρχης (ο) prefect (official)

νομάς (ο) nomad

νομή (η) pasture. (κατοχή) possession

νομίζω ρ μτβ/ρ αμτβ think, reckon, suppose. (υποθέτω) guess. **έτσι ~** I think so

νομικ|ός επίθ legal. **~ός** (ο, η) lawyer. **~ά** (τα) law

νομιμοποιώ ρ μτβ legalize

νόμιμος επίθ lawful. (δίκαιος) rightful. (παιδί) legitimate

νομιμότητα (η) legality. (παιδιού) legitimacy

νόμισμα (το) coin. (ενός κράτους) currency

νομισματοδέκτης (ο) coin-operated public telephone

νομισματοκοπείο (το) mint

νομοθεσία (η) legislation

νομοθέτημα (το) statute

νομοθέτης (ο) legislator

νομοθετώ ρ αμτβ legislate

νομολογία (η) jurisprudence

νόμος (ο) act, decree. (το σύνολο νομοθετημάτων) law

νομός (ο) prefecture

νομοσχέδιο (το) (πολιτ) bill

νομοταγής επίθ law-abiding

νονά (η) godmother

νονός (ο) godfather

νοοτροπία (η) mentality

Νορβηγία (η) Norway

νορβηγικός επίθ Norwegian

Νορβηγ|ός (ο), **~ίδα** (η) Norwegian

νόρμα (η) norm

νοσηλεία (η) treatment

νοσηλευτήριο (το) infirmary

νοσηλεύ|ω ρ μτβ treat (patient). **~ομαι** ρ αμτβ be treated

νόσημα (το) disease

νοσηρός επίθ unhealthy. (φαντασία) morbid. (χιούμορ) sick

νοσοκόμα (η) nurse

νοσοκομείο (το) hospital

νοσοκόμος (ο) (ιατρ) orderly

νόσος (η) disease

νοσταλγία (η) nostalgia. ~ικός επίθ nostalgic.

νοσταλγώ ρ μτβ be homesick for

νοστιμάδα (η) flavour

νόστιμος επίθ tasty. (γυναίκα) comely

νότα (η) note (music)

νοτιάς (ο) south wind

νοτιοαμερικάνικος επίθ South American

νοτιοανατολικός επίθ south-east

νοτιοδυτικός επίθ south-west

νότι|ος επίθ south. (κατεύθυνση) southerly. (περιοχή) southern. ~ος (ο) Southerner. **Ν**~**ος Αμερική** (η) South America. **Ν**~**ος Αφρική** (η) South Africa

νότος (ο) south

νουβέλα (η) novel

νουθεσία (η) admonition

νουθετώ ρ μτβ admonish

νούμερο (το) size. (θέατρ) floor show. (πρόσωπο) funny character

νους (ο) mind

νούφαρο (το) water lily

ντάλια (η) dahlia

νταλίκα (η) juggernaut

ντάμα (η) draughts (game). (σε χορό) partner

νταντά (η) nanny

νταντεύω ρ μτβ care for (child)

ντεκολτέ (το) άκλ low-cut neck

ντελικάτος επίθ delicate

ντεμοντέ επίθ άκλ dated

ντεμπούτο (το) άκλ debut

ντεμπραγιάζ (το) άκλ clutch

ντεπόζιτο (το) (water) tank

ντεσιμπέλ (το) άκλ decibel

ντετέκτιβ (ο, η) άκλ detective

ντέφι (το) tambourine

ντιβάνι (το) studio couch

ντίζελ (το) άκλ diesel

ντίσκο, ντισκοτέκ (η) άκλ discothèque

ντισκ τζόκεϊ (ο) άκλ disc jockey

ντοκιμαντέρ (το) άκλ documentary

ντολμάς (ο) stuffed vine leaf

ντομάτα (η) tomato

ντοματιά (η) tomato plant

ντόμινο (το) άκλ domino

ντόμπρος επίθ forthright. (άνθρωπος) blunt

ντόπιος επίθ native. (περιοχής) local

ντοσιέ (το) άκλ folder

ντουέτο (το) duet

ντουζίνα (η) dozen

ντουί (το) άκλ (light) socket

ντουλάπα (η) wardrobe (furniture)

ντουλαπάκι (το) cubby-hole. (αυτοκινήτου) glove compartment. (σε σχολείο) locker

ντουλάπι (το) cabinet. (αμερ) closet. (κουζίνας) cupboard

ντουμπλάρω ρ μτβ dub (film)

ντους (το) άκλ shower. **κάνω** ~ shower

ντρέπομαι *ρ μτβ* be ashamed of. • *ρ αμτβ* be shy

ντροπαλός *επίθ* shy. *(γυναίκα)* coy. *(συνεσταλμένος)* bashful

ντροπή *(η)* shame. *(προσβολή)* disgrace. *(συστολή)* shyness

ντροπιάζω *ρ μτβ* shame. *(ατιμάζω)* disgrace. *(προσβάλλω)* mortify

ντροπιασμένος *επίθ* ashamed. *(προσβεβλημένος)* shamefaced

ντύν|ω *ρ μτβ* clothe. *(βιβλίο)* cover. **~ομαι** *ρ αμτβ* dress

ντύσιμο *(το)* dressing *(clothes)*. *(περιβολή)* clothing

νύξη *(η)* hint

νύμφη *(η)* nymph. *(εντόμου)* pupa

νυσταγμένος *επίθ* sleepy

νυστάζω *ρ αμτβ* be sleepy

νυστέρι *(το)* scalpel

νύφη *(η)* bride. *(για του γονείς του γαμπρού)* daughter-in-law

νυφικό|ς *επίθ* bridal. **~** *(το)* wedding dress

νυφίτσα *(η)* weasel

νύχι *(το)* finger-nail. *(αρπακτικού πουλιού)* talon. *(ζώου)* claw

νυχοκόπτης *(ο)* (nail) clippers

νύχτα *(η)* night

νυχτέρι *(το)* night work

νυχτερίδα *(η)* bat *(mammal)*

νυχτερινός *επίθ* night

νυχτικό *(το)* nightdress, nightgown

νυχτόβιος *επίθ* nocturnal

νυχτοπεταλούδα *(η)* moth

νυχτοφύλακας *(ο)* night watchman

νυχτών|ει *ρ απρόσ* it's getting dark. **~νομαι** *ρ αμτβ* be overtaken by night

νωθρό|ς *επίθ* indolent. **~τητα** *(η)* indolence

νωπογραφία *(η)* fresco

νωπός *επίθ* fresh. *(υγρός)* damp

νωρίς *επίρρ* early

νωτιαίος μυελός *(ο)* spinal cord

νωχέλεια *(η)* nonchalance

νωχελικός *επίθ* nonchalant

Ξξ

ξαγκιστρώνω *ρ μτβ* unhook

ξαγρυπνώ *ρ αμτβ* stay awake

ξακουσμένος *επίθ* renowned

ξακουστός *επίθ* famous

ξαλαφρώνω *ρ μτβ* unburden. • *ρ αμτβ* unburden o.s.

ξανά *επίρρ* again. *(εκ νέου)* anew. **~ και ~** over and over

ξαναβάζω *ρ μτβ* replace

ξαναβάφω *ρ μτβ* repaint. *(σπίτι)* redecorate

ξαναβγάζω *ρ μτβ* take out again. *(βιβλίο)* reissue. *(ρούχα)* take off again

ξαναβρίσκω *ρ μτβ* recover

ξαναγυρίζω *ρ αμτβ* return, go home. **~ πίσω** retrace one's steps

ξαναζωντανεύω *ρ μτβ* revive. • *ρ αμτβ* come to life again

ξανακάνω *ρ μτβ* redo

ξαναλέ|γω *ρ μτβ* repeat, say again. **τα ~με** we'll talk again

ξαναμμένος επίθ flushed

ξανανιώνω ρ αμτβ have a new lease of life

ξανανοίγω ρ μτβ/ρ αμτβ reopen

ξαναπαντρεύομαι ρ αμτβ remarry

ξαναρχίζω ρ μτβ restart

ξανασκέφτομαι ρ μτβ rethink, think over. (αναθεωρώ) think better of

ξανασμίγω ρ μτβ reunite. • ρ αμτβ be reunited

ξαναφέρνω ρ μτβ bring back. **~ στη ζωή** resuscitate

ξαναφορτώνω ρ μτβ reload

ξανεμίζω ρ μτβ βλ **εξανεμίζω**

ξανθιά (η) blonde

ξανθοκόκκινος επίθ ginger

ξανθός επίθ fair (skin etc.). **~ (ο)** blond

ξάνοιγμα (το) widening. (καιρού) clearing up. (σε δάσος) clearing. (τρόπου ζωής) launching out

ξανοίγω|ω ρ μτβ widen. • ρ αμτβ (καιρός) brighten up. **~ομαι** ρ αμτβ open up. (καράβι) put out (to sea). (σε έξοδα) overspend

ξαντό (το) lint

ξάπλα (η) lying down. (τεμπέλιασμα) lounging about

ξάπλωμα (το) lying down. (μεταφ) sprawling

ξαπλών|ω|ω ρ μτβ spread out. (με χτύπημα) send s.o. sprawling. • ρ αμτβ lie down. **~ομαι** ρ αμτβ expand

ξαποστέλνω ρ μτβ send packing

ξάρτια (τα) rigging

ξάστερος επίθ clear (sky at night)

ξαφνιάζ|ω ρ μτβ startle. (προκαλώ έκπληξη) surprise. **~ομαι** be taken aback

ξαφνικ|ός επίθ sudden, abrupt. **~ό** (το) abruptness. **~ά** επίρρ suddenly

ξαφρίζω ρ μτβ skim. (μεταφ) **~ κπ** pick s.o.'s pocket

ξέβαθος επίθ shallow

ξεβάφω ρ αμτβ discolour. (ύφασμα) fade. (μαλλιά) bleach

ξεβγάζω ρ μτβ rinse

ξεβιδώνω ρ μτβ unscrew

ξεβουλώνω ρ μτβ unblock. (μπουκάλι) uncork

ξεγελώ ρ μτβ trick, fool, (καθώ) string along. (με εξυπνάδα) outwit

ξεγεννώ ρ μτβ deliver (woman of a baby)

ξεγράφω ρ μτβ write off

ξεδιαλύνω ρ μτβ clear up. (μυστήριο) unravel. • ρ αμτβ come true

ξεδιπλώνω ρ μτβ unfold

ξεδιψώ ρ μτβ/αμτβ quench s.o's/one's thirst

ξεδοντιάρης επίθ toothless

ξεζουμίζω ρ μτβ/ρ αμτβ squeeze. (μεταφ) bleed dry (extort)

ξεθάβω ρ μτβ unearth

ξεθαρρεύω ρ αμτβ take courage. (αποθρασύνομαι) become bold

ξεθεωρίζω επίθ worn out

ξεθυμαίνω ρ αμτβ (μεταφ) let off steam

ξεθωριάζω ρ αμτβ discolour. (χρώμα) fade

ξεκαθαρίζω ρ μτβ clear up. • ρ αμτβ clear

ξεκάθαρος *επίθ* clear. (*απάντηση*) unequivocal

ξεκάνω *ρ μτβ* do in, kill

ξεκαρδίζομαι *ρ μτβ* ~ στα γέλια roar with laughter

ξεκαρδιστικός *επίθ* hilarious

ξεκάρφωτος *επίθ* unnailed. (*μεταφ*) disconnected

ξεκίνημα (*το*) start

ξεκινώ *ρ μτβ* start. • *ρ αμτβ* set out, set off

ξεκλειδώνω *ρ μτβ* unlock

ξεκόβω *ρ μτβ/αμτβ* break away. (*μεταφ*) make absolutely clear

ξεκοκαλίζω *ρ μτβ* bone. (*τρώω*) pick to the bone. (*μεταφ*) squander

ξεκολλώ *ρ μτβ* unstick. (*μεταφ*) winkle out. • *ρ αμτβ* tear o.s. away

ξεκουκουτσιάζω *ρ μτβ* stone

ξεκουμπίζομαι *ρ αμτβ* clear off

ξεκουμπώνω *ρ μτβ* unbutton

ξεκουράζ|ω *ρ μτβ* let rest. ~ομαι *ρ αμτβ* rest

ξεκούραση (*η*) rest

ξεκουρδίζομαι *ρ αμτβ* run down (*clock*). (*μουσ*) go out of tune

ξεκούτης *επίθ* dotard

ξεκουφαίνω *ρ μτβ* deafen

ξεκρεμώ *ρ μτβ* take down

ξελαρυγγίζομαι *ρ αμτβ* shout o.s. hoarse

ξελασπώνω *ρ μτβ* clean of mud. • *ρ αμτβ* get off the hook

ξελιγών|ω *ρ μτβ* make hungry. ~ομαι *ρ αμτβ* be famished

ξελογιάζω *ρ μτβ* seduce

ξεμακραίνω *ρ αμτβ* drift apart

ξεμαλλιάζω *ρ μτβ* pull s.o.'s hair out. (*αέρας*) dishevel

ξεμεθώ *ρ μτβ* sober up

ξεμοναχιάζω *ρ μτβ* take s.o. aside

ξεμουδιάζω *ρ αμτβ* stretch one's legs

ξεμπλέκω *ρ μτβ* disentangle. • *ρ αμτβ* extricate o.s.

ξεμυαλίζω *ρ μτβ* turn s.o.'s head

ξεμυτίζω *ρ αμτβ* venture out

ξεμωραμένος *επίθ* doddering

ξένα (*τα*) foreign countries

ξενάγηση (*η*) conducted tour

ξεναγός (*ο, η*) guide

ξενικός *επίθ* foreign. (*παράξενος*) alien

ξενιτεύομαι *ρ αμτβ* leave for a foreign country

ξενιτιά (*η*) foreign lands

ξενοδοχείο (*το*) hotel

ξενοδόχος (*ο, η*) hotelier

ξένοιαστος *επίθ* carefree

ξένος *επίθ* strange (*not known*). (*από άλλη χώρα*) foreign. ~ (*ο*) outsider. (*άγνωστος*) stranger. (*από άλλη χώρα*) foreigner. (*επισκέπτης*) guest

ξενοφοβία (*η*) xenophobia

ξενύχτι (*το*) staying up late

ξενύχτισμα (*το*) (*νεκρού*) wake

ξενυχτώ *ρ αμτβ* stay up late

ξενώνας (*ο*) hostel. ~ νεότητας youth hostel

ξεπαγιάζω *ρ μτβ/ρ αμτβ* (*μεταφ*) freeze

ξεπαγώνω *ρ μτβ/ρ αμτβ* thaw. (*κρέας*) defrost

ξεπερασμένος *επίθ* outmoded, outdated

ξεπερνώ *ρ μτβ* surpass. *(αναδείχνομαι ανώτερος)* outstrip. *(αριθμητικά)* outnumber. *(όρια)* overrun. *(σε βάρος)* outweigh. *(σε έργα)* outdo. *(στόχο)* overshoot. *(υπερνικώ)* overcome

ξεπεσμός *(ο)* comedown. *(ηθικός)* degradation

ξεπεταρούδι *(το)* fledgling

ξεπετ|ώ *ρ μτβ* flush up. **~ιέμαι** *ρ αμτβ* shoot up. *(αναπηδώ)* spring up

ξεπέφτω *ρ αμτβ (θέση)* come down. *(μεταφ)* stoop

ξεπίτηδες *επίρρ* on purpose

ξεπλένω *ρ μτβ* rinse. *(χρήματα)* launder

ξεπληρώνω *ρ μτβ* repay, pay back

ξέπλυμα *(το)* rinse

ξεπλυμένος *επίθ* washed out, pale

ξεπούλημα *(το)* sale *(at reduced prices)*

ξεπουλώ *ρ μτβ* sell off

ξεπροβοδίζω *ρ αμτβ* see off

ξεπροβόδισμα *(το)* sendoff

ξέρα *(η)* ledge *(in the sea)*

ξεραίν|ω *ρ μτβ* dry. *(ήλιος)* parch. *(ξύλα)* weather. **~ομαι** *ρ αμτβ (δέντρα)* die. *(λουλούδια)* wither

ξερακιανός *επίθ* spare, lanky

ξεριζώνω *ρ μτβ* root out. *(μεταφ)* uproot

ξερνώ *ρ μτβ/ρ αμτβ* vomit. *(μεταφ)* spew up

ξερογλείφομαι *ρ αμτβ* lick one's lips

ξεροκέφαλος *επίθ* pig-headed

ξεροκόμματο *(το)* crust of bread. *(μεταφ)* pittance

ξερονήσι *(το)* desert island

ξερός *επίθ* dry. *(γη)* parched. *(δέντρα)* dead. *(λουλούδια)* withered. *(ύφος)* curt. *(χωρίς βλάστηση)* barren

ξεροψημένος *επίθ* crusty

ξεροψήν|ω *ρ μτβ (μαγ)* brown. **~ομαι** *ρ αμτβ* be baked dry. *(στον ήλιο)* roast

ξέρω *ρ μτβ* know, be familiar with

ξεσηκώνω *ρ μτβ* stir up. *(προκαλώ εξέγερση)* incite. *(πιστή αντιγραφή)* trace

ξεσκεπάζω *ρ μτβ* uncover. *(μεταφ)* unmask

ξεσκίζω *ρ μτβ* rip off. *(γρατσουνίζω)* lacerate

ξεσκονίζω *ρ μτβ* dust

ξεσκονόπανο *(το)* duster

ξεσκούφωτος *επίθ* bareheaded

ξέσπασμα *(το)* burst. *(γέλιου)* peal. *(ενθουσιασμού)* fit. *(θυμού)* outburst. *(πολέμου)* outbreak

ξεσπώ *ρ αμτβ* burst. *(πόλεμος)* break out

ξεστομίζω *ρ μτβ* utter

ξεσυνηθίζω *ρ αμτβ* get out of practice

ξεσφίγγω *ρ μτβ* loosen

ξετρελαίν|ω *ρ μτβ* drive mad. **~ομαι** *(με)* be mad (about). *(από αγάπη)* be infatuated (with)

ξετρυπώνω *ρ μτβ* unearth. • *ρ αμτβ* **~ από** spring up from

ξετυλίγω *ρ μτβ* unfold. *(περιτύλιγμα)* unwrap

ξεφάντωμα *(το)* revelry

ξεφεύγω ρ μτβ give the slip to. (αλλάζω θέμα) digress from

ξεφλουδίζ|ω ρ μτβ peel. (αμύγδαλα) blanch. (φασόλια) shell. (φρούτα) skin. **~ομαι** ρ μτβ flake. (δέρμα) peel

ξεφορτών|ω ρ μτβ unload. (απορρίπτω) dump. **~ομαι** ρ μτβ off-load. (μεταφ) get rid of

ξεφουρνίζω ρ μτβ take out of the oven. (μεταφ) blurt out

ξεφούσκωμα (το) deflation

ξεφουσκώνω ρ μτβ deflate

ξεφτέρι (το) (μεταφ) past master

ξεφτίζω ρ μτβ/ρ αμτβ fray

ξεφυλλίζω ρ μτβ leaf through. (book) browse

ξεφυσώ ρ μτβ puff. (μηχανή) chug

ξεφυτρώνω ρ μτβ sprout. (μεταφ) spring up

ξεφωνητό (το) cry, shout

ξεφωνίζω ρ αμτβ yell, cry out

ξέφωτο (το) glade, clearing

ξεχασιάρης επίθ forgetful

ξεχειλίζω ρ μτβ fill to the brim αμτβ overflow. (όταν βράζει) boil over

ξεχείλισμα (το) overflow

ξέχειλος επίθ full to the brim

ξεχειλώνω ρ αμτβ become misshapen

ξεχειμωνιάζω ρ αμτβ winter

ξεχν|ώ ρ μτβ/ρ αμτβ forget. **~ιέμαι** forget o.s.

ξεχορταριάζω ρ μτβ weed

ξεχρεώνω ρ μτβ pay off

ξεχτένιστος επίθ dishevelled

ξεχύνομαι ρ αμτβ pour out. (ιδρώτας) stream down. (πλήθος) surge

ξεχωρίζω ρ μτβ (βάζω χωριστά) put aside. (διακρίνω) make out. (διαλέγω) mark out, single out. (επιλέγω) weed out. (προτιμώ) differentiate. **~ μεταξύ** discriminate between. • ρ αμτβ stand out

ξεχωριστός επίθ distinct, marked. (διακεκριμένος) distinguished

ξεψυχώ ρ αμτβ expire

ξηλώνω ρ μτβ dismantle. (ρούχα) unpick

ξημέρωμα (το) daybreak

ξημερών|ω ρ αμτβ dawn. **~ομαι** stay awake all night

ξηρ|ά (η) land. **~ασία** (η) dryness. (ανομβρία) drought

ξηρός επίθ βλ **ξερός**. (γη) arid. (τροφές) dried. **~ς ήχος** pop **~τητα** (η) dryness

ξιδάτος επίθ pickled in vinegar

ξίδι (το) vinegar

ξινίζω ρ μτβ/ρ αμτβ sour

ξινισμένος επίθ sour (not fresh)

ξινός επίθ sour (in taste)

ξιπασμένος επίθ uppish

ξιφασκία (η) fencing

ξιφίας (ο) swordfish

ξιφολόγχη (η) bayonet

ξιφομαχία (η) fencing

ξιφομάχος (ο) fencer

ξιφομαχώ ρ αμτβ fence

ξίφος (το) sword

ξοδεύω ρ μτβ spend

ξόρκι (το) incantation

ξυλάνθρακας (ο) charcoal

ξυλαράκι (το) twig. **κινέζικο ~** chopstick

ξυλεία (η) timber

ξυλιάζω ρ αμτβ become stiff, numb (from cold)

ξύλινος επίθ wooden

ξύλο (το) wood. (τιμωρία) hiding

ξυλογλυπτική (η) wood carving

ξυλοκάρβουνο (το) βλ ευλοάνθρακας

ξυλοκόπημα (το) beating

ξυλοκόπος (ο) woodcutter, lumberjack

ξυλοκοπώ ρ μτβ thrash

ξυλοπόδαρα (τα) stilts

ξυλουργική (η) carpentry

ξυλουργός (ο) joiner

ξυλόφωνο (το) xylophone

ξυλοφόρτωμα (το) thrashing

ξύν|ω ρ μτβ scrape. (με τα νύχια) scratch. (μολύβι) sharpen. **~ομαι** ρ αμτβ scratch

ξύπνημα (το) awakening

ξυπνητήρι (το) alarm clock

ξύπνιος επίθ awake

ξυπνώ ρ μτβ wake up, rouse. • ρ αμτβ wake up

ξυπόλητος επίθ barefoot

ξυράφι (το) razor

ξυρίζ|ω ρ μτβ shave. **~ομαι** ρ αμτβ shave

ξύρισμα (το) shave

ξυρισμένος επίθ shaven

ξυριστικ|ός επίθ shaving. **~ή μηχανή** (η) shaver

ξύσιμο (το) scratching

ξύστης (ο) scraper. **~ρα** (η) pencil-sharpener

ξωκλήσι (το) small country church

ξωτικό (το) sprite

Οο

ο, η, το, οριστικό άρθρο the

όαση (η) oasis

οβάλ επίθ άκλ oval

οβελίσκος (ο) obelisk. (εκκλησίας) steeple. (πάνω σε κτίριο) spire

οβίδα (η) shell (explosive)

οβολός (ο) small contribution, mite

ογδοηκοστός επίθ eightieth

ογδόντα επίθ άκλ eighty

ογδοντάρη|ς (ο), **~α** (η) eighty-year-old

όγδο|ος επίθ eighth. **~** (το) eighth. (μουσ) quaver

ογκόλιθος (ο) boulder

όγκος (ο) volume. (ιατρ) tumour, growth. (μεγαλύτερο μέρος) bulk

ογκώδης επίθ voluminous. (σε μέγεθος) bulky

οδήγημα (το), **~ση** (η) driving

οδηγία (η) instruction. **~ες** (οι) (οδού) directions

οδηγ|ός (ο, η) driver. (βιβλιαράκι) (το) guidebook. (ξεναγός) guide. (προσκοπίνα) girl guide. (προπορευόμενος) pace-maker

οδηγώ ρ μτβ lead. (αυτοκίνητο) drive. (ενεργώ ως οδηγός) guide. (ομαδικώς) shepherd

οδικός επίθ road

οδογέφυρα (η) viaduct

οδοιπορία (η) walk, march

οδοιπορικ|ός *επίθ* travelling. **~ά** *(τα)* travelling expenses

οδοιπόρος *(ο)* traveller

οδοκαθαριστής *(ο)* road sweeper

οδόμετρο *(το)* odometer

οδοντιατρείο *(το)* dentist's surgery

οδοντιατρική *(η)* dentistry

οδοντίατρος *(ο, η)* dentist

οδοντόβουρτσα *(η)* toothbrush

οδοντογιατρός *(ο, η)* dentist

οδοντογλυφίδα *(η)* toothpick

οδοντόπαστα *(η)* toothpaste

οδοντοστοιχία *(η) (τεχνητή)* denture

οδοντωτός *επίθ* serrated

οδοποιία *(η)* road construction

οδός *(η)* road, street *(in address). (μεταφ)* channel. **καθ΄ ~ν** en route

οδόστρωμα *(το)* road surface

οδοστρωτήρας *(ο)* steamroller

οδόφραγμα *(το)* barricade

οδύνη *(η)* grief

οδυνηρός *επίθ* painful. *(είδηση)* distressing. *(εμπειρία)* harrowing

οδύρομαι *ρ αμτβ* lament

οδύσσεια *(η)* odyssey

όζον *(το)* ozone

ΟΗΕ *(ο) αρκτ (Οργανισμός Ηνωμένων Εθνών)* UN (United Nations)

οθόνη *(η)* (cinema, TV) screen. (H/Y) monitor

οθωμανικός *επίθ* Ottoman

οίδημα *(το)* oedema

οικειοθελώς *επίρρ* of one's own free will

οικειοποιούμαι *ρ μτβ* appropriate

οικείο|ς *επίθ* familiar. **~ι** *(οι)* family

οικειότητα *(η)* familiarity

οίκημα *(το)* dwelling

οικία *(η) (λόγ)* residence

οικιακ|ός *επίθ* domestic. **~ά** *(τα)* housework

οικίζω *ρ μτβ* populate

οικισμός *(ο)* housing estate

οικογένεια *(η)* family

οικογενειακός *επίθ* family

οικογενειάρχης *(ο)* family man

οικοδέσποινα *(η)* hostess

οικοδεσπότης *(ο)* host

οικοδόμημα *(το)* edifice

οικοδομώ *ρ μτβ* build

οικοκυρική *(η)* housekeeping

οικολογία *(η)* ecology

οικολόγος *(ο, η)* conservationist

οικονομί|α *(η)* economy. *(φειδώ στα έξοδα)* saving. **~ες** *(οι)* savings. **κάνω ~ες** economize

οικονομικά *(τα)* finance

οικονομικός *επίθ* fiscal. *(διαχείριση χρημάτων)* financial. *(σχετικός με την οικονομία)* economic. *(φτηνός)* economical

οικονομολογία *(η)* economics

οικονομολόγος *(ο, η)* economist

οικονόμος *επίθ* thrifty. **~** *(ο, η)* housekeeper. *(ιδρύματος)* bursar

οικονομώ *ρ μτβ* put aside. **τα ~άω** be well off

οικόπεδο *(το)* plot (of land)

οίκος *(ο) (λόγ)* house. *(ίδρυμα)* home, institution

οικόσημο (*το*) coat of arms

οικοτροφείο (*το*) boarding school

οικότροφος (*ο, η*) (*σχολ*) boarder

οικουμένη (*η*) universe

οικουμενικός *επίθ* ecumenical

οίκτος (*ο*) pity

οικτρός *επίθ* pitiful

οινομαγειρείο (*το*) small tavern

οινοπαραγωγή (*η*) wine production

οινόπνευμα (*το*) alcohol

οινοπνευματώδης *επίθ* alcoholic

οινοποιία (*η*) wine making

οινοπωλείο (*το*) wine shop

οίνος (*ο*) (*αρχ*) wine

οιοσδήποτε *αντων βλ* **οποιοσδήποτε**

οιωνός (*ο*) portent. (*σημάδι*) omen

οκνηρία (*η*) (*αρχ*) laziness. **~ός** *επίθ* lazy

οκτάβα (*η*) octave

οκταγωνικός *επίθ* octagonal

οκτάγωνο (*το*) octagon

οκτακόσια (*το*) eight hundred. **~οι** *επίθ* eight hundred

οκτάνιο (*το*) octane

οκταπλάσιος *επίθ* eightfold

οκτάωρος *επίθ* eight-hour. **~** (*το*) eight-hour day

οκτώ *επίθ* eight. **~** (*το*) eight

Οκτώβρης, **~ιος** (*ο*) October

ολέθριος *επίθ* disastrous

όλεθρος (*ο*) disaster

ολημέρα *επίρρ* all day long

ολιγάριθμος *επίθ* few in number

ολιγαρκής *επίθ* content with little

ολιγαρχία (*η*) oligarchy

ολικός *επίθ* total

ολισθηρός *επίθ* slippery

ολίσθηση (*η*) skid

Ολλανδία (*η*) Holland

ολλανδικός *επίθ* Dutch

Ολλανδ|ός (*ο*), **~ή** (*η*) Dutch

όλμος (*ο*) mortar. (*στρ*)

όλο *επίρρ* always. **~ και γκρινιάζει** he/she is always nagging. **ανεβαίνει ~ και ψηλότερα** it's climbing ever higher

ολόγραμμα (*το*) hologram

ολογράφως *επίρρ* (written) in full

ολόγυμνος *επίθ* stark naked

ολόγυρα *επίρρ* all round

ολοένα *επίρρ* continuously

ολοζώντανος *επίθ* full of life

ολοήμερος *επίθ* all-day

ολόιδιος *επίθ* exactly the same

ολοίσιος *επίθ* absolutely straight. **~α** *επίρρ* straight

ολοκάθαρος *επίθ* spotless. (*μεταφ*) crystal clear

ολοκαίνουριος *επίθ* brand-new

ολοκαύτωμα (*το*) holocaust

ολόκληρος *επίθ* whole, entire. (*εισιτήριο*) full

ολόκληρο (*το*) (*μουσικό*) semibreve

ολοκληρώνω *ρ μτβ* complete. (*αποτελειώνω*) round off. (*ενσωματώνω*) integrate

ολοκλήρωση (*η*) completion. (*ενσωμάτωση*) integration

ολοκληρωτικός *επίθ* total. (*καθεστώς*) totalitarian

ολομέλεια (η) quorum

ολομόναχος επίθ all alone

όλον (το) whole

ολονύχτιος επίθ night-long

ολόρθος επίθ bolt upright

όλ|ος επίθ all. **~ος ο κόσμος** all and sundry. **~ο και περισσότερο** increasingly. **~οι κι ~οι** in all. **πάνω απ΄ ~α** above all

ολοστρόγγυλος επίθ rotund

ολοταχώς επίθ at full speed

ολότελα επίρρ entirely

ολοφάνερος επίθ manifest. (λάθος) glaring. (ψέμα) blatant

ολόψυχος επίθ whole-hearted

ολυμπιακ|ός επίθ Olympic. **Ο~οί Αγώνες** (οι) Olympic Games

ομάδα (η) group. (αθλ) team. (ανθρώπων) bunch

ομαδικός επίθ joint

ομαλός επίθ normal. (επιφάνεια) even. (στην αφή) smooth

ομαλότητα (η) normality

ομελέτα (η) omelette

όμηρος (ο, η) hostage

Όμηρος (ο) Homer

ομιλ|ητής (ο), **~ήτρια** (η) speaker

ομιλητικός επίθ talkative. (στιλ) chatty

ομιλία (η) speech. (κουβέντα) talk

όμιλος (ο) group

ομίχλη (η) fog

ομιχλώδης επίθ foggy

ομοβροντία (η) volley, salvo

ομογενής επίθ of the same descent. **οι ~είς της**

Αμερικής the American Greeks

ομοιοκαταληξία (η) rhyme

ομοιομορφία (η) uniformity

ομοιόμορφος επίθ uniform

ομοιοπαθής επίθ fellow sufferer

ομοιοπαθητική (η) homoeopathy

όμοιος επίθ like, similar

ομοιότητα (η) similarity. (μοιάσιμο) resemblance

ομοίωμα (το) effigy. **κέρινο ~** waxwork

ομολογία (η) confession. (εμπ) bond

ομόλογο (το) bond

ομόλογος (ο) opposite number

ομολογουμένως επίρρ admittedly

ομολογώ ρ μτβ confess. (αναγνωρίζω) admit. (εκκλ) profess. (ενοχή) admit

όμονοια (η) concord

ομορφαίνω ρ μτβ make beautiful. • ρ αμτβ become beautiful

ομορφιά (η) beauty

όμορφος επίθ beautiful. (γυναίκα) pretty

ομοσπονδία (η) federation

ομοφυλόφιλος επίθ homosexual, gay

ομόφων|ος επίθ unanimous. **~α** επίρρ unanimously

όμπος (το) άκλ oboe

ομπρέλα (η) umbrella. (του ήλιου, μικρή) parasol. (στην πλαζ) sunshade

ομπρελοθήκη (η) umbrella stand

ομφάλιος *επίθ* umbilical

ομφαλός (*o*) navel

ομώνυμος *επίθ* of the same name. **~ ρόλος** (*o*) title role

όμως *σύνδ* still, but. (*ωστόσο*) however

ον (*το*) being

ονειρεύομαι *ρ μτβ/ρ αμτβ* dream

ονειρευτός *επίθ* dreamlike. (*περιπόθητος*) dreamed of

όνειρο (*το*) dream

ονειροπαρμένος *επίθ* starry-eyed. **~** (*o*) dreamer

ονειροπόλημα (*το*) daydream

ονειροπολώ *ρ αμτβ* daydream

όνομα (*το*) name. (*μικρό*) first name. (*διασημότητα*) reputation. **~ και μη χωριό** mention no names. **εν ονόματι** in the name of

ονομάζω *ρ μτβ* name

ονομασία (*η*) name. (*η πράξη*) naming

ονομαστική (*η*) (*γραμμ*) nominative

ονομαστικ|ός *επίθ* nominal. **~ή γιορτή** (*η*) name day

ονομαστός *επίθ* well-known

ονοματεπώνυμο (*το*) name in full

οντισιόν (*η*) *άκλ* audition

οντότητα (*η*) entity

όνυχας (*o*) onyx

οξεία (*η*) stress-accent

οξείδιο (*το*) oxide

οξιά (*η*) beech

οξικός *επίθ* acetic

όξινος *επίθ* acid. (*γεύση*) bitter

οξύ (*το*) acid

οξυγόνο (*το*) oxygen

οξυδερκής *επίθ* with keen eyesight. (*μεταφ*) discerning

οξυζενέ (*το*) peroxide

οξύθυμος *επίθ* petulant

οξύνοια (*η*) acumen

οξύνους *επίθ* sharp (*person*)

οξύς *επίθ* acute. (*πόνος*) severe

οξύτητα (*η*) acuteness. (*χημεία*) acidity

οπαδός (*o, η*) follower. (*αθλ*) fan. (*πολιτ*) supporter

οπάλιο (*το*) opal

όπερα (*η*) opera

οπερατέρ (*o*) *άκλ* cameraman

οπερέτα (*η*) operetta

οπή (*η*) aperture

όπιο (*το*) opium

οπιομανής *επίθ* opium addict

όπισθεν *επίρρ* behind. **~** (*η*) (*αυτοκ*) reverse

οπίσθιος (*o*) posterior

οπισθογραφώ *ρ μτβ* (*νομ*) endorse

οπισθοδρομικός *επίθ* retrograde

οπισθοφυλακή (*η*) rearguard

οπισθόφυλλο (*το*) back cover

οπισθοχωρώ *ρ αμτβ* retreat. (*από ντροπή*) shy away. (*από φόβο*) recoil. (*διστάζω*) flinch

οπλή (*η*) hoof

οπλίζω *ρ μτβ* arm. (*όπλο*) cock

οπλισμός (*o*) armament. (*σύνολο όπλων*) arms

όπλο (*το*) arm, weapon, gun. (*μεταφ*) deterrent

οπλοστάσιο (*το*) arsenal

οπλοφόρος (*o, η*) gunman

οποίο *αντων* which. *βλ* **οποίος**

όποιος *αντων* whoever. **~ ~** anybody

οποί|ος *αντων* who. **του ~ ου, της ~ας, των ~ων** whose. **τον ~ον, την ~α, τους ~ους** whom

οποι|οσδήποτε *αντων* whoever. **~οδήποτε** whichever

όποτε *επιρρ* at any time

οπότε *επιρρ* whereupon

οποτεδήποτε *επιρρ* whenever

όπου *επιρρ* where. (*οπουδήποτε*) wherever

οπουδήποτε *επιρρ* anywhere

οπτασία (*η*) apparition

οπτικοακουστικός *επίθ* audio-visual

οπτικός *επίθ* optical. (*της οράσεως*) visual. **~ ο, η)** optician. **~ά** *επιρρ* visually

οπωροπωλείο (*το*) fruit shop

οπωροπώλ|ης (*ο*), **~ις** (*η*) fruiterer

όπως *επιρρ* like, as. **~** anyhow. **~ και** as well as. **~ πρέπει** properly

οπωσδήποτε *επιρρ* without fail. (*όπως κι αν έχει*) anyhow

όραμα (*το*) vision

οραματ|ιστής (*ο*), **~ίστρια** (*η*) visionary

όραση (*η*) eyesight, vision

ορατ|ός *επίθ* visible. **~ητα** (*η*) visibility

οργανικός *επίθ* organic

οργανισμός (*ο*) system (*body*). (*έμβιο ον*) organism. (*υπηρεσία*) organization

όργανο (*το*) instrument. (*οργανισμού*) organ. (*μεταφ*) tool

οργανωμένος *επίθ* organised

οργανώνω *ρ μτβ* organize. (*συγκροτώ*) set up. (*διαμαρτυρία*) stage

οργάνωση (*η*) organization. (*σύνολο*) organization, society

οργαν|ωτής (*ο*), **~ώτρια** (*η*) organiser

οργασμός (*ο*) orgasm

οργή (*η*) fury, wrath, rage. **να πάρει η ~!** damnation!

οργιά (*η*) fathom

οργιάζω *ρ αμτβ* have orgies. (*μεταφ*) be rife

όργιο (*το*) orgy. (*μεταφ*) riot (*of colours*)

οργισμένος *επίθ* irate

οργώνω *ρ μτβ* plough. (*μεταφ*) ply

ορδή (*η*) horde

ορέγομαι *ρ μτβ* hunger for

ορειβασία (*η*) mountaineering

ορειβάτ|ης (*ο*), **~ις** (*η*) mountain climber

ορεινός *επίθ* mountainous

ορεκτ|ικός *επίθ* appetizing. **~ό** (*το*) appetizer. **~ά** (*τα*) hors-d'œuvre

όρεξη (*η*) appetite. **καλή ~** bon appétit

ορθάνοιχτος *επίθ* wide open

όρθιος *επίθ* upright. (*όχι σκυφτός*) erect. (*που στέκει*) standing

ορθογραφία (*η*) spelling

ορθογώνι|ος *επίθ* rectangular. **~ (το)** rectangle

ορθοδοξία (*η*) orthodoxy

ορθόδοξος *επίθ* orthodox

ορθολογικός *επίθ* rational

ορθοπεδικός *επίθ* orthopaedic

ορθ|ός επίθ correct. **~η γωνία**
(η) right angle

ορθοστασία (η) standing

ορθών|ω ρ μτβ raise. **~ομαι** ρ
αμτβ rise

ορίζοντας (ο) horizon

οριζόντιος επίθ horizontal

ορίζω ρ μτβ set (limit etc.).
(ημερομηνία) settle. (νομ) rule.
(προσδιορίζω) designate. (ρητά)
stipulate. **~στε** here you are.
~στε; pardon? **καλώς
όρισες** welcome

όρι|ο (το) boundary. (άκρο
σημείο) limit. **~α** (τα) confines

ορισμός (ο) definition. (διαταγή)
disposal. (σε σταυρόλεξο) clue

οριστική (η) (γραμμ) indicative

οριστικοποιώ ρ μτβ finalize

οριστικός επίθ definite.
(καθοριστικός) definitive

οριστικότητα (η) finality

ορκίζ|ω ρ μτβ place under oath.
(σε καθήκοντα) swear in.
~ομαι ρ αμτβ vow

όρκος (ο) oath. (υπόσχεση) vow

ορκωμοσία (η) swearing in

ορκωτός επίθ sworn. **~
λογιστής** chartered
accountant

ορμαθός (ο) string (of lies)

ορμή (η) momentum

ορμητικός επίθ impetuous

ορμόνη (η) hormone

όρμος (ο) cove

ορμώ ρ αμτβ rush. (κινούμαι
βιαστικά) dash, dart

όρνιθα (η) hen

ορνιθολογία (η) ornithology

ορνιθοσκαλίσματα (τα)
squiggle, scrawl

όρνιο (το) bird of prey

οροθε|σία (η) demarcation.
~τώ ρ μτβ demarcate

ορολογία (η) terminology

οροπέδιο (το) plateau

όρος[1] (το) mount

όρος[2] (ο) proviso. (ονομασία)
term, word. (περιοριστικός)
condition. **~οι** (οι) (εμπ) terms

ορός (το) serum

οροσειρά (η) (mountain) range

ορόσημο (το) milestone.
(μεταφ) landmark

οροφή (η) roof

όροφος (ο) storey. (κέικ) tier

ορτανσία (η) hydrangea

ορτύκι (το) quail

ορυζώνας (ο) paddy field

ορυκτό|ς επίθ mineral. **~** (το)
mineral

ορυχείο (το) mine

ορφανεύω ρ μτβ orphan. • ρ
αμτβ become an orphan

ορφάνια (η) orphanage

ορφανός επίθ orphan

ορφανοτροφείο (το)
orphanage

ορχήστρα (η) orchestra.
(μπάντα) band

ορχιδέα (η) orchid

όρχις (ο) testicle

οσμή (η) odour, smell

οσμίζομαι ρ μτβ smell

όσο επίρρ as much as. **~ για** as
for. **~ κι αν** however

όσο|ς αντων as much as, as
many as. (όλα) all. **~α ~α** at
any price

όσπρια (τα) pulses

όστια (η) (εκκλ) wafer.

οστό (*το*) (*αρχ*) bone

οστρακιά (*η*) scarlet fever

όστρακο (*το*) shell

οστρακοειδή (*τα*) shellfish *ακλ*

όσφρηση (*η*) (sense of) smell

οσφυαλγία (*η*) lumbago

όταν *σύνδ* when

ΟΤΕ *συντ* (*Οργανισμός Τηλεπικοινωνιών Ελλάδος*) Greek Telecommunications Authority

ότι *σύνδ* that

ό, τι *αντων* what, whatever

οτιδήποτε *αντων* anything

οτοστόπ *το ακλ* hitch-hiking

ότου *αντων* **μέχρις ~** until

Ουαλία (*η*) Wales

Ουγγαρία (*η*) Hungary

ουγγρικός *επίθ* Hungarian

Ούγγρος (*ο*), **Ουγγαρέζα** (*η*) Hungarian

ουγκιά (*η*) ounce

ουδέποτε *επίρρ* never

ουδέτερο|ς *επίθ* neutral. **~ (το)** neuter

ουδετερότητα (*η*) neutrality

ουδόλως *επίρρ* in no way

ούζο (*το*) ouzo

ουίσκι (*το*) *ακλ* whisky

ουλή (*η*) scar

ούλο (*το*) (*ανατ*) gum

ουμανισμός (*ο*) humanism

ουρά (*η*) tail. (*σειρά*) queue. (*φορέματος*) train

ούρα (*τα*) urine

ουραν|ής *επίθ* sky-blue. **~ί (το)** sky-blue

ουράνιο (*το*) uranium

ουράνι|ος *επίθ* celestial. **~ο τόξο** (*το*) rainbow. **~α (τα)** heavens

ουρανίσκος (*ο*) palate

ουρανοξύστης (*ο*) skyscraper

ουρανός (*ο*) sky

ουρητήριο (*το*) urinal

ουρλιάζω *ρ αμτβ* howl. (*σκύλος*) yelp

ουρώ *ρ αμτβ* urinate

ουσία (*η*) essence. (*έννοια*) crux. (*σημασία*) gist. (*φαγητού*) flavour. (*φυσικό σώμα*) substance

ουσιαστικό (*το*) noun

ουσιαστικός *επίθ* essential. (*εσωτερικός*) intrinsic. (*υποείδος*) substantial. (*πραγματικός*) virtual

ουσιώδης *επίθ* essential. (*κεφαλαιώδης*) vital

ούτε *σύνδ* neither, nor. **~ καν** not even

ουτοπία (*η*) utopia

ούτω|ς, (*πριν από σύμφωνο*) **ούτω** *επίρρ* so. **~ς ή άλλως** in any case. **~ς ώστε** so as to. **και ~ καθεξής** and so on and so forth

ουφ! *επιφών* phew!

οφειλέτης (*ο*) debtor

οφείλω *ρ μτβ* owe

όφελος (*το*) benefit

οφθαλμολόγος (*ο*) oculist

οφθαλμαπάτη (*η*) optical illusion

οφθαλμίατρος (*ο, η*) ophthalmologist

οφθαλμ|ός (*ο*) eye. **~όν αντί ~ού** eye for an eye. **εν ριπή ~ού** in the twinkling of an eye

όφις (*ο*) serpent

οφσάιντ *επίθ ακλ* offside

οχ! *επιφών* whoops!

οχετός *(ο)* drain

όχημα *(το)* vehicle. *(γραφομηχανής)* carriage

όχθη *(η)* (river) bank

όχι *επίρρ* no, not. **~ ακόμη** not yet

οχιά *(η)* adder. *(μεταφ)* viper

οχλαγωγία *(η)* uproar

οχληρός *επίθ* annoying

οχλοκρατία *(η)* mob rule

όχλος *(ο)* mob, rabble

οχτώ *επίθ βλ* οκτώ

οχυρό *(το)* fort

οχύρωμα *(το)* fortification

οχυρών|ω *ρ μτβ* fortify. **~ομαι** *ρ αμτβ* barricade o.s.

όψη *(η)* complexion, appearance, aspect

όψιμος *επίθ* late. *(καθυστερημένος)* belated

. . . .

Ππ

. . . .

παγάκι *(το)* ice cube

παγανιστικός *επίθ* pagan

παγερός *επίθ* frosty

παγετός *(ο)* frost

παγετώνας *(ο)* glacier

παγίδα *(η)* trap. *(θηλειά)* snare. *(μεταφ)* pitfall

παγιδεύω *ρ μτβ* trap

πάγιος *επίθ* fixed

παγιώνω *ρ μτβ* consolidate. *(μεταφ)* cement

παγκάκι *(το)* *(garden)* bench

πάγκος *(ο)* counter *(in shop*

etc.*). (για εμπορεύματα)* stand. *(για ξυλουργική)* bench

παγκοσμιοποίηση *(η)* globalization

παγκόσμιος *επίθ* worldwide, universal, global. **~ς ιστός** *(ο)* the (worldwide) Web. **~ χωριό** *(το)* global village

πάγκρεας *(ο)* pancreas

παγόβουνο *(το)* iceberg

παγοδρομία *(η)* ice skating

παγοδρόμιο *(το)* ice rink

παγοδρόμος *(ο, η)* skater

παγοδρομώ *ρ αμτβ* iceskate

παγοκρύσταλλος *(ο)* icicle

παγόνι *(το)* peacock

παγοπέδιλο *(το)* (ice) skate

πάγος *(ο)* ice

παγούρι *(το)* flask

παγωμένος *επίθ* icy. *(ποτό)* ice cold

παγωνιά *(η)* frost. *(κρύο)* freezing

παγώνω *ρ μτβ/ρ αμτβ* freeze. *(αίμα)* curdle. *(καταψύχω)* chill

παγωτό *(το)* ice-cream

παζάρεμα *(το)* bargain

παζαρεύω *ρ αμτβ* bargain, haggle

παζάρι *(το)* bazaar. *(παζάρεμα)* bargain

παθαίνω *ρ μτβ/ρ αμτβ* suffer *(loss etc.). (αρρώστια)* develop. **καλά να πάθεις** it serves you right

πάθημα *(το)* setback

πάθηση *(η)* complaint, illness

παθητικός *επίθ* passive

παθιασμένος *επίθ* impassioned

παθολογία *(η)* pathology. **~ικός** *επίθ* compulsive

παθολόγος (*ο, η*) (*γιατρός*) general practitioner

πάθος (*το*) pathos. (*έντομη επιθυμία*) passion

παίγνιο (*το*) plaything

παιδαγωγικός *επίθ* pedagogic

παιδάκι (*το*) small child

παϊδάκι (*το*) rib

παιδαρέλι (*το*) chit, small child

παιδαριώδης *επίθ* puerile

παιδεία (*η*) education

παιδεύ|ω *ρ μτβ* instruct. (*βασανίζω*) torment. **~ομαι (με)** *ρ αμτβ* struggle (with)

παιδί (*το*) child. **~ θαύμα** child prodigy

παιδιάστικος *επίθ* childish

παιδίατρος (*ο, η*) paediatrician

παιδικός *επίθ* infantile. (*σαν παιδιού*) childlike. **~ σταθμός** (*ο*) (day) nursery

παιδούλα (*η*) small girl

παίζω *ρ μτβ* play. (*με αισθήματα*) toy with. (*μουσική*) perform. (*κοροϊδεύω*) fool. • *ρ αμτβ* (*ταλαντεύομαι*) sway. (*στο θέατρο*) act, perform. (*χαρτιά*) gamble

παίκτ|ης (*ο*), **~ρια** (*η*) player

παίρνω *ρ μτβ/ρ αμτβ* take. (*απόφαση*) make. (*επιβάτη*) pick up. (*επιστολή*) receive. (*παντρεύομαι*) marry. (*τρένο κλπ*) catch. **~ νέα** hear from. **~ πάνω μου** be on the mend. **~ πίσω** take back. **τον ~** doze off

παιχνιδάκι (*το*) plaything

παιχνίδι (*το*) toy

παιχνιδιάρης *επίθ* skittish

παιχνιδιάρικος *επίθ* playful

παιωνία (*η*) peony

πακέτο (*το*) parcel. (*σύνολο*) package

Πακιστάν (*το*) *άκλ* Pakistan

παλαβός *επίθ* mad, crazy

παλαβώνω *ρ μτβ* make mad. • *ρ αμτβ* go mad

παλαίμαχος (*ο*) veteran

παλαιολιθικός *επίθ* palaeolithic

παλαιοπώλης (*ο*) second hand dealer. (*αρχαιοτήτων*) antique dealer

παλα|ιστής (*ο*), **~ίστρια** (*η*) wrestler

Παλαιστίνη (*η*) Palestine

παλαίστρα (*η*) (wrestling) ring

παλάμη (*η*) palm (*of hand*)

παλάτι (*το*) palace

παλέτα (*η*) palette

παλεύω *ρ αμτβ* wrestle

πάλη (*η*) wrestling. (*μεταφ*) contest (*fight*)

πάλι *επίρρ* again

παλιάνθρωπος (*ο*) villain, scoundrel

παλιατζίδικο (*το*) junk-shop

παλιάτσος (*ο*) clown

παλικαράς (*ο*) tough guy

παλικάρι (*το*) daring young man

παλικαρισμός (*ο*) bravado

παλινδρόμηση (*η*) regression

παλιοθήλυκο (*το*) (*υβρ*) bitch

παλιόπαιδο (*το*) (*υβρ*) brat

παλιοπράγματα (*τα*) junk

παλιός *επίθ* old (*not modern*). (*αντιλήψεις*) old-fashioned. (*από πολλού καιρού*) long-standing. (*κρασί*) aged. (*περασμένης εποχής*) old world. (*προηγούμενος*) former

παλιοσιδερικά (*τα*) scrap-iron

παλιόφιλος (*ο*) old crony

παλίρροια (*η*) tide

παλλαϊκός *επίθ* universal (*of all people*)

πάλλομαι *ρ αμτβ* pulsate. (*καρδιά*) throb

παλμός (*ο*) throb. (*δόνηση*) vibration. (*καρδιάς*) beat

παλούκι (*το*) stake

παλτό (*το*) overcoat, coat

παμπ (*το*) *άκλ* pub

παμπάλαιος *επίθ* ancient (*very old*)

πάμπλουτος *επίθ* very wealthy

πάμφτωχος *επίθ* desperately poor

πάνα (*η*) nappy, (*αμερ*) diaper

Παναγία (*η*) madonna

πανάθλιος *επίθ* wretched

πανάκεια (*η*) panacea

πανδαιμόνιο (*το*) pandemonium

πανδοχέας (*ο*) innkeeper

πανδοχείο (*το*) inn

πανεθνικός *επίθ* nationwide

πανεπιστήμιο (*το*) university

πανεπιστημιούπολη (*η*) campus

πανευτυχής *επίθ* blissful

πανηγύρι (*το*) (village) fair. **~υρίζω** *ρ αμτβ* rejoice

πάνθηρας (*ο*) panther

πανί (*το*) cloth. (*καραβιού*) sail

πανίδα (*η*) fauna

πανικοβάλλ|ω *ρ μτβ* cause to panic. **~ομαι** *ρ αμτβ* panic

πανικοβλητος *επίθ* panic-stricken

πανικός (*ο*) panic

πανίσχυρος *επίθ* all powerful

πανό (*το*) *άκλ* placard

πανομοιότυπος *επίθ* identical

πανοπλία (*η*) armour, mail

πανόραμα (*το*) panorama

πανούκλα (*η*) plague

πανούργος *επίθ* wily

πανσέληνος (*η*) full moon

πανσές (*ο*) pansy

πανσιόν (*η*) guesthouse

πάντα[1] (*το*) (*αρκούδα*) panda

πάντα[2] *επίρρ* always. **για ~** for good, for ever

παντατίφ (*το*) *άκλ* pendant

παντελόνι (*το*) trousers. (*σπορ*) slacks

παντζάρι (*το*) beetroot *άκλ*

παντζούρι (*το*) shutter

παντοδύναμος *επίθ* omnipotent

παντομίμα (*η*) pantomime

πάντοτε *επίρρ* always

παντοτινός *επίθ* everlasting

παντού *επίρρ* everywhere, all over

παντόφλα (*η*) slipper

παντρειά (*η*) marriage

παντρεμένος *επίθ* married

παντρεύω *ρ μτβ* wed. **~ομαι** *ρ μτβ/αμτβ* marry

πάντως *επίρρ* anyway

πάνω *επίρρ* above. **~ κάτω** thereabouts. **~ σε** (*πλοίο ή αεροπλάνο*) aboard. **~ στην ώρα** at the right time. **εκεί ~** up there

πανωλεθρία (*η*) rout

πανωφόρι (*το*) overcoat

παξιμάδι (*το*) rusk. (*μηχ*) nut. **~αδάκι** (*το*) crisp roll

παπαγαλάκι (*το*) budgerigar

παπαγαλίζω *ρ μτβ* learn parrot fashion

παπαγάλος *(ο)* parrot

παπαδιά *(η)* priest's wife

παπάκι *(το)* duckling. *(Η/Υ)* at sign, @

παπαρούνα *(η)* poppy

πάπας *(ο)* pope

παπάς *(ο)* priest

παπί *(το)* duckling

πάπια *(η)* duck. *(ουροδοχείο)* bedpan

παπιγιόν *(το)* bow tie

πάπλωμα *(το)* quilt, duvet

παπούτσι *(το)* shoe

παπουτσίδικο *(το)* shoe shop. *(εργαστήριο)* shoemaker's

παπουτσώνω *ρ μτβ* shoe

παππούς *(ο)* grandfather

πάπρικα *(η)* paprika

πάπυρος *(ο)* papyrus

πάρα *μόρ* very. *(περισσότερο απ᾽ ότι πρέπει)* too. **ευχαριστώ ~ πολύ** thank you very much

παρά *πρόθ* notwithstanding, in spite of, despite. *(ώρα)* to. **~ λίγο** nearly. **~ τη θέληση τους** against their will. **είναι δύο ~ είκοσι** it's twenty to two. • *σύνδ (αλλά)* but. *(μόνο)* only

παραβαίνω *ρ μτβ* contravene. *(νομ)* transgress. *(υπόσχεση)* break

παραβάν *(το)* ἀκλ screen

παράβαση *(η)* contravention

παραβάτ|ης *(ο)*, **~ις** *(η)* offender

παραβγαίνω *ρ αμτβ* go out too much. *(μεταφ)* compete

παραβιάζω *ρ μτβ* violate. *(για διάρρηξη)* force. *(δικαιώματα)* infringe. *(κλειδαριά)* pick. *(υπόσχεση)* break

παραβλέπω *ρ μτβ* overlook. *(ανέχομαι)* condone

παραβολή *(η)* parable

παράβολο *(το)* fee *(to the state)*

παραγγελία *(η)* *(εμπ)* order

παραγγέλλω, **~νω** *ρ μτβ* *(μήνυμα)* send. *(εμπ)* order. *(καλλιτέχνη)* commission

παραγεμίζω *ρ μτβ* cram. *(κρεβάτι)* pad. *(μαγ)* stuff

παράγκα *(η)* shanty

παράγοντας *(ο)* factor

παράγραφος *(η)* paragraph

παράγω *ρ μτβ* produce. *(γραμμ)* derive. *(ηλεκτρισμό)* generate

παραγωγικός *επίθ* productive

παραγωγή *(η)* production. *(γραμμ)* derivation

παράγωγος *επίθ* derivative

παραγωγός *(ο)* producer

παραγώνι *(το)* fireside

παράδειγμα *(το)* example. *(περίπτωση)* instance. **παραδείγματος χάρη** *(συντ π.χ.)* for example (e.g.)

παραδειγματίζω *ρ μτβ* make an example of

παράδεισος *(ο)* heaven. *(κήπος των πρωτόπλαστων)* paradise

παραδέχομαι *ρ μτβ* concede. *(δυσκολίες)* face up to. *(ενοχή)* admit to

παραδίδω, **~νω** *ρ μτβ* hand over. *(εμπ)* deliver. *(παραχωρώ)* surrender. **~δομαι** *ρ μτβ* give o.s. up

παράδοξος *επίθ* paradoxical. *(παράξενος)* fanciful

παραδόξως επιρρ
paradoxically

παράδοση (η) surrender. (εμπ)
delivery. (συνήθεια) tradition.
(σχολ) teaching

παραδοσιακός επιθ traditional

παραδουλεύτρα (η)
charwoman, daily

παραδουλεύω ρ αμτβ
overwork. (ως παραδουλεύτρα)
char

παραδοχή (η) admission

παραδρομή (η) oversight

παραζάλη (η) confusion

παραθαλάσσιος επιθ by the sea

παραθερίζω ρ αμτβ spend the
summer

παραθερ|ιστής (ο), **~ίστρια**
(η) holiday maker

παραθέτω ρ μτβ juxtapose.
(αναφέρω) cite. (μνημονεύω)
quote. (συγκρίνω) collate

παράθυρο (το) window

παραθυρόφυλλο (το) shutter

παραϊατρικό προσωπικό (το)
paramedics

παραίτηση (η) resignation.
(από αγώνα) withdrawal. (από
θρόνο) abdication. (από
δικαιώματος) relinquishment

παραιτούμαι ρ αμτβ resign.
(από το θρόνο) abdicate. (παύω
να ενδιαφέρομαι) give up. **~**
από waive (δικαιώματος)
relinquish. (εγκαταλείπω) forgo

παρακαλώ ρ μτβ beg, ask. **~**
κπ plead with s.o. ναι, **~** yes,
please. Ευχαριστώ. Π**~**
Thank you. Don't mention it

παρακάμπτω ρ μτβ bypass.
(κανονισμό) get round. (πλοίο)
sail round

παράκαμψη (η) detour

παρακάνω ρ μτβ overdo

παρακαταθήκη (η) (εμπ) stock.
(κληρονομιά) heritage

παρακάτω επιρρ below

παρακείμενος επιθ adjacent

παρακινώ ρ μτβ prompt.
(παροτρύνω) motivate. (σε
πράξη) spur (on)

παρακλάδι (το) offshoot

παράκληση (η) request. (εκκλ)
prayer

παρακμάζω ρ αμτβ decay

παρακμή (η) decline.
(μαρασμός) decadence

παρακοιμάμαι ρ αμτβ
oversleep

παρακολουθώ ρ μτβ watch.
(ακολουθώ κπ) tail. (ακούω) be
with, understand. (ελέγχω)
monitor. (κατασκοπεύω) have
under surveillance. (μαθήματα)
attend. (συμβαδίζω) keep track
of

παρακούω ρ μτβ mishear.
(απειθώ) disobey

παρακρατώ ρ μτβ deduct

παράκτιος επιθ coastal

παρακωλύω ρ μτβ encumber

παραλαβή (η) receipt (of goods)

παραλαμβάνω ρ μτβ collect,
pick up. (εμπ) take delivery of

παραλείπω ρ μτβ omit.
(αποσιωπώ) leave out

παράλειψη (η) omission

παραλέω ρ μτβ exaggerate

παραλήπτ|ης (ο), **~ρια** (η)
recipient. (αλληλογραφίας)
addressee

παραλήρημα (το) delirium.
(τρελού) raving

παραληρώ ρ αμτβ be delirious. (τρελός) rave

παράληψη (η) oversight

παράλια (τα) coastline

παραλία (η) beach, seaside

παραλιακός επίθ coastal

παράλιγο επίρρ nearly

παραλλαγή (η) variant, variation

παράλληλος επίθ parallel. **~** (η) parallel (line)

παράλογος επίθ illogical, irrational. (ιδέα) absurd. (τρελός) insane. (εξωφρενικός) unreasonable

παράλυση (η) paralysis

παράλυτος επίθ paralysed

παραλύω ρ μτβ paralyse. • ρ αμτβ be paralysed

παραμάνα (η) safety pin. (γκουβερνάντα) nurse, nanny

παραμέληση (η) neglect

παραμελώ ρ μτβ neglect

παραμένω ρ αμτβ remain. (μεταφ) linger

παραμερίζω ρ μτβ push aside. (αντιρρήσεις) lay aside. (υποσκελίζω) pass over. **~ κπ** brush aside. • ρ αμτβ step aside

παράμερος επίθ secluded

παράμετρος (η) parameter

παραμικρός επίθ merest. (ελάχιστος) least

παραμιλώ ρ αμτβ be delirious

παραμονεύω ρ μτβ lay in wait for. • ρ αμτβ lurk

παραμονή (η) stay. (προηγούμενη μέρα) eve

παραμορφώνω ρ μτβ deform. (έργο τέχνης) deface. (πρόσωπο) disfigure

παραμυθ|άς (ο), **~ού** (η) fibber

παραμύθι (το) fairy story, fairy tale. (ψέμα) fib

παράνοια (η) paranoia

παρανομία (η) illegitimacy. (πράξη) offence

παράνομος επίθ unlawful, illegal. (απαγορευμένος) illicit. (μυστικός) underground

παράνυφος (η) bridesmaid

παρανυχίδα (η) hangnail

παραξενεύ|ω ρ μτβ cause to wonder. • ρ αμτβ become odd. **~ομαι** ρ αμτβ be taken aback, be surprised

παραξενιά (η) oddity, strangeness. (ιδιοτροπία) whim

παράξενος επίθ strange. (αλλόκοτος) odd, weird. (ιδιότροπος) peculiar. (κατάσταση) curious

παραοικονομία (η) black economy

παραπάνω επίρρ above. (παραπέρα) further up. (πιο πολύ) over

παραπάτημα (το) stumble. (στραβοπάτημα) tripping

παραπατώ ρ αμτβ stumble. (στραβοπατώ) trip

παραπέμπω ρ μτβ remand. (μεταβιβάζω) relegate. (σε δίκη) commit. (σε κείμενο) refer

παραπέτο (το) parapet

παραπέτασμα (το) curtain (screen)

παραπετώ ρ μτβ mislay

παράπηγμα (το) shed

παραπλανώ ρ μτβ mislead. (διαφθείρω) lead astray

παράπλευρος επίθ adjoining

παραπλεύρως *επίρρ* alongside

παραπληροφορώ *ρ μτβ* misinform

παραποιώ *ρ μτβ* falsify. (*διαστρεβλώνω*) distort. (*κείμενο ή ομιλία*) misquote

παραπομπή *(η)* reference. (*σε δίκη*) commitment

παραπονιάρης *επίθ* whiner

παραπονιέμαι *ρ αμτβ* grumble, whine

παράπονο *(το)* complaint. (*αίσθημα θλίψης*) grievance

παραπονούμαι *ρ αμτβ βλ* **παραπονιέμαι**

παραποϊόν *(το)* by-product

παράπτωμα *(το)* misdemeanour

παράρτημα *(το)* (*βιλίου*) appendix. (*καταστήματος*) branch. (*κτιρίου*) annex

παράς *(ο)* brass

παρασέρνω *ρ μτβ* carry away. (*αυτοκίνητο*) run over. (*μεταφ*) lead astray

παράσιτο *(το)* parasite

παρασκευάζω *ρ μτβ* make up, prepare. (*φάρμακο*) manufacture

παρασκεύασμα *(το)* preparation

Παρασκευή *(η)* Friday

παρασκηνιακός *επίθ* offstage

παρασκήνιο *(το)* backstage. **~α** *(τα)* (*θεατρ*) wings. (*μεταφ*) background

παράσπιτο *(το)* outhouse

παράσταση *(η)* (*θέατρ*) performance. (*απογευματινή*) matinée. (*παρουσία*) appearance (*απεικόνιση*) depiction.

παραστέκομαι *ρ μτβ* stand by, support

παράστημα *(το)* bearing, poise

παραστρατώ *ρ αμτβ* go astray

παρασύρ|ω *ρ μτβ* sweep away. (*μεταφ*) lead astray. **~ομαι** *ρ αμτβ* drift

παράταιρος *επίθ* odd (*in a set*)

παράταξη *(η)* line-up. (*κόμμα*) side, party

παράταση *(η)* (*εμπ*) extension.

παρατάσσω *ρ μτβ* line up. (*στρ*) marshal

παρατείνω *ρ μτβ* prolong. (*παραπαραβώ*) protract. (*επίσκεψη*) extend

παρατήρηση *(η)* observation. (*γραπτή*) note. (*διατύπωση*) remark. (*επίκριση*) rebuke

παρατηρητής *(ο)*, **~ήτρια** *(η)* observer

παρατηρητήριο *(το)* watch tower. (*θέση*) observation post

παρατηρητικός *επίθ* observant, perceptive

παρατηρώ *ρ μτβ* observe. (*λέω*) remark

παράτολμος *επίθ* reckless. (*απερίσκεπτος*) foolhardy. **~ος** *(ο)* daredevil

παρατραβηγμένος *επίθ* far-fetched

παρατραβώ *ρ μτβ* pull too much. (*παρακάνω*) overdo

παρατσούκλι *(το)* nickname

παρατώ *ρ μτβ* desert. (*αρραβωνιαστικό*) jilt

πάραυτα *επίρρ* forthwith

παραφέρομαι *ρ αμτβ* be carried away

παραφίνη *(η)* paraffin

παράφορος *επίθ* passionate

παραφορτωμένος *επίθ* overloaded

παραφορτώνω *ρ μτβ* overload. (*μεταφ*) overtax

παράφραση (*η*) paraphrase

παραφροσύνη (*η*) insanity

παράφρων, **~ονας** *επίθ* insane, demented

παραφυάδα (*η*) sucker (*on plant*)

παραφυλάω *ρ μτβ* waylay

παραφωνία (*η*) dissonance. (*μεταφ*) discord

παράφωνος *επίθ* (*μουσ*) flat. (*τραγουδιστής*) out of tune. (*μεταφ*) discordant

παραχαϊδεύω *ρ μτβ* pamper, mollycoddle. (*παιδί*) spoil

παραχαράκτης (*ο*) forger

παραχωρώ *ρ μτβ* cede. (*γη*) allot. (*εκχωρώ*) concede

παραψήνω *ρ μτβ* (*μαγ*) overdo

παρέα (*η*) company, guests. (*σύντροφος*) friend. (*φίλοι*) group of friends

παρειά (*η*) wall (*of mountain*)

παρείσακτος (*ο*) interloper

παρέκβαση (*η*) digression

παρεκκλήσι (*το*) chapel

παρεκκλίνω *ρ αμτβ* deviate

παρεκτροπή (*η*) aberration

παρέλαση (*η*) parade

παρελαύνω *ρ αμτβ* parade

παρέλευση (*η*) passage (*of time*)

παρελθόν (*το*) past

παρεμβάλλω *ρ μτβ* interpolate

παρέμβαση (*η*) intervention. (*ραδιόφωνο*) interference

παρεμποδίζω *ρ μτβ* impede

παρενέργεια (*η*) side effect

παρένθεση (*η*) parenthesis. (*γραμμ*) bracket. (*μεταφ*) interlude

παρενοχλώ *ρ αμτβ* harass

παρεξήγηση (*η*) misunderstanding

παρεπόμενο (*το*) consequence

παρεξηγώ *ρ μτβ* misunderstand

παρερμηνεία (*η*) misrepresentation

παρευρίσκομαι *ρ αμτβ* be present

παρέχω *ρ μτβ* afford, provide. (*προμηθεύω*) supply

παρηγοριά (*η*) consolation. (*ανακούφιση*) solace. **~ώ** *ρ μτβ* console, comfort

παρθένα (*η*) virgin

παρθεναγωγείο (*το*) girls' school

παρθενία (*η*) virginity

παρθενιά (*η*) maidenhood

παρθενικός *επίθ* virginal. (*ταξίδι, ομιλία*) maiden

παρθένος *επίθ* virgin. **~** (*η*) (*αστρολ*) Virgo

Παρθενώνας (*ο*) Parthenon

Παριζιάν|ος (*ο*), **~α** (*η*) Parisian

Παρίσι (*το*) Paris

παρίσταμαι *ρ αμτβ* be present

παριστάνω *ρ μτβ* pose as

παρκάρω *ρ μτβ/ρ αμτβ* park

παρκέ (*το*) *άκλ* parquet floor

πάρκο (*το*) park

παρκόμετρο (*το*) parking-meter

πάρκο (*το*) (*μωρού*) play-pen

παρμπρίζ (*το*) *άκλ* windscreen

παροδικός επίθ transitory

πάροδος (η) sidestreet. (πέρασμα) passage (of time)

παροικία (η) community

παροιμία (η) proverb

παρόλ|ο επίρρ for all. **~α αυτά** all the same

παρομοιάζω ρ μτβ liken

παρόμοιος επίθ similar

παρομοίως επίρρ likewise

παρομοίωση (η) simile

παρόν (το) present

παρονομάζω ρ μτβ nickname

παροξυσμός (ο) paroxysm. (βήχα) fit

παροπλίζω ρ μτβ (πλοίο) put out of commission

παρόραμα (το) misprint

παρόρμηση (η) impulse

παρορμητικός επίθ impulsive

παροτρύνω ρ μτβ urge

παρουσία (η) attendance. (εμφάνιση) presence

παρουσιάζω ρ μτβ present. (εκθέτω) show. (κιν ταινία) feature. (προϊόν) launch. (σαν παράδειγμα) hold. (συστήνω) introduce. **~ομαι** ρ αμτβ turn up. (φτάνω) appear

παρουσιαστικό (το) appearance (aspect)

παροχή (η) provision

παρτέρι (το) border, flowerbed

πάρτι (το) party

παρτίδα (η) batch (of goods)

παρτιζάνος (ο) partisan

παρτιτούρα (η) (μουσ) score

παρωδ|ία (η) parody. (μεταφ) mockery. **~ώ** ρ μτβ parody

παρών επίθ present

παρωπίδα (η) blinker

πάσα (η) pass (sport)

πασαλείβω ρ μτβ βλ **πασαλείφω**

πασαλείφω ρ μτβ smear. (μπογιά) daub

πασαρέλα (η) catwalk

πασάρω ρ μτβ (σπορ) pass. (μεταφ) palm off

πασάς (ο) pasha

πασίγνωστος επίθ well-known

πασιφιστής (ο) pacifist

πασπαλίζω ρ μτβ dust, sprinkle

παστατεύω ρ μτβ paw

πάσσαλος (ο) post (pole). (κατασκήνωση) pale. (για φυτά) stake

πάστα (η) paste. (για άλειμμα σε ψωμί) spread

παστέλ (το) άκλ pastel

παστέλι (το) honey and sesame seed bar

παστεριώνω ρ μτβ pasteurize

παστίλια (η) pastille. (για τον πονόλαιμο) lozenge

παστίς (το) άκλ pastiche

παστίτσιο (το) dish made with macaroni, mince meat and béchamel sauce

παστός επίθ cured with salt

Πάσχα (το) Easter

πασχαλιά (η) lilac

πασχαλινός επίθ Easter

πασχαλίτσα (η) ladybird

πάσχω ρ αμτβ suffer. (αρρωστος) ail

πατ άκλ (σκάκι) stalemate

πάταγος (ο) crash (noise)

πατάρι (το) loft

πατάτα (η) potato
πατατάκια (τα) crisp
πατέ (το) άκλ pâté
πατέντα (η) patent
πατεντάρω ρ μτβ patent
πατέρας (ο) father
πάτερο (το) joist
πάτημα (το) footing. (ήχος) footstep. (στήριγμα) foothold
πατημασιά (η) footprint
πατινάζ (το) άκλ skating
πατινάρω ρ αμτβ skate
πατίνι (το) roller skate. (ποδήλατο) scooter (for child)
πάτος (ο) bottom. (καρέκλας, πανταλονιού) seat
πατριάρχης (ο) patriarch
πατρίδα (η) motherland
πατρίκιος (ο) patrician
πατριός επίθ paternal, fatherly. **~ή γη** (η) homeland. **~ό όνομα** (το) maiden name
πατριός (ο) stepfather
πατριώτ|ης (ο), **~ισσα** (η) patriot
πατριωτικός επίθ patriotic
πατρογονικός επίθ ancestral
πατρόν (το) άκλ (dress) pattern
πατροπαράδοτος επίθ traditional
πατσαβούρα (η) rug. (για τα πιάτα) dishcloth
πατσάς (ο) tripe
πάτσι επιρρ quits
πατώ ρ μτβ/ρ αμτβ tread. (βαδίζω πάνω) tread on. (πιέζω κουμπί) push. (πεντάλ) depress. (τροχοφόρο) run over
πάτωμα (το) floor
παύλα (η) dash (stroke)

παύση (η) pause. (μουσ) rest
παυσίπονο (το) painkiller
παύω ρ μτβ stop. (απολύω) dismiss. (διακόπτω) cease. • ρ αμτβ pause
παφλάζω ρ αμτβ plop
παχαίνω ρ μτβ fatten. • ρ αμτβ put on weight
πάχνη (η) frost
παχνί (το) manger
πάχος (το) thickness. (ανθρώπου) fatness
παχουλός επίθ plump
παχύδερμο|ς επίθ (μεταφ) thick-skinned. **~** (το) pachyderm
παχυντικός επίθ fattening
παχύς επίθ thick. (άνθρωπος) fat. (λιπαρός) rich
παχύσαρκος επίθ overweight, obese
πάω ρ αμτβ βλ **πηγαίνω**. **~ για** try for. **~ γυρεύοντας** be asking for trouble. **~ καλά** work out
πεδιάδα (η) plain
πέδιλο (το) sandal
πεδίο (το) range (open area). (μεταφ) field
πεζεύω ρ αμτβ dismount
πεζικό (το) infantry
πεζογράφος (ο, η) prose writer
πεζοδρόμιο (το) pavement, (αμερ) sidewalk
πεζόδρομος (ο) pedestrian precinct
πεζοναύτης (ο) marine
πεζοπόρος (ο, η) walker
πεζός (ο) pedestrian. (φαντάρος) infantryman

πεζός² επίθ prosaic. (γράμμα) lower case. **~ λόγος** prose

πεθαίνω ρ αμτβ die, pass away. **~ από την πείνα** die of hunger, starve to death. **~ για** gasp for. **~ να** be dying to

πεθαμένος επίθ dead

πεθερά (η) mother-in-law

πεθερικά (τα) in-laws

πεθερός (ο) father-in-law

πειθαρχία (η) discipline. (τάξη) order

πειθαρχικός επίθ disciplinary. (άνθρωπος) obedient

πειθαρχώ ρ αμτβ be obedient

πειθήνιος επίθ docile

πειθώ (η) persuasion

πείθω ρ μτβ persuade. (επιτακτικά) convince

πείνα (η) hunger

πεινασμένος επίθ hungry

πεινώ ρ αμτβ be hungry. **~ για** hunger for

πείρα (η) experience

πείραγμα (το) quip. (αστεϊσμός) teasing

πειράζω ρ μτβ quip. (αστειολογώ) tease. (βλάπτω) disagree (with). (θυμώνω) ruffle. **~ει** απρόσ it's harmful. **δεν ~ει** ρ μτβ never mind. **~ομαι** ρ αμτβ take offence

πείραμα (το) experiment

πειραματίζομαι ρ αμτβ experiment

πειραματόζωο (το) guinea pig (μεταφ)

πειρασμός (ο) temptation

πειρατεία (η) piracy

πειρατής (ο) pirate

πειραχτήρι (το) tease

πείσμα (το) spite. (ισχυρογνωμοσύνη) stubbornness

πεισματάρης επίθ stubborn

πεισματώδης επίθ determined

πεισματώνω ρ μτβ spite. • ρ αμτβ become stubborn

πειστικός επίθ persuasive. (επιχείρημα) convincing. (χαρακτήρας) forceful

πέλαγος (το) open sea

πελαγώνω ρ αμτβ feel lost/confused

πελαργός (ο) stork

πελατεία (η) clientele. (γιατρού) practice. (εμπ) custom

πελάτης (ο), **~ισσα** (η) client. (εμπ) customer. (ξενοδοχείου) guest

πελεκάνος (ο) pelican

πελέκι (το) axe

πελεκώ ρ μτβ hew. (κόβω) chop. (μεταφ) thrash

πελιδνός επίθ livid

πέλμα (το) sole (of foot). (ελαστικού) tread

Πελοπόννησος (η) Peloponnese

πέλος (το) nap (of cloth)

πελώριος επίθ huge

Πέμπτη (η) Thursday

πέμπτος επίθ fifth. **~** (το) fifth

πέμπω ρ μτβ send

πένα (η) pen. (μουσικού οργάνου) plectrum. (νόμισμα) penny

πενήντα επίθ άκλ fifty

πενηντάρης επίθ fifty-year-old

πενηντάρικο, **~ικο** (το) fifty-drachma coin

πενθήμερος επίθ five-day

πένθιμος επίθ mournful
πένθος (το) mourning
πενθώ ρ αμτβ mourn. (έχω πένθος) be in mourning
πενία (η) penury
πενιά (η) (pen) stroke. (μουσ) plucking of the strings
πενικιλίνη (η) penicillin
πενιχρός επίθ meagre
πένσα (η) pliers
πεντάγραμμο (το) (μουσ) stave
πεντάγωνο (το) pentagon. (στις ΗΠΑ) Pentagon
πεντακάθαρος επίθ spick and span
πεντακόσι|οι επίθ five hundred. **~α** (το) five hundred
πεντάλ (το) ακλ pedal
πεντάμορφος επίθ very beautiful
πεντάπορτο|ς επίθ five-door. **~ αυτοκίνητο** (το) estate car
πεντάρα (η) five-lepta coin. **δε με νοιάζει ~** I couldn't care less
πέντε επίθ five. **~** (το) ακλ five
Πεντηκοστή (η) Whitsun
πέος (το) penis
πεπειραμένος επίθ experienced
πεπερασμένος επίθ finite
πέπλο (το) veil
πέπλος (ο) veil. (μεταφ) shroud
πεποίθηση (η) conviction (belief)
πεπόνι (το) melon
πεπρωμένο (το) destiny
πεπτικός επίθ digestive
πέρα(ν) επίρρ beyond. **~ δώθε** to and fro. **~ για ~** through

and through. **~ ως ~** out-and-out. **τα βγάζω ~** I am coping
περαιτέρω επίρρ further
πέρας (το) end, edge
πέρασμα (το) passage, pass. (χρόνου) lapse
περασμένος επίθ past
περαστικ|ός επίθ passing. (στιγμή) fleeting. **~ός** (ο) passer-by. **~ά!** get well soon!
περβάζι (το) windowsill
περγαμηνή (η) parchment
πέρδικα (η) partridge
περδίκι (το) young partridge
περηφανεύομαι ρ αμτβ take pride (για, in). (αποκτώ υπεροψία) grow arrogant. (καυχιέμαι) boast
περηφάνια (η) pride. (υπεροψία) arrogance
περήφανος επίθ proud. (υπερόπτης) arrogant
περί πρόθ about, for. (περίπου) about. **~ τίνος πρόκειται;** what is it about?
περιβάλλον (το) environment. (φυσικό) habitat. (χώρος) surroundings
περιβάλλω ρ μτβ surround. (ντύνω) dress. (περιτυλίγω) envelop
περίβλεπτος επίθ prominent, conspicuous
περίβλημα (το) cover
περιβόητος επίθ notorious
περιβολή (η) attire
περιβόλι (το) orchard
περίβολος (ο) surrounding wall. (για ζώα) enclosure. (εκτάσεις) grounds. (οχύρωμα) compound

περιγέλασμα *(το)* gibe

περίγελος *(ο)* laughing-stock

περιγελώ *ρ αμτβ* gibe at

περίγραμμα *(το)* outline

περιγραφή *(η)* description. *(αφήγηση)* account. *(χαρακτήρα)* portrayal

περιγράφω *ρ μτβ* describe. *(αφηγούμαι)* depict. *(χαρακτήρα)* portray

περιδέραιο *(το)* necklace

περιέκτης *(ο)* container

περιεκτικό|ς *επίθ* comprehensive. **~τητα** *(η)* content

περιεργάζομαι *ρ μτβ* peer at

περιέργεια *(η)* curiosity

περίεργος *επίθ* curious. *(αδιάκριτος)* nosy. *(παράδοξος)* odd. *(κατεχόμενος από περιέργεια)* inquisitive. *(που παραξενεύει)* intriguing

περιεχόμενο *(το)* content

περιέχω *ρ μτβ* contain

περιζήτητος *επίθ* sought-after

περιζώνω *ρ μτβ* encircle

περιηγητής *(ο)*, **~ήτρια** *(η)* tourist

περίθαλψη *(η)* nursing. *(σε νοσοκομείο)* hospitalization

περιθώριο *(το)* margin. *(κινήσεως)* leeway. *(κοινωνίας)* fringe. *(παραγράφου)* indentation. *(μεταφ)* scope

περιθωριοποιώ *ρ μτβ* marginalize

περικελαφαία *(η)* helmet

περικλείνω *ρ μτβ* enclose. *(περιέχω)* encompass

περικόβω *ρ μτβ* cut down. *(έξοδα)* curtail. *(τιμές)* slash

περικοπή *(η)* cutback. *(κειμένου)* excerpt. *(τιμών)* slashing

περικυκλώνω *ρ μτβ* encircle

περιλαίμιο *(το)* dog collar

περιλαμβάνω *ρ μτβ* comprise

περιληπτικός *επίθ* succinct

περίληψη *(η)* inclusion. *(απόδοση)* summary. *(γεγονότων)* résumé

περίλυπος *επίθ* sad

περιμένω *ρ μτβ/ρ αμτβ* wait, await. *(ελπίζω για κτ)* wait for. *(προσδοκώ)* expect

περίμετρος *(η)* perimeter

περιοδεία *(η)* tour

περιοδεύω *ρ μτβ* tour

περιοδικό *(το)* magazine, periodical

περιοδικός *επίθ* periodic

περίοδος *(η)* period. *(έντονης δραστηριότητας)* bout. *(σύντομη)* spell. *(χρόνου)* term

περιορίζω *ρ μτβ* restrict. *(ελαττώνω)* limit. *(δραστηριότητες)* check, curb. *(μέσα σε όρια)* cut back/down. *(ποσότητα)* ration. *(σε χώρο)* confine

περιορισμένος *επίθ* limited. *(αντιλήψεως)* narrow. *(ορατότητα)* restricted

περιορισμός *(ο)* restriction. *(δραστηριοτήτων)* check, curb. *(ελάττωση)* limitation. *(σε χώρο)* confinement

περιουσία *(η)* wealth. *(αγαθά)* property. *(ακίνητη)* real estate. *(πλούτη)* fortune

περιοχή *(η)* region. *(έκταση)* area. *(πόλεως)* district. *(σχολείου)* catchment area.

(χώρος γύρω από σημείο) vicinity

περίπατος (ο) walk. (μικρός) stroll. (μακρύς) ramble. (με αυτοκίνητο) short drive. (με ποδήλατο) short ride.

περιπέτεια (η) adventure. (ερωτική) affair. (κωμική) escapade

περιπετειώδης επίθ adventurous

περιπίπτω ρ μτβ lapse

περιπλάνηση (η) wander. **~τικός** επίθ misleading

περιπλανιέμαι ρ αμτβ roam, wander. (χάνω το δρόμο μου) lose one's way

περιπλέκω ρ μτβ complicate

περιπλοκή (η) complication

περίπλοκος επίθ complex. (γεμάτος εμπόδια) complicated. (επιχείρημα) involved. (μηχανισμός) intricate. (πλοκή) elaborate

περιποίηση (η) attentiveness. (αρρώστου) nursing. (εξυπηρέτηση) service. (τραύματος) dressing

περιποιημένος επίθ neat (appearance). (στο ντύσιμο) spruce

περιποιούμαι ρ μτβ look after. (άλογο) groom. (άρρωστο) nurse. (είμαι εξυπηρετικός) be attentive to. (πελάτη) attend to. (τραύμα) dress

περιπολία (η) patrol. (αστυνομικού) beat

περιπολικό (το) (αστυνομικό αυτοκίνητο) panda car

περίπολος (η) patrol

περιπολώ ρ μτβ/ρ αμτβ patrol

περίπου επίρρ about, around. (πάνω κάτω) roughly

περίπτερο (το) kiosk. (βιβλιοπώλη) bookstand. (εταιρίας, σε έκθεση) stand. (οικοδόμημα σε έκθεση) pavilion. (σε πεζοδρόμιο) stall

περίπτωση (η) case. (συμβάν) event. **εν πάση περιπτώσει** at any rate

περισκόπιο (το) periscope

περισπασμός (ο) distraction

περισπώ ρ μτβ divert. (την προσοχή) distract

περισπωμένη (η) circumflex

περίσσευμα (το) excess. (εμπ) surplus. (υπόλειμμα) leftovers

περισσεύω ρ αμτβ be in excess. (πλεονάζω) be left over

περισσότερο|ς επίθ more, most. **~** επίρρ more, most. **όλο και ~** more and more

περιστάσεις (οι) circumstances

περίσταση (η) occasion. (ευκαιρία) opportunity

περιστέρι (το) pigeon. (της ειρήνης) dove

περιστοιχίζω ρ μτβ surround. (έγνοιες) beset

περιστρέφω ρ μτβ rotate. **~ομαι** ρ αμτβ revolve

περιστροφή (η) rotation

περίστροφο (το) revolver

περισυλλογή (η) collection. (απορριμμάτων) salvage. (συνετή διαχείριση) careful management

περισφίγγω ρ μτβ close in

περισώζω ρ μτβ salvage

περιτειχίζω ρ μτβ build a wall round

περιτομή (η) circumcision

περιτριγυρίζω ρ μτβ surround

περιτροπή (η) rotation

περιττεύω ρ αμτβ be superfluous

περιττός επίθ superfluous. (αριθμός) odd. (ανώφελος) needless. (που πλεονάζει) redundant

περίττωμα (το) excrement

περιτύλιγμα (το) wrapping. (μέσο) wrapper

περιτυλίγω ρ μτβ wrap up. (γύρω από κάτι άλλο) wind round

περιφέρεια (η) periphery. (γλουτοί) hips. (κύκλου) circumference. (όγκου) girth. (περιοχή) region

περιφέρ|ω ρ μτβ take around. **~ομαι** ρ αμτβ rove. (άσκοπα) hang about. (ύποπτα) prowl

περίφημος επίθ (εξαίρετος) smashing. (ξακουστός) renowned

περιφορά (η) rotation. (εκκλ) procession

πριονίδια (τα) sawdust

περιφράζω ρ μτβ fence in

περιφραστικός επίθ roundabout

περιφρόνηση (η) contempt. (αδιαφορία) disregard. (αψηφισιά) defiance. (προσβλητική) disdain

περιφρονητικός επίθ contemptuous. (που αψηφά) defiant. (προσβλητικός) disdainful, scornful

περιφρονώ ρ μτβ look down on. (αψηφώ) defy. (θεωρώ

ανάξιο) scorn. (καταφρονώ) despise

περιφρούρηση (η) safeguard

περιχύνω ρ μτβ pour over

περίχωρα (τα) outskirts

περμανάντ (η) άκλ perm

περνώ ρ μτβ pass. (διανέμω) pass round. (διατρυπώ) pass through. (κλωστή) thread. • ρ αμτβ wear off. (επισκέπτομαι) come round. (καιρός) go by, elapse. (καταφέρνω) get through

περονόσπορος (ο) mildew

Περού (το) άκλ Peru

περούκα (η) wig. (που σκεπάζει μέρος της κεφαλής) toupee

περπάτημα (το) walking. (περπατησιά) gait

περπατησιά (η) gait

περπατώ ρ αμτβ walk. (βαδίζω) tread

πέρσι επίρρ last year

περσικ|ός επίθ Persian. **Π~ός Κόλπος** (ο) the Persian Gulf. **~ά** (τα) Persian

περσινός επίθ last year's

πέρυσι επίρρ βλ **πέρσι**

πέσιμο (το) fall. (αυλαίας) drop

πέστροφα (η) trout

πέτα(γ)μα (το) discarding, throwing away. (πουλιού) flight. (ρίψη) throwing

πετάλι (το) treadle

πεταλίδα (η) limpet

πέταλο (το) horseshoe. (λουλουδιού) petal

πεταλούδα (η) butterfly. (ρυθμιστική βαλβίδα) throttle

πεταλουδίζω ρ αμτβ flutter

πεταλώνω ρ μτβ shoe

πεταμέν|ος επίθ discarded. (λεπτά) wasted. **~α** (τα) cast-offs

πεταχτός επίθ nimble. (γρήγορος) fleeting. (μάτια) bulging. (περπατησιά) jaunty. (που εξέχει) prominent

πετεινός (ο) cockerel. (όπλου) cock

πέτο (το) lapel

πετονιά (η) (fishing) line

πέτρα (η) stone. (σε νερό για πέρασμα) stepping-stone

πετραδάκι (το) pebble

πετράδι (το) gem

πετραχήλι (το) stole

πετρέλαιο (το) petroleum. (για θέρμανση) oil. (για αυτοκίνητα) diesel

πετρελαιοκηλίδα (η) oil slick

πετρελαιοφόρ|ος επίθ oil-bearing. **~ο** (το) oil tanker

πέτρινος επίθ stone

πετροβόλημα (το) stone throwing

πετροχελίδονο (το) swift (bird)

πετρώδης επίθ stoney

πέτρωμα (το) rock

πετρώνω ρ μτβ/αμτβ turn to stone. (μεταφ) petrify

πέτσα (η) skin. (χοιρινού κρέατος, ξεροψημένη) crackling

πετσέτα (η) napkin. (κουζίνας) tea towel. (μπάνιου) towel. (φαγητού) serviette

πετσετάκι (το) doily

πετσί (το) skin

πέτσινος επίθ leather

πετσοκόβω ρ μτβ slash. (σφάζω) hack to pieces

πετυχαίνω ρ μτβ/ρ αμτβ land. (ευστοχώ) hit. (συναντώ) run into. • ρ αμτβ make good

πετ|ώ ρ μτβ throw away. (απορρίπτω) dump. (δίνω περιφρονητικά) throw. (με δύναμη) hurl. • ρ αμτβ fly. (από χαρά) jump. **~ιέμαι** ρ αμτβ dash. (ανατινάζομαι) start, jump. (επεμβαίνω) chip in. (πηγαίνω κάπου γρήγορα) nip

πεύκο (το) pine

πέφτω ρ αμτβ fall. (θερμοκρασία) drop. (πλαγιάζω) lie down. (ρούχα) hang. (τιμές) come down. **~ έξω** (πλοίο) run aground. (μεταφ) miscalculate. **~ πάνω σε κτ/κπ** stumble across sthg./s.o. • **πάνω σε** (απάντηση) hit upon. • **πάνω σε** (επιθετικά) go for

πέψη (η) digestion

πήγα βλ πηγαίνω

πηγάδι (το) well

πηγάζω ρ αμτβ spring, issue

πηγαινέλα (το) άκλ coming and going

πηγαινοέρχομαι ρ αμτβ go backwards and forwards. (περπατώ) walk to and fro

πηγαίνω ρ μτβ take. • ρ αμτβ go. (δρόμος) lead. (μετακομίζω) move into. (ταιριάζω) suit. (σχολείο) attend. (φεύγω) leave

πηγεμός (ο) outward journey

πηγή (η) source. (νερού) spring

πηγούνι (το) chin

πηδάλιο (το) helm, rudder

πήδημα (το) leap. (επιθετικά) pounce. (στο πλάι) dodge

πηδώ ρ μτβ climb over. (πάνω από) jump over. (παραλείπω) skip. (τοίχο) scale. • ρ αμτβ jump, leap. (στο ένα πόδι) hop

πήζω ρ μτβ/αμτβ (αίμα) congeal. (γάλα) curdle. (ζελές) set. (κρέμα) clot. (σούπα) thicken

πηλήκιο (το) cap

πηλίκο (το) quotient

πήλινος επίθ clay

πηλός (ο) clay

πηνίο (το) coil

πήρα βλ **παίρνω**

πι (το) άκλ pi. **στο ~ και φι** in a jiffy

πια επίρρ any longer. **ποτέ ~** never again

πιανίστ|ας (ο), **~ρια** (η) pianist

πιάνο (το) piano

πιάν|ω ρ μτβ take. (αδράχνω) grasp. (αρπάζω) get hold of. (αρχίζω) start. (θέση) reserve. (πλοίο) put into. (προφταίνω) catch up with. (ράβω πρόχειρα) tack. (συλλαμβάνω) catch. • ρ αμτβ catch on. (φαγητό) stick. (φυτά) take. **~ω τόπο** take up space. (μεταφ) make one's mark. **~ω φιλίες** strike up a friendship. **~ομαι** ρ μτβ catch, get stuck. (μουδιάζω) feel stiff. (τσακώνομαι) come to blows

πιάσιμο (το) grasp. (καβγάς) row

πιάστρα (η) oven cloth

πιαστράκι (το) (των μαλλιών) (hair-)slide

πιατάκι (το) saucer

πιατέλα (η) platter

πιατικά (τα) crockery

πιάτο (το) plate, dish. (με φαγητό) plateful. (σειρά) course

πιάτσα (η) square. (για ταξί) taxi rank

πιγκουίνος (ο) penguin

πιγούνι (το) βλ **πηγούνι**

πίδακας (ο) jet, spout. (νερού) fountain

πιέζω ρ μτβ press. (εξασκώ πίεση) pressurize. (κουμπί) push

πίεση (η) pressure. (ενόχληση) duress. (ιατρ) blood pressure

πιεστικός επίθ pressing

πιέτα (η) pleat

πιθανολογ|ώ ρ αμτβ speculate. **~είται** it is rumoured

πιθανόν επίρρ possibly, likely. (ίσως) perhaps

πιθαν|ός επίθ probable, likely. **~ώς** επίρρ probably

πιθανότητα (η) probability, likelihood. (ενδεχόμενο) eventuality. (ευκαιρία) chance. **~ες** (οι) odds

πιθηκίζω ρ μτβ ape

πίθηκος (ο) ape. (μαϊμού) monkey

πίκα (η) pique

πικάντικος επίθ piquant

πικ απ (το) άκλ record player

πικνίκ (το) άκλ picnic

πίκρα (η) acrimony. (πικρία) bitterness

πικραίνω ρ μτβ embitter. **~ομαι** ρ αμτβ feel embittered

πικρία (η) bitterness

πικρίζω ρ αμτβ taste bitter

πικρός επίθ bitter

πικρόχολος επίθ bilious. (φαρμακερός) cantankerous

πιλάφι (το) pilau

πίλος (ο) (academic) cap

πιλοτάρω ρ μτβ pilot

πιλότος (ο) pilot

πίνακας (ο) chart (table). (έργο ζωγραφικής) painting. (κατάλογος) table. (μαυροπίνακας) blackboard

πινακίδα (η) signpost. (οδικής κυκλοφορίας) road sign. **~ κυκλοφορίας** number plate

πινακοθήκη (η) art gallery

πινγκ πονγκ (το) άκλ table tennis

πινέζα (η) drawing pin

πινέλο (το) paintbrush

πίνω ρ μτβ/ρ αμτβ drink

πιο επίρρ more

πιόνι (το) piece (in game). (σκάκι, μεταφ) pawn

πιοτό (το) βλ **ποτό**

πίπα (η) pipe (for smoking). (για τσιγάρο) cigarette holder

πιπέρι (το) pepper

πιπεριά (η) capsicum. (φυτό) pepper plant

πιπερόριζα (η) ginger

πιπίλα (η) dummy (of baby)

πιπιλίζω ρ μτβ suck

πιρουέτα (η) pirouette

πιρούνι (το) fork (eating)

πισίνα (η) swimming-pool

πισινός επίθ rear. (ζώου) hind

πίσσα (η) tar. (κυπρ) chewing-gum. (μεταφ) pitch

πισσώνω ρ μτβ tar

πισσωτός επίθ tarry

πίστα (η) (αυτοκινητοδρομίων) racetrack. (παγοδρομίων) rink. (σκι) run. (τσίρκο) ring. (χορού) dance floor

πιστευτός επίθ credible

πιστεύω ρ μτβ/ρ αμτβ believe. (νομίζω) hold. **~** (το) creed

πίστη (η) belief. (αφοσίωση) allegiance. (εκκλ) faith. (εμπ) credit. (πεποίθηση) credence. (συζυγική) fidelity

πιστόλι (το) pistol

πιστολάκι (το) small hand gun. (στην κομμωτική) blow dryer

πιστοποιητικό (το) certificate

πιστοποιώ ρ μτβ certify

πιστός επίθ (ακριβής) true. (αφοσιωμένος) faithful. (σταθερός) loyal

πιστότητα (η) faithfulness

πιστώνω ρ μτβ credit

πίστωση (η) credit. **επί πιστώσει** on trust

πιστ|ωτής (ο), **~ώτρια** (η) creditor

πιστωτικ|ός επίθ credit. **~ή κάρτα** (η) credit card

πίσω επίρρ behind. (προς το αρχικό σημείο) back. (κατόπι) following. **~ μέρος** rear. (αυτοκινήτου, σπιτιού) back. **κάνω ~** move back. **μένω ~** be left behind. (στα μαθήματα) fall behind. **μένω ~** be behind the times. (μεταφ) be slow. **παίρνω από ~** follow. **προς τα ~** backwards

πισώπλατα επίρρ behind one's back

πίτα (η) pie (κυπρ) pitta bread

πιτζάμα (η) pyjamas

πίτουρο (το) bran

πίτσα (η) pizza

πιτσαρία (η) pizzeria

πιτσιλίζω ρ μτβ splash

πιτσιλωτός επίθ speckled

πιτσιρίκος (*ο*) nipper

πιτυρίδα (*η*) dandruff

πλαγιά (*η*) side. (*βουνού*) mountainside. (*λόφου*) hillside

πλαγιάζω *ρ αμτβ* lie down

πλάγιος *επίθ* sideways, sidelong. (*διπλανός*) adjacent. (*έμμεσος*) circuitous. (*μη νόμιμος*) devious

πλαδαρός *επίθ* flabby. (*μεταφ*) feeble

πλαζ (*η*) beach

πλάθω *ρ μτβ* mould. (*όνειρα*) make. (*ιστορία*) make up

πλάι (*το*) side *επίρρ* by, next to. **πλάι πλάι** side by side

πλαϊνός *επίθ* side. **~** (*ο*) next door neighbour

πλαίσιο (*το*) surround. (*σκελετός*) framework. (*ζωγραφικού πίνακα*) frame

πλάκα (*η*) slab. (*ακτινογραφίας*) X-ray. (*πλακόστρωτου*) paving stone. (*πολογιού*) face. (*σαπουνιού*) tablet. (*σοκολάτας*) bar. (*στέγης*) slate. (*μεταφ*) lark

πλακάκι (*το*) tile

πλακάτ (*το*) *άκλ* placard

πλακέτα (*η*) plaque

πλακομύτης *επίθ* pug-nosed

πλακοστρώνω *ρ μτβ* pave. (*στέγη*) slate. (*τοίχο*) tile

πλακόστρωτο (*το*) patio

πλακούντας (*ο*) afterbirth

πλακώνω *ρ μτβ* crash. (*μεταφ*) come on suddenly

πλανεύω *ρ μτβ* seduce

πλάνη[1] (*η*) plane (*tool*)

πλάνη[2] (*η*) fallacy

πλανήτης (*ο*) planet

πλανίζω *ρ μτβ* plane

πλάνο (*το*) plan

πλανόδιος *επίθ* itinerant

πλάνος *επίθ* seductive

πλαντάζω *ρ αμτβ* (*από θυμό*) choke

πλάση (*η*) creation

πλασιέ (*ο*) *άκλ* travelling salesman

πλάσμα (*το*) creature. (*δημιούργημα*) figment. (*ιατρ*) plasma

πλαστελίνη (*η*) Plasticine (P.)

πλάστης[1] (*ο*) rolling-pin

Πλάστης[2] (*ο*) Creator

πλάστιγγα (*η*) scales (*balance*)

πλαστικό (*το*) plastic. (*δαπέδου*) linoleum

πλαστικός *επίθ* plastic

πλαστισίνη (*η*) (*Κύπ*) Plasticine (P.)

πλαστογράφηση (*η*) counterfeit

πλαστογραφία (*η*) forgery

πλαστογράφος (*ο*, *η*) forger

πλαστογραφώ *ρ μτβ* counterfeit. (*έγγραφο*, *υπογραφή*) forge

πλαστός *επίθ* counterfeit. (*έγγραφο*) forged. (*νόμισμα*) dud

πλαταγίζω *ρ μτβ* (*νερό*) lap. (*χείλια*) smack

πλαταίνω *ρ μτβ* widen

πλατάνι (*το*) plane (tree)

πλατεία (*η*) square (*area*)

πλάτη (*η*) back

πλατίνα (*η*) platinum

πλατίνα (*η*) platinum

πλατό (*το*) plateau. (*πικ απ*) turntable

πλάτος (*το*) width. (*γεωγρ*) latitude. (*γνώμης*) breadth. (*ναυτ*) beam

πλατσουρίζω ρ αμτβ squelch

πλατ|ύς επίθ wide. (*εκτεταμένος*) extensive. (*ευρύς*) broad. **~ά** επίρρ wide

πλατύσκαλο (*το*) landing

πλατφόρμα (*η*) platform

πλατωνικός επίθ platonic

πλαφονιέρα (*η*) door light (*in car*)

πλέγμα (*το*) mesh. (*μεταφ*) web

πλειοδότης (*ο*) highest bidder

πλειοδοτώ ρ μτβ outbid

πλειονότητα (*η*) majority

πλειοψηφία (*η*) majority

πλειστηριασμός (*ο*) auction sale

πλειστηριαστής (*ο*) auctioneer

πλείστο|ς επίθ most. **οι ~ι** most people. **ως επί το ~ν** for the most part. **κατά το ~ν** by and large

πλέκω ρ μτβ knit. (*καρέκλα*) cane. (*λουλούδια*) weave. (*μαλλιά*) plait. (*μεταφ*) weave

πλένω ρ μτβ wash. (*με μάνικα*) hose down. (*πιάτα*) wash up

πλεξίδα (*η*) pigtail. (*κρεμμυδιών*) string

πλέξιμο (*το*) knitting

πλέον επίρρ more. (*μαθημ*) plus. **επί ~** in addition

πλεονάζων επίθ surplus. (*προσωπικό*) redundant

πλεόνασμα (*το*) surplus. (*περίσσευμα*) excess

πλεονασμός (*ο*) redundancy

πλεονέκτημα (*το*) advantage

πλεονέκτ|ης (*ο*), **~ρια** (*η*) greedy person

πλεονεξία (*η*) greed

πλευρά (*η*) side. (*ζώου*) flank. (*μεταφ*) facet

πλευρίζω ρ αμτβ (*ναυτ*) come alongside

πλευρίτιδα (*η*) pleurisy

πλευρό (*το*) side (*of person*). (*ανατ*) rib

πλεύση (*η*) sailing

πλεχτ|ός επίθ knitted. **~ά** (*τα*) knitwear

πλέω ρ αμτβ float. (*ναυτ*) navigate. (*μεταφ*) swim

πληγή (*η*) wound. (*ανοιχτή*) sore. (*μεταφ*) plague

πλήγμα (*το*) hurt

πληγώνω ρ μτβ injure, wound. (*μεταφ*) hurt

πλήθος (*το*) crowd. (*λαός*) throng

πληθυντικός (*ο*) plural

πληθυσμός (*ο*) population

πληθώρα (*η*) surfeit

πληθωρισ|μός (*ο*) inflation. **~τικός** επίθ inflationary

πληκτικός επίθ boring

πλήκτρο (*το*) key (*piano, typewriter*)

πληκτρολόγιο (*το*) keyboard

πλημμελειοδικείο (*το*) magistrate's court

πλημμύρα (*η*) flood

πλημμυρίδα (*η*) incoming tide

πλημμυρίζω ρ μτβ/ρ αμτβ flood. (*μεταφ*) swamp

πλήμνη (*η*) hub

πλην πρόθ except. (*σύνδ*) but. (*μαθημ*) minus. **~** (*το*) minus. **τα συν και τα ~** the pros and cons

πλήξη (*η*) boredom

πληρεξούσιο|ς (*o*) proxy. **~ς δικηγόρος** attorney. **~ν** (*το*) power of attorney (*document*)

πλήρ|ης *επίθ* complete. (*άρτιος*) thorough. (*γεμάτος*) full. **~ως** *επίρρ* completely, fully, in full

πληροφόρηση (*η*) information (*briefing*)

πληροφορία (*η*) information. (*κρυφή*) tip-off

πληροφορική (*η*) information technology

πληροφοριοδότ|ης (*o*), **~ρια** (*η*) informant

πληροφορ|ώ *ρ μτβ* inform. **~ούμαι** *ρ αμτβ* be informed. (*μαθαίνω*) hear

πληρώ *ρ μτβ* fulfil

πλήρωμα (*το*) crew

πληρωμή (*η*) payment, pay

πληρώνω *ρ μτβ* pay. (*εξοφλώ*) settle. (*λαϊκ*) fork out

πλήρωση (*η*) (*γέμισμα*) filling. (*όρων*) fulfilment

πληρωτ|έος *επίθ* payable. **~ής** (*o*) payer

πλησιάζω *ρ μτβ* approach. (*έρχομαι κοντά*) go/get near. • *ρ αμτβ* border on

πλησιέστερο|ς *επίθ* nearest. **~ι συγγενείς** (*οι*) next of kin

πλησίον *επίρρ* near. **~** (*o*) fellow man

πλήττω *ρ μτβ* smite. • *ρ αμτβ* be bored

πλιάτσικο (*το*) loot. (*πράξη*) looting

πλινθόκτιστος *επίθ* built with mud bricks

πλισάρω *ρ μτβ* pleat

πλισές (*o*) pleat

πλοήγηση (*η*) (*ναυτ*) piloting.

πλοηγός (*o*) pilot (*in shipping*)

πλοίαρχος (*o*) captain. (*εμπορικού ναυτ*) master

πλοίο (*το*) ship. (*της γραμμής*) liner

πλοιοκτήτης (*o*) ship owner

πλοκάμι (*το*) tentacle

πλοκή (*η*) plot

πλους (*o*) voyage

πλουσιοπάροχος *επίθ* lavish

πλούσιος *επίθ* rich. (*βλάστηση*) lush. (*γεύμα*) hearty. (*με περιουσία*) wealthy. (*πολυτελής*) opulent. (*συγκομιδή*) bumper

πλούτη (*τα*) riches

πλουτίζω *ρ μτβ* enrich. • *ρ αμτβ* get rich

πλουτοκράτ|ης (*o*), **~ισσα** (*η*) plutocrat

πλούτος (*o*) wealth

πλουτώνιο (*το*) plutonium

πλυντήριο (*το*) washing-machine. (*κτίριο*) laundry

πλύση (*η*) wash. (*πληγής*) cleansing

πλύσιμο (*το*) washing

πλυσταριό (*το*) laundry room (*in a house*)

πλώρη (*η*) (*ναυτ*) prow, bow

πλωτ|ός *επίθ* navigable (*of river*). **~ή γέφυρα** (*η*) pontoon bridge. **~ό σπίτι** (*το*) houseboat

π.μ. *συντ* (*πριν το μεσημέρι*) am (anti meridiem)

πνεύμα (*το*) spirit

πνευματικ|ός *επίθ* spiritual. **~ή συγκέντρωση** (*η*) seance. **~ά δικαιώματα** (*τα*) intellectual rights. **~ός** (*o*) confessor

πνευματι|ιστής (ο), **~ίστρια** (η) spiritualist

πνευματώδης επίθ witty

πνεύμονας (ο) lung

πνευμονία (η) pneumonia

πνευστό|ς επίθ wind. **~ όργανο** (το) wind instrument

πνέω ρ αμτβ blow

πνιγερός επίθ stifling. (ατμόσφαιρα) sultry. (καιρός) muggy

πνιγηρός επίθ βλ **πνιγερός**

πνιγμός (ο) drowning

πνίγ|ω ρ μτβ drown. (ήχο) muffle. (προκαλώ ασφυξία) suffocate. (στερώντας αέρα) smother. (μεταφ) stifle. **~ομαι** ρ αμτβ drown. (από ασφυξία) suffocate. (από φαγητό) choke

πνοή (η) breath

ποδαράκι (το) small foot. (ποτηριού) stem

ποδηλά|της (ο), **~τις** (η) cyclist

ποδήλατο (το) bicycle

ποδηλατώ ρ αμτβ pedal

πόδι (το) foot. (πάνω από τον αστράγαλο) leg. (επίπλων) leg. (ζώου) paw. (μέτρο) foot (= 30.48 cm). **είμαι στο ~** be up and about. **πατώ ~** put one's foot down. **σηκώνω στο ~** cause a stir. **το βάζω στα ~α** take to one's heels. **τρώω κτ στο ~** snatch sth to eat

ποδιά (η) apron. (φόρεμα) pinafore. (το μπροστινό μέρος φορέματος) lap

ποδίατρος (ο) chiropodist

ποδοβολητό (το) thud (of feet)

ποδοπατώ ρ μτβ trample

ποδοσφαιριστής (ο) footballer

ποδόσφαιρο (το) football, soccer

πόζα (η) pose

ποζάρω ρ αμτβ pose. (για πίνακα) sit

πόθεν επίρρ from where

ποθητός επίθ desirable

πόθος (ο) lust

ποθώ ρ μτβ long, for. (ερωτικά) lust after

ποίημα (το) poem

ποίηση (η) poetry

ποιητικός επίθ poetic, poetical

ποιητής (ο) poet

ποιήτρια (η) poetess

ποικιλία (η) assortment. (αλλαγή) variety. (ανομοιότητα) diversity

ποικίλλω ρ μτβ/ρ αμτβ vary

ποικίλος επίθ assorted. (με πολλά χρώματα) motley. (που διαφέρει) varying. (πολύμορφος) varied. (ανόμοιος) diverse

ποιμένας (ο) shepherd. (εκκλ) pastor

ποίμνιο (το) flock

ποινή (η) penalty (fine). (νομ) sentence

ποινικ|ός επίθ penal. **~ό μητρώο** (το) criminal record

ποιόν (το) quality. (ανθρώπου) character

ποιος αντων who. **~ από τους δυο σας;** which one of you? **για ποιο λόγο;** what for?

ποιότητα (η) quality

ποιου βλ **ποιος**

πόκα (η) poker (card game)

πολεμικός επίθ warlike. (μαχητικός) polemic. **~ό πλοίο** (το) warship

πολέμιος *επίθ* hostile. **~** *(ο)* opponent

πολεμιστής *(ο)* warrior

πόλεμος *(ο)* war

πολεμοφόδια *(τα)* munitions. *(πυρομαχικά)* ammunition

πολεμοχαρής *επίθ* belligerent

πολεμώ *ρ μτβ/ρ αμτβ* fight. *(προσπαθώ)* strive

πολεοδομία *(η)* town planning

πόλη *(η)* town. *(μεγάλη)* city

πολικός *επίθ* polar

πολιορκ|ητής *(ο)* besieger. **~ία** *(η)* siege

πολιορκώ *ρ μτβ* besiege. *(πλήθος)* mob. *(μεταφ)* beset

πολιτεία *(η)* state

πολίτευμα *(το)* system of government

πολίτ|ης *(ο)*, **~ις** *(η)* citizen. *(μη στρατιωτικός)* civilian

πολιτικά *(τα)* politics

πολιτική *(η)* policy

πολιτικ|ός *επίθ* civilian. *(μη στρατιωτικός/εκκλ)* civil. *(σχετικός με την πόλη)* civic. *(σχετικός με την πολιτική)* political. **~ός μηχανικός** *(ο)* civil engineer. **~** *(ο, η)* politician

πολιτισμένος *επίθ* civilized

πολιτισμός *(ο)* civilization. *(κουλτούρα)* culture

πολιτιστικός *επίθ* cultural

πολιτογραφώ *ρ μτβ* naturalize

πολιτοφυλακή *(η)* militia

πολλαπλασιάζ|ω *ρ μτβ* multiply. *(προσπάθειες)* intensify. **~ομαι** *ρ αμτβ* proliferate. *(ζώα)* breed

πολλαπλασιασμός *(ο)* proliferation. *(μαθημ)* multiplication

πολλαπλάσιο *(το)* multiple

πολλοστός *επίθ* umpteenth

Πόλος *(ο)* *(γεωγρ)* pole

πολτός *(ο)* pulp. *(ντομάτας)* paste

πολύ *επίρρ* very, *(αμερ)* real. *(απόσταση)* far. *(ποσότητα)* much, greatly. *(χρόνος)* long. **κατά ~** by far. **λίγο ~** more or less. **πάρα ~** very much, a great deal. **το ~** at most

πολυαιθυλένιο *(το)* polythene

πολυάριθμος *επίθ* numerous

πολυάσχολος *επίθ* busy

πολυβόλο *(το)* machine-gun

πολυβολώ *ρ μτβ* machine-gun

πολυγαμία *(η)* polygamy

πολύγλωσσος *επίθ* polyglot

πολύγραφος *(ο)* duplicator

πολύγωνο *(το)* polygon

πολυεθνικός *επίθ* multinational

πολυέλαιος *(ο)* chandelier

πολυέξοδος *επίθ* costly

πολυεστέρας *(ο)* polyester

πολυθρόνα *(η)* armchair

πολυκατάστημα *(το)* department store

πολυκατοικία *(η)* block (of flats)

πολυκοσμία *(η)* crowds of people

πολύκροτος *επίθ* sensational

πολυλογία *(η)* waffle *(καθομ)*

πολυλογώ *ρ αμτβ* waffle *(καθομ)*

πολυμαθής *επίθ* erudite

πολυμέρεια *(η)* versatility

πολυμερής *επίθ* versatile

πολυμήχανος *επίθ* resourceful

πολυόροφος *επίθ* multistorey

πολύπλευρος *επίθ* many-sided

πολύπλοκος *επίθ* complicated. (*μπερδεμένος*) complex. (*περίπλοκος*) elaborate

πολυποίκιλος *επίθ* multifarious

πολ|ύς *επίθ* (*αριθμός*) many. (*ποσότητα*) much. (*χρόνος*) long. (*σπουδαίος*) important. **~λά και διάφορα** variety of things

πολυσήμαντος *επίθ* comprehensive. (*σημαντικός*) momentous

πολυστυρόλιο (*το*) polystyrene

πολυτάραχος *επίθ* eventful

πολύτεκνος *επίθ* with many children

πολυτέλεια (*η*) luxury

πολυτελής *επίθ* luxurious. (*σε εμφάνιση*) plush, sumptuous

πολυτεχνείο (*το*) polytechnic

πολυτεχνίτης (*ο*) jack of all trades

πολύτιμος *επίθ* valuable. (*σε αξία*) precious

πολύχρωμος *επίθ* multicoloured

Πολωνία (*η*) Poland

πολωνικός *επίθ* Polish

Πολων|ός (*ο*), **~έζα** (*η*) Pole

πόμολο (*το*) door knob

πομπή (*η*) procession. (*νεκρική*) cortège

πομποδέκτης (*ο*) (*φορητός*) walkie-talkie

πομπόν (*το*) *άκλ* pompon. (*για πούδρα*) puff

πομπός (*ο*) transmitter

πομπώδης *επίθ* pompous. (*γλώσσα*) turgid

πόνεϊ (*το*) *άκλ* pony

πονεμένος *επίθ* pained. (*από πληγή*) sore. (*έκφραση*) hurt

πονετικός *επίθ* compassionate

πονηρεύ|ω *ρ μτβ* rouse suspicion. **~ομαι** *ρ αμτβ* become cunning. (*υποπτεύομαι*) become suspicious

πονηρία (*η*) cunning. (*κόλπο*) ploy. (*κρυψίνοια*) guile

πονηρός *επίθ* cunning. (*δόλιος*) crafty. (*επιτήδιος*) artful. (*πανούργος*) sly

πονόδοντος (*ο*) toothache

πονοκέφαλος (*ο*) headache

πονόλαιμος (*ο*) sore throat

πόνος (*ο*) pain. (*θλίψη*) grief. (*συνεχής*) ache. (*οίκτος*) feeling

πονόψυχος *επίθ* compassionate

ποντάρω *ρ μτβ* stake, wager. (*σε τυχερά παιγνίδια*) gamble on. (*μεταφ*) bank on

ποντίζω *ρ μτβ* cast. • *ρ αμτβ* sink

ποντίκι (*το*) mouse. (*μυς*) biceps

ποντικός (*ο*) mouse. (*μεγάλος*) rat

ποντίφικας (*ο*) pontiff

πόντος (*ο*) (*βαθμός*) point. (*θάλασσα*) sea. (*μέτρου*) centimetre. (*πλεχτού*) stitch. (*πλαινγμός*) hint. **φευγάτος ~** ladder (*in tights*)

ποντς (*το*) punch (*drink*)

πονώ *ρ μτβ*/*ρ αμτβ* hurt. • *ρ αμτβ* ache, be in pain. (*συμπονώ*) sympathise with

ποπλίνα (η) poplin

ποπό επιφών dear me!

πορδ|ή (η) fart. **~ίζω** ρ αμτβ fart

πορεία (η) walk. (κατεύθυνση) course. (στρ) march. (μεταφ) tack

πορεύομαι ρ αμτβ march. (βολεύω) make do

πορθμός (ο) sound. (ενώνει δυο θάλασσες) strait

πόρισμα (το) findings

πορνεία (η) prostitution. **~ο** (το) brothel

πόρνη (η) prostitute, (λαϊκ) whore

πορνό επίθ άκλ porno

πορνογραφία (η) pornography

πόρος (ο) (εισόδημα) resource. (σε ποτάμι) ford. (στο δέρμα) pore

πόρπη (η) clasp. (σε ζώνη) buckle

πορσελάνη (η) porcelain. (σκεύος) china

πόρτα (η) door

πορτμπαγκάζ (το) άκλ boot (of car)

πορτμπεμπέ (το) άκλ carrycot

πορτμπονέρ (το) άκλ lucky charm

πορτό (το) port (wine)

Πορτογαλία (η) Portugal

πορτογαλικός επίθ Portuguese

Πορτογ|άλος (ο), **~αλίδα** (η) Portuguese

πορτοκαλάδα (η) orangeade. (συμπυκνωμένη) orange squash

πορτοκάλι (το) orange

πορτοκαλής επίθ orange (colour). **~ί** (το) orange (colour)

πορτοκαλιά (η) orange (tree)

πορτοφολάς (ο) pickpocket

πορτοφόλι (το) wallet

πορτρέτο (το) portrait

πορφυρό|ς επίθ purple. **~** (το) purple

πορώδης επίθ porous

πόσιμος επίθ drinkable

ποσό (το) amount, sum of money

πόσο|ς αντων (αριθμός) how many. (ποσότητα) how much. (ώρα) how long. **~** επίρρ how (much). **~ κάνει;** how much is it?

ποσοστό (το) percentage

ποσότητα (η) quantity, amount

πόστο (το) post

ποταμάκι (το) rivulet

ποτάμι (το) river. (μικρό) stream

ποταμός (ο) river

ποταπός επίθ base, ignoble

ποτέ επίρρ never. (κάποτε) ever

πότε επίρρ when. **~ ~** now and then, sometimes

πότης (ο) drinker

ποτίζω ρ μτβ water (plants). (με οινοπνευματώδη) ply with drink

ποτιστήρι (το) watering can

ποτήρι (το) glass. (του κρασιού) wineglass. (ψηλό) tumbler

ποτό (το) drink

ποτοποιία (η) distillery

που αντων that. (αντικείμενα) which. (πρόσωπα) who. • σύνδ that, because. • επίρρ where. **και ~** from time to time

πού επίρρ where. **~ πας;** where are you going?

πουγκί (το) (λαϊκ) purse

πούδρα (η) powder (*cosmetic*)

πουθενά *επίρρ* nowhere. (*μετά από άρνηση*) anywhere

πουκάμισο (το) shirt

πουλάκι (το) small bird. (*κοτόπουλο*) chick

πουλάρι (το) foal

πουλερικά (τα) poultry

πούλημα (το) sale

πουλί (το) bird

πούλια (η) sequin. (*αστρολ*) Pleiades

πούλμαν (το) *άκλ* coach (*bus*)

πουλόβερ (το) *άκλ* pullover, jumper

πουλώ *ρ μτβ* sell (*λιανικά*) retail. (*στο δρόμο*) hawk, peddle

πουντιάζω *ρ αμτβ* freeze, catch a cold

πούπουλα (τα) down

πουρές (ο) (*λαχανικά*) purée. (*πατάτες*) mash

πουρί (το) fur (*in kettle*). (*σε σωλήνες*) scale. (*στα δόντια*) tartar

πουριταν|ός (ο), **~ή** (η) puritan

πουρμπουάρ (το) *άκλ* tip (*to waiter etc.*)

πουρνάρι (το) holly

πούρο (το) cigar

πούστης (ο) poof (*υβρ*)

πουτάνα (η) tart (*υβρ*)

πράγμα (το) thing. (*εμπόρευμα*) goods. **~τα** (τα) things, belongings. (*κατάσταση*) matters

πραγματεία (η) dissertation

πράγματι *επίρρ* really. (*αλήθεια*) sure enough

πραγματικ|ός *επίθ* real. (*αναφερόμενος στα πράγματα*) actual. (*γνήσιος*) true. **~ά** *επίρρ* really, actually

πραγματικότητα (η) reality. (*στην πράξη*) actuality

πραγματιστικός *επίθ* matter-of-fact. (*του πραγματισμού*) pragmatic

πραγματογνώμονας (ο) expert

πραγματοποιώ *ρ μτβ* realize. (*ελπίδες*) fulfil. (*επιτυγχάνω*) accomplish. (*όνειρα*) realize. (*σκοπό*) attain

πρακτικά (τα) minutes

πρακτική (η) practice

πρακτικ|ός *επίθ* practical. (*άνθρωπος*) hard-headed. (*γιατρός*) clinical. **~ό** (το) report. **~ά** *επίρρ* practically

πράκτορας (ο) agent

πρακτορείο (το) agency

πράμα (το) stuff *βλ* **πράγμα**

πράξη (η) act. (*έγγραφο*) certificate. (*εξυπηρέτηση*) turn. (*καλή*) deed. (*καταχώριση*) registration. (*μάθημα*) operation

πραξικόπημα (το) coup

πράος *επίθ* meek

πρασινάδα (η) greenery

πρασιά (η) flower bed. (*με γρασίδι*) lawn

πράσιν|ος *επίθ* green . **~η κάρτα** (η) green card

πρασινίζω *ρ μτβ* paint green. • *ρ αμτβ* turn green

πράσο (το) leek

πρασουλίδα (η) chive

πρατήριο (το) store (*for only one product*). **~ βενζίνης**

petrol station. (βενζίνης και υπηρεσιών) service station

πρέζα (η) pinch (small amount)

πρέπει ρ απρόσ must, ought. **~ να ΄ρθεις** you must come. **είναι ό, τι ~** it's exactly what is needed. **καθώς ~** correctly

πρέσα (η) (μηχάνημα) press

πρεσβεία (η) embassy

πρέσβειρα (η) ambassadress

πρεσβευτής (o) ambassador

πρεσβεύω ρ μτβ believe in

πρέσβης (o) βλ **πρεσβευτής**

πρεσβυτέριο (το) vicarage, rectory

πρεσβυωπικός επίθ long-sighted

πρήζ|ω ρ μτβ cause to swell. (μεταφ) pester. **~ομαι** ρ αμτβ swell. (στο φαΐ) gorge o.s.

πρηνής επίθ prone

πρήξιμο (το) swelling. (από χτύπημα) bump

πρησμένος επίθ swollen

πρίγκιπας (o) prince

πριγκιπικός επίθ princely

πριγκίπισσα (η) princess

πρίζα (η) (ηλεκτρ) plug. (στον τοίχο) power point

πρίμος επίθ fair (wind)

πριν επίρρ, σύνδ before, ago. **από** prior to. **~ (από) πολύ καιρό** a long time ago. **από ~** beforehand

πριόνι (το) saw

πριονίζω ρ μτβ saw

πρίσμα (το) prism

προ πρόθ (για τόπο) before, in front of. (για χρόνο) before, ago. **~ πάντων** in particular

προαγγέλλω ρ μτβ herald

προάγγελος (o) forerunner

προάγω ρ μτβ further. (πρόσωπο) promote

προαγωγή (η) promotion

προαιρετικός επίθ optional

προαισθάνομαι ρ μτβ have a hunch about. (για κακό) have a presentiment of, sense

προαίσθημα (το) hunch. (για κακό) foreboding

προαίσθηση (η) premonition

προάλλες (οι) **τις** ~ a few days ago

προάσπιση (η) defence

προάστιο (το) suburb

προαστιακός επίθ suburban

προαύλιο (το) forecourt

πρόβα (η) rehearsal. (ρούχων) fitting

προβαδίζω ρ μτβ precede

προβάλλω ρ μτβ show up. (αντιρρήσεις) raise. (εισηγήσεις) put forward. (κιν ταινία) screen

προβάρω ρ μτβ have a fitting

προβατάκι (το) young sheep. **~α** (κύματα) white horses

προβατίνα (η) ewe

πρόβατο (το) sheep άκλ

πρόβειο|ς επίθ sheep. **~ κρέας** (το) mutton

προβιά (η) sheepskin

προβιβάζω ρ μτβ promote. (στο σχολείο) move up (to higher form)

προβλέπω ρ μτβ foresee. (δυσκολίες) envisage. (καιρό) forecast. (προμαντεύω) predict. (προνοώ) anticipate

πρόβλεψη (η) prediction. (καιρού) forecast

πρόβλημα (το) problem

προβληματίζω *ρ μτβ* puzzle.
~ομαι *ρ αμτβ* think hard

προβλήτα (*η*) jetty. (*για
αγκυροβόλληση*) berth

προβοκάτορας (*ο*)
provocateur

προβολέας (*ο*) projector.
(*αυτοκ*) headlight. (*αστυνομίας*)
searchlight. (*για γενικό
φωτισμό*) floodlight. (*θέατρ*)
spotlight

προβολή (*η*) projection.
(*διαφήμιση*) promotion. (*κιν
ταινίας*) screening

προβοσκίδα (*η*) trunk (*of
elephant*)

πρόγευμα (*το*) breakfast

προγευματίζω *ρ αμτβ* have
breakfast

προγιαγιά (*η*) great-
grandmother

πρόγνωση (*η*) forecast. (*ιατρ*)
prognosis

προγονή (*η*) stepdaughter

πρόγονος (*ο*) ancestor. **~ι** (*οι*)
forefathers

προγονός (*ο*) stepson

πρόγραμμα (*το*) programme.
(*Η/Υ*) program. (*θέατρ*) bill.
(*σχολ*) timetable. (*πολιτ*)
platform. (*σχέδιο*) schedule

προγραμματίζω *ρ μτβ*
schedule. (*Η/Υ*) program.
(*θέατρ*) bill

προγραμματιστής (*ο*),
~ίστρια (*η*) programmer

προγράφω *ρ μτβ* proscribe

προγυμνάζω *ρ μτβ* coach

προδιαγραφή (*η*) specification

προδιαγράφω *ρ μτβ* specify

προδιάθεση (*η*) bias

προδιάθεση (*η*) predisposition.
(*προκατάληψη*) prejudice

προδιαθέτω *ρ μτβ* predispose.
(*όχι ευνοϊκά*) prejudice

προδίδω *ρ μτβ βλ* **προδίνω**

προδικάζω *ρ μτβ* prejudge

προδίνω *ρ μτβ* betray

προδοσία (*η*) treachery.
(*αποκάλυψη μυστικού*) treason.
(*εγκατάλειψη*) betrayal

προδότης (*ο*), **~ρια** (*η*)
traitor

πρόδρομος (*ο*) precursor

προεδρεύω *ρ αμτβ* preside.
(*συνάντηση*) chair

προεδρία (*η*) presidency

πρόεδρος (*ο*) chairman. **~** (*η*)
chairwoman. **~** (*ο, η*) (*χώρας*)
president

προειδοποίηση (*η*) warning.
(*έγγραφο*) notice

προειδοποιώ *ρ μτβ* warn.
(*νομ*) caution

προεικάζω *ρ μτβ* foreshadow

προέκταση (*η*) extension

προέλευση (*η*) origin. (*έργου
τέχνης*) provenance

προεξέχω *ρ αμτβ* protrude,
(*καθομ*) stick out

προεξοφλώ *ρ μτβ* pay in
advance. (*μεταφ*) take for
granted

προέρχομαι *ρ αμτβ* come
(from). (*κατάγομαι*) originate
(from)

προετοιμάζω *ρ μτβ* prepare.
(*για σταδιοδρομία*) groom

προετοιμασία (*η*) preparation

προέχω *ρ αμτβ* project. (*είμαι
ανώτερος*) excel. (*έχω
μεγαλύτερη σημασία*) prevail

προηγμένος *επίθ* advanced. (*χώρες*) developed

προηγούμαι *ρ μτβ/αμτβ* precede. (*είμαι μπροστά*) lead the way. (*μεταφ*) be ahead of

προηγούμενος *επίθ* previous. **~η** (*η*) the previous day. **~ο** (*το*) precedent

προηγουμένως *επίρρ* previously

προημιτελικός (*o*) quarterfinal

προθάλαμος (*o*) lobby

πρόθεμα (*το*) prefix

πρόθεση (*η*) intention. (*γραμμ*) preposition

προθεσμία (*η*) deadline. (*απόλυσης από εργασία*) notice

προθυμία (*η*) readiness. (*καλή διάθεση*) willingness, keenness

πρόθυμος *επίθ* willing. (*ενθουσιώδης*) eager. (*έτοιμος*) ready

προίκα (*η*) dowry

προικιά (*τα*) trousseau

προικίζω *ρ μτβ* endow

προικοθήρας (*o*) fortune hunter (*in marriage*)

προϊόν (*το*) product. (*σύνολο*) produce

προΐσταμαι *ρ μτβ* preside over

προϊστ|άμενος (*o*), **~αμένη** (*η*) head, boss

προϊστορία (*η*) prehistory

πρόκα (*η*) hobnail

προκαθορίζω *ρ μτβ* predetermine

προκαλώ *ρ μτβ* cause. (*ασθένεια*) induce. (*ερεθίζω*) excite. (*προξενώ*) provoke. (*προκαλώ*) dare. (*στρ*) challenge

προκαταβολή (*η*) advance (payment). (*σε επαγγελματία*) retainer. (*πρώτη δόση*) deposit

προκατάληψη (*η*) prejudice. (*κακή διάθεση*) bias

προκαταρκτικός *επίθ* preliminary

προκατειλημμένος *επίθ* prejudiced, biased

προκάτοχος (*o*) predecessor

πρόκειται *ρ απρόσ* it's a matter of. **~ να πάμε στην εκκλησία** we are going to the church

προκήρυξη (*η*) proclamation

πρόκληση (*η*) challenge. (*αφορμή*) provocation

προκλητικός *επίθ* challenging. (*στάση*) provocative

προκριματικός *επίθ* preliminary

πρόκριτος (*o*) notable

προκυμαία (*η*) quay

προκύπτ|ω *ρ αμτβ* accrue. **~ει** *απρόσ* come to light

προλαβαίνω *ρ μτβ* have time. (*εμποδίζω*) avert. (*παρεμβαίνω*) forestall. (*τρένο*) catch

προλέγω *ρ μτβ* foretell

προλετάρι|ος (*o*) **~σσα** (*η*) proletarian

προληπτικός *επίθ* precautionary. (*δεισιδαίμων*) superstitious. (*ιατρ*) preventive

πρόληψη (*η*) prevention

πρόλογος (*o*) foreword. (*βιβλίου*) preface. (*θέατρ*) prologue

προμαχώνας (*o*) bastion

προμελέτη (*η*) premeditation

προμήθει|α *(η)* *(εμπορευμάτων)* supply. *(πληρωμή)* commission. **~ες** *(οι)* provisions

προμηθ|ευτής *(ο)*, **~εύτρια** *(η)* supplier

προμηθεύ|ω *ρ μτβ* provide. *(εμπ)* supply with. **~ομαι** *ρ αμτβ* procure

προμηνύω *ρ μτβ* portend

προνοητικ|ός *επίθ* provident, farsighted. **~ητητα** *(η)* foresight

πρόνοια *(η)* providence. *(κοινωνική)* welfare

προνόμιο *(το)* privilege. *(αποκλειστικό)* prerogative

προνομιούχος *επίθ* privileged

προνοώ *ρ αμτβ* foresee. *(μεριμνώ)* provide for

προξενείο *(το)* consulate

προξεν|ητής *(ο)*, **~ήτρα** *(η)* matchmaker *(in marriage)*

πρόξενος *(ο)* consul

προξενώ *ρ μτβ* occasion. **~ κατάπληξη** astonish

προοδευτικός *επίθ* go-ahead. *(που αυξάνει βαθμιαία)* progressive

προοδεύω *ρ αμτβ* progress

πρόοδος *(η)* progress. *(εξέλιξη)* advancement

προοίμιο *(το)* preamble. *(προάγγελμα)* prelude

προοπτική *(η)* prospect. *(ιδέα του βάθους)* perspective. *(μελλοντική)* outlook

προορίζ|ω *ρ μτβ* destine. **~ομαι** *ρ* be meant for

προορισμός *(ο)* destination

προπαγάνδα *(η)* propaganda

προπαντός *επίρρ* above all

προπάππος *(ο)* great-grandfather

προπαρασκευάζω *ρ μτβ* prepare

προπαρασκευή *(η)* preparation

προπατορικός *επίθ* ancestral

προπέλα *(η)* propeller

πρόπερσι *επίρρ* the year before last

προπέτασμα *(το)* screen

προπληρώνω *ρ μτβ* prepay

προπό *(το)* (football) pools

πρόποδες *(οι)* foot (of mountain)

προπολεμικός *επίθ* prewar

προπόνηση *(η)* training

προπον|ώ *ρ μτβ* coach, train. **~ούμαι** *ρ μτβ* train

προπορεύομαι *ρ αμτβ* to be in the lead

πρόποση *(η)* toast *(drink)*

προπύργιο *(το)* stronghold

προς *πρόθ* toward(s), to. **~ Θεού** for God's sake. **~ όφελός σου** to your benefit. **~ τα εμπρός** forwards. **~ τα μέσα** inwards. **βήμα ~ βήμα** step by step

προσάγω *ρ μτβ* bring. *(οδηγώ)* produce

προσανατολίζ|ω *ρ μτβ* orientate. **~ομαι** *ρ αμτβ* get one's bearings

προσανατολισμός *(ο)* orientation. *(σπιτιού)* aspect. *(μεταφ)* outlook

προσαράζω *ρ αμτβ* run aground

προσαρμογέας *(ο)* *(ηλεκτρ)* adaptor

προσαρμογή *(η)* adaptation

προσαρμόζω *ρ μτβ* adapt, adjust. **~ομαι** *ρ αμτβ* adapt

προσάρτημα (*το*) appendage

προσάρτηση (*η*) annexation

προσαρτώ *ρ μτβ* append. (*έδαφος*) annex

προσβάλλ|ω *ρ μτβ* insult. (*ιατρ*) infest. (*θίγω*) offend. (*νομ*) challenge. **~ομαι** *ρ αμτβ* take offence

πρόσβαση (*η*) access

προσβλέπω *ρ μτβ* (*σε*) look forward (to)

προσβλητικός *επίθ* offensive

προσβολή (*η*) offence. (*εφόρμηση*) infestation. (*ιατρ*) seizure. (*υβριστική συμπεριφορά*) insult

προσγειωμένος *επίθ* down-to-earth

προσγειών|ω *ρ μτβ* (*αεροπ*) land. **~ομαι** *ρ αμτβ* touch down. (*αναγκαστικά*) crash-land

προσγείωση (*η*) (*αεροπ*) landing

προσδιορίζω *ρ μτβ* determine. (*καθορίζω*) define. (*φόρο*) assess

προσδοκία (*η*) expectation. (*επιθυμία*) anticipation

προσδοκώ *ρ μτβ* expect. (*για κάτι ευχάριστο*) anticipate

προσεγγίζω *ρ μτβ* approach. (*πλησιάζω*) approximate. (*πλοίο*) call at

προσέγγιση (*η*) approach. (*προσέγγιση*) approximation

προσεκτικός *επίθ* careful. (*δύσπιστος*) wary. (*επιμελής*) attentive. (*επιφυλακτικός*) cautious

προσελκύω *ρ μτβ* attract. (*προσοχή*) capture

προσέρχομαι *ρ αμτβ* come, arrive

προσευχή (*η*) prayer

προσεύχομαι *ρ αμτβ* pray

προσεχής *επίθ* forthcoming

προσεκτικός *επίθ βλ* **προσεκτικός**

προσέχω *ρ μτβ* beware. (*αποφεύγω*) mind. (*επιτηρώ*) keep an eye on. (*παρατηρώ*) notice. (*φροντίζω*) take care of. • *ρ αμτβ* pay attention. (*προειδοποιώ*) watch out, look out

προσηλυτίζω *ρ μτβ* proselytize

προσήλυτος (*ο*) convert

προσηλωμένος *επίθ* absorbed

προσηλών|ω *ρ μτβ* fix. **~ομαι** concentrate

πρόσθεση (*η*) (*μαθημ*) addition

πρόσθετος *επίθ* additional. (*περαιτέρω*) further

προσθέτω *ρ μτβ* add. (*αλκοόλ σε ποτό*) lace. (*στήλη με αριθμούς*) tot up

προσθήκη (*η*) extension. (*κτιρίου*) extension

πρόσθιο|ς *επίθ* front. **~** (*το*) breaststroke

προσιτός *επίθ* accessible. (*που μπορεί να αποκτηθεί*) within reach

πρόσκαιρος *επίθ* temporary

προσκαλώ *ρ μτβ* invite

προσκέφαλο (*το*) pillow

προσκήνιο (*το*) proscenium. (*μεταφ*) limelight

πρόσκληση (*η*) invitation. (*στρ*) call up

προσκλητήριο (*το*) invitation (card). (*ονομάτων*) roll call. (*στρ, πρωινό*) reveille

προσκόλληση (*η*) adhesion. (*μεταφ*) dedication

προσκολλώ *ρ μτβ* attach.
~μαι *ρ αμτβ* cling

προσκομίζω *ρ μτβ* produce,
bring forward

πρόσκομμα (*το*) stumbling
block

προσκοπίνα (*η*) Girl Scout

πρόσκοπος (*ο*) Scout

πρόσκρουση (*η*) collision

προσκρούω *ρ αμτβ* collide

προσκύνημα (*το*) pilgrimage

προσκυν|ητής (*ο*), **~ήτρια** (*η*)
pilgrim

προσκυνώ *ρ αμτβ* worship

προσλαμβάνω *ρ μτβ* take on,
hire

προσμένω *ρ μτβ* expect

προσμονή (*η*) expectation

προσοδοφόρος *επίθ* profitable

προσόν (*το*) qualification.
(*πλεονέκτημα*) asset

προσοχή (*η*) attention. (*ακούω*)
heed. (*φροντίδα*) care

πρόσοψη (*η*) façade

προσπάθεια (*η*) effort.
(*απόπειρα*) attempt. (*δοκιμή*)
try. (*έντονη*) endeavour

προσπαθώ *ρ αμτβ* attempt.
(*δοκιμάζω*) try. (*έντονα*)
endeavour

προσπέκτους (*το*) *ακλ*
prospectus

προσπέρασμα (*το*) overtaking

προσπερνώ *ρ μτβ* overtake

προσποίηση (*η*) pretence.
(*συμπεριφορά*) affectation

προσποιητός *επίθ* affected

προσποιούμαι *ρ μτβ/ρ αμτβ*
pretend. (*αρρώστια*) feign

προσταγή (*η*) command

προστάζω *ρ μτβ* command

προστακτικ|ός *επίθ*
commanding. **~ή** (*η*)
imperative

προστασία (*η*) protection.
(*περιβάλλοντος*) conservation.
(*υποστήριξη*) patronage

προστατευόμενη (*η*) protégé

προστατευόμενος (*ο*) protégé

προστατευτικός *επίθ*
protective

προστατεύω *ρ μτβ* protect.
(*προφυλάγω*) shield. (*μεταφ*)
cushion

προστάτ|ης (*ο*), **~ρια** (*η*)
protector. (*τεχνών*) patron

προστίθεμαι *ρ αμτβ* be added

πρόστιμο (*το*) fine

προστριβή (*η*) friction

πρόστυχ|ος *επίθ* vulgar.
(*χυδαίος*) smutty. **~η** (*η*)
prostitute

πρόσφατος *επίθ* recent

προσφέρ|ω *ρ μτβ* offer. (*εμπ*)
bid. **~ομαι** *ρ αμτβ* volunteer.
(*είμαι κατάλληλος*) be suitable

προσφεύγω *ρ αμτβ* resort.
(*νομ*) have recourse

προσφιλής *επίθ* beloved

προσφορά (*η*) offer. (*εμπ*)
tender. (*εμπορευμάτων*) supply

πρόσφορος *επίθ* appropriate.
(*χρόνος*) opportune

πρόσφυγας (*ο*) refugee

προσφυγή (*η*) resort. (*σε
οργανισμό*) appeal

προσχέδιο (*το*) draft. (*τεχνικό
σχέδιο*) blueprint

πρόσχημα (*το*) pretext

προσχωρώ *ρ αμτβ* go over to,
join

προσωπάρχης *(ο)* personnel manager

προσωπείο *(το)* mask. *(μεταφ)* façade

προσωπικό *(το)* personnel

προσωπικός *επίθ* personal

προσωπικότητα *(η)* personality

πρόσωπο *(το)* face. *(άτομο)* person

προσωποποίηση *(η)* personification

προσωρινός *επίθ* temporary. *(πρόχειρος)* provisional

πρόταση *(η)* suggestion. *(ανήθικη)* proposition. *(γάμου)* proposal. *(γραμμ)* sentence

προτείνω *ρ μτβ* suggest. *(γάμο)* propose. *(για συζήτηση)* moot. *(εισήγηση)* put forward. *(σε εκλογές)* nominate. *(υποδείχνω)* move

προτελευταίος *επίθ* penultimate, last but one

προτεραιότητα *(η)* priority. *(αυτοκ)* right of way. *(σε σειρά)* precedence

προτέρημα *(το)* good point. *(χάρισμα)* merit

πρότερος *επίθ* previous. **εκ των προτέρων** beforehand, in advance

προτεστάντης *(η)*, **~ισσα** *(ο)* Protestant

προτίθεμαι *ρ μτβ* intend

προτίμηση *(η)* preference. **~ιμήσεις** *(οι)* likes

προτιμητέος *επίθ* preferable

προτιμότερος *επίθ* preferable

προτιμώ *ρ μτβ* prefer. *(θέλω καλύτερα)* favour. **~ να** I would rather

προτομή *(η)* bust

πρότονος *(ο)* *(ναυτ)* mainstay

προτού *επίρρ* before

προτρέπω *ρ μτβ* exhort

προτροπή *(η)* exhortation

πρότυπο *(το)* prototype. *(μήτρα)* pattern. *(μοντέλο)* model. *(που χρησιμεύει ως παράδειγμα)* standard

πρότυπος *επίθ* model

προϋπαντώ *ρ μτβ* meet, welcome

προϋπόθεση *(η)* assumption

προϋποθέτω *ρ μτβ* presuppose

προϋπολογισμός *(ο)* budget. *(εκ των προτέρων)* estimate

προφανής *επίθ* evident

πρόφαση *(η)* pretext

προφέρω *ρ μτβ* pronounce. *(καθαρά)* enunciate

προφητεία *(η)* prophecy

προφητεύω *ρ μτβ* prophesy

προφήτης *(ο)* prophet

προφητικός *επίθ* prophetic

προφίλ *(το)* άκλ profile

προφορά *(η)* accent. *(τρόπος)* pronunciation

προφορικός *επίθ* oral, verbal

προφταίνω *ρ μτβ/αμτβ* be in time. *(καταφθάνω)* catch up with. *(προλαβαίνω)* forestall

προφυλάγω|ω *ρ μτβ* shield. **~ομαι** *ρ αμτβ* take precautions

προφυλάκιση *(η)* remand in custody

προφυλακή *(η)* outpost

προφυλακτήρας *(ο)* *(αυτοκ)* bumper

προφύλαξη *(η)* precaution

πρόχειρο *(το)* rough book

πρόχειρος *επίθ* rough-and-ready. (*έτοιμος για χρήση*) at hand, to hand. (*προσωρινός*) makeshift. (*χωρίς προπαρασκευή*) slapdash

προχρονολογώ *ρ μτβ* backdate

προχτές *επίρρ* the day before yesterday

προχωρημένος *επίθ* advanced. (*θέση*) forward

προχωρώ *ρ αμτβ* move on. (*με βία*) press on. (*προοδεύω*) advance. (*συνεχίζω*) proceed

προώθηση (*η*) propulsion. (*προϊόντος*) promotion

προωθώ *ρ μτβ* propel. (*προϊόν*) promote. (*βοηθώ*) forward. (*κλήση*) divert

πρόωρος *επίθ* premature. (*άκαιρος*) untimely

πρύμνη (*η*) stern

πρύτανης (*ο*) rector (*of college*)

πρώην *επίρρ* former, ex

πρωθυπουργός (*ο, η*) Prime Minister

πρωί (*το*) morning. **~α** (*η*) morning

πρώιμος *επίθ* early, premature

πρωινό|ς *επίθ* early morning. **~** (*το*) early morning

πρωταγωνιστής (*ο*), **~ίστρια** (*η*) protagonist. (*θέση*) lead

πρωταγωνιστώ *ρ αμτβ* star

πρωτάθλημα (*το*) championship

πρωταθλητής (*ο*), **~ήτρια** (*η*) champion

πρωτάκουστος *επίθ* unheard-of

πρωταπριλιά (*η*) first of April

πρωτάρ|ης (*ο*), **~α** (*η*) novice

πρωταρχικός *επίθ* primary

πρωτεΐνη (*η*) protein

πρωτεύουσα (*η*) capital (city)

πρώτιστος *επίθ* foremost

πρωτοβουλία (*η*) initiative

πρωτόγονος *επίθ* primitive. (*σε άγρια κατάσταση*) savage

πρωτοδικείο (*το*) court of first instance

πρωτοετής (*ο*) (*φοιτητής*) freshman

πρωτόκολλο (*το*) protocol

πρωτομαγιά (*η*) May Day

πρωτοπορία (*η*) lead

πρωτοπόρος (*ο*) pioneer

πρώτ|ος *επίθ* first. (*από δύο*) former. (*σε βαθμό*) premier. **~η θέση** (*η*) first class. **~ες ύλες** (*οι*) raw materials. **με το ~ο** on first attempt. **ο ~ος τυχόν** just anybody. **~α** *επίρρ* firstly. **~α** a first of all

πρωτότοκος *επίθ* first-born

πρωτοτυπία (*η*) originality

πρωτότυπο *επίθ* original

πρωτοφανής *επίθ* unprecedented

πρωτοχρονιά (*η*) New Year's Day

πταίσμα (*το*) error. (*νομ*) misdemeanour

πτέρυγα (*η*) (*στρ, κτιρίου*) wing

πτερύγιο (*το*) flipper. (*ναυτ, αεροπ*) vane

πτηνό (*το*) fowl

πτήση (*η*) flight. (*σύντομη*) hop

πτητικός *επίθ* volatile

πτυσσόμενος *επίθ* collapsible. (*καρέκλα, τραπέζι*) folding

πτυχή (η) tuck. (δίπλα) fold

πτυχιακές εξετάσεις (οι) (πανεπ) finals

πτυχίο (το) (πανεπ) degree

πτώμα (το) corpse

πτώση (η) fall. (γραμμ) case. (μεταφ) downfall

πτώχευση (η) bankruptcy

πτωχεύω ρ αμτβ go bankrupt

πτωχοκομείο (το) poorhouse, workhouse

πυγμαίος (ο) pygmy

πυγμαχία (η) boxing

πυγμάχος (ο) boxer

πυγμαχώ ρ αμτβ box

πυγμή (η) fist. (μεταφ) punch

πυγολαμπίδα (η) firefly

πυθμένας (ο) (sea) bed

πύθωνας (ο) python

πυκν|ός επιθ thick. (αδιαπέραστος) dense. (βλάστηση) rank. (φρύδια) bushy. ~ά επίρρ densely, thickly

πυκνότητα (η) density

πυκνώνω ρ μτβ/ρ αμτβ thicken

πύλη (η) gateway. (πόλης) gate

πυλώνας (ο) pylon

πυξίδα (η) compass

πύο (το) pus

πυρ (το) fire. ~! fire! = και **μανία** furious

πυρακτωμένος επιθ glowing. (μέταλλο) red-hot

πυραμίδα (η) pyramid

πυρασφάλεια (η) fire insurance

πύραυλος (ο) rocket. (βλήμα) missile

πυργίσκος (ο) turret

πύργος (ο) tower. (κάστρο) castle. (σκάκι) rook

πυρετικός επιθ feverish

πυρετ|ός (ο) fever. **έχω ~** have a temperature

πυρετώδης επιθ feverish

πυρήνας (ο) nucleus. (καρυδιού) kernel. (μήλου) core

πυρηνικός επιθ nuclear

πυρίτιδα (η) gunpowder

πυρίτιο (το) silicon

πυρκαγιά (η) blaze

πυροβολητής (ο) gunner

πυροβολικό (το) artillery

πυροβολισμ|ός (ο) gunshot. ~οί (οι) gunfire

πυροβόλο όπλο (το) firearm

πυροβολώ ρ μτβ shoot. (από κρυφό σημείο) snipe

πυροδοτώ ρ μτβ set off, explode

πυροκρότηση (η) detonation

πυροκροτώ ρ μτβ detonate

πυρομανής επιθ pyromaniac

πυρομαχικά (τα) ammunition

πυροσβεστήρας (ο) fire extinguisher

πυροσβέστης (ο) fireman

πυροσβεστικ|ός επιθ fire. ~ή **αντλία** (η) fire engine. ~ή **υπηρεσία** (η) fire brigade

πυροτέχνημα (το) firework

πυρπολώ ρ μτβ set on fire

πυρρόξανθος επιθ auburn

πυρσός (ο) (flaming) torch

π.χ. συντ (παραδείγματος χάρη) e.g. (for example)

π.Χ. συντ (προ Χριστού) BC (before Christ)

πώληση (η) sale

πωλητής (ο) seller. (ακίνητης περιουσίας) vendor. (εμπορ)

salesman. (πλασιέ) rep. (σε μαγαζί) sales assistant.
αυτόματος ~ vending machine
πωλήτρια (η) saleswoman. (σε μαγαζί) sales assistant
πωλώ ρ μτβ sell, βλ **πουλώ**. **~ούμαι** ρ μτβ to be on the market. **~είται** for sale
πώμα (το) stopper. (μηχ) cap. (μπουκαλιού) cork
πως σύνδ that. **νομίζω ~** I think that
πώς επίρρ how

Ρρ

ραβασάκι (το) love letter
ραβδί (το) stick, cane. **~ζω** ρ μτβ beat with a stick
ράβδος (η) stick. (μαγική) wand. (σιδηρ) rail. (στρ) baton. (τεχν) rod. (χρυσού) ingot, bar
ράβδωση (η) stripe
ραβδωτός επίθ fluted. (ύφασμα) striped
ραβίνος (ο) rabbi
ραβιόλια (τα) ravioli
ράβω ρ μτβ stitch. (φόρεμα) sew. (σε ραπτομηχανή) machine (sew)
ράγα (η) (σιδηρ) rail.
ραγδαί|ος επίθ rapid. **~α βροχή** (η) pouring rain
ραγιάς (ο) slave
ραγίζω ρ μτβ/αμτβ crack
ράγκμπι (το) άκλ rugby
ραγού (το) άκλ stew

ραδιενέργεια (η) radioactivity
ραδιενεργός επίθ radioactive
ραδίκι (το) dandelion
ράδιο (το) radio. (χημ) radium
ραδιογραφία (η) radiography
ραδιοπομπός (ο) radio transmitter
ραδιοσταθμός (ο) radio station
ραδιοτηλεσκόπιο (το) radio telescope
ραδιουργία (η) intrigue
ραδιοφωνία (η) broadcasting
ραδιόφωνο (το) radio
ραθυμία (η) indolence
ραίνω ρ μτβ (λουλούδια) throw. (νερό) sprinkle
ρακέτα (η) racket. (επιτραπέζιο τένις) bat
ρακή (η), **~ί** (το) raki (aniseed-flavoured spirit)
ράκος (το) rag. (μεταφ) wreck
ράλι (το) (αυτοκ) rally.
ραμί (το) rummy
ράμμα (το) stitch (in wound)
ράμπα (η) footlights. (αυτοκ) ramp
ράμφος (το) beak, bill
ρανίδα (η) drop (of blood)
ραντάρ (το) άκλ radar
ραντεβού (το) appointment. (ερωτικό) date. (σε ορισμένο χώρο) rendezvous
ραντίζω ρ μτβ sprinkle
ράντισμα (το) sprinkle
ραντιστήρι (το) rose (nozzle). (ποτιστήρι) watering can
ράντσο (το) ranch
ραπάνι (το) radish
ραπτομηχανή (η) sewing machine

ράσο (*το*) cassock

ράτσα (*η*) breed. (*ζώων*) pedigree

ρατσισμός (*ο*) racism

ρατσι|στής (*ο*), **~ίστρια** (*η*) racist

ρατσιστικός *επιθ* racist

ραφείο (*το*) tailor's shop

ραφή (*η*) seam

ράφι (*το*) shelf. (*αποσκευών*) rack. **~α** (*τα*) shelving

ραφινατός *επιθ* urbane

ραφτάδικο (*το*) *βλ* **ραφείο**

ράφτης (*ο*) tailor

ράφτρα (*η*) seamstress

ραχάτι (*το*) loafing

ράχη (*η*) back. (*βιβλίου*) spine. (*μύτης*) bridge. (*οροσειράς*) ridge. (*χεριού*) back

ραχοκοκαλιά (*η*) backbone

ράψιμο (*το*) sewing

ραψωδία (*η*) rhapsody

ραψωδός (*ο*) minstrel

ρεαλισμός (*ο*) realism

ρεαλι|στής (*ο*), **~ίστρια** (*η*) realist

ρεβεγιόν (*το*) *άκλ* Christmas/New Year's Eve party

ρεβέρ (*το*) *άκλ* (*πανταλονιού*) turn-up. (*τένις*) backhander

ρεβίθι (*το*) chick pea

ρέγγα (*η*) herring

ρεζέρβα (*η*) spare wheel

ρεζερβουάρ (*το*) (petrol) tank

ρεζιλεύω *ρ μτβ* ridicule. (*ντροπιάζω*) humiliate

ρεζίλι (*το*) ridicule. (*ντρόπιασμα*) humiliation. **γίνομαι ~** become a laughing stock

ρείκι (*το*) heather

ρεκλάμα (*η*) puff (*in advertising*)

ρεκλαμάρω *ρ μτβ* plug, advertise

ρεκόρ (*το*) *άκλ* (*σπορ*) record

ρελαντί (*το*) (*μηχ*) idle.

ρέμα (*το*) stream

ρεμάλι (*το*) twerp (*λαϊκ*)

ρεματιά (*η*) gully

ρεμβασμός (*ο*) reverie

ρετάνι (*το*) *βλ* **ραπάνι**

ρεπερτόριο (*το*) repertory

ρεπορτάζ (*το*) *άκλ* reportage

ρεπούμπλικα (*η*) trilby

ρέπω *ρ αμτβ* be inclined (to)

ρεσεψιόν (*η*) *άκλ* reception

ρεσιτάλ (*το*) *άκλ* recital

ρέστα (*τα*) change (*money*)

ρετάλι (*το*) remnant (*of cloth*)

ρετιρέ (*το*) *άκλ* penthouse

ρετσίνα (*η*) retsina (*resinated Greek wine*)

ρετσινόλαδο (*το*) castor oil

ρεύμα (*το*) (*αέρα*) draught. (*θάλασσας*) current. (*ποταμού*) stream. (*υποβρύχιο*) undercurrent. (*μεταφ*) tide

ρευματι|κός *επιθ* rheumatic. **~σμός** (*ο*) rheumatism

ρεύομαι *ρ αμτβ* belch

ρευστοποίηση (*η*) liquidation

ρευστός *επιθ* fluid

ρεφενές (*ο*) share (*in costs*). **κάνω ~** club together

ρεφρέν (*το*) *άκλ* refrain

ρέψιμο (*το*) belch

ρέω *ρ αμτβ* flow

ρήγμα (*το*) breach, gap. (*γεωλ*) fault

ρήμα (*το*) verb

ρημάζω *ρ αμτβ* go to rack and ruin

ρήξη *(η)* rupture. *(καβγάς)* split. *(μεταφ)* rift

ρήο *(το)* rhubarb

ρητίνη *(η)* resin

ρήτορας *(ο)* orator

ρητορεία *(η)* oratory, rhetoric

ρητό *(το)* saying

ρητορικός *επίθ* rhetorical

ρητός *επίθ* express. *(σαφής)* explicit. **~ όρος** *(ο)* stipulation

ρήτρα *(η)* clause

ρηχός *επίθ* shallow

ρίγα *επίθ* ruler. *(γραμμή)* pin

ριγέ *επίθ άκλ* striped

ρίγος *(το)* thrill

ριγώ *ρ αμτβ* shudder

ριγώνω *ρ μτβ* line

ρίζα *(η)* root. *(λέξης)* stem

ριζικός *επίθ* root. *(βασικός)* radical

ριζοσπάστης *(ο)* radical

ρίζωμα *(το)* taking root

ριζώνω *ρ μτβ/αμτβ* root

ρίμα *(η)* rhyme

ρινγκ *(το) άκλ* (boxing) ring

ρινίζω *ρ μτβ* file

ρινικός *επίθ* nasal

ρινίσματα *(τα)* filings

ρινόκερος *(ο)* rhinoceros

ρίξιμο *(το)* throw. *(αντιπάλου)* tackle

ριπή *(η) (ανέμου)* gust. *(στρ)* volley

ρίχνω *ρ μτβ* throw. *(αεροπλάνο)* shoot down. *(άνεμος)* blow down. *(δίκτυα)* cast. *(πετώ)* toss. *(πυροβολό)* shoot. *(φύλλα, δέρμα)* shed. **~ κάτω** knock over. **~ χαλάζι** hail. **το ~ έξω** have fun

ρίχνομαι *ρ αμτβ* throw o.s. *(επιθετικά)* lunge. *(σε γυναίκα)* make a pass

ριψοκινδυνεύω *ρ μτβ* risk. **~** *ρ αμτβ* venture

ρόδα *(η)* wheel

ροδάκι *(το)* castor

ροδάκινο *(το)* peach

ροδέλα *(η)* washer

ρόδι *(το)* pomegranate

ρόδινος *επίθ* rosy

ρόδο *(το)* rose

ροδοδάφνη *(η)* oleander

ροδοκόκκινος *επίθ* ruddy

ροδόνερο *(το)* rose water

ροδοπέταλο *(το)* rose petal

Ρόδος *(η)* Rhodes

ροζ *επίθ άκλ* pink. **~** *(το)* pink

ροζάριο *(το) (εκκλ)* rosary

ροζέ *(το)* rosé (wine)

ροζέτα *(η)* rosette

ροζιάρικος *επίθ* gnarled

ρόζος *(ο) (ξύλου)* knob. *(χεριού)* callus

ροή *(η)* flow

ροκανίζω *ρ μτβ* gnaw

ροκ *(η) άκλ (μουσ)* rock

ροκανίδι *(το)* (wood) filing. **~ζω** *ρ μτβ* gnaw. *(ξύλο)* plane

ρολάρω *ρ αμτβ* scroll. **~προς τα κάτω** scroll down

ρολό *(το)* roll. *(παραθύρου)* roller blind

ρολογάς *(ο)* watchmaker

ρολόι *(το)* clock. *(του χεριού)* watch. **σαν ~** like clockwork

ρόλος *(ο)* role

ρομάντζο (το) romance

ρομαντι|κός επιθ romantic. **~σμός** (ο) romanticism

ρόμβος¹ (ο) diamond (shape)

ρόμβος² (ο) turbot

ρόμπα (η) dressing gown. (του μπάνιου) bathrobe

ρομπότ (το) άκλ robot

ροντέο (το) άκλ rodeo

ρόπαλο (το) club. (κοντό) cudgel. (κρίκετ) bat

ροπή (η) propensity, tendency

ρόπτρο (το) knocker

ρόστο (το) browned meat

ρουά! άκλ check! (in chess)

ρουζ (το) άκλ rouge

ρουθούνι (το) nostril

ρουθουνίζω ρ αμτβ snort

ρουλέτα (η) roulette

Ρουμαν|ία (η) Romania. **~ικός** επιθ Romanian

Ρουμάν|ος (ο), **~α** (η) Romanian

ρούμι (το) rum

ρουμπίνι (το) ruby

ρουσφέτι (το) political favour

ρουτίνα (η) routine

ρουφηξιά (η) swig. (καπνού) puff. (μεγάλη) gulp. (μικρή) sip. (μύτης) sniff

ρουφιάνος (ο) pimp

ρουφήχτρα (η) whirlpool

ρουφώ ρ μτβ suck. (καπνό) inhale. (με τη μύτη) sniff

ρουχισμός (ο) clothing

ρούχ|ο (το) cloth. (ένδυμα) garment. **~α** (τα) clothes

ρόφημα (το) beverage

ροχαλητό (το) snoring

ροχαλίζω ρ αμτβ snore

ρυάκι (το) brook

ρύγχος (το) muzzle (of animal)

ρυζάλευρο (το) rice flour

ρύζι (το) rice. (μη αποφλοιωμένο) paddy

ρυζόγαλο (το) rice pudding

ρυθμίζω ρ μτβ adjust. (κανονίζω) regulate. (μηχ) tune. (ορίζω) set. (ραδιόφωνο) tune

ρυθμικός επιθ rhythmic(al)

ρύθμιση (η) regulation. (τεχν) adjustment

ρυθμός (ο) rhythm. (μους) swing

ρυμοτομία (η) town planning

ρυμούλκηση (η) tow

ρυμουλκό (το) (ναυτ) tug. (όχημα) towing vehicle

ρυμουλκώ ρ μτβ tow

ρυπαίνω ρ μτβ pollute

ρύπανση (η) pollution

ρύπος (ο) pollutant

ρυτίδα (η) wrinkle

ρυτιδώνω ρ μτβ wrinkle

ρώγα (η) teat. (μαστού) nipple. (σταφυλιού) grape

ρωγμή (η) crack. (βαθιά) crevasse. (τοίχου) crevice

ρωμαϊκός επιθ Roman

ρωμαιοκαθολικός επιθ Roman Catholic

ρωμαίικ|ος επιθ modern Greek. **~ο** (το) modern Greece. **~α** (τα) vernacular Greek

Ρωμαίος (η), **~α** (ο) Roman

ρωμαλέος επιθ robust. (ανθεκτικός) stout

Ρωμι|ός (ο) modern Greek. **~οσύνη** (η) modern Greek nation

Ρώμη¹ (η) Rome

ρώμη² (η) robustness

Ρωσσία (η) Russia

ρωσσικ|ός επίθ Russian. **~ά** (τα) Russian

Ρώσσος (ο), **Ρωσσίδα** (η) Russian

ρωτώ ρ μτβ ask. (ανακρίνω) question

....

Σσ

....

σαβάνα (η) savanna

σάβανο (το) shroud

Σάββατο (το) Saturday

σαββατοκύριακο (το) weekend

σαβούρα (η) junk. (ναυτ) ballast

σαγηνεύω ρ μτβ allure

σαγήνη (η) allure

σαγόνι (το) jaw

σαδισμός (ο) sadism

σαδ|ιστής (ο) **~ίστρια** (η) sadist. **~ιστικός** επίθ sadistic

σαΐνι (το) hawk (bird). (μεταφ) sharp-witted person

σαΐτα (η) shuttle

σάκα (η) satchel

σακάκι (το) jacket (man's)

σακατεύω ρ μτβ maim

σακάτης (ο), **~ισσα** (η) cripple

σακί (το) sack

σακίδιο (το) rucksack, haversack. (για ποδήλατο ή άλογο) saddlebag

σάκος (ο) sack

σακούλα (η) bag. **~ες** (οι) bags (under eyes)

σακουλάκι (το) sachet

σακούλι (το) β. **σακούλα**

σακουλιάζω ρ μτβ bag. • ρ αμτβ sag

σακουλιασμένος επίθ baggy

σαλάμι (το) salami

σαλάτα (η) salad

σαλάχι (το) skate άκλ

σαλέ (το) άκλ chalet

σαλεύω ρ μτβ stir. • ρ αμτβ move

σάλι (το) shawl

σαλιάρα (η) bib

σαλιαρί|ζω ρ αμτβ gibber. (ερωτοτροπώ) drool

σαλιγκάρι (το) snail

σάλι|ο (το) saliva. **βγάζω ~α** dribble

σαλόνι (το) lounge, parlour (έπιπλο) suite. (επίσημο) drawing room

σάλος (ο) turmoil. (διαμαρτυρίας) outcry. (θάλασσας) swell

σαλπάρω ρ αμτβ put to sea

σάλπιγγα (η) trumpet. (ανατ) tube. (στρ) bugle

σαλτάρω ρ αμτβ leap

σάλτο (το) leap

σάλτσα (η) sauce

σαμάρι (το) packsaddle

σαματάς (ο) racket, din

σαμουά (το) άκλ chamois

σαμπάνια (η) champagne

σαμποτ|άζ (το) άκλ sabotage. **~άρω** ρ μτβ sabotage

σαμπουάν (το) άκλ shampoo

σαμπρέλα (η) inner tube

σάμπως *επίρρ* as if. *(πιθανώς)* possibly

σαν *σύνδ* when. • *μόρ* like, as. **~ να** as though. **~ να έχεις δίκιο** you may be right

σανατόριο *(το)* sanatorium

σανίδα *(η)* plank. **~σνόουμπορντ** *(η)* snowboard

σανίδι *(το)* board, plank

σανιδόσκαλα *(η)* gangway

σανός *(ο)* hay

σαντιγί *(η)* *άκλ* whipped cream

σάντουιτς *(το)* *άκλ* sandwich

σαξόφωνο *(το)* saxophone

Σαουδική Αραβία *(η)* Saudi Arabia

σάουνα *(το)* *άκλ* sauna

σαπίζω *ρ μτβ/ρ αμτβ* rot. *(δόντι)* decay. *(πτώμα)* putrefy

σάπιος *επίθ* rotten

σάπισμα *(το)* rot. *(δοντιού)* decay

σαπουνάδα *(η)* soapy water

σαπούνι *(το)* soap

σαπουνίζω *ρ μτβ* soap

σαπουνόπερα *(η)* soap opera

σαπουνόφουσκα *(η)* soap bubble

σάπφειρος *(ο)* sapphire

σαπωνοποιία *(το)* soap manufacture

σάρα *(η)* η **~ και η μάρα** riff-raff

σαράβαλο *(το)* wreck. *(αυτοκ)* jalopy

σαράκι *(το)* woodworm. *(μεταφ)* grief

Σαρακοστή *(η)* Lent

σαράντα *επίθ* forty

σαραντάμερο *(το)* Advent

σαρανταποδαρούσα *(η)* centipede

σαρανταριά *(η)* about forty *(in number)*

σαρδέλα *(η)* sardine

σαρδόνιος *επίθ* sardonic

σάρκα *(η)* flesh

σαρκασμός *(ο)* sarcasm. **~τικός** *επίθ* sarcastic

σαρκικός *επίθ* carnal

σαρκοβόρος *επίθ* carnivorous

σαρκοφάγος *(ο)* sarcophagus

σαρκώδης *επίθ* fleshy

σάρπα *(η)* stole, shawl

σαρώνω *ρ μτβ* sweep. *(ραντάρ, H. Y)* scan. *(μεταφ)* sweep the board

σας *αντων* you, yours

σασί *(η)* *άκλ* chassis

σαστίζω *ρ μτβ* perplex. • *ρ αμτβ* be taken aback

σαστισμένος *επίθ* perplexed. *(συγχυσμένος)* bewildered

σατανάς *(ο)* Satan

σατανικός *επίθ* satanic

σατέν *(το)* *άκλ* satin

σάτιρα *(η)* satire

σατιρίζω *ρ μτβ* satirize

σατιρικός *επίθ* satirical

σατράπης *(ο)*, **~ισσα** *(η)* tyrant

σάτυρος *(ο)* Satyr. *(ασελγής)* lecher

σαύρα *(η)* lizard

σαφάρι *(το)* safari

σαφράν *(το)* *άκλ* saffron

σαφήνεια *(η)* plainness

σαφής *επίθ* plain. *(ευκρινής)* clear. **~ώς** *επίρρ* plainly, clearly

σαχλαμάρ|α (η) idiocy. **~ας** (ο) loudmouth. **~ες** (οι) nonsense

σαχλός επίθ soppy

σβάρνα (η) harrow

σβέλτος επίθ nimble. (γρήγορος) nippy

σβέρκος (ο) neck

σβήνω ρ μτβ put out. (ανάμνηση) blot out. (γράψιμο) erase, rub out. (δίψα) quench. (κερί) snuff. (τσιγάρο) stub out. (φως, TV) switch off, turn off. (φωτιά) extinguish. • ρ αμτβ go out. (ενθουσιασμός) fizzle out. (εξαφανίζομαι) die out. (κερί) blow out. (κινητήρας) stall. (φωνή) tail off. (φως, ήχος) fade

σβηστός επίθ switched off. (φωνή) feeble

σβόλος (ο) clod. (σε υγρό) lump

σβούρα (η) spinning top

σγουρός επίθ curly

σε¹ πρόθ (κίνηση) to. (στάση) in, at. (τρόπος, σχέση, χρόνος) in

σε² αντων you

σέβας (το) respect

σεβάσμιος επίθ venerable

σεβασμός (ο) respect. (επιθυμίας άλλου) deference

σεβαστός επίθ august. (ποσό χρημάτων) tidy

σέβομαι ρ μτβ respect. (πολύ) revere

σεζλόγκ (η) άκλ deck chair

σειρά (η) series. (ακολουθία) sequence. (γραμμή) row. (επισκέψεων) round. (θέση) turn. (μαθημάτων) course. (προϊόντων) range

σειρήνα (η) siren. (εργοστασίου) hooter

σεισμός (ο) earthquake

σείχης (ο) sheikh

σείω ρ μτβ shake. (ουρά) wag

σέκτα (η) sect

σέλα (η) saddle

σελέμης (ο) bum, hanger-on

σελήνη (η) moon

σεληνια|κός επίθ lunar. **~σμός** (ο) epilepsy

σεληνόφωτο|ς επίθ moonlit. **~** (το) moonlight

σελίδα (η) page

σελίνι (το) shilling

σέλινο (το) celery

σελώνω ρ μτβ saddle

σεμινάριο (το) seminar

σεμν|ός επίθ demure. (κοπέλα) maidenly, (μετριόφρονας) modest. **~τητα** (η) modesty

σεμνότυφος επίθ prudish

σένα αντων you

σενάριο (το) scenario. (κιν ταινίας) script

σεναριογράφος (ο, η) scriptwriter

σεντέφι (το) mother of pearl

σεντόνι (το) sheet

σεντούκι (το) chest, trunk

σεξ (το) άκλ sex

σεξιστής (ο) sexist

σεξουαλικός επίθ sexual

Σεπτέμβρης (ο) βλ Σεπτέμβριος

Σεπτέμβριος (ο) September

σερβίρισμα (το) sitting (in restaurant)

σερβίρω ρ μτβ serve. (ποτά) pour. (σε τραπέζι) wait

σέρβις (το) άκλ service

σερβιτόρα (η) waitress. (σε μπαρ) barmaid

σερβιτόρος (ο) waiter. (σε μπαρ) barman

σερβίτσιο (το) (dinner) service

σεργιάνι (το) stroll

σερμπέτι (το) sherbet

σέρν|ω ρ μτβ drag. (τα πόδια) shuffle. **~ομαι** ρ αμτβ crawl. (έρπω) creep. (ταπεινώνομαι) grovel

σερπαντίνα (η) (paper) streamer

σεσουάρ (το) άκλ hair dryer

σέσουλα (η) scoop

σηκών|ω ρ μτβ raise. (άγκυρα) weigh. (ανέχομαι) stand for. (ανυψώνω) lift. (το τραπέζι) clear. (τους ώμους) shrug. (φορτίο) carry. (ψηλά) hoist. **~ομαι** ρ αμτβ rise. (από πέσιμο) pick o.s. up. (από κρεβάτι) get up. (όρθιος) stand up. (τρίχες) bristle

σήμα (το) signal. (αναγνωριστικό) sign. (ηχητικό) bleep

σημαδεμένος επίθ marked. (σακάτης) crippled

σημαδεύω ρ μτβ mark. (με όπλο) aim. (σακατεύω) cripple

σημάδι (το) sign. (αναγνωριστικό) mark. (ίχνος) track. (οιωνός) omen. (στόχος) target. (σωματικό) scar

σημαδούρα (η) buoy

σημαία (η) flag. (στρ) ensign. (συλλόγου) banner

σημαίνω ρ μτβ signify, matter. (έχω έννοια) mean. (ηχώ) sound

σημαιοφόρος (ο) flag bearer

σημαντικός επίθ significant, important. (αξιόλογος) substantial, considerable

σημασία (η) significance, importance. (έννοια) meaning

σημείο (το) mark. (θέση) point. (μαθημ, νεύμα) sign. (οιωνός) omen

σημείωμα (το) note

σημειωματάριο (το) jotter, notebook

σημειώνω ρ μτβ mark. (γράφω) write down. (λαμβάνω υπόψη) note. **~ επιτυχία** score

σημείωση (η) note

σήμερα επίρρ today. **~** (το) today. **~ αύριο** one of these days

σημύδα (η) birch (tree)

σηπτικός επίθ septic

σήραγγα (η) tunnel

σησάμι (το) sesame

σηψαιμία (η) septicaemia

σήψη (η) putrefaction. (ιατρ) sepsis

σθεναρός επίθ vigorous

σθένος (το) vigour

σία συντ (συντροφία) Co (Company). **και ~** and Co

σιάζ|ω ρ μτβ tidy up. **~ομαι** ρ αμτβ tidy o.s. up

σιαγόνα (η) jaw

σιγά επίρρ quietly. (αργά) slowly. **~! easy! ~** slowly. (σταδιακά) a little at a time

σιαλιά (η) quiet

σιγανός επίθ quiet. (αργός) slow

σιγαστήρας (ο) silencer

σιγή (η) silence

σιγοβράζω ρ μτβ/ρ αμτβ simmer

σιγοβρέχει _ρ απρόσ_ drizzle
σιγουριά (_η_) certainty.
  (_ασφάλεια_) security
σίγουρ|ος _επίθ_ certain.
  (_σταθερός_) sure. (στο πάτημα)
  sure-footed. **~α** _επίρρ_ surely
σιδεράκια (_τα_) brace (_dental_)
σιδεράς (_ο_) smith
σιδερένιος _επίθ_ iron
σίδερ|ο (_το_) iron. **~α** (_τα_)
  chains. (_φυλακή_) bars
σιδέρωμα (_το_) ironing
σιδερώνω _ρ μτβ_ iron, press
σιδερώστρα (_η_) ironing board
σιδηροδρομικ|ός _επίθ_ railway.
  ~ός σταθμός (_ο_) railway
  station
σιδηρόδρομος (_ο_) railway
σιδηροπώλης (_ο_) ironmonger
σίδηρος (_ο_) iron (_metal_)
σιδηρουργ|είο (_το_) ironworks.
  ~ός (_ο_) blacksmith
σικ (_το_) _άκλ_ chic
σίκαλη (_η_) rye
Σικελία (_η_) Sicily
σιλικόνη (_η_) silicone
σιλό (_το_) _άκλ_ silo
σιλουέτα (_η_) silhouette.
  (_γυναίκας_) figure
σιμιγδάλι (_το_) semolina
σινεμά (_το_) _άκλ_ cinema
σινικός _επίθ_ Chinese
σιντριβάνι (_το_) fountain
σίριαλ (_το_) _άκλ_ (TV) serial
σιρόκος (_ο_) sirocco
σιρόπι (_το_) syrup
σιταποθήκη (_η_) barn
σιτάλευρο (_το_) wheat flour
σιταρένιος _επίθ_ wholemeal,
  wheaten

σιτάρι (_το_) wheat
σιτεμένος _επίθ_ high (_of meat_)
σιτευτός _επίθ_ fattened
σιτηρά (_τα_) cereals
σιτοβολώνας (_ο_) granary
σιφόνι (_το_) siphon
σιφονιέρα (_η_) chest of drawers
σίφουνας (_ο_) whirlwind
σιχαίνομαι _ρ μτβ_ loathe.
  (_αηδιάζω_) be disgusted
σιχαμένος _επίθ_ loathsome
σιχασιάρης (_ο_) squeamish
σιωπή (_η_) silence. **~!** quiet!
σιωπηλός _επίθ_ silent, quiet
σιωπηρός _επίρρ_ tacit
σιωπώ _ρ αμτβ_ remain silent
σκάβω _ρ μτβ_ dig. • _ρ αμτβ_
  burrow
σκάγι (_το_) pellet (_for gun_)
σκάζω _ρ μτβ/ρ αμτβ_ burst.
  (_δέρμα_) chap. (_στενοχωρώ_)
  exasperate. **~σε!** shut up! **το**
  ~ζω run off
σκαθάρι (_το_) beetle
σκάκι (_το_) chess
σκακιέρα (_η_) chess-board
σκάλα (_η_) stairs. (_ανάμεσα σε_
  δύο ορόφους) flight of stairs.
  (_κινητή_) ladder. (_κυλιόμενη_)
  escalator. (_σε κτίριο_) staircase.
  (_φορητή, μικρή_) stepladder
σκαλί (_το_) stair. (_κινητής_
  σκάλας) rung
σκαλίζω _ρ μτβ_ scratch. (_γύρω_
  από φυτά) hoe. (_μάρμαρο_)
  sculpt. (_μηχανήματα_) tinker
  with. (_ξύλο_) carve. (_φωτιά_)
  poke. (_χώμα_) rake up. (_ψάχνω_)
  poke
σκαλιστήρι (_το_) hoe
σκαλοπάτι (_το_) step

σκαλωσιά *(η)* scaffolding

σκαμνάκι *(το)* footstool

σκαμνί *(το)* stool

σκανδάλη *(η)* trigger

σκανδαλίζω *ρ μτβ* scandalize

σκάνδαλο *(το)* scandal

σκανδαλώδης *επίθ* scandalous

Σκανδιναβία *(η)* Scandinavia

σκανταλιά *(η)* romp. **~ρης** *επίθ* mischievous

σκαντζόχοιρος *(ο)* hedgehog

σκαπάνη *(η)* pick

σκαραβαίος *(ο)* scarab

σκαρί *(το)* stock *(for ships)*. *(μεταφ)* build

σκαρφαλώνω *ρ μτβ* clamber up. *(με χέρια και πόδια)* scramble up. *(τοίχο)* scale

σκαρφίζομαι *ρ αμτβ* dream up. *(γρήγορα)* whip up

σκαρώνω *ρ μτβ* trump up. *(γρήγορα)* whip up

σκάσιμο *(το)* bursting. *(δέρματος)* chap. *(ελαστικού)* blowout

σκασμένος *επίθ* burst. *(ελαστικό)* flat

σκασμός *(ο)* **~!** shut up!

σκατό *(το)* shit

σκάφη *(η) (μπουγάδας)* washtub. *(πότισμα ζώων)* trough

σκάφος *(το)* craft άκλ. *(κύτος πλοίου)* hull. *(πλοίο)* vessel, ship

σκάψιμο *(το)* digging

σκεβρώνω *ρ μτβ/ρ αμτβ* warp. *(καμπουριάζω)* bend

σκέλεθρο *(το)* skeleton

σκελετός *(ο)* skeleton. *(γυαλιών)* frame. *(κτιρίου)* shell. *(τεχνικού έργου)* framework

σκελετώδης *επίθ* skeletal

σκελίδα *(η)* clove of garlic

σκέλος *(το)* leg

σκεπάζω *ρ μτβ* cover. *(παιδί)* tuck in (bed). *(συγκαλύπτω)* cover up. *(χιόνι)* blanket

σκεπή *(η)* roof

σκεπτικ|ιστής *(ο)*, **~ίστρια** *(η)* sceptic

σκεπτικό|ς *επίθ* thoughtful. **~** *(το)* grounds *(for decision)*

σκέπτομαι *ρ αμτβ βλ* **σκέφτομαι**

σκέρτσο *(το)* flirtation

σκέτ|ος *επίθ* unmixed. *(καφές)* black. *(οινοπνευματώδες)* neat. *(ποτό)* straight. **~α** *επίρρ* straight. **νέτα ~α** point blank

σκεύος *(το)* utensil

σκευοφόρος *(η)* luggage van

σκευωρία *(η)* machination

σκεφτικός *επίθ* thoughtful

σκέφτομαι *ρ μτβ/ρ αμτβ* think (about, of). *(επινοώ)* think up. *(έχω στο νου)* have in mind. *(λαμβάνω υπόψη)* consider. *(προσεκτικά)* think over. *(συλλογίζομαι)* reflect. *(στοχάζομαι)* contemplate

σκέψη *(η)* thought. *(διαλογισμός)* deliberation. *(συλλογισμός)* reflection. *(φροντίδα)* consideration

σκηνή *(η) (θέατρ)* stage. *(ιερή, των Εβραίων)* tabernacle. *(καβγάς)* scene. *(κίνηματ)* scene, take. **~ές** *(οι) (ταινίας)* trailer

σκηνικ|ός *επίθ* scenic. **~ό** *(το) (θέατρ)* set. **~ά** *(τα) (θέατρ)* scenery

σκηνογράφος *(ο, η) (θέατρ)* designer.

σκηνοθεσία (η) (θέατρ) direction.

σκηνοθέτης (ο), **~ρια** (η) (θέατρ) director.

σκήπτρο (το) sceptre

σκι (το) άκλ ski. (θαλάσσιο) water-ski

σκιά (η) shadow. (δέντρου) shade. (ματιών) eye shadow

σκιαγραφώ ρ μτβ outline. (σκιτσάρω) sketch out

σκιάζω ρ μτβ shade

σκιάχτρο (το) scarecrow

σκιερός επίθ shady, shadowy

σκίζω ρ μτβ tear. (βίαια) rip. (χωρίζω σε δύο) split

σκίουρος (ο) squirrel

σκίσιμο (το) tear. (μεγάλο) rip. (χωρισμός σε δύο) split

σκίτσο (το) sketch

σκλαβιά (η) slavery

σκλάβ|ος (ο), **~α** (η) slave

σκλαβώνω ρ μτβ enslave. (γοητεύω) enrapture

σκληραγωγώ ρ μτβ toughen (to hardship)

σκληραίνω ρ μτβ/ρ αμτβ harden. (μεταφ) stiffen

σκληρός επίθ unkind. (κρέας) tough. (όχι μαλακός) hard. (που δεν κάμπτεται) stiff. (στη συμπεριφορά) cruel. (συνθήκες) harsh. **~δίσκος** (ο) (Η.Υ.) hard disk

σκληρότητα (η) unkindness. (απονιά) cruelty. (έλλειψη ελαστικότητας) hardness. (κρέατος) toughness. (συμπεριφοράς) harshness

σκνίπα (η) gnat

σκοινί (το) rope. (για δέσιμο) tether. (για ρούχα) clothes line.

σκόνη (η) powder. (κονιορτός) dust. (πλυσίματος) washing powder

σκονισμένος επίθ dusty

σκοντάφτω ρ αμτβ trip up

σκοπευτήριο (το) rifle range

σκοπευτής (ο) marksman

σκοπεύω ρ μτβ aim. (έχω στο νου) intend, have in mind

σκοπιά (η) lookout post. (μεταφ) point of view

σκόπιμος επίθ expedient. (προμελετημένος) deliberate

σκοπός (ο) aim. (επιδίωξη) purpose. (μουσικός) tune. (πρόθεση) goal. (στρ) sentry. (φρουρός) lookout

σκορβούτο (το) scurvy

σκορδαλιά (η) garlic sauce

σκόρδο (το) garlic

σκόρος (ο) (clothes) moth

σκοροφαγωμένος επίθ moth-eaten

σκορπίζω ρ μτβ scatter. (απλώνω) strew. (πλήθος) disperse. (μεταφ) throw around. • ρ αμτβ (διαλύομαι) disintegrate

σκορπιός (ο) scorpion. **Σ~** (ο) (αστρ) Scorpio

σκόρπιος επίθ loose

σκορπώ ρ μτβ βλ **σκορπίζω**

σκοτάδι (το) darkness, dark

σκοτεινιάζ|ω ρ μτβ/ρ αμτβ darken. (ουρανός) become overcast. **~ει** it's getting dark

σκοτειν|ός επίθ dark. (ζοφερός) murky. (μελαγχολικός) gloomy. (σκυθρωπός) sullen. (ύπουλος) sinister. **~ά** (τα) dark

Σκοτία (η) Scotland

σκοτί|ζω ρ μτβ bother. (αμερ) bug. **~ζομαι** ρ αμτβ bother. **~στηκα!** I couldn't care less

σκοτούρα (η) worry

σκοτσέζικος επίθ Scottish

σκότωμα (το) killing

σκοτωμός (ο) killing. (εξαντλητική δουλειά) fag. (συνωστισμός) scramble

σκοτών|ω ρ μτβ kill. **~ομαι** ρ αμτβ kill o.s. (δείχνω ζήλο) bend over backwards

σκούζω ρ αμτβ hoot

σκουλαρίκι (το) earring

σκουλήκι (το) worm. (εντόμων) larva. (σε νεκρή ύλη) maggot

σκουμπρί (το) mackerel ἀκλ

σκούνα (η) schooner

σκουντώ ρ μτβ prod. (με τον αγκώνα) nudge

σκούξιμο (το) hoot

σκουντουφλώ ρ αμτβ trip over. (παραπατώ) stumble

σκούπα (η) broom, brush. (ηλεκτρική) vacuum, hoover

σκουπίδι (το) rubbish

σκουπιδιάρης (ο) dustman

σκουπιδοτενεκές (ο) dustbin

σκουπίζω ρ μτβ sweep. (με ηλεκτρική σκούπα) vacuum clean. (με πετσέτα) wipe

σκουριά (η) rust

σκουριάζω ρ μτβ/ρ αμτβ rust

σκούρ|ος επίθ dark. (ρούχα) sombre

σκούφια (η) bonnet

σκούφος (ο) cap. (στο πάνω μέρος του κεφαλιού) skullcap

σκύβαλο (το) sifting. (σκουπίδια) refuse

σκύβω ρ μτβ/ρ αμτβ stoop, bend. (προς τα εμπρός) lean forward/over

σκυθρωπός επίθ sullen, glum.

σκύλα (η) bitch

σκυλί (το) dog. **~σιος** επίθ canine

σκυλιάζω ρ αμτβ see red

σκυλόδοντο (το) canine tooth

σκυλοδρομία (η) dog racing

σκυλοκαβγάς (ο) dogfight

σκύλος (ο) dog

σκυλόψαρο (το) dogfish

σκύμνος (ο) cub

σκυρόδεμα (το) concrete

σκυτάλη (η) (αθλ) baton

σκυταλοδρομία (η) relay (race)

σκύψιμο (το) stoop

σκωληκοειδ|ής επίθ wormlike. **~ής απόφυση** (η) appendix. **~ίτιδα** (η) appendicitis

Σλάβ|ος (ο), **~α** (η) Slav

σλόγκαν (το) ἀκλ slogan

σμάλτο (το) enamel. (σε κεραμικά) glaze

σμαλτώνω ρ μτβ enamel. (κεραμικά) glaze

σμαράγδι (το) emerald

σμέουρο (το) raspberry

σμηναγός (ο) flight lieutenant

σμήναρχος (ο) group captain

σμήνος (το) swarm

σμίγω ρ μτβ mingle. (συναντιέμαι) meet

σμίκρυνση (η) reduction in size

σμίλη (η) chisel

σμόκιν (το) ἀκλ dinner jacket, (αμερ) tuxedo

σμύρη (η) emery

σμυριδόχαρτο *(το)* emery board

σμύρνα *(η)* myrrh

σνομπ *επίθ άκλ* snobbish. **~** *(ο)* snob. **~ισμός** *(ο)* snobbery

σοβαρ|ός *επίθ* serious. *(αξιοπρεπής)* solemn. *(αρρώστια)* severe. *(ατύχημα)* bad. *(εμπνέει φόβους)* grave. **~ά** *επίρρ* seriously

σοβαρότητα *(η)* seriousness. *(αξιοπρέπεια)* solemnity. *(βαρύτητα)* severity

σοβάς *(ο)* plaster *(for walls)*

σοβατίζω *ρ μτβ* plaster

σοβιετικός *επίθ* Soviet

σοβινισ|μός *(ο)* chauvinism. **~τικός** *επίθ* chauvinistic

σόγια *(η)* soya bean

σόδα *(η)* soda water

σοδειά *(η)* crop

σόι *(το)* folks, family. *(είδος)* kind

σοκ *(το) άκλ* shock

σοκάκι *(το)* alley

σόκιν *επίθ άκλ* risqué

σοκολάτα *(η)* chocolate

σόλα *(η)* sole *(of shoe)*

σόλο *(το) άκλ (μουσ)* solo

σολομός *(ο)* salmon *άκλ*

σόμπα *(η)* stove

σονάτα *(η)* sonata

σονέτο *(το)* sonnet

σοπράνο *(η) άκλ* soprano

σορός *(η)* coffin

σορτσάκια *(τα)* shorts

σοσιαλ|ιστής *(ο)*, **~ίστρια** *(η)* socialist

σου *αντων* you, your, yours

σούβλα *(η)* spit. *(μαγ) large pieces of meat cooked on a skewer over charcoal*

σουβλάκι *(το)* kebab

σουβλερός *επίθ* sharp *(pain)*

σουβλί *(το) (small)* skewer

σουβλιά *(η)* stab *(sensation)*. *(πόνου)* twinge

σουγιάς *(ο)* penknife. *(με ελατήριο)* flick-knife

Σουηδία *(η)* Sweden

σουηδικός *επίθ* Swedish

Σουηδ|ός *(ο)*, **~έζα** *(η)* Swede

σουλατσάρω *ρ αμτβ* stroll, saunter

σουλάτσο *(το)* stroll

σουλτανίνα *(η) (σταφίδα)* sultana

σουλτάνος *(ο)* sultan

σουξέ *(το) άκλ* hit *(song)*

σούπα *(η)* soup

σουπιά *(η)* cuttlefish

σουπιέρα *(η)* tureen

σουπλά *(το) άκλ* place mat

σουρεαλισμός *(ο)* surrealism

σουρεαλ|ιστής *(ο)*, **~ίστρια** *(η)* surrealist

σούρουπο *(το)* dusk

σουρώνω *ρ μτβ* strain, sieve. *(ύφασμα)* gather. • *ρ αμτβ* shrink

σουρωτήρι *(το)* strainer. *(για λαχανικά)* colander

σουσάμι *(το)* sesame

σούστα *(η) (διπλό κουμπί)* press-stud. *(ελατήριο)* spring. *(λαϊκός χορός)* type of folk dance

σουτιέν *(το) άκλ* bra

σουφρώνω *ρ μτβ* shrink. *(χείλια)* purse. *(μεταφ)* lift, steal

σοφία (η) wisdom

σοφίζομαι ρ αμτβ think up

σοφίτα (η) attic

σοφός επίθ wise, scholarly

σπάγκος (ο) string

σπαζοκεφαλιά (η) teaser

σπάζω ρ μτβ/ρ αμτβ break. (καρύδι) crack. (πόδι, χέρι) fracture. (σε κομμάτια) snap. (συντρίβω) smash

σπαθί (το) sword. (χαρτιά) club

σπάλα (η) (μαγ) shoulder

σπανάκι (το) spinach

σπανοκόπιτα (η) spinach pie

σπάνιος επίθ rare. (εκλεκτός) exceptional. (λιγοστός) scarce

σπανιότητα (η) rarity

σπαράγγι (το) asparagus

σπαραγμός (ο) heartbreak

σπαράζω ρ μτβ tear up. • ρ αμτβ writhe

σπαραχτικός επίθ heart-rending

σπάργανο (το) swaddling cloth

σπαρταρώ ρ αμτβ wriggle

σπαρτό (το) crop

σπασίκλας (ο) swot

σπάσιμο (το) breakage. (κάταγμα) fracture. (κήλη) rupture. (στο διάβασμα) swot

σπασμένος επίθ broken. (με κάταγμα) fractured

σπασμός (ο) convulsion, spasm. (παροξυσμός) fit

σπατάλη (η) waste. (χρημάτων) extravagance

σπάταλος επίθ wasteful. (σε δαπάνη) extravagant

σπαταλώ ρ μτβ waste. (μεταφ) dissipate

σπάτουλα (η) spatula. (τάρτας) (cake) slice

σπείρα (η) coil. (κακοποιών) gang

σπείρωμα (το) coil. (βίδας) thread

σπέρμα (το) sperm. (ανθρώπινο) semen. (των φυτών) seed

σπέρνω ρ μτβ sow

σπηλιά (η) cave. (μεγάλη) cavern. (μικρή) grotto

σπίθα (η) spark

σπιθαμή (η) span

σπινθήρας (ο) spark

σπινθηροβολώ ρ αμτβ sparkle. (κοσμήματα) glitter

σπίνος (ο) finch

σπιρούνι (το) spur

σπίρτο (το) (safety) match

σπιρτοκούτι (το) matchbox. (αλκοόλη) spirit

σπιρτόζος επίθ witty

σπιτάκι (το) small house. (σκύλου) kennel

σπίτι (το) home

σπιτικό (το) household

σπιτονοικοκυρά (η) landlady

σπιτονοικοκύρης (ο) landlord

σπλάχνα (τα) bowels

σπλαχνικός επίθ compassionate

σπλήνα (η) spleen

σπογγώδης επίθ spongy

σπονδυλικ|ός επίθ spinal. **~ή στήλη** (η) spine. (μεταφ) backbone

σπόνδυλος (ο) vertebra

σπόνσορας (ο) sponsor

σπόντα (η) dig, remark

σπορ (*το*) *άκλ* sport

σπορά (*η*) sowing. (*μεταφ*) offspring

Σποράδες (*οι*) Sporades (*islands in the Aegean*)

σποραδικός *επίθ* sporadic

σποριάζω *ρ αμτβ* go to seed

σπόρος (*ο*) seed

σπουδάζω *ρ μτβ/ρ αμτβ* study

σπουδαίος *επίθ* important

σπουδασμένος *επίθ* educated

σπουδ|αστής (*η*), **~άστρια** (*η*) student

σπουδή (*η*) (*βιασύνη*) haste. (*μελέτη*) study

σπουργίτι (*το*) sparrow

σπρωξιά (*η*) push

σπρώξιμο (*το*) push. (*με βία*) shove

σπρώχνω *ρ μτβ* push. (*απότομα*) thrust. (*με βία*) shove. (*παρακινώ*) drive. (*πλήθη*) jostle

σπυράκι (*το*) pimple

σπυρί (*το*) spot (*pimple*). (*σπόρος*) seed

στάβλος (*ο*) stable

σταγόνα (*η*) drop

σταγονόμετρο (*το*) dropper

σταδιακός *επίθ* gradual

στάδιο (*το*) stage. (*για αθλητικούς αγώνες*) stadium

σταδιοδρομία (*η*) career

στάζω *ρ μτβ/ρ αμτβ* drop. (*ιδρώτας*) drip. (*τρέχω*) trickle

σταθεροποιώ *ρ μτβ* stabilize

σταθερός *επίθ* steady. (*αμετάβλητος*) consistent. (*απόψεις*) firm. (*θερμοκρασία*) stable. (*πιστός*) constant

σταθμά (*τα*) weights

σταθμάρχης (*ο*) stationmaster

στάθμευση (*η*) parking

σταθμεύω *ρ αμτβ* park

στάθμη (*η*) spirit level

σταθμός (*ο*) station. (*αμερ*) depot. (*μεταφ*) landmark

στάλα (*η*) drop

σταλαγμίτης (*ο*) stalagmite

σταλακτίτης (*ο*) stalactite

σταλιά (*η*) drop. (*ποσότητα*) a little

σταμάτημα (*το*) stop. (*διακοπή*) halt

σταματ|ώ *ρ μτβ/ρ αμτβ* stop. (*διακόπτω*) halt. (*παύω να λειτουργώ*) come to a standstill. (*στιγμιαία*) pause

στάμνα (*η*) large jug

στάνη (*η*) sheepfold

στανιό (*το*) force

στάξιμο (*το*) dripping

στάση (*η*) (*διακοπή λειτουργίας*) stoppage. (*εξέγερση*) riot. (*εργασίας*) walk-out. (*θέση σώματος*) posture. (*λεωφορείου*) stop. (*συμπεριφορά*) attitude. (*φέρσιμο*) manner

στασιάζω *ρ αμτβ* mutiny

στασίδι (*το*) pew

στάσιμος *επίθ* stationary. (*νερό*) stagnant. (*υπάλληλος*) unfit for promotion

στατικ|ή (*η*) statics. **~ός** *επίθ* static

στατιστική (*η*) statistics

σταυροδρόμι (*το*) crossroads

σταυροκοπιέμαι *ρ αμτβ* (*εκκλ*) cross oneself

σταυρόλεξο (*το*) crossword

σταυρός (*ο*) cross

σταυροφορία (η) crusade

σταυρώνω ρ μτβ cross. (θανατώνω) crucify. (τα χέρια) fold

σταύρωση (η) crucifixion

σταυρωτός επίθ crisscross. (σακάκι) double-breasted. **~ά** επίρρ across

σταφίδα (η) raisin. **κορινθιακή ~** currant

σταφιδιάζω ρ αμτβ dry up. (μεταφ) wrinkle up

σταφύλι (το) grape

στάχτη (η) ash

σταχτής επίθ ashen

σταχτοδοχείο (το) ashtray

στεγάζω ρ μτβ cover with a roof. (προσφέρω στέγη) house

στεγανός επίθ sealed. (από νερό) watertight

στέγαση (η) housing

στέγη (η) roof. (κατάλυμα) shelter. **~ από άχυρο** thatch

στεγνοκαθαρίζω ρ μτβ dry-clean

στεγνοκαθαριστήριο (το) dry-cleaner's

στεγνός επίθ dry

στεγνώνω ρ μτβ/ρ αμτβ dry. (από δίψα) be parched

στείρος επίθ barren, infertile

στείρωση (η) sterilization

στέκα (η) (billiards) cue

στέκι (το) haunt, joint

στέκομαι ρ stand. (συμπαραστέκομαι) stand by, support

στέκω ρ αμτβ βλ **στέκομαι**

στέλεχος (το) stem. (απόδειξης) counterfoil. (βιολ) strain.

(διπλότυπου βιβλίου) stub. (επιχείρησης) executive

στέλνω ρ μτβ send. (εμπορεύματα) ship. **~email** email. **~μήνυμα** (SMS) text

στέμμα (το) crown

στεναγμός (ο) sigh

στενεύω ρ μτβ narrow. (ρούχα) take in. • ρ αμτβ be tight

στενό (το) (mountain) pass. (σε θάλασσες) strait

στενογραφία (η) shorthand

στενοκέφαλος επίθ narrow-minded

στενός επίθ narrow. (ρούχα) tight. (σχέση) intimate. (φίλος) close

στενοχωρεμένος επίθ worried. (οικονομικά) hard up

στενοχώρια (η) worry. (δυσχέρεια) bother. (θλίψη) distress. (οικονομική) difficulty

στενόχωρος επίθ confined. (που δυσφορεί) impatient. (προκαλεί δυσφορία) uneasy

στενοχωρώ ρ μτβ distress. (προκαλώ θλίψη) grieve. **~ιέμαι** ρ αμτβ worry. (λυπούμαι) fret

στερεοποιώ ρ μτβ solidify

στερεός επίθ solid

στερεότυπος επίθ stereotyped

στερεωμένος επίθ secure (fixed)

στερεώνω ρ μτβ fix. (παράθυρο, σύρτη) fasten. (κάνω σταθερό) secure. (μεταφ) cement

στέρηση (η) deprivation. (ταλαιπωρία) hardship

στεριά (η) land

στερλίνα (η) sterling

στερνός επίθ last

στερ|ώ *ρ μτβ* deprive. **~ούμαι**
ρ αμτβ lack

στεφάνη *(η)* hoop

στεφάνι *(το)* wreath

στέφανα *(τα)* wedding crowns

στέφω *ρ μτβ* crown. *(σε γάμο)*
marry

στέψη *(η)* coronation

στηθόδεσμος *(ο)* brassiere

στήθος *(το)* chest. *(γυναίκας)*
bust. *(μαστός)* breast

στηθοσκόπιο *(το)* stethoscope

στήλη *(η)* column. *(αρχιτ)* pillar

στημέν|ος *επίθ* made-up. **~η
δουλειά** *(η)* put-up job

στήνω *ρ μτβ* stand. *(καβγά)*
pick. *(παγίδα)* lay. *(σκηνή)* pitch

στήριγμα *(το)* support. *(ποδιού)*
foothold. *(στύλωμα)* brace.
(τοίχου) buttress. *(μεταφ)*
mainstay

στηρίζ|ω *ρ μτβ* prop. *(ελπίδες)*
pin. *(θεμελιώνω)* base.
(στυλώνω) brace. *(υποβαστάζω)*
support. **~ομαι** *ρ αμτβ* lean
(up) on. **~ομαι σε** rely on,
depend on

στήριξη *(η)* support. *(ελπίδων)*
pinning. *(θεμελίωση)* reliance

στιβάδα *(η)* stack. *(χιονιού)*
drift

στίβ|ος *(ο)* track *(sport)*.
αγώνες ~υ *(οι)* field events

στίγμα *(το)* stigma. *(ηθικό)* slur,
stigma. *(σημάδι)* fleck

στιγματίζω *ρ μτβ* stigmatize.
(υπόληψη) brand

στιγμή *(η)* instant. *(μονάδα
χρόνου)* moment. *(τελεία)* dot

στιγμιαίος *επίθ* momentary.
(ρόφημα) instant

στιγμιότυπο *(το)* snapshot

στιλ *(το)* άκλ style

στιλβωτής *(ο)* polisher

στιλβώνω *ρ μτβ* polish.
(παπούτσια) shine

στιλέτο *(το)* stiletto

στιλίστας *(ο)* stylist

στιλπνός *επίθ* sleek

στίξη *(η)* punctuation

στιφάδο *(το)* meat and onion
stew

στίχ|ος *(ο)* verse *(line)*. **~ι**
(τραγουδιού) lyrics

στοά *(η)* portico.
(καταστημάτων) arcade.
(τεκτονική) (masonic) lodge

στοίβα *(η)* pile, stack

στοιβάζω *ρ μτβ* pile.
(στρυμώχνω) pack

στοιχείο *(το)* element. *(αρχή)*
rudiment. *(δεδομένο)* data.
(ηλεκτρ) cell. *(λεπτομέρεια)*
detail. *(τυπογραφικό)* type

στοιχειό *(το)* spirit

στοιχειοθεσία *(η)* typesetting

στοιχειώδης *επίθ* elementary.
(θεμελιώδης) rudimentary

στοιχειωμένος *επίθ* haunted

στοιχειώνω *ρ μτβ* haunt. • *ρ
αμτβ* become haunted

στοίχημα *(το)* bet. *(με λεφτά)*
wager

στοιχηματίζω *ρ μτβ/ρ αμτβ* bet,
wager

στοιχίζω *ρ αμτβ* cost

στοίχος *(ο)* file, row

στόκος *(ο)* putty

στολή *(η)* uniform

στολίδι *(το)* ornament

στολίζω *ρ μτβ* decorate.
(εξωραΐζω) embellish.

(*καλλωπίζω*) adorn. (*μεταφ*) tick off

στολισμός (*ο*) adornment

στόλος (*ο*) fleet

στόμα (*το*) mouth

στομάχι (*το*) stomach

στομαχόπονος (*ο*) stomachache

στόμιο (*το*) opening. (*αερισμού*) vent. (*αντλίας*) spout. (*σωλήνα*) nozzle. (*υδρολημψίας*) hydrant

στόμφος (*ο*) pomposity

στορ (*το*) *άκλ* roller blind

στοργή (*η*) affection

στόρι (*το*) venetian blind

στούντιο (*το*) *άκλ* studio

στουπί (*το*) oakum. ~ **στο μεθύσι** blind drunk

στοχάζομαι *ρ αμτβ* reflect

στοχασμός (*ο*) reflection

στόχαστρο (*το*) viewfinder

στόχος (*ο*) target. (*σκοπός*) aim

στραβισμός (*ο*) squinting

στραβοκοιτάζω *ρ μτβ* glower

στραβολαιμιάζω *ρ αμτβ* get a stiff neck

στραβομάρα (*η*) blindness

στραβόξυλο (*το*) peevish person

στραβοπατώ *ρ αμτβ* miss one's footing. (*μεταφ*) take a false step

στραβοπόδης *επίθ* bandy-legged

στραβ|ός *επιρρ* (*λοξός*) askew. (*όχι ίσιος*) crooked. (*τυφλός*) blind. (*μεταφ*) wrong. ~**ά** *επιρρ* askew. (*όχι σωστά*) amiss

στραβώνω *ρ μτβ* twist. (*θαμπώνω*) dazzle. (*το*

πρόσωπο) screw up. (*τυφλώνω*) blind

στραγγαλίζω *ρ μτβ* strangle. ~**ιστής** (*ο*) ~**ίστρια** (*η*) strangler

στραγγίζω *ρ μτβ* drain

στραγγιστήρι (*το*) strainer. (*για λαχανικά*) colander. (*για πιάτα*) draining board

στραμπουλίζω *ρ μτβ* sprain

στρατάρχης (*ο*) field marshal

στράτευμα (*το*) army

στρατεύομαι *ρ αμτβ* enlist

στρατήγημα (*το*) stratagem

στρατηγικ|ή (*η*) strategy. ~**ός** *επίθ* strategic

στρατηγός (*ο*) general

στρατιώτης (*ο*) soldier. (*του ιππικού*) trooper

στρατιωτικ|ός *επίθ* military. ~ (*το*) military service

στρατοδικείο (*το*) court martial

στρατολογία (*η*) recruitment. (*για θητεία*) conscription

στρατολογώ *ρ μτβ* recruit. (*αμερ*) draft. (*για θητεία*) conscript. (*στο στρατό*) enlist

στρατόπεδο (*το*) camp

στρατός (*ο*) army

στρατώνας (*ο*) barracks

στρατωνίζω *ρ μτβ* billet

στρεβλώνω *ρ μτβ* contort

στρείδι (*το*) oyster

στρέμμα (*το*) area equal to 1000² metres

στρέφ|ω *ρ μτβ* direct (*attention*). ~**ω εναντίον** turn against. ~**ομαι** *ρ μτβ* (*για βοήθεια*) turn to. ~**ομαι εναντίον** turn on (*attack*). • *ρ αμτβ* turn round

στρίβω ρ μτβ wring. (νήμα) twine. (περιστρέφω) twist. • ρ αμτβ turn. (φεύγω γρήγορα) shove off

στρίγκλα (η) shrew (woman)

στριγκλιά (η) shriek

στριγκλίζω ρ αμτβ shriek

στριγκός επίθ shrill

στριμμένος επίθ twisted

στριμώχνω|ω ρ μτβ pack, cram, jam. (μεταξύ δύο επιφανειών) sandwich. (μεταφ) corner. **~ομαι** ρ αμτβ crowd

στρίποδο (το) trestle

στριφογυρίζω ρ μτβ turn round. • ρ αμτβ wriggle. (στο κρεβάτι) toss and turn

στρίφωμα (το) hem

στροβιλίζ|ω ρ μτβ spin. **~ομαι** ρ αμτβ whirl

στρόβιλος (ο) swirl. (σε νερό) eddy

στρογγυλεύω ρ μτβ make round. (τιμή) round off. • ρ αμτβ fill out

στρογγυλός επίθ round

στρουθοκάμηλος (ο) ostrich

στρουμπουλός επίθ chubby. (γυναίκα) buxom

στρόφαλος (ο) crank

στροφείο (το) swivel

στροφή (η) turn. (αυτοκ) rev. (δρόμου) bend. (ποίηση) verse, stanza

στρόφιγγα (η) stopcock

στρυφνός επίθ sour

στρυχνίνη (η) strychnine

στρώμα (το) layer. (ατμόσφαιρας) stratum. (επίστρωση) coating. (κρεβατιού) mattress. (μπογιάς) coat. (πάγου) sheet. (σκόνης) film

στρώνω ρ μτβ spread. (κρεβάτι) make. (όχημα) run in. (στην επιφάνεια) surface. (τραπέζι) lay. • ρ αμτβ settle down

στρωσίδι (το) bedcover. **~α** (τα) bedclothes

στρωτός επίθ smooth. (χωρίς ανωμαλίες) even

στύβω ρ μτβ squeeze

στυγερός επίθ heinous

στυλό (το) fountain pen

στυλοβάτης (ο) prop. (μεταφ) mainstay

στυπόχαρτο (το) blotting paper

στυπτικός επίθ astringent

στύση (η) erection

στυφός επίθ sour. (γεύση) acrid

στωικός επίθ stoical

συ αντων you, βλ **εσύ**

συγγένεια (η) relationship, blood tie. (σχέση) affinity

συγγενεύω ρ αμτβ be related

συγγενής επίθ akin. (εκ γενετής) congenital. **~** (ο) relative

συγ(γ)νώμη (η) apology. **συγνώμη!** sorry!

συγγραφέας (ο, η) writer, author

συγκαλύπτω ρ μτβ gloss over. (αποκρύβω) hush up

συγκαλώ ρ μτβ convene

συγκατάβαση (η) condescension

συγκαταβατικός επίθ condescending

συγκατάθεση (η) consent

συγκαταλέγω ρ μτβ number, include

συγκατανεύω ρ αμτβ acquiesce

συγκατοικώ ρ μτβ share house with

συγκεκριμέν|ος επίθ particular. (πρόταση) concrete. (ιδιαίτερος) specific. **~α** επίρρ specifically, particularly

συγκεντρών|ω ρ μτβ gather. (θάρρος) summon up. (προσοχή) focus. (συναθροίζω άτομα) assemble. (ψήφους) poll. **~ομαι** ρ μτβ concentrate. (σε ομάδα) cluster

συγκέντρωση (η) gathering. (διανοητική) concentration. (κυνηγών) meet. (παλιών φίλων) reunion

συγκεχυμένος επίθ vague. (ιδέες) woolly. (υπερδεμένος) confused

συγκίνηση (η) emotion. (διέγερση) excitement

συγκινητικός επίθ moving, emotional. (σκηνή) touching

συγκινώ ρ μτβ move, touch. (διεγείρω) excite

σύγκλητος (η) (πανεπ) senate

συγκλίνω ρ αμτβ converge

συγκλονίζω ρ μτβ shake, shock

συγκοινωνία (η) communication. (μέσα μεταφοράς) transport

συγκολλώ ρ μτβ weld. (με λιωμένο μέταλλο) solder

συγκομιδή (η) harvest crop

συγκοπή (η) syncopation

συγκράτηση (η) restraint

συγκρατ|ώ ρ μτβ hold. (δεν αφήνω να εκδηλωθεί) restrain. (ενισχύω) bear. (κρατώ) keep back. **~ιέμαι** ρ αμτβ contain o.s.

συγκρίνω ρ μτβ compare

σύγκριση (η) comparison

συγκριτικός επίθ comparative

συγκρότημα (το) complex. (ανθρώπων) group

συγκρότηση (η) formation

συγκροτώ ρ μτβ form

συγκρούομαι αμτβ clash. (βρίσκομαι σε αντίθεση) conflict. (πέφτω με δύναμη) collide

σύγκρουση (η) clash. (αυτοκ) crash, collision

συγυρίζω ρ μτβ tidy (up)

συγχαίρω ρ μτβ congratulate

συγχαρητήρια (τα) congratulations

συγχρονίζω ρ μτβ synchronize

σύγχρονος επίθ up-to-date. (ίδιας περιόδου) contemporary. (ταυτόχρονος) simultaneous

συγχύζω ρ μτβ confuse. (φέρνω σε αμηχανία) bewilder. (ψυχικά ταραχή) disturb

σύγχυση (η) confusion. (αμηχανία) bewilderment. (μπέρδεμα) muddle. (ταραχή) disturbance

συγχωνεύω ρ μτβ amalgamate. (εμπορ) merge

συγχώρεση (η) forgiveness

συγχωρ|ώ ρ μτβ pardon, forgive. **με ~είτε!** I beg your pardon!

συζήτηση (η) discussion. (αντιλογία) argument. (δημόσια) debate

συζητώ ρ μτβ discuss. (ανταλλάσσω σκέψεις) talk

over. (*δημόσια*) debate.
(*λογομαχώ*) argue

συζυγικός *επίθ* conjugal,
matrimonial

σύζυγος (*o, η*) spouse. **~** (*η*)
wife. **~** (*o*) husband

συζώ *ρ αμτβ* cohabit

συκιά (*η*) fig tree

σύκο (*το*) fig

συκοφάντ|ης (*o*), **~ρια** (*η*)
slanderer

συκοφαντ|ία (*η*) slander. **~ώ** *ρ*
μτβ slander

συκωτάκια (*τα*) (*πουλιού*)
giblets

συκώτι (*το*) liver

συλλαβή (*η*) syllable

συλλαβίζω *ρ μτβ* spell out.
(*διαβάζω*) read with difficulty.
(*διαχωρίζω*) separate into
syllables

συλλαμβάνω *ρ μτβ* capture.
(*εγκληματία*) arrest. • *ρ αμτβ*
(*γυναίκα*) conceive. (*σκέψη*)
grasp

συλλέκτης (*o*) collector

σύλληψη (*η*) capture, arrest.
(*για γυναίκα*) conception

συλλογή (*η*) collection. (*σκέψη*)
contemplation

συλλογίζομαι *ρ μτβ/ρ αμτβ*
ponder. (*λογαριάζω*) consider.
(*σκέφτομαι*) contemplate

συλλογικός *επίθ* collective

συλλογισμένος *επίθ*
thoughtful. (*απασχολημένος*)
preoccupied

συλλογισμός (*o*) reasoning

σύλλογος (*o*) association, body

συλλυπητήρια (*τα*)
condolences

συλφίδα (*η*) sylph

συμβαδίζω *ρ αμτβ* be in step
(with)

συμβαίν|ω *ρ αμτβ* occur,
happen. • *απρόσ* happen. **τι**
~ει; what is the matter?

συμβάν (*το*) occurrence

σύμβαση (*η*) contract

συμβατικός *επίθ* conventional

συμβατός *επίθ* compatible

συμβία (*η*) wife

συμβιβάζ|ω *ρ μτβ* reconcile.
~ομαι *ρ αμτβ* reconcile o.s.

συμβιβασμός (*o*)
reconciliation. (*μετριασμός*)
compromise

συμβίωση (*η*) co-existence

συμβόλαιο (*το*) covenant

συμβολαιογράφος (*o*) notary

συμβολή (*η*) contribution

συμβολίζω *ρ μτβ* symbolize.
(*ιδέας*) stand for

συμβολικός *επίθ* symbolic(al)

σύμβολο (*το*) symbol

συμβουλεύ|ω *ρ μτβ* advise.
~ομαι *ρ μτβ* consult

συμβουλή (*η*) advice

συμβούλιο (*το*) council. (*διοικ*)
board

σύμβουλος (*o, η*) adviser,
consultant

συμμαζεύω *ρ μτβ* gather

συμμαθητής (*o*), **~ήτρια** (*η*)
classmate

συμμαχία (*η*) alliance

σύμμαχος (*o*) ally

συμμερίζομαι *ρ μτβ* be in
sympathy with

συμμετέχω *ρ αμτβ* (*σε*)
participate (in)

συμμετοχή (η) participation. (σε αγώνα) entry

συμμέτοχος (ο) participant

συμμετρία (η) symmetry. **~ικός** επίθ symmetrical

συμμορία (η) gang

συμμορφώνω ρ μτβ force to conform. **~ομαι** ρ μτβ conform. (προσαρμόζομαι) **~ομαι με** comply with

συμπαγής επίθ compact

συμπάθεια (η) sympathy. (για πρόσωπο) liking

συμπαθητικός επίθ sympathetic. (αξιαγάπητος) likeable

συμπάθιο (το) pardon. **με το ~** with all due respect

συμπαθώ ρ μτβ sympathize. (αισθάνομαι συμπάθεια) like

συμπαίκτ|ης (ο), **~ρια** (η) (σπορ) partner

σύμπαν (το) universe

συμπατριώτ|ης (ο), **~ισσα** (η) compatriot

συμπεθεριό (το) relationship by marriage

συμπεραίνω ρ μτβ/αμτβ infer, conclude

συμπέρασμα (το) inference, conclusion

συμπεριλαμβάνω ρ μτβ include

συμπεριφέρομαι ρ αμτβ behave

συμπεριφορά (η) behaviour. (διαγωγή) conduct

συμπίεση (η) compression

συμπίπτω ρ αμτβ coincide. (αριθμοί) agree

σύμπλεγμα (το) complex

συμπλέκ|ω ρ μτβ interlace. **~ομαι με** ρ αμτβ come to blows with

συμπλέκτης (ο) (αυτοκ) clutch

συμπλήρωμα (το) complement. (βιβλίου) supplement

συμπληρωματικός επίθ complementary. (επιπρόσθετος) supplementary

συμπληρώνω ρ μτβ complement. (γεμίζω τα κενά) replenish. (έντυπο) fill in. (προσθέτω) supplement

συμπλήρωση (η) completion

συμπλοκή (η) scuffle. (ανάμεσα σε στρατούς) encounter

σύμπνοια (η) concord

συμπολίτης (ο), **~ισσα** (η) fellow citizen

συμπονώ ρ μτβ have compassion for

συμπόσιο (το) banquet. (επιστημονικό) symposium

σύμπραξη (η) joint action

σύμπτωμα (το) symptom

σύμπτωση (η) coincidence

συμπυκνώνω ρ μτβ condense

συμφέρον (το) interest (advantage). (εμπορ) stake

συμφεροντολόγος επίθ calculating

συμφέρω ρ αμτβ be to one's advantage

συμφιλιών|ω ρ μτβ reconcile. **~ομαι** ρ αμτβ make it up

συμφορά (η) calamity

συμφόρηση (η) congestion

συμφραζόμενα (τα) context

σύμφωνα επίρρ according. **~ με** in accordance with

συμφωνητικό (*το*) (written) agreement

συμφωνία (*η*) agreement. (*αμοιβαία υπόσχεση*) deal. (*μουσ*) symphony. (*όρος*) understanding. (*ταύτιση απόψεων*) accord

σύμφωνο (*το*) pact. (*γραμμ*) consonant

σύμφωνος *επίθ* agreeable. **~ με** consistent with

συμφωνώ *ρ μτβ/ρ αμτβ* agree. (*ταιριάζω*) be consistent (with). (*σύγκριση*) tally (with)

συμψηφίζω *ρ μτβ* offset

συν *προθ* with. (*μαθημ*) plus

συναγερμός (*ο*) alarm. (*συγκέντρωση*) rally

συναγρίδα (*η*) sea bream

συναγωγή (*η*) synagogue

συναγωνίζομαι *ρ αμτβ* fight together. (*ανταγωνίζομαι*) compete. (*αμιλλώμαι*) vie

συναγωνισμός (*ο*) competition

συναγων|ιστής (*ο*), **~ίστρια** (*η*) comrade

συνάδελφος (*ο, η*) colleague

συναίνεση (*η*) consensus

συναισθάνομαι *ρ αμτβ* feel (*be conscious of*)

συναίσθημα (*το*) sentiment

συναισθηματικός *επίθ* sentimental

συναίσθηση (*η*) sense, awareness

συναλλαγή (*η*) transaction

συνάλλαγμα (*το*) foreign exchange

συναλλαγματική (*η*) bill of exchange

συναλλάσσομαι *ρ μτβ* transact

συναναστρέφομαι *ρ αμτβ* mix with, keep company with

συνάντηση (*η*) meeting. (*αθλητική*) fixture. (*απροσδόκητη*) encounter

συναντώ *ρ αμτβ* meet. (*απροσδόκητα*) encounter. (*κατά τύχη*) run into, bump into

συνάπτω *ρ μβτ* (*γάμο*) contract. (*συναρμόζω*) attach. (*χρέη*) incur

συναρμολογώ *ρ μτβ* (*μηχ*) assemble

συναρπάζω *ρ μτβ* fascinate. (*καταγοητεύω*) enthral. (*προσοχή*) grip

συναρπαστικός *επίθ* thrilling, exciting

συνασπισμός (*ο*) alliance. (*κυβερνητικός*) coalition. (*πολιτ*) bloc

συναυλία (*η*) concert

συναφής *επίθ* pertinent

συνάχι (*το*) cold. (*αλλεργικό, την άνοιξη*) hay fever

συνδεδεμένος *επίθ* connected

σύνδεση (*η*) linkage. (*τηλεφωνική*) connection

σύνδεσμος (*ο*) link. (*γραμμ*) conjunction. (*ένωση*) association. (*στρ*) liaison

συνδετήρας (*ο*) fastener. (*χαρτιού*) paperclip

συνδέω *ρ μτβ* link. (*τηλέφωνο*) put through. (*τραίνα*) connect. (*χαρτιά*) clip. **~ομαι** *ρ μβτ* have a relationship. (*ερωτικά*) have an affair

συνδιάλεξη (*η*) conversation

συνδιάσκεψη (*η*) conference

συνδικάτο (*το*) trade union

συνδρομή *(η)* assistance. *(χρηματική καταβολή)* subscription

συνδρομ|ητής *(ο)*, **~ήτρια** *(η)* subscriber

σύνδρομο *(το)* syndrome

συνδυάζω *ρ μτβ* combine

συνδυασμός *(ο)* combination

συνεδριάζω *ρ αμτβ (βουλή)* sit. *(επιτροπή)* meet

συνέδριο *(το)* convention

συνείδηση *(η)* conscience. *(αντίληψη)* conscience

συνειδητός *επίθ* conscious

συνεισφέρω *ρ μτβ* contribute

συνέλευση *(η)* assembly

συνεννόηση *(η)* understanding. *(ανταλλαγή σκέψεων)* consultation

συνεννοούμαι *ρ αμτβ* arrive at an understanding. *(ανταλλάσσω απόψεις)* exchange views

συνοχή *(η)* complicity

συνένοχος *(ο, η)* accomplice

συνέντευξη *(η)* interview

συνενών|ω *ρ μτβ* join together. *(εμπ)* merge. **~ομαι** *ρ αμτβ* gang up

συνεπάγομαι *ρ μτβ* entail

συνέπεια *(η)* consequence. *(συμφωνία)* consistency

συνεπής *επίθ* consistent

σύνεργα *(τα)* kit, gear

συνεργάζομαι *ρ αμτβ* collaborate. *(με εφημερίδα)* contribute

συνεργάτ|ης *(ο)*, **~ις** *(η)* collaborator. *(επιχείρησης)* associate. *(εφημερίδας)* contributor

συνεργείο *(το)* crew. *(gang)* *(εργαστήριο)* workshop. *(εργάτες)* gang

συνέρχομαι *ρ αμτβ* convene. *(από αρρώστια)* recover. *(από πλήγμα)* get over. *(βρίσκω τις αισθήσεις)* come to

σύνεση *(η)* prudence

συνεσταλμένος *επίθ* timid

συνεταιρισμός *(ο)* partnership. *(ένωση)* co-operative

συνέταιρος *(ο)* (business) partner

συνετός *επίθ* prudent

συνεφέρνω *ρ μτβ/ρ αμτβ* revive

συνέχεια *(η)* continuation. *(ό, τι ακολουθεί)* sequel

συνεχής *επίθ* continuous. *(χωρίς διακοπή)* constant. *(διαδοχικός)* consecutive. **~ώς** *επίρρ* continuously, constantly

συνεχίζω *ρ μτβ/ρ αμτβ* continue. *(μετά από διακοπή)* resume

συνήγορος *(ο, η)* counsel, advocate. *(αμερ)* advocate

συνήθεια *(η)* habit. *(έθιμο)* custom

συνήθ|ης *επίθ* usual. *(κατά κανόνα)* customary. *(όχι έκτακτος)* ordinary. **~ως** *επίρρ* usually

συνηθίζω *ρ μτβ/αμτβ* be used to. *(εξοικειώνομαι)* get accustomed (to). *(κάνω από συνήθεια)* be in the habit (of)

συνηθισμένος *επίθ* usual. *(από συνήθεια)* habitual. *(εξοικειωμένος)* accustomed, used. *(μη εξαιρετικός)* ordinary. *(που συνηθίζεται)* customary

συνημμένος *επίθ* attached

σύνθεση (η) synthesis. (μουσ) composition. (χημ) compound

συνθέτης (ο) composer

συνθετικός επίθ synthetic

σύνθετος επίθ compound

συνθέτω ρ μτβ synthesize. (μουσ) compose

συνθήκη (η) treaty. (περίσταση) circumstance

συνθηκολογώ ρ αμτβ capitulate. (συνθήκη) conclude a treaty

σύνθημα (το) sign. (λέξη) catchword. (στρ) password. (φράση) slogan

συνθηματικός επίθ signal. (κώδικα) coded

συνθλίβω ρ μτβ crush. (ζουλώ) squash

συνίσταμαι ρ αμτβ consist of

συνιστώ ρ μτβ constitute. (συσταίνω) recommend

συννεφιά (η) cloudiness

συννεφιάζω ρ αμτβ cloud over

συννεφιασμένος επίθ cloudy. (καιρός) overcast

σύννεφο (το) cloud

συνοδεία (η) escort. (μουσ) accompaniment. (πολλοί μαζί) convoy

συνοδεύω ρ μτβ accompany. (για φρούρηση) escort. (κοπέλα) chaperon

συνοδοιπόρος (ο, η) fellow traveller. (πολιτ) sympathizer

σύνοδος (η) synod

συνοδός (ο) attendant. (αεροπ) steward, stewardess. (καβαλαρίου) escort. (νέας κοπέλας) chaperon

συνοικέσιο (το) arranged marriage

συνοικ|ία (η) quarter, district. **~ισμός** (ο) settlement

συνολικός επίθ total

σύνολο (το) whole. (άθροισμα) total. (δημοπρασία) lot

συνομήλικος επίθ contemporary (of the same age)

συνομιλ|ητής (ο), **~ήτρια** (η) interlocutor

συνομιλία (η) conversation

συνομιλώ ρ αμτβ converse

συνοπτικός επίθ concise

συνορεύω ρ αμτβ have a common border

σύνορο (το) boundary. (μεταξύ χωρών) border, frontier

συνουσία (η) copulation, fornication

συνοφρυώνομαι ρ αμτβ frown

συνοχή (η) continuity

σύνοψη (η) synopsis. (περίληψη) précis

συνταγή (η) (ιατρ) prescription. (μαγειρική) recipe

σύνταγμα (το) constitution. (στρ) regiment

συνταγματάρχης (ο) colonel

συνταγματικός επίθ constitutional

συντάκτ|ης (ο), **~ρια** (η) compiler. (δημοσιογράφος) editor

σύνταξη (η) pension. (γραμμ) syntax

συνταξιούχος επίθ retired. **~** (ο, η) pensioner

συνταράζω ρ μτβ shake, shock

συντάσσω ρ μτβ compile. (έγγραφο) draw up. (εφημερίδα) edit

συντελεστής (ο) factor. (μαθημ) co-efficient

συντελ|ώ *ρ αμτβ* be conducive (to). **~ούμαι** *ρ αμτβ* take place

συντέμνω *ρ μτβ* abbreviate

συντήρηση (*η*) preservation. (*διατροφή*) sustenance. (*μηχ*) maintenance

συντηρητικός *επίθ* conservative

συντηρώ *ρ μτβ* preserve. (*διατηρώ*) sustain. (*διατρέφω*) support, keep. (*μηχ*) maintain

σύντμηση (*η*) abbreviation

συντομεύω *ρ μτβ* shorten. (*γραπτό λόγο*) abridge

συντομία (*η*) brevity

σύντομος *επίθ* brief. (*μικρής διάρκειας*) short. **~α** *επίρρ* briefly. (*σε μικρό χρόνο*) soon

συντονίζω *ρ μτβ* co-ordinate

συντρέχω *ρ μτβ* succour

συντριβάνι (*το*) fountain

συντριβή (*η*) smash. (*θλίψη*) contrition

συντρίβω *ρ μτβ* smash. (*αεροπλάνο*) crash. (*μεταφ*) shatter

συντρίμματα (*τα*) debris

συντρίμμι (*το*) wreckage

συντριπτικός *επίθ* overwhelming

συντροφιά (*η*) companionship. (*παρέα*) company

σύντροφος (*ο, η*) mate. (*μεταξύ κομουνιστών*) comrade. (*σύζυγος*) companion

συνυπάρχω *ρ αμτβ* coexist

συνωμοσία (*η*) plot. (*εχθρική ενέργεια*) conspiracy

συνωμοτώ *ρ αμτβ* plot. (*πολιτ*) conspire

συνώνυμο|ς *επίθ* synonymous. **~** (*το*) synonym

συνωστισμός (*ο*) crush (*mass of people*)

σύξυλος *επίθ* dumbfounded

Συρία (*η*) Syria

σύριγγα (*η*) syringe

Σύριος (*η*), **~α** (*ο*) Syrian

σύρμα (*το*) wire. (*για τις κατσαρόλες*) scourer. (*καθαρίσματος*) steel wool

συρματόπλεγμα (*το*) barbed wire

σύρραξη (*η*) scuffle

συρραπτικό (*το*) (*εργαλείο*) stapler

συρρέω *ρ αμτβ* flock

συρροή (*η*) throng

συρτάκι (*το*) Greek folk dance

συρτάρι (*το*) drawer. (*ταμειακής μηχανής*) till

σύρτης (*ο*) bolt

συρτ|ός *επίθ* sliding. **~ή φωνή** (*η*) drawl. **~ός** (*ο*) circular Greek folk dance

συφερτός (*ο*) rabble

συσκέπτομαι *ρ αμτβ* confer

συσκευάζω *ρ μτβ* package. **~ασία** (*η*) packaging

συσκευή (*η*) apparatus. (*οικιακή*) appliance. (*ραδιόφωνο*, TV) set

σύσκεψη (*η*) conference. (*ανταλλαγή γνωμών*) consultation

συσκοτίζω *ρ μτβ* black out. (*κάνω ασαφές*) obscure

συσκότιση (*η*) black-out

σύσπαση (*η*) contortion

συσπειρών|ω *ρ μτβ* coil. **~ομαι** *ρ αμτβ* rally

συσσίτιο (*το*) (*στρ*) mess

σύσσωμος *επίθ* as one body

συσσωρευτικός *επίθ* cumulative. **~ής** *(ο)* (car) battery. *(ηλεκτρ)* accumulator

συσσωρεύω *ρ μτβ* accumulate. *(φυλάω)* hoard

συστάδα *(η)* clump *(of trees)*

σύσταση *(η)* *(γραπτή μαρτυρία)* reference. *(επιστολής)* registration. *(παρουσίαση)* introduction. *(συμβουλή)* recommendation. *(σύνθεση)* composition

συστατικ|ός *επίθ* component. **~ό** *(το)* ingredient

συστέλλω *ρ μτβ* contract

σύστημα *(το)* system

συστηματικός *επίθ* systematic

συστήνω *ρ μτβ* recommend. *(επιστολή)* register. *(πρόσωπα)* introduce

συστολή *(η)* contraction

συσφίγγω *ρ μτβ* tighten. *(περισφίγγω)* constrict

σύσφιξη *(η)* constriction

συσχετίζω *ρ μτβ* associate. *(καθορίζω σχέση)* correlate

σύφιλη *(η)* syphilis

συχνάζω *ρ μτβ* frequent

συχνός *επίθ* frequent. **~ά** *επίρρ* often, frequently

συχνότητα *(η)* frequency. *(επαναλήψεων)* incidence

σφαγείο *(το)* abattoir. *(καθομ)* slaughterhouse. *(μακελειό)* massacre

σφαγή *(η)* slaughter. *(ομαδική)* massacre

σφάγιο *(το)* slaughtered animal

σφαδάζω *ρ αμτβ* writhe

σφάζω *ρ μτβ* slaughter. *(κρεοπώλης)* butcher

σφαίρα *(η)* ball. *(βόλι)* bullet. *(γη)* globe. *(μεταφ)* sphere

σφαλιάρα *(η)* whack

σφάλλω *ρ αμτβ* err *(sin)*

σφάλμα *(το)* error

σφεντόνα *(η)* sling

σφετερίζομαι *ρ μτβ* usurp

σφήκα *(η)* hornet

σφήνα *(η)* wedge

σφηνώνω *ρ μτβ* wedge. *(παρεμβάλλω)* embed

σφίγγα *(η)* sphinx

σφίγγ|ω *ρ μτβ* clasp. *(δόντια)* clench. *(πιέζω ολόγυρα)* grip. *(στην αγκαλιά)* hug. *(τραβώ δυνατά)* tighten. *(χέρι)* squeeze. • *ρ αμτβ* set. *(παπούτσια)* pinch. **~ομαι** *ρ αμτβ* make great effort (to). *(πάνω σε κάποιον)* snuggle (against)

σφίξιμο *(το)* squeeze

σφιχτός *επίθ* tight, firm

σφιχτοχέρης *επίθ* tightfisted

σφοδρός *επίθ* vehement. *(άνεμος)* strong. *(επίθεση)* violent

σφουγγάρι *(το)* sponge

σφουγγαρίζω *ρ μτβ* mop

σφουγγίζω *ρ μτβ* wipe, dry. *(με σφουγγάρι)* sponge

σφραγίδα *(η)* *(αντικείμενο)* rubber stamp. *(επίσημη)* seal. *(σε χρυσά)* hallmark. *(σήμα)* stamp

σφραγίζω *ρ μτβ* stamp. *(δόντι)* fill. *(κλείνω)* seal

σφρίγος *(το)* verve

σφυγμός *(το)* pulse

σφυρηλατώ *ρ μτβ* forge

σφυρί *(το)* hammer. *(ξύλινο)* mallet

σφύριγμα *(το)* whistle. *(αποδοκιμασίας)* hiss. *(σειρήνας)* blast

σφυρίζω *ρ μτβ* whistle. *(σφαίρα)* hiss

σφυρίχτρα *(η)* whistle *(instrument)*

σφυρήλατος wrought

σφυροκοπώ *ρ μτβ* hammer

σχάρα *(η)* rack. *(κουζίνας)* grill. *(μεταλλικό)* grate. *(οροφής, αυτοκ)* roof rack

σχάση *(η)* fission

σχεδία *(η)* raft

σχεδιάγραμμα *(το)* figure *(picture)*

σχεδιάζω *ρ μτβ* design. *(ετοιμάζω)* map out. *(ιχνογραφώ)* draw. *(σκοπεύω)* plan

σχεδιαστής *(ο)* draughtsman

σχέδιο *(το)* drawing. *(εμπ)* design. *(επιδίωξη)* scheme. *(προκαταρκτικό)* draft. *(σκοπός)* plan

σχεδόν *επίρρ* nearly. *(περίπου)* almost. **~ ποτέ** hardly ever

σχέση *(η)* relationship. *(αναλογία)* relevance. *(αναφορά)* bearing. **~εις** *(οι)* relationship

σχετίζ|ω *ρ μτβ* relate. **~ομαι με** *ρ αμτβ* relate to. *(φιλικά)* be acquainted with

σχετικ|ός *επίθ* relevant. *(όχι απόλυτος)* relative. **~ά** *επίρρ* relatively. **~ά με** with respect to

σχήμα *(το)* shape, form. *(διάσταση σελίδος)* format. *(σχεδιάγραμμα)* figure

σχηματίζω *ρ μτβ* form. *(δίνω σχήμα)* shape. **~ αριθμό** dial

σχίζα *(η)* sliver

σχιζοφρένεια *(η)* schizophrenia

σχίζω *ρ μτβ* slit. *(ρούχο, χαρτί)* tear

σχίσμα *(το)* schism

σχισμή *(η)* rift. *(σακακιού)* vent. *(σε τοίχο)* crack. *(σε φόρεμα)* slit

σχιστόλιθος *(ο)* flagstone

σχοινάκι *(το)* skipping rope

σχοινί *(το)* rope. *(αλεξίπτωτου)* ripcord

σχοινοβάτης *(ο)* ropewalker

σχολάζω *ρ αμτβ* knock off, finish work

σχολαστικ|ός *επίθ* scrupulous. *(ασχολούμενος με τους τύπους)* pedantic. *(ιδιότροπος)* fussy. **~ά** *επίρρ* scrupulously

σχολείο *(το)* school. **~ μέσης εκπαιδεύσεως** secondary school. **δημοτικό ~** primary school

σχολή *(η)* faculty. **~ οδηγών** driving school

σχολιάζω *ρ μτβ* comment on. *(κείμενο)* annotate

σχολιαστής *(ο)* (radio, TV) commentator. *(βιβλίου)* annotator

σχολικός *επίθ* scholastic. *(σχολείου)* school

σχόλιο *(το)* comment. *(βιβλίου)* annotation. *(ραδιόφωνο)* commentary

σωβινισ|μός *(ο)* chauvinism. **~της** *(ο)* chauvinist

σώβρακο *(το)* underpants. *(μακρύ)* long johns

σώζω *ρ μτβ* save

σωθικά *(τα)* insides, entrails

σωληνάριο *(το)* tube *(toothpaste, cream)*

σωλήνας *(ο)* pipe, tube. *(ανατ)* tract

σωληνοειδής *επίθ* tubular

σωλήνωση *(η)* tubing

σώμα *(το)* body. *(στρ)* corps

σωματείο *(το)* association. *(συντεχνία)* guild

σωματεμπόριο *(το)* slave trade

σωματέμπορος *(ο)* slave trader

σωματικ|ός *επίθ* bodily. *(τιμωρία)* corporal. **~ή διάπλαση** *(η)* physique. **~ή έρευνα** *(η)* body search

σωματοφύλακας *(ο)* bodyguard

σωματώδης *επίθ* portly

σών|ω *ρ μτβ* save. *(τελειώνω)* run out of. **~ει και καλά** at all costs

σώος *επίθ* safe. **~ και αβλαβής** safe and sound

σωπαίνω *ρ μτβ* silence *ρ αμτβ* hold one's tongue

σωριάζω *ρ μτβ* pile up. **~ομαι** *ρ αμτβ* flop, drop

σωρός *(ο)* heap. *(το ένα πάνω στ᾽ άλλο)* mound. **ένα ~** loads of

σωσίας *(ο)* double

σωσίβιος *επίθ* life-saving. **~α ζώνη** *(η)* life belt. **~α σχέδια** *(η)* life raft. **~ο** *(το)* life jacket

σωστ|ός *επίθ* right, correct. *(δίκαιος)* proper. *(ορθός)* correct. **~ά** *επίρρ* rightly, correctly

σωτήρας *(ο)* saviour

σωτηρία *(η)* salvation. *(γλίτωμα)* saving

σωφρονίζω *ρ μτβ* bring to one's senses. *(τιμωρώ)* punish

σωφρονιστήριο *(το)* approved school

Τ τ

τα *άρθρο πληθ* the

ταβάνι *(το)* ceiling

ταβέρνα *(η)* tavern

ταβερνιάρης *(ο)* publican

τάβλι *(το)* backgammon

ταγάρι *(το)* handwoven shoulder bag

ταγέρ *(το) άκλ* (woman's) suit

ταγκός *επίθ* rancid

τάγμα *(το)* battalion

ταγματάρχης *(ο)* major

τάδε *αντων άκλ* such and such. *(για άνθρωπο)* so-and-so

τάζω *ρ μτβ* promise. *(εκκλ)* make a vow

ταΐζω *ρ μτβ* feed

ταϊλανδέζικος *επίθ* Thai

Ταϊλάνδη *(η)* Thailand

ταινία *(η)* tape. *(κινηματογραφική)* film, *(αμερ)* movie

ταίρι *(το)* match. *(σύντροφος)* mate

ταιριάζω *ρ μτβ* match. • *ρ αμτβ* become. *(συμβιβάζομαι)* hit it off. *(συνδυάζομαι)* go with

ταιριαστός *επίθ* well-matched

τάκος *(ο)* chock

τακούνι *(το)* heel *(of shoe)*

τακτ *(το) άκλ* tact

τακτική *(η)* tactics

τακτικ|ός *επίθ* tactical. *(επαναλαμβανόμενος)* regular. *(σταθερός)* steady. **~ά** *επίρρ* regularly

τακτικότητα (η) regularity

τακτοποίηση (η) arrangement

τακτοποιώ ρ μτβ settle. (ρυθμίζω) arrange

ταλαιπωρία (η) hardship

ταλαίπωρος επίθ poor, wretched

ταλαιπωρώ ρ μτβ try, put through hardship

ταλαντεύω ρ μτβ sway. (αιωρώ) dangle. **~ομαι** ρ αμτβ oscillate. (μεταφ) waver

ταλαντούχος επίθ talented

ταλέντο (το) talent. (ικανότητα) aptitude

τάλιρο (το) five drachma coin

ταλκ (το) άκλ talcum powder

τάμα (το) offering (το God or a saint)

ταμείο (το) pay desk. (για εισιτήρια) booking office. (θέατρ) box office. (ίδρυμα) fund. (οργανισμού) treasury. (τραπέζης) cashier

Τάμεσης (ο) Thames

ταμίας (ο) cashier. (οργανισμού) treasurer. (σε τράπεζα) teller

ταμιευτήριο (το) savings bank

ταμπάκος (ο) snuff

ταμπλό (το) (πίνακας) painting, picture (αυτοκινήτου) dashboard

ταμπόν (το) άκλ tampon. (ιατρ) swab

ταμπού (το) άκλ taboo

ταμπούρλο (το) drum

τανάλια (η) pincers

τανκ (το) άκλ (στρ) tank

τάξη (η) (αίθουσα) classroom. (κοινωνική) class. (μαθητές) form, grade. (σειρά) order. (στρ) array. (τακτοποίηση) neatness

ταξί (το) άκλ taxi

ταξιαρχία (η) brigade

ταξίαρχος (ο) brigadier

ταξιδεύω ρ αμτβ travel

ταξίδι (το) journey. (θαλασσινό) voyage. (μακρινό και δύσκολο) trek. (σε ποτάμι) crossing. (σύντομο, με επιστροφή) trip. **~α** (τα) travel. **καλό ~** bon voyage

ταξιδιώτης (ο), **~ισσα** (η) traveller

ταξιδιωτικ|ός επίθ travel. **~ή επιταγή** (η) traveller's cheque

ταξιθέτ|ης (ο) usher. **~ρια** (η) usherette

ταξίμετρο (το) taxi meter

ταξινόμηση (η) classification

ταξινομώ ρ μτβ classify. (ανάλογα με μέγεθος) size. (σε ζεύγη) pair of

ταξιτζής (ο) taxi driver

τάξος (η) yew

τάπα (η) plug (stopper)

ταπεινός επίθ humble. (από καταγωγή) low. (πρόστυχος) mean

ταπεινοφροσύνη (η) humility

ταπεινώνω ρ μτβ humiliate. (προσβάλλω) snub

ταπείνωση (η) humiliation

ταπετσαρία (η) upholstery. (τοίχου) wallpaper

ταπετσάρω ρ μτβ upholster

ταπετσιέρης (ο) upholsterer

ταπισερί (το) tapestry

ταραγμένος επίθ agitated. (καιρός) turbulent

ταράζω ρ μτβ disturb. (καταστρέφω τη γαλήνη κπ)

unsettle. (*προκαλώ σύγχυση*) upset

ταραμοσαλάτα (*η*) taramasalata (*fish roe*)

τάρανδος (*ο*) reindeer

ταράσσω *ρ μτβ βλ* **ταράζω**

ταράτσα (*η*) terrace

ταραχή (*η*) turbulence. (*ανακάτωμα*) stir. (*συγκίνηση*) upset. (*φασαρία*) tumult. (*ψυχική ανησυχία*) trepidation

ταραχοποιός (*ο*) troublemaker

ταρίχευση (*η*) taxidermy. (*νεκρών*) embalmment

ταριχεύω *ρ μτβ* stuff. (*νεκρούς*) embalm

τάρτα (*η*) tart

τάρταρα (*τα*) Hades

ταρταρούγα (*η*) tortoiseshell

τασάκι (*το*) ashtray

τάση (*η*) tendency. (*ηλεκτρ*) voltage. (*μηχ*) tension. (*τέντωμα*) stretching

τατουάζ (*το*) *άκλ* tattoo

ταυρομαχία (*η*) bullfight

ταυρομάχος (*ο*) bullfighter

ταύρος (*ο*) bull

ταυτίζω equate. **~ομαι με** *ρ αμτβ* be equated with

ταύτιση (*η*) equation

ταυτολογία (*η*) tautology

ταυτόσημος *επίθ* synonymous. (*όμοιος*) identical

ταυτότητα (*η*) identity. (*δελτίο*) identity card

ταυτόχρονος *επίθ* simultaneous

ταφή (*η*) burial

ταφόπετρα (*η*) gravestone

τάφος (*ο*) grave. (*μεγάλος*) vault. (*μνημείο*) tomb

τάφρος (*η*) moat

τάχα *επίρρ* as if

ταχεία (*η*) express (train)

ταχίνι (*το*) sesame seed dip, tahini

ταχυδακτυλουργία (*η*) conjuring trick. **~ός** (*ο*) conjuror. (*θαυματοποιός*) magician

ταχυδρομείο (*το*) (*κατάστημα*) post office. (*υπηρεσία*) post

ταχυδρομικός *επίθ* postal

ταχυδρόμος (*ο*) postman

ταχυδρομώ *ρ μτβ* post

ταχυμεταφορά (*η*) fast delivery. **υπηρεσία ~ών** (*οι*) courier service

ταχύμετρο (*το*) speedometer

ταχύρυθμος *επίθ* fast moving

ταχύς *επίθ* rapid. (*γίνεται σύντομα*) prompt

ταχύτητα (*η*) speed. (*αυτοκ*) gear. (*ενέργειας*) promptness. (*κίνησης*) velocity

ταψί (*το*) baking tin

τέζα *επίθ άκλ* stretched (out). **έμεινε ~** he kicked the bucket

τεθωρακισμέν|ος *επίθ* armoured. **~ο** (*το*) armoured vehicle

τείνω *ρ μτβ* stretch out. • *ρ αμτβ* tend. • **να** be apt to

τείον (*το*) *αρχ* tea

τείχος (*το*) (city) wall

τεκμήριο (*το*) proof. (*νομ*) exhibit

τεκμηρίωση (*η*) documentation

τέκνο (*το*) *αρχ* child

τεκνοποίηση (*η*) procreation

τέκτονας (*ο*) mason. (*μασόνος*) freemason

τεκτονικός *επίθ* Masonic

τελεί|α *(η)* full stop, *(αμερ)* period. **άνω ~α** *(η)* semicolon. **δύο ~ες** *(οι)* colon

τελειοποιώ *ρ μτβ* perfect

τέλειος *επίθ* perfect

τελείως *επίρρ* perfectly. *(εντελώς)* completely. **~ ξύπνιος** wide awake

τελειότητα *(η)* perfection

τελειόφοιτος *επίθ (σχολ)* senior

τελειώνω *ρ μτβ/αμτβ* finish. *(περατώνω)* end. • *ρ αμτβ* *(εξαντλούμαι)* run out. *(πεθαίνω)* be finished. *(περατώνομαι)* be over

τελειωτικ|ός *επίθ* final. **~ά** *επίρρ* finally

τέλεξ *(το)* άκλ telex

τελεσίγραφο *(το)* ultimatum

τελετάρχης *(ο)* marshal

τελετή *(η)* function. *(εκκλ)* ceremony

τελετουργία *(η)* ritual

τελετουργικός *επίθ* ritual

τελευταί|ος *επίθ* final. *(πρόσφατος)* latest. *(σε σειρά)* latter. *(στο τέλος)* last. **~α** *επίρρ* lately. **τώρα ~α** of late. **~ως** *επίρρ* latterly

τελεφερίκ *(το)* άκλ cable railway. *(για σκι)* ski lift

τέλη *(τα)* dues

τελικ|ός *επίθ* final. *(ενδεχόμενος)* eventual. **ο ~ός κυπέλλου** the Cup final. **~ές εξετάσεις** *(οι)* finals. **~ά** *επίρρ* finally, eventually

τέλμα *(το)* quagmire

τέλος¹ *(το)* duty *(tax)*

τέλο|ς² *(το)* end. *(πέρας)* ending. *(χρονικής περιόδου)* close. **~ς πάντων** anyway. **μέχρι ~υς** to the bitter end

τελώ *ρ μτβ* perform. *(εκκλ)* celebrate

τελωνειακός *επίθ* (of) customs. **~ υπάλληλος** *(ο)* customs officer

τελωνείο *(το)* customs

τελώνιο *(το)* genie

τέμνω *ρ μτβ* intersect

τεμπέλης *επίθ* lazy, idle. **~** *(ο)* idler

τεμπελιά *(η)* idleness, laziness. *(νωθρότητα)* indolence

τεμπελιάζω *ρ αμτβ* laze. *(αργόσχολος)* idle

τεμπελχανάς *(ο)* lazybones

τέμπερα *(η)* distemper *(paint)*

τέμπο *(το)* άκλ tempo

τενεκεδένιος *επίθ* tinny

τενεκεδούπολη *(η)* shanty town

τενεκές *(ο)* tin plate. *(δοχείο)* tin pot. *(μεταφ)* ignoramus

τενεκετσής *(ο)* tinsmith

τένις *(το)* άκλ tennis

τένοντας *(ο)* tendon

τενόρος *(ο)* tenor

τέντα *(η)* tent. *(ήλιου)* sunshade. *(μαγαζιού)* awning

τέντωμα *(το)* stretching. *(σκοινιού)* tension

τεντωμένο|ς *επίθ* taut. *(χέρι)* outstretched. **~ σχοινί** *(το)* tightrope

τεντώνω *ρ μτβ* stretch. **~ τ΄ αυτιά** prick one's ears up

τέρας *(το)* monster. *(έκτρωμα)* freak

τεράστιος *επίθ* enormous, huge. (διαστάσεις) stupendous. (δύναμη) prodigious. (σε βαθμό) tremendous

τερατόμορφος *επίθ* hideous

τερατούργημα (το) monstrosity

τερατώδης *επίθ* monstrous. (αποτροπιαστικός) preposterous

τερετίζω *ρ αμτβ* twitter

τερέτισμα (το) twitter

τερηδόνα (η) caries

τέρμα (το) end. (αγώνες) winning post. (εστία ομάδας) goalpost. (λεωφορείου) terminal. (ποδόσφαιρο) goal

τερματίζω *ρ μτβ* terminate. • *ρ αμτβ* finish

τερματικό (το) (computer) terminal

τερματισμός (ο) termination

τερματοφύλακας (ο) goalkeeper

τερπνό|ς *επίθ* pleasant. **το ~ν μετά του ωφελίμου** business with pleasure

τέρψη (η) enjoyment. (διασκέδαση) amusement

τεσσαρακοστό|ς *επίθ* fortieth. **~** (το) fortieth

τεσσαρακοστός *επίθ* fortieth

τέσσερα (το) *άκλ* four

τέσσερις *επίθ άκλ* four

τεσσεράμισι *επίθ άκλ* four and a half

τεστ (το) *άκλ* test

τεταμένος *επίθ* tense. (σχέσεις) strained

τέτανος (ο) tetanus

Τετάρτη (η) Wednesday

τέταρτο|ς *επίθ* fourth. **~** (το) quarter

τελεσμένος *επίθ* finished

τέτοι|ος *αντων* such. **~α πράγματα** this sort of thing

τετραγωνίζω *ρ μτβ* square

τετραγωνικ|ός *επίθ* square. **~ή ρίζα** (η) square root. **~ό μέτρο** (το) square metre

τετραγωνισμός (ο) grid (on map)

τετράγωνος *επίθ* square. **~** (το) square

τετράδα (η) foursome

τετράδιο (το) exercise book

τετράδιπλος *επίθ* quadruple

τετράδυμα (τα) quadruplets

τετραετ|ής *επίθ* four-year old. **~ία** (η) four-year period

τετρακοσαριά (η) about four hundred

τετρακόσι|οι *επίθ* four hundred. **~α** (το) *άκλ* four hundred. **τα ΄χω ~α** have one's head screwed on right

τετραμελής *επίθ* four-membered

τετραπέρατος *επίθ* sharp as a needle

τετραπλασιάζω *ρ μτβ* quadruple

τετραπλάσι|ος *επίθ* quadruple, fourfold. **~ο** (το) quadruple

τετράπλευρο|ς *επίθ* quadrilateral. **~** (το) quadrangle

τετράποδ|ος *επίθ* four-legged. **~** (το) quadruped

τετράωρος *επίθ* four-hour

τετριμμένος *επίθ* hackneyed

τεύτλο (το) beet

τεύχος (*το*) issue (*magazine*)

τέφρα (*η*) ashes (*of dead*)

τέχνασμα (*το*) trick. (*γυναικεία*) wile. (*κόλπο*) ploy

τέχνη (*η*) art. (*επαγγελματική ικανότητα*) craft. (*επιδεξιότητα*) craftsmanship. (*εργάτη*) workmanship. **καλές ~** (*οι*) fine arts

τεχνητός *επιθ* artificial. (*κατασκευάσμα*) man-made

τεχνική (*η*) technique

τεχνικός (*ο*) technician

τεχνικ|ός *επιθ* technical. **~ός έλεγχος** (*ο*) (*οχημάτων*) MOT test. **~ή λεπτομέρεια** (*η*) technicality

τεχνίτης (*ο*) artisan. (*μάστορας*) craftsman

τεχνογνωσία (*η*) know-how

τεχνοκράτης (*ο*) technocrat

τεχνολογί|α (*η*) technology. **~κός** *επιθ* technological

τεχνολόγος (*ο, η*) technologist

τεχνοτροπία (*η*) technique

τέως *επιθ* late (*former*)

τζάγκουαρ (*το*) *άκλ* jaguar

τζαζ (*η*) *άκλ* jazz

τζάκι (*το*) fireplace. (*μεταφ*) well-known family

τζαμαρία (*η*) sun room

τζάμι (*το*) glass

τζαμί (*το*) mosque

τζαμόπορτα (*η*) glass door

τζάμπα *επίρρ* for nothing (*free*)

τζαμώνω *ρ μτβ* glaze

τζατζίκι (*το*) tzatziki, yogurt and cucumber dip

τζετ (*το*) *άκλ* jet (plane)

τζιν (*το*) *άκλ* gin

τζιπ (*το*) *άκλ* jeep

τζίρος (*ο*) turnover

τζίτζικας (*ο*) cicada

τζιτζιμπίρα (*η*) ginger ale, ginger beer

τζογαδόρος (*ο*) gambler

τζόγος (*ο*) gambling. (*μηχ*) play

τζόκεϊ (*ο*) *άκλ* jockey

τζόκιν (*το*) *άκλ* jogging

τζούντο (*το*) *άκλ* judo

τήβεννος (*η*) gown (*of judge, teacher*)

τηγανητ|ός *επιθ* fried. **~ή πατάτα** (*η*) chip

τηγάνι (*το*) frying pan

τηγανίζω *ρ μτβ* fry

τηγάνισμα (*το*) frying

τηγανίτα (*η*) pancake

τηλεβόας (*ο*) loud hailer

τηλεγραφείο (*το*) telegraph office

τηλεγράφημα (*το*) telegram

τηλεγραφικός *επιθ* telegraphic

τηλέγραφος (*ο*) telegraph

τηλεγραφώ *ρ μτβ* telegraph

τηλεειδοποίηση (*η*) bleeper

τηλεργασία (*η*) teleworking

τηλεθεατής (*ο*) viewer

τηλεκάρτα (*η*) phone card

τηλεκατευθυνόμενος *επιθ* guided

τηλεκινησία (*η*) telekinesis

τηλεοπτικ|ός *επιθ* (of) television. **~ή κάμερα** (*η*) camera. **~ό πρόγραμμα** (*το*) TV programme

τηλεόραση (*η*) television

τηλεπάθεια (*η*) telepathy

τηλεπαθητικός *επιθ* telepathic

τηλεπικοινωνία (*η*) telecommunication

τηλεσκοπικός *επίθ* telescopic

τηλεσκόπιο (*το*) telescope

τηλέτυπος (*o*) teleprinter

τηλεφακός (*o*) telephoto

τηλεφώνημα (*το*) phone call

τηλεφων|ητής (*o*), **~ήτρια** telephone operator. **αυτόματος ~ητής** answering machine

τηλεφωνικ|ός *επίθ* (*o*) telephone. **~ς θάλαμος** (*o*) phone box, telephone kiosk

τηλέφωνο (*το*) telephone

τηλεφωνώ *ρ μτβ/αμτβ* call, telephone

τηλεφωτογραφικός *επίθ* telephoto

τηλεχειριστήριο (*το*) remote control

την *αντων* her. **~ είδα** I saw her

τήξη (*η*) melting

τήρηση (*η*) observance

τηρώ *ρ μτβ* abide by. (*διαφυλάγω*) uphold. (*τάξη*) keep

της *αντων* her, hers

τι *αντων* what. (*γιατί*) why. **~ γίνεται;** what's going on? **~ είναι;** what is it? **~ κι αν** what if. **~ λες για ..;** how about ..? **~ φωνάζεις;** why are you shouting?

τιάρα (*η*) tiara

τίγρη (*η*) tiger

τιθασεύω *ρ μτβ* tame

τικ (*το*) *άκλ* tic. **~ τακ** (*το*) *άκλ* (*ρολογιού*) tick

τιμαλφής *επίθ* valuable. **~** (*τα*) valuables

τιμάριθμος (*o*) cost of living

τιμή¹ (*η*) price

τιμή² (*η*) (*υπόληψη*) honour. **Με ~** Yours faithfully. **προς ~** in honour (of)

τίμημα (*το*) price

τιμητικ|ός *επίθ* honorary. **~ή θέση** (*η*) pride of place

τίμιος *επίθ* honest. (*εκκλ*) holy

τιμιότητα (*η*) honesty

τιμοκατάλογος (*o*) price list

τιμολόγιο (*το*) invoice

τιμόνι (*το*) steering wheel. (*ποδηλάτου*) handlebar

τιμώ *ρ μτβ* honour. (*εκδηλώνω*) commemorate. (*με την παρουσία*) grace. **~ώμαι** *ρ αμτβ* be honoured. (*κοστίζω*) be priced

τιμωρία (*η*) punishment. (*κύρωση*) penalty

τιμωρώ *ρ μτβ* punish. (*επιβάλλω κύρωση*) penalize. (*με σωματική ποινή*) chastise

τίναγμα (*το*) twitch

τινάζ|ω *ρ μτβ* toss. **~ομαι** *ρ μτβ* twitch. (*αναπηδώ*) start

τίνος *αντων* whose

τίποτα *αντων* nothing. (*αρνητ φράση*) anything. **~ άλλο** nothing else. **~ το σπουδαίο** nothing much. **δεν αξίζει ~** it isn't any good

τιποτένιος *επίθ* petty

τιράντ|α (*η*) strap (*of garment*). (*φορέματος*) shoulder strap. **~ες** (*οι*) braces

τιρμπουσόν (*το*) *άκλ* corkscrew

τιτάνας (*o*) titan

τιτανικός *επίθ* titanic

τιτιβίζω *ρ αμτβ* chirp, tweet

τιτίβισμα (*το*) chirp, tweet

τίτλος (ο) title. (επικεφαλίδα) caption

τμήμα (το) section. (αστυνομικό) station. (κλάδος) department. (κομμάτι) segment. (ταξιδιού) leg. (τάξης) stream. **Τ~Εσωτερικών Προσόδων** (το) Internal Revenue

τμηματάρχης (ο) head of department

το άρθρο ουδ the. • αντων it. **να ~** here it is

τοιούτος αντων such. **~** (ο) homosexual

τοιχογραφία (η) mural

τοιχοκολλώ ρ μτβ post (notices)

τοίχος (ο) wall (of house)

τοκετός (ο) childbirth. (ιατρ) delivery

τοκίζω ρ μτβ lend (with interest)

τοκογλυφία (η) usury

τόκος (ο) interest (on loan)

τόλμη (η) boldness. (θράσος) presumption. (μεταφ) enterprise

τολμηρός επίθ bold. (θρασύς) presumptuous. (ριψοκίνδυνος) daring. (σόκιν) risqué. (μεταφ) enterprising

τολμηρότητα (η) boldness

τολμώ ρ αμτβ dare. (επιχειρώ) venture. **~ να** take the liberty to

τολύπη (η) wisp (of smoke)

τομάρι (το) pelt. (μεταφ) scoundrel

τομάτα (η) βλ **ντομάτα**

τομέας (ο) sector

τομή (η) section. (ιατρ) incision

τόμος (ο) volume

τόμπολα (η) bingo

τον αντων him

τονίζω ρ μτβ stress. (γραμμ) accentuate. (ξεχωρίζω) highlight. (υποδεικνύω) emphasize

τόνικ (το) άκλ tonic water

τονικός επίθ touchtone

τόνος¹ (ο) tone. (γραμμ) stress. (φωνής) pitch. (μεταφ) overtone

τόνος² (ο) ton (= 1,016 kg.). (μετρικός) tonne (= 1,000 kg.)

τόνος³ (ο) (ψάρι) tuna

τονώνω ρ μτβ invigorate

τονωτικός επίθ tonic. (δυναμωτικός) invigorating. **~** (το) tonic

τοξικολογία (η) toxicology

τοξικομανής (ο, η) addict

τοξικός επίθ toxic

τοξίνη (η) toxin

τόξο (το) bow. (αρχιτ) arch. (κύκλου) arc. **ουράνιο ~** rainbow

τοξοβολία (η) archery

τοξότης (ο) archer

τοπικ|ός επίθ local. **~ά** επίρρ locally

τοπίο (το) landscape

τοπογραφία (η) topography

τοποθεσία (η) situation

τοποθέτηση (η) placement

τοποθετώ ρ μτβ position. (εγκαθιστώ) fit. (επενδύω) place. (σε εγκοπή) slot. (σε θέση) post

τόπο|ς (ο) place. (χώρα) native country. **αφήνω στον ~** kill instantly. **επί ~υ** on the spot. **πιάνω ~** prove useful

τόρνος (ο) lathe

τορπίλη (η) torpedo

τορπιλίζω ρ μτβ torpedo

τόσο *επίρρ* so. **~ πολύ** so much. **~ το καλύτερο** all the better. **κάθε ~** every so often

τόσος *αντων* so, such. **~ κόσμος** so many people. **είναι ~ δα** he is so small

τοστ *(το) άκλ* toasted sandwich

τοστιέρα *(η)* toaster

τότε *επίρρ* then. **από ~** since then. **έως ~** by then

του *αντων* his. **είναι το αυτοκίνητό ~** it's his car

τουαλέτα¹ *(η)* cloakroom, *(αμερ)* washroom. **είδη ~ς** toiletries

τουαλέτα² *(η) (έπιπλο)* dressing table

τουαλέτα³ *(η) (φόρεμα)* evening gown

τούβλο *(το)* brick. *(χοντροκέφαλος)* dunce

τουλάχιστον *επίρρ* at least

τουλίπα *(η)* tulip

τούμπα *(η)* somersault

τούνελ *(το) άκλ* tunnel

τουρισμός *(ο)* tourism

τουρίστ|ας *(ο)*, **~ρια** *(η)* tourist

τουριστικός *επίθ* tourist

Τουρκάλα *(η)* Turkish woman

Τουρκία *(η)* Turkey

τουρκικ|ός *επίθ* Turkish. **~ά** *(τα)* Turkish

τουρκοκρατία *(η)* Turkish occupation

Τούρκος *(ο)* Turk

τουρκουάζ *(το) άκλ* turquoise

τουρμπάνι *(το)* turban

τουρμπίνα *(η)* turbine

τούρνα *(η) (ψάρι)* pike *άκλ*

τουρνέ *(η) άκλ* tour

τουρνουά *(το) άκλ* tournament

τουρσί *(το)* pickle

τούρτα *(η)* gâteau

τουρτουρίζω *ρ αμτβ* shiver

τουρτούρισμα *(το)* shiver

τους *άρθρο βλ* **ο**. • *αντων* their. **τα σπίτια ~** their houses

τούφα *(η)* tuft. *(χορταριού)* tussock

τουφέκι *(το)* rifle. *(με φελλό)* popgun

τουφεκιά *(η)* rifle shot

τουφεκίζω *ρ μτβ* shoot

τραβεστί *(ο) άκλ* transvestite

τράβηγμα *(το)* pull. *(σύρσιμο)* haul. *(ταινίας)* shooting

τραβήγματα *(τα)* trouble

τραβηγμένος *επίθ* pulled. *(χαρακτηριστικά)* drawn

τραβ|ώ *ρ μτβ* pull. *(αποσύρω)* withdraw. *(ελκύω)* draw. *(καρέκλα)* draw up. *(σέρνω)* haul. *(υποφέρω)* go through. **~ώ για** make for. • *ρ αμτβ* *(παρατείνομαι)* drag on. **~ιέμαι** *ρ αμτβ* pull back. *(από πόνο)* wince. *(αποσύρομαι)* pull out

τραγανίζω *ρ μτβ* crunch

τραγαν|ός *επίθ* crisp. **~ (το)** *(στα κόκκαλα)* gristle

τραγικός *επίθ* tragic

τράγος *(ο)* billy goat

τραγούδι *(το)* song

τραγουδ|ιστής *(ο)*, **~ίστρια** *(η)* singer. *(σε μουσική τζαζ ή ποπ)* vocalist. *(του δρόμου)* busker

τραγουδιστός *επίθ* singsong

τραγουδώ *ρ μτβ/αμτβ* sing
τραγωδία (η) tragedy
τρίανο (το) βλ **τρένο**
τρακ (το) άκλ nerves. (θέατρο)
stage fright. **έχω ~** be nervous
τρακαδόρος (ο) scrounger
τρακόσοι επίθ βλ **τριακόσιοι**
τρακτέρ (το) άκλ tractor
τραμ (το) άκλ tram, (αμερ)
streetcar
τραμπάλα (η) see-saw
τραμπολίνο (το) trampoline
τρανζίστορ (το) άκλ transistor
τρανός επίθ great
τράνταγμα (το) jolt
τραντάζω *ρ μτβ* jolt
τράπεζα (η) bank. (τραπέζι)
table. **αγία ~** (η) altar
τραπεζαρία (η) dining room.
(σε κολέγιο ή μοναστήρι)
refectory
τραπέζι (το) table. **κάνω ~**
have to dinner. **στρώνω ~** lay
the table
τραπεζικός επίθ bank
τραπεζίτης¹ (ο) banker
τραπεζίτης² (το) (δόντι) molar
τραπεζομάντιλο (το)
tablecloth
τράπουλα (η) pack of cards
τραπουλόχαρτο (το) playing
card
τραστ (το) άκλ trust
(association)
τράτα (η) trawler
τρατάρω *ρ μτβ* offer
refreshment to
τραυλίζω *ρ μτβ* stammer
τραύλισμα (το) stammer
τραύμα (το) trauma. (του
σώματος) wound

τραυματίζω *ρ μτβ* wound.
(ψυχικά) traumatize
τραυματι|κός επίθ traumatic.
~σμός (ο) wounding.
(ψυχικός) trauma
τραχεία (η) windpipe
τράχηλος (ο) neck
τραχύς επίθ rough. (στην υφή)
rough. (συμπεριφορά) harsh.
(τοπείο) rugged. (τρόπος)
coarse
τραχύτητα (η) roughness.
(ομιλίας) bluntness.
(συμπεριφοράς) harshness.
(υλικού) coarseness
τρέιλερ (το) άκλ trailer
τρεις επίθ three
τρεκλίζω *ρ αμτβ* stagger
τρέλ|α (η) madness. (ανόητη
πράξη) folly. (ιατρ) insanity.
(μανία) craze. **~ες** (οι) frolics
τρελάδικο (το) loony bin
τρελαίν|ω *ρ μτβ* drive s.o. mad.
~ομαι *ρ αμτβ* go mad. **~ομαι**
για be mad about
τρελοκομείο (το) lunatic
asylum, (καθομ) madhouse
τρελός επίθ mad. (ανόητος)
daft. (από χαρά) wild.
(παράφρων) crazy. **~ (ο)**
madman. **~ για** crazy about
τρελούτσικος επίθ batty
τρεμάμενος επίθ shaky. (χέρι)
unsteady
τρεμόσβησμα (το) flicker.
(άστρου) twinkle
τρεμοσβήνω *ρ αμτβ* flicker.
(άστρο) twinkle
τρεμούλιασμα (το) tremor,
trembling. (φρικίαση) shudder.
(φωνής) quiver

τρέμω ρ αμτβ tremble. (από τρόμο) quake. (φωνή) quiver. (χέρι) shake

τρενάκι (το) (σε λούνα παρκ) roller coaster

τρένο (το) train. **με ~** by rail

τρέξιμο (το) running. (ροή) flow

τρέπ|ω ρ μτβ turn. **~ σε φυγή** scare off. **~ομαι σε φυγή** flee

τρέφ|ω ρ μτβ feed. (ζώα) breed. (ελπίδες) cherish. **~ομαι** ρ αμτβ feed

τρεχάματα (τα) running about

τρεχούμενο|ς επίθ running. (λογαριασμός) current

τρέχ|ω ρ αμτβ run. (βρύση) drip. (μάτια) water. (μύτη) run. (σάλα) dribble. (σε αγώνα) race. (υγρό) leak. **τι ~ει; what's going on?**

τρέχων επίθ current

τρία επίθ βλ **τρεις. ~** (το) three

τριάδα (η) trinity

τρίαινα (η) trident

τριακοστό|ς επίθ thirtieth. **~** (το) thirtieth

τριακόσιοι επίθ three hundred

τριακοσιοστός επίθ three hundredth

τριακοστός επίθ thirtieth

τριάμισι (το) άκλ three and a half

τριάντα επίθ thirty. **~** (το) thirty

τριαντάρης επίθ thirty-year-old

τριανταριά (η) about thirty

τριανταφυλλιά (η) rose bush

τριαντάφυλλο (το) rose. (ποτό) rose cordial

τριβή (η) friction. (φθορά) abrasion

τρίβω ρ μτβ rub. (γυαλίζω) rub up. (ερεθίζω) chafe. (καθαρίζω) scrub. (κάνω σκόνη) crumble. (με γυαλόχαρτο) sand. (ξύνω) grate

τριγυρίζω ρ μτβ surround. • ρ αμτβ roam

τριγυρνώ ρ αμτβ wander around

τριγύρω επίρρ around

τριγωνικός επίθ triangular

τρίγωνο (το) triangle

τριγωνομετρία (η) trigonometry

τρίδυμα (τα) triplets

τριετής επίθ three-year-old

τριετία (η) three-year period

τρίζω ρ αμτβ creak. (σκουριασμένη πόρτα) squeak. **~ τα δόντια μου** gnash one's teeth

τρικλίζω ρ αμτβ reel. (μεθυσμένος) stagger. (από γεράματα) totter

τρίκλινος επίθ with three beds

τρίκλισμα (το) stagger

τρικλοποδιά (η) tripping. **βάζω ~** trip

τρικό (το) (κυπρ) jumper, pullover

τρικούβερτος επίθ **~ καβγάς** almighty row

τρικράνο (το) (garden) fork

τρίκυκλο (το) tricycle

τρικυμία (η) rough sea

τρικυμισμένος επίθ choppy

τριλογία (η) trilogy

τριμηνία (η) quarter, three months

τρίμηνο (το) (σχολ) term

τριμηνιαίος επίθ quarterly

τρίμμα *(το)* crumb. *(μπογιάς)* flake

τριμμένος *επίθ* grated. *(γυαλισμένος)* polished. *(ρούχο)* threadbare

τρίξιμο *(το)* creak. *(δοντιών)* grind. *(πόρτας)* squeak

τρίο *(το) άκλ* trio

τριπλασιάζω *ρ μτβ* triple, treble

τριπλάσι|ος *επίθ* treble. **~α** *επίρρ* threefold

τριπλός *επίθ* triple

τρίποδο *(το)* tripod

τρίπτυχο *(το)* triptych

τρισάθλιος *επίθ* wretched

τρισευτυχισμένος *επίθ* over the moon

τρισεκατομμύριο *(το)* billion

Τρίτη *(η)* Tuesday

τριτοβάθμιος *επίθ* third degree

τρίτ|ος *επίθ* third. **~ν** *(το)* third

τρίτων *(ο)* newt

τρίφτης *(ο)* grater

τριφύλλι *(το)* clover

τρίχα *(η)* hair. *(σκληρή)* bristle. **παρά ~** within a hair's breadth

τρίχας *(ο) (μεταφ)* windbag

τρίχωμα *(το)* hair. *(γούνα)* fur. *(ζώου)* coat

τριχωτός *επίθ* hairy. *(σκύλος)* shaggy

τριψήφιος *επίθ* three-digit

τρίψιμο *(το)* rub. *(για καθάρισμα)* scrub

Τροία *(η)* Troy

τρόλεϊ *(το) άκλ* trolley bus

τρομαγμένος *επίθ* scared

τρομάζω *ρ μτβ* scare. • *ρ αμτβ* be scared

τρομάρα *(η)* fright

τρομαχτικός *επίθ* terrifying

τρομερ|ός *επίθ* terrible, horrible. *(ισχυρός)* formidable. **~ό παιδί** *(το)* whiz kid. **~ά** *επίρρ* terribly, frightfully

τρομοκράτ|ης *(ο)*, **~ισσα** *(η)* terrorist

τρομοκρατί|α *(η)* terrorism. **~ώ** *ρ μτβ* terrorize. *(φοβίζω)* terrify

τρόμος *(ο)* terror, horror. *(ιατρ)* tremor

τρομπόνι *(το)* trombone

τρόπαιο *(το)* trophy

τροπικ|ός *επίθ* tropical. **~ός** *(ο)* tropic. **~ές χώρες** *(οι)* tropics

τροπή *(η)* turn *(of illness)*

τροποποίηση *(η)* modification. *(νόμου)* amendment

τροποποιώ *ρ μτβ* modify. *(νόμο)* amend

τρόπ|ος *(ο)* way. *(διαγωγή)* manner. *(λειτουργίας)* mode. **~ι** *(οι)* manners. **κατά κάποιο ~** in a way. **με κάθε ~** in every way. **με κανένα ~** by no means

τρούλος *(ο)* dome

τρούφα *(η)* truffle

τροφή *(η)* food. *(για ζώα)* feed. *(ξερή, για ζώα)* fodder

τρόφιμα *(τα)* foodstuffs

τρόφιμος *(ο, η)* inmate

τροφοδοσία *(η)* catering

τροφοδότης *(ο)* caterer

τροφοδοτώ *ρ μτβ* cater for. *(για συντήρηση)* supply. *(φωτιά)* stoke

τροχαίος *επίθ* traffic

τροχαλία *(η)* pulley

τροχασμός (ο) trot

τροχιά (η) orbit. (πορεία) path

τροχοδρομώ ρ αμτβ taxi (aircraft)

τροχονόμος (ο, η) traffic warden

τροχοπέδη (η) brake. **~ση** (η) braking

τροχός (ο) wheel

τροχόσπιτο (το) caravan

τροχοφόρο (το) vehicle

τρύπα (η) hole

τρυπάνι (το) drill. (εργαλείου) bit

τρύπημα (το) piercing. (ελαστικού) puncture

τρυπητήρι (το) (για χαρτί) punch

τρύπιος επίθ full of holes. (δοχείο) leaky

τρυποκάρυδο (το) (πουλί) wren

τρυπώ ρ μτβ make a hole. (λάστιχο) puncture. (χαρτί) punch. **~ με τα κέρατα** gore

τρύπωμα (το) tack (stitch)

τρυπώνω ρ μτβ tack (stitch)

τρυφερός επίθ tender. (στοργικός) fond

τρυφερότητα (η) tenderness

τρυφηλός επίθ self-indulgent

τρώγλη (η) hovel

τρώ(γ)ω ρ μτβ eat. (ενοχλώ) pester. (φθείρω) eat away. (ώρα) impinge. • απρόσ **με ~ει** it itches

τρωικός επίθ Trojan

τρωκτικό (το) rodent

τρωτός επίθ vulnerable

τσαγιέρα (η) teapot

τσαγκάρης (ο) cobbler

τσάι (το) tea

τσακάλι (το) jackal

τσακίζ|ω ρ μτβ crack. (σελίδα) fold. (στάχυ) break up. • ρ αμτβ break down. **~ομαι να** ρ αμτβ bend over backwards

τσάκιση (η) crease

τσακμακόπετρα (η) flint

τσακμός (ο) squabble

τσακών|ω ρ μτβ catch (s.o. doing sthg.). **~ομαι** squabble. (δυσαρεστούμαι) fall out

τσαλαβουτώ ρ αμτβ splash about

τσαλάκωμα (το) creasing

τσαλακώνω ρ μτβ crease

τσαλαπατώ ρ μτβ trample

τσάμικος (ο) Greek folk dance

τσαμπί (το) bunch (of grapes)

τσάντα (η) handbag. (αμερ) purse. (για ψώνια) shopping bag. (με εργαλεία) tool bag

τσαντάκι (το) purse

τσαπατσούλ|ης επίθ sloppy (person). **~ικος** επίθ sloppy (work)

τσαρλατάνος (ο) charlatan

τσάρος (ο) czar

τσαρούχι (το) type of moccasin with a pompon

τσατσάρα (η) comb

τσαχπίνα (η) minx

τσεκ (το) άκλ cheque

τσεκούρι (το) axe

τσέπη (η) pocket

τσεπώνω ρ μτβ pocket

τσεχικός επίθ Czech

Τσέχ|ος (ο), **~α** (η) Czech

Τσεχοσλοβακία (η)
Czechoslovakia

τσεχοσλοβακικός επίθ
Czechoslovak

τσιγαριλίκι (το) joint (cannabis)

τσιγάρο (το) cigarette

τσιγαροθήκη (η) cigarette box

τσιγγάν|ος (ο), **~α** (η) gypsy

τσιγκουνεύομαι ρ αμτβ skimp

τσιγκούνης επίθ stingy. **~** (ο)
miser

τσιγκουνιά (η) stinginess

τσιγκέλι (το) (meat) hook

τσίκνα (η) smell of burning
food

τσίλι (το) άκλ chilli

τσιμεντάρω ρ μτβ cement

τσιμέντο (το) cement

τσιμεντοστρώνω ρ μτβ
concrete

τσιμουδιά (η) **~!** keep mum!

τσίμπημα (το) pinch. (από
αγκάθι) prick. (εντόμου) sting.
(πείνας) pang. (πουλιού) peck.
(φαγητό) nibble

τσιμπιά (η) pinch

τσιμπίδα (η) tongs

τσιμπιδάκι (το) tweezers. (για
τα μαλλιά) hairpin

τσιμπημένος επίθ είμαι **~** με
have a crush on

τσιμπούρι (το) tick (insect)

τσιμπούσι (το) spread

τσιμπώ ρ μτβ pinch. (έντομα)
sting. (κεντώ) prick. (κλέβω)
nick. (πουλιά) peck. (τρώω)
nibble. (ψάρια) bite

τσιπς (τα) άκλ crisps

τσιπ (το) άκλ chip. **~ πυριτίου**
silicon chip

τσίπα (η) (υγρά) skin. (μεταφ)
shame

τσίπουρο (το) raki (strong
aniseed-flavoured spirit)

τσίριγμα (το) screech

τσιρίζω ρ αμτβ screech

τσίρκο (το) circus

τσιρότο (το) sticking plaster

τσιτσιρίζω ρ αμτβ sizzle

τσίχλα¹ (η) chewing gum

τσίχλα² (η) (πουλί) thrush

τσόκαρο (το) clog

τσοκ (το) άκλ (αυτοκ) choke

τσολιάς (ο) evzone (soldier in
the Greek infantry)

τσοπάνης (ο) shepherd

τσοπανόσκυλο (το) sheep dog

τσουγκράνα (η) rake

τσουγκρίζω ρ μτβ chink

τσούζω ρ αμτβ sting, smart

τσουκνίδα (η) nettle

τσούλα (η) slut

τσουλήθρα (η) slide (in
playground)

τσούνι (το) skittle

τσουρέκι (το) type of brioche

τσούρμο (το) swarm (of
children)

τσουρουφλίζω ρ μτβ singe

τσουχτερός επίθ (αέρας) crisp.
(κρύο) biting

τσούχτρα (η) jellyfish

τσόφλι (το) (egg) shell

τσόχα (η) felt

τύλιγμα (το) kink. (περιτύλιγμα)
wrapping

τυλίγω ρ μτβ wind.
(κουλουριάζω) coil. (μπλέκω)
entangle. (περιτυλίγω) wrap

τυμπαν|ιστής (*o*), **~ίστρια** (*η*) drummer

τύμπανο (*το*) drum

τυμπανοκρουσία (*η*) roll of drums

τυμπανόξυλο (*το*) drumstick

Τυνησία (*η*) Tunisia

Τυνήσι|ος (*o*), **~α** (*η*) Tunisian

τυπικ|ός (*επίθ*) formal. **~ά** *επίρρ* formally

τυπικότητα (*η*) formality

τυπογραφ|είο (*το*) printing press. **~ία** (*η*) typography

τυπογραφικός *επίθ* typographical

τυπογράφος (*o*) printer

τυποποιώ *ρ μτβ* standardize

τύπ|ος (*o*) type. (*εφημερίδες*) press. (*ιδιότυπος*) character. (*μάθημ*) formula. (*μορφή*) form. (*προσχήματα*) convention. **χωρίς ~υς** unceremoniously

τυπώνω *ρ μτβ* print

τυραννία (*η*) tyranny. **~ικός** *επίθ* tyrannical

τύραννος (*o*) tyrant

τυραννώ *ρ μτβ* tyrannize

τυρί (*το*) cheese

τυρόπηγμα (*το*) curds

τυροκομείο (*το*) (cheese) dairy

τυροκομία (*η*) cheese making

τυρόπιτα (*η*) cheese pie

τύρφη (*η*) peat

τύφλα (*η*) blindness. **~ στο μεθύσι** blind drunk

τυφλόμυγα (*η*) blind man's buff

τυφλοπόντικας (*o*) mole

τυφλός *επίθ* blind

τυφλότητα (*η*) blindness

τυφλώνω *ρ μτβ* blind

τύφλωση (*η*) blindness

τυφοειδής *επίθ* typhoid

τύφος (*o*) typhus

τυφώνας (*o*) typhoon

τυχαίνω *ρ μτβ* chance upon. • *ρ αμτβ* happen. **έτυχε να τον δει** he/she happened to see him

τυχαί|ος *επίθ* accidental. (*ἀνθρωπος*) ordinary. (*απρόβλεπτος*) chance. (*δείγμα*) random. **~ γεγονός** (*το*) accident, chance. **~α** *επίρρ* accidentally, by chance

τυχερ|ός *επίθ* lucky, fortunate. **~ παχνίδι** (*το*) gamble. **~** (*το*) luck. (*δουλειάς*) perk

τύχη (*η*) luck. (*μοίρα*) fortune. (*σύμπτωση*) chance. **κατά ~** by chance. **στην ~** at random

τυχοδιώκτ|ης (*o*), **~ρια** (*η*) adventurer

τυχόν *επίρρ* by chance

τύψη (*η*) remorse

τώρα *επίρρ* now. **~ δα** just now. **από ~ και στο εξής** from now on. **ως ~** up until now

τωρινός *επίθ* present-day

Yu

ύαινα (*η*) hyena

υάκινθος (*o*) hyacinth

υαλοβάμβακας (*o*) fibreglass

υαλοπίνακας (*o*) pane (of glass)

υαλουργία (*η*) glass industry

υάρδα (*η*) yard (= 0.9144 metre)

υβρίδιο (*το*) hybrid

υβρίζω *ρ μτβ* insult. • *ρ αμτβ* swear

υβριστικός *επίθ* abusive

υγεία *(η)* health. **εις ~ν!** cheers!

υγειονομικός *επίθ* sanitary

υγιεινή *(η)* hygiene. *(κλάδος)* sanitation

υγιεινολόγος *(ο, η)* hygienist

υγιεινός *επίθ* hygienic. *(ωφέλιμος)* healthy

υγιής *επίθ* healthy. *(γερός)* fit. *(σωστός)* sound

υγραέριο *(το)* natural gas

υγραίνω *ρ μτβ* moisten

υγρασία *(η)* condensation. *(στην ατμόσφαιρα)* humidity. *(στους τοίχους)* damp

υγροποιώ *ρ μτβ* liquefy

υγρ|ός *επίθ* damp. *(ατμόσφαιρα)* humid. *(βρεγμένος)* moist. *(καιρός)* clammy. **~** *(το)* liquid. *(ρευστό)* fluid

υδατάνθρακας *(ο)* carbohydrate

υδατικ|ός *επίθ* moisturizing. **~ή κρέμα** *(η)* moisturizer

υδατογραφία *(η)* watercolour

υδατοστεγής *επίθ* watertight

υδατοσφαίριση *(η)* water polo

υδατοφράκτης *(ο)* dam. *(σε κανάλι)* lock

υδραγωγείο *(το)* aqueduct

υδραγωγός *(ο)* water pipe

υδραντλία *(η)* water pump

υδράργυρος *(ο)* mercury

υδραυλικ|ός *επίθ* hydraulic. **~ός** *(ο)* plumber

ύδρευση *(η)* water supply

υδρία *(η)* urn

υδρόβιος *επίθ* aquatic

υδρόγειος *(η)* globe

υδρογόνο *(το)* hydrogen

υδρογονοβόμβα *(η)* hydrogen bomb

υδροηλεκτρικός *επίθ* hydroelectric

υδροπλάνο *(το)* seaplane

υδρορρόη *(η)* gutter *(of house)*

υδροτροχός *(ο)* waterwheel

υδροφοβία *(η)* hydrophobia

Υδροχόος *(ο)* Aquarius

ύδωρ *(το)* *(αρχ)* water

υιοθεσία *(η)* adoption

υιοθετώ *ρ μτβ* adopt

υιός *(ο)* *(αρχ)* son

ύλ|η *(η)* matter. **γραφική ~η** *(η)* stationery. **πρώτες ~ες** *(οι)* raw materials

υλικ|ός *επίθ* material. **~** *(το)* material. **(Η/Υ)** hardware

υλιστικός *επίθ* materialistic

υλοποιώ *ρ μτβ* materialize

υλοτομία *(η)* lumbering

υμένας *(ο)* membrane

υμέτερος *αντων* *(αρχ)* your, yours

ύμνος *(ο)* hymn. *(χώρας)* anthem

υπαγόρευση *(η)* dictation

υπαγορεύω *ρ μτβ* dictate

υπαίθριος *επίθ* outdoor. *(σε ανοιχτό χώρο)* open air

ύπαιθρο *(το)* outdoors, open air

ύπαιθρος *(η)* countryside, country

υπαινιγμός *(ο)* hint. *(κρυφός)* insinuation

υπαινίσσομαι *ρ αμτβ* hint. *(έμμεσα)* imply, insinuate

υπαίτιος *επίθ* responsible, liable

υπαιτιότητα (*η*) culpability

υπακοή (*η*) obedience

υπάκουος *επίθ* obedient

υπακούω *ρ μτβ/αμτβ* obey

υπάλληλος (*ο, η*) (*εργαζόμενος*) employee. (*σε μαγαζί*) shop assistant. (*σε γραφείο*) official

υπανάπτυκτος *επίθ* underdeveloped

υπαναχωρώ *ρ αμτβ* back out

υπανθρώπινος *επίθ* subhuman

υπαξιωματικός (*ο*) petty officer

ύπαρξη (*η*) existence

υπαρξισμός (*ο*) existentialism

υπαρχηγός (*ο*) deputy leader

υπάρχοντα (*τα*) possessions

υπάρχω *ρ αμτβ* exist. **~ει** there is. **~ουν** there are

υπασπιστής (*ο*) adjutant

υπέδαφος (*το*) subsoil

υπεκφεύγω *ρ αμτβ* prevaricate

υπεκφυγή (*η*) prevarication. (*απάντηση*) evasive answer

υπενθυμίζω *ρ μτβ* remind

υπενθύμιση (*η*) reminder

υπενοικιάζω *ρ μτβ* sublet

υπέρ *πρόθ* above. (*για*) for, in favour of. **~ το δέον** excessively. **τα ~ και τα κατά** the pros and cons

υπεραγορά (*η*) supermarket

υπεραγαπώ *ρ μτβ* dote on

υπεραισθητός *επίθ* extra-sensory

υπεράκτιος *επίθ* offshore

υπεράνθρωπος *επίθ* superhuman

υπεράνω *επίρρ* above

υπερασπίζ|ω *ρ μτβ* defend. **~ομαι** *ρ μτβ* stand up for

υπεράσπιση (*η*) defence

υπεραστικός *επίθ* long-distance

υπερατλαντικός *επίθ* transatlantic

υπεραφθονία (*η*) glut

υπερβαίνω *ρ μτβ* exceed. (*σημείο*) overstep. (*όριο, προσδοκίες*) transcend

υπερβάλλω *ρ μτβ* surpass. • *ρ αμτβ* exaggerate

υπέρβαρος *επίθ* overweight

υπέρβατος *επίθ* transcendental

υπερβολή (*η*) excess. (*μεγαλοποίηση*) exaggeration. (*πολυτέλειας*) extravagance

υπερβολικός *επίθ* excessive. (*μεγαλοποιημένος*) exaggerated. (*πολυτέλεια*) extravagant. (*τιμή*) steep. (*χρόνος*) inordinate

υπέργει|ος *επίθ* **~α διάβαση** (*η*) overpass, flyover

υπέργηρος *επίθ* decrepit

υπερδιέγερση (*η*) overexcitation

υπερδύναμη (*η*) superpower

υπερεκτιμώ *ρ μτβ* overestimate

υπερένταση (*η*) tenseness

υπερευαισθησία (*η*) oversensitivity

υπερέχω *ρ μτβ* surpass

υπερήλικος *επίθ* very old

υπερημερία (*η*) overdue payment

υπερηφάνεια (*η*) *βλ* **περηφάνια**

υπερηχητικός *επίθ* ultrasonic. (*αεροπλάνο*) supersonic

υπερθετικός (*ο*) (*βαθμός*) superlative

υπερθέτω *ρ μτβ* superimpose

υπερισχύω *ρ αμτβ* prevail

υπεριώδης *επιθ* ultraviolet

υπερκατασκευή (η) superstructure

υπερκόπωση (η) overwork

υπερμεγέθης *επιθ* king size

υπέρμετρος *επιθ* inordinate. (ξεπερνά το μέτρο) excessive

υπερνικώ *ρ μτβ* overcome

υπέρογκος *επιθ* huge. (τιμή) extortionate

υπεροξείδιο (το) peroxide

υπερόπτης *επιθ* arrogant

υπεροπτικός *επιθ* supercilious

υπεροχή (η) superiority, supremacy

υπέροχος *επιθ* magnificent

υπεροψία (η) arrogance

υπερπαραγωγή (η) overproduction

υπερπηδώ *ρ μτβ* surmount

υπερπληθυσμός (ο) overpopulation

υπερπλήρης *επιθ* overflowing

υπερσύγχρονος *επιθ* latest, most up-to-date. (τεχν) state of the art

υπέρταση (η) hypertension

υπέρτατος *επιθ* superlative. (ύψιστος) supreme

υπερτερώ *ρ μτβ* outweigh

υπερτιμώ *ρ μτβ* overrate

υπέρυθρος *επιθ* infrared

υπερφορτίζω *ρ μτβ* overcharge. (ηλεκτρ) overload

υπερφυσικός *επιθ* supernatural

υπερωκεάνιο (το) ocean liner

υπερώο (το) attic. (θέατρ) gallery

υπερωρία (η) overtime

υπερώριμος *επιθ* overripe

υπεύθυνος *επιθ* responsible. (επικεφαλής) in charge. (υπόλογος) accountable

υπευθυνότητα (η) responsibility

υπήκοος (ο, η) national

υπηκοότητα (η) nationality

υπηρεσία (η) service. (υπαλλήλου) duty. (υπηρετικό προσωπικό) servant/maid

υπηρεσιακός *επιθ* official

υπηρέτης (ο) servant. (κυρίου) valet. **~ρια** (η) housemaid

υπηρετώ *ρ μτβ/αμτβ* serve

υπνάκος (ο) nap, snooze

υπνηλία (η) drowsiness

υπνοβάτης (ο), **~ισσα** (η) sleep walker

υπνοδωμάτιο (το) bedroom

υπνοθεραπεία (η) hypnotherapy

ύπνος (ο) sleep

υπνόσακος (ο) sleeping bag

ύπνωση (η) hypnosis

υπνωτήριο (το) dormitory

υπνωτίζω *ρ μτβ* hypnotize. (καταγοητεύω) mesmerize

υπνωτικός *επιθ* hypnotic. **~χάπι** (το) sleeping pill

υπνωτισμός (ο) hypnotism

υπό *πρόθ* below, under

υποανάπτυκτος *επιθ* underdeveloped

υποβαθμίζω *ρ μτβ* downgrade

υποβάλλω *ρ μτβ* submit. (εξαναγκάζω) subject. (θέατρ) prompt. (παράπονο) lodge. (πείθω) suggest. (προτείνω) put

υποβιβάζω *ρ μτβ* demote.
(*ταπεινώνω*) belittle
υποβλητικός *επίθ* evocative
υποβοηθώ *ρ μτβ* assist
υποβολέας (*o*) (*θέατρ*)
prompter
υποβολή (*η*) submission.
(*μεταφ*) suggestion
υποβολιμαίος *επίθ* spurious
υποβρύχιο (*το*) submarine
υποβρύχι|ος *επίθ* underwater.
~ο κολύμπι (*το*) skin diving
υπόγειος *επίθ* underground.
(*κάτω από την επιφάνεια*)
subterranean. **~ος** (*o*)
(*σιδηρόδρομος*) underground,
tube. **~ο** (*το*) basement
υπογραμμίζω *ρ μτβ* underline.
(*τονίζω*) highlight
υπογραφή (*η*) signature
υπογράφω *ρ μτβ* sign
υποδαυλίζω *ρ μτβ* poke (*fire*).
(*εχθρότητα*) foment
υπόδειγμα (*το*) paragon
υποδειγματικός *επίθ*
exemplary
υποδεικνύω *ρ μτβ* point out.
(*προτείνω*) suggest
υπόδειξη (*η*) hint. (*υποψηφίου*)
nomination
υποδείχνω *ρ μτβ βλ*
υποδεινύω
υποδεκανέας (*o*) lance corporal
υποδερμικός *επίθ* hypodermic
υποδέχομαι *ρ μρβ* greet.
(*προϋπαντώ*) welcome
υποδηλώνω *ρ μτβ* connote
υποδήλωση (*η*) connotation
υπόδημα (*το*) (*αρχ*) shoe
υποδηματοπ|οιός (*o*)
shoemaker. **~ωλείο** (*το*) shoe
shop

υποδιαιρώ *ρ μτβ* subdivide
υποδιαστολή (*η*) decimal point
υποδιευθυντής (*o*), **~ύντρια**
(*η*) deputy head
υπόδικος *επίθ* accused
(*awaiting trial*)
υποδομή (*η*) infrastructure
υποδόριος *επίθ* hypodermic
υποδουλώνω *ρ μτβ* enslave.
(*υποτάσσω*) subjugate
υποδοχή (*η*) reception.
(*ηλεκτρ*) socket (wall plug)
υποδύομαι *ρ μτβ* impersonate
υποηχητικός *επίθ* subsonic
υποθάλπω *ρ μτβ* abet.
(*υποκινώ*) pander to
υποθερμία (*η*) hypothermia
υπόθεση (*η*) hypothesis.
(*εικασία*) assumption. (*ζήτημα*)
matter. (*μυθιστορήματος*) plot.
(*νομ*) case. (*πιθανή αρχή*)
supposition
υποθετικός *επίθ* hypothetical.
(*γραμμ*) conditional
υπόθετο (*το*) suppository
υποθέτω *ρ μτβ*/*αμτβ* suppose,
assume. (*μαντεύω*) guess
υποθήκη (*η*) mortgage
υποκαθιστώ *ρ μτβ* substitute
υποκατάσταση (*η*)
substitution
υποκατάστατο (*το*) substitute
υποκατάστημα (*το*) (*εμπ*)
branch
υποκειμενικός *επίθ* subjective
υποκειμενικότητα (*η*)
subjectivity
υποκείμενο (*το*) subject.
(*μεταφ*) blighter
υποκείμενος *επίθ* underlying.
~ σε subject to

υποκίνηση (η) instigation.
(παρότρυνση) incitement

υποκιν|ητής (ο), **~ήτρια** (η)
instigator

υποκινώ ρ μτβ instigate.
(παροτρύνω) incite

υποκλέπτω ρ μτβ tap (phone)

υποκλίνομαι ρ αμτβ bow.
(γυναίκα) curtsy

υπόκλιση (η) bow. (για γυναίκα)
curtsy

υποκλοπή (η) telephone
bugging

υποκόπανος (ο) butt

υποκοριστικό (το) diminutive

υπόκοσμος (ο) underworld

υποκρίνομαι ρ μτβ/αμτβ act.
(προσποιούμαι) pretend

υποκρισία (η) hypocrisy

υποκρ|ιτής (ο), **~ίτρια** (η)
hypocrite

υποκριτικός επίθ hypocritical

υποκύπτω ρ αμτβ succumb

υπόκωφος επίθ dull (sound)

υπόλειμμα (το) remnant.
υπολείμματα (τα) remains

υπολείπομαι ρ αμτβ fall short,
be inferior. (μένω) be left

υπόλευκος επίθ off-white

υπόληψη (η) esteem. (φήμη)
standing

υπολογίζω ρ μτβ estimate.
(λογαριάζω) calculate.
(βασίζομαι) count on

υπολογισμός (ο) estimate.
(λογαριασμός) calculation

υπολογιστής (ο) calculator

υπολογιστικός επίθ accountable

υπόλοιπο (το) remainder.
(λογαριασμού) balance. **οι ~ι**
the rest

υπολοχαγός (ο) lieutenant

υπομένω ρ μτβ/αμτβ endure

υπόμνημα (το) memorandum

υπομονετικός επίθ patient

υπομονή (η) patience

υποναύαρχος (ο) rear admiral

υπόνοια (η) inkling

υπονομεύω ρ μτβ undermine

υπόνομος (η) sewer. (οχετός)
drain

υπονοούμεν|ος επίθ implicit.
~ο (το) innuendo

υπονοώ ρ μτβ imply

υποπλοίαρχος (ο) chief officer

υποπροϊόν (το) by-product

υποπτεύομαι ρ μτβ suspect

ύποπτος επίθ suspicious. (δεν
εμπνέει εμπιστοσύνη) suspect.
(δουλειά) shady. **~** (ο)
suspect

υποσημείωση (η) footnote

υποσιτισμ|ένος επίθ underfed.
~ός (ο) malnutrition

υποσκάπτω ρ μτβ undermine

υπόσταση (η) foundation.
(ύπαρξη) existence

υπόστεγο (το) shelter

υποστήριγμα (το) support

υποστηρίζω ρ μτβ support.
(ενισχύω) bolster. (ισχυρίζομαι)
argue. (με επιπρόσθετη βοήθεια)
back up. (προτιμώ) favour

υποστηρ|ικτικός επίθ
supportive. **~ικτής** (ο),
~ίκτρια (η) backer. (θεωρίας)
exponent

υποστήριγμα (το) bracket.
(γέφυρας) truss

υποστήριξη (η) support.
(ενίσχυση) backing.
(καταστήματος) patronage

υπόστρωμα *(το)* substratum. *(βαφής)* undercoat. *(κάτω από μοκέτα)* underlay

υποσυνείδητ|ος *επίθ* subconscious. **~ο** *(το)* subconscious

υπόσχεση *(η)* promise. *(τάξιμο)* pledge

υπόσχομαι *ρ μτβ/αμτβ* promise

υποταγή *(η)* submission. *(στο πεπρωμένο)* resignation. *(υπακοή)* obedience. *(υποδούλωση)* subordination

υποτακτικ|ός *επίθ* submissive. **~ή** *(η)* *(γραμμ)* subjunctive

υποτάσσ|ω *ρ μτβ* subdue. *(υποδουλώνω)* subordinate. **~ομμαι** *ρ αμτβ* submit

υποτίμηση *(η)* depreciation. *(νομίσματος)* devaluation

υποτιμητικός *επίθ* pejorative. *(λόγια)* derogatory. *(δυσφημιστικός)* disparaging

υποτιμώ *ρ μτβ* underestimate. *(μεταφ)* belittle. *(νόμισμα)* devalue

υπότιτλος *(ο)* subtitle

υποτροπιάζων *επίθ* recurrent

υποτροπή *(η)* recurrence. *(ιατρ)* relapse

υποτροφία *(η)* scholarship

ύπουλος *επίθ* devious. *(αρρώστια)* insidious. *(τρόπος)* underhand

υπουλότητα *(η)* deviousness

υπουργείο *(το)* ministry

υπουργικ|ός *επίθ* ministerial. **~ σύμβούλιο** *(το)* Cabinet

υπουργός *(ο, η)* minister

υποφαινόμενος *επίθ* undersigned

υποφερτός *επίθ* tolerable. *(καλούτσικος)* passable. *(πόνος)* bearable

υποφέρω *ρ μτβ* bear. *(ανέχομαι)* endure. *(δοκιμάζω)* suffer

υποχείριος *επίθ* under the thumb

υποχονδριακός *επίθ* hypochondriac

υπόχρεος *επίθ* obliged

υποχρεωμένος *επίθ* obliged. **~ σε** indebted to

υποχρεώνω *ρ μτβ* oblige. *(προκαλώ ευγνωμοσύνη)* obligate

υποχρέωση *(η)* obligation. *(καθήκον)* duty. *(οικονομική)* liability

υποχρεωτικός *επίθ* compulsory. *(αναγκαστικός)* obligatory. *(εξυπηρετικός)* obliging

υποχώρηση *(η)* *(στρ)* retreat

υποχωρώ *ρ αμτβ* retreat. *(εδαφος)* give way. *(νερά)* recede. *(σε απόψεις)* back down

υπόψη *επίρρ* **έχω ~** bear in mind. **λαμβάνω ~** take into account

υποψήφιος *(ο)*, **~ήφία** *(η)* candidate. *(αιτών)* applicant. *(που έχει προταθεί)* nominee. *(σε διαγωνισμό)* entrant

υποψηφιότητα *(η)* candidacy. *(μετά από πρόταση)* nomination

υποψία *(η)* suspicion

υποψιάζομαι *ρ μτβ* suspect

ύπτιο|ς *επίθ* supine. **~** *(το)* backstroke

ύστατος *επίθ* ultimate

ύστερα *επίρρ* afterwards, then

υστερία (η) hysteria
υστερικός επίθ hysterical
υστεροβουλία (η) ulterior motive
υστερόγραφο (το) postscript
ύστερος επίθ last. **εκ των υστέρων** in retrospect
υστερώ ρ αμτβ be inferior. (μένω πίσω) be behind
ύστριγξ (η) porcupine
υφαίνω ρ μτβ weave
ύφαλα (τα) ship's bottom
ύφαλος (ο) reef
ύφανση (η) weave. (διαδικασία) weaving
υφαντής (ο), **υφάντρια** (η) weaver
υφαντουργία (η) textile industry
ύφασμα (το) fabric, material
ύφεση (η) (ατμοσφαιρική) trough. (εμπ) recession. (μουσ) flat. (πολ) détente
υφή (η) texture. (σε δέρμα) grain
υφήλιος (η) globe, world
υφίσταμαι ρ αμτβ be. (υποβάλλομαι) undergo
υφιστάμενος επίθ subordinate
ύφος (το) expression. (εξωτερική εμφάνιση) look. (στο γραπτό λόγο) style
υφυπουργός (ο, η) junior minister
υψηλός επίθ high. (άνθρωπος) tall. (ιδανικό) noble. (τιμή) stiff. (ύφος) lofty. (φωνή) high pitched
υψηλότατος (ο), **~ τητα** (η) Highness
υψικάμινος (η) blast furnace
ύψιστος επίθ paramount

υψίφωνος (ο) tenor. **~** (η) soprano
υψόμετρο (το) altitude. (όργανο) altimeter
ύψος (το) height. (υψόμετρο) altitude. (φωνής) pitch
ύψωμα (το) rise (land)
υψών|ω ρ μτβ heighten. (εξυψώνω) enhance. (ποτήρι, φωνή) raise. (σημαία) hoist. **~ομαι** ρ αμτβ rise. (απότομα) surge

Φφ

φαβορί (το) άκλ favourite
φαβορίτα (η) sideboard, sideburn
φαβοριτισμός (ο) favouritism
φαγάς (ο) big eater
φαγητό (το) food. (γεύμα) meal
φαγκρί (το) sea bream
φαγοπότι (το) feasting
φαγούρα (η) itch
φάγωμα (το) wear. (γκρίνια) nagging
φαεινός επίθ brilliant
φαιδρός επίθ cheerful. **~ τητα** (η) cheerfulness
φαγώσιμος επίθ edible
φαΐ (το) food
φαίνομαι ρ αμτβ be visible. (εμφανίζομαι) appear. (θεωρούμαι) seem. **~ σαν** look like
φαινομενικ|ός επίθ apparent. (δήθεν) ostensible. **~ά** επίρρ seemingly

φαινόμενο (το) phenomenon

φάκα (η) mousetrap

φακελάκι (το) sachet. ~ τσαγιού tea bag

φάκελος (ο) envelope. (έγγραφα) file. (σε εφημερίδα) feature

φακή (η) lentil

φακίδα (η) freckle

φακίρης (ο) fakir

φακός (ο) lens. (λυχνία) torch. (μεγεθυντικός) magnifying glass. ~ επαφής contact lens

φάλαγγα (η) column (formation). (στρ) phalanx

φάλαινα (η) whale

φαλάκρα (η) baldness

φαλακρός επίθ bald

φαλλικός επίθ phallic

φανάρι (το) lantern

φανατίζω ρ μτβ fanaticize

φανατικός επίθ fanatical. ~ (ο) fanatic

φανατισμός (ο) fanaticism

φανέλα (η) flannel. (εσωτερική) vest. (χωρίς μανίκια) singlet

φανερός επίθ evident. (εμφανής) apparent, obvious. (πρόδηλος) overt. ~ά επίρρ obviously, evidently

φανερών|ω ρ μτβ reveal. ~ομαι ρ αμτβ appear

φανός (ο) (street) lamp

φανοστάτης (ο) lamppost

φαντάζομαι ρ μτβ imagine. (σχηματίζω εικόνα) visualize. (οροματίζομαι) envisage

φαντάζω ρ αμτβ look glamorous. (ξεχωρίζω) stand out

φαντασία (η) imagination. (ματαιοδοξία) conceit

φαντασιοκοπώ ρ αμτβ fantasize

φαντασιοπληξία (η) fancy

φαντασίωση (η) fantasy

φάντασμα (το) phantom. (νεκρού) ghost, apparition

φαντασμαγορ|ία (η) panorama. ~ικός επίθ panoramic

φαντασμένος επίθ conceited

φανταστικός επίθ imaginary. (απίθανος) fantastic. (μόνο στη φαντασία) fictitious. (χαρακτήρας) fictional

φανταχτερός επίθ flamboyant. (χτυπητός) gaudy

φάντης (ο) jack (in cards)

φανφάρα (η) fanfare

φαξ (το) άκλ fax

φάουλ (το) άκλ (σπορ) foul

φάπα (η) slap (on the head)

φαράγγι (το) gorge. (ποταμού) canyon

φαράσι (το) dustpan

φαρδαίνω ρ μτβ widen. (ρούχα) let out. • ρ αμτβ become wider

φάρδος (το) width. (φούστας) flare

φαρδύς επίθ broad. (ρούχα) loose. (φούστα) flared

φαρίνα (η) fine white flour

φαρισαϊκός (επίθ) self-righteous

φαρισαίος (ο) Pharisee. (μεταφ) hypocrite

φάρμα (η) farm

φαρμακείο (το) dispensary. (αμερ) drugstore. (κατάστημα) pharmacy

φαρμακερός επίθ venomous

φαρμακευτικός επίθ
pharmaceutical. (με ιδιότητες
φαρμάκου) medicinal

φαρμάκι (το) venom.
(δηλητήριο) poison. (μεταφ)
bitterness

φάρμακο (το) drug, medicine.
(αγωγή) medication

φαρμακολογία (η)
pharmacology

φαρμακοποιός (ο, η)
pharmacist. (παρασκευαστής
φαρμάκων) dispenser

φαρμακώνω ρ μτβ poison.
(μεταφ) embitter

φάρος (ο) lighthouse. (φως)
beacon

φάρσα (η) prank. (κωμωδία)
farce

φαρσέρ (ο, η) prankster

φαρσί επίρρ fluently

φάρυγγας (ο) pharynx

φαρυγγίτιδα (η) pharyngitis

φασαμέν (τα) άκλ lorgnette

φασαρία (η) to-do.
(αναστάτωση) commotion.
(ενόχληση) hassle. (θόρυβος)
uproar. (κίνηση) bustle.
(μπελάς) palaver. (πλήθους)
hubbub. (ταραχή) disturbance.
(φορτική ασχολία) fuss

φάση (η) phase

φασιανός (ο) pheasant

φασισμός (ο) fascism

φασίστ|ας (ο), **~ρια** (η) fascist

φασκόμηλο (το) sage (herb)

φάσκω ρ αμτβ **~ και
αντιφάσκω** keep contradicting
o.s.

φάσμα (το) spectrum. (μεταφ)
spectre

φασολάδα (η) a dish of boiled
haricot beans

φασολάκι (το) runner bean

φασόλι (το) haricot bean

φασουλής (ο) Punch. (θέατρ)
Punch and Judy show

φαστφουντάδικο (το) fast food
restaurant

φάτνη (η) manger. (εκκλ) crib

φατρία (η) faction

φάτσα (η) mug, person's face

φαύλος επίθ base. **~ κύκλος**
(ο) vicious circle

φαφλατάς (ο) windbag

φαφούτης (ο) toothless man

Φεβρουάριος (ο) February

φεγγάρι (το) moon

φεγγαρόλουστος επίθ moonlit

φεγγαρόφωτο (το) moonlight

φεγγίτης (ο) skylight

φεγγοβολώ ρ αμτβ glow

φέγγω ρ μτβ illuminate. • ρ αμτβ
shine. **~ αμυδρά** glimmer

φείδομαι ρ μτβ spare

φειδώ (η) thrift

φειδωλεύομαι ρ αμτβ stint

φειδωλός επίθ thrifty. (μεταφ)
sparing

φελλός (ο) cork. (ψαρέματος)
float

φεμινισμός (ο) feminism

φεμιν|ιστής (ο), **~ίστρια** (η)
feminist

φέξη (η) daybreak

φεουδαρχία (η) feudalism.
~ικός επίθ feudal

φερέγγυος επίθ solvent
(enterprise)

φερεγγυότητα (η) solvency

φερετζές (ο) yashmak

φέρετρο (το) coffin

φερέφωνο (το) mouthpiece

φέριμποτ (το) άκλ car ferry

φερμουάρ (το) άκλ zip

φέρνω ρ μτβ bring. (αντιρρήσεις) raise. (πηγαίνω και ~) fetch

φέρσιμο (το) conduct

φέρ|ω ρ μτβ βλ **φέρνω**. (βαστάζω) bear. **~ω βαρέως** resent. **~ομαι** ρ αμτβ behave. **~ομαι καλά** acquit o.s. well

φεστιβάλ (το) άκλ festival

φέτα[1] (η) slice. (μπέικον) rasher. (πορτοκαλιού) segment. (τριγωνική) wedge

φέτα[2] (η) soft white cheese, feta

φετινός επίθ this year's

φετίχ (το) άκλ fetish

φέτος επίρρ this year

φευγάλα (η) flight (escape)

φεύγω ρ αμτβ go away, leave. (αναχωρώ) depart. (αποχωρώ) quit. (δραπετεύω) get away

φήμη (η) fame. (κακή) notoriety

φημίζομαι ρ μτβ be renowned

φημισμένος επίθ famous

φημολογούμαι ρ αμτβ be rumoured

φθάνω ρ αμτβ arrive. βλ **φτάνω**

φθαρμένος επίθ tatty

φθαρτός επίθ perishable

φθείρ|ω ρ μτβ wear (down/out). (λίγο λίγο) whittle away. (μεταφ) corrupt. **~ομαι** ρ αμτβ perish (fruit)

φθινοπωρινός επίθ autumnal

φθινόπωρο (το) autumn, (αμερ) fall

φθίνω ρ αμτβ diminish. (λιώνω) waste away

φθίση (η) consumption

φθόγγος (ο) sound (of voice). (μους) note

φθονερός επίθ envious

φθόνος (ο) envy

φθονώ ρ μτβ envy

φθορά (η) wear. (μαρασμός) decay

φθορίζω ρ αμτβ fluoresce. **~ν** επίθ fluorescent

φθοροποιός επίθ pernicious. (επίδραση) malign

φιαλίδιο (το) phial

φιάσκο (το) άκλ fiasco

φιγούρα (η) figure. (μεταφ) swank

φιγουράρω ρ αμτβ figure

φίδι (το) snake

φίλαθλος επίθ sports fan

φιλαλήθης επίθ truthful

Φιλανδία (η) Finland

φιλανδικ|ός επίθ Finnish. **~ά** (τα) Finnish

Φιλανδ|ός (ο), **~έζα** (η) Finn

φιλανθρωπ|ία (η) charity. **~ικός** επίθ charitable

φιλάνθρωπος επίθ charitable. **~** (ο) philanthropist

φιλαράκος (ο) pal

φιλαργυρία (η) avarice

φιλάργυρος επίθ avaricious

φιλαρέσκεια (η) coquetry

φιλαρέσκος επίθ coquettish

φιλαρμονικ|ός επίθ philharmonic. **~ή** (η) philharmonic (orchestra)

φιλάσθενος επίθ weakly

φιλειρηνικός επίθ peace loving

φιλελεύθερος επίθ liberal. **οι Φ~οι** the Liberals

φιλέλληνας (ο) philhellene

φιλενάδα *(η)* (woman) friend. *(αγαπητικιά)* mistress. *(αγοριού)* girlfriend

φίλερις *επίθ* belligerent

φιλές *(ο)* hair net

φιλέτο *(το)* fillet

φιλεύω *ρ μτβ* treat to

φίλη *(η)* girlfriend

φιληδονία *(η)* sensuality

φιλήδονος *επίθ* sensual

φίλημα *(το)* kiss

φιλήσυχος *επίθ* peaceful. *(πολίτης)* law-abiding

φιλί *(το)* kiss

φιλία *(η)* friendship

φιλικός *επίθ* friendly. *(τρόπος)* amicable

φιλικότητα *(η)* friendliness

Φιλιππίνες *(οι)* Philippines

φιλιστρίνι *(το)* porthole

φιλμ *(το)* άκλ film

φιλντισένιος *επίθ* ivory

φίλντισι *(το)* mother-of-pearl. *(ελαφαντόδοντο)* ivory

φιλοβασιλικός *επίθ* royalist

φιλοδοξία *(η)* ambition. *(βλέψη)* aspiration

φιλόδοξος *επίθ* ambitious

φιλοδοξώ *ρ αμτβ* aspire

φιλοδώρημα *(το)* gratuity. *(μπουρμπουάρ)* tip

φιλολογία *(η)* philology. *(συγγράμματα)* literature

φιλόλογος *(ο)* philologist

φιλόμουσος *επίθ* music lover

φιλόνικος *(ο)* pugnacious

φιλοξενία *(η)* hospitality

φιλόξενος *(ο)* hospitable

φιλοξενώ *ρ μτβ* be a host to. *(ξένο)* put up

φιλόπονος *επίθ* diligent

φίλος *(ο)* friend. *(εραστής)* lover. *(κοριτσιού)* boyfriend

φιλοσοφία *(η)* philosophy. **~ικός** *επίθ* philosophical

φιλόσοφος *(ο, η)* philosopher

φιλοτελισμός *(ο)* philately

φιλοτιμία *(η)* sense of honour

φιλότιμος *επίθ* with a sense of honour. *(ευσυνείδητος)* conscientious. **~** *(το)* self-esteem

φιλοφρόνηση *(η)* compliment

φιλοφρονητικός *επίθ* complimentary

φιλτράρω *ρ μτβ* filter

φίλτρο *(το)* filter. *(ποτό)* potion. *(τσιγάρου)* filter-tip

φιλύποπτος *επίθ* mistrustful

φιλώ *ρ μτβ* kiss. *(βιαστικά)* peck. **~ιέμαι** *ρ αμτβ* kiss

φιμώνω *ρ μτβ* gag. *(ζώο)* muzzle

φίμωτρο *(το)* gag. *(ζώου)* muzzle

φινάλε *(το)* άκλ finale

φινέτσα *(η)* finesse

φινίρισμα *(το)* finish

φινιστρίνι *(το)* βλ **φιλιστρίνι**

φιντάνι *(το)* seedling

φιόγκος *(ο)* bow *(with ribbon)*

φιόρδ *(το)* άκλ fiord

φιοριτούρα *(η)* flourish *(scroll)*

φίσκα *επίθ* άκλ jam-packed

φιστίκι *(το)* groundnut. *(Αιγίνης)* pistachio. *(αράπικο)* peanut

φιτίλι *(το)* wick. *(βόμβας)* fuse

φλαμανδικός *επίθ* Flemish

φλαμίγκο *(το)* άκλ flamingo

φλάντζα (η) gasket

φλαουτίστ|ας (ο), **~ρια** (η) flautist

φλάουτο (το) flute

φλας (το) άκλ flash. (αυτοκ) indicator

φλασκί (το) flask

φλέβα (η) vein. (ορυχείου) seam

Φλεβάρης (ο) βλ **Φεβρουάριος**

φλέγμα (το) phlegm

φλεγματικός επίθ phlegmatic. (απαθής) stolid

φλεγμονή (η) inflammation

φλέγομαι ρ αμτβ be ablaze

φλεγόμενος επίθ alight, ablaze

φλερτ (το) άκλ flirt

φλερτάρισμα (το) flirtation

φλερτάρω ρ αμτβ flirt

φλιτζάνι (το) cup. (του τσαγιού) teacup

φλόγα (η) flame

φλογέρα (η) reed

φλογερός επίθ fiery. (επιθυμία) ardent

φλοιός (ο) bark (of tree)

φλοκάτη (η) flokati (shaggy woollen rug)

φλούδα (η) skin (outer layer). (πατάτας) jacket. (πορτοκαλιού) peel. (τυριού, μπέικον) rind. (σπειριού) husk

φλυαρία (η) chatter, prattle

φλύαρος επίθ garrulous. **~** (ο) chatterbox

φλυαρώ ρ αμτβ chatter, prattle

φοβάμαι ρ μτβ/αμτβ βλ **φοβούμαι**

φοβερίζω ρ μτβ threaten

φοβερ|ός επίθ terrifying. (καταπληκτικός) terrific. (τρομερός) terrible.

(φρικιαστικός) horrid. **~ά** επίρρ terribly, terrifyingly

φοβητσιάρης επίθ timid

φοβία (η) phobia

φοβίζω ρ μτβ frighten

φοβισμένος επίθ fearful. (ανήσυχος) apprehensive

φόβος (ο) fear. (ανησυχία) misgiving

φοβούμαι ρ μτβ fear. • ρ αμτβ be afraid

φόδρα (η) lining

φοδράρω ρ μτβ line (garment)

φοινίκι (το) date (fruit)

φοινικιά (η) palm tree

φοίτηση (η) attendance

φοιτητής (ο), **~ήτρια** (η) student. (πανεπιστημίου) undergraduate

φοιτώ ρ αμτβ attend (studies)

φονεύω ρ μτβ murder

φονιάς (ο), **φόνισσα** (η) murderer

φονικός επίθ deadly

φόνος (ο) murder

φορά (η) time. **άλλη ~** another time. **μια ~** once. **καμιά ~** on occasion. **μια ~ κι έναν καιρό** once upon a time

φοράδα (η) mare

φοραδίτσα (η) filly

φορβή (η) fodder

φορέας (ο) (ιατρ) carrier. (όργανο) body

φορείο (το) stretcher

φόρεμα (το) dress

φορεσιά (η) suit

φορητός επίθ portable. **~ Η.Υ.** (ο) laptop

φόρμα (η) form. (γυμναστικής) track suit. (διάθεση) shape.

(εργάτη) boiler suit. (εργασίας) overalls. (παιδική) rompers

φορμάκι (το) leotard

φορμάρω ρ μτβ give shape

φοροδιαφυγή (η) tax evasion

φορολογία (η) taxation

φορολογήσιμος επίθ taxable

φορολογούμενος (ο) taxpayer

φορολογώ ρ μτβ tax. **~ούμαι** ρ αμτβ pay tax

φόρος (ο) tax

φόρουμ (το) άκλ forum

φοροφυγάδας (ο) tax evader

φόρτε (το) άκλ strong point. (μους) forte

φορτηγάκι (το) van. (ανοιχτό πίσω) pick-up truck

φορτηγίδα (η) barge

φορτηγό (το) (αυτοκίνητο) lorry. (πλοίο) freighter. (σιδηρ) truck

φορτίζω ρ μτβ (ηλεκτρ) charge

φορτικός επίθ obtrusive

φορτίο (το) load. (εμπ) freight. (σε μεταφορικό μέσο) cargo

φόρτιση (η) (ηλεκτρ) charge

φορτώνω ρ μτβ load. (μεταφ) burden. **~ομαι** be saddled with. (μεταφ)

φόρτωση (η) shipment

φορτωτική (η) waybill

φορώ ρ μτβ put on. (είμαι ντυμένος) wear

φουαγιέ (το) άκλ foyer

φουγάρο (το) funnel. (μεταφ) chain smoker

φούγκα (η) fugue

φουκαράς (ο) wretch

φουλάρω ρ μτβ (αυτοκ) rev (up)

φούντα (η) tassel

φουντάρω ρ μτβ sink. • ρ αμτβ cast anchor

φουντούκι (το) hazelnut

φουντώνω ρ αμτβ flare up

φούξια (η) fuchsia. (χρώμα) (το) magenta

φουρκέτα (η) hairpin bend

φουρκίζω ρ μτβ infuriate

φούρναρης (ο) baker

φουρνιά (η) batch (of bread)

φούρνος (ο) oven. (αρτοποιείο) bakery

φουρτούνα (η) rough sea. (μεταφ) tribulation

φουρτουνιασμένος επίθ rough (sea)

φούσκα (η) bubble. (σε καζανάκι) ball-cock

φουσκάλα (η) blister

φουσκαλιάζω ρ αμτβ blister

φουσκοθαλασσιά (η) swell (sea)

φουσκονεριά (η) incoming tide

φούσκωμα (το) bulge. (στομαχιού) flatulence

φουσκωμένος επίθ swollen. (μάγουλα) puffy. (πορτοφόλι) bulging. (με φαΐ) bloated

φουσκώνω ρ μτβ inflate. (λάστιχο) pump up. (εξοργίζω) vex. (υπερβάλλω) blow up (μεταφ). • ρ αμτβ fill out, put on weight. (κορδώνομαι) puff up. (λαχανιάζω) be out of breath. (πήζομαι) swell. (ψωμί) rise

φούστα (η) skirt

φουστανέλα (η) white knee-length pleated skirt worn by Greek men. **σκοτσέζικη ~** kilt

φουστάνι (το) dress

φουτουριστικός επίθ futuristic

ΦΠΑ (ο) συντ (Φόρος Προστιθεμένης Αξίας) VAT (Value Added Tax)

φράγκο (το) French franc

φραγκοστάφυλο (το) redcurrant

φράγμα (το) barrier. (ιδατοφράκτης) dam. (ποταμού) weir

φραγμός (ο) barrier

φράζω ρ μτβ block. (περικλείω) fence. • ρ αμτβ block

φρακάρισμα (το) (μηχ) jam. **~ω** ρ αμτβ jam

φράκο (το) tails, tailcoat

φραμπαλάς (ο) flounce

φράντζα (η) fringe (hair)

φραντζόλα (η) round loaf of fluffy white bread

φράξιμο (το) fencing

φράουλα (η) strawberry

φρασεολογία (η) phraseology

φράση (η) phrase

φράχτης (ο) fence. (από θάμνους) hedge

φρέαρ (το) (mine) shaft

φρεγάτα (η) frigate

φρέζια (η) freesia

φρένα (τα) reason (mind). **είμαι έξω φρενών** be furious

φρενάρω ρ αμτβ brake

φρενιάζω ρ αμτβ become furious

φρενίτιδα (η) frenzy

φρένο (το) brake

φρενοβλαβής επίθ mentally deranged

φρενοκομείο (το) lunatic asylum

φρεσκάδα (η) freshness

φρεσκάρω ρ μτβ freshen. (ανανεώνω) brush up

φρέσκο¹ (το) fresco

φρέσκο² (το) (καιρός) cool weather. (φυλακή) cooler

φρεσκοκομμένος επίθ freshly cut

φρέσκος επίθ fresh. (μπογιά) wet

φριγκίλη (η) chaffinch

φρικαλέος επίθ hideous. **~εότητα** (η) hideousness

φρίκη (η) horror

φρικιαστικός επίθ blood-curdling

φριχτός επίθ horrific, ghastly

φρόνημα (το) moral. (γνώμη) view

φρόνηση (η) prudence

φρονιμάδα (η) good behaviour. (σύνεση) good sense

φρονιμίτης (ο) wisdom tooth

φρόνιμος επίθ sensible. (παιδί) well behaved. (συμβουλή) sound

φροντίδα (η) care. (ανησυχία) concern. **~ι** care of

φροντίζω ρ μτβ care for. (ανάγκες) cater for. (ζήτημα) attend to. (κήπο) tend. (περιποιούμαι) look after. (προνοώ) provide

φροντιστήριο (το) tutorial. (σχολή) tutorial college

φροντιστής (ο) minder. (φροντιστηρίου) tutor

φρονώ ρ αμτβ be of the opinion

φρουρά (η) garrison

φρούρηση (η) guarding

φρούριο (το) fortress

φρουρός (ο) guard

φρουρώ *ρ μτβ* guard (*watch*)

φρουτιέρα *(η)* fruit bowl

φρούτο *(το)* fruit

φρουτοσαλάτα *(η)* fruit salad

φρυγανιά *(η)* toast.
(*τραγανιστή*) crispbread

φρυγανιέρα *(η)* toaster

φρύγανο *(το)* dry stick

φρύδι *(το)* eyebrow

φρύνος *(ο)* toad

φταίξιμο *(το)* fault (*blame*)

φταίω *ρ αμτβ* be to blame

φτάνω *ρ μτβ* reach. (*γίνομαι ισάξιος*) equal. (*πραγματοποιώ*) attain. (*προτείνω*) catch up. • *ρ αμτβ βλ* **φθάνω**. (*εκτείνομαι έως*) be up to. (*επαρκώ*) be sufficient. (*πλησιάζω*) draw near. **~ει!** enough!

φταρνίζομαι *ρ αμτβ* sneeze

φτάρνισμα *(το)* sneeze

φτελιά *(η)* elm

φτέρη *(η)* fern

φτέρνα *(η)* heel

φτερό *(το)* feather. (*αυτοκ*) wing. (*για γράψιμο*) quill

φτερούγα *(η)* wing

φτερουγίζω *ρ αμτβ* flap (*wings*)

φτερούγισμα *(το)* flapping (*of wings*)

φτέρωμα *(το)* plumage

φτερωτός *επίθ* winged

φτηναίνω *ρ μτβ* cheapen

φτήνια *(η)* cheapness

φτην|ός *επίθ* cheap. **~ά** *επίρρ* cheap(ly). **~ά τη γλιτώνω** have a narrow escape

φτιάξιμο *(το)* making

φτιάχν|ω *ρ μτβ* make. (*βαλίτσα*) pack. (*δωμάτιο*) tidy up. (*σπίτι*)

do up. (*φαΐ*) prepare. • *ρ αμτβ* change (for the better). **τα ~ω με κπ** make up. **~ομαι** *ρ αμτβ* put on one's make-up

φτου *επιφών* **~ κι απ' την αρχή** back to square one. **~ σου!** shame on you

φτυαράκι *(το)* (child's) spade

φτυάρι *(το)* spade, shovel

φτυαρίζω *ρ μτβ* shovel

φτύμα *(το)* spit. **~τα** *(τα)* splutter

φτύνω *ρ μτβ/αμτβ* spit

φτυστός *επίθ* just like

φτωχαίνω *ρ μτβ* impoverish. • *ρ αμτβ* become impoverished

φτώχεια *(η)* poverty

φτωχικ|ός *επίθ* poor. (*ποσότητα*) meagre. **~ (το)** humble home

φτωχοκομείο *(το)* poorhouse

φτωχός *επίθ* poor

φυγάδας *(ο)* fugitive

φυγαδεύω *ρ μτβ* help to escape

φυγή *(η)* flight. (*ληστή*) get-away. **σε ~** on the run. **τάση ~ς** escapism

φυγόδικος *(ο)* outlaw

φυγόκεντρος *επίθ* centrifugal

φυγόπονος *(ο)* shirker

φύκι *(το)* seaweed

φυλά|(γ)ω *ρ μτβ* guard. (*διατηρώ*) keep. (*ενεδρεύω*) lie in wait for. (*επιτηρώ*) watch. (*προστατεύω*) protect. **~γομαι** *ρ αμτβ* **~γομαι από** guard against

φύλακας *(ο)* watchman. (*δημόσιου κήπου*) warden. (*ζωολογικού κήπου*) keeper. (*μουσείου*) attendant. (*φρουρός*) guard. (*μεταφ*) watchdog

φυλακή (η) prison, gaol. (αμερ) penitentiary

φυλακίζω ρ μτβ imprison

φυλάκιση (η) imprisonment

φυλακισμένος επίθ imprisoned. **~** (ο) prisoner

φύλαξη (η) guarding. (προστασία) safekeeping. **~ αποσκευών** left luggage (office)

φυλαχτό (το) talisman

φυλετικός επίθ racial. (της φυλής) tribal

φυλετισμός (ο) racialism

φυλή (η) race. (ομάδα ανθρώπων) tribe

φυλλάδα (η) rag υβριστ, newspaper

φυλλάδιο (το) leaflet. (ενός φύλλου) pamphlet

φύλλο (το) leaf. (ζύμης) fillo pastry. (πόρτας) pane. (στρώμα) ply. (τραπεζιού) flap. (τσαγιού) tea leaf. (χαρτιού) sheet. (χόρτου) blade

φυλλοβόλος επίθ deciduous

φυλλομετρώ ρ μτβ flick through, leaf through

φύλλωμα (το) foliage

φύλο (το) sex, gender

φυματικός επίθ consumptive

φυμάτίωση (η) tuberculosis

φύρδην επίρρ **~ μίγδην** higgledy-piggledy

φυσαλίδα (η) blister

φυσαρμόνικα (η) harmonica

φυσερό (το) bellows

φύση (η) nature

φύσημα (το) blow. (αέρα) puff. (δυνατό) gust

φύσιγγα (η) (ιατρ) ampoule

φυσίγγι (το) cartridge

φυσική (η) physics

φυσικ|ός επίθ (της ύλης) physical. (της φύσης) natural. **~ός** (ο, η) physicist. **~ά** επίρρ naturally

φυσιογνωμία (η) facial features. (προσωπικότητα) person of distinction

φυσιογνώστης (ο), **~τρια** (η) natural scientist

φυσιοδίφης (ο) naturalist

φυσιοθεραπεία (η) physiotherapy

φυσιοθεραπ|ευτής (ο), **~εύτρια** (η) physiotherapist

φυσιολογία (η) physiology

φυσ|ώ ρ μτβ|αμτβ blow. (αναπνέω) blow out. **~άει** it's windy

φυτεία (η) plantation

φύτεμα (το) planting

φυτεύω ρ μτβ plant

φυτικ|ός επίθ vegetable. **~ές ίνες** (οι) roughage

φυτό (το) plant

φυτοζωώ ρ αμτβ vegetate. (στερούμαι) scrape a living

φυτοκομία (η) horticulture

φυτολο|γία (η) botany. **~όγος** (ο, η) botanist

φυτοφάρμακο (το) pesticide

φυτρώνω ρ αμτβ sprout

φυτώριο (το) nursery (for plants)

φώκαινα (η) porpoise

φώκια (η) seal (animal)

φωλιά (η) nest. (ζώων) lair

φωλιάζω ρ αμτβ nest. (τρυπώνω) nestle

φωνάζω _ρ μτβ_ call. (_ταξί_) hail.
• _ρ αμτβ_ call out. (_απαιτητικά_)
clamour. (_μιλώ δυνατά_) shout

φωνασκώ _ρ αμτβ_ vociferate

φων|ή (_η_) voice. **~ές** (_οι_)
clamour

φωνήεν (_το_) vowel

φωνητική (_η_) phonetics

φωνητικός _επίθ_ vocal. (_των
φθόγγων_) phonetic

φως (_το_) light. (_όραση_) sight.
(_της ημέρας_) daylight. **είναι ~
φανάρι** it's too obvious

φωστήρας (_ο_) luminary

φωσφορίζω _ρ αμτβ_
phosphoresce

φωσφόρος (_ο_) phosphorous

φώτα (_τα_) learning. **Φ~**
Epiphany

φωταέριο (_το_) (lighting) gas

φωταγωγώ _ρ μτβ_ floodlight

φωτεινός _επίθ_ light. (_εκπέμπει
φως_) luminous. (_λαμπρός_)
bright. (_ξεκάθαρος_) lucid

φωτιά (_η_) fire. (_στο ύπαιθρο_)
bonfire

φωτίζ|ω _ρ μτβ_ illuminate.
(_διαφωτίζω_) enlighten. **~ει
απρόσ** it's getting light

φώτιση (_η_) enlightenment

φωτισμός (_ο_) lighting

φωτιστικός _επίθ_ lighting. **~
δαπέδου** (_το_) standard lamp

φωτοαντίγραφο (_το_)
photocopy

φωτοβολίδα (_η_) flare

φωτογενής _επίθ_ photogenic

φωτογραφείο (_το_)
photographic studio

φωτογραφία (_η_) (_εικόνα_)
photograph, photo. (_τέχνη_)
photography

φωτογραφίζω _ρ μτβ_
photograph

φωτογραφικ|ός _επίθ_
photographic. **~ή μηχανή** (_η_)
camera

φωτογράφος (_ο, η_)
photographer

φωτόμετρο (_το_) photometer.
(_για φωτογραφίες_) exposure
meter

φωτομοντέλο (_το_)
photographic model

φωτοστέφανος (_ο_) halo

φωτοσύνθεση (_η_)
photosynthesis

φωτοτυπία (_η_) photocopy

....

Χχ

....

χαβάς (_ο_) tune

χαβιάρι (_το_) caviare

χάδι (_το_) caress

χαδιάρικος _επίθ_ cuddly

χαζεύω _ρ αμτβ_ gape. (_γίνομαι
χαζός_) go soft in the head

χάζι (_το_) amusement. **τον κάνω
~** find s.o. amusing

χαζομάρα (_η_) stupidity

χαζός _επίθ_ stupid. • (_ο_) twit

χαζούλιακας (_ο_) silly-billy
(_καθομ_)

χαϊδεμένος _επίθ_ spoilt

χαϊδευτικ|ός _επίθ_ affectionate.
~ό όνομα (_το_) pet name

χαϊδεύω _ρ μτβ_ caress, stroke

χαίνω _ρ αμτβ_ gape. **~ν** _επίθ_
gaping

χαιρεκακία (η) malice

χαιρέκακος επίθ malicious

χαιρετίζω ρ μτβ greet. (στρ) salute

χαιρ|έτισμα (το) greeting. **~ετίσματα** (τα) greetings

χαιρετισμός (ο) (στρ) salute. **~οί** (οι) regards, compliments

χαιρετώ ρ μτβ hail. **χαίρετε!** so long!

χαίρ|ω, ~ομαι ρ αμτβ rejoice, be delighted. **~ για** (με κακεντρέχεια) gloat over. **~ω πολύ** how do you do

χαίτη (η) mane

χακί (το) khaki

χαλάζι (το) hail

χαλαζίας (ο) quartz

χαλαζοθύελλα (η) hailstorm

χαλαζόκοκκος (ο) hailstone

χαλάκι (το) rug. (της πόρτας) doormat

χαλάλι επίρρ **χαλάλι της τα λεφτά** I don't begrudge her the money

χαλαρός (ο) loose. (μεταφ) lax

χαλαρότητα (η) slackness. (μεταφ) laxity

χαλαρώνω ρ μτβ loosen. (πειθαρχία) slacken. • ρ αμτβ relax

χαλασμένος επίθ bad, off. (δε λειτουργεί) out of order

χαλβάς (ο) halva, (cake made of semolina)

χαλεπιανό (το) (κυπρ) pistachio nut

χάλι (το) plight. **έχει τα ~ της** she is in bad shape

χαλί (το) carpet. (για διάδρομο) runner

χαλίκι (το) pebble. **~α** (τα) gravel. (παραλίας) shingle

χαλιναγωγώ ρ μτβ bridle. (μεταφ) restrain

χαλινάρι (το) bridle. (μεταλλικό εξάρτημα) bit. (μεταφ) curb

χαλκάς (ο) (metal) ring

χάλκινος επίθ copper

χαλκογραφία (η) engraving, copperplate

χαλκομανία (η) transfer

χαλκός (ο) copper

χαλκωρυχείο (το) copper mine

χαλούμι (το) (κυπρ) *hard white cheese*

χάλυβας (ο) steel

χαλύβδινος επίθ steely

χαλυβοβιομηχανία (η) steel industry

χαλυβουργείο (το) steelworks

χαλ|ώ ρ μτβ spoil. (δόντια, όραση) ruin. (κατεδαφίζω) pull down. (παραχαϊδεύω) spoil. (προκαλώ ζημιά) damage. (σχέδια) upset. (χρήματα) change. • ρ αμτβ go wrong. (μαραίνομαι) lose one's good looks. (φαγητό) go bad. (φίλοι) fall out. **~άει κόσμο** it's a huge success. **~άει ο κόσμος** there's a mighty din. **~άει τον κόσμο** he/she's moving heaven and earth

χαμαιλέοντας (ο) chameleon

χαμάλης (ο) porter

χαμένος επίθ lost. (σε παιχνίδι) loser. (συγχυσμένος) bemused. **στα ~α** in vain. **τα έχω ~α** be at a loss. **~α** επίρρ bemusedly

χαμερπής επίθ base, vile

χαμηλ|ός *επίθ* low. *(σε τιμή)* cheap. **~ά** *επίρρ* low

χαμηλόφωνος *επίθ* low-voiced

χαμηλώνω *ρ μτβ* lower. *(φώτα)* dip. *(ένταση)* turn down. • *ρ αμτβ* become lower

χαμίνι *(το)* urchin

χαμόγελο *(το)* smile. *(αυταρέσκειας)* smirk

χαμογελώ *ρ αμτβ* smile. *(πλατιά)* grin

χαμόδεντρο *(το)* bush

χαμόκλαδα *(τα)* undergrowth

χαμομήλι *(το)* camomile

χαμός *(ο)* loss. *(αναστάτωση)* hullabaloo

χάμου *επίρρ βλ* **χάμω**

χάμουρα *(τα)* harness *άκλ*

χαμπάρι *(το)* news. **παίρνω ~** catch on

χαμπαρίζω *ρ μτβ* take notice. **~ από** understand

χάμω *επίρρ* on the ground/floor

χάνι *(το)* inn

χαντάκι *(το)* ditch. *(στο δρόμο)* gutter

χάντρα *(η)* bead

χά|νω *ρ μτβ* lose. *(καιρό)* waste. *(ξεχνώ)* mislay. *(τρένο, λεωφορείο)* miss. • *ρ αμτβ* lose. **~νομαι** *ρ αμτβ* get lost. *(εξαφανίζομαι)* disappear. *(πεθαίνω)* perish. **τα ~νω** be confused. *(τρελαίνομαι)* lose one's senses

χάος *(το)* chaos

χάπι *(το)* tablet. **το ~** the pill

χαρά *(η)* joy. **~ Θεού** heavenly. **είναι μια ~** he/she/it is fine

χαράδρα *(η)* ravine

χαράζ|ω *ρ μτβ* engrave. *(πορεία σε χάρτη)* plot *(mark out)*. **~ει** *απρόσ* the day is breaking

χάρακας *(ο)* ruler *(measure)*

χαρακτήρας *(ο)* character. **γραφικός ~** handwriting

χαρακτηρίζω *ρ μτβ* characterize. *(μεταφ)* label. **~ισμός** *(ο)* characterization

χαρακτηριστικ|ός *επίθ* characteristic, typical. **~ά** *επίρρ* characteristically, typically. **~ό** *(το)* feature.

χαρακτική *(η)* etching

χαράκωμα *(το)* *(στρ)* trench

χαραμάδα *(η)* crack

χαράματα *(τα)* daybreak

χαράμι *επίρρ* in vain

χαραμίζω *ρ μτβ* throw away, waste

χάραξη *(η)* incision

χαραυγή *(η)* dawn

χαρέμι *(το)* harem

χάρη *(η)* grace. *(από εύνοια)* favour. *(νομ)* reprieve, pardon. *(προτέρημα)* gift. **~ σε** thanks to. **για ~** for the sake of. **λόγου ~** for example

χαρίζω *ρ μτβ* give away. *(από ποινή)* pardon. *(ζωή)* spare

χαριεντίζομαι *ρ αμτβ* flirt

χάρισμ|α *(το)* gift. *(εκκλ)* charisma. • *επίρρ* free (of charge). **~ά σου** yours to keep

χαρισματικός *επίθ* charismatic

χαριτολογώ *ρ αμτβ* be witty

χαριτωμένος *επίθ* cute

χάρμα *(το)* joy

χαρμάνι *(το)* *(tobacco)* blend

χαρμόσυνος *επίθ* joyful

χαροπαλεύω _ρ αμτβ_ be on one's death bed

χαροποιώ _ρ μτβ_ gladden

χάρος _(ο)_ Charon

χαρούμενος _επίθ_ joyful, glad

χαρούπι _(το)_ carob

χαρταετός _(ο)_ kite

χαρτζιλίκι _(το)_ pocket money

χάρτης _(ο)_ chart. _(γεωγρ)_ map

χαρτ|ί _(το)_ paper. _(έγγραφο)_ document. _(τραπουλόχαρτο)_ card. **~ιά** _(τα)_ papers. _(χαρτοπαιξία)_ gambling. **~ί** υγείας toilet-paper

χαρτικά _(τα)_ stationery

χάρτινος _επίθ_ paper

χαρτογρ|αφία _(η)_ cartography. **~αφώ** _ρ αμτβ_ chart. _(γεωγρ)_ map

χαρτόδετ|ος _επίθ_ paperback. **~ο βιβλίο** _(το)_ paperback (book)

χαρτοκόπτης _(ο)_ paper knife

χαρτοκοπτική μηχανή _(η)_ guillotine _(for paper)_

χαρτόκουτα _(η)_ carton

χαρτομαντεία _(η)_ cartomancy

χαρτομάντιλο _(το)_ tissue, paper handkerchief

χαρτόνι _(το)_ cardboard

χαρτονόμισμα _(το)_ banknote, _(αμερ)_ bill

χαρτοπαιξία _(η)_ gambling, card-playing

χαρτοπαίχτ|ης _(ο)_, **~ρα** _(η)_ gambler, card-player

χαρτοπόλεμος _(ο)_ confetti

χαρτοπώλης _(ο)_ stationer

χαρτοσακούλα _(η)_ paper bag

χαρτοσημαίνω _ρ μτβ_ affix duty stamps to

χαρτόσημο _(το)_ stamp duty

χαρτοφύλακας _(ο)_ briefcase. _(υπουργικός)_ dispatch box

χαρτοφυλάκιο _(το)_ portfolio

χαρτωσιά _(η)_ trick _(at cards)_. _(σύνολο χαρτιών)_ hand

χαρωπός _επίθ_ blithe

χασάπ|ης _(ο)_ butcher. **~ικο** _(το)_ butcher's shop

χασάπικος _(ο)_ Greek folk dance

χάση _(η)_ wane _(moon)_

χάσιμο _(το)_ loss. _(χρόνου)_ waste

χασίς _(το)_ άκλ hashish

χασκογελώ _ρ αμτβ_ guffaw

χάσκω _ρ αμτβ_ gape, be wide open

χάσμα _(το)_ chasm. _(μεταφ)_ gulf. **~ των γενεών** generation gap

χασμουρ|ητό _(το)_ yawn. **~ιέμαι** _ρ αμτβ_ yawn

χασομέρ|ης _(ο)_, **~ισσα** _(η)_ dawdler

χασομερώ _ρ μτβ_ hold up. _ρ αμτβ_ dally. _(στο δρόμο)_ loiter

χαστούκι _(το)_ slap

χαστουκίζω _ρ μτβ_ slap

χατζής _(ο)_ hadji _(one that has visited the Holy Land)_

χατίρι _(το)_ favour. **για ~ μου** for my sake

χατιρικά _επίρρ_ as a favour

χαυλιόδοντας _(ο)_ tusk

χαύνωση _(η)_ stupor

χαψιές _(ο)_ stool pigeon

χάφτω _ρ μτβ_ gobble. _(μεταφ)_ lap up

χαχανίζω _ρ αμτβ_ cackle

χάχανο _(το)_ cackle

χάχας _(ο)_ nitwit

χαώδης _επίθ_ chaotic

χέζ|ω *ρ μτβ* revile. • *ρ αμτβ* shit.
~ομαι *ρ αμτβ* shit o.s. *(από φόβο)* be scared shitless

χείλος *(το)* lip. *(γκρεμού)* edge. *(ποτηριού)* brim. *(φλιτζανιού)* rim. *(μεταφ)* brink

χείμαρρος *(ο)* torrent

χειμερινός *επίθ* winter

χειμώνας *(ο)* winter

χειμωνιάτικος *επίθ* wintry

χειράμαξα *(η)* wheel barrow

χειραφέτηση *(η)* emancipation

χειραφετώ *ρ μτβ* emancipate

χειραψία *(η)* handshake. **κάνω ~ με** shake hands with

χειρίζομαι *ρ μτβ* handle. *(διαχειρίζομαι)* manage. *(ελέγχω)* operate. *(με επιδεξιότητα)* wield. *(χρησιμοποιώ)* wield

χειρ|ιστής *(ο)*, **~ίστρια** *(η)* operator

χείριστος *επίθ* worst

χειροβομβίδα *(η)* grenade

χειρόγραφο|ς *επίθ* handwritten. **~ (το)** manuscript

χειροκίνητος *επίθ* manual, manually operated

χειροκρότημα *(το)* applause

χειροκροτώ *ρ μτβ/αμτβ* applaud, clap

χειρολαβή *(η)* handgrip. *(σκάλας)* handrail

χειρομάντ|ης *(ο)*, **~ισσα** *(η)* palmist

χειρονομία *(η)* gesture

χειρονομώ *ρ αμτβ* gesticulate

χειροπέδη *(η)* handcuff

χειροπιαστός *επίθ* tangible

χειροπόδαρα *επίρρ* hand and foot

χειροποίητος *επίθ* handmade

χειροπρακτική *(η)* osteopathy

χειροτέρευση *(η)* deterioration

χειροτερεύω *ρ μτβ/αμτβ* worsen, deteriorate

χειρότερ|ος *επίθ* worse. **ο ~ος** the worst. **~ο (το)** worst. **~α** *επίρρ* worse. **από το κακό στο ~ο** from bad to worse

χειροτέχνημα *(το)* handiwork

χειροτεχνία *(η)* handicraft

χειροτον|ία *(η)* *(εκκλ)* ordination. **~ώ** *ρ μτβ* ordain.

χειρουργείο *(το)* operating theatre

χειρουργικ|ός *επίθ* surgical. **~ή** *(η)* surgery

χειρούργος *(ο, η)* surgeon. **~ οδοντίατρος** dental surgeon

χειρουργώ *ρ μτβ* operate on

χειρόφρενο *(το)* handbrake

χειρωνακτικός *επίθ* manual

χέλι *(το)* eel

χελιδόνι *(το)* swallow

χελιδονοφωλιά *(η)* swallow's nest

χελώνα *(η)* tortoise. *(θαλασσινή)* turtle

χεράκι *(το)* small hand. **δίνω ένα ~** give a hand

χέρι *(το)* hand. *(φλιτζανιού)* handle

χερουβίμ *(το)* *άκλ* cherub

χερούκλα *(η)* large hand

χερούλι *(το)* (door) handle

χερσαίο|ς *(επίθ)* land. **~ες μεταφορές** *(οι)* land transport

χερσόνησος *(η)* peninsula

χέρσος *επίθ* fallow

χερσότοπος *(ο)* wasteland

χημεία (*η*) chemistry

χημείο (*το*) chemistry lab

χημειοθεραπεία (*η*) chemotherapy

χημικ|ός *επίθ* chemical. **~ή ουσία** (*η*) chemical. **~ός** (*ο*) chemist

χήν|α (*η*) goose. **~ος** (*ο*) gander

χήρα (*η*) widow

χηρεία (*η*) widowhood

χηρεύω *ρ αμτβ* be widowed

χήρος (*ο*) widower

χθες *επίρρ βλ* **χτες**

χθεσινός *επίθ βλ* **χτεσινός**

χίλια (*το*) *άκλ* thousand

χιλιάδα (*η*) thousand

χιλιάρικο (*το*) thousand drachma note

χιλιετηρίδα (*η*) millennium

χιλιόγραμμο (*το*) kilogram

χίλιοι *επίθ* thousand

χιλιόμετρο (*το*) kilometre

χιλιοστό (*το*) thousandth

χιλιοστόγραμμο (*το*) milligram

χιλιοστόμετρο (*το*) millimetre

χιλιοστός *επίθ* thousandth

Χιλή (*η*) Chile

χίμαιρα (*η*) pipe dream

χιμπαντζής (*ο*) chimpanzee

χιμώ *ρ αμτβ* rush, dash. **~ πάνω** rush at

χιονάνθρωπος (*ο*) snowman

χιόνι (*το*) snow

χιονίζω *ρ αμτβ* snow

χιονισμένος *επίθ* snowy

χιονίστρα (*η*) chilblain

χιονοθύελλα (*η*) snowstorm

χιονόλασπη (*η*) slush

χιονονιφάδα (*η*) snowflake

χιονοπέδιλο (*το*) snowshoe

χιονόνερο (*το*) sleet

χιονοπόλεμος (*ο*) snowball fight

χιονόπτωση (*η*) snowfall

χιονοστιβάδα (*η*) snowdrift. (*κατολίσθηση*) avalanche

χιονόσφαιρα (*η*) snowball

Χίος (*η*) Chios

χιουμορίστας (*ο*) humorist

χιούμορ (*το*) *άκλ* humour

χιουμοριστικός *επίθ* humorous

χίπης (*ο*) *άκλ* hippie

χιτώνας (*ο*) tunic

χλαίνη (*η*) greatcoat

χλευάζω *ρ μτβ* jeer

χλευασμός (*ο*) taunt, jeer

χλιαρός *επίθ* tepid, lukewarm

χλιδή (*η*) opulence

χλιμιντρίζω *ρ αμτβ* neigh

χλιμίντρισμα (*το*) neigh

χλοερός *επίθ* verdant

χλόη (*η*) grass, lawn

χλομάδα (*η*) paleness

χλομιάζω *ρ αμτβ* turn pale. (*από φόβο*) go white

χλομός *επίθ* pale. (*πρόσωπο*) ashen

χλωρίδα (*η*) flora

χλώριο (*το*) chlorine

χλωριούχος *επίθ* chloride

χλωρός *επίθ* tender and green. (*τυρί*) freshly made

χλωροφόρμιο (*το*) chloroform

χλωροφύλλη (*η*) chlorophyll

χνούδι (*το*) fluff. (*πουλιού, γένια*) down. (*υφάσματος*) nap. (*χαλιού*) pile

χνουδωτός *επίθ* fluffy

χοάνη *(η)* crucible. *(χωνί)* funnel

χοιρινός *επίθ* pork. **~ κρέας** *(το)* pork

χοιρόδερμα *(το)* pigskin

χοιρομέρι *(το)* smoked leg of pork

χοίρος *(ο)* pig

χοιροστάσιο *(το)* pigsty

χοιροτρόφος *(ο)* pig farmer

χόκεϊ *(το) άκλ* hockey. **~ επί πάγου** ice hockey

χολ *(το) άκλ* (entrance) hall

χολέρα *(η)* cholera

χολερικός *επίθ (ιατρ)* bilious.

χολή *(η)* gall. *(ιατρ)* bile. *(μεταφ)* spleen

χοληδόχος κύστη *(η)* gall bladder

χοληστερίνη *(η)* cholesterol

χοληστερόλη *(η) βλ* **χοληστερίνη**

χόμπι *(το) άκλ* hobby

χονδρεμπόριο *(το)* wholesale (trade)

χονδρέμπορος *(ο)* wholesaler

χονδρικ|ός *επίθ* wholesale. **~ά** *επίρρ* in bulk. **~ώς** *επίρρ* wholesale

χονδροειδής *επίθ* gross. *(συμπεριφορά)* coarse

χόνδρος *(ο)* cartilage

χονδρός *επίθ βλ* **χοντρός**

χοντραίνω *ρ μτβ* make look fatter. • *ρ αμτβ* put on weight

χοντράνθρωπος *(ο)* lout

χοντροδουλειά *(η)* rough work

χοντροκαμωμένος *επίθ* made roughly. *(άνθρωπος)* thickset

χοντροκέφαλος *επίθ* dense, stupid. **~** *(ο)* blockhead

χοντροκομμέν|ος *επίθ* thick-cut. *(αστείο)* crude. **~η κωμωδία** *(η)* slapstick

χοντρόπετσος *επίθ* thick-skinned

χοντρός *επίθ* fat. *(αλάτι)* coarse. *(άξεστος)* crude. *(απρεπής)* indelicate. *(εργασία)* rough. *(κομμάτι)* chunky. *(παχύς)* thick. *(φωνή)* husky

χορδή *(η)* chord. *(μουσ)* string

χορ|ευτής *(ο)*, **~εύτρια** *(η)* dancer

χορεύω *ρ μτβ/αμτβ* dance

χορήγημα *(το)* grant

χορήγηση *(η)* supply. *(ιατρ)* administration

χορηγία *(η)* provision. *(ποσό)* grant

χορηγ|ός *(ο)* sponsor. **~ώ** *ρ μτβ* provide. *(ιατρ)* administer

χορογραφία *(η)* choreography

χορογράφος *(ο, η)* choreographer

χοροδιδασκαλείο *(το)* dancing school

χοροεσπερίδα *(η)* ball

χοροπήδημα *(το)* skip. *(σε νερό)* bob

χοροπηδώ *ρ αμτβ* prance, hop. *(πλοίο)* toss. *(σε νερό)* bob

χορός *(ο)* dance. *(θεατρ)* chorus

χοροστατώ *ρ αμτβ (εκκλ)* officiate

χορταίνω *ρ μτβ* satisfy. • *ρ αμτβ* have enough

χορτάρι *(το)* grass

χορταριασμένος *επίθ* mossy

χορταρικό *(το)* vegetable

χορταστικός *επίθ* substantial (*meal*)

χορτάτος *επίθ* full (*with food*)

χόρτ|ο (*το*) grass. (*άγριο*) weed. **~α** (*τα*) greens

χορτοκοπτικός *επίθ* grass-cutting. **~ή μηχανή** (*η*) lawn mower

χορτόσουπα (*η*) vegetable soup

χορτοφάγος *επίθ* vegetarian. **~** (*ο, η*) vegetarian

χορωδ|ία (*η*) choir. **~ιακός** *επίθ* choral

χορωδός (*ο*) chorister

χουζουρεύω *ρ αμτβ* lie in

χούι (*το*) peculiarity (*of habit*)

χούλιγκαν (*ο*) *άκλ* hooligan

χουλιγκανισμός (*ο*) hooliganism

χούμος (*ο*) compost

χούντα (*η*) junta

χουντικός *επίθ* supporter of the junta

χουρμάς (*η*) date (*fruit*)

χούφτα (*η*) palm (*of hand*). (*φουχτιά*) handful

χούφταλο (*το*) geriatric

χουφτιάζω *ρ μτβ βλ* **χουφτώνω**

χουφτώνω *ρ μτβ* grasp in one's hand

χρειάζομαι *ρ μτβ* need, require. **~** *ρ αμτβ* be needed. **τα ~** find o.s. in a tight spot

χρειώδη|ς *επίθ* necessary. **~** (*τα*) necessities

χρεόγραφα (*τα*) securities. (*κυβερνητικά*) gilt-edged stocks

χρεοκοπημένος *επίθ* bankrupt

χρεοκοπία (*η*) bankruptcy

χρεοκοπώ *ρ αμτβ* go bankrupt

χρέος (*το*) debt

χρεωμένος *επίθ* in debt

χρεών|ω *ρ μτβ* charge. (*λογαριασμό*) debit. **~ομαι** *ρ αμτβ* get into debt

χρέωση (*η*) debit

χρεώστης (*ο*) debtor

χρήμα (*το*) money

χρηματαγορά (*η*) money market

χρηματίζω *ρ αμτβ* serve as

χρηματικός *επίθ* money

χρηματιστή|ριο (*το*) Stock Exchange. **~ς** (*ο*) stockbroker

χρηματοδέκτης (*ο*) slot-machine

χρηματοδότ|ης (*ο*), **~τρια** (*η*) (*εμπ*) backer

χρηματοδότηση (*η*) financing. **~οτώ** *ρ μτβ* fund, finance

χρηματοκιβώτιο (*το*) safe

χρηματοθυρίδα (*η*) night safe

χρηματοοικονομικός *επίθ* monetary

χρήση (*η*) use. **μιας ~ς** disposable

χρησιμεύω *ρ αμτβ* be of use

χρησιμοπο|ίηση (*η*) use. (*μεταχείριση*) utilization. **~ιώ** *ρ μτβ* use

χρήσιμος *επίθ* useful. **~α** *επίρρ* usefully

χρησιμότητα (*η*) usefulness

χρησμός (*ο*) oracle

χρήστης (*ο*) user

χρηστός *επίθ* virtuous, upright

χρίζω *ρ μτβ* smear. (*εκκλ*) anoint. (*ιππότη*) knight

χριστιανικός *επίθ* Christian

χριστιαν|ός (*o*), **~ή** (*η*) Christian. **~οσύνη** (*η*) Christianity

Χριστός (*o*) Christ

Χριστούγεννα (*τα*) Christmas

χριστουγεννιάτικος *επίθ* Christmas

χροιά (*η*) hue. (*προσώπου*) complexion

χρονιά (*η*) year. **καλή ~**! Happy New Year! **καλής ~ς** (*κρασί*) vintage

χρόνια (*τα*) *άκλ* years. **~ πολλά!** many happy returns!

χρονιάρ|ης *επίθ* one-year-old. **~α μέρα** (*η*) festive day. **~ικο ζώο** (*το*) yearling

χρονικ|ό chronicle. **~ά** (*τα*) annals

χρονικ|ός *επίθ* time. **~ διάστημα** (*το*) time. (*μεταξύ δύο γεγονότων*) time lag

χρόνιος *επίθ* chronic

χρονισμός (*o*) timing

χρονοβόρος *επίθ* time-consuming

χρονογράφ|ημα (*το*) current affairs column (*in newspaper*). **~φος** (*o, η*) columnist (*of current affairs*). (*συγγραφέας*) chronicler

χρονογραφώ *ρ μτβ* chronicle

χρονοδιάγραμμα (*το*) timetable

χρονοδιακόπτης (*o*) (*μηχ*) timer

χρονολογ|ία (*η*) chronology. **~ικός** *επίθ* chronological

χρονολογ|ώ *ρ μτβ* date. **~ούμαι** *ρ αμτβ* (*από*) date back (to)

χρονομέτρηση (*η*) timing (*sport*)

χρονομεριστική μίσθωση (*η*) time sharing

χρονόμετρο (*το*) stopwatch

χρονομετρώ *ρ μτβ* time (*race*)

χρόν|ος (*o*) time. (*γραμμ*) tense. (*έτος*) year. (*μουσ*) beat. **~ο με το ~ο** year by year. **κακό ~ο να ΄χει** may he/she rot in hell. **του ~ου** next year

χρονοτριβή (*η*) delay

χρυσαλλίδα (*η*) chrysalis

χρυσάνθεμο (*το*) chrysanthemum

χρυσαφένιος *επίθ* golden

χρυσάφι (*το*) gold

χρυσαφικό (*το*) gold jewellery

χρυσοθήρας (*o*) prospector (*for gold*). (*μεταφ*) gold digger

χρυσ|ός *επίθ* gold. **~οί γάμοι** (*oι*) golden wedding. **~ός** (*o*) gold. (*σε ράβδους*) bullion

χρυσοχοείο (*το*) jewellery shop

χρυσοχόος (*o*) goldsmith

χρυσόψαρο (*το*) goldfish

χρυσωρυχείο (*το*) gold mine

χρώμα (*το*) colour. (*προσώπου*) complexion. (*τόνος*) hue. (*χαρτιά*) suit. **~τα** (*τα*) paints

χρωματίζω *ρ μτβ* colours

χρωματισμός (*o*) pigmentation

χρωματιστός *επίθ* coloured

χρωματόσωμα (*το*) chromosome

χρώμιο (*το*) chromium

χρωστικ|ός *επίθ* colouring. **~ή ουσία** (*η*) pigment

χρωστώ *ρ μτβ* owe. • *ρ αμτβ* be in debt

χταπόδι (*το*) octopus

χτένα (η) comb

χτένι (το) tooth comb. (ψάρι) scallop

χτενίζω ρ μτβ comb

χτένισμα (το) hair style

χτες επίρρ yesterday. **~ το βράδυ** last night

χτεσινός επίθ yesterday's

χτίζω ρ μτβ build

χτίστης (ο) mason

χτύπημα (το) blow. (δυνατό) bang. (ελαφρό) pat. (μαγ) beating. (ρολογιού) stroke. (στην πόρτα) knock. (τηλεφώνου) ring. (των ποδιών) stamp. (χέρι) hit

χτυπημένος επίθ stricken

χτυπητήρι (το) (μαγ) whisk. (πόρτας) knocker

χτυπητός επίθ (ντύσιμο) flashy. (που εντυπωσιάζει) striking. (χρώμα) vivid

χτύπος (ο) thud. (ελαφρός) patter. (καρδιάς) beat

χτυπ|ώ ρ μτβ strike, hit. (αβγά) whisk. (βούτυρο) cream. (δυνατά) whack. (κρέμα) whip. (μαγ) beat. (μαστίγιο) crack. (με ελαφρά χτυπήματα) rap. (με δύναμη) slap. (με ρόπαλο) club. (πληγώνω) injure. (πόρτα) knock. (στον ώμο) pat. (τα πόδια) stamp. (φτερούγες) flap. (χέρια) clap. (χορδές κιθάρας) strum. • ρ αμτβ strike. (δόντια) chatter. (καμπάνα, πένθιμα) toll. (ρυθμικά) tick. (τηλέφωνο) ring. (την ώρα) chime. **~ώ ξύλο** touch wood. **~ώ στο κεφάλι** (ποτό) go to one's head. **μου ~άει στα νεύρα** it gets on my nerves

χυδαιολογία (η) vulgarity

χυδαίος επίθ vulgar. (επίθεση) scurrilous. (λεπτομέρειες) sordid

χυδαιότητα (η) vulgarity

χυλοπίτες (οι) noodles

χυλός (ο) mush. (από αλεύρι) batter

χυλώδης επίθ mushy

χύμα επίθ άκλ in bulk

χυμός (ο) juice. (φυτών) sap

χύν|ω ρ μτβ pour. (δάκρυα) shed. (κατά λάθος) spill. (μέταλλο) cast. **~ομαι** ρ αμτβ pour out. (βιαστικά) rush out. (ξεχειλίζω) spill over. (ποτάμι) flow out

χυτήριο (το) foundry

χυτοσίδηρος (ο) cast iron

χύτρα (η) (cooking) pot. (ατμού) steamer. (ταχύτητας) pressure cooker

χωλός επίθ lame

χώμα (το) soil

χωματένιος επίθ earthen

χωματερή (η) rubbish tip

χωματόδρομος (ο) dirt track

χωνάκι (το) (ice-cream) cone

χωνευτήριο (το) melting pot

χωνευτικός επίθ that helps the digestion

χωνεύω ρ μτβ digest. (μεταφ) stomach. • ρ αμτβ sink in

χώνεψη (η) digestion

χωνί (το) funnel

χών|ω ρ μτβ drive in. (θάβω) bury. (κρύβω) shove. (με δύναμη) ram. **~ω στο κεφάλι κπ** drum into s.o. **~ω τη μύτη μου** pry into. **~ομαι** ρ αμτβ work in. (στην αγκαλιά) nestle. **~ομαι κρυφά** work one's way

χώρα (*η*) country. (*τμήμα γης*) land. **λαμβάνω ~v** take place

χωρατατζής (*o*) joker

χωράφι (*το*) field

χωρητικότητα (*η*) capacity

χωριανός *επιθ* fellow villager

χωριάτης (*ο*), **~ισσα** villager. (*χωρικός*) peasant

χωριάτικος *επιθ* village. (*της υπαίθρου*) rustic

χωρίζω *ρ μτβ* separate. • *ρ αμτβ* split up. (*σύζυγοι*) divorce. **~ με παύλα** hyphenate. **~ στα τέσσερα** quarter

χωριό (*το*) village

χωριουδάκι (*το*) hamlet

χωρίς *επίρρ* without, but for. **~ άλλο** without fail

χώρισμα (*το*) partition. (*στήθους γυναίκας*) cleavage. (*χώρος*) compartment

χωρισμός (*o*) parting. (*συζύγων*) separation

χωριστ|ός *επιθ* separate. **~ά** *επίρρ* separately

χωρίστρα (*η*) parting (*in hair*)

χωρομέτρης (*o*) surveyor

χωρομετρία (*η*) survey (*of land*)

χώρος (*o*) space. (*ελεύθερος*) room. (*περιοχή*) site. (*για την ορχήστρα*) pit. **~ κατασκηνώσεως** campsite. **~ σταθμεύσεως** car park. (*στο πλάι δρόμου*) lay-by

χωροταξία (*η*) town planning

χωροφύλακας (*o*) gendarme

χωροφυλακή (*η*) gendarmerie

χωρ|ώ *ρ μτβ* hold, contain. (*θέατρ*) seat. • *ρ αμτβ* fit in. **δεν το ~άει ο νους** it's beyond comprehension. **δε ~άει αμφιβολία** there is no doubt at all

Ψψ

ψάθα (*η*) matting. **μένω στην ~** be left destitute

ψαθάκι (*το*) straw hat

ψάθινος *επιθ* wicker

ψαλίδα (*η*) shears. (*έντομο*) earwig. (*ιατρ*) split ends

ψαλιδάκι (*το*) nail scissors

ψαλίδι (*το*) scissors

ψαλιδίζω *ρ μτβ* snip

ψαλίδισμα (*το*) snip

ψάλλω *ρ μτβ|αμτβ* chant. **του τα 'ψαλα** I gave him a piece of my mind

ψαλμός (*o*) psalm

ψαλμωδία (*η*) chant

ψάλτης (*o*) chanter

ψαραγορά (*η*) fish market

ψαράδικος *επιθ* fishing. **~** (*το*) fishing boat. (*μαγαζί*) fishmonger's (*shop*)

ψαράς (*o*) fisherman. (*χρησιμοποιεί καλάμι*) angler

ψάρεμα (*το*) fishing

ψαρεύω *ρ μτβ|αμτβ* fish. (*με καλάμι*) angle. (*μεταφ*) fish for

ψάρι (*το*) fish

ψαριά (*η*) catch (*of fish*)

ψαρόβαρκα (*η*) fishing boat

ψαροκόκκαλο (το) fish bone

ψαρόνι (το) (πουλί) starling

ψαροπώλης (ο) fishmonger

ψαρός επίθ grizzly

ψαρόσουπα (η) fish soup

ψαροταβέρνα (η) fish tavern

ψαχνό (το) lean meat

ψάχνω ρ μτβ search. (ανακατεύω) rummage. (για προμήθειες) forage. (για κλοπή) rifle. (περιοχή) scour. (σε βιβλίο) look up. ~ **για** look for. (κτ που έχει χαθεί) hunt for

ψαχουλεύω ρ αμτβ fumble. (στο σκοτάδι) grope

ψεγάδι (το) flaw. (στο πρόσωπο) blemish

ψείρα (η) louse

ψειριά|ζω ρ αμτβ become infested with lice. ~**ρης** επίθ full of lice

ψειρίζω ρ μτβ rid of lice

ψεκάζω ρ μτβ spray

ψεκασμός (ο) spraying

ψεκαστήρ|ας (ο) atomizer. (τεχνητής βροχής) sprinkler. ~**ρι** (το) spray (device)

ψελλίζω ρ μτβ/αμτβ stammer. (από ταραχή) mumble

ψέλνω ρ μτβ/αμτβ βλ **ψάλλω**

ψέμα (το) lie. ~ **με ουρά** a huge lie. **λέω** ~**τα** lie.

ψες επίρρ last night. ~**σινός** επίθ last evening's

ψευδάργυρος (ο) zinc

ψευδαίσθηση (η) illusion

ψευδής επίθ false. (ανειλικρινής) deceptive

ψευδίζω ρ αμτβ lisp

ψεύδισμα (το) lisp

ψευδολογώ ρ αμτβ tell lies

ψεύδομαι ρ αμτβ lie

ψευδομαρτυρώ ρ αμτβ give false testimony

ψευδορκία (η) perjury

ψευδορκώ ρ μτβ/αμτβ perjure o.s.

ψευδώνυμο (το) pseudonym. (συγγραφέα) pen name

ψεύτ|ης (ο), ~**ρα** (η) liar

ψευτιά (η) falsehood

ψεύτικ|ος επίθ false. (κίβδηλος) bogus. (όχι αληθινός) phoney. (τεχνητός) fake. ~**α κοσμήματα** (τα) paste jewellery

ψευτοάρρωστος επίθ malingerer

ψευτοδουλειά (η) odd jobs

ψευτοευλαβής επίθ sanctimonious

ψευτοζώ ρ αμτβ eke out a living

ψηλάφηση (η) feeling, groping

ψηλαφώ ρ μτβ/αμτβ feel, grope

ψηλόλιγνος επίθ lanky

ψηλομύτης επίθ snooty

ψηλ|ός επίθ high. (άνθρωπος) tall. (κτίριο) high-rise. ~**ά** επίρρ high

ψήλωμα (το) high ground

ψηλώνω ρ μτβ raise. • ρ αμτβ grow taller

ψημένος επίθ cooked. (μεταφ) seasoned. ~ **ελαφρά** (μαγ) rare

ψή|νω ρ μτβ cook. (σε κατσαρόλα) stew. (στα κάρβουνα) barbecue. (στη σχάρα) grill. (στο φούρνο) bake, roast. ~**ομαι** ρ αμτβ cook. (αποκτώ πείρα) become experienced. *(ωριμάζω, φρούτα)* ripen. *(ωριμάζω, μεταφ)* mature. **~νω το ψάρι στα χείλη** κπ make s.o.'s life a misery. **τα ~σανε** they have hit if off

ψήσιμο *(το)* baking

ψησταριά *(η)* charcoal grill. *(μαγαζί)* rotisserie

ψητός *επίθ* roasted. **~ βοδινό** *(το)* roast beef. **~** *(το)* roast. *(στα κάρβουνα)* barbecue

ψηφιακός *επίθ* digital

ψηφιδωτό *(το)* mosaic

ψηφίζω *ρ μτβ/αμτβ* vote. *(νόμο)* pass

ψηφίο *(το)* digit

ψήφισμα *(το)* voting. *(συνέλευσης)* resolution

ψηφοδέλτιο *(το)* ballot paper

ψηφοθηρία *(η)* canvassing

ψηφοθηρώ *ρ αμτβ* canvass

ψήφος *(ο)* vote

ψηφοφορία *(η)* vote, ballot. *(διαδικασία)* vote

ψηφοφόρος *(ο, η)* voter

ψίδι *(το)* upper *(of shoe)*

ψιθυρίζω *ρ μτβ/αμτβ* whisper

ψιθύρισμα *(το)* whispering

ψιθυριστ|ός *επίθ* whispering. **~ά** *επίρρ* under one's breath

ψίθυρος *(ο)* whisper

ψιλά *(τα)* small change

ψιλή *(η)* *(γραμμ)* smooth breathing

ψιλικά *(τα)* haberdashery

ψιλικατζίδικο *(το)* haberdasher's

ψιλοδουλειά *(η)* finicky work

ψιλοκόβω *ρ μτβ* chop finely

ψιλοκομμένος *επίθ* finely cut

ψιλοκουβέντα *(η)* chit-chat

ψιλόλιγνος *επίθ* weedy

ψιλολογώ *ρ μτβ* split hairs

ψιλ|ός *επίθ* fine. *(φωνή)* shrill. **~ή βροχή** drizzle

ψιτ *επιφών* hey

ψίχα *(η)* *(λεμονιού)* pith. *(ψωμιού)* breadcrumbs

ψιχάλα *(η)* drizzle

ψιχαλίζει *ρ αμτβ απρόσ* it's drizzling

ψίχουλο *(το)* breadcrumb

ψιψίνα *(η)* puss, cat

ψοφίμι *(το)* carcass

ψόφιος *επίθ* dead *(animal)*. **~ στην κούραση** dead beat

ψοφώ *ρ μτβ* *(ζώο)* die. *(άνθρωπος)* kick the bucket. **~ για** *(επιθυμώ)* be dying for. **~ στην κούραση** be dead tired

ψυγείο *(το)* refrigerator. *(αυτοκ)* radiator. **σε ~** in cold storage

ψυγειοκαταψύκτης *(ο)* fridge-freezer

ψυλλιάζ|ω *ρ αμτβ* get covered with fleas. **~ομαι** *ρ αμτβ* get wind of (the fact) *(ότι* that)

ψύλλος *(ο)* flea

ψύξη *(η)* freezing

ψυχαγωγία *(η)* recreation. **~ικός** *επίθ* recreational

ψυχαγωγώ *ρ μτβ* entertain

ψυχανάλυση *(η)* psychoanalysis

ψυχαναλυτής *(ο, η)* psychoanalyst

ψυχαναλύω *ρ μτβ* psychoanalyze

ψυχή (η) psyche. (άυλη ουσία) soul

ψυχιατρείο (το) psychiatric clinic

ψυχιατρικ|ή (η) psychiatry. **~ός** επίθ psychiatric

ψυχίατρος (ο, η) psychiatrist

ψυχικ|ός επίθ psychic. (ασθένεια) mental. **~ή επαφή** (η) rapport. **~ό** (το) act of charity. **~ά** επίρρ mentally

ψυχογιός (ο) adopted son. (υπηρέτης) young servant

ψυχοθεραπεία (η) psychotherapy

ψυχοκόρη (η) adopted daughter. (υπηρετριούλα) servant girl

ψυχολογημένος επίθ with psychological insight

ψυχολογ|ία (η) psychology. **~ικός** επίθ psychological

ψυχολόγος (ο, η) psychologist

ψυχολογώ ρ μτβ understand s.o.'s way of thinking

ψυχομαχώ ρ αμτβ be dying, be breathing one's last

ψυχοπαθής (ο, η) psychopath

ψυχορράγημα (το) death throes

ψυχοσάββατο (το) All Souls' Day

ψυχοσύνθεση (η) psychological make-up

ψυχοσωματικός επίθ psychosomatic

ψύχρα (η) chill

ψυχραιμία (η) coolness, nerve. **χάνω την ~ μου** loose one's cool

ψύχραιμος επίθ cool, collected

ψυχραίν|ω ρ μτβ chill. (μεταφ) alienate. **~ομαι** ρ αμτβ fall out

ψυχρόαιμος επίθ cold-blooded

ψυχρολουσία (η) cold shower. (μεταφ) cold shoulder

ψυχρ|ός επίθ chilly. (απάθης) cool. (καιρός) bitter. (τρόπος) stiff. (γυναίκα) frigid. **~ά** επίρρ coldly. **φέρνομαι ~ά** cold-shoulder

ψυχρότητα (η) coldness. (γυναίκας) frigidity. (τρόπου) stiffness

ψύχωση (η) psychosis

ψωμάδικο (το) baker's

ψωμάκι (το) (bread) roll. **γλυκό ~** bun

ψωμί (το) bread. **άσπρο ~** white bread. **μαύρο ~** wholemeal bread. **βγάζω το μου** earn one's keep. **για ένα κομμάτι ~** for a song

ψωμοζητώ ρ αμτβ beg, be a beggar

ψωμοζώ ρ αμτβ eke out a living

ψωμοτύρι (το) bread and cheese

ψώνια (τα) shopping. **πάω για ~** go shopping

ψωνίζω ρ αμτβ shop. (γυναίκα) solicit. **την ~** go round the bend

ψώρα (η) scabies. (ζώων) mange

ψωριάρης επίθ mangy

ψωρίαση (η) psoriasis

ψωροπερηφάνεια (η) snobbishness not in keeping with one's poverty

Ωω

ω *επιφώ* oh
ωάριο (*το*) ovum
ωδείο (*το*) academy of music
ωδή (*η*) ode
ωδικ|ός *επίθ* singing. **~ά πουλιά** (*τα*) songbirds. **~ή** (*η*) singing lesson
ωδίνες (*οι*) labour (*childbirth*)
ώθηση (*η*) thrust. (*μεταφ*) impetus
ωθώ *ρ μτβ* thrust. (*προωθώ*) impel
ωκεανός (*ο*) ocean
ωμοπλάτη (*η*) shoulder blade
ώμος (*ο*) shoulder
ωμ|ός *επίθ* raw (*uncooked*). (*άγριος*) brutal. **~ή βία** (*η*) brute force
ωμότητ|α (*η*) brutality. **~ες** (*οι*) atrocities
ωοειδής *επίθ* egg-shaped
ωοθήκη (*η*) ovary
ωορρηξία (*η*) ovulation
ώρ|α (*η*) time. (*60 λεπτά*) hour. **για την ~** for the time being. **δε βλέπω την ~ να** I can't wait to. **η ~α η καλή!** good luck! (*at the beginning of a project*). **στην ~α** on time
ωραί|ος *επίθ* beautiful. (*άντρας*) handsome. (*γυναίκα*) pretty. (*μέρα*) fine, nice. **~α** *επίρρ* nicely, beautifully, fine
ωράριο (*το*) working hours
ωριαί|ος *επίθ* hourly. **~α άτρακτος** (*η*) time zone

ωριμάζω *ρ αμτβ* ripen. (*μεταφ*) mature
ωρίμανση (*η*) ripening
ώριμ|ος *επίθ* ripe. (*μεταφ*) mature. **μετά από ~η σκέψη** on second thoughts
ωριμότητα (*η*) ripeness. (*μεταφ*) maturity
ωροδείκτης (*ο*) hour hand
ωρολογιακ|ός *επίθ* clockwork. **~ή βόμβα** (*η*) time bomb
ωρολογοποιός (*ο*) watchmaker
ωρομίσθιο (*το*) hourly pay
ωροσκόπιο (*το*) horoscope
ωρύομαι *ρ αμτβ* howl
ως *πρόθ* up to, until. **από το πρωί ~ το βράδυ** from morning to night
ως σύνδ as. **~ συνήθως** as usual. **~ τώρα** as yet
ωσαννά *επιφών* hosanna
ώστε *σύνδ* so. **ούτως ~** so that
ωστόσο *σύνδ* nevertheless
ωτακουστής (*ο*) eaves-dropper
ωτορινολαρυγγολόγος (*ο, η*) ear, nose and throat specialist
ωτοστόπ (*το*) *άκλ βλ* οτοστόπ
ωφέλεια (*η*) utility. (*όφελος*) benefit. (*κέρδος*) gain
ωφελιμι|σμός (*ο*) utilitarianism. **~τικός** *επίθ* utilitarian
ωφέλιμος *επίθ* beneficial. (*τροφή*) wholesome
ωφελώ *ρ μτβ* benefit. **~ούμαι** *ρ μτβ* profit
ωχ *επιφών* ouch
ωχριώ *ρ αμτβ* go white. (*μεταφ*) pale
ωχρ|ός *επίθ* pallid. **~τητα** (*η*) pallor

Phrasefinder

Useful phrases

yes, please/no, thank you
excuse me
I'm sorry, I don't understand

Meeting people
hello/goodbye
how are you?
nice to meet you

Asking questions
do you speak English/Greek?
what's your name?
how much is it?
where is...?
a coffee, please
would you like...?

Statements about yourself
my name is...
I'm American/Greek
I don't speak Greek/English
I live near London/in Scotland
I'm a student
I work in an office

Emergencies
can you help me, please?

I'm lost
I'm ill
call an ambulance

Reading signs
no entry
no smoking
fire exit
for sale

Χρήσιμες φράσεις

ναι, παρακαλώ/όχι, ευχαριστώ
με συγχωρείτε
Λυπάμαι, δεν καταλαβαίνω

Συναντήσεις
γεια σας/γεια σας
πώς είστε;
χαίρω πολύ

Ερωτήσεις
μιλάτε αγγλικά/ελληνικά;
τ' όνομά σας;
πόσο κάνει;
πού είναι ...;
έναν καφέ, παρακαλώ
θέλετε ... ;

**Φράσεις που μπορείτε να χρησιμο-
ποιήσετε όταν μιλάτε για σας**
τ' όνομά μου είναι ...
είμαι από την Αμερική/την Ελλάδα
δεν μιλώ ελληνικά/αγγλικά
μένω κοντά στο Λονδίνο/ στη Σκοτία
είμαι φοιτητής
εργάζομαι σε γραφείο

Περιπτώσεις ανάγκης
μπορείτε να με βοηθήσετε,
παρακαλώ;
χάθηκα
είμαι άρρωστος
καλέστε ασθενοφόρο

Πινακίδες
απαγορεύεται η είσοδος
απαγορεύεται το κάπνισμα
έξοδος κινδύνου
πωλείται

❶ Going Places

On the road

where's the nearest filling station	πού είναι το πλησιέστερο πρατήριο βενζίνης;
how do we get there?	από ποιο δρόμο πάμε;
I've got a puncture	μου τρύπησε το λάστιχο
I'd like to hire a bike/car	θέλω να νοικιάσω ποδήλατο/ αυτοκίνητο
there's been an accident	έγινε ατύχημα
my car's broken down	χάλασε το αυτοκίνητό μου
the car won't start	δεν ξεκινά το αυτοκίνητό μου

Με το αυτοκίνητο

By rail

Με το τρένο

where can I buy a ticket?	Από πού μπορώ να κόψω εισιτίριο;
when is the next train to Thessaloniki?	πότε φεύγει το επόμενο τρένο για Θεσσαλονίκη;
do I have to change?	πρέπει να αλλάξω τρένο;
can I take my bike on the train?	μπορώ να πάρω το ποδήλατό μου στο τρένο;
which platform for the train to Athens?	από ποια αποβάθρα φεύγει τρένο για την Αθήνα;
there's a train to Kalamata at 10 o'clock	φεύγει τρένο για την Καλαμάτα στις 10 η ώρα
a single/return to Athens, please	απλό εισιτίριο/εισιτίριο με επιστροφή για την Αθήνα, παρακαλώ
I'd like an all-day ticket	θέλω εισιτίριο για όλη τη μέρα
I'd like to reserve a seat	θέλω να κρατήσω θέση

At the airport

when's the next flight to Rome?	
where is the check-in?	
I'd like to confirm my flight	
I'd like a window seat/an aisle seat	
I want to change/cancel my reservation	

Στο αεροδρόμιο

πότε είναι η επόμενη πτήση για Ρώμη;

πού είναι ο έλεγχος εισιτηρίων και αποσκευών;

θέλω να επιβεβαιώσω την πτήση μου

θέλω θέση στο παράθυρο/στο διάδρομο

θέλω να αλλάξω/ακυρώσω την κράτησή μου

Getting there

could you tell me the way to the castle?

how long will it take to get there?

how far is it from here?

which bus do I take for the church?

can you tell me where to get off?

what time is the last bus?

how can I get to the airport?

where's the nearest underground station, (US) subway station?

I'll take a taxi

Can you call me a taxi?

take the first turning on the right

turn left at the traffic lights/just past the church

Πώς βρίσκουμε το δρόμο

μπορείτε να μου πείτε πώς θα πάω στο κάστρο;

πόση ώρα δρόμος είναι;

πόσο μακριά είναι απ' εδώ;

ποιο λεωφορείο πρέπει να πάρω για την εκκλησία;

μπορείτε να μου πείτε πού να κατέβω;

πότε περνάει το τελευταίο λεωφορείο;

πώς μπορώ να πάω στο αεροδρόμιο;

πού είναι ο πλησιέστερος σταθμός του μετρό;

θα πάρω ταξί

μπορείτε να μου καλέσετε ένα ταξί;

να στρίψετε στον πρώτο δρόμο δεξιά

να στρίψετε αριστερά στα φανάρια/ αμέσως μετά την εκκλησία

❷ Keeping in touch

On the phone	**Τηλεφωνικώς**
may I use your phone?	μπορώ να χρησιμοποιήσω το τηλέφωνό σας;
do you have a mobile, (US) cell phone?	έχετε κινητό;
what is the code for Thessaloniki?	ποιος είναι ο κωδικός για Θεσσαλονίκη;
I want to make a phone call	θέλω να κάνω ένα τηλεφώνημα
I'd like to reverse the charges, (US) call collect	θέλω να κάνω ένα τηλεφώνημα πληρωτέο από τον παραλήπτη
I need to top up my mobile (US) cell phone	πρέπει να ανανεώσω το χρόνο ομιλίας στο κινητό μου
the line's busy	είναι κατειλημμένο
there's no answer	δεν απαντά
hello, this is Natalia	ναι, είμαι η Ναταλία
is George there, please?	είναι εκεί ο Γιώργος, παρακαλώ;
who's calling?	ποιος τον ζητά;
sorry, wrong number	συγγνώμη, έχω λάθος αριθμό
just a moment, please	μια στιγμή, παρακαλώ
would you like to hold?	θέλετε να περιμένετε;
please tell him/her I called	πέστε του/της ότι τηλεφώνησα
I'd like to leave a message for him/her	θέλω να του/της αφήσω ένα μήνυμα
I'll try again later	θα πάρω αργότερα
please tell him/her that Maria called	παρακαλώ να του-της πείτε ότι τηλεφώνησε η Μαρία
can he/she ring me back?	μπορεί να με πάρει αργότερα;
my home number is...	το τηλέφωνό μου στο σπίτι είναι ...
my business number is...	το τηλέφωνό μου στη δουλειά είναι ...
my mobile, (US) cell phone number is...	το κινητό μου είναι ...
we were cut off	μας διέκοψαν

Writing

what's your address?	ποια είναι η διεύθυνσή σας;
where is the nearest post office?	πού είναι το πλησιέστερο ταχυδρομείο;
a stamp for England/the U.S., please?	ένα γραμματόσημο για την Αγγλία/τις ΗΠΑ, παρακαλώ
I'd like to send a parcel/a fax	θέλω να στείλω ένα δέμα /fax

Με αλληλογραφία

On line

do you have e-mail?	έχετε email;
what's your e-mail address?	ποια είναι η ηλεκτρονική σας διεύθυνσή;
we could send it by e-mail	μπορούμε να το στείλουμε με email
I'll e-mail it to you on Tuesday	Θα το στείλω με email την Τρίτη
I looked it up on the Internet	το κοίταξα στο Internet (Διαδίκτυο)
the information is on their website	οι πληροφορίες είναι στις ιστοσελίδες τους

On line

Meeting up

what shall we do this evening?	τι κάνουμε το βράδυ;
where shall we meet?	πού θα συναντηθούμε;
I'll see you outside the café at 6 o'clock	να βρεθούμε έξω από την καφετέρια στις 6
see you later	ορεβουάρ
I can't today, I'm busy	δεν μπορώ σήμερα, έχω δουλειά

Συναντήσεις

❸ Food and drink

Reservations

can you recommend a good restaurant?

I'd like to reserve a table for four

a reservation for tomorrow evening at eight o'clock

Κρατήσεις

μπορείς να μου συστήσεις ένα καλό εστιατόριο;

θέλω να κρατήσω ένα τραπέζι για τέσσερις

κράτηση για αύριο το βράδυ στις οκτώ

Ordering

could we see the menu/wine list, please?

do you have a vegetarian/children's menu?

as a starter... and to follow...

some more bread/rice, please

what would you recommend?

a

...white coffee, (US) coffee with cream

...black coffee

...decaffeinated coffee...

...a liqueur

the bill, (US) check, please

Παραγγελίες

μπορούμε να δούμε τον κατάλογο/τον κατάλογο με τα κρασιά, παρακαλώ

έχετε κατάλογο για χορτοφάγους/ παιδιά;

για ορεκτικό ... και μετά ...

ακόμα λίγο ψωμί/ρύζι, παρακαλώ

τι προτείνετε;

ένα

... καφέ με γάλα

... καφέ χωρίς γάλα

... καφέ χωρίς καφεΐνη

... λικέρ

το λογαριασμό, παρακαλώ

You will hear

είστε έτοιμοι να παραγγείλετε;

θέλετε λίγους μεζέδες;

θέλετε ορεκτικά;

τι θα πάρετε για κύριο πιάτο;

θέλετε επιδόρπιο;

θέλετε καφέ/λικέρ;

τίποτ' άλλο;

καλή όρεξη;

περιλαμβάνεται/δεν περιλαμβάνεται η αμοιβή του σερβιτόρου

Θα ακούσετε

are you ready to order?

would you like some meze?

would you like a starter?

what will you have for the main course?

would you like a dessert?

would you like coffee/liqueurs?

anything else?

enjoy your meal!

service is/is not included

The menu		Ο κατάλογος	
starters/ ορεκτικά		**ορεκτικά**/ **starters**	
hors d'oeuvres	ορεκτικά	μεζέδες	meze
omelette	ομελέτα	ομελέτα	omelette
meze	μεζέδες	ορεκτικά	hors d'oeuvres

fish/ψάρια		**ψάρια**/**fish**	
bass	λαβράκι	αστακός	lobster
calamari	καλαμάρι	γαρίδες	prawns
crab	κάβουρας	καλαμάρι	calamari
grey mullet	λιθρίνι	κάβουρας	crab
herring	ρέγκα	λαβράκι	bass
lobster	αστακός	λιθρίνι	grey mullet
red mullet	μπαρμπούνι	μαρίδα	whitebait
mussels	μύδια	μπαρμπούνι	red mullet
octopus	χταπόδι	μύδια	mussels
prawns	γαρίδες	ξιφίας	swordfish
salmon	σολομός	πέστροφα	trout
sardines	σαρδέλες	ρέγκα	herring
sea bream	συναγρίδα	σαρδέλες	sardines
squid	σουπιά	σολομός	salmon
swordfish	ξιφίας	σουπιά	squid
trout	πέστροφα	συναγρίδα	sea bream
tuna	τόνος	τόνος	tuna
whitebait	μαρίδα	χταπόδι	octopus

meat/ κρέας		**κρέας**/**meat**	
beef	βοδινό	αρνάκι	lamb
chicken	κοτόπουλο	βοδινό	beef
duck	πάπια	γαλοπούλα	turkey
goose	χήνα	ζαμπόν	ham
hare	λαγός	κοτόπουλο	chicken
ham	ζαμπόν	κουνέλι	rabbit
kebab	σουβλάκι	λαγός	hare
lamb	αρνάκι	λευκό κρέας	white meat
lamb chops	παϊδάκια αρνίσια	μοσχάρι	veal
liver	συκώτι	μπριζόλα βοδινή	steak
pork	χοιρινό	μπριζόλα χοιρινή	pork chop
pork chop	μπριζόλα χοιρινή	παϊδάκια αρνίσια	lamb chops
rabbit	κουνέλι	πάπια	duck
steak	μπριζόλα βοδινή	σουβλάκι	kebab

❸ Food and Drink

turkey	γαλοπούλα	συκώτι	liver
veal	μοσχάρι	χήνα	goose
white meat	λευκό κρέας	χοιρινό	pork

vegetables/ λαχανικά

λαχανικά /**vegetables**

artichoke	αγκινάρα	αγγούρι	cucumber
asparagus	σπαράγγι	αγκινάρα	artichoke
aubergine	μελιτζάνα	αντίδια	endive
broad beans	κουκιά	αρακάς	peas
carrots	καρότα	καρότα	carrots
celery	σέλινο	κολοκυθάκι	courgette, (US)
courgette	κολοκυθάκι		zucchini
cucumber	αγγούρι	κουκιά	broad beans
endive	αντίδια	κρεμμύδι	onion
lettuce	μαρούλι	μαϊντανός	parsley
mushrooms	μανιτάρια	μανιτάρια	mushrooms
onion	κρεμμύδι	μαρούλι	lettuce
parsley	μαϊντανός	μελιτζάνα	aubergine
peas	αρακάς	πατάτες	potatoes
pepper	πιπέρι	πιπέρι	pepper
potatoes	πατάτες	σέλινο	celery
runner beans	φασολάκια	σπαράγγι	asparagus
tomato	τομάτα	τομάτα	tomato
zucchini	κολοκυθάκι	φασολάκια	runner beans

the way it's cooked/ Πώς μαγειρεύονται

Πώς μαγειρεύονται /**the way it's cooked**

boiled	βραστό	βραστό	boiled
fried	τηγανητό	καλοψημένο	well done
grilled	στη σχάρα	μέτριο	medium (cooked)
medium (cooked)	μέτριο	μισοψημένο	rare
on charcoal	στα κάρβουνα	πουρέ	pureed
pureed	πουρέ	στα κάρβουνα	on charcoal
rare	μισοψημένο	στη σχάρα	grilled
roast	ψητό (στο φούρνο)	τηγανητό	fried
		ψητό (στο φούρνο)	roast
well done	καλοψημένο		

desserts/ επιδόρπιο

fruits	φρούτα
ice cream	παγωτό
sweet	γλυκό
tart	τάρτα

επιδόρπιο/desserts

γλυκό	sweet
παγωτό	ice cream
τάρτα	tart
φρούτα	fruit

other/ άλλα

bread	ψωμί
butter	βούτυρο
cheese	τυρί
garlic	σκόρδο
lemon and olive-oil dressing	λαδολέμονο
mayonnaise	μαγιονέζα
mustard	μουστάρδα
olive oil	ελαιόλαδο
pepper	πιπέρι
rice	ρύζι
salt	αλάτι
sauce	σάλτσα
seasoning	αλατοπίπερο
vinegar	ξίδι

άλλα/other

αλάτι	salt
αλατοπίπερο	seasoning
βούτυρο	butter
ελαιόλαδο	olive oil
λαδολέμονο	lemon and olive-oil dressing
μαγιονέζα	mayonnaise
μουστάρδα	mustard
ξίδι	vinegar
πιπέρι	pepper
ρύζι	rice
σάλτσα	sauce
σκόρδο	garlic
τυρί	cheese
ψωμί	bread

drinks/ ποτά

beer	μπίρα
bottle	μπουκάλι
brandy	κονιάκ
carbonated	ανθρακούχο
fizzy	αεριούχο
half-bottle	μικρό μπουκάλι
mineral water	μεταλλικό νερό
ouzo	ούζο
red wine	κόκκινο κρασί
retsina	ρετσίνα
rosé	ροζέ
soft drink	αναψυκτικό
still	μη αεριούχο
white wine	λευκό κρασί
wine	κρασί

ποτά /drinks

αεριούχο	fizzy
αναψυκτικό	soft drink
ανθρακούχο	carbonated
κόκκινο κρασί	red wine
κονιάκ	brandy
κρασί	wine
λευκό κρασί	white wine
μεταλλικό νερό	mineral water
μη αεριούχο	still
μικρό μπουκάλι	half-bottle
μπίρα	beer
μπουκάλι	bottle
ούζο	ouzo
ρετσίνα	retsina
ροζέ	rosé

❹ Places to stay ☆☆☆

Camping

can we pitch our tent here?	μπορούμε να στήσουμε εδώ τη σκηνή μας;
can we park our caravan here?	μπορούμε να σταθμεύσουμε εδώ με το τροχόσπιτό μας;
what are the facilities like?	ποιες ευκολίες υπάρχουν;
how much is it per night?	πόσο κοστίζει η διανυκτέρευση;
where do we park the car?	πού να σταθμεύσουμε το αυτοκίνητό μας;
we're looking for a campsite	ψάχνουμε να βρούμε χώρο για κάμπινγκ
this is a list of local campsites	αυτός είναι κατάλογος με τους χώρους κάμπινγκ στην περιοχή
we go on a camping holiday every year	κάνουμε κάμπινγκ κάθε χρόνο

Κάμπινγκ

At the hotel

I'd like a double/single room with bath	Θέλω δίκλινο/μονόκλινο δωμάτιο με μπάνιο
we have a reservation in the name of Morris	έχουμε κάνει κράτηση στο όνομα Morris
we're staying three nights, from Friday to Sunday	θα μείνουμε τρεις νύχτες, από την Παρασκευή μέχρι την Κυριακή
how much does the room cost?	πόσο κάνει το δωμάτιο;
I'd like to see the room	θέλω να δω το δωμάτιο
what time is breakfast?	τι ώρα σερβίρεται το πρωινό;
can I leave this in your safe?	μπορώ να το αφήσω στο χρηματοκιβώτιό σας;
bed and breakfast	διαμονή με πρωινό
we'd like to stay another night	θέλουμε να μείνουμε ακόμα μια νύχτα
please call me at 7:30	παρακαλώ, ξυπνήστε με στις 7:30
are there any messages for me?	έχω μηνύματα;

Στο ξενοδοχείο

Hostels

could you tell me where the youth hostel is?

what time does the hostel close?

I'll be staying in a hostel

the hostel we're staying in is great value

I know a really good hostel in Patra

I want to go to Aegina by hydrofoil

Ξενώνες

μπορείτε να μου πείτε πού είναι ο ξενώνας/youth hostel;

τι ώρα κλείνει ο ξενώνας;

θα μείνω σε ξενώνα

ο ξενώνας που μένουμε έχει πολύ καλές τιμές

ξέρω έναν πολύ καλό ξενώνα στην Πάτρα

θέλω να πάω στην Αίγινα με ιπτάμενο δελφίνι

Rooms to rent

I'm looking for a room with a reasonable rent

I'd like to rent an apartment for a few weeks

where do I find out about rooms to rent?

what's the weekly rent?

I'm staying with friends at the moment

I rent an apartment on the outskirts of town

the room's fine — I'll take it

the deposit is one month's rent in advance

Ενοικιάζονται δωμάτια

θέλω να βρω δωμάτιο σε λογική τιμή

θέλω να νοικιάσω διαμέρισμα για λίγες βδομάδες

πού μπορώ να βρω πληροφορίες για δωμάτια;

πόσο κοστίζει η βδομάδα;

προς το παρόν μένω με φίλους

νοικιάζω διαμέρισμα στα περίχωρα

εντάξει είναι το δωμάτιο, θα το πάρω

η προκαταβολή είναι το ενοίκιο ενός μηνός

❺ Shopping and money

At the bank

I'd like to change some money	θέλω να αλλάξω χρήματα
I want to change some dollars into euros	θέλω ν' αλλάξω δολάρια σε ευρώ
do you need identification?	χρειάζεται ταυτότητα ή διαβατήριο;
what's the exchange rate today?	ποια είναι σήμερα η τιμή του συναλλάγματος;
Do you accept traveller's cheques, (US) traveler's checks	δέχεστε ταξιδιωτικές επιταγές;
I'd like to transfer some money from my account	θέλω να μεταφέρω χρήματα από το λογαριασμό μου
Where is there an ATM?	πού μπορώ να βρω αυτόματο μηχάνημα ATM;
I'd like high value notes, (US) bills	θέλω χαρτονομίσματα μεγάλης ονομαστικής αξίας
I'm with another bank	η τράπεζά μου είναι άλλη

Finding the right shop

Στην τράπεζα

Πώς να βρείτε το κατάστημα που πρέπει

where's the main shopping district?	πού είναι το εμπορικό κέντρο;
where can I buy batteries/postcards?	πού μπορώ να βρω μπαταρίες/καρτ ποστάλ;
where's the nearest pharmacy/bookshop?	πού είναι το πλησιέστερο φαρμακείο/βιβλιοπωλείο;
is there a good food shop around here?	υπάρχει κάπου εδώ κοντά ένα καλό κατάστημα τροφίμων;
what time do the shops open/close?	τι ώρα ανοίγουν/κλείνουν τα καταστήματα;
where did you get those?	από πού τα πήρατε;
I'm looking for presents for my family	ψάχνω να βρω δώρα για την οικογένειά μου
we'll do our shopping on Saturday	θα κάνουμε τα ψώνια μας το Σάββατο
I love shopping	μ' αρέσουν τα ψώνια

Are you being served?

how much does that cost?	πόσο κάνει αυτό;
can I try it on?	μπορώ να το δοκιμάσω;
could you wrap it for me, please?	μπορείτε να το τυλίξετε, παρακαλώ;
can I pay by credit card?	μπορώ να πληρώσω με πιστωτική κάρτα;
do you have this in another colour, (US) color?	το έχετε και σε άλλο χρώμα;
a bag, please?	μια τσάντα, παρακαλώ
I'm just looking	απλά κοιτάζω
I'll think about it	θα το σκεφτώ
a receipt, please	μια απόδειξη, παρακαλώ
I need a bigger/smaller size	χρειάζομαι μεγαλύτερο/μικρότερο μέγεθος
my size is 10/a medium	το μέγεθός μου είναι 10/medium
it doesn't suit me	δε μου πάει
I'm sorry, I don't have any change	συγνώμη, δεν έχω ψιλά
that's all, thank you	αυτό είναι, ευχαριστώ

Changing things

Αλλαγή πραγμάτων

I'd like to change it, please	θέλω να το αλλάξω, παρακαλώ
I bought this here yesterday	Το αγόρασα χτες από εδώ.
can I have a refund?	μπορείτε να μου επιστρέψετε τα χρήματά μου;
can you mend it for me?	μπορείτε να το επιδιορθώσετε;
it doesn't work	δεν λειτουργεί
can I speak to the manager?	μπορώ να μιλήσω με το διευθυντή;

Εξυπηρέτηση στα καταστήματα

❻ Time

❻ Η ώρα

Telling the time

what time is it?	Τι ώρα είναι;
	τι ώρα είναι;
it's 2 o'clock	είναι 2 η ώρα
at about 8 o'clock	γύρω στις 8 η ώρα
from 10 o'clock onwards	από τις 10 η ώρα και μετά
at 5 o'clock in the morning/afternoon	στις 5 η ώρα το πρωί/το απόγευμα
it's five past/quarter past/half past one	είναι μία και πέντε/και τέταρτο/και μισή
it's twenty-five to/quarter to one	είναι μία παρά είκοσι πέντε/παρά τέταρτο
a quarter/three quarters of an hour	ένα τέταρτο/τρία τέταρτα της ώρας

Days and dates — **Μέρες και ημερομηνίες**

Sunday, Monday, Tuesday, Wednesday, Thursday, Friday, Saturday	Κυριακή, Δευτέρα, Τρίτη, Τετάρτη, Πέμπτη, Παρασκευή, Σάββατο
January, February, March, April, May, June, July, August, September, October, November, December	Ιανουάριος, Φεβρουάριος, Μάρτιος, Απρίλιος, Μάιος, Ιούνιος, Ιούλιος Αύγουστος, Σεπτέμβριος, Οκτώβριος Νοέμβριος, Δεκέμβριος
what's the date?	τι ημερομηνία έχουμε σήμερα;
it's the second of June	είναι δύο Ιουνίου
we meet up every Monday	έχουμε συνάντηση κάθε Δευτέρα
we're going away in August	θα φύγουμε τον Αύγουστο
on November 8th	στις οχτώ Νοεμβρίου

Aa

a /ə, *stressed* eɪ/ *indef art* (*before vowel* **an**) ένας, μία, ένα. **once ~ year** μια φορά το χρόνο. **ten drachma ~ kilo** δέκα δραχμές το κιλό

aback /əˈbæk/ *adv* **be taken ~** ξαφνιάζομαι

abandon /əˈbændən/ *vt* εγκαταλείπω. **~ed** *a* εγκαταλειμμένος. (*behaviour*) ασυγκράτητος

abashed /əˈbæʃt/ *a* ντροπιασμένος

abate /əˈbeɪt/ *vt* ελαττώνω. • *vi* κοπάζω

abattoir /ˈæbətwɑː(r)/ *n* (το) σφαγείο

abbey /ˈæbɪ/ *n* (το) αββαείο

abbot /ˈæbət/ *n* (o) αββάς

abbreviat|e /əˈbriːvɪeɪt/ *vt* συντέμνω. **~ion** /-ˈeɪʃn/ *n* (η) σύντμηση

abdicat|e /ˈæbdɪkeɪt/ *vt/i* παραιτούμαι. **~ion** /-ˈeɪʃn/ *n* (η) παραίτηση

abdomen /ˈæbdəmən/ *n* (η) κοιλιά

abduct /æbˈdʌkt/ *vt* απάγω. **~ion** /-ʃn/ *n* (η) απαγωγή

aberration /æbəˈreɪʃn/ *n* (η) παρεκτροπή

abet /əˈbet/ *vt* (*pt* **abetted**) (*jur*) υποκινώ

abeyance /əˈbeɪəns/ *n* **in ~** σε εκκρεμότητα

abhor /əbˈhɔː(r)/ *vt* (*pt* **abhorred**) απεχθάνομαι. **~rent** /-ˈhɒrənt/ *a* απεχθής

abide /əˈbaɪd/ *vt* ανέχομαι. • *vi* **~ by** τηρώ

ability /əˈbɪlətɪ/ *n* (*cleverness*) (η) ικανότητα

abject /ˈæbdʒekt/ *a* (*miserable*) θλιμμένος. (*despicable*) άθλιος

ablaze /əˈbleɪz/ *a* φλεγόμενος

abl|e /ˈeɪbl/ *a* ικανός (**to**, να). **be ~e** μπορώ. (*know how to*) είμαι ικανός. **~y** *adv* επιδέξια

abnormal /æbˈnɔːml/ *a* ανώμαλος. **~ity** /-ˈmælətɪ/ *n* (η) ανωμαλία

aboard /əˈbɔːd/ *adv & prep* πάνω σε (πλοίο ή αεροπλάνο)

abode /əˈbəʊd/ *n* (*old use*) (η) διαμονή. **of no fixed ~** χωρίς μόνιμη διαμονή

aboli|sh /əˈbɒlɪʃ/ *vt* καταργώ. **~tion** /æbəˈlɪʃn/ *n* (η) κατάργηση

abominable /əˈbɒmɪnəbl/ *a* απαίσιος

aborigin|al /æbəˈrɪdʒənl/ *a* ιθαγενής. **~** *n* (ο) ιθαγενής. **~es** /-iːz/ *n pl* (οι) ιθαγενείς

abort /əˈbɔːt/ *vt/i* εκτρώνω. **~ion** /-ʃn/ *n* (η) έκτρωση. **~ive** *a* αποτυχημένος

abound /əˈbaʊnd/ *vi* βρίθω

about /əˈbaʊt/ *adv*
(*approximately*) περίπου. (*here
and there*) εδώ κι εκεί. (*all
round*) γύρω. (*nearby*) εδώ
κοντά. (*in existence*) τριγύρω.
• *prep* για. (*round*) γύρω από.
(*somewhere in*) κάπου. ∼-face,
∼-turn *ns* (η) μεταβολή. be ∼
to είμαι έτοιμος να. how ∼ a
drink? τι θα έλεγες για ένα
ποτό; it's ∼ time! επιτέλους!
what's it ∼? περί τίνος
πρόκειται;

above /əˈbʌv/ *adv* πάνω. • *prep*
πάνω από. ∼ all πάνω απ' όλα.
∼-board *a* έντιμος. ∼-
mentioned *a* ανωτέρω. *invar*

abras|ion /əˈbreɪʒn/ *n* (η) τριβή.
(*injury*) (το) γδάρσιμο. ∼ive
/əˈbreɪsɪv/ *a* λειαντικός. *n* (το)
λειαντικό

abreast /əˈbrest/ *adv* πλάι πλάι,
δίπλα δίπλα. keep ∼ of
συμβαδίζω

abridge /əˈbrɪdʒ/ *vt* συντομεύω

abroad /əˈbrɔːd/ *adv* στο
εξωτερικό

abrupt /əˈbrʌpt/ *a* (*sudden*)
ξαφνικός. (*curt, steep*)
απότομος. ∼ly *adv* (*suddenly*)
ξαφνικά. (*curtly, steeply*)
απότομα

abscess /ˈæbsɪs/ *n* (το)
απόστημα

abscond /əbˈskɒnd/ *vi* φεύγω
κρυφά

absence /ˈæbsəns/ *n* (η) απουσία.
(*lack*) (η) έλλειψη

absent[1] /ˈæbsənt/ *a* απών. ∼ly
adv αφηρημένα. ∼-minded *a*
αφηρημένος

absent[2] /æbˈsent/ *vt* ∼ os
απουσιάζω

absentee /æbsənˈtiː/ *n* (ο) απών.
∼ism *n* (ο) απουσιασμός

absolute /ˈæbsəluːt/ *a* απόλυτος.
∼ly *adv* απόλυτα

absolve /əbˈzɒlv/ *vt* απαλλάσσω

absor|b /əbˈzɔːb/ *vt* απορροφώ.
∼bent *a* απορροφητικός

abstain /əbˈsteɪn/ *vi* απέχω.
(*from*, από)

abstemious /əbˈstiːmɪəs/ *a*
εγκρατής

abstinen|ce /ˈæbstɪnəns/ *n* (η)
αποχή. ∼t *a* εγκρατής

abstract[1] /ˈæbstrækt/ *a*
αφηρημένος. • *n* (*quality*) (το)
αφηρημένο. (*summary*) (η)
περίληψη

abstract[2] /əbˈstrækt/ *vt* (*take
away*) αφαιρώ

absurd /əbˈsɜːd/ *a* παράλογος.
∼ity *n* (το) παράλογο

abundance /əˈbʌndəns/ *n* (η)
αφθονία

abundant /əˈbʌndənt/ *a* άφθονος

abuse[1] /əˈbjuːz/ *vt* (*misuse*)
καταχρώμαι. (*ill-treat*)
κακομεταχειρίζομαι. (*insult*)
βρίζω

abuse[2] /əˈbjuːs/ *n* (*misuse*) (η)
κατάχρηση. (*ill-treatment*) (η)
κακομεταχείριση. (*insults*) (η)
βρισιά. ∼ive *a* υβριστικός

abysmal /əˈbɪzməl/ *a* (*bad: fam*)
αβυσσαλέος

abyss /əˈbɪs/ *n* (η) άβυσσος

academic /ækəˈdemɪk/ *a & n*
ακαδημαϊκός

academy /əˈkædəmɪ/ *n* (η)
ακαδημία

accede /əkˈsiːd/ *vi* ∼ to.
(*request*) αποδέχομαι. (*throne*)
ανέρχομαι

accelerat|e /ək'seləreɪt/ vt/i
επιταχύνω/ομαι. **~ion** /-'reɪʃn/ n
(η) επιτάχυνση

accelerator /ək'seləreɪtə(r)/ n
(το) γκάζι

accent¹ /'æksənt/ n (η) προφορά

accent² /æk'sent/ vt τονίζω

accentuate /ək'sentʃʊeɪt/ vt
τονίζω

accept /ək'sept/ vt αποδέχομαι.
~able a αποδεκτός. **~ance** n
(η) αποδοχή. (approval) (η)
επιδοκιμασία

access /'ækses/ n (η) πρόσβαση
(**to**, σε). **~ible** /ək'sesəbl/ a
προσιτός

accessory /ək'sesərɪ/ a
συμπληρωματικός. • n (το)
αξεσουάρ. (jur) (o, η)
συνεργός

accident /'æksɪdənt/ (το)
δυστύχημα, ατύχημα. (chance)
(το) τυχαίο γεγονός. **by ~**
τυχαία. **~al** /-'dentl/ a τυχαίος.
~ally /-'dentəlɪ/ adv τυχαία

acclaim /ə'kleɪm/ vt
ανακηρύσσω. • n (η)
επιδοκιμασία

acclimatize /ə'klaɪmətaɪz/ vt
(Amer) **acclimate** /'æklɪmeɪt/ vt
εγκλιματίζω. • vi εγκλιματίζομαι

accommodat|e /ə'kɒmədeɪt/ vt
(have room for) φιλοξενώ.
(supply) χορηγώ. (oblige)
διευκολύνω. (adapt)
προσαρμόζω. **~ing** a
εξυπηρετικός. **~ion** /-'deɪʃn/
(η) στέγαση. (rooms) (τα)
δωμάτια

accompan|y /ə'kʌmpənɪ/ vt
συνοδεύω. **~iment** n (η)
συνοδεία. (mus) (το)
ακομπανιαμέντο

accomplice /ə'kʌmplɪs/ n (ο, η)
συνένοχος

accomplish /ə'kʌmplɪʃ/ vt
πραγματοποιώ. (achieve)
επιτυγχάνω. **~ed** a με πολλές
ικανότητες. **~ment** n (η)
πραγματοποίηση. (ability) (η)
ικανότητα

accord /ə'kɔ:d/ vi συμφωνώ. •
παρέχω. • n (η) συμφωνία. **of
one's own ~** από μόνος μου.
~ance n (η) συμφωνία. **in
~ance with** σύμφωνα με

according /ə'kɔ:dɪŋ/ adv **~
to** σύμφωνα με. **~ly** adv
ανάλογα

accordion /ə'kɔ:dɪən/ n (το)
ακορντεόν

accost /ə'kɒst/ vt πλησιάζω

account /ə'kaʊnt/ n (comm) (ο)
λογαριασμός. (description) (η)
περιγραφή. • vt **~ for** εξηγώ.
on ~ of λόγω. **on no ~** σε
καμιά περίπτωση. **take into ~**
λαμβάνω υπόψη. **~able** a
υπόλογος (**to**, σε **for**, για)

accountant /ə'kaʊntənt/ n (ο)
λογιστής

accumulat|e /ə'kju:mjʊleɪt/ vt/i
συσσωρεύω. **~ion** /-'leɪʃn/ n (η)
συσσώρευση

accura|te /'ækjərət/ a ακριβής.
~cy n (η) ακρίβεια. **~tely** adv
με ακρίβεια

accus|e /ə'kju:z/ vt κατηγορώ.
the ~d (ο) κατηγορούμενος.
~ation /-'zeɪʃn/ n (η) κατηγορία

accustom /ə'kʌstəm/ vt
συνηθίζω. **~ed** a
συνηθισμένος. **become ~ed
to** συνηθίζω

ace /eɪs/ n (ο) άσος

ache /eɪk/ n (ο) πόνος. • vi πονώ

achieve /ə'tʃiːv/ vt κατορθώνω, επιτυγχάνω. **~ment** n (η) επίτευξη. (feat) (το) κατόρθωμα

acid /'æsɪd/ a όξινος. • n (το) οξύ. **~ity** /ə'sɪdətɪ/ n (η) οξύτητα. **~ rain** n (η) όξινη βροχή

acknowledge /ək'nɒlɪdʒ/ vt αναγνωρίζω. **~ receipt of a letter** βεβαιώνω τη λήψη επιστολής. **~ment** n (η) αναγνώριση. (of receipt) (η) βεβαίωση

acne /'æknɪ/ n (η) ακμή (στο πρόσωπο)

acorn /'eɪkɔːn/ n (το) βαλανίδι

acoustic /ə'kuːstɪk/ a ακουστικός. **~s** npl (η) ακουστική

acquaint /ə'kweɪnt/ vt **~ s.o. with** γνωστοποιώ σε κάποιον. **be ~ed with** (person) γνωρίζομαι με. (fact) γνωρίζω. **~ance** n (knowledge) (η) γνωριμία. (person) (ο) γνωστός

acquiesce /ækwɪ'es/ vi συγκατατίθεμαι

acqui|re /ə'kwaɪə(r)/ vt αποκτώ. **~sition** /ækwɪ'zɪʃn/ n (η) απόκτηση. (object) (το) απόκτημα. **~sitive** /-'kwɪzətɪv/ a άπληστος

acquit /ə'kwɪt/ vt (pt acquitted) αθωώνω. **~ o.s.** φέρομαι. **~tal** n (η) αθώωση

acre /'eɪkə(r)/ n τέσσερα στρέμματα

acrobat /'ækrəbæt/ n (ο) ακροβάτης, (η) ακροβάτισσα

across /ə'krɒs/ adv & prep (side to side) από το ένα μέχρι την άλλη. (on other side) στην απέναντι πλευρά. (crosswise) σταυρωτά. **walk ~** διασχίζω

act /ækt/ n (action, part of play) (η) πράξη. (pretence) (το) θέατρο. (part of show) (το) νούμερο. (decree) (ο) νόμος. • vi ενεργώ. vt/i παίζω. (pretend) υποκρίνομαι. **~ing** a αναπληρωματικός. • n (theatr) (η) ηθοποιία

action /'ækʃn/ n (η) δράση. (mil) (η) μάχη. **take ~** ενεργώ

activ|e /'æktɪv/ a ενεργητικός. (energetic) δραστήριος. **~ity** /-'tɪvətɪ/ n (η) δραστηριότητα

ac|tor /'æktə(r)/ n (ο) ηθοποιός. **~tress** n (η) ηθοποιός

actual /'æktʃʊəl/ a πραγματικός. **~ly** adv πραγματικά

acumen /ə'kjuːmen/ n (η) οξύνοια

acupuncture /'ækjʊprʌŋktʃə(r)/ n (ο) βελονισμός

acute /ə'kjuːt/ a οξύς. **~ly** adv έντονα

ad /æd/ n (fam) (η) διαφήμιση. (newspaper) (η) αγγελία

AD /'eɪ'diː/ abbr μX

adamant /'ædəmənt/ a ανένδοτος

adapt /ə'dæpt/ vt προσαρμόζω. • vi προσαρμόζομαι. **~ation** /ædæp'teɪʃn/ n (η) προσαρμογή. **~or** n (electr) (ο) προσαρμογέας, (ο) προσαρμοστής

adaptable /ə'dæptəbl/ a προσαρμοστικός

add /æd/ vt/i προσθέτω. **~ up** αθροίζω. **~ up to** ανέρχομαι σε

adder /'ædə(r)/ n (η) οχιά

addict /'ædɪkt/ n (ο, η) τοξικομανής

addict|ed /ə'dɪktɪd/ a **~ed to** εθισμένος σε. (fig)

συνηθισμένος σε. **~ion** /-ʃn/ n
(med) (ο) εθισμός

addition /ə'dɪʃn/ n (η)
προσθήκη. (math) (η)
πρόσθεση. **in ~** επιπρόσθετα.
~al /-ʃənl/ a πρόσθετος

additive /'ædɪtɪv/ n (η)
προσθετική ουσία

address /ə'dres/ n (η)
διεύθυνση. (speech) (η) ομιλία.
• vt απευθύνω. (speak to)
μιλώ σε

adept /'ædept/ a επιδέξιος
(at, σε)

adequate /'ædikwət/ a επαρκής

adhere /əd'hɪə(r)/ vi κολλώ. (fig)
εμμένω (to, σε)

adhesive /əd'hi:sɪv/ a
συγκολλητικός. • n (η)
συγκολλητική ουσία

adjacent /ə'dʒeɪsnt/ a
παρακείμενος

adjective /'ædʒɪktɪv/ n (το)
επίθετο

adjoin /ə'dʒɔɪn/ vt γειτονεύω.
~ing a γειτονικός

adjourn /ə'dʒɜ:n/ vt/i
αναβάλλω/ομαι

adjudicate /ə'dʒu:dɪkeɪt/ vt/i
επιδικάζω/ομαι

adjust /ə'dʒʌst/ vt ρυθμίζω. • vi
προσαρμόζομαι (to, σε). **~able**
a ρυθμιζόμενος. **~ment** n (η)
προσαρμογή. (techn) (η)
ρύθμιση

ad lib /æd'lɪb/ a αυτοσχέδιος. • vi
(pt ad libbed) αυτοσχεδιάζω

administer /əd'mɪnɪstə(r)/ vt
(manage) διαχειρίζομαι. (give)
χορηγώ

administrat|e /əd'mɪnɪstreɪt/ vt/i
διοικώ/ούμαι. **~ion** /-'streɪʃn/ n

(η) διοίκηση. **~ive** /-ətɪv/ a
διοικητικός **~or** n (ο)
διοικητής, (η) διοικήτρια

admirable /'ædmərəbl/ a
αξιοθαύμαστος

admiral /'ædmərəl/ n (ο)
ναύαρχος

admir|e /əd'maɪə(r)/ vt θαυμάζω.
~ation /ædmə'reɪʃn/ n (ο)
θαυμασμός. **~er** n (ο)
θαυμαστής, (η) θαυμάστρια

admission /əd'mɪʃn/ n (η)
παραδοχή. (entry) (η) είσοδος

admit /əd'mɪt/ vt (pt admitted)
(let in) επιτρέπω την είσοδο.
(acknowledge) αναγνωρίζω.
~ to παραδέχομαι. **~tance** n (η)
είσοδος. **~tedly** adv
ομολογουμένως

ado /ə'du:/ n (η) φασαρία.
without more ~ χωρίς
περισσότερη φασαρία

adolescen|t /ædə'lesnt/ a
εφηβικός. • n (ο, η) έφηβος.
~ce n (η) εφηβεία

adopt /ə'dɒpt/ vt υιοθετώ. **~ed**
a (child) θετός. **~ion** /-ʃn/ n (η)
υιοθεσία

ador|e /ə'dɔ:(r)/ vt λατρεύω.
~able a αξιολάτρευτος

adorn /ə'dɔ:n/ vt στολίζω

adrenalin /ə'drenəlɪn/ n (η)
αδρεναλίνη

Adriatic /eɪdrɪ'ætɪk/ n **~ (sea)**
(η) Αδριατική θάλασσα

adrift /ə'drɪft/ a ακυβέρνητος

adult /'ædʌlt/ a & n ενήλικος

adulterate /ə'dʌltəreɪt/ vt
νοθεύω

adultery /ə'dʌltərɪ/ n (η) μοιχεία

advance /əd'vɑ:ns/ vt/i
προχωρώ. (money)

προκαταβάλλω. • n (*progress*)
(η) πρόοδος. (*payment*) (η)
προκαταβολή. **in ~** εκ των
προτέρων. **~d** a (*studies*)
ανώτερος

advantage /əd'va:ntɪdʒ/ n (το)
πλεονέκτημα. **take ~ of**
επωφελούμαι. (*person*)
εκμεταλλεύομαι. **~ous**
/ædvən'teɪdʒəs/ a επωφελής

advent /'ædvənt/ n (η) έλευση.
A~ n (το) σαραντάμερο

adventur|e /əd'ventʃə(r)/ n (η)
περιπέτεια. **~er** n (ο)
τυχοδιώκτης. **~ous** a
περιπετειώδης

adverb /'ædvɜ:b/ n (το) επίρρημα

adversary /'ædvəsərɪ/ n (ο)
αντίπαλος

advers|e /'ædvɜ:s/ a δυσμενής.
~ity /əd'vɜ:sətɪ/ n (η) ατυχία

advert /'ædvɜ:t/ n (*fam*) (η)
αγγελία

advertis|e /'ædvətaɪz/ vt/i (*sell*)
διαφημίζω/ομαι. **~ for** ζητώ.
~ement /əd'vɜ:tɪsmənt/ n (η)
διαφήμιση. (*in paper etc.*) (η)
αγγελία. **~er** /-ə(r)/ n (ο)
διαφημιστής. **~ing** n (ο)
διαφημιστικός τομέας

advice /əd'vaɪs/ n (η) συμβουλή

advis|e /əd'vaɪz/ vt συμβουλεύω.
(*inform*) ειδοποιώ. **~e against**
δε συμβουλεύω. **~able** a
σκόπιμος. **~er** n (ο, η)
σύμβουλος. **~ory** a
συμβουλευτικός

advocate¹ /'ædvəkət/ n (ο)
υποστηρικτής, (η)
υποστηρίκτρια. (*jur*) (ο, η)
συνήγορος

advocate² /'ædvəkeɪt/ vt
υποστηρίζω

aerial /'eərɪəl/ a εναέριος. • n (η)
κεραία

aerobics /eə'rəʊbɪks/ npl (τα)
αερόμπικς *invar*

aeroplane /'eərəpleɪn/ n (το)
αεροπλάνο

aerosol /'eərəsɒl/ n (το)
αεροζόλ

aesthetic /i:s'θetɪk/ a αισθητικός

afar /ə'fa:(r)/ adv μακριά. **from
~** από μακριά

affable /'æfəbl/ a ευπροσήγορος

affair /ə'feə(r)/ n (η) υπόθεση.
(*love*) (ο) ερωτικός δεσμός

affect /ə'fekt/ vt επηρεάζω.
(*concern*) θίγω. (*pretend*)
προσποιούμαι. **~ation**
/æfek'teɪʃn/ n (η) προσποίηση.
~ed a επιτηδευμένος

affection /ə'fekʃn/ n (η) στοργή.
~ate /-ʃənət/ a στοργικός

affiliate /ə'fɪlieɪt/ vt δέχομαι σαν
μέλος

affinity /ə'fɪnətɪ/ n (η) συγγένεια

affirm /ə'fɜ:m/ vt βεβαιώνω

affirmative /ə'fɜ:mətɪv/ a
καταφατικός. • n (η) κατάφαση

affix /ə'fɪks/ vt επισυνάπτω.
(*signature*) επιθέτω

afflict /ə'flɪkt/ vt στενοχωρώ.
~ion /-ʃn/ n (η) στενοχώρια

affluent /'æfluənt/ a εύπορος

afford /ə'fɔ:d/ vt διαθέτω.
(*provide*) παρέχω. **I can't ~ to
lose** δεν μπορώ να χάσω

affront /ə'frʌnt/ n (η) προσβολή.
• vt προσβάλλω

afield /ə'fi:ld/ adv far **~** μακριά

afraid /ə'freɪd/ a φοβισμένος.
be ~ (*frightened*) φοβούμαι.
(*sorry*) λυπούμαι. **I'm ~ so**
δυστυχώς

afresh /ə'freʃ/ *adv* από την αρχή

Africa /'æfrɪkə/ *n* (η) Αφρική. **~n** *a* αφρικανικός. • *n* (ο) Αφρικανός (ο) Αφρικανή

after /'ɑ:ftə(r)/ *adv & prep* μετά. • *conj* όταν, αφού. • *a* επόμενος. **~ all** στο κάτω κάτω. **~-effect** *n* (ο) αντίκτυπος. **be ~** (seek) επιδιώκω

aftermath /'ɑ:ftəmæθ/ *n* (το) επακόλουθο

afternoon /ɑ:ftə'nu:n/ *n* (το) απόγευμα. **in the ~** το απόγευμα

afterthought /'ɑ:ftəθɔ:t/ *n* μεταγενέστερη σκέψη

afterwards /'ɑ:ftəwədz/ *adv* μετά

again /ə'gen/ *adv* ξανά, πάλι. (besides) άλλωστε. **never ~** ποτέ πια. **now and ~** κάπου κάπου

against /ə'genst/ *prep* εναντίον

age /eɪdʒ/ *n* (η) ηλικία. • *vtli* (pres p ageing) γερνώ. **for ~s** (fam) για πολύ καιρό. **of ~** ενήλικος. **under ~** ανήλικος. **~less** *a* αγέραστος

aged¹ /'eɪdʒd/ *a* **~ two** δύο χρονών

aged² /'eɪdʒɪd/ *a* ηλικιωμένος

agen|cy /'eɪdʒənsɪ/ *n* (το) πρακτορείο. (means) (η) μεσολάβηση. **~t** *n* (ο) πράκτορας

agenda /ə'dʒendə/ *n* (η) ημερησία διάταξη

aggravate /'ægrəveɪt/ *vt* επιδεινώνω. (irritate: fam) εκνευρίζω

aggress|ive /ə'gresɪv/ *a*

επιθετικός. **~ion** /-ʃn/ *n* (η) επίθεση

aghast /ə'gɑ:st/ *a* εμβρόντητος

agile /'ædʒaɪl/ *a* ευκίνητος

agitat|e /'ædʒɪteɪt/ *vt* προκαλώ αναταραχή. **~ion** /-'teɪʃn/ *n* (η) αναταραχή

agnostic /æg'nɒstɪk/ *a* αγνωστικός. (ο) αγνωστικιστής

ago /ə'gəʊ/ *adv* πριν. **a month ~** πριν ένα μήνα **long ~** πριν πολύ καιρό

agon|y /'ægənɪ/ *n* (η) αγωνία. **~ize** *vi* βασανίζομαι (over, για)

agree /ə'gri:/ *vtli* συμφωνώ. (match) συμπίπτω. **~ to** δέχομαι. **~ with** συμφωνώ με. **it doesn't ~ with me** με πειράζει. **~d** *a* (time, place) συμφωνημένος

agreeable /ə'gri:əbl/ *a* (pleasant) ευχάριστος. (in favour) σύμφωνος (**to**, να)

agreement /ə'gri:mənt/ *n* (η) συμφωνία. **be in ~** συμφωνώ

agricultur|e /'ægrɪkʌltʃə(r)/ *n* (η) γεωργία. **~al** /-'kʌltʃərəl/ *a* γεωργικός

aground /ə'graʊnd/ *adv* στην ξηρά. **run ~** εξοκέλλω

ahead /ə'hed/ *adv* μπροστά. **be ~ of** προηγούμαι. **go ~!** (fam) προχώρα!

aid /eɪd/ *n* (η) βοήθεια. • *vt* βοηθώ. **in ~ of** σε βοήθεια

aide /eɪd/ *n* (ο, η) βοηθός

AIDS /eɪdz/ *n* (το) AIDS

aim /eɪm/ *vt* σκοπεύω. • *vi* αποβλέπω. • *n* (ο) στόχος. (fig) (ο) σκοπός. **~ at** σημαδεύω.

to σκοπεύω να. **~less** a άσκοπος

air /eə(r)/ n (ο) αέρας. (manner) (το) ύφος. • vt αερίζω. (views) εκθέτω. **~-conditioning** n (ο) κλιματισμός. **A~ Force** n (η) Αεροπορία. **~ hostess** n (η) αεροσυνοδός. **~ mail** n (το) αεροπορικό ταχυδρομείο. **by ~ (mail)** αεροπορικώς. **be on the ~** είμαι στον αέρα.

aircraft /'eəkrɑːft/ n invar (το) αεροσκάφος

airfield /'eəfiːld/ n (το) αεροδρόμιο

airgun /'eəɡʌn/ n (το) αερόβολο

airline /'eəlaɪn/ n (η) αερογραμμή

airplane /'eəpleɪn/ n (Amer) (το) αεροπλάνο

airport /'eəpɔːt/ n (το) αεροδρόμιο, (το) αερολιμένας

airtight /'eətaɪt/ a αεροστεγής

aisle /aɪl/ n (ο) διάδρομος

ajar /ə'dʒɑː(r)/ a μισάνοιχτος

akin /ə'kɪn/ a συγγενής. **~ to** παρόμοιος με

alarm /ə'lɑːm/ n (ο) συναγερμός. • vt ανησυχώ. **~ (clock)** n (το) ξυπνητήρι

album /'ælbəm/ n (το) λεύκωμα

alcohol /'ælkəhɒl/ n (το) αλκοόλ invar, (το) οινόπνευμα. **~ic** /-'hɒlɪk/ a οινοπνευματώδης. • n (person) (ο) αλκοολικός

alcopop /'ælkəpɒp/ n (το) οινοπνευματώδες αναψυκτικό

alcove /'ælkəʊv/ n (η) εσοχή

ale /eɪl/ n (η) μπίρα

alert /ə'lɜːt/ a δραστήριος. (watchful) προσεκτικός. • n (η) επιφυλακή. • vt θέτω σε επιφυλακή

algebra /'ældʒɪbrə/ n (η) άλγεβρα

Algeria /æl'dʒɪərɪə/ n (η) Αλγερία

alias /'eɪlɪəs/ n (pl **-ases**) (το) ψευδώνυμο. • adv γνωστός σαν

alibi /'ælɪbaɪ/ n (pl **-is**) (το) άλλοθι

alien /'eɪlɪən/ a & n αλλοδαπός

alienate /'eɪlɪəneɪt/ vt αποξενώνω

alight¹ /ə'laɪt/ vi κατεβαίνω. (bird) κάθομαι

alight² /ə'laɪt/ a φλεγόμενος

align /ə'laɪn/ vt ευθυγραμμίζω

alike /ə'laɪk/ a ίδιος. • adv ίδια. **look** or **be ~** είμαστε ίδιοι

alive /ə'laɪv/ a ζωντανός. **be ~ with** βρίθω από

alkali /'ælkəlaɪ/ n (το) αλκάλιο

all /ɔːl/ a & pron όλος. • adv όλο. **~ in** a (exhausted: fam) κατακουρασμένος. **~-in** a (inclusive) συνολικός. **~-out** a γενικός. **~ over** (everywhere) παντού. **~ right** εντάξει. **~-round** a γενικός. **~ the same** ωστόσο. **be ~ for** είμαι υπέρ. **in ~** συνολικά. **not at ~** καθόλου

allay /ə'leɪ/ vt καθησυχάζω

allegation /ælɪ'ɡeɪʃn/ n (ο) ισχυρισμός

allege /ə'ledʒ/ vt ισχυρίζομαι. **~dly** /-ɪdlɪ/ adv λέγεται

allegiance /ə'liːdʒəns/ n (η) πίστη

allegory /'ælɪɡərɪ/ n (η) αλληγορία

allergy /'ælədʒɪ/ n (η) αλλεργία. **~ic** /ə'lɜːdʒɪk/ a αλλεργικός (**to**, σε)

alleviate /ə'liːvɪeɪt/ vt ανακουφίζω

alley /'ælɪ/ n (το) δρομάκι. *(for bowling etc.)* (ο) διάδρομος

alliance /ə'laɪəns/ n (η) συμμαχία

allied /'ælaɪd/ a συμμαχικός

alligator /'ælɪgeɪtə(r)/ n (ο) αλλιγάτορας

allocate /'æləkeɪt/ vt *(assign)* αναθέτω. *(share out)* κατανέμω

allot /ə'lɒt/ vt *(pt allotted)* παραχωρώ. **~ment** n *(share)* (το) μερίδιο

allow /ə'laʊ/ vt επιτρέπω. *(grant)* χορηγώ. *(reckon on)* υπολογίζω. *(agree)* αναγνωρίζω. **~ for** προβλέπω. **~ s.o. to** επιτρέπω σε κπ να

allowance /ə'laʊəns/ n (το) επίδομα. *(money)* (η) έκπτωση

allude /ə'luːd/ vi υπαινίσσομαι

allusion /ə'luːʒn/ n (ο) υπαινιγμός

ally¹ /'ælaɪ/ n (ο) σύμμαχος

ally² /ə'laɪ/ vt συνδέω

almighty /ɔːl'maɪtɪ/ a **the A~** ο Παντοδύναμος

almond /'ɑːmənd/ n (το) αμύγδαλο. *(tree)* (η) αμυγδαλιά

almost /'ɔːlməʊst/ adv σχεδόν

alone /ə'ləʊn/ a μόνος. • adv μόνο

along /ə'lɒŋ/ prep κατά μήκος. • adv εμπρός. **all ~** από την αρχή. **~ with** μαζί με. **come ~** έλα, πάμε

alongside /əlɒŋ'saɪd/ adv *(naut)* δίπλα. • prep παραπλεύρως

aloof /ə'luːf/ adv σε απόσταση. • a επιφυλακτικός

aloud /ə'laʊd/ adv δυνατά

alphabet /'ælfəbet/ n (το) αλφάβητο. **~ical** /-'betɪkl/ a αλφαβητικός

alpine /'ælpaɪn/ a αλπικός

Alps /ælps/ npl **the ~** (οι) Άλπεις

already /ɔːl'redɪ/ adv ήδη

also /'ɔːlsəʊ/ adv επίσης

altar /'ɔːltə(r)/ n (ο) βωμός

alter /'ɔːltə(r)/ vt/i αλλάζω. **~ation** /-'reɪʃn/ n (η) αλλαγή

alternate¹ /'ɔːltɜːnət/ a εναλλασσόμενος. **on ~ days** μέρα παρά μέρα. **~ly** adv εναλλάξ

alternate² /'ɔːltəneɪt/ vt/i εναλλάσσω/ομαι

alternative /ɔːl'tɜːnətɪv/ a εναλλακτικός. *(not conventional)* μη συμβατικός. • n (η) εναλλακτική λύση. **~ly** adv εναλλακτικά

although /ɔːl'ðəʊ/ conj αν και

altitude /'æltɪtjuːd/ n (το) ύψος

altogether /ɔːltə'geðə(r)/ adv *(completely)* εντελώς. *(on the whole)* γενικά. *(in total)* συνολικά

aluminium /æljʊ'mɪnɪəm/, *(Amer)* **aluminum** /ə'luːmɪnəm/ n (το) αλουμίνιο

always /'ɔːlweɪz/ adv πάντα, πάντοτε

am /æm/ *see* BE

a.m. /'eɪem/ adv πμ

amass /ə'mæs/ vt συσσωρεύω

amateur /'æmətə(r)/ a & n ερασιτέχνης

amaz|e /ə'meɪz/ vt καταπλήσσω. **~ement** n (η) κατάπληξη. **~ing** a καταπληκτικός

ambassador /æm'bæsədə(r)/ n (ο) πρεσβευτής, (ο) πρέσβης

ambigu|ous /æm'bɪgjʊəs/ a

amφίλογος. **~ity** /-'gju:ətɪ/ n (η) αμφιλογία

ambition /æm'bɪʃn/ n (η) φιλοδοξία. **~ous** a φιλόδοξος

amble /'æmbl/ vi περπατώ αργά

ambulance /'æmbjʊləns/ n (το) ασθενοφόρο

ambush /'æmbʊʃ/ n (η) ενέδρα. • vt στήνω ενέδρα

amen /a:'men/ int αμήν

amenable /ə'mi:nəbl/ a επιδεκτικός

amend /ə'mend/ vt τροποποιώ. make **~s for** επανορθώνω. **~ment** n (η) τροποποίηση

amenities /ə'mi:nɪtɪz/ npl (οι) ευκολίες

America /ə'merɪkə/ n (η) Αμερική. **~n** a αμερικάνικος. • n (ο) Αμερικανός, (η) Αμερικανίδα

amiable /'eɪmɪəbl/ a αξιαγάπητος

amicable /'æmɪkəbl/ a φιλικός

amid(st) /ə'mɪd(st)/ prep ανάμεσα

amiss /ə'mɪs/ a & adv στραβά. sth. is **~** κτ δεν πάει καλά

ammunition /æmjʊ'nɪʃn/ n (τα) πολεμοφόδια

amnesia /æm'ni:zɪə/ n (η) αμνησία

amnesty /'æmnəstɪ/ n (η) αμνηστία

amok /ə'mɒk/ adv run **~** με πιάνει αμόκ

among(st) /ə'mʌŋ(st)/ prep ανάμεσα, μεταξύ

amoral /eɪ'mɒrəl/ a χωρίς ηθικές αντιλήψεις

amorous /'æmərəs/ a ερωτικός

amount /ə'maʊnt/ n (η)

ποσότητα. (total) (το) σύνολο. (sum of money) (το) ποσό. • vi **~ to** ανέρχομαι σε

amp(ere) /'æmp(eə(r))/ n (το) αμπέρ invar

amphibi|an /æm'fɪbɪən/ n (το) αμφίβιο. **~ous** a αμφίβιος

amphitheatre /'æmfɪθɪətə(r)/ n (το) αμφιθέατρο

ample /'æmpl/ a άφθονος. (enough) αρκετός

amplif|y /'æmplɪfaɪ/ vt επεκτείνω. **~ier** n (ο) ενισχυτής

amputate /'æmpjʊteɪt/ vt ακρωτηριάζω

amus|e /ə'mju:z/ vt διασκεδάζω. **~ement** n (η) διασκέδαση. **~ing** a διασκεδαστικός

an /ən, ən/ see A

anaem|ia /ə'ni:mɪə/ n (η) αναιμία. **~ic** a αναιμικός

anaesthetic /ænɪs'θetɪk/ n (το) αναισθητικό

analogy /ə'nælədʒɪ/ n (η) αναλογία

analyse /'ænəlaɪz/ vt αναλύω

analysis /ə'næləsɪs/ (pl **-yses** /-əsi:z/) n (η) ανάλυση

anarch|y /'ænəkɪ/ n (η) αναρχία. **~ist** n (ο) αναρχικός

anatomy /ə'nætəmɪ/ n (η) ανατομία

ancestor /'ænsestə(r)/ n (ο) πρόγονος

ancestry /'ænsestrɪ/ n (η) καταγωγή

anchor /'æŋkə(r)/ n (η) άγκυρα. • vi αγκυροβολώ

anchovy /'æntʃəvɪ/ n (η) αντσούγια

ancient /'eɪnʃənt/ a αρχαίος

and /ənd, ænd/ conj και

anecdote /'ænɪkdəʊt/ *n* (το)
ανέκδοτο

anew /ə'njuː/ *adv* ξανά

angel /'eɪndʒl/ *n* (ο) άγγελος

anger /'æŋɡə(r)/ *n* (ο) θυμός. • *vt*
θυμώνω

angle¹ /'æŋɡl/ *n* (η) γωνία. (*fig*)
(η) άποψη. **at an ~** διαγωνίως

angle² /'æŋɡl/ *vi* ψαρεύω με
καλάμι. **~ for** (*fig*) ψαρεύω με

Anglican /'æŋɡlɪkən/ *a*
αγγλικανικός. • *n* (ο)
αγγλικανός, (η) αγγλικανή

Anglo- /'æŋɡləʊ/ *pref* αγγλο-

angr|y /'æŋɡrɪ/ *a* (**-ier, -iest**)
θυμωμένος. **get ~ y** θυμώνω
(**with**, με). **~ily** *adv* θυμωμένα

anguish /'æŋɡwɪʃ/ *n* (η) αγωνία

angular /'æŋɡjʊlə(r)/ *a* γωνιακός

animal /'ænɪml/ *n* (το) ζώο. • *a*
ζωικός

animate¹ /'ænɪmət/ *a* ζωντανός

animate² /'ænɪmeɪt/ *vt*
ζωντανεύω. **~d** *a* ζωηρός

animosity /ænɪ'mɒsətɪ/ *n* (η)
εχθρότητα

aniseed /'ænɪsiːd/ *n* (το)
γλυκάνισο

ankle /'æŋkl/ *n* (ο) αστράγαλος

annex /ə'neks/ *vt* προσαρτώ

annexe /'æneks/ *n* (το)
παράρτημα

annihilate /ə'naɪəleɪt/ *vt*
εκμηδενίζω

anniversary /ænɪ'vɜːsərɪ/ *n* (η)
επέτειος

annotate /'ænəteɪt/ *vt* σχολιάζω

announce /ə'naʊns/ *vt*
ανακοινώνω. **~ment** *n* (η)
ανακοίνωση. **~r** /-ə(r)/ *n* (*radio,*
TV) (ο) εκφωνητής

annoy /ə'nɔɪ/ *vt* ενοχλώ. **~ance**
n (η) ενόχληση. **~ed** *a*
ενοχλημένος. **~ing** *a*
ενοχλητικός

annual /'ænjʊəl/ *a* ετήσιος. • *n*
(η) επετηρίδα. **~ly** *adv* ετησίως

annuity /ə'njuːətɪ/ *n* (η) ετήσια
καταβολή

annul /ə'nʌl/ *vt* (*pt* **annulled**)
ακυρώνω πρόσοδος

anoint /ə'nɔɪnt/ *vt* χρίζω

anomaly /ə'nɒməlɪ/ *n* (η)
ανωμαλία

anonymous /ə'nɒnɪməs/ *a*
ανώνυμος

anorak /'ænəræk/ *n* (το) άνορακ.
(*invar*)

another /ə'nʌðə(r)/ *a & pron*
άλλος. **one ~** ο ένας τον άλλο

answer /'ɑːnsə(r)/ *n* (η)
απάντηση. (*solution*) (η) λύση.
vt/vi απαντώ. **~ back** αντιμιλώ.
~ for είμαι υπεύθυνος για.
~able *a* υπόλογος. **~ing**
machine *n* (ο) αυτόματος
τηλεφωνητής

ant /ænt/ *n* (το) μυρμήγκι

antagonis|m /æn'tæɡənɪzəm/ *n*
(ο) ανταγωνισμός. **~tic**
/-'nɪstɪk/ *a* ανταγωνιστικός

antagonize /æn'tæɡənaɪz/ *vt*
ανταγωνίζομαι

Antarctic /æn'tɑːktɪk/ *a*
ανταρκτικός

ante- /'æntɪ/ *pref* προ-

antelope /'æntɪləʊp/ *n* (η)
αντιλόπη

antenna /æn'tenə/ *n* (η) κεραία

anthem /'ænθəm/ *n* (ο) ύμνος

anthology /æn'θɒlədʒɪ/ *n* (η)
ανθολογία

anthropology /ˌænθrə'pɒlədʒɪ/ n
(η) ανθρωπολογία

anti- /'æntɪ/ pref αντι-

antibiotic /ˌæntɪbaɪ'ɒtɪk/ n (το)
αντιβιοτικό

anticipat|e /æn'tɪsɪpeɪt/ vt
προσδοκώ. (foresee) προβλέπω.
(forestall) προλαβαίνω. **~ion**
/-'peɪʃn/ n (η) προσδοκία

anticlimax /ˌæntɪ'klaɪmæks/ n (η)
πτώση

anticlockwise /ˌæntɪ'klɒkwaɪz/
adv & a προς τα αριστερά

antidote /'æntɪdəʊt/ n (το)
αντίδοτο

antifreeze /'æntɪfriːz/ n (το)
αντιπηκτικό

antipathy /æn'tɪpəθɪ/ n (η)
αντιπάθεια

antiquated /'æntɪkweɪtɪd/ a
απαρχαιωμένος

antique /æn'tiːk/ a αρχαίος. • n
(η) αντίκα

antiquity /æn'tɪkwətɪ/ n (η)
αρχαιότητα

antiseptic /ˌæntɪ'septɪk/ a
αντισηπτικός. • n (το)
αντισηπτικό

antisocial /ˌæntɪ'səʊʃl/ a
αντικοινωνικός

antler /'æntlər/ n (το) κέρατο

anus /'eɪnəs/ n (η) έδρα

anvil /'ænvɪl/ n (το) αμόνι

anxiety /æŋ'zaɪətɪ/ n (η)
ανησυχία. (eagerness) (η)
ανυπομονησία

anxious /'æŋkʃəs/ a ανήσυχος.
(eager) ανυπόμονος (to, να).
~ly adv ανήσυχα

any /'enɪ/ a (some) μερικοί.
(every) όλοι (no matter which)
οποιοσδήποτε. **not ~** καθόλου

anybody /'enɪbɒdɪ/ pron
καθένας. (after negative)
κανένας. **~ can do that** ο
καθένας μπορεί να το κάνει

anyhow /'enɪhaʊ/ adv
οπωσδήποτε. (badly) όπως
όπως

anyone /'enɪwʌn/ pron =
anybody

anything /'enɪθɪŋ/ pron
οτιδήποτε. (after negative) τίποτα

anyway /'enɪweɪ/ adv πάντως

anywhere /'enɪweə(r)/ adv
οπουδήποτε. (after negative)
πουθενά

apart /ə'pɑːt/ adv (on one side)
παράμερα, κατά μέρος.
(separated) χωριστά. **~ from**
εκτός από

apartheid /ə'pɑːtheɪt/ n (το)
απαρτχάιντ. (invar)

apartment /ə'pɑːtmənt/ n (Amer)
(το) διαμέρισμα

apath|y /'æpəθɪ/ n (η) απάθεια.
~etic /-'θetɪk/ a απαθής

ape /eɪp/ n (ο) πίθηκος. • vt
πιθηκίζω

aperitif /ə'perətɪf/ n (το) απεριτίφ
invar

aperture /'æpətʃʊə(r)/ n (η) οπή

apex /'eɪpeks/ n (η) κορυφή

apologetic /əˌpɒlə'dʒetɪk/ a
απολογητικός

apologize /ə'pɒlədʒaɪz/ vi ζητώ
συγνώμη (for, για. to από)

apology /ə'pɒlədʒɪ/ n (η)
συγνώμη

apostle /ə'pɒsl/ n (ο) απόστολος

apostrophe /ə'pɒstrəfɪ/ n (η)
απόστροφος

appal /ə'pɔːl/ vt (pt appalled)
τρομάζω. **~ling** a τρομακτικός

apparatus /ˌæpəˈreɪtəs/ n (η) συσκευή

apparent /əˈpærənt/ a φανερός. **~ly** adv προφανώς

apparition /ˌæpəˈrɪʃn/ n (η) οπτασία

appeal /əˈpiːl/ vi κάνω έκκληση. (attract) συγκινώ. • n (η) έκκληση. (attractiveness) (η) έλξη. **~ to** (beg) προσφεύγω σε. (please) αρέσω. **~ing** a ελκυστικός

appear /əˈpɪə(r)/ vi (arrive) παρουσιάζομαι. (seem) φαίνομαι. **~ance** n (η) εμφάνιση. (aspect) (το) παρουσιαστικό

appease /əˈpiːz/ vt κατευνάζω

appendicitis /əˌpendɪˈsaɪtɪs/ n (η) σκωληκοειδίτιδα

appendix /əˈpendɪks/ n (of book) (το) παράρτημα. (anat) (η) σκωληκοειδής απόφυση

appetite /ˈæpɪtaɪt/ n (η) όρεξη

appetizing /ˈæpɪtaɪzɪŋ/ a ορεκτικός

applaud /əˈplɔːd/ vt/i χειροκροτώ. **~se** n (το) χειροκρότημα

apple /ˈæpl/ n (το) μήλο. **~-tree** n (η) μηλιά

appliance /əˈplaɪəns/ n (η) συσκευή

applicable /ˈæplɪkəbl/ a εφαρμόσιμος

applicant /ˈæplɪkənt/ n (o) υποψήφιος

application /ˌæplɪˈkeɪʃn/ n (η) εφαρμογή. (request) (η) αίτηση. **~ form** n (το) έντυπο αιτήσεως

apply /əˈplaɪ/ vt εφαρμόζω. • vi (refer) απευθύνομαι. (be in force)

ισχύω. (ask) ζητώ. **~ for** (job etc.) κάνω αίτηση για

appoint /əˈpɔɪnt/ vt διορίζω. **~ment** n (το) ραντεβού. (job) (o) διορισμός

appraise /əˈpreɪz/ vt αποτιμώ

appreciable /əˈpriːʃəbl/ a αξιόλογος

appreciat|e /əˈpriːʃɪeɪt/ vt εκτιμώ. (like) μού αρέσει. (understand) αντιλαμβάνομαι. • vi (in value) ανατιμούμαι. **~ion** /-ˈeɪʃn/ n (η) εκτίμηση. (in value) (η) ανατίμηση. **~ive** /əˈpriːʃɪɪtɪv/ a εκτιμητικός

apprehen|d /ˌæprɪˈhend/ vt συλλαμβάνω. (understand) αντιλαμβάνομαι. **~sion** /-ʃn/ n (η) σύλληψη. (fear) (η) ανησυχία

apprehensive /ˌæprɪˈhensɪv/ a ανήσυχος

apprentice /əˈprentɪs/ n (o) μαθητευόμενος. • vt μαθητεύω. **~ship** n (η) μαθητεία

approach /əˈprəʊtʃ/ vt/i πλησιάζω. • n (η) προσέγγιση. **~able** a ευπρόσιτος

appropriate¹ /əˈprəʊprɪət/ a κατάλληλος. **~ly** adv καταλλήλως

appropriate² /əˈprəʊprɪeɪt/ vt οικειοποιούμαι

approval /əˈpruːvl/ n (η) έγκριση. **on ~** επί δοκιμασία

approve /əˈpruːv/ vt/i εγκρίνω. **~ of** επιδοκιμάζω

approximate¹ /əˈprɒksɪmət/ a κατά προσέγγιση. **~ly** adv περίπου

approximat|e² /əˈprɒksɪmeɪt/ vt προσεγγίζω. **~ion** /-ˈmeɪʃn/ n (η) προσέγγιση

apricot /'eıprıkɒt/ n (το)
βερίκοκο

April /'eıprəl/ n (ο) Απρίλιος

apron /'eıprən/ n (η) ποδιά

apt /æpt/ a (suitable)
κατάλληλος. **be ~ to** τείνω να

aptitude /'æptıtju:d/ n (η) κλίση

aquarium /ə'kweərıəm/ n
(pl **-ums**) (το) ενυδρείο

Aquarius /ə'kweərıəs/ n (ο)
Υδροχόος

aquatic /ə'kwætık/ a υδρόβιος

aqueduct /'ækwıdʌkt/ n (το)
υδραγωγείο

Arab /'ærəb/ a αραβικός. • n
Άραβας. **~ic** a αραβικός. • n
(lang) (η) αραβική (γλώσσα)

Arabian /ə'reıbıən/ a αραβικός

arable /'ærəbl/ a καλλιεργήσιμος

arbitrary /'a:bıtrərı/ a
αυθαίρετος

arbitrat|e /'a:bıtreıt/ vi
διαιτητεύω. **~ion** /-'treıʃn/ n (η)
διαιτησία

arc /a:k/ n (το) τόξο

arcade /a:'keıd/ n (η) στοά

arch /a:tʃ/ n (η) καμάρα. (in
church etc.) (η) αψίδα. • vt **~
one's back** καμπουριάζω

archaeology /a:kı'ɒlədʒı/ n (η)
αρχαιολογία. **~ist** n (ο, η)
αρχαιολόγος

archaic /a:'keıık/ a αρχαϊκός

archbishop /a:tʃ'bıʃəp/ n (ο)
αρχιεπίσκοπος

archer /'a:tʃə(r)/ n (ο) τοξότης.
~y n (η) τοξοβολία

archetype /'a:kıtaıp/ n (το)
αρχέτυπο

arhipelago /a:kı'peləgəʊ/ n
(pl **-os**) (το) αρχιπέλαγος

architect /'a:kıtekt/ n (ο)
αρχιτέκτονας

architecture /'a:kıtektʃə(r)/ n (η)
αρχιτεκτονική

archives /'a:kaıvz/ npl (τα)
αρχεία

archway /'a:tʃweı/ n (η) θολωτή
είσοδος

Arctic /'a:ktık/ a της Αρκτικής

ardent /'a:dənt/ a θερμός,
φλογερός

ardour /'a:də(r)/ n (η) θέρμη, (το)
πάθος. (enthusiasm) (η) ζέση

arduous /'a:djʊəs/ a δύσκολος

are /a:(r)/ see BE

area /'eərıə/ n (το) εμβαδόν.
(surface) (η) επιφάνεια. (region)
(η) περιοχή. (fig) (ο) χώρος

arena /ə'ri:nə/ n (η) αρένα

aren't /a:nt/ = are not

argue /'a:gju:/ vi συζητώ.
(reason) υποστηρίζω

argument /'a:gjʊmənt/ n (η)
συζήτηση. (reasoning) (το)
επιχείρημα. **~ative** /-'mentətıv/
a επιχειρηματολογικός

arid /'ærıd/ a ξηρός. (without
water) άνυδρος

Aries /'eəri:z/ n (ο) Κριός

arise /ə'raız/ vi (pt arose, pp
arisen) παρουσιάζομαι. (fig)
εμφανίζομαι. **~ from** απορρέω

aristocracy /ærı'stɒkrəsı/ n (η)
αριστοκρατία

aristocrat /'ærıstəkræt/ n (ο)
αριστοκράτης. **~ic** /-'krætık/ a
αριστοκρατικός

arithmetic /ə'rıθmətık/ n (η)
αριθμητική

arm[1] /a:m/ n (το) μπράτσο. **~ in
~** αγκαζέ invar

arm² /ɑːm/ vt εξοπλίζω

armada /ɑːˈmɑːdə/ n (η) αρμάδα

armament /ˈɑːməmənt/ n (ο) οπλισμός

armchair /ˈɑːmtʃeə(r)/ n (η) πολυθρόνα

armistice /ˈɑːmɪstɪs/ n (η) εκεχειρία, (η) ανακωχή

armour /ˈɑːmə(r)/ n (η) πανοπλία. **~ed** a τεθωρακισμένος

armpit /ˈɑːmpɪt/ n (η) μασχάλη

arms /ɑːmz/ npl (mil) τα όπλα **be up in ~** επαναστατώ

army /ˈɑːmɪ/ n (ο) στρατός

aroma /əˈrəʊmə/ n (το) άρωμα. **~tic** /ærəˈmætɪk/ a αρωματικός

around /əˈraʊnd/ adv γύρω. (here and there) τριγύρω. • prep γύρω από. (approximately) περίπου. **all ~** γύρω γύρω

arouse /əˈraʊz/ vt προκαλώ. (excite) διεγείρω

arrange /əˈreɪndʒ/ vt διευθετώ. (fix) τακτοποιώ. **~ to** κανονίζω να. **~ment** n (η) διευθέτηση. (order) (η) ρύθμιση. **~ments** npl (plans) (οι) ετοιμασίες

arrears /əˈrɪəz/ npl (τα) καθυστερούμενα. **be in ~** καθυστερώ

arrest /əˈrest/ vt συλλαμβάνω. (attention) προσελκύω. • n (η) σύλληψη. **under ~** υπό κράτηση

arrival /əˈraɪvl/ n (η) άφιξη

arrive /əˈraɪv/ vi φθάνω

arrogan|t /ˈærəɡənt/ a αλαζόνας. **~ce** n (η) αλαζονεία

arrow /ˈærəʊ/ n (το) βέλος

arsenal /ˈɑːsənl/ n (το) οπλοστάσιο

arsenic /ˈɑːsnɪk/ n (το) αρσενικό

arson /ˈɑːsn/ n (ο) εμπρησμός

art /ɑːt/ n (η) τέχνη. **~ gallery** (η) πινακοθήκη

artery /ˈɑːtərɪ/ n (η) αρτηρία

artful /ˈɑːtfʊl/ a πονηρός

arthritis /ɑːˈθraɪtɪs/ n (η) αρθρίτιδα

artichoke /ˈɑːtɪtʃəʊk/ n **globe ~** (η) αγκινάρα

article /ˈɑːtɪkl/ n (το) άρθρο

articulate¹ /ɑːˈtɪkjʊlət/ a (speech) ευκρινής. (person) που εκφράζεται με σαφήνεια

articulate² /ɑːˈtɪkjʊleɪt/ vt/i αρθρώνω

artifice /ˈɑːtɪfɪs/ n (το) τέχνασμα

artificial /ɑːtɪˈfɪʃl/ a τεχνητός. **~ respiration** (η) τεχνητή αναπνοή

artillery /ɑːˈtɪlərɪ/ n (το) πυροβολικό

artist /ˈɑːtɪst/ n (ο) καλλιτέχνης, (η) καλλιτέχνιδα. **~ic** /-ˈtɪstɪk/ a καλλιτεχνικός

as /æz, əz/ adv & conj (since) αφού. (while) ενώ, καθώς. (like) σαν, όπως. **~ far as** (distance) μέχρι. (fig) καθόσον. **~ for** όσο για. **~ long as** όσο. **~ much as** όσο. **~ soon as** μόλις. **~ well** επίσης, και

asbestos /æzˈbestəs/ n (ο) αμίαντος

ascend /əˈsend/ vt/i ανεβαίνω

ascent /əˈsent/ n (η) ανάβαση

ascertain /æsəˈteɪn/ vt εξακριβώνω (**that**, ότι)

ash¹ /æʃ/ n **(-tree)** (η) μελία

ash² /æʃ/ n (η) στάχτη

ashamed /əˈʃeɪmd/ a
ντροπιασμένος. **be ~**
ντρέπομαι

ashore /əˈʃɔː(r)/ adv στην ξηρά.
go ~ αποβιβάζομαι

ashtray /ˈæʃtreɪ/ n (το)
σταχτοδοχείο, (το) τασάκι

Asia /ˈeɪʃə/ n (η) Ασία. **~n** a
ασιατικός. • n (ο) Ασιάτης, (η)
Ασιάτισσα

aside /əˈsaɪd/ adv κατά μέρος. • n
(theatr) (η) παρατήρηση

ask /ɑːsk/ vt παρακαλώ.
(question) ρωτώ. (invite) καλώ.
~ s.o. sth ρωτώ κπ κτ. **~ s.o.
to** ζητώ από κπ να. **~ about.** **~
after** ρωτώ για. **~ for** ζητώ. **~
for help** ζητώ βοήθεια

askance /əˈskæns/ adv λοξά.
look ~ at λοξοκοιτάζω

askew /əˈskjuː/ adv στραβά

asleep /əˈsliːp/ a κοιμισμένος.
fall ~ αποκοιμάμαι

asparagus /əˈspærəgəs/ n (το)
σπαράγγι

aspect /ˈæspekt/ n (η) άποψη. (of
house etc.) (ο) προσανατολισμός

asphalt /ˈæsfælt/ n (η)
άσφαλτος

asphyxiat|e /əsˈfɪksɪeɪt/ vt
προκαλώ ασφυξία. **~ion** /-ˈeɪʃn/
n (η) ασφυξία

aspire /əsˈpaɪə(r)/ vi φιλοδοξώ

aspirin /ˈæsprɪn/ n (η) ασπιρίνη

ass /æs/ n (ο) γάιδαρος

assail /əˈseɪl/ vt/i επιτίθεμαι.
~ant n (ο) επιτιθέμενος

assassin /əˈsæsɪn/ n (ο)
δολοφόνος

assassinat|e /əˈsæsɪneɪt/ vt
δολοφονώ. **~ion** /-ˈeɪʃn/ n (η)
δολοφονία

assault /əˈsɔːlt/ n επίθεση. (mil)
(η) έφοδος. (jur) (η)
βιαιοπραγία. • vt επιτίθεμαι

assemble /əˈsembl/ vt
συγκεντρώνω. (mech)
συναρμολογώ. • vi
συγκεντρώνομαι

assembly /əˈsemblɪ/ n (η)
συνέλευση. **~ line** (η) γραμμή
συναρμολόγησης

assent /əˈsent/ n (η)
συγκατάθεση. • vi
συγκατατίθεμαι

assert /əˈsɜːt/ vt βεβαιώνω.
(one's rights) διεκδικώ. **~ o.s.**
επιβάλλομαι. **~ion** /-ʃn/ n (ο)
ισχυρισμός. **~ive** a
κατηγορηματικός

assess /əˈses/ vt εκτιμώ. (tax)
προσδιορίζω. **~ment** n (η)
εκτίμηση. (tax) (ο)
προσδιορισμός

asset /ˈæset/ n (το) περιουσιακό
στοιχείο. (advantage) (το)
προσόν. **~s** (comm) (το)
ενεργητικό

assiduous /əˈsɪdjʊəs/ a επίμονος

assign /əˈsaɪn/ vt αναθέτω (**to,**
σε). (task) (η)
αποστολή (η) ανάθεση

assimilate /əˈsɪmɪleɪt/ vt
αφομοιώνω

assist /əˈsɪst/ vt/i βοηθώ. **~ance**
n (η) βοήθεια

assistant /əˈsɪstənt/ n (ο, η)
βοηθός. (shop) (ο, η)
υπάλληλος. • a βοηθός

associat|e¹ /əˈsəʊʃɪeɪt/ vt/i
συσχετίζω. **be ~ed** έχω
σχέση. **~ion** /-ˈeɪʃn/ n (η)
συνεργασία. (organization) (ο)
σύνδεσμος, (ο) σύλλογος

associate² /ə'səʊʃɪət/ n (ο)
συνεργάτης

assort|ed /ə'sɔ:tɪd/ a ποικίλος.
~ment n (η) ποικιλία

assume /ə'sju:m/ vt υποθέτω.
(*power, attitude*) παίρνω. (*role,
burden*) αναλαμβάνω

assumption /ə'sʌmpʃn/ n (η)
υπόθεση

assurance /ə'ʃʊərəns/ n (η)
διαβεβαίωση. (*self-confidence*)
(η) αυτοπεποίθηση

assure /ə'ʃʊə(r)/ vt βεβαιώνω.
~d a βέβαιος

asterisk /'æstərɪsk/ n (ο)
αστερίσκος

asthma /'æsmə/ n (το) άσθμα.
~tic /-'mætɪk/ a & n ασθματικός

astonish /ə'stɒnɪʃ/ vt
καταπλήσσω. **~ing** a
καταπληκτικός. **~ment** n (η)
κατάπληξη

astound /ə'staʊnd/ vt
καταπλήσσω

astray /ə'streɪ/ adv go **~**
παραστρατώ. **lead ~** παρασύρω

astride /ə'straɪd/ adv & prep
καβάλα

astrology /ə'strɒlədʒɪ/ n (η)
αστρολογία

astronaut /'æstrənɔ:t/ n (η)
αστροναύτης

astronomy /ə'strɒnəmɪ/ n (η)
αστρονομία

astute /ə'stju:t/ a έξυπνος

asylum /ə'saɪləm/ n (το) άσυλο.
lunatic ~ (το) τρελοκομείο

at /ət, æt/ prep σε. **~ Christmas**
τα Χριστούγεννα. **~ five
o'clock** στις πέντε. **~ home**
στο σπίτι. **~ once** αμέσως.
(*simultaneously*) μαζί. **not ~ all**

καθόλου ~sign n (το) παπάκι,
@

ate /eɪt/ see EAT

atheist /'eɪθɪɪst/ n (ο) αθεϊστής

Athens /'æθənz/ n (η) Αθήνα

athlet|e /'æθli:t/ n (ο) αθλητής,
(η) αθλήτρια. **~ic** /-'letɪk/ a
αθλητικός

Atlantic /ət'læntɪk/ a ατλαντικός.
• n **~ (Ocean)** (ο) Ατλαντικός
(Ωκεανός)

atlas /'ætləs/ n (ο) άτλαντας

atmosphere /'ætməsfɪə(r)/ n (η)
ατμόσφαιρα

atom /'ætəm/ n (το) άτομο. **~ic**
/ə'tɒmɪk/ a ατομικός

atone /ə'təʊn/ vi **~ for**
εξιλεώνομαι. **~ment** n (η)
εξιλέωση

atrocious /ə'trəʊʃəs/ a απαίσιος

atrocit|y /ə'trɒsəti/ n (η)
βιαιότητα. **~ies** npl (οι)
ωμότητες

attach /ə'tætʃ/ vt επισυνάπτω.
~ed a (*position*) αποσπασμένος.
(*fond*) αφοσιωμένος **(to**, σε).
(*document*) επισυναπτόμενος
~ment n (*affection*) (η)
αφοσίωση. (*accessory*) (το)
εξάρτημα

attaché /ə'tæʃeɪ/ n (pol) (ο)
ακόλουθος. **~ case** (ο)
χαρτοφύλακας

attack /ə'tæk/ n (η) επίθεση.
• vt/vi επιτίθεμαι. **~er** n (ο)
επιτιθέμενος

attain /ə'teɪn/ vt πραγματοποιώ.
~ment n (η) πραγματοποίηση

attempt /ə'tempt/ vt προσπαθώ.
• n (η) προσπάθεια

attend /ə'tend/ vt εξυπηρετώ.
(*school*) πηγαίνω. (*escort*)

συνοδεύω. • *vi* προσέχω. **~ to**
φροντίζω. • **~ance** *n* (η)
παρουσία

attendant /ə'tendənt/ *n* (ο)
συνοδός. (*of museum*) (ο)
φύλακας. (*servant*) (ο) υπηρέτης,
(η) υπηρέτρια

attention /ə'tenʃn/ *n* (η)
προσοχή. pay **~** προσέχω

attentive /ə'tentɪv/ *a*
προσεκτικός. (*considerate*)
περιποιητικός

attic /'ætɪk/ *n* (η) σοφίτα

attitude /'ætɪtjuːd/ *n* (η) στάση

attorney /ə'tɜːnɪ/ *n* (ο)
πληρεξούσιος. (*Amer*) (ο)
δικηγόρος

attract /ə'trækt/ *vt* ελκύω. **~ion**
/-ʃn/ *n* (η) έλξη. (*charm*) (η)
γοητεία

attractive /ə'træktɪv/ *a*
ελκυστικός. (*person*)
γοητευτικός

attribute[1] /ə'trɪbjuːt/ *vt* αποδίδω
(**to**, σε)

attribute[2] /'ætrɪbjuːt/ *n* (η)
ιδιότητα

aubergine /'əʊbəʒiːn/ *n* (η)
μελιτζάνα

auburn /'ɔːbən/ *a* πυρρόξανθος

auction /'ɔːkʃn/ *n* (η)
δημοπρασία. (*sale*) (ο)
πλειστηριασμός. • *vt*
δημοπρατώ

audacious /ɔː'deɪʃəs/ *a* θρασύς.
~ty /-æsətɪ/ *n* (το) θράσος

audible /'ɔːdəbl/ *a* ακουστός

audience /'ɔːdɪəns/ *n* (*interview*)
(η) ακρόαση. (*theatr, radio*) (το)
ακροατήριο

audiovisual /ɔːdɪəʊ'vɪʒʊəl/ *a*
οπτικοακουστικός

audit /'ɔːdɪt/ *n* (ο) λογιστικός
έλεγχος. • *vt* ελέγχω

audition /ɔː'dɪʃn/ *n* (η) ακρόαση,
(η) οντισιόν *invar*. • *vi* πάω για
ακρόαση

auditorium /ɔːdɪ'tɔːrɪəm/ *n* (η)
αίθουσα ακροάσεων

augment /ɔːg'ment/ *vt* αυξάνω

August /'ɔːgəst/ *n* (ο) Αύγουστος

aunt /ɑːnt/ *n* (η) θεία

au pair /əʊ'peə(r)/ *n* (η) οπέρ

aura /'ɔːrə/ *n* (η) ατμόσφαιρα

auspicious /ɔː'spɪʃəs/ *a* ευοίωνος

austere /ɔː'stɪə(r)/ *a* αυστηρός.
~ity /-erətɪ/ *n* (η) αυστηρότητα

Australia /ɒ'streɪlɪə/ *n* (η)
Αυστραλία. **~ n** *a*
αυστραλιανός. • *n* (ο)
Αυστραλός, (η) Αυστραλέζα

Austria /'ɒstrɪə/ *n* (η) Αυστρία.
~ n *a* αυστριακός. • *n* (ο)
Αυστριακός, (η) Αυστριακή

authentic /ɔː'θentɪk/ *a*
αυθεντικός. **~ity** /-ən'tɪsətɪ/ *n*
(η) αυθεντικότητα

authenticate /ɔː'θentɪkeɪt/ *vt*
επικυρώνω

author /'ɔːθə(r)/ *n* (ο, η)
συγγραφέας

authoritarian /ɔːθɒrɪ'teərɪən/ *a*
αυταρχικός

authority /ɔː'θɒrətɪ/ *n* (η) αρχή.
(*permission*) (η) εξουσιοδότηση.
in ~ στην εξουσία

authorize /'ɔːθəraɪz/ *vt*
εξουσιοδοτώ

autobiography /ɔːtəbaɪ'ɒgrəfɪ/ *n*
(η) αυτοβιογραφία

autograph /'ɔːtəgrɑːf/ *n* (το)
αυτόγραφο. • *vt* δίνω αυτόγραφο

automate /'ɔːtəmeɪt/ *vt*

αυτοματοποιώ. **~ion** /-'meɪʃn/ n
(η) αυτοματοποίηση

automatic /ɔːtə'mætɪk/ a
αυτόματος. **~ally** /-klɪ/ adv
αυτομάτως

automaton /ɔː'tɒmətən/ n (το)
αυτόματο

automobile /'ɔːtəməbiːl/ n
(Amer) (το) αυτοκίνητο

autonomy /ɔː'tɒnəmɪ/ n (η)
αυτονομία

autopsy /'ɔːtɒpsɪ/ n (η)
νεκροτομή

autumn /'ɔːtəm/ n (το)
φθινόπωρο

auxiliary /ɔːg'zɪlɪərɪ/ a
βοηθητικός. • n (ο, η) βοηθός

avail /ə'veɪl/ vi ωφελώ. **~ o.s. of**
επωφελούμαι από. **~ n to no ~**
χωρίς όφελος

available /ə'veɪləbl/ a
διαθέσιμος. **~ility** /-'bɪlətɪ/ n (η)
διαθεσιμότητα

avalanche /'ævəlɑːnʃ/ n (η)
χιονοστιβάδα

avenge /ə'vendʒ/ vt εκδικούμαι

avenue /'ævənjuː/ n (η)
λεωφόρος

average /'ævərɪdʒ/ n (ο) μέσος
όρος. • a μέσος. • vt κάνω κατά
μέσο όρο. **on ~** κατά μέσο όρο

averse /ə'vɜːs/ a εναντίος. **be ~
to** αντιτίθεμαι σε. **~ion** /-ʃn/ n
(η) αποστροφή

avert /ə'vɜːt/ vt (turn away)
αποστρέφω. (ward off)
αποτρέπω

aviary /'eɪvɪərɪ/ n (το)
πτηνοτροφείο

avid /'ævɪd/ a άπληστος

avocado /ævə'kɑːdəʊ/ n (το)
αβοκάντο

avoid /ə'vɔɪd/ vt αποφεύγω.
~able a που μπορεί να
αποφευχθεί. **~ance** n (η)
αποφυγή

await /ə'weɪt/ vt περιμένω

awake /ə'weɪk/ vt/i (pt **awoke**, pp
awoken) ξυπνώ. • a ξύπνιος

award /ə'wɔːd/ vt απονέμω. • n
(η) απονομή. (scholarship) (η)
επιχορήγηση

aware /ə'weə(r)/ a ενήμερος. **be
~ of** γνωρίζω. **~ness** n (η)
αντίληψη

awash /ə'wɒʃ/ a
πλημμυρισμένος

away /ə'weɪ/ adv μακριά. **be ~**
λείπω. **it is ten kilometres ~
(from)** απέχει δέκα χιλιόμετρα
(από)

awe /ɔː/ n (το) δέος. **~-
inspiring** a που προκαλεί δέος,
επιβλητικός. **~struck** a
φοβισμένος

awful /'ɔːfʊl/ a φοβερός. **~ly**
adv φοβερά. (very: fam) πολύ

awkward /'ɔːkwəd/ a (difficult)
δύσκολος. (inconvenient)
άβολος. (clumsy) αδέξιος.
(embarrassing, shy)
ενοχλητικός. **~ly** adv (clumsily)
αδέξια. (with embarrassment)
αμήχανα. **~ness** n (η)
αδεξιότητα. (discomfort) (η)
στενοχώρια

awning /'ɔːnɪŋ/ n (η) τέντα

awoke, awoken /ə'wəʊk,
ə'wəʊkən/ see AWAKE

awry /ə'raɪ/ adv στραβά

axe /æks/ n (το) τσεκούρι. • vt
(pres p **axing**) περικόβω. (fig)
απολύω

axis /'æksɪs/ n (ο) άξονας

axle /'æksl/ n (ο) άξονας

Bb

babble /ˈbæbl/ vi φλυαρώ

baboon /bəˈbuːn/ n (ο) βαβουίνος

baby /ˈbeɪbi/ n (το) μωρό. ~ **carriage** n (Amer) (το) καροτσάκι (μωρού). ~-**sit** vi προσέχω μωρό. ~-**sitter** n (ο, η) μπέιμπισίτερ invar

bachelor /ˈbætʃələ(r)/ n (ο) εργένης

back /bæk/ n (η) πλάτη. (of car, house) (το) πίσω μέρος. (of cloth) (η) ανάποδη. (of hand) (η) ράχη. • a & adv πίσω. • vt (support) υποστηρίζω. (bet) στοιχηματίζω σε. • vt/i (car) κάνω όπισθεν. ~ **door** (η) πίσω πόρτα. ~ **up** υποχωρώ. ~ **of beyond** (η) ερημιά. ~ **out** υπαναχωρώ. ~-**to front** ανάποδα. ~ **up** υποστηρίζω. (computing) κάνω αντίγραφο ασφαλείας. ~-**up** n (η) υποστήριξη

backache /ˈbækeɪk/ n (ο) πόνος στη μέση

backbiting /ˈbækbaɪtɪŋ/ n (η) κακολογία

backdate /bækˈdeɪt/ vt προχρονολογώ

backer /ˈbækə(r)/ n (ο) υποστηριχτής. (comm) (ο) χρηματοδότης

backfire /bækˈfaɪə(r)/ vi (auto) εκπυρσοκροτώ. (fig) έχω δυσάρεστο αποτέλεσμα

background /ˈbækɡraʊnd/ n (το) βάθος. (fig) (το) ιστορικό

backhand /ˈbækhænd/ n (sport) (το) ρεβέρ invar

backing /ˈbækɪŋ/ n (η) υποστήριξη

backlash /ˈbæklæʃ/ n (fig) (η) δυσμενής αντίδραση

backlog /ˈbæklɒɡ/ n (η) καθυστερημενη εργασία

backside /ˈbæksaɪd/ n (fam) (ο) πισινός

backwards /ˈbækwədz/ adv προς τα πίσω. (fall) ανάσκελα. **go ~ and forwards** πηγαινοέρχομαι

bacon /ˈbeɪkən/ n (το) μπέικον invar

bacteria /bækˈtɪərɪə/ npl (τα) βακτηρίδια

bad /bæd/ a (**worse, worst**) κακός. (harmful) βλαβερός. (serious) σοβαρός. (food) χαλασμένος. **feel ~** αισθάνομαι άσχημα. **use ~ language** βρίζω. ~-**mannered** a αγενής. ~-**tempered** a δύστροπος. ~**ly** adv άσχημα. ~**ly off** σε κακή οικονομική κατάσταση

badge /bædʒ/ n (η) κονκάρδα

badger /ˈbædʒə(r)/ n (ο) ασβός. • vt ενοχλώ

baffle /ˈbæfl/ vt φέρνω σε αμηχανία

bag /bæɡ/ n (handbag) (η) τσάντα. (sack) (η) σακούλα. ~**s** (luggage) (οι) αποσκευές. (under eyes) (οι) σακούλες. • vt (pt **bagged**) βάζω σε σάκο. (take) βουτώ

baggage /ˈbæɡɪdʒ/ n (οι) αποσκευές

baggy /'bægɪ/ a (clothes) σακουλιασμένος

bagpipes /'bægpaɪps/ npl (η) γκάιντα

bail¹ /beɪl/ n (η) εγγύηση για απόλυση. • vt εγγυώμαι. **~ s.o. out** ελευθερώνω με πληρωμή εγγύησης

bail² /beɪl/ vt (naut) **~ out a boat** βγάζω νερό από σκάφος

bailiff /'beɪlɪf/ n (o) δικαστικός κλητήρας

bait /beɪt/ n (το) δόλωμα vt δολώνω. (torment) βασανίζω

bak|e /beɪk/ vt ψήνω. • vi ξεροψήνομαι. **~er** n (o) αρτοποιός, (fam) (o) φούρναρης. **~ing** n (το) ψήσιμο. (of bread) (η) φουρνιά

bakery /'beɪkərɪ/ n (το) αρτοποιείο, (fam) (o) φούρνος

balance /'bæləns/ n (η) ισορροπία. (comm) (το) ισοζύγιο. (sum) (το) υπόλοιπο. (scales) (η) ζυγαριά. • vt (comm) ισοσκελίζω. • vi αμφιταλαντεύομαι. **~d** a ισορροπημένος

balcony /'bælkənɪ/ n (το) μπαλκόνι

bald /bɔːld/ a φαλακρός

bale¹ /beɪl/ n (η) μπάλα (εμπορευμάτων)

bale² /beɪl/ vi **~ out** πέφτω με αλεξίπτωτο

balk /bɔːk/ vi δειλιάζω

ball¹ /bɔːl/ n (η) μπάλα. (of yarn) (το) κουβάρι. (sphere) (η) σφαίρα. **~-bearing** n (το)

ρουλεμάν. **~-point (pen)** n (το) στυλό διαρκείας

ball² /bɔːl/ n (dance) (o) χορός

ballad /'bæləd/ n (η) μπαλάντα

ballast /'bæləst/ n (το) έρμα

ballet /'bæleɪ/ n (το) μπαλέτο

balloon /bə'luːn/ n (το) μπαλόνι. **hot-air ~** (το) αερόστατο

ballot /'bælət/ n (η) ψηφοφορία. **~-(paper)** (το) ψηφοδέλτιο. **~-box** n (η) κάλπη

ballroom /'bɔːlruːm/ n (η) αίθουσα χορού

balm /bɑːm/ n (το) βάλσαμο. **~y** a (air) μυρωμένος. (mad; sl) τρελός

balustrade /bælə'streɪd/ n (το) κιγκλίδωμα

bamboo /bæm'buː/ n (το) μπαμπού invar

ban /bæn/ vt (pt banned) απαγορεύω. • n (η) απαγόρευση

banal /bə'nɑːl/ a κοινότοπος. **~ity** /-ælətɪ/ n (η) κοινοτοπία

banana /bə'nɑːnə/ n (η) μπανάνα

band /bænd/ n (η) λωρίδα. (on hat) (η) κορδέλα. (mus) (η) ορχήστρα. (mil) (η) μπάντα. (of thieves) (η) συμμορία. • vi **~ together** συνενώνομαι με άλλους (για κοινή δράση)

bandage /'bændɪdʒ/ n (o) επίδεσμος. • vt επιδένω

bandit /'bændɪt/ n (o) ληστής

bandy /'bændɪ/ a (-ier, -iest) **~-legged** a στραβοπόδης

bang /bæŋ/ n (noise) (o) βρόντος. (blow) (το) δυνατό

χτύπημα. • *vt/i* βροντώ. • *adv*
~ **on** ακριβώς. ~**!** *int* μπαμ!

bangle /'bæŋgl/ *n* (το) βραχιόλι

banish /'bænɪʃ/ *vt* εξορίζω

banisters /'bænɪstəz/ *npl* (τα)
κάγκελα

banjo /'bændʒəʊ/ *n* (*pl* **-os**) (το)
μπάντζο *invar*

bank¹ /bæŋk/ *n* (*of river*) (η)
όχθη. • *vi* (*aviat*) κλίνω

bank² /bæŋk/ *n* (η) τράπεζα. •
vt καταθέτω. ~ **account** *n*
(ο) τραπεζικός λογαριασμός.
~ **holiday** *n* (η) αργία. ~ **on**
στηρίζομαι σε. ~ **with** η
τράπεζά μου είναι. ~**er** *n* (ο)
τραπεζίτης

banknote /'bæŋknəʊt/ *n* (το)
χαρτονόμισμα

bankrupt /'bæŋkrʌpt/ *a*
χρεοκοπημένος. **go** ~
πτωχεύω. • *n* (ο)
χρεοκοπημένος. • *vt* οδηγώ σε
πτώχευση/χρεοκοπία. ~**cy** *n*
(η) πτώχευση, (η) χρεοκοπία

banner /'bænə(r)/ *n* (η) σημαία

banns /bænz/ *npl* (η) αγγελία
γάμου στην εκκλησία

banquet /'bæŋkwɪt/ *n* (το)
συμπόσιο

baptism /'bæptɪzəm/ *n* (το)
βάφτισμα

baptize /bæp'taɪz/ *vt* βαφτίζω

bar /ba:(r)/ *n* (η) ράβδος. (*on
window*) (το) κάγκελο. (*jur*)
(το) εδώλιο. (*of chocolate,
soap*) (η) πλάκα. (*of gold*) (η)
ράβδος. (*pub*) (το) μπαρ *invar*.
(*counter*) (ο) πάγκος. (*mus*) (το)
μέτρο. • (*pt* **barred**) κλείνω.
(*exclude*) αποκλείω. (*prohibit*)
απαγορεύω. • *prep* εκτός από

barbarian /ba:'beərɪən/ *a & n*
βάρβαρος

barbar|ic /ba:'bærɪk/ *a*
βαρβαρικός. ~**ity** /-ətɪ/ *n* (η)
βαρβαρότητα

barbecue /'ba:bɪkju:/ *n* (το)
φητό στα κάρβουνα

barbed /ba:bd/ *a* ακιδωτός. ~
wire (το) συρματόπλεγμα

barber /'ba:bə(r)/ *n* (ο)
κουρέας

bare /beə(r)/ *a* γυμνός. (*mere*)
ελάχιστος. • *vt* γυμνώνω. ~
one's teeth δείχνω τα δόντια
μου. ~**ly** *adv* μόλις

bareback /'beəbæk/ *adv* χωρίς
σέλα

barefoot /'beəfʊt/ *a & adv*
ξυπόλυτος

bareheaded /'beəhedɪd/ *a*
ξεσκούφωτος

bargain /'ba:gɪn/ *n* (το)
παζάρεμα. (*agreement*) (η)
συμφωνία. (*good buy*) (η)
ευκαιρία. • *vi* (*haggle*)
παζαρεύω

barge /ba:dʒ/ *n* (η) φορτηγίδα.
• *vi* ~ **in** μπαίνω
απρόσκλητος. (*fig*) διακόπτω
(συνομιλία)

baritone /'bærɪtəʊn/ *n* (ο)
βαρύτονος

bark¹ /ba:k/ *n* (*of tree*) (ο)
φλοιός

bark² /ba:k/ *n* (*of dog*) (το)
γαύγισμα. • *vi* γαυγίζω

barley /'ba:lɪ/ *n* (το) κριθάρι

barmaid /'ba:meɪd/ *n* (η)
σερβιτόρα (σε μπαρ)

barman /'ba:mən/ *n* (*pl* **-men**)
(ο) μπάρμαν *invar*

barn /ba:n/ *n* (η) (σιτ)αποθήκη

barometer /bəˈrɒmɪtə(r)/ n (το)
βαρόμετρο

baron /ˈbærən/ n (ο) βαρόνος.
~ess n (η) βαρόνη

barracks /ˈbærəks/ npl (ο)
στρατώνας

barrage /ˈbærɑːʒ/ n (το)
μπαράζ invar

barrel /ˈbærəl/ (το) βαρέλι. (of
gun) (η) κάννη

barren /ˈbærən/ a στείρος.
(ground) άγονος

barricade /ˌbærɪˈkeɪd/ n (το)
οδόφραγμα. • vt οχυρώνω

barrier /ˈbæriə(r)/ n (ο)
φραγμός. (fig) (το) εμπόδιο

barring /ˈbɑːrɪŋ/ prep εκτός
από

barrister /ˈbærɪstə(r)/ n (ο, η)
δικηγόρος

barrow /ˈbærəʊ/ n (το) ανάχωμα

barter /ˈbɑːtə(r)/ n (η)
ανταλλαγή. • vt ανταλλάσσω

base /beɪs/ n (η) βάση, (το)
στήριγμα. • vt βασίζω,
στηρίζω. • a ποταπός. **~less** a
αβάσιμος

baseball /ˈbeɪsbɔːl/ n (το)
μπέισμπολ invar

basement /ˈbeɪsmənt/ n (το)
υπόγειο

bash /bæʃ/ vt χτυπώ δυνατά

bashful /ˈbæʃfl/ a ντροπαλός

basic /ˈbeɪsɪk/ a βασικός.
~ally adv βασικά

basil /ˈbæzl/ n (ο) βασιλικός

basin /ˈbeɪsn/ n (for washing)
(ο) νιπτήρας. (for food) (η)
λεκάνη. (geog) (η) κοιλάδα

basis /ˈbeɪsɪs/ n (pl **bases**
/-siːz/) (η) βάση

bask /bɑːsk/ vi λιάζομαι

basket /ˈbɑːskɪt/ n (το) καλάθι

basketball /ˈbɑːskɪtbɔːl/ n (η)
καλαθόσφαιρα, (το) μπάσκετ
invar

bass /beɪs/ n (το) μπάσος

bassoon /bəˈsuːn/ n (το)
φαγκότο invar

bastard /ˈbɑːstəd/ n (ο) νόθος.
(sl) (ο) παλιάνθρωπος

baste /beɪst/ vt (sew) τρυπώνω.
(culin) αλείφω με λίπος

bastion /ˈbæstiən/ n (η)
προμαχώνας

bat¹ /bæt/ n (for cricket) (το)
ρόπαλο. (for table tennis) (η)
ρακέτα. • vt (pt **batted**) χτυπώ
με το ρόπαλο. **off one's own
~** με δική μου πρωτοβουλία

bat² /bæt/ n (mammal) (η)
νυχτερίδα

batch /bætʃ/ n (of people) (η)
ομάδα. (of papers) (η) δέσμη.
(of goods) (η) παρτίδα. (of
bread) (η) φουρνιά

bath /bɑːθ/ n (pl **-s** /bɑːðz/) (το)
μπάνιο. (tub) (η) μπανιέρα.
~s (τα) λουτρά. • vt/i κάνω
μπάνιο (σε)

bathe /beɪð/ vt λούζω. • vi κάνω
μπάνιο. • n (το) μπάνιο. **~r**
/-ə(r)/ n (ο) λουόμενος

bathing /ˈbeɪðɪŋ/ n (το) μπάνιο.
~-costume n (το) μαγιό

bathroom /ˈbɑːθrʊm/ n (το)
μπάνιο

baton /ˈbætən/ n (η) ράβδος.
(mus) (η) μπαγκέτα

battalion /bəˈtæliən/ n (το)
τάγμα

batter /ˈbætə(r)/ vt χτυπώ. • n
(culin) (ο) χυλός από αλεύρι

battery /'bætərɪ/ n (η) μπαταρία.
(*of car*) (ο) συσσωρευτής

battle /'bætl/ n (η) μάχη. • vi
μάχομαι

battlefield /'bætlfi:ld/ n (το)
πεδίο της μάχης

bawl /bɔːl/ vt/i φωνάζω

bay¹ /beɪ/ n (bot) (η) δάφνη. ~-
leaf n (το) φύλλο δάφνης

bay² /beɪ/ n (geog) (ο) κόλπος.
(*area*) (το) κοίλωμα. ~
window n παράθυρο σε
προεξοχή τοίχου

bay³ /beɪ/ vi (*of dog*) γαβγίζω.
keep at ~ κρατώ σε
απόσταση

bayonet /'beɪənɪt/ n (η)
ξιφολόγχη

bazaar /bə'zɑː(r)/ n (το) παζάρι

BC abbr π.Χ.

be /biː/ vi (*pres* am, are, is; *pt*
was, were; *pp* been) είμαι. ~
cold/hot κρυώνω/ζεσταίνομαι.
it is cold/hot (*weather*) κάνει
κρύο/ζέστη. **how much is it?**
πόσο κάνει; ~
reading/walking (*aux*)
διαβάζω/πηγαίνω περίπατο. **I
have been to** πήγα σε

beach /biːtʃ/ n (η) ακτή, (η)
παραλία

beacon /'biːkən/ n (ο)
φάρος

bead /biːd/ n (η) χάντρα

beak /biːk/ n (το) ράμφος

beaker /'biːkə(r)/ n (το)
κύπελλο, (το) κούπα

beam /biːm/ n (*of wood*) (το)
δοκάρι. (*of light*) (η) ακτίνα,
(η) δέσμη ακτίνων. • vi
(*person*) λάμπω από χαρά. (*sun*)
ρίχνω τις ακτίνες

bean /biːn/ n (*broad*) (το)
κουκί. (*French*) (το) φασολάκι.
(*haricot*) (το) φασόλι. (*coffee*)
(ο) κόκκος

bear¹ /beə(r)/ n (η) αρκούδα

bear² /beə(r)/ vt/i (*pt* bore, *pp*
borne) (*carry*) φέρω,
μεταφέρω. (*endure*) υποφέρω,
αντέχω. (*child*) γεννώ. ~ **in
mind** έχω υπόψη. ~able a
υποφερτός

beard /bɪəd/ n (τα) γένια

bearing /'beərɪŋ/ n (*behaviour*)
(η) διαγωγή. (*direction,
position*) (η) κατεύθυνση.
(*relevance*) (η) σχέση. (*mech*)
(το) κουζινέτο. ~**s** npl (*fig*)
προσανατολισμός

beast /biːst/ n (το) κτήνος

beat /biːt/ vt/i (*pt* beat, *pp*
beaten) δέρνω. (*culin*) χτυπώ.
(*win*) κερδίζω. • n (*mus*) (ο)
χρόνος. (*of heart*) (ο) παλμός.
~ **up** σπάζω στο ξύλο. **it ~s
me** με αφήνει άναυδο

beautiful /'bjuːtɪfl/ a ωραίος,
όμορφος. ~**ly** adv ωραία,
όμορφα

beauty /'bjuːtɪ/ n (η) ομορφιά.
(*woman*) (η) καλλονή

beaver /'biːvə(r)/ n (ο)
κάστορας

became /bɪ'keɪm/ see BECOME

because /bɪ'kɒz/ conj επειδή,
διότι. • adv ~ **of** εξαιτίας

beckon /'bekən/ vt/i κάνω
νόημα. ~ **to** γνέφω (σε)

become /bɪ'kʌm/ vt/i (*pt*
became, *pp* become) γίνομαι.
(*suit*) ταιριάζω

becoming /bɪ'kʌmɪŋ/ a (*seemly*)
πρέπων. (*clothes*) ταιριαστός

bed /bed/ n (το) κρεβάτι.
(*layer*) (το) στρώμα. (*of sea*) (ο)
πυθμένας. (*of river*) (η) κοίτη. ~
(*of flowers*) (το) παρτέρι. ~
and breakfast διαμονή και
πρόγευμα. **go to** ~ πλαγιάζω

bedclothes /'bedkləʊðz/ npl
(τα) κλινοσκεπάσματα

bedlam /'bedləm/ n (η) φασαρία

bedraggled /br'dræqld/ a
καταλασπωμένος

bedridden /'bedrɪdn/ a
κατάκοιτος

bedroom /'bedrʊm/ n (η)
κρεβατοκάμαρα

bedside /'bedsaɪd/ n (το)
προσκέφαλο. ~ **table** n (το)
κομοδίνο

bedspread /'bedspred/ n (το)
κλινοσκέπασμα

bee /bi:/ n (η) μέλισσα. **make
a ~-line for** προχωρώ
κατευθείαν για

beech /bi:tʃ/ n (η) οξιά

beef /bi:f/ n (το) βοδινό κρέας

beefburger /'bi:fbɜ:gə(r)/ n (το)
μπιφτέκι

beehive /'bi:haɪv/ n (η) κυψέλη

been /bi:n/ see BE

beer /bɪə(r)/ n (η) μπίρα

beet /bi:t/ n (το) τεύτλο

beetle /'bi:tl/ n (το) σκαθάρι

beetroot /'bi:tru:t/ n invar (το)
παντζάρι

befall /bɪ'fɔ:l/ vt/i (pt **befell**, pp
befallen) συμβαίνει, τυχαίνει

before /bɪ'fɔ:(r)/ prep & adv &
conj (*time*) πριν. (*place*)
μπροστά

beforehand /bɪ'fɔ:hænd/ adv
από πριν, εκ των προτέρων

befriend /bɪ'frend/ vt πιάνω
φιλίες με, βοηθώ σαν φίλος

beg /beg/ vt/i (pt **begged**)
ζητιανεύω. (*entreat*) ικετεύω
(**to**, να). (*ask*) ζητώ,
παρακαλώ. **~ s.o.'s pardon**
ζητώ συγγνώμη

began /br'gæn/ see BEGIN

beggar /'begə(r)/ n (ο) ζητιάνος

begin /br'gɪn/ vt/i (pt **began**, pp
begun, pres p **beginning**)
αρχίζω (**to**, να). **~ner** n (ο)
αρχάριος. **~ning** n (η) αρχή

begrudge /br'grʌdʒ/ vt **I ~
him his success** με πειράζει
η επιτυχία του. **I ~ her the
money** της δίνω τα λεφτά
απρόθυμα

begun /br'gʌn/ see BEGIN

behalf /br'ha:f/ n **on ~ of** εκ
μέρους (**with** gen.)

behave /br'heɪv/ vi
συμπεριφέρομαι. **~ (o.s.)**
κάθομαι φρόνιμα

behaviour /br'heɪvjə(r)/ n (η)
συμπεριφορά

behind /br'haɪnd/ prep πίσω
(από). (*in time*) be ~
καθυστερώ. • adv πίσω. (*late*)
αργά, καθυστερημένα. • n
(*fam*) (ο) πισινός

being /'bi:ɪŋ/ n (το) ον. **come
into ~** αρχίζω να υπάρχω

belated /br'leɪtɪd/ a
καθυστερημένος

belch /beltʃ/ vi ρεύομαι. • vt ~
out (*smoke*) βγάζω. • n (το)
ρέψιμο

belfry /'belfrɪ/ n (το)
καμπαναριό

Belgi|um /'beldʒəm/ n (το)
Βέλγιο. **~an** a βελγικός. • n
(ο) Βέλγος, (η) Βελγίδα

belief /bɪˈliːf/ n (η) πίστη. (*trust*) (η) εμπιστοσύνη. (*opinion*) (η) γνώμη

believe /bɪˈliːv/ vt/i πιστεύω. **~e in** (*approve of*) δέχομαι. (*have faith*) πιστεύω. **~able** a πιστευτός. **~er** /-ə(r)/ n (ο) πιστός

belittle /bɪˈlɪtl/ vt μειώνω. (*person*) υποτιμώ

bell /bel/ n (η) καμπάνα. (*on door*) (το) κουδούνι

belligerent /bɪˈlɪdʒərənt/ a (*person*) φίλερις. (*nation*) εμπόλεμος

bellow /ˈbeləʊ/ vt/i μουγκρίζω

bellows /ˈbeləʊz/ npl (το) φυσερό

belly /ˈbeli/ n (η) κοιλιά

belong /bɪˈlɒŋ/ vi **~ to** ανήκω σε. (*club*) είμαι μέλος

belongings /bɪˈlɒŋɪŋz/ npl (τα) πράγματα. (**personal**) **~** (τα) προσωπικά αντικείμενα

beloved /bɪˈlʌvɪd/ a προσφιλής. • n (ο) αγαπητός

below /bɪˈləʊ/ prep κάτω από. • adv κάτω

belt /belt/ n (η) ζώνη. • vt περιζώνω. (*hit: sl*) δέρνω

bench /bentʃ/ n (*seat*) το παγκάκι. (*working-table*) (ο) πάγκος

bend /bend/ vt/i (*pt* bent) κάμπτω, λυγίζω. • n (η) στροφή. (*of river*) (η) καμπή. **~ down** or **over** σκύβω

beneath /bɪˈniːθ/ prep κάτω από. • adv χαμηλότερα. **it is ~ me** (*fig*) δεν καταδέχομαι

benefactor /ˈbenɪfæktə(r)/ n (ο) ευεργέτης

beneficial /benɪˈfɪʃl/ a ευεργετικός

beneficiary /benɪˈfɪʃərɪ/ n (ο, η) δικαιούχος

benefit /ˈbenɪfɪt/ n (το) όφελος. (*allowance*) (η) επίδομα. **for s.o.'s** ~ για το καλό κπ. (*sake*) για χάρη κπ. • vt/i (*pt* benefited, *pres p* benefiting) ωφελώ/ούμαι. **~ from** επωφελούμαι από

benevolent /bɪˈnevələnt/ a φιλανθρωπικός

bent /bent/ *see* BEND. n (η) κλίση. **~ on** αποφασισμένος να

bequeath /bɪˈkwiːð/ vt κληροδοτώ

bequest /bɪˈkwest/ n (το) κληροδότημα

bereave|d /bɪˈriːvd/ n **the ~d** οι συγγενείς που πενθούν. **~ment** n (το) πένθος

beret /ˈbereɪ/ n (ο) μπερές

berry /ˈberi/ n (το) μούρο

berserk /bəˈsɜːk/ a **go ~** παθαίνω αμόκ

berth /bɜːθ/ n (η) κουκέτα. (*mooring*) (η) προβλήτα. **give a wide ~ to** κρατώ απόσταση (από). • vi πλευρίζω

beseech /bɪˈsiːtʃ/ vt (*pt* besought) ικετεύω

beside /bɪˈsaɪd/ prep δίπλα, κοντά (σε). **~ o.s.** εκτός εαυτού. **~ the point** άσχετος

besides /bɪˈsaɪdz/ adv εξάλλου. • prep (*except*) εκτός από. (*in addition to*) επιπλέον

besiege /bɪˈsiːdʒ/ vt πολιορκώ

best /best/ a καλύτερος. • adv καλύτερα. • n (ο) καλύτερος.

at ~ στην καλύτερη περίπτωση. ~ **man** (ο) κουμπάρος. **do one's** ~ κάνω ότι μπορώ. **like** ~ προτιμώ. **make the** ~ **of** αντιμετωπίζω όσο καλύτερα

bestow /bɪˈstəu/ vt απονέμω

bestseller /ˈbestˈselə(r)/ n (το) μπεστ σέλερ invar

bet /bet/ n (το) στοίχημα. • vt/i (pt **bet** or **betted**) στοιχηματίζω

betray /bɪˈtreɪ/ vt προδίνω. ~**al** n (η) προδοσία

better /ˈbetə(r)/ a καλύτερος. • adv καλύτερα. **the** ~ βελτιώνω. **all the** ~ τόσο το καλύτερο. ~ **off** σε καλύτερη οικονομική κατάσταση. **get** ~ βελτιώνομαι. (recover) γίνομαι καλά. **you had leave** θα ήταν καλύτερα να φύγεις **the sooner the** ~ όσο το γρηγορότερο τόσο το καλύτερο

between /bɪˈtwiːn/ prep μεταξύ, ανάμεσα (σε). • adv μεταξύ

beverage /ˈbevərɪdʒ/ n (το) ρόφημα

beware /bɪˈweə(r)/ vi προσέχω

bewilder /bɪˈwɪldə(r)/ vt συγχύζω

bewitch /bɪˈwɪtʃ/ vt μαγεύω, γοητεύω

beyond /bɪˈjɒnd/ prep πέρα από. • adv πέρα. **it is** ~ **me** είναι πέραν των δυνάμεών μου

bias /ˈbaɪəs/ n (η) προκατάληψη. (pej) (η) προκατάληψη. (preference) (η) προτίμηση. (sewing) (η) λοξή λωρίδα. • vt προδιαθέτω. ~**ed** a προκατειλημμένος

bib /bɪb/ n (η) σαλιάρα

Bible /ˈbaɪbl/ n (η) Βίβλος

bibliography /bɪblɪˈɒɡrəfɪ/ n (η) βιβλιογραφία

biceps /ˈbaɪseps/ n (ο) δικέφαλος μυς

bicker /ˈbɪkə(r)/ vi καβγαδίζω

bicycle /ˈbaɪsɪkl/ n (το) ποδήλατο

bid¹ /bɪd/ n (offer) (η) προσφορά. (attempt) (η) προσπάθεια. • vt/i (pt **bid**, pres p **bidding**) προσφέρω. ~**der** n (highest) (ο) πλειοδότης

bid² /bɪd/ vt (pt **bid** or **bade**, pp **bid** or **bidden**, pres p **bidding**) (command) διατάζω. ~**ding** n (η) διαταγή

bide /baɪd/ vt ~ **one's time** περιμένω την κατάλληλη στιγμή

big /bɪɡ/ a (**bigger**, **biggest**) μεγάλος

bigamy /ˈbɪɡəmɪ/ n (η) διγαμία

bigot /ˈbɪɡət/ n (ο) φανατικός. ~**ed** a φανατικός. ~**ry** n (ο) φανατισμός

bike /baɪk/ n (fam) (το) ποδήλατο

bikini /bɪˈkiːnɪ/ n (pl **-is**) (το) μπικίνι invar

bile /baɪl/ n (η) χολή

bilingual /baɪˈlɪŋɡwəl/ a δίγλωσσος

bill¹ /bɪl/ n (account) (ο) λογαριασμός. (theatr) (το) πρόγραμμα. (pol) (το) νομοσχέδιο. (Amer) (το) χαρτονόμισμα. • vt χρεώνω

bill² /bɪl/ n (of bird) (το) ράμφος

billet /ˈbɪlɪt/ n (mil) (το) κατάλυμα

billiards /ˈbɪliədz/ n (το)
μπιλιάρδο

billion /ˈbɪliən/ n (το)
τρισεκατομμύριο. (*Amer*) (το)
δισεκατομμύριο

bin /bɪn/ n (*for rubbish*) (το)
καλάθι των αχρήστων

bind /baɪnd/ vt (*pt* **bound**)
ενώνω. (*book*) δένω. (*jur*)
δεσμεύω

binding /ˈbaɪndɪŋ/ n (*of book*)
(το) δέσιμο. • a (*obligatory*)
υποχρεωτικός (**on**, για)

binoculars /bɪˈnɒkjʊləz/ npl
(τα) κιάλια

biochemistry /baɪəʊˈkemɪstrɪ/
n (η) βιοχημεία

biography /baɪˈɒɡrəfɪ/ n (η)
βιογραφία

biolog|y /baɪˈɒlədʒɪ/ n (η)
βιολογία. **~ical** /-əˈlɒdʒɪkl/ a
βιολογικός

birch /bɜːtʃ/ n (*tree*)
σημύδα. (*whip*) (η) βέργα

bird /bɜːd/ n (το) πουλί. **~'s-
eye view** n (η) πανοραμική
άποψη

Biro /ˈbaɪərəʊ/ n (*P*) (το) μπικ
invar, **Cy**. (το) μπίρο

birth /bɜːθ/ n (η) γέννηση. **~
certificate** n (το)
πιστοποιητικό γεννήσεως. **~
control** n (η) αντισύλληψη. **~
rate** n (οι) γεννήσεις. **give ~**
γεννώ

birthday /ˈbɜːθdeɪ/ n (τα)
γενέθλια

birthmark /ˈbɜːθmɑːk/ n (το)
σημάδι εκ γενετής

birthplace /ˈbɜːθpleɪs/ n (η)
γενέτειρα

biscuit /ˈbɪskɪt/ n (το) μπισκότο

bishop /ˈbɪʃəp/ n (ο) επίσκοπος

bit[1] /bɪt/ n (το) κομματάκι.
(*quantity*) (το) λίγο. (*of horse*)
(το) χαλινάρι. (*mech*)
τρυπάνι. (*computing*) (το) bit
invar, (το) ψηφίο

bit[2] /bɪt/ *see* BITE

bitch /bɪtʃ/ n (η) σκύλα. (*fam*)
(το) παλιοθήλυκο

bite /baɪt/ vt/i (*pt* **bit**, *pp* **bitten**)
δαγκώνω. (*one's nails*) τρώω.
(*fish, insects*) τσιμπώ. • n
(*mouthful*) (η) μπουκιά.
(*wound*) (το) τσίμπημα

biting /ˈbaɪtɪŋ/ a τσουχτερός.
(*fig*) δηκτικός

bitter /ˈbɪtə(r)/ a πικρός.
(*weather*) ψυχρός. **to the ~
end** μέχρι τέλους. **~ly** adv
πικρά. **~ness** n (η) πικρία.
(*resentment*) (η) μνησικακία

bizarre /bɪˈzɑː(r)/ a αλλόκοτος

blab /blæb/ vi φλυαρώ

black /blæk/ a μαύρος. • n
(*colour*) (το) μαύρο. **B~**
(*person*) (ο) μαύρος. • vt
μαυρίζω. (*shoes*) γυαλίζω. **~
eye** n (το) μαυρισμένο μάτι. **~
ice** n (ο) μαύρος πάγος. **~
market** n (η) μαύρη αγορά. **~
out** διαγράφω. (*make dark*)
συσκοτίζω

blackberry /ˈblækbərɪ/ n (το)
βατόμουρο

blackbird /ˈblækbɜːd/ n (το)
κοτσύφι

blackboard /ˈblækbɔːd/ n (ο)
πίνακας

blacken /ˈblækən/ vt/i
μαυρίζω

blackleg /ˈblækleg/ n (ο)
απεργοσπάστης

blacklist /'blæklıst/ n (η) μαύρη λίστα

blackmail /'blækmeıl/ n (ο) εκβιασμός. • vt εκβιάζω

blackout /'blækaʊt/ n (η) συσκότιση. (med) (η) λιποθυμία

blacksmith /'blæksmıθ/ n (ο) σιδηρουργός

bladder /'blædə(r)/ n (η) κύστη

blade /bleıd/ n (of knife) (η) λεπίδα. (of oar) (η) πλατιά άκρη. (of propeller) (το) πτερύγιο. **~ of grass** (το) φύλλο χόρτου

blame /bleım/ vt κατηγορώ (for, για). • n (το) φταίξιμο. **be to ~** φταίω (for, για). **~less** a άμεμπτος

bland /blænd/ a ήρεμος. (taste) αδιάφορος

blank /blæŋk/ a κενός. (fig) ανέκφραστος. • n (το) κενό. **~ cartridge** (το) άσφαιρο φυσίγγι. **~ cheque** (η) ανοιχτή επιταγή

blanket /'blæŋkıt/ n (η) κουβέρτα

blare /bleə(r)/ vi (radio, TV) είναι στο διαπασών. • n (ο) δυνατός ήχος

blasphemy /'blæsfəmı/ n (η) βλαστήμια

blast /blɑːst/ n (η) έκρηξη. (gust) (το) φύσημα. • vt ανατινάζω. **~-off** n (of missile) (η) εκτόξευση

blatant /'bleıtnt/ a ολοφάνερος. (shameless) αδιάντροπος

blaze /bleız/ n (η) πυρκαγιά. • vi φλέγομαι

blazer /'bleızə(r)/ n είδος ελαφριάς ζακέτας

bleach /bliːtʃ/ n (household) (το) λευκαντικό. • vt/i λευκαίνω

bleak /bliːk/ a (exposed) εκτεθειμένος. (depressing) μελαγχολικός

bleary /'blıərı/ a θαμπός

bleat /bliːt/ n (το) βέλασμα. • vi βελάζω

bleed /bliːd/ vt/i (pt **bled**) αιμορραγώ

blemish /'blemıʃ/ n (το) ψεγάδι. (defect) (το) ελάττωμα. • vt κυλιδώνω

blend /blend/ vt/i αναμιγνύομαι. • n (το) μίγμα. (coffee, tobacco) (το) χαρμάνι

bless /bles/ vt ευλογώ. **~ed** a ευλογημένος. (damned: fam) αναθεματισμένος. **~ing** n (η) ευλογία. (benefit) (το) αγαθό

blew /bluː/ see BLOW¹

blight /blaıt/ n (η) σκωρίαση. (fig) (η) επιβλαβής επίδραση. • vt (fig) καταστρέφω

blind /blaınd/ a τυφλός. • vt τυφλώνω. • n (roller) (το) ρολό. (venetian) (το) στορ invar. (fig) (το) πρόσχημα. **~ly** adv τυφλά. **~ness** n (η) τυφλότητα

blindfold /'blaındfəʊld/ a & adv με δεμένα τα μάτια. • vt δένω τα μάτια

blink /blıŋk/ vi ανοιγοκλείνω τα μάτια. (of light) τρεμοσβήνω

blinkers /'blıŋkəz/ npl (οι) παρωπίδες

bliss /blıs/ n (η) ευδαιμονία. **~ful** a πανευτυχής

blister /'blıstə(r)/ n (η) φουσκάλα. • vi φουσκαλιάζω

blizzard /'blɪzəd/ n (η)
χιονοθύελλα

bloated /'bləʊtɪd/ a
φουσκωμένος

bloc /blɒk/ n (pol) (ο)
συνασπισμός

block /blɒk/ n (το) κομμάτι. (of
flats) (η) πολυκατοικία. (of
buildings) (το) τετράγωνο. (in
pipe) (το) βούλωμα. • vt φράζω.
~ letters npl (τα) κεφαλαία.
~age n (η) απόφραξη

blockade /blɒ'keɪd/ n (ο)
αποκλεισμός. • vt αποκλείω

bloke /bləʊk/ n (fam) (ο) τύπος

blonde /blɒnd/ a & n ξανθός,
ξανθιά

blood /blʌd/ n (το) αίμα. **~
group** n (η) ομάδα αίματος. **~
pressure** n (η) πίεση. **~
transfusion** n (η) μετάγγιση
αίματος

bloodshed /'blʌdʃed/ n (η)
αιματοχυσία

bloodshot /'blʌdʃɒt/ a
κατακόκκινος

bloodstream /'blʌdstri:m/ n
(το) αίμα

bloodthirsty /'blʌdθɜːstɪ/ a
αιμοβόρος

bloody /'blʌdɪ/ a (-ier, -iest)
αιματωμένος. (sl) βρομο-,
παλιο-. **~-minded** a (fam)
δύστροπος, πεισματάρης

bloom /blu:m/ n λουλούδι. • vi
ανθίζω. (fig) ευημερώ. **in ~**
ολάνθιστος

blossom /'blɒsəm/ n (το)
άνθος. • vi ανθίζω. (fig) γίνομαι

blot /blɒt/ n (η) κηλίδα. • vt (pt
blotted) κηλιδώνω. (dry)
στεγνώνω. **~ out** σβήνω

~ter, **~ting-paper** ns (το)
στυπόχαρτο

blotch /blɒtʃ/ n (η) κηλίδα

blouse /blaʊz/ n (η) μπλούζα

blow¹ /bləʊ/ vt/i (pt **blew**, pp
blown) φυσώ. (fuse)
καίω/καίομαι. (trumpet) ηχώ.
(whistle) σφυρίζω. • n (puff)
(το) φύσημα. **~ away** φυσώ.
~ down ρίχνω. **~-dry** vt
στεγνώνω με πιστολάκι. **~
one's nose** φυσώ τη μύτη
μου. **~ out** (candle) σβήνω.
~-out n (of tyre) (το)
σκάσιμο. **~ up** vt/i
ανατινάζω/ομαι. **~-up** n
(photo) (η) μεγέθυνση

blow² /bləʊ/ n (το) χτύπημα.
come to ~s έρχομαι στα
χέρια

blowlamp /'bləʊlæmp/ n (το)
καμινέτο (για συγκολλήσεις)

blown /bləʊn/ see BLOW

blue /blu:/ a γαλάζιος. (dark)
~ μπλε. • n (το) γαλάζιο.
have the ~s είμαι στις
μαύρες μου. **out of the ~**
εντελώς απροσδόκητα

bluebell /'blu:bel/ n (η)
καμπανούλα

bluebottle /'blu:bɒtl/ n (η)
κρεατόμυγα

blueprint /'blu:prɪnt/ n (το)
προσχέδιο

bluff /blʌf/ vi (deceive)
μπλοφάρω. • n (η) μπλόφα

blunder /'blʌndə(r)/ vi κάνω
γκάφα. • n (η) γκάφα

blunt /blʌnt/ a αμβλύς. (person)
ντόμπρος. • vt αμβλύνω. **~ly**
adv ντόμπρα

blur /blɜː(r)/ n (το) θόλωμα. • vt
(pt **blurred**) θολώνω

blurt /blɜːt/ vt ~ out μιλώ
απερίσκεπτα

blush /blʌʃ/ vi κοκκινίζω. • n
(το) κοκκίνισμα

bluster /'blʌstə(r)/ vi (weather)
μαίνομαι. (person) μιλώ
δυνατά. ~y a θυελλώδης

boar /bɔː(r)/ n (ο) αγριόχοιρος

board /bɔːd/ n (το) σανίδι. (for
notices) (ο) πίνακας. (admin)
(το) συμβούλιο. • vt/i (naut)
επιβιβάζομαι. **above** ~
έντιμος. ~ **and lodging**
διαμονή και διατροφή. **be on**
~ είμαι σε πλοίο. ~**er** n
(schol) (ο, η) οικότροφος.
~**ing-house** n (η) πανσιόν.
~**ing-school** n (το)
οικοτροφείο

boast /bəʊst/ vt/i καυχιέμαι. • n
(η) καύχηση. ~**ful** a
καυχησιάρης

boat /bəʊt/ n (η) βάρκα. (large)
(το) πλοίο

bob /bɒb/ vi (pt **bobbed**)
(curtsy) υποκλίνομαι. • n
(curtsy) (η) υπόκλιση.
(hairstyle) (τα) κοντά μαλλιά.
~ **up and down**
ανεβοκατεβαίνω

bobbin /'bɒbɪn/ n (το)
μασουράκι

bobsleigh /'bɒbsleɪ/ n (το)
έλκηθρο

bodice /'bɒdɪs/ n (ο) μπούστος

bodily /'bɒdɪlɪ/ a σωματικός. •
adv με τη βία

body /'bɒdɪ/ n (το) σώμα. **the
main** ~ **of** (το) κύριο μέρος

bodyguard /'bɒdɪgɑːd/ n (ο)
σωματοφύλακας

bodywork /'bɒdɪwɜːk/ n (το)
αμάξωμα

bog /bɒg/ n (το) έλος vt **be
~ged down**
αποτελματώνομαι

boggle /'bɒgl/ vi **the mind ~s**
σταματάει το μυαλό

bogus /'bəʊgəs/ a ψεύτικος

boil¹ /bɔɪl/ n (ο) καλόγερος
(εξάνθημα)

boil² /bɔɪl/ vt/i βράζω. **it ~s
down to this** (fig) για να
συνοψίσουμε. ~ **over**
ξεχειλίζω. ~**ed** a (egg)
(hard/soft) σφιχτό/μελάτο
αυγό. (potatoes) βραστός.
~**ing hot** a καυτερός.
~**ing-point** n (το) σημείο
βρασμού

boiler /'bɔɪlə(r)/ n (ο) λέβητας.
~ **suit** n (η) φόρμα

boisterous /'bɔɪstərəs/ a
θορυβώδης

bold /bəʊld/ a τολμηρός

bollard /'bɒlɑːd/ n (η) δέστρα

bolster /'bəʊlstə(r)/ n (το)
μαξιλάρι (μακρύ και στενό).
~ **up** υποστηρίζω

bolt /bəʊlt/ n (ο) σύρτης. (for
nut) (το) μπουλόνι. (lightning)
(ο) κεραυνός. • vt (door)
μανταλώνω. (food)
καταβροχθίζω. • vi ορμώ.
(horse) αφηνιάζω. ~ **upright**
adv ολόρθος

bomb /bɒm/ n (η) βόμβα. • vt
βομβαρδίζω

bombard /bɒm'bɑːd/ vt
βομβαρδίζω

bombshell /'bɒmʃel/ n (η)
οβίδα. (fig) (η) βόμβα

bond /bɒnd/ n (ο) δεσμός.
(comm) (η) ομολογία

bone /bəʊn/ n (το) κόκαλο. • vt ξεκοκαλίζω. **~-dry** a κατάξερος

bonfire /'bɒnfaɪə(r)/ n (η) υπαίθρια φωτιά

bonnet /'bɒnɪt/ n (η) σκούφια. (auto) (το) καπό

bonus /'bəʊnəs/ n (η) επιπλέον αμοιβή, (το) μπόνους invar

bony /'bəʊnɪ/ a (-ier, -iest) κοκαλιάρης. (fish) γεμάτος κόκαλα

boo /buː/ int γιούχα. • vt/i γιουχαΐζω

booby /'buːbɪ/ n (ο) κουτός. **~ trap** n (η) παγίδα. (mil) (η) ναρκοπαγίδα

book /bʊk/ n (το) βιβλίο. **~s** (comm) (το) λογιστικό βιβλίο. • vt (reserve) κλείνω. (motorist) δίνω κλήση σε. **it's ~ed up** όλα τα εισιτήρια έχουν πουληθεί. **~ing office** (rail) (η) έκδοση εισιτηρίων. (theatr) (το) ταμείο

bookcase /'bʊkkeɪs/ n (η) βιβλιοθήκη

bookkeeping /'bʊkiːpɪŋ/ n (η) λογιστική

booklet /'bʊklɪt/ n (το) βιβλιαράκι

bookmaker /'bʊkmeɪkə(r)/ n (ο) πράκτορας στοιχημάτων στον ιππόδρομο

bookmark /'bʊkmaːk/ n (ο) σελιδοδείκτης

bookseller /'bʊkselə(r)/ n (ο) βιβλιοπώλης

bookshop /'bʊkʃɒp/ n (το) βιβλιοπωλείο

bookstall /'bʊkstɔːl/ n (το) περίπτερο βιβλιοπώλη

boom /buːm/ vi μουγκρίζω. (fig) ακμάζω. • n (η) βουή. (comm) (η) ακμή

boon /buːn/ n (η) ευλογία

boor /bʊə(r)/ n (ο) αγροίκος

boost /buːst/ vt ενισχύω. (product) προωθώ. • n (η) ενίσχυση. (of product) (η) προώθηση. **~er** n (med) συμπληρωματική δόση

boot /buːt/ n (η) μπότα. (auto) (το) πορτ-μπαγκάζ

booth /buːð/ n (ο) θάλαμος

booze /buːz/ vi (fam) μεθοκοπώ. • n (fam) (το) ποτό

border /'bɔːdə(r)/ n (το) άκρο. (frontier) (το) σύνορο. (in garden) (το) παρτέρι. • vt συνορεύω με. • vi **~ on** είμαι πάνω σε. (fig) πλησιάζω

bore¹ /bɔː(r)/ see BEAR

bore² /bɔː(r)/ vt/i (techn) τρυπώ

bore³ /bɔː(r)/ vt κουράζω. • n (person) (ο) πληκτικός άνθρωπος. (thing) (το) πληκτικό πράγμα. **be ~d** πλήττω. **~dom** n (η) πλήξη. **boring** a πληκτικός

born /bɔːn/ a γεννημένος. **be ~** γεννιέμαι

borne /bɔːn/ see BEAR

borough /'bʌrə/ n (η) αστική διοικητική περιφέρεια

borrow /'bɒrəʊ/ vt δανείζομαι

bosom /'bʊzəm/ n (το) στήθος

boss /bɒs/ n (fam) (το) αφεντικό. • vt **~ (about or around)** (fam) διευθύνω

bossy /'bɒsɪ/ a αυταρχικός

botany /'bɒtənɪ/ n (η) βοτανική

botch /bɒtʃ/ vt **~ (up)** τα κάνω θάλασσα

both /bəʊθ/ *a & pron* και οι δύο. • *adv* ~ ... **and** ... και ... και ...

bother /'bɒðə(r)/ *vt/i* ανησυχώ. (*disturb*) ενοχλώ/ούμαι. • *n* (*worry*) (η) στενοχώρια. (*minor trouble*) (ο) μικρομπελάς. (*effort*) (η) ενόχληση. **~ about** νοιάζομαι. ~ **to** ζαλίζω. **don't ~!** μην ενοχλείσαι. **I can't be ~ed** δεν αξίζει τον κόπο

bottle /'bɒtl/ *n* (το) μπουκάλι. • *vt* εμφιαλώνω. **~-opener** *n* (το) ανοιχτήρι

bottleneck /'bɒtlnek/ *n* (*traffic jam*) (το) μποτιλιάρισμα

bottom /'bɒtəm/ *n* (το) κάτω μέρος. (*of sea*) (ο) βυθός. (*buttocks*) (τα) πισινά. • *a* τελευταίος. **~less** *a* απύθμενος

bough /baʊ/ *n* (ο) κλάδος

bought /bɔːt/ *see* BUY

boulder /'bəʊldə(r)/ *n* (ο) ογκόλιθος

bounce /baʊns/ *vi* αναπηδώ. (*person*) ορμώ. **the cheque ~d** (*sl*) η επιταγή ήταν ακάλυπτη. • *n* (το) αναπήδημα

bound¹ /baʊnd/ *vi* πηδώ. • *n* (το) πήδημα

bound² /baʊnd/ *see* BIND **a be ~ for** προορίζομαι για. ~ **to** είμαι υποχρεωμένος να. **it's ~ to happen** είναι βέβαιο ότι θα γίνει

boundary /'baʊndərɪ/ *n* (το) όριο

bounds /baʊndz/ *npl* (τα) όρια. **be out of ~** απαγορεύεται η είσοδος στην περιοχή

bouquet /bʊ'keɪ/ *n* (η) ανθοδέσμη

bout /baʊt/ *n* (η) περίοδος. (*med*) (η) προσβολή. (*sport*) (ο) αγώνας

bow¹ /bəʊ/ *n* (*weapon*) (το) τόξο. (*mus*) (το) δοξάρι. (*knot*) (ο) φιόγκος. **~-legged** *a* στραβοπόδης. **~-tie** *n* (το) παπιγιόν

bow² /baʊ/ *n* (η) υπόκλιση. • *vi* υποκλίνομαι *vt* κλίνω

bow³ /baʊ/ *n* (*naut*) (η) πλώρη

bowels /'baʊəlz/ *npl* (τα) έντερα. (*fig*) (τα) σπλάχνα

bowl¹ /bəʊl/ *n* (η) λεκάνη. (*of pipe*) (το) κάβος

bowl² /bəʊl/ *n* (*ball*) (η) σφαίρα. ~ **over** *vt* καταπλήσσω

bowler /'bəʊlə(r)/ *n* ~ (*hat*) είδος σκληρού καπέλου

box¹ /bɒks/ *n* (το) κουτί. (*large*) (το) κιβώτιο. (*theatr*) (το) θεωρείο. • *vt* βάζω σε κιβώτιο. ~ **office** (το) ταμείο

box² /bɒks/ *vt/i* πυγμαχώ. **s.o.'s ears** χαστουκίζω κπ. **~er** *n* (ο) πυγμάχος. **~ing** *n* (η) πυγμαχία. **B~ing Day** *n* (η) επομένη των Χριστουγέννων

boy /bɔɪ/ *n* (το) αγόρι. **~friend** *n* (ο) φίλος. **~ish** *a* παιδιάστικος

boycott /'bɔɪkɒt/ *vt* μποϊκοτάρω. • *n* (το) μποϊκοτάρισμα

bra /brɑː/ *n* (το) σουτιέν *invar*

brace /breɪs/ *n* (το) στήριγμα. (*dental*) (τα) σιδεράκια. **~s** *npl* (οι) τιράντες. • *vt* στηρίζω. ~ **o.s.** παίρνω τη δύναμη

bracelet /'breɪslɪt/ n (το)
βραχιόλι

bracing /'breɪsɪŋ/ a τονωτικός

bracken /'brækən/ n (η) φτέρη

bracket /'brækɪt/ n (το)
υποστήριγμα. (group) (η)
κατηγορία. (typ) (η)
παρένθεση. • vt βάζω σε
παρένθεση

brag /bræg/ vi (pt **bragged**)
κομπάζω

braid /breɪd/ n (trimming) (το)
κορδόνι. (of hair) (η) πλεξίδα

Braille /breɪl/ n (η) γραφή
«Μπράιλ»

brain /breɪn/ n (το) μυαλό. **~s**
(fig) (ο) εγκέφαλος

brainwash /'breɪnwɒʃ/ vt κάνω
πλύση εγκεφάλου σε

brainwave /'breɪnweɪv/ n (η)
λαμπρή ιδέα

brainy /'breɪnɪ/ a (-ier, -iest)
έξυπνος

braise /breɪz/ vt σιγοψήνω

brake /breɪk/ n (το) φρένο. • vi
φρενάρω

bramble /'bræmbl/ n (ο) βάτος

bran /bræn/ n (το) πίτουρο

branch /brɑːntʃ/ n (το) κλαδί.
(of road) (η) διακλάδωση.
(comm) (το) υποκατάστημα.
• vi **~ off** διακλαδίζομαι. **~
out** επεκτείνομαι

brand /brænd/ n (η) μάρκα. **~
name** n (η) μάρκα, (η) φίρμα.
~-new a ολοκαίνουριος

brandish /'brændɪʃ/ vt
κραδαίνω

brandy /'brændɪ/ n (το) κονιάκ

brash /bræʃ/ a απερίσκεπτος
και αυθάδης

brass /brɑːs/ n (ο) μπρούντζος.
~ band n (η) μπάντα

brat /bræt/ n (pej) (το)
παλιόπαιδο

bravado /brə'vɑːdəʊ/ n (ο)
παλικαρισμός

brave /breɪv/ a γενναίος. • vt
αντιμετωπίζω με θάρρος. **~ry**
/-ərɪ/ n (η) γενναιότητα

bravo /'brɑːvəʊ/ int μπράβο

brawl /brɔːl/ n (ο) καβγάς. • vi
καβγαδίζω

brawn /brɔːn/ n (η) μυϊκή
δύναμη. **~y** a εύρωστος

brazen /'breɪzn/ a ξεδιάντροπος

brazier /'breɪzɪə(r)/ n (το)
μαγκάλι

Brazil /brə'zɪl/ n (η) Βραζιλία

breach /briːtʃ/ n (η)
παραβίαση. (of contract) (η)
αθέτηση σε. (gap) (το) ρήγμα.
• vt ανοίγω ρήγμα

bread /bred/ n (το) ψωμί. **loaf
of ~** (το) καρβέλι

breadcrumbs /'bredkrʌmz/ npl
(τα) ψίχουλα

breadth /bredθ/ n (το) πλάτος

break /breɪk/ vt (pt **broke**, pp
broken) σπάζω. (law)
παραβιάζω. (news) αναγγέλλω.
(journey) διακόπτω. • vi σπάζω.
(news) γίνομαι γνωστός. • n
(το) σπάσιμο. (interval) (το)
διάλειμμα. (rest) (η)
ανάπαυση. (chance: fam)
ευκαιρία. **~ away** απομακρύνω.
~ down (mech) παθαίνω
βλάβη. (person) καταρρέω.
(figures) αναλύω. **~ in** κάνω
διάρρηξη. (horse) δαμάζω. **~-
in** n (η) διάρρηξη. **~ off**
διακόπτω. **~ out** ξεσπώ. (run

away) δραπετεύω. **~ up** *(into pieces)* συντρίβω. *(crowd, marriage)* διαλύω. *(school)* διακόπτω. **~able** *a* εύθραυστος. **~age** *n* (το) σπάσιμο

breakdown /'breɪkdaʊn/ *n* *(mech)* (η) βλάβη. *(med)* κατάπτωση. *(of figures)* (η) ανάλυση

breaker /'breɪkə(r)/ *n* *(wave)* (το) μεγάλο κύμα

breakfast /'brekfəst/ *n* (το) πρόγευμα

breakthrough /'breɪkθru:/ *n* (η) σημαντική ανακάλυψη

breakwater /'breɪkwɔ:tə(r)/ *n* (ο) κυματοθραύστης

breast /brest/ *n* (το) στήθος, (ο) μαστός. *(chest)* (ο) θώρακας. **~-feed** *vt* θηλάζω **~-stroke** *n* (το) πρόσθιο

breath /breθ/ *n* (η) αναπνοή. **be out of ~** λαχανιάζω.

breathe /bri:ð/ *vi* αναπνέω

breather /'bri:ðə(r)/ *n* (η) ανάσα

breathtaking /'breθteɪkɪŋ/ *a* καταπληκτικός

bred /bred/ *see* BREED

breed /bri:d/ *vt* (*pt* **bred**) γεννώ. *(animals)* τρέφω. *(fig)* φέρνω. • *vi* πολλαπλασιάζομαι. • *n* (η) ράτσα. **~ing** *n* (η) αναπαραγωγή. *(manners)* (η) ανατροφή

breeze /bri:z/ *n* (το) αεράκι. **~y** **it's ~** έχει αεράκι

brevity /'brevɪtɪ/ *n* (η) βραχύτητα

brew /bru:/ *vt* *(beer)* παρασκευάζω. *(tea)* βράζω. • *vi*

(fig) προμηνύομαι. **~ery** *n* (η) ζυθοποιία

bribe /braɪb/ *n* (το) δωροδόκημα. • *vt* δωροδοκώ. **~ry** /-ərɪ/ *n* (η) δωροδοκία

brick /brɪk/ *n* (το) τούβλο

bricklayer /'brɪkleɪə(r)/ *n* (ο) κτίστης που κτίζει με τούβλα

bride /braɪd/ *n* (η) νύφη

bridegroom /'braɪdgrʊm/ *n* (ο) γαμπρός

bridesmaid /'braɪdzmeɪd/ *n* (η) παράνυμφος

bridge[1] /brɪdʒ/ *n* (η) γέφυρα. *(of nose)* (η) ράχη. • *vt* **~ a gap** γεφυρώνω ένα χάσμα

bridge[2] /brɪdʒ/ *n* *(cards)* (το) μπριτζ *invar*

bridle /'braɪdl/ *n* (το) χαλινάρι

brief[1] /bri:f/ *a* σύντομος. **~ly** *adv* σύντομα

brief[2] /bri:f/ *n* *(instructions)* (οι) οδηγίες. *(jur)* (η) δικογραφία. • *vt* ενημερώνω. **~ing** *n* (οι) οδηγίες. *(press)* (οι) πληροφορίες

briefcase /'bri:fkeɪs/ *n* (ο) χαρτοφύλακας

briefs /bri:fs/ *npl* (η) κιλότα

brigad|e /brɪ'geɪd/ *n* (η) ταξιαρχία. **~ier** /-ə'dɪə(r)/ *n* (ο) ταξίαρχος

bright /braɪt/ *a* λαμπρός. *(day, room)* φωτεινός. *(clever)* έξυπνος

brighten /'braɪtn/ *vt* φωτίζω. • *vi* **~ (up)** *(weather)* ανοίγω. *(face)* λάμπω

brillian|t /'brɪljənt/ *a* λαμπρός. *(light)* εκτυφλωτικός. **~ce** *n* (η) λάμψη. *(cleverness)* (η) λαμπρότητα

brim /brɪm/ n (η) άκρη. (of glass) (το) χείλος. (of hat) (ο) γύρος, (το) μπορ invar. • vi (pt **brimmed**) ~ **over** ξεχειλίζω

brine /braɪn/ n (η) άρμη

bring /brɪŋ/ vt (pt **brought**) φέρνω. ~ **about** προκαλώ. ~ **back** επαναφέρω. ~ **off** επιτυγχάνω. ~ **out** (take out) βγάζω. (emphasize) τονίζω. (book) εκδίδω. ~ **round** or **to** (unconscious person) συνεφέρνω. ~ **up** (vomit) κάνω εμετό. (children) ανατρέφω. (question) θέτω

brink /brɪŋk/ n (το) χείλος

brisk /brɪsk/ a ζωηρός

bristle /'brɪsl/ n (η) χοντρή τρίχα

Britain /'brɪtən/ n (η) Βρετανία

British /'brɪtɪʃ/ a βρετανικός. **the** ~ οι Βρετανοί

brittle /'brɪtl/ a εύθραυστος

broach /brəʊtʃ/ vt (open) ανοίγω. (question) θίγω

broad /brɔːd/ a πλατύς. ~**-minded** a με ευρείες αντιλήψεις. ~**ly** adv γενικά

broadcast /'brɔːdkɑːst/ n (η) μετάδοση. • vt μεταδίδω. ~**ing** a ραδιοφωνικός. • n (η) εκπομπή

broaden /'brɔːdn/ vt διευρύνω

broccoli /'brɒkəlɪ/ n invar (το) μπρόκολο

brochure /'brəʊʃə(r)/ n (η) μπροσούρα

broke /brəʊk/ see BREAK. a (sl) απένταρος

broken /'brəʊkən/ see BREAK. a ~ **English** n σπασμένα

αγγλικά. ~**-hearted** a απαρηγόρητος

broker /'brəʊkə(r)/ n (ο) μεσίτης, (η) μεσίτις

bronchitis /brɒŋ'kaɪtɪs/ n (η) βρογχίτιδα

bronze /brɒnz/ n (ο) μπρούντζος. • vt/i μαυρίζω

brooch /brəʊtʃ/ n (η) καρφίτσα

brood /bruːd/ n (fam) (η) γέννα. • vi (fig) μελαγχολώ

brook /brʊk/ n (το) ρυάκι

broom /bruːm/ n (η) σκούπα

broomstick /'bruːmstɪk/ n (το) σκουπόξυλο

broth /brɒθ/ n (ο) ζωμός

brothel /'brɒθl/ n (ο) οίκος ανοχής

brother /'brʌðə(r)/ n (ο) αδερφός. ~**-in-law** n (pl ~**s-in-law**) (ο) κουνιάδος

brought /brɔːt/ see BRING

brow /braʊ/ n (το) φρύδι. (of hill) (η) κορυφή

brown /braʊn/ a καστανός. • n (το) καφέ invar. • vt/i μαυρίζω. (culin) ξεροψήνω

Brownie /'braʊnɪ/ n (girl guide) (το) «πουλί»

browse /braʊz/ vi (in a shop) κοιτάζω με άνεση. (read) ξεφυλλίζω. (animal) βόσκω

bruise /bruːz/ n (το) μελάνιασμα. • vt μολωπίζω

brunette /bruː'net/ n (η) καστανομάλλα

brunt /brʌnt/ n **the** ~ **of** (το) κύριο βάρος (with gen.)

brush /brʌʃ/ n (η) βούρτσα. (skirmish) (η) αψιμαχία. • vt βουρτσίζω. ~ **against** περνώ

ξυστά από. ~ **aside**
παραμερίζω. ~ **off** διώχνω

brusque /bruːsk/ a απότομος

Brussels /ˈbrʌslz/ n (οι)
Βρυξέλες. ~ **sprouts** npl (τα)
λαχανάκια Βρυξελών

brutal /ˈbruːtl/ a κτηνώδης.
~**ity** /-ˈtælɪtɪ/ n (η)
κτηνωδία

brute /bruːt/ n (το) κτήνος

BSE n (η) σπογγώδης
εγκεφαλοπάθεια των βοοειδών

bubble /ˈbʌbl/ n (η) φούσκα

buck /bʌk/ n το αρσενικό
πολλών ζώων. • vi (of horse)
αναπηδώ

bucket /ˈbʌkɪt/ n (ο) κουβάς

buckle /ˈbʌkl/ n (η) πόρπη. • vt
(fasten) στερεώνω. • vi (bend)
λυγίζω

bud /bʌd/ n (το) μπουμπούκι

Buddhis|t /ˈbʊdɪst/ n (ο)
βουδιστής. ~**m** /-ɪzəm/ n (ο)
βουδισμός

budge /bʌdʒ/ vt/i κουνώ

budgerigar /ˈbʌdʒərɪɡɑː(r)/ n
(το) παπαγαλάκι

budget /ˈbʌdʒɪt/ n (ο)
προϋπολογισμός. • vi κάνω
προϋπολογισμό

buff /bʌf/ n (colour) n (το)
καστανοκίτρινο

buffalo /ˈbʌfələʊ/ n (pl **-oes** or
-o) (το) βουβάλι

buffer /ˈbʌfə(r)/ n (ο)
προφυλακτήρας

buffet[1] /ˈbʊfeɪ/ n (ο) μπουφές

buffet[2] /ˈbʌfɪt/ vt χτυπώ

bug /bʌg/ n (insect) (ο) κοριός.
(germ: sl) (το) μικρόβιο.
(device: sl) (ο) κοριός (για

υποκλοπή συνομιλιών). (defect:
sl) (το) σφάλμα

bugle /ˈbjuːgl/ n (η) σάλπιγγα

build /bɪld/ vt/i (pt built) κτίζω.
• n (of person) (η)
κορμοστασιά. ~ **up**
δημιουργώ. ~**-up** n (of gas
etc.) (η) συγκέντρωση. (fig) (η)
διαφημιστική εκστρατεία.
~**er** n (ο) κτίστης

building /ˈbɪldɪŋ/ n (το) κτίριο.
~ **society** n (ο) οργανισμός
στεγαστικών δανείων

built /bɪlt/ see BUILD. ~**-in**
a εντοιχισμένος. ~**-up area**
n (η) οικοδομημένη
περιοχή

bulb /bʌlb/ n (ο) βολβός.
(electr) (ο) λαμπτήρας

Bulgaria /bʌlˈɡeərɪə/ n (η)
Βουλγαρία

bulge /bʌldʒ/ n (το) φούσκωμα.
• vi φουσκώνω. (jut out)
προεξέχω

bulk /bʌlk/ n (ο) όγκος. **the ~
of** το μεγαλύτερο μέρος

bull /bʊl/ n (ο) ταύρος. ~'**s-
eye** n (η) διάνα

bulldozer /ˈbʊldəʊzə(r)/ n (η)
μπουλντόζα

bullet /ˈbʊlɪt/ n (η) σφαίρα

bulletin /ˈbʊlətɪn/ n (το)
δελτίο

bullfight /ˈbʊlfaɪt/ n (η)
ταυρομαχία

bullion /ˈbʊljən/ n (ο) χρυσός
σε ράβδους

bully /ˈbʊlɪ/ vt εξαναγκάζω (με
βία και απειλές)

bum[1] /bʌm/ n (sl) (ο) πισινός

bum[2] /bʌm/ n (Amer, sl) (ο)
αλήτης

bump /bʌmp/ vt/i χτυπώ. • n (το) εξόγκωμα. (swelling) (το) πρήξιμο. ~ **into** vt (hit) χτυπώ. (meet) συναντώ τυχαία. ~y a (road) ανώμαλος

bumper /'bʌmpə(r)/ n (car) (ο) προφυλακτήρας. • a πλούσιος

bun /bʌn/ n (το) γλυκό ψωμάκι. (hair) (ο) κότσος

bunch /bʌntʃ/ n (of flowers) (το) μπουκέτο. (of keys) (ο) ορμαθός. (of people) (η) ομάδα. (of grapes) (η) τσαμπί. (of bananas) (το) κλαδί

bundle /'bʌndl/ n (το) δέμα. • vt μαζεύω

bung /bʌŋ/ n (το) πώμα. • vt βουλώνω. (sl) ρίχνω

bungalow /'bʌŋɡələʊ/ n (το) μπανγκαλόου invar

bungle /'bʌŋɡl/ vt κάνω με αδεξιότητα

bunion /'bʌnjən/ n (ο) κάλος

bunk /bʌŋk/ n (η) κουκέτα

bunker /'bʌŋkə(r)/ n (η) καρβουναποθήκη. (mil) (το) καταφύγιο

bunny /'bʌnɪ/ n (το) κουνελάκι

buoy /bɔɪ/ n (η) σημαδούρα

buoyant /'bɔɪənt/ a ελαφρός. (fig) ζωηρός

burden /'bɜːdn/ n (το) βάρος. • vt επιβαρύνω

bureau /'bjʊərəʊ/ n (office) (το) γραφείο

bureaucracy /bjʊə'rɒkrəsɪ/ n (η) γραφειοκρατία

bureaucrat /'bjʊərəkræt/ n (ο) γραφειοκράτης

burglar /'bɜːɡlə(r)/ n (ο) διαρρήκτης. ~ **alarm** n (ο)

αντικλεπτικός συναγερμός. ~**ize** vt (Amer) κάνω διάρρηξη. ~ n (η) διάρρηξη

burgle /'bɜːɡl/ vt κάνω διάρρηξη

burial /'berɪəl/ n (η) ταφή

burly /'bɜːlɪ/ a (-ier, -iest) εύσωμος

burn /bɜːn/ vt/i (pt **burned** or **burnt**) καίω. • n (το) κάψιμο

burnt /bɜːnt/ see BURN

burp /bɜːp/ n (fam) (το) ρέψιμο vi (fam) ρεύομαι

burrow /'bʌrəʊ/ n (η) υπόγεια τρύπα. • vi σκάβω κάτω από τη γη

bursar /'bɜːsə(r)/ n (ο, η) οικονόμος

burst /bɜːst/ vt/i σκάζω. • n (surge) (το) ξέσπασμα. (mil) (η) έκρηξη. ~ **into tears** ξεσπώ στα κλάματα

bury /'berɪ/ vt θάβω. (hide) κρύβω

bus /bʌs/ n (το) λεωφορείο. • vt μεταφέρω με λεωφορείο. ~ **lane** n (η) λεωφορειολωρίδα. ~ **station** n (ο) σταθμός λεωφορείων. ~**-stop** n (η) στάση (λεωφορείου)

bush /bʊʃ/ n (ο) θάμνος. (land) ακατοίκητες περιοχές της Αφρικής/Αυστραλίας

business /'bɪznɪs/ n (η) δουλειά. (comm) (η) επιχείρηση. (fig) (η) ασχολία. ~ **man/woman** (ο, η) επιχειρηματίας

busker /'bʌskə(r)/ n (ο) τραγουδιστής του δρόμου

bust¹ /bʌst/ n (sculpture) (η) προτομή. (chest) (το) στήθος

bust² /bʌst/ vt/i (pt **busted** or **bust**) (break: fam) σπάζω.

bustle /'bʌsl/ vi πηγαινοέρχομαι βιαστικά. • n (η) κίνηση

bus|y /'bɪzɪ/ a (-ier, -iest) απασχολημένος. (street) γεμάτος κίνηση. (day) πολυάσχολος. • vt ~ **o.s. with** απασχολούμαι με

but /bʌt/ conj αλλά. • prep εκτός από. • adv μόνο. ~ **for** χωρίς. **last** ~ **one** (ο) προτελευταίος

butcher /'bʊtʃə(r)/ n (ο) κρεοπώλης. ~**'s (shop)** n (το) κρεοπωλείο

butler /'bʌtlə(r)/ n (ο) αρχιυπηρέτης

butt /bʌt/ n (of gun) (ο) υποκόπανος. (of cigarette) (το) αποτσίγαρο. (target) (ο) στόχος. • vi ~ **in** διακόπτω

butter /'bʌtə(r)/ n (το) βούτυρο. • vt βουτυρώνω

buttercup /'bʌtəkʌp/ n (η) νεραγκούλα

butterfly /'bʌtəflaɪ/ n (η) πεταλούδα

buttock /'bʌtək/ n (ο) γλουτός

button /'bʌtn/ n (το) κουμπί. • vt/i κουμπώνω/ομαι

buttonhole /'bʌtnhəʊl/ n (η) κουμπότρυπα. • vt (fig) στριμώχνω

buttress /'bʌtrɪs/ n (το) στήριγμα

buy /baɪ/ vt (pt **bought**) αγοράζω (**from**, από). • n (η) αγορά. ~**er** n (ο) αγοραστής

buzz /bʌz/ vi βουίζω. • n (το) βούμβος. ~**er** n (ο) βομβητής

buzzword /'bʌzwɜːd/ n (η) λέξη του συρμού

by /baɪ/ prep (near) κοντά σε. (time) έως. (measure, weight) με. ~ **and large** κυρίως. ~ **car** με αυτοκίνητο. ~**-election** n (η) επαναληπτική εκλογή. ~**-law** n (ο) νόμος τοπικής αρχής. ~ **oneself** μόνος. ~**-product** n (το) υποπροϊόν. **five metres** ~ **three metres** πέντε μέτρα επί τρία μέτρα. **one** ~ **one** ένας ένας. **put** ~ βάζω στην άκρη

bye(-bye) /'baɪ(baɪ)/ int (fam) αντίο

bygone /'baɪgɒn/ a περασμένος

bypass /'baɪpɑːs/ n (ο) παρακαμπτήριος. • vt παρακάμπτω

bystander /'baɪstændə(r)/ n (ο) θεατής

Cc

cab /kæb/ n (taxi) (το) ταξί. (of lorry, train) (ο) θάλαμος οδηγήσεως

cabaret /'kæbəreɪ/ n (το) καμπαρέ

cabbage /'kæbɪdʒ/ n (το) λάχανο

cabin /'kæbɪn/ n (η) καμπίνα

cabinet /'kæbɪnɪt/ n (το) ντουλάπι. **C~** (pol) (το) υπουργικό συμβούλιο

cable /'keɪbl/ n (το) καλώδιο. (telec) (το) τηλεγράφημα. • vt τηλεγραφώ. ~**-car**, ~**-railway** n (το) τελεφερίκ

cackle /'kækl/ n (το) κακάρισμα. • vi κακαρίζω

cactus /'kæktəs/ n (ο) κάκτος

cadet /kə'det/ n (ο) δόκιμος

cadge /kædʒ/ vt/i διακονεύω

Caesarean /sɪ'zeərɪən/ a καισαρικός. ~ **section** (η) καισαρική τομή

café /'kæfeɪ/ n (η) καφετερία

cafeteria /kæfɪ'tɪərɪə/ n (η) καφετερία

caffeine /'kæfi:n/ n (η) καφεΐνη

cage /keɪdʒ/ n (το) κλουβί. • vt εγκλωβίζω

cajole /kə'dʒəʊl/ vt πείθω με κολακείες

cake /keɪk/ n (το) κέικ invar

calamity /kə'læmətɪ/ n (η) συμφορά

calcium /'kælsɪəm/ n (το) ασβέστιο

calculat|e /'kælkjʊleɪt/ vt υπολογίζω. (Amer) λογαριάζω. **~ed** a εσκεμμένος. **~ing** a συμφεροντολόγος. **~ion** /-'leɪʃn/ n (ο) υπολογισμός. **~or** n (ο) υπολογιστής

calculus /'kælkjʊləs/ n (ο) λογισμός

calendar /'kælɪndə(r)/ n (το) ημερολόγιο

calf¹ /ka:f/ n (το) μοσχάρι

calf² /ka:f/ n (of leg) (η) κνήμη

calibre /'kælɪbə(r)/ n ικανότητα. (of gun) (το) διαμέτρημα

call /kɔ:l/ vt/i φωνάζω. • n (shout) (η) κραυγή. (phone) (η) κλήση. (visit) (η) επίσκεψη. **be ~ed** (named) ονομάζομαι. **~centre** n (το) κέντρο

τηλεφωνικής βοήθειας. **~-box** n (ο) τηλεφωνικός θάλαμος. **~ for** απαιτώ. (fetch) ζητώ. **~ off** ματαιώνω. **~ on** (appeal to) καλώ. (visit) επισκέπτομαι. **~ up** (mil) επιστρατεύω. (phone) τηλεφωνώ. **~er** n (ο) επισκέπτης. (phone) (ο) συνομιλητής

callous /'kæləs/ a αναίσθητος

calm /ka:m/ a ήρεμος. • n (η) ηρεμία. • vt/i **~ (down)** ηρεμώ. **~ly** adv ήρεμα

calorie /'kælərɪ/ n (η) θερμίδα

camcorder /'kæmkɔ:də(r)/ n (η) βιντεοκάμερα

came /keɪm/ see COME

camel /'kæml/ n (η) καμήλα

cameo /'kæmɪəʊ/ n (η) καμέα

camera /'kæmərə/ n (η) φωτογραφική μηχανή. (TV) (η) τηλεοπτική κάμερα, (ο) εικονολήπτης. **~man** n (ο) οπερατέρ invar

camouflage /'kæməfla:ʒ/ n (το) καμουφλάζ invar. • vt καμουφλάρω

camp /kæmp/ n (η) κατασκήνωση. (mil) (ο) στρατόπεδο. • vi κατασκηνώνω. **~-bed** n (το) κρεβάτι εκστρατείας. **~er** n (ο) κατασκηνωτής **~ing** n κατασκήνωση

campaign /kæm'peɪn/ n (η) εκστρατεία. • vi εκστρατεύω

campsite /'kæmpsaɪt/ n (ο) χώρος κατασκηνώσεως

campus /'kæmpəs/ n (η) πανεπιστημιούπολη

can¹ /kæn/ n (το) μεταλλικό
κουτί. • vt (pt **canned**)
κονσερβοποιώ. **~-opener** n
(το) ανοιχτήρι (κονσέβας).

can² /kæn/ v aux (pt **could**)
μπορώ. **~not, can't** (neg) δεν
μπορώ

Canad|a /ˈkænədə/ n (ο)
Καναδάς. **~ian** /kəˈneɪdɪən/ a
καναδικός. • n (ο) Καναδός,
(η) Καναδέζα

canal /kəˈnæl/ n (η) διώρυγα

canary /kəˈneərɪ/ n (το)
καναρίνι

cancel /ˈkænsl/ vt/i (pt
cancelled) (call off)
ματαιώνω. (annul) ακυρώνω.
~lation /-ˈleɪʃn n (η) ακύρωση

cancer /ˈkænsə(r)/ n (ο)
καρκίνος. **C~** (astr) (ο)
Καρκίνος

candid /ˈkændɪd/ a ειλικρινής

candidate /ˈkændɪdeɪt/ n (ο)
υποψήφιος

candle /ˈkændl/ n (το) κερί

candlelight /ˈkændllaɪt/ n (το)
φως κεριών

candlestick /ˈkændlstɪk/ n (το)
κηροπήγιο

candour /ˈkændə(r)/ n (η)
ειλικρίνεια

candy /ˈkændɪ/ n (Amer) (η)
καραμέλα. **~-floss** n (το)
μαλλί της γριάς

cane /keɪn/ n (for baskets) (το)
καλάμι. (stick) (το) μπαστούνι.
• vt (strike) δέρνω με βέργα

canine /ˈkeɪnaɪn/ a σκυλίσιος

canister /ˈkænɪstə(r)/ n (το)
μεταλλικό κουτί

cannabis /ˈkænəbɪs/ n (η)
κάνναβις

cannibal /ˈkænɪbl/ n (ο)
ανθρωποφάγος, (ο) κανίβαλος

cannon /ˈkænən/ n invar (το)
κανόνι. **~-ball** n (η) μπάλα
κανονιού

cannot /ˈkænət/ see CAN

canny /ˈkænɪ/ a καπάτσος

canoe /kəˈnuː/ n (το) κανό

canon /ˈkænən/ n (rule) (ο)
κανόνας. (person) (ο)
εφημέριος

canopy /ˈkænəpɪ/ n (ο) θόλος

cant /kænt/ n (η)
επαγγελματική ορολογία

can't /kɑːnt/ see CAN

cantankerous /kænˈtæŋkərəs/
a εριστικός

canteen /kænˈtiːn/ n (η)
καντίνα. (for cutlery) (η) θήκη

canter /ˈkæntə(r)/ n ελαφρός
καλπασμός. • vi καλπάζω
ελαφρά

canvas /ˈkænvəs/ n (ο) καμβάς

canvass /ˈkænvəs/ vi
ψηφοθηρώ

canyon /ˈkænjən/ n (το)
φαράγγι

cap /kæp/ n (hat) (ο) σκούφος.
(of pen) (το) καπάκι. (of bottle,
tube) (το) πώμα. • vt (pt
capped) σκεπάζω. (outdo)
ξεπερνώ

capab|le /ˈkeɪpəbl/ a ικανός.
be ~le of είμαι ικανός να.
~ility /-ˈbɪlətɪ/ n (η) ικανότητα

capacity /kəˈpæsətɪ/ n (ability)
(η) ικανότητα. (function) (η)
ιδιότητα. (volume) (η)
χωρητικότητα

cape¹ /keɪp/ n (cloak) (η) κάπα

cape² /keɪp/ n (geog) (το)
ακρωτήρι

capital /'kæpɪtl/ a
κεφαλαιώδης. • n (town) (η)
πρωτεύουσα. (money) (το)
κεφάλαιο. ~ **letter** (το)
κεφαλαίο γράμμα. ~
punishment (η) θανατική
ποινή

capitalis|t /'kæpɪtlɪst/ a
καπιταλιστικός. • n (ο)
καπιταλιστής ~**m** /-zəm/ n (ο)
καπιταλισμός, (η)
κεφαλαιοκρατία

capitulat|e /kə'pɪtʃuleɪt/ vi
συνθηκολογώ. ~**ion** /-'leɪʃn/ n
(η) συνθηκολόγηση

capricious /kə'prɪʃəs/ a
καπριτσιόζος, ιδιότροπος

Capricorn /'kæprɪkɔːn/ n (ο)
Αιγόκερος

capsize /kæp'saɪz/ vt/i
ανατρέπω/ομαι

capsule /'kæpsjuːl/ n (η)
κάψουλα

captain /'kæptɪn/ n (ο)
πλοίαρχος. • vt ηγούμαι

caption /'kæpʃn/ n (η) λεζάντα.
(heading) (ο) τίτλος

captivate /'kæptɪveɪt/ vt
αιχμαλωτίζω (γοητεύω)

captiv|e /'kæptɪv/ a
αιχμάλωτος. • n (ο)
αιχμάλωτος. ~**ity** /-'tɪvətɪ/ n
(η) αιχμαλωσία

capture /'kæptʃə(r)/ vt
συλλαμβάνω. (attention)
προσελκύω. • n (η) σύλληψη

car /kɑː(r)/ n (το) αυτοκίνητο.
~ **park** n (ο) χώρος
σταθμεύσεως

carafe /kə'ræf/ n (η) καράφα

caramel /'kærəmel/ n (η)
καραμέλα

carat /'kærət/ n (το) καράτι

caravan /'kærəvæn/ n (το)
τροχόσπιτο

carbohydrate /kɑːbəʊ'haɪdreɪt/
n (ο) υδατάνθρακας

carbon /'kɑːbən/ n (ο)
άνθρακας. (paper) (το)
καρμπόν invar. ~ **dioxide** n
(το) διοξείδιο του άνθρακα

carburettor /kɑːbjʊ'retə(r)/ n
(το) καρμπιρατέρ

carcass /'kɑːkəs/ n (το)
ψοφίμι, (το) κουφάρι

card /kɑːd/ n (invitation,
greeting) (η) κάρτα. (game) (το)
χαρτί. (membership) (το) δελτίο

cardboard /'kɑːdbɔːd/ n (το)
χαρτόνι

cardiac /'kɑːdɪæk/ a καρδιακός

cardigan /'kɑːdɪgən/ n (η)
πλεκτή ζακέτα

cardinal /'kɑːdɪnəl/ a κύριος n
(ο) καρδινάλιος

care /keə(r)/ n (η) φροντίδα.
(worry) (η) ανησυχία.
(protection) (η) προσοχή. • vi
~ **about** (be concerned) με
νοιάζει. (love) αγαπώ. ~ **for**
(look after) φροντίζω. (like)
μου αρέσει. ~ **of** φροντίζω. **I
don't** ~ δε με νοιάζει. **take**
~ **of** προσέχω

career /kə'rɪə(r)/ n (η) καριέρα

carefree /'keəfriː/ a ξένοιαστος

careful /'keəfʊl/ a
προσεκτικός. ~**ly** adv
προσεκτικά

careless /'keəlɪs/ a
απερίσκεπτος. (not careful)
απρόσεκτος. (not worried)
ξένοιαστος. ~**ly** adv
απρόσεκτα, με ξενοιασιά

caress /kə'res/ n (το) χάδι. • vt χαϊδεύω

caretaker /'keəteikə(r)/ n (of building) (ο) θυρωρός

cargo /'ka:gəʊ/ n (το) φορτίο

caricature /'kærikətʃʊə(r)/ n (η) καρικατούρα

carnation /ka:'neiʃn/ n (το) γαρίφαλο

carnival /'ka:nivl/ n (το) καρναβάλι

carol /'kærəl/ n Christmas ~s τα κάλαντα

carp /ka:p/ n invar (fish) ((ο) κυπρίνος. • vi ~ (at) γκρινιάζω

carpent|er /'ka:pintə(r)/ n (ο) μαραγκός. ~ry n (η) ξυλουργική

carpet /'ka:pit/ n (το) χαλί. • vt σκεπάζω με χαλί. fitted ~ (η) μοκέτα

carriage /'kæridʒ/ n (rail.) (το) βαγόνι. (horse-drawn) (η) άμαξα. (of goods) (η) μεταφορά. (cost) (τα) μεταφορικά. (bearing) (το) παράστημα

carriageway /'kæridʒwei/ n λωρίδα κυκλοφορίας (σε δρόμο)

carrier /'kæriə(r)/ n (comm) (ο) μεταφορέας. (med) (ο) φορέας. ~ bag n (η) σακούλα

carrot /'kærət/ n (το) καρότο

carry /'kæri/ vt/i (goods) μεταφέρω. (sound) φθάνω. (math) κρατώ. (involve) φέρνω. ~cot n (το) πορτμπεμπέ invar. ~ on συνεχίζω. ~ out εκτελώ. (duty) εκπληρώ. (investigation) διεξάγω. get carried away (fig) το παρακάνω

cart /ka:t/ n (το) κάρο

cartilage /'ka:tilidʒ/ n (ο) χόνδρος

carton /'ka:tən/ n (το) κουτί. (for drinks) (το) χάρτινο κουτί. (of yoghurt) (το) κεσεδάκι. (of cigarettes) (η) κούτα

cartoon /ka:'tu:n/ n (η) γελοιογραφία. (cinema) (τα) κινούμενα σχέδια. ~ist (ο) γελοιογράφος

cartridge /'ka:tridʒ/ n (το) φυσίγγι

carv|e /ka:v/ vt (stone, wood) σκαλίζω. (meat) κόβω. ~ing n (το) σκαλιστό

cascade /kæs'keid/ n (ο) καταρράκτης

case /keis/ n (η) περίπτωση. (jur) (η) υπόθεση. (crate) (το) κιβώτιο. (box) (η) θήκη. (suitcase) (η) βαλίτσα. in ~ it rains σε περίπτωση που θα βρέξει

cash /kæʃ/ n (τα) μετρητά. • vt εξαργυρώνω. vi ~ in on sth επωφελούμαι από κτ. ~ desk n (το) ταμείο. ~ dispenser, ~ point ns (το) αυτόματο μηχάνημα αναλύψεως χρημάτων

cashier /kæ'ʃiə(r)/ n (ο) ταμίας

casino /kə'si:nəʊ/ n (το) καζίνο

cask /ka:sk/ n (το) βαρέλι

casket /'ka:skit/ n (η) κασετίνα

casserole /'kæsərəʊl/ n (η) κατσαρόλα. (stew) (το) ραγού

cassette /kə'set/ n (η) κασέτα ~ player n (το) κασετόφωνο. ~ recorder n το μαγνητόφωνο

cast /ka:st/ vt ρίχνω. (metal) χύνω. (vote) δίνω. • n (theatr) (οι) ηθοποιοί. (*mould*) (το) καλούπι. (*med*) (ο) γύψινος επίδεσμος. **~ aside** παραμερίζω. **~ iron** n (ο) χυτοσίδηρος

castaway /'ka:stəweɪ/ n (ο, η) ναυαγός

caste /ka:st/ n (η) κάστα

castle /'ka:sl/ n (το) κάστρο. (*chess*) (ο) πύργος

castor /'ka:stə(r)/ n (το) ροδάκι **~ sugar** n (η) ζάχαρη ψιλή

castrate /kæ'streɪt/ vt ευνουχίζω

casual /'kæʒʊəl/ a τυχαίος. (*work*) έκτακτος. (*attitude*) αδιάφορος. **~ clothes** (τα) ρούχα σπορ. **~ly** adv αδιάφορα

casualty /'kæʒʊəltɪ/ n (το) ατύχημα. (*wounded person*) (το) θύμα

cat /kæt/ n (η) γάτα

catalogue /'kætəlɒg/ n (ο) κατάλογος. • vt καταγράφω

catalyst /'kætəlɪst/ n (ο) καταλύτης

catapult /'kætəpʌlt/ n (ο) καταπέλτης. (*child's*) (η) σφενδόνη

cataract /'kætərækt/ n (ο) καταρράκτης

catarrh /kə'ta:(r)/ n (ο) κατάρρους

catastrophe /kə'tæstrəfɪ/ n (η) καταστροφή

catch /kætʃ/ vt (pt caught) πιάνω. (*grab*) αρπάζω. (*train, bus*) παίρνω. • vi (*get stuck*) πιάνομαι. • n (*of fish*) (η) ψαριά. (*on door, window*) (το) μάνταλο. (*trap, difficulty*) (η) παγίδα. **~ a cold** κρυολογώ. **~ sight of** βλέπω. **~ up** φτάνω. **~ up with** προφταίνω

catching /'kætʃɪn/ a κολλητικός

catchword /'kætʃwɜ:d/ n (το) σύνθημα

catechism /'kætɪkɪzəm/ n (η) κατήχηση

categorical /kætɪ'gɒrɪkl/ a κατηγορηματικός

category /'kætɪgərɪ/ n (η) κατηγορία

cater /'keɪtə(r)/ vi **~ for** τροφοδοτώ. (*needs*) φροντίζω. **~er** n (ο) τροφοδότης

caterpillar /'kætəpɪlə(r)/ n (η) κάμπια

cathedral /kə'θi:drəl/ n (ο) καθεδρικός ναός

catholic /'kæθəlɪk/ a & n καθολικός. **C~ism** /kə'θɒlɪsɪzəm/ n (ο) καθολικισμός

cattle /'kætl/ npl (τα) βοοειδή

caught /kɔ:t/ see CATCH

cauldron /'kɔ:ldrən/ n (το) καζάνι

cauliflower /'kɒlɪflaʊə(r)/ n (το) κουνουπίδι

cause /kɔ:z/ n (η) αιτία. • vt προκαλώ

causeway /'kɔ:zweɪ/ n (ο) υπερυψωμένος δρόμος

caustic /'kɔ:stɪk/ a καυστικός

caution /'kɔ:ʃn/ n (η) επιφυλακτικότητα. (*warning*) (η) προειδοποίηση. • vt προειδοποιώ. **~ous** a επιφυλακτικός, προσεκτικός. **~ously** adv προσεκτικά

cavalry /'kævəlrɪ/ n (το) ιππικό

cave /keɪv/ n (η) σπηλιά. • vi ~ **in** καταρρέω

cavern /'kævən/ n (η) σπηλιά

caviare /'kævɪɑ:(r)/ n (το) χαβιάρι

cavity /'kævətɪ/ n (η) κοιλότητα

cavort /kə'vɔ:t/ vi χοροπηδώ

CD abbr CD. ~ **player** n (η) συσκευή CD

cease /si:s/ vt/i παύω. **~-fire** n (η) κατάπαυση πυρός. **~less** a ακατάπαυστος

cedar /'si:də(r)/ n (το) κέδρο

ceiling /'si:lɪŋ/ n (το) ταβάνι

celebrat|e /'selɪbreɪt/ vt τελώ. • vi γιορτάζω. **~ion** /-'breɪʃn/ n (ο) εορτασμός

celebrity /sɪ'lebrətɪ/ n (η) διασημότητα

celery /'selərɪ/ n (το) σέλινο

celestial /sɪ'lestjəl/ a ουράνιος

celibate /'selɪbət/ a άγαμος

cell /sel/ n (in prison) (το) κελί. (biol) (το) κύτταρο. (electr) (το) στοιχείο. ~ **phone** n (το) κινητό τηλέφωνο

cellar /'selə(r)/ n (το) κελάρι. (for wine) (η) κάβα

cello /'tʃeləʊ/ n (το) βιολοντσέλο

Cellophane /'seləfeɪn/ n (P) (το) σελοφάν invar

cement /sɪ'ment/ n (το) τσιμέντο. • vt τσιμεντάρω

cemetery /'semətrɪ/ n (το) νεκροταφείο

censor /'sensə(r)/ n (ο) λογοκριτής **~ship** n (η) λογοκρισία

censure /'senʃə(r)/ n (η) επίκριση. • vt επικρίνω

census /'sensəs/ n (η) απογραφή (πληθυσμού)

cent /sent/ n (of dollar, Cyprus pound) (το) σεντ invar, (of euro) (το) λεπτό

centenary /sen'ti:nərɪ/ n (η) εκατονταετηρίδα

centigrade /'sentɪgreɪd/ a Κελσίου

centimetre /'sentɪmi:tə(r)/ n (το) εκατοστό (του μέτρου)

centipede /'sentɪpi:d/ n (η) σαρανταποδαρούσα

central /sentrəl/ a κεντρικός. ~ **heating** (το) καλοριφέρ invar. **~ize** vt συγκεντρώνω

centre /'sentə(r)/ n (το) κέντρο. • vt συγκεντρώνω

century /'sentʃərɪ/ n (ο) αιώνας

ceramic /sɪ'ræmɪk/ a κεραμικός

cereal /'sɪərɪəl/ n (τα) δημητριακά. (breakfast food) (τα) κορνφλέικς invar

ceremony /'serɪmənɪ/ n (η) τελετή

certain /'sɜ:tn/ a βέβαιος. **make ~ of** βεβαιώνομαι. **~ly** adv βέβαια. **~ty** n (η) βεβαιότητα

certificate /sə'tɪfɪkət/ n (το) πιστοποιητικό

certify /'sɜ:tɪfaɪ/ vt πιστοποιώ

chafe /tʃeɪf/ vt ερεθίζω. (rub) τρίβω. • vi συγκαίομαι

chaffinch /'tʃæfɪntʃ/ n (η) φριγκίλη

chain /tʃeɪn/ n (η) αλυσίδα. • vt αλυσώδες. ~ **reaction** n (η) αλυσιδωτή αντίδραση. **~-smoker** n (το) φουγάρο. ~ **store** n (η) αλυσίδα μαγαζιών

chair /tʃeə(r)/ n (η) καρέκλα.
(univ) (η) έδρα vt προεδρεύω

chairman /'tʃeəmən/ n (ο)
πρόεδρος

chalet /'ʃæleɪ/ n (το) σαλέ
invar

chalk /tʃɔːk/ n (η) κιμωλία

challeng|e /'tʃælɪndʒ/ n (η)
πρόκληση. (mil) (η) κλήση
σκοπού. • vt προκαλώ.
(question) αμφισβητώ. **~ing** a
προκλητικός

chamber /'tʃeɪmbə(r)/ n (το)
δωμάτιο. **~ music** n (η)
μουσική δωματίου

chambermaid /'tʃeɪmbəmeɪd/ n
(η) καμαριέρα

chamois /'ʃæmɪ/ n ~ (leather)
(το) σαμουά invar

champagne /ʃæm'peɪn/ n (η)
σαμπάνια

champion /'tʃæmpɪən/ n (ο)
πρωταθλητής, (η)
πρωταθλήτρια. • vt
υποστηρίζω. **~ship** n (το)
πρωτάθλημα

chance /tʃɑːns/ n (η) τύχη.
(likelihood) (η) πιθανότητα.
(opportunity) (η) ευκαιρία.
(risk) (ο) κίνδυνος. • vt (risk)
διακινδυνεύω. • a τυχαίος. **by**
~ κατά τύχη

chancellor /'tʃɑːnsələ(r)/ n (ο)
καγκελάριος. **C~ of the**
Exchequer (ο) Υπουργός
Οικονομικών

chandelier /ʃændə'lɪə(r)/ n (ο)
πολυέλαιος

change /tʃeɪndʒ/ vt αλλάζω.
(substitute) αντικαθιστώ.
(exchange) ανταλλάσσω.
(money) χαλώ. • vi αλλάζω.

(η) αλλαγή. (money) (τα)
ρέστα. (small coins) (τα) ψιλά.
~over n (η) αλλαγή. **~able** a
a άστατος. (weather)
ευμετάβλητος

channel /'tʃænl/ n (ο) πορθμός.
(TV) (το) κανάλι. (fig) (η)
οδός. • vt (groove) ανοίγω
αυλάκι σε. (direct) διοχετεύω.
the (English) C~ (η)
Θάλασσα της Μάγχης

chant /tʃɑːnt/ n (η) ψαλμωδία.
• vt/i ψάλλω

chao|s /'keɪɒs/ n (το) χάος.
~tic /-'ɒtɪk/ a χαώδης

chap /tʃæp/ n (fam) (ο) τύπος

chapel /'tʃæpl/ n (το)
παρεκκλήσι

chaperon /'ʃæpərəʊn/ n (η)
συνοδός. • vt συνοδεύω

chaplain /'tʃæplɪn/ n (ο)
εφημέριος

chapter /'tʃæptə(r)/ n (το)
κεφάλαιο

char /tʃɑː(r)/ vt μισοκαίω

character /'kærəktə(r)/ n (ο)
χαρακτήρας. **~ize** vt
χαρακτηρίζω

characteristic /kærəktə'rɪstɪk/
a χαρακτηριστικός. n (το)
χαρακτηριστικό

charade /ʃə'rɑːd/ n (fig) (η)
διακωμώδηση

charcoal /'tʃɑːkəʊl/ n (το)
ξυλοκάρβουνο

charge /tʃɑːdʒ/ n (η) τιμή.
(electr) (η) φόρτιση. (mil) (η)
έφοδος. (jur) (η) κατηγορία.
(task, custody) (η) ευθύνη. • vi
(mil) επιτίθεμαι. • vt (electr)
φορτίζω. (mil) επιτίθεμαι σε.
(jur) κατηγορώ. (entrust)

αναθέτω. **in ~ of** υπεύθυνος για. **take ~ of** αναλαμβάνω

chariot /'tʃærɪət/ n (το) άρμα

charis|ma /kə'rɪzmə/ n (το) χάρισμα. **~matic** /-'mætɪk/ a χαρισματικός

charit|y /'tʃærətɪ/ n (η) φιλανθρωπία. (society) (η) φιλανθρωπικός οργανισμός. **~able** a φιλάνθρωπος

charm /tʃɑ:m/ n (η) γοητεία. (on bracelet) (το) μπρελόκ invar. • vt γοητεύω. **~ing** a γοητευτικός

chart /tʃɑ:t/ n (ο) χάρτης. (table) (ο) πίνακας

charter /'tʃɑ:tə(r)/ n ~ **(flight)** (η) ναυλωμένη πτήση vt ναυλώνω. **~ed accountant** (ο) ορκωτός λογιστής

chase /tʃeɪs/ vt/i κυνηγώ. • n (το) κυνηγητό

chassis /'ʃæsɪ/ n (το) σασί

chastise /tʃæs'taɪz/ vt τιμωρώ

chastity /'tʃæstətɪ/ n (η) αγνότητα

chat /tʃæt/ n (η) κουβέντα. • vi (pt **chatted**) κουβεντιάζω

chatter /'tʃætə(r)/ n (η) φλυαρία. • vi φλυαρώ. **his teeth are ~ing** χτυπούν τα δόντια του. **~box** /'tʃætəbɒks/ n (ο) φλύαρος

chauffeur /'ʃəʊfə(r)/ n (ο) σοφέρ

chauvinis|t /'ʃəʊvɪnɪst/ n (ο) σοβινιστής. **~m** /-zəm/ n (ο) σοβινισμός

cheap /tʃiːp/ a φτηνός. (rate) χαμηλός. (poor quality) κακής ποιότητας. **~(ly)** adv φτηνά

cheapen /'tʃiːpən/ vt φτηναίνω. (fig) υποτιμώ

cheat /tʃiːt/ vt εξαπατώ. • vi (at cards) κλέβω. • n (ο) απατεώνας

check[1] /tʃek/ vt ελέγχω. (curb) περιορίζω. (tick: Amer) τσεκάρω. • n (ο) έλεγχος. (curb) (ο) περιορισμός. (bill: Amer) (ο) λογαριασμός. (cheque: Amer) (η) επιταγή. **~!** (chess) ρουά! • vi (luggage) ελέγχω τις αποσκευές. (at hotel) υπογράφω κατά την άφιξη. **~ up** ελέγχω. **~-up** n (η) γενική εξέταση

check[2] /tʃek/ n (το) ύφασμα καρό. • a καρό invar

checkmate /'tʃekmeɪt/ n (το) ματ. • vt κάνω ματ

checkout /'tʃekaʊt/ n (το) ταμείο

cheek /tʃiːk/ n (το) μάγουλο. (fig) (η) αναίδεια. **~-bone** n (το) μήλο. **~y** a αναιδής

cheer /tʃɪə(r)/ n (το) κέφι. (applause) (το) χειροκρότημα. • vt (comfort) ενθαρρύνω. (applaud) επευφημώ. **~ up** vt δίνω κουράγιο. vi κάνω κέφι **~ up!** μη στενοχωριέσαι!. **~ful** a κεφάτος

cheese /tʃiːz/ n (το) τυρί

cheetah /'tʃiːtə/ n (ο) κυναίλουρος

chef /ʃef/ n (ο) σεφ invar

chemical /'kemɪkl/ a χημικός. • n (η) χημική ουσία

chemist /'kemɪst/ n (pharmacist) (ο) φαρμακοποιός. (scientist) (ο) χημικός. **~'s (shop)** n (το) φαρμακείο. **~ry** n (η) χημεία

cheque /tʃek/ n (η) επιταγή.
~-book n (το) καρνέ
(επιταγών). **~ card** n (η)
τραπεζική κάρτα

cherish /'tʃerɪʃ/ vt (love)
λατρεύω. (hope) τρέφω

cherry /'tʃerɪ/ n (το) κεράσι

chess /tʃes/ n (το) σκάκι. **~-
board** n (η) σκακιέρα

chest /tʃest/ n (anat) (το)
στήθος. (box) (το) κιβώτιο. **~
of drawers** n (η) σιφονιέρα

chestnut /'tʃesnʌt/ n (το)
κάστανο. **~-tree** n (το)
καστανιά

chew /tʃu:/ vt μασώ. **~ing-
gum** n (η) τσίκλα

chick /tʃɪk/ n (το) πουλάκι

chicken /'tʃɪkɪn/ n (το)
κοτόπουλο. • a (fam) δειλός.
~-pox n (η) ανεμοβλογιά

chicory /'tʃɪkərɪ/ n (το) σικορέ
invar

chief /tʃi:f/ n (ο) αρχηγός. • a
κύριος. **~ly** adv κυρίως

chilblain /'tʃɪlbleɪn/ n (η)
χιονίστρα

child /tʃaɪld/ n (pl children)
/'tʃɪldrən/ (το) παιδί. **~hood**
n (η) παιδική ηλικία. **~ish** a
παιδιάστικος. **~like** a
παιδικός

childbirth /'tʃaɪldbɜːθ/ n (ο)
τοκετός

chill /tʃɪl/ n (το) κρύο, (η)
ψύχρα. (illness) (το)
κρυολόγημα. • vt/i παγώνω.
~y a ψυχρός

chilli /'tʃɪlɪ/ n (η) καφτερή
κόκκινη πιπεριά, (το) τσίλι
invar

chime /tʃaɪm/ n (ο) χτύπος. • vt
χτυπώ

chimney /'tʃɪmnɪ/ n (η)
καπνοδόχος

chimpanzee /tʃɪmpæn'ziː/ n (ο)
χιμπατζής

chin /tʃɪn/ n (το) πηγούνι

china /'tʃaɪnə/ n (η) πορσελάνη

China /'tʃaɪnə/ n (η) Κίνα.
~ese /-'niːz/ a κινέζικος. • n
(ο) Κινέζος, (η) Κινέζα

chink[1] /tʃɪŋk/ n (η) ρωγμή

chink[2] /tʃɪŋk/ n (of coins) (το)
κουδούνισμα. (of glasses) (το)
τσούγκρισμα

chip /tʃɪp/ n (το) κομμάτι.
(culin) (η) τηγανητή πατάτα.
(gambling) (η) μάρκα. • vt/i
κόβω

chiropodist /kɪ'rɒpədɪst/ n
(ο,η) ποδίατρος

chirp /tʃɜːp/ n (το) τιτίβισμα.
• vi τιτιβίζω

chirpy /tʃɜːpɪ/ a κεφάτος

chisel /'tʃɪzl/ n (η) σμίλη

chit /tʃɪt/ n (το) σημείωμα

chive /tʃaɪv/ n (η) πρασουλίδα

chlorine /'klɔːriːn/ n (το)
χλώριο

chocolate /'tʃɒklɪt/ n (η)
σοκολάτα

choice /tʃɔɪs/ n (η) επιλογή, (η)
εκλογή. (thing chosen) (η)
επιλογή. • a εκλεκτός

choir /'kwaɪə(r)/ n (η) χορωδία

choke /tʃəʊk/ vt/i πνίγω/ομαι.
• n (auto) (το) τσοκ invar

cholera /'kɒlərə/ n (η)
χολέρα

cholesterol /kə'lestərɒl/ n (η)
χοληστερόλη

choose /tʃuːz/ *vt/i* (*pt* **chose**, *pp* **chosen**) διαλέγω. (*prefer*) προτιμώ. (*decide*) αποφασίζω.

chop /tʃɒp/ *vt* (*pt* **chopped**) κόβω *n* (*culin*) μπριζόλα

chopstick /'tʃɒpstɪk/ *n* (το) κινέζικο ξυλαράκι

chord /kɔːd/ *n* (η) χορδή

chore /tʃɔː(r)/ *n* (η) αγγαρεία. **household ~s** *n* (οι) καθημερινές δουλειές του σπιτιού

chortle /'tʃɔːtl/ *n* (το) αθόρυβο γέλιο. • *vi* σιγογελώ

chorus /'kɔːrəs/ *n* (ο) χορός. (*of song*) (το) ρεφρέν *invar*

chose, chosen /tʃəʊz, 'tʃəʊzn/ *see* CHOOSE

Christ /kraɪst/ *n* (ο) χριστός

christen /'krɪsn/ *vt* βαφτίζω. **~ing** *n* (το) βάφτισμα

Christian /'krɪstjən/ *a* χριστιανός *n* **~ name** (το) όνομα. **~ity** /-stɪ'ænətɪ/ *n* (ο) χριστιανισμός

Christmas /'krɪsməs/ *n* (τα) Χριστούγεννα. • *a* χριστουγεννιάτικος

chrome /krəʊm/ *n* (το) χρώμιο

chromosome /'krəʊməsəʊm/ *n* (το) χρωματόσωμα

chronic /'krɒnɪk/ *a* χρόνιος. (*very bad: fam*) ανυπόφορος

chronicle /'krɒnɪkl/ *n* (το) χρονικό. • *vt* χρονογραφώ

chronology /krə'nɒlədʒɪ/ *n* (η) χρονολογία

chrysanthemum /krɪ'sænθəməm/ *n* (το) χρυσάνθεμο

chubby /'tʃʌbɪ/ *a* (**-ier, -iest**) στρουμπουλός

chuck /tʃʌk/ *vt* (*fam*) πετώ. **~ away** *or* **out** (*fam*) πετώ έξω

chuckle /'tʃʌkl/ *n* (το) αθόρυβο γέλιο. • *vi* σιγογελώ

chum /tʃʌm/ *n* (*fam*) (ο) φίλος

chunk /tʃʌŋk/ *n* (το) μεγάλο κομμάτι

chunky /tʃʌŋkɪ/ *a* χοντρός

church /tʃɜːtʃ/ *n* (η) εκκλησία

churchyard /'tʃɜːtʃjɑːd/ *n* (το) νεκροταφείο

churlish /'tʃɜːlɪʃ/ *a* άξεστος

churn /tʃɜːn/ *n* (η) καρδάρα

chute /ʃuːt/ *n* (*slide*) (η) τσουλήθρα. (*for rubbish*) (ο) αγωγός

chutney /'tʃʌtnɪ/ *n* (η) γλυκιά πίκλα

cider /'saɪdə(r)/ *n* (ο) μηλίτης

cigar /sɪ'gɑː(r)/ *n* (το) πούρο

cigarette /sɪgə'ret/ *n* (το) τσιγάρο

cinema /'sɪnəmə/ *n* (ο) κινηματογράφος

cinnamon /'sɪnəmən/ *n* (η) κανέλα

cipher /'saɪfə(r)/ *n* (η) κρυπτογραφία

circle /'sɜːkl/ *n* (ο) κύκλος. (*theatr*) (ο) εξώστης. • *vt* κάνω το γύρο (*with gen*). • *vi* διαγράφω κύκλο

circuit /'sɜːkɪt/ *n* (το) κύκλωμα

circular /'sɜːkjʊlə(r)/ *a* κυκλικός. • *n* (η) εγκύκλιος

circulat|e /'sɜːkjʊleɪt/ *vt/i* κυκλοφορώ. **~ion** /-'leɪʃn/ *n* (η) κυκλοφορία

circumcise /'sɜːkəmsaɪz/ *vt* περιτέμνω

circumference /sə'kʌmfərəns/ *n* (η) περιφέρεια

circumstance /ˈsɜːkəmstəns/ n (η) περίσταση

circus /ˈsɜːkəs/ n (το) τσίρκο

cistern /ˈsɪstən/ n (on roof) (η) δεξαμενή. (of toilet) (το) καζανάκι

cite /saɪt/ vt αναφέρω

citizen /ˈsɪtɪzn/ n (ο) πολίτης, (η) πολίτις. (of town) (ο) κάτοικος. ~**ship** n (η) ιθαγένεια

citrus /ˈsɪtrəs/ n ~ **fruit** (τα) εσπεριδοειδή

city /ˈsɪtɪ/ n (η) πόλη. ~ **centre** n (το) κέντρο της πόλης

civic /ˈsɪvɪk/ a πολιτικός

civil /ˈsɪvl/ a πολιτικός. C~ **Servant** n (ο) δημόσιος υπάλληλος. C~ **Service** n (οι) δημόσιες υπηρεσίες. ~ **war** n (ο) εμφύλιος πόλεμος. ~**ity** /-ˈvɪlətɪ/ n (η) ευγένεια

civilian /sɪˈvɪlɪən/ a πολιτικός. • n (ο) πολίτης, (η) πολίτις

civilize /ˈsɪvəlaɪz/ vt εκπολιτίζω. ~**ation** /-ˈzeɪʃn/ n (ο) πολιτισμός. ~**ed** a πολιτισμένος

claim /kleɪm/ vt απαιτώ. (assert) διεκδικώ. • n (η) απαίτηση. (comm) (η) αξίωση. (right) (το) δικαίωμα. (assertion) (ο) ισχυρισμός. ~**ant** n (ο) απαιτητής

clairvoyant /kleəˈvɔɪənt/ n (ο) μάντης, (η) μάντις

clam /klæm/ n (η) αχιβάδα

clamber /ˈklæmbə(r)/ vi σκαρφαλώνω

clamp /klæmp/ n (η) μέγκενη vt σφίγγω

clandestine /klænˈdestɪn/ a μυστικός. (illicit) λαθραίος

clang /klæŋ/ n (η) κλαγγή

clap /klæp/ vt/i (pt **clapped**) χειροκροτώ. (hands) χτυπώ. • n (of thunder) (η) βροντή

clarify /ˈklærɪfaɪ/ vt διευκρινίζω

clarinet /klærɪˈnet/ n (το) κλαρίνο

clarity /ˈklærətɪ/ n (η) διαύγεια

clash /klæʃ/ n (η) σύγκρουση. (fig) (η) διαφωνία. • vt συγκρούω vi συγκρούομαι. (coincide) συμπίπτω

clasp /klɑːsp/ n (η) πόρπη. • vt σφίγγω

class /klɑːs/ n (η) τάξη. (lessons) (τα) μαθήματα. • vt κατατάσσω

classic /ˈklæsɪk/ a κλασικός n ~**s** npl (οι) κλασικές σπουδές. ~**al** a κλασικός

classify /ˈklæsɪfaɪ/ vt ταξινομώ. ~**ication** /-ɪˈkeɪʃn/ n (η) ταξινόμηση

classroom /ˈklɑːsruːm/ n (η) αίθουσα διδασκαλίας, (η) τάξη (fam)

clatter /ˈklætə(r)/ n (ο) θόρυβος. • vi κάνω θόρυβο

clause /klɔːz/ n (η) ρήτρα. (gram) (η) πρόταση

claustrophobia /klɔːstrəˈfəʊbɪə/ n (η) κλειστοφοβία

claw /klɔː/ n (το) νύχι. (of crab) (η) δαγκάνα. (device) (η) τανάλια. • vt γρατσουνίζω

clay /kleɪ/ n (ο) πηλός

clean /kliːn/ a καθαρός. (stroke) κοφτός. • adv τελείως.

• vt καθαρίζω. **~-shaven** a
καλοξυρισμένος. **~er** n (ο)
καθαριστής, (η) καθαρίστρια
cleanliness /'klenlɪnɪs/ n (η)
καθαριότητα
cleanse /klenz/ vt καθαρίζω.
(fig) εξαγνίζω
clear /klɪə(r)/ a καθαρός. (glass)
διάφανος. (without obstacles)
ελεύθερος. (sky at night)
ξάστερος. (sky during the day)
καταγάλανος. • adv καθαρά.
• vt (empty) αδειάζω. (free)
ελευθερώνω. (goods)
εκτελωνίζω. (jur) απαλλάσσω.
(obstacle) ανοίγω. (table)
σηκώνω. • vi (weather)
καθαρίζω. **~ up** vt (tidy)
καθαρίζω. (mystery)
ξεδιαλύνω **~ly** adv καθαρά
clearance /'klɪərəns/ n (το)
καθάρισμα. (authorization) (η)
άδεια. (of cheque) (ο)
συμψηφισμός. (customs) (ο)
εκτελωνισμός.
clearing /'klɪərɪŋ/ n (το) ξέφωτο
clench /klentʃ/ vt σφίγγω
clergy /'klɜːdʒɪ/ n (ο) κλήρος.
~man n (ο) κληρικός
cleric /'klerɪk/ n (ο) κληρικός.
~al a κληρικός. (of clerks)
γραφικός
clerk /klɑːk/ n (ο) γραφέας
clever /'klevə(r)/ a έξυπνος.
(skilful) επιδέξιος. **~ly** adv
έξυπνα
cliché /'kliːʃeɪ/ n (το) κλισέ
invar
click /klɪk/ n (το) κλικ invar.
• vi χτυπώ. (fam) ταιριάζω (στο
νόημα). (computer) κάνω κλικ
client /'klaɪənt/ n (ο) πελάτης,
(η) πελάτις

clientele /kliːən'tel/ n (η)
πελατεία
cliff /klɪf/ n (ο) γκρεμός
climate /'klaɪmɪt/ n (το) κλίμα
climax /'klaɪmæks/ n (το)
αποκορύφωμα
climb /klaɪm/ vt αναρριχιέμαι
σε. (stairs, hill) ανεβαίνω.
(tree) σκαρφαλώνω. • vi
αναρριχιέμαι. • n (η)
αναρρίχηση. **~ down**
κατεβαίνω. (fig) υποχωρώ.
~er n (sport) (ο) ορειβάτης,
(η) ορειβάτις
clinch /klɪntʃ/ vt γυρίζω καρφί.
(deal) κλείνω
cling /klɪŋ/ vi (pt clung)
προσκολλώμαι. (stick)
κολλώ
clinic /'klɪnɪk/ n (η) κλινική
clinical /'klɪnɪkl/ a κλινικός
clink /klɪŋk/ n (το) ελαφρό
κουδούνισμα. • vt/i
κουδουνίζω ελαφρά
clip[1] /klɪp/ n (for paper) (ο)
συνδετήρας. (for hair) (το)
τσιμπιδάκι. • vt (pt **clipped**)
συνδέω
clip[2] /klɪp/ vt (cut) κουρεύω. • n
(το) κούρεμα. (of film) (η)
σκηνή. **~ping** n (το)
απόκομμα
clippers /'klɪpəz/ npl (η)
μηχανή για κούρεμα
clique /kliːk/ n (η) κλίκα
cloak /kləʊk/ n (ο) μανδύας
cloakroom /'kləʊkruːm/ n (η)
γκαρνταρόμπα. (toilet) (η)
τουαλέτα
clock /klɒk/ n (το) ρολόι
clockwise /'klɒkwaɪz/ adv & a
προς τα δεξιά

clockwork /ˈklɒkwɜːk/ n like
~ σαν ρολόι. • a κουρδιστός

clog /klɒg/ n (το) τσόκαρο.
• vt/i (pt **clogged**) βουλώνω

cloister /ˈklɔɪstə(r)/ n (το)
μοναστήρι

clone /kləʊn/ n (ο) κλώνος

close¹ /kləʊs/ a κοντινός.
(together) εγγύς. (friend)
στενός. (match) σκληρός.
(weather) κλειστός. • adv
κοντά. **~ly** adv στενά. (with
attention) προσεκτικά. **~ness**
n (η) εγγύτητα

close² /kləʊz/ vt/i κλείνω. (end)
τελειώνω. • n (το) τέλος. **~
down** (το) κλείσιμο. **~d** a
κλειστός

closet /ˈklɒzɪt/ n (Amer) (το)
ντουλάπι

closure /ˈkləʊʒə(r)/ n (το)
κλείσιμο

clot /klɒt/ n (ο) θρόμβος. (sl)
(το) κωθώνι. • vi πήζω

cloth /klɒθ/ n (το) ύφασμα.
(duster) (το) ξεσκονόπανο

cloth|e /kləʊð/ vt ντύνω. **~ing**
n (ο) ρουχισμός

clothes /kləʊðz/ npl (τα)
ρούχα

cloud /klaʊd/ n (το) σύννεφο.
~y a συννεφιασμένος. (liquid)
θολός

clout /klaʊt/ n (το) χτύπημα.
(power: fam) (η) επιρροή. • vt
χτυπώ

clove /kləʊv/ n (το) γαρίφαλο.
~ of garlic (η) σκελίδα

clover /ˈkləʊvə(r)/ n (το)
τριφύλλι

clown /klaʊn/ n (ο) παλιάτσος.
• vi κάνω τον παλιάτσο

club /klʌb/ n (το) κλαμπ invar.
(weapon) (το) ρόπαλο. (sport)
(η) λέσχη. **~s** (cards) (το)
σπαθί. • vt (pt **clubbed**) χτυπώ
με ρόπαλο. **vi ~ together**
κάνω ρεφενέ

cluck /klʌk/ vi κακαρίζω

clue /kluː/ n (η) ένδειξη. (in
crossword) (ο) ορισμός. **not
have a ~** δεν ξέρω ιδέα

clump /klʌmp/ n (of trees) (η)
συστάδα

clumsy /ˈklʌmzɪ/ a (-ier, -iest)
αδέξιος

clung /klʌŋ/ see CLING

cluster /ˈklʌstə(r)/ n (η) ομάδα

clutch /klʌtʃ/ vt κρατώ σφιχτά.
• vi **~ at** πιάνομαι από. • n (το)
πιάσιμο. (auto) (ο) συμπλέκτης

clutter /ˈklʌtə(r)/ n (η)
ακαταστασία. • vt παραγεμίζω

coach /kəʊtʃ/ n (bus) (το)
πούλμαν invar. (of train) (το)
βαγόνι. (horse-drawn) (η)
άμαξα. (sport) (ο) προπονητής.
• vt προγυμνάζω. (sport)
προπονώ

coagulate /kəʊˈægjʊleɪt/ vt/i
πήζω

coal /kəʊl/ n (το) κάρβουνο

coalition /kəʊəˈlɪʃn/ n (ο)
συνασπισμός

coarse /kɔːs/ a τραχύς.
(material) χοντρός. (manners)
χυδαίος

coast /kəʊst/ n (η) παραλία

coaster /ˈkəʊstə(r)/ n (mat) (το)
σουβέρ invar

coastguard /ˈkəʊstgaːd/ n (η)
ακτοφυλακή

coastline /ˈkəʊstlaɪn/ n (η)
ακτή

coat /kəʊt/ n (το) παλτό. (of animal) (το) τρίχωμα. (of paint) (το) στρώμα. • vt επικαλύπτω. **~-hanger** n (η) κρεμάστρα. **~ of arms** (το) οικόσημο

coax /kəʊks/ vt καταφέρνω με κολακείες

cob /kɒb/ n (of corn) (το) καλαμπόκι

cobble /ˈkɒbl/ n (το) βότσαλο

cobweb /ˈkɒbweb/ n (ο) ιστός της αράχνης

cocaine /kəˈkeɪn/ n (η) κοκαΐνη

cock /kɒk/ n (ο) κόκορας. (tap, valve) (η) κάνουλα. • vt (gun) οπλίζω. (ears) στυλώνω

cockerel /ˈkɒkərəl/ n (το) κοκοράκι

cockle /ˈkɒkl/ n (το) κοχύλι

cockney /ˈkɒknɪ/ n (ο) γνήσιος Λονδρέζος

cockpit /ˈkɒkpɪt/ n (in aircraft) (ο) θάλαμος του πιλότου

cockroach /ˈkɒkrəʊtʃ/ n (η) κατσαρίδα

cocktail /ˈkɒkteɪl/ n (το) κοκτέιλ invar

cocoa /ˈkəʊkəʊ/ n (το) κακάο

coconut /ˈkəʊkənʌt/ n (η) καρύδα

cocoon /kəˈkuːn/ n (το) κουκούλι

cod /kɒd/ n invar (η) μουρούνα

code /kəʊd/ n (ο) κώδικας. • vt κρυπτογραφώ

coerce /kəʊˈɜːs/ vt εξαναγκάζω. **~ion** /-ʃn/ n (ο) εξαναγκασμός

coexist /kəʊɪgˈzɪst/ vi συνυπάρχω. **~ence** n (η) συνύπαρξη

coffee /ˈkɒfɪ/ n (ο) καφές

coffin /ˈkɒfɪn/ n (το) φέρετρο

cog /kɒg/ n (το) δόντι τροχού

coherent /kəʊˈhɪərənt/ a με ειρμό, συνεπής

coil /kɔɪl/ vt τυλίγω. • n (το) σπείρωμα. (one ring) (η) σπείρα

coin /kɔɪn/ n (το) νόμισμα

coincide /kəʊɪnˈsaɪd/ vi συμπίπτω

coincidence /kəʊˈɪnsɪdəns/ n (η) σύμπτωση

coke /kəʊk/ n (το) κοκ invar

Coke /kəʊk/ n (P) (η) κόκα κόλα

colander /ˈkʌləndə(r)/ n (το) σουρωτήρι

cold /kəʊld/ a κρύος. **be ~** κρυώνω. **it is ~** κάνει κρύο. • n (το) κρύο. (med) (το) κρυολόγημα. **~-shoulder** vt φέρνομαι ψυχρά σε. **get ~ feet** (fig) χάνω το θάρρος. **~ness** n (η) ψυχρότητα

coleslaw /ˈkəʊlslɔː/ n (η) λαχανοσαλάτα

colic /ˈkɒlɪk/ n (ο) κολικόπονος

collaborat|e /kəˈlæbəreɪt/ vi συνεργάζομαι. **~ion** /-ˈreɪʃn/ n (η) συνεργασία

collapse /kəˈlæps/ vi καταρρέω. (med) λιποθυμώ. • n (η) κατάρρευση. (med) (η) λιποθυμία

collar /ˈkɒlə(r)/ n (το) κολάρο. **~ bone** n (η) κλείδα

colleague /ˈkɒliːg/ n (ο) συνάδελφος

collect /kəˈlekt/ vt μαζεύω. (as hobby) κάνω συλλογή (with *gen.*). (*pick up*) παραλαμβάνω. • *vi* συγκεντρώνομαι. (*dust*) μαζεύομαι. **~ion** /-ʃn/ *n* (η) συλλογή. (*in church*) (ο) έρανος. **~or** *n* (ο) συλλέκτης. (*of taxes*) (ο) εισπράκτορας

collective /kəˈlektɪv/ *a* συλλογικός

college /ˈkɒlɪdʒ/ *n* (το) κολέγιο

collide /kəˈlaɪd/ *vi* συγκρούομαι

collision /kəˈlɪʒn/ *n* (η) σύγκρουση

colloquial /kəˈləʊkwɪəl/ *a* της καθομιλουμένης

colon /ˈkəʊlən/ *n* (*gram*) (οι) δύο τελείες. (*anat*) (το) κόλον

colonel /ˈkɜːnl/ *n* (ο) συνταγματάρχης

colony /ˈkɒlənɪ/ *n* (η) αποικία. **~ial** /kəˈləʊnɪəl/ *a* αποικιακός

colossal /kəˈlɒsl/ *a* κολοσσιαίος

colour /ˈkʌlə(r)/ *n* (το) χρώμα. • *vt* χρωματίζω. (*dye*) βάφω. • *vi* (*blush*) κοκκινίζω. **~-blind** *a* δαλτωνικός. **~ television** *n* (η) έγχρωμη τηλεόραση. **in ~** *a* έγχρωμος. **off ~** (*ill*) αδιάθετος. **~ful** *a* γεμάτος χρώμα. (*fig*) ζωντανός. **~less** *a* άχρωμος

coloured /ˈkʌləd/ *a* έγχρωμος. (*pencil*) χρωματιστός

colt /kəʊlt/ *n* (το) πουλάρι

column /ˈkɒləm/ *n* (η) κολόνα. (*in newspaper*) (η) στήλη

columnist /ˈkɒləmnɪst/ *n* (ο) αρθρογράφος

coma /ˈkəʊmə/ *n* (το) κώμα

comb /kəʊm/ *n* (η) χτένα. • *vt* χτενίζω

combat /ˈkɒmbæt/ *n* (η) μάχη. • *vt* αγωνίζομαι εναντίον

combination /kɒmbɪˈneɪʃn/ *n* (ο) συνδυασμός

combine¹ /kəmˈbaɪn/ *vt* συνδυάζω

combine² /ˈkɒmbaɪn/ *n* (η) κοινοπραξία. **~ harvester** *n* (η) θεριζοαλωνιστική μηχανή

combustion /kəmˈbʌstʃən/ *n* (η) καύση

come /kʌm/ *vi* (*pt* **came**, *pp* **come**) έρχομαι. **~ about** (*occur*) συμβαίνω. **~ across** (*person*) συναντώ. (*object*) βρίσκω. **~ apart** διαλύομαι. **~ away** φεύγω. **~ back** επιστρέφω. **~ by** (*obtain*) βρίσκω. (*pass*) περνώ. **~ down** κατεβαίνω. (*price*) πέφτω. **~ in** μπαίνω. **~ into** (*money*) κληρονομώ. **~ off** βγαίνω. (*succeed*) επιτυχαίνω. **~ out** βγαίνω. **~ round** περνώ. (*recover*) συνέρχομαι. **~ to** (*recover*) συνέρχομαι. (*decision etc.*) φτάνω σε. (*amount*) κάνω. **~ up** ανεβαίνω. **~ up with** (*idea*) επινοώ

comedian /kəˈmiːdɪən/ *n* (ο, η) κωμικός

comedy /ˈkɒmədɪ/ *n* (η) κωμωδία

comet /ˈkɒmɪt/ *n* (ο) κομήτης

comfort /ˈkʌmfət/ *n* (η) άνεση. • *vt* παρηγορώ. **~able** *a* άνετος

comic /ˈkɒmɪk/ *a* κωμικός. • *n* (*person*) (ο, η) κωμικός.

(*periodical*) (τα) κόμικς *invar*.
~al *a* αστείος

comma /'kɒmə/ *n* (το) κόμμα

command /kə'mɑ:nd/ *n* (η)
διαταγή. (*mastery*) (η) κατοχή
(θέματος). *vt* διατάζω.
(*deserve*) αξίζω. **~er** *n* (*mil*) (ο)
διοικητής

commandeer /kɒmən'dɪə(r)/ *vt*
επιτάσσω

commandment
/kə'mɑ:ndmənt/ *n* (η) εντολή

commando /kə'mɑ:ndəʊ/ *n* (*pl*
-os) (ο) καταδρομέας

commemorat|e /kə'meməreɪt/
vt τιμώ. **~ion** /-'reɪʃn/ *n* (η)
τελετή

commence /kə'mens/ *vt/i*
αρχίζω

commend /kə'mend/ *vt* επαινώ

comment /'kɒment/ *n* (το)
σχόλιο. • *vi* σχολιάζω. **~ on**
κάνω σχόλια για, σχολιάζω

commentary /'kɒməntri/ *n*
(*radio*, *TV*) (το) σχόλιο

commerce /'kɒmɜ:s/ *n* (το)
εμπόριο

commercial /kə'mɜ:ʃl/ *a*
εμπορικός. • *n* (η) εμπορική
διαφήμιση. **~ize** *vt*
εμπορεύομαι

commiserat|e /kə'mɪzəreɪt/ *vi*
συμπονώ. **~ion** /-'reɪʃn/ *n* (η)
συμπόνια

commission /kə'mɪʃn/ *n* (η)
επιτροπή. (*payment*) (η)
προμήθεια. • *vt* παραγγέλλω.
(*mil*) κάνω αξιωματικό. **~er** *n*
(ο) επίτροπος. (*of police*) (ο)
διευθυντής

commissionaire
/kəmɪʃə'neə(r)/ *n* (ο) θυρωρός

commit /kə'mɪt/ *vt* διαπράττω.
(*entrust*) εμπιστεύομαι. **~ o.s.**
αφοσιώνομαι. **~ to memory**
απομνημονεύω. **~ment** *n* (η)
αφοσίωση. **~ted** *a*
αφοσιωμένος

committee /kə'mɪti/ *n* (η)
επιτροπή

commodity /kə'mɒdəti/ *n* (το)
εμπόρευμα

common /'kɒmən/ *a* κοινός.
(*usual*) συνηθισμένος. (*vulgar*)
χυδαίος. • *n* (ο) κοινόχρηστος
χώρος. **C~ Market** *n* (η)
Κοινή Αγορά. **~-room** *n* (η)
αίθουσα φοιτητών/καθηγητών.
~ sense *n* (η) κοινή λογική.
in ~ από κοινού. **~ly** *adv*
κοινώς

commonplace /'kɒmənpleɪs/ *a*
κοινός. • *n* (η) κοινοτοπία

Commonwealth /'kɒmənwelθ/
n **the ~** (η) Κοινοπολιτεία

commotion /kə'məʊʃn/ *n* (η)
φασαρία

communal /'kɒmjʊnl/ *a*
κοινόχρηστος

commune /'kɒmju:n/ *n* (το)
κοινόβιο

communicat|e /kə'mju:nɪkeɪt/
vi επικοινωνώ. • *vt* μεταβιβάζω
~ion /-'keɪʃn/ *n* (η)
επικοινωνία

communion /kə'mju:nɪən/ *n*
(η) επικοινωνία. **Holy C~** *n* (η)
Θεία Κοινωνία

communis|t /'kɒmjʊnɪst/ *n* (ο)
κομουνιστής, (η)
κομουνίστρια. **~m** /-zəm/ *n*
(ο) κομουνισμός

community /kə'mju:nəti/ *n* (η)
κοινότητα

compact¹ /kəm'pækt/ a
συμπαγής

compact² /'kɒmpækt/ n (for
powder) (η) πουδριέρα.
~ disc n (το) CD invar

companion /kəm'pæniən/ n (ο,
η) σύντροφος

company /'kʌmpəni/ n (η)
εταιρ(ε)ία. (guests) (η) παρέα.
keep s.o. ~ κρατώ
συντροφιά σε κπ

comparable /'kɒmpərəbl/ a
συγκρίσιμος

compar|e /kəm'peə(r)/ vt/i
συγκρίνω/ομαι (**with**, με **to**,
με). **~ative** /'pærətɪv/ a
συγκριτικός

comparison /kəm'pærɪsn/ n (η)
σύγκριση

compartment /kəm'pɑːtmənt/
n (το) χώρισμα. (on train) (το)
κουπέ invar

compass /'kʌmpəs/ n (η)
πυξίδα. **~es** (ο) διαβήτης

compassion /kəm'pæʃn/ n (η)
ευσπλαχνία. **~ate** a
εύσπλαχνος

compatible /kəm'pætəbl/ a
συμβατός

compel /kəm'pel/ vt αναγκάζω

compensat|e /'kɒmpənseɪt/ vt
αποζημιώνω. • vi **~ for**
αναπληρώνω. **~ion** /-'seɪʃn/ n
(η) αναπλήρωση. (financial)
(η) αποζημίωση

compete /kəm'piːt/ vi
συναγωνίζομαι

competen|t /'kɒmpɪtənt/ a
ικανός. **~ce** n (η)
ικανότητα

competition /kɒmpə'tɪʃn/ n (ο)
συναγωνισμός. (contest) (ο)

αγώνας. (comm) (ο)
ανταγωνισμός

competitive /kəm'petətɪv/ a
ανταγωνιστικός

competitor /kəm'petɪtə(r)/ n (ο)
ανταγωνιστής

compile /kəm'paɪl/ vt
συντάσσω

complacen|t /kəm'pleɪsnt/ a
ικανοποιημένος. **~cy** n (η)
ικανοποίηση

complain /kəm'pleɪn/ vi
παραπονιέμαι (**about**, για)

complaint /kəm'pleɪnt/ n (το)
παράπονο. (med) (η) αρρώστια

complement /'kɒmplɪmənt/ n
(το) συμπλήρωμα. **~ary**
/-'mentrɪ/ a συμπληρωματικός

complet|e /kəm'pliːt/ a
πλήρης. (finished)
ολοκληρωμένος. • vt
συμπληρώνω. (fill in)
συμπληρώνω. **~ely** adv
πλήρως. **~ion** n (η)
συμπλήρωση

complex /'kɒmpleks/ a
περίπλοκος. • n (το)
σύμπλεγμα. **~ity**
/kəm'pleksətɪ/ n (η) περιπλοκή

complexion /kəm'plekʃn/ n
(το) χρώμα

complicat|e /'kɒmplɪkeɪt/ vt
περιπλέκω. **~ed** a
περίπλοκος. **~ion** /-'keɪʃn/ n
(η) περιπλοκή

compliment /'kɒmplɪmənt/ n
(το) κομπλιμέντο, (η)
φιλοφρόνηση. • vt **~ s.o. (on
sth)** κάνω κομπλιμέντο σε κπ
(για κτ). **~ary** /-'mentrɪ/ a
κολακευτικός. (free) δωρεάν

comply /kəm'plaɪ/ vi **~ with**
συμμορφώνομαι με

component /kəm'pəʊnənt/ *a*
συστατικός. • *n* (το)
εξάρτημα

compose /kəm'pəʊz/ *vt*
συνθέτω. **be ~d of**
αποτελούμαι από • **o.s.**
ηρεμώ. **~d** *a* ήρεμος. **~r**
/-ə(r)/ *n* (ο) συνθέτης

composition /kɒmpə'zɪʃn/ *n*
(η) σύνθεση. (*essay*) (η)
έκθεση

compost /'kɒmpɒst/ *n* (το)
κοπρόχωμα

composure /kəm'pəʊʒə(r)/ *n*
(η) ηρεμία

compound[1] /'kɒmpaʊnd/ *n*
(*chem*) (η) σύνθεση. (*enclosure*)
(ο) περίβολος

compound[2] /kəm'paʊnd/ *vt*
αναμιγνύω. (*aggravate*)
επαυξάνω

comprehen|d /kɒmprɪ'hend/ *vt*
κατανοώ. (*include*)
περιλαμβάνω. **~sion** *n* (η)
κατανόηση

comprehensive
/kɒmprɪ'hensɪv/ *a* περιεκτικός

compress[1] /kəm'pres/ *vt*
συμπιέζω

compress[2] /'kɒmpres/ *n* (*med*)
(η) κομπρέσα

comprise /kəm'praɪz/ *vt*
περιλαμβάνω

compromise /'kɒmprəmaɪz/ *n*
(ο) συμβιβασμός. • *vt/i*
συμβιβάζομαι

compulsion /kəm'pʌlʃn/ *n* (ο)
εξαναγκασμός

compulsive /kəm'pʌlsɪv/ *a*
(*psych*) παθολογικός

compulsory /kəm'pʌlsərɪ/ *a*
υποχρεωτικός

computer /kəm'pju:tə(r)/ *n* (ο)
ηλεκτρονικός υπολογιστής,
(ο, το) κομπιούτερ

comrade /'kɒmreɪd/ *n* (ο)
σύντροφος, (η) συντρόφισσα

con /kɒn/ *see* PRO

conceal /kən'si:l/ *vt*
αποκρύπτω

concede /kən'si:d/ *vt*
παραδέχομαι

conceit /kən'si:t/ *n* (η)
αλαζονεία. **~ed** *a*
φαντασμένος

conceivable /kən'si:vəbl/ *a*
διανοητός

conceive /kən'si:v/ *vt*
συλλαμβάνω. • *vi* μένω έγκυος

concentrat|e /'kɒnsəntreɪt/ *vt/i*
συγκεντρώνω/ομαι. **~ion**
/-'treɪʃn/ *n* (η) συγκέντρωση.
~ion camp (το) στρατόπεδο
συγκεντρώσεως

concept /'kɒnsept/ *n* (η)
έννοια

conception /kən'sepʃn/ *n* (η)
σύλληψη

concern /kən'sɜ:n/ *n* (η)
φροντίδα. (*worry*) (η)
ανησυχία. (*comm*) (η)
επιχείρηση. • *vt* **be ~ed**
about ανησυχώ για. **~ing**
prep σχετικά με

concert /'kɒnsət/ *n* (η)
συναυλία

concerto /kən'tʃɜ:təʊ/ *n* (το)
κοντσέρτο

concession /kən'seʃn/ *n* (η)
παραχώρηση

conciliation /kənsɪlɪeɪʃn/ *n* (η)
συμφιλίωση

concise /kən'saɪs/ *a*
συνοπτικός

conclu|de /kən'kluːd/ *vt/i*
συμπεραίνω. (*finish*) τελειώνω.
~sion *n* (το) συμπέρασμα.
(*end*) (η) λήξη

conclusive /kən'kluːsɪv/ *a*
αδιαμφισβήτητος

concoct /kən'kɒkt/ *vt*
αναμιγνύω. (*fig*) επινοώ

concrete /'kɒŋkriːt/ *n* (το)
σκυρόδεμα. • *a* συγκεκριμένος

concur /kən'kɜː(r)/ *vi*
συμφωνώ. **~rent** /kən'kʌrənt/
a ταυτόχρονος

concussion /kən'kʌʃn/ *n* (η)
διάσειση

condemn /kən'dem/ *vt*
καταδικάζω

condens|e /kən'dens/ *vt/i*
συμπυκνώνω/ομαι. **~ation**
/kɒndɪn'seɪʃn/ *n* (η) υγρασία

condescend /kɒndɪ'send/ *vi*
καταδέχομαι. **~ing** *a*
συγκαταβατικός

condition /kən'dɪʃn/ *n* (ο)
όρος. (*situation*) (η)
κατάσταση. **~s** συνθήκες.
(*circumstances*) (οι) συνθήκες.
• *vt* ρυθμίζω. **on ~ that** υπό τον
όρο ότι. **~al** *a* με όρο. (*gram*)
υποθετικός

condolences /kən'dəʊlənsɪz/
npl (τα) συλλυπητήρια

condom /'kɒndɒm/ *n* (το)
προφυλακτικό, (η) καπότα

condone /kən'dəʊn/ *vt*
παραβλέπω

conducive /kən'djuːsɪv/ *a* **be
~ to** συντελώ σε

conduct[1] /kən'dʌkt/ *vt* (*lead*)
οδηγώ. (*hold*) διεξάγω.
(*orchestra*) διευθύνω

conduct[2] /'kɒndʌkt/ *n* (η)
συμπεριφορά

conductor /kən'dʌktə(r)/ *n* (*of
bus*) (ο) εισπράκτορας. (*of
orchestra*) (ο) διευθυντής

cone /kəʊn/ *n* (ο) κώνος. (*for
ice-cream*) (το) χωνάκι

confectionery /kən'fekʃnərɪ/
n (τα) ζαχαρωτά, (οι)
καραμέλες

confederation /kənfedə'reɪʃn/
n (η) συνομοσπονδία

confer /kən'fɜː(r)/ *vt* (*pt
conferred*) απονέμω. • *vi*
συσκέπτομαι

conference /'kɒnfərəns/ *n* (η)
διάσκεψη, (το) συνέδριο

confess /kən'fes/ *vt/i* ομολογώ.
~ion /-ʃn/ *n* (η) ομολογία.
(*relig*) (η) εξομολόγηση

confetti /kən'fetɪ/ *n* (το)
κομφετί *invar*, (ο)
χαρτοπόλεμος

confide /kən'faɪd/ *vt/i*
εκμυστηρεύομαι (**in**, σε)

confiden|t /'kɒnfɪdənt/ *a*
βέβαιος. **~ce** *n* (*trust*) (η)
εμπιστοσύνη. (*self-assurance*)
(η) αυτοπεποίθηση. (*secret*)
(η) εκμυστήρευση. **~ce trick**
(η) απάτη

confidential /kɒnfɪ'denʃl/ *a*
εμπιστευτικός

confine /kən'faɪn/ *vt* (*limit*)
περιορίζω. (*imprison*)
φυλακίζω. **~ment** *n* (ο)
περιορισμός. (*med*) (η)
λοχεία

confirm /kən'fɜːm/ *vt*
επιβεβαιώνω

confiscate /'kɒnfɪskeɪt/ *vt*
κατάσχω

conflict[1] /'kɒnflɪkt/ *n* (η)
διαμάχη

conflict² /kən'flɪkt/ vi
συγκρούομαι

conform /kən'fɔːm/ vi
συμμορφώνομαι. **~ist** n (o)
κομφορμιστής

confound /kən'faʊnd/ vt
προκαλώ σύγχυση

confront /kən'frʌnt/ vt (face)
αντιμετωπίζω

confus|e /kən'fjuːz/ vt
συγχύζω. **~ing** a που
συγχύζει. **~ion**
/-ʒn/ n (η) σύγχυση

congeal /kən'dʒiːl/ vt/i πήζω

congenial /kən'dʒiːnɪəl/ a
ευχάριστος

congest|ed /kən'dʒestɪd/ a
(roads) με κυκλοφοριακή
συμφόρηση. (med)
συμφορητικός. **~ion** /-tʃən/ n
(η) συμφόρηση

congratulat|e /kən'grætjʊleɪt/
vt συγχαίρω (on, για). **~ions**
/-'leɪʃnz/ npl (τα)
συγχαρητήρια

congregat|e /'kɒŋgrɪgeɪt/ vi
συναθροίζομαι. **~ion** /-'geɪʃn/
n (η) συνάθροιση

congress /'kɒŋgres/ n (το)
συνέδριο. **C~** (Amer) (το)
κογκρέσο

conic(al) /'kɒnɪk(l)/ a κωνικός

conifer /'kɒnɪfə(r)/ n (το)
κωνοφόρο (δέντρο)

conjecture /kən'dʒektʃə(r)/
n (η) εικασία. • vt/i
εικάζω

conjugal /'kɒndʒʊgl/ a
συζυγικός

conjunction /kən'dʒʌŋkʃn/ n
(o) σύνδεσμος. **in ~ with** από
κοινού με

conjur|e /'kʌndʒə(r)/ vi κάνω
ταχυδακτυλουργία. **~or** n (o)
ταχυδακτυλουργός

connect /kə'nekt/ vt/i
συνδέω/ομαι. **be ~ed with**
συνδέομαι με

connection /kə'nekʃn/ n (η)
σύνδεση. (rail) (η)
ανταπόκριση. **~s** (οι)
γνωστοί. **in ~ with** σχετικά
με

connoisseur /kɒnə'sɜː(r)/ n (o)
ειδήμων

conquer /'kɒŋkə(r)/ vt
κατακτώ. (fig) νικώ. **~or** n (o)
κατακτητής

conquest /'kɒŋkwest/ n (η)
κατάκτηση

conscience /'kɒnʃəns/ n (η)
συνείδηση

conscientious /kɒnʃɪ'enʃəs/ a
ευσυνείδητος

conscious /'kɒnʃəs/ a
συνειδητός. **~ness** n (η)
συνείδηση

conscript /kən'skrɪpt/ vt
στρατολογώ. **~ion** /-ʃn/ n (η)
στρατολογία

consecrate /'kɒnsɪkreɪt/ vt
καθαγιάζω

consecutive /kən'sekjʊtɪv/ a
συνεχής

consensus /kən'sensəs/ n (η)
συναίνεση

consent /kən'sent/ vi
συγκατατίθεμαι. • n (η)
συγκατάθεση

consequence /'kɒnsɪkwəns/ n
(η) συνέπεια

consequent /'kɒnsɪkwənt/ a
επακόλουθος. **~ly** adv
συνεπώς

conservation /kɒnsə'veɪʃn/ n
(η) προστασία

conservationist
/kɒnsə'veɪʃənɪst/ n (ο, η)
οικολόγος

conservative /kən'sɜ:vətɪv/ a
συντηρητικός

conservatory /kən'sɜ:vətrɪ/ n
(το) θερμοκήπιο

conserve /kən'sɜ:v/ vt διατηρώ

consider /kən'sɪdə(r)/ vt
σκέφτομαι. (take into account)
λαμβάνω υπόψη.
/-'reɪʃn/ n (η) σκέψη. (respect)
(η) εκτίμηση. ~ing prep
αναλόγως

considerabl|e /kən'sɪdərəbl/ a
σημαντικός. ~y adv πολύ

considerate /kən'sɪdərət/ a
λεπτός (στους τρόπους)

consign /kən'saɪn/ vt (entrust)
εμπιστεύομαι. (send)
αποστέλλω

consist /kən'sɪst/ vi ~ of
αποτελούμαι από

consisten|t /kən'sɪstənt/ a
συνεπής. (unchanging)
σταθερός. ~cy n (η) συνέπεια.
(of liquids) (η) συνοχή

consol|e /kən'səʊl/ vt
παρηγορώ. ~ation
/kɒnsə'leɪʃn/ n (η) παρηγοριά

consolidate /kən'sɒlɪdeɪt/ vt/i
εμπεδώνω/ομαι

consonant /'kɒnsənənt/ n (το)
σύμφωνο

conspicuous /kən'spɪkjʊəs/ a
εμφανής

conspiracy /kən'spɪrəsɪ/ n (η)
συνωμοσία

conspire /kən'spaɪə(r)/ vi
συνωμοτώ

constable /'kʌnstəbl/ n (ο)
αστυνομικός

constabulary /kən'stæbjʊlərɪ/
n (η) αστυνομία

constant /'kɒnstənt/ a
(unchanging) σταθερός.
(unceasing) συνεχής. ~ly adv
συνεχώς

constellation /kɒnstə'leɪʃn/ n
(ο) αστερισμός

constipated /'kɒnstɪpeɪtɪd/ a
δυσκοίλιος

constituency /kən'stɪtjʊənsɪ/ n
(η) εκλογική περιφέρεια

constitut|e /'kɒnstɪtju:t/ vt
συνιστώ. (be) αποτελώ. ~ion
/-'tju:ʃn/ n (το) σύνταγμα

constraint /kən'streɪnt/ n (ο)
εξαναγκασμός

constrict /kən'strɪkt/ vt
συσφίγγω. (movement)
περιορίζω. ~ion /-ʃn/ n (η)
σύσφιξη

construct /kən'strʌkt/ vt
κατασκευάζω. ~ion /-ʃn/ n (η)
κατασκευή

constructive /kən'strʌktɪv/ a
εποικοδομητικός

consul /'kɒnsl/ n (ο) πρόξενος.
~ar /-jʊlə(r)/ a προξενικός.
~ate /-jʊlət/ n (το)
προξενείο

consult /kən'sʌlt/ vi ~ with
συμβουλεύομαι. • vi ~ with
συσκέπτομαι με. ~ation
/kɒnsl'teɪʃn/ n (η) σύσκεψη.
(med) (η) επίσκεψη

consultant /kən'sʌltənt/ n (ο)
σύμβουλος

consume /kən'sju:m/ vt
καταναλώνω. ~r /-ə(r)/ n (ο)
καταναλωτής

consumption /kənˈsʌmpʃn/ n
(η) κατανάλωση. (med) (η)
φυματίωση

contact /ˈkɒntækt/ n (η)
επαφή. • vt έρχομαι σε επαφή
με. **~ lens** n (ο) φακός επαφής

contagious /kənˈteɪdʒəs/ a
μεταδοτικός

contain /kənˈteɪn/ vt περιέχω.
~ o.s. συγκρατιέμαι. **~er** n
(ο) περιέκτης. (comm)
εμπορευματοκιβώτιο

contaminat|e /kənˈtæmɪneɪt/ vt
μολύνω. **~ion** /-ˈneɪʃn/ n (η)
μόλυνση

contemplat|e /ˈkɒntempleɪt/ vt
συλλογίζομαι. (consider)
σκέπτομαι. **~ion** /-ˈpleɪʃn/ n
(η) συλλογή

contemporary /kənˈtempərəri/
a & n σύγχρονος

contempt /kənˈtempt/ n (η)
περιφρόνηση

contend /kənˈtend/ vt/i
διεκδικώ. (assert) υποστηρίζω.
~er n (ο) ανταγωνιστής

content¹ /kənˈtent/ a
ικανοποιημένος. • vt
ικανοποιώ. **~ed** a
ικανοποιημένος

content² /ˈkɒntent/ n **~s** (τα)
περιεχόμενα. (of book) (ο)
πίνακας περιεχομένων, (τα)
περιεχόμενα

contention /kənˈtenʃn/ n (η)
διαμάχη. (opinion) (ο)
ισχυρισμός

contest¹ /ˈkɒntest/ n (ο)
συναγωνισμός. (fight) (η)
πάλη. (sport) (ο) αγώνας

contest² /kənˈtest/ vt διεκδικώ.
(dispute) αμφισβητώ. **~ant**
(ο) αντίπαλος

context /ˈkɒntekst/ n (τα)
συμφραζόμενα

continent /ˈkɒntɪnənt/ n (η)
ήπειρος. **the C~** η
Ηπειρωτική Ευρώπη. **~al**
/-ˈnentl/ a ηπειρωτικός

contingen|t /kənˈtɪndʒənt/ n
(το) τμήμα. **~cy** n (το)
ενδεχόμενο

continual /kənˈtɪnjʊəl/ a
συνεχής. **~ly** adv συνεχώς

continu|e /kənˈtɪnjuː/ vt/i
εξακολουθώ. (resume)
συνεχίζω/ομαι. **~ation**
/-ʊˈeɪʃn/ n (η) συνέχεια. (after
interruption) (η)
εξακολούθηση

continuity /kɒntɪˈnjuːəti/ n (η)
συνοχή

continuous /kənˈtɪnjʊəs/ a
συνεχής. **~ly** adv συνεχώς

contort /kənˈtɔːt/ vt
στρεβλώνω

contour /ˈkɒntʊə(r)/ n (το)
περίγραμμα

contraband /ˈkɒntrəbænd/ n
(το) λαθρεμπόριο

contraception /kɒntrəˈsepʃn/ n
(η) αντισύλληψη

contraceptive /kɒntrəˈseptɪv/ n
(το) αντισυλληπτικό

contract¹ /ˈkɒntrækt/ n (η)
σύμβαση

contract² /kənˈtrækt/ vt/i
συστέλλω/ομαι

contractor /kənˈtræktə(r)/ n (ο)
εργολάβος

contradict /kɒntrəˈdɪkt/ vt
αντικρούω. **~ion** /-ʃn/ n (η)
αντίφαση

contralto /kənˈtræltəʊ/ n (το)
κοντράλτο invar

contrary /'kɒntrərɪ/ a (*opposite*)
αντίθετος. • n (το) αντίθετο.
• adv **on the ~** αντίθετα

contrast¹ /'kɒntrɑːst/ n (η)
αντίθεση

contrast² /kən'trɑːst/ vt/i
αντιπαραβάλλω/ομαι

contravene /kɒntrə'viːn/ vt
παραβαίνω

contribut|e /kən'trɪbjuːt/ vt/i
συνεισφέρω. **~e to**
συνεργάζομαι με. **~ion**
/kɒntrɪ'bjuːʃn/ (η)
συνεισφορά. **~or** n (to book
etc.) (ο) συνεργάτης, (η)
συνεργάτις

contrite /'kɒntraɪt/ a
μεταμελημένος

contriv|e /kən'traɪv/ vt επινοώ.
~ to καταφέρνω να

control /kən'trəʊl/ vt ελέγχω.
(a firm etc.) διευθύνω. (check)
ρυθμίζω. (restrain) συγκρατώ.
• n (ο) έλεγχος. (mastery) (η)
κυριαρχία. **~s** npl (auto) (τα)
όργανα ελέγχου. (aviat) (το)
χειριστήριο

controversial /kɒntrə'vɜːʃl/ a
επίμαχος

controversy /'kɒntrəvɜːsɪ/ n
(η) διαφωνία

convalesce /kɒnvə'les/ vi
αναρρώνω. **~nce** n (η)
ανάρρωση

convene /kən'viːn/ vt
συγκαλώ. • vi συνέρχομαι

convenience /kən'viːnɪəns/ (η)
ευκολία. **public ~s** npl (τα)
αποχωρητήρια

convenient /kən'viːnɪənt/ a
βολικός. (accessible) εύκολος

convent /'kɒnvənt/ n (το)
μοναστήρι καλογραιών

convention /kən'venʃn/ n (το)
συνέδριο. (custom) (ο) τύπος.
~al a συμβατικός

converge /kən'vɜːdʒ/ vi
συγκλίνω

conversant /kən'vɜːsənt/ a **~
with** γνώστης (with gen.)

conversation /kɒnvə'seɪʃn/ n
(η) συνομιλία

converse¹ /kən'vɜːs/ vi
συνομιλώ

converse² /'kɒnvɜːs/ a
αντίστροφος. **~ly** adv
αντιστρόφως

conver|t¹ /kən'vɜːt/ vt
μεταστρέφω. **~sion** /-ʃn/ n (η)
μεταστροπή. **~tible** n (auto)
(το) ανοιχτό αυτοκίνητο

convert² /'kɒnvɜːt/ n (ο)
προσήλυτος

convex /'kɒnveks/ a κυρτός

convey /kən'veɪ/ vt
μεταβιβάζω. (goods)
μεταφέρω. (idea) αποδίδω.
~or belt n (η) μεταφορική
ταινία

convict¹ /kən'vɪkt/ vt
καταδικάζω. **~ion** /-ʃn/ n (η)
καταδίκη. (belief) (η)
πεποίθηση

convict² /'kɒnvɪkt/ n (ο)
κατάδικος

convinc|e /kən'vɪns/ vt πείθω.
~ing a πειστικός

convoy /'kɒnvɔɪ/ n (η)
συνοδεία

convuls|e /kən'vʌls/ vt
συνταράζω. **be ~ed
with laughter** σκάω στα
γέλια. **~ion** /-ʃn/ n (ο)
σπασμός

coo /kuː/ vi γουργουρίζω

cook /kʊk/ vt/i
μαγειρεύω/ομαι. • n (ο)
μάγειρας, (η) μαγείρισσα

cooker /'kʊkə(r)/ n (η) κουζίνα
(συσκευή μαγειρέματος)

cookery /'kʊkərɪ/ n (η)
μαγειρική

cookie /'kʊkɪ/ n (Amer) (το)
μπισκότο

cool /ku:l/ a δροσερός. (calm)
ψύχραιμος. (unfriendly)
ψυχρός. • vt/i δροσίζω. **~ness**
n (η) δροσιά. (calmness) (η)
ψυχραιμία

coop /ku:p/ n (το) κοτέτσι vt
~ up περιορίζω

co-operat|e /kəʊ'ɒpəreɪt/ vi
συνεργάζομαι. **~ion** n /-'reɪʃn/
(η) συνεργασία

co-operative /kəʊ'ɒpərətɪv/ a
συνεργατικός. • n (ο)
συνεταιρισμός

co-ordinat|e /kəʊ'ɔ:dɪneɪt/ vt
συντονίζω. **~ion** n /-'neɪʃn/ (ο)
συντονισμός

cope /kəʊp/ vi τα βγάζω πέρα

co-pilot /'kəʊpaɪlət/ n (ο)
συγκυβερνήτης

copper¹ /'kɒpə(r)/ n (ο)
χαλκός. • a χάλκινος

copper² /'kɒpə(r)/ n (sl) (ο)
αστυνομικός

coppice, copse /'kɒpɪs, kɒps/
ns (η) λόχμη

copulate /'kɒpjʊleɪt/ vi
συνουσιάζομαι

copy /'kɒpɪ/ n (of book) (το)
αντίτυπο. (το) αντίγραφο. • vt
αντιγράφω

copyright /'kɒpɪraɪt/ n (τα)
πνευματικά δικαιώματα

coral /'kɒrəl/ n (το) κοράλλι

cord /kɔ:d/ n (το) κορδόνι.
(fabric) (το) κοτλέ invar.
(vocal) (η) χορδή

cordial /'kɔ:dɪəl/ a εγκάρδιος

cordon /'kɔ:dn/ n (το) κορδόνι
vt **~ off** αποκλείω

corduroy /'kɔ:dərɒɪ/ n (το)
βελούδο κοτλέ

core /kɔ:(r)/ n (of apple) (ο)
πυρήνας. (fig) (η) καρδιά

cork /kɔ:k/ n (ο) φελλός. (for
bottle) (το) πώμα

corkscrew /'kɔ:kskru:/ n (το)
τιρμπουσόν invar

corn¹ /kɔ:n/ n (cereal) (τα)
δημητριακά. (maize) (το)
καλαμπόκι

corn² /kɔ:n/ n (hard skin) (ο)
κάλος

corner /'kɔ:nə(r)/ n (η) γωνία.
(football) (το) κόρνερ invar.
• vt στριμώχνω. **~stone** n (ο)
ακρογωνιαίος λίθος

cornet /'kɔ:nɪt/ n (mus) (η)
κορνέτα. (for ice-cream) (το)
χωνάκι

coronary /'kɒrənərɪ/ n **~
(thrombosis)** (η) στεφανιαία

coronation /kɒrə'neɪʃn/ n (η)
στέψη

coroner /'kɒrənə(r)/ n (ο)
ιατροδικαστής

corporal /'kɔ:pərəl/ n (ο)
δεκανέας

corporate /'kɔ:pərət/ a
ομαδικός. (company)
εταιρικός

corporation /kɔ:pə'reɪʃn/ n (η)
εταιρε(ι)α. (of town) (το)
δημοτικό συμβούλιο

corps /kɔ:(r)/ n (το) σώμα

corpse /kɔ:ps/ n (το) πτώμα

correct /kə'rekt/ a ορθός, σωστός. (*time*) ακριβής. (*dress*) άψογος. • vt διορθώνω. **~ion** /-ʃn/ n (η) διόρθωση. **~ly** adv ορθά, σωστά

correlat|e /'kɒrəleɪt/ vt συσχετίζω. **~ion** n /-'leɪʃn/ n (η) συσχέτιση

correspond /kɒrɪ'spɒnd/ vi (*tally*) συμφωνώ. (*be equivalent*) αντιστοιχώ. (*write*) αλληλογραφώ. **~ence** n (η) αλληλογραφία. **~ent** n (*journalist*) (ο) ανταποκριτής. (*letter-writer*) (ο) επιστολογράφος

corridor /'kɒrɪdɔː(r)/ n (ο) διάδρομος

corroborate /kə'rɒbəreɪt/ vt επιβεβαιώνω

corro|de /kə'rəʊd/ vt/i διαβρώνω/ομαι. **~sion** n (η) διάβρωση

corrugated /'kɒrəgeɪtɪd/ a **~ iron** n αυλακωτός τσίγκος

corrupt /kə'rʌpt/ a διεφθαρμένος. • vt διαφθείρω. **~ion** /-ʃn/ n (η) διαφθορά

corset /'kɔːsɪt/ n (ο) κορσές

cosh /kɒʃ/ n (το) ρόπαλο

cosmetic /kɒz'metɪk/ n (το) καλλυντικό

cosmic /'kɒzmɪk/ a κοσμικός

cosmonaut /'kɒzmənɔːt/ n (ο) κοσμοναύτης

cosmopolitan /kɒzmə'pɒlɪtən/ a κοσμοπολιτικός

cosmos /'kɒzmɒs/ n (ο) κόσμος

cost /kɒst/ vt κοστίζω. • n (το) κόστος. **~s** (*jur*) (τα) έξοδα. **~ of living** n (το) κόστος

ζωής. **how much does it ~?** πόσο κάνει; **to one's ~** σε βάρος μου

costly /'kɒstlɪ/ a ακριβός

costume /'kɒstjuːm/ n (η) ενδυμασία

cosy /'kəʊzɪ/ a άνετος

cot /kɒt/ n (το) παιδικό κρεβατάκι. (*camp-bed: Amer*) (το) κρεβάτι εκστρατείας

cottage /'kɒtɪdʒ/ n (το) εξοχικό σπίτι

cotton /'kɒtn/ n (το) βαμβάκι. **~ wool** n (το) βαμβάκι

couch /kaʊtʃ/ n (το) ντιβάνι

cough /kɒf/ vi βήχω. • n (ο) βήχας

could /kʊd, kəd/ pt of **can**

couldn't /'kʊdnt/ = **could not**

council /'kaʊnsl/ n (το) συμβούλιο. **~ house** n (η) εργατική πολυκατοικία

councillor /'kaʊnsələ(r)/ n (ο) σύμβουλος

counsel /'kaʊnsl/ n (*advice*) (η) συμβουλή. • n invar (*jur*) (ο) συνήγορος. **~lor** n (ο) σύμβουλος

count[1] /kaʊnt/ n (*nobleman*) (ο) κόμης

count[2] /kaʊnt/ vt/i μετρώ. • n (το) μέτρημα. **~ on** βασίζομαι σε

counter[1] /'kaʊntə(r)/ n (*in shop etc.*) (ο) πάγκος. (*token*) (η) μάρκα

counter[2] /'kaʊntə(r)/ adv **~ to** αντίθετα με: • a αντίθετος. • vt αντικρούω. • vi αντεπιτίθεμαι

counter- /'kaʊntə(r)/ pref αντι-

counteract /kaʊntər'ækt/ vt εξουδετερώνω

counter-attack /'kauntərətæk/ n (η) αντεπίθεση

counterfeit /'kauntəfit/ a πλαστός. • n (η) πλαστογράφηση. • vt πλαστογραφώ

counterfoil /'kauntəfɔil/ n (το) στέλεχος

counterpart /'kauntəpa:t/ n (of person) (ο) ομόλογος

countess /'kauntis/ n (η) κόμισσα

countless /'kauntlis/ a αναρίθμητος

country /'kʌntri/ n (η) χώρα. (native land) (η) πατρίδα. (countryside) (η) ύπαιθρος, η εξοχή

countryman /'kʌntrimən/ n (fellow) ~ (ο) συμπατριώτης

countryside /'kʌntrisaid/ n (η) ύπαιθρος, (η) εξοχή

county /'kaunti/ n διοικητική περιοχή στο HB

coup /ku:/ n (το) πραξικόπημα

couple /kʌpl/ n (το) ζευγάρι. • vt συνδέω. **a ~ of** (two) δύο. (a few) ένας δυο

coupon /'ku:pɔn/ n (comm) (το) κουπόνι

courage /'kʌridʒ/ n (το) θάρρος. **~ous** /kə'reidʒəs/ a θαρραλέος

courgette /kuə'ʒet/ n (το) κολοκυθάκι

courier /'kuriə(r)/ n (messenger) (ο) courier. (for tourists) (ο, η) συνοδός. **~ service** (η) υπηρεσία ταχυμεταφορών

course /kɔ:s/ n (η) πορεία. (lessons) (η) σειρά. (aviat, naut) (η) διαδρομή. (culin) (το) πιάτο. (for golf) (το) γήπεδο. **of ~** βέβαια

court /kɔ:t/ n (το) δικαστήριο. (tennis) (το) γήπεδο. • vt ~ **danger** ριψοκινδυνεύω. ~ **martial** (το) στρατοδικείο

courteous /'kɜ:tiəs/ a ευγενικός

courtesy /'kɜ:təsi/ n (η) ευγένεια

courtier /'kɔ:tiə(r)/ n (ο) αυλικός

courtyard /'kɔ:tja:d/ n (η) αυλή

cousin /'kʌzn/ n (ο) εξάδελφος, (η) εξαδέλφη

cove /kəuv/ n (το) λιμανάκι

cover /'kʌvə(r)/ vt σκεπάζω. (journalism) καλύπτω. (protect) προστατεύω. • n (protection) (η) κάλυψη. (shelter) (η) στέγη. (lid) (το) κάλυμμα. (of book) (το) εξώφυλλο. (for bed) (η) κουβέρτα. ~ **charge** n (το) κουβέρ invar. **take ~** κρύβομαι. **~ing** (το) κάλυμμα

coverage /'kʌvəridʒ/ n (η) κάλυψη

covet /'kʌvit/ vt εποφθαλμιώ

cow /kau/ n (η) αγελάδα

coward /'kauəd/ n (ο) δειλός. **~ly** a δειλός

cowardice /'kauədis/ n (η) δειλία

cowboy /'kaubɔi/ n (ο) καουμπόι

cower /'kauə(r)/ vi ζαρώνω

cowshed /'kaufed/ n (το) βουστάσιο

cox(swain) /'kɒks(n)/ n (ο) πηδαλιούχος

coy /kɔi/ a ντροπαλός

crab /kræb/ n (ο) κάβουρας

crack /kræk/ n (η) σχισμή. (in ceiling) (η) ρωγμή. (noise) (ο) ξηρός κρότος. • a (fam) επίλεκτος vt ραγίζω. (nut) σπάζω. (whip) χτυπώ. (joke) λέω. (problem) λύνω

cracker /'krækə(r)/ n (η) κροτίδα. (culin) (το) άγλυκο μπισκότο, (το) κράκερ invar

crackle /'krækl/ vi κροταλίζω

cradle /'kreidl/ n (η) κούνια. • vt κουνώ

craft[1] /kra:ft/ n (η) χειροτεχνία. (technique) (η) τέχνη. (cunning) (η) πονηριά

craft[2] /kra:ft/ n invar (boat) (το) σκάφος

craftsman /'kra:ftsmən/ n (ο) τεχνίτης. ~**ship** n (η) τέχνη

crafty /'kra:ftı/ a πονηρός

crag /kræg/ n απόκρημνος βράχος. ~**gy** a απόκρημνος

cram /kræm/ vt παραγεμίζω. • vi (for exam) προγυμνάζω εντατικά

cramp /kræmp/ n (η) κράμπα

cramped /kræmpt/ a στενόχωρος

crane /kreın/ n (ο) γερανός

crank[1] /kræŋk/ n (mech) (η) μανιβέλα

crank[2] /kræŋk/ n (person) (ο) ιδιόρρυθμος

cranny /'krænı/ n (η) σχισμή

crash /kræʃ/ n (noise) (ο) πάταγος. (collision) (η) σύγκρουση. (comm) (η) κατάρρευση. vt/i (make noise) πέφτω με πάταγο. (collide) συγκρούομαι. (plane) συντρίβω/ομαι. ~-**helmet** n

(το) κράνος. ~ **into** χτυπώ σε. ~-**land** vi προσγειώνομαι αναγκαστικά

crass /kræs/ a άξεστος

crate /kreıt/ n (το) κιβώτιο

crater /'kreıtə(r)/ n (ο) κρατήρας

cravat /krə'væt/ n (η) φαρδιά γραβάτα

crav|e /kreıv/ vt ποθώ. • vi ~**e for** λαχταρώ. ~**ing** n (η) λαχτάρα

crawl /krɔ:l/ vi σέρνομαι. (move slowly) προχωρώ αργά. • n (swimming) (το) κρόουλ invar

crayon /'kreıən/ n (το) κραγιόνι

craze /kreız/ n (η) μανία

crazy /'kreızı/ a (fam) τρελός. **be** ~**y about** είμαι τρελός για

creak /kri:k/ n (το) τρίξιμο. • vi τρίζω

cream /kri:m/ n (η) κρέμα. (whipped) (η) σαντιγί. (fig) (η) αφρόκρεμα. • a (colour) (το) κρεμ invar

crease /kri:s/ n (η) ζάρα. (in trousers) (η) τσάκιση. (crumple) (το) τσαλάκωμα. • vt/i ζαρώνω

creat|e /kri:'eıt/ vt δημιουργώ. ~**ion** /-ʃn/ n (η) δημιουργία. ~**ive** a δημιουργικός. ~**or** n (ο, η) δημιουργός

creature /'kri:tʃə(r)/ n (το) πλάσμα

crèche /kreıʃ/ n (ο) παιδικός σταθμός

credentials /krı'denʃlz/ npl (τα) διαπιστευτήρια

credib|le /'kredəbl/ *a*
πιστευτός. **~ility** /-'bɪlətɪ/ *n* (η)
αξιοπιστία

credit /'kredɪt/ *n* (η) πίστωση.
(*honour*) (η) τιμή. • *vt* πιστώνω.
~ card *n* (η) πιστωτική
κάρτα. in **~** (*account*) με
πιστωτικό υπόλοιπο. take the
~ for οικειοποιούμαι την
τιμή για. **~or** *n* (ο)
πιστωτής

credulous /'kredjʊləs/ *a*
εύπιστος

creed /kri:d/ *n* (το) πιστεύω

creek /kri:k/ *n* (ο) κολπίσκος

creep /kri:p/ *vi* (*pt* crept)
σέρνομαι. (*plant*)
αναρριχιέμαι. • *n* (*sl*) (ο)
γλείφτης. **~er** *n* (το)
αναρριχητικό. **~y** *a* (*fam*)
ανατριχιαστικός

cremat|e /krɪ'meɪt/ *vt*
αποτεφρώνω (νεκρό). **~ion**
/-ʃn/ *n* (η) αποτέφρωση

crematorium /kremə'tɔ:rɪəm/ *n*
(*pl* -ia) (το) κρεματόριο

crêpe /kreɪp/ *n* (το) κρεπ *invar*.
~ paper *n* (το) χαρτί κρεπ

crept /krept/ *see* CREEP

crescent /'kresnt/ *n* (το)
μισοφέγγαρο. (*road*) (ο)
ημικυκλικός δρόμος. (*emblem*)
(η) ημισέληνος

cress /kres/ *n* (το) κάρδαμο

crest /krest/ *n* (η) κορυφή.
(*coat of arms*) (το)
οικόσημο

Crete /kri:t/ *n* (η) Κρήτη

cretin /'kretɪn/ *n* (ο) ηλίθιος

crevasse /krɪ'væs/ *n* (η) ρωγμή
σε πάγο

crevice /'krevɪs/ *n* (η) ρωγμή

crew /kru:/ *n* (το) πλήρωμα.
(*gang*) (το) συνεργείο. **~ cut** *n*
(το) κοντό κούρεμα

crib¹ /krɪb/ *n* (η) κούνια. (*relig*)
(η) φάτνη

crib² /krɪb/ *vt/i* αντιγράφω

cricket¹ /'krɪkɪt/ *n* (*sport*) (το)
κρίκετ *invar*

cricket² /'krɪkɪt/ *n* (*insect*) (ο)
γρύλος

crime /kraɪm/ *n* (το) έγκλημα.
(*acts*) (το) αδίκημα

criminal /'krɪmɪnl/ *a*
εγκληματικός. • *n* (ο, η)
εγκληματίας

crimson /'krɪmzn/ *a* βυσσινής.
• *n* (το) βυσσινί

cringe /krɪndʒ/ *vi* μαζεύομαι
από φόβο

crinkle /'krɪŋkl/ *vt/i* ζαρώνω

cripple /'krɪpl/ *n* (ο) ανάπηρος.
• *vt* παραλύω

crisis /'kraɪsɪs/ *n* (*pl* crises
/'kraɪsi:z/) (η) κρίση

crisp /krɪsp/ *a* (*culin*) τραγανός.
(*air*) τσουχτερός. (*style*)
απότομος. **~s** *npl* (τα) τσιπς
invar, (τα) πατατάκια

criss-cross /'krɪskrɒs/ *a*
σταυρωτός

criterion /kraɪ'tɪərɪən/ *n* (*pl* -ia)
(το) κριτήριο

critic /'krɪtɪk/ *n* (ο, η) κριτικός.
~al *a* κριτικός. (*situation,
moment*) κρίσιμος. **~ally** *adv*
κριτικά. (*ill*) σε κρίσιμη
κατάσταση

criticism /'krɪtɪsɪzəm/ *n* (η)
κριτική

criticize /'krɪtɪsaɪz/ *vt*
κριτικάρω. (*censure*)
επικρίνω

croak /krəʊk/ n (το) κόασμα.
• vi κοάζω

crochet /'krəʊʃeɪ/ n (το) κροσέ

crockery /'krɒkərɪ/ n (τα)
πιατικά

crocodile /'krɒkədaɪl/ n (ο)
κροκόδειλος

crocus /'krəʊkəs/ n (ο)
κρόκος

crook /krʊk/ n (criminal: fam)
(ο) απατεώνας. (stick) (η)
γκλίτσα. (of arm) (η) κάμψη
του βραχίονα

crooked /'krʊkɪd/ a στραβός

crop /krɒp/ n (η) σοδειά. • vt
(pt **cropped**) κόβω. • vi ~ **up**
προκύπτω

croquet /'krəʊkeɪ/ n (το) κροκέ
invar

croquette /krəʊ'ket/ n (η)
κροκέτα

cross /krɒs/ n (ο) σταυρός.
(hybrid) (η) διασταύρωση. • vt
(go across) περνώ. (street)
διασχίζω. (legs) σταυρώνω.
(animals, plants) διασταυρώνω.
• a θυμωμένος. ~**ed cheque** n
(η) δίγραμμη επιταγή. ~ **off**
or **out** διαγράφω. ~ **s.o.'s**
mind περνώ από το μυαλό
κάποιου

cross-examine /krɒsɪg'zæmɪn/
vt αντεξετάζω

cross-eyed /'krɒsaɪd/ a
αλλοίθωρος

crossing /'krɒsɪŋ/ n (by boat)
(το) ταξίδι. (on road) (η)
διασταύρωση

cross-reference /krɒs'refrəns/
n (η) παραπομπή

crossroads /'krɒsrəʊdz/ n (το)
σταυροδρόμι

cross-section /krɒs'sekʃn/ n
(η) διατομή. (fig) (το)
αντιπροσωπευτικό
δείγμα

crossword /'krɒswɜːd/ n (το)
σταυρόλεξο

crotch /krɒtʃ/ n (of trousers) (ο)
καβάλος

crotchet /'krɒtʃɪt/ n (το)
τέταρτο

crouch /kraʊtʃ/ vi μαζεύομαι

crow /krəʊ/ n (το) κοράκι. • vi
κράζω

crowbar /'krəʊbɑː(r)/ n (ο)
λοστός

crowd /kraʊd/ n (το) πλήθος.
• vt/i στριμώχνω/ομαι. ~**ed** a
γεμάτος

crown /kraʊn/ n (το) στέμμα,
(η) κορόνα. (top part) (η)
κορυφή. • vt στέφω. (tooth)
βάζω κορόνα σε

crucial /'kruːʃl/ a κρίσιμος

crucifix /'kruːsɪfɪks/ n (ο)
εσταυρωμένος

cruci|fy /'kruːsɪfaɪ/ vt
σταυρώνω. ~**ixion** /-'fɪkʃn/ n
(η) σταύρωση

crude /kruːd/ a (raw)
ακατέργαστος. (rough)
χοντρός. (vulgar) χυδαίος. ~
oil n αργό πετρέλαιο

cruel /krʊəl/ a σκληρός. ~**ty**
n (η) σκληρότητα

cruise /kruːz/ n (η)
κρουαζιέρα. • vi κάνω
κρουαζιέρα. (car) ταξιδεύω με
σταθερή ταχύτητα. ~**r** n
(warship) (το) καταδρομικό.
(motor boat) (το)
θαλαμηγός

crumb /krʌm/ n (το) ψίχουλο

crumble /'krʌmbl/ *vt* τρίβω.
• *vi* (*collapse*) γκρεμίζομαι

crumple /'krʌmpl/ *vt/i*
τσαλακώνω/ομαι

crunch /krʌntʃ/ *vt* τραγανίζω.
• *n* (*fig*) η αποφασιστική
στιγμή. **~y** *a* τραγανιστός

crusade /kru:'seɪd/ *n* (η)
σταυροφορία

crush /krʌʃ/ *vt* συνθλίβω.
(*clothes*) τσαλακώνω. • *n*
(*crowd*) (ο) συνωστισμός. (*fruit
drink*) (ο) χυμός

crust /krʌst/ *n* (η) κόρα

crutch /krʌtʃ/ *n* (το) δεκανίκι

crux /krʌks/ *n* (η) ουσία

cry /kraɪ/ *n* (*weep*) (το) κλάμα.
(*shout*) (το) ξεφωνητό. • *vi*
(*weep*) κλαίω. (*call out*) φωνάζω

crypt /krɪpt/ *n* (η) κρύπτη

cryptic /'krɪptɪk/ *a*
αινιγματικός

crystal /'krɪstl/ *n* (το)
κρύσταλλο. **~lize** *vt/i*
αποκρυσταλλώνω

cub /kʌb/ *n* (ο) σκύμνος

cub|e /kju:b/ *n* (ο) κύβος. **~ic**
a κυβικός

cubicle /'kju:bɪkl/ *n* (ο)
θαλαμίσκος

cuckoo /'kʊku:/ *n* (ο) κούκος

cucumber /'kju:kʌmbə(r)/ *n*
(το) αγγούρι

cuddle /'kʌdl/ *vt* κρατώ στην
αγκαλιά. • *n* (το) αγκάλιασμα

cudgel /'kʌdʒl/ *n* (το) ρόπαλο

cue¹ /kju:/ *n* (*theatr*) (το)
σύνθημα

cue² /kju:/ *n* (*billiards*) (η)
στέκα

cuff /kʌf/ *n* (το) μανικέτι. **~-
link** *n* (το) μανικετόκουμπο

cul-de-sac /'kʌldəsæk/ *n* (το)
αδιέξοδο

culinary /'kʌlɪnərɪ/ *a*
μαγειρικός

culminat|e /'kʌlmɪneɪt/ *vi*
αποκορυφώνομαι (*in*, σε).
~ion /'neɪʃn/ *n* (το)
αποκορύφωμα

culottes /kʊ'lɒts/ *npl* (η)
κιλότα

culprit /'kʌlprɪt/ *n* (ο) ένοχος

cult /kʌlt/ *n* (η) (θρησκευτική)
λατρεία. • *a* καλτ *invar*

cultivate /'kʌltɪveɪt/ *vt*
καλλιεργώ

cultural /'kʌltʃərəl/ *a*
πολιτιστικός

culture /'kʌltʃə(r)/ *n* (ο)
πολιτισμός, (η) κουλτούρα.
~d *a* καλλιεργημένος

cumbersome /'kʌmbəsəm/ *a*
άβολος

cumulative /'kju:mjʊlətɪv/ *a*
συσσωρευτικός

cunning /'kʌnɪŋ/ *a* πονηρός.
• *n* (η) πονηριά

cup /kʌp/ *n* (το) φλιτζάνι.
(*prize*) (το) κύπελλο

cupboard /'kʌbəd/ *n* (το)
ντουλάπι

curate /'kjʊərət/ *n* (ο) βοηθός
ιερέα

curator /kjʊə'reɪtə(r)/ *n* (ο)
έφορος (*μουσείου*)

curb /kɜ:b/ *n* (το) χαλινάρι. • *vt*
συγκρατώ

curdle /'kɜ:dl/ *vt* πήζω. • *vi*
παγώνω

cure /kjʊə(r)/ *vt* θεραπεύω.
(*culin*) παστώνω. • *n* (η)
θεραπεία

curfew /'kɜ:fju:/ *n* (η)
απαγόρευση κυκλοφορίας

curious /'kjʊəriəs/ *a*
περίεργος. (*strange*)
παράξενος. **~osity** /-'ɒsəti/ *n*
(η) περιέργεια

curl /kɜ:l/ *vt/i* κατσαρώνω. • *n*
(η) μπούκλα. **~ up**
κουλουριάζομαι

curler /'kɜ:lə(r)/ *n* (το) μπικουτί
invar

curly /'kɜ:lɪ/ *a* σγουρός

currant /'kʌrənt/ *n* (η)
κορινθιακή σταφίδα

currency /'kʌrənsɪ/ *n* (το)
νόμισμα

current /'kʌrənt/ *a*
τρεχούμενος. • *n* (το) ρεύμα.
~ account (ο) τρεχούμενος
λογαριασμός. **~ affairs** (τα)
επίκαιρα θέματα. **~ly** *adv*
τώρα

curriculum /kə'rɪkjʊləm/ *n*
(η) διδασκόμενη ύλη. **~
vitae** *n* (το) βιογραφικό
σημείωμα

curry /'kʌrɪ/ *n* (το) κάρι *invar*.
• *vt* **~ favour with s.o.**
επιδιώκω την εύνοια κπ

curse /kɜ:s/ *n* (η) κατάρα.
(*oath*) (η) βλαστήμια. • *vt*
καταριέμαι. • *vi* βλαστημώ

cursory /'kɜ:sərɪ/ *a* βιαστικός

curt /kɜ:t/ *a* απότομος

curtail /kɜ:'teɪl/ *vt* περιορίζω.
(*expenses*) περικόπτω

curtain /'kɜ:tn/ *n* (η) κουρτίνα.
(*theatr*) (η) αυλαία

curve /kɜ:v/ *n* (η) καμπύλη.
• *vt/i* καμπυλώνω

cushion /'kʊʃn/ *n* (το)
μαξιλαράκι

custard /'kʌstəd/ *n* (η) κρέμα
κάσταρτ

custodian /kʌ'stəʊdɪən/ *n* (ο)
φύλακας

custody /'kʌstədɪ/ *n* (η)
επιμέλεια. (*jur*) (η) κράτηση

custom /'kʌstəm/ *n* (η)
συνήθεια. (*comm*) (η)
πελατεία. **~ary** *a*
συνηθισμένος

customer /'kʌstəmə(r)/ *n* (ο)
πελάτης, (η) πελάτισσα

customs /'kʌstəmz/ *npl* (το)
τελωνείο

cut /kʌt/ *vt/i* κόβω. • *n* (το)
κόψιμο. (*reduction*) (η) μείωση

cute /kju:t/ *a* χαριτωμένος

cuticle /'kju:tɪkl/ *n* (το)
πετσάκι του νυχιού

cutlery /'kʌtlərɪ/ *n* (τα)
μαχαιροπίρουνα

cutlet /'kʌtlɪt/ *n* (η) κοτολέτα

cutting /'kʌtɪŋ/ *n* (*from
newspaper*) (το) απόκομμα. (*of
plant*) (το) μόσχευμα

cyberspace /'saɪbəspeɪs/ *n* (ο)
κυβερνοχώρος

cycle /'saɪkl/ *n* (ο) κύκλος.
(*bicycle*) (το) ποδήλατο. • *vi*
κάνω ποδήλατο. **~e lane**
(η) λωρίδα κυκλοφορίας
ποδηλάτων. **~ing** *n* (η)
ποδηλασία. **~ist** *n* (ο)
ποδηλατιστής, (η) ποδηλάτις

cyclone /'saɪkləʊn/ *n* (ο)
κυκλώνας

cylinder /'sɪlɪndə(r)/ *n* (ο)
κύλινδρος

cymbal /'sɪmbl/ *n* (το) κύμβαλο

cynic /'sɪnɪk/ *n* (ο) κυνικός.
~al *a* κυνικός. **~ism** /-sɪzəm/
n (ο) κυνισμός

cypress /'saɪprəs/ n (το)
κυπαρίσσι

Cyprus /'saɪprəs/ n (η) Κύπρος

cyst /sɪst/ n (η) κύστη

czar /zɑ:(r)/ n (ο) τσάρος

Dd

dab /dæb/ vt (pt **dabbed**)
σκουπίζω. • n a ~ **of paint**
μια πινελιά μπογιάς. ~ **sth
on** βάζω λίγο σε κτ

dabble /'dæbl/ vi ~ **in**
ασχολούμαι επιφανειακά με

dad /dæd/ n (ο) μπαμπάς. ~**dy-
long-legs** n (το) αλογατάκι
(έντομο)

daffodil /'dæfədɪl/ n (ο)
νάρκισσος

daft /dɑ:ft/ a ανόητος

dagger /'dægə(r)/ n (το)
στιλέτο

dahlia /'deɪlɪə/ n (η) ντάλια

daily /'deɪlɪ/ a ημερήσιος. • adv
καθημερινά. • n (η)
καθημερινή εφημερίδα

dainty /'deɪntɪ/ a
λεπτοκαμωμένος

dairy /'deərɪ/ n (on farm) (το)
βουστάσιο. • (shop) (το)
γαλακτοπωλείο. • a
γαλακτοκομικός

dais /'deɪɪs/ n (η) εξέδρα

daisy /'deɪzɪ/ n (η) μαργαρίτα

dam /dæm/ n (το)
υδατοφράκτης. • vt φράζω

damage /'dæmɪdʒ/ n (η) ζημιά.
~**s** (jur) (η) αποζημίωση. • vt

κάνω ζημιά σε. (fig)
καταστρέφω

dame /deɪm/ n (old use) (η)
κυρά. (Amer, sl) (η) γυναίκα

damn /dæm/ vt καταδικάζω.
• int ανάθεμά το. • a (fam)
αναθεματισμένος

damp /dæmp/ n (η) υγρασία.
• a υγρός. • vt υγραίνω. (fig)
αποθαρρύνω. ~**en** vt = damp.
~**ness** n (η) υγρασία

dance /dɑ:ns/ vt/i χορεύω. • n
(ο) χορός. ~**r** /-ə(r)/ n (ο)
χορευτής, (η) χορεύτρια

dandelion /'dændɪlaɪən/ n (το)
ραδίκι

dandruff /'dændrəf/ n (η)
πιτυρίδα

Dane /deɪn/ n (ο) Δανός, (η)
Δανέζα

danger /'deɪndʒə(r)/ n (ο)
κίνδυνος. **be in ~ (of)**
κινδυνεύω (να). ~**ous** a
επικίνδυνος

dangle /'dæŋgl/ vt ταλαντεύω.
• vi αιωρούμαι

Danish /'deɪnɪʃ/ a δανέζικος.
• n (lang) (τα) δανέζικα

dank /dæŋk/ a υγρός

dare /deə(r)/ vt τολμώ.
(challenge) προκαλώ. • n (η)
τόλμη

daredevil /'deədevɪl/ n (ο)
παράτολμος

daring /'deərɪŋ/ a τολμηρός

dark /dɑ:k/ a σκοτεινός.
(colour) σκούρος. (gloomy)
μελαγχολικός. • n (το)
σκοτάδι. (nightfall) (η) νύχτα.
~**ness** n (το) σκοτάδι

darken /'dɑ:kən/ vt/i
σκοτεινιάζω

darling /'dɑ:lɪŋ/ *a & n*
αγαπημένος

darn /dɑ:n/ *vt* μαντάρω

dart /dɑ:t/ *n* (το) βέλος. **~s**
(τα) βελάκια. • *vi* ορμώ

dartboard /'dɑ:tbɔ:d/ *n* (ο)
στόχος για βελάκια

dash /dæʃ/ *vi* ορμώ. • *vt* ρίχνω.
(*hopes*) καταστρέφω. • *n* (*small
amount*) πολύ λίγο. (*stroke*) (η)
παύλα

dashboard /'dæʃbɔ:d/ *n* (το)
ταμπλό (αυτοκινήτου)

dashing /'dæʃɪŋ/ *a*
εντυπωσιακός

data /'deɪtə/ *npl* (τα) δεδομένα.
~ processing *n* (η)
επεξεργασία δεδομένων

date[1] /deɪt/ *n* (η) ημερομηνία.
(*meeting*) (το) ραντεβού. • *vt*
βάζω ημερομηνία σε. **~ of
birth** *n* (η) ημερομηνία
γεννήσεως. **~d** *a* ντεμοντέ
invar

date[2] /deɪt/ *n* (*fruit*) (ο) χουρμάς

daub /dɔ:b/ *vt* πασαλείφω

daughter /'dɔ:tə(r)/ *n* (η) κόρη.
~-in-law *n* (η) νύφη

dawdle /'dɔ:dl/ *vi* χασομερώ

dawn /dɔ:n/ *n* (η) αυγή. • *vi*
ξημερώνω. (*fig*)
αντιλαμβάνομαι

day /deɪ/ *n* (η) ημέρα. **~-break**
n (τα) χαράματα. **~-dream** *n*
(το) ονειροπόλημα. • *vi*
ονειροπολώ

daylight /'deɪlaɪt/ *n* (το) φως
της ημέρας

daytime /'deɪtaɪm/ *n* (η) ημέρα

daze /deɪz/ *vt* ζαλίζω. • *n* (η)
ζάλη

dazzle /'dæzl/ *vt* θαμπώνω

dead /ded/ *a* νεκρός. (*numb*)
μουδιασμένος. • *adv* απόλυτα.
• **n the ~** (οι) πεθαμένοι. **~
end** *n* (το) αδιέξοδο

deaden /'dedn/ *vt* (*sound, blow*)
κόβω. (*pain*) νεκρώνω

deadline /'dedlaɪn/ *n* (η)
προθεσμία, (η) διορία

deadlock /'dedlɒk/ *n* (το)
αδιέξοδο

deadly /'dedli/ *a* θανάσιμος

deaf /def/ *a* κουφός. **~-aid** *n*
(το) ακουστικό βαρηκοΐας.
~ness *n* (η) κώφωση

deafen /'defn/ *vt* κουφαίνω.
~ing *a* εκκωφαντικός

deal /di:l/ *vt* (*pt* **dealt**) (*a blow*)
καταφέρω. (*cards*) μοιράζω.
• *vi* (*trade*) εμπορεύομαι. • *n*
(η) συμφωνία. (*cards*) (η)
μοιρασιά. (*treatment*) (η)
μεταχείριση. **a great ~** πολύ.
~ with (*handle*) χειρίζομαι.
(*be about*) αντιμετωπίζω. **~er**
n (*comm.*) (ο) έμπορος

dear /dɪə(r)/ *a* αγαπητός. **D~
Sir/Madam** Αγαπητέ
Κύριε/Αγαπητή Κυρία. • *n* (ο)
αγαπητός. • *adv* ακριβά. • *int*
~ me! πω πω!, **oh ~!** τι λες!
~ly *adv* πολύ. (*pay*) ακριβά

death /deθ/ *n* (ο) θάνατος. **~
certificate** *n* (το)
πιστοποιητικό θανάτου. **be
bored to ~** πεθαίνω από
πλήξη. **~ly** *a* θανάσιμος

debase /dɪ'beɪs/ *vt* εξευτελίζω

debate /dɪ'beɪt/ *n* (η)
συζήτηση. • *vt* συζητώ. • *vi*
(*consider*) σκέφτομαι

debit /'debɪt/ *n* (η) χρέωση. • *vt*
χρεώνω

debris /'debri:/ n (τα) συντρίμματα

debt /det/ n (το) χρέος. **in ~** χρεωμένος. **~or** n (ο) χρεώστης

debut /'deɪbu:,ˌdeɪbju:/ n (το) ντεμπούτο invar

decade /dekeɪd/ n (η) δεκαετία

decaden|t /'dekədənt/ a παρακμασμένος. **~ce** n (η) παρακμή

decay /dɪ'keɪ/ vi φθείρομαι. (tooth) σαπίζω. • n (η) φθορά. (of tooth) (το) σάπισμα

deceased /dɪ'si:st/ a εκλιπών. • n **the ~** n (ο) πεθαμένος

deceit /dɪ'si:t/ n (η) απάτη. **~ful** a δόλιος

deceive /dɪ'si:v/ vt απατώ

December /dɪ'sembə(r)/ n (ο) Δεκέμβριος

decen|t /'di:snt/ a ευπρεπής. (good: fam) καλός. (kind: fam) ευγενικός. **~cy** n (η) ευπρέπεια

decept|ive /dɪ'septɪv/ a απατηλός. **~ion** /-ʃn/ n (η) απάτη

decide /dɪ'saɪd/ vt/i αποφασίζω. **~d** /-ɪd/ a αποφασισμένος. **~dly** /-ɪdlɪ/ adv αναμφισβήτητα

decimal /'desɪml/ a δεκαδικός. • n (ο) δεκαδικός αριθμός. **~ point** (το) κόμμα, (η) υποδιαστολή

decipher /dɪ'saɪfə(r)/ vt αποκρυπτογραφώ

decision /dɪ'sɪʒn/ n (η) απόφαση

decisive /dɪ'saɪsɪv/ a αποφασιστικός

deck[1] /dek/ n (το) κατάστρωμα. (of cards: Amer) (η) τράπουλα. **~-chair** n (η) σεζλόνγκ invar

deck[2] /dek/ vt στολίζω

declar|e /dɪ'kleə(r)/ vt δηλώνω. **~ation** /deklə'reɪʃn/ n (η) δήλωση

decline /dɪ'klaɪn/ vt/i αρνούμαι. • vi (deteriorate) χειροτερεύω. (health) εξασθενώ. (gram) κλίνω/ομαι. • n (η) παρακμή

decompose /di:kəm'pəʊz/ vt/i αποσυνθέτω/αποσυντίθεμαι

décor /'deɪkɔ:(r)/ n (η) διακόσμηση

decorat|e /'dekəreɪt/ vt (room) διακοσμώ. **~ion** /-'reɪʃn/ n (η) διακόσμηση. **~ive** /-ətɪv/ a διακοσμητικός

decorator /'dekəreɪtə(r)/ n (interior) **~** n (ο) διακοσμητής

decoy[1] /'di:kɔɪ/ n (το) δόλωμα

decoy[2] /dɪ'kɔɪ/ vt δελεάζω

decrease[1] /dɪ'kri:s/ vt/i μειώνω/ομαι

decrease[2] /'di:kri:s/ n (η) μείωση

decree /dɪ'kri:/ n (το) διάταγμα. (jur) (η) απόφαση

decrepit /dɪ'krepɪt/ a υπέργηρος

dedicat|e /'dedɪkeɪt/ vt αφιερώνω. **~ion** /-'keɪʃn/ n (η) αφοσίωση. (in book) (η) αφιέρωση

deduce /dɪ'dju:s/ vt συμπεραίνω

deduct /dɪ'dʌkt/ vt αφαιρώ

deduction /dɪ'dʌkʃn/ n (deducing) (το) συμπέρασμα. (deducting) (η) αφαίρεση. (amount) (η) κράτηση

deed /di:d/ n (η) πράξη

deem /di:m/ vt θεωρώ

deep /di:p/ a βαθύς. • adv βαθιά. **~-freeze** n (η) κατάψυξη

deepen /'di:pən/ vt/i βαθαίνω

deer /dɪə(r)/ n invar (το) ελάφι

deface /dɪ'feɪs/ vt παραμορφώνω

defamation /defə'meɪʃn/ n (η) δυσφήμηση

defeat /dɪ'fi:t/ vt νικώ. (frustrate) ανατρέπω. • n (η) ήττα. (of plan etc.) (η) ανατροπή

defeatist /dɪ'fi:tɪst/ n (o, η) ηττοπαθής

defect¹ /'di:fekt/ n (το) ελάττωμα. **~ive** /dɪ'fektɪv/ a ελαττωματικός

defect² /dɪ'fekt/ vi αυτομολώ

defence /dɪ'fens/ n (η) υπεράσπιση

defend /dɪ'fend/ vt υπερασπίζω. **~ant** n (jur) (o) εναγόμενος. **~er** n (o) υπερασπιστής

defensive /dɪ'fensɪv/ a αμυντικός. • n (η) άμυνα

defer /dɪ'fɜ:(r)/ vt αναβάλλω

deference /'defərəns/ n (o) σεβασμός

defian|ce /dɪ'faɪəns/ n (η) περιφρόνηση. **~t** a περιφρονητικός

deficient /dɪ'fɪʃnt/ a ελλιπής

deficit /'defisɪt/ n (το) έλλειμμα

define /dɪ'faɪn/ vt προσδιορίζω

definite /'defɪnɪt/ a οριστικός. (clear) σαφής. (firm) κατηγορηματικός. **~ly** adv οριστικά

definition /defɪ'nɪʃn/ n (o) ορισμός

definitive /dɪ'fɪnətɪv/ a οριστικός

deflat|e /dɪ'fleɪt/ vt/i ξεφουσκώνω/ομαι. **~ion** /-ʃn/ n (το) ξεφούσκωμα. (comm) (o) αντιπληθωρισμός

deflect /dɪ'flekt/ vt/i εκτρέπω/ομαι

deform /dɪ'fɔ:m/ vt παραμορφώνω. **~ed** a παραμορφωμένος. **~ity** n (η) παραμόρφωση

defraud /dɪ'frɔ:d/ vt εξαπατώ

defrost /di:'frost/ vt ξεπαγώνω

deft /deft/ a επιδέξιος

defunct /dɪ'fʌŋkt/ a νεκρός (not valid) άκυρος

defuse /di:'fju:z/ vt αφοπλίζω

defy /dɪ'faɪ/ vt προκαλώ. (attempts) αψηφώ

degenerate¹ /dɪ'dʒenəreɪt/ vi καταντώ. (degrade) εκφυλίζομαι

degenerate² /dɪ'dʒenərət/ a εκφυλισμένος. • n (o) έκφυλος

degrade /dɪ'greɪd/ vt εξευτελίζω

degree /dɪ'gri:/ n (angle) μοίρα. (temperature) (o) βαθμός. (univ) (το) πτυχίο

dehydrate /di:'haɪdreɪt/ vt/i αφυδατώνω/ομαι

de-ice /di:'aɪs/ vt αποψύχω

deign /deɪn/ vi καταδέχομαι

deity /'di:ɪtɪ/ n (η) θεότητα

dejected /dɪ'dʒektɪd/ a αποθαρρυμένος

delay /dɪ'leɪ/ vt καθυστερώ. • n (η) καθυστέρηση

delegate[1] /'delɪgət/ n (o)
απεσταλμένος

delegate[2] /'delɪgeɪt/ vt
αναθέτω. **~ion** /-ʃn/ n (η)
αποστολή

delete /dɪ'liːt/ vt διαγράφω

deliberate[1] /dɪ'lɪbərət/ a
σκόπιμος. (slow)
προμελετημένος. **~ly** adv
σκόπιμα

deliberate[2] /dɪ'lɪbəreɪt/ vt/i
σκέφτομαι

delica|te /'delɪkət/ a
ντελικάτος. **~cy** n (η)
λεπτότητα. (food) (η)
λιχουδιά

delicatessen /delɪkə'tesn/ n
(το) αλλαντοπωλείο

delicious /dɪ'lɪʃəs/ a
νοστιμότατος

delight /dɪ'laɪt/ n (η) τέρψη.
• vt ευχαριστώ • vi **~ in**
απολαμβάνω. **~ed** a
κατευχαριστημένος. **~ful** a
υπέροχος

delinquent /dɪ'lɪŋkwənt/ a
παράνομος. • n (o) παραβάτης

deliri|ous /dɪ'lɪrɪəs/ a που
παραληρεί. (fig) τρελός. **~um**
n (το) παραλήρημα

deliver /dɪ'lɪvə(r)/ vt παραδίδω.
(post) διανέμω. (speech) κάνω.
(med) ξεγεννώ. **~y** n (η)
παράδοση. (of post) (η)
διανομή. (med) (ο) τοκετός

delu|de /dɪ'luːd/ vt εξαπατώ.
~sion /-ʒn/ n (η) αυταπάτη

deluge /'deljuːdʒ/ n (ο)
κατακλυσμός

de luxe /dɪ'lʌks/ a πολυτελής

delve /delv/ vi **~ into**
ερευνώ

demand /dɪ'mɑːnd/ vt απαιτώ.
• n (η) απαίτηση. (comm) (το)
αίτημα. **~ing** a απαιτητικός

demarcation /diːmɑː'keɪʃn/ n
(ο) διαχωρισμός

demented /dɪ'mentɪd/ a
παράφρων

demise /dɪ'maɪz/ n (ο) θάνατος

democracy /dɪ'mɒkrəsɪ/ n (η)
δημοκρατία

democrat /'deməkræt/ n (ο)
δημοκράτης. **~ic** /-'krætɪk/ a
δημοκρατικός

demoli|sh /dɪ'mɒlɪʃ/ vt
κατεδαφίζω. **~tion** /demə'lɪʃn/
n (η) κατεδάφιση

demon /'diːmən/ n (ο)
δαίμονας

demonstrat|e /'demənstreɪt/ vt
(display) επιδεικνύω. (prove)
αποδεικνύω. • vi διαδηλώνω.
~ion /-'streɪʃn/ n (η)
διαδήλωση. **~or** n (ο)
διαδηλωτής

demoralize /dɪ'mɒrəlaɪz/ vt
σπάω το ηθικό (with gen.)

demote /dɪ'məʊt/ vt υποβιβάζω

demure /dɪ'mjʊə(r)/ a σεμνός

den /den/ n (το) άντρο

denial /dɪ'naɪəl/ n (η) άρνηση

denim /'denɪm/ n (το) μπλε
βαμβακερό ύφασμα. **~s** (το)
μπλου τζιν invar

Denmark /'denmɑːk/ n (η)
Δανία

denomination /dɪnɒmɪ'neɪʃn/ n
(money) (η) αξία. (relig) (το)
θρήσκευμα

denote /dɪ'nəʊt/ vt δείχνω

denounce /dɪ'naʊns/ vt
καταγγέλλω

dens|e /dens/ a πυκνός.
(*person: fam*) χοντροκέφαλος.
~ity n (η) πυκνότητα

dent /dent/ n (το) βαθούλωμα.
• vt βαθουλώνω

dental /'dentl/ a οδοντικός. **~
surgeon** n (ο, η) χειρούργος
οδοντίατρος

dentist /'dentist/ n (ο, η)
οδοντογιατρός

denture /'dentʃə(r)/ n (η)
οδοντοστοιχία

deny /dɪ'naɪ/ vt (*rumour*)
διαψεύδω. (*disown*)
αποκηρύσσω. (*refuse*)
αρνούμαι

deodorant /di'əʊdərənt/ n (το)
αποσμητικό

depart /dɪ'pɑːt/ vi αναχωρώ,
φεύγω

department /dɪ'pɑːtment/ n
(το) τμήμα. **~ store** n (το)
πολυκατάστημα

departure /dɪ'pɑːtʃə(r)/ n (η)
αναχώρηση

depend /dɪ'pend/ vi **~ on**
εξαρτώμαι από. (*rely*)
στηρίζομαι σε. **~able** a
αξιόπιστος. **~ant** n (ο)
εξαρτώμενος. **~ence** n (η)
εξάρτηση. **~ent** a
εξαρτώμενος

depict /dɪ'pɪkt/ vt απεικονίζω.
(*in words*) περιγράφω

deplete /dɪ'pliːt/ vt εξαντλώ

deplor|e /dɪ'plɔː(r)/ vt
αποδοκιμάζω. **~able** a
ελεεινός

deploy /dɪ'plɔɪ/ vt/i (*mil*)
αναπτύσσω/ομαι

deport /dɪ'pɔːt/ vt απελαύνω

depose /dɪ'pəʊz/ vt εκθρονίζω

deposit /dɪ'pɒzɪt/ vt κατάθέτω.
• n (*in bank*) (η) κατάθεση.
(*first instalment*) (η)
προκαταβολή. (*returnable*) (η)
εγγύηση

depot /'depəʊ/ n (η) αποθήκη.
(*Amer*) (ο) σταθμός

deprave /dɪ'preɪv/ vt
διαφθείρω. **~d** a
διεφθαρμένος

depreciat|e /dɪ'priːʃɪeɪt/ vt/i
υποτιμώ/ούμαι. **~ion** /-'eɪʃn/ n
(η) υποτίμηση

depress /dɪ'pres/ vt προκαλώ
μελαγχολία σε. (*pedal*) πατώ.
(*key*) πιέζω. **~ed** a
αποθαρρυμένος. **~ing** a
καταθλιπτικός. **~ion** /-ʃn/ n
(η) κατάθλιψη, (η)
μελαγχολία

deprivation /deprɪ'veɪʃn/ n (η)
στέρηση

deprive /dɪ'praɪv/ vt στερώ

depth /depθ/ n (το) βάθος. **be
out of one's ~** (*fig*) χάνω τα
νερά μου

deputize /'depjʊtaɪz/ vi **~ for**
αναπληρώνω. • vt (*Amer*)
αντιπροσωπεύω

deputy /'depjʊti/ n (ο)
αναπληρωτής. **~ chairman**
(ο, η) αντιπρόεδρος

deranged /dɪ'reɪndʒd/ a (*mind*)
διαταραγμένος

derelict /'derəlɪkt/ a
ερειπωμένος

deri|de /dɪ'raɪd/ vt
ειρωνεύομαι. **~sion** /-'rɪʒn/ n
(η) ειρωνία

derisory /dɪ'raɪsərɪ/ a (*scoffing*)
ειρωνικός. (*offer etc.*) γελοίος

derivative /dɪ'rɪvətɪv/ n (το)
παράγωγο

derive /dɪˈraɪv/ vt παράγω. (pleasure) βρίσκω. • vi ~ **from** προέρχομαι από

derogatory /dɪˈrɒgətrɪ/ a (remark) υποτιμητικός

descend /dɪˈsend/ vt/i κατεβαίνω. be ~ed **from** κατάγομαι από. ~ant n (ο) απόγονος

descent /dɪˈsent/ n (η) κάθοδος. (lineage) (η) καταγωγή

descri|be /dɪsˈkraɪb/ vt περιγράφω. ~ption /-ˈkrɪpʃn/ n (η) περιγραφή

desert[1] /ˈdezət/ n (η) έρημος. ~ **island** n (το) ακατοίκητο νησί

desert[2] /dɪˈzɜːt/ vt εγκαταλείπω. • vi (mil) λιποτακτώ. ~er n (ο) λιποτάκτης. ~ion /-ʃn/ n (η) λιποταξία

deserv|e /dɪˈzɜːv/ vt αξίζω. ~ing a (person) άξιος. (action) αξιόλογος

design /dɪˈzaɪn/ n (comm) (το) σχέδιο. (pattern) (η) γραμμή. (aim) (ο) σκοπός. • vt (plan) σχεδιάζω. ~er n (ο) σχεδιαστής. (theatr) (ο, η) σκηνογράφος

designate /ˈdezɪgneɪt/ vt ορίζω. (appoint) διορίζω

desir|e /dɪˈzaɪə(r)/ n (η) επιθυμία. • vt επιθυμώ. ~able a επιθυμητός

desk /desk/ n (το) γραφείο (έπιπλο). (at school) (το) θρανίο. (comm) (το) ταμείο

desolat|e /ˈdesələt/ a απελπισμένος. (uninhabited)

έρημος. ~ion /-ˈleɪʃn/ n (η) ερήμωση, (η) απόγνωση

despair /dɪˈspeə(r)/ n (η) απελπισία. • vi απελπίζομαι

desperat|e /ˈdespərət/ a απελπισμένος. ~ion /-ˈreɪʃn/ n (η) απελπισία

despicable /dɪˈspɪkəbl/ a αξιοκαταφρόνητος

despise /dɪˈspaɪz/ vt περιφρονώ

despite /dɪˈspaɪt/ prep παρά

despondent /dɪˈspɒndənt/ a αποθαρρυμένος

despot /ˈdespɒt/ n (ο) δεσπότης

dessert /dɪˈzɜːt/ n (το) επιδόρπιο. ~-**spoon** n (το) κουτάλι της κομπόστας

destination /destɪˈneɪʃn/ n (ο) προορισμός

destine /ˈdestɪn/ vt προορίζω. be ~d **to** είναι η μοίρα μου να

destiny /ˈdestɪnɪ/ n (η) μοίρα

destitute /ˈdestɪtjuːt/ a άπορος

destr|oy /dɪˈstrɔɪ/ vt καταστρέφω. ~**uction** /-ˈtrʌkʃn/ n (η) καταστροφή. ~**uctive** a καταστρεπτικός

destroyer /dɪˈstrɔɪə(r)/ n (naut) (το) αντιτορπιλικό

detach /dɪˈtætʃ/ vt αποσυνδέω. ~**ed** a αποσυνδεμένος. (attitude) αμερόληπτος

detachment /dɪˈtætʃmənt/ n (η) απόσπαση. (disinterest) (η) αδιαφορία. (mil) (το) απόσπασμα. (fig) (η) αμεροληψία

detail /ˈdiːteɪl/ n (η) λεπτομέρεια. • vt εκθέτω με

λεπτομέρεια. (mil) αποσπώ.
~ed a λεπτομερής

detain /dɪ'teɪn/ vt καθυστερώ.
(prisoner) κρατώ

detect /dɪ'tekt/ vt διακρίνω.
(discover) ανιχνεύω. ~ion
/-ʃn/ n (η) ανίχνευση. ~or n
(ο) ανιχνευτής

detective /dɪ'tektɪv/ n (ο, η)
ντετέκτιβ invar

detention /dɪ'tenʃn/ n (η)
κράτηση

deter /dɪ'tɜ:(r)/ vt αποτρέπω

detergent /dɪ'tɜ:dʒənt/ n (το)
απορρυπαντικό

deteriorat|e /dɪ'tɪərɪəreɪt/ vi
χειροτερεύω. ~ion /-'reɪʃn/ n
(η) χειροτέρευση

determin|e /dɪ'tɜ:mɪn/ vt
προσδιορίζω. (decide)
αποφασίζω. ~ation /-'neɪʃn/
n (η) αποφασιστικότητα.
~ed a (resolute)
αποφασισμένος

deterrent /dɪ'terənt/ n (το)
όπλο(ν)/ δύναμη αποτροπής

detest /dɪ'test/ vt απεχθάνομαι.
~able a απεχθής

detonat|e /'detəneɪt/ vt/i
πυροκροτώ/ούμαι. ~or n (ο)
πυροκροτητής

detour /'di:tʊə(r)/ n (η)
παράκαμψη

detract /dɪ'trækt/ vi ~ from
αφαιρώ από

detriment /'detrɪmənt/ n (η)
βλάβη. **to be to the ~ of**
είμαι επιβλαβής για. ~al
/-'mentl/ a επιβλαβής

devalu|e /di:'vælju:/ vt
υποτιμώ. ~ation /-'eɪʃn/ n (η)
υποτίμηση

devastat|e /'devəsteɪt/ vt
καταστρέφω. ~ing a
καταστρεπτικός

develop /dɪ'veləp/ vt/i
αναπτύσσω/ομαι. (illness)
παθαίνω. (land) αξιοποιώ.
(photographs) εμφανίζω. ~ing
country n (η) αναπτυσσόμενη
χώρα. ~ment n (η) ανάπτυξη.
(η) εξέλιξη

deviat|e /'di:vɪeɪt/ vi
παρεκκλίνω (**from**, από).
~ion /-'eɪʃn/ n (η)
παρέκκλιση

device /dɪ'vaɪs/ n (η) συσκευή.
(scheme) (η) επινόηση

devil /'devl/ n (ο) διάβολος

devious /'di:vɪəs/ a ύπουλος

devise /dɪ'vaɪz/ vt επινοώ

devoid /dɪ'vɔɪd/ a ~ of χωρίς

devot|e /dɪ'vəʊt/ vt αφιερώνω.
~ed a αφοσιωμένος. ~ion
/-ʃn/ n (η) αφοσίωση

devour /dɪ'vaʊə(r)/ vt
καταβροχθίζω

devout /dɪ'vaʊt/ a ευσεβής

dew /dju:/ n (η) δροσιά

dexterity /dek'sterəti/ n (η)
επιδεξιότητα

diabet|es /daɪə'bi:ti:z/ n (ο)
διαβήτης. ~ic /-'betɪk/ a & n
(ο) διαβητικός

diagnose /'daɪəgnəʊz/ vt κάνω
διάγνωση

diagnosis /daɪəg'nəʊsɪs/ n
(pl -oses /-si:z/) (η) διάγνωση

diagonal /daɪ'ægənl/ a
διαγώνιος. • n (η) διαγώνιος.
~ly adv διαγωνίως

diagram /'daɪəgræm/ n (το)
διάγραμμα

dial /'daɪəl/ n (of phone, meter, clock) (το) καντράν. • vt (pt dialled) σχηματίζω (αριθμό)

dialect /'daɪəlekt/ n (η) διάλεκτος

dialogue /'daɪəlɒg/ n (ο) διάλογος

diameter /daɪˈæmɪtə(r)/ n (η) διάμετρος

diamond /'daɪəmənd/ n (το) διαμάντι. (shape) (ο) ρόμβος. ~s (cards) (τα) καρό invar

diaper /'daɪəpə(r)/ n (Amer) (η) πάνα

diaphragm /'daɪəfræm/ n (το) διάφραγμα

diarrhoea /daɪəˈrɪə/ n (η) διάρροια

diary /'daɪərɪ/ n (το) ημερολόγιο

dice /daɪs/ n invar (τα) ζάρια. • vt (culin) κόβω σε μικρούς κύβους

dictat|e /dɪkˈteɪt/ vt υπαγορεύω. ~ion /-ʃn/ n (η) υπαγόρευση

dictator /dɪkˈteɪtə(r)/ n (ο) δικτάτορας. ~ship n (η) δικτατορία

dictionary /'dɪkʃənərɪ/ n (το) λεξικό

did /dɪd/ see DO

didn't /'dɪdnt/ = did not

die /daɪ/ vi (pres p dying) πεθαίνω. ~ down κοπάζω. ~ out σβήνω. be dying for/to πεθαίνω για/να

diesel /'diːzl/ n (το) πετρέλαιο, (το) ντίζελ invar

diet /'daɪət/ n (το) διαιτολόγιο. (restricted) (η) δίαιτα. • vi κάνω δίαιτα

differ /'dɪfə(r)/ vi διαφέρω. (disagree) διαφωνώ

differen|t /'dɪfrənt/ a διαφορετικός. ~ce n (η) διαφορά. (disagreement) (η) διαφωνία

differentiate /dɪfəˈrenʃɪeɪt/ vt/i ξεχωρίζω (between, μεταξύ)

difficult /'dɪfɪkəlt/ a δύσκολος. ~y n (η) δυσκολία

diffident /'dɪfɪdənt/ a διστακτικός

diffuse[1] /dɪˈfjuːs/ a διάχυτος

diffuse[2] /dɪˈfjuːz/ vt/i διαχύνω

dig /dɪg/ vt/i (pt dug, pres p digging) σκάβω. (thrust) χώνω. • n (poke) (το) σκούντημα. (remark: fam) (η) σπόντα. (archaeol.) (η) ανασκαφή. ~ up (find) βρίσκω. (plant, tree) βγάζω (με τη ρίζα)

digest /dɪˈdʒest/ vt χωνεύω. ~ion /-ʃn/ n (η) χώνεψη

digit /'dɪdʒɪt/ n (το) ψηφίο. (finger) (το) δάχτυλο

digital /'dɪdʒɪtl/ a ψηφιακός. ~ camera (η) ψηφιακή φωτογραφική μηχανή

dignif|y /'dɪgnɪfaɪ/ vt δίνω αξία σε. ~ied a αξιοπρεπής

dignity /'dɪgnɪtɪ/ n (η) αξιοπρέπεια

digress /daɪˈgres/ vi ξεφεύγω (from, από). ~ion /-ʃn/ n (η) παρέκβαση

dilapidated /dɪˈlæpɪdeɪtɪd/ a σαραβαλιασμένος

dilate /daɪˈleɪt/ vt/i διαστέλλω/ομαι

dilemma /dɪˈlemə/ n (το) δίλημμα

diligent /'dılıdʒənt/ a επιμελής

dilute /daɪ'lju:t/ vt διαλύω

dim /dɪm/ a θαμπός. (weak) αδύνατος. (dark) αμυδρός. (vague) συγκεχυμένος. (stupid: fam) κουτός. • vt/i (pt **dimmed**) (light) χαμηλώνω

dime /daɪm/ n (Amer) νόμισμα των 10 σεντς

dimension /daɪ'menʃn/ n (η) διάσταση

diminish /dɪ'mɪnɪʃ/ vt/i μειώνω/μειώνομαι

diminutive /dɪ'mɪnjʊtɪv/ a μικροκαμωμένος. • n (το) υποκοριστικό

din /dɪn/ n (ο) σαματάς

dine /daɪn/ vi γευματίζω. ~**r** /-ə(r)/ n (person) αυτός/αυτή που γευματίζει. (rail) (το) βαγκόν-ρεστοράν invar. (Amer) (το) εστιατόριο

dinghy /'dɪŋgɪ/ n (η) μικρή βάρκα

dingy /'dɪndʒɪ/ a βρόμικος και σκοτεινός

dining-room /'daɪnɪŋru:m/ n (η) τραπεζαρία

dinner /'dɪnə(r)/ n (το) γεύμα. ~**-jacket** n (το) σμόκιν invar. ~ **party** n (το) επίσημο δείπνο

dinosaur /'daɪnəsɔ:(r)/ n (ο) δεινόσαυρος

diocese /'daɪəsɪs/ n (η) επισκοπή (περιφέρεια)

dip /dɪp/ vt/i (pt **dipped**) βυθίζω. (pen) βουτώ. (headlights) χαμηλώνω. • n (slope) (η) κλίση. (in sea) (το) σύντομο μπάνιο

diphtheria /dɪf'θɪərɪə/ n (η) διφθερίτιδα

diploma /dɪ'pləʊmə/ n (το) δίπλωμα

diplomacy /dɪ'pləʊməsɪ/ n (η) διπλωματία

diplomat /'dɪpləmæt/ n (ο) διπλωμάτης. ~**ic** /-'mætɪk/ a διπλωματικός

dire /daɪə(r)/ a τρομερός

direct /dɪ'rekt/ a ευθύς. • adv κατευθείαν. • vt (show the way) δείχνω το δρόμο σε. (aim) κατευθύνω. (attention) στρέφω. (theatr) σκηνοθετώ. (instruct) διατάζω

direction /dɪ'rekʃn/ n (η) κατεύθυνση. (theatr) (η) σκηνοθεσία. ~**s** (οι) οδηγίες

directly /dɪ'rektlɪ/ adv απευθείας. (at once) αμέσως

director /dɪ'rektə(r)/ n (ο) διευθυντής, (η) διευθύντρια. (theatr) (ο) σκηνοθέτης, (η) σκηνοθέτρια

directory /dɪ'rektərɪ/ n (ο) κατάλογος

dirge /dɜ:dʒ/ n (το) μοιρολόι

dirt /dɜ:t/ n (η) ακαθαρσία

dirty /'dɜ:tɪ/ a (-ier, -iest) ακάθαρτος. • vt λερώνω. ~ **trick** n (το) βρομοδουλειά. ~ **word** n (το) βρομόλογο

disability /dɪsə'bɪlətɪ/ n (η) αναπηρία

disable /dɪs'eɪbl/ vt προκαλώ αναπηρία. ~**d** a ανάπηρος

disadvantage /dɪsəd'vɑ:ntɪdʒ/ n (το) μειονέκτημα. ~**d** a μειονεκτικός

disagree /dɪsə'gri:/ vi διαφωνώ (with, με). (food, climate) ~ **with** πειράζω. ~**ment** n (η) διαφωνία. (quarrel) (η) διαφορά

disagreeable /dɪsə'griːəbl/ a
δυσάρεστος

disappear /dɪsə'pɪə(r)/ vi
εξαφανίζομαι. **~ance** n (η)
εξαφάνιση

disappoint /dɪsə'pɔɪnt/ vt
απογοητεύω. **~ed** a
απογοητευμένος. **~ing** a
απογοητευτικός. **~ment** n (η)
απογοήτευση

disapprov|e /dɪsə'pruːv/ vi ~
of αποδοκιμάζω. **~al** n (η)
αποδοκιμασία

disarm /dɪs'aːm/ vt/i
αφοπλίζω/ομαι. **~ament** n (ο)
αφοπλισμός

disarray /dɪsə'reɪ/ n (η) αταξία.
in ~ σε σύγχυση

disast|er /dɪ'zaːstə(r)/ n (η)
καταστροφή. **~rous** a
ολέθριος

disbelief /dɪsbɪ'liːf/ n (η)
δυσπιστία

disc /dɪsk/ n (ο) δίσκος

discard /dɪs'kaːd/ vt
απορρίπτω

discern /dɪ'sɜːn/ vt διακρίνω

discharge¹ /dɪs'tʃaːdʒ/ vt
(unload) ξεφορτώνω.
(dismiss) απολύω.
(jur) απαλλάσσω. (gun)
αδειάζω.

discharge² /'dɪstʃaːdʒ/ n
(electr) εκφόρτιση.
(emission) (το) απέκκριμα.
(from hospital) (η) έξοδος.
(mil) (η) απόλυση. (jur) (η)
απαλλαγή

disciple /dɪ'saɪpl/ n (ο) μαθητής

discipline /'dɪsɪplɪn/ n (η)
πειθαρχία. • vt επιβάλλω
πειθαρχία σε. (punish) τιμωρώ

disclos|e /dɪs'kləʊz/ vt
αποκαλύπτω. **~ure** /-ʒə(r)/ n
(η) αποκάλυψη

disco /'dɪskəʊ/ n (η) ντίσκο
invar

discolour /dɪs'kʌlə(r)/ vt/i
ξεθωριάζω

discomfort /dɪs'kʌmfət/ n (η)
στενοχώρια. (lack of comfort)
(η) έλλειψη άνεσης

disconcert /dɪskən'sɜːt/ vt
αναστατώνω

disconnect /dɪskə'nekt/ vt
αποσυνδέω

discontent /dɪskən'tent/ n (η)
δυσαρέσκεια. **~ed** a
δυσαρεστημένος

discontinue /dɪskən'tɪnjuː/ vt
διακόπτω. (stop) σταματώ

discord /'dɪskɔːd/ n (η)
διχόνοια

discothèque /'dɪskətek/ n (η)
ντισκοτέκ invar

discount¹ /'dɪskaʊnt/ n (η)
έκπτωση

discount² /dɪs'kaʊnt/ vt
απορρίπτω. (comm) κάνω
έκπτωση

discourage /dɪs'kʌrɪdʒ/ vt
αποθαρρύνω

discourteous /dɪs'kɜːtɪəs/ a
αγενής

discover /dɪs'kʌvə(r)/ vt
ανακαλύπτω. **~y** n (η)
ανακάλυψη

discredit /dɪs'kredɪt/ vt φέρνω
σε ανυποληψία

discreet /dɪs'kriːt/ a
διακριτικός

discrepancy /dɪs'krepənsɪ/ n
(η) ασυμφωνία

discretion /dɪ'skreʃn/ n (η)
διακριτικότητα

discriminat|e /dɪs'krɪmɪneɪt/ vi
κάνω διακρίσεις. **~e
between** ξεχωρίζω μεταξύ.
~ion /-'neɪʃn/ n (η) διάκριση.
(bias) (η) μεροληψία

discuss /dɪs'kʌs/ vt συζητώ.
~ion /-ʃn/ n (η) συζήτηση

disdain /dɪs'deɪn/ n (η)
περιφρόνηση

disease /dɪ'ziːz/ n (η) νόσος,
(η) ασθένεια

disembark /dɪsɪm'baːk/ vt/i
αποβιβάζω/ομαι

disengage /dɪsɪn'geɪdʒ/ vt
αποσυνδέω

disfigure /dɪs'fɪgə(r)/ vt
παραμορφώνω

disgrace /dɪs'greɪs/ n (η)
ντροπή. (disfavour) (η)
δυσμένεια. • vt ντροπιάζω.
~ful a αισχρός

disgruntled /dɪs'grʌntld/ a
δυσαρεστημένος

disguise /dɪs'gaɪz/ vt
μεταμφιέζω. • n (η)
μεταμφίεση

disgust /dɪs'gʌst/ n (η) αηδία.
• vt αηδιάζω. **~ing** a
αηδιαστικός

dish /dɪʃ/ n (το) πιάτο. • vt **~
up** σερβίρω

dishcloth /'dɪʃklɒθ/ n (η)
πατσαβούρα για τα πιάτα

dishearten /dɪs'haːtn/ vt
αποκαρδιώνω

dishevelled /dɪ'ʃevld/ a
αναμαλλιασμένος

dishonest /dɪs'ɒnɪst/ a
ανέντιμος. **~y** n (η)
ανεντιμότητα

dishonour /dɪs'ɒnə(r)/ n (η)
ατίμωση. • vt ατιμάζω

disillusion /dɪsɪ'luːʒn/ vt
απογοητεύω

disinfect /dɪsɪn'fekt/ vt
απολυμαίνω. **~ant** n (το)
απολυμαντικό

disintegrate /dɪs'ɪntɪgreɪt/ vt/i
διαλύω/ομαι

disinterested /dɪs'ɪntrəstɪd/ a
αδιάφορος

disk /dɪsk/ n (Amer) = disc.
(computer) (η) δισκέτα

dislike /dɪs'laɪk/ n (η)
αντιπάθεια. • vt αντιπαθώ

dislocate /'dɪsləkeɪt/ vt
εξαρθρώνω. (limb) βγάζω

dislodge /dɪs'lɒdʒ/ vt εκτοπίζω

disloyal /dɪs'lɔɪəl/ a άπιστος

dismal /'dɪzml/ a
μελαγχολικός

dismantle /dɪs'mæntl/ vt
αποσυναρμολογώ

dismay /dɪs'meɪ/ n (ο) τρόμος
και η κατάπληξη

dismiss /dɪs'mɪs/ vt απολύω.
(reject) απορρίπτω. **~al** n (η)
απόλυση. (of idea) (η)
απόρριψη

disobedien|t /dɪsə'biːdɪənt/ a
ανυπάκουος. **~ce** n (η)
ανυπακοή

disobey /dɪsə'beɪ/ vt παρακούω

disorder /dɪs'ɔːdə(r)/ n (η)
ακαταστασία. (ailment) (η)
διαταραχή

disorganize /dɪs'ɔːgənaɪz/ vt
αποδιοργανώνω. **~d** a
αποδιοργανωμένος

disorientate /dɪs'ɔːrɪənteɪt/ vt
αποπροσανατολίζω

disown /dɪsˈəʊn/ vt
αποκηρύσσω

disparaging /dɪsˈpærɪdʒɪŋ/ a
υποτιμητικός

disparity /dɪsˈpærətɪ/ n (η)
διαφορά

dispatch /dɪsˈpætʃ/ vt
αποστέλλω. • n (η) αποστολή.
(report) (η) αναφορά

dispensable /dɪsˈpensəbl/ a μη
απαραίτητος

dispensary /dɪsˈpensərɪ/ n (το)
φαρμακείο

dispense /dɪsˈpens/ vt διανέμω.
(med) εκτελώ (συνταγή).
(justice) απονέμω. ~ with
κάνω χωρίς

disperse /dɪˈspɜːs/ vt/i
διασκορπίζω/ομαι

displace /dɪsˈpleɪs/ vt
εκτοπίζω

display /dɪsˈpleɪ/ vt
επιδεικνύω. (goods) εκθέτω.
(feelings) εκδηλώνω. • n (η)
επίδειξη. (of goods) (η)
έκθεση. (of feelings) (η)
εκδήλωση. (of computer) (η)
οθόνη

displease /dɪsˈpliːz/ vt
δυσαρεστώ

disposable /dɪsˈpəʊzəbl/ a μιας
χρήσης

dispos|e /dɪsˈpəʊz/ vi ~e of
απαλλάσσομαι από. well ~ed
towards ευνοϊκά
διατεθειμένος απέναντι σε.
~al n (η) διάθεση. (of waste)
(η) διάθεση. at s.o.'s ~al στη
διάθεση κάποιου

disposition /dɪspəˈzɪʃn/ n (η)
διάθεση. (character) (ο)
χαρακτήρας

disproportionate
/dɪsprəˈpɔːʃənət/ a
δυσανάλογος

disprove /dɪsˈpruːv/ vt
αποδεικνύω σαν ανακριβές

dispute /dɪsˈpjuːt/ vt
αμφισβητώ. • n (η) συζήτηση

disqualify /dɪsˈkwɒlɪfaɪ/ vt
εμποδίζω. (sport) αποκλείω.
(from driving) αφαιρώ την
άδεια

disregard /dɪsrɪˈɡɑːd/ vt αγνοώ

disreputable /dɪsˈrepjʊtəbl/ a
ανυπόληπτος

disrespect /dɪsrɪsˈpekt/ n (η)
έλλειψη σεβασμού. ~ful a
αναιδής

disrupt /dɪsˈrʌpt/ vt διασπώ.
(plans) προκαλώ αναστάτωση
σε. ~ion /-ʃn/ n (η)
αναστάτωση

dissatisf|ied /dɪˈsætɪsfaɪd/ a
δυσαρεστημένος. ~action
/dɪsætɪsˈfækʃn/ n (η)
δυσαρέσκεια

dissect /dɪˈsekt/ vt ανατέμνω

dissent /dɪˈsent/ vi διαφωνώ
(from, με). • n (η) διαφωνία

dissident /ˈdɪsɪdənt/ a που
διαφωνεί

dissipate /ˈdɪsɪpeɪt/ vt
διασκορπίζω. (waste) σπαταλώ

dissociate /dɪˈsəʊʃɪeɪt/ vt
διαχωρίζω

dissolute /ˈdɪsəljuːt/ a άσωτος

dissolve /dɪˈzɒlv/ vt/i
διαλύω/ομαι

dissuade /dɪˈsweɪd/ vt
μεταπείθω

distance /ˈdɪstəns/ n (η)
απόσταση. from a ~ από
μακριά. in the ~ μακριά

distant /'dɪstənt/ *a* μακρινός

distaste /dɪs'teɪst/ *n* (η) αντιπάθεια. **~ful** *a* αντιπαθητικός

distil /dɪs'tɪl/ *vt* αποστάζω

distillery /dɪs'tɪlərɪ/ *n* (η) ποτοποιία

distinct /dɪs'tɪŋkt/ *a* ευδιάκριτος. (*marked*) ξεχωριστός. **~ion** /-ʃn/ *n* (η) διαφορά. (*honour*) (η) διάκριση. **~ive** *a* διακριτικός. **~ly** *adv* καθαρά

distinguish /dɪs'tɪŋgwɪʃ/ *vt/i* διακρίνω/ομαι. **~ed** *a* διακεκριμένος

distort /dɪs'tɔːt/ *vt* διαστρεβλώνω. (*fig*) παραποιώ. **~ion** /-ʃn/ *n* (η) διαστρέβλωση. (*fig*) (η) παραποίηση

distract /dɪs'trækt/ *vt* περισπώ (*την προσοχή*). (*amuse*) διασκεδάζω. **~ed** *a* αναστατωμένος. **~ion** /-ʃn/ *n* (ο) περισπασμός. (*frenzy*) (η) τρέλα

distraught /dɪs'trɔːt/ *a* αλλόφρονας

distress /dɪs'tres/ *n* (η) στενοχώρια. (*poverty*) (η) φτώχεια. (*danger*) (ο) κίνδυνος. • *vt* στενοχωρώ. **~ing** *a* οδυνηρός

distribut|e /dɪs'trɪbjuːt/ *vt* διανέμω. **~ion** /-'bjuːʃn/ (η) διανομή. **~or** *n* (ο) διανομέας

district /'dɪstrɪkt/ *n* (η) περιφέρεια. (*of town*) (η) περιοχή

distrust /dɪs'trʌst/ *n* (η) δυσπιστία. • *vt* δυσπιστώ

disturb /dɪs'tɜːb/ *vt* διαταράσσω. (*perturb*) συγχύζω. (*move*) ενοχλώ. **~ance** *n* (η) ενόχληση. (*tumult*) (η) αναταραχή. **~ing** *a* ανησυχητικός

disused /dɪs'juːzd/ *a* εγκαταλειμμένος

ditch /dɪtʃ/ *n* (το) χαντάκι

dither /'dɪðə(r)/ *vi* αμφιταλαντεύομαι

ditto /'dɪtəʊ/ *n* το ίδιο

divan /dɪ'væn/ *n* (το) ντιβάνι

dive /daɪv/ *vi* καταδύομαι. (*rush*) βουτώ. • *n* (η) κατάδυση. (*of plane*) (η) κάθετος εφόρμηση. **~r** *n* (ο) βουτηχτής. (*underwater*) (ο) δύτης

diverge /daɪ'vɜːdʒ/ *vi* αποκλίνω

diverse /daɪ'vɜːs/ *a* ποικίλος

diversify /daɪ'vɜːsɪfaɪ/ *vt* διαφοροποιώ

diversity /daɪ'vɜːsətɪ/ *n* (η) ποικιλία

diver|t /daɪ'vɜːt/ *vt* περισπώ. (*entertain*) διασκεδάζω. **~sion** /-ʃn/ *n* (η) διασκέδαση. (*distraction*) (η) παραπλανητική ενέργεια

divide /dɪ'vaɪd/ *vt/i* διαιρώ/ούμαι. (*share*) μοιράζω

dividend /'dɪvɪdend/ *n* (το) μέρισμα

divine /dɪ'vaɪn/ *a* θείος

divinity /dɪ'vɪnɪtɪ/ *n* (η) θεολογία

division /dɪ'vɪʒn/ *n* (η) διαίρεση

divorce /dɪ'vɔːs/ *n* (το) διαζύγιο. • *vt/i* χωρίζω. **~d** *a* διαζευγμένος

divulge /daɪˈvʌldʒ/ *vt* αποκαλύπτω

DIY *abbr* = **do-it-yourself**

dizz|y /ˈdɪzɪ/ *a* ζαλισμένος. **~iness** *n* (η) ζάλη

do /duː/ *vt/i* (*3 sing pres* **does**, *pt* **did**, *pp* **done**) κάνω. (*be enough*) αρκώ, φτάνω. **how do you ~?** χαίρω πολύ. **well done!** μπράβο! *v aux* **~ you speak Greek? Yes I ~** μιλάτε ελληνικά; Ναι. **I ~n't know** δεν ξέρω. • *n* (*fam*) (η) γιορτή

docile /ˈdəʊsaɪl/ *a* πειθήνιος

dock¹ /dɒk/ *n* (η) δεξαμενή

dock² /dɒk/ *n* (*jur*) (το) εδώλιο

dockyard /ˈdɒkjɑːd/ *n* (το) ναυπηγείο

doctor /ˈdɒktə(r)/ *n* (ο, η) γιατρός

doctorate /ˈdɒktərət/ *n* (η) διδακτορία

doctrine /ˈdɒktrɪn/ *n* (το) δόγμα

document /ˈdɒkjʊmənt/ *n* (το) έγγραφο. **~ary** /-ˈmentrɪ/ *n* (το) ντοκιμαντέρ *invar*

dodge /dɒdʒ/ *vt* αποφεύγω

does /dʌz/ *see* DO

doesn't /ˈdʌznt/ = **does not**

dog /dɒg/ *n* (ο) σκύλος, (το) σκυλί

dogged /ˈdɒgɪd/ *a* πεισματάρης

dogma /ˈdɒgmə/ *n* (το) δόγμα. **~tic** /-ˈmætɪk/ *a* δογματικός

do-it-yourself /ˈduːɪtjɔːˈself/ *n* το χόμπι να κάνει κανείς τις διάφορες επισκευές ο ίδιος

doldrums /ˈdɒldrəmz/ *npl* **be in the ~** είμαι στις κακές μου

dole /dəʊl/ *vt* **~ out** μοιράζω. • *n* (*fam*) (το) επίδομα ανεργίας

doleful /ˈdəʊlfl/ *a* θλιβερός

doll /dɒl/ *n* (η) κούκλα

dollar /ˈdɒlə(r)/ *n* (το) δολάριο

dolphin /ˈdɒlfɪn/ *n* (το) δελφίνι

domain /dəˈmeɪn/ *n* (η) κτηματική περιουσία

dome /dəʊm/ *n* (ο) θόλος

domestic /dəˈmestɪk/ *a* (*family*) οικογενειακός. (*trade*) εγχώριος. (*flights*) εσωτερικός. (*animal*) οικιακός. • *n* (ο) υπηρέτης, (η) υπηρέτρια. **~ated** *a* (*animal*) κατοικίδιος

dominant /ˈdɒmɪnənt/ *a* κυρίαρχος

dominat|e /ˈdɒmɪneɪt/ *vt/i* κυριαρχώ. **~ion** /-ˈneɪʃn/ *n* (η) κυριαρχία

domineer /dɒmɪˈnɪə(r)/ *vi* εξουσιάζω. **~ing** *a* αυταρχικός

domino /ˈdɒmɪnəʊ/ *n* (το) ντόμινο *invar*

donat|e /dəʊˈneɪt/ *vt* δωρίζω. **~ion** /-ʃn/ *n* (η) δωρεά

done /dʌn/ *see* DO

donkey /ˈdɒŋkɪ/ *n* (ο) γάιδαρος, (το) γαϊδούρι

donor /ˈdəʊnə(r)/ *n* (ο) δωρητής. (*of blood*) (ο) αιμοδότης, (η) αιμοδότρια

don't /dəʊnt/ = **do not**

doom /duːm/ *n* (η) καταδίκη. • *vt* **be ~ed to** είμαι καταδικασμένος να

door /dɔː(r)/ *n* (η) πόρτα

doorbell /ˈdɔːbel/ *n* (το) κουδούνι (πόρτας)

doorman /'dɔ:mən/ n (pl **-men**)
(ο) πορτιέρης

doormat /'dɔ:mæt/ n (το)
χαλάκι της πόρτας

doorstep /'dɔ:step/ n (το)
κατώφλι

dope /dəυp/ n (drug) (το)
ναρκωτικό. • vt δίνω
ναρκωτικό σε

dormant /'dɔ:mənt/ a αδρανής

dormitory /'dɔ:mɪtrɪ/ n (το)
υπνωτήριο

dos|e /dəυs/ n (η) δόση. **~age**
n (on label) (η) δοσολογία

dot /dɒt/ n (η) στιγμή (τελεία).
~-com (η) εταιρία
ηλεκτρονικού εμπορίου.
~ted line (η) διακεκομμένη
γραμμή

dote /dəυt/ vi **~ on**
τρελαίνομαι για

double /'dʌbl/ a διπλός. • adv
διπλά. • n (person) ο σωσίας.
~s (tennis) (το) διπλό
παιχνίδι. • vt/i διπλασιάζω/
ομαι. (fold) διπλώνω/ομαι.
~-bass n (το) κοντραμπάσο.
~ bed n (το) διπλό κρεβάτι.
~-breasted a σταυρωτός.
~-click vi κάνω διπλό κλικ • n
(το) διπλό κλικ. **~-cross** vt
εξαπατώ. **~-decker** n (το)
διώροφο λεωφορείο. **~ room**
n (το) δίκλινο δωμάτιο

doubt /daυt/ n (η) αμφιβολία.
• vt αμφιβάλλω. **~ful** a
αμφίβολος. **~less** adv
αναμφιβόλως

dough /dəυ/ n (το) ζυμάρι

dove /dʌv/ n (το) περιστέρι

down /daυn/ n (το) χνούδι.
• adv & prep κάτω. • vt (fam)
κατεβάζω. **come** or **go ~**

κατεβαίνω. **~-and-out** n (ο)
απόκληρος. **~-hearted** a
αποθαρρημένος. **~-to-earth** a
προσγειωμένος. **~ with**
κάτω

downcast /'daυnka:st/ a
αποθαρρημένος

downfall /'daυnfɔ:l/ n (η)
πτώση

downhill /daυn'hɪl/ adv προς
τα κάτω

download /daυn'ləυd/ vt
(computing) κατεβάζω

downpour /'daυnpɔ:(r)/ n (η)
νεροποντή

downright /'daυnraɪt/ a ευθύς.
(straightforward) τίμιος. • adv
απόλυτα

downstairs /daυn'steəz/ a
κάτω. • adv κάτω

downstream /'daυnstri:m/ adv
με το ρεύμα

downtown /'daυntaυn/ n
(Amer) (το) εμπορικό κέντρο
μιας πόλης

downward /'daυnwəd/ a
κατηφορικός. • adv προς τα
κάτω. **~s** adv προς τα κάτω

dowry /'daυərɪ/ n (η) προίκα

doze /dəυz/ vi λαγοκοιμάμαι.
• n (ο) υπνάκος

dozen /'dʌzn/ n (η) δωδεκάδα

Dr abbr (Doctor) Δρ

drab /dræb/ a (dreary) μουντός.
(clothing) άχαρος

draft[1] /dra:ft/ n (το) προσχέδιο.
(comm) (η) συναλλαγματική.
(mil, Amer) (η) στράτευση

draft[2] /dra:ft/ n (Amer) =
draught

drag /dræg/ vt σέρνω. vi (pass
slowly: fig) σέρνομαι. • n (fam)
(ο) μπελάς

dragon /'drægən/ n (o) δράκος

dragonfly /'drægənflaɪ/ n (η) λιβελλούλη

drain /dreɪn/ vt αποξηραίνω. (land) αποχετεύω. (vegetables) στραγγίζω. (tank, glass) αδειάζω. (fig) εξαντλώ. • vi **(away)** αποχετεύομαι. • n (o) οχετός

drainpipe /'dreɪnpaɪp/ n (o) σωλήνας αποχέτευσης

drama /'drɑːmə/ n (το) θεατρικό έργο. (event) (το) δράμα. ~**tic** /drə'mætɪk/ a δραματικός. ~**tist** /'dræmətɪst/ n (o) δραματουργός

drank /dræŋk/ see DRINK

drape /dreɪp/ vt απλώνω. ~**s** npl (Amer) (οι) κουρτίνες

drastic /'dræstɪk/ a δραστικός

draught /drɑːft/ n (το) ρεύμα. (pulling) (το) τράβηγμα. ~ (game) (η) ντάμα. ~ **beer** (η) μπίρα από το βαρέλι. ~**y** a με ρεύματα

draughtsman /'drɑːftsmən/ n (pl **-men**) (o) σχεδιαστής

draw /drɔː/ vt (pt drew, pp drawn) τραβώ. (pull) τραβώ. (attract) ελκύω. (picture) σχεδιάζω. • vi (sport) έρχομαι ισοπαλία. • n (sport) (η) ισοπαλία. (in lottery) (η) κλήρωση. ~ **out** (days) μεγαλώνω. (money) αποσύρω. ~ **up** vi (stop) σταματώ. • vt (document) συντάσσω. (chair) τραβώ

drawback /'drɔːbæk/ n (το) μειονέκτημα

drawbridge /'drɔːbrɪdʒ/ n (η) κρεμαστή γέφυρα

drawer /drɔː(r)/ n (το) συρτάρι

drawing /'drɔːɪŋ/ n (το) σχέδιο. ~**-pin** n (η) πινέζα

drawl /drɔːl/ n (η) συρτή φωνή. • vi σέρνω τη φωνή

dread /dred/ n (o) τρόμος. • vt τρέμω

dreadful /'dredfl/ a τρομερός

dream /driːm/ n (το) όνειρο. • vt/i ονειρεύομαι

dreary /'drɪərɪ/ a μονότονος. (boring) ανιαρός

dredge /dredʒ/ vt καθαρίζω με βυθοκόρο

dregs /dregz/ npl (τα) κατακάθια

drench /drentʃ/ vt μουσκεύω

dress /dres/ n (το) ντύσιμο. (clothing) (το) φόρεμα. • vt/i ντύνω. (decorate) στολίζω. (med) επιδένω. (culin) καρυκεύω

dresser /'dresə(r)/ n (furniture) (o) χωριάτικος μπουφές

dressing /'dresɪŋ/ n (sauce) (το) καρύκευμα. (bandage) (o) επίδεσμος. ~**-gown** n (η) ρόμπα. ~**-table** n (η) τουαλέτα (έπιπλο)

dressmaker /'dresmeɪkə(r)/ n (η) μοδίστρα

drew /druː/ see DRAW

dribble /'drɪbl/ vi (baby) βγάζω σάλια. (in football) τριπλάρω

dried /draɪd/ a (food) ξηρός

drier /'draɪə(r)/ n (for hair) (το) σεσουάρ. (for laundry) (o) στεγνωτήρας

drift /drɪft/ vi παρασύρομαι. (snow) μαζεύομαι. • n (movement) (η) κίνηση. (of snow) (η) στιβάδα. (meaning)

drill /drɪl/ n (tool) (το) τρυπάνι. (training) (η) άσκηση. • vt ανοίγω (τρύπα) με τρυπάνι. (train) εκπαιδεύω. vi ασκούμαι

drink /drɪŋk/ vt/i (pt **drank**, pp **drunk**) πίνω. • n (το) ποτό. **~er** n (ο) πότης. **~ing-water** n (το) πόσιμο νερό

drip /drɪp/ vi (pt **dripped**) στάζω. • n (η) στάλα. (med) (η) έγχυση

drive /draɪv/ vt/i (pt **drove**, pp **driven**) (car etc.) οδηγώ. (fig) σπρώχνω. • n (road) (η) διαδρομή. (fig) (η) δραστηριότητα. (pol) (η) εκστρατεία. **~ away** vt διώχνω. • vi φεύγω

driver /'draɪvə(r)/ n (ο, η) οδηγός

driving /'draɪvɪŋ/ n (το) οδήγηση. **~-lesson** n (το) μάθημα οδήγησης. **~-licence** n (η) άδεια οδήγησης. **~ test** n (η) εξέταση οδήγησης

drizzle /'drɪzl/ n (η) ψιλή βροχή. • vi ψιχαλίζω

drone /drəʊn/ n (ο) κηφήνας. • vi βουίζω

droop /druːp/ vi (flowers) μαραίνομαι

drop /drɒp/ n (η) σταγόνα. (fall) (η) απότομη πτώση. (decrease) (η) μείωση. • vt/i (pt **dropped**) στάζω. (fall, lower) πέφτω. **~ out** αποσύρομαι. (student) εγκαταλείπω τις σπουδές

drought /draʊt/ n (η) ανομβρία

drove /drəʊv/ see DRIVE

drown /draʊn/ vt/i πνίγω/ομαι

drowsy /'draʊzɪ/ a νυσταγμένος

drudge /drʌdʒ/ n (ο) είλωτας. **~ry** /-əri/ n (η) αγγαρεία

drug /drʌg/ n (ο) ναρκωτικό. (med) (το) φάρμακο. • vt (pt **drugged**) δίνω ναρκωτικό σε. **~ addict** n (ο) ναρκομανής

drugstore /'drʌgstɔː(r)/ n (Amer) (το) φαρμακείο

drum /drʌm/ n (το) τύμπανο. (for oil) (το) βαρέλι. **~mer** n (ο) τυμπανιστής

drunk /drʌŋk/ see DRINK • a μεθυσμένος. **get ~** μεθώ. **~ard** n (ο) μέθυσος. **~en** a μεθυσμένος. **~enness** n (το) μεθύσι

dry /draɪ/ a (**drier**, **driest**) ξηρός. (not wet) στεγνός. (ironic) ψυχρός. • vt/i στεγνώνω. (herbs etc.) ξεραίνω. **~-clean** vt στεγνοκαθαρίζω. **~-cleaner's** n (το) στεγνοκαθαριστήριο. **~ up** (dishes) στεγνώνω. (fam) στερεύω. **~ness** n (η) ξηρότητα

dual /'djuːəl/ a διπλός. **~ carriageway** n (ο) δρόμος διπλής κυκλοφορίας. **~-purpose** a διπλής χρήσεως

dub /dʌb/ vt (pt **dubbed**) (film) ντουμπλάρω

dubious /'djuːbɪəs/ a αμφίβολος. (person) ύποπτος

duchess /'dʌtʃɪs/ n (η) δούκισσα

duck /dʌk/ n (η) πάπια. • vt/i (one's head) σκύβω γρήγορα.

(*person*) βουτώ. **~ling** n (το)
παπάκι

duct /dʌkt/ n (ο) αγωγός

dud /dʌd/ a (*cheque: sl*)
ακάλυπτος. (*coin: sl*) πλαστός.
• n (*sl*) κούτσουρο

due /dju:/ a (*owing*)
πληρωτέος. (*expected*)
αναμενόμενος. (*proper*) δέων,
πρέπων. • adv **~ north** προς
το βορρά. • to λόγω (*with
gen.*)

duel /'dju:əl/ n (η) μονομαχία

duet /dju:'et/ n (το) ντουέτο

dug /dʌg/ see DIG

duke /dju:k/ n (ο) δούκας

dull /dʌl/ a (*sky, colour, pain*)
μουντός. (*boring*) ανιαρός.
(*stupid*) κουτός. (*sound*)
υπόκωφος. (*knife*) αμβλύς. • vt
(*pain*) ελαφρώνω. (*mind*)
αμβλύνω

duly /'dju:li/ adv δεόντως

dumb /dʌm/ a βουβός. (*fam*)
κουτός

dummy /'dʌmɪ/ n (*of tailor*)
(η) κούκλα. (*of baby*) (το)
πιπίλα

dump /dʌmp/ vt πετώ. (*fam*)
ξεφορτώνω. • n (*refuse tip*) (η)
χωματερή. (*mil*) (η) αποθήκη

dunce /dʌns/ n (το) τούβλο
(χοντροκέφαλος)

dune /dju:n/ n (ο) αμμόλοφος

dung /dʌŋ/ n (η) κοπριά

dungarees /ˌdʌŋgə'ri:z/ npl (η)
φόρμα εργασίας

dungeon /'dʌndʒən/ n (το)
μπουντρούμι

duo /'dju:əʊ/ n (οι) δύο

dupe /dju:p/ vt εξαπατώ. • n
(το) κορόιδο

duplicate¹ /'dju:plɪkət/ n (το)
διπλότυπο. • a διπλότυπος

duplicate² /'dju:plɪkeɪt/ vt
βγάζω αντίγραφο. (*on machine*)
πολυγραφώ

durable /'djʊərəbl/ a (*tough*)
στερεός. (*enduring*)
ανθεκτικός

duration /djʊ'reɪʃn/ n (η)
διάρκεια

during /'djʊərɪŋ/ prep κατά τη
διάρκεια (*with gen.*)

dusk /dʌsk/ n (το) σούρουπο

dust /dʌst/ n (η) σκόνη vt
ξεσκονίζω. (*sprinkle*)
πασπαλίζω

dustbin /'dʌstbɪn/ n (ο)
σκουπιδοτενεκές

duster /'dʌstə(r)/ n (το)
ξεσκονόπανο

dustman /'dʌstmən/ n (pl
-men) (ο) σκουπιδιάρης

dusty /'dʌstɪ/ a σκονισμένος

Dutch /dʌtʃ/ a ολλανδικός.
(*lang*) (τα) ολλανδικά. **~man**
n (ο) Ολλανδός

duty /'dju:tɪ/ n (το) καθήκον.
(*tax*) (ο) δασμός. **be on ~** έχω
υπηρεσία. **~-free** a
αδασμολόγητος

duvet /'dju:veɪ/ n (το) πάπλωμα

dwarf /dwɔ:f/ n (ο) νάνος

dwell /dwel/ vi (pt **dwelt**)
κατοικώ. **~ on** επιμένω σε.
~ing n (η) κατοικία

dwindle /'dwɪndl/ vi λιγοστεύω

dye /daɪ/ vt βάφω. • n (η) βαφή

dying /'daɪɪŋ/ see DIE

dyke /daɪk/ n (το) ανάχωμα

dynamic /daɪ'næmɪk/ a
δυναμικός. **~s** npl (η)
δυναμική

dynamite /'daɪnəmaɪt/ n (o) δυναμίτης

dynamo /'daɪnəməʊ/ n (το) δυναμό

dynasty /'dɪnəsti/ n (η) δυναστεία

dysentery /'dɪsəntri/ n (η) δυσεντερία

·····

Ee

each /iːtʃ/ a κάθε. • pron **~ one** ο καθένας. **~ other** ο ένας τον άλλο

eager /'iːgə(r)/ a ανυπόμονος. (enthusiastic) πρόθυμος. **be ~ to** ανυπομονώ να

eagle /'iːgl/ n (o) αετός

ear¹ /ɪə(r)/ n (το) αφτί. **~-drum** n (το) τύμπανο του αφτιού. **~-ring** n (το) σκουλαρίκι

ear² /ɪə(r)/ n (of corn) (το) στάχυ

earache /'ɪəreɪk/ n (ο) πόνος του αφτιού

earl /ɜːl/ n (o) κόμης

early /'ɜːli/ a (-ier, -iest) (morning) πρωινός. (before expected time) πρόωρος. • adv νωρίς

earn /ɜːn/ vt κερδίζω. (deserve) αξίζω

earnest /'ɜːnɪst/ a σοβαρός

earnings /'ɜːnɪŋz/ npl (τα) κέρδη. (salary) (οι) απολαβές

earphones /'ɪəfəʊnz/ npl (τα) ακουστικά

earth /ɜːθ/ n (η) γη. • vt (electr) γειώνω

earthenware /'ɜːθnweə(r)/ n (τα) πήλινα σκεύη

earthquake /'ɜːθkweɪk/ n (o) σεισμός

earwig /'ɪəwɪg/ n (η) ψαλίδα (έντομο)

ease /iːz/ n (η) ευκολία. (comfort) (η) άνεση. • vt/i (relax) χαλαρώνω. (slow down) μετριάζω. (loosen) ξεσφίγγω. • vi μετριάζομαι.

easel /'iːzl/ n (το) καβαλέτο

east /iːst/ n (η) ανατολή. • a ανατολικός. • adv ανατολικά. **~ern** a ανατολικός

Easter /'iːstə(r)/ n (το) Πάσχα

easy /'iːzi/ a (-ier, -iest) εύκολος. (relaxed) άνετος. **~-going** a βολικός. **easily** adv εύκολα

eat /iːt/ vt/i (pt **ate**, pp **eaten**) τρώγω, τρώω. **~able** a φαγώσιμος. **~er** n (o) φαγάς

eavesdrop /'iːvzdrɒp/ vi κρυφακούω

ebb /eb/ n (η) άμπωτη. • vi υποχωρώ. (fig) εξασθενίζω

ebony /'ebəni/ n (o) έβενος

e-book /'iːbʊk/ n (το) ηλεκτρονικό βιβλίο

e-business /'iːbɪznɪs/ n (το) ηλεκτρονικό επιχειρείν

eccentric /ɪk'sentrɪk/ a & n εκκεντρικός. **~ity** /eksen'trɪsəti/ n (η) εκκεντρικότητα

echo /'ekəʊ/ n (η) ηχώ. • vi αντηχώ. • vt (imitate) επαναλαμβάνω

eclipse /ɪ'klɪps/ n (η) έκλειψη. • vt επισκιάζω

ecolog|y /ɪ'kɒlədʒɪ/ n (η)
οικολογία. **~ical** /-ə'lɒdʒɪkl/ a
οικολογικός

e-commerce /'iː'kɒmɜːs/ n (το)
ηλεκτρονικό εμπόριο

economic /iːkə'nɒmɪk/ a
οικονομικός. **~al** a
οικονομικός. **~s** n (η)
οικονομολογία

economist /ɪ'kɒnəmɪst/ n (o, η)
οικονομολόγος

econom|y /ɪ'kɒnəmɪ/ n (η)
οικονομία. **~ize** vi κάνω
οικονομίες

ecstasy /'ekstəsɪ/ n (η)
έκσταση

ecstatic /ɪk'stætɪk/ a
εκστατικός

ECU, ecu /'eɪkjuː/ n (το) ECU,
(το) εκιού invar

edge /edʒ/ n (η) άκρη. (of knife)
(η) κόψη. (of cliff) (το) χείλος.
on ~ εκνευρισμένος

edgy /'edʒɪ/ a ευερέθιστος

edible /'edɪbl/ a φαγώσιμος

edict /'iːdɪkt/ n (το) διάταγμα

edifice /'edɪfɪs/ n (το)
οικοδόμημα

edit /'edɪt/ vt (newspaper)
συντάσσω. (text) επιμελούμαι.
(film) κόβω

edition /ɪ'dɪʃn/ n (η) έκδοση

editor /'edɪtə(r)/ n (o)
συντάκτης, (η) συντάκτρια. (of
text) (o, η) επιμελητής
εκδόσεως

editorial /edɪ'tɔːrɪəl/ a
εκδοτικός. • n (το) κύριο
άρθρο

educat|e /'edʒʊkeɪt/ vt
εκπαιδεύω. (mind, public)
μορφώνω. **~ed** a

μορφωμένος. **~ion** /-'keɪʃn/ n
(η) παιδεία. (culture) (η)
εκπαίδευση. **~ional** /-'keɪʃənl/
a εκπαιδευτικός

eel /iːl/ n (το) χέλι

eerie /'ɪərɪ/ a αλλόκοτος.
(unnatural) αφύσικος

effect /ɪ'fekt/ n (το)
αποτέλεσμα, (η) ενέργεια. • vt
πραγματοποιώ. **come into ~**
αρχίζω να ισχύω. **take ~**
φέρνω αποτέλεσμα

effective /ɪ'fektɪv/ a
αποτελεσματικός

effeminate /ɪ'femɪnət/ a
θηλυπρεπής

effervescent /efə'vesnt/ a
αναβράζων

efficien|t /ɪ'fɪʃnt/ a ικανός.
~cy n (η) αποδοτικότητα

effigy /'efɪdʒɪ/ n (το) ομοίωμα

effort /'efət/ n (η) προσπάθεια.
~less a εύκολος

effrontery /ɪ'frʌntərɪ/ n (η)
ιταμότητα

effusive /ɪ'fjuːsɪv/ a διαχυτικός

e.g. abbr π.χ.

egalitarian /ɪgælɪ'teərɪən/ a
ισοπεδωτικός

egg[1] /eg/ n (το) αβγό. **~-cup** n
(η) αβγοθήκη

egg[2] /eg/ vt **~ on** παροτρύνω

eggshell /'egʃel/ n (το) τσόφλι
του αβγού

ego /'egəʊ/ n (το) εγώ.
~(t)ism n (o) εγωισμός.
~(t)ist n (o) εγωιστής, (η)
εγωίστρια

Egypt /'iːdʒɪpt/ n (η) Αίγυπτος.
~ian /ɪ'dʒɪpʃn/ a αιγυπτιακός.
• n (o) Αιγύπτιος, (η) Αιγύπτια

eiderdown /'aɪdədaʊn/ n (το) πάπλωμα

eight /eɪt/ a οκτώ n (το) οκτώ, (το) οχτώ

eighth /eɪtθ/ a όγδοος. • n (το) όγδοο

eighteen /eɪ'ti:n/ a δεκαοκτώ. • n (το) δεκαοκτώ, (το) δεκαοχτώ

eighty /'eɪtɪ/ a & n ογδόντα

either /'aɪðə(r)/ a & pron είτε, ή. (with negative) ούτε. (each) καθένας. • conj ~ ... or είτε ... είτε, ή ... ή. (with negative) ούτε ... ούτε

eject /ɪ'dʒekt/ vt εκτινάσσω. (throw out) εκδιώκω

elaborate[1] /ɪ'læbərət/ a πολύπλοκος

elaborate[2] /ɪ'læbəreɪt/ vt επεξεργάζομαι. • vi περιπλέκομαι. ~ **on** αναπτύσσω

elapse /ɪ'læps/ vi (time) περνώ

elastic /ɪ'læstɪk/ a λαστιχένιος. • n (το) λάστιχο. ~ **band** (το) λάστιχο

elat|ed /ɪ'leɪtɪd/ a γεμάτος αγαλλίαση. ~**ion** /-ʃn/ n (η) αγαλλίαση

elbow /'elbəʊ/ n (ο) αγκώνας

elder /'eldə(r)/ a μεγαλύτερος. • n (ο) μεγαλύτερος

elderly /'eldəlɪ/ a ηλικιωμένος

eldest /'eldɪst/ a μεγαλύτερος

elect /ɪ'lekt/ vt εκλέγω. • a μέλλων. ~ **to do** διαλέγω να κάνω. ~**ion** /-ʃn/ n (η) εκλογή

elector /ɪ'lektə(r)/ n (ο) εκλογέας. ~**al** a εκλογικός. ~**ate** n (το) εκλογικό σώμα

electric /ɪ'lektrɪk/ a ηλεκτρικός. ~ **shock** n (η) ηλεκτροπληξία. ~**al** a ηλεκτρολογικός

electrician /ɪlek'trɪʃn/ n (ο) ηλεκτρολόγος

electricity /ɪlek'trɪsətɪ/ n (ο) ηλεκτρισμός

electrify /ɪ'lektrɪfaɪ/ vt ηλεκτρίζω

electrocute /ɪ'lektrəkju:t/ vt εκτελώ με ηλεκτρισμό

electron /ɪ'lektrɒn/ n (το) ηλεκτρόνιο

electronic /ɪlek'trɒnɪk/ a ηλεκτρονικός. ~**s** n (η) ηλεκτρονική

elegan|t /'elɪɡənt/ a κομψός. ~**ce** n (η) κομψότητα

element /'elɪmənt/ n (το) στοιχείο. (electr) (η) αντίσταση. ~**ary** /-'mentrɪ/ a στοιχειώδης

elephant /'elɪfənt/ n (ο) ελέφαντας

elevate /'elɪveɪt/ vt ανυψώνω

elevator /'elɪveɪtə(r)/ n (Amer) (το) ασανσέρ invar, (ο) ανελκυστήρας

eleven /ɪ'levn/ a & n έντεκα invar

elicit /ɪ'lɪsɪt/ vt αποσπώ

eligible /'elɪdʒəbl/ a κατάλληλος. **be** ~ **for sth** δικαιούμαι κάτι

eliminat|e /ɪ'lɪmɪneɪt/ vt εξαλείφω. ~**ion** /-'neɪʃn/ n (η) εξάλειψη

élite /eɪ'li:t/ n (η) ελίτ invar

elm /elm/ n (η) φτελιά

elope /ɪ'ləʊp/ vi κλέβομαι

eloquen|t /'eləkwənt/ a εύγλωττος. **~ce** n (η) ευγλωττία

else /els/ adv αλλιώς.

  everybody ~ όλοι οι άλλοι.

  nobody ~ κανένας άλλος.

  nothing ~ τίποτ' άλλο. • adv κάπου αλλού

elude /ɪ'lu:d/ vt διαφεύγω. (avoid) αποφεύγω

elusive /ɪ'lu:sɪv/ a ασύλληπτος

emaciated /ɪ'meɪsɪeɪtɪd/ a κάτισχνος

e-mail /'i:meɪl/ vt στέλνω e-mail, στέλνω μήνυμα με τον υπολογιστή • n (το) ηλεκτρονικό ταχυδρομείο. **~ address** n (η) ηλεκτρονική διεύθυνση

emanate /'eməneɪt/ vi προέρχομαι

emancipat|e /ɪ'mænsɪpeɪt/ vt χειραφετώ. **~ion** /-'peɪʃn/ n (η) χειραφέτηση

embalm /ɪm'ba:m/ vt βαλσαμώνω

embargo /ɪm'ba:gəʊ/ n (το) εμπάργκο invar

embark /ɪm'ba:k/ vt/i επιβιβάζω/ομαι

embarrass /ɪm'bærəs/ vt φέρνω σε αμηχανία. **~ed** a αμήχανος. **~ing** a ενοχλητικός. **~ment** n (η) αμηχανία

embassy /'embəsɪ/ n (η) πρεσβεία

embed /ɪm'bed/ vt σφηνώνω

embers /'embəz/ npl (η) θράκα

embezzle /ɪm'bezl/ vt καταχρώμαι

emblem /'embləm/ n (το) έμβλημα

embody /ɪm'bɒdɪ/ vt ενσαρκώνω. (include) περικλείω

embrace /ɪm'breɪs/ vt/i αγκαλιάζω/ομαι. • n (το) αγκάλιασμα

embroider /ɪm'brɔɪdə(r)/ vt κεντώ. **~y** n (το) κέντημα

embryo /'embrɪəʊ/ n (το) έμβρυο

emerald /'emərəld/ n (το) σμαράγδι

emerge /ɪ'mɜ:dʒ/ vi ανακύπτω. (appear) εμφανίζομαι. (surface) αναδύομαι

emergency /ɪ'mɜ:dʒənsɪ/ n (η) έκτακτος ανάγκη. **~ exit** n (η) έξοδος κινδύνου

emigrant /'emɪgrənt/ n (ο) μετανάστης, (η) μετανάστρια

emigrat|e /'emɪgreɪt/ vi μεταναστεύω. **~ion** /-'greɪʃn/ n (η) μετανάστευση

eminent /'emɪnənt/ a διακεκριμένος

emit /ɪ'mɪt/ vt εκπέμπω

emotion /ɪ'məʊʃn/ n (η) συγκίνηση. **~al** a συγκινησιακός. (person) ευκολοσυγκίνητος

emotive /ɪ'məʊtɪv/ a συγκινητικός

emperor /'empərə(r)/ n (ο) αυτοκράτορας

emphasis /'emfəsɪs/ n (η) έμφαση

emphasize /'emfəsaɪz/ vt τονίζω

emphatic /ɪm'fætɪk/ a εμφατικός. (manner) κατηγορηματικός

empire /'empaɪə(r)/ n (η)
αυτοκρατορία

employ /ɪm'plɔɪ/ vt απασχολώ.
~ee /emplɔɪ'iː/ n (ο, η)
υπάλληλος. **~er** n (ο)
εργοδότης, (η) εργοδότρια.
~ment n (η) απασχόληση

empt|y /'empti/ a άδειος. • vt/i
αδειάζω. **~iness** n (το) κενό

emulate /'emjʊleɪt/ vt μιμούμαι

emulsion /ɪ'mʌlʃn/ n (το)
γαλάκτωμα

enable /ɪ'neɪbl/ vt καθιστώ
ικανό. **~ s.o. to** επιτρέπω σε
κάποιον να

enamel /ɪ'næml/ n (το) σμάλτο

enamoured /ɪ'næməd/ a
ερωτευμένος

enchant /ɪn'tʃɑːnt/ vt μαγεύω.
~ed a γοητευμένος. **~ing** a
μαγευτικός

encircle /ɪn'sɜːkl/ vt
περικυκλώνω

enclose /ɪn'kləʊz/ vt (land)
περιφράζω. (with letter)
εσωκλείω. (in receptacle)
κλείνω

enclosure /ɪn'kləʊʒə(r)/ n
(area) (ο) περιφραγμένος
χώρος. (comm) (το)
εσώκλειστο

encore /'ɒŋkɔː(r)/ int μπις. • n
(το) μπιζάρισμα

encounter /ɪn'kaʊntə(r)/ vt
συναντώ. • n (η) συνάντηση.
(battle) (η) συμπλοκή

encourage /ɪn'kʌrɪdʒ/ vt
ενθαρρύνω. **~ment** n (η)
ενθάρρυνση

encroach /ɪn'krəʊtʃ/ vi **~ on**
επεμβαίνω σε. (land)
καταπατώ. (time) τρώγω

encyclopedia /ɪnsaɪklə'piːdɪə/
n (η) εγκυκλοπαίδεια

end /end/ n (το) τέλος. (furthest
point) (η) άκρη. • vt/i
τελειώνω. **in the ~** στο τέλος

endanger /ɪn'deɪndʒə(r)/ vt
θέτω σε κίνδυνο

endeavour /ɪn'devə(r)/ n (η)
προσπάθεια. • vi **to**
προσπαθώ να

ending /'endɪŋ/ n (το) τέλος

endless /'endlɪs/ a ατέλειωτος

endorse /ɪn'dɔːs/ vt (comm)
επικυρώνω. (fig) επιδοκιμάζω.
(jur) οπισθογραφώ. **~ment** n
(comm) (η) έγκριση. (fig)
επιδοκιμασία

endow /ɪn'daʊ/ vt προικίζω

endur|e /ɪn'djʊə(r)/ vt/i
αντέχω. **~ance** n (η) αντοχή

enemy /'enəmɪ/ n (ο) εχθρός.
• a εχθρικός

energetic /enə'dʒetɪk/ a
δραστήριος

energy /'enədʒɪ/ n (η) ενέργεια

enforce /ɪn'fɔːs/ vt επιβάλλω

engage /ɪn'ɡeɪdʒ/ vt (staff)
προσλαμβάνω. (occupy)
απασχολώ. (attention) κρατώ.
(mech) εμπλέκω. • vi **~ in**
(activity) ασχολούμαι με.
(conversation) πιάνω. **~d** a (to
be married) αρραβωνιασμένος.
(busy) απασχολημένος.
(telephone) κατηλειμμένος, Cy.
κρατημένος. **~ment** n (ο)
αρραβώνας. (meeting) (η)
δέσμευση. (undertaking) (η)
υποχρέωση

engaging /ɪn'ɡeɪdʒɪŋ/ a
θελκτικός

engine /'endʒɪn/ n (ο)
κινητήρας, (η) μηχανή

engineer /endʒɪ'nɪə(r)/ n (ο)
μηχανικός. • vt (fig)
μηχανεύομαι. **~ing** n (η)
μηχανική

England /'ɪŋglənd/ n (η)
Αγγλία

English /'ɪŋglɪʃ/ a αγγλικός. • n
(lang) (τα) αγγλικά. • n
(ο) Άγγλος. **~woman** n (η)
Αγγλίδα. **the ~ Channel** (η)
Μάγχη

engrave /ɪn'greɪv/ vt χαράζω.
~ing n (η) χαλκογραφία

engrossed /ɪn'grəʊst/ a
απορροφημένος (**in**, σε)

engulf /ɪn'gʌlf/ vt
καταβροχθίζω

enhance /ɪn'hɑːns/ vt ανεβάζω,
υψώνω

enigma /ɪ'nɪgmə/ n (το)
αίνιγμα. **~tic** /enɪg'mætɪk/ a
αινιγματικός

enjoy /ɪn'dʒɔɪ/ vt απολαμβάνω.
~ o.s. διασκεδάζω. **~able** a
ευχάριστος. **~ment** n (η)
απόλαυση, (η) διασκέδαση

enlarge /ɪn'lɑːdʒ/ vt μεγεθύνω.
• vi **~ upon** επεκτείνω.
~ment n (η) μεγέθυνση

enlighten /ɪn'laɪtn/ vt
διαφωτίζω. **~ment** n (η)
διαφώτιση

enlist /ɪn'lɪst/ vt στρατολογώ.
(fig) εξασφαλίζω. • vi
στρατολογούμαι

enmity /'enmɪtɪ/ n (η)
εχθρότητα

enormity /ɪ'nɔːmɪtɪ/ n (το)
μέγεθος

enormous /ɪ'nɔːməs/ a
τεράστιος

enough /ɪ'nʌf/ a αρκετός. • adv
& int αρκετά

enquire /ɪn'kwaɪə(r)/ vt ρωτώ.
• vi ζητώ πληροφορίες. **~y** n
(η) έρευνα. (jur) (η) ανάκριση

enrage /ɪn'reɪdʒ/ vt εξοργίζω

enrich /ɪn'rɪtʃ/ vt εμπλουτίζω

enrol /ɪn'rəʊl/ vt εγγράφω. • vi
εγγράφομαι (**for**, σε). **~ment**
n (η) εγγραφή

ensue /ɪn'ʃjuː/ vi επακολουθώ

ensure /ɪn'ʃʊə(r)/ vt
εξασφαλίζω

entail /ɪn'teɪl/ vt συνεπάγομαι

entangle /ɪn'tæŋgl/ vt μπλέκω

enter /'entə(r)/ vt μπαίνω σε. • vt
(competition) συμμετέχω σε.

enterprise /'entəpraɪz/ n (η)
επιχείρηση. (fig) (η) τόλμη

enterprising /'entəpraɪzɪŋ/ a
(person) τολμηρός. (mind)
επιχειρηματικός

entertain /entə'teɪn/ vt (amuse)
διασκεδάζω. (guests)
φιλοξενώ. (ideas, hopes) έχω,
τρέφω. (consider) μελετώ. **~er**
n (ο, η) κωμικός. **~ing** a
διασκεδαστικός. **~ment** n
(amusement) (η) διασκέδαση.
(performance) (το) θέαμα

enthuse /ɪn'θjuːz/ vi **~ over**
ενθουσιάζομαι με

enthusias|m /ɪn'θjuːzɪæzəm/ n
(ο) ενθουσιασμός. **~tic**
/-'æstɪk/ a ενθουσιασμένος

enthusiast /ɪn'θjuːzɪæst/ n (ο)
λάτρης

entice /ɪn'taɪs/ vt δελεάζω

entire /ɪn'taɪə(r)/ a ολόκληρος.
~ly adv ολοκληρωτικά

entitle /ɪn'taɪtl/ vt (give a
right) δίνω το δικαίωμα. **~d** a

(*book*) με τίτλο. **be ~d to**
δικαιούμαι να

entity /'entəti/ *n* (η) οντότητα

entrance¹ /'entrəns/ *n* (η)
είσοδος. (*right to enter*) (το)
δικαίωμα εισόδου. **~
examinations** *npl* (οι)
εισαγωγικές εξετάσεις. **~ fee**
n (η) είσοδος

entrance² /ɪn'trɑːns/ *vt* μαγεύω

entrant /'entrənt/ *n*
(*competition*) (ο) υποψήφιος

entrepreneur /ˌɒntrəprə'nɜː(r)/
n (ο) επιχειρηματίας

entrust /ɪn'trʌst/ *vt*
εμπιστεύομαι

entry /'entri/ *n* (η) είσοδος. (*on
list*) (η) καταχώρηση. (*in race,
competition*) (η) συμμετοχή. **~
form** *n* (η) αίτηση. **no ~**
απαγορεύεται η είσοδος

envelop /ɪn'veləp/ *vt* (*pt*
περιβάλλω

envelope /'envələup/ *n* (ο)
φάκελος

envious /'enviəs/ *a* φθονερός

environment /ɪn'vaɪərənmənt/
n (το) περιβάλλον. **~al**
/-'mentl/ *a* περιβαλλοντικός

envoy /'envoɪ/ *n* (ο)
απεσταλμένος

envy /'envi/ *n* (ο) φθόνος. • *vt*
φθονώ

enzyme /'enzaɪm/ *n* (το)
ένζυμο

epic /'epɪk/ *n* (το) έπος. • *a*
επικός

epidemic /epɪ'demɪk/ *n* (η)
επιδημία

epilep|sy /'epɪlepsɪ/ *n* (η)
επιληψία. **~tic** /-'leptɪk/ *a*
επιληπτικός

epilogue /'epɪlɒg/ *n* (ο)
επίλογος

episode /'epɪsəʊd/ *n* (το)
επεισόδιο

epitom|e /ɪ'pɪtəmɪ/ *n* (η)
επιτομή. **~ize** *vt* εκπροσωπώ

epoch /'iːpɒk/ *n* (η) εποχή

equal /'iːkwəl/ *a & n* ίσος. • *vt*
εξισώνω. **be ~ to** (*task*) είμαι
αντάξιος (*with gen.*). **three
plus four ~s seven** τρία συν
τέσσερα ίσον επτά. **~ity**
/ɪ'kwɒlətɪ/ *n* (η) ισότητα. **~ly**
adv εξίσου

equanimity /ˌekwə'nɪmətɪ/ *n* (η)
αταραξία

equate /ɪ'kweɪt/ *vt* εξισώνω

equation /ɪ'kweɪʒn/ *n* (η)
εξίσωση

equator /ɪ'kweɪtə(r)/ *n* (ο)
ισημερινός

equilibrium /ˌiːkwɪ'lɪbrɪəm/ *n*
(η) ισορροπία

equinox /'iːkwɪnɒks/ *n* (η)
ισημερία

equip /ɪ'kwɪp/ *vt* (*pt* equipped)
εξοπλίζω. **~ment** *n* (ο)
εξοπλισμός

equitable /'ekwɪtəbl/ *a* δίκαιος

equity /'ekwɪtɪ/ *n* (η)
δικαιοσύνη

equivalent /ɪ'kwɪvələnt/ *a*
αντίστοιχος. • *n* (το)
αντίστοιχο

equivocal /ɪ'kwɪvəkl/ *a*
διφορούμενος

era /'ɪərə/ *n* (η) εποχή

eradicate /ɪ'rædɪkeɪt/ *vt*
εξαλείφω

erase /ɪ'reɪz/ *vt* σβήνω. **~r**
/-ə(r)/ *n* (η) γομολάστιχα

erect /ɪˈrekt/ a όρθιος. • vt ανεγείρω. **~ion** /-ʃn/ n (η) ανέγερση

ermine /ˈɜːmɪn/ n (η) ερμίνα

ero|de /ɪˈrəʊd/ vt διαβρώνω. **~sion** /-ʒn/ n (η) διάβρωση

erotic /ɪˈrɒtɪk/ a ερωτικός

err /ɜː(r)/ vi κάνω λάθος. (sin) σφάλλω

errand /ˈerənd/ n (το) θέλημα

erratic /ɪˈrætɪk/ a άτακτος. (irregular) ακανόνιστος. (person) ασταθής

erroneous /ɪˈrəʊnɪəs/ a λανθασμένος

error /ˈerə(r)/ n (το) λάθος

erudite /ˈeruːdaɪt/ a πολυμαθής

erupt /ɪˈrʌpt/ vi κάνω έκρηξη. **~ion** /-ʃn/ n (η) έκρηξη

escalate /ˈeskəleɪt/ vt/i κλιμακώνω/ομαι

escalator /ˈeskəleɪtə(r)/ n (η) κυλιόμενη σκάλα

escape /ɪˈskeɪp/ vi δραπετεύω. (gas) διαρρέω. • vt ξεφεύγω. • n (of prisoner) δραπέτευση. (of gas) (η) διαρροή. (fig) (η) διαφυγή

escort[1] /ˈeskɔːt/ n (ο, η) συνοδός

escort[2] /ɪˈskɔːt/ vt συνοδεύω

Eskimo /ˈeskɪməʊ/ n (ο) Εσκιμώος, (η) Εσκιμώα

especial /ɪˈspeʃl/ a ειδικός. **~ly** adv ειδικά

espionage /ˈespɪənɑːʒ/ n (η) κατασκοπία

essay /ˈeseɪ/ n (το) δοκίμιο. (schol) (η) έκθεση ιδεών

essence /ˈesns/ n (η) ουσία

essential /ɪˈsenʃl/ a απαραίτητος. • n (η) ουσία. **the ~s** (τα) απαραίτητα. **~ly** adv απαραίτητα

establish /ɪˈstæblɪʃ/ vt εγκαθιστώ. (business) ιδρύω. (prove) αποδεικνύω. **~ment** n (η) ίδρυση

estate /ɪˈsteɪt/ n (possessions) (η) περιουσία. (residential) (η) συνοικισμός. **~ agent** n (ο) κτηματομεσίτης. **~ car** n (το) αυτοκίνητο εστέιτ

esteem /ɪˈstiːm/ n (η) εκτίμηση

estimate[1] /ˈestɪmət/ n (ο) υπολογισμός. (comm) (ο) προϋπολογισμός

estimat|e[2] /ˈestɪmeɪt/ vt υπολογίζω. **~ion** /-ˈmeɪʃn/ n (η) εκτίμηση. (opinion) (η) κρίση

estuary /ˈestʃʊərɪ/ n (η) εκβολή

etc. /ɪtˈsetrə/ abbr (et cetera) κ.λπ., κ.τ.λ.

eternal /ɪˈtɜːnl/ a αιώνιος

eternity /ɪˈtɜːnətɪ/ n (η) αιωνιότητα

ethereal /ɪˈθɪərɪəl/ a αιθέριος

ethic /ˈeθɪk/ n (ο) ηθικός κώδικας. **~s** (η) ηθική

ethnic /ˈeθnɪk/ a εθνικός. **~ cleansing** n (η) εθνοκάθαρση, (η) εκκαθάριση μειονοτήτων

eulogy /ˈjuːlədʒɪ/ n (το) εγκώμιο

euphemism /ˈjuːfəmɪzəm/ n (ο) ευφημισμός

euphoria /juːˈfɔːrɪə/ n (η) ευφορία

euro /ˈjʊərəʊ/ n (το) ευρώ invar

Europe /ˈjʊərəp/ n (η) Ευρώπη. **~an** /-ˈpɪən/ a ευρωπαϊκός. • n

(ο) Ευρωπαίος, (η) Ευρωπαία.
~an Union (η) Ευρωπαϊκή
Ένωση

eurosceptic /jʊərəʊ'skeptɪk/ n
(ο) ευρωσκεπτικιστής

euthanasia /ju:θə'neɪzɪə/ n (η)
ευθανασία

evacuate /ɪ'vækjʊeɪt/ vt
εκκενώνω

evade /ɪ'veɪd/ vt αποφεύγω

evaluate /ɪ'væljʊeɪt/ vt εκτιμώ

evaporate /ɪ'væpəreɪt/ vi
εξατμίζομαι. (fig)
εξανεμίζομαι. **~d milk** (το)
εβαπορέ

evasion /ɪ'veɪʒn/ n (η) η
διαφυγή. (excuse) (η) υπεκφυγή

evasive /ɪ'veɪsɪv/ a αβαθής

eve /i:v/ n (η) παραμονή

even /'i:vn/ a (surface) ομαλός.
(equal) ίσος. (number) ζυγός.
• vt **~ up** (compensate)
ανταποδίδω τα ίσα, adv ακόμη
και. **~ better** ακόμη καλύτερα

evening /'i:nɪŋ/ n (το) βράδυ.
(whole evening, event) (η)
βραδιά. **this ~** απόψε

event /ɪ'vent/ n (το) γεγονός.
(sport) (ο) αγώνας. **in the ~ of
an accident** σε περίπτωση
ατυχήματος. **~ful** a
πολυτάραχος

eventual /ɪ'ventʃʊəl/ a τελικός.
~ity /-'ælətɪ/ n (η) πιθανότητα.
~ly adv τελικά

ever /'evə(r)/ adv ποτέ. (at all
times) πάντοτε. **~ since** από
τότε. **~ so** (fam) πολύ. **for ~**
για πάντα. **hardly ~** σχεδόν
ποτέ, σπανιότατα

evergreen /'evəgri:n/ a
αειθαλής

everlasting /'evəla:stɪŋ/ a
παντοτινός

every /'evrɪ/ a κάθε. **~ one**
καθένας

everybody /'evrɪbɒdɪ/ pron ο
καθένας, όλοι

everyday /'evrɪdeɪ/ a
καθημερινός

everyone /'evrɪwʌn/ pron ο
καθένας

everything /'evrɪθɪŋ/ pron το
κάθε τι, όλα

everywhere /'evrɪweə(r)/ adv
παντού

evict /ɪ'vɪkt/ vt κάνω έξωση σε.
~ion /-ʃn/ n (η) έξωση

evidence /'evɪdəns/ n (η)
ένδειξη. (jur) (η) μαρτυρία.
(sign) (το) σημείο

evident /'evɪdənt/ a φανερός,
προφανής. **~ly** adv φανερά,
προφανώς

evil /'i:vl/ a κακός. • n (το)
κακό

evo|ke /ɪ'vəʊk/ vt επικαλούμαι.
(memories) φέρνω στο νου.
~cative /ɪ'vɒkətɪv/ a
υποβλητικός

evolution /i:və'lu:ʃn/ n (η)
εξέλιξη

evolve /ɪ'vɒlv/ vt αναπτύσσω.
• vi εξελίσσομαι

ewe /ju:/ n (η) προβατίνα

ex- /eks/ pref πρώην

exacerbate /ɪg'zæsəbeɪt/ vt
επιδεινώνω

exact[1] /ɪg'zækt/ a ακριβής.
~ly adv ακριβώς

exact[2] /ɪg'zækt/ vt απαιτώ.
~ing a απαιτητικός

exaggerat|e /ɪg'zædʒəreɪt/ *vt/i*
υπερβάλλω. **~ion** /-'reɪʃn/ *n*
(η) υπερβολή

exam /ɪg'zæm/ *n* οι εξετάσεις

examination /ɪgzæmɪ'neɪʃn/ *n*
(η) εξέταση

examine /ɪg'zæmɪn/ *vt*
εξετάζω. (*jur*) ανακρίνω. **~r**
/-ə(r)/ *n* (ο) εξεταστής, (η)
εξετάστρια

example /ɪg'zɑ:mpl/ *n* (το)
παράδειγμα. **for ~**
παραδείγματος χάρη

exasperate /ɪg'zæspəreɪt/ *vt*
εξοργίζω

excavate /'ekskəveɪt/ *vt* κάνω
ανασκαφές σε

exceed /ɪk'si:d/ *vt* υπερβαίνω.
~ingly *adv* υπερβολικά, πάρα
πολύ

excel /ɪk'sel/ *vi* διακρίνομαι.
• *vt* διαπρέπω

excellen|t /'eksələnt/ *a*
υπέροχος. **~ce** *n* (η) υπεροχή

except /ɪk'sept/ *prep* εκτός. • *vt*
εξαιρώ. **~ for** εκτός από

exception /ɪk'sepʃən/ *n* (η)
εξαίρεση. **take ~ to** θίγομαι
από

exceptional /ɪk'sepʃənl/ *a*
εξαιρετικός. (*unusual*)
ασυνήθιστος

excerpt /'eksɜ:pt/ *n* (το)
απόσπασμα

excess[1] /ɪk'ses/ *n* (η)
υπερβολή. (*surplus*) (το)
πλεόνασμα

excess[2] /'ekses/ *a* υπερβολικός.
~ baggage *or* **luggage** *n* (οι)
υπέρβαρες αποσκευές

excessive /ɪk'sesɪv/ *a*
υπερβολικός

exchange /ɪk'stʃeɪndʒ/ *vt*
ανταλλάσσω. • *n* (η)
ανταλλαγή. (*comm*) (το)
συνάλλαγμα. **~ rate** *n* (η)
τιμή του συναλλάγματος

exchequer /ɪks'tʃekə(r)/ *n* (*pol*)
(το) δημόσιο ταμείο

excit|e /ɪk'saɪt/ *vt* συγκινώ.
(*inflame*) εξάπτω. **~able** *a*
ευέξαπτος. **~ed** *a*
συγκινημένος. **get ~ed**
συγκινούμαι. **~ement** *n* (η)
συγκίνηση. **~ing** *a*
συναρπαστικός

exclaim /ɪk'skleɪm/ *vi*
αναφωνώ. • *vt* φωνάζω

exclamation /eksklə'meɪʃn/ *n*
(η) αναφώνηση. **~ mark**,
(*Amer*) **~ point** *ns* (το)
θαυμαστικό

exclude /ɪk'sklu:d/ *vt*
αποκλείω

exclusive /ɪk'sklu:sɪv/ *a*
αποκλειστικός. (*person*)
εκλεκτικός

excommunicate
/ekskə'mju:nɪkeɪt/ *vt* αφορίζω

excruciating /ɪk'skru:ʃɪeɪtɪŋ/ *a*
μαρτυρικός

excursion /ɪk'skɜ:ʃn/ *n* (η)
εκδρομή

excuse[1] /ɪk'skju:z/ *vt*
δικαιολογώ. **~ o.s.**
δικαιολογούμαι. **~ from**
απαλλάσσω από. **~ me!** με
συγχωρείτε, συγγνώμη

excuse[2] /ɪk'skju:s/ *n* (η)
δικαιολογία

execute /'eksɪkju:t/ *vt*
εκτελώ

execution /eksɪ'kju:ʃn/ *n* (η)
εκτέλεση

executive /ɪgˈzekjʊtɪv/ n (το)
ανώτερο στέλεχος (εταιρίας).
• a εκτελεστικός

exemplary /ɪgˈzempləri/ a
υποδειγματικός

exemplify /ɪgˈzemplɪfaɪ/ vt
είμαι παράδειγμα (with gen.)

exempt /ɪgˈzempt/ a
απαλλαγμένος. • vt
απαλλάσσω

exercise /ˈeksəsaɪz/ n (η)
άσκηση. (mil) (το) γυμνάσιο.
• vt ασκώ, γυμνάζω. • vi
ασκούμαι, γυμνάζομαι. ~
book n (το) τετράδιο

exhaust /ɪgˈzɔːst/ vt εξαντλώ.
• n (auto) (η) εξάτμιση. ~ed a
εξαντλημένος. ~ing a
εξαντλητικός, κουραστικός.
~ion /-stʃən/ n (η) εξάντληση

exhaustive /ɪgˈzɔːstɪv/ a
εξαντλητικός

exhibit /ɪgˈzɪbɪt/ vt εκθέτω. • n
(το) έκθεμα. (jur) (το)
τεκμήριο

exhibition /eksɪˈbɪʃn/ n (η)
έκθεση. (act of showing) (η)
επίδειξη. (ο) επιδειξίας

exhilarate /ɪgˈzɪləreɪt/ vt
χαροποιώ. ~ing a πολύ
ευχάριστος

exhort /ɪgˈzɔːt/ vt προτρέπω

exile /ˈeksaɪl/ n (η) εξορία. (person)
(ο) εξόριστος. • vt εξορίζω. in
~ σε εξορία

exist /ɪgˈzɪst/ vi υπάρχω.
~ence n (η) ύπαρξη

exit /ˈeksɪt/ n (η) έξοδος

exorbitant /ɪgˈzɔːbɪtənt/ a
εξωφρενικός

exorcize /ˈeksɔːsaɪz/ vt
εξορκίζω

exotic /ɪgˈzɒtɪk/ a εξωτικός

expand /ɪkˈspænd/ vt
επεκτείνω. (metal) διαστέλλω.
(explain) αναπτύσσω. • vi
επεκτείνομαι. (metal)
διαστέλλομαι. ~sion n (η)
διαστολή, (η) επέκταση.
(comm) (το) ανάπτυξη

expanse /ɪkˈspæns/ n (η)
έκταση

expansive /ɪkˈspænsɪv/ a
επεκτατικός

expatriate /eksˈpætrɪət/ n (ο)
εκπατρισμένος

expect /ɪkˈspekt/ vt προσδοκώ.
(suppose) υποθέτω. (demand)
απαιτώ. (baby) περιμένω. ~
to ελπίζω να

expectan|t /ɪkˈspektənt/ a που
περιμένει. (mother) έγκυος.
~cy n (η) αναμονή

expedient /ɪkˈspiːdɪənt/ a
σκόπιμος

expedition /ekspɪˈdɪʃn/ n (η)
αποστολή

expel /ɪkˈspel/ vt (schol)
αποβάλλω. (mil) εκδιώκω

expend /ɪkˈspend/ vt ξοδεύω.
~able a που μπορεί να
θυσιαστεί

expenditure /ɪkˈspendɪtʃə(r)/ n
(η) δαπάνη

expense /ɪkˈspens/ n (το)
έξοδο. ~s (comm) (τα) έξοδα.
at s.o.'s ~ σε βάρος κάποιου

expensive /ɪkˈspensɪv/ a
ακριβός

experience /ɪkˈspɪərɪəns/ n (η)
πείρα. • vt δοκιμάζω

experiment /ɪkˈsperɪmənt/ n
(το) πείραμα. • vi
πειραματίζομαι

expert /'ekspɜ:t/ *a* ειδικός. • *n*
(ο) εμπειρογνώμονας

expertise /eksp3:'ti:z/ *n* (η)
εμπειρογνωμοσύνη

expire /ɪk'spaɪə(r)/ *vi* λήγω.
(*die*) εκπνέω. **~y** *n* (η) λήξη

expl|ain /ɪk'spleɪn/ *vt* εξηγώ.
~anation /eksplə'neɪʃn/ *n* (η)
εξήγηση

explicit /ɪk'splɪsɪt/ *a* ρητός

explo|de /ɪk'spləʊd/ *vt*
ανατινάζω. • *vi* εκρήγνυμαι.
~sion /-ʒn/ *n* (η) έκρηξη.
~sive *a* εκρηκτικός. • *n* (η)
εκρηκτική ύλη

exploit¹ /'eksplɔɪt/ *n* (το)
κατόρθωμα

exploit² /ɪk'splɔɪt/ *vt*
εκμεταλλεύομαι. **~ation**
/eksplɔɪ'teɪʃn/ *n* (η)
εκμετάλλευση

explor|e /ɪk'splɔ:(r)/ *vt*
εξερευνώ. (*fig*) διερευνώ.
~ation /eksplə'reɪʃn/ *n* (η)
εξερεύνηση. **~er** *n* (ο)
εξερευνητής

export¹ /ɪk'spɔ:t/ *vt* εξάγω.
~er *n* (ο) εξαγωγέας

export² /'ekspɔ:t/ *n* (η)
εξαγωγή

expos|e /ɪk'spəʊz/ *vt* εκθέτω.
(*reveal*) αποκαλύπτω. **~ure**
/-ʒə(r)/ *n* (η) αποκάλυψη.
(*photo*) (η) φωτογραφία. (*med*)
(η) έκθεση

express¹ /ɪk'spres/ *a* ρητός. • *n*
(*train*) (η) ταχεία. • *adv* εξπρές

express² /ɪk'spres/ *vt* εκφράζω.
~ o.s. εκφράζομαι. **~ion**
/-ʃn/ *n* (η) έκφραση. **~ive** *a*
εκφραστικός

exquisite /'ekskwɪzɪt/ *a* έξοχος

exten|d /ɪk'stend/ *vt*
επεκτείνω. (*house*) μεγαλώνω.
(*offer*) κάνω. (*time*) παρατείνω.
• *vi* απλώνομαι. **~sion** *n* (η)
επέκταση. (*of house*) (τα)
επιπλέον δωμάτια. (*comm*) (η)
παράταση. (*telephone*) (η)
εσωτερική γραμμή

extensive /ɪk'stensɪv/ *a*
εκτεταμένος

extent /ɪk'stent/ *n* (η) έκταση

exterior /ɪk'stɪərɪə(r)/ *a*
εξωτερικός. • *n* (το) εξωτερικό

exterminate /ɪk'stɜ:mɪneɪt/ *vt*
εξοντώνω

external /ɪk'stɜ:nl/ *a*
εξωτερικός

extinct /ɪk'stɪŋkt/ *a* που έχει
εκλείψει. (*volcano*) σβησμένος

extinguish /ɪk'stɪŋgwɪʃ/ *vt*
σβήνω. **~er** *n* (ο)
πυροσβεστήρας

extol /ɪk'stəʊl/ *vt* εξαίρω

extort /ɪk'stɔ:t/ *vt* εκβιάζω.
~ion /-ʃn/ *n* (ο) εκβιασμός

extortionate /ɪk'stɔ:ʃənət/ *a*
(*price*) υπέρογκος

extra /'ekstrə/ *a* πρόσθετος.
• *adv* έξτρα. • *n* (*additional
item*) επιπλέον, πρόσθετος.
(*cinema*) (ο) κομπάρσος

extract¹ /ɪk'strækt/ *vt* βγάζω.
(*money, information*) αποσπώ

extract² /'ekstrækt/ *n* (το)
απόσπασμα

extradite /'ekstrədaɪt/ *vt*
εκδίδω

extraordinary /ɪk'strɔ:dnrɪ/ *a*
έκτακτος

extravagant /ɪk'strævəgənt/ *a*
υπερβολικός. (*wasteful*)
σπάταλος

extrem|e /ɪk'striːm/ a ακραίος.
• n (το) άκρο. **~ely** adv πάρα
πολύ. **~ist** n (ο) εξτρεμιστής

extremity /ɪk'stremətɪ/ n (το)
άκρο

extricate /'ekstrɪkeɪt/ vt
ξεμπλέκω (**from**, από)

extrovert /'ekstrəvɜːt/ n (ο)
εξωστρεφής

exuberant /ɪg'zjuːbərənt/ a
γεμάτος χαρά

exude /ɪg'zjuːd/ vt εκχύνω.
(*charm*) αποπνέω

exult /ɪg'zʌlt/ vi αγαλλιάζω

eye /aɪ/ n (το) μάτι. • vt κοιτάζω.
~-shadow n (η) σκιά ματιών.
keep an ~ on προσέχω

eyeball /'aɪbɔːl/ n (ο) βολβός
του ματιού

eyebrow /'aɪbraʊ/ n (το) φρύδι

eyelash /'aɪlæʃ/ n (pl) (η)
βλεφαρίδα

eyelid /'aɪlɪd/ n (το) βλέφαρο

eyesight /'aɪsaɪt/ n (η) όραση

eyesore /'aɪsɔː(r)/ n (η)
ασχήμια

eyewitness /'aɪwɪtnɪs/ n (ο, η)
αυτόπτης μάρτυς

Ff

---

fable /'feɪbl/ n (ο) μύθος

fabric /'fæbrɪk/ n (το)
ύφασμα

fabulous /'fæbjʊləs/ a
θρυλικός. (*fam*) απίθανος

façade /fə'sɑːd/ n (η) πρόσοψη.
(*fig*) (το) προσωπείο

face /feɪs/ n (το) πρόσωπο.
(*grimace*) (η) γκριμάτσα. (*of
clock*) (η) πλάκα. • vt
αντικρίζω. (*confront*)
αντιμετωπίζω. • vi (*house*)
βλέπω. **~ up to** παραδέχομαι.
in the ~ of (*confronted with*)
όταν αντιμετωπίζω. (*in spite
of*) παρά

facet /'fæsɪt/ n (η) έδρα. (*fig*)
(η) πλευρά

facetious /fə'siːʃəs/ a αστείος

facial /'feɪʃl/ a πλάκα. • n

facile /'fæsaɪl/ a εύκολος

facilitate /fə'sɪlɪteɪt/ vt
διευκολύνω

facilit|y /fə'sɪlətɪ/ n (η) ευκολία.
~ies (οι) ευκολίες

facsimile /fæk'sɪmɪlɪ/ n (το)
πιστό αντίγραφο. (*fax*) (το)
φαξ *invar*

fact /fækt/ n (το) γεγονός. **as a
matter of ~, in ~** στην
πραγματικότητα

faction /'fækʃn/ n (η) φατρία

factor /'fæktə(r)/ n (ο)
παράγοντας

factory /'fæktərɪ/ n (το)
εργοστάσιο

factual /'fæktʃʊəl/ a
συγκεκριμένος

faculty /'fækltɪ/ n (η)
ικανότητα. (*univ*) (η) σχολή

fad /fæd/ n (η) περαστική
μανία

fade /feɪd/ vi σβήνω. (*colour*)
ξεθωριάζω. (*flower*)
μαραίνομαι

fail /feɪl/ vt (*exam*) αποτυγχάνω.
(*candidate*) απορρίπτω.
(*disappoint*) απογοητεύω. • vi
(*not succeed*) αποτυλλάνω.

(memory) αδυνατίζω. *(health)* κλονίζομαι. *(engine)* παθαίνω βλάβη. **~ to do** *(omit to do)* παραλείπω

failing /'feɪlɪŋ/ n *(το)* ελάττωμα

failure /'feɪljə(r)/ n *(η)* αποτυχία. *(mech)* *(η)* βλάβη. **be a ~** *(person)* είμαι αποτυχημένος

faint /feɪnt/ a αδύνατος. • vi λιποθυμώ. • n *(η)* λιποθυμία. **~ly** adv *(slightly)* αδύνατα. **~ness** n *(η)* αδυναμία

fair¹ /feə(r)/ n *(το)* πανηγύρι. *(comm)* *(η)* έκθεση

fair² /feə(r)/ a *(hair, person)* ξανθός. *(just)* δίκαιος. *(weather)* αίθριος. *(amount)* αρκετός. • adv δίκαια. **~ly** adv δίκαια. *(rather)* αρκετά. **~ness** n *(η)* αμεροληψία

fairy /'feərɪ/ n *(η)* νεράιδα. **~ story, ~ tale** ns *(το)* παραμύθι

faith /feɪθ/ n *(η)* πίστη

faithful /'feɪθfl/ a πιστός. **~ly** adv πιστά. **yours ~ly** με τιμή

fake /feɪk/ n *(η)* απομίμηση. *(person)* *(ο)* απατεώνας. • a ψεύτικος. • vt απομιμούμαι. *(pretend)* προσποιούμαι

falcon /'fɔːlkən/ n *(το)* γεράκι

fall /fɔːl/ vi *(pt* fell, *pp* fallen) πέφτω. • n *(autumn: Amer)* *(το)* φθινόπωρο. *(in price)* *(η)* πτώση. **~ down or over** vi πέφτω. **~ over sth** *(trip)* σκοντάφτω σε κτ και πέφτω. **~ for** *(person: fam)* ερωτεύομαι. *(trick: fam)* he **fell for it** έπεσε στην παγίδα. **~ off** *(diminish)* μειώνομαι. **~**

out *(friends)* τα χαλάω. **~ through** *(plan)* αποτυγχάνω

fallacy /'fæləsɪ/ n *(η)* πλάνη

fallible /'fæləbl/ a **people are ~** οι άνθρωποι κάνουν λάθη

false /fɔːls/ a ψεύτικος. **~ly** adv άδικα. **~ness** n *(η)* απιστία

falsify /'fɔːlsɪfaɪ/ vt παραποιώ

falter /'fɔːltə(r)/ vi ταλαντεύομαι

fame /feɪm/ n *(η)* φήμη

familiar /fə'mɪlɪə(r)/ a γνώριμος. **be ~ with** ξέρω. **~ity** /-'ærətɪ/ n *(η)* οικειότητα

family /'fæməlɪ/ n *(η)* οικογένεια. • a οικογενειακός

famine /'fæmɪn/ n *(ο)* λιμός

famished /'fæmɪʃt/ a **be ~** *(fam)* πεθαίνω της πείνας

famous /'feɪməs/ a διάσημος

fan¹ /fæn/ n *(ο)* ανεμιστήρας. *(hand-held)* *(η)* βεντάλια. • vt **~ o.s.** κάνω αέρα. • vi **~ out** απλώνομαι

fan² /fæn/ n *(devotee)* *(ο)* θαυμαστής, *(η)* θαυμάστρια. *(sport)* *(ο, η)* οπαδός

fanatic /fə'nætɪk/ n *(ο)* φανατικός. **~al** a φανατικός

fanciful /'fænsɪfl/ a παράδοξος

fancy /'fænsɪ/ n *(η)* φαντασία. *(desire)* *(η)* επιθυμία. *(liking)* *(η)* συμπάθεια. • a φανταστικός. *(price)* υπερβολικός. • vt *(want: fam)* γουστάρω. *(fam)* συμπαθώ. *(suppose, think)* υποθέτω. **~ dress** n *(η)* μεταμφίεση

fang /fæŋ/ n *(of snake)* *(το)* φαρμακερό δόντι. *(of dog)* *(το)* δόντι

fantastic /fæn'tæstik/ a
απίθανος

fantasy /'fæntəsı/ n (day-
dream) (η) φαντασιωση. **~ize**
vi φαντασιοκοπώ

far /fa:(r)/ adv (distance)
μακριά. (degree) πολύ. • a
μακρινός. (end, side) άλλος. **as
~ as** (up to) μέχρι. **as ~ as I
know** απ' ό, τι ξέρω. **~ away**
or **off** μακριά. • a the F**~ East**
n η Άπω Ανατολή. **~-fetched**
a απίθανος, παρατραβηγμένος.
~-reaching a μεγάλης
σημασίας. **~-sighted** a
πρεσβυωπικός. (fig)
προνοητικός

farce /fa:s/ n (η) φάρσα

fare /feə(r)/ n (το) εισιτήριο.
(food) (το) φαγητό. • vi
περνώ

farewell /feə'wel/ int αντίο. • n
(ο) αποχαιρετισμός

farm /fa:m/ n (η) φάρμα, (το)
αγρόκτημα. • vt καλλιεργώ.
• vi **~ out** εκμισθώνω. **~er** n
(ο, η) γεωργός. **~ing** n (η)
γεωργία

farmhouse /'fa:mhaus/ n (η)
αγροικία

farmyard /'fa:mja:d/ n (η)
αυλή αγροικίας

farther, farthest /'fa:ðə(r),
'fa:ðıst/ see FAR

fascinat|e /'fæsıneıt/ vt
συναρπάζω. **~ing** a
συναρπαστικός. **~ion** /-'neıʃn/
n (η) γοητεία

fascis|t /'fæʃıst/ a φασιστικός.
• n (ο) φασίστας, (η)
φασίστρια. **~m** /-zəm/ n (ο)
φασισμός

fashion /'fæʃn/ n (η) μόδα.
(manner) (ο) τρόπος. • vt
φτιάχνω. **~able** a της μόδας

fast¹ /fa:st/ a γρήγορος.
(colour) ανεξίτηλος. (fixed)
στερεός. • adv γρήγορα.
(firmly) στερεά. **be ~** (watch,
clock) πηγαίνω μπροστά. **be
~ asleep** κοιμάμαι βαθιά

fast² /fa:st/ vi νηστεύω. • n (η)
νηστεία

fasten /'fa:sn/ vt/i δένω.
(window, bolt) στερεώνω. **~er,
~ing** ns (ο) συνδετήρας

fastidious /fə'stıdıəs/ a
σχολαστικός

fat /fæt/ n (το) λίπος. • a παχύς,
χοντρός

fatal /'feıtl/ a θανατηφόρος

fatalist /'feıtəlıst/ n (ο)
μοιρολάτρης, (η) μοιρολάτρις

fate /feıt/ n (η) μοίρα. (one's lot)
(η) τύχη. **~d** a μοιραίος. **~ful**
a μοιραίος

father /'fa:ðə(r)/ n (ο) πατέρας.
~-in-law (ο) πεθερός

fathom /'fæðəm/ n (η) οργιά vt
~ (out) καταλαβαίνω

fatigue /fə'ti:g/ n (η) κούραση.
• vt κουράζω

fatten /'fætn/ vt/i παχαίνω.
~ing a παχυντικός

fatty /'fætı/ a λιπαρός

fatuous /'fætjʊəs/ a ανόητος

faucet /'fɔ:sıt/ n (Amer) (η)
κάνουλα

fault /fɔ:lt/ n (το) ελάττωμα.
(blame) (το) φταίξιμο. (geol)
(το) ρήγμα. (mech) (η) βλάβη.
• vt βρίσκω ελάττωμα σε. **be
at ~** έχω λάθος. **~less** a
άψογος. **~y** a ελαττωματικός

fauna /'fɔːnə/ n (η) πανίδα

favour /'feɪvə(r)/ n (approval)
(η) εύνοια. (good turn) (η)
χάρη. • vt ευνοώ. (prefer)
προτιμώ. (support)
υποστηρίζω. **in ~ (of)** υπέρ
(with gen.). • **~able** a
ευνοϊκός

favourit|e /'feɪvərɪt/ a
ευνοούμενος. • n (ο)
ευνοούμενος. (sport)
αγαπημένος. **~ism** n (η)
ευνοιοκρατία, (fam) (ο)
φαβοριτισμός

fawn /fɔːn/ n (το) ελαφάκι. • a
κασταvοκίτρινος

fax /fæks/ n (document) (το)
φαξ. **~ (machine)** (η)
συσκευή φαξ. • vt στέλλω
φαξ

fear /fɪə(r)/ n (ο) φόβος. • vt/i
φοβάμαι. **~ful** a φοβισμένος.
(awful) φοβερός. **~less** a
άφοβος

fearsome /'fɪəsəm/ a τρομερός

feasible /'fiːzəbl/ a εφικτός.
(likely) πιθανός

feast /fiːst/ n (η) γιορτή.
(banquet) (το) συμπόσιο. • vi
κάνω μεγάλο τραπέζι

feat /fiːt/ n (το) κατόρθωμα

feather /'feðə(r)/ n (το)
φτερό

feature /'fiːtʃə(r)/ n (το)
χαρακτηριστικό. • vt (give
prominence to) τονίζω. • vi
τονίζομαι (in, σε)

February /'februərɪ/ n (ο)
Φεβρουάριος

fed /fed/ see FEED a **~ up**
απαυδισμένος (with, με)

federa|l /'fedərəl/ a
ομοσπονδιακός. **~tion**
/-'reɪʃn/ n (η) ομοσπονδία

fee /fiː/ n (η) αμοιβή. (for
entrance) (η) είσοδος

feeble /'fiːbl/ a αδύνατος

feed /fiːd/ vt (pt fed) (animals,
people, baby) ταΐζω. (supply)
τροφοδοτώ. • vi τρέφομαι. • n
(η) τροφή. (for animals) (η)
ζωοτροφή

feedback /'fiːdbæk/ n (η)
ανάδραση

feel /fiːl/ vt/i (pt felt)
αισθάνομαι. (experience)
νιώθω. (touch) ψηλαφώ. (think)
πιστεύω. **~ hot/hungry**
ζεσταίνομαι πεινώ. **~ like**
έχω διάθεση για

feeling /'fiːlɪŋ/ n (το) αίσθημα.
(awareness) (η) αίσθηση

feet /fiːt/ see FOOT

feign /feɪn/ vt προσποιούμαι

feline /'fiːlaɪn/ a αιλουροειδής

fell[1] /fel/ vt (trees) κόβω

fell[2] /fel/ see FALL

fellow /'feləʊ/ n (ο) άνθρωπος.
(of society) μέλος μιας
οργάνωσης. (fam) (ο) τύπος.
~ship n (group) (η)
συναδελφικότητα

felony /'felənɪ/ n (το)
κακούργημα

felt[1] /felt/ n (η) τσόχα. **~-
tipped pen** n (ο) μαρκαδόρος

felt[2] /felt/ see FEEL

female /'fiːmeɪl/ a θηλυκός. • n
(το) θηλυκό

feminine /'femɪnɪn/ a
γυναικείος. (gram) θηλυκός

feminis|t /'feminist/ n (ο) φεμινιστής, (η) φεμινίστρια. **~m** n (ο) φεμινισμός

fence /fens/ n (ο) φράχτης. vt **~ (in)** φράζω. • vi (sport) ξιφομαχώ

fend /fend/ vi **~ for o.s.** τα βγάζω πέρα μόνος μου. • vt **~ off** αποκρούω

fender /'fendə(r)/ n (ο) προφυλακτήρας. (Amer, auto) (το) φτερό

fennel /'fenl/ n (το) μάραθο

fern /fɜːn/ n (η) φτέρη

ferocious /fə'rəʊʃəs/ a θηριώδης

ferry /'feri/ n (το) φέριμποτ invar. • vt περνώ απέναντι

fertil|e /'fɜːtaɪl/ a γόνιμος. **~ity** /fə'tɪləti/ n (η) γονιμότητα. **~ize** /-əlaɪz/ vt γονιμοποιώ

fertilizer /'fɜːtəlaɪzə(r)/ n (το) λίπασμα

fervent /'fɜːvənt/ a θερμός

festival /'festɪvl/ n (το) φεστιβάλ invar

festive /'festɪv/ a γιορταστικός. **the ~ season** (η) περίοδος των εορτών

fetch /fetʃ/ vt (go for) πηγαίνω να φέρω. (bring) φέρνω. (be sold for) πιάνω

feud /fjuːd/ n (η) έχθρα

fever /'fiːvə(r)/ n (ο) πυρετός. **~ish** a πυρετικός. (fig) πυρετώδης

few /fjuː/ a λίγοι. • n (οι) λίγοι. **a** ~ a μερικοί. **a good ~, quite a ~** αρκετοί. **~er** a λιγότεροι. **~est** a λιγότεροι

fiancé /fɪ'ɒnseɪ/ n (ο) αρραβωνιαστικός. **~e** n (η) αρραβωνιαστικιά

fiasco /fɪ'æskəʊ/ n (το) φιάσκο invar

fib /fɪb/ n (το) παραμύθι. • vi λέω ψέματα

fibre /'faɪbə(r)/ n (η) ίνα

fickle /'fɪkl/ a άστατος

fiction /'fɪkʃn/ n (η) φαντασία. (novels) (η) μυθιστόρημα. **~al** a φανταστικός

fictitious /fɪk'tɪʃəs/ a φανταστικός

fiddle /'fɪdl/ n (violin) (το) βιολί. (cheating: fam) (η) κομπίνα. • vt (falsify: sl) παραποιώ. • vi **~ with** παίζω με

fidelity /fɪ'deləti/ n (η) πίστη

fidget /'fɪdʒɪt/ vi κινούμαι διαρκώς

field /fiːld/ n (το) χωράφι. (fig) (το) πεδίο. • vt (ball) πιάνω

fiend /fiːnd/ n (ο) δαίμονας

fierce /fɪəs/ a δυνατός. (attack) άγριος

fiery /'faɪəri/ a φλογερός

fifteen /fɪf'tiːn/ a & n δεκαπέντε

fifth /fɪfθ/ a πέμπτος. • n (το) πέμπτο

fifty /'fɪfti/ a & n πενήντα

fig /fɪg/ n (το) σύκο

fight /faɪt/ vi (pt **fought**) μαλώνω. (struggle) αγωνίζομαι. (quarrel) τσακώνομαι. • vt πολεμώ. (fig) καταπολεμώ. • n (ο) αγώνας. (brawl) (ο) καβγάς. (quarrel) (το) τσάκωμα. (mil) (η) μάχη

~er n (person) αγωνιστής.
(plane) (το) μαχητικό
(αεροσκάφος). **~ing** n (ο)
αγώνας, (η) μάχη

figment /'figmənt/ n **~ (of the
imagination)** (το) πλάσμα της
φαντασίας

figurative /'figjərətɪv/ a
μεταφορικός

figure /'figə(r)/ n (diagram,
shape) (το) σχήμα. (number)
(το) ψηφίο. (amount) (το)
ποσό. (of woman) (η)
σιλουέτα. **~s** (οι) αριθμοί. • vt
λογαριάζω. • vi φαντάζομαι

file[1] /faɪl/ n (tool) (η) λίμα. • vt
λιμάρω

file[2] /faɪl/ n (ο) φάκελος. (row)
(η) γραμμή. • vt (papers)
αρχειοθετώ **• vi in/out**
μπαίνω/βγαίνω ένας ένας. **in
single ~** εφ'ενός ζυγού.
~ing cabinet n (η)
αρχειοθήκη

fill /fɪl/ vt/i γεμίζω. (tooth)
σφραγίζω. • n (το) γέμισμα.
eat one's ~ χορταίνω. **~ in**
(form) συμπληρώνω. **~ up**
γεμίζω

fillet /'fɪlɪt/ n (το) φιλέτο. • vt
κόβω σε φιλέτα

filling /'fɪlɪŋ/ n (culin) (η)
γέμιση. (of tooth) (το)
σφράγισμα. **~ station** n (το)
πρατήριο βενζίνης

film /fɪlm/ n (photo) (το) φιλμ
invar. (cinema) (το) φιλμ
invar. (thin layer) (η)
επικάλυψη. • vt (cinema)
κινηματογραφώ. **~ star** n (ο)
αστέρας του κινηματογράφου

filter /'fɪltə(r)/ n (το) φίλτρο.
• vt φιλτράρω. • vi περνώ αργά

filth /fɪlθ/ n (η) ακαθαρσία. **~y**
a ακάθαρτος, βρόμικος

fin /fɪn/ n (το) πτερύγιο

final /'faɪnl/ a τελευταίος.
(conclusive) τελικός. • n (sport)
(ο) τελικός. **~s** (univ) (οι)
πτυχιακές εξετάσεις. **~ly** adv
τελικά

finale /fɪ'nɑːlɪ/ n (το) φινάλε

finalize /'faɪnəlaɪz/ vt
οριστικοποιώ

finance /faɪ'næns/ n (τα)
οικονομικά. • vt χρηματοδοτώ

financial /faɪ'nænʃl/ a
οικονομικός

find /faɪnd/ vt (pt found)
βρίσκω. • n (το) εύρημα. **~
out** ανακαλύπτω. **~ out
about** μαθαίνω για

fine[1] /faɪn/ n (το) πρόστιμο. • vt
βάζω πρόστιμο σε

fine[2] /faɪn/ a καλός. (beautiful)
ωραίος. (slender) λεπτός. • adv
καλά, ωραία. **~ arts** npl (οι)
καλές τέχνες

finger /'fɪŋgə(r)/ n (το)
δάχτυλο. • vt γυρίζω στα
δάχτυλα

fingernail /'fɪŋgəneɪl/ n (το)
νύχι

fingerprint /'fɪŋgəprɪnt/ n (το)
δαχτυλικό αποτύπωμα

fingertip /'fɪŋgətɪp/ n (η) άκρη
του δάχτυλου

finish /'fɪnɪʃ/ vt/i τελειώνω. • n
(end) (το) τέλος

finite /'faɪnaɪt/ a πεπερασμένος

Finland /'fɪnlənd/ n (η)
Φιλανδία

fiord /fjɔːd/ n (το) φιόρδ invar

fir /fɜː(r)/ n (το) έλατο

fire /'faɪə(r)/ n (η) φωτιά.
(*destructive*) (η) πυρκαγιά. **set
~ to** βάζω φωτιά σε. • vt καίω.
(*dismiss*) διώχνω. • vi (*shoot*)
ρίχνω (**at**, σε). **~-alarm** n (ο)
συναγερμός πυρκαγιάς. **~-
brigade** n (η) πυροσβεστική
υπηρεσία. **~-engine** n (η)
πυροσβεστική αντλία. **~-
escape** n (η) έξοδος κινδύνου.
~ extinguisher n (ο)
πυροσβεστήρας. **~ station** n
(ο) πυροσβεστικός σταθμός

firearm /'faɪərɑ:m/ n (το)
πυροβόλο όπλο

fireman /'faɪəmən/ n (ο)
πυροσβέστης

fireplace /'faɪəpleɪs/ n (το)
τζάκι

firework /'faɪəwɜ:k/ n (το)
πυροτέχνημα

firm[1] /fɜ:m/ n (η) εταιρ(ε)ία

firm[2] /fɜ:m/ a (*hard*) σκληρός.
(*steady*) σταθερός. (*resolute*)
αποφασιστικός. (*strict*)
αυστηρός. **~ly** adv σταθερά,
αποφασιστικά, αυστηρά

first /fɜ:st/ a πρώτος. • n (ο)
πρώτος. • adv πρώτα. **at ~**
στην αρχή. **~ aid** n (οι)
πρώτες βοήθειες. **~-class** a
(η) πρώτη θέση. **~ floor** n (ο)
πρώτος όροφος. (*Amer*) (το)
ισόγειο. **~ name** n (το)
όνομα. **~-rate** a πρώτης
τάξεως. **~ly** adv πρώτα

fish /fɪʃ/ n (το) ψάρι. • vt/i
ψαρεύω. **~ing** n (το) ψάρεμα.
~ing boat n (η) ψαρόβαρκα.
~ing rod n (το) καλάμι
ψαρέματος

fisherman /'fɪʃəmən/ n (ο)
ψαράς

fishmonger /'fɪʃmʌŋɡə(r)/ n (ο)
ψαροπώλης

fission /'fɪʃn/ n (η) σχάση

fist /fɪst/ n (η) γροθιά

fit[1] /fɪt/ n (*med*) (of coughing) (ο)
παροξυσμός. (of rage) (το)
ξέσπασμα

fit[2] /fɪt/ a (*healthy*) υγιής. (*good
enough*) άξιος. • vt/i (*clothes*)
προβάρω. (*adapt*)
προσαρμόζω. (*prepare*)
προετοιμάζω. (*match*)
ταιριάζω. (*install*) τοποθετώ.
~ in ταιριάζω (**with**, με). **~
out**, **~up** εφοδιάζω. **keep ~**
διατηρούμαι σε καλή (υγιή)
κατάσταση

fitting /'fɪtɪŋ/ a κατάλληλος. • n
(of clothes) (η) πρόβα. **~s** (in
house) (τα) εξαρτήματα

five /faɪv/ a & n πέντε

fix /fɪks/ vt στερεώνω. (*repair*)
επισκευάζω. • n (*drug: sl*) (η)
δόση. **in a ~** σε δύσκολη
θέση. **~ed** a ακίνητος

fixture /'fɪkstʃə(r)/ n (το)
εξάρτημα. (*sport*) (η)
(αθλητική) συνάντηση

fizz /fɪz/ vi αφρίζω. • n (το)
άφρισμα. **~y** a αεριούχος

flag[1] /flæɡ/ n (η) σημαία. • vt **~
down** σταματώ. **~-pole** n (το)
κοντάρι της σημαίας

flag[2] /flæɡ/ vi μειώνομαι.
(*droop*) πέφτω

flagrant /'fleɪɡrənt/ a
κατάφωρος

flair /fleə(r)/ n (η) κλίση

flake /fleɪk/ n (η) νιφάδα. (of paint) (το) τρίμμα. • vi ξεφλουδίζομαι

flamboyant /flæm'bɔɪənt/ a φανταχτερός

flame /fleɪm/ n (η) φλόγα

flamingo /fləˈmɪŋgəʊ/ n (το) φλαμίγκο invar

flammable /ˈflæməbl/ a εύφλευκτος

flank /flæŋk/ n (η) πλευρά

flannel /ˈflænl/ n (η) φανέλα. (for face) (η) πετσετούλα του προσώπου

flap /flæp/ vi φτερουγίζω. (fam) τα χάνω vt **~ its wings** χτυπά τις φτερούγες του. n (of pocket) (το) κάλυμμα τσέπης. (of table) (το) φύλλο. (of envelope) (το) κλείσιμο

flare /fleə(r)/ vi φεγγοβολώ. **~ up** φουντώνω. n (signal) (η) φωτοβολίδα. **~d** a φαρδύς

flash /flæʃ/ vt/i (shine) αστράπτω. (on and off) αναβοσβήνω. (signal) μεταδίδω. (move rapidly) περνώ σαν αστραπή. n (photo) (το) φλας invar. **in a ~** αστραπιαία

flashlight /ˈflæʃlaɪt/ n (torch) (ο) φακός. (photo) (το) φλας invar

flashy /ˈflæʃi/ a χτυπητός

flask /flɑːsk/ n (το) παγούρι. (vacuum flask) (το) θερμός invar

flat /flæt/ a (**flatter, flattest**) επίπεδος. (tyre) σκασμένος. (battery) άδειος. (refusal) κατηγορηματικός. (fare, rate) ενιαίος. (mus) παράφωνος.

• adv κατηγορηματικά, παράφωνα. n (apartment) (το) διαμέρισμα. **~ screen** n (η) επίπεδη οθόνη

flatten /ˈflætn/ vt/i ισιώνω

flatter /ˈflætə(r)/ vt κολακεύω. **~ing** a κολακευτικός. **~y** n (η) κολακεία

flaunt /flɔːnt/ vt επιδεικνύω

flavour /ˈfleɪvə(r)/ n (η) γεύση. • vt αρωματίζω. **~ing** n (το) άρωμα

flaw /flɔː/ n (το) ψεγάδι

flax /flæks/ n (το) λινάρι

flea /fliː/ n (ο) ψύλλος

fleck /flek/ n (το) στίγμα

flee /fliː/ vi (pt **fled**) τρέπομαι σε φυγή. • vt το σκάω από

fleece /fliːs/ n (το) μαλλί

fleet /fliːt/ n (ο) στόλος

fleeting /ˈfliːtɪŋ/ a περαστικός

Flemish /ˈflemɪʃ/ a φλαμανδικός. • n (lang) (τα) φλαμανδικά

flesh /fleʃ/ n (η) σάρκα

flew /fluː/ see FLY

flex[1] /fleks/ vt (bend) κάμπτω. (muscle) σφίγγω

flex[2] /fleks/ n (το) καλώδιο

flexible /ˈfleksəbl/ a ευέλικτος

flick /flɪk/ n (το) ελαφρό χτύπημα. • vt χτυπώ ελαφρα. **• ~ through** φυλλομετρώ

flicker /ˈflɪkə(r)/ vi τρεμοσβήνω

flier /ˈflaɪə(r)/ n = **flyer**

flight[1] /flaɪt/ n (η) πτήση. **~ of stairs** (η) σκάλα

flight[2] /flaɪt/ n (η) φυγή. **take ~** τρέπομαι σε φυγή

flimsy /ˈflɪmzɪ/ a εύθραυστος. (excuse) αδύνατος

flinch /flɪntʃ/ *vi* (wince) δειλιάζω. (draw back) οπισθοχωρώ (**from**, από)

fling /flɪŋ/ *vt* (pt **flung**) εκσφενδονίζω

flint /flɪnt/ *n* (o) πυρόλιθος. (for lighter) (η) τσακμακόπετρα

flip /flɪp/ *vt* πετώ απότομα. (coin) ρίχνω

flippant /ˈflɪpənt/ *a* επιπόλαιος

flipper /ˈflɪpə(r)/ *n* (of seal etc.) (το) πτερύγιο

flirt /flɜːt/ *vi* φλερτάρω. • *n* (το) φλερτ *invar*

flit /flɪt/ *vi* περνώ αθόρυβα

float /fləʊt/ *vi* επιπλέω. • *n* (cart) (το) άρμα. (money) (τα) μετρητά στο ταμείο. (fishing) (ο) φελλός

flock /flɒk/ *n* (το) κοπάδι. (of people) (το) μπουλούκι. • *vi* συρρέω

flog /flɒg/ *vt* μαστιγώνω

flood /flʌd/ *n* (o) κατακλυσμός. (of river) (η) πλημμύρα. (o) κατακλυσμός. • *vt/i* πλημμυρίζω

floodlight /ˈflʌdlaɪt/ *n* (o) προβολέας. • *vt* (pt **floodlit**) φωταγωγώ

floor /flɔː(r)/ *n* (το) πάτωμα. (for dancing) (η) πίστα. (storey) (o) όροφος. • *vt* (knock down) ρίχνω κάτω. (baffle) φέρνω σε αμηχανία

floorboard /ˈflɔːbɔːd/ *n* (η) σανίδα

flop /flɒp/ *vi* (drop) σωριάζομαι. (fail) αποτυχαίνω. • *n* (η) μεγάλη αποτυχία

flora /ˈflɔːrə/ *n* (η) χλωρίδα

florid /ˈflɒrɪd/ *a* παραστολισμένος

florist /ˈflɒrɪst/ *n* (o) ανθοπώλης. (η) ανθοπώλις

flounder /ˈflaʊndə(r)/ *vi* τσαλαβουτώ

flour /ˈflaʊə(r)/ *n* (το) αλεύρι

flourish /ˈflʌrɪʃ/ *vi* ακμάζω. • *vt* κραδαίνω. • *n* (gesture) (η) εντυπωσιακή χειρονομία. (ornament) (η) φιοριτούρα. **~ing** *a* ακμαίος

flout /flaʊt/ *vt* αψηφώ

flow /fləʊ/ *vi* ρέω. (hang loosely) πέφτω. • *n* (η) ροή. (of tide) (η) άνοδος. (of words) (o) χείμαρρος. **~ing** *a* (movement) απαλός. (cloth) χυτός

flower /ˈflaʊə(r)/ *n* (το) λουλούδι. • *vi* ανθίζω. **~-bed** *n* (το) παρτέρι. **~-pot** *n* (η) γλάστρα

flown /fləʊn/ see FLY

flu /fluː/ *n* (fam) (η) γρίπη

fluctuat|e /ˈflʌktʃʊeɪt/ *vi* κυμαίνομαι. **~ion** /-ˈeɪʃn/ *n* (η) διακύμανση

fluen|t /ˈfluːənt/ *a* ευφραδής. **~cy** *n* (η) ευφράδεια. **~tly** *adv* με ευφράδεια

fluff /flʌf/ *n* (το) χνούδι. **~y** *a* χνουδωτός

fluid /ˈfluːɪd/ *a* ρευστός. • *n* (το) υγρό

fluke /fluːk/ *n* (η) απροσδόκητη τύχη

flung /flʌŋ/ see FLING

fluorescent /flʊəˈresnt/ *n* (o) φθορίζων

fluoride /ˈflʊəraɪd/ *n* (το) φθοριούχο

flush /flʌʃ/ vi κοκκινίζω. • vt καθαρίζω. • n (blush) (το) κοκκίνισμα. • a (level) ισόπεδος. (affluent: fam) ξέχειλος

fluster /'flʌstə(r)/ vt αναστατώνω. ~ed a αναστατωμένος

flute /fluːt/ n (το) φλάουτο

flutter /'flʌtə(r)/ vi ανεμίζω. (of wings) φτερουγίζω. • n (το) φτερούγισμα. (fig) (το) αναστάτωμα

flux /flʌks/ n (η) ρευστότητα

fly[1] /flai/ n (η) μύγα

fly[2] /flai/ vi (pt **flew**, pp **flown**) πετώ. (flag) κυματίζω. (rush) ορμώ. • vt πετώ. (flag) υψώνω. • n (of trousers) (το) άνοιγμα

flyer /'flaiə(r)/ n (ο) αεροπόρος. (circular: Amer) (το) φυλλάδιο

flying /'flaiɪŋ/ a ιπτάμενος. (visit) σύντομος. • n (η) πτήση. **~ saucer** n (ο) ιπτάμενος δίσκος

flyover /'flaiəʊvə(r)/ n (η) υπέργεια διάβαση

foal /fəʊl/ n (το) πουλάρι

foam /fəʊm/ n (ο) αφρός. (rubber, plastic) (το) αφρολέξ invar. • vi αφρίζω

focal /'fəʊkl/ a εστιακός

focus /'fəʊkəs/ n (optical) (η) εστία. (fig) (το) κέντρο. • vt (adjust) ρυθμίζω. (concentrate) συγκεντρώνω. **in ~** συκρινής. **out of ~** θαμπός

fodder /'fɒdə(r)/ n (η) φορβή

foe /fəʊ/ n (ο) εχθρός

foetus /'fiːtəs/ n (το) έμβρυο

fog /fɒg/ n (η) ομίχλη. • vt σκεπάζω με ομίχλη vi θολώνω. **~gy** a ομιχλώδης

foible /'fɔibl/ n (η) αδυναμία

foil[1] /fɔil/ n (το) μεταλλικό φύλλο. (silver) (το) αλουμινόχαρτο. (fig) (η) αντίθεση

foil[2] /fɔil/ vt ματαιώνω

foist /fɔist/ vt φορτώνω

fold[1] /fəʊld/ vt/i διπλώνω. (arms) σταυρώνω. (fail) κλείνω. • n (η) πτυχή. **~er** n (το) ντοσιέ invar. **~ing** a πτυσσόμενος

fold[2] /fəʊld/ n (η) μάντρα

foliage /'fəʊliɪdʒ/ n (το) φύλλωμα

folk /fəʊk/ n (οι) άνθρωποι. **my ~s** npl (οι) συγγενείς μου. **~music** n (η) λαϊκή μουσική. **~-song** n (το) δημοτικό τραγούδι

folklore /'fəʊklɔː(r)/ n (η) λαογραφία

follow /'fɒləʊ/ vt/i ακολουθώ. (understand) καταλαβαίνω. **~ up** συνεχίζω. **~er** n (ο, η) οπαδός

following /'fɒləʊɪŋ/ n (οι) οπαδοί. • a επόμενος. • prep κατόπι

folly /'fɒli/ n (η) ανοησία

fond /fɒnd/ a τρυφερός. (hope) ευσεβής. **be ~ of** (person) αγαπώ. (music etc.) μου αρέσει

fondle /'fɒndl/ vt χαϊδεύω

food /fuːd/ n (το) φαΐ

fool /fuːl/ n (ο) ανόητος. • vt ξεγελώ. • vi παίζω

foolhardy /'fuːlhɑːdi/ a παράτολμος

foolish /'fu:lɪʃ/ *a* ανόητος

foolproof /'fu:lpru:f/ *a* (*idea*) αλάνθαστος

foot /fʊt/ *n* (*pl* **feet**) (το) πόδι. (*measure*) (το) πόδι (= 0.3μ). **on ~** με τα πόδια

football /'fʊtbɔ:l/ *n* (*ball*) (η) μπάλα. (*game*) (το) ποδόσφαιρο

foothold /'fʊthəʊld/ *n* (το) στήριγμα ποδιού

footnote /'fʊtnəʊt/ *n* (η) υποσημείωση

footpath /'fʊtpα:θ/ *n* (το) μονοπάτι

footprint /'fʊtprɪnt/ *n* (το) ίχνος ποδιού

footstep /'fʊtstep/ *n* (το) βήμα

footwear /'fʊtweə(r)/ *n* (τα) είδη υποδέσεως

for /fə(r), fɔ:(r)/ *prep* για. (*in favour of*) υπέρ. (*in spite of*) παρά. • *conj* διότι

forage /'fɒrɪdʒ/ *vi* ψάχνω για προμήθειες

forbear /fɔ:'beə(r)/ *vt/i* υπομένω

forbid /fə'bɪd/ *vt* απαγορεύω. **~ding** *a* απωθητικός

force /fɔ:s/ *n* (*strength*) (η) δύναμη. (*violence*) (η) βία. • *vt* εξαναγκάζω. **be in ~** ισχύω. **join ~s** ενεργώ από κοινού. **the (armed) ~s** (οι) ένοπλες δυνάμεις. **~ful** *a* πειστικός

forceps /'fɔ:seps/ *n invar* (ο) εμβρυουλκός

ford /fɔ:d/ *n* (ο) πόρος

fore /fɔ:(r)/ *a* μπροστινός *n* **to the ~** στο προσκήνιο

forearm /'fɔ:rα:m/ *n* (ο) πήχης

foreboding /fɔ:'bəʊdɪŋ/ *n* (το) προαίσθημα

forecast /'fɔ:kα:st/ *vt* προβλέπω. • *n* (η) πρόβλεψη

forecourt /'fɔ:kɔ:t/ *n* (το) προαύλιο

forefinger /'fɔ:fɪŋgə(r)/ *n* (ο) δείχτης

forefront /'fɔ:frʌnt/ *n* (το) προσκήνιο

foreground /'fɔ:graʊnd/ *n* (το) προσκήνιο

forehead /'fɒrɪd/ *n* (το) μέτωπο

foreign /'fɒrən/ *a* ξένος. (*trade*) εξωτερικός. **~ country** (η) ξένη χώρα. **~er** *n* (ο) αλλοδαπός

foreman /'fɔ:mən/ *n* (ο) αρχιεργάτης

foremost /'fɔ:məʊst/ *a* πρώτιστος. • *adv* πρώτιστα

forename /'fɔ:neɪm/ *n* (το) όνομα

forensic /fə'rensɪk/ *a* ιατροδικαστικός

forerunner /'fɔ:rʌnə(r)/ *n* (ο) πρόαγγελος

foresee /fɔ:'si:/ *vt* προβλέπω. **~able** *a* που μπορεί να προβλεφθεί

foresight /'fɔ:saɪt/ *n* (η) προνοητικότητα

forest /'fɒrɪst/ *n* (το) δάσος

forestall /fɔ:'stɔ:l/ *vt* προλαβαίνω

forestry /'fɒrɪstrɪ/ *n* (η) δασοκομία

foretaste /'fɔ:teɪst/ *n* (η) πρώτη γεύση

foretell /fɔ:'tel/ *vt* προλέγω

forever /fə'revə(r)/ adv για πάντα

foreword /'fɔ:wɜ:d/ n (o) πρόλογος

forfeit /'fɔ:fɪt/ n (το) τίμημα. • vt χάνω

forge¹ /fɔ:dʒ/ vi ~ ahead προχωρώ αποφασιστικά

forge² /fɔ:dʒ/ n (το) σιδηρουργείο. • vt σφυρηλατώ. (copy) πλαστογραφώ. ~ry ~əri/ n (η) πλαστογραφία

forget /fə'get/ vt/i (pt forgot, pp forgotten) ξεχνώ. ~ful a ξεχασιάρης

forgive /fə'gɪv/ vt (pt forgave, pp forgiven) συγχωρώ. ~ness n (η) συγχώρεση

forgo /fɔ:'gəʊ/ vt παραιτούμαι

fork /fɔ:k/ n (for eating) (το) πιρούνι. (for digging) (το) τρίκρανο. (in road) (η) διακλάδωση. • vi (road) διακλαδίζομαι

form /fɔ:m/ n (η) μορφή. (schol) (η) τάξη. (document) (το) έντυπο. • vt/i σχηματίζω/ομαι

formal /'fɔ:ml/ a τυπικός. (person, dress) επίσημος. ~ity /-'mælətɪ/ n (η) τυπικότητα, (η) επισημότητα. (requirement) (η) διατύπωση. ~ly adv τυπικά, επίσημα

format /'fɔ:mæt/ n (το) σχήμα. • vt (disk) κάνω εγκανίαση

formation /fɔ:'meɪʃn/ n (o) σχηματισμός

former /'fɔ:mə(r)/ a παλιός. (first of two) πρώτος. (ex) πρώην. the ~ o πρώτος. ~ly adv άλλοτε

formidable /'fɔ:mɪdəbl/ a τρομερός

formula /'fɔ:mjʊlə/ n (o) τύπος

formulate /'fɔ:mjʊleɪt/ vt διατυπώνω

forsake /fə'seɪk/ vt εγκαταλείπω

fort /fɔ:t/ n (το) οχυρό

forte /'fɔ:teɪ/ n (το) φόρτε

forth /fɔ:θ/ adv εμπρός. and so ~ και ούτω καθεξής

forthcoming /fɔ:θ'kʌmɪŋ/ a προσεχής

forthright /'fɔ:θraɪt/ a ντόμπρος

fortif|y /'fɔ:tɪfaɪ/ vt οχυρώνω. ~ication /-ɪ'keɪʃn/ n (το) οχύρωμα

fortnight /'fɔ:tnaɪt/ n (το) δεκαπενθήμερο. ~ly a δεκαπενθήμερος. • adv κάθε δεκαπενθήμερο

fortress /'fɔ:trɪs/ n (το) φρούριο

fortunate /'fɔ:tʃənət/ a τυχερός. ~ly adv ευτυχώς

fortune /'fɔ:tʃu:n/ n (η) τύχη. ~-teller n (o) μάντης, (η) μάντισσα

forty /'fɔ:tɪ/ a & n σαράντα

forward /'fɔ:wəd/ a μπροστινός. (advanced) προχωρημένος. (pert) αναιδής. • n (sport) (o) κυνηγός. • adv εμπρός. ~s adv διαβιβάζω. (goods) αποστέλλω. ~s adv προς τα εμπρός

fossil /'fɒsl/ a n (το) απολίθωμα

foster /'fɒstə(r)/ vt (promote) καλλιεργώ. (child) ανατρέφω.

~-child n (το) θετό παιδί. **~-parent** n (η) θετή μητέρα

fought /fɔːt/ *see* FIGHT

foul /faʊl/ a (air) μολυσμένος. (water) βρόμικος. (smell, taste, etc.) άσχημος. (language) αισχρός. • n (sport) (το) φάουλ invar. • vt λερώνω

found¹ /faʊnd/ *see* FIND

found² /faʊnd/ vt ιδρύω. **~ation** /-'deɪʃn/ n (το) ίδρυμα. (basis) (το) θεμέλιο

founder¹ /'faʊndə(r)/ n (ο) ιδρυτής, (η) ιδρύτρια

founder² /'faʊndə(r)/ vi (ship) βουλιάζω. (fail) αποτυγχάνω

foundry /'faʊndrɪ/ n (το) χυτήριο

fountain /'faʊntɪn/ n (το) σιντριβάνι. **~-pen** n (το) στυλό

four /fɔː(r)/ a τέσσερις n (το) τέσσερα invar. **on all ~s** με τα τέσσερα. **~th** a τέταρτος

foursome /'fɔːsəm/ n (το) τετράδα

fourteen /fɔː'tiːn/ a δεκατέσσερις. • n (το) δεκατέσσερα invar

fowl /faʊl/ n (το) πτηνό

fox /fɒks/ n (η) αλεπού

fraction /'frækʃn/ n (το) κλάσμα

fracture /'fræktʃə(r)/ n (το) κάταγμα. • vt/i σπάζω

fragile /'frædʒaɪl/ a εύθραυστος

fragment /'frægmənt/ n (το) κομμάτι. **~ary** a αποσπασματικός

fragran|t /'freɪɡrənt/ a ευωδιαστός. **~ce** n (η) ευωδιά

frail /freɪl/ a ασθενικός

frame /freɪm/ n (for picture) (η) κορνίζα. (of window) (η) κάσα. (of spectacles) (ο) σκελετός. (anat) (το) κορμί. • vt κορνιζάρω. (fig) σχεδιάζω. **s.o.** (fam) τη στήνω σε κάποιον. **~ of mind** n (η) ψυχική διάθεση

framework /'freɪmwɜːk/ n (το) πλαίσιο

France /frɑːns/ n (η) Γαλλία

franchise /'fræntʃaɪz/ n (pol) (το) δικαίωμα ψήφου. (comm) (το) φρανσαΐς invar

frank /fræŋk/ a ειλικρινής. **~ly** adv ειλικρινά

frantic /'fræntɪk/ a έξαλλος. **~ally** /-klɪ/ adv έξαλλα

fratern|al /frə'tɜːnəl/ a αδελφικός. **~ity** n (η) αδελφοσύνη. (club) (η) αδελφότητα

fraternize /'frætənaɪz/ vi έχω φιλικές σχέσεις (with, με)

fraud /frɔːd/ n (η) απάτη. (person) (ο) απατεώνας. **~ulent** a αθέμιτος

fray¹ /freɪ/ n (ο) καβγάς

fray² /freɪ/ vt/i ξεφτίζω

freak /friːk/ n (το) τέρας a τερατώδης. **~ish** a αφύσικος

freckle /frekl/ n (η) φακίδα

free /friː/ a ελεύθερος. (gratis) δωρεάν. (lavish) γενναιόδωρος. • vt ελευθερώνω. (clear) καθαρίζω. (disentangle) απαλλάσσω. **~-lance** n (ο, η) ελεύθερος επαγγελματίας **~ly** adv ελεύθερα

freedom /ˈfriːdəm/ n (η)
ελευθερία

freeway /ˈfriːweɪ/ n (Amer) (ο)
αυτοκινητόδρομος

freez|e /friːz/ vt/i (pt **froze**, pp
frozen) (food)
καταψύχω. (fig) ξεπαγιάζω. • n
(η) ψύξη. **~er** n (ο)
καταψύκτης. **~ing** a
παγωμένος

freight /freɪt/ n (το) φορτίο.
~er n (ship) (το) φορτηγό

French /frenʃ/ a γαλλικός. • n
(lang) (τα) γαλλικά. **~man** (ο)
Γάλλος. **~ window** n (η)
μπαλκονόπορτα. **~woman** n
(η) Γαλλίδα

frenzy /ˈfrenzɪ/ n (η) φρενίτιδα

frequent[1] /ˈfriːkwənt/ a συχνός.
~cy n (η) συχνότητα. **~tly**
adv συχνά

frequent[2] /frɪˈkwent/ vt
συχνάζω

fresh /freʃ/ a φρέσκος.
(additional) νέος. (different)
πρωτότυπος. (impudent: fam)
τολμηρός, αδιάκριτος. (Amer)
καινούριος. **~ water** γλυκό
νερό. **~ air** καθαρός αέρας.
~ness n (η) φρεσκάδα

freshen /ˈfreʃn/ vi δροσίζω. • vt
φρεσκάρω. **~ up**
φρεσκάρομαι

fret /fret/ vi στενοχωριέμαι

friar /ˈfraɪə(r)/ n (ο) καλόγερος

friction /ˈfrɪkʃn/ n (η) τριβή

Friday /ˈfraɪdɪ/ n (η)
Παρασκευή. **Good ~** (η)
Μεγάλη Παρασκευή

fridge /frɪdʒ/ n (το) ψυγείο

fried /fraɪd/ a τηγανητός

friend /frend/ n (ο) φίλος.
~ship n (η) φιλία

friendl|y /ˈfrendlɪ/ a φιλικός.
~iness n (η) φιλικότητα

frieze /friːz/ n (το) διάζωμα

frigate /ˈfrɪgət/ n (η) φρεγάτα

fright /fraɪt/ n (ο) τρόμος.
(person, thing) (το) σκιάχτρο.
~ful a τρομερός. **~fully** adv
τρομερά

frighten /ˈfraɪtn/ vt τρομάζω.
~ed a τρομαγμένος. **be ~ed**
φοβάμαι. **~ing** a τρομαχτικός

frigid /ˈfrɪdʒɪd/ a ψυχρός

frill /frɪl/ n (το) βολάν invar

fringe /frɪndʒ/ n (of hair) (οι)
αφέλειες. (of area, society) (το)
περιθώριο

frisky /ˈfrɪskɪ/ a ζωηρός

fritter /ˈfrɪtə(r)/ vi **~ away**
κατασπαταλώ

frivolous /ˈfrɪvələs/ a
επιπόλαιος

frizzy /ˈfrɪzɪ/ a σγουρός

fro /frəʊ/ see το

frock /frɒk/ n (το) φουστάνι

frog /frɒg/ n (ο) βάτραχος

frogman /ˈfrɒgmən/ n (ο)
βατραχάνθρωπος

frolic /ˈfrɒlɪk/ vi κάνω τρέλες.
• n (η) τρέλα

from /frɒm, frəm/ prep από

front /frʌnt/ n (το) εμπρός
μέρος. (archit) (η) πρόσοψη.
(mil) (το) μέτωπο. (of clothes) (η)
μπροστινή. (seafront) (η)
παραλία. (fig) (το) προσωπείο.
• a μπροστινός. **~ door** n (η)
εξώπορτα. **in ~ of** μπροστά
από

frontier /'frʌntɪə(r)/ n (το) σύνορο

frost /frɒst/ n (η) παγωνιά. **~bite** n (το) κρυοπάγημα. **~ed** a (glass) αδιαφανής. **~y** a παγερός

froth /frɒθ/ n (η) αφρός

frown /fraʊn/ vi συνοφρυώνομαι. • n (το) συνοφρύωμα

froze /frəʊz/ see FREEZE

frozen /'frəʊzn/ see FREEZE. • a (food) κατεψυγμένος

frugal /fru:gl/ a λιτός

fruit /fru:t/ n (το) φρούτο. (collectively) (τα) φρούτα

fruitful /'fru:tfl/ a καρποφόρος. (fig) αποδοτικός

fruition /fru:'ɪʃn/ n (fig) (η) πραγματοποίηση

frustrat|e /frʌ'streɪt/ vt ματαιώνω. **~ed** a απογοητευμένος. **~ion** /-ʃn/ n (η) ματαίωση

fry[1] /fraɪ/ vt/i (pt **fried**) τηγανίζω/ομαι. **~ing-pan** n (το) τηγάνι

fry[2] /fraɪ/ n **small ~** (οι) ασημαντότητες

fudge /fʌdʒ/ n μαλακό ζαχαρωτό βουτύρου και κρέμας

fuel /'fju:əl/ n (τα) καύσιμα. (fig) (το) λάδι

fugitive /'fju:dʒətɪv/ n (ο) φυγάδας

fulfil /fʊl'fɪl/ vt (task) εκπληρώνω. (hopes) πραγματοποιώ. (conditions) ικανοποιώ. **~ment** n (η) εκπλήρωση, (η) ικανοποίηση

full /fʊl/ a πλήρης. (bus, hotel) γεμάτος. (skirt) φαρδύς. (fare,

price) ολόκληρος. • adv ακριβώς. **at ~ speed** ολοταχώς. **be ~ (up)** (person) είμαι χορτασμένος. **~ moon** n (η) πανσέληνος. **~ stop** n (η) τελεία. **~-time work** (η) εργασία με πλήρη απασχόληση. **in ~** πλήρως. **~y** adv πλήρως

fumble /'fʌmbl/ vi ψαχουλεύω

fume /fju:m/ vi βγάζω καπνό. (fig) είμαι έξω φρενών. **~s** npl (οι) αναθυμιάσεις. (from traffic) (τα) καυσαέρια

fumigate /'fju:mɪgeɪt/ vt απολυμαίνω με κάπνισμα

fun /fʌn/ n (η) διασκέδαση. **for ~** για αστείο. **have ~** διασκεδάζω. **make ~ of** κοροϊδεύω

function /'fʌŋkʃn/ n (η) λειτουργία. (ceremony) (η) τελετή. • vi λειτουργώ. **~al** a λειτουργικός

fund /fʌnd/ n (το) ταμείο. **~s** (τα) κεφάλαια. • vt χρηματοδοτώ

fundamental /fʌndə'mentl/ a θεμελιώδης

funeral /'fju:nərəl/ n (η) κηδεία. • a νεκρώσιμος

fungus /'fʌŋɡəs/ n (ο) μύκητας

funnel /'fʌnl/ n (το) χωνί. (of ship) (το) φουγάρο

funny /'fʌnɪ/ a (**-ier**, **-iest**) αστείος. (odd) περίεργος

fur /fɜ:(r)/ n (το) τρίχωμα. (skin) (η) γούνα. (in kettle) (το) πουρί. **~ry** a γούνινος

furious /'fjʊərɪəs/ a εξοργισμένος

furnace /'fɜːnɪs/ n (ο)
κλίβανος

furnish /'fɜːnɪʃ/ vt επιπλώνω.
(supply) προμηθεύω. **~ings**
npl (η) επίπλωση

furniture /'fɜːnɪtʃə(r)/ n (τα)
έπιπλα

furrow /'fʌrəʊ/ n (το)
αυλάκι

furthe|r /'fɜːðə(r)/ see FAR • a
(additional) πρόσθετος. • adv
(more) περισσότερο. • vt
προάγω. **~st** see FAR

furthermore /'fɜːðəmɔː(r)/ adv
επιπλέον

furtive /'fɜːtɪv/ a κρυφός

fury /'fjʊərɪ/ n (η) οργή

fuse¹ /fjuːz/ vt κολλώ. • vi the
lights have **~d** κάηκε η
ασφάλεια. • n (electr) (η)
ασφάλεια

fuse² /fjuːz/ n (of bomb) (το)
φιτίλι

fuselage /'fjuːzəlɑːʒ/ n (η)
άτρακτος

fusion /'fjuːʒn/ n (η)
σύντηξη

fuss /fʌs/ n (η) φασαρία.
(commotion) (η) σύγχυση. • vi
ανησυχώ. **~y** a σχολαστικός.
(clothes etc.) εξεζητημένος

futile /'fjuːtaɪl/ a μάταιος

future /'fjuːtʃə(r)/ a
μελλοντικός. • n (το) μέλλον.
(gram) (ο) μέλλοντας. **in ~**
στο μέλλον

futuristic /ˌfjuːtʃə'rɪstɪk/ a
φουτουριστικός

fuzzy /'fʌzɪ/ a (hair) σγουρός
και κατσαρός. (photograph)
θαμπός

Gg

gabble /'gæbl/ vi μιλώ
γρήγορα και ακατάληπτα

gable /'geɪbl/ n (το) αέτωμα

gadget /'gædʒɪt/ n (η)
μικροσυσκευή

Gaelic /'geɪlɪk/ a κελτικός. • n
(η) κελτική γλώσσα

gag /gæg/ n (το) φίμωτρο.
(joke) (το) καλαμπούρι. • vt
φιμώνω. • vi αναγουλιάζω

gaiety /'geɪətɪ/ n (η) ευθυμία

gaily /'geɪlɪ/ adv εύθυμα

gain /geɪn/ n κερδίζω.
(acquire) αποκτώ. • vi (of clock)
πάω μπροστά. • n (increase) (η)
αύξηση. (profit) (το) κέρδος.
(acquisition) (η) κατάκτηση

gait /geɪt/ n (η) περπατησιά

gala /gɑːlə/ n (η) γιορτή

galaxy /'gæləksɪ/ n (ο)
γαλαξίας

gale /geɪl/ n (η) θύελλα

gall /gɔːl/ n (η) χολή.
(impudence: sl) (το) θράσος.
~-bladder n (η) χοληδόχος
κύστη

gallant /'gælənt/ a γενναίος.
(chivalrous) ιπποτικός

gallery /'gælərɪ/ n (η)
πινακοθήκη. (theatr) (ο)
εξώστης

galley /'gælɪ/ n (kitchen, ship)
(το) μαγειρείο

gallon /'gælən/ n (το) γαλόνι
(= 4.5 l)

gallop /'gæləp/ n (ο) καλπασμός. • vi καλπάζω

gallows /'gæləυz/ n (η) κρεμάλα

galore /gə'lɔː(r)/ adv σε αφθονία

gambl|e /'gæmbl/ vt/i παίζω. (fig) ριψοκινδυνεύω. • n (το) τυχερό παιχνίδι. **~ on** ρισκάρω. **~er** n (ο) τζογαδόρος. (at cards) (ο) χαρτοπαίχτης. **~ing** n (at cards) (η) χαρτοπαιξία

game /geɪm/ n (το) παιχνίδι. (animals, birds) (το) κυνήγι. • a **be ~ for** είμαι πρόθυμος για

gamekeeper /'geɪmkiːpə(r)/ n (ο) θηροφύλακας

gammon /'gæmən/ n είδος χοιρομέρι

gang /gæŋ/ n (η) συμμορία. (of workmen) (το) συνεργείο. • vi **~ up** συνενώνομαι

gangrene /'gæŋgriːn/ n (η) γάγγραινα

gangster /'gæŋstə(r)/ n (ο) γκάνγκστερ invar

gangway /'gæŋweɪ/ n (of ship) (η) σανιδόσκαλα. (aisle) (ο) διάδρομος

gaol /dʒeɪl/ n & vt = **jail**

gap /gæp/ n (το) άνοιγμα. (interval) (το) διάστημα. (difference) (η) διαφορά

gap|e /geɪp/ vi (be wide open) χάσκω. (stare open-mouthed) κοιτάζω με ανοιχτό στόμα. **~ing** a χαίνων

garage /'gærɑːʒ/ n (το) γκαράζ

garbage /'gɑːbɪdʒ/ n (τα) σκουπίδια

garden /'gɑːdn/ n (ο) κήπος. • vi ασχολούμαι με την κηπουρική. **~er** n (ο, η) κηπουρός. **~ing** n (η) κηπουρική

gargle /'gɑːgl/ vi κάνω γαργάρα. • n (η) γαργάρα

garish /'geərɪʃ/ a φανταχτερός και κακόγουστος

garland /'gɑːlənd/ n (η) γιρλάντα

garlic /'gɑːlɪk/ n (το) σκόρδο

garment /'gɑːmənt/ n (το) ρούχο

garnish /'gɑːnɪʃ/ n (η) γαρνιτούρα. • vt γαρνίρω

garret /'gærət/ n (η) σοφίτα

garrison /'gærɪsn/ n (η) φρουρά

garter /'gɑːtə(r)/ n (η) καλτσοδέτα

gas /gæs/ n (το) αέριο. (domestic) (το) γκάζι. (med) (το) αναισθητικό. (Amer) (η) βενζίνη. • vt δηλητηριάζω με αέρια. **~ cooker** (η) κουζίνα του γκαζιού. **~ fire** (η) σόμπα του γκαζιού. **~ mask** (η) αντιασφυξιογόνος μάσκα

gash /gæʃ/ n (η) βαθιά πληγή. • vt κόβω βαθιά

gasket /'gæskɪt/ n (η) φλάντζα

gasoline /'gæsəliːn/ n (Amer) (η) βενζίνη

gasp /gɑːsp/ vi λαχανιάζω. (in surprise) μου κόβεται η αναπνοή. • n (το) κόψιμο της αναπνοής

gastric /'gæstrɪk/ a γαστρικός

gastronomy /gæ'strɒnəmɪ/ n (η) γαστρονομία

gate /geɪt/ n (garden) (η) πόρτα. (of town) (η) πύλη. (of metal) (η) καγκελόπορτα. (at airport) (η) έξοδος

gateway /'geɪtweɪ/ n (η) πύλη

gather /'gæðə(r)/ vt μαζεύω. (understand) συμπεραίνω. (speed) αναπτύσσω. (cloth) σουρώνω. • vi μαζεύομαι. **~ing** n (η) συγκέντρωση

gaudy /'gɔːdɪ/ a χτυπητός

gauge /geɪdʒ/ n (ο) μετρητής. • vt μετρώ. (fig) ζυγίζω

gaunt /gɔːnt/ a αδύνατος. (desolate) έρημος

gauze /gɔːz/ n (η) γάζα

gave /geɪv/ see GIVE

gawky /'gɔːkɪ/ a άχαρος

gay /geɪ/ a εύθυμος. (homosexual) ομοφυλόφιλος

gaze /geɪz/ vi ~ **at** κοιτάζω επίμονα. • n (το) βλέμμα

GB abbr (Great Britain) MB

gear /gɪə(r)/ n (techn) (το) γρανάζι. (auto) (η) ταχύτητα. (equipment, tackle) (τα) εργαλεία, (τα) σύνεργα. • vt προσαρμόζω (**to**, σε). ~ **lever** n (ο) μοχλός

gearbox /'gɪəbɒks/ n (το) κιβώτιο ταχυτήτων

geese /giːs/ see GOOSE

gel /dʒel/ n (το) ζελέ invar

gelatine /dʒelə'tiːn/ n (η) ζελατίνη

gem /dʒem/ n (η) πολύτιμη πέτρα

Gemini /'dʒemɪnaɪ/ n (οι) Δίδυμοι

gender /'dʒendə(r)/ n (το) γένος

gene /dʒiːn/ n (το) γονίδιο

general /'dʒenrəl/ a γενικός. • n (ο) στρατηγός. ~ **election** n (οι) βουλευτικές εκλογές. **the ~ public** το κοινό. in ~ γενικά. ~**ly** adv γενικά

generaliz|e /'dʒenrəlaɪz/ vt/i γενικεύω. ~**ation** /-'zeɪʃn/ n (η) γενίκευση

generate /'dʒenəreɪt/ vt παράγω

generation /dʒenə'reɪʃn/ n (η) γενεά

generator /'dʒenəreɪtə(r)/ n (η) γεννήτρια

gener|ous /'dʒenərəs/ a γενναιόδωρος. (ample) άφθονος. ~**osity** /-'rɒsətɪ/ n (η) γενναιοδωρία

genetic /dʒɪ'netɪk/ a γενετικός. ~**s** n (η) γενετική

genital /'dʒenɪtl/ a γεννητικός. ~**s** npl (τα) γεννητικά όργανα

genitive /'dʒenɪtɪv/ n (η) γενική (πτώση)

genius /'dʒiːnɪəs/ n (η) μεγαλοφυΐα

genome /'dʒiːnəʊm/ n (το) γονιδίωμα

gentl|e /'dʒentl/ a πράος. (slight) ελαφρός. ~**y** adv απαλά

gentleman /'dʒentlmən/ n (ο) κύριος

genuine /'dʒenjʊɪn/ a γνήσιος

geograph|y /dʒɪ'ɒgrəfɪ/ n (η) γεωγραφία. ~**ical** /dʒɪə'græfɪkl/ a γεωγραφικός

geolog|y /dʒɪ'ɒlədʒɪ/ n (η) γεωλογία. ~**ist** n (ο, η) γεωλόγος

geomet|ry /dʒɪ'ɒmətrɪ/ n (η)
γεωμετρία. /dʒɪə'metrɪk(l)/ a γεωμετρικός.

geranium /dʒə'reɪnɪəm/ n (το)
γεράνι

germ /dʒɜːm/ n (το) μικρόβιο

German /'dʒɜːmən/ a
γερμανικός. • n (ο) Γερμανός,
(η) Γερμανίδα. (lang) (τα)
γερμανικά. **~y** n (η) Γερμανία

germinate /'dʒɜːmɪneɪt/ vi
βλασταίνω

gesticulate /dʒes'tɪkjʊleɪt/ vi
χειρονομώ

gesture /'dʒestʃə(r)/ n (η)
χειρονομία

get /get/ vt (pt **got**, pres p
getting) (obtain) βρίσκω.
(catch) παίρνω. (fetch) φέρνω.
(understand: fam)
καταλαβαίνω. **~** s.o. to do
βάζω κάποιον να κάνει. **~**
one's car repaired δίνω το
αυτοκίνητό μου να φτιαχτεί.
• vi (become) γίνομαι. (arrive at)
φτάνω σε. **~ married/ready**
παντρεύομαι/ετοιμάζομαι. **~**
at (reach) φτάνω. (imply)
υπονοώ. **~ away** φεύγω.
(escape) ξεφεύγω. **~ back** vi
επιστρέφω. **~** vt (recover)
βρίσκω. **~ by** περνώ.
(manage) τα βολεύω. **~ down**
κατεβαίνω. **~ in** μπαίνω. **~**
off (alight) κατεβαίνω. (leave)
ξεκινώ. (jur) γλυτώνω. **~ on**
(bus) ανεβαίνω. (succeed)
επιτυγχάνω. (be on good terms)
τα πηγαίνω καλά. **~ on with**
(work etc.) πηγαίνω με. **~ out**
φεύγω. **~ out of** (fig)
ξεφεύγω. **~ over** (fence etc.)
πηδώ. (illness) συνέρχομαι. **~**

through (telec) συνδέομαι.
(finish) τελειώνω. **~ up**
σηκώνομαι. (climb) ανεβαίνω

geyser /'giːzə(r)/ n (geol) (ο)
θερμοπίδακας

ghastly /'gaːstlɪ/ a
φριχτός. (pale) κατάχλομος

ghetto /'getəʊ/ n (το) γκέτο

ghost /gəʊst/ n (το) φάντασμα

giant /'dʒaɪənt/ n (ο) γίγαντας.
• a γιγάντιος

gibe /dʒaɪb/ n (το)
περιγέλασμα

giblets /'dʒɪblɪts/ npl (τα)
συκωτάκια (πουλιού)

gidd|y /'gɪdɪ/ a ζαλισμένος. be
or feel **~y** ζαλίζομαι. **~iness**
n (η) ζάλη, (η)ζαλάδα

gift /gɪft/ n (το) δώρο. (talent)
(το) ταλέντο. **~-wrap** vt
τυλίγω δώρο

gifted /'gɪftɪd/ a προικισμένος

gigantic /dʒaɪ'gæntɪk/ a
γιγαντιαίος

giggle /'gɪgl/ vi γελώ νευρικά.
• n (το) νευρικό γέλιο

gild /gɪld/ vt επιχρυσώνω

gills /gɪlz/ npl (τα) βράγχια

gilt /gɪlt/ a επιχρυσωμένος. • n
(η) επιχρύσωση

gimmick /'gɪmɪk/ n (το)
τέχνασμα

gin /dʒɪn/ n (το) τζιν invar

ginger /'dʒɪndʒə(r)/ n (η)
πιπερόριζα. • a ξανθοκόκκινος

gipsy /'dʒɪpsɪ/ n = **gypsy**

giraffe /dʒɪ'raːf/ n (η)
καμηλοπάρδαλη

girder /'gɜːdə(r)/ n (το) δοκάρι

girdle /'gɜːdl/ n (η) ζώνη.
(corset) (ο) κορσές invar

girl /gɜːl/ n (*child*) (το) κορίτσι. (*young woman*) (η) κοπέλα ~**friend** n (η) φίλη. (*of boy*) (η) φιλενάδα

girth /gɜːθ/ n (η) περιφέρεια

gist /dʒɪst/ n (η) ουσία

give /gɪv/ vt/i (*pt* **gave**, *pp* **given**) δίνω. (*supply, offer*) προσφέρω. (*yield*) υποχωρώ. • n (η) ελαστικότητα. ~ **away** (*money*) χαρίζω. (*secret*) αποκαλύπτω. ~ **back** επιστρέφω. ~ **in** ενδίδω. ~ **off** αναδίνω. ~ **out** (*distribute*) μοιράζω. ~ **up** παραιτούμαι. ~ **o.s. up** παραδίδομαι. ~ **way** (*yield*) ενδίδω, υποχωρώ. (*on road*) δίνω προτεραιότητα. (*collapse*) υποχωρώ

glacier /ˈɡlæsɪə(r)/ n (o) παγετώνας

glad /ɡlæd/ a χαρούμενος. ~**ly** adv χαρούμενα

glam|our /ˈɡlæmə(r)/ n (η) αίγλη σε. ~**orous** a γεμάτος αίγλη

glance /ɡlɑːns/ n (η) ματιά σε. • vi ~ **at** ρίχνω μια ματιά

gland /ɡlænd/ n (o) αδένας

glar|e /ɡleə(r)/ vi (*stare angrily*) αγριοκοιτάζω. (*shine brightly*) λάμπω. • n (η) λάμψη. (*look*) (το) αγριοκοίταγμα. ~**ing** a εκτυφλωτικός. (*obvious*) ολοφάνερος

glass /ɡlɑːs/ n (το) γυαλί. (*mirror*) (o) καθρέφτης. (*for drinking*) (το) ποτήρι. ~**es** npl (τα) γυαλιά

glaze /ɡleɪz/ vt (*door, window*) τζαμώνω. (*pottery*) σμαλτώνω. (*culin*) αλείφω με γάλα και αυγό.

• n (το) σμάλτο. ~**d** a (*eyes*) γυάλινος

gleam /ɡliːm/ n (η) λάμψη. (*of hope*) (η) αχτίδα. • vi λάμπω

glee /ɡliː/ n (η) χαρά

glide /ɡlaɪd/ vi γλιστρώ. (*plane*) περνώ αθόρυβα. ~**r** /-ə(r)/ n (το) ανεμόπτερο

glimmer /ˈɡlɪmə(r)/ n (το) αμυδρό φως. • vi φέγγω αμυδρά

glimpse /ɡlɪmps/ n (η) ματιά. • vi παίρνει το μάτι μου

glint /ɡlɪnt/ n (η) λάμψη. • vi λάμπω

glisten /ˈɡlɪsn/ vi λαμποκοπώ

glitter /ˈɡlɪtə(r)/ vi σπινθηροβολώ, λάμπω. • n (το) σπινθηροβόλημα

gloat /ɡləʊt/ vi χαίρομαι (με κακεντρέχεια) (**over**, για)

global /ˈɡləʊbl/ a παγκόσμιος

globe /ɡləʊb/ n (η) σφαίρα

gloom /ɡluːm/ n (η) κατήφεια. (*sadness*) (η) κατάθλιψη. ~**y** a καταθλιπτικός

glorify /ˈɡlɔːrɪfaɪ/ vt δοξάζω

glorious /ˈɡlɔːrɪəs/ a ένδοξος. (*splendid: fam*) καταπληκτικός

glory /ˈɡlɔːrɪ/ n (η) δόξα. (*beauty*) (το) μεγαλείο

gloss /ɡlɒs/ n (η) γυαλάδα. • vt ~ **over** συγκαλύπτω. ~ **paint** (η) ριπολίνη. ~**y** a γυαλιστερός

glossary /ˈɡlɒsərɪ/ n (το) γλωσσάριο

glove /ɡlʌv/ n (το) γάντι. ~ **compartment** (το) ντουλαπάκι (αυτοκινήτου)

glow /ɡləʊ/ vi λάμπω. • n (το) λάμψη. ~**ing** a

πυρακτωμένος. (fig)
ενθουσιώδης

glucose /'glu:kəʊs/ n (η)
γλυκόζη

glue /glu:/ n (η) κόλλα. • vt
κολλώ

glum /glʌm/ a σκυθρωπός

glut /glʌt/ n (η) υπεραφθονία

glycerine /'glɪsəri:n/ n (η)
γλυκερίνη

GM (genetically modified) a
γενετικά μεταλλαγμένος

gnarled /na:ld/ a ροζιάρικος

gnash /næʃ/ vt ~ one's teeth
τρίζω τα δόντια μου

gnat /næt/ n (η) σκνίπα

gnaw /nɔ:/ vt/i ~ (at)
ροκανίζω

gnome /nəʊm/ n (ο) νάνος

go /gəʊ/ vi (pt went, pp gone)
πηγαίνω. (leave) φεύγω. (work)
δουλεύω. (become) γίνομαι. (be
sold) πουλιέμαι. • n (η)
δραστηριότητα. (try) (η)
προσπάθεια. (turn) (η) σειρά.
be ~ing to do θα κάνω. ~
ahead προχωρώ. ~ away
φεύγω. ~ back επιστρέφω.
~-between n (ο)
μεσολαβητής, (η)
μεσολαβήτρια. ~ by περνώ.
~ down (sun) δύω. (decrease)
πέφτω. ~ for (attack) πέφτω
πάνω σε. ~ in μπαίνω. ~ off
(bomb) κάνω έκρηξη. (alarm)
χτυπώ. (food) χαλώ. ~ out
βγαίνω. (light, fire) σβήνω. ~
over (examine) εξετάζω. ~
round (suffer) φτάνω. ~
through (suffer) περνώ.
(examine) ελέγχω. ~ up
ανεβαίνω. ~ with ταιριάζω. ~

πάω με. ~ without κάνω
χωρίς

goad /gəʊd/ vt κεντρίζω. (fig)
παρακινώ

goal /gəʊl/ n (το) τέρμα, (το)
γκολ invar. (fig) (ο) σκοπός.
~-post n (το) δοκάρι (του
τέρματος)

goalkeeper /'gəʊlki:pə(r)/ n (ο)
τερματοφύλακας

goat /gəʊt/ n (η) κατσίκα

gobble /'gɒbl/ vt
καταβροχθίζω

God, god /gɒd/ n (ο) Θεός,
Θεός. ~dess n (η) θεά

god|child /'gɒdtʃaɪld/ n (το)
βαφτιστήρι. ~father n (ο)
νονός. ~mother n (η) νονά

godsend /'gɒdsend/ n (το) θείο
δώρο

goggles /'gɒglz/ npl (τα)
προστατευτικά γυαλιά

going /'gəʊɪŋ/ a (price, rate)
συνηθισμένος

gold /gəʊld/ n (ο) χρυσός. • a
χρυσός. ~-mine n (το)
χρυσωρυχείο. ~-plated a
επίχρυσος

golden /'gəʊldən/ a
χρυσαφένιος

goldfish /'gəʊldfɪʃ/ n (το)
χρυσόψαρο

goldsmith /'gəʊldsmɪθ/ n (ο)
χρυσοχόος

golf /gɒlf/ n (το) γκολφ invar

gone /gɒn/ see GO

gong /gɒŋ/ n (το) γκογκ invar

good /gʊd/ a (better, best)
καλός. (well-behaved)
φρόνιμος. • n (το) καλό. for ~
για πάντα. ~ afternoon!
καλησπέρα, χαίρετε. ~

evening! καλησπέρα. **~-for-nothing** a άχρηστος. **~-looking** a όμορφος. **~morning!** καλημέρα. **~night!** καληνύχτα. **it's no ~** δεν ωφελεί. **~ness** n (η) καλοσύνη. **my ~ness!** τι μου λες!

goodbye /gud'baι/ int αντίο. • n (ο) αποχαιρετισμός

goods /gudz/ npl (τα) αγαθά. (merchandise) (τα) εμπορεύματα

goodwill /gud'wιl/ n (η) καλή θέληση

goose /gu:s/ n (pl geese) (η) χήνα. **~-flesh, ~-pimples** ns (η) ανατριχίλα

gooseberry /'guzbərι/ n (το) φραγκοστάφυλο

gore /gɔ:(r)/ vt τρυπώ με τα κέρατα

gorge /gɔ:dʒ/ n (το) φαράγγι. • vt καταβροχθίζω

gorgeous /'gɔ:dʒəs/ a θαυμάσιος

gorilla /gə'rιlə/ n (ο) γορίλας

gorse /gɔ:s/ n (ο) ασπάλαθος

gory /'gɔ:rι/ a αιμοβόρος

gospel /'gɒspl/ n (το) ευαγγέλιο

gossip /'gɒsιp/ n (το) κουτσομπολιό. (person) (ο) κουτσομπόλης. • vi κουτσομπολεύω

got /gɒt/ see GET. **have ~** έχω. **have ~ to do** πρέπει να κάνω

gout /gaut/ n (η) ουρική αρθρίτιδα

govern /'gʌvn/ vt/i κυβερνώ. **~ess** /-ənιs/ n (η)

γκουβερνάντα. **~or** /-ənə(r)/ n (ο) κυβερνήτης

government /'gʌvənmənt/ n (η) κυβέρνηση. **~al** /-'mentl/ a κυβερνητικός

gown /gaun/ n (evening dress) (η) τουαλέτα (φόρεμα). (of judge, teacher) (ο) τήβεννος

GP abbr (ο) γιατρός

grab /græb/ vt αρπάζω

grace /greιs/ n (η) χάρη. (prayer) (η) ευχαριστία. • vt τιμώ. **~ful** a με χάρη

gracious /'greιʃəs/ a ευγενικός. (elegant) κομψός

grade /greιd/ n (ο) βαθμός. (of goods) (η) ποιότητα. (class) (η) τάξη. • vt ταξινομώ. (schol) βαθμολογώ

gradient /'greιdιənt/ n (η) κλίση

gradual /'grædʒuəl/ a βαθμιαίος. **~ly** adv βαθμιαία

graduate[1] /'grædʒuət/ n (ο, η) απόφοιτος

graduat|e[2] /'grædʒueιt/ vi αποφοιτώ (από πανεπιστήμιο). • vt βαθμολογώ. **~ion** /-'eιʃn/ n (η) αποφοίτηση

graft[1] /gra:ft/ n (το) μπόλι. (med) (το) μόσχευμα

graft[2] /gra:ft/ n (η) δωροδοκία

grain /greιn/ n (cereal) (τα) δημητριακά. (of sand, rice) (ο) κόκκος. (in leather) (η) υφή. (in wood) (τα) νερά

gram /græm/ n (το) γραμμάριο

gramma|r /'græmə(r)/ n (η) γραμματική. **~atical** /grə'mætιkl/ a γραμματικός

grand /grænd/ a
μεγαλοπρεπής. **~ piano** n
(το) πιάνο με ουρά

grand|child /'grændtʃaild/ n
(το) εγγόνι. **~daughter** n (η)
εγγονή. **~father** n (ο)
παππούς. **~mother** n (η)
γιαγιά. **~son** n (ο) εγγονός

grandeur /'grændʒə(r)/ n (η)
μεγαλοπρέπεια

grandstand /'grændstænd/ n
(η) εξέδρα των επισήμων

granite /'grænɪt/ n (ο)
γρανίτης

granny /'grænɪ/ n (fam) (η)
γιαγιά

grant /gra:nt/ vt (give) δίνω.
(concede) παραχωρώ. (request,
wish) ικανοποιώ. • n (for
student) (η) επιδότηση. (for
organization) (η)
επιχορήγηση. **take for ~ed**
θεωρώ ως δεδομένο

granule /'grænju:l/ n (ο)
κόκκος

grape /greɪp/ n (η) ρώγα, (το)
σταφύλι

grapefruit /'greɪpfru:t/ n (το)
γκρέιπφρουτ invar

graph /gra:f/ n (η) γραφική
παράσταση. **~ic** /'græfɪk/ a
γραφικός

grapple /'græpl/ vi **~ with**
παλεύω με

grasp /gra:sp/ vt πιάνω.
(understand) αντιλαμβάνομαι.
• n (το) πιάσιμο. (understanding)
(η) κατανόηση

grass /gra:s/ n (το) γρασίδι

grasshopper /'gra:shɒpə(r)/ n
(η) ακρίδα

grate¹ /greɪt/ n (η) σχάρα

grate² /greɪt/ vt τρίβω. • vi
τρίζω. **~r** /-ə(r)/ n (ο)
τρίφτης

grateful /'greɪtfl/ a ευγνώμων.
~ly adv με ευγνωμοσύνη

gratify /'grætɪfaɪ/ vt ευχαριστώ.
~ing a ικανοποιητικός

grating /'greɪtɪŋ/ n (το)
κιγκλίδωμα

gratitude /'grætɪtju:d/ n (η)
ευγνωμοσύνη

gratuitous /grə'tju:ɪtəs/ a
αδικαιολόγητος

grave¹ /greɪv/ n (ο) τάφος

grave² /greɪv/ a σοβαρός

gravel /'grævl/ n (το) χαλίκι

gravestone /'greɪvstəʊn/ n (η)
ταφόπετρα

graveyard /'greɪvja:d/ n (το)
νεκροταφείο

gravitate /'græviteɪt/ vi
έλκομαι

gravity /'grævəti/ n (force) (η)
παγκόσμια έλξη. (seriousness)
(η) σοβαρότητα

graze¹ /greɪz/ vt/i (eat) βόσκω

graze² /greɪz/ vt (scrape)
γδέρνω. • n (το) γδάρσιμο

greas|e /gri:s/ n (το) γράσο.
• vt γρασάρω. **~y** a λιπαρός

great /greɪt/ a μέγας, μεγάλος.
G~ Britain n (η) Μεγάλη
Βρετανία. **~-grandfather** n
(ο) προπάππος. **~-
grandmother** n (η) προγιαγιά.
~ly adv πολύ. **~ness** n (το)
μέγεθος

Greece /gri:s/ n (η) Ελλάδα

greed /gri:d/ n (η) απληστία.
(for food) (η) λαιμαργία. **~y** a
άπληστος, λαίμαργος

Greek /griːk/ *a* ελληνικός. • *n* (ο) Έλληνας, (η) Ελληνίδα. (*lang*) (τα) ελληνικά

green /griːn/ *a* πράσινος. • *n* (το) πράσινο. **~ card** *n* (η) πράσινη κάρτα. **~ery** *n* (η) πρασινάδα. **~s** (η) λαχανίδα.

greengrocer /ˈgriːnɡrəʊsə(r)/ *n* (ο) μανάβης

greenhouse /ˈgriːnhaʊs/ *n* (το) θερμοκήπιο

greet /griːt/ *vt* χαιρετίζω. **~ing** *n* (ο) χαιρετισμός. **~ings** *npl* (τα) χαιρετίσματα

grenade /grɪˈneɪd/ *n* (η) χειροβομβίδα

grew /gruː/ *see* GROW

grey /greɪ/ *a* γκρίζος. (*fig*) σκοτεινός. • *n* (το) γκρίζο. • *vi* ασπρίζω

greyhound /ˈgreɪhaʊnd/ *n* (το) λαγωνικό

grid /grɪd/ *n* (η) σχάρα. (*electr*) (το) ηλεκτρικό δίκτυο. (*on map*) (ο) τετραγωνισμός

grief /griːf/ *n* (η) θλίψη

grievance /ˈgriːvns/ *n* (το) παράπονο

grieve /griːv/ *vt* στενοχωρώ. • *vi* θρηνώ. **~ for** θρηνώ

grill /grɪl/ *n* (on cooker) (η) σχάρα. (*food*) διάφορα είδη ψητού. • *vt* ψήνω στη σχάρα

grille /grɪl/ *n* (το) κιγκλίδωμα

grim /grɪm/ *a* σκληρός

grimace /grɪˈmeɪs/ *n* (η) γκριμάτσα. • *vi* κάνω γκριμάτσες

grime /graɪm/ *n* (η) βρόμα

grin /grɪn/ *vi* χαμογελώ πλατιά. • *n* (το) πλατύ χαμόγελο

grind /graɪnd/ *vt* αλέθω. (*crush*) λιώνω. (*sharpen*) ακονίζω. • *n* (το) τρίξιμο. (*fam*) (η) μονότονη δουλειά. **~ one's teeth** τρίζω τα δόντια μου

grip /grɪp/ *vt* σφίγγω. (*attention*) συναρπάζω. • *n* (η) λαβή. (*control*) (ο) έλεγχος

gripping /ˈgrɪpɪŋ/ *a* (*fig*) συνταρακτικός

gristle /ˈgrɪsl/ *n* (το) τραγανό

grit /grɪt/ *n* (το) αμμοχάλικο. (*fig*) (το) θάρρος. • *vi* απλώνω αμμοχάλικο σε. (*clench*) σφίγγω

groan /grəʊn/ *vi* βογκώ. • *n* (το) βογκητό

grocer /ˈgrəʊsə(r)/ *n* (ο) μπακάλης. **~ies** *npl* (τα) είδη μπακαλικής

groggy /ˈgrɒgɪ/ *a* ασταθής

groin /grɔɪn/ *n* (τα) αχαμνά

groom /gruːm/ *n* (for horses) (ο) ιπποκόμος. (*bridegroom*) (ο) γαμπρός. • *vt* περιποιούμαι (*άλογο*). (*fig*) προετοιμάζω (*για σταδιοδρομία*)

groove /gruːv/ *n* (η) εγκοπή

grope /grəʊp/ *vi* ψηλαφώ. **~ for** ψάχνω για

gross /grəʊs/ *a* χυδαίος. (*comm*) μικτός. • *n invar* (η) γρόσα. **~ly** *adv* (*very*) υπερβολικά

grotesque /grəʊˈtesk/ *a* αλλόκοτος

ground¹ /graʊnd/ *n* (το) έδαφος. (*reason*) (ο) λόγος. **~s** (οι) κήποι. (*of coffee*) (τα) κατακάθια. • *vi* (*aviat*) απαγορεύω την απογείωση. (*naut*) προσαράζω. **~ floor** *n* (το) ισόγειο

ground² /graʊnd/ *see* GRIND

groundwork /'graʊndwз:k/ *n* (η) προκαταρκτική εργασία

group /gru:p/ *n* (η) ομάδα. • *vt/i* συγκεντρώνω/ομαι σε ομάδα

grouse¹ /graʊs/ *n invar* είδος αγριοπέρδικας

grouse² /graʊs/ *vi* (*fam*) γκρινιάζω

grove /grəʊv/ *n* (το) άλσος

grovel /'grɒvl/ *vi* σέρνομαι

grow /grəʊ/ *vi* (*pt* **grew**, *pp* **grown**) μεγαλώνω. • *vt* (*plant*) καλλιεργώ. (*become*) γίνομαι. **~ up** μεγαλώνω

growl /graʊl/ *vi* γρυλίζω. • *n* (το) γρύλισμα

grown /grəʊn/ *see* GROW. • *a* **~-up** *a* μεγάλος. **~-ups** *n* (οι) μεγάλοι

growth /grəʊθ/ *n* (η) ανάπτυξη. (*increase*) (η) αύξηση. (*med*) (ο) όγκος

grubby /'grʌbɪ/ *a* βρόμικος

grudge /grʌdʒ/ *vt* δίνω απρόθυμα σε. • *n* (η) κακία. **~ing** *a* απρόθυμος

gruelling /'gru:əlɪŋ/ *a* εξαντλητικός

gruesome /'gru:səm/ *a* ανατριχιαστικός

gruff /grʌf/ *a* τραχύς

grumble /'grʌmbl/ *vi* γκρινιάζω

grumpy /'grʌmpɪ/ *a* γκρινιάρης

grunt /grʌnt/ *vi* γρυλίζω. • *n* (ο) γρυλισμός

guarantee /gærən'ti:/ *n* (η) εγγύηση. • *vt* εγγυώμαι

guard /ga:d/ *vt* προστατεύω. (*watch*) φρουρώ. • *vi* **~ against** φυλάγομαι από. • *n* (ο) (*mil*) φρουρός. (*warden*) (ο) φύλακας. (*safety device*) (το) προστατευτικό κάλυμμα. **~ian** *n* (*of minor*) (ο) κηδεμόνας

guarded /'ga:dɪd/ *a* επιφυλακτικός

guerrilla /gə'rɪlə/ *n* (ο) αντάρτης

guess /ges/ *vt/i* μαντεύω. (*suppose*) νομίζω. • *n* (η) εικασία

guest /gest/ *n* (ο) ξένος. **~-house** *n* (η) πανσιόν *invar*

guidance /'gaɪdəns/ *n* (η) καθοδήγηση. (*advice*) (η) συμβουλή. (*information*) (η) ενημέρωση

guide /gaɪd/ *n* (ο, η) ξεναγός. (*book*) (ο) οδηγός. • *vt* καθοδηγώ

guidebook /'gaɪdbʊk/ *n* (ο) οδηγός (*βιβλιαράκι*)

guidelines /'gaɪdlaɪnz/ *n* (οι) κατευθυντήριες γραμμές

guild /gɪld/ *n* (το) σωματείο

guile /gaɪl/ *n* (η) πονηριά

guillotine /'gɪləti:n/ *n* (η) λαιμητόμος. (*for paper*) (η) χαρτοκοπτική μηχανή

guilt /gɪlt/ *n* (η) ενοχή. **~y** *a* ένοχος

guinea-pig /'gɪnɪpɪg/ *n* (το) ινδικό χοιρίδιο. (*fig*) (το) πειραματόζωο

guise /gaɪz/ *n* (το) πρόσχημα

guitar /gɪ'ta:(r)/ n (η) κιθάρα.
~**ist** n (ο) κιθαριστής

gulf /gʌlf/ n (ο) κόλπος.
(*hollow*) (το) χάσμα

gull /gʌl/ n (ο) γλάρος

gullet /'gʌlɪt/ n (η) γούλα

gullible /'gʌləbl/ a αφελής

gulp /gʌlp/ vt καταβροχθίζω.
• n κομπιάζω. ~s (*of liquid*) (η)
ρουφηξιά

gum[1] /gʌm/ n (*anat*) (το) ούλο

gum[2] /gʌm/ n (*from tree*) (το)
κόμμι. (*glue*) (η) γόμα
(*chewing-gum*) (η) τσίχλα

gun /gʌn/ n (το) όπλο. (*pistol*)
(το) πιστόλι. (*rifle*) (το)
τουφέκι

gunfire /'gʌnfaɪə(r)/ n (οι)
πυροβολισμοί

gunman /'gʌnmən/ n (ο, η)
οπλοφόρος

gunpowder /'gʌnpaʊdə(r)/ n
(το) μπαρούτι

gunshot /'gʌnʃɒt/ n (ο)
πυροβολισμός

gurgle /'gɜ:gl/ n (το)
γαργάρισμα. • vi γαργαρίζω

gush /gʌʃ/ vi αναβλύζω. (*fig*)
μιλώ διαχυτικά. • n (η)
ανάβλυση

gust /gʌst/ n (η) ριπή

gusto /'gʌstəʊ/ n (το) κέφι

gut /gʌt/ n (το) έντερο. ~**s** npl
(τα) έντερα. (*courage; fam*)
(το) θάρρος. • vt (*pt* **gutted**)
βγάζω τα έντερα (*house*)
καταστρέφω το εσωτερικό)

gutter /'gʌtə(r)/ n (*of house*)
υδρορρόη. (*in street*) (το)
χαντάκι

guy /gaɪ/ n (*fam*) (ο) τύπος

guzzle /'gʌzl/ vt (*food*)
καταβροχθίζω

gym /dʒɪm/ n (το) γυμναστήριο

gymnasium /dʒɪm'neɪzɪəm/ n
(το) γυμναστήριο

gymnast /'dʒɪmnæst/ n (ο)
γυμναστής, (η) γυμνάστρια.
~**ics** /-'næstɪks/ npl (η)
γυμναστική

gynaecolog|y /gaɪnɪ'kɒlədʒɪ/ n
(η) γυναικολογία. ~**ist** n (ο,
η) γυναικολόγος

gypsy /'dʒɪpsɪ/ n (ο) τσιγγάνος

gyrate /dʒaɪ'reɪt/ vi
περιστρέφομαι

Hh

habit /'hæbɪt/ n (η) συνήθεια.
(*costume*) (το) ένδυμα

habit|able /'hæbɪtəbl/ a
κατοικήσιμος. ~**ation** /-'teɪʃn/
n (η) κατοίκηση

habitat /'hæbɪtæt/ n (το)
φυσικό περιβάλλον

habitual /hə'bɪtʃʊəl/ a
συνηθισμένος. ~**ly** adv από
συνήθεια

hack /hæk/ vt ~ **to pieces**
πετσοκόβω

had /hæd/ see HAVE

haemorrhage /'hemərɪdʒ/ n (η)
αιμορραγία

hag /hæg/ n (η) μέγαιρα

haggard /'hægəd/ a
καταβεβλημένος

haggle /'hægl/ vi παζαρεύω

hail¹ /heɪl/ vt χαιρετώ. (taxi) φωνάζω ταξί. • vi ~ **from** κατάγομαι από

hail² /heɪl/ n (το) χαλάζι. • vi ρίχνω χαλάζι

hailstone /'heɪlstəʊn/ n (ο) χαλαζόκοκκος

hair /heə(r)/ n (η) τρίχα. (on head) (τα) μαλλιά. (on body, of animal) (το) τρίχωμα. ~-**do** n (fam) (το) χτένισμα. ~-**dryer** n (το) σεσουάρ invar. ~-**style** n (το) χτένισμα

hairbrush /'heəbrʌʃ/ n (η) βούρτσα των μαλλιών

haircut /'heəkʌt/ n (το) κόψιμο των μαλλιών. **have a** ~ κόβω τα μαλλιά μου

hairdresser /'heədresə(r)/ n (ο) κομμωτής, (η) κομμώτρια

hairpin /'heəpɪn/ n (το) τσιμπιδάκι. ~ **bend** n (η) φουρκέτα

hairy /'heərɪ/ a μαλλιαρός. (sl) επικίνδυνος

half /hɑ:f/ n (pl halves) (το) μισό. ~ **an hour** μισή ώρα. ~-**caste** n (ο) μιγάδας. ~-**time** n (το) ημιχρόνιο. ~-**way** a & adv στο μέσο της αποστάσεως. **in a** ~-**hearted way** με μισή καρδιά

hall /hɔ:l/ n (room) (η) αίθουσα. (entrance, corridor) (το) χολ invar. (mansion) (το) μέγαρο

hallo /hə'ləʊ/ int & n = **hello**

Hallowe'en /hæləʊ'i:n/ n (η) παραμονή την Αγίων Πάντων

hallucination /həlu:sɪ'neɪʃn/ n (η) παραίσθηση

halo /'heɪləʊ/ n (ο) φωτοστέφανος

halt /hɔ:lt/ n (το) σταμάτημα. • vt/i σταματώ

halve /hɑ:v/ vt μοιράζω στα δύο

ham /hæm/ n (το) ζαμπόν invar

hamburger /'hæmbɜ:gə(r)/ n (το) μπιφτέκι (από κιμά)

hammer /'hæmə(r)/ n (το) σφυρί. • vt σφυροκοπώ

hammock /'hæmək/ n (η) αιώρα

hamper¹ /'hæmpə(r)/ n καλάθι με κάλυμμα γεμάτο τρόφιμα

hamper² /'hæmpə(r)/ vt εμποδίζω

hand /hænd/ n (το) χέρι. (of clock) (ο) δείκτης. (cards) (η) παρτίδα. • vt δίνω. **at** ~, **to** ~ πρόχειρος. ~-**baggage**, ~-**luggage** ns (οι) χειραποσκευές. ~ **down** μεταβιβάζω. ~ **in** or **over** παραδίνω. ~ **out** μοιράζω

handbag /'hændbæg/ n (η) τσάντα

handbook /'hændbʊk/ n (το) εγχειρίδιο

handbrake /'hændbreɪk/ n (το) χειρόφρενο

handcuff /'hændkʌf/ vt βάζω χειροπέδες σε. ~**s** npl (οι) χειροπέδες

handful /'hændfʊl/ n (η) χούφτα

handicap /'hændɪkæp/ n (η) αναπηρία. (obstacle) (το) εμπόδιο. • vt δυσχεραίνω. ~**ped** a (physically) ανάπηρος. (mentally) διανοητικά ανάπηρος

handicraft /'hændɪkrɑ:ft/ n (η) χειροτεχνία

handkerchief /'hæŋkətʃɪf/ n
(το) μαντίλι

handle /'hændl/ n (of door) (το)
πόμολο. (of cup) (το) χέρι. (of
pan, bag) (το) χερούλι. (of
knife, tool) (η) λαβή. • vt
πιάνω. (deal with) χειρίζομαι.
(control) ελέγχω

handlebar /'hændlbɑ:(r)/ n ~s
(το) τιμόνι (ποδηλάτου)

handshake /'hændʃeɪk/ n (η)
χειραψία

handsome /'hænsəm/ a
ωραίος. (fig) γενναιόδωρος

handstand /'hændstænd/ n do
a ~ περπατάω με τα χέρια

handwriting /'hændraɪtɪŋ/ n (ο)
γραφικός χαρακτήρας

handy /'hændɪ/ a χρήσιμος.
(person) επιδέξιος

handyman /'hændɪmæn/ n (ο)
άνθρωπος για όλες τις
δουλειές

hang /hæŋ/ vt (pt hung)
κρεμώ. (pt hanged) (criminal)
απαγχονίζω. • vi κρέμομαι. ~
about or **around** περιφέρομαι
άσκοπα. ~**-glider** n (το)
ανεμόπτερο αετός. ~ **on**
(wait) περιμένω. ~ **on to**
(keep) κρατώ. ~ **out** (washing)
απλώνω

hangar /'hæŋə(r)/ n (το)
υπόστεγο αεροσκαφών

hanger /'hæŋə(r)/ n (η)
κρεμάστρα. ~**-on** n (η)
κολλιτσίδα

hangover /'hæŋəʊvə(r)/ n
πονοκέφαλος και αδιαθεσία μετά
από μέθυσι

hanker /'hæŋkə(r)/ vi ~ **after**
διψώ για

haphazard /hæp'hæzəd/ a
τυχαίος. ~**ly** adv τυχαία

happen /'hæpən/ vi συμβαίνω. I
~**ed to meet him** τον
συνάντησα τυχαία. ~**ing** n
(το) συμβάν

happ|y /'hæpɪ/ a (-ier, -iest)
ευτυχισμένος. ~**ily** adv
ευτυχισμένα. ~**iness** n (η)
ευτυχία

harass /'hærəs/ vt ενοχλώ

harbour /'hɑ:bə(r)/ n (το)
λιμάνι. • vt δίνω άσυλο σε.
(fig) τρέφω

hard /hɑ:d/ a σκληρός.
(difficult) δύσκολος. • adv
σκληρά. (think) εντατικά.
(pull) δυνατά. **be ~ up** a (fam)
έχω ανάγκη. ~ **disk** n (ο)
σκληρός δίσκος. ~**ness** n (η)
σκληρότητα. ~ **of hearing**
βαρήκοος.

hardback /'hɑ:dbæk/ n (το)
δεμένο βιβλίο

harden /'hɑ:dn/ vt/i σκληραίνω

hardly /'hɑ:dlɪ/ adv μόλις. ~
ever σχεδόν ποτέ

hardship /'hɑ:dʃɪp/ n (η)
ταλαιπωρία. (deprivation) (η)
στέρηση

hardware /'hɑ:dweə(r)/ n (το)
υλικό

hardy /'hɑ:dɪ/ a (a person)
σκληραγωγημένος. (plant)
ανθεκτικός

hare /heə(r)/ n (ο) λαγός

harem /'hɑ:ri:m/ n (το) χαρέμι

haricot /'hærɪkəʊ/ n (το)
φασόλι

hark /hɑ:k/ vi ακούω

harm /hɑ:m/ n (η) ζημιά.
(wrong) (το) κακό. • vt βλάπτω.

~**ful** a βλαβερός. ~**less** a
αβλαβής

harmonica /ha:'mɒnɪkə/ n (η)
φυσαρμόνικα

harmon|y /'ha:mənɪ/ n (η)
αρμονία. ~**ious** /-'məʊnɪəs/ a
αρμονικός

harness /'ha:nɪs/ n invar (τα)
χάμουρα. • vt δαμάζω

harp /ha:p/ n (η) άρπα. • vi ~
on about λέω συνεχώς τα ίδια

harpoon /ha:'pu:n/ n (το)
καμάκι

harpsichord /'ha:psɪkɔ:d/ n
(το) κλαβεσίνο

harrowing /'hærəʊɪŋ/ a
οδυνηρός

harsh /ha:ʃ/ a (rough) τραχύς.
(cruel) σκληρός. (severe)
αυστηρός. (light) δυνατός.
(sound) διαπεραστικός

harvest /'ha:vɪst/ n (ο)
θερισμός. (crop) (η)
συγκομιδή. ~ ν θερίζω

has /hæz/ see HAVE

hassle /'hæsl/ n (fam) (η)
φασαρία. • vt (fam) ενοχλώ

haste /heɪst/ n (η) βιασύνη

hasten /'heɪsn/ vt επισπεύδω.
• vi κάνω γρήγορα

hasty /'heɪstɪ/ a βιαστικός

hat /hæt/ n (το) καπέλο

hatch¹ /hætʃ/ n (for food) (το)
παραθυράκι. (naut) (το) στόμιο
κύτους

hatch² /hætʃ/ vt/i
εκκολάπτω/ομαι. (a plot)
μηχανεύομαι

hatchet /'hætʃɪt/ n (ο) μπαλτάς

hate /heɪt/ n (το) μίσος. • vt
μισώ. ~**ful** a μισητός

hatred /'heɪtrɪd/ n (το) μίσος

haughty /'hɔ:tɪ/ a υπεροπτικός

haul /hɔ:l/ vt τραβώ. (catch, net) (η)
τράβηγμα. (catch, net) (η)
διχτυά. (journey) (η)
διαδρομή

haunt /hɔ:nt/ vt (ghost)
στοιχειώνω. (frequent)
συχνάζω. (linger in the mind)
βασανίζω. ~ n (το) στέκι

have /hæv/ vt (3 sing pres **has**,
pt **had**) έχω. (bath, walk) κάνω
ν aux (used with pp) έχω. ~ **on**
(wear) φορώ. (tease: fam)
κοροϊδεύω. ~ **one's hair cut**
κόβω τα μαλλιά μου. ~ **one's
suit cleaned** πάω το κοστούμι
μου στο καθαριστήριο. ~ **to
do** πρέπει να κάνω

haven /'heɪvn/ n (το)
καταφύγιο

havoc /'hævək/ n (η) ερήμωση

hawk /hɔ:k/ n (το) γεράκι

hay /heɪ/ n (ο) σανός. ~ **fever**
n αλλεργικό συνάχι

haystack /'heɪstæk/ n (η)
θημωνιά

hazard /'hæzəd/ n (ο) κίνδυνος.
• vt διακινδυνεύω. ~**ous** a
επικίνδυνος

haze /heɪz/ n (η) καταχνιά

hazel /'heɪzl/ n (tree) (η)
φουντουκιά. ~-**nut** n (το)
φουντούκι

hazy /'heɪzɪ/ a καταχνιασμένος

he /hi:/ pron αυτός. • n (ο)
αρσενικός

head /hed/ n (το) κεφάλι, (η)
κεφαλή. (chief) (ο)
προϊστάμενος, (ο) διευθυντής.
• a επικεφαλής. • vi ηγούμαι
~ **for** τραβώ προς. ~ **waiter**

n (ο) αρχισερβιτόρος. **~y** *a*
μεθυστικός

headache /'hedeɪk/ *n* (ο)
πονοκέφαλος

heading /'hedɪŋ/ *n* (η)
επικεφαλίδα

headlamp, headlight
/'hedlæmp, 'hedlaɪt/ *ns* (ο)
προβολέας

headline /'hedlaɪn/ *n* (η)
επικεφαλίδα

headlong /'hedlɒŋ/ *a*
απερίσκεπτος. • *adv*
απερίσκεπτα

headmaster /hed'mɑːstə(r)/ *n*
(ο) διευθυντής (*σχολείου*)

headmistress /hed'mɪstrɪs/ *n*
(η) διευθύντρια (*σχολείου*)

headphone /'hedfəʊn/ *n* **~s**
(τα) ακουστικά

headquarters /'hedkwɔːtəz/ *npl*
(τα) κεντρικά γραφεία. (*mil*)
(το) αρχηγείο

headstrong /'hedstrɒŋ/ *a*
ισχυρογνώμων

heal /hiːl/ *vt/i* επουλώνω/ομαι

health /helθ/ *n* (η) υγεία. **~y** *a*
υγιής. (*beneficial*) υγιεινός

heap /hiːp/ *n* (ο) σωρός. • *vt*
συσσωρεύω

hear /hɪə(r)/ *vt/i* (*pt* **heard**)
ακούω. **~ about** μαθαίνω για.
~ from παίρνω νέα από.
~ing *n* (η) ακοή. (*jur*) (η)
δίκη. **~ing-aid** *n* (το)
ακουστικό βαρηκοΐας

hearsay /'hɪəseɪ/ *n* (η) διάδοση

hearse /hɜːs/ *n* (η) νεκροφόρα

heart /hɑːt/ *n* (η) καρδιά. **~s**
(*cards*) κούπα. **by ~** απ' έξω.
lose ~ αποθαρρύνομαι. **~**
attack *n* (η) καρδιακή

προσβολή. **~-breaking** *a*
σπαραχτικός. **~-broken** *a*
απαρηγόρητος

heartburn /'hɑːtbɜːn/ *n* (η)
καούρα

heartfelt /'hɑːtfelt/ *a* εγκάρδιος

hearth /hɑːθ/ *n* (το) τζάκι

heartless /'hɑːtlɪs/ *a* άκαρδος

hearty /'hɑːtɪ/ *a* εγκάρδιος.
(*meal*) πλούσιος

heat /hiːt/ *n* (η) θερμότητα.
(*contest*) (ο) προκριματικός
αγώνας. • *vt/i* ζεσταίνω/ομαι.
~ stroke *n* (η) θερμοπληξία.
~ wave *n* (ο) καύσωνας. **~er**
n (η) θερμάστρα. (*in car*) (το)
καλοριφέρ. **~ing** *n* (η)
θέρμανση

heated /'hiːtɪd/ *a* (*discussion*)
ζωηρός

heath /hiːθ/ *n* (ο) θαμνότοπος

heathen /'hiːðn/ *n* (ο)
ειδωλολάτρης

heather /'heðə(r)/ *n* (το) ρείκι

heave /hiːv/ *vt* σηκώνω. (*a sigh*)
βγάζω. • *vi* κάνω εμετό

heaven /'hevn/ *n* (ο)
παράδεισος, (ο) ουρανός. **~ly**
a παραδεισένιος

heav|y /'hevɪ/ *a* (**-ier, -iest**)
βαρύς. (*rain*) δυνατός. (*sleep*)
βαθύς. (*traffic*) μεγάλος. **~ily**
adv βαριά. (*smoke, drink*)
πολύ

hectic /'hektɪk/ *a* εντατικός

hedge /hedʒ/ *n* (ο) φράχτης
από θάμνους

hedgehog /'hedʒhɒg/ *n* (ο)
σκαντζόχοιρος

heed /hiːd/ *vt* προσέχω. • *n* (η)
προσοχή. **~less** *a*
απρόσεκτος

heel /hiːl/ n (η) φτέρνα. (*of shoe*) (το) τακούνι

hefty /'heftɪ/ a δυνατός

heifer /'hefə(r)/ n (η) δαμαλίδα

height /haɪt/ n (το) ύψος. (*of plane*) (το) ύψωμα. (*of season*) (η) καρδιά. (*fig*) (το) αποκορύφωμα

heighten /'haɪtn/ vt υψώνω. (*fig*) επιτείνω

heir, heiress /eə(r), 'eərɪs/ ns (ο, η) κληρονόμος

heirloom /'eəluːm/ n (το) οικογενειακό κειμήλιο

held /held/ see HOLD

helicopter /'helɪkɒptə(r)/ n (το) ελικόπτερο

hell /hel/ n (η) κόλαση

hello /hə'ləʊ/ n (η) γεια. • int γεια. (*telephone*) εμπρός. **say ~ to** χαιρετίζω

helm /helm/ n (το) πηδάλιο

helmet /'helmɪt/ n (το) κράνος

help /help/ vt/i βοηθώ. **he cannot ~ laughing** δεν μπορεί να συγκρατηθεί να μη γελάσει. • n (η) βοήθεια. (*charwoman*) (η) καθαρίστρια. **~er** n (ο, η) βοηθός. **~ful** a χρήσιμος. (*person*) εξυπηρετικός. **~less** a (*powerless*) ανίσχυρος. (*unable to manage*) ανίκανος

helping /'helpɪŋ/ n (η) μερίδα

hem /hem/ n (το) στρίφωμα. • vt **~ in** περικλείω

hemisphere /'hemɪsfɪə(r)/ n (το) ημισφαίριο

hen /hen/ n (η) κότα

hence /hens/ adv (*for this reason*) επομένως. (*from now on*) από τώρα

her /hɜː(r)/ a της. • pron την

herald /'herəld/ vt προαγγέλλω

herb /hɜːb/ n (το) βότανο

herd /hɜːd/ n (η) αγέλη

here /hɪə(r)/ adv εδώ. **come ~!** έλα δω! **~ he is** νάτος

hereditary /hɪ'redɪtrɪ/ a κληρονομικός

heredity /hɪ'redətɪ/ n (η) κληρονομικότητα

here|sy /'herəsɪ/ n (η) αίρεση. **~tic** n (ο) αιρετικός

heritage /'herɪtɪdʒ/ n (η) κληρονομιά

hermit /'hɜːmɪt/ n (ο) ερημίτης

hernia /'hɜːnɪə/ n (η) κήλη

hero /'hɪərəʊ/ n (ο) ήρωας. **~ine** /'herəʊɪn/ n (η) ηρωίδα. **~ism** /'herəʊɪzəm/ n (ο) ηρωισμός

heroic /hɪ'rəʊɪk/ a ηρωικός

heroin /'herəʊɪn/ n (η) ηρωίνη

heron /'herən/ n (ο) ερωδιός

herring /'herɪŋ/ n (η) ρέγγα

hers /hɜːz/ poss pron δικός της

herself /hɜː'self/ pron εαυτός της. (*emphatic*) (η) ίδια

hesitant /'hezɪtənt/ a διστακτικός

hesitat|e /'hezɪteɪt/ vi διστάζω. **~ion** /-'teɪʃn/ n (ο) δισταγμός

heterosexual /hetərə'seksjʊəl/ a & n (ο) ετεροφυλόφιλος

hexagon /'heksəgən/ n (το) εξάγωνο

heyday /'heɪdeɪ/ n (η) ακμή

hi /haɪ/ int γεια

hibernate /'haɪbəneɪt/ vi βρίσκομαι σε χειμερία νάρκη

hiccup /'hɪkʌp/ n (ο) λόξιγκας

hide[1] /haɪd/ *vt/i* (*pt* **hid**, *pp* **hidden**) κρύβω/ομαι (**from**, από). **~-and-seek** *n* (το) κρυφτούλι

hide[2] /haɪd/ *n* (το) δέρμα

hideous /'hɪdɪəs/ *a* αποκρουστικός

hiding[1] /'haɪdɪŋ/ *n* **be in ~** κρύβομαι. **~-place** *n* (ο) κρυψώνας

hiding[2] /'haɪdɪŋ/ *n* (*fam*) (το) ξύλο

hierarchy /'haɪərɑːkɪ/ *n* (η) ιεραρχία

hi-fi /'haɪ'faɪ/ *n* (τα) στερεοφωνικά

high /haɪ/ *a* ψηλός. (*wind*) δυνατός. (*speed*) ψηλός. (*pitch*) οξύς. (*food*) σιτεμένος. • *n* (τα) ύψη *adv* ψηλά. **~ chair** *n* (η) ψηλή καρέκλα (*για μωρό*). **~ jump** *n* (το) άλμα εις ύψος. **~-pitched** *a* διαπεραστικός. **~-rise** *a* ψηλός. **~ school** *n* σχολείο δευτεροβάθμιας εκπαίδευσης. **~ street** *n* κεντρικός δρόμος σε μικρή πόλη. **~ tide** *n* (η) πλημμυρίδα

highlight /'haɪlaɪt/ *n* (το) αποκορύφωμα. • *vt* τονίζω, υπογραμμίζω

highly /'haɪlɪ/ *adv* πολύ. **~-strung** *a* νευρώδης και ευέξαπτος

Highness /'haɪnɪs/ *n* **His/Her Royal ~** ο/η Αυτού Υψηλότητος

highway /'haɪweɪ/ *n* (η) εθνική οδός

hijack /'haɪdʒæk/ *vt* κάνω αεροπειρατεία. **~er** *n* (ο) αεροπειρατής

hike /haɪk/ *n* (η) πεζοπορία. • *vi* κάνω πεζοπορία. **~r** /-ə(r)/ *n* (ο, η) πεζοπόρος

hilarious /hɪ'leərɪəs/ *a* ξεκαρδιστικός

hill /hɪl/ *n* (ο) λόφος

hillside /'hɪlsaɪd/ *n* (η) λοφοπλαγιά

him /hɪm/ *pron* τον

himself /hɪm'self/ *pron* (ο) εαυτός του. (*emphatic*) ο ίδιος του.

hind /haɪnd/ *a* πισινός

hind|er /'hɪndə(r)/ *vt* εμποδίζω. **~rance** /-rəns/ *n* (το) εμπόδιο

Hindu /'hɪnduː/ *n* (ο) ινδουιστής, (η) ινδουίστρια

hinge /hɪndʒ/ *n* (ο) μεντεσές

hint /hɪnt/ *n* (*indirect*) (ο) υπαινιγμός. (*advice*) (η) υπόδειξη. (*slight trace*) (το) ίχνος. • *vi* **~ at** υπονοώ

hip /hɪp/ *n* (ο) γοφός

hippopotamus /hɪpə'pɒtəməs/ *n* (ο) ιπποπόταμος

hire /'haɪə(r)/ *vt* νοικιάζω. (*person*) προσλαμβάνω. • *n* (η) ενοικίαση. **for ~** ενοικιάζεται. (*taxi*) ελεύθερο

his /hɪz/ *a* του. • *poss pron* δικό του

hiss /hɪs/ *n* (το) σφύριγμα. • *vt/i* σφυρίζω

historian /hɪ'stɔːrɪən/ *n* (ο, η) ιστορικός

histor|y /'hɪstərɪ/ *n* (η) ιστορία. **~ic(al)** /hɪ'stɒrɪk(l)/ *a* ιστορικός

hit /hɪt/ *vt* (*pt* **hit**, *pres p* **hitting**) χτυπώ. (*find*) βρίσκω. • *n* (το) χτύπημα. (*fig*) (η) επιτυχία. **~ on** *or* **upon**

(possessor) (ο) κάτοχος.
(container) (η) θήκη

hitch /hɪtʃ/ *vt* δένω. • *n (snag)*
(η) αναποδιά. **~-hiking** *n* (το)
οτοστόπ *invar.* **~-hiker** *n*
αυτός που ταξιδεύει με
οτοστόπ. **~ up** *(pull up)*
ανασηκώνω

HIV *abbr* HIV (ιός)

hive /haɪv/ *n* (η) κυψέλη

hoard /hɔːd/ *vt* συσσωρεύω. • *n*
(ο) σωρός. *(of money)* (ο)
θησαυρός

hoarse /hɔːs/ *a* βραχνός

hoax /həʊks/ *n* (η) φάρσα. • *vt*
ξεγελώ

hobble /'hɒbl/ *vi* κουτσαίνω

hobby /'hɒbɪ/ *n* (το) χόμπι
invar

hockey /'hɒkɪ/ *n* (το) χόκεϊ
invar

hoe /həʊ/ *n* (το) σκαλιστήρι.
• *vt* σκαλίζω

hog /hɒg/ *n* (το) γουρούνι

hoist /hɔɪst/ *vt* υψώνω. *(anchor)*
βιράρω. • *n (mech)* (ο)
ανυψωτήρας

hold¹ /həʊld/ *vt (pt* **held**)
κρατώ. *(contain)* χωρώ.
(restrain) συγκρατώ. • *vi*
(weather) κρατώ, συνεχίζω. • *n*
(το) κράτημα. *(influence)* (η)
επιρροή. **get ~ of** πιάνω. *(fig)*
αποκτώ. **~ back** *vi* κρύβω. • *vi*
διστάζω. **~ on** *(wait)* κρατώ.
~ on to κρατιέμαι από. **~**
out *vi (offer)* δίνω. • *vi (resist)*
αντιστέκομαι. **~ up** *(support)*
στηρίζω. *(raise)* ανυψώνω.
(delay) καθυστερώ. **~-up** *n*
(delay) (η) καθυστέρηση.
(robbery) (η) ληστεία. **~er** *n*

hold² /həʊld/ *n (of ship)* (το)
κύτος, (το) αμπάρι

hole /həʊl/ *n* (η) τρύπα

holiday /'hɒlədeɪ/ *n* (η) αργία.
~s *npl* (οι) διακοπές. • *vi*
κάνω διακοπές. **~-maker**
(ο) παραθεριστής, (η)
παραθερίστρια

Holland /'hɒlənd/ *n* (η)
Ολλανδία

hollow /'hɒləʊ/ *a* κοίλος.
(sound) υπόκωφος. • *n* (το)
βαθούλωμα. • *vt* βαθουλώνω.
~ out σκάβω

holly /'hɒlɪ/ *n* (το) πουρνάρι

holster /'həʊlstə(r)/ *n* (η) θήκη
πιστολιού

holy /'həʊlɪ/ *a* άγιος. **~ water**
(ο) αγιασμός

homage /'hɒmɪdʒ/ *n* (ο) φόρος
τιμής

home /həʊm/ *n* (το) σπίτι.
(institution) (ο) οίκος. *(native
land)* (η) πατρίδα. *(sport)* (η)
έδρα. • *a (cooking)* σπιτίσιος.
(product) εγχώριος. *(pol)*
εσωτερικός. • *adv* **at ~** στο
σπίτι. **~-made** σπιτίσιος. **~**
town *n* (η) γενέτειρα. **~less**
a άστεγος

homesick /'həʊmsɪk/ *a* **be ~**
for νοσταλγώ

homeward /'həʊmwəd/ *adv*
προς το σπίτι

homework /'həʊmwɜːk/ *n* (η)
κατ' οίκον εργασία

homicide /'hɒmɪsaɪd/ *n* (η)
ανθρωποκτονία

homosexual /hɒmə'sekʃʊəl/ *a*
ομοφυλόφιλος. • *n* (ο)
ομοφυλόφιλος

honest /'ɒnɪst/ a τίμιος. (frank)
ειλικρινής. **~ly** adv τίμια,
ειλικρινά. **~y** n (η) τιμιότητα,
(η) ειλικρίνεια

honey /'hʌnɪ/ n (το) μέλι

honeycomb /'hʌnɪkəum/ n (η)
κερήθρα

honeymoon /'hʌnɪmu:n/ n (ο)
μήνας του μέλιτος

honeysuckle /'hʌnɪsʌkl/ n (το)
αγιόκλημα

honk /hɒŋk/ vi (bird) κρώζω.
(car horn) κορνάρω

honorary /'ɒnərərɪ/ a
τιμητικός. (member) επίτιμος

honour /'ɒnə(r)/ n (η) τιμή. • vt
τιμώ. (promise) κρατώ. **~able**
a έντιμος

hood /hud/ n (η) κουκούλα.
(car bonnet: Amer) (το) καπό

hoof /hu:f/ n (η) οπλή

hook /huk/ n (ο) γάντζος. (for
fishing) (το) αγκίστρι. (for
meat) (το) τσιγκέλι. • vt
γαντζώνω

hooligan /'hu:lɪgən/ n (ο)
χούλιγκαν invar

hoop /hu:p/ n (η) στεφάνη

hooray /hu:'reɪ/ int & n =
hurrah

hoot /hu:t/ n (of owl) (το)
σκούξιμο. (jeer) το γιουχάισμα.
• vt/i σκούζω. (car horn)
κορνάρω. (jeer) γιουχαΐζω.
~er n (of factory) (η) σειρήνα

Hoover /'hu:və(r)/ n (P) (η)
ηλεκτρική σκούπα. • vt
σκουπίζω με ηλεκτρική
σκούπα

hop¹ /hɒp/ vi (pt **hopped**)
πηδώ στο ένα πόδι. • n (το)
πήδημα

hop² /hɒp/ n (plant) (ο)
λυκίσκος

hope /həup/ n (η) ελπίδα. • vt/i
ελπίζω. **~ for** περιμένω. **~ful**
a αισιόδοξος. (promising)
ελπιδοφόρος. **~fully** adv
αισιόδοξα. **~less** a
απελπιστικός. (incompetent)
αδιόρθωτος

horizon /hə'raɪzn/ n (ο)
ορίζοντας

horizontal /hɒrɪ'zɒntl/ a
οριζόντιος

hormone /'hɔ:məun/ n (η)
ορμόνη

horn /hɔ:n/ n (το) κέρατο. (of
car) (το) κλάξον. (mus) (το)
κέρας

hornet /'hɔ:nɪt/ n (η) σφήκα

horoscope /'hɒrəskəup/ n (το)
ωροσκόπιο

horrible /'hɒrəbl/ a τρομερός

horrid /'hɒrɪd/ a φοβερός

horrific /hə'rɪfɪk/ a φριχτός

horr|or /'hɒrə(r)/ n (ο) τρόμος,
(η) φρίκη. **~ify** vt τρομάζω

horse /hɔ:s/ n (το) άλογο. **~
chestnut** n (η)
αγριοκαστανιά. **~-racing** n
(οι) ιπποδρομίες

horseback /'hɔ:sbæk/ n **on ~**
καβάλα

horsepower /'hɔ:spauə(r)/ n
(η) ιπποδύναμη

horseshoe /'hɔ:sʃu:/ n (το)
πέταλο

horticulture /'hɔ:tɪkʌltʃə(r)/ n
(η) φυτοκομία

hose /həuz/ n (pipe) (η)
σωλήνωση, (η) μάνικα, το
λάστιχο του ποτίσματος

hospit|able /hɒˈspɪtəbl/ *a*
φιλόξενος. **~ality** /-ˈtælətɪ/ *n*
(η) φιλοξενία

hospital /ˈhɒspɪtl/ *n* (το)
νοσοκομείο

host[1] /həʊst/ *n* **a ~ of** (*many*)
πλήθος (*with gen.*)

host[2] /həʊst/ *n* (ο)
οικοδεσπότης. **~ess** *n* (η)
οικοδέσποινα

host[3] /həʊst/ *n* (*relig*) (ο) άρτος

hostage /ˈhɒstɪdʒ/ *n* (ο, η)
όμηρος

hostel /ˈhɒstl/ *n* (ο) ξενώνας

hostile /ˈhɒstaɪl/ *a* εχθρικός.
~ity /hɒˈstɪlətɪ/ *n* (η)
εχθρότητα

hot /hɒt/ *a* (**hotter, hottest**)
ζεστός. (*culin*) καυτερός. **be** *or*
feel ~ ζεσταίνομαι. **it is ~**
κάνει ζέστη. **~-water bottle**
n (η) θερμοφόρα

hotel /həʊˈtel/ *n* (το)
ξενοδοχείο

hound /haʊnd/ *n* (το)
λαγωνικό. • *vt* (*fig*) κυνηγώ

hour /ˈaʊə(r)/ *n* (η) ώρα. **~ly** *a*
ωριαίος. • *adv* την ώρα

house[1] /haʊs/ *n* (το) σπίτι.
(*comm*) (ο) οίκος. (*pol*) (η)
βουλή. (*theatr*) (το) θέατρο

house[2] /haʊz/ *vt* στεγάζω.
(*store*) αποθηκεύω

houseboat /ˈhaʊsbəʊt/ *n* (το)
πλωτό σπίτι

household /ˈhaʊshəʊld/ *n* (το)
νοικοκυριό, (το) σπιτικό. **~er**
n (ο) νοικοκύρης, (η)
νοικοκυρά

housekeep|er /ˈhaʊskiːpə(r)/ *n*
(ο, η) οικονόμος. **~ing** *n* (η)
οικοκυρική

housewife /ˈhaʊswaɪf/ *n* (η)
νοικοκυρά

housework /ˈhaʊswɜːk/ *n* (οι)
δουλειές του σπιτιού

housing /ˈhaʊzɪŋ/ *n* (η)
στέγαση. **~ estate** (ο)
οικισμός

hovel /ˈhɒvl/ *n* (η) τρώγλη

hover /ˈhɒvə(r)/ *vi* αιωρούμαι.
(*linger*) ταλαντεύομαι

hovercraft /ˈhɒvəkrɑːft/ *n* (το)
χόβερκραφτ *invar*

how /haʊ/ *adv* πώς. **~ about** τι
λες για. **~ do you do?**
(*introduction*) χαίρω πολύ. **~
lovely!** τι ωραία. **~ long** για
πόσο καιρό. **~ many** πόσοι.
~ much πόσο. **~ often** πόσο
συχνά. **~ old is she?** πόσων
χρονών είναι;

however /haʊˈevə(r)/ *adv* όσο
κι αν. (*nevertheless*) όμως

howl /haʊl/ *n* (το) ουρλιαχτό.
• *vi* ουρλιάζω

hub /hʌb/ *n* (η) πλήμνη. (*fig*)
(το) κέντρο. **~-cap** *n* (το) τάσι

huddle /ˈhʌdl/ *vi* στριμώχνομαι

hue /hjuː/ *n* (το) χρώμα. (*shade*)
(η) απόχρωση

hug /hʌg/ *vt* σφίγγω στην
αγκαλιά μου *n* (το)
σφιχταγκάλιασμα

huge /hjuːdʒ/ *a* τεράστιος

hulk /hʌlk/ *n* (το) κουφάρι
πλοίου. (*person*) (ο)
σωματώδης άνθρωπος

hull /hʌl/ *n* (*of ship*) (το)
σκάφος του πλοίου

hullo /həˈləʊ/ *int & n* = **hello**

hum /hʌm/ *vt/i* (*insect, engine*)
βουίζω. (*person*)
σιγοτραγουδώ. (*fig*)
μουρμουρίζω. • *n* (το) βουητό

human /'hju:mən/ *a*
ανθρώπινος. • *n* ~ (ο)
άνθρωπος. ~**itarian**
/-'mænɪ'teərɪən/ *a*
ανθρωπιστικός. • *n* (ο)
ανθρωπιστής

humane /hju:'meɪn/ *a*
ανθρωπιστικός

humanit|y /hju:'mænɪtɪ/ *n* (η)
ανθρωπότητα

humbl|e /'hʌmbl/ *a* ταπεινός.
• *vt* ταπεινώνω. ~**y** *adv* ταπεινά

humdrum /'hʌmdrʌm/ *a*
μονότονος

humid /'hju:mɪd/ *a* υγρός. ~**ity**
/-'mɪdətɪ/ *n* (η) υγρασία

humiliat|e /hju:'mɪlɪeɪt/ *vt*
εξευτελίζω. ~**ion** /-'eɪʃn/ *n* (ο)
εξευτελισμός

humility /hju:'mɪlətɪ/ *n* (η)
ταπεινοφροσύνη

hum|our /'hju:mə(r)/ *n* (το)
χιούμορ *invar*. (*state of mind*)
(το) κέφι. **sense of** ~ (η)
αίσθηση χιούμορ. • *vt* κάνω το
χατίρι (*with gen.*). ~**orous** *a*
χιουμοριστικός

hump /hʌmp/ *n* (*of back*) (η)
καμπούρα. (*mound*) (το)
εξόγκωμα

hunch /hʌntʃ/ *vt* καμπουριάζω.
• *n* (*intuition*) (το) προαίσθημα

hunchback /'hʌntʃbæk/ *n* (ο)
καμπούρης

hundred /'hʌndrəd/ *a* & *n*
εκατό. ~**s of** εκατοντάδες

hung /hʌŋ/ *see* HANG

Hungar|y /'hʌŋgərɪ/ *n* (η)
Ουγγαρία. ~**ian** /-'geərɪən/ *a*
ουγγρικός. • *n* (ο) Ούγγρος, (η)
Ουγγαρέζα

hunger /'hʌŋgə(r)/ *n* (η) πείνα.
• *vi* ~ **for** πεινώ για

hungry /'hʌŋgrɪ/ *a* (**-ier, -iest**)
πεινασμένος. **be** ~ πεινώ

hunk /hʌŋk/ *n* (το) μεγάλο
κομμάτι

hunt /hʌnt/ *vt/i* κυνηγώ. ~ **for**
ψάχνω για. • *n* (το) κυνήγι.
~**er** *n* (ο) κυνηγός. ~**ing** *n*
(το) κυνήγι

hurdle /'hɜːdl/ *n* (το) εμπόδιο

hurl /hɜːl/ *vt* εκσφενδονίζω

hurrah, hurray /hʊ'rɑː, hʊ'reɪ/
int ζήτω. • *n* (το) ζήτω *invar*

hurricane /'hʌrɪkən/ *n* (η)
λαίλαπα

hurried /'hʌrɪd/ *a* βιαστικός

hurry /'hʌrɪ/ *vt/i* βιάζω/ομαι. ~
up! κάνε γρήγορα! • *n* (ο)
βιασύνη

hurt /hɜːt/ *vt/i* πονώ. (*injure,
offend*) πληγώνω. • *a*
πληγωμένος. • *n* (το) πλήγμα.
(*fig*) (η) βλάβη. ~**ful** *a* (*fig*)
επιβλαβής

hurtle /'hɜːtl/ *vi*
εκσφενδονίζομαι

husband /'hʌzbənd/ *n* (ο)
σύζυγος

hush /hʌʃ/ *vt* ησυχάζω. ~ **up**
συγκαλύπτω. • *n* (η) σιωπή.
~**!** σιωπή!

husk /hʌsk/ *n* (η) φλούδα

husky /'hʌskɪ/ *a* βραχνός

hustle /'hʌsl/ *vt* σπρώχνω. (*fig*)
πιέζω να κάνει γρήγορα. • *n*
(η) κίνηση. ~ **and bustle** (το)
πηγαινέλα *invar*

hut /hʌt/ *n* (η) καλύβα

hutch /hʌtʃ/ *n* (το) κλουβί

hydraulic /haɪ'drɔːlɪk/ *a*
υδραυλικός

hydrogen /'haɪdrədʒən/ *n* (το)
υδρογόνο

hyena /haɪˈiːnə/ n (η) ύαινα

hygien|e /ˈhaɪdʒiːn/ n (η)
υγιεινή. **~ic** /-ˈdʒiːnɪk/ a
υγιεινός

hymn /hɪm/ n (o) ύμνος

hyphen /ˈhaɪfn/ n (η) παύλα.
~ate vt χωρίζω με παύλα

hypno|sis /hɪpˈnəʊsɪs/ n (η)
ύπνωση. **~tic** /-ˈnɒtɪk/ a
υπνωτικός

hypnot|ize /ˈhɪpnətaɪz/ vt
υπνωτίζω. **~ism** n (o)
υπνωτισμός. **~ist** n (o)
υπνωτιστής

hypochondriac
/haɪpəˈkɒndriæk/ n (o)
υποχονδριακός

hypocri|sy /hɪˈpɒkrəsɪ/ n (η)
υποκρισία. **~te** /ˈhɪpəkrɪt/ n
(o) υποκριτής, (η) υποκρίτρια.
~tical /-ˈkrɪtɪkl/ a υποκριτικός

hypothe|sis /haɪˈpɒθəsɪs/ n (η)
υπόθεση. **~tical** /-əˈθetɪkl/ a
υποθετικός

hysteri|a /hɪsˈtɪərɪə/ n (η)
υστερία. **~cal** /-ˈterɪkl/ a
υστερικός. (very funny: fam)
πολύ αστείο. **~cs** /-ˈteriks/ npl
(η) υστερική κρίση

....

Ii

....

I /aɪ/ pron εγώ

ice /aɪs/ n (o) πάγος. • vt
παγώνω. (cake) γκλασάρω. **~-
cream** n (το) παγωτό. **~-cube**
n (το) παγάκι. **~ rink** n (το)
παγοδρόμιο. **~-skating** n (η)
παγοδρομία

iceberg /ˈaɪsbɜːg/ n (το)
παγόβουνο

icebox /ˈaɪsbɒks/ n (Amer) (το)
ψυγείο

Iceland /ˈaɪslənd/ n (η)
Ισλανδία

icicle /ˈaɪsɪkl/ n (o)
παγοκρύσταλλος

icing /ˈaɪsɪŋ/ n (το)
γκλασάρισμα. **~ sugar** n (η)
ζάχαρη άχνη

icon /ˈaɪkɒn/ n (η) εικόνα

icy /ˈaɪsɪ/ a παγωμένος

idea /aɪˈdɪə/ n (η) ιδέα.
(impression) (η) εντύπωση

ideal /aɪˈdɪəl/ a ιδεώδης,
ιδανικός. • n (το) ιδανικό.
~ize vt εξιδανικεύω. **~ly** adv
ιδανικά

idealis|t /aɪˈdɪəlɪst/ n (o)
ιδεαλιστής, (η) ιδεαλίστρια.
~m /-zəm/ n (o) ιδεαλισμός.
~tic /-ˈlɪstɪk/ a ιδεαλιστικός

identical /aɪˈdentɪkl/ a
πανομοιότυπος

identif|y /aɪˈdentɪfaɪ/ vt
αναγνωρίζω. • vi **~y with**
ταυτίζομαι με. **~ication**
/-ɪˈkeɪʃn/ n (η) αναγνώριση,
(η) ταύτιση

identity /aɪˈdentɪtɪ/ n (η)
ταυτότητα. **~ card** (η)
ταυτότητα

ideology /aɪdɪˈɒlədʒɪ/ n (η)
ιδεολογία

idiom /ˈɪdɪəm/ n (o) ιδιωτισμός.
~atic /-ˈmætɪk/ a
ιδιωματικός

idiot /ˈɪdɪət/ n (o) ηλίθιος. **~ic**
/-ˈɒtɪk/ a ηλίθιος

idle /ˈaɪdl/ a (unoccupied)
αργός. (lazy) τεμπέλης. (vain)

μάταιος. **~ness** n (η) αργία, (η) τεμπελιά

idol /'aɪdl/ n (το) είδωλο. **~ize** /-əlaɪz/ vt λατρεύω σαν θεό

idyllic /ɪ'dɪlɪk/ a ειδυλλιακός

i.e. abbr δηλ.

if /ɪf/ conj αν, εάν. **~ only** και να

igloo /'ɪglu:/ n (το) ιγκλού invar

ignite /ɪg'naɪt/ vt/i αναφλέγω/ομαι

ignition /ɪg'nɪʃn/ n (η) ανάφλεξη. **~ key** (το) κλειδί του διακόπτη του κινητήρα

ignoran|t /'ɪgnərənt/ a αμαθής. **~ce** n (η) αμάθεια, (η) άγνοια

ignore /ɪg'nɔ:(r)/ vt αδιαφορώ για. (person) αγνοώ

ill /ɪl/ a άρρωστος. (bad) κακός. • adv κακά. • n (το) κακό. **be ~ at ease** δε νιώθω άνετα

illegal /ɪ'li:gl/ a παράνομα. **~ly** adv παράνομα

illegible /ɪ'ledʒəbl/ a δυσανάγνωστος

illegitimate /ɪlɪ'dʒɪtɪmət/ a παράνομος. (child) νόθος

illicit /ɪ'lɪsɪt/ a αθέμιτος

illiterate /ɪ'lɪtərət/ a αγράμματος

illness /'ɪlnɪs/ n (η) αρρώστια

illogical /ɪ'lɒdʒɪkl/ a παράλογος

illuminate /ɪ'lju:mɪneɪt/ vt φωτίζω. **~ion** /-'neɪʃn/ n (ο) φωτισμός

illusion /ɪ'lu:ʒn/ n (η) αυταπάτη

illustrat|e /'ɪləstreɪt/ vt επεξηγώ. (book) εικονογραφώ. **~ion** /-'streɪʃn/ n (η) επεξήγηση, (η) εικονογράφηση

image /'ɪmɪdʒ/ n (η) εικόνα.

imaginat|ion /ɪmædʒɪ'neɪʃn/ n (η) φαντασία. **~ive** /ɪ'mædʒɪnətɪv/ a επινοητικός

imagine /ɪ'mædʒɪn/ vt φαντάζομαι. (suppose) υποθέτω. **~ary** a φανταστικός

imbalance /ɪm'bæləns/ n (η) δυσαναλογία

imbecile /'ɪmbəsi:l/ n (ο) ηλίθιος

imitat|e /'ɪmɪteɪt/ vt μιμούμαι. **~ion** /-'teɪʃn/ n (η) απομίμηση. • a (not genuine) ιμιτασιόν invar

immaculate /ɪ'mækjʊlət/ a άψογος

immaterial /ɪmə'tɪərɪəl/ a ασώματος. (fig) ασήμαντος

immature /ɪmə'tjʊə(r)/ a ανώριμος

immediate /ɪ'mi:dɪət/ a άμεσος. (nearest) εγγύτατος. **~ly** adv αμέσως. • conj μόλις

immense /ɪ'mens/ a απέραντος. **~ly** adv απέραντα

immerse /ɪ'mɜ:s/ vt βουτώ, βυθίζω

immigra|te /'ɪmɪgreɪt/ vi μεταναστεύω (έρχομαι σε χώρα σαν μετανάστης). **~nt** n (ο) μετανάστης, (η) μετανάστρια. **~tion** /-'greɪʃn/ n (η) μετανάστευση

imminent /'ɪmɪnənt/ a επικείμενος

immobile /ɪ'məʊbaɪl/ a ακίνητος

immobil|ize /ɪ'məʊbɪlaɪz/ vt ακινητοποιώ **~izer** n (το) σύστημα ακινητοποίησης οχήματος

immoderate /ɪ'mɒdərət/ *a*
υπέρμετρος

immodest /ɪ'mɒdɪst/ *a* άσεμνος.
~ity /ɪmə'ræləti/ *n* (η)
ανηθικότητα

immoral /ɪ'mɒrəl/ *a* ανήθικος.
~ity /ɪmə'ræləti/ *n* (η)
ανηθικότητα

immortal /ɪ'mɔːtl/ *a* αθάνατος.
~ity /-'tæləti/ *n* (η) αθανασία

immun|e /ɪ'mjuːn/ *a* (*to illness*)
απρόσβλητος (**to,** από).
(*exempt*) απηλλαγμένος (**from,**
από). **~ity** *n* (*med*) (η) ανοσία.
(*diplomatic*) (η) ασυλία

impact /'ɪmpækt/ *n* (η)
πρόσκρουση. (*fig*) (η)
επίδραση

impair /ɪm'peə(r)/ *vt*
εξασθενίζω

impart /ɪm'pɑːt/ *vt* μεταδίδω

impartial /ɪm'pɑːʃl/ *a*
αμερόληπτος

impasse /æm'pɑːs/ *n* (το)
αδιέξοδο

impatien|t /ɪm'peɪʃənt/ *a*
ανυπόμονος. **~ce** *n* (η)
ανυπομονησία. **~tly** *adv*
ανυπόμονα

impeccable /ɪm'pekəbl/ *a*
άμεμπτος

impede /ɪm'piːd/ *vt*
παρεμποδίζω

impediment /ɪm'pedɪmənt/ *n*
(το) εμπόδιο. (*speech*) (η)
δυσχέρεια

impel /ɪm'pel/ *vt* ωθώ

impending /ɪm'pendɪŋ/ *a*
επικείμενος

impenetrable /ɪm'penɪtrəbl/ *a*
αδιαπέραστος

imperative /ɪm'perətɪv/ *a*
επιβεβλημένος. • *n* (η)
προστακτική

imperceptible /ɪmpə'septəbl/ *a*
ανεπαίσθητος

imperfect /ɪm'pɜːfɪkt/ *a*
ατελής. (*faulty*)
ελαττωματικός. • *n* (*gram*) (ο)
παρατατικός. **~ion** /-ə'fekʃn/ *n*
(η) ατέλεια

imperial /ɪm'pɪərɪəl/ *a*
αυτοκρατορικός

imperious /ɪm'pɪərɪəs/ *a*
επιτακτικός

impersonal /ɪm'pɜːsənl/ *a*
απρόσωπος

impersonat|e /ɪm'pɜːsəneɪt/ *vt*
μιμούμαι. (*theatr*) υποδύομαι.
~or /-ə(r)/ *n* (ο) μίμος

impertinent /ɪm'pɜːtɪnənt/ *a*
αναιδής

impervious /ɪm'pɜːvjəs/ *a*
αδιαπέραστος

impetuous /ɪm'petjʊəs/ *a*
απερίσκεπτος

impetus /'ɪmpɪtəs/ *n* (η) ώθηση

implausible /ɪm'plɔːzɪbl/ *a*
απίθανος

implement¹ /'ɪmplɪmənt/ *n* (το)
εργαλείο

implement² /'ɪmplɪment/ *vt*
εφαρμόζω

implicat|e /'ɪmplɪkeɪt/ *vt*
εμπλέκω. **~ion** /-'keɪʃn/ *n*
(*involvement*) (η) ανάμιξη.
(*suggestion*) (ο) υπαινιγμός

implicit /ɪm'plɪsɪt/ *a*
υπονοούμενος. (*absolute*)
απόλυτος

implore /ɪm'plɔː(r)/ *vt*
εκλιπαρώ

imply /ɪm'plaɪ/ *vt* υπονοώ.
(*insinuate*) υπαινίσσομαι

impolite /ɪmpə'laɪt/ *a* αγενής

import¹ /ɪmˈpɔːt/ vt εισάγω.
~er n (ο, η) εισαγωγέας

import² /ˈɪmpɔːt/ n (meaning)
(η) σημασία. (value) (η)
αξία

importan|t /ɪmˈpɔːtnt/ a
σημαντικός, σπουδαίος. **~ce**
n (η) σημασία, (η)
σπουδαιότητα

impose /ɪmˈpəʊz/ vt επιβάλλω.
• vi **~e on** εκμεταλλεύομαι

imposing /ɪmˈpəʊzɪŋ/ a
επιβλητικός

impossib|le /ɪmˈpɒsəbl/ a
αδύνατος. **~ility** /-ˈbɪlɪti/ n
(το) αδύνατο. **~ly** adv
αδύνατα

impostor /ɪmˈpɒstə(r)/ n (ο)
απατεώνας

impoten|t /ˈɪmpətənt/ a
ανίκανος. **~ce** n (η)
ανικανότητα

impound /ɪmˈpaʊnd/ vt
κατάσχω

impoverish /ɪmˈpɒvərɪʃ/ vt
φτωχαίνω

impractical /ɪmˈpræktɪkl/ a μη
πρακτικός

impregnable /ɪmˈpregnəbl/ a
απόρθητος

impregnate /ˈɪmpregneɪt/ vt
διαποτίζω (**with**, με)

impress /ɪmˈpres/ vt
εντυπωσιάζω. (imprint)
αποτυπώνω. **be ~ed** μου
κάνει εντύπωση. **~ive** a
εντυπωσιακός

impression /ɪmˈpreʃn/ n (η)
εντύπωση

impressionism /ɪmˈpreʃnɪzəm/
n (ο) εμπρεσιονισμός

imprison /ɪmˈprɪzn/ vt
φυλακίζω. **~ment** n (η)
φυλάκιση

improbable /ɪmˈprɒbəbl/ a
απίθανος. (incredible)
απίστευτος

impromptu /ɪmˈprɒmptjuː/ a
αυτοσχέδιος. • adv εκ του
προχείρου

improper /ɪmˈprɒpə(r)/ a
απρεπής. (incorrect)
λανθασμένος

improve /ɪmˈpruːv/ vt/i
βελτιώνω/ομαι, καλυτερεύω.
~ment n (η) βελτίωση, (η)
καλυτέρευση

improvise /ˈɪmprəvaɪz/ vt
φτιάχνω πρόχειρα. • vi
αυτοσχεδιάζω

imprudent /ɪmˈpruːdənt/ a
απερίσκεπτος

impuls|e /ˈɪmpʌls/ n (η)
παρόρμηση. **~ive** a
παρορμητικός, αυθόρμητος.
~ively adv αυθόρμητα

impur|e /ɪmˈpjʊə(r)/ a
ακάθαρτος. **~ity** n (η)
ακαθαρσία

in /ɪn/ prep σε. • adv μέσα. (at
home) στο σπίτι. (in fashion)
της μόδας. **~ August/1990**
τον Αύγουστο/το 1990. **~-
laws** npl (fam) (τα) πεθερικά.
the ~s and outs (οι)
λεπτομέρειες

inability /ɪnəˈbɪlɪti/ n (η)
αδυναμία

inaccessible /ɪnækˈsesəbl/ a
απρόσιτος

inaccurate /ɪnˈækjərət/ a
ανακριβής

inactive /ɪnˈæktɪv/ a αδρανής

inadequa|te /ɪn'ædɪkwət/ a
ανεπαρκής. **~cy** n (η)
ανεπάρκεια

inadvertent /ɪnəd'vɜːtənt/ a
απρόσεκτος. **~ly** adv από
απροσεξία

inane /ɪ'neɪn/ a ανόητος

inanimate /ɪn'ænɪmət/ a
άψυχος

inappropriate /ɪnə'prəʊprɪət/ a
ακατάλληλος

inattentive /ɪnə'tentɪv/ a
απρόσεκτος

inaudible /ɪn'ɔːdəbl/ a που δεν
ακούγεται

inaugura|te /ɪ'nɔːgjʊreɪt/ vt
εγκαινιάζω. **~tion** /-'reɪʃn/ n
(τα) εγκαίνια

inbred /ɪn'bred/ a έμφυτος

incalculable /ɪn'kælkjʊləbl/ a
ανυπολόγιστος

incapable /ɪn'keɪpəbl/ a
ανίκανος

incapacitate /ɪnkə'pæsɪteɪt/ vt
καθιστώ ανίκανο

incendiary /ɪn'sendɪərɪ/ a
εμπρηστικός. • n (device) (η)
εμπρηστική ύλη

incense[1] /'ɪnsens/ n (το) λιβάνι

incense[2] /ɪn'sens/ vt εξοργίζω

incessant /ɪn'sesnt/ a
ακατάπαυστος. **~ly** adv
ακατάπαυστα

incest /'ɪnsest/ n (η) αιμομιξία.
~uous /ɪn'sestjʊəs/ a
αιμομικτικός

inch /ɪntʃ/ n (η) ίντσα (= 2.54
εκ.). • vi προχωρώ πολύ αργά

incidence /'ɪnsɪdəns/ n (η)
συχνότητα

incident /'ɪnsɪdənt/ n (το)
επεισόδιο

incidental /ɪnsɪ'dentl/ a
συμπτωματικός, τυχαίος. **~ly**
adv (by the way) αλήθεια

incinerat|e /ɪn'sɪnəreɪt/ vt
αποτεφρώνω. **~or** /-ə(r)/ n (ο)
κλίβανος

incisive /ɪn'saɪsɪv/ a κοφτερός

incite /ɪn'saɪt/ vt υποκινώ

inclination /ɪnklɪ'neɪʃn/ n (η)
κλίση. (disposition) (η)
διάθεση

incline[1] /ɪn'klaɪn/ vt/i τείνω. be
~d to έχω την τάση να

incline[2] /'ɪnklaɪn/ n (η) κλίση

inclu|de /ɪn'kluːd/ vt
(συμ)περιλαμβάνω. **~ding**
prep συμπεριλαμβανομένου

inclusive /ɪn'kluːsɪv/ a
συμπεριλαμβανόμενος

incognito /ɪnkɒg'niːtəʊ/ adv
ινκόγκνιτο

incoherent /ɪnkəʊ'hɪərənt/ a
ασυνάρτητος

income /'ɪnkʌm/ n (το)
εισόδημα. **~ tax** n (ο) φόρος
εισοδήματος

incoming /'ɪnkʌmɪŋ/ a
εισερχόμενος

incomparable /ɪn'kɒmprəbl/ a
ασύγκριτος

incompatible /ɪnkəm'pætəbl/ a
ασυμβίβαστος. (people)
αταίριαστος

incompeten|t /ɪn'kɒmpɪtənt/ a
ανίκανος, ανεπαρκής. **~ce** n
(η) ανικανότητα, (η)
ανεπάρκεια

incomplete /ɪnkəm'pliːt/ a
ημιτελής

incomprehensible
/ɪnkɒmprɪ'hensəbl/ *a*
ακατανόητος

inconceivabl|e /ɪnkən'si:vəbl/ *a*
αδιανόητος

inconclusive /ɪnkən'klu:sɪv/ *a*
(*not convincing*) μη πειστικός.
(*not decisive*) μη
αποφασιστικός

incongruous /ɪn'kɒŋgrʊəs/ *a*
αταίριαστος

inconsiderate /ɪnkən'sɪdərət/ *a*
απερίσκεπτος

inconsistent /ɪnkən'sɪstənt/ *a*
ασυνεπής. **be ~t with** είμαι
αντιφατικός σε

inconspicuous
/ɪnkən'spɪkjʊəs/ *a*
απαρατήρητος

incontinent /ɪn'kɒntɪnənt/ *a*
ακρατής

inconvenien|t /ɪnkən'vi:nɪənt/
a άβολος. (*time, place*)
ακατάλληλος. **~ce** *n* (η)
ενόχληση. • *vt* ενοχλώ

incorporate /ɪn'kɔ:pəreɪt/ *vt*
ενσωματώνω

incorrect /ɪnkə'rekt/ *a*
ανακριβής. **~ly** *adv*
ανακριβώς

increas|e[1] /ɪn'kri:s/ *vt/i*
αυξάνω/ομαι. **~ingly** *adv* όλο
και περισσότερο

increase[2] /'ɪnkri:s/ *n* (η)
αύξηση

incredibl|e /ɪn'kredəbl/ *a*
απίστευτος. **~y** *adv* απίστευτα

incredulous /ɪn'kredjʊləs/ *a*
δύσπιστος

incriminat|e /ɪn'krɪmɪneɪt/ *vt*
ενοχοποιώ. **~ing** *a*
ενοχοποιητικός

incubat|e /'ɪŋkjʊbeɪt/ *vt*
εκκολάπτω. **~or** /-ə(r)/ *n* (η)
εκκολαπτική μηχανή. (*for
babies*) (η) θερμοκοιτίδα

incur /ɪn'kɜ:(r)/ *vt* υφίσταμαι.
(*debts*) συνάπτω, κάνω

incurable /ɪn'kjʊərəbl/ *a*
αθεράπευτος. (*illness*) ανίατος

incursion /ɪn'kɜ:ʃn/ *n* (η)
επιδρομή

indebted /ɪn'detɪd/ *a* **~ to**
υποχρεωμένος σε

indecent /ɪn'di:snt/ *a* άσεμνος

indecision /ɪndɪ'sɪʒn/ *n* (η)
αναποφασιστικότητα

indecisive /ɪndɪ'saɪsɪv/ *a*
αναποφάσιστος

indeed /ɪn'di:d/ *adv*
πραγματικά. **very much ~**
πάρα πολύ

indefinable /ɪndɪ'faɪnəbl/ *a*
απροσδιόριστος

indefinite /ɪn'defɪnət/ *a*
αόριστος. **~ly** *adv* αόριστα

indelible /ɪn'delɪbl/ *a*
ανεξίτηλος

independen|t /ɪndɪ'pendənt/ *a*
ανεξάρτητος. **~ce** *n* (η)
ανεξαρτησία. **~tly** *adv*
ανεξάρτητα

indescribable /ɪndɪ'skraɪbəbl/
a απερίγραπτος. **~y** *adv*
απερίγραπτα

indestructible /ɪndɪ'strʌktəbl/
a ακατάλυτος

index /'ɪndeks/ *n* (ο) δείκτης.
(*in book*) (ο) ευρετήριο. (*in
library*) (ο) κατάλογος. • *vt*
αποδελτιώνω. **~ finger** *n* (ο)
δείκτης

India /'ɪndjə/ *n* (η) Ινδία. **~n** *a*
ινδικός. • *n* (ο) Ινδός, (η) Ινδή

American ~n (ο) Ινδιάνος,
(η) Ινδιάνα
indicat|e /ˈɪndɪkeɪt/ vt δείχνω.
(state briefly) υποδείχνω.
~ion /-ˈkeɪʃn/ n (η) ένδειξη.
~or n (ο) δείκτης. (auto) (ο)
δείκτης κατευθύνσεως, (το)
φλας invar
indicative /ɪnˈdɪkətɪv/ a
ενδεικτικός. • n (gram) (η)
οριστική
indict /ɪnˈdaɪt/ vt κατηγορώ.
~ment n (accusation) (η)
κατηγορία
indifferen|t /ɪnˈdɪfrənt/ a
αδιάφορος. (not good) μέτριος.
~ce n (η) αδιαφορία
indigenous /ɪnˈdɪdʒɪnəs/ a
ιθαγενής
indigesti|ble /ɪndɪˈdʒestəbl/ a
αχώνευτος. ~on /-tʃən/ n (η)
δυσπεψία
indigna|nt /ɪnˈdɪgnənt/ a
αγανακτισμένος. ~tion
/-ˈneɪʃn/ n (η) αγανάκτηση
indirect /ɪndɪˈrekt/ a έμμεσος.
~ly adv έμμεσα
indiscr|eet /ɪndɪˈskriːt/ a
αδιάκριτος. ~etion /-ˈkreʃn/ n
(η) αδιακρισία
indiscriminate /ɪndɪˈskrɪmɪnət/
a χωρίς διάκριση. ~ly adv
αδιάκριτα
indispensable /ɪndɪˈspensəbl/
a απαραίτητος
indisposed /ɪndɪˈspəʊzd/ a
αδιάθετος
indisputable /ɪndɪˈspjuːtəbl/ a
αναμφισβήτητος
indistinct /ɪndɪˈstɪŋkt/ a
ακαθόριστος
individual /ɪndɪˈvɪdʒʊəl/ a
ατομικός. • n (το) άτομο. ~ity

/-ˈælətɪ/ n (η) ατομικότητα.
~ly adv ατομικά
indoctrinat|e /ɪnˈdɒktrɪneɪt/ vt
κατηχώ. ~ion /-ˈneɪʃn/ n (η)
κατήχηση
indolent /ˈɪndələnt/ a νωθρός
Indonesia /ɪndəʊˈniːzɪə/ n (η)
Ινδονησία
indoor /ˈɪndɔː(r)/ a
εσωτερικός. ~ swimming-
pool /η) κλειστή πισίνα. ~s
/-ˈdɔːz/ adv μέσα
induce /ɪnˈdjuːs/ vt πείθω.
(produce) προκαλώ. ~ment n
(η) παρακίνηση
indulge /ɪnˈdʌldʒ/ vt (desire)
ικανοποιώ. (person) κάνω το
χατίρι (with gen.). • vi ~ in
παραδίδομαι σε. ~nce n (η)
αδυναμία. (leniency) επιείκια.
~nt a επιεικής
industrial /ɪnˈdʌstrɪəl/ a
βιομηχανικός. ~ist n (ο)
βιομήχανος. ~ized /-aɪzd/ a
βιομηχανοποιημένος
industrious /ɪnˈdʌstrɪəs/ a
εργατικός
industry /ˈɪndəstrɪ/ n (η)
βιομηχανία. (zeal) (η)
εργατικότητα
inebriated /ɪˈniːbrɪeɪtɪd/ a
μεθυσμένος
inedible /ɪnˈedɪbl/ a μη
φαγώσιμος
ineffective /ɪnɪˈfektɪv/ a μη
αποτελεσματικός
ineffectual /ɪnɪˈfektʃʊəl/ a
χωρίς αποτέλεσμα. (person)
ανίκανος
inefficien|t /ɪnɪˈfɪʃnt/ a μη
αποδοτικός. ~cy n (η)
ανεπάρκεια

ineligible /ɪnˈelɪdʒəbl/ *a*
ακατάλληλος. **be ~ for** (*job etc.*) στερούμαι των απαραίτητων προσόντων για

inept /ɪˈnept/ *a* ακατάλληλος

inequality /ɪnɪˈkwɒlətɪ/ *n* (η) ανισότητα

inert /ɪˈnɜːt/ *a* αδρανής. **~ia** /-ʃə/ *n* (η) αδράνεια

inescapable /ɪnɪsˈkeɪpəbl/ *a* αναπόφευκτος

inevitabl|e /ɪnˈevɪtəbl/ *a* αναπόφευκτος. **~y** *adv* αναπόφευκτα

inexact /ɪnɪɡˈzækt/ *a* ανακριβής

inexcusable /ɪnɪkˈskjuːzəbl/ *a* ασυγχώρητος

inexhaustible /ɪnɪɡˈzɔːstəbl/ *a* ανεξάντλητος

inexpensive /ɪnɪkˈspensɪv/ *a* ανέξοδος

inexperience /ɪnɪkˈspɪərɪəns/ *n* (η) απειρία. **~d** *a* άπειρος

inexplicable /ɪnɪkˈsplɪkəbl/ *a* ανεξήγητος

infallib|le /ɪnˈfæləbl/ *a* αλάθητος. **~ility** /-ˈbɪlətɪ/ *n* (το) αλάθητο

infamous /ˈɪnfəməs/ *a* (*place*) κακόφημος. (*person*) με κακό όνομα

infan|cy /ˈɪnfənsɪ/ *n* (η) νηπιακή ηλικία. **~t** *n* (το) νήπιο. **~tile** /-taɪl/ *a* παιδαριώδης

infantry /ˈɪnfəntrɪ/ *n* (το) πεζικό. **~man** *n* (ο) πεζός (*φαντάρος*)

infatuat|ed /ɪnˈfætʃʊeɪtɪd/ *a* ξετρελαμένος (**with**, με). **~ion** /-ˈeɪʃn/ *n* (το) ξετρέλαμα

infect /ɪnˈfekt/ *vt* μολύνω (**with**, με). **~ion** /-ʃn/ *n* (η) μόλυνση. **~ious** *a* μεταδοτικός

infer /ɪnˈfɜː(r)/ *vt* συμπεραίνω

inferior /ɪnˈfɪərɪə(r)/ *a* κατώτερος. (*goods*) κακής ποιότητος. • *n* (*in rank*) (ο) κατώτερος. **~ity** /-ˈɒrətɪ/ *n* (η) κατωτερότητα

infernal /ɪnˈfɜːnl/ *a* διαβολεμένος. (*fam*) φοβερός

inferno /ɪnˈfɜːnəʊ/ *n* (η) κόλαση

infertil|e /ɪnˈfɜːtaɪl/ *a* (*soil, land*) άγονος. (*person*) στείρος. **~ity** /-ˈtɪlətɪ/ *n* (η) αγονία, (η) στειρότητα

infest /ɪnˈfest/ *vt* γεμίζω, προσβάλλω

infidelity /ɪnfɪˈdelətɪ/ *n* (η) απιστία

infiltrate /ˈɪnfɪltreɪt/ *vt* διεισδύω

infinite /ˈɪnfɪnət/ *a* άπειρος. **~ly** *adv* άπειρα

infinitive /ɪnˈfɪnətɪv/ *n* (το) απαρέμφατο

infinity /ɪnˈfɪnətɪ/ *n* (το) άπειρο

infirm /ɪnˈfɜːm/ *a* αδύνατος (*λόγω γερατειών*). **~ity** *n* (η) αδυναμία

infirmary /ɪnˈfɜːmərɪ/ *n* (το) νοσηλευτήριο

inflam|e /ɪnˈfleɪm/ *vt* ερεθίζω. **~mable** /-æməbl/ *a* εύφλεκτος. **~mation** /-əˈmeɪʃn/ *n* (ο) ερεθισμός

inflate /ɪnˈfleɪt/ *vt* φουσκώνω

inflation /ɪnˈfleɪʃn/ *n* (ο) πληθωρισμός

inflexible /ɪnˈfleksəbl/ *a* άκαμπτος

inflict /ɪnˈflɪkt/ vt επιβάλλω

influen|ce /ˈɪnfluəns/ n (η) επίδραση. (power) επιρροή. • vt επηρεάζω. **~tial** /-ˈenʃl/ a με επιρροή

influenza /ɪnfluˈenzə/ n (η) γρίπη

influx /ˈɪnflʌks/ n (η) εισροή

inform /ɪnˈfɔːm/ vt/i πληροφορώ/ούμαι. **~ against** or **on** καταδίνω. **keep s.o. ~ed** κρατώ κπ ενήμερο. **~er** /-ə(r)/ n (ο) καταδότης, (η) καταδότρια

informal /ɪnˈfɔːml/ a ανεπίσημος. **~ity** /-ˈmælətɪ/ n (η) ανεπισημότητα. **~ly** adv ανεπίσημα

informat|ion /ɪnfəˈmeɪʃn/ n (η) πληροφορία. **~ive** /-ˈfɔːmətɪv/ a διαφωτιστικός

infra-red /ɪnfrəˈred/ a υπέρυθρος

infrequent /ɪnˈfriːkwənt/ a σπάνιος. **~ly** adv σπάνια

infringe /ɪnˈfrɪndʒ/ vt παραβιάζω vi **~ on** καταπατώ

infuriate /ɪnˈfjʊərɪeɪt/ vt εξοργίζω. **~ing** a εξοργιστικός

ingen|ious /ɪnˈdʒiːnɪəs/ a εφευρετικός. **~uity** /-ˈnjuːətɪ/ n (η) εφευρετικότητα

ingenuous /ɪnˈdʒenjuəs/ a άδολος

ingot /ˈɪŋgət/ n (η) ράβδος

ingratiate /ɪnˈgreɪʃɪeɪt/ vt **~ o.s. with** γίνομαι συμπαθής σε

ingratitude /ɪnˈgrætɪtjuːd/ n (η) αγνωμοσύνη

ingredient /ɪnˈgriːdjənt/ n (το) συστατικό

inhabit /ɪnˈhæbɪt/ vt κατοικώ. **~ant** n (ο, η) κάτοικος

inhale /ɪnˈheɪl/ vt εισπνέω. • vi (cigarette) ρουφώ

inherent /ɪnˈhɪərənt/ a έμφυτος

inherit /ɪnˈherɪt/ vt κληρονομώ. **~ance** n (η) κληρονομιά

inhibit /ɪnˈhɪbɪt/ vt αναστέλλω. (prevent) εμποδίζω. **~ion** /-ˈbɪʃn/ n (η) αναστολή

inhospitable /ɪnˈhɒspɪtəbl/ a αφιλόξενος

inhuman /ɪnˈhjuːmən/ a απάνθρωπος

initial /ɪˈnɪʃl/ a αρχικός. • n (το) αρχικό. • vt μονογραφώ. **~ly** adv αρχικά

initiat|e /ɪˈnɪʃɪeɪt/ vt (start) αρχίζω. **~ion** /-ˈeɪʃn/ n (η) μύηση

initiative /ɪˈnɪʃətɪv/ n (η) πρωτοβουλία

inject /ɪnˈdʒekt/ vt κάνω ένεση **~ion** /-ʃn/ n (η) ένεση

injure /ˈɪndʒə(r)/ vt πληγώνω. (harm) βλάπτω

injury /ˈɪndʒərɪ/ n (η) βλάβη

injustice /ɪnˈdʒʌstɪs/ n (η) αδικία

ink /ɪŋk/ n (το) μελάνι

inkling /ˈɪŋklɪŋ/ n (η) υπόνοια

inland /ˈɪnlənd/ a μεσόγειος. • adv στο εσωτερικό. **I~ Revenue** n (η) Εφορία

inlet /ˈɪnlet/ n (ο) κολπίσκος

inmate /ˈɪnmeɪt/ n (ο, η) τρόφιμος

inn /ɪn/ n (το) πανδοχείο

innate /ɪˈneɪt/ a έμφυτος

inner /'ɪnə(r)/ a εσωτερικός

innocen|t /'ɪnəsnt/ a αθώος.
~ce n (η) αθωότητα

innocuous /ɪ'nɒkjʊəs/ a
αβλαβής

innovat|e /'ɪnəveɪt/ vi
καινοτομώ. **~ion** /-'veɪʃn/ n
(η) καινοτομία

innuendo /ɪnju:'endəʊ/ n (το)
υπονοούμενο

inoculat|e /ɪ'nɒkjʊleɪt/ vt
εμβολιάζω. **~ion** /-'leɪʃn/ n (ο)
εμβολιασμός

inoffensive /ɪnə'fensɪv/ a
άκακος

inopportune /ɪn'ɒpətju:n/ a
άκαιρος

inordinately /ɪ'nɔ:dɪnətlɪ/ adv
υπερβολικά

input /'ɪnpʊt/ n (η) είσοδος

inquest /'ɪnkwest/ n (η)
ιατροδικαστική εξέταση

inquir|e /ɪn'kwaɪə(r)/ vi ζητώ
πληροφορίες. **~e into**
ερευνώ. **~y** n (η) έρευνα. (jur)
(η) ανάκριση

inquisitive /ɪn'kwɪzətɪv/ a
περίεργος

insan|e /ɪn'seɪn/ a παράφρων.
(fig) παράλογος. **~ity**
/ɪn'sænətɪ/ n (η) παραφροσύνη

insatiable /ɪn'seɪʃəbl/ a
ακόρεστος

inscription /ɪn'skrɪpʃn/ n (η)
επιγραφή. (in book) (η)
αφιέρωση

insect /'ɪnsekt/ n (το) έντομο.
~icide /ɪn'sektɪsaɪd/ n (το)
εντομοκτόνο

insecur|e /ɪnsɪ'kjʊə(r)/ a μη
ασφαλής. (person) ανασφαλής.
~ity n (η) ανασφάλεια

insensible /ɪn'sensəbl/ a
αδιάφορος, αναίσθητος

insensitive /ɪn'sensətɪv/ a
αναίσθητος

inseparable /ɪn'seprəbl/ a
αχώριστος

insert[1] /ɪn'sɜ:t/ vt βάζω.
(introduce) εισάγω

insert[2] /'ɪnsɜ:t/ n (το) ένθετο

inside /ɪn'saɪd/ n (το)
εσωτερικό. • a εσωτερικός.
• adv μέσα. • prep μέσα σε. (of
time) σε λιγότερο από. **~ out**
ανάποδα

insight /'ɪnsaɪt/ n (η)
διορατικότητα. (understanding)
(η) αντίληψη

insignificant /ɪnsɪg'nɪfɪkənt/ a
ασήμαντος

insincere /ɪnsɪn'sɪə(r)/ a
ανειλικρινής

insinuate /ɪn'sɪnjʊeɪt/ vt
υπαινίσσομαι

insist /ɪn'sɪst/ vt/i επιμένω

insisten|t /ɪn'sɪstənt/ a
επίμονος. **~ce** n (η) επιμονή

insolen|t /'ɪnsələnt/ a θρασύς.
~ce n (η) θρασύτητα

insoluble /ɪn'sɒljʊbl/ a
αδιάλυτος. (problem) άλυτος

insomnia /ɪn'sɒmnɪə/ n (η)
αϋπνία

inspect /ɪn'spekt/ vt επιθεωρώ.
(tickets) ελέγχω. **~ion** /-ʃn/ n
(η) επιθεώρηση, (ο) έλεγχος.
~or n (ο) επιθεωρητής, (η)
επιθεωρήτρια

inspir|e /ɪn'spaɪə(r)/ vt εμπνέω.
~ation /-ə'reɪʃn/ n (η)
έμπνευση

instability /ɪnstə'bɪlətɪ/ n (η)
αστάθεια

install /ɪn'stɔːl/ vt εγκαθιστώ.
~ation /-ə'leɪʃn/ n (η)
εγκατάσταση

instalment /ɪn'stɔːlmənt/ n
(comm) (η) δόση. (of serial)
(το) επεισόδιο

instance /'ɪnstəns/ n (το)
παράδειγμα. **for ~** για
παράδειγμα

instant /'ɪnstənt/ a άμεσος.
(food) στιγμιαίος. • n (η)
στιγμή. **~ly** adv αμέσως

instead /ɪn'sted/ adv αντί. **~ of**
αντί για

instinct /'ɪnstɪŋkt/ n (το)
ένστικτο. **~ive** /ɪn'stɪŋktɪv/ a
ενστικτώδης

institute /'ɪnstɪtjuːt/ n (το)
ίδρυμα. (academic) (το)
ινστιτούτο. • vt (rule)
καθιερώνω. (inquiry) αρχίζω.
(legal action) εγείρω. **~ion**
/-'tjuːʃn/ n (custom) (ο) θεσμός.
(establishment) (το) ίδρυμα

instruct /ɪn'strʌkt/ vt
εκπαιδεύω. (order) δίνω
οδηγίες σε. **~ion** /-ʃn/ n (η)
εκπαίδευση. **~ions** /-ʃnz/ npl
(οι) οδηγίες. **~or** n (ο)
εκπαιδευτής, (η) εκπαιδεύτρια

instrument /'ɪnstrəmənt/ n (το)
όργανο

instrumental /ɪnstrʊ'mentl/ a
αποφασιστικός. (mus)
ενόργανος

insubordinate /ɪnsə'bɔːdɪnət/ a
απείθαρχος

insufferable /ɪn'sʌfrəbl/ a
ανυπόφορος

insufficient /ɪnsə'fɪʃnt/ a
ανεπαρκής

insular /'ɪnsjʊlə(r)/ a (narrow-
minded) στενόμυαλος

insulate /'ɪnsjʊleɪt/ vt μονώνω.
~ion /-'leɪʃn/ n (η) μόνωση

insulin /'ɪnsjʊlɪn/ n (η)
ινσουλίνη

insult¹ /ɪn'sʌlt/ vt προσβάλλω

insult² /'ɪnsʌlt/ n (η) προσβολή

insure /ɪn'ʃʊə(r)/ vt ασφαλίζω
(against, κατά). **~ance** n (η)
ασφάλεια. **~ance policy** (το)
ασφαλιστήριο

intact /ɪn'tækt/ a ανέπαφος

intake /'ɪnteɪk/ n (η) εισαγωγή.
(of food) (η) λήψη

intangible /ɪn'tændʒəbl/ a
ακαθόριστος

integral /'ɪntɪɡrəl/ a
αναπόσπαστος

integrate /'ɪntɪɡreɪt/ vt
ολοκληρώνω. **~ion** /-'ɡreɪʃn/
n (η) ολοκλήρωση

integrity /ɪn'teɡrəti/ n (η)
ακεραιότητα

intellect /'ɪntəlekt/ n (η)
διάνοια. **~ual** /-'lektʃʊəl/ a
πνευματικός. • n (ο)
διανοούμενος

intelligent /ɪn'telɪdʒənt/ a
ευφυής. **~ce** n (η) ευφυΐα.
(mil) (οι) πληροφορίες

intelligible /ɪn'telɪdʒəbl/ a
κατανοητός

intend /ɪn'tend/ vt προτίθεμαι.
(have in mind) σκοπεύω

intense /ɪn'tens/ a έντονος.
~ely adv έντονα. (very) πολύ.
~ity n (η) ένταση

intensify /ɪn'tensɪfaɪ/ vt
εντείνω

intensive /ɪn'tensɪv/ a
εντατικός

intent /ɪn'tent/ n πρόθεση. • a
έντονος. **~ on** (determined)

αποφασισμένος να. **to all ~s and purposes** από κάθε άποψη

intention /ɪn'tenʃn/ n (η) πρόθεση. **~al** a σκόπιμος. **~ally** adv σκόπιμα

interact /ɪntə'rækt/ vi αλληλεπιδρώ

intercept /ɪntə'sept/ vt αναχαιτίζω

interchange¹ /ɪntə'tʃeɪndʒ/ vt ανταλλάσσω. **~able** a ανταλλάξιμος

interchange² /'ɪntətʃeɪndʒ/ n (road junction) (η) διασταύρωση

intercom /'ɪntəkɒm/ n (το) σύστημα εσωτερικής επικοινωνίας

intercourse /'ɪntəkɔːs/ n (η) σχέση. (sexual) (η) συνουσία

interest /'ɪntrəst/ n (το) ενδιαφέρον. (advantage) (το) συμφέρον. (on loan) (ο) τόκος. • vt ενδιαφέρω. **~ed a be ~ed in** ενδιαφέρομαι για. **~ing** a ενδιαφέρων

interfere /ɪntə'fɪə(r)/ vi επεμβαίνω. **~ with** πειράζω. **~nce** n (η) επέμβαση. (radio) (η) παρέμβαση

interior /ɪn'tɪərɪə(r)/ n (το) εσωτερικό. • a εσωτερικός

interjection /ɪntə'dʒekʃn/ n (το) επιφώνημα

interlock /ɪntə'lɒk/ vt/i συνδέω/ομαι

interlude /'ɪntəluːd/ n (το) διάλειμμα. (theatr) (το) ιντερλούδιο

intermediary /ɪntə'miːdɪərɪ/ n (ο) μεσολαβητής, (η) μεσολαβήτρια

intermediate /ɪntə'miːdɪət/ a ενδιάμεσος

intermission /ɪntə'mɪʃn/ n (το) διάλειμμα

intermittent /ɪntə'mɪtnt/ a διακεκομμένος

intern /ɪn'tɜːn/ vt θέτω υπό κράτηση

internal /ɪn'tɜːnl/ a εσωτερικός. **~ly** adv εσωτερικά. **I~ Revenue** n (το) Τμήμα Εσωτερικών Προσόδων

international /ɪntə'næʃnəl/ a & n διεθνής. **~ly** adv διεθνώς

Internet /'ɪntənet/ n (το) Διαδίκτυο

interpret /ɪn'tɜːprɪt/ vt ερμηνεύω. • vi διερμηνεύω, μεταφράζω. **~ation** /-'teɪʃn/ (η) ερμηνεία. **~er** n (ο, η) διερμηνέας

interrogat|e /ɪn'terəgeɪt/ vt ανακρίνω. **~ion** /-'geɪʃn/ n (η) ανάκριση.

interrogative /ɪntə'rɒgətɪv/ a ερωτηματικός

interrupt /ɪntə'rʌpt/ vt διακόπτω. **~ion** /-ʃn/ n (η) διακοπή

intersect /ɪntə'sekt/ vt/i τέμνω/ομαι. **~ion** /-ʃn/ n (of roads) (η) διασταύρωση

interval /'ɪntəvl/ n (το) διάλειμμα

interven|e /ɪntə'viːn/ vi (occur) μεσολαβώ. (interfere) επεμβαίνω. **~tion** /-'venʃn/ n (η) επέμβαση

interview /'ɪntəvjuː/ n (η) συνέντευξη. • vt παίρνω συνέντευξη από

intestine /ɪn'testɪn/ n (το) έντερο

intima|te¹ /'ɪntɪmət/ *a* στενός.
  intimate² /'ɪntɪmeɪt/ *vt*
γνωρίζω. (*imply*) υπαινίσσομαι

intimidate /ɪn'tɪmɪdeɪt/ *vt*
εκφοβίζω

into /'ɪntu:/ *prep* σε, μέσα σε

intolerable /ɪn'tɒlərəbl/ *a*
ανυπόφορος

intolerant /ɪn'tɒlərənt/ *a*
μισαλλόδοξος

intoxicated /ɪn'tɒksɪkeɪtɪd/ *a*
μεθυσμένος

Intranet /'ɪntrənet/ *n* (το)
εσωτερικό διαδίκτυο,
ενδοδίκτυο

intransitive /ɪn'trænsətɪv/ *a*
αμετάβατος

intricate /'ɪntrɪkət/ *a*
περίπλοκος

intrigu|e /ɪn'tri:g/ *vi*
μηχανορραφώ. • *vt* κινώ την
περιέργεια. • *n* (η)
μηχανορραφία, (η)
ραδιουργία. **~ing** *a* περίεργος

introduce /ɪntrə'dju:s/ *vt*
(*people*) συστήνω. (*programme*,
item) συνιστώ. (*bring in, insert*)
εισάγω. (*initiate*) μυώ

introduction /ɪntrə'dʌkʃn/ *n*
(η) εισαγωγή. (*of person*) (η)
σύσταση

introspective /ɪntrə'spektɪv/ *a*
ενδοσκοπικός

introvert /'ɪntrəvɜ:t/ *n*
εσωστρεφής

intru|de /ɪn'tru:d/ *vi* μπαίνω
απρόσκλητος. **~der** *n* (ο)
απρόσκλητος επισκέπτης.
  ~sion *n* (η) αδιακρισία

intuition /ɪntju:'ɪʃn/ *n* (η)
διαίσθηση

inundate /'ɪnʌndeɪt/ *vt*
κατακλύζω

invade /ɪn'veɪd/ *vt* εισβάλλω.
  ~r /-ə(r)/ *n* (ο) εισβολέας

invalid¹ /'ɪnvəlɪd/ *n* (ο)
ανάπηρος

invalid² /ɪn'vælɪd/ *a* άκυρος.
  ~ate *vt* ακυρώνω

invaluable /ɪn'væljʊəbl/ *a*
ανεκτίμητος

invariabl|e /ɪn'veərɪəbl/ *a*
αμετάβλητος. **~y** *adv* πάντα

invasion /ɪn'veɪʒn/ *n* (η)
εισβολή

invent /ɪn'vent/ *vt* εφευρίσκω.
  ~ion *n* (η) εφεύρεση. **~or** *n*
(ο) εφευρέτης, (η) εφευρέτρια

inventory /'ɪnventrɪ/ *n* (η)
απογραφή

inverse /ɪn'vɜ:s/ *a* αντίστροφος

invert /ɪn'vɜ:t/ *vt* αντιστρέφω.
  ~ed commas *npl* (τα)
εισαγωγικά

invest /ɪn'vest/ *vt* επενδύω.
  ~ment *n* (η) επένδυση. **~or**
n (ο) επενδυτής

investigat|e /ɪn'vestɪgeɪt/ *vt*
επενώ. **~ion** /-'geɪʃn/ *n* (η)
έρευνα

invigorat|e /ɪn'vɪgəreɪt/ *vt*
αναζωογονώ. **~ing** *a*
τονωτικός

invisible /ɪn'vɪzəbl/ *a* αόρατος

invit|e /ɪn'vaɪt/ *vt* προσκαλώ.
(*attract*) ελκύω. **~ation**
/ɪnvɪ'teɪʃn/ *n* (η) πρόσκληση.
  ~ing *a* δελεαστικός

invoice /'ɪnvɔɪs/ *n* (το)
τιμολόγιο

involuntary /ɪn'vɒləntrɪ/ *a*
αθέλητος

involve /ɪn'vɒlv/ *vt* μπλέκω.
(*include, affect*) συνεπάγομαι.
  ~d *a* περίπλοκος. **~d in**

μπλεγμένος σε. **~ment** n (το) μπλέξιμο

inward /'ɪnwəd/ a εσωτερικός. **~ly** adv μέσα. **~(s)** adv προς τα μέσα

iodine /'aɪədiːn/ n (το) ιώδιο

iota /aɪ'əʊtə/ n (το) γιώτα. (amount) (το) ίχνος

IOU /aɪəʊ'juː/ n (το) γραμμάτιο

IQ /aɪ'kjuː/ n (intelligence quotient) (ο) δείκτης ευφυίας

Iran /ɪ'rɑːn/ n (το) Ιράν invar

Iraq /ɪ'rɑːk/ n (το) Ιράκ invar

irate /aɪ'reɪt/ a οργισμένος

Ireland /'aɪələnd/ n (η) Ιρλανδία

iris /'aɪərɪs/ n (η) ίριδα

Irish /'aɪərɪʃ/ a ιρλανδικός. • n (lang) (τα) ιρλανδικά

irk /ɜːk/ vt ενοχλώ

iron /'aɪən/ n (το) σίδερο. • a σιδερένιος. • vt σιδερώνω. **~ing-board** n (η) σιδερώστρα

ironic(al) /aɪ'rɒnɪk(l)/ a ειρωνικός

ironmonger /'aɪənmʌŋɡə(r)/ n (ο) σιδηροπώλης

irony /'aɪərənɪ/ n (η) ειρωνία

irrational /ɪ'ræʃənl/ a παράλογος

irrefutable /ɪrɪ'fjuːtəbl/ a ακαταμάχητος

irregular /ɪ'reɡjʊlə(r)/ a ανώμαλος. **~ity** /-'lærətɪ/ n (η) ανωμαλία

irrelevan|t /ɪ'reləvənt/ a άσχετος. **~ce** n (το) άσχετο

irreparable /ɪ'repərəbl/ a ανεπανόρθωτος

irreplaceable /ɪrɪ'pleɪsəbl/ a αναντικατάστατος

irrepressible /ɪrɪ'presəbl/ a ακατάσχετος

irresistible /ɪrɪ'zɪstəbl/ a ακαταμάχητος

irrespective /ɪrɪ'spektɪv/ a **~ of** ανεξάρτητα από

irresponsible /ɪrɪ'spɒnsəbl/ a ανεύθυνος

irretrievable /ɪrɪ'triːvəbl/ a ανεπανόρθωτος

irreverent /ɪ'revərənt/ a ασεβής

irreversible /ɪrɪ'vɜːsəbl/ a αμετάκλητος

irrigat|e /'ɪrɪɡeɪt/ vt αρδεύω. **~ion** /-'ɡeɪʃn/ n (η) άρδευση

irritable /'ɪrɪtəbl/ a ευερέθιστος

irritat|e /'ɪrɪteɪt/ vt εκνευρίζω. **~ed** a εκνευρισμένος. **~ing** a εκνευριστικός. **~ion** /-'teɪʃn/ n (ο) εκνευρισμός

is /ɪz/ see BE

Islam /'ɪzlɑːm/ n (το) Ισλάμ invar

island /'aɪlənd/ n (το) νησί

isolat|e /'aɪsəleɪt/ vt απομονώνω. **~ion** /-'leɪʃn/ n (η) απομόνωση

Israel /'ɪzreɪl/ n (το) Ισραήλ invar

issue /'ɪʃuː/ n (το) θέμα. (outcome) (η) έκβαση. (of magazine etc.) (η) έκδοση. (offspring) (οι) απόγονοι. • vt εκδίδω. **at ~** υπό συζήτηση

it /ɪt/ pron (subject) αυτό, το. (object) το. **~ is raining** βρέχει

italic /ɪ'tælɪk/ a πλάγιος. **~s** npl (τα) πλάγια γράμματα

Ital|y /'ɪtəlɪ/ n (η) Ιταλία. **~ian** /ɪ'tæljən/ a ιταλικός. • n (ο)

Ιταλός, (η) Ιταλίδα. (*lang*) (τα)
ιταλικά

itch /ɪtʃ/ *n* (η) φαγούρα. • *vi*
έχω φαγούρα

item /ˈaɪtəm/ *n* (*on list*) (ο)
αριθμός. (*on agenda*) (το) θέμα.
a news ~ μιά είδηση. **~ize**
vt αναλύω

itinerant /aɪˈtɪnərənt/ *a*
πλανόδιος

itinerary /aɪˈtɪnərərɪ/ *n* (το)
δρομολόγιο

its /ɪts/ *a* δικό του, του

it's /ɪts/ = **it is, it has**

itself /ɪtˈself/ *pron* εαυτός του.
(*emphatic*) το ίδιο

ivory /ˈaɪvərɪ/ *n* (το)
ελεφαντόδοντο, (το) φίλντισι

ivy /ˈaɪvɪ/ *n* (ο) κισσός

Jj

jab /dʒæb/ *vt* μπήγω

jack /dʒæk/ *n* (*techn*) (ο)
γρύλος. (*cards*) (ο) φάντης

jackal /ˈdʒækɔːl/ *n* (το) τσακάλι

jacket /ˈdʒækɪt/ *n* (*man's*) (το) σακάκι.
(*book*) (το) κάλυμμα

jade /dʒeɪd/ *n* (ο) νεφρίτης

jaded /ˈdʒeɪdɪd/ *a*
κατακουρασμένος

jagged /ˈdʒægɪd/ *a* με μυτερές
προεξοχές

jail /dʒeɪl/ *n* (η) φυλακή. • *vt*
φυλακίζω. **~er** *n* (ο)
δεσμοφύλακας

jam¹ /dʒæm/ *n* (η) μαρμελάδα

jam² /dʒæm/ *vt* (*cram*)
στριμώχνω. (*wedge*) σφηνώνω.
(*block*) φρακάρω. • *vi*
μπλοκάρω. • *n* (*of traffic*) (το)
μποτιλιάρισμα. (*mech*) (το)
φρακάρισμα

Jamaica /dʒəˈmeɪkə/ *n* (η)
Ιαμαϊκή

jangle /ˈdʒæŋgl/ *n* (το)
κουδούνισμα. • *vt/i*
κουδουνίζω

janitor /ˈdʒænɪtə(r)/ *n* (ο)
θυρωρός

January /ˈdʒænjʊərɪ/ *n* (ο)
Ιανουάριος, (ο) Γενάρης

Japan /dʒəˈpæn/ *n* (η) Ιαπωνία.
~ese /dʒæpəˈniːz/ *a*
ιαπωνικός. • *n* (ο) Ιάπωνας, (η)
Ιαπωνίδα. (*lang*) (τα) ιαπωνικά

jar¹ /dʒɑː(r)/ *n* (το) βάζο

jar² /dʒɑː(r)/ *vi* προκαλώ
ενοχλητικό ήχο. *vt* τραντάζω.
• *n* (το) τράνταγμα

jargon /ˈdʒɑːgən/ *n* (η)
επαγγελματική ορολογία

jaundice /ˈdʒɔːndɪs/ *n* (ο)
ίκτερος

jaunt /dʒɔːnt/ *n* (η) κοντινή
εκδρομή

jaunty /ˈdʒɔːntɪ/ *a* πεταχτός και
γεμάτος σιγουριά

javelin /ˈdʒævlɪn/ *n* (το)
ακόντιο

jaw /dʒɔː/ *n* (η) σιαγόνα

jazz /dʒæz/ *n* (η) τζαζ *invar*

jealous /ˈdʒeləs/ *a* ζηλιάρης.
~y *n* (η) ζήλεια

jeans /dʒiːnz/ *npl* (το) μπλου
τζιν *invar*

jeep /dʒiːp/ *n* (το) τζιπ *invar*

jeer /dʒɪə(r)/ vt/i ~ **(at)** κοροϊδεύω. (boo) γιουχαΐζω. • n (η) κοροϊδία

jelly /'dʒelɪ/ n (το) ζελέ invar

jellyfish /'dʒelɪfiʃ/ n (η) τσούχτρα

jeopard|y /'dʒepədɪ/ n (ο) κίνδυνος. ~ize vt διακινδυνεύω

jerk /dʒɜːk/ n (στ) απότομη κίνηση. • vt/i κινώ/ούμαι απότομα. ~y a απότομος

jersey /'dʒɜːzɪ/ n (το) ζέρσεϊ invar. (pullover) (το) πουλόβερ, Συ. (το) τρικό

jest /dʒest/ n (το) αστείο. • vi αστειεύομαι

jet /dʒet/ n (stream) (ο) πίδακας. (stone) (ο) γαγάτης. (plane) (το) τζετ invar. ~-black a κατάμαυρος

jettison /'dʒetɪsn/ vt απορρίπτω

jetty /'dʒetɪ/ n (ο) προβλήτα

Jew /dʒuː/ n (ο) Εβραίος

jewel /'dʒuːəl/ n (το) κόσμημα. ~ler n (ο) κοσμηματοπώλης. ~lery n (τα) κοσμήματα

Jewish /'dʒuːɪʃ/ a εβραϊκός

jib /dʒɪb/ vi ~ **(at doing)** αρνούμαι (να κάνω)

jiffy /'dʒɪfɪ/ n **in a** ~ στο πι και φι

jigsaw /'dʒɪgsɔː/ n (το) παζλ invar

jilt /dʒɪlt/ vt παρατώ

jingle /'dʒɪŋgl/ vt/i κουδουνίζω. • n (το) κουδούνισμα. (advertising) (το) τραγουδάκι

jitters /'dʒɪtəz/ npl **the** ~ (fam) ο φόβος

job /dʒɒb/ n (η) δουλειά. (post) (η) θέση. ~less a άνεργος

jockey /'dʒɒkɪ/ n (ο) τζόκεϊ invar. • vi ελίσσομαι

jocular /'dʒɒkjʊlə(r)/ a αστείος

jog /dʒɒg/ vt σπρώχνω. (memory) βοηθώ. • vi ~ **along** προχωρώ αργά. • n (το) σπρώξιμο. (pace) (το) αργό περπάτημα. ~ging n (το) τζόκιν invar

join /dʒɔɪn/ vt ενώνω. (become member) γίνομαι μέλος. • vi (roads etc.) ενώνομαι. • n (η) ένωση. ~ **in** παίρνω μέρος (σε). ~ **up** (mil) κατατάσσομαι στο στρατό

joiner /'dʒɔɪnə(r)/ n (ο) ξυλουργός

joint /dʒɔɪnt/ a κοινός. (author etc.) συνεργαζόμενος. • n (anat) (η) άρθρωση. (culin) (το) κομμάτι κρέας. (place: sl) (το) στέκι. (drug: sl) (το) τσιγαριλίκι. ~ly adv μαζί, από κοινού

joke /dʒəʊk/ n (το) αστείο. • vi αστειεύομαι. ~r n (ο) χωρατατζής. (cards) (ο) μπαλαντέρ invar

jolly /'dʒɒlɪ/ a εύθυμος. • adv (fam) πολύ

jolt /dʒəʊlt/ vt/i τραντάζω/ομαι. • n (το) τράνταγμα

jostle /'dʒɒsl/ vt σπρώχνω

jot /dʒɒt/ n (το) ίχνος. • vt σημειώνω. ~ter n (το) σημειωματάριο

journal /'dʒɜːnl/ n (το) περιοδικό. ~ism n (η) δημοσιογραφία. ~ist n (ο, η) δημοσιογράφος

journey /'dʒɜːnɪ/ n (το) ταξίδι. (distance) (η) διαδρομή. • vi ταξιδεύω

jovial /'dʒəʊvɪəl/ a εύθυμος

joy /dʒɔɪ/ n (η) χαρά. **~ful**, **~ous** adjs χαρούμενος

jubil|ant /'dʒuːbɪlənt/ a καταχαρούμενος. **~ation** /-'leɪʃn/ n (η) μεγάλη χαρά

jubilee /'dʒuːbɪliː/ n (το) ιωβηλαίο

judge /dʒʌdʒ/ n (ο) δικαστής. • vt κρίνω. **~ment** n (η) κρίση

judo /'dʒuːdəʊ/ n (το) τζούντο

jug /dʒʌg/ n (η) κανάτα

juggle /'dʒʌgl/ vi κάνω ταχυδακτυλουργίες. **~r** /-ə(r)/ n (ο, η) ταχυδακτυλουργός

juic|e /dʒuːs/ n (ο) χυμός. **~y** a ζουμερός

July /dʒuː'laɪ/ n (ο) Ιούλιος

jumble /'dʒʌmbl/ vt ανακατεύω. • n (το) ανακάτεμα

jumbo jet /'dʒʌmbəʊ dʒet/ n (το) τζάμπο *invar*

jump /dʒʌmp/ vi πηδώ. (start) ξαφνιάζομαι. • n (το) πήδημα. **~ at** δέχομαι με ενθουσιασμό. **~ the queue** μπαίνω μπροστά στην ουρά

jumper /'dʒʌmpə(r)/ n (το) πουλόβερ, Cy. (το) τρικό

jumpy /'dʒʌmpɪ/ a νευρικός

junction /'dʒʌŋkʃn/ n (of roads) (η) διασταύρωση

juncture /'dʒʌŋktʃə(r)/ n at this **~** σ' αυτή την κρίσιμη στιγμή

June /dʒuːn/ n (ο) Ιούνιος

jungle /'dʒʌŋgl/ n (η) ζούγκλα

junior /'dʒuːnɪə(r)/ a νεότερος (to, από). (in rank) κατώτερος. • n (ο) νεότερος

junk /dʒʌŋk/ n (τα) παλιοπράγματα

jurisdiction /dʒʊərɪs'dɪkʃn/ n (η) δικαιοδοσία

juror /'dʒʊərə(r)/ n (ο, η) ένορκος

jury /'dʒʊərɪ/ n (οι) ένορκοι

just /dʒʌst/ a δίκαιος. • adv μόλις. (merely) μόνο. (simply) απλώς. (really) πραγματικά. **he has ~ left** μόλις έφυγε. **~ as good** εξίσου καλός

justice /'dʒʌstɪs/ n (η) δικαιοσύνη. **J~ of the Peace** n (ο, η) ειρηνοδίκης

justifiable /dʒʌstɪ'faɪəbl/ a δικαιολογημένος

justif|y /'dʒʌstɪfaɪ/ vt δικαιολογώ. **~ication** /-ɪ'keɪʃn/ n (η) δικαιολογία

jut /dʒʌt/ vi **~ out** προεξέχω

juvenile /'dʒuːvənaɪl/ a νεανικός. • n (ο) νέος. **~ delinquency** n (η) εγκληματικότητα ανηλίκων

juxtapose /dʒʌkstə'pəʊz/ vt αντιπαραθέτω

Kk

kangaroo /kæŋgə'ruː/ n (το) καγκουρό *invar*

karate /kə'rɑːtɪ/ n (το) καράτε

kebab /kə'bæb/ n (το) σουβλάκι

keel /kiːl/ n (η) καρίνα. • vi **~ over** πέφτω κάτω

keen /kiːn/ a (eager) πρόθυμος. (interest) έντονος. (sharp) κοφτερός. (*intense*) δυνατός. **be ~ on** μ' αρέσει πολύ. **be ~ to** θέλω πολύ να. **~ness** /η/ προθυμία

keep /ki:p/ *vt* (*pt* **kept**) κρατώ. (*rules etc.*) τηρώ. (*family*) συντηρώ. (*look after*) φροντίζω. (*detain*) καθυστερώ. • *vi* (*remain*) παραμένω. (*food*) διατηρούμαι. **~ on** συνεχίζω. • *n* (*maintenance*) (η) συντήρηση. **~ back** *vt* συγκρατώ. • *vi* μένω πίσω. **~ off** μένω μακριά από. **~ out of** μένω έξω από. **~ up** συμβαδίζω. **~ up with** φτάνω

keeping /'ki:pıŋ/ *n* **in ~ with** σύμφωνος με

keg /keg/ *n* (το) βαρελάκι

kennel /'kenl/ *n* (το) σπιτάκι του σκύλου. **~s** (το) κυνοτροφείο

kept /kept/ *see* KEEP

kerb /kɜ:b/ *n* (το) κράσπεδο

kernel /'kɜ:nl/ *n* (ο) πυρήνας

kerosene /'kerəsi:n/ *n* (η) κηροζίνη

kettle /'ketl/ *n* (ο) βραστήρας

key /ki:/ *n* (το) κλειδί. (*of piano, typewriter*) (το) πλήκτρο. **~-ring** *n* (το) μπρελόκ (*για κλειδιά*) *invar*

keyboard /'ki:bɔ:d/ *n* (το) πληκτρολόγιο

keyhole /'ki:həʊl/ *n* (η) κλειδαρότρυπα

khaki /'ka:kı/ *a & n* χακί *invar*

kick /kık/ *vt/i* κλοτσώ. *n* (η) κλοτσιά. (*thrill: fam*) (η) ευχαρίστηση. **~-off** *n* (το) εναρκτήριο λάκτισμα

kid /kıd/ *n* (το) κατσικάκι. (*child*) (το) παιδί. • *vt* (*fam*) κοροϊδεύω

kidnap /'kıdnæp/ *vt* απάγω. **~per** *n* (ο) απαγωγέας. **~ping** *n* (η) απαγωγή

kidney /'kıdnı/ *n* (το) νεφρό

kill /kıl/ *vt* σκοτώνω. (*fig*) καταστρέφω. • *n* (το) σκότωμα. (*in hunt*) (το) σκοτωμένο ζώο. **~er** *n* (ο) δολοφόνος

killjoy /'kıldʒɔı/ *n* (ο) γρουσούζης

kiln /kıln/ *n* (ο) κλίβανος

kilo /'ki:ləʊ/ *n* (το) κιλό

kilogram /'kıləgræm/ *n* (το) χιλιόγραμμο

kilometre /'kıləmi:tə(r)/ *n* (το) χιλιόμετρο

kilowatt /'kıləwɒt/ *n* (το) κιλοβάτ *invar*

kilt /kılt/ *n* (η) σκοτσέζικη φουστανέλα

kin /kın/ *n* (οι) συγγενείς

kind¹ /kaınd/ *n* (το) είδος

kind² /kaınd/ *a* καλός. **~ness** *n* (η) καλοσύνη

kindergarten /'kındəga:tn/ *n* (το) νηπιαγωγείο

kindle /'kındl/ *vt/i* ανάβω

kindly /'kaındlı/ *a* καλοσυνάτος. • *adv* (*please*) παρακαλώ

kindred /'kındrıd/ *n* (οι) συγγένεια

king /kıŋ/ *n* (ο) βασιλιάς

kingdom /'kıŋdəm/ *n* (το) βασίλειο

kink /kıŋk/ *n* (το) τύλιγμα. (*fig*) (η) ιδιορρυθμία. **~y** *a* (*perverted*) διαστρεβλωμένος

kiosk /'kiːɒsk/ *n* (το)
περίπτερο. **telephone ~** (ο)
τηλεφωνικός θάλαμος.

kiss /kɪs/ *n* (το) φιλί. • *vt* φιλώ.
• *vi* φιλιέμαι

kit /kɪt/ *n* (*equipment*) (ο)
εξοπλισμός. (*clothing*) (τα)
ατομικά είδη. (*tools*) (τα)
σύνεργα. (*for assembly*) (το)
κιτ *invar*. • *vt* **~ out** εφοδιάζω

kitchen /'kɪtʃɪn/ *n* (η) κουζίνα

kite /kaɪt/ *n* (*toy*) (ο) χαρταετός

kitten /'kɪtn/ *n* (το) γατάκι

knack /næk/ *n* (*talent*) (το)
ταλέντο. (*trick*) (το) κόλπο

knead /niːd/ *vt* ζυμώνω

knee /niː/ *n* (το) γόνατο

kneecap /'niːkæp/ *n* (η)
επιγονατίδα

kneel /niːl/ *vi* γονατίζω

knew /njuː/ *see* KNOW

knickers /'nɪkəz/ *npl* (η)
γυναικεία κιλότα

knife /naɪf/ *n* (*pl* **knives**) (το)
μαχαίρι *vt* μαχαιρώνω

knight /naɪt/ *n* (ο) ιππότης.
(*chess*) (το) άλογο. **~hood** *n*
(η) ιπποσύνη

knit /nɪt/ *vt* πλέκω. • *vi* (*fig*)
δένω. **~ting** *n* (το) πλέξιμο.
~ting needle *n* (η) βελόνα
μπλεξίματος

knob /nɒb/ *n* (*wood*) (ο) ρόζος.
(*on door*) (το) πόμολο. (*on
radio, TV*) (το) κουμπί. (*of
butter*) (το) στρογγυλό
κομμάτι

knock /nɒk/ *vt*/*i* (*at door*)
χτυπώ. (*sl*) επικρίνω. **~**
χτύπημα. **~ down** (*demolish*)
γκρεμίζω. (*reduce*) κατεβάζω. **~**
-kneed *a* στραβοπόδης. **~**

off *vt* (*deduct*) κόβω. **~ s.o.**
out βγάζω κπ νοκ άουτ. **~**
over ρίχνω κάτω. **~er** *n* (το)
ρόπτρο

knot /nɒt/ *n* (ο) κόμπος. • *vt* (*pt*
knotted) δένω

know /nəʊ/ *vt*/*i* (*pt* **knew**, *pp*
known) (*person*)
γνωρίζω. **be a ~-all** *n* (*fam*) τα
ξέρω όλα. **~ about** ξέρω για.
~-how *n* (η) τεχνογνωσία. **~**
how to ξέρω πώς να. **~ of**
ξέρω. **~ing** *a* πονηρός, με
σημασία

knowledge /'nɒlɪdʒ/ *n* (η)
γνώση. **~able** *a* καλά
πληροφορημένος

known /nəʊn/ *see* KNOW. • *a*
γνωστός

knuckle /'nʌkl/ *n* (η) κλείδωση
στα δάχτυλα

Korea /kə'rɪə/ *n* (η) Κορέα

kowtow /kaʊ'taʊ/ *vi*
υποκλίνομαι

kudos /'kjuːdɒs/ *n* (το) κύρος

Ll

lab /læb/ *n* (το) εργαστήριο

label /'leɪbl/ *n* (η) ετικέτα. • *vt*
βάζω ετικέτα σε. (*fig*)
χαρακτηρίζω

laboratory /lə'bɒrətrɪ/ *n* (το)
εργαστήριο

laborious /lə'bɔːrɪəs/ *a*
επίπονος

labour /'leɪbə(r)/ *n* (η) εργασία.
(*workers*) (το) εργατικά χέρια.

• *vi* εργάζομαι **be in ~** (*med*)
έχω πόνους τοκετού

Labour /'leɪbə(r)/ *n* **~ (Party)**
(το) Εργατικό Κόμμα. • *a*
εργατικός

labourer /'leɪbərə(r)/ *n* (ο)
εργάτης

labyrinth /'læbərɪnθ/ *n* (ο)
λαβύρινθος

lace /leɪs/ *n* (η) δαντέλα. (*of
shoe*) (το) κορδόνι. • *vt* δένω με
κορδόνι

lacerate /'læsəreɪt/ *vt* ξεσκίζω

lack /læk/ *n* (η) έλλειψη. **for ~
of** ελλείψει (*with gen.*) • *vt*
στερούμαι

laconic /lə'kɒnɪk/ *a* λακωνικός

lacquer /'lækə(r)/ *n* (το)
βερνίκι

lad /læd/ *n* (το) παιδί (*αγόρι*)

ladder /'lædə(r)/ *n* (η) σκάλα.
(*in tights*) (ο) φευγάτος πόντος

laden /'leɪdn/ *a* φορτωμένος

ladle /'leɪdl/ *n* (η) κουτάλα

lady /'leɪdɪ/ *n* (η) κυρία. **L~**
(*title*) (η) Λαίδη. **(the) Ladies**
(*toilet*) Γυναικών

ladybird /'leɪdɪbɜːd/ (*Amer*
ladybug /'leɪdɪbʌɡ/ *n* (η)
πασχαλίτσα

lag¹ /læɡ/ *vi* (*go slow*)
καθυστερώ. • *n* (*interval*) (η)
καθυστέρηση. **~ behind**
μένω πίσω

lag² /læɡ/ *vt* (*pipes*) μονώνω,
επικαλύπτω

lager /'lɑːɡə(r)/ *n* (η) μπίρα

lagoon /lə'ɡuːn/ *n* (η)
λιμνοθάλασσα

laid /leɪd/ *see* LAY²

lain /leɪn/ *see* LIE²

lair /leə(r)/ *n* (η) φωλιά

lake /leɪk/ *n* (η) λίμνη

lamb /læm/ *n* (το) αρνί

lame /leɪm/ *a* κουτσός. (*excuse*)
αδύνατος

lament /lə'ment/ *n* (το)
μοιρολόι. • *vt/i* μοιρολογώ.
~able /'læməntəbl/ *a*
αξιοθρήνητος

lamp /læmp/ *n* (η) λάμπα. **~
post** (ο) φανοστάτης. **~
shade** (το) αμπαζούρ *invar*

lance /lɑːns/ *n* (η) λόγχη. • *vt*
(*med*) ανοίγω

land /lænd/ *n* (η) ξηρά.
(*ground*) (η) γη. (*country*) (η)
χώρα. • *vt/i* προσγειώνομαι. (*fall*)
πέφτω. (*obtain: fam*)
πετυχαίνω

landing /'lændɪŋ/ *n* (η)
απόβαση. (*aviat*) (η)
προσγείωση. (*top of stairs*)
(το) κεφαλόσκαλο

land|lady /'lændleɪdɪ/ *n* (η)
σπιτονοικοκυρά. (*of pub*) (η)
ιδιοκτήτρια. **~lord** (ο)
σπιτονοικοκύρης. (*of pub*) (ο)
ιδιοκτήτης

landmark /'lændmɑːk/ *n* (το)
ορόσημο. (*fig*) (το) σταθμός

landscape /'lændskeɪp/ *n* (το)
τοπίο

landslide /'lændslaɪd/ *n* (η)
κατολίσθηση

lane /leɪn/ *n* (το) δρομάκι. (*of
traffic*) (η) λωρίδα. (*aviat*)
αεροδιάδρομος

language /'læŋɡwɪdʒ/ *n* (η)
γλώσσα. (*speech, style*) (ο)
τρόπος ομιλίας

languid /'læŋɡwɪd/ *a* άτονος

languish /'læŋgwɪʃ/ *vi* λιώνω

lank /læŋk/ *a* ισχνός. **~ hair** ίσια και αδύνατα μαλλιά

lantern /'læntən/ *n* (το) φανάρι

lap¹ /læp/ *n* (*knees*) (τα) γόνατα. (*sport*) (ο) γύρος

lap² /læp/ *vt* **~ up** γλείφω. • *vi* (*waves*) φλοισβίζω

lapel /lə'pel/ *n* (το) πέτο

lapse /læps/ *vi* περνώ. (*expire*) λήγω

laptop /'læptɒp/ *n* (ο) φορητός Η.Υ.

lard /la:d/ *n* (το) λαρδί

larder /'la:də(r)/ *n* (το) κελάρι

large /la:dʒ/ *a* μεγάλος. **at ~** ελεύθερος. (*as a whole*) γενικά. **by and ~** ως επί το πλείστον. **~ly** *adv* σε μεγάλο μέρος

lark /la:k/ *n* (*bird*) (ο) κορυδαλλός. (*fun: fam*) (η) πλάκα. • *vi* **~ about** (*fam*) κάνω ζαβολιές

larva /'la:və/ *n* (η) κάμπια

laryngitis /lærɪn'dʒaɪtɪs/ *n* (η) λαρυγγίτιδα

larynx /'lærɪŋks/ *n* (ο) λάρυγγας

laser /'leɪzə(r)/ *n* (το) λέιζερ

lash /læʃ/ *vt* μαστιγώνω. • *n* (η) καμουτσικιά. (*eyelash*) (η) βλεφαρίδα. **~ out** επιτίθεμαι βίαια. (*spend*) κάνω τρελά έξοδα

lass /læs/ *n* (το) κορίτσι

lasso /læ'su:/ *n* (το) λάσο

last¹ /la:st/ *a* τελευταίος. (*most recent*) πρόσφατος. • *adv* τελευταία. (*most recently*) πρόσφατα. • *n* (το) τελευταίο.

at ~ επιτέλους. **~ but one** *a* προτελευταίος. **~ night** χτες το βράδυ, Cy. εψές, ψες. **~ week** την περασμένη βδομάδα. **~ year** πέρυσι. **~ly** *adv* τελικά

last² /la:st/ *vi* **~ out** κρατώ. **~ing** *a* διαρκής

latch /lætʃ/ *n* (το) μάνταλο

late /leɪt/ *a* (*not on time*) καθυστερημένος. (*recent*) πρόσφατος. (*former*) τέως. (*deceased*) μακαρίτης. • *adv* αργά. **of ~** τώρα τελευταία. **~ness** /-nɪs/ *n* (η) καθυστέρηση. **~r (on)** *adv* αργότερα. **~st** /-ɪst/ *a* (*modern*) τελευταίος. **at the ~st** το αργότερο

lately /'leɪtlɪ/ *adv* τελευταία

latent /'leɪtnt/ *a* λανθάνων

lateral /'lætərəl/ *a* πλάγιος

lathe /leɪð/ *n* (ο) τόρνος

lather /'la:ðə(r)/ *n* (η) σαπουνάδα. • *vt/i* σαπουνίζω/αφρίζω

Latin /'lætɪn/ *a* λατινικός. • *n* (τα) λατινικά

latitude /'lætɪtju:d/ *n* (το) γεωγραφικό πλάτος

latter /'lætə(r)/ *a* (ο) τελευταίος. **the ~** ο δεύτερος

lattice /'lætɪs/ *n* (το) καφάσι

laugh /la:f/ *vi* γελώ. **~ at** (*mock*) κοροϊδεύω. • *n* (το) γέλιο. **~able** *a* γελοίος. **~ing-stock** *n* (ο) περίγελος

laughter /'la:ftə(r)/ *n* (το) γέλιο

launch¹ /lɔ:ntʃ/ *vt* (*ship*) καθελκύω. (*rocket*) εκτοξεύω. (*product*) παρουσιάζω. (*attack*) εξαπολύω. • *n* (η) καθέλκυση, (η) εκτόξευση, (η) παρουσίαση

launch² /lɔːntʃ/ n (η) άκατος

launder /'lɔːndə(r)/ vt πλένω και σιδερώνω

launderette /lɔːn'dret/ n κατάστημα με πλυντήρια για το κοινό

laundry /'lɔːndrɪ/ n (το) πλυντήριο. (clothes) (η) μπουγάδα

laurel /'lɒrəl/ n (η) δάφνη

lava /'lɑːvə/ n (η) λάβα

lavatory /'lævətrɪ/ n (το) αποχωρητήριο

lavender /'lævəndə(r)/ n (η) λεβάντα

lavish /'lævɪʃ/ a γενναιόδωρος. (plentiful) πλούσιος. • vt δίνω πλούσια. **~ly** adv πλούσια

law /lɔː/ n (ο) νόμος. **~-abiding** a νομοταγής. **~ and order** (η) έννομη τάξη. **~ful** a νόμιμος. **~less** a άνομος

lawcourt /'lɔːkɔːt/ n (το) δικαστήριο

lawn /lɔːn/ n (το) γρασίδι. **~-mower** /n (η) χορτοκοπτική μηχανή

lawsuit /'lɔːsjuːt/ n (η) δίκη

lawyer /'lɔːjə(r)/ n (ο) δικηγόρος

lax /læks/ a χαλαρός

laxative /'læksətɪv/ n (το) καθαρτικό

lay¹ /leɪ/ a δόκιμος. (opinion) λαϊκός

lay² /leɪ/ vt (pt laid) ξαπλώνω. (eggs) γεννώ. (table) στρώνω. (carpet) βάζω. (trap) στήνω. **~ down** (rules) βάζω. (weapons) καταθέτω. **~ off** (workers) απολύω προσωρινά. **~ on** (provide) οργανώνω. **~ out**

(plan) σχεδιάζω. (spend) ξοδεύω γενναιόδωρα

layabout /'leɪəbaʊt/ n (ο) τεμπέλης

layer /'leɪə(r)/ n (το) στρώμα

layman /'leɪmən/ n (ο) μη ειδικός

layout /'leɪaʊt/ n (η) διάταξη

laze /leɪz/ vi τεμπελιάζω

lazy /'leɪzɪ/ a τεμπέλης. **~iness** n (η) τεμπελιά

lead¹ /liːd/ vt/i (pt led) οδηγώ. (team etc.) ηγούμαι. (life) ζω. (induce) προκαλώ. • n (η) πρωτοπορία. (clue) (η) ιδέα. (leash) (το) λουρί. (wire) (το) καλώδιο. (theatr) (ο) πρωταγωνιστής, (η) πρωταγωνίστρια. **be in the ~** προπορεύομαι. **~ astray** παρασύρω. **~ to** καταλήγω σε

lead² /led/ n (ο) μόλυβδος. (of pencil) (το) μολύβι

leader /'liːdə(r)/ n (ο) ηγέτης. (in paper) (το) κύριο άρθρο. **~ship** n (η) ηγεσία

leading /'liːdɪŋ/ a ηγετικός

leaf /liːf/ n (pl leaves) (το) φύλλο. (of book) (η) σελίδα. • vi **~ through** φυλλομετρώ

leaflet /'liːflɪt/ n (το) φυλλάδιο

league /liːg/ n (ο) συνασπισμός

leak /liːk/ n (η) διαρροή. (of gas) (η) διαφυγή. • vi διαρρέω. • vt (fig) αποκαλύπτω

lean¹ /liːn/ a ισχνός

lean² /liːn/ vt/i γέρνω. **~ against** ακουμπώ σε. **~ forward** or **over** σκύβω. **~ on** στηρίζομαι σε. **~ towards** κλίνω προς

leaning /'li:nɪŋ/ a κεκλιμένος.
• n (η) τάση

leap /li:p/ vi πηδώ. • n (το)
πήδημα. **~-frog** n (τα)
βαρελάκια. **~ year** n (ο)
δίσεκτος χρόνος

learn /lɜ:n/ vt/i μαθαίνω. **~er** n
(ο) μαθητής, (η) μαθήτρια.
~ing n (οι) γνώσεις

learned /'lɜ:nɪd/ a πολυμαθής

lease /li:s/ n (η) μίσθωση. • vt
μισθώνω (**from**, από).
εκμισθώνω (**to**, σε)

leash /li:ʃ/ n (το) λουρί

least /li:st/ a ελάχιστος.
(slightest) παραμικρός. • n (το)
ελάχιστο. • adv ελάχιστα. **at
~** τουλάχιστον. **not in the ~**
καθόλου

leather /'leðə(r)/ n (το) δέρμα

leave /li:v/ vt (pt **left**) αφήνω.
(depart from) αναχωρώ από.
• vi (depart) φεύγω. • n (η)
άδεια. **~ alone** αφήνω ήσυχο.
~ behind ξεχνώ. **~ out**
παραλείπω

Lebanon /'lebənən/ n (ο)
Λίβανος

lecher /'letʃə(r)/ n (ο) έκλυτος.
~ous a λάγνος

lectern /'lektən/ n (το)
αναλόγιο

lecture /'lektʃə(r)/ n (η)
διάλεξη. (reproof) (η)
επίπληξη. • vi κάνω διάλεξη.
~r /-ə(r)/ n (ο) ομιλητής.
(univ) (ο) λέκτορας

led /led/ see LEAD

ledge /ledʒ/ n (of window) (το)
περβάζι. (of rock) (το) χείλος

ledger /'ledʒə(r)/ n (το)
καθολικό (λογιστικό βιβλίο)

leech /li:tʃ/ n (η) βδέλλα

leek /li:k/ n (το) πράσο

leer /lɪə(r)/ vi **~ (at)** κοιτάζω
λάγνα. • n (η) λάγνα ματιά

leeway /'li:weɪ/ n (fig) (το)
περιθώριο κινήσεως

left¹ /left/ see LEAVE. • a **be ~
(over)** απομένω, μένω. **~
luggage** (office) n (η) φύλαξη
αποσκευών. **~-overs** npl (τα)
υπολείμματα

left² /left/ a αριστερός. • adv
αριστερά. • n (τα) αριστερά.
~-handed a αριστερόχειρας.
~-wing a (pol) αριστερός

leg /leg/ n (το) πόδι (πάνω από
τον αστράγαλο). (of meat) (το)
μπούτι. (of furniture) (το) πόδι.
(of journey) (το) τμήμα

legacy /'legəsɪ/ n (η)
κληρονομιά

legal /'li:gl/ a νομικός. **~ity**
/-'gælətɪ/ n (η) νομιμότητα. **~
ly** adv νόμιμα

legalize /'li:gəlaɪz/ vt
νομιμοποιώ

legend /'ledʒənd/ n (ο) θρύλος.
~ary a θρυλικός

legible /'ledʒəbl/ a
ευανάγνωστος

legislat|e /'ledʒɪsleɪt/ vi
νομοθετώ. **~ion** /-'leɪʃn/ n (η)
νομοθεσία

legislat|ive /'ledʒɪslətɪv/ a
νομοθετικός. **~ure** /-eɪtʃə(r)/ n
(το) νομοθετικό σώμα

legitimate /lɪ'dʒɪtɪmət/ a
νόμιμος

leisure /'leʒə(r)/ n (ο)
ελεύθερος χρόνος. **~ly** a
αβίαστος. • adv αβίαστα

lemon /'lemən/ n (το) λεμόνι

lemonade /lemə'neɪd/ n (η)
λεμονάδα

lend /lend/ vt (pt lent) δανείζω.
~er n (ο) δανειστής, (η)
δανείστρια

length /leŋθ/ n (το) μήκος.
(piece) (το) κομμάτι **at ~**
εκτενώς. **~y** a εκτεταμένος

lengthen /leŋθən/ vt
παρατείνω. (dress) μακραίνω.
• vi (days) γίνομαι πιο μεγάλος

lengthways /leŋθweɪz/ adv
κατά μήκος

lenient /'li:nɪənt/ a επιεικής

lens /lenz/ n (ο) φακός

lent /lent/ see LEND

Lent /lent/ n (η) Σαρακοστή

lentil /lentl/ n (η) φακή

Leo /'li:əʊ/ n (ο) λέων

leopard /'lepəd/ n (η)
λεοπάρδαλη

leotard /'li:əʊta:d/ n (το)
φορμάκι

leper /'lepə(r)/ n (ο) λεπρός

leprosy /'leprəsɪ/ n (η) λέπρα

lesbian /'lezbɪən/ a λέσβιος. • n
(η) λεσβία

less /les/ a λιγότερος. • adv
λιγότερο. • n (το) λιγότερο.
• prep μείον. **~ and ~** όλο
και λιγότερο

lessen /'lesn/ vt/i λιγοστεύω

lesson /'lesn/ n (το) μάθημα

lest /lest/ conj μήπως

let /let/ vt αφήνω. (lease)
ενοικιάζω. • v aux **~'s go!** ας
πάμε!. • n (το) νοίκιασμα.

down (deflate) ξεφουσκώνω.
(disappoint) απογοητεύω. **~
go** vt, vi αφήνω. **~ in/out**
στενεύω/φαρδαίνω. **~ off**
(excuse) χαρίζω

lethal /'li:θl/ a θανατηφόρος

lethargy /'leθədʒɪ/ n (ο)
λήθαργος

letter /'letə(r)/ n (of alphabet)
(το) γράμμα. (note) (το)
γράμμα, (η) επιστολή. **~-box**
n (το) γραμματοκιβώτιο. **~ing**
n (τα) στοιχεία

lettuce /'letɪs/ n (το) μαρούλι

leukaemia /lu:'ki:mɪə/ n (η)
λευχαιμία

level /'levl/ a (horizontal)
επίπεδος. (in height) ισόπεδος.
(in score) ισόπαλος. (spoonful
etc.) κοφτός. • n (το) επίπεδο.
• vt ισοπεδώνω. (aim) απευθύνω

lever /'li:və(r)/ n (ο) μοχλός

levity /'levətɪ/ n (η) έλλειψη
σοβαρότητας

levy /'levɪ/ vt επιβάλλω και
εισπράττω (φόρο ή πρόστιμο)

lewd /lju:d/ a ασελγής

liable /'laɪəbl/ a υπεύθυνος. **be
~ to** είμαι υποκείμενος σε.
(likely to) έχω τάση να

liability /laɪə'bɪlətɪ/ n (η)
υποχρέωση. (responsibility) (η)
ευθύνη. **~ies** (το) παθητικό

liaison /lɪ'eɪzn/ n (ο) ερωτικός
δεσμός. (mil) (ο) σύνδεσμος

liar /'laɪə(r)/ n (ο) ψεύτης

libel /'laɪbl/ n (ο) λίβελος. • vt
λιβελογραφώ

liberal /'lɪbərəl/ a (generous)
γενναιόδωρος. (plentiful)
άφθονος. (open-minded)
φιλελεύθερος. • n (ο)
Φιλελεύθερος

liberat|e /'lɪbəreɪt/ vt ελευθερώνω. **~ion** /-'reɪʃn/ n (η) ελευθέρωση

liberty /'lɪbətɪ/ n (η) ελευθερία. **be at ~ to** είμαι ελεύθερος να

Libra /'li:brə/ n (ο) Ζυγός

librar|y /'laɪbrərɪ/ n (η) βιβλιοθήκη. **~ian** /-'breərɪən/ n (ο) βιβλιοθηκάριος

Libya /'lɪbɪə/ n (η) Λιβύη

lice /laɪs/ n see LOUSE

licence /'laɪsns/ n (η) άδεια

license /'laɪsns/ vt δίνω άδεια σε

licentious /laɪ'senʃəs/ a ακόλαστος

lichen /'laɪkən/ n (η) λειχήνα

lick /lɪk/ vt γλείφω. • n (το) γλείψιμο

lid /lɪd/ n (το) καπάκι

lie¹ /laɪ/ n (το) ψέμα. • vi (pt lied, pres p lying) λέω ψέματα

lie² /laɪ/ vi (pt lay, pp lain, pres p lying) ξαπλώνομαι. (remain) μένω. (be) βρίσκομαι. **~ back/down** ξαπλώνω

lieutenant /lef'tenənt/ n (army) (ο) υπολοχαγός

life /laɪf/ n (pl lives) (η) ζωή. **~guard** n (ο) ναυαγοσώστης. **~jacket** n (το) σωσίβιο. **~size(d)** a σε φυσικό μέγεθος

lifebelt /'laɪfbelt/ n (η) σωσίβια ζώνη

lifeboat /'laɪfbəʊt/ n (η) ναυαγοσωστική λέμβος

lifeless /'laɪflɪs/ a άψυχος. (lacking vitality) χωρίς ζωή

lifelike /'laɪflaɪk/ a σαν ζωντανός

lifeline /'laɪflaɪn/ n (η) γραμμή της ζωής (στο χέρι). (fig) γραμμή σωτηρίας

lifestyle /'laɪfstaɪl/ n (ο) τρόπος ζωής

lifetime /'laɪftaɪm/ n (η) ολόκληρη ζωή

lift /lɪft/ vt/i ανασηκώνω. • vi (fog) διαλύομαι. • n (το) ασανσέρ invar, (το) ανελκυστήρας. **give s.o. a ~** παίρνω κπ με το αυτοκίνητο. **~-off** n (η) απογείωση

ligament /'lɪgəmənt/ n (ο) σύνδεσμος

light¹ /laɪt/ n (το) φως. (fire) φωτιά. (aspect) (η) σκοπιά. • a φωτεινός. (pale) ανοιχτός. • vt ανάβω. (illuminate) φωτίζω. **bring to ~** αποκαλύπτω. **~ up** ανάβω

light² /laɪt/ a ελαφρός. **~-headed** a ζαλισμένος. **~-hearted** a εύθυμος. **~ly** adv ελαφρά

lighten /'laɪtn/ vt/i φωτίζω. • vt (load) ελαφρώνω

lighter /'laɪtə(r)/ n (ο) αναπτήρας

lighthouse /'laɪthaʊs/ n (ο) φάρος

lighting /'laɪtɪŋ/ n (ο) φωτισμός

lightning /'laɪtnɪŋ/ n (η) αστραπή. • a αστραπιαίος

like¹ /laɪk/ a όμοιος. • prep σαν. • conj σαν, όπως. • n (ο) όμοιος. **~ this/that** έτσι. **what is it ~?** πώς είναι;

like² /laɪk/ vt μου αρέσει. **~s** npl (οι) προτιμήσεις. **I would ~** θα ήθελα. **would you ~?** θέλεις …;

likel|y /'laɪklɪ/ *a* πιθανός. • *adv*
πιθανόν. **~ihood** *n* (η)
πιθανότητα

liken /'laɪkən/ *vt* παρομοιάζω

likeness /'laɪknɪs/ *n* (η)
ομοιότητα

likewise /'laɪkwaɪz/ *adv*
παρομοίως

liking /'laɪkɪŋ/ *n* (το) γούστο.
(*for person*) (η) συμπάθεια

lilac /'laɪlək/ *n* (η) πασχαλιά.
• *a* λιλά *invar*

lily /'lɪlɪ/ *n* (ο) κρίνος

limb /lɪm/ *n* (το) μέλος

limbo /'lɪmbəʊ/ *n* **in** ~ σε
αβεβαιότητα

lime[1] /laɪm/ *n* (ο) ασβέστης

lime[2] /laɪm/ *n* (*fruit*) (το)
γλυκολέμονο. (*tree*) (η)
γλυκολεμονιά

limelight /'laɪmlaɪt/ *n* (το)
προσκήνιο

limestone /'laɪmstəʊn/ *n* (ο)
ασβεστόλιθος

limit /'lɪmɪt/ *n* (το) όριο. • *vt*
περιορίζω. **~ation** /-'teɪʃn/ *n*
(ο) περιορισμός. **~ed** *a*
περιορισμένος. **~ed
company** *n* (η) εταιρία
περιορισμένης ευθύνης

limousine /'lɪməzi:n/ *n* (η)
λιμουζίνα

limp[1] /lɪmp/ *vi* κουτσαίνω. • *n*
(το) κούτσαμα

limp[2] /lɪmp/ *a* χαλαρός

line /laɪn/ *n* (η) γραμμή. (*rope*)
(το) σκοινί. (*wire*) (το) σύρμα.
(*for fishing*) (η) πετονιά.
(*wrinkle*) (η) ρυτίδα. (*row*) (η)
σειρά. (*of poem*) (ο) στίχος. (*of
goods*) (το) είδος. (*queue:
Amer*) (η) ουρά. • *vt* (*paper*)

ριγώνω. (*garment*) φοδράρω.
~ up *vi* παρατάσσομαι

lineage /'lɪnɪdʒ/ *n* (η)
καταγωγή

linear /'lɪnɪə(r)/ *a* γραμμικός

linen /'lɪnɪn/ *n* (το) λινό.
(*articles*) (τα) λευκά είδη

liner /'laɪnə(r)/ *n* (το) πλοίο της
γραμμής

linger /'lɪŋgə(r)/ *vi* αργοπορώ

lingerie /'lænʒərɪ/ *n* (τα)
γυναικεία εσώρουχα

linguist /'lɪŋgwɪst/ *n* (ο, η)
γλωσσομαθής

linguistic /lɪŋ'gwɪstɪk/ *a*
γλωσσικός. **~s** *n* (η)
γλωσσολογία

lining /'laɪnɪŋ/ *n* (η) φόδρα

link /lɪŋk/ *n* (ο) σύνδεσμος. (*of
chain*) (ο) κρίκος. • *vt* συνδέω

lino, linoleum /'laɪnəʊ,
lɪ'nəʊlɪəm/ *n* (το) πλαστικό

lion /'laɪən/ *n* (το) λιοντάρι.
~ess *n* (η) λέαινα

lip /lɪp/ *n* (το) χείλος

lipstick /'lɪpstɪk/ *n* (το) κραγιόν
invar

liqueur /lɪ'kjʊə(r)/ *n* (το) λικέρ

liquid /'lɪkwɪd/ *n* (το) υγρό. • *a*
υγρός. **~izer** *n* (το) μπλέντερ
invar

liquidat|e /'lɪkwɪdeɪt/ *vt*
ρευστοποιώ. **~ion** /-'deɪʃn/ *n*
(η) ρευστοποίηση

liquor /'lɪkə(r)/ *n* (το)
οινοπνευματώδες ποτό

liquorice /'lɪkərɪs/ *n* (η)
γλυκόριζα

lisp /lɪsp/ *n* (το) ψεύδισμα. • *vt/i*
ψευδίζω

list[1] /lɪst/ *n* (ο) κατάλογος, (η)
λίστα. • *vt* γράφω σε κατάλογο

list² /lɪst/ *vi* (*ship*) κλίνω

listen /'lɪsn/ *vi* ακούω. **~ to** ακούω. (*pay heed to*) δίνω προσοχή σε. **~er** *n* (ο) ακροατής, (η) ακροάτρια

listless /'lɪstlɪs/ *a* άτονος

lit /lɪt/ *see* LIGHT

litany /'lɪtənɪ/ *n* (η) λιτανεία

literal /'lɪtərəl/ *a* κυριολεκτικός. (*translation*) κατά λέξη. **~ly** *adv* κυριολεκτικά

literary /'lɪtərərɪ/ *a* λογοτεχνικός

literate /'lɪtərət/ *a* εγγράμματος

literature /'lɪtərətʃə(r)/ *n* (η) φιλολογία

lithe /laɪð/ *a* ευλύγιστος

litigation /lɪtɪ'geɪʃn/ *n* (η) δίκη

litre /'li:tə(r)/ *n* (το) λίτρο

litter /'lɪtə(r)/ *n* (*rubbish*) (τα) σκουπίδια. (*animals*) (η) γέννα. • *vt* πετώ. (*make untidy*) σκορπώ ακατάστατα

little /'lɪtl/ *a* μικρός. (*not much*) λίγος. • *n* (το) λίγο. • *adv* λίγο. **a ~** (το) λίγο

live¹ /laɪv/ *a* ζωντανός. (*wire*) ηλεκτροφόρος

live² /lɪv/ *vt/i* ζω. **~ on** *vt* ζω με. *vi* (*continue*) συνεχίζω να ζω. **~ with** (*του*) μαζί με

livelihood /'laɪvlɪhʊd/ *n* (τα) προς το ζην

lively /'laɪvlɪ/ *a* ζωηρός

liven /'laɪvn/ *vt/i* **~ up** ζωντανεύω. • *vt* (*room etc.*) δίνω ζωή σε

liver /'lɪvə(r)/ *n* (το) συκώτι

livestock /'laɪvstɒk/ *n* (τα) ζωντανά

livid /'lɪvɪd/ *a* πελιδνός. (*fam*) λυσσασμένος

living /'lɪvɪŋ/ *a* ζωντανός. • *n* (*livelihood*) (τα) προς το ζην. **~-room** *n* (το) καθιστικό

lizard /'lɪzəd/ *n* (η) σαύρα

llama /'la:mə/ *n* (η) λάμα

load /ləʊd/ *n* φορτίο. (*fig*) (το) βάρος. **~s of** (*fam*) ένα σωρό. • *vt* φορτώνω

loaf¹ /ləʊf/ *n* (το) καρβέλι

loaf² /ləʊf/ *vi* τεμπελιάζω

loan /ləʊn/ *n* (το) δάνειο. • *vt* δανείζω. **on ~** δανεικός

loathe /ləʊð/ *vt* σιχαίνομαι. **~ing** *n* (η) αηδία

lobby /'lɒbɪ/ *n* (ο) προθάλαμος. (*pol*) (το) λόμπι *invar*. • *vi* ασκώ πίεση παρασκηνιακά

lobe /ləʊb/ *n* (ο) λοβός

lobster /'lɒbstə(r)/ *n* (ο) αστακός

local /'ləʊkl/ *a* τοπικός. • *n* (ο) ντόπιος. **~ly** *adv* τοπικά. (*nearby*) στη γειτονιά

locality /ləʊ'kælətɪ/ *n* (η) περιοχή

locate /ləʊ'keɪt/ *vt* εντοπίζω. (*situate*) τοποθετώ. **~ion** /-ʃn/ *n* (η) θέση

lock /lɒk/ *n* (*on door etc.*) (η) κλειδαριά. (*on canal*) (ο) υδατοφράκτης (*of hair*) (η) μπούκλα. • *vt* κλειδώνω. (*wheels*) μπλοκάρω. **~ up** *vt* κλείνω. (*imprison*) κλείνω μέσα

locker /'lɒkə(r)/ *n* (το) ντουλαπάκι. (*at station*) (η) θυρίδα

locket /'lɒkɪt/ *n* (το) μενταγιόν

locomotive /'ləʊkəməʊtɪv/ *n* (η) μηχανή τρένου

locust /'ləʊkəst/ *n* (η) ακρίδα

lodge /lɒdʒ/ *n* (το) σπιτάκι στην εξοχή. (*of porter*) (το) σπιτάκι. (*Masonic*) (η) στοά. • *vt* (*deposit*) καταθέτω. (*complaint*) υποβάλλω. • *vi* (*become fixed*) κολλ. (*reside*) μένω (*with*, σε). **~r** /-ə(r)/ *n* (ο) ενοικιαστής, (η) ενοικιάστρια

lodgings /'lɒdʒɪŋz/ *npl* (το) νοικιασμένο δωμάτιο

loft /lɒft/ *n* (το) πατάρι

log /lɒg/ *n* (το) κούτσουρο. **~(-book)** (*naut*) (το) ημερολόγιο

logic /'lɒdʒɪk/ *n* (η) λογική. **~al** *a* λογικός

loin /lɔɪn/ *n* (*culin*) (το) πλευρό. **~s** (οι) λαγόνες

loiter /'lɔɪtə(r)/ *vi* χασομερώ

loll /lɒl/ *vi* ξαπλώνω

lollipop /'lɒlɪpɒp/ *n* (το) γλειφιτζούρι

London /'lʌndən/ *n* (το) Λονδίνο. **~er** *n* (ο) Λονδρέζος, (η) Λονδρέζα

lone /ləʊn/ *a* μοναχικός. **~r** /-ə(r)/ *n* (ο) μοναχικός τύπος

lonel|y /'ləʊnlɪ/ *a* μόνος. **feel ~** νιώθω μοναξιά. **~iness** *n* (η) μοναξιά

long¹ /lɒŋ/ *a* μακρύς. • *adv* πολύ. **how ~ is it?** πόσο μακρύ είναι; (*in time*) πόση ώρα είναι; **I won't be ~** δε θ' αργήσω. **a ~ time** πολλή ώρα. **a ~ way** μακριά. **as or so ~ as** εφόσον. **~-distance** *a* (*call*) υπεραστικός. **~ jump** *n* (το) άλμα εις μήκος. **~ range** *a* μεγάλου βεληνεκούς. (*forecast*) μακροπρόθεσμος.

~-sighted *a* πρεσβυωπικός. **~-term** *a* μακροπρόθεσμος. **~ wave** *n* (το) μεγάλο κύμα. **~-winded** *a* φλύαρος. **no ~er** όχι πια

long² /lɒŋ/ *vi* **~ for** λαχταρώ. **~ to** λαχταρώ να. **~ing** *n* (η) λαχτάρα

longitude /'lɒndʒɪtjuːd/ *n* (το) γεωγραφικό μήκος

loo /luː/ *n* (*fam*) (το) μέρος

look /lʊk/ *vt/i* κοιτάζω. (*seem*) φαίνομαι. • *n* (η) ματιά. (*appearance*) (η) εμφάνιση. (*good*) **~s** (η) ομορφιά. **have a ~** ρίχνω μια ματιά. **~ after** φροντίζω. **~ at** κοιτάζω. **~ down on** περιφρονώ. **~ for** ψάχνω για. **~ forward to** προσμένω. **~ into** εξετάζω. **~ like** (*resemble*) μοιάζω. (*seem*) φαίνομαι. **~ out** προσέχω. **~-out** *n* (ο) σκοπός. (*prospect*) (η) προοπτική. **~ through** κοιτάζω. **~ up** (*word*) ψάχνω να βρω. **~ up to** εκτιμώ

loom¹ /luːm/ *n* (ο) αργαλειός

loom² /luːm/ *vi* διαγράφομαι. (*fig*) δεσπόζω

loop /luːp/ *n* (η) θηλιά. • *vt* δένω με θηλιά

loophole /'luːphəʊl/ *n* (*in rule*) (το) παραθυράκι

loose /luːs/ *a* (*not tight*) χαλαρός. (*knot etc.*) λασκαρισμένος. (*clothes*) φαρδύς. (*change etc.*) σκόρπιος. (*morals*) έκλυτος. (*inexact*) ανακριβής

loosen /'luːsn/ *vt* χαλαρώνω

loot /luːt/ *n* (η) λεία. • *vt* λεηλατώ

lop /lɒp/ *vt* ~ **off** κόβω

lopsided /lɒp'saɪdɪd/ *a* που γέρνει από τη μια πλευρά

lord /lɔːd/ *n* (ο) κύριος. (*British title*) (ο) λόρδος. **the L~** (*relig*) (ο) Κύριος

lore /lɔː(r)/ *n* (η) παράδοση

lorry /'lɒrɪ/ *n* (το) φορτηγό

lose /luːz/ *vt*/*i* (*pt* **lost**) χάνω. **get lost** χάνομαι. ~**r** *n* (ο) χαμένος

loss /lɒs/ *n* (η) απώλεια. (*comm*) (η) ζημία. **be at a** ~ τα έχω χαμένα

lost /lɒst/ *see* LOSE. *a* ~ **property office** (το) γραφείο απολεσθέντων αντικειμένων

lot[1] /lɒt/ *n* (ο) κλήρος. (*luck*) (η) μοίρα. (*piece of land*) (το) οικόπεδο. (*comm*) (η) παρτίδα

lot[2] /lɒt/ *n* **the** ~ όλα. (*people*) όλοι. **a** ~ **of**, ~**s of** (*fam*) πολλά, πολύ

lotion /'ləʊʃn/ *n* (η) λοσιόν

lottery /'lɒtərɪ/ *n* (το) λαχείο

lotus /'ləʊtəs/ *n* (*pl* **-uses**) (ο) λωτός

loud /laʊd/ *a* δυνατός. • *adv* δυνατά. **out** ~ δυνατά. ~**ly** *adv* δυνατά. ~**ness** *n* (ο) μεγάλος θόρυβος

loudspeaker /laʊd'spiːkə(r)/ *n* (το) μεγάφωνο

lounge /laʊndʒ/ *vi* τεμπελιάζω. • *n* (το) σαλόνι

louse /laʊs/ *n* (η) ψείρα

lousy /'laʊzɪ/ *a* (*sl*) ελεεινός

lout /laʊt/ *n* (ο) χοντράνθρωπος

lovable /'lʌvəbl/ *a* αξιαγάπητος

love /lʌv/ *n* (η) αγάπη. (*tennis*) (το) μηδέν. • *vt* αγαπώ. (*like greatly*) μ' αρέσει πολύ. **fall in** ~ **(with)** ερωτεύομαι. **make** ~ κάνω έρωτα. ~ **affair** *n* (ο) ερωτικός δεσμός. ~**-letter** *n* (το) ραβασάκι

lovely /'lʌvlɪ/ *a* θαυμάσιος

lover /'lʌvə(r)/ *n* (*man*) (ο) εραστής. (*woman*) (η) ερωμένη. (*devotee*) (ο) φίλος

loving /'lʌvɪŋ/ *a* τρυφερός

low /ləʊ/ *a* χαμηλός. (*depressed*) μελαγχολικός. • *adv* χαμηλά. • *n* (*low point*) (το) χαμηλό επίπεδο. ~**-cut** (*clothes*) με ντεκολτέ

lower /'ləʊə(r)/ *a* & *adv* *see* LOW. *vt*/*i* χαμηλώνω. ~ **o.s.** ταπεινώνω

loyal /'lɔɪəl/ *a* πιστός, αφοσιωμένος. ~**ty** *n* (η) αφοσίωση

lozenge /'lɒzɪndʒ/ *n* (*tablet*) (η) παστίλια

Ltd. *abbr* (*Limited*) ΕΠΕ

lubricate /'luːbrɪkeɪt/ *vt* λιπαίνω

lucid /'luːsɪd/ *a* καθαρός, διαυγής. (*sane*) φωτεινός

luck /lʌk/ *n* (η) τύχη. **bad** ~ (η) ατυχία. **good** ~ καλή επιτυχία

luck|y /'lʌkɪ/ *a* τυχερός. ~**y charm** *n* (το) πορτμπονέρ *invar*. ~**ily** *adv* ευτυχώς

lucrative /'luːkrətɪv/ *a* επικερδής

ludicrous /'luːdɪkrəs/ *a* γελοίος

luggage /'lʌgɪdʒ/ *n* (οι) αποσκευές. ~**-rack** *n* (το) ράφι αποσκευών

lukewarm /'lu:kwɔ:m/ a χλιαρός

lull /lʌl/ vt κατευνάζω. • n (η) γαλήνη

lullaby /'lʌləbaɪ/ n (το) νανούρισμα

lumber /'lʌmbə(r)/ n (timber) (τα) ξύλα. • vt ~ **s.o. with sth** φορτώνω κπ με κτ

lumberjack /'lʌmbədʒæk/ n (ο) ξυλοκόπος

luminous /'lu:mɪnəs/ a φωτεινός

lump /lʌmp/ n (swelling) (το) εξόγκωμα. (in liquid) (ο) σβόλος. (of sugar) (ο) κύβος. (in throat) (ο) κόμπος. • vt ~ **together** βάζω μαζί. ~**y** a σβολιασμένος

lunacy /'lu:nəsɪ/ n (η) παραφροσύνη

lunatic /'lu:nətɪk/ n (ο) παράφρων

lunch /lʌntʃ/ n (το) μεσημεριανό (φαγητό). • vi γευματίζω. ~**time** n (το) μεσημέρι. ~**eon** /'lʌntʃən/ n (formal) (το) γεύμα

lung /lʌŋ/ n (ο) πνεύμονας

lunge /lʌndʒ/ n (η) απότομη κίνηση προς τα εμπρός. • vi ρίχνομαι (**at**, σε)

lurch /lɜ:tʃ/ vi τρικλίζω

lure /lʊə(r)/ vt δελεάζω. • n (fig) (το) δέλεαρ

lurid /'lʊərɪd/ a ανατριχιαστικός. (gaudy) φανταχτερός

lurk /lɜ:k/ vi παραμονεύω

luscious /'lʌʃəs/ a απολαυστικός

lust /lʌst/ n (ο) πόθος. (fig) (η) δίψα. • vi ~ **after** ποθώ

lustre /'lʌstə(r)/ n (η) λάμψη

lute /lu:t/ n (το) λαούτο

luxuriant /lʌg'zjʊərɪənt/ a πλούσιος, άφθονος

luxurious /lʌg'zjʊərɪəs/ a πολυτελής

luxury /'lʌkʃərɪ/ n (η) πολυτέλεια. • a πολυτελής

lying /'laɪɪŋ/ see LIE. n (το) ψέμα

lynch /lɪntʃ/ vt λιντσάρω

lynx /lɪŋks/ n (ο) λυγξ

lyric /'lɪrɪk/ a λυρικός. ~**s** npl (οι) στίχοι τραγουδιού. ~**al** a λυρικός

Mm

mac /mæk/ n (fam) (το) αδιάβροχο

macaroni /mækə'rəʊnɪ/ n (τα) μακαρόνια

mace[1] /meɪs/ n (staff) (το) ρόπαλο

mace[2] /meɪs/ n (spice) (το) μοσχοκάρυδο (φλοίδα)

machine /mə'ʃi:n/ n (η) μηχανή. • vt (sew) ράβω σε ραπτομηχανή. (techn) επεξεργάζομαι σε μηχανή. ~-**gun** n (το) πολυβόλο

machinery /mə'ʃi:nərɪ/ n (τα) μηχανήματα. (parts, fig) (ο) μηχανισμός

machinist /mə'ʃi:nɪst/ n (ο) μηχανουργός

mackerel /'mækrəl/ n invar (το) σκουμπρί

mad /mæd/ a τρελός. (foolish) ανόητος. (angry: fam) έξαλλος. **be ~ about** (enthusiastic) τρελαίνομαι για. **~cow disease** n (η) νόσος των τρελών αγελάδων. **~ly** adv τρελά. **~ness** n (η) τρέλα

madam /'mædəm/ n (η) κυρία

madden /'mædn/ vt τρελαίνω

made /meɪd/ see MAKE. **~ to measure** a κατά παραγγελία

madman /'mædmən/ n (ο) τρελός

magazine /mægə'zi:n/ n (το) περιοδικό. (of gun) (ο) γεμιστήρας. (of projector) (η) φύσιγγα

maggot /'mægət/ n (το) σκουλήκι

magic /'mædʒɪk/ n (η) μαγεία. • a μαγικός. **~al** a μαγικός

magician /mə'dʒɪʃn/ n (ο) μάγος. (conjuror) (ο) ταχυδακτυλουργός

magistrate /'mædʒɪstreɪt/ n (ο, η) ειρηνοδίκης

magnanimous /mæg'nænɪməs/ a μεγαλόψυχος

magnet /'mægnɪt/ n (ο) μαγνήτης. **~ic** /-'netɪk/ a μαγνητικός. **~ism** n (ο) μαγνητισμός. **~ize** vt μαγνητίζω

magnificen|t /mæg'nɪfɪsnt/ a μεγαλοπρεπής. **~ce** n (η) μεγαλοπρέπεια

magnify /'mægnɪfaɪ/ vt μεγεθύνω. (fig) μεγαλοποιώ. **~ing glass** ns (ο) μεγεθυντικός φακός

magnitude /'mægnɪtjuːd/ n (το) μέγεθος

magpie /'mægpaɪ/ n (η) καρακάξα

mahogany /mə'hɒgənɪ/ n (το) μαόνι

maid /meɪd/ n (η) υπηρέτρια

maiden /'meɪdn/ n (old use) (η) κόρη. • a (speech, voyage) παρθενικός. **~ aunt** (η) άγαμη θεία. **~ name** (το) πατρικό όνομα

mail /meɪl/ n (το) ταχυδρομείο. • a ταχυδρομικός. • vt ταχυδρομώ

mailbox /'meɪlbɒks/ n (Amer) (το) γραμματοκιβώτιο

mailman /'meɪlmæn/ n n (Amer) (ο) ταχυδρόμος

maim /meɪm/ vt σακατεύω

main¹ /meɪn/ a κύριος. • n **in the ~** κυρίως. **~ road** (ο) κύριος δρόμος. **~ly** adv κυρίως

main² /meɪn/ n (water, gas) (ο) κεντρικός αγωγός

mainland /'meɪnlənd/ n (η) ηπειρωτική χώρα

mainstay /'meɪnsteɪ/ n (support) (το) στήριγμα

maintain /meɪn'teɪn/ vt (keep up) διατηρώ. (keep in good repair) συντηρώ. (assert) υποστηρίζω

maintenance /'meɪntənəns/ n (η) συντήρηση. (alimony) (η) διατροφή

maize /meɪz/ n (το) καλαμπόκι

majestic /mə'dʒestɪk/ a μεγαλοπρεπής

majesty /'mædʒəstɪ/ n (η)
μεγαλοπρέπεια. **His/Her M~**
n Αυτού/Αυτής Μεγαλειότητα

major /'meɪdʒə(r)/ a μεγάλος.
(mus) μείζων. • n (ο)
ταγματάρχης

majority /mə'dʒɒrətɪ/ n (η)
πλειοψηφία. (age) (η)
ενηλικίωση

make /meɪk/ vt/i (pt made)
κάνω, φτιάχνω. (decision)
παίρνω. (destination)
καταφέρνω (να φτάσω). (cause
to be) κάνω. **~ s.o. do sth.**
εξαναγκάζω κπ να κάνει κτ.
• n (η) κατασκευή. (brand) (η)
μάρκα. **be made of** γίνομαι
από. **~ believe** κάνω,
προσποιούμαι. n (η)
προσποίηση. **~ do** αρκούμαι
(with, με). **~ for** τραβώ για.
~ it (arrive) φτάνω. (succeed)
τα καταφέρνω. **~ up**
συμφιλιώνομαι. **~ out**
(understand) καταλαβαίνω.
(distinguish) ξεχωρίζω.
(cheque) εκδίδω. **~ up** (story)
επινοώ. (apply cosmetics)
μακιγιάρω. **~-up** n (cosmetics)
(το) μακιγιάζ invar. (character)
(η) ψυχοσύνθεση. (of object)
(η) σύσταση. **~ up for**
αναπληρώνω. **~ up one's
mind** αποφασίζω

makeshift /'meɪkʃɪft/ a
πρόχειρος

making /'meɪkɪŋ/ n in the **~**
εν τω γίγνεσθαι

malaise /mæ'leɪz/ n (η)
δυσφορία

malaria /mə'leərɪə/ n (η)
ελονοσία

male /meɪl/ a ανδρικός. • n (ο)
άνδρας

malevolent /mə'levələnt/ a
κακόβουλος

malfunction /mæl'fʌŋkʃn/ vi
παθαίνω βλάβη

malice /'mælɪs/ n (η)
κακεντρέχεια

malicious /mə'lɪʃəs/ a
κακεντρεχής

malign /mə'laɪn/ a φθοροποιός.
• vt διασύρω

malignant /mə'lɪgnənt/ a
κακοήθης

mallet /'mælɪt/ n (το) ξύλινο
σφυρί

malnutrition /mælnju:'trɪʃn/ n
(ο) υποσιτισμός

malt /mɔ:lt/ n (η) βύνη

maltreat /mæl'tri:t/ vt
κακομεταχειρίζομαι

mammal /'mæml/ n (το)
θηλαστικό

mammoth /'mæməθ/ n (το)
μαμούθ invar. • a τεράστιος

man /mæn/ n (pl men) (ο)
άντρας. (mankind) (ο)
άνθρωπος. (chess) (το) πιόνι.
• vt (pt manned) επανδρώνω.
(be on duty) είμαι υπεύθυνος
για. **~-made** a τεχνητός

manage /'mænɪdʒ/ vt
διαχειρίζομαι. (shop, affairs)
χειρίζομαι. (take charge of)
διευθύνω. (cope with)
καταφέρνω. • vi (make do)
αρκούμαι. **~ to** καταφέρνω
να. **~able** a εύκολος. **~ment**
n (η) διαχείριση. (of shop) (η)
διεύθυνση **managing
director** n (ο) διευθύνων
σύμβουλος

manager /'mænɪdʒə(r)/ n (o)
διευθυντής. (*theatr, cinema*) (o)
μάνατζερ invar. **~ess** /-'res/ n
(η) διευθύντρια

mane /meɪn/ n (η) χαίτη

mangle /'mæŋgl/ vt
ακρωτηριάζω. (*damage*)
καταστρέφω

mango /'mæŋgəʊ/ n (το) μάγκο
invar

manhandle /'mænhændl/ vt
μεταχειρίζομαι με βία

manhole /'mænhəʊl/ n (η)
ανθρωποθυρίδα

manhood /'mænhʊd/ n (η)
ανδρική ηλικία. (*quality*) (o)
ανδρισμός

mania /'meɪnɪə/ n (η) μανία.
~c /-iæk/ n (o) μανιακός

manicure /'mænɪkjʊə(r)/ n (το)
μανικιούρ invar

manifest /'mænɪfest/ a
ολοφάνερος. • vt εκδηλώνω.
~ation /-'steɪʃn/ n (η)
εκδήλωση

manifesto /mænɪ'festəʊ/ n (το)
μανιφέστο

manipulate /mə'nɪpjʊleɪt/ vt
χειρίζομαι με επιδεξιότητα

mankind /mæn'kaɪnd/ n (η)
ανθρωπότητα

manly /'mænlɪ/ a αντρίκειος

manner /'mænə(r)/ n (o)
τρόπος. (*attitude*) (η) στάση.
(*kind*) (το) είδος. **~s**
(*behaviour*) (οι) τρόποι

mannerism /'mænərɪzəm/ n (η)
ιδιομορφία

manœuvre /mə'nu:və(r)/ n (η)
μανούβρα. • vt/i μανουβράρω

manor /'mænə(r)/ n (το)
αρχοντικό

manpower /'mænpaʊə(r)/ n
(το) ανθρώπινο δυναμικό

mansion /'mænʃn/ n (το)
αρχοντικό

manslaughter /'mænslɔ:tə(r)/ n
(η) ανθρωποκτονία

mantelpiece /'mæntlpi:s/ n (το)
γείσο του τζακιού

manual /'mænjʊəl/ a
χειρωνακτικός. • n (το)
εγχειρίδιο

manufacture
/mænjʊ'fæktʃə(r)/ vt
κατασκευάζω. • n (η)
κατασκευή. **~r** /-ə(r)/ n (o)
κατασκευαστής

manure /mə'njʊə(r)/ n (η)
κοπριά

manuscript /'mænjʊskrɪpt/ n
(το) χειρόγραφο

many /'menɪ/ a & n πολλοί. a
great **~** πάρα πολλοί. how **~**
πόσοι

map /mæp/ n (o) χάρτης. • vt
χαρτογραφώ. **~ out** σχεδιάζω

mar /ma:(r)/ vt χαλώ

marathon /'mærəθən/ n (o)
μαραθώνιος

marble /'ma:bl/ n (το)
μάρμαρο. (*for game*) (o) βόλος

March /ma:tʃ/ n (o) Μάρτιος

march /ma:tʃ/ vi βηματίζω. • vt
πηγαίνω. • n (η) πορεία

mare /meə(r)/ n (η) φοράδα

margarine /ma:dʒə'ri:n/ n (η)
μαργαρίνη

margin /'ma:dʒɪn/ n (το)
περιθώριο. **~al** a
περιθωριακός

marigold /'mærɪgəʊld/ n (o)
κατιφές

marijuana /mæri'wa:nə/ n (η)
μαριχουάνα

marinade /mæri'neid/ n (η)
μαρινάτα. • vt μαρινάρω

marine /mə'ri:n/ a ναυτικός. • n
(sailor) (ο) πεζοναύτης

marital /'mæritl/ a συζυγικός.
~ status (η) οικογενειακή
κατάσταση

maritime /'mæritaim/ a
ναυτικός

marjoram /'ma:dʒərəm/ n (η)
μαντζουράνα

mark¹ /ma:k/ n (currency) (το)
μάρκο

mark² /ma:k/ n (το) σημάδι.
(trace) (το) ίχνος. (schol) (ο)
βαθμός. (target) (ο) στόχος.
• vt σημαδεύω. (characterize)
χαρακτηρίζω. (schol)
βαθμολογώ. **~ out** οροθετώ.
(fig) ξεχωρίζω. **~ time**
παραμένω σε στάση
αναμονής. **~er** n (ο)
σελιδοδείκτης

marked /ma:kt/ a έντονος

market /'ma:kit/ n (η) αγορά.
• vt προωθώ. (launch) λανσάρω.
~-place n (η) αγορά. **~ing** n
(το) μάρκετινγκ invar

marksman /'ma:ksmən/ n (ο)
σκοπευτής

marmalade /'ma:məleid/ n (η)
μαρμελάδα πορτοκάλι

maroon¹ /mə'ru:n/ a σκούρος
κόκκινος. • n (το) μαρόν invar

maroon² /mə'ru:n/ vt be **~ed**
μένω απομονωμένος

marquee /ma:'ki:/ n μεγάλη
τέντα

marriage /'mæridʒ/ n (ο) γάμος

marrow /'mærəʊ/ n (vegetable)
(το) κολοκύθι. (of bone) (ο)
μυελός

marr|y /'mæri/ vt/i
παντρεύω/ομαι. **~ied** a
παντρεμένος. (life) έγγαμος

marsh /ma:ʃ/ n (ο) βάλτος

marshal /'ma:ʃl/ n (ο)
στρατάρχης. (at event) (ο)
τελετάρχης. • vt παρατάσσω.
(fig) τακτοποιώ

martial /'ma:ʃl/ a στρατιωτικός

martyr /'ma:tə(r)/ n (ο, η)
μάρτυρας. • vt μαρτυρώ.
~dom n (το) μαρτύριο

marvel /'ma:vəl/ n (το) θαύμα.
• vi **~ at** θαυμάζω

marvellous /'ma:vələs/ a
θαυμάσιος

Marxis|t /'ma:ksist/ n (ο)
μαρξιστής. **~m** /-zəm/ n (ο)
μαρξισμός

marzipan /'ma:zipæn/ n (η)
πάστα αμυγδάλου

mascara /mæ'ska:rə/ n (το)
μάσκαρα

mascot /'mæskət/ n (η) μασκότ

masculin|e /'mæskjʊlın/ a
αρρενωπός. (gram) αρσενικός.
• n (το) αρσενικό **~ity** /-'lınıtı/
n (η) αρρενωπότητα

mask /ma:sk/ n (η) μάσκα. • vt
αποκρύβω

masochist /'mæsəkist/ n (ο)
μαζοχιστής, (η) μαζοχίστρια

mason /'meisn/ n (ο) χτίστης.
~ry n (η) λιθοδομή

Mason /meisn/ n (Freemason)
(ο) μασόνος

masquerade /ma:skə'reid/ n
(το) μασκάρεμα. • vi **~ as**
μασκαρεύομαι σαν

mass¹ /mæs/ n (relig) (η) θεία
λειτουργία

mass² /mæs/ n (η) μάζα. vt/i
μαζεύω/ομαι. **~ media** npl
(τα) μέσα μαζικής
ενημέρωσης. **~ production** n
(η) μαζική παραγωγή

massacre /'mæsəkə(r)/ n (η)
σφαγή. • vt σφάζω

massage /'mæsɑːʒ/ n (το)
μασάζ invar. • vt κάνω μασάζ
σε

masseu|r /mæ'sɜː(r)/ n (ο)
μασέρ invar. **~se** n (η) μασέζ
invar

massive /'mæsɪv/ a ογκώδης.
(huge) τεράστιος

mast /mɑːst/ n (naut) (το)
κατάρτι. (for flag, radio) (ο)
ιστός

master /'mɑːstə(r)/ n (ο)
κύριος. (schol) (ο) καθηγητής.
(employer) (το) αφεντικό. (of
ship) (ο) πλοίαρχος. • vt
γίνομαι κύριος. **~-key** n (το)
κύριο κλειδί. **~-mind** n (ο)
ιθύνων νους. • vt συλλαμβάνω
και πραγματοποιώ. **~ful** a
επιτακτικός. **~y** n (η)
κυριαρχία. (knowledge) (η)
βαθειά γνώση

masterly /'mɑːstəlɪ/ a
αριστοτεχνικός

masterpiece /'mɑːstəpiːs/ n
(το) αριστούργημα

masturbate /'mæstəbeɪt/ vi
αυνανίζομαι

mat /mæt/ n (το) χαλάκι. (on
table) (το) σουπλά invar

match¹ /mætʃ/ n (το) σπίρτο

match² /mætʃ/ n (sport) (ο)
αγώνας, (το) ματς invar. (equal)

(το) ταίρι. • vt/i (curtains etc.)
ταιριάζω. (equal)
συναγωνίζομαι. (oppose)
παραβγαίνω. **~ing** a ασορτί

matchbox /'mætʃbɒks/ n (το)
σπιρτοκούτι

mate /meɪt/ n (ο) σύντροφος.
• vt/i (chess) (το) ματ invar.
ζευγαρώνω/ομαι

material /mə'tɪərɪəl/ n (το)
υλικό. (cloth) (το) ύφασμα.
raw ~s npl (οι) πρώτες ύλες.
• a υλικός. **~istic** /-'lɪstɪk/ a
υλιστικός

materialize /mə'tɪərɪəlaɪz/ vi
υλοποιούμαι

maternal /mə'tɜːnl/ a μητρικός

maternity /mə'tɜːnɪtɪ/ n (η)
μητρότητα. **~ clothes** npl
(τα) ρούχα εγκυμοσύνης

mathematic|s /mæθə'mætɪks/ n
& npl (τα) μαθηματικά. **~ian**
/-ə'tɪʃn/ n (ο, η) μαθηματικός.
~al a μαθηματικός

maths /mæθs/ (Amer **math**
/mæθ/) n & npl (fam) (τα)
μαθηματικά

matinée /'mætɪneɪ/ n (η)
απογευματινή παράσταση

matrimony /'mætrɪmənɪ/ n (η)
έγγαμη ζωή

matron /'meɪtrən/ n (η) μεγάλη
κυρία. (of hospital, school) (η)
προϊσταμένη

matt /mæt/ a ματ invar

matter /'mætə(r)/ n (η) ύλη.
(affair) (η) υπόθεση. (pus) (το)
πύο. • vi έχω σημασία. **as a
~ of fact** στην πραγματικότητα.
it doesn't ~ δεν πειράζει. **~-
of-fact** a πραγματιστικός. **no
~ what** οτιδήποτε. **what's
the ~?** τι συμβαίνει; τι έχεις;

mattress /'mætrɪs/ n (το) στρώμα

matur|e /mə'tjʊə(r)/ a ώριμος.
• vt/i ωριμάζω. **~ity** n (η) ωριμότητα

maul /mɔːl/ vt κακοποιώ

mauve /məʊv/ a & n μοβ

maxim /'mæksɪm/ n (το) απόφθεγμα

maximum /'mæksɪməm/ a μέγιστος. • n (το) ανώτερο όριο

may /meɪ/ v aux (pt might) (be allowed) μπορώ. (be possible) ίσως να, μπορεί να. it **~/might be true** ίσως (μπορεί) να είναι αλήθεια. **~ I come in?** μπορώ να μπω;

May /meɪ/ n (ο) Μάιος

maybe /'meɪbɪ/ adv ίσως

mayonnaise /meɪə'neɪz/ n (η) μαγιονέζα

mayor /meə(r)/ n (ο) δήμαρχος. **~ess** n (η) δήμαρχος

maze /meɪz/ n (ο) λαβύρινθος

me /miː/ pron εμένα, με. **give it to ~** δώσε μου το

meadow /'medəʊ/ n (το) λιβάδι

meagre /'miːgə(r)/ a πενιχρός

meal /miːl/ n (το) γεύμα. (grain) (η) φαρίνα

mean¹ /miːn/ a τσιγγούνης. (unkind) μικροπρεπής

mean² /miːn/ a (average) μέσος. • n (ο) μέσος όρος

mean³ /miːn/ vt (pt meant) σημαίνω. (intend) σκοπεύω. be **~t for** προορίζομαι για

meander /mɪ'ændə(r)/ vi περιπλανιέμαι

meaning /'miːnɪŋ/ n (η) σημασία. **~ful** a γεμάτος σημασία. **~less** a χωρίς νόημα

means /miːnz/ n (το) μέσο. npl (resources) (τα) μέσα. **by all ~** βεβαίως. **by ~ of** με. **by no ~** με κανένα τρόπο

meant /ment/ see MEAN

meantime, meanwhile /'miːntaɪm, 'miːnwaɪl/ advs εν τω μεταξύ

measles /'miːzlz/ n (η) ιλαρά

measure /'meʒə(r)/ n (το) μέτρο. • vt μετρώ. (for clothes) παίρνω μέτρα. **~ment** n (η) μέτρηση. **~ments** npl (τα) μέτρα

meat /miːt/ n (το) κρέας

mechanic /mɪ'kænɪk/ n (ο) μηχανικός

mechanic|al /mɪ'kænɪkl/ a μηχανικός. **~s** n & npl (η) μηχανική

mechanism /'mekənɪzəm/ n (ο) μηχανισμός

medal /'medl/ n (το) μετάλλιο. **~list** n (ο, η) κάτοχος μεταλλίου

medallion /mɪ'dælɪən/ n (το) μενταγιόν invar

meddle /'medl/ vi ανακατεύομαι (in, σε)

media /'miːdɪə/ npl (τα) μέσα μαζικής ενημέρωσης

mediat|e /'miːdɪeɪt/ vi μεσολαβώ. **~or** n (ο) μεσολαβητής

medical /'medɪkl/ a ιατρικός. **~ student** n (ο) φοιτητής της ιατρικής

medicat|ed /'medɪkeɪtɪd/ *a*
αντισηπτικός. **~ion** /-'keɪʃn/ *n*
(*drug*) (το) φάρμακο

medicinal /mɪ'dɪsɪnl/ *a*
φαρμακευτικός

medicine /'medsn/ *n* (*science*)
(η) ιατρική. (*drug*) (το)
φάρμακο

medieval /medɪ'i:vl/ *a*
μεσαιωνικός

mediocre /mi:dɪ'əʊkə(r)/ *a*
μέτριος

meditat|e /'medɪteɪt/ *vi*
αυτοσυγκεντρώνομαι. **~ion**
/-'teɪʃn/ *n* (η)
αυτοσυγκέντρωση

Mediterranean /medɪtə'reɪnɪən/
a μεσογειακός. **~ the**
(**Sea**) η Μεσόγειος (Θάλασσα)

medium /'mi:dɪəm/ *n* (το)
μέσο. (*person*) (το) μέντιουμ
invar. • *a* μέτριος

medley /'medlɪ/ *n* (το) μίγμα.
(*mus*) (το) ποτ πουρί *invar*

meek /mi:k/ *a* πράος

meet /mi:t/ *vt/i* (*pt* met)
συναντώ/ώμαι. • *vt* (*be
introduced to*) συστήνω. (*face*)
αντιμετωπίζω. (*satisfy*)
ανταποκρίνομαι προς. • *vi*
(*come together*) ενώνομαι. **~
with** συναντώ

meeting /'mi:tɪŋ/ *n* (η)
συγκέντρωση. (*of two people*)
(η) συνάντηση

megalomania /megələʊ'-
meɪnɪə/ *n* (η) μεγαλομανία

megaphone /'megəfəʊn/ *n* (το)
μεγάφωνο

melancholy /'melənkɒlɪ/ *n* (η)
μελαγχολία

mellow /'meləʊ/ *a* (*fruit*)
ώριμος. (*wine*) παλιός. (*person*)
μειλίχιος. • *vi* (*person*)
μαλακώνω

melodrama /'melədra:mə/ *n*
(το) μελόδραμα

melody /'melədɪ/ *n* (η) μελωδία

melon /'melən/ *n* (το) πεπόνι

melt /melt/ *vt/i* λιώνω

member /'membə(r)/ *n* (το)
μέλος. **M~ of Parliament,
MP** (ο) βουλευτής. **~ship** *n*
(η) ιδιότητα μέλους.
(*members*) (τα) μέλη

membrane /'membreɪn/ *n* (η)
μεμβράνη

memento /mɪ'mentəʊ/ *n* (το)
ενθύμιο

memo /'meməʊ/ *n* (το)
μνημόνιο

memoirs /'memwa:z/ *npl* (τα)
απομνημονεύματα

memorable /'memərəbl/ *a*
αλησμόνητος

memorandum /memə'rændəm/
n (το) υπόμνημα

memorial /mɪ'mɔːrɪəl/ *n* (το)
μνημείο. • *a* αναμνηστικός

memorize /'meməraɪz/ *vt*
αποστηθίζω

memory /'memərɪ/ *n* (η)
μνήμη. (*thing remembered*) (η)
ανάμνηση

men /men/ *see* MAN

menac|e /'menəs/ *n* (η) απειλή.
(*nuisance*) (ο) μπελάς. • *vt*
απειλώ. **~ing** *a* απειλητικός

mend /mend/ *vt* επιδιορθώνω.
(*darn*) μαντάρω. • *n* (η)
επιδιόρθωση. **on the ~** σε
ανάρρωση

menial /'mi:nɪəl/ a δουλικός

meningitis /menɪn'dʒaɪtɪs/ n
(η) μηνιγγίτιδα

menopause /'menəpɔ:z/ n (η)
εμμηνόπαυση

menstruat|e /'menstrʊeɪt/ vi
εμμηνορρώ. **~ion** /-'eɪʃn/ n
(η) εμμηνόρροια

mental /'mentl/ a διανοητικός.
~ly adv διανοητικά

mentality /men'tæləti/ n (η)
νοοτροπία

mention /'menʃn/ vt αναφέρω.
• n (η) μνεία, (η) αναφορά

menu /'menju:/ n (ο)
κατάλογος. (computing) (το)
μενού

mercenary /'mɜ:sɪnərɪ/ a
συμφεροντολόγος. • n (ο)
μισθοφόρος

merchandise /'mɜ:tʃəndaɪz/ n
(το) εμπόρευμα

merchant /'mɜ:tʃənt/ n (ο, η)
έμπορος. • a εμπορικός

merciful /'mɜ:sɪfl/ a ελεήμων

merciless /'mɜ:sɪlɪs/ a ανήλεος

mercury /'mɜ:kjʊrɪ/ n (ο)
υδράργυρος

mercy /'mɜ:sɪ/ n (το) έλεος

mere /mɪə(r)/ a απλός. **~ly** adv
απλώς

merge /mɜ:dʒ/ vt/i
συνενώνω/ομαι. (comm)
συγχωνεύω/ομαι

meringue /məˈræŋ/ n (η)
μαρέγκα

merit /'merɪt/ n (η) αξία. • vt
αξίζω

mermaid /'mɜ:meɪd/ n (η)
γοργόνα

merry /'merɪ/ a εύθυμος. **make**
~ γλεντώ. **~-go-round** n (ο)
μύλος με αλογάκια

mesh /meʃ/ n (το) πλέγμα

mesmerize /'mezməraɪz/ vt
υπνωτίζω. (fig) γοητεύω

mess /mes/ n (η) ακαταστασία.
(trouble) (το) μπέρδεμα. (mil)
(το) συσσίτιο. • vt ανακατεύω.
make a ~ of τα κάνω
θάλασσα. **~ about**
χασομερώ. **~ up** χαλώ

message /'mesɪdʒ/ n (το)
μήνυμα

messenger /'mesɪndʒə(r)/ n (ο)
αγγελιοφόρος

messy /'mesɪ/ a
βρόμικος. (slovenly)
απρόσεχτος

met /met/ see MEET

metabolism /mɪ'tæbəlɪzəm/ n
(ο) μεταβολισμός

metal /'metl/ n (το) μέταλλο.
• a μεταλλικός. **~lic** /mɪ'tælɪk/
a μεταλλικός

metamorphosis
/metə'mɔ:fəsɪs/ n (η)
μεταμόρφωση

metaphor /'metəfə(r)/ n (η)
μεταφορά

mete /mi:t/ vt **~ out** μοιράζω

meteor /'mi:tɪə(r)/ n (ο)
μετεωρίτης. **~ic** /mi:tɪ'ɒrɪk/ a
(fig) μετεωρικός

meteorolog|y /mi:tɪə'rɒlədʒɪ/ n
(η) μετεωρολογία. **~ical**
/-ə'lɒdʒɪkl/ a μετεωρολογικός

meter¹ /'mi:tə(r)/ n (ο)
μετρητής

meter² /'mi:tə(r)/ n (Amer) =
metre

method /'meθəd/ n (η) μέθοδος

methodical /mɪ'θɒdɪkl/ *a*
μεθοδικός

Methodist /'meθədɪst/ *n* (ο)
μεθοδιστής, (η) μεθοδίστρια

meticulous /mɪ'tɪkjʊləs/ *a*
λεπτολόγος

metre /'miːtə(r)/ *n* (το) μέτρο

metric /'metrɪk/ *a* μετρικός

metropolis /mə'trɒpəlɪs/ *n* (η)
μητρόπολη. **~itan**
/metrə'pɒlɪtən/ *a*
μητροπολιτικός

mettle /'metl/ *n* (το) κουράγιο

Mexic|o /'meksɪkəʊ/ *n* (το)
Μεξικό. **~an** *a* μεξικάνικος.
• *n* (ο) Μεξικανός, (η)
Μεξικανή

miaow /miː'aʊ/ *vi* νιαουρίζω

mice /maɪs/ *see* MOUSE

microbe /'maɪkrəʊb/ *n* (το)
μικρόβιο

microchip /'maɪkrəʊtʃɪp/ *n* (το)
μικροτσίπ *invar*

microfilm /'maɪkrəʊfɪlm/ *n* (το)
μικροφίλμ *invar*

microphone /'maɪkrəfəʊn/ *n*
(το) μικρόφωνο

microscop|e /'maɪkrəskəʊp/ *n*
(το) μικροσκόπιο. **~ic**
/-'skɒpɪk/ *a* μικροσκοπικός

microwave /'maɪkrəʊweɪv/ *n*
~s (τα) μικροκύματα. **~
oven** (ο) φούρνος
μικροκυμάτων

mid /mɪd/ *a* μέσος. **in ~-air**
στον αέρα. **in ~-July** στα
μέσα του Ιουλίου

midday /mɪd'deɪ/ *n* (το)
μεσημέρι

middle /'mɪdl/ *a* μεσαίος.
(*quality*) μέτριος. • *n* (η) μέση.

in the ~ of στη μέση (*with
gen.*) **~-aged** *a* μεσήλικας.
the M~ Ages *npl* ο
Μεσαίωνας. **~-class** *a*
αστικός. **the ~ classes** *npl* η
μεσαία τάξη. **M~ East** *n* (η)
Μέση Ανατολή

middleman /'mɪdlmæn/ *n* (ο)
μεσίτης

midge /mɪdʒ/ *n* (το) μυγάκι

midget /'mɪdʒɪt/ *n* (ο) νάνος

midnight /'mɪdnaɪt/ *n* (τα)
μεσάνυχτα

midst /mɪdst/ *n* (η) μέση. **in
the ~ of** στη μέση (*with gen.*)

midsummer /mɪd'sʌmə(r)/ *n*
(το) μεσοκαλόκαιρο

midway /mɪd'weɪ/ *adv* στη
μέση

midwife /'mɪdwaɪf/ *n* (η) μαμή

midwinter /mɪd'wɪntə(r)/ *n* (το)
μεσοχείμωνο

might[1] /maɪt/ *n* (η) ισχύς.
~y *a* ισχυρός. (*fig*) μεγάλος

might[2] /maɪt/ *see* MAY

migraine /'miːgreɪn/ *n* (η)
ημικρανία

migrant /'maɪgrənt/ *a*
αποδημητικός. • *n* (*person*) (ο)
μετανάστης, (η) μετανάστρια

migrat|e /maɪ'greɪt/ *vi*
μεταναστεύω. **~ion** /-ʃn/ *n* (η)
μετανάστευση

mild /maɪld/ *a* ήπιος. (*illness*)
ελαφρός

mile /maɪl/ *n* (το) μίλι (= 1.6
χμ). **~age** *n* (η) απόσταση σε
μίλια

milestone /'maɪlstəʊn/ *n* (το)
ορόσημο

militant /'mɪlɪtənt/ *a* μαχητικός

military /'mɪlɪtrɪ/ a
στρατιωτικός

militia /mɪ'lɪʃə/ n (η)
πολιτοφυλακή

milk /mɪlk/ n (το) γάλα. • vt
αρμέγω. **M~y Way** n (ο)
Γαλαξίας

milkman /'mɪlkmən/ n
(ο) γαλατάς

mill /mɪl/ n (ο) μύλος. • vt
αλέθω. (metal) κόβω. • vi **~**
about or **around**
στριφογυρίζω

millennium /mɪ'lenɪəm/ n (η)
χιλιετηρίδα

millet /'mɪlɪt/ n (το) κεχρί

milligram /'mɪlɪɡræm/ n (το)
χιλιοστόγραμμο

millimetre /'mɪlɪmiːtə(r)/ n (το)
χιλιοστόμετρο

million /'mɪlɪən/ n (το)
εκατομμύριο. **~aire** /-'neə(r)/
n (ο, η) εκατομμυριούχος

mime /maɪm/ n (η) μιμική. •
vt/i μιμούμαι

mimic /'mɪmɪk/ vt μιμούμαι. • n
(ο) μίμος

mince /mɪns/ vt ψιλοκόβω. • n
(ο) κιμάς

mind /maɪnd/ n (το) μυαλό.
(intention) (ο) σκοπός.
(opinion) (η) γνώμη. (sanity) (ο)
νους. • vt (object to) με
πειράζει. (look after)
φροντίζω. (be careful)
προσέχω. **I don't ~** δε με
νοιάζει. **never ~** δεν
πειράζει. **~ful** a προσεκτικός.
~less a απρόσεκτος. (work)
αδιάφορος

mine¹ /maɪn/ poss pron δικός
μου. **it's ~** είναι δικό μου

mine² /maɪn/ n (το) ορυχείο.
(explosive) (η) νάρκη. • vt
εξορύσσω. (mil) ναρκοθετώ.
~r n (coal) (ο) ανθρακωρύχος

minefield /'maɪnfiːld/ n (το)
ναρκοπέδιο

mineral /'mɪnərəl/ n (το)
ορυκτό. • a **~ water** n (το)
μεταλλικό νερό

mingle /'mɪŋɡl/ vt αναμιγνύω.
• vi **~ with** ανακατεύομαι με

miniature /'mɪnɪətʃə(r)/ a
μικροσκοπικός. • n (η)
μινιατούρα

minibus /'mɪnɪbʌs/ n (το)
μικρό λεωφορείο, (το)
μινιμπάς invar

minicab /'mɪnɪkæb/ n (το)
ταξί

minim|um /'mɪnɪməm/ a
ελάχιστος. • n (το) ελάχιστο.
~al a ελάχιστος. **~ize** vt
ελαχιστοποιώ

miniskirt /'mɪnɪskɜːt/ n (το)
μίνι invar

minist|er /'mɪnɪstə(r)/ n (ο)
υπουργός. (relig) (ο) ιερέας.
~erial /-'stɪərɪəl/ a
υπουργικός. **~ry** n (το)
υπουργείο. (relig) (ο) κλήρος

mink /mɪŋk/ n (το) βιζόν invar

minor /'maɪnə(r)/ a μικρός.
(mus) ελάσσων. • n (ο)
ανήλικος

minority /maɪ'nɒrətɪ/ n (η)
μειονότητα. (age) (η)
ανηλικότητα

mint /mɪnt/ n (for coins) (το)
νομισματοκοπείο. (herb) (ο)
δυόσμος. **in ~ condition**
ολοκαίνουριος

minus /'maɪnəs/ *prep* πλην. (*without: fam*) χωρίς. • *n* (το) πλην *invar*

minuscule /'mɪnəskjuːl/ *a* μικροσκοπικός

minute¹ /'mɪnɪt/ *n* (το) λεπτό. **~s** *npl* (*of meeting*) (τα) πρακτικά

minute² /maɪ'njuːt/ *a* μικροσκοπικός. (*precise*) λεπτομερέστατος

mirac|le /'mɪrəkl/ *n* (το) θαύμα. **~ulous** /mɪ'rækjələs/ *a* θαυματουργός

mirage /'mɪraːʒ/ *n* (ο) αντικατοπτρισμός

mirror /'mɪrə(r)/ *n* (ο) καθρέφτης. • *vt* καθρεφτίζω

mirth /mɜːθ/ *n* (η) ιλαρότητα

misadventure /mɪsəd'ventʃə(r)/ *n* (το) ατύχημα

misapprehension /mɪsæprɪ'henʃn/ *n* (η) παρεξήγηση

misbehave /mɪsbɪ'heɪv/ *vi* συμπεριφέρομαι άσχημα

miscalculate /mɪs'kælkjʊleɪt/ *vi* πέφτω έξω

miscarr|y /mɪs'kærɪ/ *vi* αποτυγχάνω. (*woman*) αποβάλλω. **~iage** /-ɪdʒ/ *n* (η) αποτυχία, (η) αποβολή. (*of justice*) (η) κακοδικία

miscellaneous /mɪsə'leɪnɪəs/ *a* διάφορος

mischief /'mɪstʃɪf/ *n* (το) κακό. (*harm*) (η) ζημιά

mischievous /'mɪstʃɪvəs/ *a* σκανταλιάρης. (*malicious*) κακόβουλος

misdemeanour /mɪsdɪ'miːnə(r)/ *n* (το) παράπτωμα

miser /'maɪzə(r)/ *n* (ο) τσιγκούνης

miserable /'mɪzrəbl/ *a* άθλιος. (*fig*) ελεεινός

misery /'mɪzərɪ/ *n* (η) αθλιότητα. (*poverty*) (η) φτώχεια. (*person: fam*) (η) μιζέρια

misfire /mɪs'faɪə(r)/ *vi* (*gun*) παθαίνω αφλογιστία. (*engine*) ρετάρω. (*plan*) αποτυγχάνω

misfit /'mɪsfɪt/ *n* (ο) απροσάρμοστος

misfortune /mɪs'fɔːtʃuːn/ *n* (η) ατυχία

misgiving /mɪs'gɪvɪŋ/ *n* (το) κακό προαίσθημα. **~s** (ο) ενδοιασμός. (*anxiety*) (ο) φόβος

mishap /'mɪshæp/ *n* (η) αναποδιά

misinform /mɪsɪn'fɔːm/ *vt* παραπληροφορώ

misinterpret /mɪsɪn'tɜːprɪt/ *vt* παρερμηνεύω

mislay /mɪs'leɪ/ *vt* παρατεπώ

mislead /mɪs'liːd/ *vt* παραπλανώ

mismanage /mɪs'mænɪdʒ/ *vt* κακοδιοικώ

misplace /mɪs'pleɪs/ *vt* μετατοπίζω

misprint /'mɪsprɪnt/ *n* (το) τυπογραφικό λάθος

misrepresent /mɪsreprɪ'zent/ *vt* διαστρεβλώνω

miss /mɪs/ *vt/i* χάνω χάνω. (*lack*) λείπω. (*feel loss*) μου

λείπει. • *n* (η) αστοχία **~ out**
παραλείπω

Miss /mɪs/ *n* (η) δεσποινίς

missile /'mɪsaɪl/ *n* (το) βλήμα.
(*rocket*) (ο) πύραυλος

missing /'mɪsɪŋ/ *a* που λείπει.
(*lost*) χαμένος. (*person*)
αγνοούμενος

mission /'mɪʃn/ *n* (η)
αποστολή

missionary /'mɪʃənrɪ/ *n* (ο)
ιεραπόστολος

mist /mɪst/ *n* (η) καταχνιά. (*on
windows*) (το) θάμπωμα. • *vt/i*
~ up or **over** θαμπώνω

mistake /mɪ'steɪk/ *n* (το) λάθος.
• *vt/i* (*understand wrongly*)
παρεξηγώ. **~ for** παίρνω
(λανθασμένα) για. **~n** /-ən/ *a*
λανθασμένος

mistletoe /'mɪsltəʊ/ *n* (το) γκι
invar

mistreat /mɪs'triːt/ *vt*
κακομεταχειρίζομαι

mistress /'mɪstrɪs/ *n* (η) κυρία.
(*teacher*) (η) δασκάλα. (*lover*)
(η) ερωμένη

mistrust /mɪs'trʌst/ *vt*
δυσπιστώ. • *n* (η) δυσπιστία

misty /'mɪstɪ/ *a* θαμπός.
(*indistinct*) ασαφής

misunderstand
/mɪsʌndə'stænd/ *vt* (*pt* -**stood**)
παρεξηγώ. **~ing** *n* (η)
παρεξήγηση

misuse¹ /mɪs'juːz/ *vt*
καταχρώμαι

misuse² /mɪs'juːs/ *n* (η)
κατάχρηση

mitigate /'mɪtɪgeɪt/ *vt*
ελαφρώνω. (*moderate*)
μετριάζω

mitre /'maɪtə(r)/ *n* (η) μίτρα

mix /mɪks/ *vt/i* αναμιγνύω/ομαι.
• *n* (το) μίγμα. **~ up** (*fig*)
μπερδεύω. **~ with**
συναναστρέφομαι

mixed /mɪkst/ *a* ανάμικτος.
(*school etc.*) μικτός

mixture /'mɪkstʃə(r)/ *n* (το)
μίγμα

moan /məʊn/ *n* (το) βογγητό.
(*complaint*) (η) γκρίνια. • *vi*
βογγώ. (*grumble*)
γκρινιάζω

moat /məʊt/ *n* (η) τάφρος

mob /mɒb/ *n* (ο) όχλος. • *vt*
πολιορκώ

mobile /'məʊbaɪl/ *a* κινητός.
• *n* (το) μομπίλιο. **~ (phone)**
n (το) κινητό τηλέφωνο. **~ity**
/-'bɪlətɪ/ *n* (η) κινητικότητα

mobilize /'məʊbɪlaɪz/ *vt*
κινητοποιώ

mock /mɒk/ *vt* κοροϊδεύω. • *a*
ψεύτικος. **~ery** /'mɒkərɪ/ *n*
(η) κοροϊδία

model /'mɒdl/ *n* (το) πρότυπο.
(*product*) (το) μοντέλο.
(*fashion*) (το) μανεκέν *invar*.
(*art*) (το) μοντέλο. • *a*
υποδειγματικός. • *vt* πλάθω.
• *vi* (*fashion*) εργάζομαι ως
μανεκέν. *art*) ποζάρω

moderate¹ /'mɒdərət/ *a*
μέτριος. • *n* (ο) μετριοπαθής.
~ly *adv* μέτρια

moderate² /'mɒdəreɪt/ *vt*
μετριάζω. **~ion** /-'reɪʃn/ *n* (η)
μετριοπάθεια

modern /'mɒdn/ *a* μοντέρνος.
~ize *vt* εκσυγχρονίζω

modest /'mɒdɪst/ *a*
μετριόφρων. **~y** *n* (η)
μετριοφροσύνη

modif|y /'mɒdɪfaɪ/ vt
τροποποιώ. **~ication** /-ɪ'keɪʃn/
n (η) τροποποίηση

moist /mɔɪst/ a
υγρός. **~ure** /'mɔɪstʃə(r)/ n (η)
υγρασία

moisten /'mɔɪsn/ vt βρέχω

molar /'məʊlə(r)/ n (ο)
τραπεζίτης (δόντι)

molasses /mə'læsɪz/ n (η)
μελάσα

mole /məʊl/ n (on skin) (η)
ελιά. (animal) (ο) ασπάλακας

molecule /'mɒlɪkjuːl/ n (το)
μόριο

molest /mə'lest/ vt (assault)
κακοποιώ

moment /'məʊmənt/ n (η)
στιγμή. **at the ~** προς το
παρόν

momentar|y /'məʊməntrɪ/ a
στιγμιαίος. **~ily** adv για μια
στιγμή. (soon: Amer) σύντομα

momentous /mə'mentəs/ a
βαρυσήμαντος

momentum /mə'mentəm/ n (η)
ορμή

monarch /'mɒnək/ n (ο)
μονάρχης. **~y** n (η) μοναρχία

monastery /'mɒnəstrɪ/ n (το)
μοναστήρι

Monday /'mʌndɪ/ n (η)
Δευτέρα

monetary /'mʌnɪtrɪ/ a
μονεταριστικός

money /'mʌnɪ/ n (τα) χρήματα,
(τα) λεφτά

mongrel /'mʌŋɡrəl/ n (ο)
μιγάδας (σκύλος)

monitor /'mɒnɪtə(r)/ n (schol)
(ο) επιμελητής. (techn)

οθόνη. • vt (a broadcast)
παρακολουθώ

monk /mʌŋk/ n (ο) μοναχός

monkey /'mʌŋkɪ/ n (ο) πίθηκος

monologue /'mɒnəlɒɡ/ n (ο)
μονόλογος

monopoly /mə'nɒpəlɪ/ n (το)
μονοπώλιο

monosyllable /'mɒnəsɪləbl/ n
(η) μονοσύλλαβη λέξη

monotone /'mɒnətəʊn/ n (η)
μονότονη ομιλία

monoton|ous /mə'nɒtənəs/ a
μονότονος. **~y** n (η)
μονοτονία

monsoon /mɒn'suːn/ n (ο)
μουσώνας

monst|er /'mɒnstə(r)/ n (το)
τέρας. **~rous** a τερατώδης

monstrosity /mɒn'strɒsətɪ/ n
(το) τερατούργημα

month /mʌnθ/ n (ο) μήνας

monthly /'mʌnθlɪ/ a μηνιαίος.
• adv μηνιαία. • n (periodical)
(το) μηνιαίο περιοδικό

monument /'mɒnjʊmənt/ n
(το) μνημείο. **~al** /-'mentl/ a
μνημειώδης

moo /muː/ vi μουγκανίζω

mood /muːd/ n (η) διάθεση. **in
a good/bad ~**
καλοδιάθετος/κακοδιάθετος.
~y a κακόκεφος. (variable)
ιδιότροπος

moon /muːn/ n (το) φεγγάρι

moon|light /'muːnlaɪt/ n (το)
φεγγαρόφωτο. **~lit** a
φεγγαροφωτισμένος

moor /mʊə(r)/ n (ο)
ρεικότοπος. • vt (Naut)
αγκυροβολώ. **~ings** npl (η)
αγκυροβολία

mop /mɒp/ *n* (η)
σφουγγαρίστρα (με λαβή). (*of
hair*) (τα) ξεχτένιστα μαλλιά.
• *vt* σφουγγαρίζω

mope /məʊp/ *vi* μελαγχολώ

moped /'məʊped/ *n* (το)
μηχανάκι

moral /'mɒrəl/ *a* ηθικός. • *n*
(το) ηθικό συμπέρασμα. **~s**
(η) ηθική

morale /mə'raːl/ *n* (το) ηθικό

morality /mə'rælətɪ/ *n* (η)
ηθική

morbid /'mɔːbɪd/ *a* νοσηρός

more /mɔː(r)/ *a & n*
περισσότερος. • *adv*
περισσότερο. (*again*) ξανά. **he
doesn't live here any ~** δεν
ζει πια εδώ. **~ and ~** όλο και
περισσότερο. **~ or less** λίγο
πολύ. **there is no ~** δεν έχει
άλλο. **once ~** ακόμη μια
φορά

moreover /mɔːˈrəʊvə(r)/ *adv*
επιπλέον

morgue /mɔːg/ *n* (το)
νεκροτομείο

morning /'mɔːnɪŋ/ *n* (το) πρωί

Morocco /mə'rɒkəʊ/ *n* (το)
Μαρόκο

moron /'mɔːrɒn/ *n* (ο) μωρός

morose /mə'rəʊs/ *a* δύσθυμος

morphine /'mɔːfiːn/ *n* (η)
μορφίνη

Morse /mɔːs/ *n* **~ (code)** (ο
κώδικας) μορς *invar*

morsel /'mɔːsl/ *n* (το)
κομματάκι

mortal /'mɔːtl/ *a* θνητός *n* (ο)
άνθρωπος. **~ity** /mɔː'tælətɪ/ *n*
(η) θνησιμότητα

mortar /'mɔːtə(r)/ *n* (*building*)
(το) κονίαμα. (*mil*) (ο) όλμος

mortgage /'mɔːgɪdʒ/ *n* (η)
υποθήκη. (*loan*) (το)
στεγαστικό δάνειο

mortuary /'mɔːtʃərɪ/ *n* (το)
νεκροτομείο

mosaic /məʊ'zeɪk/ *n* (το)
μωσαϊκό

mosque /mɒsk/ *n* (το) τζαμί

mosquito /məs'kiːtəʊ/ *n* (το)
κουνούπι

moss /mɒs/ *n* (το) βρύο

most /məʊst/ *a* περισσότερος
n (το) πολύ. • *adv*
περισσότερο. (*very*) πολύ. **at
~** το πολύ. **make the ~ of**
επωφελούμαι όσο το δυνατόν
περισσότερο (*with gen.*). **~ly**
adv κυρίως

MOT *n* **~ (test)** τεχνικός
έλεγχος (οχημάτων)

motel /məʊ'tel/ *n* (το) μοτέλ
invar

moth /mɒθ/ *n* (η)
νυχτοπεταλούδα. (*in cloth*) (ο)
σκόρος

mother /'mʌðə(r)/ *n* (η)
μητέρα. **~hood** *n* (η)
μητρότητα. **~-in-law** *n* (η)
πεθερά. **~-of-pearl** *n* (το)
φίλντισι

motherly /'mʌðəlɪ/ *a* μητρικός

motif /məʊ'tiːf/ *n* (το) μοτίβο

motion /'məʊʃn/ *n* (η) κίνηση.
(*proposal*) (η) πρόταση.
(*gesture*) (το) νεύμα. • *vt/i* **~
(to) s.o. to** κάνω νόημα σε κπ
να. **~less** *a* ακίνητος

motivat|e /'məʊtɪveɪt/ *vt*
παρακινώ. **~ion** /-'veɪʃn/ *n*
(το) κίνητρο

motive /'məʊtɪv/ n (το) κίνητρο

motor /'məʊtə(r)/ n (η) μηχανή, (το) μοτέρ *invar*. • *a* κινητικός. • *vi* ταξιδεύω με αυτοκίνητο. **~ bike, ~ cycle** *ns* (η) μοτοσικλέτα. **~ car** *n* (το) αυτοκίνητο. **~ cyclist** *n* (ο) μοτοσικλετιστής. **~ vehicle** *n* (το) αυτοκίνητο

motorway /'məʊtəweɪ/ n (ο) αυτοκινητόδρομος

motto /'mɒtəʊ/ n (το) μότο *invar*

mould[1] /məʊld/ n (το) καλούπι. • *vt* πλάθω. (*fig*) διαμορφώνω

mould[2] /məʊld/ n (*rot*) (η) μούχλα. **~y** *a* μουχλιασμένος

moult /məʊlt/ *vi* μαδώ

mound /maʊnd/ n (ο) σωρός

mount /maʊnt/ *vt/i* ανεβαίνω. • *vt* (*picture etc.*) κορνιζάρω. • *n* (το) στήριγμα. (*hill*) (το) όρος

mountain /'maʊntɪn/ n (το) βουνό. **~ous** *a* ορεινός

mountaineer /maʊntɪ'nɪə(r)/ n (ο) ορειβάτης. **~ing** *n* (η) ορειβασία

mourn /mɔːn/ *vt/i* πενθώ. **~ for** θρηνώ. **~er** *n* (ο) πενθών, (η) πενθούσα. **~ing** *n* (το) πένθος

mournful /'mɔːnfl/ *a* πένθιμος

mouse /maʊs/ n (*pl* mice) (το) ποντίκι

mousetrap /'maʊstræp/ n (η) ποντικοπαγίδα

moustache /mə'stɑːʃ/ n (το) μουστάκι

mouth[1] /maʊθ/ n (το) στόμα. **~-organ** n (η) φυσαρμόνικα

mouth[2] /maʊð/ *vt* εκστομίζω

mouthful /'maʊθfʊl/ n (η) μπουκιά

mouthpiece /'maʊθpiːs/ n (*mus*) (το) επιστόμιο. (*fig*) (το) φερέφωνο

movable /'muːvəbl/ *a* κινητός

move /muːv/ *vt/i* κουνώ. (*furniture etc.*) μετακινώ. (*house*) μετακομίζω. (*affect emotionally*) συγκινώ. (*propose*) προτείνω. (*act*) ενεργώ. • *n* (η) κίνηση. (*action*) (η) ενέργεια. (*of house*) (η) μετακίνηση. **be ~d** (*emotionally*) συγκινούμαι. **~ along** προχωρώ. **~ away** φεύγω. **~ in** (*to house*) μπαίνω. **~ out** (*from house*) φεύγω. **~ over** κάνω θέση. **~ up** προχωρώ

movement /'muːvmənt/ n (η) κίνηση

movie /'muːvɪ/ n (*Amer*) (η) (κινηματογραφική) ταινία. **the ~s** (ο) κινηματογράφος

moving /'muːvɪŋ/ *a* κινητός. (*touching*) συγκινητικός

mow /məʊ/ *vt* θερίζω. (*lawn*) κουρεύω. **~er** *n* (η) θεριστική μηχανή

MP *abbr see* MEMBER

Mr /'mɪstə(r)/ n κ., Κος, (ο) κύριος

Mrs /'mɪsɪz/ n κ., Κα, (η) κυρία

much /mʌtʃ/ *a* πολύς. • *n* πολύ. **how ~?** πόσο; **~ as** μολονότι

muck /mʌk/ n (η) κοπριά, (η) βρομιά. (*fam*) (τα) σκουπίδια. • *vi* **~ about or around** (*fam*) χάνω την ώρα μου. • *vt* **~ up** (*fam*) βρομίζω. (*make a mess of*) χαλώ. **~y** *a* βρομερός

mucus /'mjuːkəs/ *n* (η) βλέννα

mud /mʌd/ *n* (η) λάσπη. **~dy** /*a* λασπωμένος

muddle /'mʌdl/ *vt* μπερδεύω.
• *vi* **~ through** τα βολεύω. • *n* (το) μπέρδεμα

mudguard /'mʌdgaːd/ *n* (το) φτερό (αυτοκινήτου κλπ)

muffle /'mʌfl/ *vt* τυλίγω.
(*sound*) πνίγω

mug[1] /mʌg/ *n* (η) κούπα. (*face:*
sl) (η) μούρη. (*fool: sl*) (το) κορόιδο

mug[2] /mʌg/ *vt* επιτίθεμαι βίαια
με σκοπό τη ληστεία

muggy /'mʌgɪ/ *a* πνιγηρός

mule /mjuːl/ *n* (το) μουλάρι

mull /mʌl/ *vt* **~ over** γυρνώ στο μυαλό μου

multicoloured /'mʌltɪknlad/ *a* πολύχρωμος

multinational /mʌltɪ'næʃənl/ *a* πολυεθνικός

multiple /'mʌltɪpl/ *a* πολλαπλός. • *n* (το) πολλαπλάσιο

multipl|y /'mʌltɪplaɪ/ *vt/i* πολλαπλασιάζω/ομαι.
~ication /-ɪ'keɪʃn/ *n* (ο) πολλαπλασιασμός

multi-storey /mʌltɪ'stɔːrɪ/ *a* πολυόροφος

multitude /'mʌltɪtjuːd/ *n* (το) πλήθος

mum /mʌm/ *n* (*fam*) (η) μαμά

mumble /'mʌmbl/ *vi* τρώω τα λόγια μου

mumm|y[1] /'mʌmɪ/ *n* (*body*) (η) μούμια. **~ify** *vt* μομιοποιώ

mummy[2] /'mʌmɪ/ *n* (*fam*) (η) μαμά

mumps /mʌmps/ *n* (οι) μαγουλάδες

munch /mʌntʃ/ *vi* μασουλίζω

mundane /mʌn'deɪn/ *a* κοινός.
(*worldly*) εγκόσμιος

municipal /mjuː'nɪsɪpl/ *a* δημοτικός

mural /'mjʊərəl/ *n* (η) τοιχογραφία

murder /'mɜːdə(r)/ *n* (η) δολοφονία. • *vt* δολοφονώ.
(*fam*) καταστρέφω. **~er,**
~ess *n* (ο, η) δολοφόνος

murky /'mɜːkɪ/ *a* σκοτεινός

murmur /'mɜːmə(r)/ *n* (το) μουρμούρισμα. • *vt/i* μουρμουρίζω

muscle /'mʌsl/ *n* (ο) μυς

muscular /'mʌskjʊlə(r)/ *a* μυϊκός. (*person*) μυώδης

muse /mjuːz/ *vi* συλλογίζομαι.
• *n* (η) μούσα

museum /mjuː'zɪəm/ *n* (το) μουσείο

mush /mʌʃ/ *n* (ο) χυλός

mushroom /'mʌʃrʊm/ *n* (το) μανιτάρι

music /'mjuːzɪk/ *n* (η) μουσική.
~al *a* μουσικός. (*talented*) με μουσικό ταλέντο. • *n* (το) μιούζικαλ *invar*

musician /mjuː'zɪʃn/ *n* (ο, η) μουσικός

Muslim /'mʊzlɪm/ *n* (ο) μουσουλμάνος

muslin /'mʌzlɪn/ *n* (η) μουσελίνα

mussel /'mʌsl/ *n* (το) μύδι

must /mʌst/ *v aux* πρέπει. **~**
you go? πρέπει να φύγεις;
she ~ have forgotten θα

ξέχασε. **you ~ come** πρέπει να 'ρθεις. • *n* **be a ~** (*fam*) είναι κάτι που πρέπει να γίνει

mustard /'mʌstəd/ *n* (η) μουστάρδα

muster /'mʌstə(r)/ *vt/i* συγκεντρώνω/ομαι• *n* **pass ~** είναι ικανοποιητικός

mute /mju:t/ *a* & *n* βουβός

muted /'mju:tid/ *a* πνιχτός

mutilat|e /'mju:tɪleɪt/ *vt* ακρωτηριάζω. **~ion** /-'leɪʃn/ *n* (ο) ακρωτηριασμός

mutiny /'mju:tɪnɪ/ *n* (η) ανταρσία. • *vi* στασιάζω

mutter /'mʌtə(r)/ *vt/i* μουρμουρίζω

mutton /'mʌtn/ *n* (το) πρόβειο κρέας

mutual /'mju:tʃʊəl/ *a* αμοιβαίος. (*common*) κοινός. **~ly** *adv* αμοιβαία

muzzle /'mʌzl/ *n* (*of animal*) (το) ρύγχος. (*for dogs etc.*) (το) φίμωτρο. (*of gun*) (η) μπούκα

my /maɪ/ *a* μου

myself /maɪ'self/ *pron* εγώ ο ίδιος. (*reflexive*) ο εαυτός μου. (*after prep*) μόνος μου

mysterious /mɪ'stɪərɪəs/ *a* μυστηριώδης

mystery /'mɪstərɪ/ *n* (το) μυστήριο

mystic /'mɪstɪk/ *n* (ο) μυστικιστής. **~al** *a* μυστικιστικός

mystify /'mɪstɪfaɪ/ *vt* σαστίζω

myth /mɪθ/ *n* (ο) μύθος. **~ical** *a* μυθικός

mythology /mɪ'θɒlədʒɪ/ *n* (η) μυθολογία

Nn

nab /næb/ *vt* βουτώ

nag /næg/ *vt/i* (*pester*) γκρινιάζω. (*find fault*) τα βάζω με. **~ging** *a* (*pain*) ενοχλητικός

nail /neɪl/ *n* (το) καρφί. (*of finger, toe*) (το) νύχι. • *vt* καρφώνω. **~-file** *n* (η) λίμα των νυχιών. **~ polish**, **~ varnish** *ns* (το) βερνίκι (για τα νύχια)

naive /naɪ'i:v/ *a* αφελής

naked /'neɪkɪd/ *a* γυμνός

name /neɪm/ *n* (το) όνομα. • *vt* (*give name*) ονομάζω. (*specify*) ορίζω

namely /'neɪmlɪ/ *adv* δηλαδή

namesake /'neɪmseɪk/ *n* (ο) συνονόματος

nanny /'nænɪ/ *n* (η) νταντά

nap /næp/ *n* (ο) υπνάκος

nape /neɪp/ *n* (ο) αυχένας

napkin /'næpkɪn/ *n* (η) πετσέτα. (*for baby*) (η) πάνα

nappy /'næpɪ/ *n* (η) πάνα

narcotic /nɑ:'kɒtɪk/ *n* (το) ναρκωτικό

narrat|e /nə'reɪt/ *vt* αφηγούμαι. **~ion** /-ʃn/ *n* (η) αφήγηση. **~or** *n* (η) αφηγητής

narrative /'nærətɪv/ *a* αφηγηματικός. • *n* (το) αφήγημα

narrow /'nærəʊ/ *a* στενός. (*fig*) περιορισμένος. • *vt/i* στενεύω, περιορίζω. **~-minded** *a* στενόμυαλος. **~ly** *adv* στενά, μόλις

nasal /'neızl/ a ρινικός

nasty /'na:stı/ a δυσάρεστος. (weather) κακός

nation /'neıʃn/ n (το) έθνος

national /'næʃnəl/ a εθνικός. • n (ο, η) υπήκοος. ~ **anthem** (ο) εθνικός ύμνος. ~**ism** n (ο) εθνικισμός. ~**ize** vt εθνικοποιώ. ~**ly** adv εθνικά

nationality /ˌnæʃə'nælətı/ n (η) εθνικότητα

native /'neıtıv/ a ιθαγενής. (local) ντόπιος. (inborn) ατόφιος. • n (ο, η) ιθαγενής

natter /'nætə(r)/ vi (fam) φλυαρώ

natural /'nætʃrəl/ a φυσικός. ~**ly** adv φυσικά. (of course) βεβαίως

naturalize /'nætʃrəlaız/ vt πολιτογραφώ

nature /'neıtʃə(r)/ n (η) φύση. (kind) (το) είδος. (of person) (ο) χαρακτήρας

naughty /'nɔ:tı/ a άτακτος. (indecent) τολμηρός

nause|a /'nɔ:sıə/ n (η) ναυτία. (fig) (η) αηδία. ~**ous** αηδιαστικός

nauseat|e /'nɔ:sıeıt/ vt φέρνω αηδία σε. ~**ing** a αηδιαστικός

nautical /'nɔ:tıkl/ a ναυτικός

naval /'neıvl/ a ναυτικός

nave /neıv/ n (το) κεντρικό κλίτος

navel /'neıvl/ n (ο) αφαλός

navigable /'nævıgəbl/ a πλωτός

navigat|e /'nævıgeıt/ vt διαπλέω. • vi πλέω. ~**ion** /-'geıʃn/ n (η) ναυσιπλοΐα. ~**or** n (ο) ναυτίλος

navy /'neıvı/ n (το) ναυτικό. ~ **(blue)** (το) μπλε μαρέν invar

near /nıə(r)/ a κοντινός. • adv κοντά. • prep κοντά. (nearly) σχεδόν. vt/i πλησιάζω. **come** or **draw** ~ πλησιάζω. ~ **by** adv κοντά

nearby /'nıəbaı/ a κοντινός

nearly /'nıəlı/ adv σχεδόν. (closely) στενά. **not** ~ καθόλου

neat /ni:t/ a (appearance) περιποιημένος. (room etc.) συγυρισμένος. (undiluted) σκέτος. (plan etc.) καλοφτιαγμένος

necessar|y /'nesəsərı/ a απαραίτητος, αναγκαίος. ~**ily** adv απαραιτήτως

necessitate /nı'sesıteıt/ vt επιβάλλω

necessity /nı'sesətı/ n (η) ανάγκη

neck /nek/ n (ο) λαιμός

necklace /'neklıs/ n (το) κολιέ invar

neckline /'neklaın/ n (το) ντεκολτέ invar

necktie /'nektaı/ n (η) γραβάτα

nectar /'nektə(r)/ n (το) νέκταρ

nectarine /'nektərın/ n (το) νεκταρίνι

née /neı/ a το γένος

need /ni:d/ n (η) ανάγκη. • vt χρειάζομαι. **be in** ~ **of** έχω ανάγκη από. **he** ~ **not go** δεν είναι ανάγκη να πάει. ~**less** a περιττός. ~**lessly** adv χωρίς λόγο

needle /'ni:dl/ n (το) βελόνι. (of record-player) (η) βελόνα

needlework /'ni:dlwɜ:k/ n (το)
εργόχειρο

needy /'ni:dı/ a άπορος

negative /'negǝtıv/ a
αρνητικός. • n (photo, gram)
(το) αρνητικό

neglect /nɪ'glekt/ vt παραμελώ.
• n (η) παραμέληση

negligen|t /'neglıdʒǝnt/ a
αμελής. **~ce** n (η) αμέλεια

negligible /'neglıdʒǝbl/ a
αμελητέος

negotiable /nı'gǝʊʃıǝbl/ a
διαπραγματεύσιμος

negotiat|e /nı'gǝʊʃıeıt/ vt/i
διαπραγματεύομαι. **~ion**
/-'eıʃn/ n (η) διαπραγμάτευση.
~or n (ο) διαπραγματευτής

neigh /neı/ vi χλιμιντρίζω

neighbour /'neıbǝ(r)/ n (ο)
γείτονας, (η) γειτόνισσα.
~hood n (η) γειτονιά

neighbourly /'neıbǝlı/ a
γειτονικός

neither /'naıðǝ(r)/ a & pron
κανένας. • adv & conj ούτε. **~
... nor ...** ούτε ... ούτε ...

neon /'ni:ɒn/ n (το) νέον

nephew /'nevju:/ n (ο) ανεψιός

nerve /nɜ:v/ n (το) νεύρο.
(courage) (η) ψυχραιμία.
(cheek: fam) (το) θράσος. **~s**
(nervousness) (το) τρακ invar. **it
gets on my ~** μου δίνει στα
νεύρα. **~-racking** a
εκνευριστικός

nervous /'nɜ:vǝs/ a νευρικός.
(agitated) εκνευρισμένος. **~ly**
adv νευρικά, εκνευρισμένα. **~ness** n
(η) νευρικότητα. (fear) (η)
ανησυχία

nest /nest/ n (η) φωλιά

nestle /'nesl/ vi χώνομαι

net¹ /net/ n (το) δίχτυ. • (catch)
πιάνω με δίχτυα. **~ting** n (το)
δικτυωτό. (fabric) (το) τούλι

net² /net/ a καθαρός. • vt (pt
netted) κερδίζω

Netherlands /'neðǝlǝndz/ npl
the ~ οι Κάτω Χώρες

netsurfer /'netsɜ:fǝ(r)/ n (το)
άτομο που σερφάρει στο
διαδίκτυο

nettle /'netl/ n (η) τσουκνίδα

network /'netwɜ:k/ n (το)
δίκτυο

neuro|sis /njʊǝ'rǝʊsıs/ n (η)
νεύρωση. **~tic** /-'rɒtık/ a & n
νευρωτικός

neuter /'nju:tǝ(r)/ a ουδέτερος.
• n (το) ουδέτερο. • vt
ευνουχίζω

neutral /'nju:trǝl/ a ουδέτερος.
~ity /-'trælǝtı/ n (η)
ουδετερότητα

never /'nevǝ(r)/ adv ποτέ. **~
again** ποτέ ξανά. **~-ending** a
ατέλειωτος. **~ mind** δεν
πειράζει

nevertheless /nevǝðǝ'les/ adv
εντούτοις, ωστόσο

new /nju:/ a νέος, καινούριος.
~-born a νεογέννητος. **~
year** n (ο) νέος χρόνος. **N~
Year's Day** n (η)
πρωτοχρονιά. **N~ Year's Eve**
n (η) παραμονή της
πρωτοχρονιάς. **N~ Zealand** n
(η) Νέα Ζηλανδία. **~ness** n
(το) καινούριο

newcomer /'nju:kʌmǝ(r)/ n (ο)
νεοφερμένος

news /nju:z/ n (τα) νέα. (radio,
TV) (οι) ειδήσεις. **~ flash** n
(το) έκτακτο δελτίο ειδήσεων

newsagent /'njuːzeɪdʒənt/ n (ο) εφημεριδοπώλης

newsletter /'njuːzletə(r)/ n (το) δελτίο (ειδησεογραφικό)

newspaper /'njuːzpeɪpə(r)/ n (η) εφημερίδα

newt /njuːt/ n (ο) τρίτων

next /nekst/ a επόμενος. (adjoining) διπλανός. • adv μετά. • n (ο) επόμενος. **~-door** (το) πλαϊνό σπίτι. **~-door** a διπλανός (γείτονας). **~ of kin** (οι) πλησιέστεροι συγγενείς. **~ to** (beside) δίπλα σε, πλάι σε. (in order) μετά από

nib /nɪb/ n (η) μύτη (της πένας)

nibble /'nɪbl/ vt/i τσιμπώ επανειλημμένα

nice /naɪs/ a καλός. (kind) ευγενικός. (agreeable) συμπαθητικός. (pleasant) ευχάριστος. (attractive) ωραίος. (respectable) ευπρεπής. **~ly** adv ωραία. (well) καλά

niche /nɪtʃ/ n (η) κατάλληλη θέση. (fig) (η) γωνιά

nick /nɪk/ n (το) κόψιμο

nickel /'nɪkl/ n (το) νικέλιο. (Amer) νόμισμα των 5 σεντ

nickname /'nɪkneɪm/ n (το) παρατσούκλι

nicotine /'nɪkətiːn/ n (η) νικοτίνη

niece /niːs/ n (η) ανεψιά

Nigeria /naɪ'dʒɪərɪə/ n (η) Νιγηρία

niggling /'nɪglɪŋ/ a ασήμαντος. (pain) εκνευριστικός

night /naɪt/ n (η) νύχτα. (evening) (η) βραδιά. • a

νυχτερινός. **at ~** τη νύχτα. **~-club** (το) νυχτερινό κέντρο. **~-dress, ~-gown** ns (το) νυχτικό. **~-time** n (η) νύχτα. **~-watchman** n (ο) νυχτοφύλακας

nightfall /'naɪtfɔːl/ n (το) σούρουπο

nightingale /'naɪtɪŋgeɪl/ n (το) αηδόνι

nightly /'naɪtlɪ/ a της κάθε νύχτας. (by night) νυχτερινός adv κάθε βράδυ

nightmare /'naɪtmeə(r)/ n (ο) εφιάλτης

nil /nɪl/ n (το) μηδέν

nimble /'nɪmbl/ a σβέλτος

nin|e /naɪn/ a & n εννέα. **~th** a ένατος n (το) ένατο

nineteen /naɪn'tiːn/ a & n δεκαεννέα. **~th** a δέκατος ένατος. n (το) δέκατο ένατο

ninet|y /'naɪntɪ/ a & n ενενήντα. **~ieth** a ενενηκοστός. n (το) ενενηκοστό

nip /nɪp/ vt τσιμπώ. • vi (fam) πετιέμαι. • n (το) τσίμπημα

nipple /'nɪpl/ n (η) θηλή

nitrogen /'naɪtrədʒən/ n (το) άζωτο

no /nəʊ/ a κανένας. • adv δεν, όχι. • n (το) όχι. **~ one = nobody. ~ entry** απαγορεύεται η είσοδος.

nob|le /'nəʊbl/ a & n ευγενής. **~ility** /-'bɪlətɪ/ n (η) ευγένεια

nobody /'nəʊbɒdɪ/ pron κανένας. • n (το) μηδενικό

nocturnal /nɒk'tɜːnl/ a νυχτόβιος

nod /nɒd/ *vt/i* νεύω. • *n* το
νεύμα

noise /nɔɪz/ *n* (ο) θόρυβος.
~less *a* αθόρυβος

noisy /ˈnɔɪzɪ/ *a* θορυβώδης

nomad /ˈnəʊmæd/ *n* (ο) νομάς.
~ic /-ˈmædɪk/ *a* νομαδικός

nominal /ˈnɒmɪnl/ *a*
ονομαστικός. (*sum*) για τον
τύπο

nominat|e /ˈnɒmɪneɪt/ *vt*
προτείνω. (*appoint*) διορίζω.
~ion /-ˈneɪʃn/ *n* (η)
υποψηφιότητα

nominative /ˈnɒmɪnətɪv/ *n* (η)
οριστική (πτώση)

nonchalant /ˈnɒnʃələnt/ *a*
νωχελικός

nondescript /ˈnɒndɪskrɪpt/ *a*
ακαθόριστος

none /nʌn/ *pron* (*person*)
κανένας, καμιά. (*thing*)
κανένα. • *adv* καθόλου

nonentity /nɒˈnentɪtɪ/ *n* (η)
μηδαμινότητα

non-existent /nɒnɪgˈzɪstənt/ *a*
ανύπαρκτος

nonsens|e /ˈnɒnsns/ *n* (η)
ανοησία. **~ical** /-ˈsensɪkl/ *a*
χωρίς νόημα

non-smoker /nɒnˈsməʊkə(r)/ *n*
(ο) μη καπνίζων

non-stop /nɒnˈstɒp/ *a*
συνεχής. • *adv* συνεχώς

noodles /ˈnuːdlz/ *npl* (οι)
χυλοπίτες

nook /nʊk/ *n* (η) γωνιά

noon /nuːn/ *n* (το) μεσημέρι

noose /nuːs/ *n* (η) θηλιά

nor /nɔː(r)/ *conj* ούτε

norm /nɔːm/ *n* (η) νόρμα

normal /ˈnɔːməl/ *a* ομαλός.
~ity /-ˈmælɪtɪ/ *n* (η)
ομαλότητα. **~ly** *adv* ομαλά

north /nɔːθ/ *n* (ο) βορράς. • *a*
βόρειος. • *adv* προς το βορρά.
~-east *a* βορειοανατολικός.
N~ Sea *n* (η) Βόρειος
Θάλασσα. **~ward** *a* βόρειος.
~wards *adv* προς βορρά. **~-
west** *a* βορειοδυτικός

northern /ˈnɔːðən/ *a* βόρειος.
N~ Ireland *n* (η) Βόρειος
Ιρλανδία **~er** *n* (ο) βόρειος

Norway /ˈnɔːweɪ/ *n* (η)
Νορβηγία

nose /nəʊz/ *n* (η) μύτη

nosebleed /ˈnəʊzbliːd/ *n* (η)
αιμορραγία της μύτης

nostalg|ia /nɒˈstældʒə/ *n* (η)
νοσταλγία. **~ic** *a*
νοσταλγικός

nostril /ˈnɒstrɪl/ *n* (το)
ρουθούνι

nosy /ˈnəʊzɪ/ *a*
περίεργος

not /nɒt/ *adv* δεν. **if ~** αν όχι.
~ at all καθόλου. **~ yet** όχι
ακόμη

notable /ˈnəʊtəbl/ *a*
αξιοσημείωτος

notch /nɒtʃ/ *n* εγκοπή σε
σχήμα. • *vt* **~ up** σημειώνω

note /nəʊt/ *n* (η) σημείωση.
(*short letter*) (το) σημείωμα.
(*written comment*) (η)
παρατήρηση. (*banknote*) (το)
χαρτονόμισμα. (*mus*) (η) νότα.
• *vt* προσέχω. **~ (down)**
σημειώνω

notebook /ˈnəʊtbʊk/ *n* (το)
σημειωματάριο

noted /ˈnəʊtɪd/ *a* διάσημος

notepaper /'nəutpeipə(r)/ *n*
(το) χαρτί για σημειώσεις

noteworthy /'nəutwɜːði/ *a*
αξιοσημείωτος

nothing /'nʌθɪŋ/ *pron* τίποτα.
• *n* (*thing*) (το) τίποτα. (*person*)
(το) μηδέν. • *adv* καθόλου. **it
has ~ to do with** δεν έχει
καμμιά σχέση με

notice /'nəutɪs/ *n* (*poster*) (η)
αγγελία. (*announcement*) (η)
ανακοίνωση. (*attention*) (η)
προσοχή. (*notification*) (η)
προειδοποίηση. **~board** *n*
(ο) πίνακας ανακοινώσεων.
take ~ δίνω σημασία (**of**, σε)

noticeabl|e /'nəutɪsəbl/ *a*
αισθητός. **~y** *adv* αισθητά

notif|y /'nəutɪfaɪ/ *vt* ειδοποιώ.
~ication /-ɪ'keɪʃn/ *n* (η)
ειδοποίηση

notion /'nəuʃn/ *n* (η)
αντίληψη.

notorious /nəu'tɔːrɪəs/ *a*
διαβόητος

notwithstanding
/nɒtwɪθ'stændɪŋ/ *prep* παρά.
• *adv* παρ' όλο που

nought /nɔːt/ *n* (το) μηδέν

noun /naun/ *n* (το) ουσιαστικό

nourish /'nʌrɪʃ/ *vt* τρέφω.
~ing *a* θρεπτικός

novel /'nɒvl/ *n* (το)
μυθιστόρημα. • *a* νέος. **~ist** *n*
(ο, η) μυθιστοριογράφος. **~ty**
n (ο) νεωτερισμός

November /nəu'vembə(r)/ *n* (ο)
Νοέμβριος

novice /'nɒvɪs/ *n* (ο) πρωτάρης.
(*learner*) (ο) μαθητευόμενος

now /nau/ *adv* τώρα. • *conj*
(*that*) τώρα (που). **by ~** ήδη.

~ and again, ~ and then
πότε πότε

nowadays /'nauədeɪz/ *adv*
σήμερα

nowhere /'nəuweə(r)/ *adv*
πουθενά

noxious /'nɒkʃəs/ *a* επιβλαβής

nozzle /'nɒzl/ *n* (το) στόμιο

nuance /'njuːɑːns/ *n* (η)
απόχρωση (στην έννοια)

nuclear /'njuːklɪə(r)/ *a*
πυρηνικός

nucleus /'njuːklɪəs/ *n* (ο)
πυρήνας

nud|e /njuːd/ *a* γυμνός. • *n* (το)
γυμνό. **~ity** *n* (η) γύμνια

nudge /nʌdʒ/ *vt* σκουντώ
ελαφρά. • *n* (το) σκούντημα

nudist /'njuːdɪst/ *n* (ο)
γυμνιστής, (η) γυμνίστρια

nuisance /'njuːsns/ *n* (ο)
μπελάς

null /nʌl/ *a* άκυρος

numb /nʌm/ *a* μουδιασμένος.
• *vt* μουδιάζω

number /'nʌmbə(r)/ *n* (ο)
αριθμός. • *vt* αριθμώ. (*include*)
συγκαταλέγω. **~-plate** *n* (η)
πινακίδα κυκλοφορίας

numeral /'njuːmərəl/ *n* (ο)
αριθμός

numerical /njuː'merɪkl/ *a*
αριθμητικός

numerous /'njuːmərəs/ *a*
πολυάριθμος

nun /nʌn/ *n* (η) καλόγρια

nurse /nɜːs/ *n* (η) νοσοκόμα.
(*nanny*) (η) παραμάνα. • *vt*
(*patient*) νοσηλεύω. (*baby*)
θηλάζω

nursery /'nɜːsəri/ *n* (*room*) (το)
δωμάτιο των παιδιών. (*for*

plants) (το) φυτώριο. **(day) ~**
(ο) παιδικός σταθμός. **~**
rhyme *n* (το) παιδικό
τραγουδάκι. **~ school** *n* (το)
νηπιαγωγείο

nurture /'nɜ:tʃə(r)/ *vt* ανατρέφω

nut /nʌt/ *n* (ο) ξηρός καρπός.
(*mech*) (το) παξιμάδι

nutcrackers /'nʌtkrækəz/ *npl*
(ο) καρυοθραύστης

nutmeg /'nʌtmeg/ *n* (το)
μοσχοκάρυδο

nutrient /'nju:trɪənt/ *n* (η)
θρεπτική ουσία

nutrit|ion /nju:'trɪʃn/ *n* (η)
θρέψη. **~ious** *a* θρεπτικός

nutshell /'nʌtʃel/ *n* (το)
καρυδότσουφλο. **in a ~** εν
συντομία

nylon /'naɪlɒn/ *n* (το) νάιλον

nymph /nɪmf/ *n* (η) νύμφη

....

Oo

....

oaf /əʊf/ *n* (ο) μπουντάλάς

oak /əʊk/ *n* (η) βαλανιδιά

OAP *abbr* (*old-age pensioner*)
(ο, η) συνταξιούχος

oar /ɔ:(r)/ *n* (το) κουπί

oasis /əʊ'eɪsɪs/ *n* (η) όαση

oath /əʊθ/ *n* (ο) όρκος. (*swear-word*) (η) βλαστήμια

oats /əʊts/ *npl* (η) βρώμη

obedien|t /ə'bi:dɪənt/ *a*
υπάκουος. **~ce** *n* (η) υπακοή

obes|e /əʊ'bi:s/ *a* παχύσαρκος.
~ity *n* (η) παχυσαρκία

obey /ə'beɪ/ *vt/i* υπακούω.

obituary /ə'bɪtʃʊəri/ *n* (η)
νεκρολογία

object¹ /'ɒbdʒɪkt/ *n* (το)
αντικείμενο. (*aim*) (ο) σκοπός

object² /əb'dʒekt/ *vi* (*protest*)
έχω αντίρρηση. **~ to**
αντιτίθεμαι. **~ion** /-ʃn/ *n* (η)
αντίρρηση. **~or** *n* (ο)
αντιρρησίας

objectionable /əb'dʒekʃnəbl/ *a*
απαράδεκτος. (*unpleasant*)
δυσάρεστος

objectiv|e /əb'dʒektɪv/ *a*
αντικειμενικός. • *n* (ο)
σκοπός. **~ity** /ɒbdʒek'tɪvɪti/
(η) αντικειμενικότητα

obligation /ɒblɪ'geɪʃn/ *n* (η)
υποχρέωση

obligatory /ə'blɪgətri/ *a*
υποχρεωτικός

oblig|e /ə'blaɪdʒ/ *vt*
υποχρεώνω. **~ed** *a*
υποχρεωμένος. **~ing** *a*
υποχρεωτικός

oblique /ə'bli:k/ *a* λοξός

obliterate /ə'blɪtəreɪt/ *vt*
εξαλείφω

oblivion /ə'blɪvɪən/ *n* (η) λήθη

oblivious /ə'blɪvɪəs/ *a*
επιλήσμων

oblong /'ɒblɒŋ/ *a* επιμήκης. • *n*
(το) ορθογώνιο

obnoxious /əb'nɒkʃəs/ *a*
απαίσιος

oboe /'əʊbəʊ/ *n* (το) όμποε

obscen|e /əb'si:n/ *a* αισχρός.
~ity /-enəti/ *n* (η) αισχρότητα

obscur|e /əb'skjʊə(r)/ *a*
δυσνόητος. (*person*) άσημος.
• *vt* σκεπάζω. (*conceal*) κρύβω.
~ity *n* (η) ασημότητα

observant /əb'zɜːvənt/ a
παρατηρητικός

observatory /əb'zɜːvətrɪ/ n (το)
αστεροσκοπείο

observ|e /əb'zɜːv/ vt
παρατηρώ. **~ation**
/ɒbzə'veɪʃn/ n (η) παρατήρηση.
~er n (ο) παρατηρητής

obsess /əb'ses/ vt κατέχω. **be
~ed with** βασανίζομαι από.
~ion /-ʃn/ n (η) έμμονη ιδέα.
~ive a έμμονος

obsolete /'ɒbsəliːt/ a
απαρχαιωμένος

obstacle /'ɒbstəkl/ n (το)
εμπόδιο

obstinate /'ɒbstɪnət/ a
ισχυρογνώμων

obstruct /əb'strʌkt/ vt
εμποδίζω. **~ion** /-ʃn/ n (το)
εμπόδιο

obtain /əb'teɪn/ vt παίρνω,
εξασφαλίζω. **~vi** κρατώ

obvious /'ɒbvɪəs/ a φανερός.
~ly adv φανερά

occasion /ə'keɪʒn/ n (η)
περίσταση. (special event) (η)
περίπτωση. **~vt** προξενώ

occasional /ə'keɪʒənl/ a
σποραδικός. **~ly** adv κάπου
κάπου

occult /ɒ'kʌlt/ a απόκρυφος.
~n (ο) αποκρυφισμός

occupation /ɒkjʊ'reɪʃn/ n
απασχόληση. (job) (το)
επάγγελμα. **~al** a
επαγγελματικός

occup|y /'ɒkjʊpaɪ/ vt κατέχω.
~ant, ~ier ns (ο, η) κάτοχος.
(of building) (ο) ένοικος

occur /ə'kɜː(r)/ vi συμβαίνω.
(exist) βρίσκομαι. **it ~red to
me that** σκέφτηκα ότι

occurrence /ə'kʌrəns/ n (το)
συμβάν

ocean /'əʊʃn/ n (ο) ωκεανός

o'clock /ə'klɒk/ adv η ώρα. **it's
seven ~** είναι 7 η ώρα

octave /'ɒktɪv/ n (η) οκτάβα

October /ɒk'təʊbə(r)/ n (ο)
Οκτώβριος

octopus /'ɒktəpəs/ n (το)
χταπόδι

odd /ɒd/ a (strange) παράξενος.
(number) μονός. (not of set)
παράταιρος. (occasional)
ακανόνιστος. **the ~ one out**
αυτός που ξεχωρίζει. **~ity**
(η) παραξενιά. (person) (η)
εκκεντρικότητα. **~ly** adv
περίεργα

odds /ɒdz/ npl (οι)
πιθανότητες. (in betting) (τα)
στοιχήματα. **at ~** σε
διαφωνία. **~ and ends**
διάφορα μικροπράγματα

ode /əʊd/ n (η) ωδή

odious /'əʊdɪəs/ a απεχθής

odour /'əʊdə(r)/ n (η) οσμή

of /əv, ɒv/ prep του, από. **a
friend ~ mine** ένας φίλος
μου. **a glass ~ wine** ένα
ποτήρι κρασί

off /ɒf/ adv **the light is ~** το
φως είναι σβηστό. **the fish is
~** το ψάρι είναι μπαγιάτικο.
• prep (distant from) σε
απόσταση από. **be better ~**
είμαι σε καλύτερη
κατάσταση. **be ~** (leave)
φεύγω. **day ~** n (η) μέρα με
άδεια. **~ colour** a αδιάθετος.
~-putting a (fam)
απωθητικός. **~-white** a
υπόλευκος

offal /'ɒfl/ *n* (τα) εντόσθια

offence /ə'fens/ *n* (η) προσβολή. (*illegal act*) (το) παράπτωμα. **take ~** προσβάλλομαι

offend /ə'fend/ *vt* προσβάλλω. **~er** *n* (ο) παραβάτης, (η) παραβάτις

offensive /ə'fensɪv/ *a* προσβλητικός. (*disgusting*) αποκρουστικός. (*weapon*) επιθετικός. • *n* (η) επίθεση

offer /'ɒfə(r)/ *vt* προσφέρω. • *n* (η) προσφορά

offhand /ɒf'hænd/ *a* (*brusque*) απότομος. (*casual*) πρόχειρος. • *adv* απότομα

office /'ɒfɪs/ *n* (το) γραφείο. (*post*) (το) αξίωμα. **in ~** στην εξουσία

officer /'ɒfɪsə(r)/ *n* (*mil, police*) (ο) αξιωματικός

official /ə'fɪʃl/ *a* επίσημος. • *n* (ο, η) υπάλληλος. **~ly** *adv* επίσημα

offing /'ɒfɪŋ/ *n* **in the ~** επικείμενος

offset /'ɒfset/ *vt* αντισταθμίζω

offside /ɒf'saɪd/ *a* (*sport*) αφσάιντ *invar*

offspring /'ɒfsprɪŋ/ *n invar* (ο) γόνος

often /'ɒfn/ *adv* συχνά

ogre /'əʊɡə(r)/ *n* (ο) δράκος

oh /əʊ/ *int* ω

oil /ɔɪl/ *n* (το) λάδι. (*petroleum*) (το) πετρέλαιο. • *vt* λαδώνω. **~-painting** *n* (η) ελαιογραφία. **~ rig** *n* (η) πλατφόρμα αντλήσεως πετρελαίου. **~ well** *n* (το)

φρέαρ πετρελαίου. **~y** *a* λαδωμένος. (*fish*) λιπαρός

ointment /'ɔɪntmənt/ *n* (η) αλοιφή

OK /əʊ'keɪ/ *a* & *adv* εντάξει

old /əʊld/ *a* ηλικιωμένος. (*not modern, former*) παλιός. **how ~ is she?** πόσων χρόνων είναι; **she is ten years ~** είναι δέκα χρόνων. **~ age** *n* (τα) γεράματα. **~-fashioned** *a* περασμένης μόδας. **~ man** *n* (ο) γέρος. **~ woman** *n* (η) γριά

olive /'ɒlɪv/ *n* (*fruit, tree*) (η) ελιά. • *a* (*colour*) λαδής. **~ oil** *n* (το) ελαιόλαδο

Olympic /ə'lɪmpɪk/ *a* ολυμπιακός. **~s, ~ Games** *ns* (οι) Ολυμπιακοί Αγώνες

omelette /'ɒmlɪt/ *n* (η) ομελέτα

omen /'əʊmen/ *n* (ο) οιωνός

ominous /'ɒmɪnəs/ *a* δυσοίωνος

omi|**t** /ə'mɪt/ *vt* παραλείπω. **~ssion** /-ʃn/ *n* (η) παράλειψη

on /ɒn/ *prep* πάνω, σε. • *adv* **the light is ~** το φως είναι αναμμένο. **and so ~** και ούτω καθεξής. **from now/then ~** από δω και μπρος/από τότε. **go ~** συνεχίζω. **have a hat/coat ~** φορώ καπέλο/παλτό. **later ~** αργότερα. **~ foot** με τα πόδια

once /wʌns/ *adv* μια φορά. (*formerly*) κάποτε. • *conj* μια και. **all at ~** ξαφνικά. **at ~** αμέσως. **~ again** *or* **more** άλλη μια φορά

one /wʌn/ *a* & *pron* ένας, μία, ένα. (*impersonal*) ένας, αυτός. • *n* (το) ένα. **~ another** *n* ο ένας

τον άλλο. **~ by** ένας ένας.
~-sided a μονόπλευρος.
~-way a (street) μονόδρομος.
(ticket) απλός. **this/that ~**
αυτός/εκείνος.

oneself /wʌn'self/ pron ο ίδιος.
by ~ μόνος του

onion /'ʌnɪən/ n (το) κρεμμύδι

onlooker /'ɒnlʊkə(r)/ n (ο)
θεατής

only /'əʊnlɪ/ a μόνος. • adv
μόνο. • conj αλλά, μόνο που.
~ just μόλις

onset /'ɒnset/ n (beginning) (η)
αρχή. (attack) (η) επίθεση

onslaught /'ɒnslɔːt/ n (η) βίαιη
επίθεση

onus /'əʊnəs/ n (η) ευθύνη

onward(s) /'ɒnwəd(z)/ adv
(προς τα) εμπρός

ooze /uːz/ vt/i στάζω

opal /'əʊpl/ n (το) οπάλιο

opaque /əʊ'peɪk/ a αδιαφανής

open /'əʊpən/ a ανοιχτός. (free
to all) ελεύθερος. (available)
διαθέσιμος. (uncertain)
αβέβαιος. • vt/i ανοίγω. **half-
~** a ημιανοιχτός. **in the ~
air** στο ύπαιθρο. **~-air** a
υπαίθριος. **~-minded** a
απροκατάληπτος

opener /'əʊpənə(r)/ n (for tins,
bottles) (το) ανοιχτήρι

opening /'əʊpənɪŋ/ n (το)
άνοιγμα. (beginning) (η)
έναρξη. (job) (η) κενή θέση

openly /'əʊpənlɪ/ adv ανοιχτά

opera /'ɒprə/ n (η) όπερα

operate /'ɒpəreɪt/ vt (control)
χειρίζομαι. (techn) λειτουργώ.
• vi (function) λειτουργώ. **~e
on** (med) εγχειρίζω. **~ion**

/-'reɪʃn/ n (techn) (η)
λειτουργία. (med) (η)
εγχείρηση. **~or** n (ο)
χειριστής, (η) χειρίστρια.
(telec) (ο) τηλεφωνητής, (η)
τηλεφωνήτρια

opinion /ə'pɪnɪən/ n (η) γνώμη

opium /'əʊpɪəm/ n (το) όπιο

opponent /ə'pəʊnənt/ n (ο)
αντίπαλος

opportunist /ɒpə'tjuːnɪst/ n (ο)
καιροσκόπος

opportunity /ɒpə'tjuːnɪtɪ/ n (η)
ευκαιρία (**to**, να)

oppos|e /ə'pəʊz/ vt
αντιτίθεμαι. **~ed to**
αντίθετος προς. **~ing** a
αντίθετος

opposite /'ɒpəzɪt/ a αντίθετος.
(facing) αντικρινός. • n (το)
αντίθετο. • adv & prep
απέναντι

opposition /ɒpə'zɪʃn/ n (η)
αντίθεση. (pol) (η)
αντιπολίτευση

oppress /ə'pres/ vt καταπιέζω.
~ion /-ʃn/ n (η) καταπίεση.
~ive a καταπιεστικός.
(weather) αποπνικτικός. **~or**
n (ο) καταπιεστής

opt /ɒpt/ vi **~ for** επιλέγω. **~
to** επιλέγω να

optical /'ɒptɪkl/ a οπτικός

optician /ɒp'tɪʃn/ n (ο) οπτικός

optimis|t /'ɒptɪmɪst/ n (ο)
αισιόδοξος. **~m** /-zəm/ n (η)
αισιοδοξία. **~tic** /-'mɪstɪk/ a
αισιόδοξος

optimum /'ɒptɪməm/ a
άριστος, βέλτιστος

option /'ɒpʃn/ n (η) επιλογή.
(comm) (το) δικαίωμα
προτιμήσεως

optional /'ɒpʃənl/ a προαιρετικός

opulen|t /'ɒpjʊlənt/ a πλούσιος. **~ce** n (η) χλιδή

or /ɔː(r)/ conj ή. (after negative) ούτε. **~ else** διαφορετικά

oracle /'ɒrəkl/ n (ο) χρησμός

oral /'ɔːrəl/ a προφορικός. • n (exam) (η) προφορική εξέταση

orange /'ɒrɪndʒ/ n (το) πορτοκάλι. (tree) (η) πορτοκαλιά. (colour) (το) πορτοκάλι. • a πορτοκαλής

orator /'ɒrətə(r)/ n (ο) ρήτορας

orbit /'ɔːbɪt/ n (η) τροχιά. • vt είμαι σε τροχιά γύρω από

orchard /'ɔːtʃəd/ n (το) περιβόλι

orchestra /'ɔːkɪstrə/ n (η) ορχήστρα

orchid /'ɔːkɪd/ n (η) ορχιδέα

ordain /ɔːˈdeɪn/ vt ορίζω. (relig) χειροτονώ

ordeal /ɔːˈdiːl/ n (η) δοκιμασία

order /'ɔːdə(r)/ n (η) τάξη. (command) (η) διαταγή. (comm) (η) παραγγελία. • vt παραγγέλλω. **in ~ to** or **that** για να

orderly /'ɔːdəlɪ/ a πειθαρχικός. • n (mil) (η) ορντινάντσα. (med) (ο) νοσοκόμος

ordinary /'ɔːdɪnrɪ/ a (usual) συνηθισμένος. (average) μέσος

ore /ɔː(r)/ n (το) μετάλλευμα

organ /'ɔːgən/ n (το) όργανο

organic /ɔːˈgænɪk/ a οργανικός

organism /'ɔːgənɪzm/ n (ο) οργανισμός

organiz|e /'ɔːgənaɪz/ vt οργανώνω. **~ation** /-'zeɪʃn/ n (ο) οργανισμός. **~er** n (ο) διοργανωτής

orgasm /'ɔːgæzəm/ n (ο) οργασμός

orgy /'ɔːdʒɪ/ n (το) όργιο

Orient /'ɔːrɪənt/ n the **~** (η) Ανατολή. **~al** /-'entl/ a ανατολίτικος

orient, orientate /'ɔːrɪənt, 'ɔːrɪənteɪt/ vt προσανατολίζω

origin /'ɒrɪdʒɪn/ n (η) καταγωγή

original /əˈrɪdʒənl/ a αρχικός. (not copied) πρωτότυπος. (new) καινούριος. **~ity** /-'nælətɪ/ n (η) πρωτοτυπία. **~ly** adv αρχικά

originat|e /əˈrɪdʒɪneɪt/ vi προέρχομαι (**from, in**, από). **~or** n (ο) επινοητής

ornament /'ɔːnəmənt/ n (το) στολίδι. **~al** /-'mentl/ a διακοσμητικός

ornate /ɔːˈneɪt/ a στολισμένος

ornithology /ɔːnɪˈθɒlədʒɪ/ n (η) ορνιθολογία

orphan /'ɔːfn/ n (ο) ορφανός. • vt ορφανεύω. **~age** n (το) ορφανοτροφείο

orthodox /'ɔːθədɒks/ a ορθόδοξος

orthopaedic /ɔːθəˈpiːdɪk/ a ορθοπεδικός

ostentat|ion /ɒstenˈteɪʃn/ n (η) επίδειξη. **~ious** a επιδεικτικός

ostracize /'ɒstrəsaɪz/ vt εξοστρακίζω

ostrich /'ɒstrɪtʃ/ n (η) στρουθοκάμηλος

other /'ʌðə(r)/ a & pron άλλος. • adv **~ than** άλλος από

otherwise /'ʌðəwaɪz/ *adv*
διαφορετικά

otter /'ɒtə(r)/ *n* (η) ενυδρίς

ought /ɔːt/ *v aux* πρέπει. **I ~
to see it** πρέπει να το δω. **it ~
to work** θα έπρεπε να
λειτουργεί

ounce /aʊns/ *n* (η) ουγκιά (=
28.35 γρ)

our /'aʊə(r)/ *a* μας

ours /'aʊəz/ *poss pron* δικός μας

ourselves /aʊə'selvz/ *pron*
(*reflexive*) οι ίδιοι. (*after prep*)
μόνοι μας

oust /aʊst/ *vt* εκδιώκω

out /aʊt/ *adv* έξω. (*in blossom*)
ανθισμένος. **put the light ~**
σβήνω το φως. **be ~ of** είμαι
χωρίς. **~ of breath**
λαχανιασμένος. **~ of date**
ξεπερασμένος. **~ of doors**
έξω. **~ of order** χαλασμένος.
~ of the way απόμερος. **~
of work** άνεργος

outbreak /'aʊtbreɪk/ *n* (*of
anger*) (το) ξέσπασμα. (*of war*)
(η) έκρηξη. (*of disease*) (η)
εκδήλωση

outburst /'aʊtbɜːst/ *n* (το)
ξέσπασμα

outcast /'aʊtkɑːst/ *n* (ο)
απόβλητος

outcome /'aʊtkʌm/ *n* (η)
έκβαση

outcry /'aʊtkraɪ/ *n* (η)
κατακραυγή

outdated /aʊt'deɪtɪd/ *a*
ξεπερασμένος

outdo /aʊt'duː/ *vt* (*pt* **-did**, *pp*
~done) ξεπερνώ

outdoor /aʊtdɔː(r)/ *a*
υπαίθριος. **~s** /-'dɔːz/ *adv* έξω

outer /'aʊtə(r)/ *a* εξωτερικός

outfit /'aʊtfɪt/ *n* (ο)
εξοπλισμός. (*clothes*) (τα)
ρούχα

outgoing /'aʊtgəʊɪŋ/ *a*
(*chairman, tenant etc.*) που
αποχωρεί. (*train etc.*) που
αναχωρεί. (*sociable*)
κοινωνικός. **~s** *npl* (τα) έξοδα

outing /'aʊtɪŋ/ *n* (η) εκδρομή

outlaw /'aʊtlɔː/ *n* (ο) φυγόδικος

outlay /'aʊtleɪ/ *n* (η) δαπάνη

outlet /'aʊtlet/ *n* (η) εξαγωγή.
(*for feelings*) (η) διέξοδος.
(*comm*) (το) κατάστημα

outline /'aʊtlaɪn/ *n* (το)
περίγραμμα. (*summary*) (οι)
γενικές γραμμές. • *vt*
διαγράφω

outlive /aʊt'lɪv/ *vt* επιζώ

outlook /'aʊtlʊk/ *n* (η)
αντίληψη. (*prospect*) (η)
προοπτική

outlying /'aʊtlaɪɪŋ/ *a* απόμερος

outnumber /aʊt'nʌmbə(r)/ *vt*
ξεπερνώ (αριθμητικά)

outpost /'aʊtpəʊst/ *n* (η)
προφυλακή. (*frontier*) (τα)
άκρα

output /'aʊtpʊt/ *n* (η)
απόδοση. (*computing*) (η)
έξοδος. (*data*) (η) εξαγωγή

outrage /'aʊtreɪdʒ/ *n* (το)
αίσχος. • *vt* εξοργίζω

outrageous /aʊt'reɪdʒəs/ *a*
εξοργιστικός

outright /'aʊtraɪt/ *adv* (*entirely*)
σαφώς. (*at once*) αμέσως.
(*frankly*) καθαρά. • *a* (*refusal*)
κατηγορηματικός. (*winner*)
αναμφισβήτητος

outset /'aʊtset/ *n* (η) αρχή

outside¹ /'aʊtsaɪd/ a εξωτερικός. • n (το) εξωτερικό

outside² /aʊt'saɪd/ adv έξω. • prep έξω από

outsider /aʊt'saɪdə(r)/ n (ο) ξένος

outskirts /'aʊtskɜːts/ npl (τα) περίχωρα

outspoken /aʊt'spəʊkn/ a ντόμπρος

outstanding /aʊt'stændɪŋ/ a (exceptional) εξαιρετικός. (conspicuous) εμφανής. (not settled) εκκρεμής

outstrip /aʊt'strɪp/ vt ξεπερνώ

outward /'aʊtwəd/ a εξωτερικός. ~ **journey** (ο) πηγαιμός. ~**ly** adv εξωτερικά. ~**(s)** adv προς τα έξω

outwit /aʊt'wɪt/ vt ξεγελώ (με εξυπνάδα)

oval /'əʊvl/ a & n οβάλ

ovary /'əʊvərɪ/ n (η) ωοθήκη

ovation /əʊ'veɪʃn/ n (η) ενθουσιώδης υποδοχή

oven /ʌvn/ n (ο) φούρνος

over /'əʊvə(r)/ prep (above, across) πάνω από. (during) κατά τη διάρκεια. (more than) περισσότερο από. • adv **be** ~ (finished) τελειώνω. (left over) μένω. **all** ~ παντού. (all) ~ **again** πάλι. ~ **and** ~ ξανά και ξανά. ~ **here** εδώ. ~ **there** εκεί

overall¹ /'əʊvərɔːl/ n (η) μπλούζα. ~**s** npl (η) φόρμα

overall² /əʊvər'ɔːl/ a γενικός. • adv γενικά

overbearing /əʊvə'beərɪŋ/ a αυταρχικός

overboard /'əʊvəbɔːd/ adv στη θάλασσα

overcast /əʊvə'kɑːst/ a συννεφιασμένος

overcharge /əʊvə'tʃɑːdʒ/ vt χρεώνω παραπάνω του κανονικού

overcoat /'əʊvəkəʊt/ n (το) παλτό, Cy. (το) πανωφόρι

overcome /əʊvə'kʌm/ vt υπερνικώ. **be ~ by** καταβάλλομαι από

overcrowded /əʊvə'kraʊdɪd/ a παραφορτωμένος

overdo /əʊvə'duː/ vt υπερβάλλω. (culin) παραψήνω. ~ **it** (overwork) το παρακάνω

overdose /'əʊvədəʊs/ n (η) υπερβολική δόση

overdraft /'əʊvədrɑːft/ n (η) υπεραvάληψη

overdue /əʊvə'djuː/ a εκπρόθεσμος. (belated) καθυστερημένος

overestimate /əʊvər'estɪmeɪt/ vt υπερεκτιμώ

overflow¹ /əʊvə'fləʊ/ vi ξεχειλίζω

overflow² /'əʊvəfləʊ/ n ξεχείλισμα. (excess) (το) περίσσευμα. (outlet) (το) στόμιο υπερχειλίσεως

overgrown /əʊvə'grəʊn/ a (garden) σκεπασμένος (με αγριόχορτα)

overhaul¹ /əʊvə'hɔːl/ vt εξετάζω και επισκευάζω

overhaul² /'əʊvəhɔːl/ n εξέταση και επισκευή

overhead¹ /əʊvə'hed/ adv από πάνω

overhead² /'əʊvəhed/ a (cables etc.) εναέριος. **~s** npl (τα) γενικά έξοδα

overhear /əʊvə'hɪə(r)/ vt ακούω τυχαία

overjoyed /əʊvə'dʒɔɪd/ a καταχαρούμενος

overlap /əʊvə'læp/ vt/i επικαλύπτω μερικώς

overleaf /əʊvə'li:f/ adv στην πίσω όψη

overload /əʊvə'ləʊd/ vt παραφορτώνω

overlook /əʊvə'lʊk/ vt (view) βλέπω προς. (fail to see) μου διαφεύγει. (forgive) παραβλέπω

overnight /əʊvə'naɪt/ adv τη νύχτα. • a νυχτερινός

overpass /'əʊvəpɑ:s/ n (η) υπέργεια διάβαση

overpower /əʊvə'paʊə(r)/ vt κατανικώ. **~ing** a ακαταμάχητος

overrate /əʊvə'reɪt/ vt υπερτιμώ. **~d** a υπερτιμημένος

overrid|e /əʊvə'raɪd/ vt υπερισχύω. **~ing** a υπερισχύων

overrule /əʊvə'ru:l/ vt ανατρέπω. (a claim) ακυρώνω

overrun /əʊvə'rʌn/ vt κατακλύζω. (a limit) ξεπερνώ

overseas /əʊvə'si:z/ a εξωτερικός. • adv στο εξωτερικό

oversee /əʊvə'si:/ vt επιβλέπω, εποπτεύω. **~r** /'əʊvəsɪə(r)/ n (ο) επιστάτης

overshoot /əʊvə'ʃu:t/ vt υπερβαίνω

oversight /'əʊvəsaɪt/ n (η) παράληψη

oversleep /əʊvə'sli:p/ vi παρακοιμάμαι

overt /'əʊvɜ:t/ a φανερός

overtake /əʊvə'teɪk/ vt/i προσπερνώ

overthrow /əʊvə'θrəʊ/ vt ανατρέπω

overtime /'əʊvətaɪm/ n (η) υπερωρία. • adv υπερωριακά

overture /'əʊvətjʊə(r)/ n (η) εισαγωγή (μουσικού έργου)

overturn /əʊvə'tɜ:n/ vt/i ανατρέπω/ομαι

overweight /'əʊvəweɪt/ a παχύσαρκος

overwhelm /əʊvə'welm/ vt καταβάλλω. (with emotion) συντρίβω. **~ing** a συντριπτικός

overwork /əʊvə'wɜ:k/ vt/i παραδουλεύω

overwrought /əʊvə'rɔ:t/ a υπερένταση

ow|e /əʊ/ vt οφείλω. **~ing** a οφειλόμενος. **~ing to** λόγω, εξαιτίας (with gen.)

owl /aʊl/ n (η) κουκουβάγια

own¹ /əʊn/ a δικός. get one's **~ back** παίρνω εκδίκηση. on one's **~** μόνος μου

own² /əʊn/ vt έχω, κατέχω. • vi **~ up to** ομολογώ. **~er** n (ο) ιδιοκτήτης, (η) ιδιοκτήτρια

ox /ɒks/ n (pl oxen) (το) βόδι

oxygen /'ɒksɪdʒən/ n (το) οξυγόνο

oyster /'ɔɪstə(r)/ n (το) στρείδι

ozone /'əʊzəʊn/ n (το) όζον

Pp

pace /peis/ n (το) βήμα. • vi βηματίζω. **keep** ~ **with** συμβαδίζω. ~-**maker** n (sport) (ο) οδηγός (σε αγώνα δρόμου). (med) (ο) βηματοδότης

Pacific /pə'sɪfɪk/ a ειρηνικός. • n ~ (**Ocean**) (ο) Ειρηνικός (Ωκεανός)

pacifist /'pæsɪfɪst/ n (ο) ειρηνιστής, (ο) πασιφιστής

pacify /'pæsɪfaɪ/ vt ειρηνεύω

pack /pæk/ n (το) δέμα. (packet) (το) πακέτο. (of cards) (η) τράπουλα. (of hounds, wolves) (η) αγέλη. (of soldier) (ο) γυλιός. • vt (in box) συσκευάζω. (suitcase) φτιάχνω. ~**ed** a γεμάτος. ~**ing** n (η) συσκευασία. **send** ~**ing** ξαποστέλνω

package /'pækɪdʒ/ n (το) πακέτο. • vt συσκευάζω

packet /'pækɪt/ n (το) μικρό πακέτο. (of biscuits, cigarettes) (το) κουτί

pact /pækt/ n (το) σύμφωνο

pad /pæd/ n (το) μαξιλαράκι. (for clothes) (η) βάτα. (for writing) (το) μπλοκ invar. • vt βάζω βάτα σε

paddle /'pædl/ n (το) κουπί. • vi (row) κωπηλατώ. (wade) πλατσουρίζω

padlock /'pædlɒk/ n (το) λουκέτο

paediatrician /pi:dɪə'trɪʃn/ n (ο, η) παιδίατρος

pagan /'peɪgən/ a παγανιστικός, ειδωλολατρικός

page /peɪdʒ/ n (of book etc.) (η) σελίδα. (in hotel) (ο) λακές

pageant /'pædʒənt/ n παρέλαση ή θέαμα με ιστορικές αμφιέσεις

paid /peɪd/ see PAY

pail /peɪl/ n (ο) κουβάς

pain /peɪn/ n (ο) πόνος. ~**s** npl (οι) κόποι. **be in** ~ πονώ. ~-**killer** n (το) παυσίπονο. ~**less** a ανώδυνος. ~**ful** a οδυνηρός. (laborious) επίμοχθος

painstaking /'peɪnzteɪkɪŋ/ a επιμελής

paint /peɪnt/ n (η) μπογιά. ~**s** npl (τα) χρώματα. • vt/i μπογιατίζω, χρωματίζω. (art) ζωγραφίζω. ~**er** n (artist) (ο) ζωγράφος. (decorator) (ο) μπογιατζής. ~**ing** n (decorating) (το) μπογιάτισμα. (art) (η) ζωγραφική. (picture) (ο) πίνακας

paintbrush /'peɪntbrʌʃ/ n (το) πινέλο (για βάψιμο)

pair /peə(r)/ n (το) ζευγάρι. (of people) (το) ζεύγος. ~ **of trousers** (το) παντελόνι

Pakistan /pa:kɪ'sta:n/ n (το) Πακιστάν invar

pal /pæl/ n (fam) (ο) φιλαράκος

palace /'pælɪs/ n (το) παλάτι. (royal) (το) ανάκτορο

palat|e /'pælət/ n (ο) ουρανίσκος. (fig) (η) γεύση. ~**able** a νόστιμος

pale /peɪl/ a χλωμός. (colour, light) ανοιχτός

Palestine /'pælɪstaɪn/ n (η) Παλαιστίνη

palette /'pælɪt/ n (η) παλέτα

pall /pɔːl/ n (fig) (το) σύννεφο vi **it ~s (on me)** το βαριέμαι

pallid /'pælɪd/ a ωχρός

palm /pɑːm/ n (of hand) (η) παλάμη. (tree) (η) φοινικιά. (symbol of victory) (η) δάφνη

palpable /'pælpəbl/ a απτός

palpitate /'pælpɪteɪt/ vi πάλλομαι. **~ion** /-'teɪʃn/ n (ο) παλμός

paltry /'pɔːltrɪ/ a ασήμαντος

pamper /'pæmpə(r)/ vt παραχαϊδεύω

pamphlet /'pæmflɪt/ n (το) φυλλάδιο

pan /pæn/ n (η) κατσαρόλα. (for frying) (το) τηγάνι

panacea /pænə'sɪə/ n (η) πανάκεια

pancake /'pænkeɪk/ n (η) τηγανίτα

panda /'pændə/ n (το) πάντα

pandemonium /pændɪ'məʊnɪəm/ n (το) πανδαιμόνιο

pander /'pændə(r)/ vi **~ to** υποθάλπω

pane /peɪn/ n (το) τζάμι

panel /'pænl/ n (το) πλαίσιο. (group of people) (το) πάνελ invar. **instrument ~** (το) ταμπλό

pang /pæŋ/ n (η) σουβλιά. (of hunger) (το) τσίμπημα της πείνας. (of conscience) (η) τύψη

panic /'pænɪk/ n (ο) πανικός. • vi πανικοβάλλομαι. **~-stricken** a πανικόβλητος

panorama /pænə'rɑːmə/ n (το) πανόραμα

pansy /'pænzɪ/ n (ο) πανσές

pant /pænt/ vi λαχανιάζω

panther /'pænθə(r)/ n (ο) πάνθηρας

pantomime /'pæntəmaɪm/ n (η) παντομίμα

pantry /'pæntrɪ/ n μικρό δωμάτιο ή μεγάλο ντουλάπι στην κουζίνα για τρόφιμα

pants /pænts/ npl (underwear) (το) σώβρακο. (trousers: Amer.) (το) παντελόνι

papal /'peɪpl/ a παπικός

paper /'peɪpə(r)/ n (το) χαρτί. (newspaper) (η) εφημερίδα. (exam) (τα) θέματα (εξετάσεως). (document) (το) χαρτί. • vt (room) βάζω χαρτί ταπετσαρίας στους τοίχους. **~-clip** n (ο) συνδετήρας. **~-knife** n (ο) χαρτοκόπτης

paperback /'peɪpəbæk/ n (το) χαρτόδετο βιβλίο

paperweight /'peɪpəweɪt/ n (το) πρες παπιέ invar

paperwork /'peɪpəwɜːk/ n (η) γραφική εργασία

par /pɑː(r)/ n (η) ισότητα. **on a ~ with** ισάξιος με

parable /'pærəbl/ n (η) παραβολή

parachute /'pærəʃuːt/ n (το) αλεξίπτωτο. • vi πέφτω με αλεξίπτωτο

parade /pə'reɪd/ n (η) παρέλαση. (display) (η) επίδειξη. • vi παρελαύνω. • vt επιδεικνύω

paradise /'pærədaɪs/ n (ο) παράδεισος

paradox /'pærədɒks/ n (η)
παραδοξολογία. **~ical**
/-'dɒksɪkl/ a παράδοξος

paraffin /'pærəfɪn/ n (η)
παραφίνη

paragraph /'pærəgrɑːf/ n (η)
παράγραφος

parallel /'pærəlel/ a
παράλληλος. • n (η)
παραλληλισμός. (line)
παράλληλος. (comparison) (η)
σύγκριση

paralyse /'pærəlaɪz/ vt
παραλύω

paralysis /pə'ræləsɪs/ n (η)
παράλυση

paramedics /pærəmedɪks/ n
(το) παραϊατρικό προσωπικό

paramount /'pærəmaʊnt/ a
ύψιστος

paranoi|a /pærə'nɔɪə/ n (η)
παράνοια. **~d** /'pærənɔɪd/ a
παρανοϊκός

paraphernalia /pærəfə'neɪlɪə/ n
(τα) σύνεργα

parasite /'pærəsaɪt/ n (το)
παράσιτο

parasol /'pærəsɒl/ n (η)
ομπρέλα (του ήλιου)

paratrooper /'pærətruːpə(r)/ n
(ο) αλεξιπτωτιστής

parcel /'pɑːsl/ n (το) πακέτο

parch /pɑːtʃ/ vt ξεραίνω. **be
~ed** στέγνωσε το στόμα μου
από τη δίψα

parchment /'pɑːtʃmənt/ n (η)
περγαμηνή

pardon /'pɑːdn/ n (η) συγγνώμη.
(jur) (η) χάρη. • vt I beg your
~ με συγχωρείτε. **~?** με
συγχωρείτε; **~ me** συγγνώμη

parent /'peərənt/ n (ο) γονέας.
~s npl (οι) γονείς. **~al**
/pə'rentl/ a γονικός

parenthesis /pə'renθəsɪs/ n (η)
παρένθεση

Paris /'pærɪs/ n (το) Παρίσι

parish /'pærɪʃ/ n (η) ενορία.
(municipal) (η) κοινότητα

park /pɑːk/ n (το) πάρκο. • vt/i
παρκάρω. **~ing** n (η)
στάθμευση, (το) παρκάρισμα.
~ing-lot n (Amer) ο χώρος
σταθμεύσεως. **~ing-meter** n
(το) παρκόμετρο

parliament /'pɑːləmənt/ n (η)
Βουλή

parody /'pærədɪ/ n (η)
παρωδία. • vt παρωδώ

parole /pə'rəʊl/ n αποφυλάκιση
κρατουμένου με όρο την καλή
συμπεριφορά

parrot /'pærət/ n (ο) παπαγάλος

parry /'pærɪ/ vt αποκρούω

parsimonious /pɑːsɪ'məʊnɪəs/
a φιλάργυρος

parsley /'pɑːslɪ/ n (ο) μαϊντανός

parsnip /'pɑːsnɪp/ n (το) δαυκί

parson /'pɑːsn/ n (ο)
εφημέριος

part /pɑːt/ n (το) μέρος. (of
machine) (το) εξάρτημα.
(episode) το επεισόδιο. (role)
(ο) ρόλος. • a μερικός • adv εν
μέρει. • vt/i χωρίζω/ομαι. in **~**
εν μέρει. **~-time** adv μερικώς.
~-time work μερική
απασχόληση. **~ with**
αποχωρίζομαι

partial /'pɑːʃl/ a μερικός. be **~
to** μού αρέσει ιδιαίτερα. **~ly**
adv μερικώς

particip|ate /pɑːˈtɪsɪpeɪt/ vi
συμμετέχω **(in**, σε). **~ant** n
(ο) συμμέτοχος. **~ation**
/-ˈreɪʃn/ n (η) συμμετοχή

participle /ˈpɑːtɪsɪpl/ n (η)
μετοχή

particular /pəˈtɪkjʊlə(r)/ a
ιδιαίτερος. (specific)
συγκεκριμένος. (fussy)
λεπτολόγος. **~s** npl (τα)
ιδιαίτερα χαρακτηριστικά.
~ly adv ιδιαίτερα

parting /ˈpɑːtɪŋ/ n (ο)
χωρισμός. (in hair) (η)
χωρίστρα

partition /pɑːˈtɪʃn/ n (pol) (ο)
διχοτόμηση. (wall) (το)
χώρισμα

partly /ˈpɑːtlɪ/ adv εν μέρει

partner /ˈpɑːtnə(r)/ n (ο)
εταίρος. (business) (ο)
συνέταιρος. (sport) (ο)
συμπαίκτης, (η) συμπαίκτρια.
~ship n (ο) συνεταιρισμός

partridge /ˈpɑːtrɪdʒ/ n (η)
πέρδικα

party /ˈpɑːtɪ/ n (το) πάρτι.
(group) (η) ομάδα. (pol) (το)
κόμμα. (jur) (ο) αντίδικος

pass /pɑːs/ vt/i περνώ.
(overtake) προσπερνώ. (law,
bill) ψηφίζω. **~ in** (το) πέρασμα.
(geog) (το) στενό. (sport) (η)
πάσα. (permit) (η) άδεια
κυκλοφορίας. **get a ~ (in
exam)** περνώ. **~ away**
πεθαίνω. **~ out (**faint)
λιποθυμώ. **~ over**
παραλείπω. **~ through**
διασχίζω. **~ing** a περαστικός.
to mention in ~ing αναφέρω
κατά τύχη

passable /ˈpɑːsəbl/ a
(satisfactory) καλούτσικος.
(road) διαβατός

passage /ˈpæsɪdʒ/ n (το)
πέρασμα. (voyage) (το) ταξίδι.
(corridor) (ο) διάδρομος. (in
book) (το) απόσπασμα

passenger /ˈpæsɪndʒə(r)/ n (ο)
επιβάτης, (η) επιβάτισσα

passer-by /ˈpɑːsəˈbaɪ/ n (ο)
διαβάτης, (η) διαβάτισσα

passion /ˈpæʃn/ n (το) πάθος.
~ate a παράφορος

passive /ˈpæsɪv/ a παθητικός.
• n (gram) (η) παθητική φωνή

passport /ˈpɑːspɔːt/ n (το)
διαβατήριο

password /ˈpɑːswɜːd/ n (το)
σύνθημα

past /pɑːst/ a περασμένος. • n
(το) παρελθόν. • prep πέρα
από. • adv go **~** προσπερνώ.
half ~ four τέσσερις και
τριάντα. **in the ~** στο
παρελθόν

pasta /ˈpæstə/ n (τα) ζυμαρικά

paste /peɪst/ n (η) πάστα. (for
food) (το) πολτός. (adhesive) (η)
κόλλα. • vt κολλώ

pastel /ˈpæstl/ n (το) παστέλ
invar

pasteurize /ˈpæstʃəraɪz/ vt
παστεριώνω

pastime /ˈpɑːstaɪm/ n (η)
ευχάριστη απασχόληση

pastry /ˈpeɪstrɪ/ n (η) ζύμη.
(sweet) (η) πάστα

pasture /ˈpɑːstʃə(r)/ n (ο)
βοσκότοπος

pasty[1] /ˈpæstɪ/ n (η)
κρεατόπιτα

pasty[2] /ˈpeɪstɪ/ a σαν ζυμάρι

pat /pæt/ vt χτυπώ ελαφρά. • n (το) ελαφρό χτύπημα. (of butter) (ο) βόλος. • adv κατάλληλα. off ~ απ' έξω

patch /pætʃ/ n (το) μπάλωμα. (over eye) (ο) επίδεσμος (στο μάτι). (area) (το) κομμάτι. • vt μπαλώνω. ~ up επιδιορθώνω. (a quarrel) συμφιλιώνομαι

patent /'peitnt/ a καταφανής. • n (το) δικαίωμα ευρεσιτεχνίας. (η) πατέντα. • vt πατεντάρω. ~ leather n (το) λουστρίνι

paternal /pə'tɜ:nl/ a πατρικός

path /pɑ:θ/ n (το) μονοπάτι. (course) (η) πορεία. (of rocket) (η) τροχιά

pathetic /pə'θetik/ a αξιολύπητος.

pathology /pə'θɒlədʒi/ n (η) παθολογία

pathos /'peiθɒs/ n (το) πάθος

patience /'peiʃns/ n (η) υπομονή

patient /'peiʃnt/ a υπομονετικός. • n (ο) ασθενής

patio /'pætiəʊ/ n (το) πλακόστρωτο

patriot /'pætriət/ n (ο) πατριώτης, (η) πατριώτισσα. ~ic /-'ɒtik/ a πατριωτικός

patrol /pə'trəʊl/ n (η) περιπολία. • vi περιπολώ

patron /'peitrən/ n (ο) προστάτης. (of charity) (ο) ευεργέτης, (η) ευεργέτις. (customer) (ο) τακτικός πελάτης

patron|age /'pætrənidʒ/ n (η) προστασία. (of shop etc.) (η) υποστήριξη. ~ize vt (support)

υποστηρίζω. (condescend to) συμπεριφέρομαι συγκαταβατικά σε

patter /'pætə(r)/ n (comm) (η) γρήγορη πολυλογία. (ο) ελαφρός χτύπος. • vi χτυπώ ελαφρά

pattern /'pætn/ n (of dress) (το) πατρόν. (model) (το) πρότυπο. (example) (το) παράδειγμα. (sample) (το) δείγμα

pauper /'pɔ:pə(r)/ n (ο) άπορος

pause /pɔ:z/ n (η) παύση. • vi παύω

pav|e /peiv/ vt στρώνω. ~e the way for προετοιμάζω το έδαφος για. ~ing-stone n (η) πλάκα

pavement /'peivmənt/ n (το) πεζοδρόμιο.

pavilion /pə'viliən/ n (το) περίπτερο (σε έκθεση)

paw /pɔ:/ n (το) πόδι (ζώου).

pawn /pɔ:n/ n (το) πιόνι. • vt βάζω ενέχυρο

pawnbroker /'pɔ:nbrəʊkə(r)/ n (ο) ενεχυροδανειστής

pay /pei/ vt/i (pt paid) πληρώνω. (attention) δίνω. (compliment) κάνω. (be profitable) αποδίδω. • n (η) πληρωμή. ~ back ξεπληρώνω. ~ for sth πληρώνω κτ

payable /'peiəbl/ a πληρωτέος

payment /'peimənt/ n (η) πληρωμή

payroll /'peirəʊl/ n (το) μισθολόγιο

pea /pi:/ n (το) μπιζέλι

peace /pi:s/ n (η) ειρήνη. have ~ of mind έχω ήσυχο το κεφάλι μου

peaceful /ˈpiːsfl/ a ειρηνικός

peacemaker /ˈpiːsmeɪkə(r)/ n (ο) ειρηνοποιός

peach /piːtʃ/ n (το) ροδάκινο. (*tree*) (η) ροδακινιά

peacock /ˈpiːkɒk/ n (το) παγόνι

peak /piːk/ n (η) κορυφή. (*maximum*) (η) αιχμή. **~ hours** npl (οι) ώρες αιχμής. **~ed cap** n (το) μυτερό καπέλο

peal /piːl/ n (η) κωδωνοκρουσία. (*of laughter*) (το) ξέσπασμα

peanut /ˈpiːnʌt/ n (το) φιστίκι (*αράπικο*)

pear /peə(r)/ n (το) αχλάδι, Συ. (το) απίδι

pearl /pɜːl/ n (το) μαργαριτάρι

peasant /ˈpeznt/ n (ο) χωριάτης, (η) χωριάτιββα

peat /piːt/ n (η) τύρφη

pebble /ˈpebl/ n (το) βότσαλο

peck /pek/ vt τσιμπώ. (*kiss: fam*) φιλώ βιαστικά. • n (το) τσίμπημα

peckish /ˈpekɪʃ/ a **be ~** (*fam*) είμαι λίγο πεινασμένος

peculiar /prɪˈkjuːlɪə(r)/ a παράξενος. (*special*) ιδιαίτερος. **be ~ to** είναι ιδιαίτερο χαρακτηριστικό (*with gen.*) **~ity** /-ˈærətɪ/ n (η) ιδιορρυθμία. (*feature*) (το) ιδιαίτερο χαρακτηριστικό

pedal /ˈpedl/ n (το) πεντάλι invar. • vi ποδηλατώ

pedantic /prɪˈdæntɪk/ a σχολαστικός

peddle /ˈpedl/ vt πουλώ στους δρόμους (*εμπορεύματα*)

pedestal /ˈpedɪstl/ n (το) βάθρο

pedestrian /prɪˈdestrɪən/ n (ο) πεζός. • a (*dull*) πεζός, ανιαρός. **~ crossing** n (η) διάβαση πεζών

pedigree /ˈpedɪgriː/ n (η) καταγωγή. (*of animal*) (η) ράτσα. • a (*animal*) καθαρόαιμος

peek /piːk/ vi & n = **peep¹**

peel /piːl/ n (η) φλούδα. • vt/vi ξεφλουδίζω/ομαι

peep¹ /piːp/ vi κρυφοκοιτάζω. • n (το) κρυφοκοίταγμα

peep² /piːp/ vi (*cheep*) τιτιβίζω n (το) τιτίβισμα

peer¹ /pɪə(r)/ vi **~ at** κοιτάζω προσεκτικά, περιεργάζομαι

peer² /pɪə(r)/ n (ο) λόρδος

peg /peg/ n (το) παλούκι. (*for coats etc.*) (η) κρεμάστρα. (*for washing*) (το) μανταλάκι

pejorative /prɪˈdʒɒrətɪv/ a υποτιμητικός

pelican /ˈpelɪkən/ n (ο) πελεκάνος

pellet /ˈpelɪt/ n (η) μπαλίτσα. (*for gun*) (το) σκάγι

pelt¹ /pelt/ n (το) τομάρι

pelt² /pelt/ vt βομβαρδίζω vi **it's ~ing (down) with rain** βρέχει καταρρακτωδώς

pelvis /ˈpelvɪs/ n (η) λεκάνη

pen¹ /pen/ n (*enclosure*) (η) μάντρα. • vt (*pt* **penned**) κλείνω. **~ in** μαντρώνω

pen² /pen/ n (η) πένα

penal /ˈpiːnl/ a ποινικός. **~ize** vt τιμωρώ

penalty /ˈpenltɪ/ n (η) τιμωρία. (*fine*) (η) ποινή. **~ kick** n (*football*) (το) πέναλτι invar

penance /'penəns/ n (η)
μετάνοια

pence /pens/ see PENNY

pencil /'pensl/ n (το) μολύβι.
~-sharpener n (η) ξύστρα

pendant /'pendənt/ n
(jewellery) (το) παντατίφ invar

pending /'pendɪŋ/ a εκκρεμής.
• prep εν αναμονή

pendulum /'pendjʊləm/ n (το)
εκκρεμές

penetrat|e /'penɪtreɪt/ vt/i
διαπερνώ, διεισδύω. **~ing** a
διεισδυτικός. (sound)
διαπεραστικός

penguin /'peŋgwɪn/ n (ο)
πιγκουίνος

penicillin /penɪ'sɪlɪn/ n (η)
πενικιλίνη

peninsula /pə'nɪnsjʊlə/ n (η)
χερσόνησος

penis /'piːnɪs/ n (το) πέος

peniten|t /'penɪtənt/ a
μετανιωμένος. **~ce** n (η)
μετάνοια

penitentiary /penɪ'tenʃərɪ/ n
(Amer) (η) κρατική φυλακή

penknife /'pennaɪf/ n (ο)
σουγιάς

pennant /'penənt/ n (ο)
επισείων

penniless /'penɪlɪs/ a
απένταρος

penny /'penɪ/ n (pl **pennies** or
pence) (η) πένα (νόμισμα)

pension /'penʃn/ n (η)
σύνταξη. **~er** n (ο, η)
συνταξιούχος

pensive /'pensɪv/ a
συλλογισμένος

Pentecost /'pentɪkɒst/ n (η)
Πεντηκοστή

pent-up /pent'ʌp/ a
καταπνιγμένος

penultimate /pen'ʌltɪmət/ a
προτελευταίος

peony /'pɪənɪ/ n (η) παιωνία

people /'piːpl/ npl (οι)
άνθρωποι, (ο) κόσμος.
(citizens) (ο) λαός. • n (nation,
race) (η) φυλή

pepper /'pepə(r)/ n (το) πιπέρι.
(vegetable) (η) πιπεριά

peppercorn /'pepəkɔːn/ n (ο)
κόκκος πιπεριού

peppermint /'pepəmɪnt/ n (η)
μέντα

per /pɜː(r)/ prep ανά. **~
annum** το έτος. **~ cent** τοις
εκατό

perceive /pə'siːv/ vt
αντιλαμβάνομαι. (notice)
διακρίνω

percentage /pə'sentɪdʒ/ n (το)
ποσοστό

percept|ion /pə'sepʃn/ n (η)
αντίληψη. **~ive** a
παρατηρητικός

perch /pɜːtʃ/ n (η) κούρνια. • vi
κουρνιάζω

percolat|e /'pɜːkəleɪt/ vt
φιλτράρω. • vi περνώ μέσα από
φίλτρο. **~or** n (η) καφετιέρα
με φίλτρο

percussion /pə'kʌʃn/ n (η)
κρούση

perennial /pə'renɪəl/ a αιώνιος.
(plant) πολυετής. • n (το)
πολυετές φυτό

perfect¹ /'pɜːfɪkt/ a τέλειος.
~ly adv τέλεια

perfect² /pə'fekt/ vt
τελειοποιώ. **~ion** /-ʃn/ n (η)
τελειότητα

perforate /'pɜːfəreɪt/ vt διατρυπώ

perform /pə'fɔːm/ vt εκτελώ. (theatr) παίζω. • vi εργάζομαι. **~ance** n (η) εκτέλεση. (theatr) (η) παράσταση. **~er** n (theatr) (ο, η) ηθοποιός

perfume /'pɜːfjuːm/ n (το) άρωμα

perhaps /pə'hæps/ adv ίσως, πιθανόν

peril /'perəl/ n (ο) κίνδυνος. **~ous** a επικίνδυνος

perimeter /pə'rɪmɪtə(r)/ n (η) περίμετρος

period /'pɪərɪəd/ n (η) περίοδος. (era) (η) εποχή. (gram: Amer.) (η) τελεία. • a της εποχής. **~ic** /-'ɒdɪk/ a περιοδικός

periodical /pɪərɪ'ɒdɪkl/ n (το) περιοδικό

periphery /pə'rɪfərɪ/ n (η) περιφέρεια. **~al** a περιφερειακός

perish /'perɪʃ/ vi χάνομαι. (rot) φθείρομαι

perjure /'pɜːdʒə(r)/ vr **~e o.s.** ψευδορκώ. **~y** n (η) ψευδορκία

perk /pɜːk/ vt/i **~ up** ζωηρεύω. **~y** a ζωηρός

perm /pɜːm/ n (η) περμανάντ

permanen|t /'pɜːmənənt/ a μόνιμος. **~ce** n (η) μονιμότητα. **~tly** adv μόνιμα

permeate /'pɜːmɪeɪt/ vt διαπερνώ

permissible /pə'mɪsəbl/ a επιτρεπτός

permission /pə'mɪʃn/ n (η) άδεια

permissive /pə'mɪsɪv/ a ανεκτικός

permit[1] /pə'mɪt/ vt επιτρέπω

permit[2] /'pɜːmɪt/ n (η) άδεια

perpendicular /pɜːpən'dɪkjələ(r)/ a κάθετος

perpetrat|e /'pɜːpɪtreɪt/ vt διαπράττω. **~or** n (ο) δράστης

perpetual /pə'petʃʊəl/ a αιώνιος. **~ly** adv αιωνίως

perpetuate /pə'petʃʊeɪt/ vt διαιωνίζω

perplex /pə'pleks/ vt σαστίζω. **~ed** a σαστισμένος

persecut|e /'pɜːsɪkjuːt/ vt καταδιώκω. **~ion** /-'kjuːʃn/ n (η) καταδίωξη

persever|e /pɜːsɪ'vɪə(r)/ vi εμμένω. **~ance** n (η) εμμονή

persist /pə'sɪst/ vi επιμένω (in, σε). **~ence** n (η) επιμονή. **~ent** a έμμονος. (persevering) επίμονος. **~ently** adv επίμονα

person /'pɜːsn/ n (το) πρόσωπο, (το) άτομο

personal /'pɜːsənl/ a προσωπικός. **~ly** adv προσωπικά

personality /pɜːsə'nælətɪ/ n (η) προσωπικότητα

personify /pə'sɒnɪfaɪ/ vt προσωποποιώ

personnel /pɜːsə'nel/ n (το) προσωπικό

perspective /pə'spektɪv/ n (η) προοπτική

perspire /pəs'paɪə(r)/ vi ιδρώνω

persua|de /pə'sweɪd/ vt πείθω. **~sion** n (η) πειθώ

persuasive /pə'sweɪsɪv/ a πειστικός. **~ly** adv πειστικά

pert /pɜːt/ a αναιδής

pertinent /ˈpɜːtɪnənt/ a σχετικός, συναφής

perturb /pəˈtɜːb/ vt ταράζω

pervade /pəˈveɪd/ vt διεισδύω

perverse /pəˈvɜːs/ a διεστραμμένος. (behaviour) παράλογος

pervert¹ /pəˈvɜːt/ vt διαστρέφω. (distort) διαστρεβλώνω

pervert² /ˈpɜːvɜːt/ n (ο) διεστραμμένος

pessimis|t /ˈpesɪmɪst/ n (o) απαισιόδοξος. **~m** /-zəm/ n (η) απαισιοδοξία. **~tic** /-ˈmɪstɪk/ a απαισιόδοξος

pest /pest/ n (o) εχθρός (ζώου ή φυτού). (person) (o) μπελάς

pester /ˈpestə(r)/ vt ενοχλώ

pesticide /ˈpestɪsaɪd/ n (το) φυτοφάρμακο

pet /pet/ n (το) ζώο (του σπιτιού). (favourite) (o) αγαπημένος. • vt αγαπώ

petal /ˈpetl/ n (το) πέταλο

peter /ˈpiːtə(r)/ vi ~ out χάνομαι, σβήνω

petition /pɪˈtɪʃn/ n (η) αίτηση

petrify /ˈpetrɪfaɪ/ vt/i απολιθώνο/ομαι

petrol /ˈpetrəl/ n (η) βενζίνη. **~ station** n (το) πρατήριο βενζίνης. **~ tank** n (το) ρεζερβουάρ

petroleum /pɪˈtrəʊlɪəm/ n (το) πετρέλαιο

petticoat /ˈpetɪkəʊt/ n (το) μεσοφόρι

petty /ˈpetɪ/ a τιποτένιος. (mean) μικροπρεπής. **~ cash** n (τα) μετρητά (για μικροέξοδα)

petulant /ˈpetjʊlənt/ a οξύθυμος

pew /pjuː/ n (το) στασίδι

phantom /ˈfæntəm/ n (το) φάντασμα

pharmac|y /ˈfaːməsɪ/ n (το) φαρμακείο. **~ist** n (o, η) φαρμακοποιός

phase /feɪz/ n (η) φάση

Ph.D. abbr (Doctor of Philosophy) n (o) διδάκτορας

pheasant /ˈfeznt/ n (o) φασιανός

phenomenon /fɪˈnɒmɪnən/ n (pl -ena) (το) φαινόμενο

philanthropist /fɪˈlænθrəpɪst/ n (o) φιλάνθρωπος

philosoph|y /fɪˈlɒsəfɪ/ n (η) φιλοσοφία. **~er** n (o, η) φιλόσοφος. **~ical** /-əˈsɒfɪkl/ a φιλοσοφικός

phlegm /flem/ n (το) φλέγμα

phobia /ˈfəʊbɪə/ n (η) φοβία

phone /fəʊn/ n (το) τηλέφωνο. • vt/i τηλεφωνώ. **~ back** παίρνω (στο τηλέφωνο). **~ card** n (η) τηλεκάρτα

phonetic /fəˈnetɪk/ a φωνητικός. **~s** n (η) φωνητική

phoney /ˈfəʊnɪ/ a (fam) ψεύτικος. • n (o) κάλπης

phosphorus /ˈfɒsfərəs/ n (o) φωσφόρος

photo /ˈfəʊtəʊ/ n (η) φωτογραφία

photocop|y /ˈfəʊtəʊkɒpɪ/ n (το) φωτοαντίγραφο. • vt βγάζω φωτοαντίγραφο. **~ier** n (το) φωτοαντιγραφικό

photogenic /fəʊtəʊˈdʒenɪk/ a φωτογενής

photograph /'fəʊtəɡrɑːf/ n (η)
φωτογραφία. • ~er
/fə'tɒɡrəfə(r)/ n (ο, η)
φωτογράφος. ~ic /-'ɡræfɪk/ a
φωτογραφικός. ~y /fə'tɒɡrəfɪ/
n (η) φωτογραφία

phrase /freɪz/ n (η) φράση. • vt
εκφράζω. ~-book n (το)
βιβλιαράκι με φράσεις

physical /'fɪzɪkl/ a φυσικός.
~ly adv σωματικά

physician /fɪ'zɪʃn/ n (ο, η)
γιατρός

physicist /'fɪzɪsɪst/ n (ο, η)
φυσικός

physics /'fɪzɪks/ n (η) φυσική

physiology /fɪzɪ'ɒlədʒɪ/ n (η)
φυσιολογία

physiotherapy /fɪzɪəʊ'θerəpɪ/ n
(η) φυσιοθεραπεία

physique /fɪ'ziːk/ n (η)
σωματική διάπλαση

pian|o /pɪ'ænəʊ/ n (το) πιάνο.
~ist /'pɪənɪst/ n (ο) πιανίστας,
(η) πιανίστρια

pick /pɪk/ vt (choose) διαλέγω.
(flowers etc.) μαζεύω. (lock)
παραβιάζω. (nose) καθαρίζω,
σκαλίζω. • n (best) (το) άνθος.
(tool) (η) επιβατική σκαπάνη.
~ s.o.'s pocket κλέβω κπ. ~
out διαλέγω. (identify)
αναγνωρίζω. ~ up (learn)
μαθαίνω (ευκαιριακά). (habit)
αποκτώ. (passenger) παίρνω.
~-up n (truck) (το) φορτηγάκι
(ανοιχτό πίσω)

pickaxe /'pɪkæks/ n (η) αξίνα

picket /'pɪkɪt/ n (η)
πικετοφορία. • vi περιφρουρώ
απεργία

pickle /'pɪkl/ n (το) τουρσί

pickpocket /'pɪkpɒkɪt/ n (ο)
πορτοφολάς

picnic /'pɪknɪk/ n (το) πικνίκ

picture /'pɪktʃə(r)/ n (η)
εικόνα. (painting) (ο) πίνακας.
(photograph) (η) φωτογραφία.
• vt απεικονίζω. (imagine)
φαντάζομαι

picturesque /pɪktʃə'resk/ a
γραφικός

pie /paɪ/ n (η) πίτα

piece /piːs/ n (το) κομμάτι. (in
game) (το) πιόνι. • vt ~
together συνδυάζω. a ~ of
news μια είδηση. ~-work n
(η) εργασία με το κομμάτι.
take to ~ s λύνω

piecemeal /'piːsmiːl/ adv
κομματιαστά

pier /pɪə(r)/ n (η) αποβάθρα

pierc|e /pɪəs/ vt διαπερνώ.
~ing a διαπεραστικός

piety /'paɪətɪ/ n (η) ευσέβεια

pig /pɪɡ/ n (το) γουρούνι. ~-
headed a ξεροκέφαλος

pigeon /'pɪdʒɪn/ n (το)
περιστέρι. ~-hole n (το)
γραμματοθυρίδα

pigment /'pɪɡmənt/ n (το)
χρωστική ουσία

pigsty /'pɪɡstaɪ/ n (το)
χοιροστάσιο

pigtail /'pɪɡteɪl/ n (η) κοτσίδα

pike /paɪk/ n invar (fish) (η)
τούρνα

pilchard /'pɪltʃəd/ n (η)
σαρδέλα

pile /paɪl/ n (η) στοίβα. • vt
στοιβάζω. • vi ~ up
μαζεύομαι. ~-up n (η)
καραμπόλα

piles /pailz/ *npl* (οι) αιμορροΐδες

pilfer /'pilfə(r)/ *vt/i* κλέβω

pilgrim /'pilgrim/ *n* (ο) προσκυνητής, (η) προσκυνήτρια. **~age** *n* (το) προσκύνημα

pill /pil/ *n* (το) χάπι

pillar /'pilə(r)/ *n* (η) κολόνα

pillow /'piləʊ/ *n* (το) μαξιλάρι

pillowcase /'piləʊkeis/ *n* (η) μαξιλαροθήκη

pilot /'pailət/ *n* (*aviat*) (ο) πιλότος. (*naut*) (ο) πλοηγός. • *vt* πιλοτάρω

pimp /pimp/ *n* (ο) ρουφιάνος

pimple /'pimpl/ *n* (το) σπυράκι

pin /pin/ *n* (η) καρφίτσα. (*mech*) (η) περόνη. • *vt* καρφιτσώνω. (*fix*) στερεώνω. (*hold down*) καρφώνω. **~-point** *vt* εντοπίζω με ακρίβεια. **~s and needles** (το) μούδιασμα

pinafore /'pinəfɔː(r)/ *n* (η) ποδιά. **~ dress** *n* (η) καζάκα

pincers /'pinsəz/ *npl* (η) τανάλια. (*of crab*) (η) δαγκάνα

pinch /pintʃ/ *vt* τσιμπώ. • *vi* (*shoe*) σφίγγω. • *n* (το) τσίμπημα. (*small amount*) (η) πρέζα

pincushion /'pinkʊʃn/ *n* (το) μαξιλαράκι για καρφίτσες

pine /pain/ *n* (το) πεύκο. • *vi* **~ away** λιώνω. **~ for** μαραζώνω για

pineapple /'painæpl/ *n* (ο) ανανάς

ping-pong /'piŋpɒŋ/ *n* (το) πινγκ πονγκ *invar*

pink /piŋk/ *a* η ροζ *invar*

pinnacle /'pinəkl/ *n* (ο) κολοφώνας

pint /paint/ *n* (η) πίντα (= 568 ml)

pioneer /paiə'niə(r)/ *n* (ο) πρωτοπόρος

pious /'paiəs/ *a* ευσεβής

pip /pip/ *n* (*seed*) (ο) κουκούτσι

pipe /paip/ *n* (ο) σωλήνας. (*mus*) (ο) αυλός. (*for smoking*) (η) πίπα. **~-dream** *n* (η) χίμαιρα

pipeline /'paiplain/ *n* (ο) αγωγός. **in the ~** στο στάδιο της προετοιμασίας

piping /'paipiŋ/ *n* (οι) σωληνώσεις. **~ hot** ζεματιστός

piquant /'piːkənt/ *a* πικάντικος

pique /piːk/ *n* (η) πίκα

pirate /'paiərət/ *n* (ο) πειρατής

pirouette /piru'et/ *n* (η) πιρουέτα. • *vi* κάνω πιρουέτες

Pisces /'paisiːz/ *n* (οι) Ιχθύες

pistachio /pɪ'stæʃiəʊ/ *n* (το) φιστίκι Αιγίνης

pistol /'pistl/ *n* (το) πιστόλι

piston /'pistən/ *n* (το) έμβολο

pit /pit/ *n* (ο) λάκκος. (*mine*) (το) ορυχείο. (*theatr*) (ο) χώρος για την ορχήστρα. (*of stomach*) (η) κοιλότητα. • *vt* (*mark*) σημαδεύω με σημάδια. **~ o.s. against** τα βάζω με

pitch /pitʃ/ *vt* πετώ. (*tent*) στήνω. • *vi* πέφτω. (*degree*) (ο) βαθμός κλίσης. (*of sound*) (το) ύψος. (*of voice*) (ο) τόνος. (*sport*) (το) γήπεδο. (*tar*) (η) πίσσα. **~ed battle** *n* (η)

φοβερή μάχη. **~-black** a
μαύρος πίσσα

pitcher /'pɪtʃə(r)/ n (το) κανάτι

pitchfork /'pɪtʃfɔːk/ n (το)
δικράνι

pitfall /'pɪtfɔːl/ n (η) παγίδα

pith /pɪθ/ n (of orange, lemon)
(η) ψίχα. (fig) (η) ουσία

pithy /'pɪθɪ/ a με ουσία

piti|ful /'pɪtɪfl/ a αξιοθρήνητος.
~less a άσπλαχνος

pittance /'pɪtns/ n (η)
εξευτελιστική αμοιβή

pity /'pɪtɪ/ n (o) οίκτος. (regret)
(το) κρίμα. • vt λυπάμαι. **take
~ on** συμπονώ. **what a ~!** τι
κρίμα!

pivot /'pɪvət/ n (o) άξονας. • vi
περιστρέφομαι

pizza /'piːtsə/ n (η) πίτσα

placard /'plækɑːd/ n (το)
πλακάτ invar

placate /plə'keɪt/ vt εξευμενίζω

place /pleɪs/ n (o) τόπος.
(position, rank, seat) (η) θέση.
(in book) (η) σελίδα. (house)
(το) σπίτι. • vt τοποθετώ. (an
order) δίνω. (remember)
θυμάμαι. **all over the ~**
παντού. **be ~d** (in race)
έρχομαι πλασέ. **in the
first/second**
πρώτον/δεύτερον. **take ~**
λαμβάνω χώραν

placid /'plæsɪd/ a πράος

plagiar|ize /'pleɪdʒəraɪz/ vt
κάνω λογοκλοπή από. **~ism** n
(η) λογοκλοπία

plague /pleɪg/ n (η) πανούκλα

plaice /pleɪs/ n invar (το)
γλωσσάκι (ψάρι)

plain /pleɪn/ a σαφής. (simple)
απλός. (not pretty) όχι
όμορφος. (not patterned)
μονόχρωμος. • adv καθαρά. • n
(η) πεδιάδα. **~ly** adv
ξεκάθαρα

plaintiff /'pleɪntɪf/ n (η)
ενάγων, (η) ενάγουσα

plaintive /'pleɪntɪv/ a
παραπονετικός

plait /plæt/ vt πλέκω. • n (η)
πλεξίδα

plan /plæn/ n (το) σχέδιο. • vt/i
σχεδιάζω

plane /pleɪn/ n (tree) (το)
πλατάνι. (tool) (η) πλάνη.
(level) (το) επίπεδο. (aeroplane)
(το) αεροπλάνο. • a επίπεδος,
ίσιος

planet /'plænɪt/ n (o) πλανήτης.
~ary a πλανητικός

plank /plæŋk/ n (η) σανίδα

planning /'plænɪŋ/ n (o)
προγραμματισμός

plant /plɑːnt/ n (το) φυτό.
(factory) (το) εργοστάσιο. • vt
φυτεύω. (place in position)
τοποθετώ

plantation /plæn'teɪʃn/ n (η)
φυτεία

plaque /plɑːk/ n (η) πλακέτα

plasma /'plæzmə/ n (το)
πλάσμα

plaster /'plɑːstə(r)/ n (for walls)
(o) σοβάς. (adhesive) (o)
λευκοπλάστης, Cy. (η)
τσιρότο

plastic /'plæstɪk/ a πλαστικός.
• n (το) πλαστικό

Plasticine /'plæstɪsiːn/ n (P) (η)
πλαστελίνη, Cy. (η)
πλαστισίνη

plate 520 **pluck**

plate /pleɪt/ n (το) πιάτο. (of metal) (το) έλασμα. (in book) (η) εικόνα

plateau /'plætəʊ/ n (το) οροπέδιο

platform /'plætfɔ:m/ n (η) εξέδρα. (rail) (η) αποβάθρα

platinum /'plætɪnəm/ n (o) λευκόχρυσος, (η) πλατίνα

platonic /plə'tɒnɪk/ a πλατωνικός

platoon /plə'tu:n/ n (η) διμοιρία

plausible /'plɔ:zəbl/ a εύλογος

play /pleɪ/ vt/i παίζω. • n (το) παιχνίδι. (theatr) (το) θεατρικό έργο. (free movement) (το) τζόγος. **~ around** σαχλαμαρίζω. **~-group** n (το) νηπιαγωγείο. **~ on words** n (το) λογοπαίγνιο. **~er** n (o) παίκτης, (η) παίκτρια

playful /'pleɪfl/ a παιχνιδιάρικος

playground /'pleɪgraʊnd/ n (η) αυλή (σχολείου)

playing /'pleɪɪŋ/ n **~-card** n (το) τραπουλόχαρτο. **~-field** n (το) γήπεδο

playmate /'pleɪmeɪt/ n (o) συμπαίκτης, (η) συμπαίκτρια

plaything /'pleɪθɪŋ/ n (το) παιχνιδάκι

playwright /'pleɪraɪt/ n (o, η) θεατρικός συγγραφέας

plea /pli:/ n (η) έκκληση. (excuse) (η) δικαιολογία

plead /pli:d/ vi **~ with s.o.** κάνω έκκληση σε κπ, παρακαλώ κπ. • vt (as excuse) επικαλούμαι. **~ guilty/not**

guilty ομολογώ/αρνούμαι ενοχή

pleasant /'pleznt/ a ευχάριστος

please /pli:z/ vt ευχαριστώ. • vi θέλω. • adv παρακαλώ. **do as you ~e** κάνε ό, τι θέλεις. **~e o.s.** κάνω το κέφι μου. **~ed** a ευχαριστημένος (**with**, με). **~ing** a ευχάριστος

pleasure /'pleʒə(r)/ n (η) ευχαρίστηση. **~able** a ευχάριστος

pleat /pli:t/ n (η) πιέτα

pledge /pledʒ/ n (το) ενέχυρο. (promise) (η) υπόσχεση. • vt υπόσχομαι

plentiful /'plentɪfl/ a άφθονος

plenty /'plentɪ/ n (η) αφθονία. **~ (of)** άφθονος

pliable /'plaɪəbl/ a εύπλαστος

pliers /'plaɪəz/ npl (η) πένσα

plight /plaɪt/ n (η) δύσκολη κατάσταση

plimsolls /'plɪmsəlz/ npl (τα) πάνινα παπούτσια

plinth /plɪnθ/ n (η) βάση

plod /plɒd/ vi περπατώ βαριά. **~der** n (o) σταθερός δουλευτής

plot /plɒt/ n (η) συνωμοσία. (of novel etc.) (η) υπόθεση. (of land) (το) οικόπεδο. • vt/i συνωμοτώ

plough /plaʊ/ n (το) αλέτρι. • vt/i οργώνω

ploy /plɔɪ/ n (fam) (το) κόλπο

pluck /plʌk/ vt (eyebrows) βγάζω. (bird) μαδώ. • n (το) κουράγιο. **~ up courage** βρίσκω κουράγιο

plug /plʌg/ n (η) τάπα (νιπτήρα κλπ). (electr) (η) πρίζα. • vt βουλώνω. (advertise: fam) ρεκλαμάρω. **~ in** (electr) βάζω στην πρίζα

plum /plʌm/ n (fruit) (το) δαμάσκηνο

plumage /'pluːmɪdʒ/ n (το) φτέρωμα

plumb /plʌm/ a κάθετος. • n (το) βαρίδι. • adv ακριβώς. • vt σταθμίζω

plumb|er /'plʌmə(r)/ n (ο) υδραυλικός. **~ing** n (η) υδραυλική εγκατάσταση

plume /pluːm/ n (το) λοφίο

plump /plʌmp/ a παχουλός

plunder /'plʌndə(r)/ n (η) διαρπαγή. • vt λεηλατώ

plunge /plʌndʒ/ vt/i βυθίζομαι. • n (η) βουτιά

plural /'plʊərəl/ n πληθυντικός. • n (ο) πληθυντικός

plus /plʌs/ prep συν. • a θετικός. • n (το) συν invar

plutonium /pluː'təʊnjəm/ n (το) πλουτόνιο

ply /plaɪ/ n (of thread) (ο) κλώνος. (layer) (το) φύλλο. • vt (tool) δουλεύω. (trade) εξασκώ. • vi (ship) ταξιδεύω

plywood /'plaɪwʊd/ n (το) κοντραπλακέ invar

p.m. adv μ.μ.

pneumatic /nju:'mætɪk/ a (drill etc.) που λειτουργεί με αέρα

pneumonia /nju:'məʊnjə/ n (η) πνευμονία

poach /pəʊtʃ/ vt λαθροθηρώ. **~ed egg** αυγό ποσέ. **~er** n (ο) λαθροθήρας

pocket /'pɒkɪt/ n (η) τσέπη. (of air) (το) κενό. • vt τσεπώνω. **be out of ~** χάνω χρήματα. **~-book** n (το) σημειωματάριο. (purse: Amer) (το) τσαντάκι. **~ money** n (το) χαρτζιλίκι

pod /pɒd/ n (ο) λοβός

podgy /'pɒdʒɪ/ a κοντόχοντρος

poem /'pəʊɪm/ n (το) ποίημα

poet /'pəʊɪt/ n (η) ποιητής, (η) ποιήτρια. **~ic(al)** /-'etɪk(l)/ a ποιητικός

poetry /'pəʊɪtrɪ/ n (η) ποίηση

poignant /'pɔɪnjənt/ a δηκτικός

point /pɔɪnt/ n (το) σημείο. (sharp end) (η) αιχμή. (meaning) (το) νόημα. (electr) (η) υποδοχή, (η) πρίζα. **~s** (rail) (η) τροχιά. • vt/i δείχνω. **be on the ~ of doing** σχεδόν έτοιμος να κάνω. **~ at** or **to** δείχνω. **~-blank** a & adv εξ επαφής. **~ of view** άποψη. **~ out** υποδεικνύω. **to the ~** συναφής. **up to a ~** έως ένα σημείο. **what is the ~?** ποιο σκοπό εξυπηρετεί;

pointed /'pɔɪntɪd/ a μυτερός

pointless /'pɔɪntlɪs/ a άσκοπος

poise /pɔɪz/ n (η) ισορροπία. (fig) (η) στάση. **~d** a ισορροπημένος. (ready) έτοιμος

poison /'pɔɪzn/ n (το) δηλητήριο. • vt δηλητηριάζω. **~ous** a δηλητηριώδης

poke /pəʊk/ vt σπρώχνω. (fire) σκαλίζω. (thrust) βάζω. (pry) χώνω. • n (το) σπρώξιμο. **~ around** σκαλίζω. **~ fun at** κοροϊδεύω

poker /'pəʊkə(r)/ n (for fire) (η) τσιμπίδα. (cards) (το) πόκερ invar

Poland /'pəʊlənd/ n (η) Πολωνία

polar /'pəʊlə(r)/ a πολικός. **~ bear** n (η) πολική άρκτος

polarize /'pəʊləraɪz/ vt πολώνω

pole /pəʊl/ n (το) κοντάρι. (geog) (ο) Πόλος. **~-star** n (o) πολικός αστέρας

police /pə'li:s/ n (η) αστυνομία. • vt αστυνομεύω. **~ force** n (η) αστυνομική δύναμη. **~ station** n (το) αστυνομικό τμήμα

police|man /pə'li:smən/ n (o) αστυνομικός. **~woman** n (η) αστυνομικίνα

policy /'pɒlɪsɪ/ n (η) πολιτική. (insurance) (το) αφβαλιβτίριο

polio /'pəʊlɪəʊ/ n (η) πολιομυελίτιδα

polish /'pɒlɪʃ/ n (το) γυάλισμα. (substance) (το) γυαλιστικό. (fig) (η) φινέτσα. • vt γυαλίζω. **~ off** τελειώνω. (a plate) καθαρίζω. **~ed** a γυαλισμένος. (manner) λεπτός

Polish /'pəʊlɪʃ/ a πολωνικός. • n (lang) (τα) πολωνικά

polite /pə'laɪt/ a ευγενικός

political /pə'lɪtɪkl/ a πολιτικός

politician /pɒlɪ'tɪʃn/ n (o, η) πολιτικός

politics /'pɒlɪtɪks/ n (τα) πολιτικά

polka /'pɒlkə/ n (η) πόλκα. **~ dots** n (o) βούλες

poll /pəʊl/ n (η) ψηφοφορία. • vt ζητώ τη γνώμη (with gen.). (receive votes) συγκεντρώνω.

opinion ~ (η) δημοσκόπηση. **~ing-booth** n (το) εκλογικό παραβάν invar

pollen /'pɒlən/ n (η) γύρη

pollut|e /pə'lu:t/ vt ρυπαίνω. **~ion** /-ʃn/ n (η) ρύπανση

polo /'pəʊləʊ/ n (το) πόλο

polyester /pɒlɪ'estə(r)/ n (o) πολυεστέρας

polystyrene /pɒlɪ'staɪri:n/ n (το) πολυστυρόλιο

polytechnic /pɒlɪ'teknɪk/ n (το) πολυτεχνείο

polythene /'pɒlɪθi:n/ n (το) πολυαιθυλένιο. **~ bag** n (η) πλαστική σακούλα

pomegranate /'pɒmɪgrænɪt/ n (το) ρόδι

pomp /pɒmp/ n (η) επίδειξη

pompon /'pɒmpɒn/ n (το) πομπόν invar

pompous /'pɒmpəs/ a πομπώδης

pond /pɒnd/ n (η) λιμνούλα

ponder /'pɒndə(r)/ vt/i συλλογίζομαι

pony /'pəʊnɪ/ n (το) πόνεϊ invar. **~-tail** n (η) αλογοουρά

poodle /'pu:dl/ n (το) κανίς invar

pool /pu:l/ n (η) λιμνούλα. (of blood) (η) λίμνη. (for swimming) (η) πισίνα. (fund) (το) κοινό ταμείο. (game) (το) μπιλιάρδο. **~s** npl (το) προ-πο nt συνενώνω

poor /pʊə(r)/ a φτωχός. (unfortunate) καημένος. (not good) κακός. **~ly** a αδιάθετος. • adv άσχημα

pop /pɒp/ n (noise) ξηρός ήχος. **~ (music)** (η) μουσική ποπ.

• vt (balloon) τρυπώ. (put: fam) βάζω. • vi πετιέμαι. ~ **in** μπαίνω γρήγορα. ~ **out** πετάγομαι έξω

popcorn /'pɒpkɔːn/ n (το) καβουρντισμένο καλαμπόκι

pope /pəʊp/ n (ο) πάπας

poplar /'pɒplə(r)/ n (η) λεύκα

poppy /'pɒpɪ/ n (η) παπαρούνα

popular /'pɒpjʊlə(r)/ a δημοφιλής. ~**ity** /-'lærətɪ/ n (η) δημοτικότητα. ~**ize** vt εκλαϊκεύω

populat|e /'pɒpjʊleɪt/ vt οικίζω. ~**ion** /-'leɪʃn/ n (ο) πληθυσμός

porcelain /'pɔːsəlɪn/ n (η) πορσελάνη

porch /pɔːtʃ/ n (η) στεγασμένη είσοδος

porcupine /'pɔːkjʊpaɪn/ n (ο) ύστριγξ

pore /pɔː(r)/ n (ο) πόρος. • vi ~ **over** μελετώ προσεκτικά

pork /pɔːk/ n (το) χοιρινό κρέας

pornograph|y /pɔː'nɒgrəfɪ/ n (η) πορνογραφία. ~**ic** /-ə'græfɪk/ a πορνογραφικός

porous /'pɔːrəs/ a πορώδης

porpoise /'pɔːpəs/ n (η) φώκαινα

port /pɔːt/ n (το) λιμάνι. (wine) (το) πορτό. • a (left: naut) αριστερός. • n (η) αριστερή πλευρά (πλοίου)

portable /'pɔːtəbl/ a φορητός

porter /'pɔːtə(r)/ n (ο) θυρωρός. (for luggage) (ο) αχθοφόρος

portfolio /pɔːt'fəʊljəʊ/ n (το) χαρτοφυλάκιο

porthole /'pɔːthəʊl/ n (το) φινιστρίνι

portion /'pɔːʃn/ n (το) μερίδιο. (of food) (η) μερίδα

portrait /'pɔːtrɪt/ n (το) πορτρέτο

portray /pɔː'treɪ/ vt απεικονίζω. (describe) περιγράφω. ~**al** n (η) απεικόνιση, (η) περιγραφή

Portugal /'pɔːtjʊgl/ n (η) Πορτογαλία

pose /pəʊz/ n (η) πόζα. • vt (problem) δημιουργώ. (question) θέτω. • vi ποζάρω. ~ **as** παριστάνω

posh /pɒʃ/ a (fam) ανώτερης τάξης

position /pə'zɪʃn/ n (η) θέση. • vt τοποθετώ

positive /'pɒzətɪv/ a θετικός. (real) πραγματικός. (certain) κατηγορηματικός. • n (photo) (το) θετικό

possess /pə'zes/ vt κατέχω. ~**or** n (ο) κάτοχος

possession /pə'zeʃn/ n (η) κατοχή. ~**s** (τα) υπάρχοντα

possessive /pə'zesɪv/ a ζηλότυπος. (gram) κτητικός

possib|le /'pɒsəbl/ a δυνατός. ~**ility** /-'bɪlətɪ/ n (η) δυνατότητα, (η) πιθανότητα. ~**ly** adv πιθανόν

post /pəʊst/ n (pole) (ο) πάσσαλος. (place) (η) θέση. (mail) (το) ταχυδρομείο. • vt ταχυδρομώ. **by ~** ταχυδρομικώς. **keep s.o. ~ed** κρατώ κπ ενήμερο. ~-**box** n (το) ταχυδρομικό κουτί. ~-**code** n (ο) ταχυδρομικός κωδικός. **P~** Office, PO *n* (το) ταχυδρομείο

post- /pəʊst/ *pref* μετά-

postal /'pəʊstl/ *a* ταχυδρομικός. **~ order** *n* (η) ταχυδρομική επιταγή

postcard /'pəʊstkɑ:d/ *n* (η) καρτ ποστάλ *invar*

poster /'pəʊstə(r)/ *n* (η) αφίσα

posterity /pɒs'terəti/ *n* (οι) μέλλουσες γενεές

postgraduate /pəʊst'grædjʊət/ *n* (ο) μεταπτυχιακός σπουδαστής

posthumous /'pɒstjʊməs/ *a* μεταθανάτιος

postman /'pəʊstmən/ *n* (ο) ταχυδρόμος

postmark /'pəʊstmɑ:k/ *n* (η) ταχυδρομική σφραγίδα

post-mortem /'pəʊstmɔ:təm/ *n* (η) νεκροψία

postpone /pəʊst'pəʊn/ *vt* αναβάλλω

postscript /'pəʊstskrɪpt/ *n* (το) υστερόγραφο

posture /'pɒstʃə(r)/ *n* (η) στάση. • *vi* παίρνω πόζα

post-war /'pəʊstwɔ:(r)/ *a* μεταπολεμικός

posy /'pəʊzɪ/ *n* (το) μπουκετάκι

pot /pɒt/ *n* (jar) (το) δοχείο. (for cooking) (η) χύτρα. (for tea) (η) τσαγιέρα. (for coffee) (η) καφετιέρα. (for plant) (η) γλάστρα. • *vt* βάζω (φυτό) σε γλάστρα. **~ plant** *n* (το) φυτό σε γλάστρα

potassium /pə'tæsjəm/ *n* (το) κάλιο

potato /pə'teɪtəʊ/ *n* (η) πατάτα

potent /'pəʊtnt/ *a* δραστικός

potential /pəʊ'tenʃl/ *a* δυνητικός. • *n* (η) δυνητικότητα. **~ly** *adv* δυνητικά

pothole /'pɒthəʊl/ *n* (in road) (η) λακκούβα. (in rock) (η) τρύπα

potion /'pəʊʃn/ *n* (το) φίλτρο

potter /'pɒtə(r)/ *n* (ο) αγγειοπλάστης. • *vi* ασχολούμαι με μικροδουλειές

pottery /'pɒtərɪ/ *n* (η) αγγειοπλαστική

potty /'pɒtɪ/ *n* (τό) γιογιό (για μωρά)

pouch /paʊtʃ/ *n* (η) σακούλα

poultry /'pəʊltrɪ/ *n* (τα) πουλερικά

pounce /paʊns/ *vi* **~ on** πηδώ πάνω σε. • *n* (το) πήδημα

pound /paʊnd/ *n* (weight) (η) λίβρα (= 0.454 κ). (money) (η) λίρα. • *vt* κοπανίζω. *vi* (heart) χτυπώ δυνατά

pour /pɔ:(r)/ *vt* σερβίρω. • *vi* κυλώ. **it's ~ing down** κάνει κατακλυσμό

pout /paʊt/ *vi* κατσουφιάζω. • *n* (το) κατσούφιασμα

poverty /'pɒvətɪ/ *n* (η) φτώχια

powder /'paʊdə(r)/ *n* (η) σκόνη. (cosmetic) (η) πούδρα. • *vt* κονιοποιώ. (face) πουδράρω

power /'paʊə(r)/ *n* (η) δύναμη. (electr) (of engine) (η) ισχύς. **in ~** στην εξουσία. **~ cut** *n* (η) διακοπή στην παροχή ρεύματος. **~ful** *a* ισχυρός. **~less** *a* ανίσχυρος

practical /'præktɪkl/ a
πρακτικός. (*virtual*)
πραγματικός. **~ joke** (η)
φάρσα. **~ly** adv πρακτικά.
(*almost*) σχεδόν

practice /'præktɪs/ n (η)
πρακτική. (*exercise*) (η)
άσκηση. (*sport*) (η) εξάσκηση.
(*custom*) (η) συνήθεια. (*of
doctor*) (η) πελατεία

practise /'præktɪs/ vt/i
εξασκώ/ούμαι. (*sport*)
γυμνάζομαι. (*carry out*)
εφαρμόζω

practitioner /præk'tɪʃənə(r)/ n
(ο, η) επαγγελματίας. **general
~** n (ο, η) γιατρός παθολόγος

pragmatic /præg'mætɪk/ a
πραγματιστικός

praise /preɪz/ vt επαινώ. • n (ο)
έπαινος

pram /præm/ n (το) καροτσάκι
(*για μωρά*)

prance /praːns/ vi χοροπηδώ

prank /præŋk/ n (η) φάρσα

prattle /prætl/ vi φλυαρώ

prawn /prɔːn/ n (η) γαρίδα

pray /preɪ/ vt/i προσεύχομαι

prayer /preə(r)/ n (η) προσευχή

pre- /priː/ *pref* προ-

preach /priːtʃ/ vt/i κηρύσσω.
~er n (ο) ιεροκήρυκας

preamble /priː'æmbl/ n (το)
προοίμιο

prearrange /priːə'reɪndʒ/ vt
κανονίζω εκ των προτέρων

precarious /prɪ'keərɪəs/ a
επισφαλής

precaution /prɪ'kɔːʃn/ n (η)
προφύλαξη

precede /prɪ'siːd/ vt
προηγούμαι. **~ing** a
προηγούμενος

precedence /'presɪdəns/ n (η)
προτεραιότητα. **~t** n (το)
προηγούμενο

precept /'priːsept/ n (ο)
κανόνας

precinct /'priːsɪŋkt/ n (ο)
περίβολος. (*district: Amer*) (η)
περιοχή

precious /'preʃəs/ a πολύτιμος

precipice /'presɪpɪs/ n (ο)
γκρεμός

precise /prɪ'saɪs/ a ακριβής.
~ly adv ακριβώς

preclude /prɪ'kluːd/ vt
αποκλείω

precocious /prɪ'kəʊʃəs/ a
πρόωρος

preconceived /priːkən'siːvd/ a
προκατειλημμένος

precursor /priː'kɜːsə(r)/ n (ο)
πρόδρομος

predator /'predətə(r)/ n (το)
αρπακτικό ζώο

predecessor /'priːdɪsesə(r)/ n
(ο) προκάτοχος

predicament /prɪ'dɪkəmənt/ n
(η) δύσκολη θέση

predict /prɪ'dɪkt/ vt προβλέπω.
~able a προβλέψιμος. **~ion**
/-ʃn/ n (η) πρόβλεψη

predomin|ate /prɪ'dɒmɪneɪt/ vi
επικρατώ. **~ant** a
επικρατέστερος. **~antly** adv
επικρατέστερα

pre-eminent /priː'emɪnənt/ a
διαπρεπής

pre-empt /priː'empt/ vt
προλαβαίνω

preen /priːn/ vt καθαρίζω τα
φτερά. ~ o.s. καμαρώνω

prefab /ˈpriːfæb/ n (fam) (το)
λυόμενο σπίτι. ~ricated
/-ˈfæbrɪkeɪtɪd/ a
προκατασκευασμένο

preface /ˈprefɪs/ n (ο)
πρόλογος

prefect /ˈpriːfekt/ n (schol) (ο)
επιμελητής, (η) επιμελήτρια.
(official) (ο) νομάρχης

prefer /prɪˈfɜː(r)/ vt προτιμώ.
~able /ˈprefrəbl/ a
προτιμητέος

preferen|ce /ˈprefrəns/ n (η)
προτίμηση. ~tial /-əˈrenʃl/ a
προνομιακός

prefix /ˈpriːfɪks/ n (το) πρόθεμα

pregnan|t /ˈpregnənt/ a
έγκυος. ~cy n (η)
εγκυμοσύνη

prehistoric /priːhɪˈstɒrɪk/ a
προϊστορικός

prejudice /ˈpredʒʊdɪs/ n (η)
προκατάληψη. (harm) (η)
ζημία. • vt προδιαθέτω. ~d a
προκατειλημμένος

preliminary /prɪˈlɪmɪnərɪ/ a
προκαταρκτικός

prelude /ˈpreljuːd/ n (το)
προοίμιο. (mus) (το)
πρελούντιο

premature /ˈpremətjʊə(r)/ a
πρόωρος

premeditated /priːˈmedɪteɪtɪd/
a (crime) εκ προμελέτης

premier /ˈpremɪə(r)/ a πρώτος.
• n (pol) (ο) πρωθυπουργός

première /ˈpremɪə(r)/ n (η)
πρεμιέρα

premises /ˈpremɪsɪz/ npl (το)
ακίνητο. on the ~ μέσα στο
κτίριο

premium /ˈpriːmɪəm/ n
(insurance) (το) ασφάλιστρο

premonition /priːməˈnɪʃn/ n (η)
προαίσθηση

preoccupied /priːˈɒkjʊpaɪd/ a
συλλογισμένος

preparation /prepəˈreɪʃn/ n (η)
προετοιμασία

preparatory /prɪˈpærətrɪ/ a
προπαρασκευαστικός

prepare /prɪˈpeə(r)/ vt/i
ετοιμάζω. ~d to έτοιμος να

preposition /prepəˈzɪʃn/ n (η)
πρόθεση

preposterous /prɪˈpɒstərəs/ a
τερατώδης

prerequisite /priːˈrekwɪzɪt/ n
(η) προϋπόθεση

prerogative /prɪˈrɒgətɪv/ n (το)
προνόμιο

Presbyterian /prezbɪˈtɪərɪən/ a
& n πρεσβυτεριανός

prescri|be /prɪˈskraɪb/ vt
καθορίζω. ~ption /-ˈɪpʃn/ n
(med) (η) συνταγή

presence /ˈprezns/ n (η)
παρουσία

present¹ /ˈpreznt/ a παρών. • n
(το) παρόν. at ~ τώρα

present² /ˈpreznt/ n (το) δώρο

present³ /prɪˈzent/ vt
παρουσιάζω. (film etc.)
ανεβάζω. ~able a
παρουσιάσιμος. ~ation
/preznˈteɪʃn/ n (η) παρουσίαση.
~er n (ο) εκφωνητής, (η)
εκφωνήτρια

presently /ˈprezntlɪ/ adv σε
λίγο. (now) αμέσως

preservative /prɪˈzɜːvətɪv/ n
(το) συντηρητικό

preserve /prɪˈzɜːv/ vt συντηρώ.
(maintain, culin) διατηρώ. • n
(jam) είδος μαρμελάδας. (fig) (ο)
τομέας ειδικού ενδιαφέροντος

preside /prɪˈzaɪd/ vi προεδρεύω

president /ˈprezɪdənt/ n (ο, η)
πρόεδρος

press /pres/ vt πιέζω, πατώ.
(squeeze) στίβω. (urge) πιέζω.
(iron) σιδερώνω. • n (mech)
(το) πιεστήριο. (printing) (το)
τυπογραφείο. (newspapers)
(ο) τύπος. **~-stud** n (η)
σούστα

pressing /ˈpresɪŋ/ a πιεστικός

pressure /ˈpreʃə(r)/ n (η)
πίεση. • vt πιέζω. **~-cooker** n
(η) χύτρα ταχύτητας

pressurize /ˈpreʃəraɪz/ vt πιέζω

prestige /preˈstiːʒ/ n (το)
γόητρο

prestigious /preˈstɪdʒəs/ a που
δίνει γόητρο

presumably /prɪˈzjuːməblɪ/ adv
ενδεχομένως

presum|e /prɪˈzjuːm/ vt/i
υποθέτω **~e to** τολμώ
~ption /-ˈzʌmpʃn/ n (η)
υπόθεση. (cheek) (η) τόλμη

presumptuous /prɪˈzʌmptʃʊəs/
a τολμηρός

presuppose /priːsəˈpəʊz/ vt
προϋποθέτω

pretence /prɪˈtens/ n (η)
προσποίηση. (pretext) (το)
πρόσχημα

pretend /prɪˈtend/ vt/i
προσποιούμαι (**to do**, πως
κάνω)

pretentious /prɪˈtenʃəs/ a
επιδεικτικός

pretext /ˈpriːtekst/ n (η)
πρόφαση

pretty /ˈprɪtɪ/ a (-ier, -iest)
όμορφος. • adv αρκετά

prevail /prɪˈveɪl/ vi υπερισχύω.
(win) επικρατώ. **~ (up)on**
καταπείθω

prevalent /ˈprevələnt/ a
διαδεδομένος

prevent /prɪˈvent/ vt εμποδίζω
(**from**, να). **~ion** /-ʃn/ n (η)
πρόληψη. **~ive** a
προληπτικός

preview /ˈpriːvjuː/ n (η)
ιδιωτική προβολή

previous /ˈpriːvɪəs/ a
προηγούμενος. **~ to** πριν
από. **~ly** adv προηγουμένως

pre-war /ˈpriːwɔː(r)/ a
προπολεμικός

prey /preɪ/ n (η) λεία. • vi **~ on**
κυνηγώ. (worry) βασανίζω

price /praɪs/ n (η) τιμή. • vt
ορίζω την τιμή. **~-list** n (ο)
τιμοκατάλογος. **~less** a
ανεκτίμητος

prick /prɪk/ vt/i τσιμπώ. • n (το)
τσίμπημα

prickl|e /ˈprɪkl/ n (το) αγκάθι.
(sensation) (το) μυρμήγκιασμα.
~y a αγκαθωτός. (person)
ευέξαπτος

pride /praɪd/ n (η) περηφάνια
vt **~ o.s. on** περηφανεύομαι
για

priest /priːst/ n (ο) ιερέας,
(fam) (ο) παπάς

prig /prɪg/ n (ο) σεμνότυφος

prim /prɪm/ a επιτηδευμένος

primar|y /'praɪmərɪ/ *a*
πρωταρχικός. (*chief*) κύριος.
~y school *n* (το) δημοτικό
(σχολείο). **~ily** *adv* κυρίως

prime /praɪm/ *a* πρώτος. (*first-rate*) εκλεκτός. • *vt* (*gun*)
γεμίζω. (*surface*) ασταρώνω.
(*prepare*) ετοιμάζω. **in one's
~** στο άνθος της ηλικίας. **P~
Minister** *n* (ο) πρωθυπουργός

primeval /praɪ'mi:vl/ *a*
αρχέγονος

primitive /'primitiv/ *a*
πρωτόγονος

primrose /'primrəʊz/ *n* (η)
πρίμουλα

prince /prins/ *n* (ο) πρίγκιπας

princess /prin'ses/ *n* (η)
πριγκίπισσα

principal /'prinsəpl/ *a* κύριος.
• *n* (*schol*) (ο) διευθυντής, (η)
διευθύντρια. **~ly** *adv* κυρίως

principle /'prinsəpl/ *n* (η)
αρχή. **in ~** κατ' αρχήν

print /print/ *vt* (εκ)τυπώνω.
(*write*) γράφω με κεφαλαία
γράμματα. • *n* (*letters*) (τα)
στοιχεία. (*fabric*) (το) εμπριμέ
invar. (*picture*) (η) γκραβούρα.
(*photograph*) (η) φωτογραφία.
(*impression*) (το) αποτύπωμα.
~ed matter (το) έντυπ
κλειστό

print|er /'printə(r)/ *n* (*person*)
(ο, η) τυπογράφος. (*machine*)
(ο) εκτυπωτής. **~ing** *n* (η)
εκτύπωση

prior[1] /'praɪə(r)/ *a*
προηγούμενος. **~ to** πριν από

prior[2] /'praɪə(r)/ *n* (ο)
ηγούμενος. **~y** *n* (το) κοινόβιο

priority /praɪ'ɒrətɪ/ *n* (η)
προτεραιότητα

prise /praɪz/ *vt* **~ open** ανοίγω
με δυσκολία

prism /'prizm/ *n* (το) πρίσμα

prison /'prizn/ *n* (η) φυλακή.
~er *n* (ο) φυλακισμένος

pristine /'pristi:n/ *a* αρχικός.
(*unspoilt*) αγνός

privacy /'privəsi/ *n* (το)
ιδιωτικό περιβάλλον

private /'praivit/ *a* ιδιωτικός.
(*confidential*) εμπιστευτικός.
• *n* (ο) απλός στρατιώτης. **in
~** ιδιαιτέρως. **~ly** *adv*
ιδιαιτέρως.

privation /praɪ'veɪʃn/ *n* (η)
στέρηση

privilege /'privəlidʒ/ *n* (το)
προνόμιο. **~d** *a*
προνομιούχος

prize /praɪz/ *n* (το) βραβείο. • *a*
(*prize-winning*) βραβευμένος.
(*excellent*) περίφημος. (*idiot
etc.*) μεγάλος. • *vt* θεωρώ
πολύτιμο. **~-giving** *n* (η)
απονομή βραβείων. **~-winner**
n (ο) βραβευθής

pro /prəʊ/ *n* **the ~s and cons**
τα υπέρ και τα κατά

pro- /prəʊ/ *pref* προ-

probab|le /'prɒbəbl/ *a* πιθανός.
~ility /-'bɪlətɪ/ *n* (η)
πιθανότητα. **~ly** *adv* πιθανός

probation /prə'beɪʃn/ *n* (η)
επίβλεψη. (*jur*) (η) επιτήρηση.
on ~ υπό δοκιμία

probe /prəʊb/ *n* (*med*) (η)
μήλη. (*fig*) (η) έρευνα. • *vt*
ερευνώ. • *vi* **~ into** διερευνώ

problem /'prɒbləm/ *n* (το)
πρόβλημα. **~atic** /-'mætɪk/ *a*
προβληματικός

procedure /prə'si:dʒə(r)/ n (η) διαδικασία

proceed /prə'si:d/ vi προχωρώ. **~ with** συνεχίζω (με)

proceedings /prə'si:dɪŋz/ npl (actions, events) (οι) ενέργειες. (report) (οι) συζητήσεις. (jur) (η) δικαστική ενέργεια

proceeds /'prəʊsi:dz/ npl (οι) εισπράξεις

process /'prəʊses/ n (η) διαδικασία. (jur) (η) κλήση. • vt επεξεργάζομαι. (photo) εμφανίζω

procession /prə'seʃn/ n (η) πομπή

proclaim /prə'kleɪm/ vt διακηρύσσω

procure /prə'kjʊə(r)/ vt προμηθεύομαι

prod /prɒd/ vt/i σκουντώ. (fig) παρακινώ. • n (το) σκούντημα, (η) παρακίνηση

prodigal /'prɒdɪgl/ a άσωτος

prodigious /prə'dɪdʒəs/ a τεράστιος

prodigy /'prɒdɪdʒɪ/ n (το) θαύμα

produce[1] /prə'dju:s/ vt παράγω. (bring out) παρουσιάζω. (show) δείχνω. (theatr) ανεβάζω. (cause) φέρνω. (manufacture) κατασκευάζω. **~er** n (ο) παραγωγός. **~tion** /-'dʌkʃn/ (η) παραγωγή. **~ line** n (η) γραμμή παραγωγής

produce[2] /'prɒdju:s/ n (το) προϊόν

product /'prɒdʌkt/ n (το) προϊόν

productive /prə'dʌktɪv/ a παραγωγικός. **~ity** /prɒdʌk'tɪvətɪ/ n (η) παραγωγικότητα

profess /prə'fes/ vt ομολογώ. (pretend) προσποιούμαι

profession /prə'feʃn/ n (το) επάγγελμα. **~al** a επαγγελματικός. • n (ο, η) επαγγελματίας

professor /prə'fesə(r)/ n (ο) καθηγητής (πανεπιστημίου)

proficien|t /prə'fɪʃnt/ a επαρκής. **~cy** n (η) επάρκεια

profile /'prəʊfaɪl/ n (το) προφίλ invar. (character study) (η) σύντομη βιογραφία

profit /'prɒfɪt/ n (το) κέρδος. • vi κερδίζω. **~ from** επωφελούμαι από. **~able** a επικερδής

profound /prə'faʊnd/ a βαθύς

profuse /prə'fju:s/ a άφθονος

program /'prəʊgræm/ n (το) πρόγραμμα. • vt προγραμματίζω

programme /'prəʊgræm/ n (το) πρόγραμμα

progress[1] /'prəʊgres/ n (η) πρόοδος. **in ~** σε εξέλιξη. **make ~** κάνω πρόοδο

progress[2] /prə'gres/ vi προοδεύω

progressive /prə'gresɪv/ a προοδευτικός

prohibit /prə'hɪbɪt/ vt απαγορεύω (from, να). **~ive** /-bɪtɪv/ a απαγορευτικός

project[1] /prə'dʒekt/ vt προβάλλω. • vi (stick out) προεξέχω. **~ion** /-kʃn/ n (η)

προεξοχή. (*forecast*) (η)
πρόβλεψη

project² /ˈprɒdʒekt/ *n* (το)
σχέδιο. (*technical*) (το) έργο

projectile /prəˈdʒektaɪl/ *n* (το)
βλήμα

projector /prəˈdʒektə(r)/ *n* (ο)
προβολέας

proletariat /ˌprəʊlɪˈteərɪət/ *n*
(το) προλεταριάτο

proliferate /prəˈlɪfəreɪt/ *vi*
πολλαπλασιάζομαι

prolific /prəˈlɪfɪk/ *a* γόνιμος

prologue /ˈprəʊlɒg/ *n* (ο)
πρόλογος

prolong /prəˈlɒŋ/ *vt* παρατείνω

promenade /ˌprɒməˈnɑːd/ *n* (ο)
περίπατος (*σε δημόσιο χώρο*)

prominent /ˈprɒmɪnənt/ *a*
(*important*) διακεκριμένος.
(*conspicuous*) περίβλεπτος.
(*projecting*) προεξέχων

promiscuous /prəˈmɪskjʊəs/ *a*
έκλυτος

promis|e /ˈprɒmɪs/ *n* (η)
υπόσχεση. • *vt/i* υπόσχομαι.
~ing *a* με υποσχέσεις

promot|e /prəˈməʊt/ *vt* (*person*)
προάγω. (*product*) προωθώ.
~ion /-ˈməʊʃn/ *n* (η)
προαγωγή, (η) προώθηση

prompt /prɒmpt/ *a* ταχύς.
(*punctual*) ακριβής. • *adv*
ακριβώς. • *vt* παρακινώ.
(*theatr*) υποβάλλω. **~ly** *adv*
αμέσως

prone /prəʊn/ *a* πρηνής. **be ~
to** έχω την τάση να

prong /prɒŋ/ *n* (το) δόντι

pronoun /ˈprəʊnaʊn/ *n* (η)
αντωνυμία

pronounce /prəˈnaʊns/ *vt*
προφέρω. (*declare*) κηρύσσω

pronounced /prəˈnaʊnst/ *a*
έντονος. (*noticeable*) αισθητός

pronunciation /prənʌnsɪˈeɪʃn/
n (η) προφορά

proof /pruːf/ *n* (η) απόδειξη.
(*typ*) (η) διόρθωση

prop /prɒp/ *n* (το) στήριγμα.
(*theatr*) (τα) έπιπλα στη σκηνή.
(*fig*) (ο) στυλοβάτης. • *vt*
στηρίζω. **~ against** (*lean*)
ακουμπώ σε

propaganda /ˌprɒpəˈgændə/ *n*
(η) προπαγάνδα

propagate /ˈprɒpəgeɪt/ *vt/i*
αναπαράγω

propel /prəˈpel/ *vt* προωθώ

propeller /prəˈpelə(r)/ *n* (η)
προπέλα

proper /ˈprɒpə(r)/ *a* σωστός.
(*suitable*) κατάλληλος. **~
name, ~ noun** *ns* (το) κύριο
όνομα. **~ly** *adv* όπως πρέπει

property /ˈprɒpətɪ/ *n* (η)
ιδιοκτησία. (*real estate*) (η)
ακίνητη περιουσία.
(*characteristic*) (η) ιδιότητα

prophecy /ˈprɒfəsɪ/ *n* (η)
προφητεία

prophet /ˈprɒfɪt/ *n* (ο)
προφήτης

proportion /prəˈpɔːʃn/ *n* (η)
αναλογία. **in/out of ~**
ανάλογος/δυσανάλογος. **~al**
adj αναλογικός

proposal /prəˈpəʊzl/ *n* (η)
πρόταση. (*of marriage*)
πρόταση γάμου

propose /prəˈpəʊz/ *vt*
προτείνω. • *vi* **~e to** κάνω

πρόταση γάμου σε. **~e to do**
σκοπεύω να κάμω

proprietor /prə'praɪətə(r)/ n (ο)
ιδιοκτήτης, (η) ιδιοκτήτρια

propriety /prə'praɪətɪ/ n (η)
ευπρέπεια

prosaic /prə'zeɪk/ a πεζός

prose /prəʊz/ n (ο) πεζός
λόγος

prosecut|e /'prɒsɪkjuːt/ vt
διώκω. **~ion** /-'kjuːʃn/ n (η)
δίωξη. **~or** n (ο) κατήγορος

prospect¹ /'prɒspekt/ n (η)
προοπτική. (*expectation*) (η)
προσδοκία

prospect² /prə'spekt/ vi
ερευνώ για πολύτιμα μέταλλα

prospective /prə'spektɪv/ a
επίδοξος. (*future*) μελλοντικός

prospectus /prə'spektəs/ n (το)
προσπέκτους *invar*, (το)
ενημερωτικό δελτίο

prosper /'prɒspə(r)/ vi
ευημερώ

prosper|ous /'prɒspərəs/ a
ευημερών. **~ity** /-'sperətɪ/ n
(η) ευημερία

prostitute /'prɒstɪtjuːt/ n (η)
πόρνη

prostrate /'prɒstreɪt/ a
ξαπλωμένος μπρούμυτα

protagonist /prə'tægənɪst/ n
(ο) πρωταγωνιστής, (η)
πρωταγωνίστρια

protect /prə'tekt/ vt
προστατεύω. **~ion** /-ʃn/ n (η)
προστασία

protective /prə'tektɪv/ a
προστατευτικός

protégé /'prɒtɪʒeɪ/ n (ο)
προστατευόμενος

protein /'prəʊtiːn/ n (η)
πρωτεΐνη

protest¹ /'prəʊtest/ n (η)
διαμαρτυρία

protest² /prə'test/ vt/i
διαμαρτύρομαι. **~er** n (ο)
διαμαρτυρόμενος

Protestant /'prɒtɪstənt/ a
προτεσταντικός. • n (ο)
προτεστάντης, (η)
προτεστάντισσα

protocol /'prəʊtəkɒl/ n (το)
πρωτόκολλο

prototype /'prəʊtətaɪp/ n (το)
πρότυπο

protrude /prə'truːd/ vi
προεξέχω

proud /praʊd/ a περήφανος

prove /pruːv/ vt αποδεικνύω.
• vi αποδεικνύομαι

proverb /'prɒvɜːb/ n (η)
παροιμία

provide /prə'vaɪd/ vt
προμηθεύω. **~ for** προνοώ

provided /prə'vaɪdɪd/ conj **~
(that)** εφόσον

province /'prɒvɪns/ n (η)
επαρχία. (*fig*) (η) αρμοδιότητα

provincial /prə'vɪnʃl/ a
επαρχιακός

provision /prə'vɪʒn/ n (η)
παροχή. **~s** (οι) προμήθειες

provisional /prə'vɪʒənl/ a
προσωρινός

provo|ke /prə'vəʊk/ vt
προκαλώ. **~cation**
/prɒvə'keɪʃn/ n (η) πρόκληση.
~cative /-'vɒkətɪv/ a
προκλητικός

prow /praʊ/ n (η) πλώρη

prowess /ˈprauɪs/ n (η) ανδρεία

prowl /praul/ vi περιφέρομαι αναζητώντας λεία. • n be on the ~ περιφέρομαι ύποπτα. ~er n πρόσωπο που περιφέρεται ύποπτα

proximity /prɒkˈsɪmɪtɪ/ n (η) εγγύτητα

proxy /ˈprɒksɪ/ n (ο) πληρεξούσιος. by ~ δι' αντιπροσώπου

prude /pruːd/ n (ο) σεμνότυφος

prudent /ˈpruːdnt/ a συνετός

prune /pruːn/ n (το) ξερό δαμάσκηνο. • vt κλαδεύω

pry /praɪ/ vi ~ into χώνω τη μύτη μου σε

psalm /sɑːm/ n (ο) ψαλμός

pseudo- /ˈsjuːdəʊ/ pref ψευδο-

pseudonym /ˈsjuːdənɪm/ n (το) ψευδώνυμο

psychiatr|y /saɪˈkaɪətrɪ/ n (η) ψυχιατρική. ~ic /-ɪˈætrɪk/ a ψυχιατρικός. ~ist n (ο, η) ψυχίατρος

psychic /ˈsaɪkɪk/ a ψυχικός

psychoanalys|e /saɪkəʊˈænəlaɪz/ vt ψυχαναλύω. ~t /-ɪst/ n (ο, η) ψυχαναλυτής

psychology /saɪˈkɒlədʒɪ/ n (η) ψυχολογία. ~ical /-əˈlɒdʒɪkl/ a ψυχολογικός. ~ist n (ο, η) ψυχολόγος

psychopath /ˈsaɪkəʊpæθ/ n (ο, η) ψυχοπαθής

pub /pʌb/ n (το) παμπ invar

puberty /ˈpjuːbətɪ/ n (η) εφηβεία

pubic /ˈpjuːbɪk/ a ηβικός

public /ˈpʌblɪk/ a δημόσιος. in ~ δημοσίως. ~ school n (το) ιδιωτικό σχολείο μέσης εκπαιδεύσεως. ~ transport n (τα) δημόσια μεταφορικά μέσα. ~ly adv δημόσια, δημοσίως

publican /ˈpʌblɪkən/ n (ο) ταβερνιάρης

publication /pʌblɪˈkeɪʃn/ n (in paper etc) (το) δημοσίευμα. (of book) (η) έκδοση. (thing published) (η) δημοσίευση

publicity /pʌbˈlɪsɪtɪ/ n (η) δημοσιότητα

publicize /ˈpʌblɪsaɪz/ vt δημοσιοποιώ

publish /ˈpʌblɪʃ/ vt (in paper etc) δημοσιεύω. (book) εκδίδω. ~er n (ο) εκδότης, (η) εκδότρια. ~ing n (profession) (το) εκδοτικό επάγγελμα

pudding /ˈpʊdɪŋ/ n (η) πουτίγκα

puddle /ˈpʌdl/ n (η) λακκούβα

puerile /ˈpjʊəraɪl/ a παιδαριώδης

puff /pʌf/ n (breath) (η) πνοή. (of wind) (το) φύσημα. • vt/i ξεφυσώ. (become inflated) φουσκώνω. ~ pastry n (η) ζύμη σφολιάτα. ~ed (out) (out of breath) λαχανιασμένος

puffy /ˈpʌfɪ/ a φουσκωμένος

pull /pʊl/ vt/i τραβώ. (extract) βγάζω. ~ a muscle παθαίνω νευροκαβαλίκεμα. • n (το) τράβηγμα. (fig) (τα) μέσα. ~ down κατεβάζω. (building) γκρεμίζω. ~ faces κάνω μορφασμούς. (fig) καταφέρνω. ~ off (fig) καταφέρνω. ~ o.s. together ξαναβρίσκω τον αυτοέλεγχο.

~ out (*extract*) βγάζω.
(*withdraw*) αποσύρω. **~ s.o.'s
leg** αστειεύομαι. **~ through**
επιζώ. **~ up** τραβώ.
(*reprimand*) κατσαδιάζω. (*auto*)
σταματώ

pulley /'pʊlɪ/ n (η) τροχαλία

pullover /'pʊləʊvə(r)/ n (το)
πουλόβερ invar, Cy. (το) τρικό

pulp /pʌlp/ n (ο) πολτός

pulpit /'pʊlpɪt/ n (ο) άμβωνας

pulsate /pʌl'seɪt/ vi πάλλομαι

pulse /pʌls/ n (ο) σφυγμός

pulverize /'pʌlvəraɪz/ vt
κονιοποιώ

pummel /'pʌml/ vt
γρονθοκοπώ

pump /pʌmp/ n (η) αντλία.
(*shoe*) (η) γόβα. • vt/i
αντλώ/ούμαι

pumpkin /'pʌmpkɪn/ n (η)
κολοκύθα

pun /pʌn/ n (το) λογοπαίγνιο

punch /pʌntʃ/ vt χτυπώ με
γροθιά. (*perforate*) τρυπώ. (*a
hole*) βγάζω. • n (η) γροθιά.
(*vigour: fam*) (η) δύναμη.
(*device*) (το) τρυπητήρι

punctual /'pʌŋktʃʊəl/ a
ακριβής (στην ώρα)

punctuat|e /'pʌŋkʃʊeɪt/ vt
βάζω τα σημεία στίξεως.
(*interrupt*) διακόπτω κατά
διαστήματα. **~ion** /-'eɪʃn/
(η) στίξη. **~ion mark** n (το)
σημείο στίξεως

puncture /'pʌŋktʃə(r)/ n (το)
τρύπημα. • vt/i τρυπώ

pungent /'pʌndʒənt/ a δριμύς

punish /'pʌnɪʃ/ vt τιμωρώ.
~able a αξιόποινος. **~ment**
n (η) τιμωρία

punitive /'pjuːnɪtɪv/ a
τιμωρητικός

punnet /'pʌnɪt/ n (το) καλαθάκι

puny /'pjuːnɪ/ a (*person*)
ασθενικός. (*fig*) ασήμαντος

pupil /'pjuːpl/ n (ο) μαθητής,
(η) μαθήτρια. (*of eye*) (η) κόρη

puppet /'pʌpɪt/ n (η) μαριονέτα

pup(py) /'pʌp(ɪ)/ n (το) κουτάβι

purchase /'pɜːtʃəs/ vt αγοράζω.
• n (η) αγορά. **~r** n (ο)
αγοραστής, (η) αγοράστρια

pur|e /'pjʊə(r)/ a αγνός. **~ity** n
(η) αγνότητα

purée /'pjʊəreɪ/ n (ο) πουρές

purge /pɜːdʒ/ vt καθαρίζω.
(*pol*) εκκαθαρίζω. • n (η)
κάθαρση, (η) εκκαθάριση

purify /'pjʊərɪfaɪ/ vt καθαρίζω

puritan /'pjʊərɪtən/ n (ο)
πουριτανός

purple /'pɜːpl/ a πορφυρός. • n
(το) πορφυρό (*χρώμα*)

purpose /'pɜːpəs/ n (ο) σκοπός.
(*determination*) (η)
αποφασιστικότητα. **on ~**
σκόπιμα. **~ful** a σκόπιμος

purr /pɜː(r)/ vi γουργουρίζω

purse /pɜːs/ n (το) τσαντάκι.
(*Amer*) (η) τσάντα. • vt
σουφρώνω (τα χείλη)

pursue /pə'sjuː/ vt καταδιώκω.
~r n (ο) διώκτης, (η) διώκτρια

pursuit /pə'sjuːt/ n (η)
καταδίωξη. (*fig*) (η) ασχολία

pus /pʌs/ n (το) πύο

push /pʊʃ/ vt/i σπρώχνω.
(*button*) πατώ, πιέζω. (*force*)
προωθώ. • n (το) σπρώξιμο.
(*effort*) (η) προσπάθεια. (*drive*)
(η) δραστηριότητα. **at a ~**

στην ανάγκη. **~ aside** *vt*
παραμερίζω. **~ back** *vt*
απωθώ. **~-chair** *n* (το)
παιδικό καροτσάκι. **~ up**
ανεβάζω. **~y** *a* (*fam*)
επιθετικός

puss /pʊs/ *n* (*fam*) (η) ψιψίνα

put /pʊt/ *vt* (*pt* **put**, *pres p*
putting) βάζω. (*express*)
εκφράζω. (*say*) λέω. (*question*)
υποβάλλω. (*estimate*)
υπολογίζω. **~ across**
μεταδίδω. **~ aside**
παραμερίζω. **~ away** βάζω
στη θέση του. **~ back**
(*replace*) βάζω πίσω στη θέση.
(*postpone*) αναβάλλω. (*clock*)
βάζω πίσω. (*write*)
σημειώνω. (*suppress*)
καταστέλλω. (*kill*) θανατώνω.
~ forward προτείνω. **~ in**
(*insert*) βάζω. (*submit*)
υποβάλλω. **~ in for** κάνω
αίτηση για. **~ off** (*postpone*)
αναβάλλω. (*distract*) περισπώ.
(*dissuade*) αποτρέπω. **~ on**
(*clothes*) φορώ. (*light*) ανάβω.
~ out (*hand*) απλώνω.
(*extinguish*) σβήνω.
(*inconvenience*) ενοχλώ.
(*disconcert*) αναστατώνω. **~
up** (*building*) ανεγείρω. (*price*)
ανεβάζω. (*guest*) φιλοξενώ. **~
up with** ανέχομαι

putrid /ˈpjuːtrɪd/ *a* σάπιος

putty /ˈpʌtɪ/ *n* (ο) στόκος

puzzl|e /ˈpʌzl/ *n* (ο) γρίφος.
(*game*) (το) παιγνίδι
συναρμολόγησης. • *vt*
μπερδεύω. **~ed** *a*
απορημένος, αμήχανος. **~ing**
a δυσλυτος

pyjamas /pəˈdʒɑːməz/ *npl* (η)
πιτζάμα

pylon /ˈpaɪlən/ *n* (ο) πυλώνας

pyramid /ˈpɪrəmɪd/ *n* (η)
πυραμίδα

python /ˈpaɪθn/ *n* (ο) πύθωνας

Qq

quack /kwæk/ *n* (*of duck*) (η)
κραυγή της πάπιας. (*doctor*)
(ο) κομπογιαννίτης

quad /kwɒd/ (*fam*) =
quadrangle, quadruplet

quadrangle /ˈkwɒdræŋgl/ *n*
(*court*) (η) (τετράγωνη)
αυλή

quadruple /ˈkwɒdruːpl/ *a*
τετραπλάσιος. • *vt/i*
τετραπλασιάζω

quadruplet /ˈkwɒdrʊplɪt/ *n* (το)
τετράδυμο

quaint /kweɪnt/ *a* ιδιόρρυθμος.
(*odd*) περίεργος

quake /kweɪk/ *vi* τρέμω

Quaker /ˈkweɪkə(r)/ *n* (ο)
κουάκερος

qualification /ˌkwɒlɪfɪˈkeɪʃn/ *n*
(το) προσόν. (*ability*) (η)
ικανότητα. (*reservation*) (η)
επιφύλαξη

qualif|y /ˈkwɒlɪfaɪ/ *vt* (*modify*)
περιορίζω. • *vi* αποκτώ τα
προσόντα. (*satisfy conditions*)
ικανοποιώ τους όρους. **~ied** *a*
διπλωματούχος. (*limited*)
περιορισμένος

quality /'kwɒlətɪ/ n (το) ποιότητα

qualm /kwa:m/ n ενδοιασμός

quandary /'kwɒndrɪ/ n **in a ~** σε δίλημμα

quantity /'kwɒntɪtɪ/ n (η) ποσότητα

quarantine /'kwɒrənti:n/ n (η) καραντίνα. **in ~** σε καραντίνα

quarrel /'kwɒrəl/ n (ο) καβγάς. • vi καβγαδίζω. **~some** a καβγατζής

quarry /'kwɒrɪ/ n (prey) (το) θήραμα. (excavation) (το) λατομείο

quarter /'kwɔ:tə(r)/ n (το) τέταρτο. (of year) (η) τριμηνία. (district) (η) συνοικία. (lodgings) (τα) διαμερίσματα. (mil) (το) κατάλυμα. • vt χωρίζω στα τέσσερα. (mil) εξασφαλίζω κατάλυμα. (a) **~ past two** δύο και τέταρτο. (a) **~ to seven** εφτά παρά τέταρτο. **~-final** n (ο) προημιτελικός

quartet /kwɔ:'tet/ n (το) κουαρτέτο

quartz /kwɔ:ts/ n (ο) χαλαζίας

quash /kwɒʃ/ vt καταπνίγω

quasi- /'kweɪsaɪ/ pref δήθεν

quaver /'kweɪvə(r)/ vi τρέμω. • n (mus) (το) όγδοο

quay /ki:/ n (η) προκυμαία

queasy /'kwi:zɪ/ a **feel ~** έχω αναγούλες

queen /kwi:n/ n (η) βασίλισσα. (cards) (η) ντάμα

queer /kwɪə(r)/ a αλλόκοτος. (ill) αδιάθετος. (sl) τοιούτος

quell /kwel/ vt καταπνίγω

quench /kwentʃ/ vt σβήνω

query /'kwɪərɪ/ n (το) ερώτημα. • vt ρωτώ. (doubt) αμφισβητώ

quest /kwest/ n (η) αναζήτηση

question /'kwestʃən/ n (η) ερώτηση. (for discussion) (το) θέμα. • vt ρωτώ. (doubt) αμφισβητώ. **it is out of the ~** αποκλείεται. **~ mark** n (το) ερωτηματικό

questionable /'kwestʃənəbl/ a αμφισβητήσιμος

questionnaire /kwestʃə'neə(r)/ n (το) ερωτηματολόγιο

queue /kju:/ n (η) ουρά. • vi στέκομαι στην ουρά

quibble /'kwɪbl/ vi φιλολογώ. • n (το) φιλολόγημα

quick /kwɪk/ a & γρήγορος. • adv γρήγορα. **~-tempered** a ευέξαπτος. **~-witted** a οξύνους. **to the ~** βαθιά. **~ly** adv γρήγορα

quicksand /'kwɪksænd/ n (η) κινούμενη άμμος

quid /kwɪd/ n invar (sl) (η) λίρα

quiet /'kwaɪət/ a ήσυχος. (calm) ήρεμος. (silent) σιωπηλός. • n (η) ησυχία. **~ly** adv ήσυχα, ήρεμα. **~ness** n (η) ησυχία, (η) ηρεμία

quieten /'kwaɪətn/ vt/i ησυχάζω

quill /kwɪl/ n (το) φτερό (για γράψιμο)

quilt /kwɪlt/ n (το) πάπλωμα

quince /kwɪns/ n (το) κυδώνι

quintet /kwɪn'tet/ n (το) κουιντέτο

quip /kwɪp/ n (το) πείραγμα. • vt πειράζω

quirk /kwɜ:k/ n (η) εκκεντρικότητα

quit /kwɪt/ vt αφήνω, φεύγω από. (cease: Amer) σταματώ. • vi φεύγω

quite /kwaɪt/ adv (completely) εντελώς. (somewhat) μάλλον, αρκετά. (really) πραγματικά. **~ (so)!** ακριβώς! **~ a few** πολλοί

quits /kwɪts/ adv πάτσι

quiver /ˈkwɪvə(r)/ vi τρέμω

quiz /kwɪz/ n (η) ανάκριση. (game) (το) κουίζ invar. • vt κάνω ερωτήσεις σε

quota /ˈkwəʊtə/ n (ο) καθορισμένος αριθμός

quotation /kwəʊˈteɪʃn/ n (το) απόσπασμα. (price) (η) τιμή. **~ marks** npl (τα) εισαγωγικά

quote /kwəʊt/ vt παραθέτω. (price) δίνω. • n (το) απόσπασμα. (price) (η) τιμή

Rr

rabbi /ˈræbaɪ/ n (ο) ραβίνος

rabbit /ˈræbɪt/ n (το) κουνέλι

rabble /ˈræbl/ n (ο) όχλος

rabid /ˈræbɪd/ a (dog) λυσσασμένος. (fig) μανιατικός

rabies /ˈreɪbiːz/ n (η) λύσσα

race¹ /reɪs/ n (on foot) (ο) αγώνας δρόμου. (horses) (η) ιπποδρομία. (boats) (η) λεμβοδρομία. • vt (person) συναγωνίζομαι σε ταχύτητα. • vi (run) τρέχω. (engine) μαρσάρω. **~-track** n (η) πίστα. **racing** (οι) αγώνες

ταχύτητας. **racing car** n (το) αγωνιστικό αυτοκίνητο

race² /reɪs/ n (η) φυλή

racecourse /ˈreɪskɔːs/ n (ο) ιππόδρομος

racehorse /ˈreɪshɔːs/ n (το) άλογο ιπποδρομιών

racial /ˈreɪʃl/ a φυλετικός. **~ism** /-ˈʃəˌɪzəm/ n = **racism**. **~ist** /-ʃəlɪst/ n & a = **racist**

racis|t /ˈreɪsɪst/ a ρατσιστικός. • n (ο) ρατσιστής, (η) ρατσίστρια. **~m** /-zəm/ n (ο) ρατσισμός

rack /ræk/ n (η) σχάρα. (for luggage) (το) ράφι. (for plates) (η) πιατοθήκη. • vt **~ one's brains** σπάζω το κεφάλι μου. **go to ~ and ruin** ρημάζω

racket /ˈrækɪt/ n (bat) (η) ρακέτα. (din) (ο) σαματάς. (swindle: sl) (η) κομπίνα

radar /ˈreɪdɑː(r)/ n (το) ραντάρ invar

radiant /ˈreɪdɪənt/ a ακτινοβόλος

radiate /ˈreɪdɪeɪt/ vt/i ακτινοβολώ. **~ion** /-ˈeɪʃn/ (η) ακτινοβολία. (radioactivity) (η) ραδιενέργεια

radiator /ˈreɪdɪeɪtə(r)/ n (το) καλοριφέρ invar. (of car) (το) ψυγείο

radical /ˈrædɪkl/ a ριζικός. • n (ο) ριζοσπάστης

radio /ˈreɪdɪəʊ/ n (το) ραδιόφωνο

radioactiv|e /reɪdɪəʊˈæktɪv/ a ραδιενεργός. **~ity** /-ˈtɪvətɪ/ n (η) ραδιενέργεια

radish /ˈrædɪʃ/ n (το) ραπάνι

radius /ˈreɪdɪəs/ n (η) ακτίνα

raffle /ræfl/ n (το) λαχείο

raft /ra:ft/ n (η) σχεδία

rafter /'ra:ftə(r)/ n (το) δοκάρι

rag /ræg/ n (το) κουρέλι. (pej, newspaper) (η) φυλλάδα

rage /reɪdʒ/ n (η) οργή. (fashion) (η) μανία. • vi εξοργίζομαι. (storm, battle) μαίνομαι

ragged /'rægɪd/ a κουρελιασμένος. (outline, edge) τραχύς

raid /reɪd/ n (η) επιδρομή. • vt κάνω επιδρομή σε

rail /reɪl/ n (το) κιγκλίδωμα. (for train) (η) σιδηροτροχιά. **by ~** σιδηροδρομικώς, με τρένο. • vi **~ against/at** τα βάζω με

railing /'reɪlɪŋ/ n (το) κιγκλίδωμα

railroad /'reɪlrəʊd/ n (Amer) = **railway**

railway /'reɪlweɪ/ n (ο) σιδηρόδρομος. **~ station** n (ο) σιδηροδρομικός σταθμός

rain /reɪn/ n (η) βροχή. • vi **it's ~ing** βρέχει.

rainbow /'reɪnbəʊ/ n (το) ουράνιο τόξο

raincoat /'reɪnkəʊt/ n (το) αδιάβροχο

rainfall /'reɪnfɔ:l/ n (η) βροχόπτωση

rainy /'reɪnɪ/ a βροχερός

raise /reɪz/ vt σηκώνω. (hat) βγάζω. (glass, voice) υψώνω. (breed) μεγαλώνω. (money etc.) μαζεύω. (question) εγείρω. • n (Amer) (η) αύξηση

raisin /'reɪzn/ n (η) σταφίδα

rake /reɪk/ n (η) τσουγκράνα. (man) παραλυμένος. • vt ισοπεδώνω (με τσουγκράνα). (search) ψάχνω

rally /'rælɪ/ vt/i ανασυντάσσω/ομαι. (recover) συνέρχομαι. • n συναγερμός (auto) (το) ράλι invar

ram /ræm/ n (το) κριάρι. • vt χώνω. (crash into) χτυπώ (βίαια)

ramble /'ræmbl/ n (ο) περίπατος. • vi πηγαίνω σε μακρινούς περιπάτους. (in speech) μιλώ ασυνάρτητα. **~ing** a ασυνάρτητος

ramp /ræmp/ n (η) ράμπα

rampage[1] /ræm'peɪdʒ/ vi ορμώ με βίαιο και άτακτο τρόπο

rampage[2] /'ræmpeɪdʒ/ n **go on the ~** = **rampage**[1]

rampant /'ræmpənt/ a (disease etc.) εξαπλωμένος

rampart /'ræmpa:t/ n (η) έπαλξη

ran /ræn/ see RUN

ranch /ra:ntʃ/ n (το) ράντσο

rancid /'rænsɪd/ a ταγκός

rancour /'ræŋkə(r)/ n (η) μνησικακία

random /'rændəm/ a τυχαίος. • n **at ~** στην τύχη

randy /'rændɪ/ a λάγνος

rang /ræŋ/ see RING

range /reɪndʒ/ n (distance) (η) απόσταση. (series) (η) σειρά. (of mountains) (η) οροσειρά. (comm) (η) γραμμή. (scale) (η) κλίμακα. (mus) (η) έκταση. (open area) (το) πεδίο. (cooker) (η) μεγάλη μαγειρική συσκευή.

(*missile*) (το) βεληνεκές. • *vi* εκτείνομαι. (*vary*) κυμαίνομαι

ranger /'reɪndʒə(r)/ *n* (ο) δασοφύλακας

rank /ræŋk/ *n* (ο) βαθμός. (*social position*) (η) θέση. **~s** (οι) απλοί στρατιώτες. • *a* πυκνός. (*smell*) δύσοσμος. (*fig*) τέλειος. • *vt/i* κατατάσσω/ομαι. (*place*) τοποθετώ/ούμαι. the **~ and file** (τα) απλά μέλη

ransack /'rænsæk/ *vt* κάνω άνω-κάτω. (*pillage*) λεηλατώ

ransom /'rænsəm/ *n* (τα) λύτρα. • *vt* ελευθερώνω έναντι λύτρων. **hold to ~** εκβιάζω

rant /rænt/ *vi* φωνάζω δυνατά

rap /ræp/ *n* (το) χτύπημα. • *vt/i* χτυπώ

rap|e /reɪp/ *vt* βιάζω. • *n* (ο) βιασμός. **~ist** *n* (ο) βιαστής

rapid /'ræpɪd/ *a* ταχύς. **~ly** *adv* γρήγορα

raptur|e /'ræptʃə(r)/ *n* (η) έκσταση. **~ous** *a* εκστατικός

rar|e /reə(r)/ *a* σπάνιος. (*culin*) ψημένος ελαφρά. **~ely** *adv* σπάνια. **~ity** *n* (η) σπανιότητα

rascal /'rɑːskl/ *n* (ο) μασκαράς (παλιάνθρωπος)

rash /ræʃ/ *n* (το) εξάνθημα. • *a* απερίσκεπτος

raspberry /'rɑːzbrɪ/ *n* (το) σμέουρο

rat /ræt/ *n* (ο) αρουραίος, (*fam*) (ο) (μεγάλος) ποντικός

rate /reɪt/ *n* (*proportion*) (η) αναλογία. (*degree*) (ο) βαθμός. (*speed*) (η) ταχύτητα. (*price*) (η) τιμή, (*comm*) (το) τέλος. • *vt* θεωρώ. (*value*) εκτιμώ. • *vi*

θεωρούμαι. **at any ~** εν πάση περιπτώσει. **at this ~** μ' αυτό το ρυθμό

rather /'rɑːðə(r)/ *adv* μάλλον. (*fairly*) κάπως. **I would ~ not** μάλλον όχι. **I would ~ wait** προτιμώ να περιμένω. **~ than** παρά

ratify /'rætɪfaɪ/ *vt* επικυρώνω

rating /'reɪtɪŋ/ *n* (η) κατάταξη. (*sailor*) (ο) απλός ναύτης. **~s** (*TV*) (η) ακροαματικότητα

ratio /'reɪʃɪəʊ/ *n* (η) αναλογία

ration /'ræʃn/ *n* (η) μερίδα με το δελτίο. • *vt* περιορίζω

rational /'ræʃnəl/ *a* λογικός

rationalize /'ræʃnəlaɪz/ *vt* αιτιολογώ

rattle /'rætl/ *vi* κροταλίζω. • *vt* (*shake*) κουδουνίζω. (*fam*) ταράσσω. • *n* (*sound*) (το) κροτάλισμα. (*toy*) (η) κουδουνίστρα

rattlesnake /'rætlsneɪk/ *n* (ο) κροταλίας

raucous /'rɔːkəs/ *a* βραχνός

ravage /'rævɪdʒ/ *vt* ερημώνω

rave /reɪv/ *vi* παραληρώ. (*in anger*) μαίνομαι

raven /'reɪvn/ *n* (το) κοράκι

ravenous /'rævənəs/ *a* λιμασμένος

ravine /rə'viːn/ *n* (η) χαράδρα

raving /'reɪvɪŋ/ *a* παραληρών

raw /rɔː/ *a* ωμός. (*not processed*) ακατέργαστος. (*wound*) ανοιχτός. (*inexperienced*) άπειρος. **~ materials** *npl* (οι) πρώτες ύλες

ray /reɪ/ *n* (η) ακτίνα. (*of hope*) (η) ακτίδα

raze /reɪz/ *vt* ισοπεδώνω

razor /'reɪzə(r)/ n (το) ξυράφι.
~-blade n (η) λεπίδα
ξυραφιού

re /riː/ prep αναφορικά με

reach /riːtʃ/ vt (extend) φτάνω.
(arrive at) φτάνω σε. (contact)
έρχομαι σ' επαφή με. • vi
φτάνω. • n (το) άπλωμα. (of
river) ανοιχτή έκταση
ποταμού. **out of ~** απρόσιτος.
within ~ of προσιτός σε.
(close to) κοντά

react /rɪ'ækt/ vi αντιδρώ

reaction /rɪ'ækʃn/ n (η)
αντίδραση. **~ary** a
αντιδραστικός

reactor /rɪ'æktə(r)/ n (ο)
αντιδραστήρας

read /riːd/ vt/i (pt read /red/)
διαβάζω. (study) σπουδάζω. (of
instrument) δείχνω. • n (το)
διάβασμα. **~ out** διαβάζω
δυνατά. **~able** a (legible)
ευανάγνωστος. (enjoyable)
ευχάριστος στο διάβασμα.
~ing n (το) διάβασμα

reader /'riːdə(r)/ n (ο)
αναγνώστης, (η) αναγνώστρια.
(book) αναγνωστικό

readily /'redɪlɪ/ adv πρόθυμα.
(easily) εύκολα

readiness /'redɪnɪs/ n (η)
προθυμία. **in ~** σε ετοιμότητα

readjust /riːə'dʒʌst/ vt/i
αναπροσαρμόζω/ομαι

ready /'redɪ/ a έτοιμος. (quick)
γρήγορος. **get ~** ετοιμάζομαι.
~-made a έτοιμος

real /rɪəl/ a πραγματικός adv
(Amer, fam) πολύ. **~ estate** n
(το) ακίνητο

realis|t /'rɪəlɪst/ n (ο)
ρεαλιστής, (η) ρεαλίστρια.

~m /-zəm/ n (ο) ρεαλισμός.
~tic /-'lɪstɪk/ a ρεαλιστικός

reality /rɪ'ælɪtɪ/ n (η)
πραγματικότητα

realiz|e /'rɪəlaɪz/ vt
αντιλαμβάνομαι. (fulfil, comm)
πραγματοποιώ. **~ation**
/-'zeɪʃn/ n (η) αντίληψη, (η)
πραγματοποίηση

really /'rɪəlɪ/ adv στ'αλήθεια

realm /relm/ n (το) βασίλειο

reap /riːp/ vt θερίζω

reappear /riːə'pɪə(r)/ vi
επανεμφανίζομαι

rear /rɪə(r)/ n (το) πίσω μέρος.
• a πίσω. • vt μεγαλώνω. (raise)
σηκώνω. • vi **~ (up)** (horse)
ανορθώνομαι στα πισινά
πόδια

rearrange /riːə'reɪndʒ/ vt
ξανατακτοποιώ

reason /'riːzn/ n (ο) λόγος.
(cause) n (η) αιτία. • vi
συλλογίζομαι. **within ~** μέσα
σε λογικά όρια. **~ing** n (ο)
συλλογισμός

reasonabl|e /'riːznəbl/ a
λογικός. **~y** adv λογικά.
(fairly) δίκαια

reassur|e /riːə'ʃʊə(r)/ vt
καθησυχάζω. **~ing** a
καθησυχαστικός

rebate /'riːbeɪt/ n (η) έκπτωση

rebel¹ /'rebl/ n (ο)
επαναστάτης, (η)
επαναστάτρια. • a
επαναστατημένος

rebel² /rɪ'bel/ vi επαναστατώ.
~lion n (η) εξέγερση. **~lious**
a επαναστατικός

rebound¹ /rɪ'baʊnd/ vi
αναπηδώ. (fig) επιστρέφω

rebound² /'ri:baʊnd/ n (η) αναπήδηση

rebuild /ri:'bɪld/ vt ξανακτίζω

rebuke /rɪ'bju:k/ vt επιπλήττω. • n (η) επίπληξη

recall /rɪ'kɔ:l/ vt ανακαλώ. (remember) θυμάμαι. • n (η) ανάκληση

recap /'ri:kæp/ vt/i ανακεφαλαιώνω

recede /rɪ'si:d/ vi υποχωρώ

receipt /rɪ'si:t/ n (η) παραλαβή. (for money) (η) απόδειξη. ~s (comm) (οι) εισπράξεις

receive /rɪ'si:v/ vt λαμβάνω, παίρνω. ~r /-ə(r)/ n (of telephone) (το) ακουστικό

recent /'ri:snt/ a πρόσφατος. ~ly adv πρόσφατα

receptacle /rɪ'septəkl/ n (το) δοχείο

reception /rɪ'sepʃn/ n (η) υποδοχή. (welcome) (το) καλωσόρισμα. (party) (η) δεξίωση. (on radio etc.) (η) λήψη. (at hotel) (η) υποδοχή, (η) ρεσεψιόν invar. ~ist n (ο, η) υπάλληλος υποδοχής

receptive /rɪ'septɪv/ a επιδεκτικός

recess /rɪ'ses/ n (το) κοίλωμα. (fig) (η) διακοπή. (holiday) (οι) διακοπές. (schol, Amer) (το) διάλειμμα

recession /rɪ'seʃn/ n (η) ύφεση

recharge /ri:'tʃɑ:dʒ/ vt επαναφορτίζω

recipe /'resəpɪ/ n (η) συνταγή

recipient /rɪ'sɪpɪənt/ n (ο) παραλήπτης

reciprocal /rɪ'sɪprəkl/ a αμοιβαίος

recital /rɪ'saɪtl/ n (η) αφήγηση. (theatr) (το) ρεσιτάλ invar

recite /rɪ'saɪt/ vt απαγγέλλω. (list) απαριθμώ

reckless /'reklɪs/ a παράτολμος

reckon /'rekən/ vt/i υπολογίζω. (consider) νομίζω. ~ on (rely) βασίζομαι σε. ~ with λογαριάζω

reclaim /rɪ'kleɪm/ vt ζητώ την επιστροφή. (land) εκχερσώνω

recline /rɪ'klaɪn/ vi πλαγιάζω

recognition /rekəg'nɪʃn/ n (η) αναγνώριση

recognize /'rekəgnaɪz/ vt αναγνωρίζω

recoil /rɪ'kɔɪl/ vi αναπηδώ. (in fear) οπισθοχωρώ

recollect /rekə'lekt/ vt θυμάμαι. ~ion /-ʃn/ n (η) ανάμνηση

recommend /rekə'mend/ vt συνιστώ. ~ation /-'deɪʃn/ n (η) σύσταση

recompense /'rekəmpens/ vt ανταμείβω. • n (η) ανταμοιβή

reconcile /'rekənsaɪl/ vt (people) συμφιλιώνω. (facts) συμβιβάζω. ~iation /-sɪlɪ'eɪʃn/ n (η) συμφιλίωση, (ο) συμβιβασμός

reconnaissance /rɪ'kɒnɪsns/ n (η) αναγνώριση

reconsider /ri:kən'sɪdə(r)/ vt αναθεωρώ. • vi ξανασκέφτομαι

reconstruct /ri:kən'strʌkt/ vt ανοικοδομώ. (events) κάνω αναπαράσταση

record¹ /rɪ'kɔ:d/ vt/i καταγράφω. (sound) ηχογραφώ. (on tape) μαγνητοφωνώ. ~ing n (η) καταγραφή, (η) ηχογράφηση, (η) μαγνητοφώνηση

record² /'rekɔːd/ *n (report)* (τα) πρακτικά. *(file)* (το) αρχείο. *(mus)* (ο) δίσκος. *(sport)* (το) ρεκόρ *invar. (criminal)* (το) μητρώο. **~-player** *n* (το) πικ απ *invar*

recorder /rɪ'kɔːdə(r)/ *n* (ο) αρχειοφύλακας. *(mus)* (ο) αυλός

recount /rɪ'kaʊnt/ *vt* εξιστορώ

re-count¹ /riː'kaʊnt/ *vt* ξαναμετρώ

re-count² /'riːkaʊnt/ *n (pol)* (η) νέα καταμέτρηση (ιδ. ψήφων)

recourse /rɪ'kɔːs/ *n* (η) προσφυγή

recover /rɪ'kʌvə(r)/ *vt* ξαναβρίσκω. • *vi* συνέρχομαι. *(med)* αναρρώνω. **~y** *n* (η) ανάκτηση. *(of health)* (η) ανάρρωση

recreation /rekrɪ'eɪʃn/ *n* (η) ψυχαγωγία

recrimination /rɪkrɪmɪ'neɪʃn/ *n* (η) αντέγκληση

recruit /rɪ'kruːt/ *n* (ο) νεοσύλλεκτος. • *vt* στρατολογώ. **~ment** *n* (η) στρατολογία

rectangle /'rektæŋgl/ *n* (το) ορθογώνιο

rectify /'rektɪfaɪ/ *vt* επανορθώνω

rector /'rektə(r)/ *n* (ο) εφημέριος. *(of college)* (ο) πρύτανης. **~y** *n* (το) πρεσβυτέριο

recuperate /rɪ'kjuːpəreɪt/ *vi* αναρρώνω

recur /rɪ'kɜː(r)/ *vi* επανεμφανίζομαι

recurrent /rɪ'kʌrənt/ *a* επαναλαμβανόμενος

recycle /riː'saɪkl/ *vt* ανακυκλώνω

red /red/ *a* κόκκινος. • *n* (το) κόκκινο. **in the ~** *(account)* χρεωμένος. **R~ Cross** *n* (ο) Ερυθρός Σταυρός. **~-handed** *a* επ' αυτοφώρω. **~-hot** *a* πυρακτωμένος. **~ tape** *n* (η) γραφειοκρατία. **~ness** *n* (το) κοκκίνισμα

redden /'redn/ *vt/i* κοκκινίζω

redeem /rɪ'diːm/ *vt* λυτρώνω

redirect /riːdaɪə'rekt/ *vt (mail)* στέλνω σε νέα διεύθυνση

redo /riː'duː/ *vt* ξανακάνω

redress /rɪ'dres/ *vt* αποκαθιστώ. • *n* (η) αποκατάσταση

reduce /rɪ'djuːs/ *vt* μειώνω. • *vi* καταντώ. **~d** *a (in price)* μειωμένος. **~tion** /-'dʌkʃn/ *n* (η) μείωση

redundan|t /rɪ'dʌndənt/ *a* περιττός. *(worker)* πλεονάζων. **~cy** *n* (ο) πλεονασμός, *(η) απόλυση πλεονάζοντος προσωπικού*

reed /riːd/ *n* (το) καλάμι

reef /riːf/ *n* (ο) ύφαλος

reek /riːk/ *vi* βρομώ

reel /riːl/ *n* (το) καρούλι. • *vi* ζαλίζομαι. *(stagger)* τρικλίζω

refectory /rɪ'fektərɪ/ *n (η) τραπεζαρία (σε κολέγιο ή μοναστήρι)*

refer /rɪ'fɜː(r)/ *vt/i* **~ to** αναφέρομαι σε. *(concern)* αφορώ. *(for information)* παραπέμπω σε. *(consult)* απευθύνομαι σε

referee /refə'ri:/ n (ο)
διαιτητής. • vi διαιτητεύω

reference /'refrəns/ n (mention)
(η) αναφορά. (comm) (η)
αρμοδιότητα. (in bibliography)
(η) παραπομπή. **~s** (οι)
συστάσεις

referendum /refə'rendəm/ n
(το) δημοψήφισμα

refill[1] /ri:'fɪl/ vt αναπληρώνω.
(pen etc.) ξαναγεμίζω

refill[2] /'ri:fɪl/ n (το)
ανταλλακτικό

refine /rɪ'faɪn/ vt διυλίζω. (fig)
εκλεπτύνω. **~d** a
εκλεπτυσμένος. **~ment** n (η)
λεπτότητα. **~ry** /-ərɪ/ n (το)
διυλιστήριο

reflect /rɪ'flekt/ vt αντανακλώ.
• vi **~ (up)on** συλλογίζομαι.
~ion /-kʃn/ n (η)
αντανάκλαση. (image) (η)
εικόνα. (thought) (η) σκέψη.
~or n (ο) αντανακλαστήρας

reflex /'ri:fleks/ a
αντανακλαστικός. • n (το)
αντανακλαστικό

reflexive /rɪ'fleksɪv/ a (gram)
αυτοπαθής

reform /rɪ'fɔ:m/ vt
μεταρρυθμίζω. • vi
διορθώνομαι. • n (η)
μεταρρύθμιση

refrain /rɪ'freɪn/ vi **~ from**
sth/doing αποφεύγω κτ/να
κάνω

refresh /rɪ'freʃ/ vt δροσίζω.
~ing a δροσιστικός.
~ments npl (τα) αναψυκτικά

refrigerat|e /rɪ'frɪdʒəreɪt/ vt
ψύχω. **~or** n (το) ψυγείο

refuel /ri:'fju:əl/ vt/i
ανεφοδιάζω/ομαι

refuge /'refju:dʒ/ n (το)
καταφύγιο

refugee /refju'dʒi:/ n (ο)
πρόσφυγας

refund[1] /rɪ'fʌnd/ vt επιστρέφω

refund[2] /'ri:fʌnd/ n (η)
επιστροφή χρημάτων

refuse[1] /rɪ'fju:z/ vt/i αρνούμαι.
~al n (η) άρνηση

refuse[2] /'refju:s/ n (τα)
απορρίμματα

refute /rɪ'fju:t/ vt αποκρούω

regain /rɪ'geɪn/ vt ανακτώ

regal /'ri:gl/ a βασιλικός

regard /rɪ'ga:d/ vt (consider)
θεωρώ (**as**, ως). • n (η)
εκτίμηση. **~s** npl (τα)
χαιρετίσματα. **as ~s**, **~ing**
preps σχετικά με

regardless /rɪ'ga:dlɪs/ adv **~
of** άσχετα με

regime /reɪ'ʒi:m/ n (το)
καθεστώς

regiment /'redʒɪmənt/ n (το)
σύνταγμα

region /'ri:dʒən/ n (η) περιοχή.
~al a της περιοχής

regist|er /'redʒɪstə(r)/ n (το)
μητρώο. • vt (record)
καταγράφω. (vehicle) εγγράφω.
(birth, death) δηλώνω. (enrol)
εγγράφω. • vi (enrol)
εγγράφομαι. **~ a letter**
στέλνω συστημένο γράμμα.
~ry office n (το) ληξιαρχείο.
~ration /-'streɪʃn/ n (η)
εγγραφή. **~ration number** n
(auto) (ο) αριθμός
κυκλοφορίας

registrar /redʒɪ'stra:(r)/ n (ο)
ληξίαρχος. (univ) (η)
γραμματεία.

regret /rɪ'gret/ n (η) λύπη.
(*remorse*) (η) μεταμέλεια. • vt
λυπάμαι. (*repent*) μετανιώνω.
~fully adv με λύπη. **~table** a
ατυχής

regular /'regjʊlə(r)/ a
κανονικός. (*usual*)
συνηθισμένος. • n (customer)
(ο) τακτικός πελάτης. **~ity**
/-'lærətɪ/ n (η) τακτικότητα

regulat|e /'regjʊleɪt/ vt
ρυθμίζω. **~ion** /-'leɪʃn/ n (η)
ρύθμιση. (*rule*) (ο) κανονισμός

rehabilitate /ri:ə'bɪlɪteɪt/ vt
επαναφέρω στην κοινωνία

rehears|e /rɪ'hɜ:s/ vt/i κάνω
πρόβα. **~al** n (η) πρόβα

reign /reɪn/ n (η) βασιλεία. • vi
βασιλεύω

reimburse /ri:ɪm'bɜ:s/ vt
αποζημιώνω

reindeer /'reɪndɪə(r)/ n invar (ο)
τάρανδος

reinforce /ri:ɪn'fɔ:s/ vt
ενισχύω. **~ment** n (η)
ενίσχυση

reins /reɪnz/ npl (τα) ηνία

reinstate /ri:ɪn'steɪt/ vt
αποκαθιστώ

reiterate /ri:'ɪtəreɪt/ vt
επαναλαμβάνω

reject¹ /rɪ'dʒekt/ vt αρνούμαι.
(*refuse to accept*) απορρίπτω.
~ion /-kʃn/ n (η) απόρριψη

reject² /'ri:dʒekt/ n (το)
απόρριγμα

rejoice /rɪ'dʒɔɪs/ vi χαίρομαι

relapse /rɪ'læps/ n (η)
υποτροπή. • vi ξαναπέφτω

relate /rɪ'leɪt/ vt αφηγούμαι.
(*connect*) συσχετίζω. • vi **~ to**
(*refer to*) αναφέρομαι σε.

(*identify with*) σχετίζομαι με.
~d a (*ideas etc.*)
σχετιζόμενος. **be ~d to**
συγγενεύω με

relation /rɪ'leɪʃn/ n (η)
αφήγηση. (*person*) (ο)
συγγενής. **~ship** n (η) σχέση.
(*kinship*) (η) συγγένεια

relative /'relətɪv/ n (ο, η)
συγγενής. • a σχετικός

relax /rɪ'læks/ vt/i ηρεμώ. • vt
(*rules, grip etc.*) χαλαρώνω.
~ation /ri:læk'seɪʃn/ n (η)
ξεκούραση. **~ed** a πιο
ήρεμος. **~ing** a που
ξεκουράζει

relay¹ /rɪ'leɪ/ n (race)
σκυταλοδρομία

relay² /'ri:leɪ/ vt αναμεταδίδω

release /rɪ'li:s/ vt ελευθερώνω.
(*film*) κυκλοφορώ. (*information
etc.*) ανακοινώνω. (*mech*)
απασφαλίζω. (*brake*) λύνω. • n
(η) απελευθέρωση, (η)
απασφάλιση. (*of prisoner*) (η)
απόλυση

relegate /'religeɪt/ vt
υποβιβάζω

relent /rɪ'lent/ vi ενδίδω.
~less a αμείλικτος

relevan|t /'reləvənt/ a
σχετικός. **~ce** n (η) σχέση

reliable /rɪ'laɪəbl/ a αξιόπιστος

reliance /rɪ'laɪəns/ n (η)
στήριξη. (*trust*) (η)
εμπιστοσύνη

relic /'relɪk/ n (το) λείψανο.
~s npl (τα) κειμήλια

relief /rɪ'li:f/ n (η) ανακούφιση.
(*assistance*) (η) βοήθεια.
(*replacement*) (η)
αντικατάσταση. (*outline*) (το)
ανάγλυφο

relieve /rɪ'li:v/ vt ανακουφίζω. (take over from) αντικαθιστώ. **~d** a ανακουφισμένος

religion /rɪ'lɪdʒən/ n (η) θρησκεία

religious /rɪ'lɪdʒəs/ a θρήσκος

relinquish /rɪ'lɪŋkwɪʃ/ vt εγκαταλείπω

relish /'relɪʃ/ n (η) απόλαυση. (culin) πικάντικη σάλτσα. • vt απολαμβάνω

reluctant /rɪ'lʌktənt/ a απρόθυμος (to, να). **~ly** adv απρόθυμα

rely /rɪ'laɪ/ vi ~ on (trust) βασίζομαι σε. (depend) στηρίζομαι σε

remain /rɪ'meɪn/ vi παραμένω. **~ing** a υπόλοιπος. **~s** npl (τα) υπολείμματα. (dead body) (το) λείψανο

remand /rɪ'ma:nd/ vt ~ (in custody) προφυλακίζω. • n be on ~ παραπέμπομαι

remark /rɪ'ma:k/ n (η) παρατήρηση. • vt παρατηρώ. • vi ~ (up)on σχολιάζω. **~able** a αξιόλογος

remarry /ri:'mærɪ/ vi ξαναπαντρεύομαι

remedy /'remədɪ/ n (η) θεραπεία. • vt γιατρεύω

remember /rɪ'membə(r)/ vt/i θυμάμαι

remind /rɪ'maɪnd/ vt θυμίζω. **~er** n (η) υπενθύμιση

reminisce /remɪ'nɪs/ vi αναπολώ. **~nces** npl (οι) αναπολήσεις

remission /rɪ'mɪʃn/ n (η) ύφεση. (jur) (η) μείωση (ποινής)

remit /rɪ'mɪt/ vt (money) εμβάζω. **~tance** n (το) έμβασμα

remnant /'remnənt/ n (το) υπόλειμμα. (of cloth) (το) ρετάλι. (trace) (το) ίχνος

remorse /rɪ'mɔ:s/ n (η) τύψη

remote /rɪ'məʊt/ a μακρινός. (slight) ελάχιστος. ~ **control** n (το) τηλεχειριστήριο. **~ly** adv ελάχιστα

remov|e /rɪ'mu:v/ vt μετακινώ. (dismiss) απολύω. (get rid of) αφαιρώ. (stain) βγάζω. **~al** n (η) μετακίνηση. (from house) (η) μετακόμιση

remunerate /rɪ'mju:nəreɪt/ vt αμείβω

render /'rendə(r)/ vt προσφέρω. (fat) λιώνω. (translate) αποδίδω

rendezvous /'rɒndɪvu:/ n (το) ραντεβού invar

renew /rɪ'nju:/ vt ανανεώνω. (resume) επαναλαμβάνω **~al** n (η) ανανέωση

renounce /rɪ'naʊns/ vt απαρνιέμαι. (disown) αποκηρύσσω

renovat|e /'renəveɪt/ vt ανακαινίζω. **~ion** /-'veɪʃn/ n (η) ανακαίνιση

renown /rɪ'naʊn/ n (η) διασημότητα. **~ed** a διάσημος

rent /rent/ n (το) ενοίκιο, (το) νοίκι. • vt ενοικιάζω, νοικιάζω

reopen /ri:'əʊpən/ vt/i ξανανοίγω

reorganize /ri:'ɔ:gənaɪz/ vt αναδιοργανώνω

rep /rep/ n (comm) (o) πωλητής (πλασιέ). (theatr) (o) θίασος (με ρεπερτόριο)

repair /rɪ'peə(r)/ vt επισκευάζω. • n (η) επισκευή

repartee /repɑ:'ti:/ n (η) πνευματώδης απάντηση

repay /ri:'peɪ/ vt ξεπληρώνω. (reward) ανταποδίδω

repeal /rɪ'pi:l/ vt ακυρώνω. • n (η) ακύρωση

repeat /rɪ'pi:t/ vt/i επαναλαμβάνω/ομαι. • n (η) επανάληψη. ~edly adv επανειλημμένα

repel /rɪ'pel/ vt απωθώ. ~lent a αποκρουστικός

repent /rɪ'pent/ vi μετανιώνω, μετανοώ. ~ance n (η) μετάνοια

repercussion /ri:pə'kʌʃn/ n (o) αντίκτυπος

repertoire /'repətwɑ:(r)/ n (το) ρεπερτόριο

repertory /'repətri/ n (το) ρεπερτόριο.

repetit|ion /repɪ'tɪʃn/ n (η) επανάληψη. ~ive /rɪ'petətɪv/ a επαναληπτικός. (dull) πληκτικός

replace /rɪ'pleɪs/ vt ξαναβάζω. (take the place of) αντικαθιστώ. ~ment n (η) αντικατάσταση. (person) (o) αντικαταστάτης

replica /'replɪkə/ n (το) αντίγραφο

reply /rɪ'plaɪ/ vt/i απαντώ. • n (η) απάντηση

report /rɪ'pɔ:t/ vt/i αναφέρω. • vi (present oneself) παρουσιάζομαι. • n αναφορά. (written) (η) έκθεση.

(newspaper) (το) ρεπορτάζ invar, (η) ανταπόκριση. (school) (o) έλεγχος. (sound) (o) κρότος. ~er /rɪ'pɔ:tə(r)/ n (o) ανταποκριτής

reprehensible /reprɪ'hensɪbl/ a επίμεμπτος

represent /reprɪ'zent/ vt αντιπροσωπεύω. ~ation /-'teɪʃn/ n (η) αντιπροσώπευση

representative /reprɪ'zentətɪv/ a αντιπροσωπευτικός. • n (o, η) αντιπρόσωπος

repress /rɪ'pres/ vt καταστέλλω. ~ion /-ʃn/ n (η) καταστολή. ~ive a κατασταλτικός

reprieve /rɪ'pri:v/ n (η) αναστολή. (fig) (η) ανάπαυλα. • vt δίνω χάρη σε. (fig) δίνω αναστολή σε

reprimand /'reprɪmɑ:nd/ vt επιπλήττω. • n (η) επίπληξη

reprint /ri:'prɪnt/ vt ανατυπώνω

reprisal /rɪ'praɪzl/ n (το) αντίποινο

reproach /rɪ'prəʊtʃ/ vt επιπλήττω. • n (η) επίπληξη

reproduc|e /ri:prə'dju:s/ vt/i αναπαράγω. ~tion /-'dʌkʃn/ n (η) αναπαραγωγή

reptile /'reptaɪl/ n (το) ερπετό

republic /rɪ'pʌblɪk/ n (η) δημοκρατία. ~an a δημοκρατικός. • n (o) δημοκράτης

repugnant /rɪ'pʌgnənt/ a απεχθής

repuls|e /rɪ'pʌls/ vt αποκρούω. ~ive a αποκρουστικός

reputable /'repjʊtəbl/ a ευυπόληπτος

reputation /repju'teɪʃn/ n (η) υπόληψη. (name) (το) όνομα

repute /rɪ'pjuːt/ n (η) υπόληψη. **~d** /-ɪd/ a θεωρούμενος. **~dly** /-ɪdlɪ/ adv σύμφωνα με ό, τι λέγεται

request /rɪ'kwest/ n (το) αίτημα. • vt ζητώ

require /rɪ'kwaɪə(r)/ vt (need) χρειάζομαι. (demand) απαιτώ. **~ment** n (η) απαίτηση

requisite /'rekwɪzɪt/ a απαραίτητος

requisition /rekwɪ'zɪʃn/ n (η) επίταξη. • vt επιτάσσω

rescue /'reskjuː/ vt διασώζω. • n (η) διάσωση. **~r** /-ə(r)/ n (το) μέλος ομάδας διασώσεως

research /rɪ'sɜːtʃ/ n (η) έρευνα. • vt ερευνώ. **~er** n (ο) ερευνητής, (η) ερευνήτρια

resembl|e /rɪ'zembl/ vt μοιάζω. **~ance** n (η) ομοιότητα

resent /rɪ'zent/ vt φέρω βαρέως. **~ful** a μνησίκακος. **~ment** n (η) μνησικακία

reservation /rezə'veɪʃn/ n (η) κράτηση. (doubt) (η) επιφύλαξη

reserve /rɪ'zɜːv/ vt κρατώ. • n (το) απόθεμα. (self-restraint) (η) επιφύλαξη. (sport) (η) εφεδρεία. **nature ~** (η) προστατευόμενη περιοχή. **~d** a κρατημένος. (reticent) επιφυλακτικός

reservoir /'rezəvwɑː(r)/ n (η) δεξαμενή

reside /rɪ'zaɪd/ vi κατοικώ

residen|t /'rezɪdənt/ a (permanent) μόνιμος. (internal) εσωτερικός. • n (ο, η) κάτοικος. (in hotel) (ο) ξένος.

~ce (in a country) (η) διαμονή. (house) (η) κατοικία

residential /rezɪ'denʃl/ a κατοικημένος

residue /'rezɪdjuː/ n (το) κατάλοιπο

resign /rɪ'zaɪn/ vt παραιτούμαι από. • vi παραιτούμαι. **~ o.s. to** υποτάσσομαι σε. **~ation** /rezɪg'neɪʃn/ n (η) υποταγή. (from job) (η) παραίτηση. **be ~ed to it** το έχω πάρει απόφαση

resilient /rɪ'zɪlɪənt/ a ανθεκτικός

resin /'rezɪn/ n (η) ρητίνη

resist /rɪ'zɪst/ vt αντιστέκομαι σε. • vi αντιστέκομαι. **~ance** n (η) αντίσταση. **~ant** a ανθεκτικός

resolut|e /'rezəluːt/ a αποφασιστικός. **~ion** /-'luːʃn/ n (η) αποφασιστικότητα. (decision) (η) απόφαση

resolve /rɪ'zɒlv/ vt λύνω. **~ to do** αποφασίζω να κάνω. • n (η) αποφασιστικότητα. **~d** a αποφασισμένος

resonant /'rezənənt/ a αντηχητικός

resort /rɪ'zɔːt/ vi **~ to** καταφεύγω σε. • n (recourse) (η) καταφυγή. (place) (το) θέρετρο

resource /rɪ'sɔːs/ n (ο) πόρος. **~ful** a πολυμήχανος

respect /rɪ'spekt/ n (ο) σεβασμός. (aspect) (η) άποψη. • vt σέβομαι

respectable /rɪ'spektəbl/ a αξιοπρεπής

respective /rɪ'spektɪv/ a αντίστοιχος

respiration /respə'reiʃn/ n (η) αναπνοή

respite /'respait/ n (η) ανάπαυλα

respond /rɪ'spɒnd/ vi ανταποκρίνομαι. (react) αντιδρώ

response /rɪ'spɒns/ n (η) ανταπόκριση. (reaction) (η) αντίδραση

responsib|le /rɪ'spɒnsəbl/ a υπεύθυνος. ~ility /-'bɪlətɪ/ n (η) ευθύνη

responsive /rɪ'spɒnsɪv/ a που ανταποκρίνεται

rest /rest/ vt/i ξεκουράζω/ομαι. (lean) στηρίζω/ομαι. • vi (remain) μένω. • n (η) ξεκούραση. (support) (η) βάση. (remainder) (το) υπόλοιπο. (people) (οι) υπόλοιποι

restaurant /'restrɒnt/ n (το) εστιατόριο

restless /'restlɪs/ a ανήσυχος

restore /rɪ'stɔ:(r)/ vt επανορθώνω. (building) αναστηλώνω. (put back) αποκαθιστώ

restrain /rɪ'strein/ vt συγκρατώ. ~ o.s. κρατιέμαι. ~t n (η) συγκράτηση. (moderation) (το) μέτρο

restrict /rɪ'strɪkt/ vt περιορίζω. ~ion /-ʃn/ n (ο) περιορισμός. ~ive a περιοριστικός

result /rɪ'zʌlt/ n (το) αποτέλεσμα. • vi ~ from απορρέω από. ~ in έχω σαν αποτέλεσμα

resume /rɪ'zju:m/ vt/i συνεχίζω

résumé /'rezju:mei/ n (η) περίληψη

resurrect /rezə'rekt/ vt αναστήνω. ~ion /-ʃn/ n (η) ανάσταση

resuscitat|e /rɪ'sʌsɪteit/ vt ξαναφέρνω στη ζωή. ~ion /-'teiʃn/ n (η) αναζωογόνηση

retail /'ri:teil/ n (η) λιανική πώληση. • a λιανικός. • adv λιανικά. • vt πουλώ λιανικά

retain /rɪ'tein/ vt κρατώ. (keep) διατηρώ

retaliat|e /rɪ'tælieit/ vi κάνω αντίποινα. ~ion /-'eiʃn/ n (τα) αντίποινα

retarded /rɪ'tɑ:dɪd/ a καθυστερημένος

retch /retʃ/ vi αναγουλιάζω

reticent /'retɪsnt/ a επιφυλακτικός

retina /'retɪnə/ n (ο) αμφιβληστροειδής χιτώνας

retire /rɪ'taiə(r)/ vi αποχωρώ από ενεργό υπηρεσία. (withdraw, go to bed) αποσύρομαι. ~d a συνταξιούχος. ~ment n (η) αποχώρηση (από ενεργό υπηρεσία)

retiring /rɪ'taiəriŋ/ a ντροπαλός

retort /rɪ'tɔ:t/ vt/i απαντώ (γρήγορα και αποφασιστικά)

retrace /ri:'treis/ vt ανατρέχω

retract /rɪ'trækt/ vt αποσύρω. • vi αποσύρομαι

retreat /rɪ'tri:t/ vi υποχωρώ. • n (η) υποχώρηση

retribution /retri'bju:ʃn/ n (η) ανταπόδοση κακού

retrieve /rɪ'tri:v/ vt επανακτώ. (recover) διασώζω

retrospect /'retrəspekt/ n in ~ εκ των υστέρων

return /rɪ'tɜːn/ vi επιστρέφω.
(go home) ξαναγυρίζω. • vt
(give back) επιστρέφω. (comm)
αποφέρω. • n (η) επιστροφή.
(comm) (η) απόδοση. ~**s**
(comm) (τα) κέρδη. ~ **ticket** n
(το) εισιτήριο με επιστροφή

reunion /riː'juːnɪən/ n (η)
συγκέντρωση

reunite /riːjuː'naɪt/ vt
ξανασμίγω

rev /rev/ n (auto) (η) στροφή.
• vt/i ~ **(up)** φουλάρω

reveal /rɪ'viːl/ vt αποκαλύπτω.
~**ing** a αποκαλυπτικός

revel /'revl/ vi ~ **in**
απολαμβάνω. ~**ry** n (το)
γλεντοκόπι

revelation /revə'leɪʃn/ n (η)
αποκάλυψη

revenge /rɪ'vendʒ/ n (η)
εκδίκηση. • vt εκδικούμαι.
take ~ παίρνω εκδίκηση

revenue /'revənjuː/ n (το)
εισόδημα

revere /rɪ'vɪə(r)/ vt σέβομαι

reverend /'revərənd/ a
σεβάσμιος. **the R~** Jones ο
Αιδεσιμότατος ζοηες

reverse /rɪ'vɜːs/ a
αντίστροφος. • n (η) αντίθεση.
(back) (η) ανάποδη. (auto) (η)
όπισθεν. • vt αντιστρέφω. (turn
inside out) γυρίζω από την
ανάποδη. • vi (auto) κάνω
όπισθεν. ~**al** n (η)
αντιστροφή

revert /rɪ'vɜːt/ vi ~ **to**
επανέρχομαι σε

review /rɪ'vjuː/ n (η)
ανασκόπηση. (mil) (η)
επιθεώρηση. (of book, play)
(η) κριτική. • vt (situation)

ανασκοπώ. (book, play) γράφω
κριτική για. ~**er** n (ο) κριτικός

revise /rɪ'vaɪz/ vt αναθεωρώ.
• vi (for exam) κάνω
επανάληψη. ~**ion** /-ɪʒn/ n (η)
αναθεώρηση. (η) επανάληψη

revitalize /riː'vaɪtəlaɪz/ vt
αναζωογονώ

revive /rɪ'vaɪv/ vt αναβιώνω.
• vi ξαναζωντανεύω. (person)
συνέρχομαι. ~**al** n (η)
αναβίωση. (of faith) (η)
αφύπνιση

revoke /rɪ'vəʊk/ vt αποσύρω

revolt /rɪ'vəʊlt/ vi επαναστατώ.
• vt εξεγείρω. • n (η) εξέγερση

revolting /rɪ'vəʊltɪŋ/ a
αποτροπιαστικός

revolution /revə'luːʃn/ n (η)
επανάσταση. ~**ary** a
επαναστατικός. • n (ο)
επαναστάτης. ~**ize** vt αλλάζω
ριζικά

revolve /rɪ'vɒlv/ vi
περιστρέφομαι

revolver /rɪ'vɒlvə(r)/ n (το)
περίστροφο

revue /rɪ'vjuː/ n (η)
επιθεώρηση

revulsion /rɪ'vʌlʃn/ n (η) αηδία

reward /rɪ'wɔːd/ n (η)
ανταμοιβή. • vt ανταμείβω.
~**ing** a ευχάριστος και
ικανοποιητικός, που
ανταμείβει

rewrite /riː'raɪt/ vt ξαναγράφω

rhetoric /'retərɪk/ n (η)
ρητορεία. ~**al** /rɪ'tɒrɪkl/ a
ρητορικός

rheumatic /ruː'mætɪk/ a
ρευματικός. ~**sm**
/'ruːmətɪzəm/ n (ο)
ρευματισμός

rhinoceros /raɪˈnɒsərəs/ n (o)
ρινόκερος

rhyme /raɪm/ n (η)
ομοιοκαταληξία. (poem) (οι)
στίχοι. • vi ομοιοκαταληκτώ

rhythm /ˈrɪðəm/ n (o) ρυθμός.
~ic(al) /ˈrɪðmɪk(l)/ a
ρυθμικός

rib /rɪb/ n (το) πλευρό

ribbon /ˈrɪbən/ n (η) κορδέλα

rice /raɪs/ n (το) ρύζι

rich /rɪtʃ/ a πλούσιος. (food)
λιπαρός. **~es** npl (τα) πλούτη.
~ly adv πλούσια

ricochet /ˈrɪkəʃeɪ/ n
αποστρακισμός. • vi
αποστρακίζομαι

rid /rɪd/ vt απαλλάσσω (of,
από). **get ~ of** ξεφορτώνομαι

riddance /ˈrɪdns/ n **good ~!**
καλό ξεφόρτωμα

ridden /ˈrɪdn/ see RIDE

riddle /ˈrɪdl/ n (το) αίνιγμα. • vt
~ with κάνω κόσκινο

ride /raɪd/ vi (pt rode, pp
ridden) (on horse, on bicycle)
καβαλικεύω. (in car, bus)
πηγαίνω (με
αυτοκίνητο/λεωφορείο). • vt
(horse) πάω καβάλα. (bicycle)
πηγαίνω με ποδήλατο. • n (on
horse) (η) ιππασία. (on bicycle)
η ποδηλασία. (in car) (η)
βόλτα. (on bus, train etc.) (το)
ταξίδι. **~r** /-ə(r)/ n (of horse)
(o) ιππέας, (η) ιππεύτρια. (in
document) (η) προσθήκη (σε
νομικό έγγραφο)

ridge /rɪdʒ/ n (η) ράχη

ridicule /ˈrɪdɪkjuːl/ n (η)
γελοιοποίηση. • vt
γελοιοποιώ

ridiculous /rɪˈdɪkjʊləs/ a
γελοίος

riding /ˈraɪdɪŋ/ n (η) ιππασία

rife /raɪf/ a διαδεδομένος. **~
with** γεμάτος από

rifle /ˈraɪfl/ n (το) τουφέκι. • vt
(search) ψάχνω. (rob) αδειάζω.
~-range n (το) σκοπευτήριο

rift /rɪft/ n (η) σχισμή. (fig)
ρήξη

rig /rɪg/ vt (equip) εξοπλίζω. • n
(for oil) (η) πλατφόρμα
(αντλήσεως πετρελαίου)

right /raɪt/ a (correct) σωστός.
(fair) δίκαιος. (not left) δεξιός.
(suitable) κατάλληλος. • n (not
evil) (το) δίκαιο. (not left)
δεξιά. (entitlement) (το)
δικαίωμα. • vt ισιώνω. (fig)
επανορθώνω. • adv (not left)
δεξιά. (directly) ίσια. (exactly)
ακριβώς. (completely) εντελώς.
be (in the) ~ έχω δίκιο. **~
angle** n (η) ορθή γωνία. **~
away** adv αμέσως. **~-hand
man** n (το) δεξί σου χέρι. **~-
handed** a (o) δεξιόχειρας. **~
of way** n (path) (το) δικαίωμα
διόδου. (auto) (η)
προτεραιότητα. **~-wing** a
(pol) δεξιός. **~ly** adv σωστά,
δίκαια

righteous /ˈraɪtʃəs/ a ενάρετος.
(cause) δίκαιος

rightful /ˈraɪtfl/ a δίκαιος,
(legal) νόμιμος

rigid /ˈrɪdʒɪd/ a άκαμπτος

rig|our /ˈrɪgə(r)/ n (η)
αυστηρότητα. **~orous** a
αυστηρός

rim /rɪm/ n (of cup) (το) χείλος.
(of wheel) (η) ζάντα.

rind /raɪnd/ n (η) φλούδα

ring[1] /rɪŋ/ n (circle) (ο) δακτύλιος. (on finger) (το) δακτυλίδι. (boxing) (το) ρινγκ invar. (arena) (η) αρένα. (for circus) (η) πίστα. • vt περικυκλώνω. **~ road** n (ο) δακτύλιος

ring[2] /rɪŋ/ vt/i (pt **rang**, pp **rung**) (bell) χτυπώ. (phone) τηλεφωνώ. • n (sound) (το) χτύπημα. (telephone call) (το) τηλεφώνημα. **~ off** κλείνω το τηλέφωνο. **~ up** τηλεφωνώ

ringleader /'rɪŋliːdə(r)/ n (ο) αρχηγός

rink /rɪŋk/ n (η) πίστα

rinse /rɪns/ vt ξεπλένω. • n (το) ξέπλυμα

riot /'raɪət/ n (η) στάση. (of colours) (το) όργιο. • vi στασιάζω. **run ~** αποχαλινώνομαι. **~er** n (ο) στασιαστής

rip /rɪp/ vt/i σκίζω. • n (το) σκίσιμο

ripe /raɪp/ a ώριμος

ripen /'raɪpən/ vt/i ωριμάζω

ripple /'rɪpl/ n (ο) κυματισμός. • vt/i κυματίζω ελαφρά

rise /raɪz/ vi (pt **rose**, pp **risen**) σηκώνομαι. (sun) ανατέλλω. (of river, prices) ανεβαίνω. (bread) φουσκώνω. (land) (το) ύψωμα. (increase) (το) άνοδος. (in pay) αύξηση. (to power) (η) άνοδος. **give ~ to** προκαλώ

rising /'raɪzɪŋ/ n (revolt) (η) εξέγερση. • a (increasing) ανερχόμενος. (sun) ανατέλλων

risk /rɪsk/ n (ο) κίνδυνος. • vt διακινδυνεύω. **be at ~** κινδυνεύω. **~y** a επικίνδυνος

risqué /'riːskeɪ/ a τολμηρός

rite /raɪt/ n (η) τελετή. **last ~s** (τα) άχραντα μυστήρια

ritual /'rɪtjʊəl/ a τελετουργικός. • n (η) τελετουργία

rival /'raɪvl/ a αντίπαλος. • n (ο) αντίζηλος. • vt αμιλλώμαι. **~ry** n (η) άμιλλα

river /'rɪvə(r)/ n (ο) ποτάμι, (ο) ποταμός

rivet /'rɪvɪt/ n (το) πιρτσίνι. • vt καθηλώνω. **~ing** a που καθηλώνει την προσοχή

road /rəʊd/ n (ο) δρόμος. (in address) (η) οδός. **~-map** n (ο) οδικός χάρτης. **~ sign** n (οι) πινακίδες. **~-works** npl (τα) οδικά έργα

roadside /'rəʊdsaɪd/ n (η) άκρη του δρόμου

roadway /'rəʊdweɪ/ n (το) οδόστρωμα

roam /rəʊm/ vi περιπλανιέμαι. • vt τριγυρίζω

roar /rɔː(r)/ n (ο) βρυχηθμός. (laughter) (το) ξεκάρδισμα. vi βρυχώμαι. **~ with laughter** ξεκαρδίζομαι στα γέλια

roast /rəʊst/ vt ψήνω στο φούρνο. • n (το) ψητό (στο φούρνο). • a ψητός

rob /rɒb/ vt (pt **robbed**) κλέβω. (bank) ληστεύω. **~ber** n (ο) ληστής. **~bery** n (η) ληστεία

robe /rəʊb/ n (η) επίσημη στολή

robin /'rɒbɪn/ n (ο) κοκκινολαίμης (πουλί)

robot /'rəʊbɒt/ n (το) ρομπότ invar

robust /rəʊ'bʌst/ a ρωμαλέος

rock¹ /rɒk/ n (substance) (το) πέτρωμα. (boulder) (ο) βράχος

rock² /rɒk/ vt/i (sway) σείω. (shake) κουνώ. (baby) λικνίζω. • n (mus) (η) ροκ (μουσική) invar. **~ing-chair** n (η) κουνιστή πολυθρόνα. **~ing-horse** n (το) κουνιστό αλογάκι

rockery /'rɒkərɪ/ n (ο) βραχόκηπος

rocket /'rɒkɪt/ n (ο) πύραυλος

rocky /'rɒkɪ/ a βραχώδης

rod /rɒd/ n (η) ράβδος. (for fishing) (το) καλάμι. (wooden) (η) βέργα

rode /rəʊd/ see RIDE

rodent /'rəʊdnt/ n (το) τρωκτικό

roe /rəʊ/ n (of fish) (το) αβγοτάραχο. (deer) (το) ζαρκάδι

rogue /rəʊg/ n (το) κάθαρμα

role /rəʊl/ n (ο) ρόλος

roll /rəʊl/ vt/i κυλώ. (rock) κουνώ. (pastry) ανοίγω. • n (of drum) (το) τυμπανοκρουσία. (bread) (το) ψωμάκι. (list) (ο) κατάλογος. **~ing-pin** n (ο) πλάστης. **~ over** ανατρέπομαι. **~ up** vt (sleeves) ανασηκώνω

roller /'rəʊlə(r)/ n (ο) κύλινδρος. (wheel) (ο) ροδάκι. **~ blind** n (το) στορ invar. **~-coaster** n (το) τρενάκι (σε λούνα παρκ). **~-skate** n (το) πατίνι

Roman /'rəʊmən/ a ρωμαϊκός. • n (ο) Ρωμαίος, (η) Ρωμαία. **~**

Catholic a ρωμαιοκαθολικός. • n (ο) ρωμαιοκαθολικός

romance /rəʊ'mæns/ n (το) ρομάντζο. (love affair) (το) ειδύλλιο

romantic /rəʊ'mæntɪk/ a ρομαντικός

Rome /'rəʊm/ (η) Ρώμη

roof /ru:f/ n (η) οροφή. (of mouth) (ο) ουρανίσκος. • vt στεγάζω. **~-rack** n (η) σχάρα (οροφής)

rook /rʊk/ n (bird) (το) κοράκι. (chess) (ο) πύργος

room /ru:m/ n (το) δωμάτιο. (bedroom) (η) κρεβατοκάμαρα. (large hall) (η) αίθουσα. (space) (ο) χώρος. **~ service** n (η) υπηρεσία δωματίου. **~y** a ευρύχωρος. (clothes) φαρδύς

roost /ru:st/ n (η) κούρνια. • vi κουρνιάζω. **~er** n (ο) κόκορας

root /ru:t/ n (η) ρίζα. (fig) (η) αιτία. • vt/i ριζώνω. • vi **~ about** ψάχνω. **~ for** υποστηρίζω

rope /rəʊp/ n (το) σχοινί. • vt δένω (με σχοινί). **know the ~s** ξέρω τα κόλπα

rosary /'rəʊzərɪ/ n (το) ροζάριο

rose¹ /rəʊz/ n (το) τριαντάφυλλο. (nozzle) (το) ραντιστήρι. **~-bush** n (η) τριανταφυλλιά

rose² /rəʊz/ see RISE

rosette /rəʊ'zet/ n (η) ροζέτα

rostrum /'rɒstrəm/ n (το) βήμα

rosy /'rəʊzɪ/ a ρόδινος

rot /rɒt/ vt/i σαπίζω. • n (το) σάπισμα

rota /'rəʊtə/ n (ο) κατάλογος ονομάτων

rotary /ˈrəʊtərɪ/ a
περιστροφικός

rotat|e /rəʊˈteɪt/ vt/i
περιστρέφω/ομαι. (change
round) εναλλάσσω/ομαι. ~ion
/-ʃn/ n (η) περιστροφή

rotten /ˈrɒtn/ a σάπιος. (fam)
άσχημος

rough /rʌf/ a (surface) τραχύς.
(ground) ανώμαλος. (sea)
φουρτουνιασμένος. (person)
βάναυσος. (bad) δυσάρεστος.
(estimate) κατά προσέγγιση.
(notes, sketch) πρόχειρος. • adv
βίαια. (play) σκληρά. • n (το)
πρόχειρο. ~ly adv βάναυσα.
(about) περίπου

round /raʊnd/ a στρογγυλός.
• n (circle) (ο) κύκλος. (slice)
(η) φέτα. (of visits, drinks) (ο)
γύρος. (of competition) (ο)
γύρος. • prep & adv γύρω. • vt
(make round) στρογγυλεύω.
(go round) παίρνω (στροφή). **go**
or come ~ (a friend etc.) κάνω
επίσκεψη. ~ **of applause** n (το)
ομοβροντία. ~ **off**
ολοκληρώνω. ~**-shouldered**
a με κυρτούς ώμους. ~ **trip** n
(το) ταξίδι με επιστροφή. ~
up (bring together) μαζεύω.
(price etc.) στρογγυλεύω. ~-
up n (το) μάζεμα

roundabout /ˈraʊndəbaʊt/ n
(for traffic) (ο) κυκλικός
κόμβος. (in playground) (τα)
περιστρεφόμενα αλογάκια. • a
περιφραστικός

rous|e /raʊz/ vt ξυπνώ. (incite)
εξεγείρω. ~**ing** a έντονος

route /ruːt/ n (η) διαδρομή.
(naut, aviat) (το) δρομολόγιο.
(of bus) (η) γραμμή

routine /ruːˈtiːn/ n (η) ρουτίνα.
• a ρουτίνας

rove /rəʊv/ vt/i περιφέρω/ομαι

row¹ /rəʊ/ n (η) σειρά

row² /rəʊ/ vi κωπηλατώ. • vt
τραβώ κουπί, κωπηλατώ.
• n (η) κωπηλασία. ~**ing** n (η)
κωπηλασία. ~**ing-boat**,
(Amer) ~**-boat** n (η) βάρκα
κωπηλασίας

row³ /raʊ/ n (noise) (η)
φασαρία. (quarrel) (ο) καβγάς

rowdy /ˈraʊdɪ/ a θορυβώδης

royal /ˈrɔɪəl/ a βασιλικός

royalty /ˈrɔɪəltɪ/ n (η) βασιλεία.
(payment) (τα) συγγραφικά
δικαιώματα

rub /rʌb/ vt τρίβω. • n (το)
τρίψιμο. ~ **it in** το κοπανώ.
~ **off** βγαίνω. ~ **out** σβήνω

rubber /ˈrʌbə(r)/ n (το)
λάστιχο. (eraser) (η)
γομολάστιχα. • a λαστιχένιος.
~ **band** n (το) λαστιχάκι. ~
plant n (ο) φίκος

rubbish /ˈrʌbɪʃ/ n (τα)
σκουπίδια. (junk) (τα)
παλιόπραμα. (fig) (οι)
ανοησίες. ~**y** a άχρηστος

rubble /ˈrʌbl/ n (τα) μπάζα

ruby /ˈruːbɪ/ n (το) ρουμπίνι

rucksack /ˈrʌksæk/ n (το)
σακίδιο

rudder /ˈrʌdə(r)/ n (το)
πηδάλιο

ruddy /ˈrʌdɪ/ a ροδοκόκκινος

rude /ruːd/ a αγενής.
(improper) απρεπής. (abrupt)
απότομος. ~**ly** adv με
αγένεια, απότομα. ~**ness** n
(η) αγένεια

rudimentary /ru:dɪ'mentrɪ/ a στοιχειώδης

rudiments /'ru:dɪmənts/ npl (το) στοιχείο

ruffian /'rʌfɪən/ n (το) κάθαρμα

ruffle /'rʌfl/ vt πειράζω. (hair) ανακατεύω

rug /rʌg/ n (το) χαλάκι

rugby /'rʌgbɪ/ n (το) ράγκμπι invar

rugged /'rʌgɪd/ a (landscape) βραχώδης. (features) τραχύς

ruin /'ru:ɪn/ n (το) ερείπιο. (building) (το) ερείπιο. • vt καταστρέφω

rule /ru:l/ n (ο) κανόνας. (custom) (η) συνήθεια. (government) (η) εξουσία. • vt (govern) κυβερνώ. (control) εξουσιάζω. (master) κυριαρχώ. • vi επικρατώ. ~ **out** αποκλείω. ~**d paper** n (το) χαρτί με ρίγες. ~**r** /-ə(r)/ n (sovereign) (ο) άρχοντας. (leader) (ο) αρχηγός. (measure) (ο) χάρακας. **ruling** n (η) απόφαση. • a (pol) κυβερνών

rum /rʌm/ n (το) ρούμι

rumble /'rʌmbl/ vi μπουμπουνίζω. (stomach) γουργουρίζω

rummage /'rʌmɪdʒ/ vi ψάχνω ανακατεύοντας

rumour /'ru:mə(r)/ n (η) διάδοση. • vt **it is** ~**ed that** διαδίδεται ότι

rump /rʌmp/ n (τα) καπούλια. ~ **steak** n (το) κόντρα φιλέτο

run /rʌn/ vi (pt ran, pp run, pres p running) τρέχω. (flow) κυλώ. (pass) περνώ. (function) λειτουργώ. (melt) λιώνω. (extend) συνεχίζω. (last)

διαρκώ. (of bus etc.) έχω δρομολόγιο. (of play) έχω παραστάσεις. (of colours) απλώνω. (in election) βάζω υποψηφιότητα. • vt (manage) διαχειρίζομαι. (control) διευθύνω. (errand) κάνω. • n (το) τρέξιμο. (journey) (το) ταξίδι. (outing) (η) βόλτα. (ladder) (ο) φευγάτος πόντος. (ski) (η) πίστα. (series) (η) σειρά. (cricket) (η) διαδρομή. **in the long** ~ μακροπρόθεσμως. **on the** ~ σε φυγή. ~ **across** (friend) συναντώ τυχαία. ~ **away** to σκάω. ~ **down** (knock down) χτυπώ. (belittle) κακολογώ. ~**down** a (person) εξαντλημένος. ~ **in** (vehicle) στρώνω. ~ **into** (hit) πέφτω πάνω σε. (meet) πέφτω πάνω σε. ~**-of-the-mill** a συνηθισμένος. ~ **out** (food, drink) τελειώνω. (lease, licence) λήγω. ~ **out of** μένω από. ~ **over** (vehicle) πατώ. ~ **up** (bill) συσσωρεύω

runaway /'rʌnəweɪ/ n (ο) δραπέτης. • a (animal) αφηνιασμένος

rung[1] /rʌŋ/ n (of ladder) (το) σκαλί

rung[2] /rʌŋ/ see RING

runner /'rʌnə(r)/ n (in race) (ο) δρομέας. ~**-up** n (ο) επιλαχών

running /'rʌnɪŋ/ n (το) τρέξιμο. • a (water) τρεχούμενος. ~ **commentary** (η) σύγχρονη περιγραφή γεγονότος

runway /'rʌnweɪ/ n (ο) διάδρομος

rupture /'rʌptʃə(r)/ n (η) ρήξη.
(med) (η) κήλη. • vt/i
διαρρηγνύω/ομαι

rural /'rʊərəl/ a αγροτικός

ruse /ru:z/ n (το) κόλπο

rush¹ /rʌʃ/ n (plant) (το) βούρλο

rush² /rʌʃ/ vi ορμώ. • vt βιάζω.
(mil) εφορμώ. • n (η) βία, (η)
βιασύνη. (run) (το) τρέξιμο. **to
be in a ~** βιάζομαι. **~-hour**
n (η) ώρα αιχμής (της
κυκλοφορίας)

rusk /rʌsk/ n (το) παξιμάδι

Russia /'rʌʃə/ n (η) Ρωσσία.
~n a ρωσσικός. • n (ο)
Ρώσσος, (η) Ρωσσίδα. (lang)
(τα) ρωσσικά

rust /rʌst/ n (η) σκουριά. • vt/i
σκουριάζω. **~-proof** a
αντιδιαβρωτικός. **~y** a
σκουριασμένος

rustle /'rʌsl/ vi θροΐζω. • vt
μαζεύω. (steal: Amer) κλέβω

rut /rʌt/ n **in a ~** σε μονότονη
ρουτίνα

ruthless /'ru:θlɪs/ a ανελέητος

rye /raɪ/ n (η) σίκαλη

Ss

---

sabbath /'sæbəθ/ n (η) ημέρα
αργίας των Εβραίων, (το)
Σάββατο

sabbatical /sə'bætɪkl/ n (univ)
(η) άδεια (για έρευνα ή μελέτη)

sabotage /'sæbətɑ:ʒ/ n (το)
σαμποτάζ invar. • vt σαμποτάρω

sachet /'sæʃeɪ/ n (το)
σακουλάκι

sack /sæk/ n (το) σακί. • vt
(fam) διώχνω, απολύω.
(plunder) λεηλατώ. **~ing**
(material) (το) καναβάτσο.
(fam) (η) απόλυση

sacrament /'sækrəmənt/ n (το)
μυστήριον

sacred /'seɪkrɪd/ a ιερός

sacrifice /'sækrɪfaɪs/ n (η)
θυσία. • vt θυσιάζω

sacrilege /'sækrɪlɪdʒ/ n (η)
ιεροσυλία

sad /sæd/ a λυπημένος. **~ly**
adv λυπημένα. (unfortunately)
δυστυχώς. **~ness** n (η) λύπη

sadden /'sædn/ vt λυπώ

saddle /'sædl/ n (η) σέλα. • vt
σελώνω. **be ~d with** (fig)
φορτώνομαι

sadis|t /'seɪdɪst/ n (ο) σαδιστής,
(η) σαδίστρια. **~m** /-zəm/ n
(ο) σαδισμός. **~tic** /sə'dɪstɪk/ a
σαδιστικός

safari /sə'fɑ:rɪ/ n (το) σαφάρι

safe /seɪf/ a ασφαλής. (out of
danger) ακίνδυνος. (cautious)
προσεκτικός. • n (το)
χρηματοκιβώτιο. **~ and
sound** σώος και αβλαβής.
~ly adv με ασφάλεια

safeguard /'seɪfɡɑ:d/ n (η)
εγγύηση. • vt διασφαλίζω

safety /'seɪftɪ/ n (η) ασφάλεια.
~-belt n (η) ζώνη ασφαλείας.
~ pin n (η) παραμάνα

sag /sæɡ/ vi κρεμώ. (give)
βουλιάζω

sage /seɪdʒ/ n (herb) (το)
φασκόμηλο. (man) (ο) σοφός

Sagittarius /sædʒɪ'teərɪəs/ n (ο)
τοξότης

said /sed/ see SAY

sail /seil/ n (το) πανί. (*trip*) (το) ταξίδι (με πλοίο). • vi (*leave*) αποπλέω. (*sport*) κάνω ιστιοπλοΐα. (*fig*) αρμενίζω. • vt (*boat*) κυβερνώ. ~**ing** n (*sport*) (η) ιστιοπλοΐα. ~**ing-ship** n (το) ιστιοφόρο

sailor /'seilə(r)/ n (ο) ναύτης

saint /seint/ n (ο) άγιος

sake /seik/ n **for the ~ of** για χάρη (with gen.)

salad /'sæləd/ n (η) σαλάτα. ~-**dressing** n (το) λαδολέμονο

salary /'sæləri/ n (ο) μισθός

sale /seil/ n (η) πώληση. (*at reduced prices*) (το) ξεπούλημα. **for** ~ για πούλημα. (*on signs*) πωλείται

sales|man /'seilzmən/ n (ο) πωλητής. (*in shop*) (ο) υπάλληλος. ~**woman** n (η) πωλήτρια. (*in shop*) (η) υπάλληλος

saliva /sə'laivə/ n (το) σάλιο

sallow /'sæləʊ/ a κιτρινιάρης

salmon /'sæmən/ n invar (ο) σολομός

salon /'sælɒn/ n (*room*) (το) σαλόνι. **beauty** ~ (το) ινστιτούτο καλλονής

saloon /sə'lu:n/ n (*on ship*) (η) αίθουσα. (*bar: Amer*) (το) μπαρ invar. ~ (*car*) (το) σαλούν invar

salt /sɔ:lt/ n (το) αλάτι. • a αλμυρός. • vt αλατίζω. ~-**cellar** n (η) αλατιέρα. ~**y** a αλμυρός

salute /sə'lu:t/ n (ο) χαιρετισμός. • vt/i χαιρετίζω

salvage /'sælvidʒ/ n (η) διάσωση. (*of waste*) (η) περισυλλογή. • vt διασώζω

salvation /sæl'veiʃn/ n (η) σωτηρία

same /seim/ a ίδιος (**as**, με). • pron **the** ~ ο ίδιος. • adv **the** ~ τα ίδια. **all the** ~ παρόλα αυτά. **at the** ~ **time** ταυτοχρόνως

sample /'sɑ:mpl/ n (το) δείγμα. • (*food*) vt δοκιμάζω

sanctimonious /sæŋkti'məʊnɪəs/ a ψευτοευλαβής

sanction /'sæŋkʃn/ n (η) επικύρωση. (*penalty*) (η) κύρωση. • vt επικυρώνω

sanctity /'sæŋktəti/ n (το) απαράβιαστο

sanctuary /'sæŋktʃʊəri/ n (το) καταφύγιο. (*relig*) (το) ιερό. (*refuge*) (το) άσυλο

sand /sænd/ n (η) άμμος. • vt τρίβω με γυαλόχαρτο

sandal /'sændl/ n (το) πέδιλο

sandpaper /'sændpeipə(r)/ n (το) γυαλόχαρτο

sandwich /'sænwidʒ/ n (το) σάντουιτς invar. • vt στριμώχνω

sandy /'sændi/ a αμμώδης

sane /sein/ a (*a person*) υγιής (στο νου). (*judgement, policy*) λογικός

sang /sæŋ/ see SING

sanitary /'sænitri/ a υγιεινός. (*system etc.*) υγειονομικός. ~ **towel**, (*Amer*) ~ **napkin** ns (η) σερβιέτα

sanitation /sæni'teiʃn/ n (η) υγιεινή

sanity /'sænɪtɪ/ n (η)
πνευματική υγεία. (*sense*) (το)
λογικό

sank /sæŋk/ *see* SINK

sap /sæp/ n (*in plants*) (ο)
χυμός. • *vt* εξασθενίζω

sapling /'sæplɪŋ/ n (το)
δενδρύλλιο

sapphire /'sæfaɪə(r)/ n (το)
ζαφείρι

sarcas|m /'sa:kæzəm/ n (ο)
σαρκασμός. **~tic** /-'kæstɪk/ a
σαρκαστικός

sardine /sa:'di:n/ n (η)
σαρδέλα

sash /sæʃ/ n (ο) ζωστήρας

sat /sæt/ *see* SIT

satanic /sə'tænɪk/ a σατανικός

satchel /'sætʃl/ n (η) σάκα

satellite /'sætəlaɪt/ n (ο)
δορυφόρος. • a δορυφορικός

satin /'sætɪn/ n (το) σατέν
invar. • a σατέν *invar*

satir|e /'sætaɪə(r)/ n (η) σάτιρα.
~ical /sə'tɪrɪkl/ a σατιρικός

satisfaction /sætɪs'fækʃn/ n (η)
ικανοποίηση

satisfactory /sætɪs'fæktərɪ/ a
ικανοποιητικός

satisfy /'sætɪsfaɪ/ vt ικανοποιώ.
(*convince*) πείθω. **~ing** a
ικανοποιητικός

saturate /'sætʃəreɪt/ vt
διαποτίζω

Saturday /'sætədɪ/ n (το)
Σάββατο

sauce /sɔ:s/ n (η) σάλτσα

saucepan /'sɔ:spən/ n (η)
κατσαρόλα

saucer /'sɔ:sə(r)/ n (το) πιατάκι

saucy /'sɔ:sɪ/ a αναιδής

sauna /'sɔ:nə/ n (το) σάουνα
invar

saunter /'sɔ:ntə(r)/ vi
σουλατσάρω

sausage /'sɒsɪdʒ/ n (το)
λουκάνικο

savage /'sævɪdʒ/ a
πρωτόγονος. (*fierce*) άγριος.
• n (ο) άγριος. • vt επιτίθεμαι
άγρια σε

sav|e /seɪv/ vt σώζω. (*money,
time*) εξοικονομώ. (*prevent*)
αποφεύγω. (*keep*) φυλάω.
(*computing*) αποθηκεύω. • n
(*football*) (η) διάσωση της
εστίας. • *prep* εκτός. **~ing** n
(η) σωτηρία. **~ings** npl (οι)
οικονομίες

saviour /'seɪvɪə(r)/ n (ο)
σωτήρας

savour /'seɪvə(r)/ n (η) γεύση.
• vt απολαμβάνω. **~y** a
αλμυρός. • n (τα) αλμυρά

saw¹ /sɔ:/ *see* SEE

saw² /sɔ:/ n (το) πριόνι. • vt (*pt
sawed, pp sawn*) πριονίζω

sawdust /'sɔ:dʌst/ n (τα)
πριονίδια

saxophone /'sæksəfəʊn/ n (το)
σαξόφωνο

say /seɪ/ vt/i (*pt said* /sed/) λέω.
• n **have a ~** έχω λόγο. (*in
decision*) επηρεάζω απόφαση

saying /'seɪɪŋ/ n (το) ρητό

scab /skæb/ n (το) κακάδι

scaffold /'skæfəʊld/ n (το)
ικρίωμα. **~ing** n (η)
σκαλωσιά

scald /skɔ:ld/ vt ζεματίζω. • n
(το) ζεμάτισμα

scale /skeɪl/ n (*gen, mus*) (η)
κλίμακα. (*of fish*) (το) λέπι.

κλιμακώνω. (*climb*) σκαρφαλώνω

scales /skeɪlz/ *npl* (*for weighing*) (η) ζυγαριά

scalp /skælp/ *n* (το) δέρμα της κεφαλής. • *vt* γδέρνω το δέρμα της κεφαλής

scalpel /ˈskælpəl/ *n* (το) νυστέρι

scamper /ˈskæmpə(r)/ *vi* τρέχω παιχνιδιάρικα

scan /skæn/ *vt* ερευνώ προσεκτικά. (*quickly*) ρίχνω μια ματιά σε. (*radar*) σαρώνω. • *vi* (*poetry*) έχω μέτρο. • *n* (*med*) (το) σπινθηρογράφημα

scandal /ˈskændl/ *n* (το) σκάνδαλο. (*gossip*) (το) κουτσομπολιό. **~ize** *vt* σκανδαλίζω. **~ous** *a* σκανδαλώδης

Scandinavia /skændɪˈneɪvɪə/ *n* (η) Σκανδιναβία

scant /skænt/ *a* λιγοστός

scanty /ˈskæntɪ/ *a* λιγοστός. (*clothing*) ανεπαρκής

scapegoat /ˈskeɪpɡəʊt/ *n* (ο) αποδιοπομπαίος τράγος

scar /skaː(r)/ *n* (το) σημάδι. • *vt* αφήνω σημάδι σε *t*

scarce /skeəs/ *a* σπάνιος

scarcely /ˈskeəslɪ/ *adv* μόλις

scare /skeə(r)/ *vt* τρομάζω. • *n* (ο) τρόμος. **be ~d** είμαι τρομαγμένος

scarecrow /ˈskeəkrəʊ/ *n* (το) σκιάχτρο

scarf /skaːf/ *n* (*pl* **scarves**) (το) μαντίλι (*του λαιμού*). (*for winter*) (το) κασκόλ *invar*

scarlet /ˈskaːlət/ *a* κατακόκκινος. **~ fever** *n* (η) οστρακιά

scathing /ˈskeɪðɪŋ/ *a* καυστικός

scatter /ˈskætə(r)/ *vt* σκορπίζω. (*disperse*) διαλύω. • *vi* (*disperse*) διαλύομαι. **~-brained** *a* ελαφρόμυαλος

scavenge /ˈskævɪndʒ/ *vi* ψάχνω σε σκουπίδια για κάτι χρήσιμο

scenario /sɪˈnaːrɪəʊ/ *n* (το) σενάριο

scene /siːn/ *n* (η) σκηνή. (*sight*) (η) θέα. (*incident*) (το) επεισόδιο. **behind the ~s** στα παρασκήνια

scenery /ˈsiːnərɪ/ *n* (το) τοπίο. (*theatr*) (τα) σκηνικά

scenic /ˈsiːnɪk/ *a* σκηνικός

scent /sent/ *n* (η) μυρωδιά. (*trail*) (τα) ίχνη

sceptic /ˈskeptɪk/ *n* (ο) σκεπτικιστής, (η) σκεπτικίστρια. **~al** *a* σκεπτικιστικός

sceptre /ˈseptə(r)/ *n* (το) σκήπτρο

schedule /ˈʃedjuːl/ *n* (το) πρόγραμμα. • *vt* προγραμματίζω. **behind ~** καθυστερημένος. **on ~** στη ώρα του

scheme /skiːm/ *n* (το) σχέδιο. (*plot*) (η) μηχανορραφία. • *vi* μηχανορραφώ

schizophrenic /skɪtsəʊˈfrenɪk/ *a* σχιζοφρενικός

scholar /ˈskɒlə(r)/ *n* (ο) λόγιος. **~ly** *a* λόγιος. **~ship** *n* (η) λογιότητα. (*grant*) (η) υποτροφία

school /sku:l/ n (το) σχολείο.
(of univ) (η) σχολή. • a
σχολικός. • vt μαθαίνω.
(discipline) γυμνάζω. **~boy** n
(ο) μαθητής. **~girl** n (η)
μαθήτρια. **~ing** n (η)
εκπαίδευση. **~master** n (ο)
δάσκαλος. (secondary) (ο)
καθηγητής. **~mistress** n (η)
δασκάλα. (secondary) (η)
καθηγήτρια

scien|ce /'saɪəns/ n (η)
επιστήμη. **~ce fiction** n (η)
επιστημονική φαντασία.
~tific /-'tɪfɪk/ a
επιστημονικός

scientist /'saɪəntɪst/ n (ο, η)
επιστήμονας

scissors /'sɪsəz/ npl (το) ψαλίδι

scoff /skɒf/ vi **~ at** κοροϊδεύω,
περιφρονώ. • vt (eat: fam)
καταβροχθίζω

scold /skəʊld/ vt μαλώνω

scoop /sku:p/ n (η) σέσουλα.
(news) (το) λαβράκι. • vt **~
out** βγάζω. **~ up** μαζεύω

scooter /'sku:tə(r)/ n (for child)
(το) πατίνι. (motor cycle) (το)
σκούτερ invar

scope /skəʊp/ n (το)
περιθώριο. (opportunity) (η)
ευκαιρία

scorch /skɔ:tʃ/ vt καψαλίζω.
~ing a (fam) καυτερός

score /skɔ:(r)/ n (sport) (το)
σκορ invar. (mus) (η)
παρτιτούρα. (twenty) (η)
εικοσάδα. • vt κερδίζω
(πόντους). (success) σημειώνω.
(scratch) χαράζω. • vi (keep
score) κρατώ σημείωση του
σκορ

scorn /skɔ:n/ n (η)
περιφρόνηση. • vt περιφρονώ

Scorpio /'skɔ:pɪəʊ/ n (ο)
σκορπιός

scorpion /'skɔ:pɪən/ n (ο)
σκορπιός

Scot /skɒt/ n (ο) Σκοτσέζος,
(η) Σκοτσέζα. **~s**, **~tish** a
σκοτσέζικος

Scotch /skɒtʃ/ a σκοτσέζικος.
• n (το) ουίσκι invar

Scotland /'skɒtlənd/ n (η)
Σκοτία

scoundrel /'skaʊndrəl/ n (το)
τομάρι

scour /'skaʊə(r)/ vt (clear)
τρίβω να γυαλίσω. (search)
ψάχνω

scourge /skɜ:dʒ/ n (η) μάστιγα

scout /skaʊt/ n (ο) ανιχνευτής.
• vi **~ (for)** ψάχνω (για)

Scout /skaʊt/ n (ο) πρόσκοπος

scowl /skaʊl/ n (το)
κατσούφιασμα. • vi
κατσουφιάζω

scramble /'skræmbl/ vi
(clamber) σκαρφαλώνω. • n
(struggle) (ο) αγώνας. **~d
eggs** αβγά χτυπητά

scrap /skræp/ n (το)
κομματάκι. (fight: fam) (ο)
καβγάς. **~s** npl (τα)
απομεινάρια. (of food) (τα)
αποφάγια. • vt πετώ (σαν
άχρηστο). **~-book** n (το)
λεύκωμα. **~ heap** n (ο) σωρός
απορριμμάτων. **~ metal** n (τα)
παλιοσίδερα

scrape /skreɪp/ vt ξύνω. (graze)
γδέρνω. (rub) τρίβω. • n (ο)
γδάρσιμο. (fig) (ο) μπελάς

scratch /skrætʃ/ vt/i ξύνω/ομαι.
(with nails) γρατσουνίζω/ομαι.
• n (το) γρατσούνισμα

scrawl /skrɔ:l/ n (τα)
ορνιθοσκαλίσματα. • vt/i
γράφω βιαστικά

scrawny /ˈskrɔ:nɪ/ a
λιπόσαρκος

scream /skri:m/ vt/i
στριγκλίζω. • n (το)
στρίγκλισμα

screech /skri:tʃ/ vi τσιρίζω. • n
(το) τσίριγμα

screen /skri:n/ n (το) παραβάν
invar. (cinema, TV) (η) οθόνη.
• vt προφυλάσσω. (film)
προβάλλω. (candidates)
εξετάζω (για καταλληλότητα)

screw /skru:/ n (η) βίδα. • vt
βιδώνω. **~driver** n (το)
κατσαβίδι

scribble /ˈskrɪbl/ vt/i γράφω
βιαστικά και δυσανάγνωστα

script /skrɪpt/ n (η) γραφή. (of
film etc.) (το) σενάριο

Scriptures /ˈskrɪptʃəz/ npl the
~ η Αγία Γραφή

scroll /skrəʊl/ n (ο) ρόλος
περγαμηνής. **~bar** n (η)
γραμμή κύλισης. **~down** vi
ρολάρω προς τα κάτω

scrounge /skraʊndʒ/ vt (fam)
κάνω τράκα για. • vi κάνω
τράκα

scrub /skrʌb/ n (land) (ο)
θαμνότοπος. • vt/i τρίβω

scruff /skrʌf/ n the ~ of the
neck το σβέρκο

scruple /ˈskru:pl/ n (ο)
ενδοιασμός

scrutiny /ˈskru:tɪnɪ/ n (η)
εξονυχιστική εξέταση. **~ize**
vt εξετάζω εξονυχιστικά

scuff /skʌf/ vt (shoes) γδέρνω

scuffle /ˈskʌfl/ n (η) συμπλοκή

sculpt /skʌlpt/ vt σκαλίζω. • vi
κάνω γλυπτά **~or** n (ο)
γλύπτης. **~ure** /-tʃə(r)/ n (η)
γλυπτική. • vt/i λαξεύω

scum /skʌm/ n (η) γλίτσα.
(people: fam) (το) απόβρασμα

scurrilous /ˈskʌrɪləs/ a χυδαίος

scurry /ˈskʌrɪ/ vi **~ away** or
off φεύγω βιαστικά

scuttle /ˈskʌtl/ vt (ship)
βουλιάζω. • vi **~ away**
τρέπομαι σε φυγή

scythe /saɪð/ n (το) δρεπάνι

sea /si:/ n (η) θάλασσα. • a
θαλασσινός. **~ horse** n (ο)
ιππόκαμπος. **~ level** n (η)
επιφάνεια της θάλασσας. **~
lion** n είδος φώκιας. **~ shell** n
(το) κοχύλι

seabed /ˈsi:bed/ n (ο) πάτος
της θάλασσας

seafood /ˈsi:fu:d/ n (τα)
θαλασσινά

seagull /ˈsi:gʌl/ n (ο) γλάρος

seal /si:l/ n (animal) (η) φώκια.
(stamp) (η) σφραγίδα. (wax)
(η) βούλα. • vt σφραγίζω.
(envelope) κλείνω. **~ off** (area)
αποκλείω

seam /si:m/ n (η) ραφή. (of
coal) (η) φλέβα

seaman /ˈsi:mən/ n (ο)
ναυτικός

seaport /ˈsi:pɔ:t/ n (το) λιμάνι

search /sɜ:tʃ/ vt/i ερευνώ. • n
(η) αναζήτηση. (official)
έρευνα. **~ for** αναζητώ. **~-**

party n (η) εξερευνητική ομάδα. **~ through** ψάχνω. **~ing** a ερευνητικός

searchlight /'sɜːtʃlaɪt/ n (ο) προβολέας

seashore /'siːʃɔː(r)/ n (η) παραλία

seasick /'siːsɪk/ a **be ~** μ' έχει πιάσει η θάλασσα

seaside /'siːsaɪd/ n (η) παραλία

season /'siːzn/ n (η) εποχή. • vt (flavour) καρυκεύω. **~al** a εποχιακός. **~ing** n (το) καρύκευμα. **~ ticket** n (το) εισιτήριο διαρκείας

seat /siːt/ n (το) κάθισμα. (place) (η) έδρα. (of trousers) (ο) πισινός. (buttocks) (ο) πάτος. • vt (place) καθίζω. (have seats for) χωρώ. **~-belt** n (η) ζώνη ασφαλείας

seaweed /'siːwiːd/ n (το) φύκι

secateurs /'sekətɜːz/ npl (το) κλαδευτήρι

seclude /sɪ'kluːd/ vt απομονώνω. **~d** a απομονωμένος

second¹ /'sekənd/ a δεύτερος. • n (ο) δεύτερος. (time) (το) δευτερόλεπτο. **~s** (goods) είδη κατώτερης ποιότητας. • adv (in race etc.) δεύτερος. • vt (proposal) υποστηρίζω. **have ~s** (of meal: fam) σερβίρομαι και δεύτερη φορά. **~-best** a δεύτερης κατηγορίας. **~-class** a δεύτερης κατηγορίας. **~-hand** a μεταχειρισμένος. • adv από δεύτερο χέρι. **~-rate** a δεύτερης κατηγορίας. **have ~ thoughts** ξανασκέφτομαι. **~ly** adv δεύτερον

second² /sɪ'kɒnd/ vt (transfer) αποσπώ

secondary /'sekəndrɪ/ a δευτερεύων. **~ school** n (το) σχολείο μέσης εκπαιδεύσεως

secrecy /'siːkrəsɪ/ n (η) μυστικότητα

secret /'siːkrɪt/ a μυστικός. • n (το) μυστικό. **~ly** adv μυστικά

secretary /'sekrətrɪ/ n (ο, η) γραμματέας

secretive /'siːkrətɪv/ a κρυψίνους

sect /sekt/ n (η) σέκτα

section /'sekʃn/ n (το) τμήμα

sector /'sektə(r)/ n (ο) τομέας

secular /'sekjʊlə(r)/ a κοσμικός

secure /sɪ'kjʊə(r)/ a ασφαλής. (fixed) στερεωμένος. • vt στερεώνω. (obtain) εξασφαλίζω

security /sɪ'kjʊərətɪ/ n (η) ασφάλεια. (for loan) (η) εγγύηση

sedate /sɪ'deɪt/ a ήρεμος. • vt δίνω καταπραϋντικά σε

sedative /'sedətɪv/ a καταπραϋντικός. • n (το) καταπραϋντικό

sediment /'sedɪmənt/ n (το) ίζημα

seduce /sɪ'djuːs/ vt αποπλανώ

seduct|ion /sɪ'dʌkʃn/ n (η) αποπλάνηση. **~ive** /-tɪv/ a αποπλανευτικός

see¹ /siː/ vt|i (pt saw, pp seen) βλέπω. (notice) παρατηρώ. (understand) καταλαβαίνω. (escort) συνοδεύω. **~ about** or **to** φροντίζω. **~ off** ~ **through** ξεπροβοδίζω. **~ through**

(*task*) φέρω είς πέρας. (*person*) καταλαβαίνω τις προθέσεις (*κάποιου*). **~-through** *a* διαφανής

see² /si:/ *n* (η) επισκοπική έδρα

seed /si:d/ *n* (το) κουκούτσι. (*collectively*) (ο) σπόρος. (*fig*) (το) σπέρμα. **~ling** *n* (το) φιντάνι

seek /si:k/ *vt* (*pt* **sought**) επιζητώ. **~ out** αναζητώ

seem /si:m/ *vi* φαίνομαι. **~ingly** *adv* φαινομενικά

seemly /'si:mlɪ/ *a* κόσμιος

seen /si:n/ *see* SEE

seep /si:p/ *vi* διαρρέω

see-saw /'si:sɔ:/ *n* (η) τραμπάλα

seethe /si:ð/ *vi* **~ with** είμαι γεμάτος από. **~ with anger** βράζω από το θυμό

segment /'segmənt/ *n* (το) τμήμα. (*of orange*) (η) φέτα

segregat|e /'segrɪgeɪt/ *vt* διαχωρίζω. **~ion** /-'geɪʃn/ *n* (η) διαχωρισμός

seize /si:z/ *vt* καταλαμβάνω. (*jur*) κατάσχω. **~ on** αρπάζω. **~ up** (*techn*) κολλώ

seizure /'si:ʒə(r)/ *n* (η) κατάσχεση. (*med*) (η) προσβολή

seldom /'seldəm/ *adv* σπάνια

select /sɪ'lekt/ *vt* διαλέγω, επιλέγω. • *a* εκλεκτός. (*exclusive*) επίλεκτος. **~ion** /-ʃn/ *n* (η) επιλογή. **~ive** *a* επιλεκτικός

self /self/ *n* (ο) εαυτός

self- /self/ *pref* **~-addressed** *a* με τη διεύθυνσή μου. **~-**

assured *a* βέβαιος για τον εαυτό μου. **~-centred** *a* εγωκεντρικός. **~-confidence** *n* (η) αυτοπεποίθηση. **~-confident** *a* γεμάτος αυτοπεποίθηση. **~-conscious** *a* με αυτοσυνείδηση. **~-contained** *a* (*person*) κλειστός. (*flat*) αυτοτελής. **~-control** *n* (ο) αυτοέλεγχος. **~-defence** *n* (η) αυτοάμυνα. **~-employed** *a* αυτοαπασχολούμενος. **~-evident** *a* αυτονόητος. **~-indulgent** *a* τρυφηλός. **~-interest** *n* (η) ιδιοτέλεια. **~-made** *a* αυτοδημιούργητος. **~-respect** *n* (ο) αυτοσεβασμός. **~-righteous** *a* φαρισαϊκός. **~-sacrifice** *n* αυτοθυσία. **~-satisfied** *a* αυτάρεσκος. **~-service** *n* (η) αυτοεξυπηρέτηση. **~-sufficient** *a* αυτάρκης

selfish /'selfɪʃ/ *a* εγωιστής. **~ness** *n* (ο) εγωισμός

sell /sel/ *vt*/*i* (*pt* **sold**) πουλώ, πωλώ. **be sold out** εξαντλούμαι. **~er** *n* (ο) πωλητής, (η) πωλήτρια

Sellotape /'seləuteɪp/ *n* (P) (η) κολλητική ταινία

semen /'si:mən/ *n* (το) σπέρμα

semester /sɪ'mestə(r)/ *n* (*Amer*) (το) εξάμηνο

semicircle /'semɪsɜ:kl/ *n* (το) ημικύκλιο

semicolon /semɪ'kəʊlən/ *n* (η) άνω τελεία

semi-detached /semɪdɪ'tætʃt/ *a* **~ house** το ένα σπίτι σε διπλοκατοικία

semifinal /semɪˈfaɪnl/ n (o) ημιτελικός

seminar /ˈseminɑː(r)/ n (το) σεμινάριο

semitone /ˈsemɪtəʊn/ n (το) ημιτόνιο

senat|e /ˈsenɪt/ n (η) γερουσία. **~or** /-ətə(r)/ n (o) γερουσιαστής

send /send/ vt/i (pt sent) στέλνω. **~ away** διώχνω. **~ back** επιστρέφω. **~ for** (person) στέλνω να φωνάξω. (thing) στέλνω να πάρω. **~-off** n (το) ξεπροβόδισμα. **~er** n (o) αποστολέας

senile /ˈsiːnaɪl/ a ξεμωραμένος

senior /ˈsiːnɪə(r)/ a μεγαλύτερος (**to**, από). (in rank) ανώτερος. • n (o) τελειόφοιτος. **~ citizen** (o, η) συνταξιούχος

sensation /senˈseɪʃn/ n (η) αίσθηση. **~al** a εντυπωσιακός

sense /sens/ n (η) αίσθηση. (common sense) (το) λογικό. (meaning) (η) έννοια. (sensation) (το) αίσθημα. (awareness) (η) επίγνωση. **~s** (οι) αισθήσεις. **make ~** έχω νόημα. **~less** a ανόητος. (med) αναίσθητος

sensibility /sensəˈbɪlətɪ/ n (η) αισθαντικότητα

sensible /ˈsensəbl/ a φρόνιμος. (practical) λογικός

sensitiv|e /ˈsensɪtɪv/ a ευαίσθητος. (touchy) ευθικτος. **~ity** /-ˈtɪvətɪ/ n (η) ευαισθησία, (η) ευθιξία

sensual /ˈsenʃʊəl/ a φιλήδονος

sensuous /ˈsenʃʊəs/ a αισθησιακός

sent /sent/ see SEND

sentence /ˈsentəns/ n (η) πρόταση. (jur) (η) καταδίκη. (punishment) (η) ποινή. • vt **~ to** καταδικάζω σε

sentimental /sentɪˈmentl/ a συναισθηματικός. **~ity** n /-ˈtælətɪ/ (η) συναισθηματικότητα

sentry /ˈsentrɪ/ n (o) σκοπός

separate¹ /ˈseprət/ a χωριστός. **~ly** adv χωριστά

separat|e² /ˈsepəreɪt/ vt/i χωρίζω. **~ion** /-ˈreɪʃn/ n (o) χωρισμός

September /sepˈtembə(r)/ n (o) Σεπτέμβριος

septic /ˈseptɪk/ a σηπτικός

sequel /ˈsiːkwəl/ n (η) συνέχεια

sequence /ˈsiːkwəns/ n (η) σειρά. (of film) (η) σκηνή

sequin /ˈsiːkwɪn/ n (η) πούλια

seren|e /sɪˈriːn/ a γαλήνιος. **~ity** /-enətɪ/ n (η) γαλήνη

sergeant /ˈsɑːdʒənt/ n (o) λοχίας

serial /ˈsɪərɪəl/ n (story) (η) ιστορία σε συνέχεια. • a (number) αύξων

series /ˈsɪərɪːz/ n (η) σειρά. (radio, TV) (το) σίριαλ invar

serious /ˈsɪərɪəs/ a σοβαρός. **~ly** adv σοβαρά. **~ness** n (η) σοβαρότητα

sermon /ˈsɜːmən/ n (το) κήρυγμα

serpent /ˈsɜːpənt/ n (o) όφις

serrated /sɪˈreɪtɪd/ a οδοντωτός

serum /ˈsɪərəm/ n (o) ορός

servant /'sɜːvənt/ n (ο) υπηρέτης, (η) υπηρέτρια

serve /sɜːv/ vt/i εξυπηρετώ. (in the army etc.) υπηρετώ. (food) σερβίρω. (sport) σερβίρω, κάνω σερβίς. **it ~s you right** καλά να πάθεις. **~ as** χρησιμεύω σαν. **~r** n (ο) διακομιστής, (ο) server

service /'sɜːvɪs/ n (η) εξυπηρέτηση. (maintenance) (το) σέρβις. (sport) (το) σερβίς invar. **~s** (mil) (οι) υπηρεσίες. • vt (car etc.) κάνω σέρβις σε. **~ charge** n (το) ποσοστό υπηρεσίας

serviette /sɜːvɪ'et/ n (η) πετσέτα (φαγητού)

servile /'sɜːvaɪl/ a δουλοπρεπής

session /'seʃn/ n (η) συνεδρίαση

set /set/ vt βάζω. (clock etc.) βάζω. (limit etc.) ορίζω. (example) δίνω. (task) αναθέτω. • vi (sun) βασιλεύω, δύω. (jelly) πήζω. • n (of cutlery etc.) (το) σετ invar. (tennis) (το) σετ invar. (TV, radio) (η) συσκευή. (theatr) (το) σκηνικό. (of people) (ο) κύκλος. (math) (το) σύνολο. • a καθορισμένος. (ready) έτοιμος. (meal) καθορισμένος. **~ back** εμποδίζω. (cost: sl) κοστίζω. **~-back** n (η) αναποδιά. **~ fire to** βάζω φωτιά σε. **~ free** ελευθερώνω. **~ off** vi ξεκινώ. • vt (make start) αρχίζω. (bomb) πυροδοτώ. **~ out** (leave) ξεκινώ. (declare) εκθέτω. (arrange) τακτοποιώ.

~ up (start) αρχίζω. (organize) οργανώνω. **~-up** n (η) κατάσταση

settee /se'tiː/ n (ο) καναπές

setting /'setɪŋ/ n (surroundings) (το) περιβάλλον. (of jewel) (το) δέσιμο. (of novel, play) (το) σκηνικό

settle /'setl/ vt (dispute) λύνω. (date) ορίζω. (nerves) καταπραΰνω. (bill) πληρώνω. • vi (come to rest) σταματώ. (live) εγκαθίσταμαι. **~ down** ησυχάζω. **~r** /-ə(r)/ n (ο) άποικος

settlement /'setlmənt/ n (comm) (ο) διακανονισμός. (colony) (ο) συνοικισμός

seven /'sevn/ a & n επτά. **~th** a έβδομος. • n (το) έβδομο

seventeen /sevn'tiːn/ a & n δεκαεπτά. **~th** a δέκατος έβδομος. • n (το) δέκατο έβδομο

seventy /'sevntɪ/ a & n εβδομήντα

sever /'sevə(r)/ vt διακόπτω

several /'sevrəl/ a & pron διάφοροι

severe /sɪ'vɪə(r)/ a αυστηρός. (pain) οξύς. (illness) σοβαρός. (winter) δριμύς. **~ely** adv αυστηρά, σοβαρά. **~ity** /-'verɪtɪ/ n (η) αυστηρότητα, (η) σοβαρότητα

sew /səʊ/ vt/i ράβω. **~ing** n (το) ράψιμο. **~ing-machine** n (η) ραπτομηχανή

sewage /'sjuːɪdʒ/ n (τα) λύματα

sewer /'sjuːə(r)/ n (ο) υπόνομος

sex /seks/ n (το) φύλο. (intercourse) (το) σεξ invar. • a σεξουαλικός. **~y** a σέξι invar

sexual /'sekʃʊəl/ a σεξουαλικός. **~ intercourse** n (ο) έρωτας, (το) σεξ invar

shabby /'ʃæbɪ/ a φθαρμένος

shack /ʃæk/ n (το) καλύβι

shackle /'ʃækl/ n **~s** (τα) δεσμά

shade /ʃeɪd/ n (η) σκιά. (of colour, meaning) (η) απόχρωση. (for lamp) (το) αμπαζούρ invar. • vt σκιάζω

shadow /'ʃædəʊ/ n (η) σκιά, (ο) ίσκιος. • vt (follow) παρακολουθώ. **~y** a σκιερός. (fig) θαμπός

shady /'ʃeɪdɪ/ a σκιερός. (fig) ύποπτος

shaft /ʃɑːft/ n (το) κοντάρι. (mech) (ο) άξονας. (of light) (η) ακτίδα. (of lift) (ο) αγωγός. (of mine) (το) φρέαρ

shaggy /'ʃægɪ/ a τριχωτός. (animal) μαλλιαρός

shake /ʃeɪk/ vt (pt **shook**, pp **shaken**) κουνώ. (shock) συγκλονίζω. ανακινώ. • vi τρέμω. • n (ο) τιναγμός, (η) ανακίνηση. **~ hands with** κάνω χειραψία με. **~ one's head** κουνάω το κεφάλι μου

shaky /'ʃeɪkɪ/ a τρεμάμενος. (table etc.) ασταθής

shall /ʃæl/ v aux **I ~ go** θα πάω. **we ~ see** θα δούμε

shallow /'ʃæləʊ/ a ρηχός. (fig) κούφιος

sham /ʃæm/ n (η) ψευτιά. • a ψεύτικος

shambles /'ʃæmblz/ npl **it was a ~** ήταν άνω κάτω

shame /ʃeɪm/ n (η) ντροπή. • vt ντροπιάζω. **what a ~!** τι κρίμα!

shampoo /ʃæm'puː/ n (το) σαμπουάν invar. • vt λούζω

shan't /ʃɑːnt/ = **shall not**

shape /ʃeɪp/ n (το) σχήμα. • vt δίνω σχήμα σε. • vi **~ (up)** παίρνω σχήμα. **take ~** παίρνω μορφή. **~less** a άμορφος

shapely /'ʃeɪplɪ/ a καλοφτιαγμένος

share /ʃeə(r)/ n (το) μερίδιο. (comm) (η) μετοχή. • vt/i μοιράζω/ομαι

shareholder /'ʃeəhəʊldə(r)/ n (ο) μέτοχος

shark /ʃɑːk/ n (ο) καρχαρίας

sharp /ʃɑːp/ a (knife etc.) κοφτερός. (pin etc.) μυτερός. (pain) σουβλερός. (sound) διαπεραστικός. (taste) αψύς. (harsh) απότομος. (clear) καθαρός. (person) οξύνους. • adv ακριβώς. • n (mus) (η) δίεση. **~ly** adv απότομα. **~ness** n (η) οξύτητα

sharpen /'ʃɑːpn/ vt ακονίζω. (pencil) ξύνω. **~er** (η) ξύστρα

shatter /'ʃætə(r)/ vt/i θρυμματίζω/ομαι. • vt (upset) συντρίβω. **~ed** a (exhausted) κατακουρασμένος

shave /ʃeɪv/ vt/i ξυρίζω/ομαι. • n (το) ξύρισμα. **~r** n (η) ηλεκτρική ξυριστική μηχανή

shaving /'ʃeɪvɪŋ/ n (το) ξύρισμα. (of wood) (το) ξύσιμο. **~-brush** n (το) πινέλο του ξυρίσματος. **~-cream** n (η) κρέμα ξυρίσματος

shawl /ʃɔːl/ n (η) μαντίλα

she /ʃiː/ pron αυτή. • n (το) θηλυκό

sheaf /ʃi:f/ n (το) δεμάτι

shear /ʃɪə(r)/ vt κουρεύω

shears /ʃɪəz/ npl (η) ψαλίδα

sheath /ʃi:θ/ n (η) θήκη.
(*condom*) (το) προφυλακτικό

shed /ʃed/ n (το) ξύλινο
παράπηγμα. • vt ρίχνω. (*tears*)
χύνω

sheep /ʃi:p/ n invar (το)
πρόβατο. **~-dog** n (το)
τσοπανόσκυλο

sheepish /'ʃi:pɪʃ/ a αμήχανος

sheepskin /'ʃi:pskɪn/ n (η)
προβιά

sheer /ʃɪə(r)/ a καθαρός. (*steep*)
κατακόρυφος. (*fabric*)
διαφανής

sheet /ʃi:t/ n (το) σεντόνι. (*of
paper, glass*) (το) φύλλο. (*of
ice*) (το) στρώμα

sheikh /ʃeɪk/ n (ο) σείχης

shelf /ʃelf/ n (το) ράφι

shell /ʃel/ n (το) όστρακο. (*of
egg*) (το) τσόφλι. (*of tortoise*)
(το) καβούκι. (*of building*) (ο)
σκελετός. (*explosive*) (η)
οβίδα. • vt (*peas*) ξεφλουδίζω.
(*mil*) βομβαρδίζω

shellfish /'ʃelfɪʃ/ n invar (τα)
οστρακοειδή

shelter /'ʃeltə(r)/ n (το)
καταφύγιο. • vt/i
προφυλάγω/ομαι. • vt (*protect*)
προστατεύω. (*give lodging to*)
δίνω στέγη σε. **~ed** a (*place*)
απάγκιος. (*life*)
προφυλαγμένος

shelve /ʃelv/ vt (*plan etc.*)
αναβάλλω επ' αόριστον

shepherd /'ʃepəd/ n (ο)
βοσκός. • vt οδηγώ (ομαδικά)

sheriff /'ʃerɪf/ n (ο) σερίφης

sherry /'ʃerɪ/ n (το) σέρι

shield /ʃi:ld/ n (η) ασπίδα. • vt
προστατεύω

shift /ʃɪft/ vt/i μετατοπίζω/ομαι.
(*furniture*) μετακινώ/ούμαι. • vt
(*blame*) μεταθέτω. • n (η)
μετακίνηση. (*work*) (η) βάρδια

shifty /'ʃɪftɪ/ a ύπουλος. (*eyes*)
δολερός

shilling /'ʃɪlɪŋ/ n (το) σελίνι

shin /ʃɪn/ n (το) καλάμι

shine /ʃaɪn/ vi (*pt* **shone**)
λάμπω. • vt γυαλίζω. • n (η)
γυαλάδα. **~ on** (*torch*) φωτίζω

shiny /'ʃaɪnɪ/ a γυαλιστερός

ship /ʃɪp/ n (το) πλοίο. • vt
μεταφέρω (εμπορεύματα).
(*send*) στέλνω. (*load*) φορτώνω.
~ment n (*consignment*) (η)
αποστολή εμπορευμάτων.
(*loading*) (η) φόρτωση. **~ping**
n (η) ναυτιλία. (*ships*) (τα)
πλοία

shipshape /'ʃɪpʃeɪp/ a
τακτοποιημένος

shipwreck /'ʃɪprek/ n (το)
ναυάγιο

shipyard /'ʃɪpjɑ:d/ n (το)
ναυπηγείο

shirk /ʃɜ:k/ vt αποφεύγω

shirt /ʃɜ:t/ n (το) πουκάμισο.
(*for woman*) (η) μπλούζα

shiver /'ʃɪvə(r)/ vi τουρτουρίζω.
• n (το) τουρτούρισμα

shoal /ʃəʊl/ n (*of fish*) (το)
κοπάδι

shock /ʃɒk/ n (το) σοκ invar.
(*earthquake*) (η) δόνηση. (*med*)
(ο) κλονισμός. (**electric**) **~**
(η) ηλεκτροπληξία. • vt
συγκλονίζω. **~ing** a

συγκλονιστικός. (fam)
απαίσιος

shoddy /ˈʃɒdɪ/ a κακής
ποιότητας

shoe /ʃuː/ n (το) παπούτσι. (of
horse) (το) πέταλο. • vt (horse)
πεταλώνω. **~-shop** n (το)
παπουτσίδικο, (το)
υποδηματοποιείο

shoelace /ˈʃuːleɪs/ n (το)
κορδόνι (παπουτσιού)

shone /ʃɒn/ see SHINE

shook /ʃʊk/ see SHAKE

shoot /ʃuːt/ vi (pt shot) (plant)
βλασταίνω. (move quickly)
ορμώ. • vt πυροβολώ. (hunt)
κυνηγώ. (film) γυρίζω. • n (bot)
(ο) βλαστός. (hunt) (η)
κυνηγετική εκδρομή. **~
down** ρίχνω. **~ up** (grow)
ξεπετιέμαι. (prices) υψώνω
απότομα.

shop /ʃɒp/ n (το) μαγαζί, (το)
κατάστημα. • vi ψωνίζω. **~
assistant** n (ο, η) υπάλληλος
(σε μαγαζί). **~-lifting** n (η)
κλεψιά (από μαγαζιά). **~
steward** n (ο) εκπρόσωπος
συνδικάτου σε μια επιχείρηση.
~-window n (η) βιτρίνα. **talk
~** κουβεντιάζω για
επαγγελματικά θέματα. **~per**
n (ο) αγοραστής

shopkeeper /ˈʃɒpkiːpə(r)/ n (ο)
καταστηματάρχης

shopping /ˈʃɒpɪŋ/ n (τα)
ψώνια. **go ~** πάω για ψώνια.
~ bag n (η) τσάντα για τα
ψώνια. **~ centre** n (το)
εμπορικό κέντρο

shore /ʃɔː(r)/ n (η) ακτή

short /ʃɔːt/ a βραχύς. (brief)
σύντομος. (person) κοντός.

(curt) απότομος. • adv
απότομα. **be ~ of** μου λείπει.
~-change vt δίνω ελλειπή
ρέστα σε. **~ circuit** n (το)
βραχυκύκλωμα. **~ cut** n (ο)
συντομότερος δρόμος. **~-
lived** a βραχύβιος. **~-sighted**
a μυωπικός. **~ story** n (το)
διήγημα. **~-tempered** a
ευέξαπτος. **~ wave** n (το)
βραχύ κύμα

shortage /ˈʃɔːtɪdʒ/ n (η)
έλλειψη

shortcoming /ˈʃɔːtkʌmɪŋ/ n
(το) ελάττωμα

shorten /ˈʃɔːtn/ vt μικραίνω.
(dress) κονταίνω

shorthand /ˈʃɔːthænd/ n (η)
στενογραφία. **~ typist** (ο, η)
στενογράφος

shortly /ˈʃɔːtlɪ/ adv σε λίγο

shorts /ʃɔːts/ npl (τα)
σορτσάκια

shot /ʃɒt/ see SHOOT. • n (ο)
πυροβολισμός. (person) (ο)
σκοπευτής (photograph) (η)
φωτογραφία. (injection) (η)
ένεση. **~gun** n (το)
κυνηγετικό όπλο

should /ʃʊd, ʃəd/ v aux **I ~ go**
πρέπει να πάω. **I ~ like** θα
ήθελα. **~ I tell her?** να της το
πω; **they ~ be there by now**
θα πρέπει να έχουν ήδη
φτάσει

shoulder /ˈʃəʊldə(r)/ n (ο)
ώμος. • vt επωμίζομαι. **~-
blade** n (η) ωμοπλάτη

shout /ʃaʊt/ n (η) κραυγή. • vt/i
κραυγάζω, φωνάζω

shove /ʃʌv/ n (το) σπρώξιμο.
• vt/i σπρώχνω/ομαι. • vt (put:
fam) χώνω

shovel /'ʃʌvl/ n (το) φτυάρι

show /ʃəʊ/ vt (pt **showed**, pp **shown**) δείχνω. (put on display) εκθέτω. (film) παρουσιάζω. (lead) οδηγώ. • vi φαίνομαι. • n (exhibition) (η) έκθεση. (ostentation) (η) επίδειξη. (theatr) (η) παράσταση **~-down** n (η) αναμέτρηση. **~ s.o. in** λέω σε κπ να περάσει. **~ off** vt επιδεικνύω. • vi κάνω επίδειξη. **~ out** συνοδεύω έως την έξοδο. **~-piece** n (το) πρότυπο. **~ up** vi εμφανίζομαι. • vt (unmask) ξεσκεπάζω

shower /'ʃaʊə(r)/ n (η) μπόρα. (of blows etc.) (η) βροχή. (for washing) (το) ντους invar. • vt **~ with** κατακλύζω με. • vt κάνω ντους. **~-y** a βροχερός

shown /ʃəʊn/ see SHOW

showroom /'ʃəʊruːm/ n (η) έκθεση (αίθουσα)

shrank /ʃræŋk/ see SHRINK

shred /ʃred/ n (το) κομμάτι. • vt κομματιάζω

shrewd /ʃruːd/ a καπάτσος

shriek /ʃriːk/ n (η) στριγκλιά. • vt/i στριγκλίζω

shrill /ʃrɪl/ a στριγκός

shrimp /ʃrɪmp/ n (η) γαρίδα

shrine /ʃraɪn/ n (ο) ιερός τόπος

shrink /ʃrɪŋk/ vt/i (pt **shrank**, pp **shrunk**) ζαρώνω. (cloth) μπαίνω. (draw back) αποτραβιέμαι. **~ from** αποφεύγω

shrivel /ʃrɪvl/ vt/i ζαρώνω

shroud /ʃraʊd/ n (το) σάβανο

Shrove /ʃrəʊv/ n **~ Tuesday** (η) τελευταία μέρα της αποκριάς (των δυτικών)

shrub /ʃrʌb/ n (ο) θάμνος

shrug /ʃrʌg/ vt (**one's shoulders**) σηκώνω τους ώμους. • n (το) σήκωμα των ώμων. **~ off** απορρίπτω με αδιαφορία

shrunk /ʃrʌŋk/ see SHRINK

shudder /'ʃʌdə(r)/ vi ανατριχιάζω. • n (η) ανατριχίλα

shuffle /'ʃʌfl/ vt (feet) σέρνω. (cards) ανακατεύω

shun /ʃʌn/ vt αποφεύγω

shush /ʃʊʃ/ int σιωπή

shut /ʃʌt/ vt/i κλείνω. **~-down** n (το) κλείσιμο. **~ up** vt βουλώνω **~ up!** (fam) σκασμός!

shutter /'ʃʌtə(r)/ n (το) παντζούρι. (photo) (το) διάφραγμα

shuttle /'ʃʌtl/ n (η) σαΐτα. • vi πηγαινοέρχομαι. **~ service** n (η) συχνή και συνεχής συγκοινωνία μεταξύ δύο σημείων

shuttlecock /'ʃʌtlkɒk/ n (το) μπαλάκι με φτερά

shy /ʃaɪ/ a ντροπαλός. • vi (horse) κωλώνω. **~ness** n (η) ντροπαλότητα

sick /sɪk/ a άρρωστος. (humour) νοσηρός. (fed up: fam) αηδιασμένος. **be ~** (vomit) κάνω εμετό. **feel ~** μου έρχεται εμετός. **~-room** n (η) αίθουσα ασθενών

sicken /'sɪkən/ vt αηδιάζω. • vi αρρωσταίνω. **~ing** a (disgusting) αηδιαστικός

sickle /'sɪkl/ n (το) δρεπάνι

sickly /'sɪklɪ/ a αρρωστιάρης. (*taste etc.*) αηδιαστικός

sickness /'sɪknɪs/ n (η) αρρώστια. (*vomiting*) (ο) εμετός

side /saɪd/ n (η) πλευρά. (*of body*) (το) πλευρό. (*of river*) όχθη. (*sport*) (η) ομάδα. (*fig*) (το) μέρος. • a πλαϊνός. • vi ~ **with** παίρνω το μέρος (*with gen.*). **on the** ~ (*as a sideline*) επί πλέον. ~ **by** ~ πλάι πλάι. **~board** n (ο) μπουφές. **~boards, ~burns** npl (οι) φαβορίτες. **~-effect** n (η) παρενέργεια. **~-road** n (η) πάροδος. **~-step** vt παρακάμπτω. **~-track** vt εκτρέπω

sidelight /'saɪdlaɪt/ n (το) φως πορείας

sideline /'saɪdlaɪn/ n (η) δευτερεύουσα δραστηριότητα

sidewalk /'saɪdwɔ:k/ n (Amer) (το) πεζοδρόμιο

sideways /'saɪdweɪz/ adv πλάγια. • a πλάγιος

sidle /'saɪdl/ vi ~ **up to** πλησιάζω δειλά

siege /si:dʒ/ n (η) πολιορκία

siesta /sɪ'estə/ n (ο) μεσημεριανός ύπνος

sieve /sɪv/ n (το) κόσκινο. • vt κοσκινίζω

sift /sɪft/ vt κοσκινίζω. • vi ~ **through** εξετάζω

sigh /saɪ/ n (ο) αναστεναγμός. • vi αναστενάζω

sight /saɪt/ n (η) όραση. (*spectacle*) (το) θέαμα. (*on gun*) (το) κλισιοσκόπιο. • vt βλέπω. **catch** ~ **of sth** κτ παίρνει το

μάτι μου. **be in** ~ φαίνομαι, είμαι ορατός. **out of** ~ αθέατος

sightseeing /'saɪtsi:ɪŋ/ n (η) επίσκεψη στα αξιοθέατα

sign /saɪn/ n (το) σημάδι. (*notice*) (η) επιγραφή. • vt υπογράφω

signal /'sɪɡnəl/ n (το) σήμα. • vt δίνω σήμα σε

signature /'sɪɡnətʃə(r)/ n (η) υπογραφή

significan|t /sɪɡ'nɪfɪkənt/ a (*important*) σημαντικός. (*meaningful*) γεμάτος σημασία. **~ce** n (η) σημασία. (*meaning*) (το) νόημα. **~tly** adv σημαντικά

signify /'sɪɡnɪfaɪ/ vt σημαίνω. (*intimate*) εκφράζω

signpost /'saɪnpəʊst/ n (η) πινακίδα

silence /'saɪləns/ n (η) σιωπή. • vt κάνω να σωπάσει

silent /'saɪlənt/ a σιωπηλός. (*film*) βουβός

silhouette /sɪlu:'et/ n (η) σιλουέτα

silicon /'sɪlɪkən/ n (το) πυρίτιο

silk /sɪlk/ n (το) μετάξι. **~en, ~y** adjs μεταξένιος

sill /sɪl/ n (το) περβάζι

silly /'sɪlɪ/ a ανόητος

silt /sɪlt/ n (η) ιλύς

silver /'sɪlvə(r)/ n (το) ασήμι. (*silverware*) (τα) ασημικά. • a ασημένιος. **~-plated** a επάργυρος

similar /'sɪmɪlə(r)/ a παρόμοιος. **~ity** /-ə'lærətɪ/ n (η) ομοιότητα

simile /'sɪmɪlɪ/ n (η)
παρομοίωση

simmer /'sɪmə(r)/ vt/i
σιγοβράζω

simpl|e /'sɪmpl/ a απλός.
(person) απλοϊκός. **~icity**
/-'plɪsetɪ/ n (η) απλότητα. **~y**
adv απλά. (absolutely) τελείως.
(merely) μόνο.

simplify /'sɪmplɪfaɪ/ vt
απλοποιώ

simulat|e /'sɪmjʊleɪt/ vt
απομιμούμαι. **~ion** /-'leɪʃn/ n
(η) απομίμηση

simultaneous /sɪml'teɪnɪəs/ a
ταυτόχρονος

sin /sɪn/ n (η) αμαρτία. • vi
αμαρτάνω

since /sɪns/ prep από. • adv από
τότε. • conj από τότε. (because)
μια και, αφού

sincer|e /sɪn'sɪə(r)/ a
ειλικρινής. **~ely** adv
ειλικρινά. **yours ~ely** με
τιμή **~ity** /-'serɪtɪ/ n (η)
ειλικρίνεια

sinew /'sɪnjuː/ n (ο) τένοντας

sing /sɪŋ/ vt/i (pt **sang**, pp
sung) τραγουδώ. **~er** n (ο)
τραγουδιστής, (η)
τραγουδίστρια

singe /sɪndʒ/ vt καψαλίζω

single /'sɪŋgl/ a μόνος, ένας.
(not double) μονός. (unmarried)
ελεύθερος. (room)
μονόκλινος. (bed) μονό n
(ticket) (το) εισιτήριο απλής
διαδρομής. (record) (το)
δισκάκι. **~s** (tennis) το μονό
παιγνίδι. • vt **~ out**
απομονώνω. (distinguish)
ξεχωρίζω. **~-handed** a & adv

μόνος. **~-minded** a με ένα
σκοπό

singlet /'sɪŋglɪt/ n (η) φανέλα

singular /'sɪŋgjʊlə(r)/ n (ο)
ενικός (αριθμός). • a
(uncommon) μοναδικός. (gram)
ενικός

sinister /'sɪnɪstə(r)/ a
απειλητικός

sink /sɪŋk/ vt/i (pt **sank**, pp
sunk) βυθίζω/ομαι. • vi
(ground) κατηφορίζω. • vt
(well) ανοίγω. (money) βάζω.
• n (ο) νεροχύτης. **~ in**
χωνεύω

sinner /'sɪnə(r)/ n (ο)
αμαρτωλός

sinus /'saɪnəs/ n (ο) κόλπος

sip /sɪp/ n (η) ρουφηξιά. • vt
πίνω αργά

siphon /'saɪfn/ n (το) σιφόνι.
• vt **~ off** αναρροφώ

sir /sɜː/ n (ο) κύριος. **S~**
(title) σερ invar

siren /'saɪərən/ n (η) σειρήνα

sister /'sɪstə(r)/ n (η) αδερφή,
(η) αδελφή. (nurse, nun)
αδελφή. **~-in-law** n (η)
κουνιάδα

sit /sɪt/ vt/i (pt **sat**, pres p
sitting) καθίζω/κάθομαι. • vi
(committee etc.) συνεδριάζω.
~ down κάθομαι. **~ for**
(exam) δίνω. (portrait) ποζάρω
για. **~ting** n (in restaurant)
(το) σερβίρισμα. **~ting-room**
n (το) καθιστικό

site /saɪt/ n (ο) χώρος.
(building) **~** (το) εργοτάξιο.
• vt εγκαθιστώ

situat|e /'sɪtʃʊeɪt/ vt τοποθετώ.
~ed a που βρίσκεται. **~ion**

/-'eɪʃn/ n (place) (η) τοποθεσία. (state) (η) κατάσταση. (job) (η) θέση

six /sɪks/ a & n έξι **~th** a έκτος. • n (το) έκτο

sixteen /sɪk'stiːn/ a & n δεκαέξι. **~th** a δέκατος έκτος. • n (το) δέκατο έκτο

sixty /'sɪkstɪ/ a & n εξήντα

size /saɪz/ n (το) μέγεθος. (of clothes) (το) νούμερο. (extent) (η) διάσταση. • vt ταξινομώ ανάλογα με μέγεθος. • up (fam) εκτιμώ. **~able** a αρκετά μεγάλος

sizzle /'sɪzl/ vi τσιτσιρίζω

skat|e /skeɪt/ n (το) πατίνι. (ice-skate) (το) παγοπέδιλο. • vi πατινάρω. (on ice) παγοδρομώ. **~er** n (o, η) παγοδρόμος. **~ing** n (το) πατινάζ invar, (η) παγοδρομία. **~ing-rink** n (ice) (το) παγοδρόμιο

skateboard /'skeɪtbɔːd/ n (το) σκέιτ μπορντ invar

skeleton /'skelɪtn/ n (o) σκελετός

sketch /sketʃ/ n (το) σκίτσο. (theatr) (το) σκετς invar. • vt σκιτσάρω

skewer /'skjʊə(r)/ n (η) σούβλα. (small) (το) σουβλί

ski /skiː/ n (το) σκι invar. • vi κάνω σκι. **go ~ing** πάω για σκι. **~er** n (o, η) σκιέρ invar. **~ing** n (το) σκι invar

skid /skɪd/ vi γλιστρώ. • n (η) ολίσθηση

skilful /'skɪlfl/ a επιδέξιος

skill /skɪl/ n (η) δεξιοτεχνία. **~ed** a επιδέξιος. (worker) ειδικευμένος

skim /skɪm/ vt ξαφρίζω. (milk) αποβουτυρώνω. • vi **~ through** διαβάζω στα πεταχτά

skin /skɪn/ n (το) δέρμα. • vt γδέρνω. (fruit) ξεφλουδίζω. **~-diving** n (το) υποβρύχιο κολύμπι. **~-tight** a εφαρμοστός

skinny /'skɪnɪ/ a κοκαλιάρης

skip /skɪp/ vi χοροπηδώ. • vt παραλείπω n (το) χοροπήδημα. **~ping-rope** n (το) σχοινάκι

skirmish /'skɜːmɪʃ/ n (η) αψιμαχία

skirt /skɜːt/ n (η) φούστα. • vt φέρνω γύρω. **~ing-board** n (το) σοβατεπί

skull /skʌl/ n (το) κρανίο

skunk /skʌŋk/ n (η) μεφίτις

sky /skaɪ/ n (o) ουρανός. **~-blue** a ουρανής. • n (το) ουρανί

skylight /'skaɪlaɪt/ n (o) φεγγίτης

skyscraper /'skaɪskreɪpə(r)/ n (o) ουρανοξύστης

slab /slæb/ n (η) πλάκα

slack /slæk/ a (not tight) χαλαρός. (person) αμελής. • n (of rope) (το) μπόσικο. • vi (fam) τεμπελιάζω

slacken /'slækən/ vi ατονώ. • vt χαλαρώνω. **~ off** λασκάρω

slacks /slæks/ npl (το) παντελόνι (sport)

slam /slæm/ vt/i (door) κλείνω απότομα. • n βρόντημα

slander /'slɑːndə(r)/ n (η) συκοφαντία. • vt συκοφαντώ

slang /slæŋ/ n (η) αργκό invar

slant /slɑːnt/ *vt/i* κλίνω. • *n*
(*slope*) (η) κλίση. (*point of view*)
(η) άποψη. **~ing** *a* πλάγιος

slap /slæp/ *vt* χαστουκίζω. • *n*
(το) χαστούκι. • *adv* **~ in the
middle** καταμεσίς

slapdash /'slæpdæʃ/ *a*
πρόχειρος

slash /slæʃ/ *vt* (πετσο)κόβω.
(*prices etc.*) περικόβω. • *n* (το)
κόψιμο

slate /sleɪt/ *n* (η) πλάκα
(σκεπής)

slaughter /'slɔːtə(r)/ *vt* σφάζω.
• *n* (η) σφαγή

slave /sleɪv/ *n* (ο) σκλάβος. • *vi*
δουλεύω σαν σκλάβος. **~ry**
/-ərɪ/ (η) σκλαβιά, (η)
δουλεία

sleazy /'sliːzɪ/ *a* (*fam*)
κακόφημος

sledge /sledʒ/ *n* (το) έλκηθρο.
~-hammer *n* (η) βαριά

sleek /sliːk/ *a* στιλπνός.
(*manner*) λεπτός (στους
τρόπους)

sleep /sliːp/ *n* (ο) ύπνος. • *vi* (*pt*
slept) κοιμούμαι. **go to ~**
αποκοιμιέμαι. **~er** *n* (*person*)
(ο) κοιμώμενος. (*sleeping-car*)
(το) βαγκόν λι *invar*. **~ing-
bag** *n* (ο) υπνόσακος. **~ing-
pill** *n* (το) υπνωτικό χάπι.
~-walk *vi* υπνοβατώ

sleepy /'sliːpɪ/ *a* νυσταγμένος

sleet /sliːt/ *n* (το) χιονόνερο.
• *vi* πέφτει χιονόνερο

sleeve /sliːv/ *n* (το) μανίκι. (*for
record*) (η) θήκη

sleigh /sleɪ/ *n* (το) έλκηθρο

slender /'slendə(r)/ *a* λεπτός.
(*fig*) λιγοστός

slept /slept/ *see* SLEEP

slice /slaɪs/ *n* (η) φέτα.
(*implement*) (η) σπάτουλα
τάρτας. • *vt* κόβω φέτες

slick /slɪk/ *a* λείος. (*pej*)
επιτήδειος. • *n* (*oil*) **~** (η)
πετρελαιοκηλίδα

slide /slaɪd/ *vt/i* (*pt* **slid**)
γλιστρώ. • *n* (το) γλίστρημα.
(*in playground*) (η) τσουλήθρα.
(*for hair*) (το) πιαστράκι.
(*photo*) (η) διαφάνεια

slight /slaɪt/ *a* ελαφρός.
(*slender*) λεπτός. (*frail*)
αδύνατος. • *vt* περιφρονώ. • *n*
(η) περιφρόνηση. **~ly** *adv*
ελαφρά

slim /slɪm/ *a* λεπτός. • *vi*
αδυνατίζω

slime /slaɪm/ *n* (ο) γλοιός

sling /slɪŋ/ *n* (η) σφεντόνα. • *vt*
(*throw*) εκσφενδονίζω. (*hang*)
κρεμώ

slink /slɪŋk/ *vi* **~ away** *or* **off**
φεύγω κρυφά

slip /slɪp/ *vt/i* γλιστρώ. (*go*)
περνώ. • *n* (το) γλίστρημα.
(*mistake*) (η) απροσεξία.
(*petticoat*) (το) μεσοφόρι.
(*paper*) (το) κομμάτι χαρτί. **~
of the tongue** *n* (η)
παραδρομή της γλώσσας. **~
on** (*clothes*) φορώ γρήγορα. **~
s.o.'s mind** μου διαφεύγει. **~
up** (*fam*) κάνω λάθος. **~-up** *n*
(*fam*) (το) λάθος

slipper /'slɪpə(r)/ *n* (η)
παντόφλα

slippery /'slɪpərɪ/ *a* ολισθηρός

slit /slɪt/ *n* (η) σχισμή. • *vt*
σχίζω

slither /'slɪðə(r)/ *vi* γλιστρώ

sliver /'slɪvə(r)/ n (η) σχίζα

slobber /'slɒbə(r)/ vi μου τρέχουν τα σάλια

slog /slɒg/ vt (hit) χτυπώ δυνατά. • vi (work) μοχθώ. • n (η) σκληρή δουλειά

slogan /'sləʊgən/ n (το) σλόγκαν invar

slop /slɒp/ vt χύνω. • vi ξεχειλίζω. **~s** npl (το) νερόπλυμα

slop|e /sləʊp/ vi (lean) κλίνω **~ down**. κατηφορίζω. • n (η) κλίση (εδάφους). **~ing** a κεκλιμένος

sloppy /'slɒpɪ/ a γεμάτος νερά. (work) τσαπατσούλικος. (person) τσαπατσούλης. (sentimental) σαχλός

slot /slɒt/ n (η) εγκοπή. • vt τοποθετώ (σε εγκοπή). **~-machine** n (ο) χρηματοδέκτης

slouch /slaʊtʃ/ vi καμπουριάζω

slovenly /'slʌvnlɪ/ a ατημέλητος

slow /sləʊ/ a αργός. • adv αργά. • vt **~ (down/up)** επιβραδύνω. • vi κόβω ταχύτητα. **be ~** αργώ. (clock) πηγαίνω πίσω

sludge /slʌdʒ/ n (ο) βούρκος

slug /slʌg/ n (ο) γυμνοσάλιαγκας

sluggish /'slʌgɪʃ/ a βραδύς

sluice /sluːs/ n (gate) (το) φράγμα. (channel) (ο) οχετός διαρροής

slum /slʌm/ n (η) τρώγλη. **~s** (η) βρόμικη φτωχογειτονιά

slumber /'slʌmbə(r)/ n (ο) ήσυχος ύπνος

slump /slʌmp/ n (η) απότομη πτώση. (in business) (η)

οικονομική κρίση. • vi πέφτω απότομα

slur /slɜː(r)/ vt/i δεν αρθρώνω καθαρά. • n (η) μη καθαρή άρθρωση. (discredit) (το) στίγμα

slush /slʌʃ/ n (το) λασπονέρι. (fig) (η) σαχλαμάρα

slut /slʌt/ n (η) τσούλα

sly /slaɪ/ a (crafty) ύπουλος. (secretive) κρυφός

smack /smæk/ n (taste, hint) (η) γεύση. (hit) (το) χτύπημα. (on face) (το) χαστούκι. • vt δέρνω. • vi **~ of** μυρίζω

small /smɔːl/ a μικρός. • n **~ of the back** (το) στένωμα της πλάτης. **~ ads** npl (οι) μικρές αγγελίες. **~ change** n (τα) ψιλά. **~ talk** n φιλοκουβέντα

smallpox /'smɔːlpɒks/ n (η) ευλογιά

smart /smɑːt/ a (elegant) κομψός. (clever) έξυπνος. • vi τσούζω. **~ly** adv κομψά, έξυπνα, σβέλτα

smarten /'smɑːtn/ vt/i **~ up** φρεσκάρω/ομαι. **~ (o.s.) up** (become smarter) κομψεύομαι

smash /smæʃ/ vt/i (crash) κάνω/γίνομαι κομμάτια. • vt (opponent) συντρίβω. • n (noise) (το) χτύπημα. (collision) (η) σύγκρουση. (ruin) (η) συντριβή

smashing /'smæʃɪŋ/ a (fam) περίφημος

smattering /'smætərɪŋ/ n (το) πασάλειμμα

smear /smɪə(r)/ vt (mark) μουντζουρώνω. (coat)

πασαλείφω. • *n* (*mark*) (το)
μουντζούρωμα. (*med*) (το)
επίχρισμα

smell /smel/ *n* (η) οσμή, (η)
μυρωδιά. (*sense*) (η) όσφρηση.
• *vt*/*i* μυρίζω/ομαι. **~y** *a*
δύσοσμος

smile /smaɪl/ *n* (το) χαμόγελο.
• *vi* χαμογελώ

smirk /smɜːk/ *n* (το) ανόητο
χαμόγελο (αυταρέσκειας)

smock /smɒk/ *n* (η) μπλούζα

smog /smɒg/ *n* (το) νέφος

smoke /sməʊk/ *n* (ο) καπνός.
• *vt*/*i* καπνίζω. **~d** *a* (*culin*)
καπνιστός. **~less** *a* άκαπνος.
~r /-ə(r)/ *n* (ο) καπνιστής, (η)
καπνίστρια. **smoking** (το)
κάπνισμα. **no smoking**
απαγορεύεται το κάπνισμα.
smoky *a* γεμάτος καπνούς

smooth /smuːð/ *a* ομαλός,
(*movement*) ήσυχος. (*sea*)
γαλήνιος. (*liquid, paste*) λείος.
(*manners*) γλίφης. • *vt*
λειαίνω. **~ly** *adv* ομαλά

smother /'smʌðə(r)/ *vt* πνίγω

smoulder /'sməʊldə(r)/ *vi*
σιγοκαίω

smudge /smʌdʒ/ *n* (η)
μουντζαλιά. • *vt*/*i*
μουντζαλιώνω

smug /smʌg/ *a* αυτάρεσκος

smuggle /'smʌgl/ *vt* περνώ
λαθραία. **~r** *n* (ο)
λαθρέμπορος

smut /smʌt/ *n* (η) μουντζούρα.
~ty *a* μουντζουρωμένος. (*fig*)
πρόστυχος

snack /snæk/ *n* (το) σνακ *invar*

snag /snæg/ *n* (η) δυσκολία. (*in
cloth*) (το) πιάσιμο

snail /sneɪl/ *n* (το) σαλιγκάρι

snake /sneɪk/ *n* (το) φίδι

snap /snæp/ *vt*/*i* (*break*) σπάζω.
(*say*) απαντώ απότομα. • *n* (*sound*)
(ο) ξηρός κρότος. (*photograph*)
(το) ενσταντανέ *invar*. • *a*
ξαφνικός. **~ at** (*bite*)
προσπαθώ να δαγκώσω.
(*speak*) μιλώ απότομα

snappy /'snæpɪ/ *a* (*lively*)
ζωηρός. (*brusque*) απότομος

snapshot /'snæpʃɒt/ *n* (το)
ενσταντανέ *invar*

snare /sneə(r)/ *n* (η) παγίδα

snarl /snɑːl/ *vi* γρυλίζω

snatch /snætʃ/ *vt* αρπάζω.
(*steal*) βουτώ. • *n* (το) άρπαγμα.
(*short part*) (το) κομματάκι.
(*theft*) (το) βούτηγμα

sneak /sniːk/ *vi* — **in/out**
μπαίνω/βγαίνω κρυφά. **~y** *a*
ύπουλος

sneakers /'sniːkəz/ *npl* (τα)
πάνινα παπούτσια

sneer /snɪə(r)/ *vi* μιλώ
περιφρονητικά

sneeze /sniːz/ *n* (το)
φτάρνισμα. • *vi* φταρνίζομαι

sniff /snɪf/ *vi* ρουφώ με τη
μύτη. • *n* (η) ρουφηξιά

snigger /'snɪgə(r)/ *n* (το) κρυφό
γέλιο. • *vi* κρυφογελώ

snip /snɪp/ *vt* ψαλιδίζω. • *n* (το)
ψαλίδισμα

snippet /'snɪpɪt/ *n* (το)
κομματάκι

snivel /'snɪvl/ *vi* κλαψουρίζω

snob /snɒb/ *n* (ο) σνομπ *invar*.
~bery *n* (ο) σνομπισμός.
~bish *a* σνομπ *invar*

snooker /'snuːkə(r)/ *n* είδος
μπιλιάρδου με 22 μπίλιες

snooze /snu:z/ *n* (ο) υπνάκος. • *vi* τον παίρνω

snore /snɔ:(r)/ *vi* ροχαλίζω. • *n* (το) ροχαλητό

snorkel /'snɔ:kl/ *n* (ο) αναπνευστήρας

snort /snɔ:t/ *n* (το) ρουθούνισμα. • *vi* ρουθουνίζω

snout /snaʊt/ *n* (η) μουσούδα

snow /snəʊ/ *n* (το) χιόνι. • *vi* χιονίζω

snowball /'snəʊbɔ:l/ *n* (η) χιονόσφαιρα

snowboard /'snəʊbɔ:d/ *n* (η) σανίδα σνόουμπορντ

snowdrop /'snəʊdrɒp/ *n* (ο) γάλανθος

snowfall /'snəʊfɔ:l/ *n* (η) χιονόπτωση

snowflake /'snəʊfleɪk/ *n* (η) νιφάδα

snowman /'snəʊmæn/ *n* (ο) χιονάνθρωπος

snowstorm /'snəʊstɔ:m/ *n* (η) χιονοθύελλα

snub /snʌb/ *vt* ταπεινώνω

snuff /snʌf/ *n* (ο) ταμπάκος

snug /snʌg/ *a* αναπαυτικός και ζεστός

so /səʊ/ *adv* τόσο. (*thus*) έτσι. • *conj* κι έτσι. • *a* & *pron* τάδε. **and ~ forth** *or* **on** και ούτω καθεξής. **~-and-** *n* (ο) τάδε. **~-called** *a* δήθεν. **~ far** μέχρι τώρα. **~ far as I know** εξόσον γνωρίζω. **~ long!** (*fam*) γεια! **~ long as** εφόσον. **~~** *a* μέτριος. • *adv* έτσι κι έτσι. **~ that** *conj* έτσι ώστε

soak /səʊk/ *vt*/*i* μουσκεύω. (*of liquid*) διαβρέχω. • *n* (το) μούσκεμα. **~ in** διαποτίζω

soap /səʊp/ *n* (το) σαπούνι. • *vt* σαπουνίζω. **~ opera** *n* (η) σαπουνόπερα. **~ powder** *n* (η) σκόνη πλυσίματος. **~y** *a* με σαπουνάδα

soar /sɔ:(r)/ *vi* ανέρχομαι

sob /sɒb/ *n* (ο) λυγμός. • *vi* κλαίω με λυγμούς

sober /'səʊbə(r)/ *a* σοβαρός. (*not drunk*) νηφάλιος. (*abstemious*) εγκρατής. (*colour, style*) μουντός. • *vt*/*i* **~ up** ξεμεθώ

soccer /'sɒkə(r)/ *n* (το) ποδόσφαιρο

sociable /'səʊʃəbl/ *a* κοινωνικός

social /'səʊʃl/ *a* κοινωνικός. **~ly** *adv* κοινωνικά. **~ security** *n* (η) κοινωνική ασφάλιση

socialis|t /'səʊʃəlɪst/ *a* σοσιαλιστικός. • *n* (ο) σοσιαλιστής, (η) σοσιαλίστρια. **~m** /-zəm/ (ο) σοσιαλισμός

society /sə'saɪətɪ/ *n* (η) κοινωνία

sociolog|y /səʊsɪ'ɒlədʒɪ/ *n* (η) κοινωνιολογία. **~ist** *n* (ο, η) κοινωνιολόγος

sock /sɒk/ *n* (η) κάλτσα

socket /'sɒkɪt/ *n* (*of eye*) (η) κόγχη. (*of joint*) (το) κοίλωμα. (*for plug*) (η) υποδοχή. (*for light-bulb*) (το) ντουί *invar*

soda /'səʊdə/ *n* (η) σόδα

sodium /'səʊdɪəm/ *n* (το) νάτριο

sofa /'səʊfə/ n (ο) καναπές

soft /sɒft/ a μαλακός. (sound) ελαφρός. (light, colour) απαλός. (silly) χαζός. **~-boiled egg** n (το) αβγό μελάτο. **~ drink** n (το) αναψυκτικό. **~ spot** n (η) αδυναμία. **~ly** adv μαλακά, απαλά. **~ness** n (η) μαλακότητα, (η) απαλότητα

soften /'sɒfn/ vt/i μαλακώνω. (tone down) απαλύνω

software /'sɒftweə(r)/ n (το) λογισμικό, (το) σοφτγουέρ

soggy /'sɒɡɪ/ a μουσκεμένος

soil /sɔɪl/ n (το) έδαφος. • vt/i λερώνω/ομαι

solace /'sɒləs/ n (η) παρηγοριά

solar /'səʊlə(r)/ a ηλιακός

sold /səʊld/ see SELL

solder /'sɒldə(r)/ n (το) συγκολλητικό. • vt συγκολλώ

soldier /'səʊldʒə(r)/ n (ο) στρατιώτης

sole /səʊl/ n (of foot) (το) πέλμα. (of shoe) (η) σόλα. (fish) (η) γλώσσα. • a αποκλειστικός

solemn /'sɒləm/ a σοβαρός

solicit /sə'lɪsɪt/ vt ζητώ. • vt/i (prostitute) ψωνίζω

solicitor /sə'lɪsɪtə(r)/ n δικηγόρος με ειδίκευση σε κατώτερα δικαστήρια

solid /'sɒlɪd/ a (not hollow) στερεός. (gold) ατόφιος. (meal) κανονικός. • n (το) στερεό

solidarity /sɒlɪ'dærətɪ/ n (η) αλληλεγγύη

solidify /sə'lɪdɪfaɪ/ vt/i στερεοποιώ/ούμαι

solitary /'sɒlɪtrɪ/ a μοναχικός

solitude /'sɒlɪtju:d/ n (η) μοναξιά

solo /'səʊləʊ/ n (mus) (η) μονωδία. • a (mus) σόλο. invar. • ~ist n (ο, η) σολίστ invar

solstice /'sɒlstɪs/ n (το) ηλιοστάσιο

solution /sə'lu:ʃn/ n (η) λύση. (liquid) (το) διάλυμα

solve /sɒlv/ vt λύνω

solvent /'sɒlvənt/ a (comm) φερέγγυος. • n (το) διαλυτικό

sombre /'sɒmbə(r)/ a ζοφερός

some /sʌm/ a (quantity) λίγος. (number) μερικοί. (unspecified) κάποιος. • pron άλλος. (certain quantity) ένα μέρος. (a little) λίγος. • adv περίπου

somebody /'sʌmbədɪ/ pron κάποιος. • n (ο) κάποιος

somehow /'sʌmhaʊ/ adv κάπως

someone /'sʌmwʌn/ pron & n = somebody

somersault /'sʌməsɔ:lt/ n (η) τούμπα. • vi κάνω τούμπα

something /'sʌmθɪŋ/ pron κάτι

sometime /'sʌmtaɪm/ adv κάποτε

sometimes /'sʌmtaɪmz/ adv πότε πότε

somewhat /'sʌmwɒt/ adv κάπως

somewhere /'sʌmweə(r)/ adv κάπου

son /sʌn/ n (ο) γυιος. **~-in-law** n (ο) γαμπρός

song /sɒŋ/ n (το) τραγούδι. (of bird) (το) κελάηδημα

sonic /'sɒnɪk/ a ηχητικός

soon /su:n/ adv σύντομα. (in a short time) σε λίγο. **as ~ as** μόλις. **as ~ as possible** το συντομότερο δυνατόν. **I**

would ~er go θα προτιμούσα
να πάω

soot /suT/ n (η) καπνιά

sooth|e /su:ð/ vt ησυχάζω.
(relieve) ανακουφίζω. **~ing** a
καθησυχαστικός,
ανακουφιστικός

sophisticated /sə'fistikeitid/ a
σοφιστικέ invar. (complex)
περίπλοκος

soporific /sɒpə'rifik/ a
υπνωτικός

soppy /'sɒpi/ a (fam) σαχλός

soprano /sə'prɑ:nəʊ/ n (η)
σοπράνο invar

sordid /'sɔ:did/ a χυδαίος

sore /sɔ:(r)/ a πονεμένος.
(distressed) πειραγμένος.
(vexed) πικραμένος. • n (η)
πληγή. **~ throat** n (ο)
πονόλαιμος

sorely /'sɔ:li/ adv βαριά.
(greatly) πολύ

sorrow /'sɒrəʊ/ n (η) θλίψη.
~ful a θλιμμένος

sorry /'sɒri/ a λυπημένος.
(wretched) ελεεινός. **be ~**
(repent) μετανιώνω. **be or feel
~ for** (pity) λυπούμαι. **~!**
συγγνώμη!

sort /sɔ:t/ n (το) είδος. • vt
ξεδιαλέγω. **~ out** (separate)
ξεχωρίζω. (choose) διαλέγω.
(problem) διευθετώ

sought /sɔ:t/ see SEEK

soul /səʊl/ n (η) ψυχή

sound¹ /saʊnd/ n (ο) ήχος. •
vt/i ηχώ. (seem) φαίνομαι

sound² /saʊnd/ a γερός.
(healthy) υγιής. (sensible)
φρόνιμος. (secure) ασφαλής.
~ asleep σε βαθύ ύπνο

soup /su:p/ n (η) σούπα

sour /saʊə(r)/ a ξινός. (fruit)
στυφός. (not fresh) ξινισμένος.
(fig) στρυφνός

source /sɔ:s/ n (η) πηγή

south /saʊθ/ n (ο) νότος. • a
νότιος. • adv προς το νότο.
S~ Africa/America ns (η)
Νότιος Αφρική/Αμερική. **~-
east** n (η) νοτιοανατολική
περιοχή. **~ward(s)** adv προς
το νότο. **~-west** n (η)
νοτιοδυτική περιοχή

southern /'sʌðən/ a νότιος

souvenir /su:və'nɪə(r)/ n (το)
σουβενίρ invar

sovereign /'sɒvrɪn/ n (ο)
άρχοντας. a κυρίαρχος

Soviet /'səʊvɪət/ a σοβιετικός

sow¹ /saʊ/ vt σπέρνω

sow² /saʊ/ n (η) γουρούνα

soya /'sɔɪə/ n **~ bean** (η)
σόγια

spa /spɑ:/ n (η) ιαματική πηγή

space /speɪs/ n (το) διάστημα.
(room) (ο) χώρος. • a
διαστημικός. • vt **~ out**
αραιώνω. **~craft** n invar,
~ship n (το) διαστημόπλοιο

spacious /'speɪʃəs/ a
ευρύχωρος

spade /speɪd/ n (το) φτυάρι.
~s (cards) (τα) μπαστούνια

spaghetti /spə'geti/ n (το)
σπαγέτο

Spa|in /speɪn/ n (η) Ισπανία.
~nish /'spæniʃ/ a ισπανικός.
• n (lang) (τα) ισπανικά

span /spæn/ n (η) σπιθαμή. (of
time) (το) διάστημα. (of wings,
arch) (το) άνοιγμα. • vt περνώ
πάνω από

spank /spæŋk/ vt δέρνω

spanner /'spænə(r)/ n (το)
(γαλλικό) κλειδί

spare /speə(r)/ vt (show mercy
to) λυπούμαι. (do without)
περισσεύω. (afford to give)
διαθέτω. • a εφεδρικός.
(person) ξεραγιανός. • n ~
(part) (το) ανταλλακτικό. ~
time n (ο) ελεύθερος χρόνος

spark /spɑːk/ n (ο) σπινθήρας

sparkl|e /spɑːkl/ vi
σπινθηροβολώ. ~ing n
σπινθηροβόλος. (wine)
αφρώδης

sparrow /'spærəʊ/ n (το)
σπουργίτι

sparse /spɑːs/ a αραιός

spartan /'spɑːtn/ a λιτός

spasm /'spæzəm/ n (ο)
σπασμός. (of coughing etc.) (ο)
παροξυσμός

spasmodic /spæz'mɒdɪk/ a
σπασμωδικός

spastic /'spæstɪk/ n (ο)
σπαστικός. • a σπαστικός

spat /spæt/ see SPIT

spate /speɪt/ n (ο) πλημμύρα

spatter /'spætə(r)/ vt/i
πιτσιλίζω/ομαι

spatula /'spætjʊlə/ n (η)
σπάτουλα

speak /spiːk/ vt/i (pt spoke, pp
spoken) μιλώ

speaker /'spiːkə(r)/ n (in public)
(ο) ομιλητής, (η) ομιλήτρια.
(loudspeaker) (το) μεγάφωνο

spear /spɪə(r)/ n (το) δόρυ

spearhead /'spɪəhed/ n (η)
αιχμή

spearmint /'spɪəmɪnt/ n (το)
δυόσμος

special /'speʃl/ a ειδικός. ~ity
/-ɪ'ælɪtɪ/ n (η) ειδικότητα. ~ly
adv ειδικά. (particularly)
ιδιαίτερα

specialist /'speʃəlɪst/ n (ο, η)
ειδικός

specialize /'speʃəlaɪz/ vt/i
ειδικεύω/ομαι (in, σε)

species /'spiːʃiːz/ n (το) είδος

specific /spə'sɪfɪk/ a
συγκεκριμένος. ~ally adv
συγκεκριμένα

specif|y /'spesɪfaɪ/ vt
προδιαγράφω. ~ication
/-ɪ'keɪʃn/ n (η) προδιαγραφή.
(details) (το) χαρακτηριστικό

specimen /'spesɪmɪn/ n (το)
δείγμα

speck /spek/ n (η) κουκκίδα.
(particle) (το) μόριο

speckled /'spekld/ a
πιτσιλωτός

spectacle /'spektəkl/ n (το)
θέαμα. ~s npl (τα) γυαλιά

spectacular /spek'tækjʊlə(r)/ a
θεαματικός

spectator /spek'teɪtə(r)/ n (ο)
θεατής

spectre /'spektə(r)/ n (το)
φάσμα

spectrum /'spektrəm/ n (το)
φάσμα

speculate /'spekjʊleɪt/ vi
κερδοσκοπώ

speech /spiːtʃ/ n (faculty) (ο)
λόγος. (address) (η) ομιλία.
(manner of speaking) (η)
άρθρωση. ~less a άναυδος

speed /spiːd/ n (η) ταχύτητα.
(rapidity) (η) γρηγοράδα. • vi
(go fast) τρέχω. (go too fast)
οδηγώ με υπερβολική

ταχύτητα. **~ limit** n (το) όριο
ταχύτητος. **~ up** επιταχύνω

speedboat /'spi:dbəʊt/ n (η)
εξωλέμβιος (βενζινάκατος)

speedometer /spi:'dɒmɪtə(r)/ n
(το) ταχύμετρο

speedy /'spi:dɪ/ a ταχύς

spell /spel/ n (period) (η)
περίοδος. (magic) (τα) μάγια.
(attraction) (η) μαγεία. • vt/i
(write) ορθογραφώ. (say)
συναπάγομαι. **~ing** n (η)
ορθογραφία

spellbound /'spelbaʊnd/ a
μαγεμένος

spend /spend/ vt (pt **spent**)
ξοδεύω. (devote time) διαθέτω.
(pass time) περνώ

spent /spent/ see SPEND

sperm /spɜ:m/ n (το) σπέρμα

sphere /sfɪə(r)/ n (η) σφαίρα

sphinx /sfɪŋks/ n (η) σφίγγα

spic|e /spaɪs/ n (το) μπαχαρικό.
~y a πικάντικος

spider /'spaɪdə(r)/ n (η) αράχνη

spike /spaɪk/ n (το) καρφί

spill /spɪl/ vt/i χύνω/ομαι

spin /spɪn/ vt/i (turn)
στροβιλίζω/ομαι. • vt (wool,
web) γνέθω. (story)
παυατραβάω. • n (το)
στροβίλισμα. (short drive) (η)
βόλτα (με το αυτοκίνητο)

spinach /'spɪnɪdʒ/ n (το)
σπανάκι

spinal /'spaɪnl/ a σπονδυλικός.
~ cord n (ο) νωτιαίος μυελός

spine /spaɪn/ n (η) σπονδυλική
στήλη. (of book) (η) ράχη. (of
hedgehog, cactus) (το) αγκάθι

spinning /'spɪnɪŋ/ n (το)
γνέσιμο. **~-wheel** n (η) ανέμη

spinster /'spɪnstə(r)/ n (η)
γεροντοκόρη

spiral /'spaɪərəl/ a ελικοειδής.
• n (η) έλικα. • vi ανεβαίνω
ελικοειδώς. (prices) ανεβαίνω
συνεχώς. **~ staircase** n (η)
ελικοειδή σκάλα

spire /spaɪə(r)/ n (ο)
οβελίσκος (πάνω σε κτίριο)

spirit /'spɪrɪt/ n (το) πνεύμα.
(courage) (το) κουράγιο. **~s**
npl (drinks) (τα)
οινοπνευματώδη ποτά.
(morale) (το) ηθικό

spiritual /'spɪrɪtʃʊəl/ a
πνευματικός. **~ism** n (ο)
πνευματισμός

spit /spɪt/ vt/i (pt **spat** or **spit**)
φτύνω. (rain) ψιχαλίζω. • n (το)
φτύμα. (for roasting) (η)
σούβλα

spite /spaɪt/ n (η) κακία. • vt
πεισματώνω. **in ~ of** παρά
(with acc). **~ful** a κακός

spittle /spɪtl/ n (το) σάλιο

splash /splæʃ/ vt/i πιτσιλίζω.
• n (το) πιτσίλισμα. (of colour)
(η) κηλίδα

spleen /spli:n/ n (η) σπλήνα

splendid /'splendɪd/ a λαμπρός

splendour /'splendə(r)/ n (το)
μεγαλείο

splint /splɪnt/ n (ο) νάρθηκας

splinter /'splɪntə(r)/ n (η)
αγκίδα. • vi σπάζω σε
κομματάκια

split /splɪt/ vt/i διασπώ/ώμαι.
(tear) σκίζω/ομαι. (divide)
μοιράζω/ομαι. • n (tear) (το)
σκίσιμο. (division) (το) ρήγμα.

(quarrel) (η) ρήξη. *(pol)* (η) διάσπαση. **~ up** χωρίζω

splutter /'splʌtə(r)/ *vi* πετώ σάλια (ενώ μιλώ)

spoil /spɔɪl/ *vt* χαλώ. *(indulge)* κακομαθαίνω. • *vi* χαλώ *n* **~(s)** (τα) λάφυρα. **~-sport** *n* αυτός που χαλάει το κέφι των άλλων

spoke /spəʊk/ *see* SPEAK. • *n (of wheel)* (η) αχτίνα

spokesman /'spəʊksmən/ *n* (ο) εκπρόσωπος

sponge /spʌndʒ/ *n* (το) σφουγγάρι. • *vt* σφουγγίζω

sponsor /'spɒnsə(r)/ *n* (ο) σπόνσορας. • *vt* επιχορηγώ

spontaneous /spɒn'teɪnjəs/ *a* αυθόρμητος

spool /spu:l/ *n* (το) μασούρι

spoon /spu:n/ *n* (το) κουτάλι. **~-feed** *vt* ταΐζω με το κουτάλι. *(fig)* τα δίνω όλα έτοιμα. **~ful** *n* (η) κουταλιά

sporadic /spə'rædɪk/ *a* σποραδικός

sport /spɔ:t/ *n* (το) σπορ *invar*, (το) άθλημα. *(fun)* (η) ψυχαγωγία. *(person)* (ο) καλός τύπος. • *vt* φορώ επιδεικτικά. **~s car** (το) αυτοκίνητο σπορ

sports|man /'spɔ:tsmən/ *n* (ο) σπόρτσμαν *invar*. **~woman** *n* (η) σπορτσγούμενα *invar*

spot /spɒt/ *n (mark, stain)* (η) κηλίδα. *(pimple)* (το) σπυρί. *(place)* (το) μέρος. *(in pattern)* (η) βούλα. *(drop)* (η) σταγόνα. • *vt* λεκιάζω. *(notice)* διακρίνω. **on the ~** επί τόπου. **~less** *a* άσπιλος

spotlight /'spɒtlaɪt/ *n* (ο) προβολέας

spouse /spaʊz/ *n* (ο, η) σύζυγος

spout /spaʊt/ *n* (το) στόμιο. *(jet)* (ο) πίδακας. • *vi* εκτινάσσομαι

sprain /spreɪn/ *vt* στραμπουλίζω. • *n* (το) στραμπούλισμα

sprawl /sprɔ:l/ *vi (person)* ξαπλώνω. *(town etc.)* απλώνομαι

spray /spreɪ/ *n* (το) σπρέι *invar*. *(device)* (το) ψεκαστήρι. • *vt* ψεκάζω

spread /spred/ *vt/i* απλώνομαι. • *vt (arms, newspaper)* ανοίγω. *(jam etc.)* αλείφω. *(disease)* μεταδίδω. *(news)* διαδίδω *(distribute)* καλύπτω, απλώνω. • *n (of disease)* (η) μετάδοση. *(paste)* (η) πάστα για άλειμμα σε ψωμί. *(feast: fam)* (το) τσιμπούσι

spree /spri:/ *n* (το) γλέντι

sprig /sprɪg/ *n* (το) κλαδάκι

spring¹ /sprɪŋ/ *n (season)* (η) άνοιξη. • *a* ανοιξιάτικος

spring² /sprɪŋ/ *vi* αναπηδώ. *(issue)* πηγάζω. • *vt* **~ sth. on s.o.** αιφνιδιάζω κπ με κτ. • *n* (το) πήδημα. *(device)* (το) ελατήριο. *(elasticity)* (η) ελαστικότητα. *(water)* (η) πηγή. **~-board** *n* (το) βατήρας

sprinkle /'sprɪŋkl/ *vt* ραντίζω. • *n* (το) ράντισμα

sprint /sprɪnt/ *n (το)* γρήγορο τρέξιμο για μικρή απόσταση. • *vi* σπριντάρω. **~er** *n* (ο, η) σπρίντερ *invar*

sprout /spraʊt/ *vi* βλαστάνω.
• *n* (το) βλαστάρι. **(Brussels)**
~s (τα) λαχανάκια Βρυξελῶν

spruce /spruːs/ *a*
περιποιημένος *(στο ντύσιμο)*.
• *n (tree)* (το) έλατο

spur /spɜː(r)/ *n* (το) σπιρούνι.
(stimulus) (το) κέντρισμα. • *vt*
~ (on) παρακινώ. **on the ~**
of the moment με την
παρόρμηση της στιγμής

spurious /ˈspjʊərɪəs/ *a*
υποβολιμαίος

spurn /spɜːn/ *vt* απορρίπτω
περιφρονητικά

spurt /spɜːt/ *vt/i* αναβλύζω. • *n*
(η) ανάβλυση. *(fig)* (το)
φουλάρισμα

spy /spaɪ/ *n* (ο, η) κατάσκοπος.
• *vt* διακρίνω. • *vi* **~ on**
κατασκοπεύω

squabble /ˈskwɒbl/ *n* (ο)
τσακωμός. • *vi* τσακώνομαι

squad /skwɒd/ *n* (το)
απόσπασμα

squadron /ˈskwɒdrən/ *n (mil)*
(η) ίλη. *(naut, aviat)* (η) μοίρα

squalid /ˈskwɒlɪd/ *a* βρόμικος

squall /skwɔːl/ *n* (το) σκούξιμο.
(naut) (οι) ριπαίοι άνεμοι

squalor /ˈskwɒlə(r)/ *n* (η)
βρόμα

squander /ˈskwɒndə(r)/ *vt*
κατασπαταλώ

square /skweə(r)/ *n* (το)
τετράγωνο. *(area)* (η) πλατεία.
(for drawing) (ο) κανόνας. • *a*
τετράγωνος. *(honest)* τίμιος.
(build) με τετράγωνους ώμους.
(sl) παλιών αντιλήψεων. • *vt*
τετραγωνίζω. *(settle)*
κανονίζω. *(math)* υψώνω στο
τετράγωνο. • *vi (agree)*

συμφωνώ. **be all ~** είμαστε
πάτσι. **~ meal** *n* (το) καλό
γεύμα. **~ root** *n* (η)
τετραγωνική ρίζα

squash /skwɒʃ/ *vt* συνθλίβω.
(suppress) καταπνίγω. • *n* (η)
σύνθλιψη. *(sport)* (το) σκουός
invar. (marrow: Amer) το
κολοκύθι. **orange ~** (η)
πορτοκαλάδα *(συμπυκνωμένη)*

squat /skwɒt/ *vi* κάθομαι στις
φτέρνες. *(occupy illegally)*
κάνω παράνομη κατοχή κτιρίου.
• *a (dumpy)* κοντόχοντρος

squawk /skwɔːk/ *n* (ο)
κρωγμός. • *vi* κρώζω

squeak /skwiːk/ *n (of door)* (το)
τρίξιμο. • *vi* τρίζω

squeal /skwiːl/ *n* (το)
στρίγκλισμα. • *vi* στριγκλίζω

squeamish /ˈskwiːmɪʃ/ *a* (ο)
σιχασιάρης

squeeze /skwiːz/ *vt (lemon etc.)*
στύβω. *(hand)* σφίγγω.
(extract) αποσπώ. • *vi* **~ in**
(crowd) στριμώχνομαι. • *n* (το)
σφίξιμο, (το) στίψιμο

squid /skwɪd/ *n* (το) καλαμάρι

squint /skwɪnt/ *vi* αλληθωρίζω.
(with half-closed eyes)
μισοκλείνω τα μάτια. • *n* (το)
αλληθώρισμα

squirm /skwɜːm/ *vi*
συστρέφομαι. *(feel*
embarrassed) νιώθω ντροπή

squirrel /ˈskwɪrəl/ *n* (ο)
σκίουρος

squirt /skwɜːt/ *vt/i*
εκτοξεύω/ομαι. • *n* (η)
εκτόξευση *(υγρού)*

St *abbr (saint)*

stab /stæb/ *vt* μαχαιρώνω. • *n*
(η) μαχαιριά. *(sensation)* (η)

σουβλιά. *(attempt: fam)* (η)
προσπάθεια
stabilize /'sterbəlaɪz/ *vt*
σταθεροποιώ
stable /sterbl/ *a* σταθερός. *n* (ο)
στάβλος
stack /stæk/ *n* (η) θημωνιά. • *vt*
στοιβάζω
stadium /'sterdjəm/ *n* (το)
στάδιο *(για αθλητικούς αγώνες)*
staff /sta:f/ *n (stick)* (το) ραβδί.
(employees) (το) προσωπικό.
(mil) (το) επιτελείο. *(in school)*
(το) διδακτικό προσωπικό.
(mus) (το) πεντάγραμμο. • *vt*
διορίζω προσωπικό
stag /stæg/ *n* (το) αρσενικό
ελάφι
stage /sterdʒ/ *n* (το) στάδιο.
(theatr) (η) σκηνή. *(phase)* (η)
φάση. • *vt* ανεβάζω *(στη*
θεατρική σκηνή). *(arrange)*
οργανώνω
stagger /'stægə(r)/ *vi* τρεκλίζω.
• *vt (shock)* συγκλονίζω.
(holidays etc.) κλιμακώνω. • *n*
(το) τρίκλισμα. **~ing** *a*
καταπληκτικός
stagnant /'stægnənt/ *a*
στάσιμος
stagnate /stæg'neɪt/ *vi*
λιμνάζω. *(fig)* μένω στάσιμος
staid /steɪd/ *a* μετρημένος
stain /steɪn/ *vt* λεκιάζω.
(colour) βάφω. • *n* (ο) λεκές.
(colouring) (η) κηλίδα. **~ed**
glass window *n* (το)
παράθυρο με υαλογραφία.
~less steeel *n* ανοξείδωτος
χάλυβας
stair /steə(r)/ *n* (το) σκαλί. **~s**
(η) σκάλα

stair|case /'steəkeɪs/ *n* (η)
σκάλα. **~way** *n* (η) σκάλα
stake /steɪk/ *n* (το) παλούκι.
(for execution) (ο) πάσσαλος.
(wager) (το) στοίχημα. *(comm)*
(το) συμφέρον. • *vt* δένω σε
παλούκι. *(wager)* ποντάρω. **be**
at ~ διακυβεύομαι
stale /steɪl/ *a* μπαγιάτικος
stalemate /'steɪlmeɪt/ *n (chess)*
πατ *invar.* *(deadlock)* (το)
αδιέξοδο
stalk /stɔ:k/ *n* (ο) μίσχος. • *vt*
πλησιάζω αθέατος. • *vi*
περπατώ θυμωμένα
stall /stɔ:l/ *n (in market)* (το)
υπαίθριο κατάστημα. *(kiosk)*
(το) περίπτερο. *(for animal)*
(το) χώρισμα σταύλου.
(theatr) η πλατεία. **~s** *pl*
(engine) σβήνω. • *vt/i* *(play for*
time) προσπαθώ να κερδίσω
χρόνο
stallion /'stæljən/ *n* (ο)
αναβάτης *(άλογο)*
stalwart /'stɔ:lwət/ *n* (ο) πιστός
υποστηρικτής. • *a* πιστός,
σταθερός
stamina /'stæmɪnə/ *n* (η)
αντοχή
stammer /'stæmə(r)/ *vi*
τραυλίζω. • *n* (το) τραύλισμα
stamp /stæmp/ *vt (feet)* χτυπώ.
(press) σφραγίζω. *(impress)*
μαρκάρω. • *vi* χτυπώ τα πόδια
μου. • *n* (το) χτύπημα *(των*
ποδιών). *(instrument, fig)* (η)
σφραγίδα. *(mark)* (το) σημάδι.
(postage) **~** (το)
γραμματόσημο
stampede /stæm'pi:d/ *n* (η)
άτακτη φυγή
stance /stæns/ *n* (η) στάση

stand /stænd/ vi (pt stood) στέκομαι. (rise) σηκώνομαι (όρθιος). (be) βρίσκομαι. (stay) παραμένω. • vt (place) βάζω. (endure) υποφέρω. (buy) κερνώ. • n (support) (η) βάση, (το) σταντ invar. (rack) (το) στήριγμα. (for goods) (ο) πάγκος. (for hats) (η) κρεμάστρα. (stall) (το) περίπτερο. (sport) (η) εξέδρα. ~ **by** vi μένω αμέτοχος. • vt (support) συμπαραστέκομαι. ~**-by** a εφεδρικός. (aviat) σταντμπάι invar. ~ **down** αποσύρομαι. ~ **for** συμβολίζω. ~ **in for** αντικαθιστώ. ~ **out** ξεχωρίζω. ~ **up** σηκώνομαι. ~ **up for** υπερασπίζομαι. ~ **up to** αντιστέκομαι σε

standard /'stændəd/ n (το) πρότυπο, (το) στάνταρ invar. (level, quality) (το) επίπεδο. (flag) (το) λάβαρο. • a συνηθισμένος. ~**ize** vt τυποποιώ

standing /'stændɪŋ/ a όρθιος. (permanent) μόνιμος. • n (η) υπόληψη. (duration) (η) διάρκεια

standpoint /'stændpɔɪnt/ n (η) άποψη

standstill /'stændstɪl/ n (η) ακινητοποίηση

staple /'steɪpl/ n (ο) συνδετήρας. • vt συνδέω με συρραπτικό. a βασικός. ~**r** /-ə(r)/ n (το) συρραπτικό (εργαλείο)

star /sta:/ n (το) άστρο, (το) αστέρι, (το) αστέρι. (asterisk) (ο) αστερίσκος. (cinema, theatr) (ο) αστέρας. • vi ~ **in** πρωταγωνιστώ σε

starboard /'sta:bəd/ n (η) δεξιά πλευρά (πλοίου)

starch /sta:tʃ/ n (in food) (το) άμυλο. (for clothes) (η) κόλλα. ~**y** a (food) αμυλώδης. (fig) τυπικός

stare /steə(r)/ vi ~ **(at)** κοιτάζω επίμονα. • n (το) επίμονο βλέμμα

starfish /'sta:fɪʃ/ n (ο) αστερίας

stark /sta:k/ a (landscape etc.) έρημος. (contrast etc.) πλήρης. (utter) καθαρός. • adv εντελώς

starlight /'sta:laɪt/ n (η) αστροφεγγιά

starling /'sta:lɪŋ/ n (το) ψαρόνι

start /sta:t/ vt/i αρχίζω. • vi (jump) τινάζομαι. (leave) ξεκινώ. • n (η) αρχή. (departure) (το) ξεκίνημα. (sport) (η) αφετηρία. (jump) (το) ανατίναγμα. ~**er** n (auto) (η) μίζα. (culin) (το) πρώτο πιάτο

startle /'sta:tl/ vt ξαφνιάζω

starv|e /sta:v/ vi πεθαίνω από την πείνα, λιμοκτονώ. ~**ation** /-'veɪʃn/ n (η) λιμοκτονία

state /steɪt/ n (η) κατάσταση. (nation) (το) κράτος. **S~** (η) πολιτεία. • vt δηλώνω. (schol) δημόσιος. (with ceremony) επίσημος

stately /'steɪtlɪ/ a αρχοντικός

statement /'steɪtmənt/ n (η) ανακοίνωση. (account) (η) δήλωση. (police) (η) κατάθεση. **bank** ~ n (η) κατάσταση λογαριασμού

statesman /'steɪtsmən/ n (ο) πολιτικός άνδρας

static /'stætɪk/ a στατικός. • n (η) στατική

station /'steɪʃn/ n (rail, mil) (o) σταθμός. (police) (το) τμήμα. (status) (η) θέση. • vt τοποθετώ. ~-**wagon** n (Amer) (το) πεντάπορτο αυτοκίνητο

stationary /'steɪʃnərɪ/ a ακίνητος

stationery /'steɪʃnə(r)ɪ/ n (η) γραφική ύλη

stationer's (shop) n (το) χαρτοπωλείο

statistics /stə'tɪstɪks/ n (η) στατιστική

statue /'stætʃuː/ n (το) άγαλμα

stature /'stætʃə(r)/ n (το) ανάστημα

status /'steɪtəs/ n (η) κατάσταση, (το) στάτους invar

statute /'stætʃuːt/ n (το) νομοθέτημα

staunch /stɔːnʃ/ a αφοσιωμένος

stay /steɪ/ vi μένω. (endure) αντέχω. • n (η) παραμονή. (jur) (η) αναβολή. ~ **in** μένω στο σπίτι. ~ **up** ξενυχτώ

steadfast /'stedfaːst/ a ακλόνητος

steady /'stedɪ/ a σταθερός. (regular) τακτικός. (dependable) συνεπής. • vt σταθεροποιώ

steak /steɪk/ n (η) μπριζόλα

steal /stiːl/ vt (pt **stole**, pp **stolen**) κλέβω

stealth /stelθ/ n (η) μυστικότητα. **by** ~ κρυφά

steam /stiːm/ n (o) ατμός. (energy) (η) ενεργητικότητα. • vi (cook) μαγειρεύω στον ατμό. • vi βγάζω ατμό. ~ **engine** n (η) ατμομηχανή. ~ **up** (glass) θολώνω

steamer /'stiːmə(r)/ n (το) ατμόπλοιο

steamroller /'stiːmrəʊlə(r)/ n (o) αδοστρωτήρας

steel /stiːl/ n (o) χάλυβας, (το) ατσάλι. • vi ~ **o.s.** ατσαλώνω την καρδιά μου

steep /stiːp/ vt μουσκεύω. (soak) διαποτίζω. • a απότομος. (price: fam) υπερβολικός. ~**ly** adv απότομα. ~**ness** n (το) απότομο

steeple /'stiːpl/ n (o) οβελίσκος εκκλησίας

steer /stɪə(r)/ vt/i οδηγώ. ~ **clear of** αποφεύγω. ~**ing-wheel** n (το) τιμόνι

stem /stem/ n (o) μίσχος. (of glass) (το) ποδαράκι. (of word) (η) ρίζα. • vi ~ **from** προέρχομαι από. • vt συγκρατώ. (fig) αναχαιτίζω

stench /stentʃ/ n (η) μπόχα

stencil /'stensl/ n (η) μεμβράνη πολυγράφου, (το) στένσιλ

step /step/ vi βηματίζω. • vt **up** αυξάνω σταδιακά. • n (το) βήμα. (stair) (το) σκαλοπάτι. (measure) (το) μέτρο. ~-**ladder** n (η) σκάλα (φορητή)

step|brother /'stepbrʌðə(r)/ n (o) ετεροθαλής αδελφός. ~**daughter** n (η) προγονή. ~**father** n (o) πατριός. ~**mother** n (η) μητριά. ~**sister** n (η) ετεροθαλής αδελφή. ~**son** n (o) προγονός

stepping-stone /'stepɪŋstəʊn/ n (η) πέτρα σε νερό για πέρασμα. (fig) (το) σκαλοπάτι

stereo /'sterɪəʊ/ n (η) στερεοφωνική συσκευή

stereotype /'steriətaip/ n (η) στερεοτυπία

sterile /'sterail/ a αποστειρωμένος

sterilize /'sterilaiz/ vt αποστειρώνω

sterling /'stɜːlɪŋ/ n (η) στερλίνα. • a άριστος

stern /stɜːn/ a αυστηρός. • n (of boat) (η) πρύμνη. **~ly** adv αυστηρά

stethoscope /'steθəskəup/ n (το) στηθοσκόπιο

stew /stjuː/ vt/i σιγοβράζω. • n (το) ραγού invar

steward /stjuəd/ n (on ship) (ο) καμαρότος. (on aircraft) (ο) αεροσυνοδός. (at meeting, of club) (ο) επιμελητής. **~ess** /-'des/ n (η) αεροσυνοδός

stick¹ /stik/ n (το) ραβδί. (of chalk) (το) κομμάτι. (of celery etc.) (το) κλωνάρι

stick² /stik/ vt/i (pt **stuck**) μπήγω. (glue, adhere) κολλώ. (jam) κολλώ, πιάνω. (put: fam) βάζω. (endure: fam) αντέχω. **~ out** (protrude) προεξέχω. (be conspicuous) ξεχωρίζω. **~ to** εμμένω. **~ up for** (fam) παίρνω το μέρος (with gen). **~ing-plaster** n (ο) λευκοπλάστης

sticker /'stikə(r)/ n (το) αυτοκόλλητο

sticky /'stiki/ a κολλώδης. (humid) που κολλάει

stiff /stif/ a άκαμπτος. (difficult) δύσκολος. (formal) ψυχρός. (drink) δυνατός. **I have a ~ neck** πιάστηκε ο λαιμός μου

stiffen /'stifn/ vt σκληραίνω. • vi πιάνομαι

stifle /'staifl/ vt πνίγω. • vi πνίγομαι

stigma /'stigmə/ n (το) στίγμα

stile /stail/ n (το) σκαλοπάτι σε φράχτη

still /stil/ a ακίνητος. (drink) μη αεριούχος. • n (η) ηρεμία. (photograph) (η) φωτογραφία adv ακόμη. (nevertheless) κι όμως. **~born** a θνησιγενής. **~ life** n (η) νεκρή φύση

stilted /'stiltid/ a επιτηδευμένος

stilts /stilts/ npl (τα) ξυλοπόδαρα

stimula|te /'stimjuleit/ vt διεγείρω. **~nt** n (το) διεγερτικό. **~tion** /-'leiʃn/ n (η) διέγερση

stimulus /'stimjuləs/ n (το) ερέθισμα

sting /stiŋ/ n (το) κέντρισμα. (organ) (το) κεντρί. • vt (pt **stung**) τσιμπώ. • vi τσούζω

stingy /'stindʒi/ a τσιγκούνης

stink /stiŋk/ n (η) δυσωδία. • vi βρομώ

stint /stint/ vi **~ (on)** φειδωλεύομαι. • n (work) (η) αναλογία

stipulate /'stipjuleit/ vt ορίζω ρητά

stir /stɜː(r)/ vt/i σαλεύω. (mix) ανακατεύω. (excite) κινώ. • n (η) συγκίνηση. (commotion) (η) ταραχή

stirrup /'stirəp/ n (ο) αναβολέας

stitch /stitʃ/ n (η) βελονιά. (in wound) (το) ράμμα. (pain) (η) σουβλιά. • vt ράβω

stock /stɒk/ n (το) απόθεμα. (livestock) (τα) ζωντανά. (finance) (οι) αξίες. (culin) (ο) ζωμός. • a συνηθισμένος. • vt εφοδιάζω. • vi ~ up αποθηκεύω. S~ Exchange, ~ market, ns (το) χρηματιστήριο Αξιών. take ~ of (fig) εκτιμώ (μια κατάσταση)

stockbroker /'stɒkbrəʊkə(r)/ n (ο) χρηματιστής

stocking /'stɒkɪŋ/ n (η) κάλτσα (γυναικεία)

stockpile /'stɒkpaɪl/ vt δημιουργώ αποθέματα (with gen.)

stocky /'stɒkɪ/ a κοντόχοντρος

stoic /'stəʊɪk/ n (ο) στωικός. ~al a στωικός

stoke /stəʊk/ vt τροφοδοτώ

stole[1] /stəʊl/ n (η) σάρπα

stole[2] /stəʊl/ see STEAL

stolen /'stəʊlən/ see STEAL

stolid /'stɒlɪd/ a φλεγματικός

stomach /'stʌmək/ n (το) στομάχι. (abdomen) (η) κοιλιά. • vt χωνεύω. ~ache n (ο) στομαχόπονος

stone /stəʊn/ n (η) πέτρα. (in fruit) (το) κουκούτσι. (jewellery) (ο) λίθος. (weight) μέτρο βάρους ίσο προς 6,348 κιλά. • a πέτρινος. • vt λιθοβολώ. (fruit) ξεκουκουτσιάζω

stood /stʊd/ see STAND

stool /stuːl/ n (το) σκαμνί

stoop /stuːp/ vi σκύβω. (fig) ξεπέφτω. • n (το) σκύψιμο

stop /stɒp/ vt/i σταματώ. (cease) παύω. (prevent)

εμποδίζω. (a leak etc.) βουλώνω. • n (το) σταμάτημα. (for bus etc.) (η) στάση. (mech) (το) στοπ invar. put a ~ to βάζω τέλος σε. ~(-over) n (η) διακοπή ταξιδιού. ~-watch n (το) χρονόμετρο

stopgap /'stɒpgæp/ n (η) προσωρινή λύση

stopper /'stɒpə(r)/ n (το) πώμα

storage /'stɔːrɪdʒ/ n (η) αποθήκευση

store /stɔː(r)/ n (stock) (το) απόθεμα. (shop) (το) μαγαζί. (warehouse) (η) αποθήκη. • vt συγκεντρώνω. (in warehouse) αποθηκεύω. ~-room n (η) αποθήκη

storey /'stɔːrɪ/ n (ο) όροφος

stork /stɔːk/ n (ο) πελαργός

storm /stɔːm/ n (η) καταιγίδα, (η) θύελλα. • vi μαίνομαι. • vt (mil) κάνω έφοδο σε. ~y a θυελλώδης

story /'stɔːrɪ/ n (το) παραμύθι. (news item) (το) άρθρο. (storey: Amer) (ο) όροφος. ~-teller n (ο) αφηγητής, (η) αφηγήτρια

stout /staʊt/ a (fat) ευτραφής. (strong) γερός. (brave) ρωμαλέος

stove /stəʊv/ n (η) κουζίνα (συσκευή)

stow /stəʊ/ vt ~ (away) στοιβάζω. • vi ~ away επιβιβάζομαι σε πλοίο λαθραία

stowaway /'stəʊəweɪ/ n (ο) λαθρεπιβάτης

straddle /'strædl/ vt καβαλλικεύω

straight /streɪt/ a ίσιος. (tidy) τακτοποιημένος. (frank) ευθύς. (*drink*) σκέτος. • *adv* (*direct*) κατευθείαν. (*without delay*) αμέσως. • *n* (η) ευθεία. **~ ahead** ίσια. **~ away** αμέσως

straighten /'streɪtn/ *vt/i* ισιώνω. • *vt* (*tidy*) τακτοποιώ

straightforward /streɪt'fɔ:wəd/ *a* ευθύς. (*easy*) απλός. **~ly** *adv* απλά

strain /streɪn/ *n* (η) ένταβη. (*breed*) (το) στέλεχος. (*streak*) (η) τάση. • *vt/i* τεντώνω/ομαι. • *vt* (*tire*) κουράζω. (*injure*) στραμπουλίζω. **~ed** *a* τεταμένος, βιασμένος. **~er** /-ə(r)/ *n* (το) σουρωτήρι

strait /streɪt/ *n* (το) στενό. **~-jacket** *n* (ο) ζουρλομανδύας. **~-laced** *a* πουριτανικός

strand /strænd/ *n* (το) νήμα. • *vt* be **~ed** μένω χωρίς βοήθεια

strange /streɪndʒ/ *a* παράξενος. (*not known*) ξένος. (*unaccustomed*) ασυνήθιστος

stranger /'streɪndʒə(r)/ *n* (ο) ξένος

strangle /'stræŋgl/ *vt* στραγγαλίζω. (*fig*) καταπνίγω

strap /stræp/ *n* (*leather*) (η) λωρίδα. (*of watch*) (το) λουράκι. (*of garment*) (η) τιράντα. (*on bus etc.*) (η) χειρολαβή. • *vt* δένω με λουρί

strata /'strɑ:tə/ *a see* STRATUM

stratagem /'strætədʒəm/ *n* (το) στρατήγημα

strategic /strə'ti:dʒɪk/ *a* στρατηγικός

strategy /'strætədʒɪ/ *n* (η) στρατηγική

stratum /'strɑ:təm/ *n* (*pl* **strata**) (το) στρώμα

straw /strɔ:/ *n* (το) άχυρο. (*for drinking*) (το) καλαμάκι

strawberry /'strɔ:brɪ/ *n* (η) φράουλα

stray /streɪ/ *vi* ξεφεύγω. (*deviate*) φεύγω (*από το θέμα*). (*from*, από). *a* (*animal*) αδέσποτος. • *n* (το) αδέσποτο ζώο

streak /stri:k/ *n* (η) γραμμή. (*element*) (η) δόση. • *vt* σχηματίζω γραμμές

stream /stri:m/ *n* (το) ρυάκι. (*current*) (το) ρεύμα. (*of people*) (το) κύμα. • *vi* κυλώ *vi* (*schol*) χωρίζω σε τμήματα

street /stri:t/ *n* (ο) δρόμος. (*in address*) (η) οδός

streetcar /'stri:tkɑ:/ *n* (*Amer*) (το) τραμ *invar*

strength /streŋθ/ *n* (η) δύναμη

strengthen /'streŋθn/ *vt* ισχυροποιώ

strenuous /'strenjʊəs/ *a* εντατικός

stress /stres/ *n* (*emphasis*) (η) έμφαση. (*accent*) (ο) τόνος. (*strain*) (το) άγχος. • *vt* τονίζω

stretch /stretʃ/ *vt/i* (*extend*) τεντώνω/ομαι. • *vt* (*pull taut*) εκτείνω. (*exaggerate*) μεγαλοποιώ. • *n* (το) τέντωμα. (*period*) (η) χρονική περίοδος. (*of road*) (η) έκταση

stretcher /'stretʃə(r)/ *n* (το) φορείο

strew /stru:/ *vt* σκορπίζω

strict /strɪkt/ a αυστηρός.
(*precise*) ακριβής

stride /straɪd/ vi βαδίζω με
μεγάλες δρασκελιές. • n (η)
δρασκελιά

strident /'straɪdnt/ a τραχύς

strife /straɪf/ n (η) διαμάχη

strike /straɪk/ vt (pt **struck**)
χτυπώ. (*match*) ανάβω. (*gold
etc.*) ανακαλύπτω. • vi (*go on
strike*) απεργώ. (*attack*)
επιτίθεμαι. (*clock*) χτυπώ. • n
(το) χτύπημα. (*of workers*) (η)
απεργία. **~r** /-ə(r)/ n (ο, η)
απεργός

striking /'straɪkɪŋ/ a
(*noticeable*) δραματικός.
(*attractive*) εντυπωσιακός

string /strɪŋ/ n (ο) σπάγκος.
(*mus*) (η) χορδή. (*of pearls*)
(το) κολιέ invar. (*of lies*) (ο)
ορμαθός. • vt (*guitar etc.*)
περνώ χορδή σε. (*beads*)
περνώ σε κλωστή

stringent /'strɪndʒənt/ a
άκαμπτος

strip[1] /strɪp/ vt βγάζω. (*tear
away*) αφαιρώ. (*undress*)
γδύνω. (*machine*)
αποσυναρμολογώ. • vi
γδύνομαι. **~-tease** n (το)
στριπτίζ invar

strip[2] /strɪp/ n (η) λωρίδα

stripe /straɪp/ n (η) ράβδωση.
(*mil*) (το) γαλόνι. **~d** a ριγέ
invar

strive /straɪv/ vi αγωνίζομαι

stroke[1] /strəʊk/ n (το)
χτύπημα. (*in swimming*) (η)
κίνηση. (*of pen etc.*) (η) πενιά.
(*of clock*) (το) χτύπημα. (*med*)
(το) εγκεφαλικό επεισόδιο

stroke[2] /strəʊk/ vt χαϊδεύω. • n
(το) χάδι

stroll /strəʊl/ vi σουλατσάρω.
• n (το) σουλάτσο

strong /strɒŋ/ a δυνατός. **~-
minded** a ισχυρογνώμων. **~-
room** n (το) θησαυροφυλάκιο.
~ly adv δυνατά. (*greatly*)
έντονα

stronghold /'strɒŋhəʊld/ n (το)
προπύργιο

struck /strʌk/ see STRIKE

structure /'strʌktʃə(r)/ n (η)
δομή. (*building*) (το)
οικοδόμημα

struggle /'strʌgl/ vi
αγωνίζομαι. • n (ο) αγώνας

strut /strʌt/ n (*support*) (η)
δοκός. (*walk*) (η) κορδωτό
βάδισμα. • vi βαδίζω καρδωτά

stub /stʌb/ n (*of cigarette*) (το)
αποτσίγαρο. (*counterfoil*) (το)
στέλεχος. • vt (*toe*) χτυπώ. **~
out** σβήνω

stubble /'stʌbl/ n (*crops*) (οι)
καλαμιές. (*beard*) (τα)
αξύριστα γένια

stubborn /'stʌbən/ a
πεισματάρης

stubby /'stʌbɪ/ a κοντόχοντρος

stuck /stʌk/ see STICK. • a
(*jammed*) κολλημένος. (*in
difficulties*) μπλεγμένος. **~-up**
a (*fam*) φαντασμένος

stud /stʌd/ n (το) πλατυκέφαλο
καρφί. (*for collar*) (το) διπλό
κουμπί

student /'stju:dənt/ n (ο)
φοιτητής, (η) φοιτήτρια

studio /'stju:dɪəʊ/ n (το)
στούντιο invar

studious /'stju:djəs/ a
επιμελής. (*studied*)
εξεζητημένος
study /'stʌdɪ/ n (η) μελέτη.
(*room*) (το) γραφείο.
(*investigation*) (η) έρευνα. • vt/i
μελετώ. (*at university*)
σπουδάζω
stuff /stʌf/ n (το) υλικό.
(*unspecified*) (το) πράμα. • vt
(*cram*) χώνω. (*with padding*)
γεμίζω. (*culin*) παραγεμίζω.
(*animal, bird*) ταριχεύω
stuffy /'stʌfɪ/ a αποπνικτικός.
(*old-fashioned*) σκουριασμένος
stumble /'stʌmbl/ vi παραπατώ.
(*falter*) κομπιάζω. • n (το)
παραπάτημα
stump /stʌmp/ n (*of tree*) (το)
κούτσουρο. (*of cigar, pencil*)
(το) απομεινάρι
stun /stʌn/ vt ζαλίζω. (*astonish*)
καταπλήσσω. **~ning** a
καταπληκτικός
stung /stʌŋ/ *see* STING
stunt /stʌnt/ vt εμποδίζω την
ανάπτυξη. • n (o) άλoς που
απαιτεί θάρρος ή επιδεξιότητα
stupefy /'stju:pɪfaɪ/ vt
αποβλακώνω
stupendous /stju:'pendəs/ a
τεράστιος, καταπληκτικός
stupid /'stju:pɪd/ a ηλίθιος.
~ity /-'pɪdətɪ/ n (η)
ηλιθιότητα. **~ly** adv ηλίθια
stupor /'stju:pə(r)/ n (η)
χαύνωση
sturdy /'stɜ:dɪ/ a γερός
stutter /'stʌtə(r)/ vi ψευδίζω. • n
(το) ψεύδισμα
sty[1] /staɪ/ n (το) χοιροστάσιο

sty[2], **stye** /staɪ/ n (*med*) (το)
κριθαράκι (στο μάτι)
style /staɪl/ n στιλ *invar*.
(*fashion*) (η) μόδα. • vt
σχεδιάζω
stylish /'staɪlɪʃ/ a σικ *invar*
stylus /'staɪləs/ n (η) βελόνα
suave /swɑ:v/ a (*pej*)
σοφιστικέ *invar*
subconscious /sʌb'kɒnʃəs/ a
υποσυνείδητος. • n (το)
υποσυνείδητο
subdivide /sʌbdɪ'vaɪd/ vt
υποδιαιρώ
subdue /səb'dju:/ vt υποτάσσω.
(*make quieter*) χαμηλώνω. **~d**
a ήσυχος, χαμηλός
subject[1] /'sʌbdʒɪkt/ a
υποκείμενος. • n (το)
υποκείμενο. (*theme*) (το) θέμα.
(*schol, univ*) (το) μάθημα.
(*citizen*) (o) υπήκοος. **~ to**
(*liable to*) υποκείμενος σε.
(*depending on*) υπό τον όρο
subject[2] /səb'dʒekt/ vt
υποβάλλω. (*submit*) υποτάσσω
subjective /səb'dʒektɪv/ a
υποκειμενικός
subjunctive /səb'dʒʌŋktɪv/ n
(η) υποτακτική
sublime /sə'blaɪm/ a θείος
submarine /sʌbmə'ri:n/ n (το)
υποβρύχιο
submerge /səb'mɜ:dʒ/ vt/i
βυθίζομαι
submit /səb'mɪt/ vt/i
υποτάσσω/ομαι (*present*)
υποβάλλω. **~ssion** /-ʃn/ n (η)
υποταγή. (*presentation*) (η)
υποβολή. **~ssive** /-sɪv/ a
υποτακτικός

subordinate¹ /sə'bɔ:dɪnət/ *a*
υφιστάμενος. • *n* (ο)
υφιστάμενος.

subordinate² /sə'bɔ:dɪneɪt/ *vt*
υποτάσσω

subscri|be /səb'skraɪb/ *vi* **~be
to** (*fund*) συνεισφέρω.
(*newspaper*) είμαι
συνδρομητής. (*agree*)
επιδοκιμάζω. **~ber** /-ə(r)/ (ο)
συνδρομητής. **~ption** /-rɪpʃn/
n (η) συνδρομή

subsequent /'sʌbsɪkwənt/ *a*
μεταγενέστερος. **~ly** *adv* στη
συνέχεια, ακολούθως

subside /səb'saɪd/ *vi* παθαίνω
καθίζηση. (*storm*) κοπάζω

subsidiary /səb'sɪdɪərɪ/ *a*
επικουρικός. • *n* (*comm*) (η)
θυγατρική εταιρία

subsid|y /'sʌbsədɪ/ *n* (η)
επιχορήγηση. **~ize** /-ɪdaɪz/ *vt*
επιχορηγώ

substance /'sʌbstəns/ *n* (η)
ουσία

substandard /sʌb'stændəd/ *a*
κατώτερος

substantial /səb'stænʃl/ *a*
ουσιαστικός. (*meal*)
χορταστικός. (*considerable*)
σημαντικός

substitute /'sʌbstɪtjuːt/ *n* (το)
υποκατάστατο. • *vt/i*
υποκαθιστώ (**for**, με)

subtle /'sʌtl/ *a* λεπτός

subtract /səb'trækt/ *vt* αφαιρώ

suburb /'sʌbɜːb/ *n* (το)
προάστιο. **~an** /sə'bɜːbən/ *a*
προαστιακός

subversive /səb'vɜːsɪv/ *a*
ανατρεπτικός

subway /'sʌbweɪ/ *n* (*Amer*) (ο)
υπόγειος σιδηρόδρομος

succeed /sək'siːd/ *vi*
επιτυγχάνω. • *vt* διαδέχομαι.
~ in doing κατορθώνω να
κάνω

success /sək'ses/ *n* (η)
επιτυχία. **~ful** *a* επιτυχής

succession /sək'seʃn/ *n* (η)
διαδοχή

successive /sək'sesɪv/ *a*
διαδοχικός

successor /sək'sesə(r)/ *n* (ο, η)
διάδοχος

succinct /sək'sɪŋkt/ *a*
περιληπτικός

succumb /sə'kʌm/ *vi* υποκύπτω
(**to**, σε)

such /sʌtʃ/ *a* τέτοιος. • *pron*
αυτός. (*so much*) τόσος. **~ as**
όπως

suck /sʌk/ *vt* απορροφώ, πίνω.
(*fruit*) ρουφώ. (*sweet, finger*)
γλείφω

suckle /sʌkl/ *vt* θηλάζω

suction /'sʌkʃn/ *n* (η)
αναρρόφηση

sudden /'sʌdn/ *a* ξαφνικός.
~ly *adv* ξαφνικά. **~ness** *n*
(ο) αιφνιδιασμός

sue /sjuː/ *vt* ενάγω

suede /sweɪd/ *n* (το) καστόρι

suffer /'sʌfə(r)/ *vt/i* υποφέρω.
(*loss etc.*) παθαίνω.
~ing *n* (τα) βάσανα

suffice /sə'faɪs/ *vi* επαρκώ

sufficient /sə'fɪʃnt/ *a* επαρκής.
(*enough*) αρκετός

suffocate /'sʌfəkeɪt/ *vt* πνίγω.
• *vi* ασφυκτιώ, πνίγομαι

sugar /'ʃʊɡə(r)/ *n* (η) ζάχαρη.
• *vt* βάζω ζάχαρη (σε).
(*sprinkle*) ζαχαρώνω

suggest /sə'dʒest/ vt
εισηγούμαι, προτείνω. **~ion**
/-tʃən/ n (η) εισήγηση, (η)
πρόταση. (trace) (το) ίχνος

suicide /'sju:ɪsaɪd/ n (το)
αυτοκτονία. (person) (ο)
αυτόχειρας. **commit ~e**
αυτοκτονώ

suit /su:t/ n (man's) (το)
κοστούμι. (woman's) (το)
ταγέρ invar. (cards) (το)
χρώμα. (jur) (η) αγωγή. • vt
ικανοποιώ. **it ~s you** σου
πάει. **~able** a κατάλληλος

suitcase /'su:tkeɪs/ n (η)
βαλίτσα

suite /swi:t/ n (of furniture) (τα)
έπιπλα. (of rooms) (η) σουίτα
(σε ξενοδοχείο)

suitor /'su:tə(r)/ n (ο)
μνηστήρας

sulk /sʌlk/ vi κάνω μούτρα. **~y**
a μουτρωμένος

sullen /'sʌlən/ a σκυθρωπός

sulphur /'sʌlfə(r)/ n (το) θείο

sultan /'sʌltən/ n (ο) σουλτάνος

sultana /sʌl'tɑ:nə/ n (η)
σουλτανίνα (σταφίδα)

sultry /'sʌltrɪ/ a (weather)
πνιγερός

sum /sʌm/ n (amount) (το)
ποσό. (calculation) (το)
πρόβλημα, (η) αριθμητική. • vt
~ up (recapitulate)
ανακεφαλαιώνω. (assess)
κρίνω

summary /'sʌmərɪ/ n (η)
περίληψη. • a συνοπτικός.
~ize vt συνοψίζω

summer /'sʌmə(r)/ n (το)
καλοκαίρι. **~y** a
καλοκαιρινός

summit /'sʌmɪt/ n (η) κορυφή

summon /'sʌmən/ vt καλώ.
(jur) κλητεύω

summons /'sʌmənz/ n (η)
πρόσκληση. (jur) (η) κλήση.
• vt κλητεύω

sumptuous /'sʌmptʃʊəs/ a
πολυτελέστατος

sun /sʌn/ n (ο) ήλιος. • vt
o.s. λιάζομαι. **~-glasses** npl
(τα) γυαλιά του ήλιου. **~-tan**
n (το) μαύρισμα (στον ήλιο).
~-tan cream or **lotion** n (το)
αντιηλιακό (κρέμα ή λοσιόν).
~-tanned a μαυρισμένος.
~ny a ηλιόλουστος

sunbathe /'sʌnbeɪð/ vi κάνω
ηλιοθεραπεία

sunburn /'sʌnbɜ:n/ n (το)
ηλιακό έγκαυμα

Sunday /'sʌndɪ/ n (η) Κυριακή

sundry /'sʌndrɪ/ a διάφορος.
~ies npl (τα) διάφορα

sunflower /'sʌnflaʊə(r)/ n (το)
ηλιοτρόπιο

sung /sʌŋ/ see SING

sunk /sʌŋk/ see SINK

sunken /'sʌŋkən/ see SINK. • a
βυθισμένος

sunlight /'sʌnlaɪt/ n (το)
ηλιακό φως. **~lit** a ηλιόφωτος

sunrise /'sʌnraɪz/ n (η)
ανατολή του ήλιου

sunset /'sʌnset/ n (το)
ηλιοβασίλεμα

sunshade /'sʌnʃeɪd/ n (η)
ομπρέλα του ήλιου

sunshine /'sʌnʃaɪn/ n (η)
λιακάδα

sunstroke /'sʌnstrəʊk/ n (η)
ηλίαση

super /'su:pə(r)/ a υπέροχος

superb /suːˈpɜːb/ a έξοχος

superficial /suːpəˈfɪʃl/ a επιφανειακός

superfluous /suːˈpɜːfluəs/ a περιττός

superintendent /suːpərɪnˈtendənt/ n (o) επιστάτης. *(of police)* (o) επιθεωρητής

superior /suːˈpɪərɪə(r)/ a ανώτερος. n (o) ανώτερος. **~ity** /-ˈɒrətɪ/ n (η) ανωτερότητα

superlative /suːˈpɜːlətɪv/ a υπέρτατος. n (o) υπερθετικός (βαθμός)

superman /ˈsuːpəmæn/ n (o) υπεράνθρωπος

supermarket /ˈsuːpəmaːkɪt/ n (η) υπεραγορά, (το) σούπερ μάρκετ *invar*

supernatural /suːpəˈnætʃrəl/ a υπερφυσικός

superpower /ˈsuːpəpauə(r)/ n (η) υπερδύναμη

superstiti|on /suːpəˈstɪʃn/ n (η) δεισιδαιμονία. **~ous** a δεισιδαίμων

supervis|e /ˈsuːpəvaɪz/ vt εποπτεύω. **~ion** /-ˈvɪʒn/ n (η) εποπτεία. **~or** /-ə(r)/ n (o) επόπτης, (η) επόπτρια

supper /ˈsʌpə(r)/ n (το) δείπνο

supple /sʌpl/ a ευλύγιστος

supplement /ˈsʌplɪmənt/ n (το) συμπλήρωμα. vt συμπληρώνω. **~ary** /-ˈmentrɪ/ a συμπληρωματικός

supplier /səˈplaɪə(r)/ n (o) προμηθευτής

supply /səˈplaɪ/ vt εφοδιάζω. *(a need)* καλύπτω. **~ with** προμηθεύω με. n (η) προμήθεια. *(techn)* (o) εφοδιασμός

support /səˈpɔːt/ vt *(hold up)* στηρίζω. *(strengthen)* ενισχύω. *(family etc.)* συντηρώ. *(tolerate)* ανέχομαι. *(sport)* υποστηρίζω. n *(help, backing)* (το) (υπο)στήριγμα. *(keep)* (η) συντήρηση. **~er** /-ə(r)/ n *(sport)* (o, η) οπαδός. **~ive** a υποστηρικτικός

suppose /səˈpəuz/ vt/i υποθέτω. *(think)* νομίζω. **~dly** adv δήθεν

suppress /səˈpres/ vt καταστέλλω. *(hide)* αποσιωπώ. **~ion** n (η) καταστολή, (η) αποσιώπηση

supreme /suːˈpriːm/ a ανώτατος

surcharge /ˈsɜːtʃaːdʒ/ n (η) προσαύξηση. *(tax)* (η) επιβάρυνση

sure /ʃuə(r)/ a βέβαιος. adv βεβαίως. **make ~** βεβαιώνομαι. **~ly** adv ασφαλώς

surf /sɜːf/ n (o) αφρός (των κυμάτων). **~er** n (o, η) σερφίστας. **~ing** n (το) σέρφινγκ *invar*

surface /ˈsɜːfɪs/ n (η) επιφάνεια. a επιφανειακός. vi *(emerge)* βγαίνω στην επιφάνεια. vt *(road etc.)* επιστρώνω

surfboard /ˈsɜːfbɔːd/ n (η) σανίδα (του σέρφινγκ)

surge /sɜːdʒ/ vi ξεχύνομαι. (increase) υψώνομαι. • n (of feeling) (το) κύμα. (forward movement) (η) απότομη κίνηση. (increase) (το) κύμα

surgeon /'sɜːdʒən/ n (ο, η) χειρούργος

surg|ery /'sɜːdʒərɪ/ n (η) χειρουργική. (place) (το) ιατρείο. (time) (οι) ώρες ιατρείου. **~ical** /-dʒɪkl/ a χειρουργικός

surly /'sɜːlɪ/ a κατσούφης

surmount /sə'maʊnt/ vt υπερπηδώ

surname /'sɜːneɪm/ n (το) επώνυμο, Cy. (το) επίθετο

surpass /sə'pɑːs/ vt ξεπερνώ

surplus /'sɜːpləs/ n (το) πλεόνασμα. • a πλεονάζων

surpris|e /sə'praɪz/ n (η) έκπληξη. • vt εκπλήττω. **~ed** a έκπληκτος (at, από). **~ing** a εκπληκτικός

surrealism /sə'rɪəlɪzəm/ n (ο) σουρεαλισμός

surrender /sə'rendə(r)/ vt/i παραδίδω/ομαι. • n (η) παράδοση

surround /sə'raʊnd/ vt περιτριγυρίζω. • n (το) πλαίσιο. **be ~ed by** or **with** με περιτριγυρίζουν. **~ing** a γύρω. **~ings** npl (το) περιβάλλον

surveillance /sɜː'veɪləns/ n (η) παρακολούθηση

survey¹ /sə'veɪ/ vt επισκοπώ. (property) εξετάζω. (land) χωρομετρώ. **~or** n (ο) χωρομέτρης

survey² /'sɜːveɪ/ n (η) έρευνα. (report) (η) επισκόπηση. (general view) (η) ανασκόπηση

survival /sə'vaɪvl/ n (η) επιβίωση

surviv|e /sə'vaɪv/ vt/i επιβιώνω. **~or** /-ə(r)/ n (ο) επιζήσας

susceptible /sə'septəbl/ a επιδεκτικός. **~ to** επιρρεπής σε

suspect¹ /sə'spekt/ vt υποπτεύομαι. (assume) υποψιάζομαι. (doubt) αμφιβάλλω για

suspect² /'sʌspekt/ n (ο) ύποπτος. • a ύποπτος

suspend /sə'spend/ vt κρεμώ. (stop) αναστέλλω. (employee) θέτω σε διαθεσιμότητα. (pupil) αποβάλλω προσωρινά

suspender /səs'pendə(r)/ n (η) ζαρτιέρα

suspense /sə'spens/ n (η) αβεβαιότητα. (in book etc.) (η) αγωνία

suspici|on /sə'spɪʃn/ n (η) υποψία. (trace) (το) ίχνος. **~ous** a καχύποπτος. (causing suspicion) ύποπτος

sustain /sə'steɪn/ vt συντηρώ. (suffer) παθαίνω

sustenance /'sʌstɪnəns/ n (η) συντήρηση. (nourishment) (η) θρεπτική αξία

swab /swɒb/ n (η) σφουγγαρίστρα. (med) (το) ταμπόν invar

swallow /'swɒləʊ/ vt/i καταπίνω. • (bird) n (το) χελιδόνι

swam /swæm/ see SWIM

swamp /swɒmp/ n (το) έλος.
• vt πλημμυρίζω

swan /swɒn/ n (ο) κύκνος

swap /swɒp/ vt/i ανταλλάσσω.
• n (η) ανταλλαγή

swarm /swɔ:m/ n (ο) σμήνος.
• vi σχηματίζω σμήνος. (place)
είμαι γεμάτος

swarthy /'swɔ:ðɪ/ a μελαψός

swat /swɒt/ vt χτυπώ (απότομα)

sway /sweɪ/ vi κουνιέμαι.
(person) ταλαντεύομαι. • vt
(influence) επηρεάζω
αποφασιστικά. • n (η) επιρροή

swear /sweə(r)/ vt/i (pt swore,
pp sworn) ορκίζομαι. (curse)
βλαστημώ. ~ at βρίζω. ~-
word n (η) βλαστήμια

sweat /swet/ n (ο) ιδρώτας. • vi
ιδρώνω. ~y a ιδρωμένος

sweater /'swetə(r)/ n (το)
πουλόβερ invar, Cy. (το) τρικό

Swede /swi:d/ n (ο) Σουηδός,
(η) Σουηδέζα. ~n n (η)
Σουηδία

sweep /swi:p/ vt/i (pt swept)
σκουπίζω. (go swiftly) γλιστρώ
γρήγορα. (road) διαγράφω
καμπύλη. (fig) σαρώνω. • n (το)
σκούπισμα. (curve) (η)
καμπύλη. ~ up σκουπίζω.
~ing a (changes etc.)
σαρωτικός. ~ing statement
(η) γενίκευση

sweet /swi:t/ a γλυκός.
(fragrant) μυρωδάτος.
(pleasant) ευχάριστος.
(endearing) χαριτωμένος. • n
(το) γλυκό. (toffee etc.) (η)
καραμέλα. (dish) (το)
επιδόρπιο. ~ corn n (το)
καλαμπόκι

sweeten /'swi:tn/ vt γλυκαίνω

sweetheart /'swi:tha:t/ n (ο)
αγαπημένος, (η) αγαπημένη

swell /swel/ vt/i (pp swollen or
swelled) φουσκώνω,
πρήζω/ομαι. (increase)
εξογκώνω/ομαι. • n (of sea) (η)
φουσκοθαλασσιά. ~ing n (το)
πρήξιμο

swelter /'sweltə(r)/ vi λιώνω
από τη ζέστη. ~ing (heat) a
αποπνικτικός

swept /swept/ see SWEEP

swerve /swɜ:v/ vi στρίβω
απότομα

swift /swɪft/ a γοργός. • n (bird)
(το) πετροχελίδονο. ~ly adv
γοργά, γρήγορα

swill /swɪl/ vt (rinse) ξεπλένω.
(drink) κατεβάζω (ποτό). • n
(for pigs) υγρή τροφή από
υπολείμματα για χοίρους

swim /swɪm/ vi (pt swam, pp
swum, pres p swimming)
κολυμπώ. (room, head)
στριφογυρίζω. • vt (swim
across) διασχίζω
κολυμπώντας. • n (το)
κολύμπι. ~mer n (ο)
κολυμβητής, (η) κολυμβήτρια.
~ming n (το) κολύμπι.
~ming-bath, ~ming-pool ns
(η) πισίνα. ~ming-costume
n (το) μαγιό. ~ming-trunks
npl (το) ανδρικό μαγιό

swindle /'swɪndl/ vt εξαπατώ.
• n (η) απάτη

swine /swaɪn/ npl (τα)
γουρούνια

swing /swɪŋ/ vi αιωρούμαι.
(hang) κρέμομαι. (turn)
γυρίζω. (sway) ταλαντεύομαι.

• vt κουνώ. • n (motion) (η) αιώρηση. (child's) (η) κούνια. (mus) (ο) ρυθμός

swipe /swaɪp/ vt (hit: fam) χτυπώ δυνατά. (take: fam) σουφρώνω

swirl /swɜːl/ vt/i στροβιλίζω/ομαι. • n (ο) στρόβιλος

Swiss /swɪs/ a ελβετικός. • n (ο) Ελβετός, (η) Ελβετίδα

switch /swɪtʃ/ n (electr) (ο) διακόπτης. (change) (η) αλλαγή. (exchange) (η) ανταλλαγή. • vt (shift) γυρίζω. (transfer) μεταφέρω. (change) αλλάζω. (exchange) ανταλλάσσω. ~ **off** (electr) κλείνω. (light) σβήνω. ~ **on** (electr) ανοίγω. (light, engine) ανάβω

switchboard /swɪtʃbɔːd/ n (το) τηλεφωνικό κέντρο

Switzerland /swɪtsələnd/ n (η) Ελβετία

swivel /swɪvl/ vi στριφογυρίζω. • vt περιστρέφω

swollen /swəʊln/ see SWELL. • a φουσκωμένος, πρησμένος

swoon /swuːn/ vi λιποθυμώ

swoop /swuːp/ vi εφορμώ

sword /sɔːd/ n (το) ξίφος

swore /swɔː(r)/ see SWEAR

sworn /swɔːn/ see SWEAR. • a (enemy) άσπονδος

swot /swɒt/ vt (schol, fam) σπάω στο διάβασμα. • n (person: fam) (ο) σπασίκλας

swum /swʌm/ see SWIM

syllable /sɪləbl/ n (η) συλλαβή

syllabus /sɪləbəs/ n (η) διδακτέα ύλη

symbol /sɪmbl/ n (το) σύμβολο. ~**ic(al)** /-ˈbɒlɪk(l)/ a συμβολικός. ~**ism** n (ο) συμβολισμός. ~**ize** vt συμβολίζω

symmetr|y /sɪmətrɪ/ n (η) συμμετρία. ~**ical** /-ˈmetrɪkl/ a συμμετρικός

sympathetic /sɪmpəˈθetɪk/ a συμπαθητικός. (showing pity) συμπονετικός

sympath|y /sɪmpəθɪ/ n (η) συμπάθεια. (condolences) (τα) συλλυπητήρια. ~**ize** /-aɪz/ vi ~ **with** κατανοώ

symphony /sɪmfənɪ/ n (η) συμφωνία

symptom /sɪmptəm/ n (το) σύμπτωμα

synagogue /sɪnəgɒg/ n (η) συναγωγή

synchronize /sɪŋkrənaɪz/ vt συγχρονίζω

syndicate /sɪndɪkət/ n (το) συνδικάτο

syndrome /sɪndrəʊm/ n (το) σύνδρομο

synonym /sɪnənɪm/ n (το) συνώνυμο

synthesis /sɪnθəsɪs/ n (η) σύνθεση

synthetic /sɪnˈθetɪk/ a συνθετικός

syringe /sɪrɪndʒ/ n (η) σύριγγα

syrup /sɪrəp/ n (το) σιρόπι

system /sɪstəm/ n (το) σύστημα. (body) (ο) οργανισμός. (order) (η) οργάνωση. ~**atic** /-əˈmætɪk/ a συστηματικός

tab 595 talcum

Tt

tab /tæb/ n (η) γλώσσα
(προεξοχή)

table /'teɪbl/ n (το) τραπέζι.
(list) (ο) πίνακας. **~-cloth** n
(το) τραπεζομάντιλο.
tennis n (το) πινγκ πονγκ
invar, (η) επιτραπέζια
αντισφαίριση

tablespoon /'teɪblspuːn/ n (το)
κουτάλι σερβιρίσματος

tablet /'tæblɪt/ n (η) πλάκα.
(pill) (το) χάπι

taboo /tə'buː/ n (το) ταμπού
invar. • a ταμπού invar,
απαγορευμένος

tacit /'tæsɪt/ a σιωπηρός

taciturn /'tæsɪtɜːn/ a
λιγομίλητος

tack /tæk/ n (nail) (η) πινέζα.
(stitch) (το) τρύπωμα. (naut) (η)
πορεία

tackle /'tækl/ n (equipment) (τα)
σύνεργα. • vt καταπιάνομαι με.
(football) ρίχνω (αντίπαλο)

tact /tækt/ n (το) τακτ invar, (η)
διακριτικότητα. **~ful** a
διακριτικός. **~less** a
αδιάκριτος

tactic|s /'tæktɪks/ npl (η)
τακτική. **~al** a τακτικός

tadpole /'tædpəʊl/ n (ο)
γυρίνος

tag /tæg/ n (label) (η) ετικέτα

tail /teɪl/ n (η) ουρά. **~s** npl
(tailcoat) (το) φράκο. (of coin)
(τα) γράμματα (αντ. κορόνα).
• vt (follow: fam)

παρακολουθώ. • vi **~ off**
σβήνω (για φωνή). **~-end** n
(το) τελευταίο μέρος

tailor /'teɪlə(r)/ n (ο) ράφτης,
(η) ράφτρα. **~-made** a
φτιαγμένος στα μέτρα

taint /teɪnt/ vt μολύνω

take /teɪk/ vt/i (pt took, pp
taken) παίρνω. (carry)
μεταφέρω. (accompany)
πηγαίνω. (capture) πιάνω.
(endure) ανέχομαι. (swallow)
πίνω. (contain) περιέχω. (walk)
πηγαίνω. (bath) κάνω. (exam)
δίνω. (photograph) βγάζω. • n
(photo, cinema) (η) σκηνή. **~**
after μοιάζω (with gen.). **~**
away αφαιρώ. **~-away** n (το)
έτοιμο φαγητό (από
εστιατόριο). **~ back** (return)
παίρνω πίσω. **~ down**
κατεβάζω. (note) γράφω. **~ in**
(garment) στενεύω.
(understand) αντιλαμβάνομαι.
(deceive) ξεγελώ. **~ off**
(remove) αφαιρώ. (clothes)
βγάζω. (mimic) μιμούμαι.
(aviat) απογειώνομαι. **~-off** n
(aviat) (η) απογείωση.
(imitation) (η) απομίμηση. **~**
on (undertake) αναλαμβάνω.
(employee) προσλαμβάνω. **~**
out (remove) βγάζω. **~ over**
αναλαμβάνω. **~ part** παίρνω
μέρος (in, σε). **~ place**
συμβαίνω. **~ to** (like) το
ρίχνω σε. **~ up** πιάνω.
(hobby) αρχίζω να ασχολούμαι
με. (occupy) εγκαθίσταμαι.
(garment) κονταίνω

takings /'teɪkɪŋz/ npl (οι)
εισπράξεις

talcum /'tælkəm/ n **~**
(powder) (το) ταλκ invar

tale /teɪl/ n (η) αφήγηση

talent /'tælənt/ n (το) ταλέντο.
~ed a ταλαντούχος

talk /tɔːk/ vt/i μιλώ. • n (η)
ομιλία. (*lecture*) (η) διάλεξη.
~ s.o. into doing πείθω κπ
να κάνει. **~ over** συζητώ.
~ative a ομιλητικός

tall /tɔːl/ a ψηλός

tally /'tælɪ/ vi συμφωνώ

talon /'tælən/ n (το) νύχι
(*αρπακτικού πουλιού*)

tambourine /tæmbə'riːn/ n (το)
ντέφι

tame /teɪm/ a (*animal*) ήμερος.
• vt δαμάζω

tamper /'tæmpə(r)/ vi **~ with**
(*interfere*) ανακατεύομαι σε.
(*falsify*) παραποιώ

tampon /'tæmpən/ n (το)
ταμπόν *invar*

tan /tæn/ vt/i (go brown)
μαυρίζω. • vt (hide) αργάζω. • n
(sun-tan) (το) μαύρισμα. • a
(colour) ανοιχτό καφέ

tang /tæŋ/ n (taste) (η)
χαρακτηριστική γεύση.
(smell) (η) δυνατή μυρωδιά

tangent /'tændʒənt/ n (η)
εφαπτομένη

tangerine /tændʒə'riːn/ n (το)
μανταρίνι

tangible /'tændʒəbl/ a
χειροπιαστός

tangle /'tæŋgl/ vt/i
μπλέκω/ομαι. • n (το)
μπλέξιμο

tank /tæŋk/ n (water) (το)
ντεπόζιτο. (petrol) (το)
ρεζερβουάρ. (fish) (το)
ενυδρείο. (mil) (το) τανκ *invar*

tankard /'tæŋkəd/ n (το)
κύπελλο (για μπίρα)

tanker /'tæŋkə(r)/ n (ship) (το)
δεξαμενόπλοιο. (truck) (το)
βυτιοφόρο

tantamount /'tæntəmaʊnt/ a
~ to ισοδύναμος με

tantrum /'tæntrəm/ n (η)
έκρηξη οργής

tap¹ /tæp/ n (η) βρύση. • vt
(resources) αντλώ. (phone)
υποκλέπτω. **~ water** (το)
νερό της βρύσης

tap² /tæp/ vt/i χτυπώ (ελαφρά).
• n (το) ελαφρό χτύπημα. **~-
dance** n (οι) κλακέτες

tape /teɪp/ n (η) ταινία. • vt
(record) ηχογραφώ. **~-
measure** n (η) μεζούρα. **~
recorder** n (το) μαγνητόφωνο

taper /'teɪpə(r)/ n (το) λεπτό
κερί. • vt/i λεπταίνω

tapestry /'tæpɪstrɪ/ n (το)
ταπισερί

tar /tɑː(r)/ n (η) πίσσα

target /'tɑːgɪt/ n (ο) στόχος

tariff /'tærɪf/ n (το) δασμολόγιο

Tarmac /'tɑːmæk/ n (P) (η)
άσφαλτος

tarnish /'tɑːnɪʃ/ vt/i μαυρίζω

tarpaulin /tɑː'pɔːlɪn/ n (ο)
μουσαμάς

tart /tɑːt/ n (η) τάρτα. (woman:
sl) (η) τσούλα. • a απότομος

tartan /'tɑːtn/ n (το)
σκοτσέζικο ύφασμα

tartar /'tɑːtə(r)/ n (το) πουρί
(στα δόντια)

task /tɑːsk/ n (duty) (το)
καθήκον. (work) (η) δουλειά

tassel /'tæsl/ n (η) φούντα

taste /teɪst/ n (sense) (η) γεύση.
(discernment) (το) γούστο.
(small quantity) (η) μπουκιά.
• vt δοκιμάζω. • vi **~ of** έχω
γεύση (with gen). **~ful** a με
γούστο. **~fully** adv
καλαίσθητα. **~less** a (food)
άγευστος. (in bad taste) χωρίς
γούστο

tasty /'teɪstɪ/ a εύγευστος

tat /tæt/ see TIT

tattered /'tætəd/ a
κουρελιασμένος

tatters /'tætəz/ npl (τα)
κουρέλια

tattoo /tə'tu:/ vt κάνω τατουάζ.
• n (το) τατουάζ invar. (mil) (η)
στρατιωτική επίδειξη

tatty /'tætɪ/ a φθαρμένος

taught /tɔ:t/ see TEACH

taunt /tɔ:nt/ vt προκαλώ με
χλευασμούς. • n (ο) χλευασμός

Taurus /'tɔ:rəs/ n (ο) Ταύρος

taut /tɔ:t/ a τεντωμένος

tax /tæks/ n (ο) φόρος. **income
~** n (ο) φόρος εισοδήματος.
• vt φορολογώ. (fig) δοκιμάζω.
~ation /-'seɪʃn/ n (η)
φορολογία. **~-free** a
αφορολόγητος. **~ing** a (fig)
απαιτητικός. **~ inspector** n
(ο) έφορος

taxi /'tæksɪ/ n (το) ταξί invar. •
vi (aviat) τροχοδρομώ. **~-
driver** n (ο) ταξιτζής, (η)
ταξιτσού. **~ rank**, (Amer) **~
stand** n (η) πιάτσα

taxpayer /'tækspeɪə(r)/ n (ο)
φορολογούμενος

tea /ti:/ n (το) τσάι. **~ bag** n
(το) φακελάκι τσαγιού. **~
towel** n (η) πετσέτα της
κουζίνας

teach /ti:tʃ/ vt (pt **taught**)
διδάσκω. • vi εργάζομαι ως
δάσκαλος, κάνω μαθήματα.
~er n (primary) (ο) δάσκαλος,
(η) δασκάλα. (secondary) (ο)
καθηγητής, (η) καθηγήτρια.
~ing n (η) διδασκαλία

teacup /'ti:kʌp/ n (το) φλιτζάνι
του τσαγιού

teak /ti:k/ n (το) τηκ invar

team /ti:m/ n (η) ομάδα. (of
animals) (το) ζευγάρι. **~-work**
n (η) ομαδική εργασία

teapot /'ti:pɒt/ n (η) τσαγιέρα

tear¹ /teə(r)/ vt/i (pt **tore**, pp
torn) σχίζω/ομαι. (snatch)
τραβώ με βία. (run) ορμώ. • n
(το) σκίσιμο. **~ up** κάνω
κομμάτια

tear² /tɪə(r)/ n (το) δάκρυ. **be in
~s** κλαίω. **~ful** a
δακρυσμένος

tease /ti:z/ vt πειράζω. • n (το)
πειραχτήρι

teaspoon /'ti:spu:n/ n (το)
κουταλάκι του τσαγιού. **~ful**
n (η) κουταλιά του τσαγιού

teat /ti:t/ n (η) ρώγα

technical /'teknɪkl/ a τεχνικός.
~ity /-'kælɪtɪ/ n (η) τεχνική
λεπτομέρεια. **~ly** adv τεχνικά

technician /tek'nɪʃn/ n (ο)
τεχνικός

technique /tek'ni:k/ n (η)
τεχνική

technolog|y /tek'nɒlədʒɪ/ n (η)
τεχνολογία. **~ical** /-ə'lɒdʒɪkl/
a τεχνολογικός

teddy /'tedɪ/ n **~ (bear)** (το)
αρκουδάκι (παιχνίδι για παιδιά)

tedious /'ti:dɪəs/ a ανιαρός

tedium /'ti:dɪəm/ n (η) ανία

teem /tiːm/ *vi* be ~ing with
(*swarming*) βρίθω. (*rain*)
βρέχει καταρρακτωδώς

teenage /'tiːneɪdʒ/ *a* εφηβικός.
~r /-ə(r)/ *n* (ο, η) έφηβος

teens /tiːnz/ *npl* in one's ~s
στην εφηβεία

teeter /'tiːtə(r)/ *vi*
ταλαντεύομαι

teeth /tiːθ/ *see* TOOTH

teethe /tiːð/ *vi* βγάζω δόντια

teetotaller /tiː'təʊtlə(r)/ *n* αυτός
που δεν πίνει οινοπνευματώδη
ποτά

telecommunications
/telɪkəmjuːnɪ'keɪʃnz/ *npl* (οι)
τηλεπικοινωνίες

telegram /'telɪgræm/ *n* (το)
τηλεγράφημα

telegraph /'telɪgrɑːf/ *n* (ο)
τηλέγραφος. • *vt* τηλεγραφώ.
~ pole *n* (ο) τηλεγραφόξυλο

telepath|y /tɪ'lepəθɪ/ *n* (η)
τηλεπάθεια. **~ic** /telɪ'pæθɪk/ *a*
τηλεπαθητικός

telephone /'telɪfəʊn/ *n* (το)
τηλέφωνο. • *vt* τηλεφωνώ. **~
box**, **~ booth** *ns* (ο)
τηλεφωνικός θάλαμος. **~ call**
n (η) κλήση. **~ directory** *n*
(ο) τηλεφωνικός κατάλογος.
~ number *n* (ο) αριθμός
τηλεφώνου

telephoto /telɪ'fəʊtəʊ/ *a* **~
lens** (ο) τηλεφακός

telescope /'telɪskəʊp/ *n* (το)
τηλεσκόπιο. • *vt/i*
συμπτύσσω/ομαι

televise /'telɪvaɪz/ *vt* μεταδίδω
τηλεοπτικά

television /'telɪvɪʒn/ *n* (η)
τηλεόραση. **~ set** *n* (η)
συσκευή τηλεοράσεως

teleworking /'telɪwɜːkɪŋ/ *n* (η)
τηλεργασία

telex /'teleks/ *n* (το) τέλεξ
invar. • *vt* στέλνω με τέλεξ

tell /tel/ *vt* (*pt* **told**) λέγω.
(*story*) διηγούμαι. (*distinguish*)
ξεχωρίζω. • *vi* (*produce an
effect*) φαίνομαι. **~ off** *vt*
μαλώνω

teller /'telə(r)/ *n* (in bank) (ο, η)
ταμίας

temper /'tempə(r)/ *n*
(*disposition*) (η) ψυχραιμία.
(*mood*) (η) διάθεση. (*fit of
anger*) (η) οργή. • *vt* μετριάζω

temperament /'temprəmənt/ *n*
(η) ιδιοσυγκρασία. **~al**
/-'mentl/ *a* ιδιότροπος

temperate /'tempərət/ *a*
εγκρατής. (*climate*) εύκρατος

temperature /'temprɪtʃə(r)/ *n*
(η) θερμοκρασία. **have a ~**
(*fam*) έχω πυρετό

tempest /'tempɪst/ *n* (η)
θύελλα

temple /'templ/ *n* (*relig*) (ο)
ναός. (*anat*) (ο) κρόταφος

temporar|y /'tempərərɪ/ *a*
προσωρινός. **~ily** *adv*
προσωρινά

tempt /tempt/ *vt* βάζω σε
πειρασμό. **~ation** /-'teɪʃn/ *n*
(ο) πειρασμός. **~ing** *n*
δελεαστικός

ten /ten/ *a & n* δέκα

tenac|ious /tɪ'neɪʃəs/ *a*
επίμονος. **~ity** /-'æsətɪ/ *n* (η)
επιμονή

tenancy /'tenənsɪ/ *n* (η)
μίσθωση

tenant /'tenənt/ *n* (ο) μισθωτής

tend /tend/ *vt* φροντίζω. • *vi* ~ **to** τείνω να

tendency /'tendənsɪ/ *n* (η) τάση

tender /'tendə(r)/ *a* τρυφερός. (*painful*) που πονάει. • *vt* (*resignation*) υποβάλλω. • *n* (*comm*) (η) προσφορά. **legal** ~ *n* (το) νόμιμο νόμισμα. ~**ness** *n* (η) τρυφερότητα

tendon /'tendən/ *n* (ο) τένοντας

tenement /'tenəmənt/ *n* (η) πολυκατοικία

tenet /'tenɪt/ *n* (η) αρχή

tennis /'tenɪs/ *n* (το) τένις *invar*. ~**-ball** *n* το μπαλάκι (του τένις). ~**-court** *n* (το) γήπεδο (του τένις). ~**-racket** *n* (η) ρακέτα

tenor /'tenə(r)/ *n* (ο) τενόρος

tense /tens/ *n* (*gram*) (ο) χρόνος. • *a* τεταμένος. • *vt* τεντώνω. • *vi* ~ **up** νιώθω υπερένταση

tension /'tenʃn/ *n* (*of string*) (το) τέντωμα. (*emotional*) (η) ένταση. (*electr*) (η) τάση

tent /tent/ *n* (η) σκηνή

tentacle /'tentəkl/ *n* (το) πλοκάμι

tentative /'tentətɪv/ *a* (*provisional*) προσωρινός. (*hesitant*) δοκιμαστικός

tenterhooks /'tentəhʊks/ *npl* **on** ~ *a* αναμμένα κάρβουνα

tenth /tenθ/ *a* δέκατος. • *n* (το) δέκατο

tenuous /'tenjʊəs/ *a* λεπτός

tepid /'tepɪd/ *a* χλιαρός

term /tɜːm/ *n* (*time*) (η) περίοδος. (*schol*) (το) τρίμηνο. (*word etc.*) (ο) όρος. ~**s** *npl*

(*comm*) (οι) όροι. **come to** ~**s with** συμβιβάζομαι με. **on good** ~**s** σε καλές σχέσεις

terminal /'tɜːmɪnl/ *a* τελικός. (*med*) θανατηφόρος. • *n* (*rail*) (το) τέρμα. (*computer*) (το) τερματικό. (*electr*) (ο) ακροδέκτης. (*aviat*) (το) τέρμιναλ *invar*

terminate /'tɜːmɪneɪt/ *vt* τερματίζω. • *vi* λήγω (**in**, σε)

terminology /tɜːmɪ'nɒlədʒɪ/ *n* (η) ορολογία

terminus /'tɜːmɪnəs/ *n* (το) τέρμα

terrace /'terəs/ *n* (η) ταράτσα

terrain /tə'reɪn/ *n* (το) έδαφος

terrestrial /tɪ'restrɪəl/ *a* γήινος

terrible /'terəbl/ *a* τρομερός. ~**y** *adv* τρομερά. (*very*) πολύ

terrific /tə'rɪfɪk/ *a* τρομαχτικός. (*excellent*) καταπληκτικός

terrify /'terɪfaɪ/ *vt* τρομοκρατώ. ~**ing** *a* τρομαχτικός

territorial /terɪ'tɔːrɪəl/ *a* εδαφικός

territory /'terɪtrɪ/ *n* (το) έδαφος

terror /'terə(r)/ *n* (ο) τρόμος

terroris|t /'terərɪst/ *n* (ο) τρομοκράτης. ~**m** /-zəm/ *n* (η) τρομοκρατία

terrorize /'terəraɪz/ *vt* τρομοκρατώ

terse /tɜːs/ *a* λακωνικός

test /test/ *n* (η) δοκιμή. (*exam*) (το) διαγώνισμα. • *vt* δοκιμάζω. ~**-tube** *n* (ο) δοκιμαστικός σωλήνας

testament /'testəmənt/ *n* (η) διαθήκη

testicle /'testɪkl/ *n* (ο) όρχις

testify /'testɪfaɪ/ *vt/i* μαρτυρώ

testimonial /testɪˈməʊnɪəl/ n (η) συστατική επιστολή

testimony /ˈtestɪmənɪ/ n (η) μαρτυρία

tetanus /ˈtetənəs/ n (ο) τέτανος

tether /ˈteðə(r)/ vt δένω

text /tekst/ n (το) κείμενο. **~message** n (το) γραπτό μήνυμα. **~** vt στέλνω μήνυμα (SMS)

textbook /ˈtekstbʊk/ n (το) εγχειρίδιο

textile /ˈtekstaɪl/ n (το) ύφασμα

texture /ˈtekstʃə(r)/ n (η) υφή

Thames /temz/ n (ο) Τάμεσης

than /ðæn, ðən/ conj από

thank /θæŋk/ vt ευχαριστώ. **~s** npl (οι) ευχαριστίες. **~s!** ευχαριστώ. **~s to** χάρη σε. **~ you** ευχαριστώ

thankful /ˈθæŋkfl/ a ευγνώμων

that /ðæt, ðət/ a & pron (pl **those**) εκείνος. • adv τόσο. • rel pron που, ο οποίος. • conj ότι. **so ~** ώστε

thatch /θætʃ/ n (η) στέγη από άχυρο

thaw /θɔː/ vt/i λιώνω. (defrost) ξεπαγώνω. • n (το) λιώσιμο

the /ðə, ðiː/ def art ο, η, το

theatr|e /ˈθɪətə(r)/ n (το) θέατρο. **~ical** /-ˈætrɪkl/ a θεατρικός

theft /θeft/ n (η) κλοπή

their /ðeə(r)/ a (δικός, δική, δικό) τους

theirs /ðeəz/ poss pron δικός/δική/δικό τους

them /ðem, ðəm/ pron αυτούς, αυτές, αυτά. (after prep) τους, τις, τα

theme /θiːm/ n (το) θέμα. **~park** n (το) θεματικό πάρκο

themselves /ðəmˈselvz/ pron (αυτοί) οι ίδιοι. **they did not by ~** το έκαναν μόνοι τους

then /ðen/ adv τότε. (next) μετά. (therefore) έτσι. • a & n τότε

theology /θɪˈɒlədʒɪ/ n (η) θεολογία

theoretical /θɪəˈretɪkl/ a θεωρητικός

theory /ˈθɪərɪ/ n (η) θεωρία

therap|y /ˈθerəpɪ/ n (η) θεραπεία. **~eutic** /-ˈpjuːtɪk/ a θεραπευτικός. **~ist** n (ο) θεραπευτής, (η) θεραπεύτρια

there /ðeə(r)/ adv εκεί. • int να. **~ is, ~ are** υπάρχει, υπάρχουν. **~abouts** adv πάνω κάτω. **~after** adv μετά απ' αυτό. **~by** adv μ' αυτό τον τρόπο

therefore /ˈðeəfɔː(r)/ adv επομένως, γι' αυτό

thermal /ˈθɜːml/ a θερμικός. (clothing) θερμαντικός

thermometer /θəˈmɒmɪtə(r)/ n (το) θερμόμετρο

Thermos /ˈθɜːməs/ n **~(flask)** (P) (το) θερμός invar

thermostat /ˈθɜːməstæt/ n (ο) θερμοστάτης

thesaurus /θɪˈsɔːrəs/ n (το) αντιλεξικό

these /ðiːz/ see THIS

thesis /ˈθiːsɪs/ n (η) διατριβή

they /ðeɪ/ pron αυτοί, αυτές, αυτά. (unspecified) όσοι, όσες, όσα. **~ say that** λένε ότι

thick /θɪk/ a παχύς. (dense) πυκνός. (hoarse) βραχνός. (stupid: fam) κουτός. • adv = thickly. • n in the **~ of** στην

καρδιά (*with gen*). **~ly** *adv*
παχιά, πυκνά. **~-skinned** *a*
χοντρόπετσος

thicken /'θιkən/ *vt/i* πυκνώνω

thicket /'θιkιt/ *n* (η) λόχμη

thickset /θιk'set/ *a*
χοντροκαμωμένος

thief /θi:f/ *n* (ο) κλέφτης

thigh /θαι/ *n* (ο) μηρός

thimble /'θιmbl/ *n* (η)
δαχτυλήθρα

thin /θιn/ *a* λεπτός. (*person*)
αδύνατος, ισχνός. (*weak*)
αδύνατος. (*sparse*) αραιός.
• *adv* = **thinly**. • *vt/i* αραιώνω.
~ly *adv* αραιά

thing /θιη/ *n* (το) πράγμα. **~s**
(*belongings*) (τα) πράγματα

think /θιηk/ *vt/i* (*pt* **thought**)
σκέφτομαι. (*deem*) νομίζω. **I ~
so** έτσι νομίζω. **~ about** *or*
of σκέφτομαι. **~ over**
ξανασκέφτομαι. **~ up** επινοώ

third /θɜ:d/ *a* τρίτος. • *n* (το)
τρίτον. **~-rate** *a* τρίτης
κατηγορίας

thirst /θɜ:st/ *n* (η) δίψα. **~y** *a*
διψασμένος. **be ~y** διψάω

thirteen /θɜ:'ti:n/ *a* δεκατρείς.
• *n* (το) δεκατρία. **~th** *a*
δέκατος τρίτος. • *n* (το) δέκατο
τρίτο

thirty /'θɜ:tι/ *a* & *n* τριάντα

this /δις/ *a* & *pron* (*pl* **these**)
αυτός, αυτή, αυτό

thistle /'θισl/ *n* (το)
γαϊδουράγκαθο

thorn /θɔ:n/ *n* (το) αγκάθι

thorough /'θΛrə/ *a* πλήρης.
(*deep*) εξονυχιστικός. (*cleaning
etc.*) καλός. (*person*) επιμελής.
~ly *adv* καλά, εξονυχιστικά

thoroughbred /'θΛrəbred/ *n*
καθαρόαιμος

thoroughfare /'θΛrəfeə(r)/ *n* (η)
αρτηρία (*δρόμος*)

those /δəʊz/ *see* THAT

though /δəʊ/ *conj* αν και. • *adv*
(*fam*) παρόλα αυτά

thought /θɔ:t/ *see* THINK. • *n* (η)
σκέψη. (*idea*) (η) ιδέα

thoughtful /'θɔ:tfl/ *a*
συλλογισμένος. (*considerate*)
που σκέφτεται τους άλλους

thoughtless /'θɔ:tlιs/ *a*
ασυλλόγιστος. (*inconsiderate*)
απερίσκεπτος

thousand /'θαʊznd/ *a* χίλιοι.
• *n* (το) χίλια

thrash /θræʃ/ *vt* ξυλοκοπώ.
(*defeat*) κατατροπώνω

thread /θred/ *n* (η) κλωστή. (*of
screw*) (το) σπείρωμα. • *vt*
(*needle*) περνώ κλωστή σε

threadbare /'θredbeə(r)/ *a*
τριμμένος

threat /θret/ *n* (η) απειλή

threaten /'θretn/ *vt/i* απειλώ.
~ing *a* απειλητικός

three /θri:/ *a* τρεις. • *n* (το)
τρία. **~-dimensional** *a*
τρισδιάστατος. **~-quarters** *n*
(τα) τρία τέταρτα

thresh /θreʃ/ *vt* αλωνίζω

threshold /'θreʃhəʊld/ *n* (το)
κατώφλι

threw /θru:/ *see* THROW

thrift /θrιft/ *n* (η) φειδώ.
~y *a* φειδολός

thrill /θrιl/ *n* (το) ρίγος.
(*excitement*) (η) συγκίνηση.
• *vt/i* συγκινώ/ούμαι. **~ing** *a*
συναρπαστικός

thriller /ˈθrɪlə(r)/ n (το) θρίλερ invar

thrive /θraɪv/ vi ευημερώ. **~e on** ευδοκιμώ σε

throat /θrəʊt/ n (ο) λαιμός

throb /θrɒb/ vi χτυπώ. (heart) πάλλομαι. • n (ο) παλμός. (of engine) (το) μούγκρισμα

throes /θrəʊz/ npl (οι) ωδίνες. **in the ~ of** στη μέση (μιας ταλαιπωρίας)

throne /θrəʊn/ n (ο) θρόνος

throng /θrɒŋ/ n (η) συρροή

throttle /ˈθrɒtl/ vt στραγγαλίζω

through /θruː/ prep διαμέσου. (during) καθόλη τη διάρκεια. (by means of) μέσω. (thanks to) λόγω. • adv καθόλη τη διάρκεια. (entirely) πέρα ως πέρα. • a (train etc.) κατευθείαν. **put s.o. ~** (telec) συνδέω κπ

throughout /θruːˈaʊt/ prep σε όλο το διάστημα (with gen.). • adv παντού

throw /θrəʊ/ vt (pt threw, pp thrown) ρίχνω, πετώ. • n (το) ρίξιμο. **~ away** πετώ **~ out** (person) πετώ έξω. (thing) πετώ, απορρίπτω. **~ up** (vomit) κάνω εμετό

thrush /θrʌʃ/ n (η) κίχλη, (η) τσίχλα

thrust /θrʌst/ vt σπρώχνω (με δύναμη) μπήγω. • n (η) ώθηση

thud /θʌd/ n (ο) γδούπος

thug /θʌɡ/ n (ο) κακοποιός

thumb /θʌm/ n (ο) αντίχειρας. • vt (book) φυλλομετρώ. **~ a lift** κάνω οτοστόπ

thump /θʌmp/ vt γρονθοκοπώ. • vi χτυπώ δυνατά. • n (ο) υπόκωφος κρότος

thunder /ˈθʌndə(r)/ n (η) βροντή. • vi βροντώ

thunderbolt /ˈθʌndəbəʊlt/ n (ο) κεραυνός

thunderstorm /ˈθʌndəstɔːm/ n (η) θύελλα με βροντές και κεραυνού

Thursday /ˈθɜːzdɪ/ n (η) Πέμπτη

thus /ðʌs/ adv έτσι

thwart /θwɔːt/ vt ανατρέπω

thyme /taɪm/ n (ο) θυμάρι

thyroid /ˈθaɪrɔɪd/ n **~ (gland)** (ο) θυρεοειδής (αδένας)

tic /tɪk/ n (το) τικ invar

tick /tɪk/ n (το) τικ τακ (ρολογιού) invar. (mark) (το) σημάδι. (insect) (το) τσιμπούρι. • vi χτυπώ (ρυθμικά). • vt σημειώνω με ένα χ

ticket /ˈtɪkɪt/ n (το) εισιτήριο. (label) (η) ετικέτα. **~ office** n (το) (η) θυρίδα εκδόσεως εισιτηρίων

tickle /ˈtɪkl/ vt γαργαλώ. • n (το) γαργάλισμα

ticklish /ˈtɪklɪʃ/ a που γαργαλιέται

tidal /ˈtaɪdl/ a παλιρροιακός

tide /taɪd/ n (η) παλίρροια. (of events) (το) κύμα. **high/low ~** (η) πλυμμυρίδα/(η) άμπωτη

tidy /ˈtaɪdɪ/ a συγυρισμένος. (amount: fam) σεβαστός. • vt/i **~y (up)** συγυρίζω. **~iness** n (η) τάξη

tie /taɪ/ vt/i (fasten) προσδένω. (a knot) δένω. (link)

συνδέομαι. (*sport*) έρχομαι ισόπαλος. • n (ο) δεσμός. (*necktie*) (η) γραβάτα. (*sport*) (η) ισοπαλία. (*restriction*) (το) εμπόδιο

tier /tɪə(r)/ n (*in stadium*) (η) κερκίδα. (*of cake*) (ο) όροφος

tiger /'taɪɡə(r)/ n (η) τίγρη

tight /taɪt/ a (*rope*) τεντωμένος. (*clothes*) στενός. (*firm*) σφιχτός. (*control*) αυστηρός. • adv (*hold*) σφιχτά. (*shut*) ερμητικά. **~-fisted** a σφιχτοχέρης. **~ly** adv σφιχτά, ερμητικά

tighten /'taɪtn/ vt/i συσφίγγω. (*a screw*) σφίγγω. (*control*) αυξάνω

tightrope /'taɪtrəʊp/ n (το) τεντωμένο σχοινί

tights /taɪts/ npl (τα) καλσόν invar

tile /taɪl/ n (το) πλακάκι. (*on roof*) (το) κεραμίδι

till /tɪl/ vt οργώνω. • prep & conj = **until**. • n (το) συρτάρι ταμειακής μηχανής

tilt /tɪlt/ vt/i γέρνω

timber /'tɪmbə(r)/ n (η) ξυλεία. (*trees*) τα δέντρα

time /taɪm/ n (ο) χρόνος. (*moment*) (η) στιγμή. (*epoch*) (η) εποχή. (*occasion*) (η) φορά. (*by clock*) (η) ώρα. • vt (*choose time*) καθορίζω το χρόνο. (*measure*) ρυθμίζω. (*race*) χρονομετρώ. **have a good ~** περνώ καλά. **in ~** εγκαίρως. (*eventually*) με τον καιρό. **on ~** στην ώρα. **three ~s four** τρεις φορές το τέσσερα

timeless /'taɪmlɪs/ a άχρονος

timely /'taɪmli/ a έγκαιρος

timetable /'taɪmteɪbl/ n (το) χρονοδιάγραμμα

timid /'tɪmɪd/ a δειλός. (*fearful*) φοβητσιάρης

timing /'taɪmɪŋ/ n (ο) χρονισμός. (*sport*) (η) χρονομέτρηση

tin /tɪn/ n (ο) κασσίτερος. (*container*) (η) κονσέρβα. • vt κονσερβοποιώ. **~ foil** n (το) αλουμινόχαρτο. **~-opener** n (το) ανοιχτήρι (κονσέρβας). **~ned** a της κονσέρβας

tinge /tɪndʒ/ vt βάφω ελαφρά. • n (ο) απόχρωση

tingle /'tɪŋɡl/ vi μυρμηγκιάζω. • n (το) μυρμήγκιασμα

tinker /'tɪŋkə(r)/ n (ο) γανωματής. • vi **~ (with)** σκαλίζω (μηχανήματα)

tinkle /'tɪŋkl/ vi κουδουνίζω. • n (το) κουδούνισμα

tinsel /'tɪnsl/ n (η) χριστουγεννιάτικη γιρλάντα

tint /tɪnt/ n (η) απόχρωση. (*for hair*) (το) χρώμα. (*glass*) χρωματίζω

tiny /'taɪni/ a μικροσκοπικός

tip /tɪp/ vt/i (*tilt*) γέρνω. (*overturn*) ανατρέπω. (*pour*) αδειάζω. (*reward*) δίνω πουρμπουάρ σε. • n (*reward*) (το) πουρμπουάρ invar. (*advice*) (η) πληροφορία. (*end*) (η) άκρη. (*for rubbish*) (η) χωματερή

tipsy /'tɪpsi/ a ζαλισμένος (από το ποτό)

tiptoe /'tɪptəʊ/ n **on ~** στις μύτες των ποδιών

tiptop /'tɪptɒp/ a (*fam*) πρώτης τάξης

tir|e /'taɪə(r)/ *vt/i* κουράζω/ομαι. **~ing** *a* κουραστικός.

tired /'taɪəd/ *a* κουρασμένος. **be ~ of** έχω βαρεθεί

tiresome /'taɪəsəm/ *a* ενοχλητικός

tissue /'tɪʃu:/ *n* (o) ιστός. (*handkerchief*) (το) χαρτομάντιλο. **~-paper** *n* (το) μαλακό χαρτί

tit /tɪt/ *n* (*bird*) (o) καλόγερος. **~ for tat** ένα σου κι ένα μου

titbit /'tɪtbɪt/ *n* (η) λιχουδιά

title /'taɪtl/ *n* (o) τίτλος

to /tu:/ *prep* (*towards*) σε. (*until*) έως. (*with infinitive*) να. (*in order to*) για να. **~-do** *n* (η) φασαρία. **twenty ~ seven** (*by clock*) επτά παρά είκοσι. **walk ~ and fro** πηγαινοέρχομαι

toad /təʊd/ *n* (o) φρύνος

toadstool /'təʊdstu:l/ *n* (το) μανιτάρι

toast /təʊst/ *n* (η) φρυγανιά. (*drink*) (η) πρόποση. • *vt* φρυγανίζω. (*drink to*) πίνω στην υγεία (*with gen*). **~er** *n* (η) φρυγανιέρα

tobacco /tə'bækəʊ/ *n* (o) καπνός. **~nist's** (*shop*) *n* (το) καπνοπωλείο

toboggan /tə'bɒgən/ *n* (το) τόμπογκαν *invar*

today /tə'deɪ/ *n* (το) σήμερα. • *adv* σήμερα

toe /təʊ/ *n* (το) δάχτυλο του ποδιού. • *vt* **~ the line** συμμορφώνομαι

toenail /'təʊneɪl/ *n* (το) νύχι του ποδιού

toffee /'tɒfi/ *n* είδος καραμέλας

together /tə'geðə(r)/ *adv* μαζί. (*at same time*) ταυτοχρόνως

toil /tɔɪl/ *vi* μοχθώ. • *n* (o) μόχθος

toilet /'tɔɪlɪt/ *n* (*lavatory*) (το) αποχωρητήριο, (η) τουαλέτα. **~ bag** *n* (το) τσαντάκι με είδη τουαλέτας. **~ paper** *n* (το) χαρτί υγείας. **~ roll** *n* (o) ρόλος υγείας

toiletries /'tɔɪlɪtrɪz/ *npl* (τα) είδη τουαλέτας

token /'təʊkən/ *n* (το) δείγμα. (*voucher*) (το) δελτίο. (*coin*) (το) κέρμα. • *a* συμβολικός

told /təʊld/ *see* TELL. **a all ~** συνολικός

tolerable /'tɒlərəbl/ *a* υποφερτός. (*not bad*) ανεκτός

toleran|t /'tɒlərənt/ *a* ανεκτικός. **~ce** *n* (η) ανεκτικότητα

tolerate /'tɒləreɪt/ *vt* ανέχομαι

toll /təʊl/ *vi* (*bell*) χτυπώ πένθιμα. • *n* (τα) διόδια. **death ~** (o) αριθμός των θυμάτων

tom /tɒm/ *n* **~(-cat)** (o) γάτος

tomato /tə'mɑ:təʊ/ *n* (η) ντομάτα

tomb /tu:m/ *n* (το) μνήμα

tomboy /'tɒmbɔɪ/ *n* (το) αγοροκόριτσο

tombstone /'tu:mstəʊn/ *n* (η) ταφόπετρα

tomorrow /tə'mɒrəʊ/ *n* (το) αύριο. • *adv* αύριο. **the day after ~** μεθαύριο

ton /tʌn/ *n* (o) τόνος (= 1016 κ). **metric ~** (o) μετρικός τόνος (= 1000 κ). **~s of** (*fam*) πάρα πολλά

tone /təʊn/ n (ο) τόνος. (colour) (η) απόχρωση. • vt ~ **down** μετριάζω. • vi ~ **up** (muscles) δυναμώνω

tongs /tɒŋz/ npl (η) τσιμπίδα

tongue /tʌŋ/ n (η) γλώσσα. ~ **-in-cheek** adv ειρωνικά

tonic /ˈtɒnɪk/ n (το) τονωτικό. • a τονωτικός. ~ **water** n (το) τόνικ invar

tonight /təˈnaɪt/ adv & n απόψε, (σήμερα) το βράδυ.

tonne /tʌn/ n (ο) τόνος

tonsil /ˈtɒnsl/ n (η) αμυγδαλή. ~**litis** /-ˈlaɪtɪs/ n (η) αμυγδαλίτιδα

too /tu:/ adv και. (also) επίσης. ~ **much** a πάρα πολύ

took /tʊk/ see TAKE

tool /tu:l/ n (το) εργαλείο. ~**-box** n (το) κουτί για τα εργαλεία

toot /tu:t/ n (το) κορνάρισμα vi κορνάρω

tooth /tu:θ/ n (pl teeth) (το) δόντι. ~**ache** n (ο) πονόδοντος. ~**brush** n (η) οδοντόβουρτσα. ~**paste** n (η) οδοντόπαστα. ~**pick** n (η) οδοντογλυφίδα

top /tɒp/ n (highest point) (η) κορυφή. (upper part) (το) πάνω μέρος. (upper surface) (η) άνω επιφάνεια. (toy) (η) σβούρα. (lid) (το) κάλυμμα. (of bottle) (το) καπάκι. (of tube) (το) πώμα. (of list) (η) αρχή. • a κορυφαίος. (in rank) ανώτατος. (best) καλύτερος. (maximum) μέγιστος. • vt είμαι πρώτος. (exceed) υπερβαίνω. ~ **hat** n (το) ημίψηλο. ~**-heavy** a

βαρύτερος στην κορυφή. ~ **secret** a αυστηρά απόρρητο. ~ **up** vt ανανεώνω τον χρόνο ομιλίας

topic /ˈtɒpɪk/ n (το) θέμα

topical /ˈtɒpɪkl/ a επίκαιρος

topple /ˈtɒpl/ vi ανατρέπομαι. • vt ανατρέπω

torch /tɔ:tʃ/ n (ο) φακός. (flaming) (το) πυρσός

tore /tɔ:(r)/ see TEAR

torment¹ /ˈtɔ:ment/ n (το) μαρτύριο

torment² /tɔ:ˈment/ vt βασανίζω

torn /tɔ:n/ see TEAR

tornado /tɔ:ˈneɪdəʊ/ n (ο) ανεμοστρόβιλος

torpedo /tɔ:ˈpi:dəʊ/ n (η) τορπίλη. • vt τορπιλίζω

torrent /ˈtɒrənt/ n (ο) χείμαρρος. ~**ial** /təˈrenʃl/ a καταρρακτώδης

torso /ˈtɔ:səʊ/ n (ο) κορμός

tortoise /ˈtɔ:təs/ n (η) χελώνα

tortoiseshell /ˈtɔ:təʃel/ n (η) ταρταρούγα

tortuous /ˈtɔ:tʃʊəs/ a ελικοειδής. (mind) ύπουλος

torture /ˈtɔ:tʃə(r)/ n (το) βασανιστήριο. • vt βασανίζω

toss /tɒs/ vt ρίχνω. (pancake) πετώ. ~ **and turn** (in bed) στριφογυρίζω. ~ **up** vt στρίβω νόμισμα

tot /tɒt/ n (ο) μικρούλης. (of liquor) (το) ποτηράκι

total /ˈtəʊtl/ a ολικός. (absolute) ολοκληρωτικός. • n (το) σύνολο. • vi ανέρχομαι. **in** ~ συνολικά. ~**ly** adv τελείως

totter /ˈtɒtə(r)/ vi τρικλίζω

touch /tʌtʃ/ vt αγγίζω. (reach) φτάνω. (move) συγκινώ. • vi έρχομαι σε επαφή. • n (η) άγγιγμα. (sense) (η) αφή. (contact) (η) επαφή. **get in ~ with** έρχομαι σε επαφή με. **~ on** θίγω. **~ up** ρετουσάρω. **~ wood** χτυπώ ξύλο

touching /'tʌtʃɪŋ/ a συγκινητικός

touch-tone /tʌtʃtəʊn/ a τονικός

touchy /'tʌtʃɪ/ a εὐθικτος

tough /tʌf/ a σκληρός. (strong) γερός. (difficult) δύσκολος. • n (ο) κακοποιός

toughen /'tʌfn/ vt (strengthen) σκληραίνω. (person) σκληραγωγώ

toupee /'tu:peɪ/ n (η) περούκα

tour /tʊə(r)/ n (ο) γύρος. (sport etc.) (η) τουρνέ invar. • vt περιοδεύω

tourism /'tʊərɪzəm/ n (ο) τουρισμός

tourist /'tʊərɪst/ n (ο) τουρίστας, (η) τουρίστρια. • a τουριστικός **~ office** n (το) τουριστικό γραφείο

tournament /'tɔ:nəmənt/ n (το) τουρνουά invar

tousle /'taʊzl/ vt ανακατώνω

tow /təʊ/ vt ρυμουλκώ. • n (η) ρυμούλκηση. **~-path** n (το) μονοπάτι (δίπλα σε κανάλι). **~-rope** n (το) σχοινί ρυμούλκησης

toward(s) /tə'wɔ:d(z)/ prep προς

towel /'taʊəl/ n (η) πετσέτα

tower /'taʊə(r)/ n (ο) πύργος. • vi **~ above** δεσπόζω

town /taʊn/ n (η) πόλη. **~ hall** n (το) δημαρχείο

toxic /'tɒksɪk/ a τοξικός

toxin /'tɒksɪn/ n (η) τοξίνη

toy /tɔɪ/ n (το) παιχνίδι. • vi **~ with** παίζω με παιδικός. • vi **~ with** παίζω με

trace /treɪs/ n (το) ίχνος. • vt (draw) σχεδιάζω. (with tracing-paper) ξεσηκώνω. (find) ακολουθώ τα ίχνη

track /træk/ n (το) ίχνος. (path) (το) μονοπάτι. (sport) (το) στίβος. (of rocket etc.) (η) τροχιά. (rail) (η) γραμμή. • vt ακολουθώ τα ίχνη (with gen). **keep ~ of** παρακολουθώ. **~ down** ανακαλύπτω. **~ suit** n (η) φόρμα (γυμναστικής)

tract /trækt/ n (land) (η) έκταση. (pamphlet) (το) φυλλάδιο

tractor /'træktə(r)/ n (το) τρακτέρ invar

trade /treɪd/ n (το) εμπόριο. (occupation) (το) επάγγελμα. (people) (οι) έμποροι. • vt/i εμπορεύομαι. **~ mark** n (το) (εμπορικό) σήμα. **~ union** n (το) συνδικάτο. **~ wind** n (ο) αληγής άνεμος. **~r** /-ə(r)/ n (ο) έμπορος

tradition /trə'dɪʃn/ n (η) παράδοση. **~al** a παραδοσιακός

traffic /'træfɪk/ n (η) οδική κυκλοφορία. (trading) (η) διακίνηση. • vt/i διακινώ. **~ jam** n (το) μποτιλιάρισμα. **~-lights** npl (τα) σηματοδότης. **~ warden** n (ο, η) τροχονόμος

tragedy /'trædʒədɪ/ n (η) τραγωδία

tragic /'trædʒɪk/ a τραγικός

trail /treɪl/ vi σέρνομαι. (lag) παραμένω. (plant)

αναρριχιέμαι. • vt σέρνω. (follow) παρακολουθώ. • n (η) γραμμή. (path) (το) μονοπάτι

trailer /'treɪlə(r)/ n (το) τρέιλερ invar. (caravan: Amer) (το) τροχόσπιτο. (film) (οι) σκηνές (ταινίας)

train /treɪn/ n (το) τρένο. (procession) (η) ακολουθία. (of dress) (η) ουρά. • vt (instruct) εκπαιδεύω. (sport) προπονώ. (animal) γυμνάζω. (aim) στρέφω. • vi ασκούμαι. **~ed** a διπλωματούχος. **~ee** n (ο) εκπαιδευόμενος. **~er** n (ο) προπονητής. (of animals) (ο) εκπαιδευτής. **~ers** npl (shoes) (τα) παπούτσια (αθλητικά). **~ing** n (η) προπόνηση, (η) εκπαίδευση

traipse /treɪps/ vi περπατώ κουρασμένα

trait /treɪt/ n (το) χαρακτηριστικό

traitor /'treɪtə(r)/ n (ο) προδότης, (η) προδότρια

tram /træm/ n (το) τραμ invar

tramp /træmp/ vi περπατώ βαριά. • n (vagrant) (ο) αλήτης. (hike) (ο) μακρινός περίπατος

trample /'træmpl/ vt/i **~ (on)** ποδοπατώ

trampoline /'træmpəli:n/ n (το) τραμπολίνο

trance /trɑ:ns/ n (το) κατάσταση υπνώσεως

tranquil /'træŋkwɪl/ a ήρεμος

tranquillizer /'træŋkwɪlaɪzə(r)/ n (το) ηρεμιστικό

transact /træn'zækt/ vt συναλλάσσομαι. **~ion** /-ʃn/ (η) συναλλαγή

transatlantic /trænzət'læntɪk/ a υπερατλαντικός

transcend /træn'send/ vt υπερβαίνω (όρια ή προσδοκίες)

transcribe /træns'kraɪb/ vt αντιγράφω. (recorded sound) μεταγράφω

transfer¹ /træns'fɜ:(r)/ vt/i μεταφέρω/ομαι. (job) μεταθέτω/ομαι. • vt (property) μεταβιβάζω. (drawing) ξεσηκώνω

transfer² /'trænsfɜ:(r)/ n (η) μεταφορά. (of job) (η) μετάθεση. (of property) (η) μεταβίβαση. (paper) (η) χαλκομανία

transform /træns'fɔ:m/ vt μεταμορφώνω. **~ation** /-ə'meɪʃn/ n (η) μεταμόρφωση

transfusion /træns'fju:ʒn/ n (η) μετάγγιση

transistor /træn'zɪstə(r)/ n (το) τρανζίστορ invar

transit /'trænsɪt/ n (η) διαμετακόμιση

transition /træn'zɪʒn/ n (η) μετάβαση

transitive /'trænsətɪv/ a μεταβατικός

translat|e /trænz'leɪt/ vt μεταφράζω. **~ion** /-ʃn/ n (η) μετάφραση. **~or** /-ə(r)/ n (ο) μεταφραστής, (η) μεταφράστρια

transmi|t /trænz'mɪt/ vt μεταδίδω. **~ssion** /-ʃn/ n (η) μετάδοση. **~tter** /-ə(r)/ n (ο) αναμεταδότης

transparent /træns'pærənt/ a διαφανής

transplant¹ /træns'pla:nt/ vt
(plant) μεταφυτεύω. (med)
μεταμοσχεύω

transplant² /'trænspla:nt/ n (η)
μεταμόσχευση

transport¹ /træn'spɔ:t/ vt
μεταφέρω

transport² /'trænspɔ:t/ n (το)
μεταφορικό μέσο. **~ation**
/-'teɪʃn/ n (η) μεταφορά

trap /træp/ n (η) παγίδα. • vt
παγιδεύω. (jam) πιάνομαι

trapdoor /'træpdɔ:(r)/ n (η)
καταπακτή

trapeze /trə'pi:z/ n (η) δοκός
(στη γυμναστική)

trash /træʃ/ n (τα) σκουπίδια.
(nonsense) (οι) σαχλαμάρες

trauma /'trɔ:mə/ n (το) τραύμα.
~tic /-'mætɪk/ a τραυματικός

travel /'trævl/ vi ταξιδεύω. • vt
γυρίζω (μια χώρα). • n **~s** (τα)
ταξίδια. **~ agency** (το)
ταξιδιωτικό πρακτορείο. **~
sickness** (η) ναυτία. **~ler**
/-ə(r)/ n (ο) ταξιδιώτης,
ταξιδιώτισσα. **~ler's cheque**
n (η) ταξιδιωτική επιταγή.
~ling (τα) ταξίδια. • a
ταξιδιωτικός

travesty /'trævəsti/ n (η)
διακωμώδηση

trawler /'trɔ:lə(r)/ n (η) τράτα

tray /treɪ/ n (ο) δίσκος. (on
desk) (η) επιστολοθήκη

treachery /'tretʃəri/ n (η)
προδοσία

treacle /'tri:kl/ n (η) μελάσα

tread /tred/ vi (pt **trod**, pp
trodden) περπατώ. • vt πατώ.
• n (step) (το) σκαλοπάτι. (of
tyre) (το) πέλμα (ελαστικού)

treason /'tri:zn/ n (η) προδοσία

treasure /'treʒə(r)/ n (ο)
θησαυρός. • vt φυλάω σαν
θησαυρό. **~r** /-ə(r)/ n (ο)
ταμίας

treasury /'treʒəri/ n (το)
θησαυροφυλάκιο. (of
organization) (το) ταμείο

treat /tri:t/ vt μεταχειρίζομαι.
(consider) φέρομαι. (med)
υποβάλλω σε θεραπεία. • n
(η) (ιδιαίτερη) ευχαρίστηση.
(present) (το) κέρασμα. **~ s.o.
to sth.** κερνώ κτ σε κπ

treatise /'tri:tɪz/ n (η)
πραγματεία

treatment /'tri:tmənt/ n (η)
μεταχείριση. (med) (η)
θεραπεία

treaty /'tri:ti/ n (η) συνθήκη

treble /'trebl/ a τριπλάσιος.
• vt/i τριπλασιάζω/ομαι. • n
(mus) (ο, η) υψίφωνος

tree /tri:/ n (το) δέντρο

trek /trek/ n (το) μακρινό και
δύσκολο ταξίδι

trellis /'trelɪs/ n (το) καφασωτό

tremble /'trembl/ vi τρέμω

tremendous /trɪ'mendəs/ a
καταπληκτικός. (huge)
τεράστιος. (excellent) άριστος

tremor /'tremə(r)/ n (το)
τρεμούλιασμα. (med) (ο)
τρόμος. (**earth**) **~** (η) δόνηση

trench /trentʃ/ n (το) χαντάκι.
(mil) (το) χαράκωμα

trend /trend/ n (η) ροπή.
(fashion) (η) μόδα

trespass /'trespəs/ vi **~ on**
παραβιάζω

trial /'traɪəl/ n (η) δοκιμή. (*jur*) (η) δίκη. (*ordeal*) (η) δοκιμασία

triang|le /'traɪæŋgl/ n (το) τρίγωνο. **~ular** /-'æŋgjʊlə(r)/ a τριγωνικός

tribe /traɪb/ n (η) φυλή

tribulation /trɪbjʊ'leɪʃn/ n (το) βάσανο

tribunal /traɪ'bjuːnl/ n (το) (ειδικό) δικαστήριο

tributary /'trɪbjʊtrɪ/ n (ο) παραπόταμος

tribute /'trɪbjuːt/ n (ο) φόρος τιμής

trick /trɪk/ n (το) κόλπο. (*stratagem*) (το) τέχνασμα. (*joke*) (η) φάρσα. (*at cards*) (η) χαρτωσιά. • vt ξεγελώ

trickery /'trɪkərɪ/ n (η) απάτη

trickle /'trɪkl/ vt/i στάζω. • n (η) αργή ροή

tricky /'trɪkɪ/ a (*problem*) δύσκολος

tricycle /'traɪsɪkl/ n (το) τρίκυκλο

tried /traɪd/ see TRY

trifl|e /'traɪfl/ n (το) ασήμαντο πράγμα. (*small amount*) (η) ασήμαντη ποσότητα. **~ing** a ασήμαντος

trigger /'trɪgə(r)/ n (η) σκανδάλη

trigonometry /trɪgə'nɒmɪtrɪ/ n (η) τριγωνομετρία

trim /trɪm/ a περιποιημένος. (*figure*) λεπτός. • vt (*cut*) κόβω. (*hedge*) κλαδεύω. (*hair*) κόβω ελαφρά. • n (*cut*) (το) κόψιμο. (*decoration*) (η) διακόσμηση. **~mings** npl (*decorations*) (η) γαρνιτούρα

trinket /'trɪŋkɪt/ n (το) μπιχλιμπίδι

trio /'triːəʊ/ (το) τρίο *invar*

trip /trɪp/ vt κάνω (διακόπτη) να πέσει. • vi παραπατώ. n (*journey*) (το) ταξίδι. (*outing*) (η) εκδρομή. (*stumble*) (το) παραπάτημα. **~ up** vi σκοντάφτω. • vt βάζω τρικλοποδιά

tripe /traɪp/ n (ο) πατσάς. (*nonsense: fam*) (οι) μπούρδες

triple /'trɪpl/ a τριπλός. • vt/i τριπλασιάζω/ομαι

triplets /'trɪplɪts/ npl (τα) τρίδυμα

triplicate /'trɪplɪkət/ n **in ~** σε τριπλότυπο

tripod /'traɪpɒd/ n (το) τρίποδο

trite /traɪt/ a κοινότοπος

triumph /'traɪʌmf/ n (ο) θρίαμβος. • vi θριαμβεύω. **~ant** /-'ʌmfnt/ a θριαμβευτικός

trivial /'trɪvɪəl/ a ασήμαντος. **~ity** /-'æləti/ n (η) ασημαντότητα

trod, trodden /trɒd, trɒdn/ see TREAD

trolley /'trɒlɪ/ n (το) καροτσάκι

trombone /trɒm'bəʊn/ n (το) τρομπόνι

troop /truːp/ n (η) (μεγάλη) ομάδα. **~s** (*mil*) (τα) στρατεύματα

trophy /'trəʊfɪ/ n (το) τρόπαιο

tropic /'trɒpɪk/ n (ο) τροπικός. **~al** a τροπικός

trot /trɒt/ n (ο) τροχασμός. • vi τροχάζω

trouble /'trʌbl/ n (o) κόπος. (*inconvenience*) (η) ενόχληση. (*conflict*) (η) ταραχή. (*med*) (η) πάθηση. (*mech*) (η) βλάβη. • vt/i ανησυχώ. **be in** ~ έχω μπελάδες. **be** ~**d about** ανησυχώ για. **take** ~ μπαίνω στον κόπο. ~**-maker** n (o) ταραχοποιός. ~**some** a ενοχλητικός

trough /trɒf/ n (η) γούρνα

troupe /tru:p/ n (o) θίασος

trousers /'trauzəz/ npl (το) παντελόνι

trout /traut/ n invar (η) πέστροφα

trowel /'trauəl/ n (το) μυστρί

truant /'tru:ənt/ n (o) σκασιάρχης

truce /tru:s/ n (η) εκεχειρία

truck /trʌk/ n (το) φορτηγό

trudge /trʌdʒ/ vi περπατώ με κόπο

true /tru:/ a αληθινός. (*genuine*) πραγματικός. (*loyal*) πιστός

truffle /'trʌfl/ n (η) τρούφα

truly /'tru:li/ adv αληθινά. (*sincerely*) πραγματικά. **yours** ~ με εκτίμηση

trump /trʌmp/ n (card) (το) ατού invar

trumpet /'trʌmpit/ n (η) σάλπιγγα. ~**er** /-ə(r)/ n (o) σαλπιγκτής

truncheon /'trʌntʃən/ n (το) γκλομπ invar

trundle /'trʌndl/ vt/i κυλώ βαριά

trunk /trʌŋk/ n (*of body, tree*) (o) κορμός. (*box*) (το) μπαούλο. (*of elephant*) (η)

προβοσκίδα. (*auto, Amer*) (o) χώρος αποσκευών. ~**s** (το) (ανδρικό) μαγιό invar. ~ **call** n (η) υπεραστική κλήση

trust /trʌst/ n (η) εμπιστοσύνη. (*association*) (το) τραστ invar. • vt έχω εμπιστοσύνη σε. (*hope*) ελπίζω. • vi ~ **in** εμπιστεύομαι σε. ~**ed** a έμπιστος. ~**ing** adj που έχει εμπιστοσύνη. ~**worthy** adj άξιος εμπιστοσύνης

trustee /trʌ'sti:/ n επίτροπος

truth /tru:θ/ n (η) αλήθεια. ~**ful** a φιλαλήθης

try /trai/ vt/i (pt **tried**) προσπαθώ. (*be a strain on*) δοκιμάζω/ομαι. (*jur*) δικάζω. • n (η) προσπάθεια. ~ **on**, ~ **out** δοκιμάζω. ~**ing** a (*annoying*) δύσκολος

T-shirt /'ti:ʃɜ:t/ n (το) μπλουζάκι

tub /tʌb/ n (το) βαρέλι

tubby /'tʌbi/ a σαν το βαρέλι

tube /tju:b/ n (o) σωλήνας. (*for toothpaste, cream*) (το) σωληνάριο. (*rail*) (o) υπόγειος σιδηρόδρομος. **inner** ~ (η) σαμπρέλα

tuber /'tju:bə(r)/ n (η) βολβώδης ρίζα

tuberculosis /tju:bɜ:kju'ləusis/ n (η) φυματίωση

tuck /tʌk/ n (η) πτυχή. • vt (*put*) βάζω (μέσα). (*put away*) κρύβω. • vi ~ **in** (*shirt*) βάζω μέσα (στο παντελόνι). (*sheet, blanket*) μαζεύω κάτω από το στρώμα

Tuesday /'tju:zd(e)ɪ/ *n* (η) Τρίτη

tuft /tʌft/ *n* (η) τούφα

tug /tʌg/ *vt/i* τραβώ. *(tow)* ρυμουλκώ. • *n (naut)* (το) ρυμουλκό. **~ of war** *n* (η) διελκυστίνδα

tuition /tju:'ɪʃn/ *n* (η) διδασκαλία

tulip /'tju:lɪp/ *n* (η) τουλίπα

tumble /'tʌmbl/ *vi* κουτρουβαλώ. • *n* (η) κουτρουβάλα

tumbler /'tʌmblə(r)/ *n* (το) ψηλό ποτήρι

tummy /'tʌmɪ/ *n (fam)* (η) κοιλιά

tumour /'tju:mə(r)/ *n* (ο) όγκος

tumult /'tju:mʌlt/ *n* (η) ταραχή

tuna /'tju:nə/ *n invar* (ο) τόνος *(ψάρι)*

tune /tju:n/ *n* (ο) σκοπός *(μουσικός)*. • *vt (mus)* κουρδίζω. *(radio, TV, mech)* ρυθμίζω. • *vi* **~ in (to)** *(radio, TV)* πιάνω σταθμό. **be in ~/out of ~** τραγουδώ σωστά/παράφωνα

tunic /'tju:nɪk/ *n* (το) χιτώνιο

tuning-fork /'tju:nɪŋfɔ:k/ *n* (το) διαπασών *invar*

Tunisia /tju:'nɪzɪə/ *n* (η) Τυνησία

tunnel /'tʌnl/ *n* (η) σήραγγα. • *vi* ανοίγω σήραγγα

turban /'tɜ:bən/ *n* (το) τουρμπάνι

turbine /'tɜ:baɪn/ *n* (η) τουρμπίνα

turbulent /'tɜ:bjʊlənt/ *a* ταραγμένος

turf /tɜ:f/ *n* (το) γκαζόν *invar*. *(piece)* (η) λωρίδα γκαζόν

Turk /tɜ:k/ *n* (ο) Τούρκος, (η) Τουρκάλα. **~ey** *n* (η) Τουρκία. **~ish** *a* τουρκικός. • *n (lang)* (τα) τούρκικα

turkey /'tɜ:kɪ/ *n* (η) γαλοπούλα

turmoil /'tɜ:mɔɪl/ *n* (η) αναστάτωση. **in ~** άνω κάτω

turn /tɜ:n/ *vt/i* γυρίζω. *(change)* μεταστρέφω. *(become)* γίνομαι. *(time, age)* περνώ. • *n* (το) γύρισμα. *(in road)* (η) καμπή. *(change)* (η) αλλαγή. *(in sequence)* (η) σειρά. *(service)* (η) πράξη. *(theatr)* (το) νούμερο. **~ against** στρέφω εναντίον. **~ away** *vi* αποστρέφω το πρόσωπο. • *vt (refuse)* αρνούμαι. *(send away)* διώχνω. **~ down** *(fold)* γυρίζω. *(reduce)* χαμηλώνω. *(reject)* απορρίπτω. **~ in** *vt* παραδίνω. • *vi (go to bed)* πλαγιάζω. **~ off** *(tap)* κλείνω. *(light, TV, etc.)* σβήνω. *(repel)* απωθώ. **~ on** *(tap)* ανοίγω. *(light etc.)* ανάβω. *(attack)* στρέφομαι εναντίον. *(attract: fam)* ελκύω. **~ out** *vt (light etc.)* σβήνω. *(produce)* παράγω. *(empty)* αδειάζω. • *vi (result)* αποδεικνύομαι. **~ round** στρέφομαι. **~ up** *vi* παρουσιάζομαι. • *vt* δυναμώνω

turning /'tɜ:nɪŋ/ *n* (η) καμπή. **~-point** *n* (το) κρίσιμο σημείο

turnip /'tɜ:nɪp/ *n* (το) γογγύλι

turnover /'tɜ:nəʊvə(r)/ *n (comm)* (ο) τζίρος. *(of staff)* (η) εναλλαγή

turnstile /'tɜːnstaɪl/ n (η) περιστροφική είσοδος

turntable /'tɜːnteɪbl/ n (for record) (το) πλατό

turpentine /'tɜːpəntaɪn/ n (το) νέφτι

turquoise /'tɜːkwɔɪz/ a & n τουρκουάζ

turret /'tʌrɪt/ n (ο) πυργίσκος

turtle /'tɜːtl/ n (η) νεροχελώνα

tusk /tʌsk/ n (ο) χαυλιόδοντας

tussle /'tʌsl/ vi συμπλέκομαι

tutor /'tjuːtə(r)/ n (ο) καθηγητής (ιδιαίτερου μαθήματος). (univ) μέλος του πανεπιστημιακού προσωπικού με ευθύνην την επίβλεψη σπουδών φοιτητών

TV /tiː'viː/ n (η) TV

tweezers /'twiːzəz/ npl (το) τσιμπιδάκι

twelve /twelv/ a & n δώδεκα. **~fth** a δωδέκατος. • n (το) δωδέκατο

twenty /'twentɪ/ a & n είκοσι. **~ieth** a εικοστός. • n (το) εικοστό

twice /twaɪs/ adv δυο φορές

twig /twɪg/ n (ο) κλαδάκι. • vt/i (fam) μπαίνω (στο νόημα)

twilight /'twaɪlaɪt/ n (το) λυκόφως

twin /twɪn/ n (ο) δίδυμος. • a δίδυμος

twine /twaɪn/ n (το) στριμμένο νήμα

twinge /twɪndʒ/ n (η) σουβλιά

twinkle /'twɪŋkl/ vi τρεμοσβήνω

twirl /twɜːl/ vt/i στροβιλίζω/ομαι

twist /twɪst/ vt/i πλέκω. (wring) στρίβω. (wind) τυλίγω. (interweave) κλώθω. (distort) διαστρεβλώνω. (ankle) στραμπουλίζω. • n (curve) (η) καμπή. (of events) (η) στροφή

twitch /twɪtʃ/ vt/i τινάζω/ομαι. • n (tic) (η) σύσπαση (νευρική). (jerk) (το) τίναγμα

two /tuː/ a δύο, δυο invar. • n (το) δύο. **~-faced** a διπρόσωπος. **~-piece** (suit) n (το) κοστούμι. **~-way** a (traffic) διπλής κατευθύνσεως. (mirror) διπλής κατεύθυνσης

twosome /'tuːsəm/ n (το) ζευγάρι

tycoon /taɪ'kuːn/ n (ο) μεγιστάνας

type /taɪp/ n (sort) (ο) τύπος. (typ) (το) τυπογραφικό στοιχείο. • vt/i δακτυλογραφώ

typescript /'taɪpskrɪpt/ n (το) δακτυλογραφημένο κείμενο

typewriter /'taɪpraɪtə(r)/ n (η) γραφομηχανή

typhoid /'taɪfɔɪd/ n **~ (fever)** (ο) τυφοειδής πυρετός

typhoon /taɪ'fuːn/ n (ο) τυφώνας

typical /'tɪpɪkl/ a χαρακτηριστικός

typing /'taɪpɪŋ/ n (η) δακτυλογραφία. **~st** n (ο) δακτυλογράφος

tyranny /'tɪrənɪ/ n (η) τυραννία

tyrant /'taɪərənt/ n (ο) τύραννος

tyre /'taɪə(r)/ n (το) λάστιχο, (το) ελαστικό

Uu

udder /'ʌdə(r)/ *n* (το) μαστάρι

ugly /'ʌglɪ/ *a* (**-ier, -iest**) άσχημος. **~iness** *n* (η) ασχήμια, (η) ασχημία

UK *abbr* (*United Kingdom*) ΗΒ

ulcer /'ʌlsə(r)/ *n* (το) έλκος

ulterior /ʌl'tɪərɪə(r)/ *a* απώτερος

ultimate /'ʌltɪmət/ *a* ύστατος. (*definitive*) οριστικός. **~ly** *adv* σε τελευταία ανάλυση

ultimatum /ʌltɪ'meɪtəm/ *n* (το) τελεσίγραφο

ultraviolet /ʌltrə'vaɪəlɪt/ *a* υπεριώδης

umbilical /ʌm'bɪlɪkl/ *a* **~ cord** (ο) ομφάλιος λώρος

umbrella /ʌm'brelə/ *n* (η) ομπρέλα

umpire /'ʌmpaɪə(r)/ *n* (ο) διαιτητής (*σε παιχνίδι τένις, κρίκετ*). • *vt* διαιτητεύω

umpteen /'ʌmptiːn/ *a* (*sl*) άπειρος. **~th** *a* (*sl*) πολλοστός

unable /ʌn'eɪbl/ *a* **be ~ to** δεν μπορώ να

unaccustomed /ʌnə'kʌstəmd/ *a* ασυνήθιστος

unaided /ʌn'eɪdɪd/ *a* αβοήθητος

unanimous /juː'nænɪməs/ *a* ομόφωνος. **~ly** *adv* ομόφωνα

unattached /ʌnə'tætʃt/ *a* αδέσμευτος

unattractive /ʌnə'træktɪv/ *a* μη ελκυστικός

unavoidable /ʌnə'vɔɪdəbl/ *a* αναπόφευκτος

unaware /ʌnə'weə(r)/ *a* **be ~ of** δε γνωρίζω. **~s** /-əz/ *adv* απροσδόκητα

unbalanced /ʌn'bælənst/ *a* ανισόρροπος

unbearable /ʌn'beərəbl/ *a* ανυπόφορος

unbeatable /ʌn'biːtəbl/ *a* ακατανίκητος. **~en** *a* ανίκητος

unbelievable /ʌnbɪ'liːvəbl/ *a* απίστευτος

unbreakable /ʌn'breɪkəbl/ *a* άθραυστος

unburden /ʌn'bɜːdn/ *vt* **~ o.s.** ξαλαφρώνω

unbutton /ʌn'bʌtn/ *vt* ξεκουμπώνω

uncalled-for /ʌn'kɔːldfɔː(r)/ *a* αδικαιολόγητος

uncanny /ʌn'kænɪ/ *a* αφύσικος

unceasing /ʌn'siːsɪŋ/ *a* ακατάπαυστος

uncertain /ʌn'sɜːtn/ *a* αβέβαιος. **in no ~ terms** χωρίς περιστροφές. **~ty** *n* (η) αβεβαιότητα

unchanged /ʌn'tʃeɪndʒd/ *a* αμετάβλητος. **~ing** *a* αμετάβλητος

uncharitable /ʌn'tʃærɪtəbl/ *a* ανηλεής

uncivilized /ʌn'sɪvɪlaɪzd/ *a* απολίτιστος

uncle /'ʌŋkl/ *n* (ο) θείος

unclean /ʌn'kliːn/ *a* ακάθαρτος

unclear /ʌn'klɪə(r)/ *a* ασαφής

uncomfortable /ʌn'kʌmfətəbl/ *a* άβολος. (*unpleasant*)

δυσάρεστος. **feel ~** δεν
αισθάνομαι άνετα
unconditional /ʌnkən'dɪʃənl/ a
χωρίς όρους
unconscious /ʌn'kɒnʃəs/ a
αναίσθητος. (*unaware*) χωρίς
συνείδηση. **~ly** adv
ασυνείδητα
uncouth /ʌn'ku:θ/ a άξεστος
uncover /ʌn'kʌvə(r)/ vt
ξεσκεπάζω. (*expose*)
αποκαλύπτω
undecided /ʌndɪ'saɪdɪd/ a
αναποφάσιστος
undeniable /ʌndɪ'naɪəbl/ a
αναμφισβήτητος
under /'ʌndə(r)/ prep κάτω από.
(*less than*) κάτω από, λιγότερος.
(*subject to*) υπό. • adv κάτω. **~
age** a ανήλικος. **~ way** adv
σε εξέλιξη
underclothes /'ʌndəkləʊðz/
npl (τα) εσώρουχα
undercoat /'ʌndəkəʊt/ n (of
paint) (το) υπόστρωμα
undercover /'ʌndə'kʌvə(r)/ a
μυστικός
undercurrent /'ʌndəkʌrənt/ n
(το) υποβρύχιο ρεύμα. (fig)
(το) συγκαλυμμένο ρεύμα
underdog /'ʌndədɒɡ/ n (ο)
ηττημένος (σε αγώνα)
underdone /ʌndə'dʌn/ a (meat)
μισοψημένος
underestimate /ʌndər'estɪmeɪt/
vt υποτιμώ
underfed /ʌndə'fed/ a
υποσιτισμένος
underfoot /ʌndə'fʊt/ adv κάτω
από τα πόδια
undergo /'ʌndəɡəʊ/ vt (pt -
went, pp -gone) υφίσταμαι

undergraduate
/ʌndə'ɡrædʒʊət/ n (ο)
φοιτητής, (η) φοιτήτρια
underground[1] /ʌndə'ɡraʊnd/
adv κάτω από τη γη. (in secret)
παράνομα
underground[2] /'ʌndəɡraʊnd/ a
υπόγειος. (secret) παράνομος.
• n (rail) (ο) υπόγειος
(σιδηρόδρομος)
undergrowth /'ʌndəɡrəʊθ/ n
(τα) χαμόκλαδα
underhand /'ʌndəhænd/ a
ύπουλος
underline /ʌndə'laɪn/ vt
υπογραμμίζω
underling /'ʌndəlɪŋ/ n (ο)
υποταχτικός
undermine /ʌndə'maɪn/ vt
υπονομεύω
underneath /ʌndə'ni:θ/ prep &
adv κάτω από
underpants /'ʌndəpænts/ npl
(το) σώβρακο
underpass /'ʌndəpɑ:s/ n (η)
υπόγεια διάβαση
underprivileged
/ʌndə'prɪvəlɪdʒd/ a μη
προνομιούχος
underrate /ʌndə'reɪt/ vt
υποτιμώ
understand /ʌndə'stænd/ vt/i
(pt -stood) καταλαβαίνω.
(realize) αντιλαμβάνομαι.
~able a ευνόητος
understanding /ʌndə'stændɪŋ/
a που δείχνει κατανόηση. • n
(η) κατανόηση. (agreement)
(η) συνεννόηση
understatement
/ʌndə'steɪtmənt/ n (η) μείωση
της σημασίας (ενός γεγονότος)

understudy /'ʌndəstʌdɪ/ n (o)
αντικαταστάτης, (η)
αντικαταστάτρια (ηθοποιού)

undertake /ʌndə'teɪk/ vt (pt
-**took**, pp -**taken**)
αναλαμβάνω. (engage in) επιχειρώ

undertaker /'ʌndəteɪkə(r)/ n (o)
εργολάβος κηδειών

undertaking /ʌndə'teɪkɪŋ/ n (η)
επιχείρηση. (promise) (η)
υπόσχεση

underwater /ʌndə'wɔːtə(r)/ a
υποβρύχιος. • adv υποβρυχίως

underwear /'ʌndəweə(r)/ n (τα)
εσώρουχα

underweight /'ʌndəweɪt/ a που
έχει βάρος κάτω από το
κανονικό

undesirable /ʌndɪ'zaɪərəbl/ a
ανεπιθύμητος

undo /ʌn'duː/ vt (pt -**did**,
pp -**done**) λύνω. (ruin)
καταστρέφω

undoubted /ʌn'daʊtɪd/ a
αναμφίβολος. ~**ly** adv
αναμφιβόλα

undress /ʌn'dres/ vt/i
γδύνω/ομαι. **get** ~**ed**
ξεντύνομαι

undu|e /ʌn'djuː/ a υπέρμετρος.
~**ly** adv υπέρμετρα

undulat|e /'ʌndjʊleɪt/ vi
κυματίζω. ~**ing** a κυματιστός

unearth /ʌn'ɜːθ/ vt ξεθάβω.
(fig) ξετρυπώνω

uneas|y /ʌn'iːzɪ/ a ανήσυχος.
(worrying) στενοχωρημένος.
~**ily** adv ανήσυχα

unemploy|ed /ʌnɪm'plɔɪd/ a
άνεργος. (not in use)
αχρησιμοποίητος. ~**ment** n
(η) ανεργία

unending /ʌn'endɪŋ/ a
ατέλειωτος

unequivocal /ʌnɪ'kwɪvəkl/ a
κατηγορηματικός

unerring /ʌn'ɜːrɪŋ/ a αλάθητος

uneven /ʌn'iːvn/ a ανώμαλος

unexpected /ʌnɪk'spektɪd/ a
απροσδόκητος

unfailing /ʌn'feɪlɪŋ/ a
ανεξάντλητος

unfair /ʌn'feə(r)/ a άδικος. ~**ly**
adv άδικα

unfaithful /ʌn'feɪθfl/ a άπιστος

unfasten /ʌn'fɑːsn/ vt λύνω

unfavourable /ʌn'feɪvərəbl/ a
δυσμενής

unfeeling /ʌn'fiːlɪŋ/ a
αναίσθητος

unfinished /ʌn'fɪnɪʃt/ a
ατέλειωτος

unfit /ʌn'fɪt/ a ακατάλληλος.
(med) αδιάθετος

unfold /ʌn'fəʊld/ vt
ξεδιπλώνω. (reveal) ξετυλίγω.
• vi (develop) ξετυλίγομαι.
(view etc.) απλώνομαι

unforeseen /ʌnfɔː'siːn/ a
απρόβλεπτος

unfortunate /ʌn'fɔːtʃʊnət/ a
άτυχος. (regrettable) ατυχής.
~**ly** adv δυστυχώς

unfriendly /ʌn'frendlɪ/ a
εχθρικός

ungainly /ʌn'geɪnlɪ/ a άχαρος

ungrateful /ʌn'greɪtfl/ a
αχάριστος

unhapp|y /ʌn'hæpɪ/ a
δυστυχισμένος. (unfortunate)
άτυχος. ~**iness** n (η)
δυστυχία

unharmed /ʌn'hɑ:md/ a
αθικτος

unhealthy /ʌn'helθɪ/ a (person)
φιλάσθενος. (insanitary)
ανθυγιεινός. (imagination)
νοσηρός

unheard-of /ʌn'hɜ:dɒv/ a
ανήκουστος

unhurt /ʌn'hɜ:t/ a αβλαβής

unicorn /'ju:nɪkɔ:n/ n (o)
μονόκερως

uniform /'ju:nɪfɔ:m/ n (η)
στολή. • a ομοιόμορφος

unify /'ju:nɪfaɪ/ vt ενοποιώ

unilateral /ju:nɪ'lætrəl/ a
μονομερής

unimportant /ʌnɪm'pɔ:tnt/ a
ασήμαντος

unintentional /ʌnɪn'tenʃənl/ a
ακούσιος

union /'ju:njən/ n (η) ένωση.
(trade union) (το) συνδικάτο,
(η) συνδικαλιστική οργάνωση

unique /ju:'ni:k/ a μοναδικός

unison /'ju:nɪsn/ n in ~
ομόφωνα

unit /'ju:nɪt/ n (η) μονάδα

unite /ju:'naɪt/ vt/i ενώνω/ομαι.
U~d Kingdom (το)
Ηνωμένο Βασίλειο (ΗΒ).
U~d Nations (Organization)
n (τα) Ηνωμένα Έθνη, (ο)
ΟΗΕ. **U~d States (of
America)** n (οι) Ηνωμένες
Πολιτείες (Αμερικής), (οι)
ΗΠΑ

unity /'ju:nətɪ/ n (η) ενότητα.
(harmony) (η) αρμονία

universal /ju:nɪ'vɜ:sl/ a
παγκόσμιος

universe /'ju:nɪvɜ:s/ n (το)
σύμπαν

university /ju:nɪ'vɜ:sətɪ/ n (το)
πανεπιστήμιο

unjust /ʌn'dʒʌst/ a άδικος

unkind /ʌn'kaɪnd/ a σκληρός

unknown /ʌn'nəʊn/ a
άγνωστος

unlawful /ʌn'lɔ:fl/ a παράνομος

unleaded /ʌn'ledɪd/ a (petrol)
αμόλυβδος

unleash /ʌn'li:ʃ/ vt (fig)
αποδεσμεύω

unless /ʌn'les/ conj εκτός αν

unlike /ʌn'laɪk/ a ανόμοιος.
(not characteristic)
διαφορετικός. • prep αντίθετα
από

unlikely /ʌn'laɪklɪ/ a απίθανος

unlimited /ʌn'lɪmɪtɪd/ a
απεριόριστος

unload /ʌn'ləʊd/ vt
εκφορτώνω, ξεφορτώνω

unlock /ʌn'lɒk/ vt ξεκλειδώνω

unlucky /ʌn'lʌkɪ/ a άτυχος.
(number) γουρσούζικος

unmarried /ʌn'mærɪd/ a
ανύπαντρος

unmistakable /ʌnmɪ'steɪkəbl/ a
αλάνθαστος

unnatural /ʌn'nætʃrəl/ a
αφύσικος. (not normal)
ανώμαλος

unnecessar|y /ʌn'nesəsrɪ/ a
άσκοπος. **~ily** adv άσκοπα

unnoticed /ʌn'nəʊtɪst/ a
απαρατήρητος

unobtrusive /ʌnəb'tru:sɪv/ a
διακριτικός

unofficial /ʌnə'fɪʃl/ a
ανεπίσημος

unorthodox /ʌnˈɔ:θədɒks/ a
ανορθόδοξος

unpack /ʌnˈpæk/ vt (suitcase)
αδειάζω. (contents) βγάζω (από
τη συσκευασία)

unpleasant /ʌnˈpleznt/ a
δυσάρεστος

unplug /ʌnˈplʌg/ vt (electr)
βγάζω την πρίζα από.
(unblock) ξεβουλώνω

unpopular /ʌnˈpɒpjʊlə(r)/ a μη
δημοφιλής

unprecedented
/ʌnˈpresidentid/ a χωρίς
προηγούμενο

unpredictable /ʌnprɪˈdɪktəbl/ a
απρόβλεπτος

unprepared /ʌnprɪˈpeəd/ a
απροετοίμαστος

unprofessional /ʌnprəˈfeʃnəl/
a αντιεπαγγελματικός

unprofitable /ʌnˈprɒfitəbl/ a
ασύμφορος

unqualified /ʌnˈkwɒlɪfaɪd/ a
χωρίς προσόντα. (fig)
απόλυτος

unravel /ʌnˈrævl/ vt ξεδιαλύνω.
(knitting etc.) ξηλώνω. (fig)
λύνω

unreal /ʌnˈrɪəl/ a μη
πραγματικός

unreasonable /ʌnˈri:znəbl/ a
παράλογος

unrecognizable
/ʌnrekəgˈnaɪzəbl/ a αγνώριστος

unrelated /ʌnrɪˈleɪtɪd/ a (facts)
άσχετος. (person) μη
συγγενικός

unreliable /ʌnrɪˈlaɪəbl/ a
αναξιόπιστος

unrequited /ʌnrɪˈkwaɪtɪd/ a
ανανταπόδοτος

unrest /ʌnˈrest/ n (η)
αναταραχή

unroll /ʌnˈrəʊl/ vt/i ξετυλίγω

unruly /ʌnˈru:lɪ/ a απείθαρχος

unsafe /ʌnˈseɪf/ a ανασφαλής

unsatisfactory
/ʌnsætɪsˈfæktərɪ/ a μη
ικανοποιητικός

unsavoury /ʌnˈseɪvərɪ/ a
άνοστος (στη γεύση). (fig)
δυσάρεστος

unscrew /ʌnˈskru:/ vt
ξεβιδώνω

unscrupulous /ʌnˈskru:pjʊləs/
a ασυνείδητος

unseemly /ʌnˈsi:mlɪ/ a
απρεπής

unsettle /ʌnˈsetl/ vt ταράζω.
~d a (weather) ευμετάβλητος

unshaven /ʌnˈʃeɪvn/ a
αξύριστος

unsightly /ʌnˈsaɪtlɪ/ a
αντιαισθητικός

unskilled /ʌnˈskɪld/ a
ανειδίκευτος

unsociable /ʌnˈsəʊʃəbl/ a
ακοινώνητος

unspeakable /ʌnˈspi:kəbl/ a
ανείπωτος

unstable /ʌnˈsteɪbl/ a ασταθής

unsteady /ʌnˈstedɪ/ a ασταθής.
(hand) τρεμάμενος

unsuccessful /ʌnsəkˈsesfl/ a
ανεπιτυχής

unsuitable /ʌnˈsju:təbl/ a
ακατάλληλος

unsure /ʌnˈʃʊə(r)/ a αβέβαιος

unsuspecting /ʌnsəˈspektɪŋ/ a
ανυποψίαστος

unthinkable /ʌnˈθɪŋkəbl/ a
αδιανόητος

untidy /ʌn'taɪdɪ/ a
ακατάστατος

untie /ʌn'taɪ/ vt λύνω

until /ʌn'tɪl/ prep & conj μέχρι,
έως. **not** ~ όχι πριν

untimely /ʌn'taɪmlɪ/ a άκαιρος.
(premature) πρόωρος

untold /ʌn'təʊld/ a
απερίγραπτος

untoward /ʌntə'wɔːd/ a
δυσάρεστος

untrue /ʌn'truː/ a αναληθής

unused¹ /ʌn'juːzd/ a (new)
καινούριος. (not used)
αχρησιμοποίητος

unused² /ʌn'juːst/ a ~ **to**
ασυνήθιστος σε

unusual /ʌn'juːʒʊəl/ a
ασυνήθιστος. ~**ly** adv
ασυνήθιστα

unwell /ʌn'wel/ a αδιάθετος

unwieldy /ʌn'wiːldɪ/ a άβολος

unwilling /ʌn'wɪlɪŋ/ a
απρόθυμος. **be** ~ **to** είμαι
απρόθυμος να. ~**ly** adv
απρόθυμα

unwind /ʌn'waɪnd/ vt
ξετυλίγω. • vi (relax: fam)
χαλαρώνω

unwitting /ʌn'wɪtɪŋ/ a
ασυναίσθητος. ~**ly** adv
ασυναίσθητα, αθέλητα

unwrap /ʌn'ræp/ vt ξετυλίγω

up /ʌp/ adv **be** ~ **to get** ~ (out of
bed) σηκώνομαι. (finished) **to
be** ~ τελειώνω. • prep πάνω. •
vt αυξάνω. **be** ~ **to** (do)
σκαρώνω. (plot) μαγειρεύω.
(one's turn) είναι η σειρά.
(task) εξαρτώμαι. (reach)
φτάνω. **feel** ~ **to** sth.
αισθάνομαι ικανός για κάτι.

go ~ ανεβαίνω. (price)
υψώνομαι. (level) αυξάνομαι.
be ~ **against** έχω να κάνω,
αντιμετωπίζω. ~ **to**
ακριβώς. ~**s and downs** npl
(τα) ανεβοκατεβάσματα. ~ **to**
μέχρι, ως. ~**-to-date** a
σύγχρονος. (news) τελευταίος

upbringing /'ʌpbrɪŋɪŋ/ n (η)
ανατροφή

update /ʌp'deɪt/ vt
εκσυγχρονίζω

upgrade /ʌp'greɪd/ vt
αναβαθμίζω

upheaval /ʌp'hiːvl/ n (η)
αναστάτωση

uphill /ʌp'hɪl/ a ανηφορικός.
(fig) δύσκολος. • adv **go** ~
ανηφορίζω

upholster /ʌp'həʊlstə(r)/ vt
ταπετσάρω. ~**y** n (η)
ταπετσαρία

upkeep /'ʌpkiːp/ n (η)
συντήρηση

upon /ə'pɒn/ prep πάνω. **once**
~ **a time** μια φορά κι έναν
καιρό

upper /'ʌpə(r)/ a ανώτερος. • n
(of shoe) (το) ψίδι. ~ **class** n
(η) ανώτερη τάξη. ~**most** a
ανώτερος

upright /'ʌpraɪt/ a όρθιος

uprising /'ʌpraɪzɪŋ/ n (η)
εξέγερση

uproar /'ʌprɔː(r)/ n (η)
οχλαγωγία

upset¹ /ʌp'set/ vt ανατρέπω.
(plan) χαλώ. (distress) ταράζω.
(make ill) χαλώ. • a
ταραγμένος

upset² /'ʌpset/ n (distress) (η) ταραχή. (of stomach) (η) διαταραχή

upshot /'ʌpʃɒt/ n (η) έκβαση

upside-down /ʌpsaid'daun/ adv ανάποδα. **turn ~** αναποδογυρίζω

upstairs¹ /ʌp'steəz/ adv πάνω, στον πάνω όροφο

upstairs² /ʌp'steəz/ a πάνω

upstream /ʌp'stri:m/ adv ενάντια στο ρεύμα (ποταμού)

uptake /'ʌpteik/ n (η) αντίληψη. **be quick on the ~** (fam) αρπάζω με το πρώτο

upward /'ʌpwəd/ a ανοδικός. • adv **~(s)** προς τα πάνω

uranium /jʊ'reiniəm/ n (το) ουράνιο

urban /'ɜ:bən/ a αστικός

urchin /'ɜ:tʃin/ n (το) χαμίνι

urge /ɜ:dʒ/ vt παροτρύνω (**to**, να). • n (η) παρόρμηση

urgen|t /'ɜ:dʒənt/ a επείγων. **~cy** n (η) επείγουσα ανάγκη

urin|e /'jʊərin/ n (τα) ούρα (το) δημόσιο ουρητήριο. **~ate** vi ουρώ

urn /ɜ:n/ n (η) υδρία

us /ʌs/ pron εμάς, μας. (after prep) μας

US abbrev (United States) (οι) ΗΠΑ

USA abbr (United States of America) ΗΠΑ

usage /'ju:zidʒ/ n (η) χρήση

USB port /'ju:es'bi: pɔ:t/ n (η) θύρα USB

use¹ /ju:z/ vt χρησιμοποιώ. **~ up** εξαντλώ. **~r** /-ə(r)/ (ο) χρήστης

use² /ju:s/ n (η) χρήση. **be of ~** χρησιμεύω. **in ~** εν χρήσει, σε χρήση. **it is no ~** είναι ανώφελο. **~less** άχρηστος

used¹ /ju:zd/ a (second-hand) μεταχειρισμένος

used² /ju:st/ pt **he ~ to say** συνήθιζε να λέει. • a **~ to sth/doing** συνηθισμένος σε κτ/να κάνω. **get ~ to** συνηθίζω

useful /'ju:sfl/ a χρήσιμος

useless /'ju:slis/ a ανώφελος. (person) άχρηστος

usher /'ʌʃə(r)/ n (ο) κλητήρας. **~ette** n (η) ταξιθέτρια

usual /'ju:ʒʊəl/ a συνηθισμένος. **as ~** ως συνήθως. **~ly** adv συνήθως

usurp /ju:'zɜ:p/ vt σφετερίζομαι

utensil /ju:'tensl/ n (το) σκεύος

uterus /'ju:tərəs/ n (η) μήτρα

utilitarian /ju:tili'teəriən/ a ωφελιμιστικός

utility /ju:'tiləti/ n (η) ωφέλεια. (**public**) **~** (η) επιχείρηση κοινής ωφελείας. **~ room** n (το) πλυσταριό

utilize /'ju:tilaiz/ vt κάνω χρήση (with gen.)

utmost /'ʌtməust/ a έσχατος. • n **do one's ~** κάνω τ' αδύνατα δυνατά

utter¹ /'ʌtə(r)/ vt (sound) εκστομίζω. (say) λέγω. • a τέλειος. **~ly** adv τελείως

U-turn /'ju:tɜ:n/ n (η) αναστροφή (στροφή 180°)

Vv

vacan|cy /'veɪkənsɪ/ n (η) κενή θέση. *(room)* (το) ελεύθερο δωμάτιο. **~t** a κενός. *(person)* αφηρημένος. *(stare)* απλανής

vacate /və'keɪt/ vt εκκενώνω

vacation /və'keɪʃn/ n (οι) διακοπές

vaccinat|e /'væksɪneɪt/ vt εμβολιάζω. **~ion** /-'neɪʃn/ n (ο) εμβολιασμός

vaccine /'væksiːn/ n (το) εμβόλιο

vacuum /'vækjʊəm/ n (το) κενό. • vt/i καθαρίζω με ηλεκτρική σκούπα. **~ cleaner** n (η) ηλεκτρική σκούπα

vagina /və'dʒaɪnə/ n (ο) κόλπος *(της γυναίκας)*

vagrant /'veɪgrənt/ n (ο) αλήτης

vague /veɪg/ a αόριστος. *(outline)* ακαθόριστος. **~ly** adv αόριστα

vain /veɪn/ a ματαιόδοξος. *(useless)* μάταιος. **in ~** εις μάτην, του κάκου. **~ly** adv μάταια

valid /'vælɪd/ a έγκυρος. **~ate** vt επικυρώνω. **~ity** /və'lɪdɪtɪ/ n (η) ισχύς, (η) εγκυρότητα

valley /'vælɪ/ n (η) κοιλάδα

valour /'vælə(r)/ n (η) ανδρεία

valuable /'væljʊəbl/ a πολύτιμος. **~s** npl (τα) τιμαλφή

valuation /vælju'eɪʃn/ n (η) εκτίμηση (αξίας)

value /'væljuː/ n (η) αξία. *(usefulness)* (η) χρησιμότητα. • vt υπολογίζω την αξία. *(cherish)* εκτιμώ. **~ added tax (VAT)** n (ο) φόρος προστιθέμενης αξίας (ΦΠΑ). **~d** a *(appreciated)* εκτιμώμενος

valve /vælv/ n (η) βαλβίδα

vampire /'væmpaɪə(r)/ n (ο) βρικόλακας

van /væn/ n (το) φορτηγάκι

vandal /'vændl/ n (ο, η) βάνδαλος. **~ism** /-əlɪzəm/ n (ο) βανδαλισμός

vanilla /və'nɪlə/ n (η) βανίλια

vanish /'vænɪʃ/ vi εξαφανίζομαι

vanity /'vænɪtɪ/ n (η) ματαιοδοξία

vapour /'veɪpə(r)/ n (ο) ατμός

vari|able /'veərɪəbl/ a μεταβλητός. **~ation** /-'eɪʃn/ n (η) παραλλαγή. **~ed** a ποικίλος

variant /'veərɪənt/ a διαφορετικός. • n (η) παραλλαγή

varicose /'værɪkəʊs/ a **~ veins** npl (οι) κιρσοί

variety /və'raɪətɪ/ n (η) ποικιλία. *(assortment)* πολύς και διάφορος. **~ show** n *(theatr)* (το) βαριετέ *invar*

various /'veərɪəs/ a πολύς και διάφορος. **~ly** adv ποικιλοτρόπως

varnish /'vɑːnɪʃ/ n (το) βερνίκι. • vt βερνικώνω

vary /'veərɪ/ vt/i ποικίλλω. **~ing** a ποικίλος

vase /vɑːz/ n (το) βάζο

vast /vɑːst/ a απέραντος

vat /væt/ n (o) μεγάλος κάδος

VAT /ˌviːˈtiː, væt/ abbr (value added tax) ΦΠΑ

vault /vɔːlt/ n (roof) (o) θόλος. (in bank) (το) θησαυροφυλάκιο. (tomb) (o) τάφος. • vt/i πηδώ

vaunt /vɔːnt/ vt καυχιέμαι

veal /viːl/ n (το) μοσχαρίσιο κρέας

veer /vɪə(r)/ vi γυρίζω

vegetable /ˈvedʒɪtəbl/ n (το) χορταρικό, (το) λαχανικό

vegetarian /ˌvedʒɪˈteərɪən/ n (o, η) χορτοφάγος

vegetate /ˈvedʒɪteɪt/ vi φυτοζωώ

vegetation /ˌvedʒɪˈteɪʃn/ n (η) βλάστηση

vehement /ˈviːəmənt/ a έντονος

vehicle /ˈviːɪkl/ n (το) όχημα

veil /veɪl/ n (το) πέπλο. (for face) (το) βέλο. • vt καλύπτω

vein /veɪn/ n (η) φλέβα

velocity /vɪˈlɒsətɪ/ n (η) ταχύτητα

velvet /ˈvelvɪt/ n (το) βελούδο

vendetta /venˈdetə/ n (η) βεντέτα

vending-machine /ˈvendɪŋməʃiːn/ n (o) αυτόματος πωλητής

vendor /ˈvendə(r)/ n (o) πωλητής

veneer /vəˈnɪə(r)/ n (o) καπλαμάς. (fig) (το) λούστρο

venerable /ˈvenərəbl/ a σεβάσμιος

venereal /vəˈnɪərɪəl/ a αφροδίσιος

venetian /vəˈniːʃn/ a ~ **blind** n (το) στορ invar, (το) στόρι

vengeance /ˈvendʒəns/ n (η) εκδίκηση

venison /ˈvenɪzn/ n (το) κρέας του ελαφιού

venom /ˈvenəm/ n (το) φαρμάκι. ~**ous** a φαρμακερός

vent /vent/ n (το) στόμιο. (in jacket etc.) (η) σχισμή (στο πίσω μέρος σακακιού). (techn) (o) αεραγωγός. • vt εξερίζω. **give** ~ **to** one's anger ξεθυμαίνω

ventilat|e /ˈventɪleɪt/ vt εξαερίζω. ~**ion** /-ˈleɪʃn/ n (o) εξαερισμός. ~**or** /-ə(r)/ n (o) εξαεριστήρας, (το) βεντιλατέρ invar

ventriloquist /venˈtrɪləkwɪst/ n (o) εγγαστρίμυθος

venture /ˈventʃə(r)/ n (το) εγχείρημα. • vt διακινδυνεύω. • vi τολμώ

venue /ˈvenjuː/ n (o) χώρος συναντήσεως

veranda /vəˈrændə/ n (η) βεράντα

verb /vɜːb/ n (το) ρήμα

verbal /ˈvɜːbl/ a προφορικός

verbatim /vɜːˈbeɪtɪm/ adv κατά λέξη

verdict /ˈvɜːdɪkt/ n (η) ετυμηγορία. (opinion) (η) απόφαση

verge /vɜːdʒ/ n (η) άκρη. (fig) (το) χείλος. • vi ~ **on** εγγίζω τα όρια. **be on the** ~ **of doing** είμαι έτοιμος να κάνω

verify /ˈverɪfaɪ/ vt επαληθεύω

veritable /ˈverɪtəbl/ a πραγματικός

vermin /ˈvɜːmɪn/ n (τα) έντομα και ζωύφια ενοχλητικά

vernacular /vəˈnækjʊlə(r)/ n (η) καθομιλουμένη (γλῶσσα)

versatile /ˈvɜːsətaɪl/ a πολυμερής

verse /vɜːs/ n (stanza) (η) στροφή. (poetry) (η) ποίηση

version /ˈvɜːʃn/ n (η) εκδοχή

versus /ˈvɜːsəs/ prep κατά

vertebra /ˈvɜːtɪbrə/ n (ο) σπόνδυλος

vertical /ˈvɜːtɪkl/ a κάθετος. • n (η) κάθετος. **~ly** adv καθέτως

vertigo /ˈvɜːtɪɡəʊ/ n (ο) ίλιγγος

very /ˈverɪ/ adv πολύ. • a ίδιος. ~ **much** πολύ. ~ **well** πολύ καλά

vessel /ˈvesl/ n (ship) (το) σκάφος. (receptacle) (το) δοχείο. (anat) (το) αγγείο

vest /vest/ n (η) φανέλα (εσωτερική). (Amer) (το) γιλέκο

vestige /ˈvestɪdʒ/ n (το) ίχνος

vestry /ˈvestrɪ/ n (το) ιεροφυλάκιο

vet /vet/ n (ο, η) κτηνίατρος. • vt εξετάζω λεπτομερειακά

veteran /ˈvetərən/ n (ο) παλαίμαχος

veterinary /ˈvetrɪnrɪ/ a κτηνιατρικός. **~ surgeon**, (Amer) **~ian** ns (ο, η) κτηνίατρος

veto /ˈviːtəʊ/ n (το) βέτο. • vt προβάλλω το βέτο

vex /veks/ vt εκνευρίζω. **~ed question** n (το) επίμαχο θέμα

via /ˈvaɪə/ prep μέσω

viable /ˈvaɪəbl/ a βιώσιμος. (practicable) εφικτός

viaduct /ˈvaɪədʌkt/ n (η) οδογέφυρα

vibrant /ˈvaɪbrənt/ a γεμάτος σφρίγος

vibrat|e /vaɪˈbreɪt/ vt/i δονώ/ούμαι. **~ion** /-ʃn/ n (η) δόνηση

vicar /ˈvɪkə(r)/ n (ο) εφημέριος

vice /vaɪs/ n (η) ανηθικότητα. (of character) (το) ελάττωμα. (techn) (η) μέγκενη

vice- /vaɪs/ pref υπο-, αντι-. **~-president** n (ο) αντιπρόεδρος

vice versa /vaɪsɪˈvɜːsə/ adv αντιστρόφως

vicinity /vɪˈsɪnətɪ/ n (η) γύρω περιοχή

vicious /ˈvɪʃəs/ a βίαιος και κακός

victim /ˈvɪktɪm/ n (το) θύμα. **~ize** vt κατατρέχω

victor /ˈvɪktə(r)/ n (ο) νικητής

Victorian /vɪkˈtɔːrɪən/ a βικτοριανός

victor|y /ˈvɪktərɪ/ n (η) νίκη. **~ious** /-ˈtɔːrɪəs/ a νικητήριος

video /ˈvɪdɪəʊ/ a βιντεο-. • n (το) βίντεο

videotape /ˈvɪdɪəʊteɪp/ n (η) βιντεοκασέτα. • vt μαγνητοσκοπώ

vie /vaɪ/ vi συναγωνίζομαι

view /vjuː/ n (η) θέα. (mental survey) (η) αντίληψη. (opinion) (η) άποψη. • vt βλέπω. (consider) εξετάζω. **with a ~ to** με σκοπό να. **~er** /-ə(r)/ n (ο) θεατής. (TV) (ο) τηλεθεατής

viewfinder /ˈvjuːfaɪndə(r)/ n (το) στόχαστρο

viewpoint /ˈvjuːpɔɪnt/ n (η) άποψη

vigil /ˈvɪdʒɪl/ n (η) αγρυπνία

vigilan|t /'vɪdʒɪlənt/ a **be ~t** γρηγορώ. **~ce** n (η) επαγρύπνηση

vig|our /'vɪgə(r)/ n (το) σθένος. **~orous** a σθεναρός

vile /vaɪl/ a αχρείος. (bad) απαίσιος

villa /'vɪlə/ n (η) βίλα

village /'vɪlɪdʒ/ n (το) χωριό. **~r** /-ə(r)/ n (o) χωριάτης, (η) χωριάτισσα

villain /'vɪlən/ n (o) παλιάνθρωπος. (in story etc.) (o) κακός

vinaigrette /vɪnɪ'gret/ n **~ (sauce)** (το) λαδόξιδο

vindicate /'vɪndɪkeɪt/ vt δικαιώνω

vindictive /vɪn'dɪktɪv/ a εκδικητικός

vine /vaɪn/ n (το) κλήμα

vinegar /'vɪnɪgə(r)/ n (το) ξίδι

vineyard /'vɪnjəd/ n (o) αμπελώνας

vintage /'vɪntɪdʒ/ n (year) (η) χρονιά. (a wine) καλής χρονιάς. (car) σπάνιος

viola /vɪ'əʊlə/ n (mus) (η) βιόλα

violate /'vaɪəleɪt/ vt παραβιάζω

violen|t /'vaɪələnt/ a βίαιος. **~ce** n (η) βία. **~tly** adv βίαια

violet /'vaɪəlt/ n (colour) (το) βιολετί. (flower) (η) βιολέτα. • a βιολετής

violin /vaɪə'lɪn/ n (το) βιολί

VIP /vi:aɪ'pi:/ abbr (very important person) (o) επίσημος

viper /'vaɪpə(r)/ n (η) έχιδνα

virgin /'vɜ:dʒɪn/ n (η) παρθένα. • a παρθένος. **~ity** /və'dʒɪnəti/ n (η) παρθενία

Virgo /'vɜ:gəʊ/ n (η) παρθένος

virile /'vɪraɪl/ a αρρενωπός

virtual /'vɜ:tʃʊəl/ a ουσιαστικός. **~ly** adv ουσιαστικά

virtu|e /'vɜ:tʃu:/ n (η) αρετή. **by** or **in ~e of** λόγω (with gen). **~ous** a ενάρετος

virtuoso /vɜ:tʃʊ'əʊzəʊ/ n (o) βιρτουόζος

virulent /'vɪrʊlənt/ a λοιμογόνος

virus /'vaɪərəs/ n (o) ιός

visa /'vi:zə/ n (η) βίζα, (η) θεώρηση (διαβατηρίου)

vis-à-vis /vi:za:'vi:/ adv απέναντι. • prep όσον αφορά

viscount /'vaɪkaʊnt/ n (o) υποκόμης

visib|le /'vɪzəbl/ a ορατός. **~ility** /-'bɪləti/ n (η) ορατότητα. (range of vision) (το) οπτικό πεδίο. **~ly** adv φανερά

vision /'vɪʒn/ n (sight) (η) όραση. (dream) (το) όραμα

visionary /'vɪʒənrɪ/ n (o) οραματιστής, (η) οραματίστρια

visit /'vɪzɪt/ vt επισκέπτομαι. (inspect) επιθεωρώ. • vi κάνω επίσκεψη. • n (η) επίσκεψη. **~or** n (guest) (o) επισκέπτης, (η) επισκέπτρια

visor /'vaɪzə(r)/ n (το) προσωπείο

visual /'vɪʒʊəl/ a οπτικός

visualize /'vɪʒʊəlaɪz/ vt φαντάζομαι

vital /'vaɪtl/ a ζωτικός

vitality /vaɪ'tæləti/ n (η) ζωτικότητα

vitamin /'vɪtəmɪn/ n (η)
βιταμίνη

vivacious /vɪ'veɪʃəs/ a ζωηρός

vivid /'vɪvɪd/ a ζωηρός

vivisection /vɪvɪ'sekʃn/ n (η)
ζωοτομία

vocabulary /və'kæbjʊlərɪ/ n
(το) λεξιλόγιο

vocal /'vəʊkl/ a φωνητικός.
(fig) που εκφράζεται έντονα.
~ cords npl (οι) φωνητικές
χορδές. **~ist** n (ο)
τραγουδιστής, (η)
τραγουδίστρια

vocation /vəʊ'keɪʃn/ n (η)
κλίση. **~al** a επαγγελματικός

vodka /'vɒdkə/ n (η) βότκα
invar.

vogue /vəʊg/ n (η) μόδα

voice /vɔɪs/ n (η) φωνή. • vt
εκφράζω

void /vɔɪd/ a κενός. (not valid)
άκυρος. • n (το) κενό

volatile /'vɒlətaɪl/ a πτητικός.
(person) άστατος

volcano /vɒl'keɪnəʊ/ n (το)
ηφαίστειο

volition /və'lɪʃn/ n (η)
βούληση. **of one's own ~** με
τη θέλησή μου

volley /'vɒlɪ/ n (of blows) (η)
βροχή. (of gunfire) (η)
ομοβροντία

volt /vəʊlt/ n (το) βολτ invar.
~age n (η) τάση

voluble /'vɒljʊbl/ a ευφραδής

volume /'vɒljuːm/ n (ο) όγκος.
(book) (ο) τόμος. (of radio, TV)
(η) ένταση

voluntar|y /'vɒləntrɪ/ a
εκούσιος. (unpaid)
εθελοντικός. **~ily** adv
εθελοντικά

volunteer /vɒlən'tɪə(r)/ n (ο)
εθελοντής, (η) εθελόντρια.
• vt/i προσφέρω/ομαι
(εθελοντικά)

voluptuous /və'lʌptʃʊəs/ a
φιλήδονος

vomit /'vɒmɪt/ vi κάνω εμετό.
• n (ο) εμετός

vote /vəʊt/ n (η) ψηφοφορία.
(right) (το) δικαίωμα vt/i
ψηφίζω. **~r** /-ə(r)/ n (ο, ιστ)
ψηφοφόρος

vouch /vaʊtʃ/ vi **~ for**
εγγυώμαι για

voucher /'vaʊtʃə(r)/ n (το)
δελτίο

vow /vaʊ/ n (ο) όρκος. • vi
ορκίζομαι

vowel /'vaʊəl/ n (το) φωνήεν

voyage /'vɔɪɪdʒ/ n (το)
θαλασσινό ταξίδι

vulgar /'vʌlgə(r)/ a χυδαίος

vulnerable /'vʌlnərəbl/ a
τρωτός

vulture /'vʌltʃə(r)/ n (ο) γύπας

Ww

wad /wɒd/ n (το) παραγέμισμα.
(bundle) (το) μάτσο

waddle /'wɒdl/ vi περπατώ
κουνιστά

wade /weɪd/ vt/i διασχίζω (νερό
ή ποτάμι)

wafer /'weɪfə(r)/ n (η)
γκοφρέτα. (relig) (η) όστια. **~-
thin** a πολύ λεπτός

waffle /'wɒfl/ n (culin) εἶδος τηγανίτας. (fam) (η) πολυλογία. • vi (fam) πολυλογῶ

waft /wɒft/ vt/i σκορπίζω/ομαι στον αέρα

wag /wæg/ vt/i κουνῶ/κουνιέμαι

wage /weidʒ/ n ~s (το) μεροκάματο, (το) βδομαδιάτικο. ~-earner n (ο) μεροκαματιάρης. • vt (campaign) κάνω. ~ war κάνω πόλεμο

wager /'weidʒə(r)/ n (το) στοίχημα. • vi στοιχηματίζω

waggle /'wægl/ vt/i σείω/σειέμαι

wagon /'wægən/ n (το) κάρο. (rail) (το) βαγόνι

wail /weil/ vi θρηνῶ. • n (ο) θρῆνος

waist /weist/ n (η) μέση

waistband /'weistbænd/ n (η) ζώνη (φούστας ή παντελονιού)

waistcoat /'weistkəʊt/ n (το) γιλέκο

waistline /'weistlain/ n (η) μέση

wait /weit/ vt/i περιμένω. (at table) σερβίρω. • n (η) αναμονή. **lie in ~** παραφυλάω. **~ on** περιποιούμαι. **~ing-list** n (ο) κατάλογος αναμονής. **~ing-room** n (η) αίθουσα αναμονής

wait|er /'weitə(r)/ n (το) γκαρσόνι. **~ress** n (η) σερβιτόρα

wake /weik/ vt/i (pt **woke** pp **woken**) ~ **(up)** ξυπνῶ. • n (το) ξενύχτισμα νεκρού. (of ship) (τα) απόνερα

waken /'weikən/ vt/i ξυπνῶ

Wales /weilz/ n (η) Ουαλία

walk /wɔːk/ vi περπατώ. (not ride) πηγαίνω με τα πόδια. (for pleasure) κάνω περίπατο. • vt (streets) γυρίζω (στους δρόμους). (distance) περπατώ. (dog) βγάζω περίπατο. • n (ο) περίπατος. (gait) (η) περπατησιά. (distance) (το) περπάτημα. **~-out** n (η) στάση εργασίας. **~-over** n (η) εύκολη νίκη

walkie-talkie /wɔːkɪ'tɔːkɪ/ n (ο) φορητός πομποδέκτης

walking /'wɔːkɪŋ/ n (το) περπάτημα. **~-stick** n (το) μπαστούνι

wall /wɔːl/ n (ο) τοίχος. (of tunnel) (η) πλευρά. (of stomach) (το) τοίχωμα. **~s** (of city) (τα) τείχη

wallet /'wɒlɪt/ n (το) πορτοφόλι

wallow /'wɒləʊ/ vi κυλιέμαι

wallpaper /'wɔːlpeɪpə(r)/ n (η) ταπετσαρία (τοίχου)

walnut /'wɔːlnʌt/ n (το) καρύδι. (tree) (η) καρυδιά

walrus /'wɔːlrəs/ n (ο) θαλάσσιος ίππος

waltz /wɔːls/ n (το) βαλς invar. • vi χορεύω βαλς

wand /wɒnd/ n (το) ραβδί

wander /'wɒndə(r)/ vi περιφέρομαι. (fig) περιπλανιέμαι

wane /wein/ vi λιγοστεύω. • n (of moon) (η) χάση

want /wɒnt/ vt θέλω. (need) χρειάζομαι. • vi ~ **for** στερούμαι. • n (need) (η) ανάγκη. (lack) (η) έλλειψη (*desire*) (η)επιθυμία. **for ~ of** ελλείψει (*with gen.*)

wanton /'wɒntən/ α λάγνος

war /wɔː(r)/ n (ο) πόλεμος

ward /wɔːd/ n (*in hospital*) (ο) θάλαμος. (*of town*) (η) περιφέρεια. (*child*) (η) κηδεμονία. • vt **~ off** αποκρούω

warden /'wɔːdn/ n (ο) επιστάτης, (η) επιστάτρια. (*of park*) (ο) φύλακας

warder /'wɔːdə(r)/ n (ο) δεσμοφύλακας

wardrobe /'wɔːdrəʊb/ n (*furniture*) (η) ντουλάπα. (*clothes*) (η) γκαρνταρόμπα, (η) ιματιοθήκη

warehouse /'weəhaʊs/ n (η) αποθήκη

wares /weəz/ npl (τα) εμπορεύματα

warfare /'wɔːfeə(r)/ n (οι) πολεμικές επιχειρήσεις

warlike /'wɔːlaɪk/ α πολεμικός

warm /wɔːm/ α ζεστός. (*hearty*) θερμός. • vt/i **~ (up)** ζεσταίνω/ομαι. (*fig*) προετοιμάζομαι. **be ~** ζεσταίνομαι. **it is ~** κάνει ζέστη. **~ly** adv θερμά. **~th** n (η) ζεστασιά

warn /wɔːn/ vt προειδοποιώ. **~ing** n (η) προειδοποίηση. (*notice*) (η) αναγγελία

warp /wɔːp/ vt/i σκεβρώνω. (*fig*) διαστρέφω

warrant /'wɒrənt/ n (η) εξουσιοδότηση. (*for arrest*) (το) ένταλμα. • vt εγγυώμαι

warranty /'wɒrənti/ n (η) εγγύηση

warrior /'wɒrɪə(r)/ n (ο) πολεμιστής

warship /'wɔːʃɪp/ n (το) πολεμικό πλοίο

wart /wɔːt/ n (η) κρεατοελιά

wartime /'wɔːtaɪm/ n (η) περίοδος πολέμου

warly /'weərɪ/ α επιφυλακτικός. (*cautious*) προσεκτικός. **~ily** adv επιφυλακτικά, προσεκτικά

was /wɒz, wəz/ see BE

wash /wɒʃ/ vt/i πλένω. • n (*of clothes*) (η) πλύση. (*of ship*) (τα) απόνερα. **~-basin** n (ο) νιπτήρας. **~ out** ξεπλένω. (*stain*) καθαρίζω. **~-out** n (*fam*) (η) παταγώδης αποτυχία. **~-room** n (*Amer*) (η) τουαλέτα. **~ up** vt (*dishes*) πλένω. (*sea*) εκβράζω. • vi πλένω τα πιάτα

washer /'wɒʃə(r)/ n (η) ροδέλα

washing /'wɒʃɪŋ/ n (το) πλύσιμο. (*clothes*) (η) μπουγάδα. **~-machine** n (το) πλυντήριο. **~-powder** n (η) σκόνη πλυσίματος

wasp /wɒsp/ n (η) σφήκα

wastage /'weɪstɪdʒ/ n (η) σπατάλη

waste /weɪst/ vt σπαταλώ. • vi **~ away** αδυνατίζω. • α άχρηστος. (*land*) έρημος. • n (η) σπατάλη. (*rubbish*) (τα) απορρίμματα. (*of time*) (το) χάσιμο. **~ful** α πολυδάπανος. (*person*) σπάταλος. **~ paper** n (τα) άχρηστα χαρτιά. **~-paper basket** n (ο) κάλαθος των αχρήστων

wasteland /'weɪstlænd/ n (η) έρημη χώρα

watch /wɒtʃ/ vt/i φυλάω. (keep an eye on) παρακολουθώ. (TV) βλέπω. (be careful) προσέχω. • n (η) παρακολούθηση. (period of duty) (η) βάρδια. (timepiece) (το) ρολόι (του χεριού). ~ **out** προσέχω. ~ **over** φυλάω. ~**ful** a άγρυπνος

watchmaker /'wɒtʃmeɪkə(r)/ n (ο) ρολογάς

watchman /'wɒtʃmən/ n (ο) φύλακας

water /'wɔːtə(r)/ n (το) νερό. • vt (plants etc.) ποτίζω. (dilute) νερώνω. • vi (eyes) τρέχω. ~-**colour** (paint) (η) νερομπογιά. (painting) (η) υδατογραφία. ~ **lily** (το) νούφαρο. ~ **melon** (το) καρπούζι. ~-**mill** n (ο) νερόμυλος. ~-**skiing** (το) θαλάσσιο σκι invar.

watercress /'wɔːtəkres/ n (το) νεροκάρδαμο

waterfall /'wɔːtəfɔːl/ n (ο) καταρράκτης

watering-can /'wɔːtərɪŋkæn/ n (το) ποτιστήρι

waterlogged /'wɔːtəlɒgd/ a πλημμυρισμένος

watermark /'wɔːtəmɑːk/ n (το) υδατογράφημα

waterproof /'wɔːtəpruːf/ a αδιάβροχος

waterworks /'wɔːtəwɜːks/ n (οι) υδρευτικές εγκαταστάσεις

watery /'wɔːtəri/ a νερουλός. (colour) ξεπλυμένος. (eyes) που τρέχουν

watt /wɒt/ n (το) βατ invar

wav|e /weɪv/ n (το) κύμα. (of hand) (το) κούνημα. (in hair)

(ο) κυματισμός. • vt κουνώ. (hair) κατσαρώνω. • vi (greeting) χαιρετώ κουνώντας το χέρι. (signal) γνέφω. (flag) κυματίζω. ~**y** a κυματιστός. (hair) σπαστός

wavelength /'weɪvleŋθ/ n (το) μήκος κύματος

waver /'weɪvə(r)/ vi ταλαντεύομαι. (hesitate) αμφιταλαντεύομαι. (courage etc.) κλονίζομαι

wax /wæks/ n (το) κερί. • vt κερώνω. • vi (moon) γεμίζω. ~**en**, ~**y** adjs κέρινος

way /weɪ/ n (road, path) (ο) δρόμος. (distance) (η) απόσταση. (direction) (η) κατεύθυνση. (manner) (ο) τρόπος. (means) (το) μέσο. **be in the** ~ εμποδίζω. **by the** ~ εδώ που τα λέμε. **on the** ~ (coming) στο δρόμο. **out of the** ~ απόμερος. ~ **in** n (η) είσοδος. ~ **out** n (η) έξοδος. ~-**out** a (fam) εξωφρενικός

waylay /weɪ'leɪ/ vt παραφυλάω

wayward /'weɪwəd/ a ιδιότροπος

WC abbr (water-closet) αποχωρητήρια

we /wiː/ pron εμείς

weak /wiːk/ a αδύνατος. (drink) ελαφρός. ~**en** vt αδυνατίζω. • vi εξασθενώ. ~**ness** n (η) αδυναμία

weakling /'wiːklɪŋ/ n (ο) αδύνατος χαρακτήρας

wealth /welθ/ n (ο) πλούτος. (plenty) (η) αφθονία. ~**y** a πλούσιος

wean /wiːn/ vt αποκόβω

weapon /'wepən/ n (το) όπλο

wear /weə(r)/ vt (pt **wore** pp **worn**) φορώ. (damage) φθείρω. • vi (last) αντέχω. • n (damage) (η) φθορά. (clothing) (το) φόρεμα. ~ **and tear** (η) φθορά χρήσεως. ~ **down** λιώνω. (opposition etc.) λυγίζω. ~ **off** περνώ. ~ **out** λιώνω. (tire) εξαντλώ.

wear|y /'wɪərɪ/ a κουρασμένος. • vt κουράζω. • vi κουράζομαι. ~**iness** n (η) κούραση

weasel /'wi:zl/ n (η) νυφίτσα

weather /'weðə(r)/ n (ο) καιρός. • a του καιρού. • vt (wood) ξεραίνω στον αέρα. (survive) ξεπερνώ. ~ **forecast** n (το) δελτίο καιρού

weathercock /'weðəkɒk/ n (ο) ανεμοδείκτης

weave /wi:v/ vt (pt **wove** pp **woven**) υφαίνω. (basket etc.) φτιάχνω. • vi (move) προχωρώ με ελιγμούς

web /web/ n (το) πλέγμα. (of spider) (ο) ιστός. **the Web** (computer) (ο) παγκόσμιος ιστός. ~**bed** a (foot) μεμβρανώδης

website /'websaɪt/ n (η) ιστοσελίδα

wed /wed/ vt/i παντρεύω/ομαι

wedding /'wedɪŋ/ n (ο) γάμος. ~ **cake** n (η) γαμήλια τούρτα. ~ **day** n (η) μέρα του γάμου. ~ **dress** n (το) νυφικό. ~ **ring** n (η) βέρα

wedge /wedʒ/ n (η) φέτα τριγωνικού σχήματος. (space filler) (η) σφήνα. • vt σφηνώνω. (fix) στερεώνω με σφήνα

Wednesday /'wenzdɪ/ n (η) Τετάρτη

wee /wi:/ a (fam) μικρούλης

weed /wi:d/ n (το) ζιζάνιο, (το) αγριόχορτο. (person) (το) ψιλόλιγνο. • vt ξεχορταριάζω

week /wi:k/ n (η) εβδομάδα. ~**day** n (η) καθημερινή. ~**end** n (το) σαββατοκύριακο. ~**ly** a εβδομαδιαίος. • adv τη βδομάδα

weep /wi:p/ vi (pt **wept**) κλαίω. (sore) τρέχω. • n (το) κλάμα. ~**ing willow** n (η) κλαίουσα ιτιά

weigh /weɪ/ vt/i ζυγίζω. ~ **anchor** σηκώνω την άγκυρα. ~ **down** λυγίζω. (fig) τσακίζω

weight /weɪt/ n (το) βάρος. ~**lifting** n (η) άρση βαρών. ~**less** a αβαρής. ~**y** a βαρύς. (important) βαρυσήμαντος

weir /wɪə(r)/ n (το) φράγμα

weird /wɪəd/ a παράξενος, αλλόκοτος

welcome /'welkəm/ a ευπρόσδεκτος. • n (το) καλωσόρισμα. • vt καλωσορίζω. (appreciate) χαίρομαι. • int καλωσορίσατε. **you're** ~**!** (after thank you) παρακαλώ

weld /weld/ vt συγκολλώ

welfare /'welfeə(r)/ n (η) ευημερία. (aid) (η) πρόνοια. **W~ State** n (το) κράτος προνοίας

well[1] /wel/ n (το) πηγάδι. (of staircase) (το) κλιμακοστάσιο

well[2] /wel/ adv (**better**, **best**) • a καλός. • int λοιπόν. **as** ~ και, επίσης. **as** ~ **as** όπως και. ~**-behaved** a φρόνιμος. ~**-being** n (η)

ευημερία. **~-bred** a
καλοαναθρεμμένος. **~ done** a
(culin) καλοψημένος. **~
done!** μπράβο! **~-known** a
γνωστός. **~-meaning** a
καλοπροαίρετος. **~ off** a
εύπορος. **~-read** a
διαβασμένος. **~-to-do** a
ευκατάστατος. **~-wisher** n (ο)
καλοθελητής, (η)
καλοθελήτρα

wellington /'welɪŋtən/ n ~
(boot) (η) αδιάβροχη
λαστιχένια μπότα

Welsh /welʃ/ a ουαλικός. • n
(lang) (τα) ουαλικά

wend /wend/ vt **~ one's way**
τραβώ προς

went /went/ see GO

wept /wept/ see WEEP

were /wɜ:(r), wə(r)/ see BE

west /west/ n (η) δύση. **the
W~** οι δυτικές χώρες. • a
δυτικός. • adv δυτικά. **the W~
Indies** (οι) Δυτικές Ινδίες.
~erly a (wind) δυτικός. **~ern**
a δυτικός n (film) (το)
γουέστερν invar. **~ward(s)**
adv δυτικά

wet /wet/ a βρεγμένος. (rainy)
βροχερός. • vt βρέχω. **get ~**
βρέχομαι. **~ suit** n (η) στολή
καταδύσεως

whack /wæk/ vt (fam) χτυπώ
(δυνατά)

whale /weɪl/ n (η) φάλαινα

wharf /wɔ:f/ n (η) αποβάθρα

what /wɒt/ a τι. (any that) ό,τι
όσος. • pron τι. • int τι. **~ for?**
για ποιο λόγο;

whatever /wɒt'evə(r)/ a
ο,τιδήποτε. ό, τι. **~
happens** ό,τι κι αν γίνει

whatsoever /wɒtsəʊ'evə(r)/ a
& pron = whatever

wheat /wi:t/ n (το) σιτάρι

wheel /wi:l/ n (ο) τροχός.
(steering-)~ (το) τιμόνι. • vt
κυλώ. • vi **~ (round)**
(στρόφο)γυρίζω

wheelbarrow /'wi:lbærəʊ/ n
(το) καροτσάκι (για μεταφορές)

wheelchair /'wi:ltʃeə(r)/ n (το)
αναπηρικό καροτσάκι

wheeze /wi:z/ vi ασθμαίνω

when /wen/ adv πότε. • conj
όταν. (although) ενώ. • pron
που

whenever /wen'evə(r)/ adv
οποτεδήποτε. (every time that)
κάθε φορά. • conj οπότε, κάθε
φορά που

where /weə(r)/ adv πού. • conj
(in which place) εκεί που, όπου.
• pron που. **~by** adv με το
οποίο. **~upon** adv οπότε

whereabouts /'weərəbaʊts/
adv πού κοντά. • n (το) μέρος
που βρίσκεται

whereas /weər'æz/ conj επειδή.
(in contrast) ενώ

wherever /weər'evə(r)/ adv (in
whatever place) οπουδήποτε.
• conj όπου

whether /'weðə(r)/ conj αν

which /wɪtʃ/ a & pron ποιος.
• rel pron ο οποίος. (object) (το)
οποίο, που

whichever /wɪtʃ'evə(r)/ a &
pron οποιοδήποτε. (person)
οποιοσδήποτε

whiff /wɪf/ n (η) μυρωδιά

while /waɪl/ n (το) χρονικό
διάστημα. • conj (when) ενώ.
(although) αν και (as long as)

όσο. • *vt* **~ away** one's time
περνώ τον καιρό μου. **be
worth one's ~** αξίζει τον
κόπο

whilst /waɪlst/ *conj* = while

whim /wɪm/ *n* (το) καπρίτσιο

whimper /'wɪmpə(r)/ *vi*
κλαψουρίζω παραπονεμένα

whimsical /'wɪmzɪkl/ *a*
ιδιότροπος

whine /waɪn/ *vi* κλαψουρίζω

whip /wɪp/ *n* (το) μαστίγιο. • *vt*
μαστιγώνω. (*culin*) χτυπώ.
(*seize*) αρπάζω. **~ped cream**
n (η) κρέμα σαντιγί. **~ up**
(*incite*) διεγείρω

whirl /wɜːl/ *vt*/*i*
στροβιλίζω/ομαι

whirlpool /'wɜːlpuːl/ *n* (η)
ρουφήχτρα

whirlwind /'wɜːlwɪnd/ *n* (ο)
ανεμοστρόβιλος

whirr /wɜː(r)/ *vi* βομβώ

whisk /wɪsk/ *vt* (*culin*) χτυπώ.
• *n* (*culin*) (το) χτυπητήρι

whisker /'wɪskə(r)/ *n* (η)
φαβορίτα. **~s** (*of animal*) (το)
μουστάκι

whisky /'wɪskɪ/ *n* (το) ουίσκι
invar

whisper /'wɪspə(r)/ *vt*/*i*
ψιθυρίζω. • *n* (το) ψιθύρισμα.
(*rumour*) (η) διάδοση

whistle /'wɪsl/ *n* (το) σφύριγμα.
(*instrument*) (η) σφυρίχτρα. • *vi*
σφυρίζω

white /waɪt/ *a* άσπρος, λευκός.
• *n* (το) άσπρο. (*person*) (ο)
λευκός. (*of egg*) (το) ασπράδι.
go ~ χλομιάζω. **~ coffee** *n*
(ο) καφές με γάλα. **~-collar
worker** *n* (ο, η) υπάλληλος

γραφείου. **~ lie** *n* (το) αθώο
ψέμα. **~ wine** *n* (το) άσπρο
κρασί. **~n** *vt*/*i* ασπρίζω

whitewash /'waɪtwɒʃ/ *n* (το)
ασβέστωμα, (το) ἀσπρισμα.
• *vt* ασβεστώνω, ασπρίζω. (*fig*)
αποκρύβω

Whitsun /'wɪtsn/ *n* (η)
Πεντηκοστή

whittle /'wɪtl/ *vt* **~ (away)**
φθείρω σταδιακά. **~ (down)**
περιορίζω

whiz /wɪz/ *vi* περνώ σαν
αστραπή

who /huː/ *pron* ποιος. (*particu-
lar person*) (ο) οποίος, που

whoever /huː'evə(r)/ *pron*
οποιοσδήποτε

whole /həʊl/ *a* ολόκληρος. (*not
broken*) ακέραιος. **~ n** (το)
σύνολο. **as a ~** σαν σύνολο.
on the ~ γενικά. **~-hearted**
a ολόψυχος

wholemeal /'həʊlmiːl/ *a*
σιταρένιος

wholesale /'həʊlseɪl/ *n* (το)
χονδρεμπόριο. • *a* χονδρικός.
(*fig*) γενικά. • *adv* χονδρικώς.
(*fig*) γενικά

wholesome /'həʊlsəm/ *a*
ωφέλιμος

wholly /'həʊlɪ/ *adv* τελείως

whom /huːm/ *pron* τον οποίον.
(*interrogative*) ποιον

whooping cough /'huːpɪŋkɒf/
n (ο) κοκίτης

whore /hɔː(r)/ *n* (η) πόρνη

whose /huːz/ *pron* ποιου, τίνος.
(*rel*) του οποίου. • *a* ποιου

why /waɪ/ *adv* γιατί. (*interroga-
tive*) γιατί. (*on account of*) γιατί,
που. • *int* μπα

wick /wɪk/ n (το) φιτίλι

wicked /'wɪkɪd/ a κακός. (evil) μοχθηρός. (mischievous) πονηρός

wicker /'wɪkə(r)/ n (το) κλαδί ιτιάς ή λυγαριάς. • a ψάθινος

wide /waɪd/ a πλατύς. (fully opened) ευρύς. (far from target) μακρινός. • adv πλατιά, μακριά. **far and ~** παντού. **open ~** ανοίγω καλά. **~ awake** a τελείως ξύπνιος. **~ open** a ορθάνοιχτος. **~ly** adv (extensively) ευρύτατα. (generally) ευρέως. (considerably) πολύ. **~n** vt πλαταίνω, διευρύνω. • vi ανοίγω, φαρδαίνω

widespread /'waɪdspred/ a διαδεδομένος

widow /'wɪdəʊ/ n (η) χήρα. **~er** n (ο) χήρος

width /wɪdθ/ n (το) πλάτος. (of material) (το) φάρδος

wield /wi:ld/ vt χειρίζομαι. (power) ασκώ

wife /waɪf/ n (η) σύζυγος, (η) γυναίκα

wig /wɪg/ n (η) περούκα

wiggle /'wɪgl/ vt/i κουνώ/κουνιέμαι

wild /waɪld/ a άγριος. (enraged) έξαλλος. (tempestuous) θυελλώδης. (with joy) τρελός. (idea) εξωφρενικός. (random) στην τύχη. • adv άγρια, έξαλλα. **~s** npl (η) ερημιά. **~ly** adv άγρια. (fig) έξαλλα, τρελά

wilderness /'wɪldənɪs/ n (η) ερημιά

wildlife /'waɪldlaɪf/ n (τα) άγρια ζώα και φυτά

wilful /'wɪlfʊl/ a θελημστικός. (self-willed) πεισματάρης

will¹ /wɪl/ v aux θα. **he ~ be** θα είναι. **~ you close the door, please?** κλείσε την πόρτα, παρακαλώ

will² /wɪl/ n (η) θέληση. (document) (η) διαθήκη. • vt εύχομαι. **against one's/s.o.'s ~** με το ζόρι. **~-power** n (η) θέληση

willing /'wɪlɪŋ/ a πρόθυμος. **~ly** adv πρόθυμα

willow /'wɪləʊ/ n (η) ιτιά

wilt /wɪlt/ vi μαραίνομαι

wily /'waɪlɪ/ a πανούργος

win /wɪn/ vt/i (pt won) νικώ. (fame etc.) κερδίζω. • n (η) νίκη. **~ back** ανακτώ. **~ over** παίρνω με το μέρος μου. **~ner** n/-ə(r)/ n (η) νικητής, (η) νικήτρια. **~ning** a νικητήριος. (smile etc.) αφοπλιστικός **~ning-post** n (το) τέρμα. **~nings** npl (τα) κέρδη

wince /wɪns/ vi τραβιέμαι (από πόνο)

winch /wɪntʃ/ n (το) βαρούλκο. • vt σηκώνω με βαρούλκο

wind¹ /wɪnd/ n (ο) αέρας, (ο) άνεμος. (in stomach) (τα) αέρια. (fig) (η) μυρωδιά. • vt λαχανιάζω. (smell) μυρίζομαι. **get ~ of** παίρνω μυρωδιά. **~-break** n (ο) ανεμοφράκτης. **~-farm** n (το) αιολικό πάρκο. **~ instrument** n (το) πνευστό όργανο. **~-swept** a ανεμοδαρμένος. **~y** a ανεμοδαρμένος. **it's ~** φυσάει

wind² /waɪnd/ *vt* (*pt* **wound**) (*wrap around*) τυλίγω. (*move by turning*) γυρίζω. (*clock etc.*) κουρδίζω. • *vi* (*road*) ελίσσομαι. **~ up** (*close*) κλείνω. (*end up*) καταλήγω. **~ing** *a* ελικοειδής

windfall /'wɪndfɔːl/ *n* (το) πεσμένο φρούτο. (*fig*) (το) κελεπούρι

windmill /'wɪndmɪl/ *n* (ο) ανεμόμυλος

window /'wɪndəʊ/ *n* (το) παράθυρο. (*in shop*) (η) βιτρίνα. (*in bank etc.*) (η) θυρίδα. **~-box** *n* (η) ζαρντινιέρα. **~-cleaner** *n* (ο) καθαριστής παραθύρων. **~-shopping** *n* (το) χάζεμα στις βιτρίνες. **~-sill** *n* (το) περβάζι

windpipe /'wɪndpaɪp/ *n* (η) τραχεία

windscreen /'wɪndskriːn/ (*Amer* **windshield** /'wɪndʃiːld/) *n* (το) παρμπρίζ *invar*. **~ wiper** *n* (ο) καθαριστήρας (του παρμπρίζ)

windsurf|er /'wɪndsɜːfə(r)/ *n* (ο) σερφίστας. **~ing** *n* (το) γουιντσέρφινγκ *invar*

wine /waɪn/ *n* (το) κρασί. **~ list** *n* (ο) κατάλογος (των κρασιών). **~-tasting** *n* (η) γευσιγνωσία

wineglass /'waɪnglɑːs/ *n* (το) ποτήρι του κρασιού

wing /wɪŋ/ *n* (η) φτερούγα. (*auto*) (το) φτερό. **~s** (*theatr*) (τα) παρασκήνια

wink /wɪŋk/ *vi* κλείνω το μάτι. (*light etc.*) τρεμοσβήνω. • *n* (το) κλείσιμο του ματιού

winter /'wɪntə(r)/ *n* (ο) χειμώνας. • *vi* ξεχειμωνιάζω

wipe /waɪp/ *vt* σκουπίζω (με πετσέτα). (*dry*) σφουγγίζω. • *n* (το) σκούπισμα, (το) σφούγγισμα

wire /'waɪə(r)/ *n* (το) σύρμα

wireless /'waɪəlɪs/ *n* (ο) ασύρματος

wiry /'waɪərɪ/ *a* (*hair*) σαν σύρμα. (*person*) λεπτός αλλά δυνατός

wisdom /'wɪzdəm/ *n* (η) σοφία. **~ tooth** *n* (ο) φρονιμίτης

wise /waɪz/ *a* φρόνιμος. (*scholarly*) σοφός

wish /wɪʃ/ *n* (η) επιθυμία. (*greeting*) (η) ευχή. • *vt* εύχομαι. **~ for** επιθυμώ. **~ s.o. well** θέλω το καλό κάποιου. **I ~ you were here** μακάρι να ήσουν εδώ. **~ to do** θέλω να κάνω. **with best ~es** με τις καλύτερες μου ευχές

wishful /'wɪʃfl/ *a* **~ thinking** (ο) ευσεβής πόθος

wisp /wɪsp/ *n* (*of hair*) (το) τσουλούφι. (*of smoke*) (η) τολύπη

wisteria /wɪs'tɪərɪə/ *n* (η) γλυσίνα

wistful /'wɪstfl/ *a* μελαγχολικός

wit /wɪt/ *n* (*humour*) (το) πνεύμα. (*intelligence*) (η) νοημοσύνη. (*person*) (ο) πνευματώδης (άνθρωπος)

witch /wɪtʃ/ *n* (η) μάγισσα. **~craft** *n* (τα) μάγια. **~-doctor** *n* (ο) μάγος

with /wɪð/ *prep* μαζί με.
(*having*) με. (*cause*) από. **be ~ it** (*fam*) είμαι της μόδας.

withdraw /wɪð'drɔ:/ *vt* ανακαλώ. (*money*) αποσύρω. • *vi* αποσύρομαι. **~al** *n* (η) αποχώρηση. (*med*) (η) στέρηση. **~n** (*person*) αποτραβηγμένος

wither /'wɪðə(r)/ *vi* μαραίνομαι.

withhold /wɪð'həʊld/ *vt* κατακρατώ

within /wɪð'ɪn/ *prep* μέσα σε.
• *adv* μέσα

without /wɪð'aʊt/ *prep* χωρίς

withstand /wɪð'stænd/ *vt* αντέχω

witness /'wɪtnɪs/ *n* (o, η) μάρτυρας. (*proof*) (η) μαρτυρία. • *vt* (*be present at*) παρίσταμαι. (*signature*) βεβαιώ. **~-box**, (*Amer*) **~-stand** *ns* (το) αναλόγιο μαρτύρων

witticism /'wɪtɪsɪzəm/ *n* (το) ευφυολόγημα

witty /'wɪtɪ/ *a* πνευματώδης

wives /waɪvz/ *see* WIFE

wizard /'wɪzəd/ *n* (o) μάγος

wizened /'wɪznd/ *a* ζαρωμένος

wobble /'wɒbl/ *vi* ταλαντεύομαι

woe /wəʊ/ *n* (η) συμφορά

woke, woken /wəʊk, 'wəʊkən/
see WAKE

wolf /wʊlf/ *n* (o) λύκος

woman /'wʊmən/ *n* (*pl* **women**) (η) γυναίκα

womb /wu:m/ *n* (η) μήτρα

women /'wɪmɪn/ *npl see* WOMAN

won /wʌn/ *see* WIN

wonder /'wʌndə(r)/ *n* (o) θαυμασμός. (*bewilderment*) (η) απορία. • *vi* διερωτώμαι. (*reflect*) απορώ. **~ at** θαυμάζω.
it's no ~ δεν είναι εκπληκτικό

wonderful /'wʌndəfl/ *a* θαυμάσιος

won't /wəʊnt/ = **will not**

woo /wu:/ *vt* επιδιώκω το γάμο με μια γυναίκα

wood /wʊd/ *n* (το) ξύλο. (*for burning*) (τα) ξύλα. **~s** (*area*) (το) δάσος. **~en** *a* ξύλινος

woodland /'wʊdlənd/ *n* (η) δασωμένη περιοχή

woodpecker /'wʊdpekə(r)/ *n* (o) δρυοκολάπτης (*πουλί*)

woodwind /'wʊdwɪnd/ *n* (το) πνευστό όργανο (*μουσικό*)

woodwork /'wʊdwɜːk/ *n* (η) ξυλουργική

woodworm /'wʊdwɜːm/ *n* (το) σαράκι

wool /wʊl/ *n* (το) μαλλί. **~len** *a* μάλλινος. **~ly** *a* μάλλινος. (*fig*) συγκεχυμένος

word /wɜːd/ *n* (η) λέξη. (*news*) (το) μήνυμα. (*promise*) (o) λόγος. • *vt* διατυπώνω. **by ~ of mouth** προφορικά. **have a ~ with** μιλώ με. **~-perfect** *a* κατά λέξη. **~ processor** *n* (o) επεξεργαστής κειμένου. **~ing** *n* (η) διατύπωση. **~y** *a* περιττολόγος

wore /wɔː(r)/ *see* WEAR

work /wɜːk/ *n* (η) δουλειά. (*art, mus, book*) (η) απασχόληση. **~s** (*building*) (τα) έργα. (*mech*) (o) μηχανισμός. • *vt/i* δουλεύω, εργάζομαι. (*machine*)

λειτουργώ. (*have effect*)
ενεργώ. (*student*) μελετώ. ~
out (*solve*) λύνω. (*plan*)
εξελίσσομαι. (*succeed*) πάω
καλά. **~-out** n (η) εξάσκηση.
~ up εξάπτω. **~ed up**
οργισμένος

worker /'wɜːkə(r)/ n (ο) εργάτης

workforce /'wɜːkɔːs/ n (το)
εργατικό δυναμικό

working /'wɜːkɪŋ/ a (*day*)
εργάσιμος. (*clothes*) της
δουλειάς. (*model*)
λειτουργικός. ~ n (*mech*) (η)
λειτουργία. **in ~ order** που
λειτουργεί ικανοποιητικά. ~
class n (η) εργατική τάξη. **~-
class** a της εργατικής τάξης

workman /'wɜːkmən/ n (ο)
τεχνίτης. **~ship** n (η) τέχνη
(εργάτη)

workshop /'wɜːkʃɒp/ n (*mech*)
(το) συνεργείο. (*room*) (το)
εργαστήριο

world /wɜːld/ n (ο) κόσμος. ~ a
παγκόσμιος. **out of this ~**
εξαίσιος. **~-wide** a
παγκόσμιος. ~ adv παγκοσμίως
~ly a εγκόσμιος. (*fig*) υλικός

worm /wɜːm/ n (το) σκουλήκι

worn /wɔːn/ see WEAR. ~ a
φθαρμένος. **~-out** a (*thing*)
φθαρμένος. (*person*)
εξαντλημένος

worr|y /'wʌrɪ/ vt ενοχλώ. vt/i
στενοχωρώ/ιέμαι. ~ n (η)
στενοχώρια. **~ied** a
στενοχωρημένος. **~ying** a
ενοχλητικός

worse /wɜːs/ a χειρότερος.
~ adv χειρότερα. ~ n (το)
χειρότερο. **~n** vt/i
χειροτερεύω

worship /'wɜːʃɪp/ n (η)
λατρεία. (*title*) (η) εντιμότητα.
~ vt λατρεύω. ~ vi προσκυνώ.
~per n (ο) πιστός

worst /wɜːst/ a χειρότερος.
~ adv χειρότερα. ~ n (το)
χειρότερο

worth /wɜːθ/ n (η) αξία. ~ a **be
~** αξίζω. **it was ~ my while**
άξιζε τον κόπο. **~less** a
ανάξιος

worthwhile /'wɜːθwaɪl/ a
αξιόλογος. (*cause*) που αξίζει
τον κόπο

worthy /'wɜːðɪ/ a αντάξιος
(*motive*) άξιος

would /wʊd/ v aux θα. **he ~
come if he could** θα ερχόταν
αν μπορούσε. **he ~ come
every day** (*used to*) ερχόταν
κάθε μέρα. **~ you like a cup
of tea?** θέλεις ένα φλιτζάνι
τσάι; **~-be** a δήθεν

wound¹ /wuːnd/ n (η) πληγή.
~ vt πληγώνω

wound² /waʊnd/ see WIND

wove, woven /wəʊv, 'wəʊvn/
see WEAVE

wow /waʊ/ int πω πω!

wrangle /'ræŋɡl/ vi λογομαχώ

wrap /ræp/ vt τυλίγω. ~ n
(*shawl*) (η) σάρπα. **~per** /-ə(r)/
n (το) περιτύλιγμα. **~ping
paper** n (το) χαρτί
περιτυλίγματος

wrath /rɒθ/ n (η) οργή

wreak /riːk/ vt επιβάλλω **~
havoc** προκαλώ μεγάλη
καταστροφή

wreath /riːθ/ n (το) στεφάνι

wreck /rek/ n (*of ship*) (το)
ναυάγιο. (*remains*) (το)

συντρίμμι. (*person*) (το)
ερείπιο *vt* καταστρέφω
εντελώς. **~age** *n* (τα) ερείπια

wren /ren/ *n* (το) τρυποκάρυδο

wrench /rentʃ/ *vt* τραβώ βίαια.
(*wrist etc.*) στραμπουλίζω. • *n*
(το) απότομο τράβηγμα. (*tool*)
(η) καστάνια

wrestl|e /ˈresl/ *vi* παλεύω (**with**,
με). **~er** /-ə(r)/ *n* (ο)
παλαιστής, (η) παλαίστρια.
~ing *n* (η) πάλη

wretch /retʃ/ *n* (ο) φουκαράς.
(*rascal*) (ο) αχρείος. **~ed** /-ɪd/
a άθλιος. (*very bad*) κακός.
(*annoying*) αξιολύπητος

wriggle /ˈrɪgl/ *vi* στριφογυρίζω.
• *n* (το) στριφογύρισμα

wring /rɪŋ/ *vt* στρίβω

wrinkle /ˈrɪŋkl/ *n* (η) ζάρα. (*on skin*) (η) ρυτίδα. • *vt/i* ζαρώνω,
ρυτιδώνω

wrist /rɪst/ *n* (ο) καρπός (*του
χεριού*). **~-watch** *n* (το) ρολόι
του χεριού

writ /rɪt/ *n* (το) δικόγραφο

write /raɪt/ *vt/i* (*pt* **wrote**, *pp*
written) γράφω. **~ back**
απαντώ (γραπτώς). **~ down**
γράφω, σημειώνω. **~r** /-ə(r)/ *n*
(*author*) (ο, η) συγγραφέας

writhe /raɪð/ *vi* σφαδάζω

writing /ˈraɪtɪŋ/ *n* (η) γραφή.
(*handwriting*) (το) γράψιμο. **~-
paper** *n* (το) χαρτί γραψίματος

written /ˈrɪtn/ *see* WRITE

wrong /rɒŋ/ *a* (*mistaken*)
λανθασμένος. (*unjust*) άδικος.
(*bad*) κακός. (*clock*) λάθος.
• *adv* λάθος. (*badly*) κακά. •
(*injustice*) (η) αδικία. (*evil*) (η)
αδικία. • *vt* αδικώ. **be ~**

(*person*) έχω άδικο. (*be
mistaken*) κάνω λάθος. **go ~**
(*err*) κάνω λάθος. (*plan*)
πηγαίνω στραβά. (*car etc.*)
χαλώ. **what's ~ (with you)?**
τι έχεις;

wrote /rəʊt/ *see* WRITE

wrought /rɔːt/ *a* **~ iron** (ο)
σφυρήλατος σίδηρος

wry /raɪ/ *a* στραβός. (*smile*)
βεβιασμένος

Xx

Xerox /ˈzɪərɒks/ *n* (*P*) (το)
φωτοαντιγραφικό, (το)
φωτοαντίγραφο. • *vt* βγάζω
φωτοαντίγραφο

Xmas /ˈkrɪsməs/ *n* (τα)
Χριστούγεννα

X-ray /ˈeksreɪ/ *n* (*photograph*)
(η) ακτινογραφία. **~s** *npl* (οι)
ακτίνες Χ. • *vt* ακτινογραφώ

Yy

yacht /jɒt/ *n* (το) γιοτ *invar*, (η)
θαλαμηγός. **~ing** *n* (η)
ιστιοπλοΐα με θαλαμηγό

yank /jæŋk/ *vt* (*fam*) τραβώ
απότομα

Yank(ee) /ˈjæŋk(ɪ)/ *n* (*fam*)
γιάνκης

yap /jæp/ *vi* γαυγίζω

yard¹ /ja:d/ n (measure) (η) υάρδα (= 0.9144 μ)

yard² /ja:d/ n (η) αυλή

yarn /ja:n/ n (το) νήμα. (tale: fam) (το) παραμύθι

yawn /jɔ:n/ vi χασμουριέμαι. • n (το) χασμουρητό

year /jɪə(r)/ n (ο) χρόνος. (financial) (το) έτος. ~ly a ετήσιος adv ετησίως

yearn /'jɜ:n/ vi λαχταρώ

yeast /ji:st/ n (η) μαγιά

yell /jel/ vi ξεφωνίζω. • n (το) ξεφωνητό

yellow /'jeləʊ/ a κίτρινος. • n (το) κίτρινο

yelp /jelp/ vi ουρλιάζω

yes /jes/ adv ναι. • n (το) ναι

yesterday /'jestədeɪ/ adv χτες, χθες. • n (το) χτες. **the day before ~** προχτές

yet /jet/ adv ακόμη. • conj αλλά. (nevertheless) κι όμως

yew /ju:/ n (η) τάξος

Yiddish /'jɪdɪʃ/ n (τα) γίντις

yield /ji:ld/ vt αποδίδω. • vi ενδίδω. • n (η) σοδειά. (comm) (το) κέρδος

yoghurt /'jɒɡət/ n (το) γιαούρτι

yoke /jəʊk/ n (ο) ζυγός. (of garment) (ο) γιακάς

yolk /jəʊk/ n (ο) κρόκος

you /ju:/ pron εσύ. (pl) εσείς. (formal) εσείς. (object) σε. (formal) σας. (after prep) σένα. (pl) σας

young /jʌŋ/ a νέος. • npl (of animals) (τα) μικρά. **the ~** (people) οι νέοι

youngster /'jʌŋstə(r)/ n (ο) νεαρός

your /jɔ:(r)/ a δικός σου. (formal) δικός σας

yours /jɔ:z/ poss pron σου. (formal) σας

yourself /jɔ:'self/ pron ο ίδιος. (emphatic) εσύ ο ίδιος. (formal) εσείς ο ίδιος

yourselves /jɔ:'selvz/ pron οι ίδιοι. (emphatic) εσείς οι ίδιοι

youth /ju:θ/ n (η) νεότητα, (η) νιότη. (boy) (ο) νεαρός. (young people) (η) νεολαία. **~ hostel** n (ο) ξενώνας νεότητας. **~ful** a νεανικός

Yugoslav /'ju:ɡəʊslɑ:v/ a γιουγκοσλαβικός. • n (ο) Γιογκοσλάβος, (η) Γιουγκοσλάβα. **~ia** /-'slɑ:vɪə/ n (η) Γιουγκοσλαβία

Zz

zany /'zeɪnɪ/ a αστείος

zeal /zi:l/ n (ο) ζήλος. **~ous** /'zeləs/ a γεμάτος ζήλο

zealot /'zelət/ n (ο) ζηλωτής

zebra /'zi:brə/ n (η) ζέβρα. **~ crossing** n (η) διάβαση πεζών

zenith /'zenɪθ/ n (το) ζενίθ invar

zero /'zɪərəʊ/ n (το) μηδέν

zest /zest/ n (το) κέφι. (peel) (η) φλούδα

zigzag /'zɪɡzæɡ/ n (το) ζιγκ-ζαγκ invar. • vi προχωρώ με κίνηση ζιγκ-ζαγκ

zinc /zɪŋk/ n (ο) ψευδάργυρος

zip /zɪp/ n (το) σφύριγμα. **~-fastener, ~per** (το)

φερμουάρ *invar*. • *vt* ~ **(up)**
κλείνω με φερμουάρ
zodiac /'zəʊdɪæk/ *n* (ο)
ζωδιακός κύκλος
zone /zəʊn/ *n* (η) ζώνη
zoo /zu:/ *n* (ο) ζωολογικός
κήπος

zoolog|y /zəʊ'ɒlədʒɪ/ *n* (η)
ζωολογία. ~**ist** *n* (ο, η)
ζωολόγος
zoom /zu:m/ *vi* κινούμαι με
ταχύτητα. (*photo*) ζουμάρω.
~ **lens** *n* (ο) φακός ζουμ
invar

Greek verb tables

Examples of the plain categories of regular Greek verbs are given below.

The following forms of verbs will be omitted since they are formed on the basis of other tenses given. Purpose (simple and continuous) is expressed by using the same form of the verb used to form the future tenses (simple and continuous) and substituting **θα** (future tense) with **να** (purpose).

The future continuous in both the active and passive voice is formed with **θα** + the same form of the verb used in the present tense (active and passive voice, respectively). The past perfect is formed using the past tense of the auxiliary verb **έχω**, ie **είχα, είχες, είχε** etc, + the same form of the main verb used to form the present perfect.

The appearance of certain forms within brackets indicates that they are not widely used.

Regular verbs:

1. Ending in **-ω** like **δένω**

Active voice

Present: δένω, ~εις, ~ει, ~ουμε, ~ετε, ~ουν
Imperfect: έδενα, ~ες, ~ε, δέναμε, δένατε, ~αν
Past simple: έδεσα, ~σες, ~σε, δέσαμε, δέσατε, ~σαν

Future simple: θα δέσω, ~σεις, ~σει, ~σουμε, ~σετε, ~σουν
Imperative simple: δέσε, δέσετε
Imperative contin: δένε, δένετε
Present perfect: έχω δέσει, έχεις δέσει, etc
Participle: δένοντας

Passive voice

Present: δένομαι, ~εσαι, ~εται, δενόμαστε, ~στε, ~ονται
Imperfect: δενόμουν, ~όσουν, ~όταν, ~όμαστε, ~όσαστε, δένονταν
Past simple: δέθηκα, ~θηκες, ~θηκε, δεθήκαμε, δεθήκατε, ~θηκαν
Future simple: θα δεθώ, ~θείς, ~θεί, ~θούμε, ~θείτε, ~θούν
Imperative simple: δέσου, δεθείτε
Imperative contin.: (δένου), (δένεστε)
Present perfect: έχω δεθεί, έχεις δεθεί, etc
Participle: δεμένος

2a. Ending in **-ώ** like **αγαπώ**

Active voice

Present: αγαπώ, ~άς, ~ά, ~ούμε, ~άτε, ~ούν
Imperfect: αγαπούσα, ~ούσες, ~ούσε, ~ούσαμε, ~ούσατε, ~ούσαν

Past simple: αγάπησα, ∼ησες,
∼ησε, ∼ήσαμε, ∼ήσατε,
∼ησαν
Future simple: θα αγαπήσω,
∼ήσεις, ∼ήσει, ∼ήσουμε,
∼ήσετε, ∼ήσουν
Imperative simple: αγάπησε,
αγαπήστε
Imperative contin.: αγάπα, αγαπάτε
Present perfect: έχω αγαπήσει,
έχεις αγαπήσει, etc
Participle: αγαπώντας

Passive voice

Present: αγαπιέμαι, ∼ιέσαι,
∼ιέται, ∼ιόμαστε, ∼ιέστε,
∼ιούνται
Imperfect: αγαπιόμουν, ∼ιόσουν,
∼ιόταν, ∼ιόμαστε, ∼ιόσαστε,
∼ιόνταν
Past simple: αγαπήθηκα, ∼ήθηκες,
∼ήθηκε, ∼ηθήκαμε,
∼ηθήκατε, ∼ήθηκαν
Future simple: θα αγαπηθώ, ∼ηθείς,
∼ηθεί, ∼ηθούμε, ∼ηθείτε,
∼ηθούν
Imperative simple: αγαπήσου,
αγαπηθείτε
Imperative contin.: –
Present perfect: έχω αγαπηθεί, έχεις
αγαπηθεί, etc
Participle: αγαπημένος

2b. Ending in **-ώ** like **ωφελώ**

Active voice

Present: ωφελώ, ∼είς, ∼εί,
∼ούμε, ∼είτε, ∼ούν
Imperfect: ωφελούσα, ∼ούσες,

∼ούσε, ∼ούσαμε, ∼ούσατε,
∼ούσαν
Past simple: ωφέλησα, ∼ησες,
∼ησε, ∼ήσαμε, ∼ήσατε, ∼ησαν
Future simple: θα ωφελήσω,
∼ήσεις, ∼ήσει, ∼ήσουμε,
∼ήσετε, ∼ήσουν
Imperative simple: ωφέλησε,
ωφελήστε
Imperative contin.: – ωφελείτε
Present perfect: έχω ωφελήσει,
έχεις ωφελήσει, etc
Participle: ωφελώντας

Passive voice

Present: ωφελούμαι, ∼είσαι,
∼είται, ∼ούμαστε, ∼είστε,
∼ούνται
Imperfect: ωφελούμουν, ∼ούσουν,
∼ούταν, ∼ούμαστε, ∼ούσαστε,
∼ούνταν
Past simple: ωφελήθηκα, ∼ήθηκες,
∼ήθηκε, ∼ηθήκαμε,
∼ηθήκατε, ∼ήθηκαν
Future simple: θα ωφεληθώ, ∼ηθείς,
∼ηθεί, ∼ηθούμε, ∼ηθείτε,
∼ηθούν
Imperative simple: ωφελήσου,
ωφεληθείτε
Imperative contin.: –
Present perfect: έχω ωφεληθεί,
έχεις ωφεληθεί, etc
Participle: ωφελημένος

3. Ending in **ίζω** like **δροσίζω**

Active voice

Present: δροσίζω, ∼ίζεις, ∼ίζει,
∼ίζουμε, ∼ίζετε, ∼ίζουν

Imperfect: δρόσιζα, ∼ιζες, ∼ιζε, ∼ίζαμε, ∼ίζατε, ∼ζαν
Past simple: δρόσισα, ∼ισες, ∼ισε, ∼ίσαμε, ∼ίσατε, ∼ισαν
Future simple: θα δροσίσω, ∼ίσεις, ∼ίσει, ∼ίσουμε, ∼ίσετε, ∼ίσουν
Imperative simple: δρόσισε, δροσίστε
Imperative contin.: δρόσιζε, δροσίζετε
Present perfect: έχω δροσίσει, έχεις δροσίσει, etc
Participle: δροσίζοντας

Passive voice

Present: δροσίζομαι, ∼ίζεσαι, ∼ίζεται, ∼ιζόμαστε, ∼ίζεστε, ∼ίζονται
Imperfect: δροσιζόμουν, ∼ιζόσουν, ∼ιζόταν, ∼ιζόμαστε, ∼ιζόσαστε, ∼ίζονταν
Past simple: δροσίστηκα, ∼ίστηκες, ∼ίστηκε, ∼ιστήκαμε, ∼ιστήκατε, ∼ίστηκαν
Future simple: θα δροσιστώ, ∼ιστείς, ∼ιστεί, ∼ιστούμε, ∼ιστείτε, ∼ιστούν
Imperative simple: δροσίσου, δροσιστείτε
Imperative contin.: δροσίζου, δροσίζεστε
Present perfect: έχω δροσιστεί, έχεις δροσιστεί, etc
Participle: δροσισμένος

Auxiliary verbs

είμαι

Present: είμαι, ∼σαι, ∼ναι, ∼μαστε, ∼στε, ∼ναι
Imperfect: ήμουν, ∼σουν, ∼ταν, ∼μαστε, ∼σαστε, ∼ταν
Past simple: –
Future simple: –
Imperative simple: –
Imperative contin.: –
Participle: όντας

έχω

Present: έχω, ∼εις, ∼ει, ∼ουμε, ∼ετε, ∼ουν
Imperfect: είχα, ∼ες, ∼ε, ∼αμε, ∼ατε, ∼αν
Past simple: –
Future simple: –
Imperative simple: –
Imperative contin.: έχε, έχετε
Participle: έχοντας

Irregular verbs

The irregular verbs included in the list below are those judged to be the most commonly encountered. They are listed in alphabetical order.

With the exception of the imperative, only the first person singular of the various tenses is given. The endings of other persons both in the singular and plural are formed in a similar way as those of the regular verbs. The expression of purpose, the future continuous and the past perfect are formed on the same basis as the equivalent tenses for the regular verbs given above and are not included in the tenses given below. The principal tenses are given for the active and passive voices.

αφήνω

Active voice

Present: αφήνω
Imperfect: άφηνα
Past simple: άφησα
Future simple: θα αφήσω
Imperative simple: άφησε, αφήστε
Imperative contin.: άφηνε, αφήνετε
Present perfect: έχω αφήσει
Participle: αφήνοντας

Passive voice

Present: αφήνομαι
Imperfect: αφηνόμουν
Past simple: αφέθηκα
Future simple: θα αφεθώ
Imperative simple: αφήνου, αφήνεστε
Imperative contin.: αφέσου, αφεθείτε
Present perfect: έχω αφεθεί
Participle: αφημένος

βάζω

Active voice

Present: βάζω
Imperfect: έβαζα
Past simple: έβαλα
Future simple: θα βάλω
Imperative simple: βάλε, βάλτε
Imperative contin.: βάζε, βάζετε
Present perfect: έχω βάλει
Participle: βάζοντας

Passive voice

Present: –
Imperfect: –
Past simple: βάλθηκα
Future simple: θα βαλθώ
Imperative simple: βάλσου, βαλθείτε
Imperative contin.: –
Present perfect: έχω βαλθεί
Participle: βαλμένος

βγαίνω

Active voice

Present: βγαίνω
Imperfect: έβγαινα
Past simple: βγήκα
Future simple: θα βγω
Imperative simple: βγες, βγέστε
Imperative contin.: βγαίνε, βγαίνετε
Present perfect: έχω βγει
Participle: βγαίνοντας

Passive voice

None apart from
Participle: βγαλμένος

βλέπω

Active voice

Present: βλέπω
Imperfect: έβλεπα
Past simple: είδα
Future simple: θα δω
Imperative simple: δες, δέστε
Imperative contin.: βλέπε, βλέπετε
Present perfect: έχω δει
Participle: βλέποντας

Passive voice

Present: βλέπομαι
Imperfect: βλεπόμουν

Past simple: ειδώθηκα
Future simple: θα ιδωθώ
Imperative simple: –
Imperative contin.: –
Present perfect: έχω ιδωθεί
Participle: ιδωμένος

βρίσκω

Active voice

Present: βρίσκω
Imperfect: έβρισκα
Past simple: βρήκα
Future simple: θα βρω
Imperative simple: βρες, βρέστε
Imperative contin.: βρίσκε, βρίσκετε
Present perfect: έχω βρει
Participle: βρίσκοντας

Passive voice

Present: βρίσκομαι
Imperfect: βρισκόμουν
Past simple: βρέθηκα
Future simple: θα βρεθώ
Imperative simple: –
Imperative contin.: –
Present perfect: έχω βρεθεί
Participle: –

γίνομαι

Active voice

None

Passive voice

Present: γίνομαι
Imperfect: γινόμουν
Past simple: έγινα
Future simple: θα γίνω
Imperative simple: γίνε, γίνετε
Imperative contin.: γίνου, γίνεστε
Present perfect: έχω γίνει

Participle: γινόμενος

δίνω

Active voice

Present: δίνω
Imperfect: έδινα
Past simple: έδωσα
Future simple: θα δώσω
Imperative simple: δώσε, δώστε
Imperative contin.: δίνε, δίνετε
Present perfect: έχω δώσει
Participle: δίνοντας

Passive voice

Present: δίνομαι
Imperfect: δινόμουν
Past simple: δόθηκα
Future simple: θα δοθώ
Imperative simple: δόσου, δοθείτε
Imperative contin.: δίνου, δίνεστε
Present perfect: έχω δοθεί
Participle: δοσμένος

διψώ

Active voice

Present: διψώ
Imperfect: διψούσα
Past simple: δίψασα
Future simple: θα διψώ
Imperative simple: δίψα, διψάστε
Imperative contin.: –
Present perfect: έχω διψάσει
Participle: διψώντας

Passive voice

None

έρχομαι

Active voice

None

Passive voice

Present: έρχομαι
Imperfect: ερχόμουν
Past simple: ήρθα
Future simple: θα έρθω
Imperative simple: έλα, ελάτε
Imperative contin.: –
Present perfect: έχω έρθει
Participle: ερχόμενος

κάθομαι

Active voice

None

Passive voice

Present: κάθομαι
Imperfect: καθόμουν
Past simple: κάθισα
Future simple: θα καθίσω
Imperative simple: κάθισε, καθίστε
Imperative contin.: κάθου, κάθεστε
Present perfect: έχω καθίσει
Participle: καθισμένος

κοιμούμαι/κοιμάμαι

Active voice

None

Passive voice

Present: κοιμούμαι/κοιμάμαι
Imperfect: κοιμόμουν
Past simple: κοιμήθηκα
Future simple: θα κοιμηθώ

Imperative simple: κοιμήσου,
  κοιμηθείτε
Imperative contin.: –
Present perfect: έχω κοιμηθεί
Participle: κοιμισμένος

λέ(γ)ω

Active voice

Present: λέ(γ)ω
Imperfect: έλεγα
Past simple: είπα
Future simple: θα λέω
Imperative simple: πες, πέστε
Imperative contin.: λέγε, λέγετε
Present perfect: έχω πει
Participle: λέγοντας

Passive voice

Present: λέγομαι
Imperfect: λεγόμουν
Past simple: ειπώθηκα
Future simple: θα ειπωθώ
Imperative simple: –
Imperative contin.: –
Present perfect: έχω ειπωθεί
Participle: ειπωμένος

μπαίνω

Active voice

Similar to those of the verb: βγαίνω

Passive voice

Only participle: μπασμένος

πηγαίνω

Active voice

Present: πηγαίνω

Imperfect: πήγαινα
Past simple: πήγα
Future simple: θα πάω
Imperative simple: –
Imperative contin.: πήγαινε, πηγαίνετε
Present perfect: έχω πάει
Participle: πηγαίνοντας

Passive voice

None

πίνω

Active voice

Present: πίνω
Imperfect: έπινα
Past simple: ήπια
Future simple: θα πιω
Imperative simple: πιες, πιέστε
Imperative contin.: πίνε, πίνετε
Present perfect: έχω πιει
Participle: πίνοντας

Passive voice

Present: πίνομαι
Imperfect: πινόμουν
Past simple: πιώθηκα
Future simple: θα πιωθώ
Imperative simple: –
Imperative contin.: –
Present perfect: έχω πιωθεί
Participle: πιωμένος

στέλνω

Active voice

Present: στέλνω
Imperfect: έστελνα
Past simple: έστειλα

Future simple: θα στείλω
Imperative simple: στείλε, στείλτε
Imperative contin.: στέλνε, στέλνετε
Present perfect: έχω στείλει
Participle: στέλνοντας

Passive voice

Present: στέλνομαι
Imperfect: στελνόμουν
Past simple: στάλθηκα
Future simple: θα σταλώ
Imperative simple: –
Imperative contin.: –
Present perfect: έχω σταλθεί
Participle: σταλμένος

τρώγω

Active voice

Present: τρώγω
Imperfect: έτρωγα
Past simple: έφαγα
Future simple: θα φάω
Imperative simple: φάε, φάγετε
Imperative contin.: τρώγε, τρώγετε
Present perfect: έχω φάει
Participle: τρώγοντας

Passive voice

Present: τρώγομαι
Imperfect: τρωγόμουν
Past simple: φαγώθηκα
Future simple: θα φαγωθώ
Imperative simple: φαγώσου, φαγωθείτε
Imperative contin.: –
Present perfect: έχω φαγωθεί
Participle: φαγωμένος

φεύγω

Active voice

Present: φεύγω
Imperfect: έφευγα
Past simple: έφυγα
Future simple: θα φύγω
Imperative simple: φύγε, φύγετε
Imperative contin.: φεύγε, φεύγετε

Present perfect: έχω φύγει
Participle: φεύγοντας

Passive voice

None

φοβάμαι

Passive voice

Like κοιμάμαι

Greek nouns

Below are outlined examples of some of the most common endings of regular nouns—masculine, feminine and neuter.

Masculine nouns

Ending in **-ος, -ης, -ας**

Singular

Nominative:	ο άγγελ-ος	ο νικητ-ής	ο αγών-ας
Genitive:	του αγγέλ-ου	του νικητ-ή	του αγών-α
Accusative:	τον άγγελ-ο	το νικητ-ή	τον αγών-α
Vocative:	άγγελ-ε	νικητ-ή	αγών-α

Plural

Nominative:	οι άγγελ-οι	οι νικητ-ές	οι αγών-ες
Genitive:	των αγγέλ-ων	των νικητ-ών	των αγών-ων
Accusative:	τους αγγέλ-ους	τους νικητ-ές	τους αγών-ες
Vocative:	οι άγγελ-οι	νικητ-ές	αγών-ες

Feminine nouns

Ending in **-η, -α**

Singular

Nominative:	η νίκ-η	η ώρ-α
Genitive:	της νίκ-ης	της ώρ-ας
Accusative:	τη νίκ-η	την ώρ-α
Vocative:	νίκ-η	ώρ-α

Plural

Nominative:	οι νίκ-ες	οι ώρ-ες
Genitive:	των νικ-ών	των ωρ-ών
Accusative:	τις νίκ-ες	τις ώρ-ες
Vocative:	νίκ-ες	ώρ-ες

Neuter nouns

Ending in **-ο, ι**

Singular

Nominative:	το παιδ-ί	το βουν-ό
Genitive:	του παιδ-ιού	του βουν-ού
Accusative:	το παιδ-ί	το βουν-ό
Vocative:	παιδ-ί	βουν-ό

Plural

Nominative:	τα παιδ-ιά	τα βουν-ά
Genitive:	των παιδ-ιών	των βουν-ών
Accusative:	τα παιδ-ιά	τα βουν-ά
Vocative:	παιδ-ιά	βουν-ά

Ανώμαλα ρήματα της αγγλικής

Απαρέμφατο	Αόριστος	Παθητική μετοχή	Απαρέμφατο	Αόριστος	Παθητική μετοχή
be	was	been	**drive**	drove	driven
bear	bore	borne	**eat**	ate	eaten
beat	beat	beaten	**fall**	fell	fallen
become	became	become	**feed**	fed	fed
begin	began	begun	**feel**	felt	felt
bend	bent	bent	**fight**	fought	fought
bet	bet, betted	bet, betted	**find**	found	found
			flee	fled	fled
bid	bade, bid	bidden, bid	**fly**	flew	flown
bind	bound	bound	**freeze**	froze	frozen
bite	bit	bitten	**get**	got	got, gotten US
bleed	bled	bled	**give**	gave	given
blow	blew	blown	**go**	went	gone
break	broke	broken	**grow**	grew	grown
breed	bred	bred	**hang**	hung, hanged (vt)	hung, hanged
bring	brought	brought			
build	built	built	**have**	had	had
burn	burnt, burned	burnt, burned	**hear**	heard	heard
			hide	hid	hidden
burst	burst	burst	**hit**	hit	hit
buy	bought	bought	**hold**	held	held
catch	caught	caught	**hurt**	hurt	hurt
choose	chose	chosen	**keep**	kept	kept
cling	clung	clung	**kneel**	knelt	knelt
come	came	come	**know**	knew	known
cost	cost, costed (vt)	cost, costed	**lay**	laid	laid
			lead	led	led
cut	cut	cut	**lean**	leaned, leant	leaned, leant
deal	dealt	dealt			
dig	dug	dug	**learn**	learnt, learned	learnt, learned
do	did	done			
draw	drew	drawn	**leave**	left	left
dream	dreamt, dreamed	dreamt, dreamed	**lend**	lent	lent
			let	let	let
drink	drank	drunk	**lie**	lay	lain

Απαρέμφατο	Αόριστος	Παθητική μετοχή	Απαρέμφατο	Αόριστος	Παθητική μετοχή
lose	lost	lost	**spend**	spent	spent
make	made	made	**spit**	spat	spat
mean	meant	meant	**spoil**	spoilt,	spoilt,
meet	met	met		spoiled	spoiled
pay	paid	paid	**spread**	spread	spread
put	put	put	**spring**	sprang	sprung
read	read	read	**stand**	stood	stood
ride	rode	ridden	**steal**	stole	stolen
ring	rang	rung	**stick**	stuck	stuck
rise	rose	risen	**sting**	stung	stung
run	ran	run	**stride**	strode	stridden
say	said	said	**strike**	struck	struck
see	saw	seen	**swear**	swore	sworn
seek	sought	sought	**sweep**	swept	swept
sell	sold	sold	**swell**	swelled	swollen,
send	sent	sent			swelled
set	set	set	**swim**	swam	swum
sew	sewed	sewn, sewed	**swing**	swung	swung
shake	shook	shaken	**take**	took	taken
shine	shone	shone	**teach**	taught	taught
shoe	shod	shod	**tear**	tore	torn
shoot	shot	shot	**tell**	told	told
show	showed	shown	**think**	thought	thought
shut	shut	shut	**throw**	threw	thrown
sing	sang	sung	**thrust**	thrust	thrust
sink	sank	sunk	**tread**	trod	trodden
sit	sat	sat	**understand**	understood	understood
sleep	slept	slept	**wake**	woke	woken
sling	slung	slung	**wear**	wore	worn
smell	smelt,	smelt,	**win**	won	won
	smelled	smelled	**write**	wrote	written
speak	spoke	spoken			
spell	spelled,	spelled,			
	spelt	spelt			